Mikołajewska • Mahabharata

Księga XIII • *Anusasana Parva*
część 1 i 2

Mahabharata

opowiada
Barbara Mikołajewska

Księga XIII, *Anusasana Parva*, część 1 i 2
(w czterdziestu ośmiu opowieściach)

Napisane na podstawie
Mahābharāta, 13. Anusasana Parva, parts 1 and 2
w angielskim tłumaczeniu z sanskrytu Kisari Mohan Ganguli,
http://www.sacred-texts.com/hin/m06/index.htm

The Lintons' Video Press
New Haven, CT, USA
2018

Copyright © 2018 by Barbara Mikolajewska. All rights reserved.

Technical and editorial advisor: F. E. J. Linton.

e-mail inquiries: **tlvpress @ yahoo.com**

Printed in the United States of America.

History: Episode 198 first posted on the web in March 2015, with subsequent episodes, updates and corrections added irregularly thereafter. Now at the URL **http://tlvp.net/~b.mikolajewska/booknook/Mahabharata/** . First printed edition reflects status of Internet edition as of March 2018. The current printing incorporates corrections dating through 2018.26.03. Look for further episodes, updates and corrections sporadically in the future.

Typography and page layout accomplished using Microsoft Word 2007.

Published in the United States in 2018 by
The Lintons' Video Press
New Haven, CT
USA

ISBN-10: 1-929865-41-4
ISBN-13: 978-1-929865-41-3

Spis treści

Księga XIII (*Anusasana Parva*), część 1 — strona 9

Synopsis	11
Opowieść 198: O przyczynie zła wynikłego z czyjegoś działania	16
Opowieść 199: O wysiłku jednostki, przeznaczeniu i rezultatach działania	24
Opowieść 200: O działaniach i ich owocach	40
Opowieść 201: O wielkości i mocy Śiwy	57
Opowieść 202: O tym, jak riszi Tandi wychwalał Śiwę	88
Opowieść 203: O tysiącu imion Śiwy	95
Opowieść 204: O tym, jak Śiwa nagradza swych wielbicieli	145
Opowieść 205: O charakterze małżeńskiej wspólnoty	152
Opowieść 206: O obdarowanych i obdarowujących	163
Opowieść 207: O świętych brodach (*tirtha*) tak jak opisał to Angiras	175
Opowieść 208: O świętości wód Gangesu	181
Opowieść 209: O możliwości zdobycia statusu bramina przez osobę z innej kasty	188
Opowieść 210: O ochranianiu żywych istot, prawości i służeniu braminom	198

Księga XIII (*Anusasana Parva*), część 2 — 209

Synopsis	211
Opowieść 211: O naturze kobiet	220
Opowieść 212: O zasadach doboru małżonków i nabywaniu statusu męża i żony	233
Opowieść 213: O zasadach rządzących dziedziczeniem majątku i przynależnością kastową	244
Opowieść 214: O naturze współczucia i wartości daru, jakim jest krowa	257
Opowieść 215: O odległych wydarzeniach, dzięki którym Wiśwamitra mógł zdobyć status bramina, a Paraśurama bramina-wojownika	262
Opowieść 216: O ścieżce dobroczynności	275
Opowieść 217: O niebiańskim regionie krów Goloka	303
Opowieść 218: O świętości krów i należnej im czci	320

Opowieść 219: O pochodzeniu złota, jego naturze i
oczyszczającej mocy daru złota 340
Opowieść 220: O Agnim, który jest wszystkimi bogami w
jednym, i o złocie będącym jego substytutem 354
Opowieść 221: O rytuale *śraddha* ku czci zmarłych
przodków 361
Opowieść 222: O prawdziwej naturze religijnych
umartwień 375
Opowieść 223: O tym, jak Indra ochrania siedmiu riszich
przed rakszinią Jatudhani 377
Opowieść 224: O darze parasola i sandałów 388
Opowieść 225: O ofiarowaniu kwiatów, światła,
kadzidełek i pierwszej porcji jedzenia 392
Opowieść 226: O oczyszczaniu się z grzechów i
zdobywaniu nieba pobożnymi czynami 405
Opowieść 227: O tym, jak zapewnić sobie długie życie 419
Opowieść 228: O poście jako najwyższej formie
religijnych umartwień 432
Opowieść 229: O reinkarnacji i religii nieranienia
(*ahimsa*) 450
Opowieść 230: O religii nieranienia, ofiarowaniu zwierząt
i jedzeniu mięsa 462
Opowieść 231: O tym, jak Wjasa poucza robaka, że nie
śmierci powinien się bać, lecz nieprawości 471
Opowieść 232: O darze Maitreji 477
Opowieść 233: O szukaniu pojednania 483
Opowieść 234: O religijnych misteriach 487
Opowieść 235: O regułach dotyczących akceptowania
daru jedzenia 508
Opowieść 236: O energii Wisznu i Śiwy 515
Opowieść 237: O rozmowie Śiwy z Umą na temat
rozmaitych reguł religijnego postępowania 524
Opowieść 238: O wielkości Wasudewy 554
Opowieść 239: O tysiącu imion Wisznu 565
Opowieść 240: O mantrze zarządzonej przez Sawitri 616
Opowieść 241: O tym, jak król Kartawirja uwolnił się od
swej pychy 623
Opowieść 242: O wielkości Kryszny 638
Opowieść 243: O gniewnym riszim Durwasasie,
inkarnacji Rudry 645
Opowieść 244: Ostatnie nauki Bhiszmy 654
Opowieść 245: Bhiszma wstępuje do nieba 667

Dodatki 673
Słowniczek *Mahabharaty* (księga XIII, cz. 1 i 2) 675
Indeks imion 687

Księga XIII

Anusasana Parva, część 1

(w trzynastu opowieściach)

Synopsis

Część pierwsza księgi XIII *Mahabharaty* Anusasana Parvy (Księgi Instrukcji) w dużej części jest poświęcona tematom prawa *karmy*, czyli działania i jego konsekwencji (opow. 198-200), oraz naukom o Śiwie, jego potędze, atrybutach i właściwym sposobie oddawania mu czci (opow. 201-204). Pozostałe sześć opowieści (opow. 205-210) dotyczy z kolei bardziej szczegółowych aspektów niektórych religijnych nakazów i działań z nimi zgodnych.

Czytając Anusasana Parvę, należy pamiętać, że podobnie jak we wszystkich poprzednich księgach *Mahabharaty*, jej nicią przewodnią są nauki o prawości (*dharmie*), która w całej swej złożoności jest widziana jako droga pokonywania złego losu (złej *karmy*) i zdobywania szczęścia. Anusasana Parva naucza więc nadal o prawości, choć w swych naukach skupia się głównie na prawych, czyli „dobrych" działaniach, oddalając się nieco od wiodącego tematu części drugiej i trzeciej księgi XII Santi Parvy, którym było zaniechanie działań. Temat „dobrych" działań pojawiał się już poprzednio wielokrotnie. Religia za pomocą swych nakazów próbuje prowadzić jednostkę w ich kierunku, lecz one same wymykają się często spod religijnych nakazów, zależąc od złożoności sytuacji, w której znalazła się jednostka. Mają one jednak zawsze oparcie w przekraczającym pojedyncze nakazy Prawie (*dharmie*), gdzie jednostka powinna ostatecznie szukać dla siebie wskazówek. Odkrycie tego, co jest „dobrym" działaniem i jego wykonanie są ostatecznie decyzją i wyborem jednostki. Od jednostki zależy również jej *karma*. Pojęcia *dharmy* i *karmy* są złożone i ściśle ze sobą powiązane.

Trzy pierwsze opowieści (opow. 198-200) cytują różne starożytne przypowieści i ukazują całą złożoność pojęcia *karmy* (działania) i jej roli w życiu jednostki. Wielokrotnie już wspominane prawo *karmy* głosi, że każda żywa istota musi sama skonsumować dobre i złe owoce swych działań w formie szczęścia i nieszczęścia, rodząc się ponownie na ziemi w takim porządku istnienia, który odpowiada jej przeszłym działaniom. To, co jednostka doświadcza w teraźniejszym życiu, zależy więc od jej przeszłych działań i stąd związek między konkretnym teraźniejszym działaniem i jego teraźniejszym skutkiem jest trudny do przewidzenia. Człowiek religijny nie powinien więc szukać owocu swego teraźniejszego działania w obecnym życiu, lecz nastawić się na wykonywanie tych działań, które religia definiuje jako dobre, myśląc o swym następnym życiu. Takie postępowanie jest drogą prowadzącą do poprawy swego przyszłego losu. Mówiąc inaczej, dobre działania—czyli te, które wynikają z czyjeś *dharmy* i które religia próbuje zdefiniować, formułując swoje nakazy—choć często nie przynoszą oczekiwanego skutku w teraźniejszości, są sposobem na poprawę swojej przyszłej *karmy*. Wspomniane wyżej trzy aspekty *karmy* (jej związek ze skutkami działań, z przyszłym życiem jednostki i religijnymi nakazami) są tematem trzech pierwszych opowieści.

Jaki jest związek między czyimś działaniem i wynikłym z niego teraźniejszym złem? Kto ponosi winę za wynikłe z działania zło? Najstarszy Pandawa, Judhiszthira, od dawna stawia sobie te pytania, obwiniając siebie za całe zło, które wynikło z wojny Pandawów z Kaurawami. W odpowiedzi na jego pytania Bhiszma cytuje rozmowę między Gautami, ptasznikiem, wężem, Śmiercią i Czasem dotyczącą tego, kto jest winien zła, którym jest śmierć syna Gautami ukąszonego przez jadowitego węża (opow. 198). Czy faktycznie winny jest wąż, który uważa się jedynie za narzędzie Śmierci, czy też winna jest Śmierć lub Czas? Spór ten ostatecznie rozstrzyga Czas, twierdząc, że zło wynikłe z ukąszenia węża jest manifestowaniem się *karmy* (jest owocem przeszłych działań) osób wplątanych w to działanie. Śmierć syna Gautami wynikła z jego *karmy*, jak i z *karmy* Gautami i węża, który go ukąsił. W tym miejscu warto przypomnieć specyficzne rozumienie tego, co jest przyczyną w rozumieniu *sankhji*. Jest to potencjalność zawarta w jakiejś formie, podczas gdy wszystko inne należy do skutków lub manifestowania się przyczyny, która w tym przypadku jest potencjalnością istniejącą w czyjeś *karmie*.

W kontekście powyższej konkluzji powstaje pytanie, czy to, czego jednostka doświadcza w aktualnym życiu, jest nieuchronne i całkowicie zdeterminowane przez jej działania w przeszłym życiu, czyli jej *karmę*? Na pytanie to próbuje odpowiedzieć opowieść 199. Rozróżnia się tu *karmę* nagromadzoną w przeszłym życiu, nazywając ją przeznaczeniem i *karmę* wytwarzaną w teraźniejszym życiu, którą można kontrolować, podejmując starania, aby wykonywać dobre działania, które są źródłem dobrej *karmy* w przyszłym życiu. Ogólnie stawia się tu pytanie o to, jaka jest rola indywidualnego wysiłku w kształtowaniu swego losu i jaka jest rola przeznaczenia. Odpowiedź na to pytanie znajdujemy w rozmowie Brahmy z Wasisztą, gdzie Brahma, nie lekceważąc roli przeszłych działań w determinowaniu czyjegoś teraźniejszego losu, kładzie szczególny nacisk na rolę jednostkowego wysiłku, czyli prawości, w uwalnianiu się od złej *karmy* w przyszłości. Inne cytowane przez Bhiszmę stare opowieści—o tym jak Sudarśana pokonał śmierć dzięki cnocie swej żony, oraz jak papuga zmieniła los drzewa dzięki swemu przywiązaniu—wychwalają również prawe działania w teraźniejszym życiu i gromadzenie dobrej *karmy* na przyszłość. Bhiszma cytuje również opowieść o Wiśwamitrze, który zdołał zdobyć bramińskość w teraźniejszym życiu swymi religijnymi praktykami, lecz było to możliwe tylko dzięki przeszłym wydarzeniom, w które wplątani byli jego rodzice i które obok jego własnej *karmy* zdeterminowały jego los.

W opowieści 200 Bhiszma opowiada o owocach będących skutkiem różnych działań. Naucza, że oddawanie czci braminom przynosi ogromne zasługi, ostrzega jednak, że niezrealizowanie danej braminowi obietnicy jest wielkim grzechem. Status bramina jest najwyższy i jest wielką świętością. Status ten nabywa się mocą urodzenia w kaście bramińskiej, co w cyklu wielokrotnych narodzin może być w końcu osiągnięte przez tych, którzy podczas kolejnych narodzin zgromadzili dobrą *karmę*. Sami bramini podlegają również działaniu prawa *karmy* i nie realizując za życia wyznaczonych dla nich działań lub wykonując złe działania, w kolejnym życiu tracą swój bramiński status. Bhiszma ilustruje to, cytując dawną opowieść o riszim i pobożnym szudrze. Riszi ten nauczał wedyjskich rytów pewnego pobożnego szudrę i gromadząc w ten sposób złą *karmę*, musiał w kolejnym życiu skonsumować skutki swych działań, rodząc się w bramińskiej rodzinie niższego porządku, której zadaniem było wykonywanie rytów na rzecz rodziny królewskiej, w której z kolei urodził się dzięki swym dobrym czynom pobożny szudra. W ten sposób riszi łamiący zakaz nauczania szudrów wedyjskiej wiedzy, rodząc się ponownie na ziemi, został zmuszony do wykonywania religijnych usług na rzecz kogoś, kto w przeszłym życiu był szudrą. Inaczej mówiąc, zdobył status odpowiadający jego przeszłemu działaniu.

Działania (których przeciwieństwem jest zaniechanie działań) zarówno dobre, jak i złe są tym, co wiąże jednostkę z tym światem i co zmusza ją do ponownych narodzin. Działania lub inaczej *karma*, są tym, co produkuje owoce, które muszą być spożyte w kolejnym życiu. Ci, którzy nie wyrzekli się jeszcze działań i nie weszli jeszcze na ścieżkę prowadzącą do Wyzwolenia, powinni zawsze wykonywać działania, które są prawe i dobre, gdyż one są źródłem dobrej *karmy* lub inaczej tego, co w przyszłym życiu jest widziane jako dobry los. Pod terminem *karmy* ukrywa się złożony proces i termin ten służy wyjaśnianiu zarówno obecnej sytuacji danej jednostki, jak i uzasadnieniu znaczenia, jakie ma dla niej dobre zachowanie. *Karma* jest też tym, co utrzymuje wszechświat w jego złożoności, funkcjonowaniu i istnieniu. Pojęcie *karmy* odnosi się zarówno do działań jednostki w jej obecnym życiu, jak i do wyjaśniania tego, co spotyka ją w obecnym życiu i co spotka ją w przyszłości.

Kolejne cztery opowieści (opow. 201-204) mówią o Śiwie, jego potędze, atrybutach i sposobach oddawania mu czci. Bhiszma nie czuje się wystarczająco kompetentny, aby opowiadać o wielkości Śiwy i prosi o to Krysznę. Kryszna opowiada o tym, jak udał się na górę Himawat, aby prosić Śiwę o syna, gdzie spotyka wielbiciela Śiwy, mędrca Upamanju, który naucza go o naturze Śiwy i opowiada o swym spotkaniu z Śiwą (opow. 201). Śiwa ma tysiąc imion (dokładniej, tysiąc osiem) i jest wychwalany jako przyczyna wszystkiego, co zostało stworzone. Jego znakiem szczególnym jest męskość, podczas gdy jego żony Umy (Parwati) żeńskość. Znaki te są noszone przez wszystkie żywe istoty, tworząc mechanizm stwarzania świata poprzez połączenie dwóch przeciwnych płci. Śiwa jest tym, który obdarowuje swych wielbicieli potomstwem. Śiwę można zobaczyć tylko dzięki duchowej wizji zdobywanej przez tych, którzy praktykują jogę. Prawość, asceza, religijne oddanie są drogami prowadzącymi do Śiwy, który, gdy jest zadowolony, nagradza żywe istoty potomstwem. Upamanju opowiada też o tym, jak jego matka wprowadziła go na ścieżkę oddania Śiwie, oraz jak zadowolił Śiwę swym oddaniem i otrzymał od niego dar wiecznej obecności Śiwy w swej pustelni. Naucza następnie Krysznę, w jaki sposób oddawać Śiwie cześć, recytując jego imiona. Kryszna zadowala Śiwę, który ukazuje się przed nim i obdarowuje go synem.

Kryszna w rozmowie z Judhiszthirą kontynuuje swe nauki o wielkości Śiwy i naucza Pandawów właściwego sposobu oddawania mu czci (opow. 202 i 203), którym jest recytowanie jego tysiąca ośmiu imion. Kryszna recytuje przed Judhiszthirą ów słynny hymn ku chwale Śiwy, który usłyszał od Upamanju, który sam poznał ten hymn we właściwym ciągu przekazywania wiedzy. Dzięki recytowaniu tego hymnu wielu riszich, będących wielbicielami Śiwy, otrzymało od niego w darze synów (opow. 204). Jednym z nich był mędrzec Wjasa, który otrzymał dzięki łasce Śiwy swego syna Śukę. Hymn ten został przedstawiony w opowieści 203. W swej wersji sanskryckiej jest on po dziś dzień recytowany przez wielbicieli i wyznawców Śiwy.

Pozostałe sześć opowieści (205-210) koncentruje się na bardziej szczegółowych aspektach prawości, opisując to, co święte i dostarczając wskazówek co do właściwego postępowania, które pozwala na gromadzenie zasług, jest drogą prowadzącą do poprawy swej *karmy* w przyszłym życiu i ostatecznie drogą do Wyzwolenia. I tak mowa tu o charakterze małżeńskiej wspólnoty (opow. 205), o cechach tych osób, które zasługują na dary, o grzechu popełnianym przez tych, którzy obdarowują niewłaściwe osoby (opow. 206), o właściwej drodze prowadzącej do zdobycia najwyższego statusu bramina przez tych, którzy urodzili się w pozostałych kastach (opow. 209) oraz o obowiązku oddawania czci braminom. Opowieści 207 i 208) są z kolei hymnem wychwalającym święte brody, szczególnie wody Gangesu, i opisującym zasługi zbierane przez tych, którzy udają się do świętych brodów z pielgrzymką i kąpią się w ich świętych wodach.

Opowieść 198
O przyczynie zła wynikłego z czyjegoś działania

1. Judhiszthira opłakuje zło wynikłe z podjęcia wojny z Kaurawami; 2. Bhiszma cytuje rozmowę między Gautami, ptasznikiem, wężem, Śmiercią i Czasem na temat winy węża, który przyniósł śmierć synowi Gautami; 3. Gautami próbuje skłonić ptasznika do zaniechania zemsty na wężu i nie obciążania siebie grzechem jego zabicia; 4. Wąż dowodzi swej niewinności, wskazując, że zabił syna Gautami na rozkaz Śmierci, a nie z własnej woli; 5. Śmierć (Mritju) dowodzi swej niewinności, wskazując, że działa na rozkaz Czasu (Kala); 6. Czas dowodzi swej niewinności, wskazując, że wywołuje jedynie manifestowanie się prawdziwej przyczyny śmierci chłopca, którą jest jego *karma*; 7. Bhiszma poucza Judhiszthirę, że przyczyną śmierci jego krewnych była ich własna *karma*.

> Gautami, słysząc słowa wypowiedziane przez Czas (Kala) i będąc sama przekonana w swym umyśle, że cierpienie człowieka jest rezultatem jego własnych działań, rzekła do ptasznika Ardżunaki: „O ptaszniku, Kala, Mritju i ten jadowity wąż nie są przyczyną śmierci mojego syna. Jego śmierć jest skutkiem jego własnej karmy. Ja sama musiałam również w moim przeszłym życiu tak działać, że w konsekwencji doświadczam obecnie smutku jego utraty. Pozwól więc, aby Kala i Mritju udali się stąd do swych zwykłych miejsc i wypuść na wolność tego węża, który ukąsił mojego syna, przynosząc mu śmierć".

(*Mahābharāta*, Anusasana Parva, Part 1, Section I)

1. Judhiszthira opłakuje zło wynikłe z podjęcia wojny z Kaurawami

Już od dłuższego czasu Pandawowie słuchali nauk seniora Bharatów Bhiszmy, który raniony śmiertelnie podczas wielkiej bitwy Pandawów z Kaurawami przez Ardżunę leżał na polu bitewnym Kurukszetry na swym łożu ze strzał, czekając na odpowiedni moment, aby uwolnić z ciała swą duszę. Najstarszy z pięciu braci Pandawów Judhiszthira, syn boga Prawa (Dharmy), rzekł: „O Bhiszma, o spokoju umysłu mówi się, że jest czymś bardzo subtelnym i może być różnego rodzaju. Jeśli chodzi o mnie, to chociaż wysłuchałem wszystkich twoich nauk, mój umysł jest ciągle niespokojny. Nauczałeś nas o różnych sposobach jego uspakajania, lecz sama ich znajomość nie wystarcza, gdyż to ja sam muszę ich użyć. Jakże jednak mam to uczynić, skoro patrząc na twoje ciało pokryte ranami od setek naszych strzał, jestem w pełni świadomy zła, które wyniknęło z naszego działania? Patrząc na twoje ciało zalane krwią, tak jak góra wodą płynącą z jej źródeł, tonę w smutku tak jak lotos w deszczu, gdy nadchodzi pora deszczowa. Czy może być coś boleśniejszego od świadomości tego, że zostałeś doprowadzony do tej sytuacji, w której się obecnie znajdujesz, przez moich ludzi walczących z wrogiem w mojej sprawie? Również inni wojownicy, ich synowie, jak i liczni nasi krewni zginęli w walce z mojego powodu. Powiedz nam, jaki los może czekać nas i synów króla Dhritarasztry, skoro dokonaliśmy tego odrażającego i straszliwego czynu pobudzani przez gniew i przeznaczenie? Durjodhana, syn króla Dhritarasztry, ginąc podczas bitwy, miał więcej szczęścia od nas, bo nie musi teraz oglądać ciebie w tym żałosnym stanie. Nas, niestety, los pozbawił możliwości zdobycia spokoju umysłu, skoro musimy patrzeć na ciebie, jak leżysz tutaj na swym łożu ze strzał. Niegodziwy Durjodhana, jego bracia i cała armia oddali w tej bitwie swe życie, realizując swój obowiązek wojownika, i dzięki temu nie muszą patrzeć na twoją śmierć. Z tego to właśnie powodu wolałbym zginąć w walce razem z moimi braćmi tak jak on. O biada nam, Stwórca wyraźnie stworzył nas w celu wykonania tych straszliwych czynów o przeraźliwych skutkach. Jeżeli dobrze nam życzysz, poucz mnie, jak mam się oczyścić z mojego grzechu w następnym życiu".

2. Bhiszma cytuje rozmowę między Gautami, ptasznikiem, wężem, Śmiercią i Czasem na temat winy węża, który przyniósł śmierć synowi Gautami

Bhiszma rzekł: „O Judhiszthira, twoja dusza, która zależy od Najwyższego Boga, Przeznaczenia i Czasu, jest prawa i czysta. Dusza nie może być widziana jako przyczyna twoich działań. Manifestowanie się jej bierności jest subtelne i niedostrzegalne dla zmysłów. To, co manifestuje się w formie szczęścia i nieszczęścia, jest rezultatem działania prawa *karmy*. W tym kontekście posłuchaj mej opowieści o rozmowie między bramińską kobietą o imieniu Gautami, ptasznikiem, wężem, Mritju (Śmiercią) i Czasem (Kala), która dotyczy tego tematu. Z rozmowy tej wynika jasno, że choć wybór między złym i dobrym działaniem leży w mocy człowieka, złe i dobre skutki działań podejmowanych przez żywe istoty nie zależą od ich woli, lecz są rezultatem rządzącego wszechświatem prawa *karmy*".

3. Gautami próbuje skłonić ptasznika do zaniechania zemsty na wężu i nie obciążania siebie grzechem jego zabicia

Bhiszma kontynuował: „O Judhiszthira, w dawnych czasach żyła na ziemi starsza kobieta o imieniu Gautami, która słynęła ze swej cierpliwości i spokoju umysłu. Pewnego dnia jej syna ukąsił jadowity wąż, przynosząc mu śmierć. Rozgniewany tym ptasznik o imieniu Ardżunaka związał węża sznurem i zaniósł go do Gautami. Rzekł: 'O błogosławiona, ten niegodziwy wąż jest przyczyną śmierci twojego syna. Powiedz mi, w jaki sposób mam go zniszczyć? Czy mam go wrzucić do ognia, czy też rozszarpać na kawałki? Ten niegodziwy zabójca twego syna nie zasługuje na to, aby dalej żyć!'

Gautami rzekła: 'O ptaszniku o niewielkim rozumie, puść tego węża wolno! Nie zasłużył on na śmierć z twoich rąk. Któż byłby na tyle niemądry, aby nie zważając na wyznaczony dla węża los, obciążać się grzechem jego zabicia? Należy praktykować tylko dobre działania. Ci, którzy nie zabrudzą się grzechem, wykonując tylko prawe czyny, przypłyną ocean tego świata tak jak okręt, lecz ci, którzy obciążają się grzechem, wykonując grzeszne czyny, idą na dno jak wpadająca do oceanu strzała. Zabicie tego węża nie przywróci życia mojemu synowi, podczas gdy wypuszczenie go na wolność pozwoli ci na uniknięcie grzechu zabicia żywej istoty. Któż chciałby udać się do wiecznych regionów śmierci z powodu obciążenia się takim grzechem?'

Ptasznik rzekł: 'O Pani, ty znasz różnicę między dobrem a złem! Wiem, że ten, kto jest wielki, boleje nad nieszczęściem dotykającym każdą żywą istotę. Słowa, które wypowiadasz, dotyczą jednakże tylko tej osoby, która zdobyła samo-kontrolę, a nie kogoś takiego jak ja, kto tonie w smutku. I z tego to powodu muszę zabić tego węża. Ci, którzy cenią sobie spokój umysłu, za przyczynę wszystkiego uważają bieg Czasu, ale zwykli ludzie łagodzą swój smutek przez zemstę. Będąc pod bezustannym wpływem ułudy, boją się utraty szczęścia. Pozwól mi więc uciszyć twój smutek poprzez zniszczenie tego węża'.

Gautami rzekła: 'O ptaszniku, serca dobrych ludzi są zawsze nastawione na prawość i w obliczu nieszczęścia nie poddają się rozpaczy. Śmierć mego syna musiała być mu od dawna przeznaczona i skoro o tym wiem, nie mogę zgodzić się na to, abyś zabił tego węża. Bramini nie chowają w swych sercach urazy, bo wiedzą, że prowadzi to do bólu. Miej więc litość dla tego węża i wybacz mu to, co uczynił'.

Ptasznik rzekł: 'O Gautami, zabijmy więc tego węża w ofierze i zbierzmy w ten sposób niewyczerpane zasługi, które staną się również jego udziałem jako składanej ofiary. Zabicie wroga przynosi wielkie zasługi, twoja zgoda na zabicie tego niegodziwca przyniesie więc tobie prawdziwe zasługi w tym i przyszłym życiu'.

Gautami rzekła: 'O ptaszniku o łagodnym obliczu, cóż dobrego leży w zamęczeniu i zabiciu złapanego wroga lub w tym, że nie puści się go wolno? Wybaczenie przynosi o wiele więcej zasług. Dlaczego więc nie wybaczyć temu wężowi i puścić go wolno, i w ten sposób zebrać zasługi?'

Ptasznik rzekł: 'O Gautami, zabij tego węża. Należy bowiem myśleć o ochranianiu wielu przed niegodziwcami takimi jak ten wąż, zamiast myśleć o ochranianiu życia tego jednego węża, który sobie na to nie zasłużył. Cnotliwe osoby nie troszczą się o niegodziwców, zostawiając ich samych sobie'.

Gautami rzekła: 'O ptaszniku, wypuść tego węża na wolność, jego śmierć ani nie przywróci życia mojemu synowi, ani nie pozwoli na realizację żadnego innego wzniosłego celu'.

Ptasznik rzekł: 'O Gautami, Indra dzięki zabiciu Wrtry zdobył dla siebie najlepszą część ofiary w rytuale ofiarnym, a Śiwa niszcząc rytuał Dakszy, zapewnił sobie udział ofierze. Pozwól mi więc zabić tego węża bez żadnych obaw'".

4. Wąż dowodzi swej niewinności, wskazując, że zabił syna Gautami na rozkaz Śmierci, a nie z własnej woli

Bhiszma kontynuował: „O Judhiszthira, Gautami o wielkiej duszy, mimo nalegań ptasznika, nie zgodziła się na zabicie węża i popełnienie tego grzesznego czynu. Tymczasem wąż związany boleśnie przez ptasznika sznurem ciężko wzdychał i utrzymując z trudem zimną krew, rzekł: 'O niemądry Ardżunaka, jaka jest moja wina? Nie mam wolnej woli i nie jestem niezależny. To Mritju (Śmierć) dał mi to zadanie (w innych częściach *Mahabharaty* Mritju jest rodzaju żeńskiego). Ukąsiłem tego chłopca na rozkaz Śmierci, a nie z własnej woli lub pod wpływem gniewu. Jeżeli jest więc jakiś grzech w moim działaniu, to jest to grzech Śmierci, a nie mój'.

Ptasznik rzekł: 'O wężu, nawet jeżeli dokonałeś tego niegodziwego czynu skłoniony do tego przez kogoś innego, będąc narzędziem działania, popełniłeś grzech. Tak jak w produkcji glinianego naczynia zarówno koło garncarza, jak i inne narzędzia potrzebne do jego produkcji są uważane za przyczynę, tak i ty należysz do tego, co tworzy przyczynę śmierci syna Gautami. A ten, kto jest winny, zasługuje na śmierć z moich rąk. Zaiste, ty sam przyznajesz się do winy'.

Wąż rzekł: 'O ptaszniku, tak jak wszystkie wspomniane przez ciebie narzędzia potrzebne do produkcji glinianego naczynia nie są niezależnymi przyczynami powstania naczynia, tak ja nie jestem niezależną przyczyną śmierci tego chłopca. Skoro tak jest, musisz przyznać, że nie zabrudziłem się winą. Narzędzia użyte przez garncarza, o których mówisz, działają w zjednoczeniu i z powodu ich zjednoczenia w działaniu powstają wątpliwości co do tego, co jest przyczyną i co skutkiem. Nie jestem więc winny śmierci tego chłopca i ani nie zasłużyłem na śmierć, ani nie popełniłem grzechu. A jeżeli ciągle uważasz inaczej, to musisz uznać, że grzech leży w całym agregacie przyczyn i skutków'.

Ptasznik rzekł: 'O wężu, nawet jeżeli nie jesteś główną przyczyną czy czynnikiem sprawczym w tej sprawie, ciągle jesteś tym, kto przyniósł śmierć temu chłopcu i z tego powodu w moim przekonaniu zasługujesz na śmierć. Wykonawca niegodziwego czynu mógłby nie być tu widziany jako przyczyna tylko wtedy, gdyby nie wykonał tego czynu. Skoro dokonał tego czynu, zasługuje na śmierć nawet wówczas, gdy upiera się, że nie jest tu przyczyną. Czy masz coś jeszcze do powiedzenia w tej sprawie?'

Wąż rzekł: 'O ptaszniku, bez względu na to, czy przyczyna istnieje, czy też nie, żaden skutek nie może być osiągnięty bez zaistnienia pośredniczącego działania. Stąd moja rola jako przyczyny w tej sprawie powinna być widziana we właściwym świetle. Jeżeli sądzisz, że jestem rzeczywistą przyczyną, wówczas musisz brać pod uwagę to, że wina zabicia tego chłopca spoczywa na barkach kogoś innego, który skłonił mnie do tego czynu'.

Ptasznik rzekł: 'O niegodziwy wężu, po co wypowiadasz tyle słów? Nie zasługujesz na to, aby żyć, zasłużyłeś na to, abym cię zabił. Zabijając tego chłopca, dokonałeś ohydnego i okrutnego czynu'.

Wąż rzekł: 'O ptaszniku, tak jak kapłan spełniający ofiarę nie zbiera zasług płynących z ofiary przez sam akt wlewania do ognia oczyszczonego masła, tak samo ja powinienem być właściwie widziany w odniesieniu do wynikłego z mojego działania skutku'.

5. Śmierć (Mritju) dowodzi swej niewinności, wskazując, że działa na rozkaz Czasu (Kala)

Gdy wąż wypowiadał te słowa, będąc pod wpływem Mritju, sam Mritju ukazał się przed nim i rzekł: 'O wężu, choć faktycznie dałem tobie zadanie zabicia tego chłopca, to jednak ani ty, ani ja nie jesteśmy przyczyną jego śmierci. Tak jak chmury poruszają się po nieboskłonie pod wpływem podmuchów wiatru, tak moje działania są pod wpływem Czasu (Kala). Wszystko to, co jest właściwe dla jasności-dobra (*sattwy*), namiętności (*radżasu*) i ciemności (*tamasu*) występujących w każdej żywej istocie, jest wywoływane przez Czas. Wszystkie żywe istoty, ruchome i nieruchome, zamieszkujące w niebie i na ziemi, są więc pod wpływem Czasu. Wszystkie działania występujące na tym świecie, jak i powstrzymywanie się od działań i wszystkie ich przekształcenia są pod wpływem Czasu. Cały wszechświat jest przesiąknięty jego wpływem. Surja, Soma, Wisznu, Woda, Wiatr, Indra, Ogień, Niebo, Ziemia, Mitra i Pardżanja, Aditi, Wasu, rzeki, oceany i wszystkie istniejące i nieistniejące przedmioty są tworzone i niszczone przez Czas. Skoro wiesz o tym wszystkim, dlaczego uważasz mnie za winnego śmierci tego chłopca? Mogę być o to obwiniany tylko w taki sam sposób, jak ty'.

Wąż rzekł: 'O Mritju, ani nie obciążam cię winą za jego śmierć, ani nie rozgrzeszam. Twierdzę jedynie, że w swych działaniach jestem od ciebie zależny i ty mną kierujesz. Z kolei ocena tego, czy to Kala ponosi za to winę, czy też nie, nie należy do mnie. Nie mam do tego prawa. Tak jak moim obowiązkiem jest oczyszczenie się z winy, tak samo jest nim to, aby nie obwiniać ciebie'.

Zwracając się do ptasznika Ardżunaki, wąż rzekł: 'O ptaszniku, słyszałeś, co powiedział Mritju. Jestem bez winy, nie wypada więc tobie torturować mnie poprzez związanie mnie sznurami'.

Ptasznik rzekł: 'O wężu, słuchałem uważnie zarówno twoich słów, jak i słów Mritju, lecz nie oczyszczają one was całkowicie z winy. Zarówno ty, jak i Mritju jesteście przyczynami śmierci tego chłopca. Nie nazywam przyczyną tego, co faktycznie nią nie jest. Niech będzie przeklęty ten niegodziwy i mściwy Mritju, który przyniósł nieszczęście tym, którzy są dobrzy tak jak Gautami i jej syn. Ciebie też zabiję, bo jesteś grzesznikiem i twoje czyny są grzeszne!'

Mritju rzekł: 'O ptaszniku, zarówno ja sam, jak i ten wąż nie jesteśmy niezależnymi sprawczymi czynnikami działającymi z własnej woli, lecz jesteśmy zobowiązani do wykonywania określonych czynów przez Czas. Jeżeli rozważysz to wszystko głębiej, nie znajdziesz w nas winy'.

Ptasznik rzekł: 'O Mritju i wężu, jeżeli faktycznie wy dwaj nie działacie pod wpływem własnej woli, lecz Czasu, to jestem ciekaw, jakie jest źródło przyjemności płynącej z wykonania dobrych działań i gniew wynikły z czynienia zła?'

Mritju rzekł: 'O ptaszniku, wszystko to, co jest czynione, jest pod wpływem Czasu. Czas jest przyczyną tego, co się czyni i z tego powodu zarówno ja, jak i ten wąż, będąc pod wpływem Czasu, wykonaliśmy to, co zostało nam nakazane przez Czas i nie zasługujemy w żaden sposób na twoje oskarżenia'".

6. Czas dowodzi swej niewinności, wskazując, że wywołuje jedynie manifestowanie się prawdziwej przyczyny śmierci chłopca, którą jest jego *karma*

Bhiszma kontynuował: „O Judhiszthira, w tym momencie przed dyskutującymi pojawił się sam Kala i rzekł, zwracając się do węża, Mritju i ptasznika: 'O ptaszniku, ani wąż, ani Mritju, ani ja sam nie jesteśmy winni śmierci żadnej żywej istoty. Jesteśmy bowiem zaledwie tym, co bezpośrednio wywołało to wydarzenie, będąc jedynie manifestacją tego, co istnieje w przyczynie w swej niezamanifestowanej formie. Rzeczywistą przyczyną naszego działania i śmierci tego chłopca jest jego własna *karma* i poza tym nie ma żadnej innej przyczyny. Został zabity w rezultacie swej *karmy*, będącej owocem jego działań w przeszłym życiu. Tak jak jego *karma* jest przyczyną jego śmierci, tak i my jesteśmy pod wpływem naszej własnej *karmy*. *Karma* jest wskaźnikiem cnót i wad człowieka i tak jak syn pomaga człowiekowi w zbawieniu. Poganiamy się nawzajem, tak jak działania wywołują się nawzajem. Tak jak ludzie z grudki gliny robią to, co zechcą, tak *karma* kształtuje rezultaty osiągane przez ludzi. Tak jak światło i cień są ze sobą powiązane, tak ludzie poprzez swe działania są powiązani ze swoją *karmą*. Tak więc, nikt z nas—ty, ja, Mritju, wąż, czy ta bramińska kobieta będąca jego matką—nie są przyczyną śmierci tego chłopca. On sam, a dokładniej jego przeszłe działania, są tu przyczyną'.

Gautami, słysząc słowa wypowiedziane przez Czas (Kala) i będąc sama przekonana w swym umyśle, że cierpienie człowieka jest rezultatem jego własnych działań, rzekła do ptasznika Ardżunaki: 'O ptaszniku, Kala, Mritju i ten jadowity wąż nie są przyczyną śmierci mojego syna. Jego śmierć jest skutkiem jego własnej karmy. Ja sama musiałam również w moim przeszłym życiu tak działać, że w konsekwencji doświadczam obecnie smutku jego utraty. Pozwól więc, aby Kala i Mritju udali się stąd do swych zwykłych miejsc i wypuść na wolność tego węża, który ukąsił mojego syna, przynosząc mu śmierć'".

7. Bhiszma poucza Judhiszthirę, że przyczyną śmierci jego krewnych była ich własna *karma*

Bhiszma kontynuował: „O Judhiszthira, po usłyszeniu tych słów ptasznik z uspokojonym umysłem uwolnił węża ze zwojów sznura, pozwalając mu odejść, a Kala i Mritju udali się do swoich zwykłych miejsc. Wyciągnij z mej opowieści właściwe nauki, uwolnij się od smutku i uspokój swój umysł. Każdy człowiek zdobywa niebo lub piekło w konsekwencji swej własnej *karmy*. Zło, o którym mówisz, myśląc o śmierci swoich krewnych w bitwie na polach Kurukszetry, jak i o mojej obecnej sytuacji, nie zostało stworzone ani przez ciebie, ani przez Durjodhanę. Wszyscy ci wielcy wojownicy i królowie zostali zabici na polu bitewnym przez posłuszny prawu *karmy* Czas".

Napisane na podstawie fragmentów *Mahābharāta*,
Anusasana Parva, Part 1, Section I.

Opowieść 199
O wysiłku jednostki, przeznaczeniu i rezultatach działania

1. O roli *karmy* i indywidualnego wysiłku (*puruszakara*) w determinowaniu rezultatów działań; 2. O możliwości pokonania Śmierci (Mritju) swoją cnotą; 3. O przeszłych wydarzeniach, dzięki którym król Wiśwamitra zdołał zdobyć za życia bramińskość; 4. O tym, jak papuga dzięki swej ascezie i współczuciu spowodowała powrót drzewa do życia; 5. O zależności otrzymywanych rezultatów od połączenia indywidualnych starań z przeznaczeniem.

> *Ongiś, w odległych czasach, Wasiszta zapytał Brahmę o to, co jest potężniejsze w nadawaniu kształtu ludzkiemu życiu: karma (działania) gromadzona w aktualnym życiu, czy też karma nabyta w poprzednim życiu nazywana przeznaczeniem. W odpowiedzi na to pytanie Brahma, który wypłynął z pierwotnego Lotosu, wypowiedział następujące dobrze uzasadnione i pełne znaczenia słowa: „O Wasiszta, bez nasienia nic nie może zaistnieć, bez nasienia nie ma owoców. Z owoców rodzą się nowe nasiona, a z nich rodzą się nowe owoce. Zbierane przez człowieka dobre lub złe owoce zależą zarówno od jakości nasion, jakie zasieje na swym polu, jak i od tego, jak przygotuje ziemię. Przeznaczenie nie przyniesie rezultatu bez wysiłku jednostki. Nawet najlepsze nasiona w niezaoranej ziemi zginą, a zaorana ziemia nie rodzi owoców bez nasion. Działania jednostki w jej obecnym życiu są jak uprawiana ziemia, podczas gdy przeznaczenie (nagromadzone skutki działań w przeszłym życiu) jest jak nasiona. Uzyskiwany plon wynika z połączenia zaoranej ziemi z nasieniem".*

(*Mahābhārata*, Anusasana Parva, Part 1, Section VI)

1. O roli karmy i indywidualnego wysiłku (*puruszakara*) w determinowaniu rezultatów działań

Opowieść Bhiszmy o dyskusji między Gautami, ptasznikiem, wężem, Śmiercią i Czasem na temat tego, jaka jest przyczyna rezultatów czyichś działań w teraźniejszym życiu, uciszyła umysł Judhiszthiry, wzburzony świadomością zła wynikłego z wojny Pandawów z Kaurawami, rodząc jednocześnie cały szereg nowych pytań. Skoro o rezultatach czyichś działań w teraźniejszym życiu decyduje jego *karma*, jaką rolę odgrywa ludzki wysiłek podejmowany w teraźniejszym życiu i praktykowanie prawości? Czy podejmowanie wysiłku w aktualnym życiu i realizowanie prawych działań może zmienić w jakiś sposób aktualnie rezultaty, czy też są one całkowicie zależne od *karmy* nagromadzonej w przeszłym życiu? Czym jest przeznaczenie? Czy człowiek może poprawić złą *karmę* swoją prawością? Czy może zmienić swój los? Judhiszthira, motywowany przez te i podobne wątpliwości, kontynuował zadawanie Bhiszmie pytań, na które on odpowiadał, cytując kolejne starożytne opowieści powtarzane między sobą przez braminów.

2. O możliwości pokonania Śmierci (Mritju) swoją cnotą

Judhiszthira, chcąc dalej słuchać nauk Bhiszmy, rzekł: „O Bhiszma, wysłuchałem twej opowieści ze skupioną uwagą. Śmierć zdaje się być nieuchronna i nie do pokonania. Powiedz mi teraz, proszę, czy udało się kiedykolwiek jakiemuś gospodarzowi i głowie domowego ogniska pokonać śmierć swoją prawością? Poucz mnie, proszę, w tej sprawie".

Bhiszma rzekł: „O Judhiszthira, w odpowiedzi na to pytanie posłuchaj starożytnej opowieści o tym, jak praktykujący cnotę gościnności Sudarśana z pomocą swej oddanej mu żony zdołał pokonać Mritju i zdobył zdolność do odwiedzania wszystkich światów bez opuszczania swego ciała, a jego żona z kolei w swej jednej połowie stała się wiecznie obecną na ziemi oczyszczającą z grzechów rzeką Oghawati, a w drugiej towarzyszyła swemu mężowi w jego wędrówce.

W odległych czasach żył na ziemi król Ikszwaku, który był synem Pradżapatiego Manu i miał stu synów. Jego dziesiąty syn nosił imię Dasaswa i ten dzielny i prawy królewicz został królem Mahiszmati. Miał on syna o imieniu Madiraśwa, który nastawiwszy swój umysł na praktykowanie prawdomówności, dobroczynności i oddania, władał całą ziemią. Był równie silnie oddany studiowaniu *Wed*, jak i ćwiczeniom umiejętności walki i władania bronią. Jego syn o wielkiej energii i sile, któremu sprzyjał dobry los, miał na imię Djutimat, a jego syn, który był bardzo oddany i pobożny, a swym bogactwem dorównywał Indrze, zasłynął w świecie pod imieniem Suwira. Syn Suwiry z kolei o imieniu Sudurdżaja miał ciało potężne jak Indra i był najlepszym z wszystkich wojowników. Miał on syna Durjodhanę o splendorze ognia, który był znany jako wielki królewski mędrzec. Nigdy nie uciekał przed bitwą i był doskonałym wojownikiem równym Indrze, który zwykł polewać jego królestwo obfitym deszczem. W jego królestwie miasta były bogate, stada krów liczne, a spichlerze były zawsze wypełnione ziarnem różnego rodzaju. Jego królestwo było wolne od nieszczęść, biedy i nie było tam nikogo o ciele słabym lub dotkniętym chorobą. Ten król o prawej duszy był bardzo odważny, mądry i pełen współczucia, a jego mowa była gładka i pełna słodyczy. Był panem swych namiętności, nie znał zawiści i nigdy się niczym nie chełpił. Cieszył się wysoką inteligencją i samo-kontrolą, był oddany Prawdzie i braminom, poznał wszystkie *Wedy* i nauki *wedanty*, sponsorował liczne rytuały ofiarne, praktykował dobroczynność i nigdy nikogo nie upokorzył.

W królu tym zakochała się niebiańska rzeka Narmada o chłodnych wodach, dobrze wróżąca i święta, która dała mu córkę Sudarśanę o lotosowych oczach, której żadna żywa istota nie dorównywała urodą. Sam Agni oczarowany jej widokiem przybrał formę bramina i udał się do króla Durjodhany, aby prosić go o jej rękę. Król jednakże nie chciał oddać swej córki za żonę biednemu braminowi, który, jak sądził, nie dorównywał mu pozycją, i urażony jego odmową Agni odmówił przybycia na jego wielki ryt ofiarny. Król bardzo się tym zmartwił i rzekł do asystujących w rytuale braminów: 'O bramini, spróbujcie odkryć, jaki grzech został popełniony przez was lub przeze mnie, że w jego rezultacie Agni opuścił moje rytuały, tak jak dobro dane niegodziwcowi, opuszcza dobroczyńcę, nie przynosząc mu zasług. Wielki to musi być grzech, skoro Agni się ukrył. Zbadajcie, proszę, tę sprawę'.

Bramini po usłyszeniu królewskich słów uczynili przysięgę milczenia i ze skoncentrowanym umysłem oddawali cześć Ogniowi. Boski nosiciel ofiary Agni, jasny jak jesienne słońce, ukazał się przed nimi odziany w swoją świetlistość. Rzekł: 'O bramini, chciałem pojąć córkę króla Durjodhany za żonę, lecz król odmówił mi jej ręki'. Zadziwieni jego słowami bramini zanieśli wiadomość do króla Durjodhany, który z radosnym sercem rzekł: 'O bramini, niech tak się stanie'. W zamian za oddanie Ogniowi swej córki za żonę poprosił go o dar. Rzekł: 'O Agni, bądź dla nas łaskawy i pozostań z nami na zawsze'. Agni rzekł: 'O królu, niech tak się stanie'. I począwszy od tego momentu, Agni był zawsze obecny w królestwie Mahiszmati, aż po dzień, gdy zobaczył go tam Pandawa Sahadewa, gdy udał się na południe, celem podporządkowania Judhiszthirze znajdujących się tam królestw (zob. *Mahabharata*, ks. II, Sabha Parva, opow. 12. p. 10).

Król Durjodhana oddał więc swą odzianą w nowe suknie i klejnoty córkę Agni za żonę, postępując zgodnie z wedyjskimi rytami. Agni przyjął ją tak jak oczyszczone masło wlewane weń podczas ofiary. Jej uroda, gracja, charakter i wysokie urodzenie cieszyły go i dał jej syna o imieniu Sudarśana. Syn ten był piękny jak księżyc w pełni i jeszcze za młodu zdobył całą wedyjską wiedzę. W tym samym czasie żył na ziemi król o imieniu Oghawat, który był dziadkiem Nrigi. Miał on córkę o imieniu Oghawati, piękną jak bogini, i syna Ogharatha. Król ten oddał swoją córkę za żonę Sudarśanie. Sudarśana, żyjąc ze swoją żoną na polach Kurukszetry, prowadził domowy tryb życia, czyniąc ślub, że swą pobożnością i praktykowaniem cnoty gościnności pokona śmierć. Rzekł do swej żony: 'O piękna, powinnaś zawsze spełniać wszystkie życzenia gości, którzy przybędą do naszego domu, wypełniając ściśle obowiązki gościnności. Nie powinnaś mieć żadnych skrupułów co do środków, dzięki którym można gościa zadowolić i powinnaś uczynić to, o co prosi, nawet gdyby zapragnął, abyś oddała mu samą siebie. Nie zapominaj nigdy o uczynionym przeze mnie ślubie gościnności, gdyż gościnność i spełnianie życzeń gości jest najwyższą cnotą osoby prowadzącej domowy tryb życia. Jeżeli masz we mnie wiarę, pamiętaj o tym, żeby nigdy nie ignorować życzeń gościa bez względu na to, czy jestem u twego boku, czy też jestem nieobecny. Pamiętaj o tym zawsze, i nie miej nigdy wątpliwości co do autorytetu moich słów'. Oghawati rzekła: 'O mężu, jestem tobie zawsze posłuszna i nigdy nie zaniedbam uczynienia tego, co mi rozkazałeś'.

Tymczasem Mritju (Śmierć) znając przysięgę Sudarśany i pragnąc go dosięgnąć, zaczął go obserwować, szukając w nim jakichś uchybień. Pewnego dnia gdy Sudarśana udał się do lasu, aby zebrać drzewo potrzebne do utrzymania ognia, do jego domu przybył pewien bramin szukając gościnności. Rzekł do Oghawati: 'O piękna, jeżeli masz wiarę w cnotę gościnności, ugość mnie zgodnie z rytami opisanymi w *Wedach*'. Piękna księżniczka wykonała odpowiednie ryty powitalne prosząc go, aby usiadł i ofiarując mu wodę do umycia stóp. Zapytała: 'O braminie, jaki jest cel twojej wizyty i co mogę dla ciebie uczynić?' Bramin rzekł: 'O błogosławiona, to ty jesteś moim celem. Jeśli więc chcesz wypełnić obowiązek gościnności nakazany tym, którzy prowadzą domowy tryb życia, zadowól mnie, ofiarując mi bez chwili wahania w swym umyśle samą siebie, bo tego pragnę'. Cnotliwa Oghawati próbowała zmienić jego zamiar, oferując mu inne rzeczy w zamian, lecz bramin powtarzał swą prośbę o ten sam dar, którym była ona sama. Widząc jego upór i pamiętając o słowach swego męża, choć pokonana przez wstyd i nieśmiałość, rzekła: 'O braminie, skoro takie jest twoje pragnienie, niech tak się stanie'. I mając w pamięci słowa swego męża, który ślubował zdobycie tej najwyższej cnoty gospodarza, jaką jest gościnność, radośnie ofiarowała samą siebie temu bramińskiemu gościowi.

Tymczasem syn Agni Sudarśana, któremu Mritju o ognistej i nieubłaganej naturze nieustannie towarzyszył jak wierny przyjaciel, uzbierał wystarczającą ilość drewna potrzebnego do podtrzymania ognia i powrócił do swego domu. Zdziwiony, że jego żona nie wychodzi mu na powitanie, zawołał ją kilkakrotnie po imieniu, lecz nikt nie odpowiedział. Rzekł: 'O żono, gdzie jesteś?' Jego cnotliwa i oddana mu żona nie odpowiedziała, leżąc w tym czasie w uścisku bramina. Zaiste, ta cnotliwa kobieta uważając siebie za zanieczyszczoną, milczała całkowicie pokonana przez wstyd.

Sudarśana nie zaprzestawał szukania swej żony, wołając: 'O moja cnotliwa i oddana mi żono, gdzie się udałaś? Czy może być dla mnie coś gorszego od twojego zniknięcia? Dlaczego nie odpowiadasz dzisiaj na moje wołanie tak jak zawsze i nie witasz mnie ze słodkim uśmiechem?' W odpowiedzi, zamiast głosu swej żony, usłyszał dobiegający z wnętrza domu głos bramina: 'O synu Agni, jestem braminem i przybyłem do twego domostwa, szukając gościnności. Twoja żona ofiarowała mi różne dary na powitanie, lecz ja pragnąłem tylko tego, aby otrzymać od niej w darze ją samą. I ta kobieta o pięknej twarzy, mając na uwadze cnotę gościnności, zgodziła się na ofiarowanie mi siebie i właśnie w tej chwili jest zaangażowana razem ze mną w realizowanie miłosnego rytu. Jesteś jej mężem, uczyń więc teraz to, co uważasz za stosowne'.

Mritju uzbrojony w żelazną maczugę podążał za synem Agni Sudarśaną aż do tego momentu, pragnąc przynieść mu zniszczenie, gdyż, jak sądził, w tej sytuacji złamie on swoją przysięgę gościnności. Jednakże Sudarśana, choć zdumiony tą sytuacją, szybko oczyścił się z zazdrości i gniewu wywoływanego widokiem, słowem, czynem lub myślą, i rzekł: 'O braminie, mam nadzieję, że kontakt z moją żoną cieszy cię w takim samym stopniu, jak zwykł cieszyć mnie. Ofiaruję ją tobie, praktykując cnotę gościnności, dzięki której gospodarz i głowa domowego ogniska gromadzi najwyższe zasługi. Mędrcy mówią, że zbiera on największe zasługi wówczas, gdy gość opuszcza jego dom zadowolony, gdyż został przez niego właściwie uhonorowany. Zadedykowałem więc na użytek gości całe moje życie, jak i moją żonę i wszystkie inne ziemskie posiadłości, które do mnie należą. Taką uczyniłem przysięgę. To, co mówię, jest szczere i dzięki tej prawdzie poznałem swoją jaźń. Pięć «wielkich» elementów (ziemia, woda, ogień, wiatr i przestrzeń), umysł, rozumienie, dusza, Czas, jak i pięć zmysłów i pięć organów działania są zawsze w ciele człowieka obecne, i są świadkami jego dobrych i złych czynów. Jeżeli to, co mówię, jest prawdą, niech bogowie mnie pobłogosławią, a jeżeli jest fałszem, niech mnie zniszczą'.

Gdy skończył mówić, dał się słyszeć dochodzący z nieba bezcielesny głos, odbijający się echem we wszystkich kierunkach: 'O Sudarśana, to, co mówisz, jest prawdą'. W tym samym momencie odwiedzający jego dom bramin, wołając Sudarśanę po imieniu, wypłynął z wnętrza jego domu jak wiatr, który okrąża ziemię i niebiosa powodując, że trzy światy wypełniają się echem wedyjskich sylab. Rzekł do Sudarśany: 'O ty, który jesteś oddany Prawdzie, chwała tobie! Jestem Dharmą. Przybyłem tutaj do twego domostwa, aby cię poddać próbie. Jestem z ciebie bardzo zadowolony stwierdziwszy, że jesteś prawdziwie oddany cnocie gościnności. Praktykując ją, osłabiłeś i pokonałeś Mritju, który zawsze ci towarzyszył, czekając na złamanie przysięgi, aby przynieść tobie śmierć. We wszystkich trzech światach nie ma nikogo takiego, kto byłby zdolny do obrażenia twej nieskazitelnej i oddanej tobie żony choćby spojrzeniem, a tym bardziej dotykiem. Jej prawość i czystość ochrania ją przed skalaniem. Nie może więc być nic, co zaprzeczałoby jej słowom. Ta święta kobieta odziana w surowe umartwienia dla zbawienia świata przemieni się w potężną rzekę. Ty sam zdołasz dotrzeć do wszystkich światów, nie opuszczając swego ciała, a ta błogosławiona Pani dzięki swej jodze będzie podążać za tobą w połowie swej cielesnej osoby, podczas gdy w drugiej swej połowie będzie czczona na polach Kurukszetry jako rzeka Oghawati. Razem z nią osiągniesz wszystkie światy zdobywane umartwieniami. Bez opuszczania swego ciała dotrzesz do tych wiecznych światów, z których nie powraca się już na ziemię. Pokonałeś Śmierć i zdobyłeś najwyższą błogość. Osiągając mocą swego umysłu szybkość myśli, wzniosłeś się ponad pięć «wielkich» elementów. Dzięki upartemu wypełnianiu obowiązków domowego trybu życia pokonałeś swoje namiętności, pragnienia i gniew, a twoja żona, służąc tobie, pokonała nieszczęście, pragnienie, iluzję, wrogość i znużenie umysłu' ".

Bhiszma kontynuował: „O Judhiszthira, gdy Dharma skończył mówić, pojawił się Indra na swym rydwanie zaprzężonym do tysiąca białych ogierów. Śmierć i dusza, wszystkie światy, wszystkie elementy, rozumienie, umysł, Czas, przestrzeń, pragnienie i gniew zostały pokonane. Zapamiętaj więc sobie, że dla osoby żyjącej w zgodzie z domowym trybem życia najwyższą boskością jest gość. Mówi się, że na drodze do szczęścia błogosławieństwo właściwie uhonorowanego gościa jest skuteczniejsze od zasług płynących z setki ofiar. Zasługujący na honory gość, który nie został właściwie uhonorowany przez gospodarza, zabierze mu wszystkie zasługi, zostawiając mu w zamian swe grzechy".

3. O przeszłych wydarzeniach, dzięki którym król Wiśwamitra zdołał zdobyć za życia bramińskość

Bhiszma rzekł: „O Judhiszthira, powtórzyłem tobie starożytną opowieść o tym, jak Sudarśana, praktykując cnotę gościnności, pokonał Śmierć. Samo słuchanie tej opowieści oczyszcza ze zła. O czym jeszcze chcesz posłuchać?"

Judhiszthira rzekł: „O Bhiszma, opowiedz mi o tym, w jaki sposób król Wiśwamitra zdołał zdobyć za życia bramińskość, której wojownik, waiśja i szudra nie mogą zdobyć bez uwolnienia najpierw z ciała swej duszy. Czy jakieś przeszłe wydarzenia predestynowały go do zdobycia tego wielkiego sukcesu, czy też faktycznie osiągnął go całkowicie własnym wysiłkiem? Mędrcy opowiadają o sile jego ascezy i jego wielkich osiągnięciach. I tak na przykład opowiadają o tym, jak ten potężny król, rywalizując z riszim Wasisztą, mocą swej ascezy zabił setkę jego synów i jak ulegając gniewowi, stworzył całą mnogość złych duchów i rakszasów o wielkiej sile równie groźnych jak niszczący wszystko Czas (Kala). Choć syn Wasiszty rzucił na niego klątwę, że będzie żywił się nieczystym psim mięsem, uwolnił się od niej dzięki łasce Indry, którego zadowolił. Wasiszta z rozpaczy po śmierci swych synów i ze strachu przed nim związał się ongiś z pomocą długiego pnącza i rzucił się do rzeki, lecz rzeka uwolniła go od krępujących go więzów i wyrzuciła go na brzeg, zyskując w ten sposób imię Wipasa (uwalniająca od więzów). Wiśwamitra był założycielem wielkiego i słynnego bramińskiego rodu Kauśika, liczącego setki mędrców. Wychwalany przez braminów przyniósł ongiś wolność ascecie o imieniu Szunahszepa, synowi Ricziki, który miał zostać zabity jako zwierzę ofiarne w wielkim rycie ofiarnym. Po zadowoleniu bogów ofiarą otrzymał go za syna i dał mu imię Dewarata. Mocą jego klątwy jego pięćdziesięciu synów i braci Dewaraty spadło do statusu czandalów (niedotykalnych) z powodu odmowy oddawania należytych honorów swemu starszemu bratu Dewaracie. Również syn króla Ikszwaku, Trisanku, w wyniku jego klątwy stał się czandalą, lecz gdy został porzucony przez przyjaciół i tkwił zawieszony głową w dół w niższych regionach, został żywcem przeniesiony do nieba. Podobnie mocą jego klątwy nimfa Rambha przemieniła się w kamień za zakłócanie jego religijnych praktyk na brzegu rzeki Kauśika, którą często odwiedzali również bogowie. Wiśwamitra zdobył bramińskość i zamieszkując w północnej części nieba, czerpie jasność ze swego położenia wśród siedmiu niebiańskich mędrców (konstelacja Wielkiej Niedźwiedzicy) oraz Dhruwy (Gwiazda Polarna) syna Uttanpady. Opowiedz mi, proszę, w jaki sposób ten wielki człowiek zdołał on osiągnąć za życia swoją bramińską moc, choć urodził się w kaście wojowników?"

Bhiszma rzekł: „O Judhiszthira, posłuchaj więc tego, co mam do powiedzenia o przeszłych wydarzeniach, które umożliwiły Wiśwamitrze osiągniecie przez swą religijną praktykę wielkiej duchowej mocy i zdobycie bramińskości.

W dawnych czasach żył na ziemi prawy król o imieniu Adżamida, który zwykł sponsorować wiele rytuałów ofiarnych. Miał on syna o imieniu Dżahnu, który z kolei miał córkę Gangę i syna Sindhudwipę. Sindhudwipa był wielkim królewskim mędrcem, a jego syn Walakaswa był jak drugi bóg Prawa Dharma w swej ucieleśnionej formie, a jego wnuk Kauśika błyszczał sławą jak drugi Indra. Synem Kauśiki był słynny król Gadhi, który był bezdzietny i pragnąc otrzymać syna, udał się do lasu, aby praktykować tam ascezę. W czasie gdy tam przebywał, jego żona urodziła mu córkę Satjawati, której nikt na całej ziemi nie dorównywał urodą. Syn mędrca Cjawany z rodu Bhrigu o imieniu Riczika, gdy ją zobaczył, zapragnął pojąć ją za żonę, lecz jej ojciec wiedząc, że Riczika jest biedny, nie chciał się na to zgodzić. Bojąc się jednak bramińskiej klątwy, rzekł na pożegnanie: 'O braminie, oddam ci moją córkę za żonę pod warunkiem, że mi odpowiednio za małżeństwo z nią zapłacisz'. Riczika zapytał: 'O królu, jakiego rodzaju zapłaty oczekujesz ode mnie?' Gadhi, przekonany o tym, że Riczika nie zdoła zrealizować danego mu zadania, rzekł: 'O potomku Bhrigu, daj mi tysiąc gniadych ogierów w kolorze księżyca, szybkich jak wiatr, z których każdy ma jedno ucho czarne'.

Riszi Riczika wiedząc, że bez boskiej pomocy zadanie to jest nie do wykonania, zwrócił się z błagalną prośbą do syna Aditi, Pana wód Waruny. Rzekł: 'O najlepszy z bogów, proszę cię, obdaruj mnie tysiącem gniadych koni z jednym uchem czarnym, abym mógł pojąć za żonę córkę króla Gadhi'. Waruna rzekł: 'O braminie, niech tak się stanie. Obiecuje tobie, że znajdziesz je tam, gdzie będziesz ich szukał'. I jak tylko Riczika pomyślał o koniach, natychmiast ujrzał tysiąc krewkich ogierów w kolorze księżyca wyłaniających się na jego oczach z wód Gangesu. To święte miejsce znajdujące się niedaleko Kanjakuwji, gdzie ukazały się te konie, jest czczone po dziś dzień i w konsekwencji tego cudu jest znane jako *aświatirtha*. Riczika zadowolony z daru Waruny oddał zdobyte konie królowi Gadhi jako zapłatę za jego córkę. Król Gadhi zadziwiony tym, że Riczika zdobył to, czego uzyskanie wydawało się mu niemożliwe, bojąc się jego klątwy, oddał mu swoją ozdobioną klejnotami córkę za żonę, wykonując wszystkie nakazane ryty.

Tak jak Riczika był zadowolony ze swej żony, tak Satjawati była zadowolona z tego, że została żoną bramina. Pewnego dnia Riczika odziany w potęgę swej ascezy zaoferował żonie spełnienie jej jednej prośby. Księżniczka zwierzyła się z tego swej matce, która rzekła do córki stojącej przed nią ze skromnie spuszczonymi oczami: 'O córko, od dawna bardzo pragnę mieć syna. Twój mąż zgromadził wielką potęgę dzięki swej ascezie, poproś go więc o syna dla mnie'. Gdy Satjawati przekazała prośbę swej matki mężowi, Riczika rzekł: 'O błogosławiona, niech stanie się to, o co prosisz. Zarówno twoja matka, jak i ty sama urodzicie potężnego syna, który będzie miał wszystkie zalety i twój syn unieśmiertelni mój ród. Stanie się tak, jak mówię, bo moje usta nie kłamią. Pamiętaj tylko o tym, że w okresie, w którym będziecie gotowe do poczęcia i po oczyszczeniu się kąpielą, twoja matka powinna objąć święte drzewo *pipul* (drzewo mądrości), podczas gdy ty powinnaś objąć drzewo figowe. Musicie również spożyć przygotowaną przeze mnie porcję ryżu, uświęconą świętymi hymnami (*czaru*), ofiarując ją najpierw bogom w codziennym rytuale ofiarnym. Gdy zrobicie tak, jak mówię, wasze życzenie spełni się i każda z was urodzi syna'.

Satjawati, ucieszona słowami męża powtórzyła je matce. Matka rzekła: 'O córko, bądź mi posłuszna, gdyż będąc twoją matką, zasługuję bardziej na twoje posłuszeństwo niż twój mąż. Posłuchaj więc mych słów. Daj mi tę porcję ryżu, którą twój mąż przygotował dla ciebie uświęcając ją mantrami, a ty sama spożyj moją porcję. Zamieńmy się również drzewami, które dla nas wyznaczył. Każdy bowiem pragnie dla siebie syna, który jest pod każdym względem najwspanialszy i bez skazy. Twój mąż, przygotowując dla każdej z nas porcję ryżu, musiał działać, kierując się tym samym pragnieniem. Z tego to powodu moje serce skłania się ku porcji ryżu i drzewa wyznaczonego dla ciebie. W ten sposób otrzymasz ode mnie wspaniałego brata'.

Wkrótce Satjawati i jej matka poczuły się ciężarne. Riczika, patrząc na swoją żonę w tym stanie, rzekł: 'O moja słodko uśmiechająca się żono, nie uczyniłaś dobrze, zamieniając ze swą matką porcje ryżu, które dla was przygotowałem oraz drzewa, które dla was wyznaczyłem. W twojej porcji ryżu umieściłem bowiem całą zgromadzoną przeze mnie bramińską moc, a w porcji przeznaczonej dla twej matki całą energię wojownika. I teraz, ponieważ zamieniłyście się porcjami ryżu, twoja matka urodzi syna o mocy bramina, a twój syn będzie posiadał moc wojownika i dokona wielu przeraźliwych synów. Widzisz więc sama, że nie uczyniłaś dobrze, ulegając swej miłości do matki'.

Satjawati, słysząc słowa swego męża, osunęła się bez zmysłów na ziemię jak piękne pnącze przecięte na pół. Wkrótce po odzyskaniu przytomności schylając pobożnie głowę przed swym mężem, rzekła: 'O wielki riszi, wśród tych, którzy znają *Wedy*, ty jesteś największy. Miej litość dla mnie, twojej żony i rozporządź tak, aby mój syn nie był wojownikiem lecz braminem. Jeżeli jest to faktycznie twym życzeniem, niech raczej mój wnuk urodzi się jako wojownik, który zasłynie ze swych przeraźliwych czynów. Zagwarantuj mi, proszę, ten dar'. Riczika rzekł: 'O moja piękna żono, niech tak się stanie'.

Gdy nadszedł na to właściwy czas, Satjawati urodziła syna, który zasłynął pod imieniem Dżamadagni, którego synem był słynny bramin-wojownik Paraśurama, podczas gdy jej matka i żona króla Gadhi urodziła Wiśwamitrę, który, choć urodził się w kaście wojowników, zdobył za życia bramińskość i stał się założycielem słynnego bramińskiego rodu. Jego synowie dali początek licznym bramińskim rodom oddanym praktykowaniu ascezy i studiowaniu *Wed*".

Bhiszma zakończył swe opowiadanie, mówiąc: „O Judhiszthira, odpowiadając na twoje pytanie, opowiedziałem tobie o przeszłych wydarzeniach, dzięki którym praktykujący ascezę i pobożny Wiśwamitra zdołał zdobyć bramińskość, choć urodził się w kaście wojowników. Stało się tak dzięki temu, że riszi Riczika umieścił w nim swoją najwyższą bramińską energię za pośrednictwem porcji ofiarnego ryżu, który spożyła jego matka. Stąd też skupiła się w nim cała energia słońca, księżyca i ognia".

4. O tym, jak papuga dzięki swej ascezie i współczuciu spowodowała powrót drzewa do życia

Judhiszthira rzekł: „O Bhiszma, ty sam wiesz o religii wszystko. Powiedz nam teraz, proszę, czy dzięki współczuciu i pobożności można odmienić czyjś los".

Bhiszma rzekł: „O Judhiszthira, w odpowiedzi na swoje pytanie posłuchaj starożytnej opowieści o papudze o imieniu Śuka, która zasłynęła ze swej pobożności i współczucia do uschniętego drzewa i o jej rozmowie z Indrą.

W odległych czasach pewien ptasznik mieszkający w królestwie Kasi, mając w swym kołczanie zatrute strzały, wyruszył na wędrówkę w poszukiwaniu antylop. Wędrując po lesie, zobaczył w niewielkiej odległości od siebie stado antylop i wypuścił strzałę w ich kierunku. Strzała nie dotarła jednak do celu, lecz przeszyła wielkie leśne drzewo. Potężne drzewo uderzone zatrutą strzałą zaczęło usychać, tracąc wszystkie liście. Pewna prawa i wdzięczna drzewu papuga, która całe swe życie żyła w dziupli na tym drzewie, z miłości do drzewa nie chciała opuścić swego gniazda. Siedząc bez ruchu w swym gnieździe, smutna i bez jedzenia, usychała razem z drzewem. Indra, widząc tego ptaka o wielkiej duszy, hojnym sercu i silnej woli, obojętnego wobec tego, co nim będzie, był tym zadziwiony. Pomyślał: 'Skąd ten ptak ma w sobie to szlachetne uczucie współczucia właściwe dla człowieka, które zdaje się być nieznane tym, którzy należą do świata niższych zwierząt. Być może jednak nie ma w tym nic zadziwiającego i wszystkie żywe istoty są zdolne do przejawiania życzliwych i wielkodusznych uczuć w stosunku do innych'.

Indra, zadziwiony swą obserwacją, przybrał formę bramina, zszedł na ziemię i ukazując się przed papugą, rzekł: 'O Śuka, należysz do potomstwa wnuczki Dakszy i jesteś najlepszym z ptaków. Powiedz mi, z jakiego powodu nie opuściłeś tego uschniętego drzewa?'

Śuka pełen szacunku pokłonił się przed Indrą i rzekł: 'O królu bogów, witaj. Wiem, że to ty, rozpoznałem cię bowiem dzięki zasługom, które zgromadziłem swoją ascezą'.

Indra rzekł: 'O Śuka, wspaniale! Zdobyłeś prawdziwie głęboką wiedzę'. I choć wiedział, że papuga posiada wysoce prawy charakter i jest prawa w swych działaniach, ciągle pragnął dowiedzieć się, jaki jest powód jej miłości do tego drzewa. Rzekł: 'O Śuka, to drzewo uschło, nie ma na nim ani liści, ani owoców, nie nadaje się więc na miejsce zamieszkiwania dla ptaków. Dlaczego tak kurczowo się go trzymasz? Las, w którym mieszkasz, jest ogromny i ma wiele innych pięknych i olbrzymich drzew, których gałęzie są pokryte liśćmi i w których jest wiele dziupli do wyboru. Porzuć lepiej to drzewo, które jest martwe, straciło wszystkie liście i stało się bezużyteczne'.

Prawy Śuka, słysząc te słowa Indry, westchnął głęboko i rzekł: 'O królu bogów, posłuchaj, co mam w tej sprawie do powiedzenia. Urodziłem się na tym drzewie i mieszkając w tej dziupli byłem ochraniany w dzieciństwie przed wrogami i rozwijałem dobre cechy mojego charakteru. Dlaczego więc próbujesz zmienić kierunek mojego życia? Współczuję innym i jestem nastawiony na dobre i nieugięte postępowanie. Wśród tych, którzy są dobrzy, to ludzkie uczucie życzliwości jest uważane za oznakę cnoty i źródło wiecznego szczęścia. Choć masz pozycję władcy bogów i bogowie proszą cię o rozwianie ich religijnych wątpliwości, to jednak nie wypada tobie doradzać mi, który cię o to nie prosi, abym opuścił to drzewo na zawsze. Co do słuszności swego postępowania nie mam bowiem żadnych wątpliwości. Drzewo to, zanim uschło, utrzymywało mnie przy życiu. Jakże mam je teraz porzucić?'

Indra, zadowolony ze słów papugi, rzekł: 'O Śuka, zadowoliłeś mnie swoją zdolnością do współczucia i innymi czysto ludzkimi skłonnościami. Poproś mnie więc o dar'.

Śuka rzekł: 'O Indra, niech to drzewo odżyje, o to cię proszę'.

Indra, zadowolony z uczuć papugi, oblał drzewa dającym życie nektarem i w ten sposób, dzięki ascezie papugi, która u kresu swego życia zdobyła towarzystwo Indry, i dzięki jej umiejętności współczucia, drzewo ożyło na nowo i urosło do ogromnych rozmiarów".

Bhiszma zakończył swe opowiadanie, mówiąc: „O Judhiszthira, dzięki łączeniu się i przebywaniu w towarzystwie pobożnych istot zdobywa się to, czego się pragnie, tak jak to drzewo, które odzyskało swą wspaniałość dzięki temu, że dało dom tej pobożnej papudze".

5. O zależności otrzymywanych rezultatów od połączenia indywidualnych starań z przeznaczeniem

Judhiszthira rzekł: „O Bhiszma, cytowane przez ciebie opowieści sugerują, że zarówno przeznaczenie, jak i podejmowany przez jednostkę wysiłek mają wpływ na rezultaty teraźniejszego działania. Powiedz mi, proszę, w czym jest większa siła: w wysiłku czy w przeznaczeniu?"

Bhiszma rzekł: „O Judhiszthira, w odpowiedzi na to pytanie posłuchaj starożytnej opowieści o rozmowie między riszim Wasisztą i Brahmą.

Ongiś, w odległych czasach, Wasiszta zapytał Brahmę o to, co jest potężniejsze w nadawaniu kształtu ludzkiemu życiu: *karma* (działania) gromadzona w aktualnym życiu, czy też *karma* nabyta w poprzednim życiu nazywana przeznaczeniem. W odpowiedzi na to pytanie Brahma, który wypłynął z pierwotnego Lotosu, wypowiedział następujące dobrze uzasadnione i pełne znaczenia słowa: 'O Wasiszta, bez nasienia nic nie może zaistnieć, bez nasienia nie ma owoców. Z owoców rodzą się nowe nasiona, a z nich rodzą się nowe owoce. Zbierane przez człowieka dobre lub złe owoce zależą zarówno od jakości nasion, jakie zasieje na swym polu, jak i od tego, jak przygotuje ziemię. Przeznaczenie nie przyniesie rezultatu bez wysiłku jednostki. Nawet najlepsze nasiona giną w niezaoranej ziemi, a zaorana ziemia nie rodzi owoców bez nasion. Działania jednostki w jej obecnym życiu są jak uprawiana ziemia, podczas gdy przeznaczenie (nagromadzone skutki działań w przeszłym życiu) jest jak nasiona. Uzyskiwany plon wynika z połączenia zaoranej ziemi z nasieniem.

Na tym świecie obserwuje się na co dzień, jak działający zbiera plon swych przeszłych dobrych i złych uczynków, jak szczęście wypływa z dobrych uczynków, a nieszczęście ze złych. Działania, gdy zostają wykonane, zawsze rodzą owoc. Owoce nie powstają tylko wtedy, gdy działania zostają zaniechane. Człowiek dobrych uczynków gromadzi zasługi i w ten sposób zdobywa w przyszłym życiu dobry los, podczas gdy ten, który wykonuje grzeszne czyny, szkodzi sam sobie i zbiera zło, tak jak ten, kto zamiast lekarstwem zalewa swoją ranę trucizną. Pobożne działania są środkiem do zdobycia piękna, dobrego losu i bogactwa różnego rodzaju. Dzięki wysiłkowi można zapewnić sobie wszystko, podczas gdy samo przeznaczenie bez towarzyszącego mu wysiłku nie przyniesie nikomu nic. To dzięki swemu dobrze ukierunkowanemu wysiłkowi jednostka zdobywa niebo, wszystkie przedmioty przyjemności, jak i spełnienie życzeń. Wszystkie ciała niebieskie świecące na niebie, słońce, księżyc, jak i bogowie, demony asury czy nagowie zdobyli swą wysoką pozycję własnym wysiłkiem, wznosząc się ponad poziom człowieka. Ci, którzy nie podejmują odpowiednich starań, nie zdołają zdobyć ani bogactwa i przyjaciół, ani pomyślności przenoszonej z pokolenia na pokolenie. Bramin zdobywa pomyślność poprzez pobożne życie, wojownik swą odwagą, waiśja pracą, a szudra swoją służbą. Bogactwo i inne przedmioty przyjemności wymykają się tym, którzy są skąpi, nieudolni czy leniwi. Nie zdoła ich też zdobyć ten, kto jest bierny, lękliwy i nie praktykuje religijnej ascezy. Nawet sam Wisznu, który stworzył wszystkie trzy światy łącznie z zamieszkującymi je bogami i asurami, był oddany praktykowaniu surowych umartwień na łonie wód.

Gdyby czyjaś *karma* (działania) nie rodziła owocu, wszelkie starania byłyby bezowocne i ludzie, licząc jedynie na przeznaczenie, popadliby w bezczynność. Ten, kto nie podąża za ludzkimi sposobami działania, licząc jedynie na wyrok losu, czeka na próżno, tak jak żona impotenta czekająca na dziecko. Nie należy nigdy rezygnować z podejmowania wysiłku, aby poprawić swój przyszły los. Gdy czyjeś przeznaczenie na tym świecie jest niekorzystne, nie powinien odczuwać z tego powodu lęku, lecz powinien troszczyć się o swój następny świat, pamiętając o tym, że tam nie można zdobyć szczęścia, jeżeli nie wykona się zawczasu prawych działań na tym świecie. Ludzki wysiłek właściwie użyty goni jedynie za przeznaczeniem, lecz samo przeznaczenie jest niezdolne do zagwarantowania dobra bez wystarczającego wysiłku. Skoro w niebiańskich regionach nawet miejsce samych bogów nie jest stabilne, przeto w jaki sposób mogliby oni utrzymać swoją pozycję lub pozycję innych osób bez właściwej *karmy*? Bogowie, obawiając się utraty swej pozycji, nie zawsze pochwalają dobre uczynki innych na tym świecie i próbują pokrzyżować ich plany. Istnieje bezustanna rywalizacja między bogami i asurami, i skoro wszyscy muszą odcierpieć swą *karmę*, nie można nigdy dowieść, że coś takiego jak przeznaczenie nie istnieje, gdyż to ono jest tym, co wdraża w życie wszelką *karmę*. Gdy ktoś zapyta o to, jakie jest źródło *karmy*, skoro pierwotną sprężyną ludzkiego działania jest przeznaczenie, odpowiedź brzmi, że to właśnie w ten sposób dokonuje się przyrost wielu cnot nawet w niebiańskich regionach. Czyjaś jaźń jest zarówno jego przyjacielem, jak i wrogiem, będąc świadkiem jego złych i dobrych czynów. Zło i dobro przejawia się poprzez *karmę*, nie dając natychmiast i bezpośrednio adekwatnych wyników. Prawość jest ucieczką dla bogów i poprzez prawość zdobywane jest wszystko. Człowiekowi, który zdobył cnotę prawości, przeznaczenie nie popsuje szyków.

W odległych czasach król Jajati po wyczerpaniu swych zasług upadł z nieba na ziemię, lecz odzyskał swoją pozycję w niebie dzięki dobrym uczynkom swych wnuków. Królewski mędrzec Pururawas, słynny potomek Ili oddający cześć braminom zdobył niebo dzięki ich wstawiennictwu, podczas gdy król Kosalów Saudasa, choć uszlachetniony przez wykonanie Ofiary Konia i innych ofiar, z powodu klątwy pewnego wielkiego bramina zdobył status żywiącego się ludzkim mięsem rakszasy. Aśwatthaman i Paraśurama, obaj wojownicy i synowie mędrców, nie zdobyli nieba z powodu swych krwawych uczynków dokonanych na tym świecie. Król Wasu z kolei, choć tak jak Indra wykonał setkę ofiar, spadł na dno piekła z powodu jednego fałszywego stwierdzenia faworyzującego bogów. Syn Wiroczany Wali został wysłany do podziemnych regionów mocą Wisznu z powodu swojej obietnicy. Król Dźanamedźaja, który podążał śladem Indry, został pokonany przez bogów za zabicie bramińskiej kobiety. Riszi Waisampajama z powodu zabicia bramina pod wpływem ignorancji i zanieczyszczenia się zabójstwem dziecka został poniżony przez bogów. Królewski mędrzec Nriga z powodu swego złego czynu został zmieniony w jaszczurkę i nie pomogło mu nawet to, że podczas swego wielkiego rytu ofiarnego obdarował braminów krowami. Podobnie król Dhundhumara z powodu swych złych czynów został pokonany przez zniedołężnienie pomimo sponsorowania wielu rytów ofiarnych i tracąc wszystkie swoje zasługi, zasnął w stolicy królestwa Magadhów o nazwie Giriwrdża. Pandawowie także odzyskali swoje utracone królestwo, zabrane im przez potężnych synów króla Dhritarasztry, nie przez zrządzenie losu, lecz dzięki swej waleczności, a święci mędrcy realizujący surowe przysięgi i oddani praktykowaniu umartwień nabyli swoją zdolność do wypowiadania klątw o nadprzyrodzonej mocy dzięki ćwiczeniu swej mocy indywidualnym pobożnym działaniem.

Całe dobro zdobywane z takim trudem na tym świecie, gdy należy do niegodziwców, zostaje szybko przez nich roztrwonione. Przeznaczenie nie pomoże człowiekowi, który tonie w duchowej ignorancji i ubóstwie. Tak jak niewielki ogień w połączeniu z wiatrem staje się wielkim pożarem, tak przeznaczenie w połączeniu z indywidualnym wysiłkiem istotnie zwiększa swój potencjał. Tak jak zamknięcie dopływu nafty do lampy wygasza płomień, tak gaśnie wpływ przeznaczenia, gdy brak działania. Bez działania nawet po otrzymaniu bogactwa, kobiet i wszelkich innych źródeł przyjemności człowiek nie jest zdolny do cieszenia się nimi długo, podczas gdy ten, kto jest uduchowiony i pracowity, potrafi znaleźć nawet to bogactwo, które jest ukryte głęboko pod ziemią i strzeżone przez los. Dom dobrego człowieka, który jest hojny w swych darach i ofiarach, z racji jego dobrego zachowania jest dla bogów jak niebiański świat, który jest lepszy od ludzkiego, lecz dom skąpca, choć wypełniony bogactwem, jest jak dom umarłego. Człowiek nigdy nie znajdzie zadowolenia na tym świecie bez podejmowania wysiłku, a przeznaczenie nie zmieni linii postępowania tego, kto błądzi. Przeznaczenie nie ma więc w sobie nieodłącznej nieuchronności. Tak jak uczeń w swym postępowaniu podąża za swoim postrzeganiem, tak przeznaczenie podąża za wysiłkiem (działaniem) podejmowanym przez jednostki. Ukazuje swoją niewidzialną dłoń jedynie w tych sprawach, w które ktoś angażuje cały swój wysiłek'.

Brahma zakończył swe nauki, mówiąc: 'O Wasiszta, opowiedziałem tobie o zaletach indywidualnego wysiłku, które poznałem dzięki mojemu jogicznemu wglądowi. Człowiek zdobywa niebo dzięki połączeniu przeznaczenia z indywidualnym wysiłkiem. Otrzymywany skutek jest rezultatem tego połączenia'".

Napisane na podstawie fragmentów *Mahābharāta*, Anusasana Parva, Part 1, Section II-VI.

Opowieść 200
O działaniach i ich owocach

1. O owocach dobrych i złych działań; 2. O oddawaniu czci tym, którzy na to zasługują; 3. O skutku niezrealizowania obietnicy danej braminowi; 4. O konsekwencjach nauczania wedyjskich rytów szudrów; 5. O tym, gdzie zawsze mieszka bogini pomyślności; 6. O przyjemności płynącej z bycia mężczyzną i kobietą; 7. O zakazanych działaniach.

> Bhiszma rzekł: „O Judhiszthira, tak jak cielę potrafi rozpoznać matkę wśród setki krów, tak przeszłe działania podążają za człowiekiem we wszystkich jego wcieleniach. Tak jak kwiaty i owoce bez jakieś wyraźnej zachęty pojawiają się we właściwym sezonie, tak zgromadzona poprzednio karma rodzi owoce, gdy nadchodzi na to właściwy czas".

(*Mahābharāta*, Anusasana Parva, Part VII, Section VII)

1. O owocach dobrych i złych działań

Judhiszthira rzekł: „O Bhiszma, wyjaśniłeś mi, że każda żywa istota musi spożyć owoce swych działań w przeszłym życiu i że wykonując dobre działania w obecnym życiu, może zapewnić sobie w przyszłości lepszy los. Takie jest prawo *karmy*. Chciałbym teraz posłuchać o owocach różnych dobrych działań, jak i o tym, w jaki sposób osoba ich doświadcza. Poucz mnie, proszę, w tej sprawie".

Bhiszma rzekł: „O Judhiszthira, posłuchaj więc nauk, które należą do tajemnej wiedzy riszich. Opowiem tobie o tym, co ludzie osiągają po śmierci i w jaki sposób konsumują owoce przeszłych działań. Każde działanie wykonane przez żywą istotę w określonym stanie bycia rodzi owoce konsumowane w przyszłości w podobnym stanie bycia. Owoce działań wykonanych w umyśle są konsumowane podczas marzeń sennych, a wykonanych fizycznie z pomocą organów ciała są konsumowane fizycznie w stanie obudzonym. Dzięki pięciu organom percepcji (zmysły) żaden czyn nie ginie, gdyż pięć zmysłów i nieśmiertelna dusza liczona jako szósta są zawsze ich świadkiem.

Oczy, słuch i serce należy oddać na służbę gościom, należy wypowiadać jedynie przyjemne słowa, spełniać życzenia swych gości i czcić ich. Takie postępowanie nazywa się ofiarowaniem pięciu darów (*pańcadakszina*). Ten, kto da schronienie gościowi i powita go, ofiarując mu wodę do umycia stóp, jedzenie, światło i łoże, w przyszłym życiu otrzyma owoc tej ofiary. Ten, kto ofiaruje dobre jedzenie nieznanemu wędrowcowi zmęczonemu długą podróżą, zbierze wielkie zasługi.

Ten, kto uznaje ołtarz ofiarny za swoje jedyne łoże, w kolejnym życiu otrzyma pałace i wytworne łoża, ten, kto ma jedynie łachmany i korę drzewną za swoje odzienie, otrzyma piękne szaty i klejnoty, a ten, kto praktykuje umartwienia i jogę w obecnym życiu, jako owoc swego wyrzeczenia otrzyma w kolejnym życiu powozy i ciągnące je zwierzęta.

Król, który sypia przy ogniu ofiarnym, zdobędzie w przyszłym życiu siłę i odwagę, a wojownik, który spocznie na polu bitewnym na swym łożu ze strzał, uda się do tych wiecznych regionów, gdzie realizowane są wszystkie pragnienia. Królewska władza przypadnie w udziale temu, kto utrzymuje się przy życiu, żywiąc się owocami i korzonkami, a ten, kto je jedynie liście opadłe z drzew, zdobędzie miejsce w niebie. Królestwo otrzymuje ten bramin o nieskażonej praktyce, który żywi się jedynie wodą, wykonuje nieprzerwanie *agnihotrę* i recytuje *Gajatri*. Ten z kolei, który poznał wszystkie *Wedy*, uwalnia się od niedoli, a ten, który praktykuje czystość myśli, zdobywa niebiańskie regiony.

Ten, kto wyrzeka się smakołyków i zabawy, zdobędzie pomyślność. Ten, kto powstrzymuje się od spożywania mięsa, otrzyma liczne potomstwo i krowy, a ten, kto prowadzi życie samotnika, praktykując ascezę, w przyszłym życiu zdobędzie wszystko, czego zapragnie. Ten, kto obdarowuje tych, którzy na to zasłużyli, zdobędzie bogactwo, a ten, kto dopełnia ślubu milczenia, zapewni sobie w przyszłym życiu posłuszeństwo innych. Ten, kto praktykuje ascezę, zapewni sobie możliwość czerpania z życia przyjemności, a ten, kto praktykuje *brahmacarję* zapewni sobie długie życie. Ten z kolei, kto powstrzymuje się od ranienia innych, zdobędzie piękno, pomyślność i wolność od chorób.

Przez ograniczanie się w jedzeniu i kontrolowanie się w tym względzie, zdobywa się w przyszłym życiu szczęście i miejsce w niebie. Przez ograniczenie jedzenia wyłącznie do ziół, zdobywa się w przyszłym życiu krowy, a poprzez żywienie się wyłącznie trawą zdobywa się niebiańskie regiony. Przez praktykowanie oddania, czynienie ofiar i szlachetność urodzenia zdobywa się niebo. Przez zrealizowanie wyznaczonej diety podczas ofiary i udanie się na trwającą dwanaście lat pielgrzymkę do świętych brodów zdobywa się miejsce w niebie, które przewyższa nawet to, które jest wyznaczone dla herosów. Przez zrzeczenie się seksualnego współżycia ze swoją żoną, ablucje trzy razy dziennie i wdychanie powietrza tylko w celu utrzymania życia zdobywa się zasługi równe tym, które płyną z ofiary.

Do zapewnienia sobie szczęścia w kolejnym życiu jest zdolny tylko ten człowiek, który potrafi wyrzec się intensywnej tęsknoty serca za ziemskim szczęściem i przyjemnością, tak trudnej do pokonania przez głupca, która nie słabnie razem z utratą fizycznych sił i trzyma się kurczowo człowieka jak śmiertelna choroba. Tak jak cielę potrafi rozpoznać matkę wśród setki krów, tak przeszłe działania podążają za człowiekiem we wszystkich jego wcieleniach. Tak jak kwiaty i owoce bez jakiejś wyraźnej zachęty pojawiają się we właściwym sezonie, tak zgromadzona poprzednio *karma* rodzi owoce, gdy nadchodzi na to właściwy czas. Choć wraz w wiekiem włosy człowieka siwieją, zęby wypadają, wzrok traci swą ostrość, pragnienie przyjemności nigdy nie słabnie.

Pradżapati jest zadowolony z tych działań, które zadowalają ojca, Ziemia z tych, które zadowalają matkę, a Brahma z tych, które zadowalają nauczyciela. Cnota jest zadowolona z tego, kto praktykuje wszystkie te trzy rodzaje działań. Odnoszenie się do tych działań z pogardą nikomu nie przynosi pożytku. I tak jak wykonanie rytuału wyciskania somy bez odpowiednich darów czy wlewanie oblacji do ognia bez recytowania wedyjskich hymnów jest bezużyteczne i ma złe skutki, tak samo grzech i zło rodzą się z fałszu w mowie".

2. O oddawaniu czci tym, którzy na to zasługują

Bhiszma rzekł: „O Judhiszthira, odpowiadając na twoje pytanie, przedstawiłem tobie doktrynę owoców zrodzonych z dobrych i złych działań. O czym jeszcze chciałbyś posłuchać?"

Judhiszthira rzekł: „O Bhiszma, powiedz mi, kim są ci, którym należy oddawać cześć i którym należy się kłaniać? Kim są ci, których ty sam darzysz sympatią i przed którymi pochylasz głowę? Ku czemu skłania się twój umysł, gdy spada na ciebie nieszczęście? Wytłumacz mi również, jakie korzyści za życia i po śmierci płyną z narodzin w regionie człowieka?"

Bhiszma rzekł: „O Judhiszthira, jeśli chodzi o mnie, to ja sam największą sympatią darzę duchowo odrodzone osoby, dla których najwyższym bogactwem jest *Brahman*, niebem poznanie duszy, a umartwieniami pracowite studiowanie *Wed*. Moje serce tęskni za tymi, w których rodzie wszyscy, młodzi i starzy, przykładnie znoszą odziedziczony po przodkach ciężar, nie uginając się pod nim. Tęskni również za samo-kontrolującymi się braminami o łagodnej mowie i dobrym zachowaniu, znającymi *Wedy*, którzy, prowadząc dyskusje na godnych szacunku zgromadzeniach, biorą z nich tylko to, co dobre i odrzucają to, co złe i grzeszne. Ich słowa, wypowiadane głosem głębokim jak burzowe chmury, są prawidłowo wypowiedziane, doskonale w sformułowaniach i dobrze wróżące. Wypowiadają te słowa nabrzmiałe zarówno duchową, jak ziemską szczęśliwością w obliczu monarchów na królewskich dworach, przyjmowani tam przez nich z należnymi honorami i słuchani z uwagą. Zaiste, moje serce tęskni za tymi, którzy słuchają słów wypowiadanych na zgromadzeniach i królewskich dworach przez te osoby, które zdobyły wiedzę i mają wszystkie cenione przez innych atrybuty. Moje serce zawsze tęskni też za tymi, którzy chcąc zadowolić braminów, obdarowują ich z wielką czcią smacznym, zdrowym i czystym jedzeniem. Łatwiej jest walczyć podczas bitwy, niż uczynić dar, będąc całkowicie wolnym od próżności i pychy. Choć na tym świecie jest wiele odważnych ludzi i wielu herosów, ten, kto obdarowuje innych we wskazany przeze mnie sposób, jest największym herosem. Ja sam stawiam najwyżej braminów. Gdybym był nawet zwykłym braminem, nie wyróżniającym się niczym, uważałbym siebie za wielkiego, a co dopiero mówić o braminie, który urodził się w słynnym bramińskim rodzie, słynie z dobrego zachowania, praktykuje umartwienia i poszukuje wiedzy".

Bhiszma kontynuował: „O Judhiszthira, choć trudno znaleźć kogoś, kto byłby mi droższy od ciebie i twych braci, to jednak bramini są mi nawet drożsi i właśnie dlatego, że bramini są mi droższi nawet od was, mam nadzieję, że dotrę do tych regionów szczęśliwości, które zdobył mój ojciec Śamtanu. Nawet mój ojciec, dziadek i ktokolwiek inny mojej krwi nie jest mi droższy od braminów. Czynienie dobra na rzecz braminów jest najświętszym z wszystkich świętych czynów. Choć nie oczekuję żadnych nagród w rezultacie oddawania im czci, bo oni po prostu na cześć zasługują, to jednak wiem, że to, iż nie odczuwam bólu z powodu strzał tkwiących w mym ciele, jest konsekwencją tego, co uczyniłem na rzecz braminów w myśli, mowie i uczynku. Ludzie zwykli nazywać mnie tym, który jest oddany braminom i ten sposób zwracania się do mnie bardzo mnie cieszy. Czynienie dobra na rzecz braminów jest najświętszym z wszystkich świętych uczynków. Widzę wiele regionów błogości, czekających na mnie, które są wyznaczone dla osób oddających cześć braminom. Wkrótce udam się do tych regionów na zawsze".

Bhiszma kontynuował: „O Judhiszthira, na tym świecie obowiązki wyznaczone dla kobiet odnoszą się i zależą od ich mężów. Zaiste, dla kobiety mąż jest bóstwem i najwyższym celem wyznaczającym jej dążenia. Tym, czym mąż jest dla żony, bramin jest dla wojownika. W sytuacji, w której istniałby jedynie stuletni wojownik i trzyletnie bramińskie dziecko, to bramińskie dziecko powinno być widziane jako ojciec, a wojownik jako syn, gdyż wśród tych dwóch bramin jest uważany za stojącego wyżej. Tak jak Ziemia, gdy zabraknie na jej łonie braminów, ma wojownika za swego Pana, tak niezamężna kobieta powinna uważać młodszego brata za swego Pana.

Braminów należy ochraniać jak synów i oddawać im cześć jak ojcu i nauczycielowi. Zasługują na to, aby czcić ich tak, jak ogień rozpalany na ołtarzu ofiarnym. Bramini mają w sobie prostotę i prawość. Są oddani Prawdzie, działają zawsze na rzecz dobra wszystkich żywych istot, lecz rozgniewani są jak jadowite węże. Z tych to powodów należy im się zawsze pierwszeństwo i należy ich zawsze traktować z szacunkiem i pokorą.

Nie należy nigdy lekceważyć ani fizycznej i psychicznej energii właściwej dla wojowników, ani siły płynącej z umartwień właściwej dla braminów. Należy raczej omijać ich z daleka. Ich działanie jest szybkie jak piorun. Siła zdobywana umartwieniami przewyższa jednak każdą inną siłę i bramin, który ją zgromadził, swym gniewem potrafi zniszczyć każdy przedmiot bez względu na to, jaką ma on energię. Jednakże zarówno energia fizyczna, jak i siła umartwień, bez względu na to jak są wielkie, zostają zneutralizowane, jeżeli są skierowane przeciw braminowi, który pokonał swój gniew.

Gdy siła fizyczna i siła umartwień zostają skierowane przeciw sobie, każda z nich ulega zniszczeniu. Jednakże podczas gdy fizyczna energia zostaje całkowicie zniszczona, z umartwień zawsze coś pozostaje, bo skutki umartwień nie mogą ulec całkowitemu zniszczeniu. Z tych to powodów wojownik powinien ochraniać *Wedy* i braminów przy pomocy swej siły, tak jak pastuch ochrania swe stado przy pomocy kija. Zaiste, wojownik powinien ochraniać wszystkich prawych braminów, tak jak ojciec ochrania swoich synów. Powinien zawsze troszczyć się o to, aby braminom nie zabrakło środków utrzymania się przy życiu".

3. O skutku niezrealizowania obietnicy danej braminowi

Judhiszthira rzekł: „O Bhiszma, nauczasz mnie, że ludzie zbierają ogromne zasługi, obdarowując braminów. Wytłumacz mi teraz, co się dzieje z tymi, którzy z powodu ogłupienia nie realizują swych obietnic i nie dają braminom daru, jaki obiecali? Jak kończą ci niegodziwcy?"

Bhiszma rzekł: „O Judhiszthira, takie osoby mogą pożegnać się z nadzieją na poprawę swego losu, tak jak eunuch żegna się z nadzieją na potomstwo. Wszystkie ich dobre działania od narodzin aż do śmierci, wszelka libacja wlewana do ognia, umartwienia czy dary pozostają bezowocne. Taka jest opinia tych, którzy poznali pisma. Doszli oni również do wniosku, że takie osoby mogą oczyścić się z grzechu jedynie przez dar tysiąca gniadych koni z jednym uchem czarnym. Dla zilustrowania tego, o czym mówię, pozwól mi zacytować rozmowę między małpą i szakalem, cytowaną często w kontekście pytania takiego jak twoje.

Pewnego dnia małpa, widząc szakala jedzącego martwe zwierzę pozostawione na terenie kremacji zwłok, i pamiętając o tym, że w poprzednim życiu był on tak jak ona człowiekiem i jej przyjacielem, rzekła: 'O szakalu, powiedz mi, cóż za straszliwy grzech popełniłeś w swoim przeszłym życiu, że teraz musisz żywić się padliną?' Szakal rzekł: 'O małpo, nie dałem braminowi daru, jaki mu obiecałem. To z tego powodu jestem obecnie zmuszony do zaspakajania swego głodu padliną, lecz ty sam również upadłeś do świata zwierząt. Powiedz mi, jaki grzech popełniłeś, że w obecnym życiu jesteś małpą?' Małpa rzekła: 'O szakalu, ukradłem owoce należące do braminów. Zaiste, należy powstrzymywać się od takich czynów i należy unikać konfliktu z braminami. Należy również obdarowywać ich tym, co się obiecało'".

Bhiszma kontynuował: „O Judhiszthira, powtórzyłem tobie to, co usłyszałem od mojego nauczyciela, gdy nauczał mnie o tym, co należy wiedzieć o braminach. Podobne stwierdzenia słyszałem również z ust Wjasy i od innych świętych osób. Nie należy nigdy przywłaszczać sobie czegoś, co należy do braminów. Nie wolno ich nigdy poniżać bez względu na to, jak bardzo są biedni i czy są młodzi, czy starzy. To, co zostało im obiecane, powinno być im dane. Wśród wszystkich kast bramini stoją najwyżej i należy zawsze spełniać ich oczekiwania. Bramin, którego oczekiwania nie zostały spełnione, jest jak płonący ogień ofiarny i może z łatwością zniszczyć tego, kto go zawiódł, podczas gdy ten bramin, którego król właściwie obdarował i powitał poprawnie wypowiadanymi słowami, staje się dla króla źródłem dobrodziejstwa. Zamieszkując w jego królestwie, dzięki swej energii jest dla jego królestwa jak lekarz dla chorego lub jak Surja o tysiącu promieniach dla ziemi. Ten, kto pragnie urodzić się ponownie na ziemi na wyższym poziomie istnienia, powinien zawsze spełniać swe obietnice dane braminowi. Ten, kto ich obdarowuje, zapewnia sobie zdobycie najwyższego nieba. Zaiste, czynienie darów należy do działań cenionych najwyżej, a wśród tych, którzy zasługują na dary, najwyżej stoją bramini. Przez obdarowywanie braminów we właściwy sposób i z należną im czcią wzmacnia się siłę bogów i Ojców".

4. O konsekwencjach nauczania wedyjskich rytów szudrów

Judhiszthira rzekł: „O Bhiszma, ścieżka Prawa i obowiązku jest bardzo subtelna i ludzie często mają trudności z jej odczytaniem. Poucz mnie, proszę, czy osoba należąca do wyższego porządku udzielająca osobie niskiego urodzenia instrukcji co do wedyjskich rytów popełnia grzech?"

Bhiszma rzekł: „O Judhiszthira, instrukcje dotyczące pism nie powinny być udzielane osobie należącej do niskiej kasty i ten, kto tak czyni, popełnia grzech. Wyjaśnię ci to, cytując słowa wypowiadane w starożytnych czasach przez mędrców. Posłuchaj więc mego opowiadania o złych konsekwencjach, których doświadczył pewien riszi w rezultacie udzielenia takich instrukcji nisko urodzonej osobie.

Ongiś na górze Himawat znajdowała się pustelnia, która była ulubionym miejscem zamieszkania dla duchowo odrodzonych mędrców. Pustelnia ta była czarownym miejscem otoczonym przez wiecznie kwitnące drzewa, dostarczającym schronienia Siddhom i Czaranom oraz licznym ptakom i zwierzętom. Swym czarem przyciągała również *brahmacarinów*, jak i tych, którzy prowadzili leśny tryb życia i wielu błogosławionych braminów, którzy swą nagromadzoną energią i promienistością przypominali słońce lub ogień. Przebywali tam również asceci realizujący różne przysięgi, oczekujący na uświęcenie uczniowie o oczyszczonych duszach, Walakhiljowie, jak i ci, którzy prowadzili wyrzeczony tryb życia. Dzięki swym mieszkańcom pustelnia ta nieustannie rozbrzmiewała dźwiękami *Wed* i świętych mantr.

Pewnego dnia do pustelni tej przybył pewien szudra znany z tego, że obdarzał współczuciem wszystkie żywe istoty, który został powitany przez ascetów z wszystkimi honorami. Widok ascetów o wielkiej energii przypominających bogów wypełnił serce szudry ogromną radością i zapragnął oddać się w pełni umartwieniom. Kłaniając się do stóp szefa grupy ascetów zwanego *kulapati*, rzekł: 'O odrodzeni duchowo asceci, bardzo pragnę nauczyć się od was praktykowania religijnych obowiązków. Uczyń mi tę łaskę i wykonaj dla mnie odpowiednie ryty inicjujące i wprowadź mnie w ten sposób na ścieżkę wyrzeczenia. Choć jestem szudrą i należę do niskiej kasty, bardzo pragnę tu pozostać i tobie służyć. Pokornie cię proszę, uczyń mi tę łaskę'.

Kulapati rzekł: 'O wędrowcze, jeżeli bardzo tego pragniesz, możesz pozostać w tej pustelni i służyć nam, aby w ten sposób zdobyć wyższe regiony szczęśliwości. Będąc szudrą, nie możesz jednak otrzymać ode mnie tych specjalnych inicjujących rytów, które uprawniają do praktykowania wyrzeczonego trybu życia'.

Pobożny szudra po usłyszeniu tych słów zaczął rozmyślać: 'Cóż mam teraz uczynić? Prawdziwie wielką czcią darzę te religijne obowiązki, które przynoszą zasługi. Uczynię więc to, co jest dla mnie korzystne: będę praktykować wyrzeczenie w sposób odpowiedni dla mojej kasty bez wedyjskich rytów inicjujących'.

Jak pomyślał, tak uczynił. Oddaliwszy się na spory dystans od tej bramińskiej pustelni, zbudował dla siebie szałas z gałęzi i liści oraz ofiarny taras. Przygotował niewielkie miejsce do spania, jak i miejsce dla bogów, i zaczął prowadzić życie zgodne z surowymi przysięgami, praktykując umartwienia i zachowując przez jakiś czas całkowite milczenie. Ograniczał się w jedzeniu i spaniu, trzy razy dziennie wykonywał ablucje, składał ofiary bogom, wlewał libację do ofiarnego ognia i oddawał bogom cześć. Trzymając w ryzach wszystkie cielesne pragnienia, żywiąc się jedynie owocami i korzonkami i kontrolując swoje zmysły, witał radośnie i spełniał życzenia wszystkich, którzy odwiedzali jego samotnię, ofiarując im zioła i leśne owoce, w które obfitował las.

Pobożny szudra żył w ten sposób w swej samotni przez długi czas. Pewnego dnia odwiedził go pewien riszi, który chciał go poznać. Szudra powitał go, oddając mu należną cześć i wykonując odpowiednie ryty. Zadowolony z niego riszi o prawej duszy realizujący surowe przysięgi zaczął z nim rozmowę na różne religijne tematy i opowiedział mu o miejscu, skąd przybył. I od tego czasu riszi ten odwiedzał samotnię szudry wielokrotnie.

Pewnego razu szudra rzekł: 'O wielki asceto, chciałbym oddać cześć Ojcom, wykonując odpowiednie ryty. Poucz mnie, proszę, w tej sprawie'. Riszi zgodził się i udzielił mu odpowiednich instrukcji pomimo tego, że w pismach zostało wyraźnie stwierdzone, że żaden bramin nie powinien nigdy pomagać szudrom w wykonaniu wedyjskich rytów przeznaczonych dla bogów lub Ojców.

Szudra oczyścił się kąpielą, przyniósł wodę do obmycia stóp odwiedzającego go mędrca, jak i trawę *kuśa*, zioła i owoce oraz świętą ławę do siedzenia zwaną *wriszi*, która jednakże została umieszczona przez szudrę frontem ku południowi, podczas gdy jego głowa była odwrócona ku zachodowi. Riszi, widząc to i wiedząc, że jest to niezgodne z nakazami, rzekł: 'O szudra, umieść ławę frontem ku wschodowi i po oczyszczeniu się kąpielą usiądź na niej z twarzą skierowaną ku północy'. Pouczony w ten sposób szudra uczynił tak, jak riszi mu nakazał i wykonał również wszystkie inne przygotowania do rytuału *śraddha*, nie pomijając żadnych szczegółów dotyczących sposobu ułożenia trawy *kuśa*, przygotowania wody służącej do obmycia stóp, libacji lanej do ognia i darów ofiarnych. Riszi po wykonaniu rytów ku czci Ojców na rzecz szudry opuścił jego szałas i powrócił do swojego zwykłego miejsca zamieszkania.

Po upływie dłuższego czasu ów szudra-asceta, który nie zaprzestawał praktykowania umartwień i realizowania ślubów, spotkał w dżungli swą śmierć i dzięki zgromadzonym zasługom w swym następnym życiu urodził się w rodzinie króla i żył w warunkach wielkiego przepychu. Riszi z kolei po śmierci narodził się w rodzinie kapłańskiej, której zawodem było spełnianie wyznaczonych funkcji w wedyjskich rytuałach. Każdy z nich wzrastając, gromadził wiedzę, studiując właściwe pisma. Były riszi zdobył całą wedyjską wiedzę, łącznie ze znajomością rytów przeznaczonych dla szudrów i wszystkimi odgałęzieniami *Wed*, które dotyczą religijnych rytów i nakazów, astronomii i astrologii, jak i filozofię *sankhji*. Gdy stary król umarł, były szudra po wykonaniu należnych mu ostatnich rytów i oczyszczeniu się poprzez pełne wykonanie wszystkich pogrzebowych ceremonii, zasiadł na tronie i wkrótce potem uczynił byłego risziego swoim domowym kapłanem.

Dni biegły im szczęśliwie, jednakże król każdego dnia po otrzymaniu od swego kapłana błogosławieństwa, jak i również przy okazji różnych religijnych rytów, na widok swego domowego kapłana uśmiechał się lub głośno się śmiał. Kapłan, widząc, jak król wielokrotnie wybucha śmiechem, gdy tylko go zobaczy, rozgniewał się. Pewnego dnia, gdy przebywał z królem sam na sam, zabawiając go rozmową, rzekł: 'O królu, zagwarantuj mi jeden dar'. Król rzekł: 'O kapłanie, jestem gotów obdarować cię setką darów, dlaczego prosisz tylko o jeden? Darzę cię przyjaznym uczuciem i wielkim szacunkiem i nie ma takiej rzeczy, którą mógłbym tobie odmówić'.

Królewski kapłan rzekł: 'O królu, każdego dnia przy okazji otrzymywania mojego błogosławieństwa, jak i wówczas gdy wykonuję na twoją rzecz różne religijne ryty, jak ryty pokutne, czy też ryt wlewania oblacji do ognia, śmiejesz się na mój widok. Gdy to widzę, tracę rozum ze wstydu. Proszę cię, powiedz mi prawdę, jaki jest powód twojego zachowania. Twój śmiech musi mieć bowiem jakiś poważny powód i nie może być bez przyczyny'.

Król rzekł: 'O kapłanie, skoro pytasz mnie o to z takim napięciem, muszę ci to wyjaśnić. Muszę powiedzieć tobie prawdę, więc słuchaj mnie z uwagą. Opowiem tobie o tym, co wydarzyło się podczas mojego poprzedniego życia i co pamiętam. W swym poprzednim życiu byłem szudrą żyjącym samotnie w dżungli i choć nie zostałem uświęcony przez braminów przez odpowiednie wedyjskie ryty, praktykowałem surowe umartwienia zgodnie z nakazami wyznaczonymi dla szudrów. Ty z kolei byłeś wówczas jednym z podwójnie narodzonych riszich znających wszystkie wedyjskie rytuały i prowadzących leśny tryb życia. Odwiedzałeś mój szałas, nie zważając na to, że byłem zaledwie szudrą i mając na uwadze moje dobro, na moją gorącą prośbę udzieliłeś mi instrukcji dotyczących rytu oddawania czci Ojcom. Pouczyłeś mnie, jak ustawić ławę do siedzenia, jak przykryć ziemię trawą *kuśa* i jak ofiarować libację i inne dary zmarłym przodkom. Czyniąc tak, złamałeś wedyjski nakaz, który zakazuje braminom udzielania szudrom instrukcji co do wedyjskich rytów, które nie zostały specjalnie dla nich wyznaczone. W konsekwencji tego wykroczenia nie urodziłeś się ponownie wśród riszich, lecz jedynie w rodzinie kapłanów spełniających określone funkcje w rytuałach ofiarnych, podczas gdy ja sam w rezultacie zasług zebranych moimi umartwieniami urodziłem się w rodzinie królewskiej. Zauważ zmianę, jaką przyniósł Czas. W swoim obecnym życiu, będąc moim domowym kapłanem, wykonujesz dla mnie rytuały ofiarne i w ten sposób spożywasz owoc udzielenia mi instrukcji w swym poprzednim życiu. Będąc świadomy zmienności, którą niesie Czas, gdy cię widzę, uśmiecham się. Uśmiecham się na myśl o nieuchronności *karmy*. Nie śmieję się, aby cię poniżyć, bo widzę w tobie mojego nauczyciela, który mnie przewyższa i jest mi przykro, że z powodu współczucia dla mnie w swoim przeszłym życiu, w obecnym życiu obniżyłeś swą pozycję i jako mój kapłan stałeś się ode mnie zależny. Widok twego obecnego położenia rani moje serce, gdyż wiem, że udzielając mi instrukcji, zniszczyłeś wszystkie swoje zasługi zebrane umartwieniami. Dlatego też proszę cię o to, abyś porzucił teraz swoją pozycję mojego kapłana i podjął próbę odzyskania w następnym życiu swej wysokiej pozycji ascety i risziego. Weź z mojego królestwa wszystko, czego tylko pragniesz i udaj się do dżungli, aby oczyścić swą duszę z tego, co w swym przeszłym życiu uczyniłeś dla mnie'.

Były riszi zwolniony przez króla ze swej funkcji królewskiego kapłana obdarował braminów bogactwem, ziemią i wioskami, które sam otrzymał w darze od króla. Uczynił wiele ślubów wyznaczonych dla jego kasty, odwiedził wiele świętych brodów i dzięki darom uczynionym na rzecz zamieszkujących w tych świętych miejscach braminów oczyścił i poznał swą duszę. Zawędrował do tej samej pustelni, gdzie przebywał podczas swego poprzedniego życia i praktykował tam surowe umartwienia. Swym postępowaniem zdobył sukces i stał się przedmiotem czci dla wszystkich zamieszkujących tam ascetów".

Bhiszma kontynuował: „O Judhiszthira, odpowiadając na twoje pytanie, opowiedziałem tobie o mędrcu, który udzielił pobożnemu szudrze instrukcji dotyczących wedyjskiego rytuału i w konsekwencji musiał spożyć owoc swego grzechu w następnym życiu, zostając jego domowym kapłanem. Bramini nie powinni udzielać szudrom podobnych instrukcji i nie powinni również słuchać instrukcji udzielanych przez osobę należącą do niższej kasty. Bramini, wojownicy i waiśjowie z racji rytów wykonanych na ich rzecz w dzieciństwie są nazywani podwójnie urodzonymi i tym różnią się od szudrów. Udzielanie im instrukcji przez braminów w sprawie wedyjskich rytów nie zanieczyszcza ich grzechem. Nauki dotyczące religii i moralności są niezwykle subtelne i osoby o nieczystych duszach nie potrafią ich zrozumieć i stąd udzielanie ich osobom niskiej kasty jest zakazane. Z tego też powodu asceci, obawiając się powiedzenia czegoś, co nie powinno być powiedziane lub co jest obraźliwe, czynią często ślub milczenia i przygotowują rytuały w całkowitym milczeniu, zdobywając tym szacunek innych. Zdarza się, że ludzie wysoce prawi, prawdomówni i prostolinijni grzeszą w swych działaniach w konsekwencji wypowiedzenia niewłaściwych słów. Człowiek, który pragnie zgromadzić zasługi, powinien działać z namysłem. Instrukcja udzielona dla zarobku zawsze obciąża tego, kto udziela instrukcji, tak jak instrukcja udzielona przez bramina niewłaściwej osobie obciąża bramina. Osoba proszona o udzielenie instrukcji powinna sprawę rozważyć w swym umyśle i powiedzieć tylko to, co jest właściwe i co pozwoli jej na gromadzenie zasług i nie obciąży ją winą. Często ten, kto udziela innym instrukcji, szkodzi sam sobie, dlatego też należy raczej powstrzymywać się od tego rodzaju działania".

5. O tym, gdzie zawsze mieszka bogini pomyślności

Judhiszthira rzekł: „O Bhiszma, wytłumacz mi, kim są ci, których bogini pomyślności nigdy nie opuszcza?"

Bhiszma rzekł: „O Judhiszthira, w odpowiedzi na twoje pytanie opowiem ci o tym, co kiedyś sam usłyszałem. Pewnego dnia Rukmini, żona Kryszny i matka Pradjumny, który na swym proporcu nosi znak *makary*, widząc obok Kryszny boginię pomyślności o lotosowej cerze, jaśniejącą swym pięknem, zapytała: 'O bogini, ty jesteś dla Pana wszystkich żywych istot szczególnie droga, a w swych umartwieniach i mocy dorównujesz wielkim riszim. Powiedz mi, proszę, kim są ci ludzie, których obdarzasz łaską i którym zawsze towarzyszysz i kim są ci, którym odmawiasz swej łaski?'

Bogini pomyślności Śri, o twarzy pięknej jak księżyc w pełni, stojąc obok Kryszny, którego proporzec zdobi król ptaków Garuda, odpowiedziała głosem urzekającym i słodkim: 'O błogosławiona, przebywam zawsze u tych, których mowa jest gładka, a umysł w odniesieniu do każdej sprawy prawy, którzy aktywnie troszczą się o swoje dobro, oddają cześć bogom, są wdzięczni i opanowali swe namiętności i gniew. Opuszczam natomiast tych, którzy nie mają wystarczającej wiary i nie troszczą się o swoje dobro, są okrutni i nieprzyjemni w słowach, niewdzięczni, grzeszni w działaniach, kradną, źle się odnoszą do swej starszyzny i nauczycieli, nie mają dość energii i honoru, rozpaczają z powodu byle drobnostki, dają upust gniewowi i w konsekwencji swej żądzy powodują mieszanie się kast. Unikam też hipokrytów, którzy co innego mówią i co innego czynią.

Zamieszkuję u tych, którzy realizują obowiązki swej kasty, są sprawiedliwi i oddani służbie starszym, kontrolują swe zmysły, mają czystą duszę, potrafią wybaczać, są zdolni i skorzy do czynu.

Zamieszkuję u kobiet, które oddają cześć bogom i potrafią wybaczać, są zdolne do samo-kontroli, szczere, prawdomówne, oddane swym mężom, prawe w zachowaniu, urodziwe i zawsze starannie odziane w czyste suknie i klejnoty. Opuszczam natomiast te kobiety, które zawsze przeciwstawiają się życzeniom swych mężów, nie utrzymują w swych domach porządku, są nieskromne i lubią odwiedzać domy innych. Unikam kobiet grzesznych i nieczystych, jak i takich, które zawsze oblizują kąciki swych ust, którym brakuje cierpliwości i hartu ducha, są kłótliwe, za długo śpią i wylegują się.

Zamieszkuję w różnych pojazdach i ciągnących je zwierzętach, w dziewicach, ornamentach, świątecznych szatach, rytuałach ofiarnych, deszczowych chmurach, rozkwitłych kwiatach lotosu, gwiazdach na jesiennym niebie, w słoniach, krowich zagrodach, dobrych miejscach do siedzenia, jeziorach pokrytych kwiatami lotosu, w spływających z gór pieniących się rzekach, melodyjnych jak śpiew żurawi, o brzegach porośniętych rozmaitymi drzewami będących ulubionym miejscem dla braminów i ascetów.

Zamieszkuję również w wielkich rzekach o wodzie zmąconej przez kąpiące się w nich i zaspakajające swe pragnienie lwy i słonie, w rozjuszonych słoniach i ociężałych bykach, w królach i dobrych ludziach. Rezyduję zawsze w tych domach, gdzie domownicy wlewają libację do ofiarnego ognia i oddają cześć krowom, braminom i bogom, jak i w tych, gdzie mieszkańcy czczą bogów, ofiarując im kwiaty zamiast zwierząt.

Zamieszkuję zawsze u tych braminów, którzy studiują *Wedy*, u wojowników oddanych sprawiedliwości, u waiśjów oddanych uprawie ziemi i u szudrów oddanych w swym umyśle służbie na rzecz pozostałych trzech wyższych kast. W mej ucieleśnionej formie rezyduję zawsze w sercu niezmiennego Narajany. W nim przebywa prawość w całej swej pełni i doskonałości, jak i oddanie braminom i atrybut uprzejmości. Choć w swej ucieleśnionej formie przebywam jedynie u Narajany, ta osoba, u której przebywam duchowo, umacnia się w swej prawości i zdobywa sławę, bogactwo i przedmioty pragnień'".

6. O przyjemności płynącej z bycia mężczyzną i kobietą

Judhiszthira rzekł: „O Bhiszma, wytłumacz mi, która forma— kobieca czy męska—przynosi człowiekowi więcej przyjemności. Uwolnij mnie, proszę, od wątpliwości w tej sprawie".

Bhiszma rzekł: „O Judhiszthira, w kontekście pytania takiego jak twoje cytuje się zwykle opowieść o rozmowie między królem Bhangaświaną i Indrą. Posłuchaj tej opowieści.

Król Bhangaświana żył na ziemi w odległych czasach. Był wysoce prawy i stąd nazywano go królewskim mędrcem. Król ten był długo bezdzietny i pragnąc otrzymać syna, przygotował rytuał ofiarny zwany *agnisziuta* i w jego rezultacie otrzymał setkę bohaterskich synów. Rytuał ten był zwykle wykonywany przez tych, którzy chcieli oczyścić się z grzechów i dzięki temu otrzymać potomstwo, jednakże z powodu tego, że miał na celu oddawanie czci jedynie Agni, był nielubiany przez króla bogów

Indrę. Indra dowiedziawszy się, że ten królewski mędrzec o opanowanej duszy przygotowuje się do wykonania tego rytuału, zaczął go obserwować i szukać w nim jakiś uchybień, aby móc go za nie ukarać. Pomimo swej czujności nie mógł jednak nic znaleźć. Okazja do ukarania króla pojawiła się jednak jakiś czas później, gdy król Bhangaśwana wyruszył do dżungli na polowanie. Indra, widząc dla siebie szansę, przytępił jego zmysły, skutkiem czego król stracił orientację i błądził po lesie głodny i spragniony. W pewnym momencie zobaczył piękne jezioro o czystej wodzie, zsiadł więc z konia i po napojeniu zwierzęcia i przywiązaniu go następnie do drzewa sam wszedł do wody, aby wykonać ablucje. Nagle, patrząc na swe oblicze odbite jak w lustrze w tafli czystej wody, zobaczył ku swemu zdumieniu, że zmienił się w kobietę. Uznał to za hańbę i wstyd. Wzburzony i zaniepokojony rzekł do siebie: 'O biada mi, jakże będąc w tym stanie, zdołam wsiąść na konia i jakże pokażę się w mojej stolicy? Co powiem setce moich synów, których otrzymałem po wykonaniu rytuału *agnisziuta*, jak wytłumaczę im tę przemianę? Co powiem moim żonom, krewnym i moim poddanym? O biada mi, straciłem całą męskość i wszystkie męskie atrybuty. Co się teraz ze mną stanie? Mędrcy twierdzą, że atrybutami kobiet są łagodność, czułość, skłonność do niepokoju, podczas gdy aktywność, odporność i energia są atrybutami mężczyzn. Dlaczego opanowała mnie nagle kobiecość?'

Bhangaśwana, choć opanowany przez te smutne myśli, zdołał jednak z wielkim wysiłkiem wsiąść na konia i ruszył w kierunku stolicy. Jego synowie, żony, służący i poddani zamieszkujący miasta i wsie w jego królestwie byli ogromnie zdumieni jego przemianą. Król, zwracając się do wszystkich, rzekł: 'O wy, którzy patrzycie na mnie ze zdumieniem, posłuchajcie mojego wyjaśnienia. Jakiś czas temu, mając ze sobą dużą świtę, wyruszyłem na polowanie, lecz ścigając samotnie jelenia, zapędziłem się w gęsty las, tracąc orientację. Spragniony błąkałem się długo, aż dotarłem do pięknego jeziora odwiedzanego przez liczne gatunki ptaków. Gdy zanurzyłem się w wodzie celem wykonania ablucji, zostałem zmieniony w kobietę!' Zwracając się następnie do swych żon, doradców i synów, rzekł: 'O wy, którzy jesteście mi najbliżsi, cieszcie się dalej sami tym królestwem, podczas gdy ja udam się do lasu, aby praktykować ascezę'.

Jak powiedział, tak uczynił. W swej kobiecej formie udał się do pustelni zamieszkałej przez ascetów, gdzie dzięki łasce ascetów urodził setkę synów. Zabrawszy ich ze sobą powrócił do swego pałacu i przedstawiając ich swym wcześniejszym synom, rzekł: 'O synowie, którzy narodziliście się wówczas, gdy byłem mężczyzną. Przyprowadziłem do was setkę moich synów, którzy przyszli na ten świat, gdy stałem się kobietą. Będąc moimi synami, jesteście wszyscy braćmi i dziećmi tego samego rodzica, żyjcie więc razem w pokoju i cieszcie się wspólnie tym królestwem'.

Królewscy synowie posłuszni nakazowi swego rodzica czerpali więc radość ze wspólnie posiadanego królestwa. Widok ten rozgniewał jednak Indrę. Myślał: 'Przemieniłem tego króla w kobietę, chcąc go zranić, lecz zamiast tego przyniosłem mu dobro'. I nie mogąc się z tym pogodzić, przybrał formę bramina i udał się do królewskiego pałacu z zamiarem skłócenia ze sobą jego synów. Rzekł: 'O bracia, nie powinniście żyć ze sobą w pokoju nawet wtedy, gdybyście byli synami tego samego ojca. Bogowie i asurowie, choć wszyscy są synami mędrca Kaśjapy, bez przerwy walczą ze sobą o władzę na świecie. Wy sami powinniście nawet być bardziej skłonni do walki ze sobą o królestwo, skoro stu wśród was jest synami królewskiego mędrca Bhangaświany, a pozostała setka jest synami ascetów. Królestwo, które jest dziedzictwem po ojcu dla tej setki z was, którzy są królewskimi synami, zdaje się również należeć do tych, którzy są synami ascetów'. Słowa Indry okazały się skuteczne i królewicze wyzywając się do bitwy, zabili się nawzajem.

Król Bhangaświana, który prowadził w dżungli życie kobiety ascetki, na wieść o śmierci swych synów pogrążył się w smutku. Widząc to, Indra przybrał formę bramina i udał się na spotkanie z nim. Rzekł: 'O ty o pięknej twarzy, jaka jest przyczyna twego smutku, dlaczego tak lamentujesz?'

Król odpowiedział żałosnym głosem: 'O uczony braminie, moich dwustu synów zostało zabitych przez Czas. Choć widzisz mnie teraz w kobiecej formie, dowiedz się, że byłem kiedyś królem i w mej własnej męskiej formie spłodziłem setkę synów. Jednakże pewnego dnia wybrałem się na polowanie i utraciwszy poczucie kierunku, błąkałem się po gęstym lesie. W swej wędrówce natrafiłem na piękne jezioro o przezroczystej wodzie i gdy zanurzyłem się w nim, aby wykonać ablucje, zamieniłem się w kobietę. Powróciłem do mego królestwa, aby oddać je we władanie mym synom, a sam udałem się do lasu, aby prowadzić życie kobiety ascetki i jako kobieta urodziłem swemu mężowi ascecie setkę synów. Choć urodzili się w pustelni, zaprowadziłem ich do stolicy mego kraju, aby mogli razem z moimi pozostałymi synami cieszyć się królestwem. Jednakże moi synowie, ulegając wpływowi Czasu, zaczęli ze sobą walczyć i pozabijali się nawzajem.

Doświadczony w ten straszliwy sposób przez przeznaczenie, nie potrafię uwolnić się od żalu'.

W odpowiedzi Indra rzekł szorstko: 'O ty o niegodziwym rozumowaniu, w swej dawnej męskiej formie sprawiłaś Indrze wielki ból, wykonując rytuał ofiarny, którego on nie lubi i nie oddając mu należnych honorów. Dowiedz się, że to ja jestem Indrą. To ze mną popadłeś w konflikt'.

Rozpoznając Indrę, król Bhangaświana w swej obecnej kobiecej formie pokłonił się do jego stóp, dotykając ich czołem i rzekł: 'O Indra, bądź ze mnie zadowolony. Rytuał, o którym mówisz, został wykonany przez mnie z pragnienia posiadania synów, bez zamiaru, aby cię zranić. Wybacz mi, proszę, moją niezręczność'.

Indra, widząc jak przemieniony w kobietę król leży z pokorą plackiem u jego stóp, był tym usatysfakcjonowany. Rzekł: 'O kobieto ascetko, jestem z ciebie zadowolony, na twoje życzenie przywrócę do życia setkę twoich synów. Powiedz mi tylko, czy mam ożywić tych twoich synów, których poczęłaś w swej męskiej formie i dla których jesteś ojcem, czy też tych, których urodziłaś w swej obecnej kobiecej formie?'

. Bhangaświana, składając pobożnie dłonie, rzekł: 'O Indra, proszę cię, abyś przywrócił życie tym moim synom, których urodziłem w mej kobiecej formie'.

Indra zaskoczony tą odpowiedzią rzekł: 'O piękna, powiedz mi, dlaczego obdarzasz mniejszym uczuciem tych synów, których spłodziłaś w swej męskiej formie, a większym tych, których urodziłaś w swej kobiecej formie?'

Bhangaświana rzekł: 'O Indra, kobieta darzy swoje dzieci większym uczuciem niż mężczyzna i dlatego pragnę, abyś przywrócił życie tym moim synom, dla których jestem matką'.

Odpowiedź ta bardzo zadowoliła Indrę, który rzekł: 'O piękna, jesteś szczera w swej mowie i prawdomówna. Niech więc stanie się tak, jak sobie życzysz. Jestem z ciebie bardzo zadowolony, poproś mnie więc o jeszcze jeden dar. Dam ci taką formę, jakiej zapragniesz. Powiedz mi, czy chcesz pozostać w swej kobiecej formie, czy też chcesz powrócić do swej męskiej formy?'

Bhangaświana rzekł: 'O Indra, pragnę pozostać kobietą, nie tęsknię za powrotem do bycia mężczyzną'.

Zdumiony tą odpowiedzią Indra rzekł: 'O potężny królu, dlaczego chcesz na zawsze porzucić swoją męską formę i żyć dalej jako kobieta?'

Bhangaśwana rzekł: 'O Indra, jestem w pełni zadowolony z mojej obecnej formy. Kobieta doświadcza większej przyjemności w kontakcie seksualnym z mężczyzną niż mężczyzna i nie tylko tym go przewyższa. Kobieca forma jest przyjemniejsza od męskiej formy pod każdym względem i dlatego pragnę pozostać kobietą'.

Indra rzekł: 'O piękna, niech tak się stanie' i po wypowiedzeniu tych słów powrócił do nieba".

7. O zakazanych działaniach

Judhiszthira rzekł: „O Bhiszma, spełniając moją prośbę, opowiedziałeś mi wiele o owocach różnych działań. Powiedz mi teraz, jakich działań człowiek powinien unikać, aby doświadczać przyjemności zarówno za życia, jak i po śmierci?"

Bhiszma rzekł: „O Judhiszthira, człowiek powinien unikać szeregu działań wykonywanych przy pomocy ciała, mowy i umysłu. Trzy działania wykonywane z pomocą ciała, których należy za wszelką cenę unikać, to: niszczenie życia żywych istot, kradzież tego, co należy do innych i cudzołóstwo z czyjąś żoną. Cztery działania wykonywane z pomocą mowy, których nie powinno się nigdy wykonywać lub nawet o nich myśleć to: namowa do zła, wypowiadanie nieprzyjemnych słów, opowiadanie o czyichś słabościach oraz kłamstwo. Trzy działania wykonywane z pomocą umysłu, których należy unikać to: pożądanie przedmiotów, które należą do kogoś innego, myśl o zranieniu kogoś i wątpienie w słuszność wedyjskich nakazów. Należy więc poddać kontroli swe ciało, mowę i umysł, i nie wykonywać nigdy z ich pomocą działań uchodzących za złe, pamiętając o tym, że każdy będzie musiał sam skonsumować dobre i złe skutki swych przeszłych działań".

Napisane na podstawie fragmentów *Mahābharāta*,
Anusasana Parva, Part 1, Sections VII-XIII.

Opowieść 201
O wielkości i mocy Śiwy

1. Bhiszma prosi Krysznę, aby opowiedział o wielkości Śiwy, bo tylko on jest w tej sprawie wystarczająco kompetentny; 2. Kryszna obiecuje opowiedzieć o tym, jak na prośbę żony udał się na górę Himawat, aby prosić Śiwę o syna; 3. Kryszna dociera do pustelni na górze Himawat, gdzie przebywa Śiwa, i spotyka jego wielbiciela Upamanju; 4. Upamanju opowiada, jak jego matka wprowadziła go na ścieżkę oddania Śiwie; 5. Upamanju opowiada, jak Śiwa ukazał się przed nim w formie Indry, aby poddać próbie jego oddanie; 6. Upamanju opowiada o swej wizji Śiwy; 7. Upamanju opowiada, jak wychwalał Śiwę w swym hymnie; 8. Upamanju opowiada, jak zadowolił Śiwę swym oddaniem; 9. Po wysłuchaniu słów Upamanju Kryszna zadawala Śiwę, praktykując ascezę i otrzymuje od niego syna.

> *Upamanju rzekł: „O Indra, Mahadewę nazywam przyczyną wszechświata i wszystkiego, co wszechświat zawiera. Tak mówiła mi o Nim moja matka. Zauważ, że w swym wizerunku ma On zarówno cechy męskie, jak i żeńskie. Ten Bóg bogów, Rudra, ta przyczyna stwarzania i niszczenia, ukazuje w swej formie oznaki dwóch płci, tę jedyną przyczynę stwarzania wszechświata.*
>
> *Nikt nie stoi od Niego wyżej, u Niego szukaj ochrony. W Jego wizerunku masz naoczny dowód na to, że wszechświat powstał z połączenia dwóch płci. ...*
>
> *... Czy ktokolwiek słyszał, aby wszyscy bogowie oddawali cześć znakowi szczególnemu innego boga niż Mahadewy? ... Zaiste, Mahadewa, którego znak szczególny jest zawsze czczony przez Brahmę, Wisznu, ciebie oraz wszystkich innych bogów, jest najwyższym z bogów.*
>
> *Brahma ma za swój znak szczególny lotos, Wisznu dysk, Indra piorun, lecz zamieszkujące ten świat żywe istoty nie posiadają żadnego z tych znaków, które różnicują wspomnianych bogów. Wszystkie żywe istoty noszą jednak na sobie te szczególne znaki, które wyróżniają Mahadewę i jego żonę Umę. Wszystkie żywe istoty muszą więc być widziane jako należące do Maheśwary. Wszystkie te, które noszą znak płci żeńskiej, wypłynęły z natury Umy jako ich przyczyny i dlatego noszą na sobie znak żeńskości, który wyróżnia Umę. Z kolei wszystkie te, które są rodzaju męskiego, wypłynęły z Śiwy i dlatego noszą na sobie znak męskości, który wyróżnia Śiwę".*

(*Mahābharāta*, Anusasana Parva, Part 1, Section XIV)

1. Bhiszma prosi Krysznę, aby opowiedział o wielkości Śiwy, bo tylko on jest w tej sprawie wystarczająco kompetentny

Judhiszthira rzekł: „O Bhiszma, chciałbym teraz posłuchać o wielkości Mahadewy (Śiwa). Riszi głoszą, że ten Pan wszechświata, zwany również Iśa, Sambhu (rodzic), Swayambhu (samostwarzający-się) i Wabhru (niezmierny), ma tysiąc imion. Ty sam poznałeś je wszystkie. Poucz nas więc o imionach tego Boga, który ma wszechświat za swoją formę. Nauczaj nas o nim, który jest zarówno przyczyną stwarzania i niszczenia wszechświata, jak i nauczycielem bogów i demonów. Nauczaj nas o potężnym Mahadewie".

Bhiszma rzekł: „O Judhiszthira, ja sam nie mam wystarczających kompetencji, aby mówić o wielkości Mahadewy, który przerasta wszystko inteligencją i choć przenika wszystkie przedmioty we wszechświecie, pozostaje niewidzialny. On jest Stwórcą kosmicznej jaźni, jak i poznającej jaźni i ich Panem. Zarówno istnieje, jak i nie istnieje. Przekracza zarówno *Prakriti*, jak i jednostkowego *Puruszę* i swoją energią wprowadza ich w ruch. To nad nim medytują wielcy riszi, którzy znają jogę i wszystkie zasady materialnego wszechświata (*tattwa*). To on stwarza Brahmę, Pana wszystkich żywych istot. Jest niezniszczalnym i najwyższym *Brahmanem*. Wszyscy bogowie łącznie z Brahmą oddają mu cześć. Któż więc byłby wystarczająco kompetentny, aby mówić o zaletach tego Boga bogów o najwyższej inteligencji? Człowiek, który został poczęty w łonie matki, który rodzi się, starzeje i umiera, nie może go poznać. Tylko niezniszczalny Narajana (Kryszna), uzbrojony w swój dysk i maczugę, potrafi go zrozumieć. Zajmuje on najwyższe miejsce wśród wszystkich istot odzianych w atrybuty i jest nazywany Wisznu, bo przenika cały wszechświat i jest nie do odparcia. Odziany w duchową wizję posiada najwyższą energię. Wszystkie przedmioty widzi oczami jogi".

Bhiszma kontynuował: „O Judhiszthira, Kryszna o wielkiej duszy zadowolił kiedyś Rudrę swymi umartwieniami praktykowanymi przez tysiąc lat w pustelni Badari i dzięki swemu oddaniu odniósł sukces w zdominowaniu całego wszechświata. Kryszna zadowala Mahadewę swym oddaniem i umartwieniami podczas każdej kolejnej jugi. Dzięki Mahadewie o niebiańskiej wizji, który jest pierwotną przyczyną wszechświata, zdobył on atrybut uniwersalnego uroku, który przewyższa nawet urok bogactwa. Choć sam przekracza zniszczenie, praktykował umartwienia w pustelni Badari, chcąc otrzymać od Śiwy syna. Niech więc on sam opowie ci o potędze Mahadewy, którego mógł zobaczyć na własne oczy.

Nie znam nikogo, kto przewyższałby Mahadewę. Jedynie Kryszna, który narodził się w rodzie Jadawów, ma wystarczające kompetencje, aby wymienić wszystkie imiona i atrybuty tego Boga bogów i opowiedzieć o jego potędze".

2. Kryszna obiecuje opowiedzieć o tym, jak na prośbę żony udał się na górę Himawat, aby prosić Śiwę o syna

Bhiszma kontynuował, zwracając się do stojącego u jego łoża ze strzał Kryszny: „O Kryszna, jesteś Panem wszystkich bogów i asurów, i cieszysz się wielką sławą, jesteś Wisznu, który przenika cały wszechświat. Spełnij więc prośbę Judhiszthiry, którą on skierował do mnie i nauczaj go o wszystkim, co dotyczy Śiwy o kosmicznej formie. Ty jeden masz odpowiednie kompetencje do rozmowy na ten temat. Tak jak ongiś mędrzec Tandi po wypłynięciu z Brahmy wyrecytował przed nim tysiąc osiem imion Śiwy, tak jak ty recytowałeś te imiona przed gronem samokontrolujących się riszich odzianych w owoc ich ascezy, wśród których był także Wjasa. Nauczaj więc Judhiszthirę o tym błogosławionym Bogu, który jest wieczny, zawsze pogodny i szczęśliwy, który jest Stwórcą wszechświata, *hotarem* i uniwersalnym obrońcą, i który jest nazywany zarówno Mundinem (ascetą z ogoloną głową), jak i Kaparddinem (niszczycielem ofiary Dakszy)".

Kryszna rzekł: „O Judhiszthira, zaiste nawet Brahma, Indra, jak i wielcy riszi nie są wystarczająco kompetentni, aby prawdziwie i we wszystkich szczegółach zrozumieć bieg działań Mahadewy, który jest celem dla wszystkich prawych ludzi. Jak więc ktoś, kto jest zaledwie człowiekiem, mógłby uchwycić myślą Sambhu (Śiwę), którego zmysły nie potrafią poznać, gdyż mieszka na firmamencie serca i może być widziany tylko dzięki wewnętrznej wizji, którą daje joga. Posłuchaj, jak wymienię tobie tylko niektóre atrybuty tego słynnego zabójcy asurów, który jest uważany za Pana ofiar i przysiąg".

Kryszna dotknął wody i po oczyszczeniu się w ten sposób, rzekł, zwracając się do Bhiszmy, Judhiszthiry i innych, którzy zgromadzili się wokół Bhiszmy leżącego na swym łożu ze strzał: „O wy, którzy zgromadziliście się tutaj u łoża Bhiszmy, zanim opowiem wam o różnych imionach Kaparddina, posłuchajcie najpierw o tym, jak w starożytnych czasach ten wielki Bóg bogów ukazał się przede mną, gdy szukałem u niego łaski, prosząc go o syna. Zaiste, zobaczyłem go dzięki praktykowaniu jogi.

Gdy minęło już dwanaście lat od czasu, gdy syn Rukmini o wielkiej inteligencji Pradjumna zabił asurę Samwarę, moja druga żona Dżamwawati zapragnęła również mieć syna i rzekła do mnie: 'O mój sławny mężu, daj mi przystojnego syna o wielkiej odwadze i bezgrzesznego w działaniach, podobnego do ciebie. Nie zwlekaj, proszę, ze spełnieniem mej prośby. We wszystkich trzech światach nie ma nic, co byłoby dla ciebie nieosiągalne i gdy tylko zechcesz, potrafisz stworzyć inne światy. Oczyszczając się i praktykując surowe przysięgi przez dwanaście lat, oddawałeś cześć Panu wszystkich żywych istot Mahadewie i dzięki jego łasce dałeś Rukmini synów. Daj mi syna równie potężnego jak ci, których dałeś Rukmini'. Odpowiedziałem: 'O królowo o wąskiej talii, spełnię twoje życzenie, lecz najpierw pozwól mi na jakiś czas odejść'. Dżamwawati rzekła: 'O bezgrzeszny, idź i niech cię ochraniają i przynoszą szczęście Brahma, Śiwa, Kaśjapa, bogowie zarządzający umysłem, rzeki, ziemia, wszystkie sezonowe zioła, sylaby unoszące libację wlewaną do ognia podczas ofiary, wszyscy riszi, oceany, dary ofiarne, rytmiczne sylaby hymnów *Samawedy*, *Jadżurwedy* i *Rigwedy*, Ojcowie, planety, żony bogów, niebiańskie dziewice, niebiańskie matki, krowy, księżyc, Agni, Sawitri, wiedza *Wed*, pory roku, małe i wielkie eony i wszystkie inne mierniki Czasu. Niech nieszczęście i niedbałość omijają cię z daleka'".

3. Kryszna dociera do pustelni na górze Himawat, gdzie przebywa Śiwa, i spotyka jego wielbiciela Upamanju

Kryszna kontynuował: „O Judhiszthira, mając jej błogosławieństwo, pożegnałem tę córkę księcia małp, jak i wszystkich innych, i zacząłem myśleć o Garudzie, który przybył natychmiast i zaniósł mnie na górę Himawat. Pozwoliłem mu wówczas odejść. Ciesząc oczy roztaczającym się przede mną wspaniałym widokiem, dostrzegłem miejsce odosobnienia odpowiednie do praktykowania umartwień i medytacji. Należało ono do Upamanju o wielkiej duszy, który był potomkiem Wjaghrapady. Pustelnia ta wychwalana i czczona przez bogów i gandharwów zdawała się błyszczeć wedyjskim pięknem. Zdobiły ją rosnące tam przeróżne gatunki drzew pokryte różnorodnością kwiatów i owoców, dostarczające pożywienia rozmaitym gatunkom ptaków, jak i święta rzeka Ganges o czystych wodach, córka mędrca Dżahnu. Gromadziły się tam również liczne zwierzęta takie jak małpy, tygrysy, lwy, leopardy, bawoły, niedźwiedzie, pawie oraz różne gatunki kotów i węzów. Były tam również duże domy, w których utrzymywano święty ogień, o ścianach pokrytych przez gęste, pełne kwiatów pnącza, a kopce popiołu z ognisk ofiarnych usypane w odpowiednich miejscach dodawały jej piękna. Wiejący tam łagodny wiatr niósł ze sobą melodyjne głosy niebiańskich nimf, a szemranie górskich strumyków i źródełek, słodki świergot ptaków, chrząkanie słoni, zachwycające nuty kimnarów i dobrze wróżące głosy ascetów nucących wedyjskie hymny czyniły z niej nieopisywalnie czarowne miejsce. Trudno wyobrazić sobie miejsce bardziej urzekające.

Pustelnia ta dostarczała schronienia wielu ascetom o czystych i prawych duszach i energii równej ogniowi, realizujących surowe przysięgi. Niektórzy utrzymywali się przy życiu, żywiąc się jedynie wodą i powietrzem, inni żywili się mlekiem, a jeszcze inni czerpali energię z dymu i ognia lub pijąc jedynie promienie księżyca. Byli tam tacy, co realizowali ślub życia jak jeleń, jedząc i pijąc bez użycia rąk i tylko wtedy, gdy natrafiają na swej drodze na coś nadającego się do jedzenia, jak i tacy, co jedli tylko te ziarna, które udało im się utrzeć między dwoma kamieniami lub przy pomocy zębów. Niektórzy żywili się tylko owocami, inni żyli zanurzeni w wodzie. Niektórzy byli oddani medytacji i recytacji mantr, inni oczyszczali swoją duszę, praktykując współczucie, a jeszcze inni oddawali się praktyce jogi. Niektórzy odziewali się w łachmany, skórę antylopy lub korę drzewną. Pustelnia ta, czczona przez Śiwę, jak i innych bogów i wszystkie żywe istoty realizujące prawe działania, oświetlała górę Himawat swym pięknem, tak jak księżyc oświetla firmament. Dzięki energii nagromadzonej tam przez uprawiających surowe umartwienia ascetów mangusty zabawiały się tam z wężami, a tygrysy z jeleniami, zapominając o swej naturalnej wrogości.

Zapragnąłem wejść do tej pustelni i gdy tam wszedłem, dostrzegłem potężnego risziego z włosami związanymi w ciężki węzeł i odzianego w łachmany, który mocą swej zgromadzonej dzięki ascezie energii rozświetlał przestrzeń jak ogień. O spokojnej duszy i młodzieńczym wyglądzie siedział tam w otoczeniu uczniów. Był to riszi Upamanju.

Gdy pokłoniłem się przed nim, schylając głowę, rzekł: 'O ty o oczach w kształcie płatków lotosu, witaj. Dziś z racji twej wizyty nasze umartwienia zrodziły owoce i choć to ja szukam twego widoku, ty pragniesz mnie zobaczyć. Choć to ty zasługujesz na naszą cześć, sam oddajesz nam cześć'.

Stojąc przed nim z pobożnie złożonymi dłońmi, opowiedziałem na jego powitanie powitaniem, pytając o samopoczucie zarówno jego samego, jak i wszystkich innych mieszkańców pustelni, oraz o ich postęp na drodze prawości.

Upamanju, odgadując cel, z którym przybywam, rzekł, używając słów czarownych i pełnych słodyczy: 'O Kryszna, ten boski Pan Iśana (Śiwa), zabawia się tutaj razem ze swą żoną u boku. Ten sławny Bóg jest bezdennym naczyniem wszystkich energii i umartwień. Wyrzuca z siebie wszystkie przedmioty mające zarówno atrybuty dobra, jak i zła, dając im istnienie i następnie wchłania je sam w siebie Zadowól go swymi umartwieniami, otrzymasz wówczas takiego syna, jakiego pragniesz. Ten niepojęty Bóg, którego szukasz, obdarowuje wszystkich, którzy go zadowolą, swymi umartwieniami, zarówno bogów, riszich, jak i asurów.

Jak opowiadają riszi, asura Hiranjakaszipu o tak potężnej sile, że mógł potrząsać nawet górą Meru, zadowalając Śiwę uzyskał od niego w darze moc należącą do wszystkich bogów i cieszył się nią przez dziesięć milionów lat. Z kolei ten, który był najpotężniejszym z jego synów i nosił imię Mandara, dzięki darowi otrzymanemu od Śiwy pokonał Indrę i władał światem przez okres dziesięciu milionów lat. Nawet przeraźliwy dysk Wisznu nie był zdolny do pozostawienia choćby najmniejszego śladu na ciele tej wielkiej przyczyny kosmicznego cierpienia, którą był Mandara. Dysk ten płonący energią jak ogień, który jest twoją bronią, został stworzony przez tego Boga, który ma byka na swoim proporcu i został tobie dany przez tego słynnego Boga. Z powodu jego ogromnej energii nikt poza Śiwą uzbrojonym w swój łuk Pinaka nie mógł nawet na ten dysk spojrzeć. Z tego też powodu Śiwa nadał mu imię Sudarśana i od tego momentu imię to jest używane we wszystkich trzech światach. Lecz nawet twój dysk, który jest wspaniały i zniewalający, nie był w stanie zniszczyć Mandary i jego towarzyszy, którzy również otrzymali dary od Mahadewy i wszystkie trzy światy znalazły się pod wpływem tej źle wróżącej planety o ogromnej sile, którą był Mandara. Również danawa imieniu Widjutprabha zadowolił ongiś Mahadewę i dzięki jego darowi zdobył władzę nad wszystkimi trzema światami, którą utrzymywał przez setkę tysięcy lat. Mahadewa rzekł do niego: «O demonie, zostaniesz jednym z moich towarzyszy». Mahadewa, ten nienarodzony Pan wszystkich żywych istot, obdarował go również setką milionów potomstwa i dał mu region znany pod nazwą Kuśadwipa za jego królestwo. Inny asura o imieniu Satamukha, który został stworzony przez Brahmę, chcąc zadowolić Śiwę, lał do ofiarnego ognia kawałki swego ciała przez setkę lat, ofiarując je Mahadewie. Mahadewa zadowolony jego umartwieniami zapytał: «O demonie, cóż mógłbym dla ciebie uczynić?» Satamukha rzekł: «O Najwyższy Bogu, obdaruj mnie wieczną siłą i mocą stwarzania nowych żywych istot i zwierząt». Śiwa rzekł: «O demonie, niech tak się stanie!»'

Upamanju kontynuował: 'O Kryszna, ty sam jesteś Panem jogi i znasz tego wielkiego Boga, którego wychwalają w swej pieśni wszyscy bogowie. W odległych czasach nawet samorodny Brahma z umysłem skoncentrowanym dzięki jodze czcił Mahadewę ofiarą przez trzy setki lat w celu zdobycia potomstwa. Zadowolony z niego Mahadewa obdarował go współmiernie do zasług zebranych ofiarą tysiącem potężnych synów. Indra z kolei z ciałem pokrytym popiołem udał się do Waranasi i czcił tam z oddaniem Mahadewę, który miał pustą przestrzeń za swoje ubranie, otrzymując od niego w zamian władzę nad bogami. Kiedy indziej, gdy mędrcy zwani Walakhiljowie zostali obrażeni przez Indrę i rozgniewani oddawali cześć Rudrze, prosząc go o syna równego Indrze, zadowolony z nich ten Pan wszechświata rzekł: «O wielcy riszi, dzięki swoim umartwieniom otrzymacie za swego syna wielkiego ptaka Garudę, który ukradnie Indrze eliksir nieśmiertelności».

Kiedyś znowu żona mędrca Atri o imieniu Anasuja (wolna od zawiści i zazdrości), która zdobyła wiedzę *Wed*, rozgniewana na swego męża porzuciła go, mówiąc: «Nie będę już dłużej posłuszna temu ascecie», i szukała obrony u Śiwy. Z lęku przed swoim mężem, przez trzysta lat powstrzymywała się od jedzenia i spała na drewnianych kłodach, aby zadowolić swym oddaniem Śiwę. Uśmiechnięty Śiwa ukazał się przed nią i rzekł: «O święta kobieto, dzięki mojej łasce otrzymasz syna bez udziału twojego męża. Syn ten, narodzony w rodzie swego ojca, stanie się sławny na całym świecie i będzie tego samego co ty imienia». Riszi Jadżnawalkja, który słynie ze swych cnót, zdobył wielką sławę, oddając cześć Mahadewie. Również riszi Wjasa, syn Paraśary, który z umysłem skupionych dzięki jodze oddawał cześć Mahadewie, zdobył wielką sławę. Podobnie oddany Śiwie Wikarna zadowolił go swymi umartwieniami i zdobył wielki sukces. Riszi Sakalja o zdyscyplinowanej duszy z kolei czcił Śiwę ofiarą w umyśle przez dziewięćset lat. Zadowolony z niego Śiwa rzekł: «O Sakalja, będziesz wielkim autorem i zdobędziesz w trzech światach wieczną sławę. Twój ród nigdy nie wymrze i urodzą się w nim liczni wielcy riszi. Twój syn będzie pierwszym wśród braminów i na bazie twoich prac spisze *sutry*». W czasie *kritajugi* żył na ziemi słynny riszi o imieniu Sawarni. Tutaj w tej pustelni praktykował on surowe umartwienia przez sześć tysięcy lat. Rudra rzekł do niego: «O Sawarni, jestem z ciebie zadowolony. Uwolniwszy się od zgrzybiałości i śmierci, zostaniesz autorem wychwalanym we wszystkich światach». Również Narada czcił w starożytnych czasach Mahadewę z oddaniem w sercu. Zadowolony Mahadewa rzekł do tego niebiańskiego nauczyciela: «O Narada, nikt nie dorówna tobie energią i umartwieniami. Będziesz zawsze mi służyć pieśniami i muzyką instrumentalną»'.

4. Upamanju opowiada, jak jego matka wprowadziła go na ścieżkę oddania Śiwie

Upamanju kontynuował: 'O Kryszna, posłuchaj teraz o tym, jak ja sam w odległych czasach zadowoliłem tego Boga bogów i zdołałem go zobaczyć. Posłuchaj też o tym, czego szukałem u tego Pana żywych istot o najwyższej energii, poddając kontroli swoje zmysły oraz o tym, czym mnie ten wielki Bóg Maheśwara obdarował.

W odległych czasach podczas *kritajugi* narodziłem się na ziemi w formie syna słynnego mędrca o imieniu Wjaghrapada, którego czczono z racji jego pełnej znajomości wszystkich *Wed* i ich odgałęzień. Jego drugi syn i mój młodszy brat miał na imię Dhaumja. Pewnego dnia, gdy byliśmy jeszcze dziećmi, udaliśmy się z bratem na wędrówkę i dotarliśmy do pustelni zamieszkałej przez riszich o czystej duszy, gdzie zobaczyłem dojoną właśnie niebiańską krowę, której mleko było w smaku jak boski eliksir nieśmiertelności. Po powrocie do domu z dziecięcą naiwnością rzekłem do matki: «O matko, przygotuj dla mnie posiłek na mleku». Swą prośbą zasmuciłem ją, bo w domu nie było ani kropli mleka. Pragnąc jednak w jakiś sposób spełnić moje życzenie, ugotowała w wodzie kawałek placka ryżowego. Gdy woda zabarwiła się na biało, postawiła miseczkę przede mną i mówiąc, że jest to mleko, kazała mi je wypić. Już kiedyś przedtem piłem prawdziwe mleko, gdy mój ojciec zabrał mnie ze sobą do domu krewnych, gdzie z okazji prowadzonego rytuału ofiarnego wydojono przyprowadzoną tam niebiańską krowę. Pijąc wówczas jej mleko, poznałem wszystkie walory jego smaku. Z tego też powodu natychmiast rozpoznałem, że napój dany mi przez matkę nie był mlekiem. Gdy smak tej ryżowej wody nie sprawił mi żadnej przyjemności, rzekłem z dziecięcą naiwnością: «O matko, to, co mi dałaś do wypicia, nie jest wcale mlekiem».

Zasmucona moim słowami matka objęła mnie z całą matczyną czułością i rzekła: «O synu, skąd asceta o czystej duszy miałby wziąć mleko do przyrządzania jedzenia? Asceci, tacy jak my, żyją cały czas w dżungli, żywiąc się jedynie korzonkami, cebulkami i leśnymi owocami. Żyjemy na brzegach rzek, w górach lub w lasach tak jak Walakhiljowie, skąd więc mamy brać mleko? Żyjąc w miejscach odosobnienia, żywimy się często jedynie powietrzem lub wodą i świadomie wyrzekamy się wszystkich tych rodzajów jedzenia, które spożywają ludzie żyjący w miastach i wsiach. Żywimy się tylko tym, co rośnie dziko w dżungli. W dżungli nie ma mleka, bo dżungla jest pełna dzikich zwierząt i krowy, które są potomstwem niebiańskiej krowy Surabhi, tam nie mieszkają. Przebywając w górskich jaskiniach lub na terenach świętych brodów, praktykujemy umartwienia i recytujemy mantry, mając Śiwę za nasz ostateczny azyl. Zadowalając swym oddaniem rozdającego dary Mahadewę, można jednak zdobyć wszystko, czego się pragnie, zarówno jedzenie bazujące na mleku, jak i piękne suknie i inne przedmioty przyjemności dostępne na tym świecie. Szukaj więc łaski u Mahadewy. Czy w głębi swej duszy jesteś mu wystarczająco oddany? Tylko dzięki jego łasce zdołasz zdobyć przedmioty, których pragniesz'.

Słuchając słów matki i stojąc przed nią ze złożonymi dłońmi, rzekłem: «O matko, kim jest Mahadewa, o którym mówisz? W jaki sposób można Go zadowolić? Gdzie ten Bóg mieszka? Jak można Go zobaczyć? Jaka jest Jego forma? Jak można zdobyć wiedzę o Nim? Czy ukaże się on przede mną, jeżeli go zadowolę?»

Moja matka pełna matczynego uczucia z oczami wilgotnymi od łez wzruszenia rzekła do mnie tonem najwyższej pokory: «O synu, ludzie o nieczystej duszy nie potrafią poznać Mahadewy. Nie potrafią nosić Go w swym sercu i Go zrozumieć. Nie potrafią utrzymać go w umyśle, uchwycić go myślą czy zobaczyć.

Mędrcy twierdzą, że ma On wiele form, zamieszkuje w wielu miejscach i że Jego łaska ma wiele form. Któż może więc zrozumieć we wszystkich szczegółach Jego działania, które są pod każdym względem wspaniałe, lub wszystkie Jego formy sięgające najdawniejszych czasów. Któż zdoła zrozumieć Jego rozrywki, jak i to, co Go zadowala?

Maheśwara o kosmicznej formie zamieszkuje w sercach wszystkich żywych istot i jak to słyszałam od mędrców rozmawiających o Jego dobrze wróżących działaniach, motywowany współczuciem w stosunku do swych wielbicieli, pozwala im siebie zobaczyć. Mieszkańcy nieba, mając na uwadze dobro braminów, opisują w swych recytacjach różne formy, które Mahadewa przybierał w starożytnych czasach. Skoro mnie o nie pytasz, wyrecytuję je przed tobą».

Moja matka recytowała: «O Upamanju, On, który jest źródłem wszystkiego (Bhawa), przybiera formy Brahmy, Wisznu, jak i szefa niebiańskich Rudrów, Aditjów, Aświnów i Wiświadewów.

Przybiera męskie i żeńskie formy pisaków, żarłocznych duchów zamieszkujących Himalaje i dżunglę, jak i wszystkich wodnych zwierząt.

Przybiera formę żółwia, ryby, muszli, czy też rafy koralowej, z której robi się ornamenty.

Przybiera również formę gór.

Przybiera formy jakszów, rakszasów, dajtjów, danawów, wężów, jaszczurek, kameleonów, istot zamieszkujących w norach, tygrysów, lwów, jeleni, wilków, niedźwiedzi, szakali, kozłów, leopardów i innych zwierząt oraz ptaków wszelkiego rodzaju, sów, łabędzi, wron, pawi, bocianów, sępów.

Przybiera formę świętego żebraka, jak i króla.

Przybiera formę riszich, gandharwów, Siddhów i Czaranów.

Przybiera formę Śeszy, który utrzymuje w miejscu chwiejącą się ziemię. Ma węże za swój pas i zdobiące jego uszy kolczyki są zrobione z wężów. Węże tworzą również zdobiącą go świętą nić, a skórą słonia przykrywa swoje ramiona.

Czasami ma sześć, a czasami mnogość twarzy.

Czasami ma trzecie oko lub milion nóg, żołądków i ramion.

Czasami jest widziany w otoczeniu tłumu duchów.

Czasami ma formę białą od pokrywającego jego ciało popiołu.

Czasami pojawia się z czołem ozdobionym księżycem.

Czasami jego bronią jest dysk, czasami trójząb, czasami maczuga, bułat lub wojenny topór.

Czasami jest nazywany Sarwą (tym, który jest wszystkim), a czasami tym, który jest dla wszystkich żywych istot podporą i fundamentem, na którym się opierają.

Czasami jest nazywany Niszczycielem wszystkich żywych istot zamieszkujących wszechświat,

Czasami wybucha śmiechem, czasami śpiewa i tańczy, czasami otoczony przez tłumy duchów gra na rozmaitych muzycznych instrumentach o słodkim dźwięku.

Czasami włóczy się po krematoriach, czasami rozpacza, czasami przynosi rozpacz innym.

Czasami przybiera formę szaleńca, czasami wypowiada słowa o wielkiej słodyczy, czasami odziewa się w przeraźliwą dzikość i śmieje się głośno, budząc we wszystkich strach swym spojrzeniem.

Czasami jest pogrążony w głębokim śnie, czasami jest obudzony, czasami ziewa.

Czasami recytuje święte mantry, a czasami przybiera formę boga, którego one sławią.

Czasami praktykuje umartwienia, czasami staje się bogiem, który jest czczony tymi umartwieniami.

Czasami rozdziela dary, a czasami je przyjmuje

Czasami praktykuje jogę, a czasami staje się przedmiotem kontemplacji dla tych, którzy praktykują jogę.

Czasami można Go zobaczyć na platformie lub słupku ofiarnym, w krowiej zagrodzie, w ogniu, a czasami Go tam nie ma.

Czasami pojawia się w formie chłopca lub starca, a czasami w formie kogoś igrającego z córkami lub żonami riszich.

Czasami Jego włosy są długie i zjeżone, a czasami Jego oczy są wielkie i przeraźliwe.

Czasami jest jasny w kolorze, czasami pociemniały, ciemny, blady, zakopcony lub czerwony.

Czasami jest nagi, mając pustą przestrzeń za swoje ubranie, a czasami jest odziany we wszystkie przedmioty.

Czasami jest wokalistą i gra na różnych muzycznych instrumentach, czasami ma podwójne, potrójne lub mnogie usta».

Moja matka kontynuowała: «O Upamanju, czy istnieje ktoś, kto mógłby naprawdę zrozumieć granice Mahadewy, który faktycznie jest bez formy, nie dzieli się na części, nie ma początku i końca, jest nienarodzony. Stwarza iluzję i jest przyczyną wszelkich działań i niszczycielskich procesów we wszechświecie. On jest Hiranjagarbhą (złotym jajem lub złotym łonem). Żyje w sercu każdej żywej istoty, jest *praną*, umysłem, *dźiwą* (zamieszkującą w ciele duszą). Jest zarówno duszą jogi, jak i tym, co się nazywa jogą i tym, co jest jogiczną kontemplacją doświadczaną przez jogina. Jest Najwyższą Duszą. Jest czystością w swej esencji, której nie można uchwycić przy pomocy zmysłów, lecz jedynie przez poznanie duszy».

Kończąc, moja matka rzekła: «O synu, nastaw swe serce na Mahadewę, bądź Mu oddany, miej Go za swój ostateczny azyl, czcij go i być może wówczas dzięki Jego łasce znajdziesz zaspokojenie swych wszystkich pragnień. On, który jest czczony przy pomocy różnych hymnów i różnych głosów, wychwalany poprzez recytowanie różnych mantr, jest duszą wszystkich żywych istot i przenika wszystkie przedmioty. Jest Nim, który zabiera głos we wszystkich dyskusjach dotyczących Prawa i rytuałów. Mieszka wszędzie i powinien być znany jako On, który zamieszkuje w sercach wszystkich istot żyjących we wszechświecie. Zna pragnienia wszystkich, którzy oddają Mu cześć i rozpoznaje każdy przedmiot użyty w celu oddawania Mu czci. Szukaj więc ochrony u tego Boga bogów, który czasami się weseli, czasami wybucha gniewem, a czasami bardzo silnym głosem recytuje sylabę OM»'.

5. Upamanju opowiada, jak Śiwa ukazał się przed nim w formie Indry, aby poddać próbie jego oddanie

Upamanju kontynuował: 'O Kryszna, po wysłuchaniu słów matki całkowicie poświęciłem się oddawaniu czci Śiwie, nie mając żadnych innych celów. Gorąco pragnąc go zadowolić, zacząłem praktykować surowe umartwienia. Przez kolejnych tysiąc ziemskich lat stałem bez ruchu na dużym palcu lewej nogi, następnie utrzymywałem się przy życiu, jedząc jedynie owoce, następnie żywiłem się tylko liśćmi, które upadły drzew, następnie piłem jedynie wodę i w końcu przez siedemset lat żywiłem się jedynie powietrzem.

W ten sposób oddawałem cześć Mahadewie przez pełne tysiąc boskich lat, zadowalając go w końcu mymi umartwieniami. Mahadewa chcąc sprawdzić, czy jestem oddany wyłącznie jemu, ukazał się przede mną w formie Indry otoczonego przez bogów. Forma ta miała tysiąc oczu, była uzbrojona w piorun i siedziała na potężnym słoniu w kolorze najczystszej bieli o czerwonych oczach i czterech potężnych kłach. Jadąc na tym słoniu, król bogów płonął swą energią. Siedząc pod chroniącym go od słońca białym parasolem, w koronie na głowie, ozdobiony girlandami i bransoletami na przedramionach, wychwalany w pieśniach przez gandharwów i niebiańskie nimfy apsary, zbliżył się do miejsca, gdzie stałem. Rzekł: 'O braminie, jestem z ciebie zadowolony. Proś mnie o dar'.

Słowa Indry nie sprawiły mi jednak radości. Rzekłem: «O Indra, powiem ci prawdę, nie pragnę żadnego daru od ciebie czy innego boga. Szukam wyłącznie daru od Mahadewy, któremu jestem całym sercem oddany. Żadne słowa nie są dla mnie wystarczająco miłe poza tymi, które odnoszą się do Mahadewy. Ten, kto nie jest w swym sercu oddany temu Panu bogów i asurów, doświadczy niekończącej się niedoli, choćby nawet umartwiał się, żywiąc się jedynie wodą.

Jakiż dodatkowych nauk o moralności i prawości potrzebują ci, którzy nawet przez chwilę nie przestają myśleć o stopach Mahadewy? Ten, kto pije eliksir nieśmiertelności płynący z nieustannego oddania Śiwie, uwalnia się od wszelkiego lęku przed tym światem. Gdy nadchodzi grzeszna *kalijuga*, nikt nie powinien nawet przez moment zaprzestawać oddawania czci Mahadewie w swym sercu.

Na rozkaz Mahadewy z radością przybiorę choćby formę robaka lub owada, lecz nie chcę smakować daru pochodzącego od ciebie, choćbyś nawet oferował mi władzę nad trzema światami. Na Jego rozkaz mogę zostać psem, lecz nie pragnę nawet bycia królem bogów, jeżeli dar ten nie pochodzi od Niego. Nie pragnę ani władać niebem, ani zdobyć regionu Brahmy, nie pragnę nawet Wyzwolenia, które jest całkowitym połączeniem z *Brahmanem*, pragnę jedynie być całkowicie oddany Śiwie. Dopóki ten Pan wszystkich żywych istot, ten słynny Maheśa z koroną na głowie i ciałem doskonale białym jak tarcza księżyca nie będzie ze mnie zadowolony, dopóty będę spokojnie znosił wszystkie nieszczęścia doświadczane przez ucieleśnione istoty, takie jak narodziny, zniedołężnienie i śmierć. Czyż ktokolwiek we wszechświecie zdoła zdobyć spokój bez zadowolenia Rudry, który nie podlega zniszczeniu i śmierci, jest odziany w jasność ognia, słońca i księżyca, jest oryginalną przyczyną wszystkiego, co jest w trzech światach zarówno rzeczywiste, jak i nierzeczywiste, i który istnieje jako jedna niepodzielna na części całość? Wiem doskonale, że sam jestem winny temu, że urodziłem się ponownie na tej ziemi i wiedząc o tym, chcę w czasie obecnego życia być całkowicie oddany Śiwie».

Indra, testując dalej moje oddanie Śiwie, rzekł: «O Upamanju, jaki jest powód tego, że szukasz daru wyłącznie w Mahadewy?»

Odpowiedziałem: «O Indra, proszę o dary tego wielkiego Boga, nazywanego Śiwą, który jest opisywany przez mędrców jako istniejący i nieistniejący, zamanifestowany i niezamanifestowany, zmienny i niezmienny, pojedynczy i mnogi.

Proszę o dary tego, który jest bez początku, środka i końca, który jest wiedzą i niewyobrażalną potęgą i który jest Najwyższą Duszą.

Proszę o dary tego, z którego wywodzi się cała moc, który nie został przez nikogo stworzony i który, choć sam nie wypłynął z żadnego nasienia, jest nasieniem wszystkich przedmiotów we wszechświecie.

Proszę o dary tego, który jest blaskiem płonącym poza ciemnością, istotą umartwień, który jest niepoznawalny przy pomocy zmysłów i którego poznanie uwalnia osobę od żalu i smutku.

Proszę o dary tego wielkiego Boga, który jest zaznajomiony ze stwarzaniem ciał i myśli wszystkich żywych istot, jest oryginalną przyczyną istnienia lub stworzenia wszystkich żywych istot, jest wszechobecny i ma moc dawania wszystkiego.

Proszę o dary tego, który jest niepoznawalny przez argumentowanie, jest celem *sankhji* i jogi, przekracza wszystkie przedmioty i którego czczą osoby znające wszystkie elementy składowe rzeczywistości materialnej będące przedmiotem badań *sankhji*.

Proszę o dary tego, który jest duszą samego Indry, Bogiem bogów i Panem wszystkich żywych istot.

Proszę o dary od tego, który wypełniwszy przestrzeń swoją energią i przywołując do istnienia pierwotne jajo z ukrytym w nim Brahmą, stworzył w ten sposób Brahmę, tego Stwórcę wszystkich światów.

Któż inny niż ten Najwyższy Pan mógł stworzyć ogień, wodę, wiatr, ziemię, przestrzeń, umysł i tego, który jest nazywany Mahat? Któż inny niż Śiwa mógł stworzyć umysł, rozumienie, ego-świadomość, subtelne elementy (*tanmatra*) i zmysły? Czyż jest ktoś, kto stoi wyżej od Śiwy?

Mędrcy głoszą, że Brahma jest twórcą wszechświata. Jednakże Brahma zdobył całą swą moc i pomyślność, oddając cześć i zadowalając Boga bogów Mahadewę. Ta wielka moc stwarzania, utrzymywania i niszczenia, która zamieszkuje w tym słynnym Byciu odzianym w atrybut bycia niepodzielną jednią, który stworzył Brahmę, Wisznu i Rudrę, pochodzi od Mahadewy. Powiedz mi, któż przewyższa tego Najwyższego Pana, Mahadewę, który jest reprezentacją Najwyższego *Brahmana*? Z Mahadewy wypływają wszystkie kierunki przestrzeni, Czas, słońce, wszystkie ogniste istnienia, planety, wiatr, woda, gwiazdy i konstelacje. Któż stoi wyżej od tego Najwyższego Pana? Czy ktoś inny niż Mahadewa byłby zdolny, aby stworzyć ofiarę i zniszczyć trójmiasto asurów o nazwie Tripura?»

Mówiłem dalej: «O Indra, wszystko ma swe źródło w łasce Boga bogów Mahadewy. Wszystko, co pojawia się we wszechświecie i ma przenikającego wszystko Najwyższego Pana za duszę, wypływa z Mahadewy i zostało stworzone z myślą o wcielonej duszy. Jak twierdzą mędrcy, którzy poznali wszystkie tematy, Mahadewa zamieszkuje we wszystkich światach znanych pod nazwami Bhu, Bhuwa, Swah, Maha, w górach Loka-Loka, na wyspach, na górze Meru i we wszystkich przedmiotach, które rodzą szczęście oraz w sercach żywych istot.

Powiedz mi, czy bogowie i demony, walcząc ze sobą, nie szukaliby u oparcia u kogoś, kto ma formę potężniejszą niż Bhawa (Śiwa), gdyby mogli go zobaczyć? Gdy bogowie, jakszowie, rakszasowie wyniszczają się wzajemnie w swych walkach, Bhawa jest tym jedynym, który przydziela poległym moc i miejsce w następnym życiu zależnie od ich przeszłych działań. To Maheśwara rozdaje dary i karze wielu potężnych bogów, jakszów, i rakszasów, takich jak Indra, Andhaka, Śukra, Dundubhi, Maharszi i inni.

Któż inny niż Mahadewa jest wychwalany na tym świecie jako ten, kto ma horyzont za swe suknie? Któż inny jest powstrzymującym swe nasienie *brahmacarinem*? Czyż to nie ten Pan bogów i asurów wlał swoje życiowe nasienie do ognia jak libację, lecz ogień nie potrafił tego skonsumować i gdy je z siebie wyrzucił do świętego Gangesu, z tego nasienia wypłynęła góra złota? Czy istnieje ktoś inny, o którego nasieniu można by powiedzieć, że ma równie wielką moc? Czy istnieje ktoś inny, kto ma ciało w połowie własne i w połowie zajmowane przez swą małżonkę (forma Śiwy zwana Haragauri)? Któż inny zdołałby ujarzmić boga miłości Kamę? Któż inny stowarzysza się z duchami dumnymi ze swej siły i mocy? Któż inny zamieszkuje na terenie kremacji zwłok? Któż inny jest równie wychwalany za swój taniec? Któż inny jest równie niezmiennie czczony? Czyj status jest równie wychwalany jako niezmienny i czczony we wszystkich trzech światach? Któż inny płonąc energią, daje deszcz i gorąco? Któż inny obdarowuje nas bogactwem ziół? Któż inny utrzymuje w mocy całe istniejące bogactwo? Któż inny zabawia się trzema światami pełnymi ruchomych i nieruchomych przedmiotów tak jak Mahadewa?»

Mówiłem dalej: «O Indra, Mahadewa jest oryginalną przyczyną wszystkiego. Jogini, riszi, gandharwowie i Sidhowie czczą Go poprzez wiedzę, ascetyczny sukces i mentalne ofiary nakazane w pismach, a bogowie i asurowie poprzez religijne działania i wykonanie rytuałów ofiarnych. Owoce działania nie mają na Niego wpływu, bo On je wszystkie przekracza i dlatego nazywam Go oryginalną przyczyną wszystkiego.

Jest nieporównywalny, niepoznawalny przy pomocy zmysłów. Jest zarówno ‹gruby› jak i subtelny. Jest odziany w atrybuty, jak i bez atrybutów. Jest Panem atrybutów, gdyż atrybuty są pod Jego kontrolą. Jest przyczyną stwarzania i niszczenia wszechświata. Jest przeszłością, teraźniejszością i przyszłością. Jest rodzicem wszystkich przedmiotów, zaiste, jest przyczyną każdej rzeczy. Jest Zamanifestowanym i Niezamanifestowanym. Jest wiedzą, jest ignorancją, jest każdym działaniem, jest każdym zaniedbaniem. Jest słusznością i jest niesłusznością».

Kontynuowałem: «O Indra, Mahadewę nazywam przyczyną wszechświata i wszystkiego, co wszechświat zawiera. Tak mówiła mi o Nim moja matka. Zauważ, że w swym wizerunku ma On zarówno cechy męskie, jak i żeńskie. Ten Bóg bogów Rudra, ta przyczyna stwarzania i niszczenia, ukazuje w swej formie oznaki dwóch płci, tę jedyną przyczynę stwarzania wszechświata. Nikt nie stoi od niego wyżej, u niego szukaj ochrony. W jego wizerunku masz naoczny dowód na to, że wszechświat powstał z połączenia dwóch płci. Jak sam wiesz, wszechświat jest sumą tego, co jest odziane w atrybuty i tego, co jest pozbawione atrybutów i ma za swoją bezpośrednią przyczynę nasiona Brahmy i innych. Brahma, Agni, Wisznu, jak i inni bogowie i asurowie, ozdobieni urzeczywistnieniem tysięcy pragnień, twierdzą jednak zawsze, że nie istnieje nikt, kto stałby wyżej od Mahadewy. Motywowany silnym pragnieniem i kontrolując mój umysł, proszę tego Boga znanego całemu ruchomemu i nieruchomemu wszechświatowi i nazywanego najwyższym z wszystkich bogów, który sam jest tym, co dobrze wróży—o uzyskanie tego, co stoi najwyżej wśród tego, co jest do nabycia, czyli o Wyzwolenie. Czy potrzebne są jakieś inne dowody mojej wiary?

Najwyższy Mahadewa jest przyczyną wszystkich przyczyn. Czy ktokolwiek słyszał, aby wszyscy bogowie oddawali cześć znakowi szczególnemu innego boga niż Mahadewy? Powiedz mi, czy ty sam słyszałeś o tym, że jest ktoś inny, którego znak szczególny byłaby kiedykolwiek czczony przez wszystkich bogów? Zaiste, Mahadewa, którego znak szczególny jest zawsze czczony przez Brahmę, Wisznu, ciebie oraz wszystkich innych bogów, jest najwyższym z bogów.

Brahma ma za swój znak szczególny lotos, Wisznu dysk, Indra piorun, lecz zamieszkujące ten świat żywe istoty nie posiadają żadnego z tych znaków, które różnicują wspomnianych bogów. Wszystkie żywe istoty noszą jednak na sobie te szczególne znaki, które wyróżniają Mahadewę i jego żonę Umę. Wszystkie żywe istoty muszą więc być widziane jako należące do Maheśwary. Wszystkie te, które noszą znak płci żeńskiej, wypłynęły z natury Umy jako ich przyczyny i dlatego naszą na sobie znak żeńskości, który wyróżnia Umę. Z kolei wszystkie te, które są rodzaju męskiego, wypłynęły z Śiwy i dlatego noszą na sobie znak męskości, który wyróżnia Śiwę.

Ten, kto twierdzi, że we wszystkich trzech światach istot ruchomych i nieruchomych istnieje jakaś inna przyczyna niż Najwyższy Pan i że istnieje ktoś, kto nie nosi na sobie znaku Mahadewy lub jego małżonki, powinien być uznany za niegodziwca i nie powinien być zaliczany do żywych istot zamieszkujących wszechświat. Każda istota mająca znak męskości powinna być znana jako Iśana (Śiwa), a każda, która nosi znak żeńskości, powinna być znana jako Uma. Cały ten wszechświat jest przeniknięty przez te dwa rodzaje form: męską i żeńską».

Zakończyłem swą mowę, mówiąc: «O Indra, jestem całkowicie oddany Śiwie i tylko od Niego pragnę uzyskać dar i jeżeli nie zdołam tego daru uzyskać, wolę swój własny rozpad od przyjęcia daru od innego boga. Powiedziałem prawdę, rób więc teraz to, co chcesz, pozostań tutaj lub odejdź. Nie chcę uznawać innego boga niż Śiwa i od nikogo innego niczego nie pragnę. Szukam tylko Mahadewy i od niego pragnę otrzymać dar lub klątwę»'.

6. Upamanju opowiada o swej wizji Śiwy

Upamanju kontynuował: 'O Kryszna, po wypowiedzeniu tych słów do Indry poczułem głęboki smutek, że swym oddaniem nie zdołałem zadowolić Mahadewy. Jednakże nagle w jednym mgnieniu oka ujrzałem, jak słoń Indry przemienił się w olbrzymiego byka—białego jak pióra łabędzia, kwiaty jaśminu, srebro, łodyga lotosu lub ocean mleka—z ogonem pokrytym czarną sierścią i oczach w kolorze miodu. Byk ten swymi rogami w kolorze złota o ostrych końcach w barwie czerwieni, twardymi jak diament zdawał się rozrywać ziemię. Jego doskonale zbudowane ciało było udekorowane ozdobami ze szczerego złota, a jego głowa, oczy, nos, racice i wygięta w łuk linia pleców były niezwykle piękne. Cała jego forma była niezwykle piękna i przyjemna dla oka. Przypominała szczyt górski pokryty śniegiem lub gromadzące się na niebie białe chmury.

Na grzbiecie tego wspaniałego byka dostrzegłem Mahadewę ze swą małżonką Umą. Mahadewa rozświetlał przestrzeń jak księżyc w pełni, który jest Panem gwiazd. Zrodzony z jego energii ogień był jak rozbłyskująca wśród chmur błyskawica. Zaiste, zdało się nagle, że tysiące słońc wzeszło na nieboskłonie, wypełniając każdą stronę przestrzeni oślepiającym splendorem. Energia Najwyższego Pana była jak ogień Samwartaka, który niszczy wszystkie żywe istoty na koniec eonu. Wypełniła sobą cały horyzont, powodując, że nie mogłem nic dostrzec po żadnej stronie. Pełen niepokoju zastanawiałem się nad tym, co to wszystko może znaczyć.

Wkrótce jednak dzięki mocy iluzji tego Boga bogów horyzont się oczyścił i zobaczyłem wówczas błogosławioną i piękną formę tego słynnego Sthanu, zwanego również Maheśwarą, który siedząc na grzbiecie byka, płonął jak bezdymny ogień. Towarzyszyła mu Parwati o doskonałych rysach, jak i jego zwykli towarzysze o równej mu waleczności, którzy wychwalali go, tańcząc i grając na licznych muzycznych instrumentach. Zaiste, zobaczyłem Sthanu o niebieskiej szyi i osiemnastu ramionach, który jest wolny od przywiązania i jest naczyniem wszelkiego rodzaju mocy. Był odziany w białe szaty ozdobione ornamentami, z białą girlandą zdobiącą szyję, członkami umazanymi białą maścią i piersią ozdobioną białą świętą nicią. Jego proporzec był również biały. Zdobiący jego czoło blady w kolorze sierp księżyca był jak księżyc na jesiennym firmamencie. Dzięki swemu trzeciemu oku jaśniał splendorem trzech słońc, a ozdobiona klejnotami girlanda lotosów lśniła czystą bielą.

Zobaczyłem również jego broń w jej ucieleśnionej formie wyposażoną w różne rodzaje energii. Sam Bhawa trzymał w dłoni łuk znany pod imieniem Pinaka, który jest faktycznie potężnym wężem. Zaiste, ten siedmiogłowy jadowity wąż płci męskiej o potężnym ciele, wielkim karku i ostrych kłach był owinięty sznurem tworzącym cięciwę. I była tam strzała o splendorze słońca lub ognia, który pojawia się na zakończenie eonu. Strzała ta o nazwie Paśupata była potężną bronią o mocy nie do opisania, która nie ma sobie równej i budzi lęk w każdej żywej istocie. Strzała ta o niezmierzonych proporcjach, jednej stopie, ogromnych zębach, tysiącu głów, języków, oczu, żołądków i ramion zdawała się bez przerwy pluć ogniem. Stoi ona wyżej od broni Brahmy, Narajany, Waruny, *aindry* i *agneji*. Zaiste, jest zdolna do zneutralizowania każdej innej broni we wszechświecie. Ongiś, w starożytnych czasach, słynny Mahadewa z pomocą tej właśnie strzały w jednym mgnieniu oka spalił trójmiasto asurów. Mahadewa dokonał tego wyczynu z pomocą tej jednej strzały! W dłoni Mahadewy strzała ta jest zdolna do skonsumowania całego wszechświata razem z zamieszkującymi go żywymi istotami w czasie o połowę krótszym od mgnienia oka. W całym wszechświecie nie ma nikogo—łącznie z Brahmą, Wisznu i innymi bogami—kogo nie zdołałaby zabić'.

Upamanju kontynuował: 'O Kryszna, zobaczyłem więc w dłoni Mahadewy tę wspaniałą i nieporównywalną z niczym broń. Miał jeszcze inną tajemniczą i potężną broń, która jest równa lub nawet przewyższa Paśupatę. Zobaczyłem ją również. Jest ona znana we wszechświecie jako Śula (włócznia) Mahadewy. Wyrzucona przez

Mahadewę jest zdolna do rozłupania całej ziemi, wysuszenia wód oceanów i zniszczenia całego wszechświata. W starożytnych czasach król Mandhatri syn Juwanaśwy, który podbił trzy światy, został pokonany razem ze swą armią przy pomocy tej broni przez rakszasę Lawanę, który otrzymał ją od Śiwy. Śula o ostrym ostrzu, której trzon tworzy potężny wąż, jest tak przeraźliwa, że na jej widok włosy stają dęba. Widziałem ją w dłoni Mahadewy wyjącą z wściekłości po schowaniu swej głowy w trzech fałdach. Była jak bezdymny ogień lub słońce ukazujące się na niebie na koniec eonu. Broń ta jest faktycznie nie do opisania, będąc jak uniwersalny Niszczyciel uzbrojony w swą pętlę.

Widziałem tę broń w dłoni Mahadewy i widziałem również inną broń, jego topór wojenny o ostrych brzegach, którym w odległych czasach obdarował potomka rodu Bhrigu Paraśuramę, umożliwiając mu wybicie do nogi kasty wojowników. Z pomocą tej broni Paraśurama pokonał w wielkiej bitwie Kartawirję, który władał całym światem, i dzięki tej broni zdołał wyniszczyć kastę wojowników aż dwadzieścia jeden razy. Tę przeraźliwą broń o ostrych brzegach, ten wojenny topór ozdobiony wężami, widziałem zawieszony na ramieniu Mahadewy. Oświetlał jego postać jak płomienie ognia'.

Upamanju kontynuował: 'O Kryszna, razem z Mahadewą przed mymi oczami ukazały się również niezliczone rodzaje innej niebiańskiej broni. Wymieniłem tylko niektóre ze względu na ich zasadnicze znaczenie.

Obok Mahadewy, po jego lewej stronie, zobaczyłem dziadka wszechświata Brahmę, siedzącego w swym wspaniałym pojeździe ciągnionym przez łabędzie poruszające się z szybkością myśli. Po tej samej stronie dostrzegłem Narajanę ze swoją konchą w dłoni, uzbrojonego w dysk i maczugę, niesionego na skrzydłach syna Winaty Garudę. Obok bogini Umy siedział na swym pawiu bóg wojny Skanda, trzymając w dłoniach dzwoneczki i śmiercionośną włócznię i wyglądając jak drugi Agni. Przed Mahadewą stał byk Nandi uzbrojony w jego Śulę, który dzięki swej mocy i energii wyglądał jak drugi Śiwa. Przybyli tam również mędrcy z samorodnym Manu na czele, liczni riszi z Bhrigu na czele i bogowie prowadzeni przez Indrę.

Liczne plemiona duchów i widm, jak i niebiańskie matki otaczały Mahadewę, oddając mu honory. Bogowie wychwalali go, śpiewając wedyjskie hymny. Brahma czcił go, nucąc *Rathantarę*, a Narajana nucąc *Dżeszthę*. Indra z kolei oddawał mu cześć, nucąc mantry *Satarudrijam*. Zaiste, Brahma, Narajana i Indra—ci trzej bogowie o wielkich duszach—płonęli, rozświetlając przestrzeń jak trzy ognie ofiarne, a wśród nich ten wielki Bóg Mahadewa świecił jak słońce, wyglądające spoza jesiennych chmur. Na nieboskłonie ukazało sie niezliczone mnóstwo słońc i księżyców, i ja sam, do głębi poruszony tym widokiem, zacząłem wychwalać w swym hymnie tego Najwyższego Pana Wszystkiego'.

7. Upamanju opowiada, jak wychwalał Śiwę w swym hymnie

Upamanju kontynuował: 'O Kryszna, wychwalałem tego Boga bogów mówiąc: «O Mahadewa, chwała Tobie, który jesteś miejscem schronienia dla wszystkich przedmiotów.

Chwała Tobie, który ukazał się przede mną w formie Indry, jest Indrą i ukrywa się w formie i odzieniu Indry.

Chwała Tobie noszącemu konchę i uzbrojonemu w piorun, łuk Pinaka i Śulę.

Chwała Tobie o czarnych, kędzierzawych włosach, odzianemu w skórę czarnej antylopy i zarządzającemu ósmą lunacją, czyli ostatnią fazą malejącego księżyca (w cyklu księżyca wyróżnia się osiem faz: nów, faza wzrastająca, pierwsza kwadra, między pierwszą kwadrą a pełnią, pełnia, faza ubywająca, ostatnia kwadra, między ostatnią kwadrą a nowiem).

Chwała Tobie w białym kolorze, odzianemu w białe szaty, z członkami pomazanymi popiołem, zaangażowanemu zawsze w białe uczynki.

Chwała Tobie w czerwonym kolorze, odzianemu w czerwone szaty, z czerwonym proporcem, czerwonymi flagami, ozdobionego czerwoną girlandą i pomazanemu czerwoną maścią.

Chwała Tobie w kolorze brązowym odzianemu w brązowe szaty, z brązowym proporcem, brązowymi flagami, ozdobionemu brązową girlandą i pomazanemu brązową maścią.

Chwała Tobie z królewskim parasolem nad głową ozdobioną najwspanialszą koroną.

Chwała Tobie przystrojonemu każdego roku w połowę girlandy, połowę naramiennika i w jeden pierścień, Tobie, który poruszasz się z szybkością myśli i rozsiewasz wokół wielki blask.

Chwała Tobie zajmującemu czołowe miejsce wśród bogów, ascetów i niebian.

Chwała Tobie, którego ciało jest w jednej połowie męskie, a w drugiej połowie żeńskie.

Chwała Tobie, którego ciało jest w żeńskiej połowie ozdobione girlandą z lotosów, a w męskiej girlandą z kości, jak i Tobie, którego ciało zdobią liczne lotosy.

Chwała Tobie, którego ciało w jednej połowie jest pomazane pastą sandałową, a w drugiej pachnidłami.

Chwała Tobie w kolorze słońca, jak i Tobie, który jesteś jak słońce, o twarzy jak słońce i oczach jak słońce.

Chwała Tobie, który jesteś Somą (księżycem), który jesteś łagodny jak Soma, który jesteś przejawem księżyca, którego ozdobą jest księżyc.

Chwała Tobie, który zajmujesz pierwsze miejsce wśród wszystkich żywych istot i którego zdobią najpiękniejsze zęby.

Chwała Tobie w ciemnym i w białym kolorze, Tobie, którego jedna połowa jest żółta, a druga biała, Tobie, którego jedna połowa jest męska, a druga żeńska, Tobie, który jesteś zarówno mężczyzną, jak i kobietą.

Chwała Tobie, który masz byka za swój pojazd, jak i Tobie jadącemu na słoniu.

Chwała Tobie, który przebywasz w niedostępnych dla innych miejscach i do którego trudno dotrzeć.

Chwała Tobie wychwalanemu w pieśniach przez swoich towarzyszy, jak i Tobie, który podążasz ich śladem i jesteś im oddany.

Chwała Tobie w kolorze białych chmur i Tobie o splendorze wieczornych chmur.

Chwała Tobie, którego nie zdołają opisać żadne imiona, Tobie ukazującemu się w swej własnej formie nieporównywalnej z niczym we wszechświecie.

Chwała Tobie odzianemu w czerwone szaty i ozdobionemu czerwoną girlandą.

Chwała Tobie z głową ozdobioną diademem wybijanym klejnotami, jak i Tobie z głową ozdobioną sierpem księżyca i Tobie z głową ozdobioną ośmioma kwiatami.

Chwała Tobie o gorejących ustach i gorejących oczach, Tobie o oczach mających jasność tysiąca księżyców, Tobie w formie ognia, Tobie w formie pięknej i przyjemnej dla oka, Tobie, który jesteś niepojęty i tajemniczy.

Chwała Tobie, który przebiegasz przez firmament, Tobie, który rezydujesz na lądzie, dostarczając paszy krowom, Tobie spacerującemu po ziemi, Tobie, który jesteś ziemią, Tobie, który jesteś nieskończony i który dobrze wróży.

Chwała Tobie, który masz horyzont za swoją szatę, Tobie, który z każdego miejsca, gdzie choć przez chwilę przebywasz, czynisz szczęśliwy dom.

Chwała Tobie, który masz cały wszechświat za swój dom, a wiedzę i błogość za swoją duszę.

Chwała Tobie z diademem na głowie, naramiennikami i innymi licznymi ozdobami, Tobie, który masz węża na szyi zamiast girlandy.

Chwała Tobie, który masz słońce, księżyc i ogień za swoje oczy, Tobie o tysiącu oczach.

Chwała Tobie, który jesteś zarówno męskiego jak i żeńskiego rodzaju, Tobie pozbawionemu płci.

Chwała Tobie, który jesteś zarówno *sankhją*, jak i jogą.

Chwała Tobie, który jesteś łaską dla bogów czczonych ofiarą, Tobie będącemu *atharwanami* (mędrcami z rodu mędrca Atharwan, który skomponował *Atharwawedę*).

Chwała Tobie, który przynosisz ulgę we wszelkiego rodzaju chorobach i bólu i rozpraszasz każdy smutek.

Chwała Tobie, którego ryk jest równie głęboki jak grzmiące chmury, Tobie, który stwarzasz różne rodzaje iluzji, zarządzasz orną glebą i posianymi w niej nasionami, i Tobie, który jesteś Stwórcą wszystkiego.

Chwała Tobie, który jesteś Panem wszystkich niebian i całego wszechświata, Tobie, który jesteś szybszy od wiatru i Tobie, który jesteś formą wiatru.

Chwała Tobie ozdobionemu złotą girlandą, jak i Tobie, który igrasz po górach i wzgórzach, Tobie, którego zdobią wszyscy ci, którzy są wrogami bogów, i Tobie o niepohamowanej szybkości i energii.

Chwała Tobie, który oderwał Brahmie jedną z jego głów i zabił asurę o imieniu Mahisza, Tobie, który przybierasz trzy formy, jak i Tobie, który przybierasz każdą formę.

Chwała Tobie, który nosisz w sobie insygnia zniszczenia, jak i Tobie, który zniszczył trójmiasto asurów, ofiarę Dakszy i ciało boga żądzy Kamy.

Chwała Tobie, który jesteś Skandą, jak i Tobie, który jesteś rózgą Brahmy, Tobie, który jesteś Bhawą i Sarwą, Tobie o kosmicznej formie.

Chwała Tobie, który jesteś Iśaną, jak i Tobie niszczycielowi Bhagi i zabójcy Andhaki.

Chwała Tobie, który jesteś wszechświatem, Tobie, który masz moc iluzji i Tobie, który jesteś zarówno uchwytny, jak i nieuchwytny myślą.

Chwała Tobie, który jesteś celem wszystkich żywych istot, który jesteś najwyższy i który jesteś sercem wszystkiego.

Ty jesteś Brahmą wszystkich bogów, czerwonym i niebieskim Nilardhitą Rudrów, duszą wszystkich żywych istot, jak i Nim, którego filozofia *sankhji* nazywa *Puruszą*, a jogini dobrze wróżącym i niepodzielnym na części.

Wśród rzeczy świętych jesteś Riszabhą, a wśród tych, którzy żyją w zgodzie z różnymi trybami życia, jesteś gospodarzem.

Wśród panów jesteś Panem panów wszechświata.

Wśród jakszów jesteś Kuberą, a wśród wszystkich ofiar jesteś najwyższą ofiarą.

Wśród gór jesteś górą Meru, wśród gwiazd na firmamencie jesteś księżycem, wśród riszich jesteś Wasisztą, wśród planet jesteś słońcem, wśród dzikich zwierząt jesteś lwem, a wśród zwierząt domowych bykiem czczonym przez wszystkich ludzi.

Wśród Aditjów jesteś Wisznu, wśród bogów Wasu jesteś Pawaką, wśród ptaków jesteś Garudą, a wśród wężów Seszą (Ananta).

Wśród *samanów* jesteś *Rathantarą*, wśród *jadżusów* jesteś mantrami *Satarudrijam*, wśród joginów jesteś Sanat-Kumarą, wśród wyznawców *sankhji* jesteś Kapilą.

Wśród Marutusów jesteś Indrą, wśród Ojców (*pitri*) jesteś Dewaratą, wśród regionów będących miejscem zamieszkania dla żywych istot jesteś regionem Brahmy,

Wśród wszystkich celów realizowanych przez żywe istoty jesteś *mokszą* (Wyzwoleniem).

Wśród oceanów jesteś oceanem mleka, wśród łańcuchów górskich jesteś górami Himawat, wśród uczonych braminów jesteś tym, który został poddany inicjacji lub uświęceniu potrzebnemu do wykonywania religijnych ceremonii lub udziela takich uświęceń.

Wśród wszystkich przedmiotów tego świata jesteś słońcem i Czasem (Kala).

Wśród tego, co istnieje we wszechświecie, jesteś wszystkim, co posiada najwyższą energię i cieszy się sławą.

O Mahadewa, taka jest moja wiara»'.

Upamanju kontynuował: 'O Kryszna, zakończyłem swą pieśń ku chwale Siwy, mówiąc: «O Ty, który jesteś Panem joginów i darzysz życzliwością swych wielbicieli, niech będzie Ci chwała! O Oryginalna Przyczyno Wszechświata, kłaniam się Tobie! Bądź ze mnie zadowolony. Jestem Twoim wielbicielem i szukam u Ciebie schronienia. Ulituj się nade mną, Twoim wielbicielem, i wybacz mi wszystkie moje wykroczenia. Ogłupiony przez Twoją iluzję nie rozpoznałem Ciebie, gdy ukazałeś się przede mną w formie Indry. Wybacz mi, że na powitanie nie ofiarowałem Tobie darów należnych gościowi i wody do umycia stóp'.

8. Upamanju opowiada, jak zadowolił Śiwę swym oddaniem

Upamanju kontynuował: 'O Kryszna, stojąc przed Śiwą z pobożnie złożonymi dłońmi, gotowy do spełnienia każdego jego rozkazu, ofiarowałem mu należne gościowi dary i wodę do umycia stóp. Na moją głowę posypał się wówczas z nieba dobrze wróżący deszcz kwiatów zroszonych zimną wodą o niebiańskim zapachu, a niebiańscy muzycy zaczęli uderzać w bębny. Zaczął też wiać łagodny i przyjemny wiatr, przynosząc ze sobą słodki zapach. Zadowolony ze mnie Mahadewa, wypełniając moje serce radością, rzekł do zgromadzonych tam niebian: «O bogowie, spójrzcie na tego mędrca Upamanju, który jest mi bezgranicznie oddany! Zaiste, jego oddanie jest wielkie, stałe i niezmienne». Bogowie z Brahmą na czele, słysząc jego słowa, pokłonili się przed nim i stojąc przed nim z pobożnie złożonymi dłońmi, rzekli: «O Bogu bogów i Panie wszechświata, ukaż swoją łaskę i zagwarantuj temu braminowi spełnienie wszystkich jego pragnień».

Śiwa, zwany również Sarwa, Iśa lub Śankara, rzekł, zwracając się do mnie z uśmiechem: «O Upamanju, ukazałem się przed tobą, ponieważ jesteś mi niezmiennie oddany. Poddałem cię testowi i jestem z ciebie zadowolony. Z tego też powodu gwarantuję tobie spełnienie wszystkich pragnień, które chowasz w swym sercu».

Słysząc te słowa Mahadewy, nie mogłem się powstrzymać od okrzyku radości i pod wpływem odczuwanych emocji włosy zjeżyły mi się głowie. Bijąc przed nim pokłony i padając na kolana rzekłem dławiącym się z zachwytu głosem: «O wielki i słynny Bogu, czuję się tak, jakbym urodził się dopiero dzisiaj i jakby moje narodziny przyniosły mi upragniony przeze mnie owoc, gdyż stoję tutaj w Twojej obecności, patrząc na Ciebie, Pana bogów i asurów! Czy jest ktoś, kto zasłużyłby na większą pochwałę ode mnie, skoro widzę na własne oczy Jego, którego nawet bogowie nie potrafią zobaczyć bez oddawania Mu czci w swym sercu? Jesteś Nim, o którym nawet ci, którzy zdobyli najwyższą mądrość mówią, że jest najwyższą wiedzą i najwyższym z wszystkich tematów, że jest nienarodzony, wieczny, wyróżniający się wśród wszystkiego innego. Jesteś źródłem wszystkich tematów, jesteś Najwyższym *Puruszą*, jesteś najwyższy z wszystkiego, co wysokie. Ze swego prawego boku stworzyłeś dziadka wszechświata Brahmę, Stwórcę wszystkich przedmiotów, a z lewego boku stworzyłeś Wisznu w celu ochrony tego, co zostało stworzone. Jesteś potężnym Panem, który na zakończenie eonu, gdy wszystko to, co zostało stworzone, ma się rozpaść, stwarza Rudrę, który niszczy wszystkie stworzone żywe istoty, przybierając formy Czasu, chmury Samwataka powodującej wielką powódź i konsumującego wszystko ognia. Zaiste, gdy nadchodzi Czas Zniszczenia, Rudra jest gotowy, aby połknąć cały wszechświat! Jesteś oryginalnym Stwórcą wszechświata i zamieszkujących go żywych istot. Jesteś Nim, który będąc niewidzialny nawet dla bogów, przenika wszystkie istnienia, jesteś duszą wszystkich przedmiotów, jesteś Stwórcą stwórcy wszystkich istnień. Jesteś Nim, który na koniec *kalpy* wycofuje w siebie wszystkie przedmioty.

O Panie, ukazałeś się przede mną, bo zdołałem zadowolić Cię swoim oddaniem. Posłuchaj, jakiego daru u Ciebie szukam. Obdaruj mnie łaską i zagwarantuj mi, że moje oddanie Tobie nigdy nie osłabnie i bądź na zawsze obecny w naszej pustelni. Obdaruj mnie też pełną wiedzą przeszłości, teraźniejszości i przyszłości, i niech moi krewni i przyjaciele żywią się zawsze jedzeniem bazującym na mleku».

Czczony przez wszystkich Śiwa odziany w najwyższą energię, ten Pan wszystkich żywych istot, rzekł: «O braminie, obdaruję cię wielką energią, dzięki której zdobędziesz sławę i wiedzę duchową. Dzięki mej łasce będziesz mi zawsze oddany, twoje postępowanie będzie zawsze dobre i słuszne, zdobędziesz uniwersalną wiedzę i będziesz zawsze wzorem dla riszich. Będziesz ponad zniedołężnieniem i śmiercią, pozostając zawsze młody i przyjemny w powierzchowności, wolny od niedoli i bólu, a twoja energia będzie równa ogniowi. Kiedykolwiek zapragniesz mleka i widoku oceanu mleka, który sprawia ci wielką przyjemność, pojawią się przed tobą, aby móc służyć tobie i twoich przyjaciołom do przygotowania posiłku. Ty sam i twoi przyjaciele będą mieli zawsze dostęp do jedzenia zmieszanego z mlekiem i niebiańskim nektarem. Na zakończenie *kalpy* będziesz miał mnie za towarzysza. Twój ród nigdy nie wygaśnie i ja sam będę zawsze obecny w twej pustelni. Uwolnij się więc od wszelkiego niepokoju i żyj, gdziekolwiek zapragniesz. Gwarantuję ci również, że gdy będziesz o mnie myślał, zobaczysz mnie ponownie»'

Upamanju kontynuował: 'O Kryszna, po wypowiedzeniu tych słów i zagwarantowaniu mi darów, Iśana o jasności miliona słońc zniknął. W taki to sposób dzięki swoim umartwieniom ujrzałem tego Boga bogów i zdobyłem wszystko, czego pragnąłem i co zostało mi przez tego Boga o największej inteligencji obiecane. Spójrz na tych wszystkich rezydujących w tej pustelni Siddhów, riszich, widjadharów, jakszów, gandharwów i apsary. Spójrz na te drzewa, pnącza i inne rośliny o pięknych liściach produkujące różne rodzaje kwiatów i owoców. Rodzą one owoce i kwiaty należące do wszystkich pór roku, rozsiewając w koło słodki zapach. Wszystko to, co widzisz, ma niebiańską naturę dzięki łasce tego Boga bogów, Najwyższego Pana Śiwy'".

9. Po wysłuchaniu słów Upamanju Kryszna zadawala Śiwę, praktykując ascezę i otrzymuje od niego syna

Kryszna kontynuował: „O Judhiszthira, słuchanie słów mędrca Upamanju i widzenie na własne oczy niebiańskiego piękna, o którym mówił, wprawiło mnie w zdumienie. Rzekłem: 'O uczony braminie, zasługujesz na wielką pochwałę, bo czy istnieje na tym świecie jakiś inny prawy człowiek, w którego pustelni przebywa Bóg bogów Śiwa? Jak sądzisz, czy potężny Sankara ukaże się przede mną i spełni moją prośbę o syna?'

Upamanju rzekł: 'O ty o oczach jak płatki lotosu, obdaruję cię pewnymi mantrami. Recytując je, na pewno zdołasz zobaczyć Śankarę. Już wkrótce Mahadewa ukaże się przed tobą, tak jak ukazał się przede mną. Widzę oczami mej duszy, że stanie się to za sześć miesięcy i że otrzymasz od niego i jego małżonki Umy dwadzieścia cztery dary (dalej jest mowa tylko o szesnastu). To, co mówię, jest prawdą, gdyż dzięki łasce tego Boga o najwyższej wiedzy znam całą przyszłość, teraźniejszość i przeszłość. Wielki Hara ukazuje swą przychylność tysiącom riszich, dlaczego więc nie miałby ukazać jej tobie? Jesteś oddany braminom, pełen współczucia i wiary. Spotkanie z kimś takim jak ty zawsze zadowala bogów'.

Odpowiedziałem: 'O wielki asceto, dzięki twej łasce zobaczę tego Pana bogów i niszczyciela tysięcy asurów, synów Diti!'

Rozmowa o Mahadewie zajęła nam osiem dni, choć zdawało się, że minęła zaledwie godzina. Ósmego dnia bramin Upamanju wykonał na moją rzecz odpowiednie rytuały, dając mi inicjację i obdarowując mnie laską ascety. Odziany w łachmany i pomazany oczyszczonym masłem opasałem biodra sznurem zrobionym z trawy *mundża*, ogoliłem głowę i wziąłem do dłoni źdźbło trawy *kuśa*. Przez jeden miesiąc żywiłem się jedynie owocami, przez drugi piłem jedynie wodę, a podczas następnych trzech miesięcy żywiłem się jedynie powietrzem. Przez pewien czas stałem na jednej nodze z ramionami wzniesionymi w górę i przez pewien czas zaniechałem całkowicie snu. Gdy upłynęło sześć miesięcy, zobaczyłem nagle na firmamencie ogromną jasność, jakby równocześnie świeciło tysiące słońc. W pobliżu centrum tej jasności zobaczyłem chmurę wyglądającą jak skupisko błękitnych wzgórz ozdobioną kluczami lecących żurawi, tęczą i błyskami błyskawic, które były jak otwierające się oczy. W samym środku tej chmury ukazał się oślepiający swym splendorem Mahadewa ze swoją małżonką Umą. Ten wielki Bóg ze swą żoną u boku zdał się jaśnieć wśród chmur swymi umartwieniami, energią, pięknem i światłem. Razem ze swoją małżonką wyglądali jak słońce i księżyc wyzierające spod pędzących chmur.

Na widok Śiwy, który rozprasza wszelki smutek i jest obrońcą bogów, włosy zjeżyły mi się na głowie, a źrenice rozszerzyły z pełnego podziwu i grozy zdumienia. Ukazał się przede mną z włosami związanymi w ciężki węzeł i diademem na głowie, odziany w skórę tygrysa, z laską świętego żebraka w dłoni. Był uzbrojony w Śulę, łuk Pinaka i piorun. Jego przedramiona zdobiły piękne bransolety, szyję i pierś sięgająca aż do stóp girlanda, a świętą nić tworzył owinięty wokół jego piersi potężny wąż. Otoczony przez różne klany duchów i widm wyglądał jak bardzo jasny księżyc na jesiennym niebie lub jesienne słońce, na które trudno spojrzeć z powodu jego jasności.

Tysiąc i sto Rudrów otaczało tego Boga o białych uczynkach i kontrolowanej duszy siedzącego na swym byku. Wszyscy jego towarzysze nucili hymny na jego cześć. Aditjowie, Wasu, Sadhjowie, Aświni wychwalali tego Pana wszechświata, recytując hymny ze świętych pism. Indra i jego brat Upendra—dwaj wśród synów Aditi—jak i dziadek wszechświata Brahma nucili *saman Rathantara*. Liczni mistrzowie jogi, duchowo odrodzeni riszi i ich dzieci, niebiańscy riszi, bogini Ziemia, bogini przestworzy, konstelacje, planety, miesiące, dwutygodniowe cykle księżyca, pory roku, lata, noce, dnie, kolejne *jugi*, wszystkie niebiańskie nauki i gałęzie wiedzy, wszystkie istnienia znające Prawdę biły pokłony przed tym Najwyższym Nauczycielem, Ojcem i źródłem jogi. Widziałem także obecne tam w swych ucieleśnionych formach *Wedy*, historię, inicjację (*diksza*), ofiary, ognie ofiarne, somę, oczyszczone masło wlewane do ognia ofiarnego, dakszinę. Byli tam też mędrcy Sanat-Kumara, Angiras, Atri, Pulastja, Pulaha,

Kratu, siedmiu Manu, atharwanasowie, Brihaspati, Bhrigu, Daksza, Kaśjapa, Wasiszta i Kasja. Obecni tam strażnicy świata, rzeki, węże, góry, tysiące milionów i tysięcy ascetów, niebiańskie matki, żony i córki niebian kłaniali się przed tym potężnym Panem, który jest duszą spokoju. Góry, oceany, wszystkie kierunki przestrzeni, niebiańscy muzycy gandharwowie i muzycznie utalentowane apsary wychwalały w swych pieśniach Bhawę, który wzbudza we wszystkich pełne zachwytu zdumienie. Wszystkie stworzone istoty, ruchome i nieruchome, wielbiły w myśli, mowie i uczynku tego potężnego Pana.

Pan wszystkich bogów Sarwa ukazał się przede mną w całej swej chwale, ja sam jednakże nie miałem dość siły, aby na niego spojrzeć. Wszyscy mieszkańcy wszechświata, łącznie z Brahmą i Indrą, widząc go stojącego przede mną w całej swej wspaniałości, zwrócili oczy na mnie. Mahadewa zwracając się do mnie, rzekł: 'O Kryszna, spójrz na mnie i przemów do mnie. Oddawałeś mi cześć setki tysięcy razy, pragnąc mnie zobaczyć. We wszystkich trzech światach nie ma nikogo, kto byłby mi od ciebie droższy'.

Pokłoniłem się przed nim, zadowalając tym jego małżonkę Umę, i zwracając się do tego Boga sławionego w hymnach przez wszystkich bogów łącznie z Brahmą, zacząłem go wychwalać:

'O Mahadewa, jesteś wiecznym źródłem wszystkich rzeczy, kłaniam się Tobie!

Mędrcy mówią, że jesteś Panem *Wed*, a ci, którzy są prawi, mówią, że jesteś zarówno umartwieniami, jak i *sattwą, radżasem, tamasem* i Prawdą.

Jesteś Brahmą, Rudrą, Waruną, Agnim, Manu, Bhawą i Dhatrim, Twasztrim, Widhatrim, jesteś Panem wszystkich przedmiotów i jesteś wszędzie. Z Ciebie wypłynęły wszystkie żywe istoty i wszystkie trzy światy zostały przez Ciebie stworzone.

Riszi twierdzą, że jesteś nadrzędny w stosunku do zmysłów, umysłu, oddechów, siedmiu ofiarnych ogni oraz w stosunku wszystkiego innego, co znajduje azyl w przenikającej wszystko duszy, jak i wszystkich bogów, którzy są czczeni i zasługują na cześć.

Jesteś *Wedami*, ofiarami, somą, *dakszyną* i wszystkimi innymi elementami składowymi ofiary. Zasługi płynące z ofiar, obdarowywania innych, studiowania *Wed*, realizowania przysiąg i praktykowania samo-kontroli, jak i skromność, sława, pomyślność, splendor, nasycenie i sukces—wszystko to istnieje dlatego, że prowadzi do Ciebie.

Twoimi dziećmi są pragnienie, gniew, lęk, zachłanność, pycha, zła wola, ogłupienie, ból i choroba.

Jesteś wszystkimi działaniami wykonywanymi przez żywe istoty. Jesteś zarówno radością i smutkiem, jak i ignorancją, która jest niezniszczalnym nasieniem żądzy. Jesteś głównym źródłem umysłu, jesteś mocą i wiecznością.

Jesteś niezamanifestowany i niepojęty.

Jesteś czyścicielem, słońcem o tysiącu promieni, promienną czystą świadomością (*czit*), pierwszą i najważniejszą z wszystkich zasad, jesteś miejscem schronienia dla życia.

Jesteś Nim, w odniesieniu do którego *Wedy* używają takich słów, jak Mahat, dusza, rozumienie, *Brahman*, Sambhu. Ci, którzy poznali *Wedy*, w taki właśnie sposób widzą Twoją naturę. Zaiste, uczeni bramini, którzy tak cię widzą, pokonują ignorancję, która leży u korzeni świata.

Mieszkasz w sercu każdej żywej istoty i jesteś czczony przez riszich jako *kszetra-dżina*.

Twoje ramiona i stopy sięgają do każdego miejsca, a Twoje oczy, głowa i twarz są wszędzie.

Twoje uszy są wszędzie we wszechświecie, przenikasz cały wszechświat.

Jesteś niebiańskim szczęściem zarabianym przez żywe istoty prawymi działaniami wykonanymi w różnym czasie.

Jesteś oryginalną promienistością najwyższej czystej świadomości (*czit*).

Jesteś *Puruszą* i zamieszkujesz w sercach wszystkich rzeczy.

Jesteś różnymi atrybutami jogicznych mocy zdobywanych przez joginów, jak moc stawania się subtelnym (niewidzialnym) lub «grubym», moc spełnienia życzeń, supremacja, świetlistość i niezmienność. Dzięki Tobie jogin zdobywa zdolność do spełnienie wszystkich swych życzeń łącznie ze stwarzaniem światów, czego jednak nie czyni z szacunku dla Brahmy i nie chcąc zaburzać naturalnego biegu wydarzeń.

Jesteś Nim, na którym bazuje we wszystkich światach rozumienie i inteligencja. Osobami o wielkiej inteligencji nazywa się tych, którzy poznali Ciebie jako Jego, który jest niezmienny, zamieszkuje we wszystkich sercach, posiada najwyższą moc, jest starożytnym *Puruszą*, czystą wiedzą, promienną czystą świadomością (*czit*), najwyżej stojącym azylem dla wszystkich odzianych w inteligencję. Zaiste, o takich osobach mówi się, że przekraczają inteligencję.

Ciebie poszukują i w Tobie znajdują obronę wszyscy ci, którzy są oddani medytacjom, praktykują jogę, pokonali swe namiętności, są niezmiennie oddani Prawdzie. Docierają do Twej wielkiej jaźni dzięki zrozumieniu siedmiu subtelnych zasad rzeczywistości materialnej, którymi są Mahat, ego-świadomość i pięć subtelnych elementów zwanych *tanmatra*, jak i twoich sześciu atrybutów, którymi są wszechwiedza, pełnia, wiedza nie mająca początku, niezależność, niesłabnąca nigdy moc i nieskończoność, oraz dzięki poznaniu jogi, która jest w swych sformułowaniach doskonała'".

Kryszna kontynuował: „O Judhiszthira, rozpraszający smutek i ból Bhawa po wysłuchaniu moich wychwalających go słów wydał z siebie potężny lwi ryk, aprobując w ten sposób ich poprawność. Obecni tam liczni riszi, bramini, bogowie, demony, nagowie, pisaki, Ojcowie, ptaki, rakszasowie oraz różne rodzaje duchów i upiorów, słysząc ten ryk, kłaniali się przed tym wielkim Bogiem.

Potężny Śankara oddany dobru wszechświata spojrzał na swą małżonkę Umę, na Indrę i na mnie, i rzekł: 'O Kryszna, jesteś mi i mojej żonie jak najbardziej oddany, czyń więc to, co służy twemu dobru. Darzę cię wielką miłością i uczuciem. Powiedz mi, jakie są twoje życzenia i poproś mnie o osiem darów. Spełnię je bez względu na to, jak bardzo są trudne do spełnienia'.

Chyląc pobożnie głowę przed Śiwą, który jest masą energii i świetlistości, rzekłem z sercem wypełnionym radością: 'O Śankara, proszę Cię o stałość w prawości, pokonywanie wrogów w bitwie, najwyższą sławę, najwyższą moc, oddanie jodze, Twoją bliskość i obecność oraz o setki setek dzieci. Takie są dary, o które cię proszę'. Śankara rzekł: 'O Kryszna, niech tak się stanie'.

Następnie Uma, żona Śiwy i matka wszechświata, która jest bezmiernym naczyniem umartwień, dostarcza oparcia i oczyszcza wszystkie rzeczy, rzekła do mnie: 'O Kryszna, potężny Mahadewa zagwarantował tobie syna, który powinien zostać nazwany Samwa (Samba). Przyjmij również ode mnie osiem darów. Powiedz mi, jakie są twoje życzenia?' Schylając pobożnie głowę przed boginią poprosiłem o brak gniewu w stosunku do braminów, łaskę mojego ojca, setkę synów, najwyższą przyjemność, miłość dla rodziny, łaskę mojej matki, zdobycie ciszy i spokoju, zręczność w każdym działaniu.

Uma rzekła: 'O Kryszna, to, o co prosisz, spełni się, gdyż ja zawsze mówię prawdę. Będziesz miał szesnaście tysięcy żon. Zarówno twoja, jak i ich miłość będzie bez granic. Twoi krewni będą również darzyć cię najwyższym uczuciem. Będziesz miał również najpiękniejsze z wszystkich ciał będące źródłem najwyższej przyjemności, a w twoim pałacu każdego dnia będzie otrzymywało posiłek siedem tysięcy gości'".

Kryszna zakończył swe opowiadanie, mówiąc: „O Judhiszthira, po wypowiedzeniu tych słów Śiwa ze swoją małżonką Umą, jak i towarzyszące im duchy i upiory zniknęły. Towarzyszący mi Upamanju rzekł: 'O Kryszna, nie istnieje żaden inny Bóg, który byłby równy Sarwie. Nikt bowiem nie potrafi dać tylu równie wspaniałych darów jak on, nikt też nie dorówna mu na polu bitewnym w walce'".

Napisane na podstawie fragmentów *Mahābharāta*, Anusasana Parva, Part 1, Sections XIV-XV.

Opowieść 202
O tym, jak riszi Tandi wychwalał Śiwę

> Tandi rzekł: „O Mahadewa, jesteś tożsamy z najwyższym Brahmanem, jesteś najwyższym realnym istnieniem i celem, do którego dążą wyznawcy *sankhji* i *jogi*. Ukazując się przede mną, obdarowałeś mnie najwyższą nagrodą. Zaiste, dotarłem w ten sposób do celu, do którego docierają tylko ludzie prawi i ci, których rozumienie zostało oczyszczone przez wiedzę. Do dziś byłem pozbawionym rozumu głupcem przesiąkniętym ignorancją, gdyż nie znałem Ciebie, Najwyższego Boga. Rodząc się na ziemi niezliczoną ilość razy, zdołałem wreszcie osiągnąć to oddanie Tobie, w rezultacie którego ukazałeś się przede mną!"

(*Mahābhārāta*, Anusasana Parva, Part 1, Section XVI)

Kryszna mówił dalej: „O Judhiszthira, opowiedziałem tobie o tym, jak wielki Bóg Śiwa ukazał się przed swym wielbicielem riszim Upamanju, gwarantując mu spełnienie jego życzeń. Ja sam, oddając mu cześć na górze Himawat, otrzymałem od niego mego syna Samwę. Wielki Bóg Śiwa zawsze obdarza łaską swych wielbicieli. Posłuchaj dalej o tym, jak Śiwa ukazał się przed swoim wielbicielem Tandi, który zadowolił go swym hymnem, o czym opowiedział mi riszi Upamanju.

Upamanju rzekł: 'O Kryszna, podczas *kritajugi* żył na ziemi riszi o imieniu Tandi, który z pomocą jogicznej medytacji czcił w swym sercu wielkiego Boga Śiwę przez tysiąc lat. Posłuchaj mojego opowiadania o owocu, które zrodziło jego nadzwyczajne oddanie. Odniósł on sukces w widzeniu Mahadewy, którego wychwalał, nucąc wedyjskie hymny.

Riszi Tandi, praktykując umartwienia, rozmyślał z poczuciem grozy i zdumienia nad Nim, który jest Najwyższą Duszą, jest niezmienny i nie podlega zniszczeniu. Mówił: «Szukam obrony u Niego, którego szukają wyznawcy *sankhji* i którego jogini nazywają Najwyższym *Puruszą* przenikającym wszystkie przedmioty i ich Panem; u Niego, o którym mędrcy mówią, że jest przyczyną tworzenia i niszczenia wszechświata; u Niego, który swą rangą przewyższa bogów, asurów i mędrców, i ponad którym nie ma nic wyższego; u Niego, który jest nienarodzony, nie ma ani początku ani końca, ma najwyższą moc, daje najwyższą błogość, jest promienisty i bezgrzeszny».

Gdy Tandi skończył mówić te słowa, zobaczył przed sobą ten ocean umartwień, tego wielkiego Boga, który jest niezmienny nieporównywalny, niepojęty, wieczny, niepodzielny i niezniszczalny, który jest jednią i pełnią. Jego, który jest *Brahmanem* przekraczającym wszystkie atrybuty, jak i Nim, który odziewa się w atrybuty. Jego, który jest azylem dla umysłu i najwyższą radością dla joginów i jest nazywany Wyzwoleniem. Jego, który jest azylem dla króla bogów Indry, boga ognia, boga wiatru, dziadka wszechświata Brahmy i dla całego wszechświata. Jego, który jest *Puruszą* niepoznawalnym przez umysł i rozumienie, który jest bezcielesny, czysty, niemierzalny i trudny do osiągnięcia przez osoby o nieczystej duszy. Jego, który jest początkiem wszechświata i który przekracza zarówno wszechświat, jak i atrybut ciemności. Jego, który jest starożytny, odziany w świetlistość i który przewyższa wszystko to, co najwyższe.

Riszi Tandi, pragnąc zobaczyć Jego, który odziewa się w życiowe oddechy i zamieszkuje w *dźiwie* w formie świetlistości, która jest nazywana umysłem, praktykował surowe umartwienia przez wiele lat i po zdobyciu nagrody w formie możliwości widzenia tego wielkiego Boga, wychwalał go w następujących słowach.

Tandi mówił: «O Ty, który umożliwiłeś rzece Ganges zejście na ziemię, pozwalając jej upaść na Twoją głowę, niech będzie Tobie chwała!

Jesteś najświętszy wśród wszystkiego, co święte i jesteś dla wszystkich miejscem schronienia.

Jesteś najgwałtowniejszą z wszystkich energii.

Jesteś najsurowszym z wszystkich umartwień.

Jesteś najhojniejszym wśród hojnych w rozdawaniu swej łaski i obdarowujesz Wyzwoleniem tych ascetów, którzy starają się wyzwolić z koła narodzin i śmierci. Jakże my, zwykli ludzie, mamy zrozumieć Twoją prawdziwą naturę, skoro nie potrafią jej zrozumieć nawet Brahma, Wisznu, Indra i wielcy riszi? Z Ciebie wszystko wypływa i na Tobie wszystko się opiera.

Jesteś nazywany Czasem (Kala), *Puruszą* i *Brahmanem*, gdyż jak stwierdzają. niebiańscy riszi znający *Purany*, masz trzy rodzaje ciał, tj. ciało należące do Czasu, *Puruszy* i *Brahmana* lub trzy formy: Rudry, Wisznu i Brahmy.

Jesteś Nim, który w każdym ciele zajmuje całą przestrzeń od stóp do głowy (*adhipurusza*), ukrywa się za zmysłami, umysłem i intelektem jednostki (*adhjatma*), przebywa we wszystkim, co jest zbudowane z pięciu ‹wielkich› elementów (*adhibhuta*), sprawuje kontrolę nad tymi elementami (*adhidaiwata*), zamieszkuje we wszystkich światach (*adhiloka*), wypełnia sobą płaszczyznę świadomości (*adhiwidżnanam*) i składa ofiary, zamieszkując w sercach ucieleśnionych dusz (*adhijadżna*). Ludzie wiedzy, którzy rozpoznają, że rezydujesz w nich samych i że nawet bogowie nie potrafią Cię poznać, uwalniają się od wszystkich więzi i osiągają stan istnienia, który przekracza smutek, podczas gdy ci, którzy nie pragną Cię poznać, nie potrafią uwolnić się z koła narodzin i śmierci.

Jesteś bramą zarówno do nieba, jak i do Wyzwolenia.

Jesteś Nim, który wyrzuca z siebie wszystkie bycia, nadając im istnienie, jak i Nim, który ponownie je w siebie wchłania.

Jesteś wielkim dawcą darów i dobroczyńcą.

Jesteś zarówno niebem i Wyzwoleniem, jak i pragnieniem, które jest nasieniem działania.

Jesteś gniewem, który pobudza żywe istoty do działania.

Jesteś trzema *gunami*, jasnością-dobrem (*sattwą*), namiętnością (*radżasem*) i ciemnością (*tamasem*), jak i dolnymi i górnymi regionami wszechświata.

Jesteś dziadkiem wszechświata Brahmą, jesteś Bhawą, Wisznu, Skandą, Indrą, Sawitri, Jamą, Waruną, Somą, Dhatrim, Widhatrim, Manu, jak i bogiem bogactwa Kuberą.

Jesteś ziemią, wiatrem, wodą, ogniem, przestrzenią, mową, rozumieniem, inteligencją, stałością i działaniami wszystkich ludzi.

Jesteś zmysłami, jak i Nim, który przekracza *Prakriti*, jesteś niezmienny.

Jesteś Prawdą i fałszem, istnieniem i nieistnieniem.

Jesteś nadrzędny w stosunku do wszechświata istniejących przedmiotów, jak i do wszechświata nieistniejących przedmiotów, jesteś zarówno uchwytny myślą, jak i nieuchwytny.

Jesteś tożsamy z najwyższym *Brahmanem*, jesteś najwyższym realnym istnieniem i celem, do którego dążą wyznawcy *sankhji* i jogi. Ukazując się przede mną, obdarowałeś mnie najwyższą nagrodą. Zaiste, dotarłem w ten sposób do celu, do którego docierają tylko ludzie prawi oraz ci, których rozumienie zostało oczyszczone przez wiedzę. Do dziś byłem pozbawionym rozumu głupcem przesiąkniętym ignorancją, gdyż nie znałem Ciebie, Najwyższego Boga. Rodząc się na ziemi niezliczoną ilość razy, zdołałem wreszcie osiągnąć to oddanie Tobie, w rezultacie którego ukazałeś się przede mną!

O Ty, który masz skłonność do rozszerzania swej łaski na tych, którzy są Tobie oddani! Ten, kto Cię poznał, może cieszyć się nieśmiertelnością! To Ty jesteś Nim, który pozostaje tajemnicą nawet dla bogów, asurów i ascetów, *Brahmanem* ukrytym głęboko w sercu każdej żywej istoty, którego nawet najwięksi asceci nie potrafią poznać lub zobaczyć.

Jesteś potężnym Bogiem o twarzy skierowanej we wszystkich kierunkach, który jest sprawcą wszystkiego.

Jesteś duszą wszystkich przedmiotów, widzisz je wszystkie, znasz je wszystkie, przenikasz je wszystkie.

Jesteś Nim, który sam stwarza ciało, w które się odziewa, jesteś wcielonym byciem, jesteś Nim, który zabawia się ciałem i który jest azylem dla wszystkich wcielonych istot.

Jesteś Stwórcą życiowych oddechów, jak i Nim, który je posiada i odziewa się w nie, obdarowuje nimi i który jest azylem dla wszystkich istnień odzianych w życiowe oddechy.

Jesteś Nim, który ukrywa się za zmysłami, umysłem i intelektem jednostki i jest azylem dla wszystkich prawych osób, które są oddane praktykowaniu jogicznych medytacji, poznały duszę i szukają ucieczki od ponownych narodzin.

Jesteś Najwyższym Panem, który jest obrońcą wszystkich.

Jesteś Nim, który przydziela żywym istotom realizowane przez nie za życia cele razem ze szczęściem i niedolą, które ze sobą niosą.

Jesteś Nim, który decyduje o życiu i śmierci żywych istot.

Jesteś potężnym Panem, który gwarantuje realizującym swój cel riszim spełnienie pragnień.

Jesteś Nim, który dzieląc siebie na osiem dobrze znanych form—wody, ognia, *hotara*, słońca, księżyca, przestrzeni, ziemi i wiatru—stworzył siedem światów—region ziemski (*bhuloka*), region powietrza (*bhuwaloka*), region niebiański (*swarloka*), region mocy i sławy (*mahaloka*), region stwarzania należący do synów Brahmy (*dżanaloka*), region umartwień (*tapaloka*), region Prawdy należący do Brahmy (*satjaloka*)—łącznie z wszystkimi mieszkańcami niebios, którzy je podtrzymują i miłują. W formie wody nosisz imię Bhawy, w formie ognia Rudry, w formie *hotara* Paśupatiego, w formie słońca Iśany, w formie księżyca Mahadewy, w formie przestrzeni Bhimy, w formie ziemi Sarwy, w formie wiatru Urgi.

Jesteś Nim, z którego wszystko wypływa, na którym wszystko się opiera i w którym wszystko się chowa.

Jesteś Nim, który jest jedyny wieczny.

Jesteś tym regionem, w którym mieszka Prawda (*satjaloka*) poszukiwanym przez ludzi prawych i uznawanym przez nich za najwyższy.

Jesteś zawieszeniem jednostkowego istnienia, którego szukają jogini.

Jesteś Pełnią i Jednią, której szukają osoby znające duszę.

Jesteś Nim, który, choć rezyduje we wszystkich sercach, pozostaje niewidzialny dla tych, którzy nie podejmują odpowiednich starań i oślepieni przez Twą iluzję nie potrafią Cię naprawdę i we wszystkich szczegółach zrozumieć. Jednakże przed tymi, którzy są Tobie oddani, ukazujesz się z własnej woli.

Jesteś najwyższym przedmiotem poznania i ten, kto Cię poznał, uwalnia się od obowiązku śmierci i ponownych narodzin.

Jesteś najwyższym celem do zdobycia. Mędrzec, który do Ciebie dotarł, uważa, że nie ma celu wyższego od Ciebie i po dotarciu do Ciebie, który jesteś ekstremalnie subtelny i najwyższy, sam staje się niezmienny i nieśmiertelny.

Jesteś Nim, którego osoby znające *Wedy* widzą jako jedyny przedmiot poznania analizowany przez *wedantę*, a ci, którzy praktykują oddechy i zawsze medytują nad Tobą, w Tobie widzą najwyższy cel, do którego docierają, jadąc na rydwanie świętej sylaby OM. Wyznawcy *sankhji* z kolei, którzy zdobyli wiedzę dotyczącą trzech atrybutów natury materialnej *Prakriti* (*sattwa, radżas, tamas*) oraz zasad rzeczywistość materialnej (*tattwa*)—ci mądrzy ludzie, którzy przekraczają to, co zniszczalne poprzez zdobycie wiedzy o tym, co subtelne i niezniszczalne—dzięki poznaniu Ciebie uwalniają się od wszelkich więzi z tym światem. Na ścieżce bogów (*dewajana*) prowadzącej do słońca jesteś bramą zwaną Aditja, a na ścieżce Ojców (*pitrijana*) prowadzącej do księżyca jesteś bramą zwaną Chandramas (księżyc).

Jesteś kierunkami przestrzeni, jesteś rokiem, jesteś *jugami*.

Jesteś suwerennością niebios i suwerennością ziemi, jesteś północnym i południowym odchyleniem w ruchu słońca».

Riszi Tandi kontynuował: «O Ty nazywany Nilarohita (niebiesko-czerwony), Ciebie w starożytnych czasach wychwalał dziadek wszechświata Brahma, nucąc różne hymny i ponaglając Cię do stworzenia żywych istot. Bramini znający *Rigwedę* wychwalali Cię, nucąc hymny *Rigwedy*, widząc w Tobie Jego, który nie jest przywiązany do żadnego przedmiotu i nie ma formy. Ofiarni kapłani znający *Jadżurwedę*, zwani *adhwarju*, wlewając do ognia oczyszczone masło, intonowali *jadżusy*, wychwalając Ciebie jako Jego, do którego dociera się dzięki rytom nakazanym przez *śruti*, procedury opisane przez *smriti* lub poprzez medytacje. Ci, którzy poznali *Samawedę*, wychwalali Cię intonując *samany*, a te duchowo odrodzone osoby, które poznały *Atharwawedę*, wychwalały Cię, nazywając Cię kosmicznym porządkiem (*ritą*), Prawdą i Najwyższym *Brahmanem*.

Jesteś najwyższą przyczyną, z której wypływa ofiara, jesteś najwyższym Panem. Noc i dzień są Twoim uchem i okiem, dwutygodniowe cykle księżyca oraz miesiące są Twoją głową i ramionami, pory roku są Twoją energią, umartwienia Twoją cierpliwością, a rok Twoją odbytnicą, udami i stopami.

Jesteś Mritju, Jamą i Agnim, jesteś Czasem i Niszczycielem, jesteś oryginalną przyczyną Czasu, jesteś wiecznością.

Jesteś słońcem i księżycem, jesteś gwiazdami, planetami i eterem, który wypełnia przestrzeń.

Jesteś gwiazdą polarną, jesteś konstelacją siedmiu starożytnych mędrców.

Jesteś zasadą twórczą wszechświata (*pradhana*), jesteś Mahat, jesteś Niezamanifestowanym i jesteś tym światem.

Jesteś wszechświatem i wszystkimi żywymi istotami, które go zamieszkują, zaczynając od Brahmy i kończąc na najniższym gatunku roślin.

Jesteś oryginalną przyczyną wszystkich żywych istot.

Jesteś ośmioma zasadami *Prakriti*, którymi są Mula *Prakriti*, Mahat, ego-świadomość i pięć subtelnych zmysłów (dźwięk, dotyk, wizja, smak, zapach), i jesteś Nim, który je przekracza. Wszystko to, co istnieje, jest reprezentacją Twojej boskiej jaźni.

Jesteś najwyższą błogością, która jest wieczna.

Jesteś końcem dla wszystkich przedmiotów.

Jesteś tym najwyższym istnieniem, którego szukają ci, którzy są prawi.

Jesteś tym mentalnym stanem, który jest wolny od niepokoju.

Jesteś wiecznym *Brahmanem*.

Jesteś najwyższym stanem osiąganym dzięki medytacji przez osoby znające sześć odgałęzień Wed (*wedanga*), którymi są fonetyka, gramatyka, etymologia, rytuały, prozodia, astronomia.

Jesteś *kaszthą* (miara czasu, czyli piętnaście mrugnięć oka) i najwyższym Czasem.

Jesteś najwyższym sukcesem i najwyższym azylem możliwym do osiągnięcia przez joginów.

Jesteś najwyższym spokojem.

Jesteś stojącym najwyżej zaprzestaniem istnienia.

Jesteś nasyceniem i realizacją celu, jesteś zarówno *śruti*, jak i *smriti*.

Jesteś azylem dla duszy, którego szukają jogini, a dla tych, którzy szukają wiedzy, jesteś tym, co niezniszczalne i co niewątpliwe,

Jesteś celem, do którego dążą zarówno ci, którzy czynią ofiary i leją libację do ognia ofiarnego, jak i ci, którzy dają bogate dary, szukając realizacji jakiegoś pragnienia.

Jesteś celem dla tych, którzy niszczą swe ciała umartwieniami i nie ustają w recytowaniu mantr, praktykując surowe przysięgi i poszcząc.

Jesteś celem dla tych, którzy zaprzestali działania i uwolnili się od przywiązania, i chcąc wyzwolić się z koła ponownych narodzin, wyrzekają się przyjemności i starają się zniszczyć wszystkie te elementy, które należą do *Prakriti*.

Jesteś najwyżej stojącym celem, który jest niezmienny, bez skazy i nie do opisania przez słowa, realizowanym przez tych, którzy są oddani wiedzy i nauce. Ci, których obdarzysz swą łaską, docierają do Ciebie, podczas gdy ci, którym odmawiasz swej łaski, nie potrafią Cię osiągnąć».

Tandi zakończył swój hymn ku czci Śiwy, mówiąc: «O Ty, który jesteś wieczny, niech będzie Ci chwała! Nawet Brahma, Indra, Wisznu, jak i wielcy riszi nie potrafią Cię poznać»'.

Upamanju kontynuował: 'O Kryszna, riszi Tandi zadowolił Mahadewę swym hymnem i ten potężny Bóg rzekł: «O braminie, zadowoliłeś mnie dzisiaj swym oddaniem, poproś mnie więc o dar».

Tandi rzekł: «O Panie, niech moje oddanie Tobie nigdy nie osłabnie!»

Mahadewa rzekł: «O braminie, niech stanie się to, o co prosisz. Będziesz niezniszczalny i wieczny, uwolnisz się od wszelkiego smutku i zdobędziesz wielką sławę. Dzięki mej łasce będziesz autorem *sutr* i wszyscy riszi będą szukać u ciebie wiedzy»'".

Napisane na podstawie fragmentów *Mahābhārāta*, Anusasana Parva, Part 1, Section XVI.

Opowieść 203
O tysiącu imion Śiwy

1. Upamanju opowiada o najwyższym sposobie oddawania czci Śiwie, którym jest recytowanie jego tysiąca imion; 2. Upamanju oddaje cześć Śiwie, recytując jego tysiąc imion; 3. Upamanju mówi o wyzwalającej mocy czczenia Śiwy przez recytowanie jego tysiąca imion.

> Upamanju rzekł: „O Kryszna, mając ciebie za świadka, sławiłem w swym hymnie Mahadewę, wymieniając jego tysiąc imion-atrybutów. Któż jednakże zdołała opisać całą wielkość tego Pana wszystkiego, który zasługuje na największe uwielbienie i cześć, skoro nawet bogowie z Brahmą na czele i wielcy riszi nie potrafią tego uczynić? Wychwalałem jego wielkość wspomagany przez moje oddanie i mając na to jego zgodę. Jego wielbiciel o czystej duszy i spokojnym sercu dzięki czczeniu go poprzez recytowanie jego tysiąca imion zwiększa swoją pomyślność i obdarzony jego łaską dociera do swojej jaźni. Wychwalanie go w ten sposób jest najlepszą drogą prowadzącą do Brahmana. Z pomocą tego hymnu jego wielbiciel zdobywa Wyzwolenie".

(*Mahābharāta*, Anusasana Parva, Part 1, Section XVII)

1. Upamanju opowiada o najwyższym sposobie oddawania czci Śiwie, którym jest recytowanie jego tysiąca imion

Kryszna opowiadał dalej: „O Judhiszthira, powtórzyłem tobie to, co riszi Upamanju opowiedział mi o wychwalaniu Śiwy przez mędrca o imieniu Tandi. Zadowolony z niego Śiwa ukazał się przed nim i na jego prośbę zagwarantował mu, że jego uwielbienie dla niego nigdy nie osłabnie i że będzie nauczał innych riszich właściwego sposobu oddawania mu czci. I tak też się stało. Pewnego dnia Tandi przybył do pustelni Upamanju i opowiedział mu o wszystkim, co się wydarzyło. Mając też na uwadze jego duchowy rozwój, wyrecytował przed nim tysiąc imion wychwalających Śiwę, o których wiedzę zdobył dzięki łasce dziadka wszechświata Brahmy. Recytowanie tych imion, które są znane tylko niektórym, jest najwyższym sposobem oddawania czci Mahadewie. Sam Brahma recytował ongiś ich dziesięć tysięcy, jednakże tylko tysiąc z nich pojawia się w pismach".

Kryszna kontynuował: „O Judhiszthira, Upamanju rzekł do mnie: 'O Kryszna, pozwól, że oddam teraz cześć temu Bogowi, który zasługuje na cześć wszystkich żywych istot, wymieniając jego imiona sławione we wszystkich trzech światach. Niektóre z nich były recytowane przez Brahmę i riszich, niektóre pojawiają się w *Wedach* i *angach* (siedmiu odgałęzieniach *Wed*). Imiona te będąc nośnikiem Prawdy i mając moc spełniania pragnień tego, kto je recytuje, zostały wypowiedziane ku czci Mahadewy przez mędrca Tandi, który wspomagany przez swoje oddanie czerpał wiedzę z wedyjskich nauk i są dalej one recytowane ku czci Śiwy przez wszystkich tych, którzy uchodzą za wielkich i zdobyli sławę. Pozwól więc, że recytując te imiona, wypowiadane przez osoby znane ze swej prawości i przez ascetów, którzy zdobyli duchową wiedzę, będę wychwalał tego, który jest pierwszy we wszystkim, prowadzi swych wyznawców do nieba, jest zawsze gotowy do czynienia dobra na rzecz wszystkich żywych istot i niesie ze sobą pomyślność. Imiona te wypływają z regionu Brahmy i dają się słyszeć wszędzie we wszechświecie. Pozwól więc, że w twej obecności przy pomocy tych imion będę czcił tego, który jest Najwyższym *Brahmanem*, jest wieczny i o którym mówią *Wedy*'.

Upamanju kontynuował: 'O Kryszna, ty sam jesteś wielbicielem tego Najwyższego Boga i czcisz słynnego Bhawę, stawiając go ponad innymi bogami, posłuchaj więc mej recytacji jego tysiąca imion z uwagą. Nikt nie może czcić tego Boga bez jego zgody i ja sam zdobyłem jego zgodę swym oddaniem. Nawet jogini praktykujący jogę przez setki lat nie potrafią w pełni poznać jego wielkości i mocy. Zaiste, nawet bogowie nie potrafią zrozumieć jego początku, środka i końca! Skoro tak jest, to któż potrafiłby w pełni opisać jego wszystkie atrybuty? Mając jego zgodę, wyrecytuję przed tobą jego tysiąc atrybutów, tak jak zostały przedstawione w streszczających je słowach i znakach. Są to tylko niektóre spośród imion tego Boga obdarzonego najwyższą mądrością, którego początek jest niezamanifestowany, który przekracza narodziny i śmierć, ma wszechświat za swoją formę i jest Najwyższą Duszą.

Tak jak oczyszczone masło wlewane do ognia jest ekstraktem z zsiadłego mleka, tak te tysiąc imion, które wymienię, jest ekstraktem z dziesięciu tysięcy imion recytowanych w starożytnych czasach przez Brahmę. Tak jak złoto jest uzyskiwane ze skalistych gór, miód z kwiatów, oczyszczone masło (*ghee*) ze śmietanki (*manda*), tak to tysiąc imion uzyskanych z dziesięciu tysięcy imion recytowanych przez Brahmę stanowi ich esencję. Te tysiąc imion ma moc oczyszczania nawet z najstraszliwszych grzechów i posiada takie same zalety jak cztery *Wedy*. Duchowy aspirant powinien więc wysłuchać ich z uwagą i zapamiętać. Te dobrze wróżące imiona, prowadzące do duchowego rozwoju i odstraszające rakszasów, powinny być jednak przekazywane tylko temu, kto ma dość wiary i jest oddany temu wielkiemu Panu. Nie należy nigdy recytować ich przed kimś, komu brak wiary i kto nie ujarzmił swej duszy. Ten, kto ma złe intencje w stosunku do Mahadewy, który jest oryginalną przyczyną wszystkiego, Najwyższą Duszą i wielkim Panem, z całą pewnością znajdzie się w piekle razem ze swoim przodkami i potomkami.

Te tysiąc imion sławiących Mahadewę, które przed tobą wyrecytuję, ma walory jogi. Są one najwyższym przedmiotem medytacji i powinny być ustawicznie recytowane tak jak mantry. Te tysiąc imion jest ekwiwalentem wiedzy i najwyższą tajemnicą. Ten, kto je recytuje w ostatnich chwilach życia lub słucha ich recytacji, realizuje najwyższy cel. Te tysiąc imion jest święte, dobrze wróży i przynosi wszelkiego rodzaju korzyści. Są tym, co jest najlepsze z wszystkich możliwych przedmiotów. Dziadek wszechświata Brahma, intonując je w starożytnych czasach, wyznaczył im najwyższe miejsce wśród wszystkich hymnów. Od tamtego czasu ten hymn ku chwale Mahadewy należy do hymnów najwyżej cenionych przez bogów i jest nazywany królem hymnów. Skomponowany w regionie Brahmy został najpierw przekazany niebiosom, które są regionem niebian. Riszi Tandi otrzymał ten hymn z tego regionu i dlatego jest on nazywany hymnem przez niego skomponowanym. Tandi przeniósł ten hymn z niebios na ziemię. Hymn ten wychwala Jego, który jest *Wedą* wszystkich *Wed*, jest najstarszy z wszystkiego, co istnieje, jest energią energii, umartwieniami umartwień; spokojem spokoju, splendorem splendorów, samo-kontrolą samo-kontroli, inteligencją inteligencji; Bogiem bogów, riszim riszich, ofiarą ofiar, pomyślnością pomyślności, Rudrą rudrów, światłem świetlistości; joginem joginów, przyczyną przyczyn, początkiem i końcem wszystkich światów, duszą wszystkich istniejących istnień, Harą o niezmierzonej energii'".

2. Upamanju oddaje cześć Śiwie, recytując jego tysiąc imion

Kryszna kontynuował: „O Judhiszthira, po tych słowach Upamanju, stojąc z pobożnie złożonymi dłońmi i skoncentrowanym umysłem, wyrecytował we właściwym porządku tysiąc osiem imion-atrybutów Śiwy, oddając mu w ten sposób cześć. Recytował

te imiona Śiwy[1] w wielkim skupieniu, poprzedzając każde z nich świętą sylabą OM:
'O Bogu bogów, niech będzie Tobie chwała!
1. Jesteś wieczny i niezmienny (sthiraya).
2. Jesteś osią wszechświata (sthanave).
3. Jesteś Panem wszystkich światów (prabhave).
4. Jesteś przeraźliwy (bhimaya).
5. Jesteś Nim, który we wszystkim jest pierwszy i najważniejszy (pravaraya).
6. Jesteś dawcą darów (varadaya).
7. Jesteś najwyższy (varaya).
8. Jesteś duszą wszystkich żywych istot (sarvatmane).
9. Jesteś rdzeniem wszystkiego (sarva vikhyataya).
10. Jesteś wszystkim (sarvasmai).
11. Jesteś Nim, który robi wszystko (sarvakaraya).
12. Jesteś istnieniem (bhavaya).
13. Jesteś Nim, który ma splątane włosy (jatine).
14. Jesteś Nim, który ubiera się w skóry (charmine).
15. Jesteś Nim, który nosi na głowie czubek jak paw, wiążąc włosy w ciężki węzeł (sikhandine).
16. Jesteś Nim, który ma cały wszechświat za swoje kończyny (sarvangaya).
17. Jesteś Nim, który utrzymuje cały wszechświat (sarva bhavanaya).
18. Jesteś Nim, który zalewa cały wszechświat potopem (haraya).
19. Jesteś Nim, który ma oczy jak gazela (harinakshaya).
20. Jesteś niszczycielem wszystkich żywych istot (sarva bhuta haraya).
21. Jesteś Nim, który zabawia się wszystkimi przedmiotami (prabhave).
22. Jesteś manifestowaniem się Niezamanifestowanego, z którego wypływają wszystkie działania (pravritaye).

---

[1] W nawiasach podano imiona-atrybuty Śiwy w sanskrycie w wersji niespolszczonej, w tzw. transliteracji naukowej. Recytowanie każdego z imion jest poprzedzone sylabą OM i zakończone słowem *namah* oznaczającym „twoje (nie moje) imię". [Przypis B.M.]

23. Jesteś pierwotnym stanem, czyli zaniechaniem działań (nivrittaye).
24. Jesteś Nim, który pokonał zmysły (niyataya).
25. Jesteś wieczny (sasvataya).
26. Jesteś niezmienny (dhruvaya).
27. Jesteś Nim, który mieszka na terenie krematorium (smasana vasine).
28. Jesteś Nim, który ma sześć dobrze znanych atrybutów: siłę, sławę, bogactwo, piękno, wyrzeczenie i niezależność (bhagavate).
29. Jesteś Nim, który zamieszkuje przestrzeń w sercu wszystkich żywych istot (khacaraya).
30. Jesteś Nim, który zabawia się wszystkim, co posiada zmysły (gocharaya).
31. Jesteś Nim, który niszczy grzeszników (ardanaya).
32. Jesteś Nim, który zasługuje na cześć od wszystkich (abhivadyaya).
33. Jesteś Nim, który wsławił się wieloma bohaterskimi czynami (mahakarmane).
34. Jesteś ascetą, którego bogactwem są umartwienia (tapasvine).
35. Jesteś Nim, który stworzył pięć «wielkich» elementów mocą swej woli (bhuta bhavanaya).
36. Jesteś Nim, który ukrywa swą naturę, przybierając formę szaleńca (unmattavesha prachannaya).
37. Jesteś Panem wszystkiego, co istnieje (sarva loka praja pataye).
38. Jesteś Nim, którego forma nie ma granic (maharupaya).
39. Jesteś Nim, który ma cały wszechświat za swoje ciało (mahakayaya).
40. Jesteś Nim, który ma formę byka będącego symbolem prawości (vrisharupaya).
41. Jesteś Nim, który cieszy się wielką sławą (mahayasase).
42. Jesteś wielką umysłowością (mahatmane).
43. Jesteś duszą wszystkich żywych istot (sarvabhutatmane).
44. Jesteś Nim, który ma cały wszechświat za swoją formę (visvarupaya).
45. Jesteś ogromnymi ustami, które połykają cały wszechświat, gdy nadchodzi Czas Końca (mahahanave).
46. Jesteś obrońcą wszystkich światów (loka palaya).

47. Jesteś duszą głęboko ukrytą w sercu, która jest niepodzielną całością wolną od wpływu ego-świadomości mającej swój początek w ignorancji (antarhitatmane).

48. Jesteś radością płynącą z błogiego spokoju (prasadaya).

49. Jesteś Nim, którego rydwan ciągną muły (haya gardabhaye).

50. Jesteś Nim, który ochrania wcieloną duszę przed ponownymi narodzinami (pavitraya).

51. Jesteś godny podziwu i zasługujesz na cześć (mahate).

52. Jesteś Nim, który przybiera formę rozmaitych ślubów i wedyjskich nakazów (niyamaya).

53. Jesteś azylem dla tych, którzy czynią różnego rodzaju śluby, włączając ślub czystości i samo-kontroli (niyamasritaya).

54. Jesteś Nim, który wykonuje wszystkie działania (sarvakarmane).

55. Jesteś Nim, który stworzył sam siebie (svayambhutaya).

56. Jesteś Nim, który jest najstarszy i pierwszy wśród wszystkich żywych istot (adaye).

57. Jesteś Stwórcą wszystkich rzeczy (adikaraya).

58. Jesteś niewyczerpywalnym skarbem (nidhaye).

59. Jesteś Nim, który patrzy oczami wszystkich (sahasrakshaya).

60. Jesteś Nim, który widzi wszystko (visalakshaya).

61. Jesteś somą (somaya).

62. Jesteś Nim, który odziewa prawe osoby w blask świecący na firmamencie (nakshatra sadhakaya).

63. Jesteś księżycem (chandraya).

64. Jesteś Surją (suryaya).

65. Jesteś planetą Saturn (sanaya).

66. Jesteś zanikającą fazą księżyca zwaną Ketu ((ketave).

67. Jesteś wzrastającą fazą księżyca zwaną Rahu (grahaya).

68. Jesteś najbardziej kłopotliwą planetą zwaną Mangala (Mars) (graha pataye).

69. Jesteś czcigodnym Brihaspatim (Jupiter) (varaya).

70. Jesteś planetą Wudha (Merkury), synem Atriego (atraye).

71. Jesteś wielbicielem żony Atriego o imieniu Anasuja (atrya namaskartre).

72. Jesteś Nim, który w gniewie zniszczył swą strzałą ofiarę Dakszy, powodując, że składana ofiara uciekła, przybierając formę jelenia (mriga banarpanaya).

73. Jesteś bezgrzeszny (anaghaya).
74. Jesteś Nim, którego umartwienia mają moc stwarzania wszechświata (mahatapase).
75. Jesteś Nim, którego umartwienia mają moc niszczenia wszechświata (ghoratapase).
76. Jesteś Nim, który nie jest biedakiem, choć wygląda jak biedak (adinaya).
77. Jesteś Nim, który spełnia życzenia biedaków szukających u Niego obrony (dinasadhakaya).
78. Jesteś Nim, który tworzy rok, gdyż to Ty wprawiasz w ruch koło Czasu, przybierając formę słońca i planet (samvatsarakaraya).
79. Jesteś mistycznym dźwiękiem w formie sylaby OM, jak i innych świętych sylab i słów (mantraya).
80. Jesteś Nim, który nadaje autorytet wszystkim działaniom, ukazując się w formie *Wed* i innych pism (pramanaya).
81. Jesteś najwyższym umartwieniem (pramaya tapase).
82. Jesteś oddany jodze (yogine).
83. Jesteś Nim, który poprzez jogiczne abstrahowanie łączy się z *Brahmanem* (yojyaya).
84. Jesteś najwyższym nasieniem, Przyczyną przyczyn (maha bhijaya).
85. Jesteś Nim, który ukazuje to, co jest niezamanifestowane w zamanifestowanej formie, w której istnieje wszechświat (maha retase).
86. Jesteś Nim, który ma nieskończoną moc (mahabalaya).
87. Jesteś Nim, którego nasienie jest złotem (svarnaretase).
88. Jesteś wszechwiedzący, będąc wszystkimi rzeczami, jak i tym, kto je zna (sarvagnaya).
89. Jesteś nasieniem wszechświata (subijaya).
90. Jesteś nasieniem działania w formie ignorancji i pragnienia, które unoszą wcieloną duszę do kolejnego świata (bhijavahanaya).
91. Jesteś Nim, który ma dziesięć ramion (dasabahave).
92. Jesteś Nim, którego oczy nie mrugają i widzą wszystko (animishaya).
93. Jesteś Nim, który ma niebieską szyję od połknięcia trucizny, która wyłoniła się podczas ubijania oceanu, mającego na celu zdobycie eliksiru nieśmiertelności i która mogła zniszczyć cały wszechświat (nilakantaya).
94. Jesteś mężem Umy (umapataye).

95. Jesteś wszystkimi znanymi formami pojawiającymi się we wszechświecie (viswarupaya).

96. Jesteś Nim, który sam siebie stworzył (svayam sreshthaya).

97. Jesteś herosem słynnym ze swych bohaterskich czynów, takich jak zniszczenie trójmiasta asurów (balaviraya).

98. Jesteś bezwładną materią, opisywaną przez *sankhję* w języku zasad rzeczywistości materialnej (*tattwa*), niezdolną do żadnego ruchu, zanim nie zamieszka w niej dusza (abaloganaya).

99. Jesteś twórcą tej materii (ganakartre).

100. Jesteś Panem, który włada i zarządza zasadami tej materii (ganapataye).

101. Jesteś Nim, który wypełnia sobą nieskończoną przestrzeń, mając ją za swoje ubranie (digvasase).

102. Jesteś żądzą (kamaya).

103. Jesteś Nim, który zna wszystkie mantry (mantravide).

104. Jesteś personifikacją filozoficznej prawdy o naturze duszy i jej odmienności od tego, co jest nie-duszą (paramaya mantraya).

105. Jesteś przyczyną wszechświata, ponieważ wszystko, co istnieje, wypływa z Twojej duszy (sarva bhava karaya).

106. Jesteś niezamanifestowanym *Brahmanem*, który chowa w sobie wszystko to, co przestaje istnieć (haraya).

107. Jesteś Nim, który w dłoni trzyma naczynie na wodę (kamandalu dharaya).

108. Jesteś Nim, który trzyma w dłoni łuk (dhanvine).

109. Jesteś Nim, który trzyma w dłoni strzały (bana hastaya).

110. Jesteś Nim, który trzyma w dłoni czaszkę (kapalavate).

111. Jesteś uzbrojony w piorun (asanaye).

112. Jesteś bronią zwaną *śakti*, która zabija setki (sataghnine).

113. Jesteś uzbrojony w miecz (khadgine).

114. Jesteś uzbrojony w topór wojenny Pattisi (pattisine).

115. Jesteś uzbrojony w swój trójząb zwany Śula (ayudhine).

116. Jesteś Nim, który jest godny czci i podziwu (mahate).

117. Jesteś Nim, który trzyma w dłoni czerpak do wlewania do ognia ofiarnego masła (sruvahastaya).

118. Jesteś Nim, którego forma jest piękna (surupaya).

119. Jesteś Nim, który ma w sobie niewyczerpaną energię (tejase).

120. Jesteś źródłem światła dla wszystkich tych, którzy są Tobie oddani (tejaskaraya nidhaye).
121. Jesteś Nim, który nosi na głowie turban (ushnishine).
122. Jest tym, którego twarz jest piękna (suvaktraya).
123. Jesteś pełen splendoru i mocy (udagraya).
124. Jesteś pokorny i skromny (vinataya).
125. Jesteś niezmiernie wysoki (dirghaya).
126. Jesteś Nim, mocą którego umysł jest zdolny do poznawania za pomocą zmysłów (harikesaya).
127. Jesteś największym z nauczycieli (suthirthaya).
128. Jesteś Najwyższym *Brahmanem* będącym stanem czystej i nieskończonej błogości (krishnaya).
129. Jesteś Nim, który przybrał formę szakala, aby podnieść na duchu młodego bramina, który obrażony przez pewnego waiśję był gotów popełnić samobójstwo (srugalarupaya).
130. Jesteś Nim, którego cele natychmiast się realizują bez czekania na moc płynącą z umartwień (siddarthaya).
131. Jesteś Nim, który goli głowę, aby żyć jak święty żebrak (mundaya).
132. Jesteś Nim, który działa na rzecz dobra wszystkich żywych istot (sarva subam karaya).
133. Jesteś nienarodzony (ajaya).
134. Jesteś Nim, który ma niezliczoną ilość form (bahurupaya).
135. Jesteś Nim, który odziewa się we wszelkiego rodzaju aromaty (gandha dharine).
136. Jesteś Nim, który dostarczył wsparcia rzece Ganges, gdy po raz pierwszy zeszła z nieba na ziemię (kapardine).
137. Jesteś *brahmacarinem*, który nigdy nie złamał przysięgi czystości (urdhva retase).
138. Jesteś Nim, który słynie ze swej zdolności do powstrzymywania nasienia (urdhva lingaya).
139. Jesteś Nim, który kładzie się tylko na plecach z twarzą zwróconą ku górze (urdhwa sayine).
140. Jesteś Nim, który zamieszkuje w przestrzeni (nabha sthalaya).
141. Jesteś Nim, który ma skołtunione włosy (trijatine).
142. Jesteś Nim, który przykrywa ciało korą (chiravasase).
143. Jesteś Rudrą z racji swej gwałtowności (rudraya).
144. Jesteś dowódcą armii (senapataye).

145. Jesteś Nim, który przenika wszystko (vibhave).
146. Jesteś Nim, który przybiera formę bogów podróżujących w czasie dnia (ahas charaya).
147. Jesteś Nim, który przybiera formę bogów wędrujących nocą (naktam charaya).
148. Jesteś Nim, który wybucha gwałtownym gniewem (tigmamanyave).
149. Jesteś oślepiającą świetlistością zrodzoną ze studiowania *Wed* i praktykowania umartwień (suvarchasaya).
150. Jesteś zabójcą potężnego asury, który przybrał formę wściekłego słonia z zamiarem zniszczenia świętego miasta Waranasi (gajaghne).
151. Jesteś zabójcą dajtjów, którzy stali się ciemiężycielami całego wszechświata (daityaghne).
152. Jesteś Czasem (Kala), który jest niszczycielem wszystkiego (kalaya).
153. Jesteś najwyższym zarządcą wszechświata (lokadhatre).
154. Jesteś skarbnicą wielkich zalet (guna karaya).
155. Jesteś Nim, który przybiera formę lwa i tygrysa (simha sardula rupaya).
156. Jesteś Nim, który odziewa się w skórę słonia (ardra charma ambaravrtaya).
157. Jesteś joginem, który oszukuje Czas, przekraczając jego nieodparty wpływ (kala yogine).
158. Jesteś oryginalnym dźwiękiem, który niezamanifestowany spoczywa ukryty w łonie przestrzeni (maha nadaya).
159. Jesteś urzeczywistnieniem wszystkich życzeń (sarva kamaya).
160. Jesteś Nim, który jest czczony na cztery sposoby jako bycie w obudzonym stanie świadomości (*wiświanara*), bycie w śniącym stanie świadomości (*taidżasa*), bycie w pozbawionym snów stanie świadomości (*pradżna*) oraz jako bycie w stanie medytacji sensu stricte (*siwa-dhjana*) (chatush pathaya).
161. Jesteś Nim, który włóczy się po nocach (nisa charaya).
162. Jesteś Nim, który przebywa w towarzystwie zmarłych (preta charine).
163. Jesteś Nim, który przebywa w towarzystwie duchów i upiorów (bhuta charine).

164. Jesteś Nim, który stoi nawet ponad Indrą i bogami (maheswaraya).

165. Jesteś Nim, który mnoży się nieskończenie, przybierając formy wszystkich istniejących i nieistniejących przedmiotów (bahu bhutaya).

166. Jesteś Nim, na którym bazuje Mahat, jak i wszystkie inne niezliczone kombinacje pięciu «wielkich» elementów (bahu dharaya).

167. Jesteś pierwotną ignorancją lub ciemnością (*tamas*) znaną pod imieniem Rahu (svarbhanave).

168. Jesteś bezmierny i stąd nieskończony (amitaya).

169. Jesteś najwyższym celem do osiągnięcia (gataye).

170. Jesteś Nim, który kocha taniec (nrtya priyaya).

171. Jesteś tym, który zawsze tańczy (nitya nartaya).

172. Jesteś Nim, który powoduje, że wszystko tańczy (nartakaya).

173. Jesteś przyjacielem wszechświata (sarvalalasaya).

174. Jesteś przeraźliwy (ghoraya).

175. Jesteś Nim, który swymi surowymi umartwieniami potrafi stworzyć i zniszczyć wszechświat (maha tapase).

176. Jesteś Nim, który związuje wszystkie żywe istoty łańcuchami swej iluzji (pasaya).

177. Jesteś Nim, który jest ponad zniszczeniem (nityaya).

178. Jesteś Nim, który mieszka na górze Kailasa (giri ruhaya).

179. Jesteś Nim, który przekracza wszystkie więzi i tak jak firmament jest do niczego nieprzywiązany (nabhase).

180. Jesteś Nim, który ma tysiąc ramion (sahasra hastaya).

181. Jesteś zwycięstwem (vijayaya).

182. Jesteś wytrwałością, która prowadzi do sukcesu i zwycięstwa (vyavasayaya).

183. Jesteś pozbawiony lenistwa i skłonności do opóźniania działania (atandritaya).

184. Jesteś nieustraszony (adarshanaya).

185. Jesteś Nim, który budzi przerażenie w niegodziwcach (darshanatmane).

186. Jesteś Nim, który niszczy ofiarę wykonywaną z myślą o korzyściach (yajnaghne).

187. Jesteś niszczycielem boga miłości i żądzy Kamy (kama nasakaya).

188. Jesteś Nim, który zniszczył ofiarę Dakszy (daksha yagapaharaye.

189. Jesteś cierpliwy (susahaya).

190. Jesteś bezstronny (madhyamaya).

191. Jesteś straszliwie gwałtowny i okradasz wszystkie żywe istoty z ich energii (tejopaharine).

192. Jesteś zabójcą tych, którzy napuchli od siły i pychy (asury Wala (balaghne).

193. Jesteś zawsze radosny (mudhitaya).

194. Jesteś bogactwem pożądanym przez wszystkich (arthaya).

195. Jesteś niepokonany (ajitaya).

196. Jesteś Nim, który nie ma nikogo ponad sobą (avaraya).

197. Jesteś Nim, który wydaje z siebie ryk głęboki jak ocean (gambhira ghoshaya).

198. Jesteś Nim, który w formie przestrzeni jest tak głęboki, że nikt nie potrafi tej głębi zmierzyć (gambhiraya).

199. Jesteś Nim, który ma potężnych towarzyszy i jeździ na byku, którego mocy i potęgi nikt nigdy nie potrafił zmierzyć (gambhira bala vahanaya).

200. Jesteś drzewem świata, którego korzenie sięgają ku górze, a gałęzie ku dołowi (nyagrodha rupaya).

201. Jesteś drzewem banianowym pośrodku wód zalewających cały wszechświat, pod którym znajduje schronienie nieśmiertelny mędrzec Markandeja (nyagrodhaya).

202. Jesteś Nim, który śpi na liściu drzewa banianowego (vrksha karna sthitaya).

203. Jesteś Nim, który obdarza współczuciem swych wielbicieli, przybierając formy Hari, Hara, Ganeszy, ognia, wiatru, jak i inne (vibhave).

204. Jesteś Nim, który ma niezwykle ostre zęby zdolne do zmiażdżenia i połknięcia niezliczonej ilości światów (sutikshna dasanaya).

205. Jesteś Nim, którego forma jest ogromnych rozmiarów (mahakayaya).

206. Jesteś Nim, który ma ogromne usta zdolne do połknięcia jednym haustem całego wszechświata (mahananaya).

207. Jesteś Nim, który podczas bitwy przegania oddziały dajtjów we wszystkich kierunkach (vishvak senaya).

208. Jesteś Nim, który usuwa zło (haraye).

209. Jesteś uosobieniem ofiary (yajnaya).

210. Jesteś Nim, który ma byka za swego wierzchowca, jak i za ozdobę na swym bitewnym proporcu (samyuga pida vahanaya).

211. Jesteś Nim, który ma formę płonącego ognia (thikshna tapaya).

212. Jesteś Surją, którego rydwan ciągną niebiańskie ogiery (haryasvaya).

213. Jesteś przyjacielem wcielonej duszy (sahayaya).

214. Jesteś Nim, który wie doskonale, kiedy powinny zostać wykonane określone religijne działania (karma kalavide).

215. Jesteś Nim, którego Wisznu zadowolił swym oddaniem, pragnąc zdobyć swój słynny dysk (vishnu prasaditaya).

216. Jesteś ofiarą w formie Wisznu (yajnaya).

217. Jesteś oceanem (samudraya).

218. Jesteś głową klaczy, która chowa się w ocenie, plując bezustannie ogniem i wypijając słoną wodę, tak jak ogień wypija masło ofiarne (badavamukhaya).

219. Jesteś wiatrem, przyjacielem Agni (hutasana sahayaya).

220. Jesteś duszą spokojną jak ocean w bezwietrzny dzień (prasantatmane).

221. Jesteś Agnim, który wypija oczyszczone masło ofiarne wlewane do ognia przy akompaniamencie recytowanych mantr (hutasanaya).

222. Jesteś Nim, który ma splendor ognistych płomieni (ugra tejase).

223. Jesteś Nim, którego blask rozszerza się na nieskończony wszechświat (mahatejase).

224. Jesteś zawsze bardzo zręczny w bitwie (janyaya).

225. Jesteś Nim, który doskonale wie, kiedy należy podjąć walkę, aby zwyciężyć (vijaya kala vide).

226. Jesteś nauką o ruchu ciał niebieskich (jyotishamayanaya).

227. Jesteś Nim, który ma formę sukcesu i właściwej realizacji celów (siddhaye).

228. Jesteś Nim, którego ciało jest Czasem, ponieważ nigdy nie ulega zniszczeniu (sarva vigrahaya).

229. Jesteś gospodarzem, który nosi kępkę włosów na głowie (sikhine).

230. Jesteś golącym głowę świętym żebrakiem (mundine).

231. Jesteś ascetą o skołtunionych włosach mieszkającym w lesie (jatine).
232. Jesteś Nim, którego wyróżniają ogniste płomienie, gdyż świetlista droga, którą kroczą osoby prawe, jest z Tobą tożsama (jvaline).
233. Jesteś Nim, który pojawia się na firmamencie serca każdej osoby (murtijaya).
234. Jesteś Nim, który wkracza do głowy każdej żywej osoby (murdhagaya).
235. Jesteś silny (baline).
236. Jesteś Nim, który trzyma w dłoni bambusowy flet (vainavine).
237. Jesteś Nim, który trzyma w dłoni mały bęben (panavine).
238. Jesteś Nim, który trzyma w dłoni czynele (taline).
239. Jesteś Nim, który nosi drewniane naczynie na łuskane ziarno (khaline).
240. Jesteś Najwyższym Bogiem, który przykrywa Czas iluzją boga umarłych Jamy (kalakatamkataya).
241. Jesteś astrologiem, którego rozumienie jest zawsze nastawione na ruch koła Czasu, które jest zrobione z ciał niebieskich na firmamencie (nakshatra vigrahamataye).
242. Jesteś wcieloną duszą uwiązaną wśród przedmiotów będących rezultatem działania trzech atrybutów: jasności-dobra (*sattwa*), namiętności (*radżas*) i ciemności (*tamas*) (guna buddhaye).
243. Jesteś Nim, z którym łączą się wszystkie ulegające rozpadowi przedmioty (layaya).
244. Jesteś niezmienny i niewzruszony i nie ma w Tobie nic, co podlegałoby zmianie lub jakiejkolwiek mutacji (agamaya).
245. Jesteś Panem wszystkich żywych istot (prajapataye).
246. Jesteś Nim, który swymi ramionami obejmuje cały rozległy wszechświat (visvabahave).
247. Jesteś Nim, który ukazuje się w niezliczonej liczbie form, które są zaledwie cząstkami Ciebie (vibhagaya).
248. Jesteś Nim, który przenika wszystko (sarvagaya).
249. Jesteś Nim, który nie ma ust, gdyż nie czerpie przyjemności z przedmiotów, które stwarza (amukhaya).
250. Jesteś Nim, który uwalnia żywe istoty z więzów tego świata (vimochanaya).

251. Jesteś Nim, który jest łatwo dostępny (susaranaya).
252. Jesteś Nim, który ukazuje się w złotej kolczudze (hiranya kavachodbhavaya).
253. Jesteś Nim, który ukazuje się w formie *lingi* (medhrajaya).
254. Jesteś Nim, który włóczy się po lesie w poszukiwaniu ptaków i zwierząt (balacharine).
255. Jesteś Nim, który włóczy się po całej ziemi (mahi charine).
256. Jesteś wszechobecny (srutaya).
257. Jesteś Nim, który znajduje przyjemność w grzmiącym dźwięku wytwarzanym przez wszystkie muzyczne instrumenty w trzech światach (sarva turya vinodine).
258. Jesteś Nim, który ma wszystkie żywe istoty za swych krewnych (sarva todya parigrahaya).
259. Jesteś tożsamy z potężnym wężem Śeszą (vyala rupaya).
260. Jesteś Nim, który mieszka w jaskiniach górskich, tak jak Dżaigiszawaja lub inny jogin (guha vasine).
261. Jesteś Nim, który przybiera formę dowódcy armii bogów Guhy (Skandy) (guhaya).
262. Jesteś Nim, którego zdobią girlandy z kwiatów (maline).
263. Jesteś, tym, który cieszy się przyjemnością płynącą z posiadania ziemskich przedmiotów (tarangavide).
264. Jesteś Nim, który dał żywym istotom trzy fazy istnienia: narodziny, życie i śmierć (tridasaya).
265. Jesteś Nim, który dostarcza oparcia wszystkiemu, co istnieje w przeszłości, teraźniejszości i przyszłości (trikala dhruke).
266. Jesteś Nim, który uwalnia żywe istoty od skutków działań wykonanych zarówno w przeszłym, jak i w obecnym życiu oraz od więzi ignorancji i pragnienia (karma sarva bandha vimochanaya).
267. Jesteś Nim, który ujarzmia królów asurów (asurendranam bandhanaya).
268. Jesteś Nim, który niszczy wrogów w walce (yudhi shatru vinasanaya).
269. Jesteś Nim, do którego można dotrzeć tylko ścieżką wiedzy (sankhya prasadaya).
270. Jesteś Nim, który narodził się w formie starożytnego mędrca o imieniu Durwasas (durvasase).
271. Jesteś Nim, którego poszukują wszystkie prawe osoby (sarva sadhu nishevitaya).

272. Jesteś Nim, który powoduje nawet zniszczenie wszystkich bogów łącznie z Brahmą (prasakandanaya).

273. Jesteś Nim, który sprawiedliwie przydziela każdej osobie odpowiednią cząstkę radości i smutku, którą zebrała swymi przeszłymi działaniami (vibhagajnaya).

274. Jesteś bez porównania (atulyaya).

275. Jesteś Nim, który rozdziela wśród bogów należną każdemu część ofiary (yajna bhaga vidhe).

276. Jesteś obecny w każdym miejscu (sarva vasaya).

277. Jesteś Nim, który wędruje wszędzie (sarvacharine).

278. Jesteś Nim, który nie nosi ubrań, bo jest wszędzie (durvasase).

279. Jesteś Wasawą (Indra) (vasavaya).

280. Jesteś nieśmiertelny (amaraya).

281. Jesteś tożsamy z górą Himawat (haimaya).

282. Jesteś twórcą czystego złota (hemakaraya).

283. Jesteś Nim, który nie działa (nishkarmaya).

284. Jesteś Nim, który utrzymuje wszystko w mocy (sarva dharine).

285. Jesteś Nim, który stoi najwyżej wśród wszystkich tych, którzy dostarczają wszechświatowi oparcia (darottamaya).

286. Jesteś Nim, który ma czerwone oczy (lohitakshaya).

287. Jesteś Nim, którego zdolność widzenia rozciąga się na cały nieskończony wszechświat (mahakshaya).

288. Jesteś Nim, którego rydwan zawsze przynosi zwycięstwo (vijayakshaya).

289. Jesteś Nim, który ma ogromne kompetencje (visaradaya).

290. Jesteś Nim, który akceptuje swoich wielbicieli (sangrahaya).

291. Jesteś Nim, który ogranicza i kontroluje swe zmysły (nigrahaya).

292. Jesteś Nim, który działa (kartre).

293. Jesteś Nim, którego ubranie ma osnowę i wątek zrobione z wężów (sarpa chiranivasanaya).

294. Jesteś najwyższym wśród niebian (mukhyaya).

295. Jesteś najniższym wśród niebian (amukhyaya).

296. Jesteś Nim, który ma proporcjonalnie zbudowane ciało (dehaya).

297. Jesteś Nim, którego muzycznym instrumentem jest bęben *kahala* (kahalaye).

298. Jesteś Nim, który spełnia wszystkie pragnienia (sarva kamadaya).

299. Jesteś Nim, który zawsze w każdym momencie czasu obsypuje łaską (sarva kala prasadaya).

300. Jesteś Nim, który zawsze używa swej mocy z korzyścią dla innych (subalaya).

301. Jesteś Nim, który jest silny i piękny jak Balarama, starszy brat Kryszny (bala rupa dhrite).

302. Jesteś Nim, który będąc najwyższym z celów zdobywanych przez żywe istoty, zajmuje pierwsze miejsce wśród wszystkich pożądanych przedmiotów (sarva kama varaya).

303. Jesteś Nim, który daje wszystko (sarvadaya).

304. Jesteś Nim, którego twarz jest zwrócona we wszystkich kierunkach (sarvato mukhaya).

305. Jesteś Nim, z którego wypłynęły rozmaite żywe istoty, choć mówi się, że wszystkie formy wypłynęły z przestrzeni lub są modyfikacjami tego pierwotnego elementu (akasa nirvirupaya).

306. Jesteś Nim, który zdaje się wpadać w sidła zwane ciałem, którym rządzi pragnienie i ignorancja (nipatine).

307. Jesteś Nim, który zdaje się być bezradny, nie mogąc przekroczyć smutku, który jest atrybutem ciała (avasaya).

308. Jesteś Nim, który przebywa na firmamencie serca, tak jak ptak w przestworzach (khagaya).

309. Jesteś Nim, którego forma jest przeraźliwa (roudra rupaya).

310. Jesteś słonecznymi promieniami (amsave).

311. Jesteś słońcem (adityaya).

312. Jesteś Nim, który posiada nieliczoną ilość promieni (bahurasmaye).

313. Jesteś odziany w oślepiający blask (suvarchisine).

314. Jesteś Nim, który ma szybkość wiatru (vasuvegaya).

315. Jesteś szybszy od wiatru (mahavegaya).

316. Jesteś Nim, który ma szybkość umysłu (manovegaya).

317. Jesteś Nim, który zaciemniony przez ignorancję zabawia się przedmiotami (nisacharaya).

318. Jesteś Nim, który zamieszkuje w każdym ciele (sarva vasine).

319. Jesteś Nim, który zamieszkuje w pomyślności, będąc jej towarzyszem (sriyavasine).

320. Jesteś Nim, który przekazuje wiedzę i instrukcje (upadesakaraya).

321. Jesteś Nim, który udziela instrukcji w zupełnej ciszy (akaraya).

322. Jesteś Nim, który uczynił ślub milczenia (munaye).

323. Jesteś Nim, który z pomocą jogi przekracza ciało i widzi duszę (atmaniralokaya).

324. Jesteś Nim, który jest należycie wielbiony (sambhagnaya).

325. Jesteś Nim, który obdarowuje bogactwem, które bóg bogactwa czerpie od Ciebie (sahasradaya).

326. Jesteś królem ptaków Garudą (pakshine).

327. Jesteś przyjacielem udzielającym pomocy (paksharupaya).

328. Jesteś tym o ogromnej jasności, który ma splendor tysiąca słońc (atidiptaya).

329. Jesteś Panem wszystkich żywych istot (visamptaye).

330. Jesteś Nim, który pobudza żądze (unmadaya).

331. Jesteś bogiem żądzy i pragnienia (madanaya).

332. Jesteś Nim, który przybiera formę pięknej kobiety pożądanej przez wszystkich (kamaya).

333. Jesteś drzewem świata (asvatthaya).

334. Jesteś Panem bogactwa (arthakaraya).

335. Jesteś Nim, który obdarowuje sławą (yasase).

336. Jesteś Nim, który przydziela żywym istotom owoce ich przeszłych działań w formie szczęścia lub niedoli (vamadevaya).

337. Jesteś wielkoduszny (vamaya).

338. Jesteś najstarszy z wszystkiego, sięgając czasów, gdy nie było jeszcze niczego (prache).

339. Jesteś zdolny do przykrycia jednym śladem swej stopy wszystkich trzech światów (dakshinaya).

340. Jesteś karłem Wamaną, w którego wcielił się Wisznu, w celu odebrania demonowi Wali władzy i oddania jej z powrotem Indrze (vamanaya).

341. Jesteś joginem, który tak jak Sanat-Kumara zrealizował najwyższy cel (siddhayogine).

342. Jesteś największym wśród riszich (maharshaye).

343. Jesteś Nim, który zawsze realizuje swe życzenia, tak jak Wriszawa i Dattatreja (siddharthaya).

344. Jesteś Nim, który nakłada wymagania na Siddhów (siddha sadhakaya).
345. Jesteś Nim, który przybiera formę świętego żebraka (bhikshave).
346. Jesteś Nim, którego zdobią symbole żebraczego trybu życia (bhikshu rupaya).
347. Jesteś Nim, który przekracza symbole żebraczego trybu życia (vipanaya).
348. Jesteś o miękkim sercu (mrdave).
349. Jesteś wolny od namiętności i nie ma dla Ciebie różnicy między pochwałą i poniżaniem (avyayaya).
350. Jesteś Nim, który jest nazywany dowódcą niebiańskiej armii (mahasenaya).
351. Jesteś Wiśakhą (jedna z czterech form Skandy), który wyłonił się z ciała boga wojny Skandy, gdy Indra rzucił w niego swym piorunem (visakhaya).
352. Jesteś Nim, który zna wszystkie sześćdziesiąt części wszechświata (shashtibhagaya).
353. Jesteś Panem zmysłów, które funkcjonują pod Twoim przewodnictwem (gavam pataye).
354. Jesteś Nim, który jest uzbrojony w piorun (vajrahastaya).
355. Jesteś Nim, który nie ma granic (vishkambhine).
356. Jesteś Nim, który łamie szeregi dajtjów podczas bitwy (chamustambhanaya).
357. Jesteś Nim, który porusza się na rydwanie, zataczając koła i po zniszczeniu w ten sposób wroga powraca zwycięski (vritta avritta karaya).
358. Jesteś Nim, który znając *Brahmana* zna największą głębię oceanu świata (talaya).
359. Jesteś Nim, który jest nazywany Madhu, od imienia króla, który był założycielem rodu Jadawów, w którym narodził się Kryszna (madhave).
360. Jesteś Nim, którego oczy mają kolor miodu (madhuka lochanaya).
361. Jesteś Nim, który narodził się jako nauczyciel bogów Brihaspati (vachaspataye).
362. Jesteś Nim, który podczas ofiary wykonuje te same działania, co Adhjarjus, czyli kapłan wlewający libację do ognia i nucący wersy z *Jadżurwedy* [Alternatywne tłumaczenie: Jesteś

Nim, który spopularyzował gałąź wedyjskiej wiedzy *wajasana.*] (vajasanaya).

363. Jesteś Nim, który jest czczony przez ludzi we wszystkich trybach życia (nityamasrita pujitaya).

364. Jesteś oddany *Brahmanowi* (brahmacharine).

365. Jesteś Nim, który wędruje przez ludzkie osiedla w formie świętego żebraka (lokacharie).

366. Jesteś Nim, który przenika wszystkie żywe istoty (sarva charine).

367. Jesteś Nim, który zna drogę prowadzącą do Prawdy (vichara vide).

368. Jesteś Nim, który zna i prowadzi wszystkie serca (isanaya).

369. Jesteś Nim, który rozprzestrzenia się na cały wszechświat (isvaraya).

370. Jesteś Nim, który gromadzi i przechowuje wszystkie dobre i złe uczynki wykonane przez żywe istoty, aby przydzielać im później owoc ich działań (kalaya).

371. Jesteś Nim, który istnieje nadal podczas nocy następującej po rozpadzie wszechświata (nisacharine).

372. Jesteś obrońcą uzbrojonym w łuk Pinaka (pinakabhrte).

373. Jesteś Nim, który zamieszkuje nawet w dajtjach, przeciw którym kierujesz swe strzały (nimittasthata).

374. Jesteś zasadą prowadzącą do Wyzwolenia (nimittaya).

375. Jesteś skarbnicą wiedzy (nandaye).

376. Jesteś Nim, który przynosi pomyślność (nandikaraya).

377. Jesteś potężną małpą Hanumanem, który wspomagał Wisznu, gdy narodził się na ziemi w formie Ramy, w walce z demonem o imieniu Rawana (haraye).

378. Jesteś Panem duchów i upiorów łącznie z bykiem Nandi, których masz za swoich towarzyszy (nandisvaraya).

379. Jesteś każdym z tych duchów i upiorów (nandine).

380. Jesteś Nim, który przynosi radość wszystkim żywym istotom (nandanaya).

381. Jesteś Nim, który zarówno wzmacnia, jak i odbiera radość żywym istotom (nandivardhanaya).

382. Jesteś Nim, który daje i odbiera suwerenność i pomyślność nawet tak potężnym istotom jak Indra (bhagaharine).

383. Jesteś Nim, który w formie Jamy zabiera życie (nihantre).

384. Jesteś Nim, który rezyduje w sześćdziesięciu czterech Kalach (kalaya).

385. Jesteś ogromny (brahmane).

386. Jesteś Ojcem ojców (pitamahaya).

387. Jesteś dziadkiem wszechświata Brahmą o czterech głowach (chaturmukhaya).

388. Jesteś najwyższej stojącym znakiem (*linga*) czczonym zarówno przez bogów, jak i asurów (mahalingaya).

389. Jesteś Nim, który ma piękne i miłe atrybuty (charu lingaya).

390. Jesteś Nim, który w formie *lingi* jest symbolem sprawującym nadzór nad rozmaitością tendencji do działania i zaniechania działania (lingadhyakshaya).

391. Jesteś Panem wszystkich bogów (suradhyakshaya).

392. Jesteś Panem jogi (yogadhyakshaya).

393. Jesteś Nim, na którym opierają się wszystkie *jugi* (eony), gdyż to dzięki Tobie trwają i zmieniają się w regularnych cyklach (yugavahaya).

394. Jesteś Panem nasion, gdyż Jesteś Nim, który przydziela dobre i złe owoce działania (bijadhyakshaya).

395. Jesteś pierwotną przyczyną tych nasion (bijakartre).

396. Jesteś Nim, który działa zgodnie z nakazami pism, zaczynając od tych, które dotyczą duszy (adhyatmanugataya).

397. Jesteś Nim, w którym mieszka potęga i inne atrybuty (balaya).

398. Jesteś *Mahabharatą* i innymi kronikami podobnego rodzaju (itihasya).

399. Jesteś rozprawami nazywanymi *mimansa* dyskutującymi zgodność rytualnej tradycji z Upaniszadami (sakalpaya).

400. Jesteś mędrcem Gautamą, twórcą dialektyki (gautamaya).

401 Jesteś autorem wielkiej rozprawy o gramatyce wywodzącej swą nazwę od księżyca (nisakaraya).

402. Jesteś Nim, który karze swych wrogów (dambhaya).

403. Jesteś Nim, którego nikt nie może pokonać (adambhaya).

404. Jesteś drogi dla tych, którzy uwolnili się od pychy (vaidambhaya).

405. Jesteś Nim, który spełnia życzenia swoich wielbicieli (vasyaya).

406. Jesteś Nim, który ma zdolność do podporządkowania sobie innych (vasakaraya).

407. Jesteś Nim, który wywołuje kłótnie asurów z bogami (kalaye).

408. Jesteś Nim, który stworzył czternaście światów (loka kartre).

409. Jesteś Panem wszystkich żywych istot (pasupataye).

410. Jesteś Nim, który stworzył pięć «wielkich» elementów (mahakartre).

411. Jesteś nieprzywiązany do niczego i dlatego nie czerpiesz z niczego przyjemności (anoushadhaya).

412. Jesteś Nim, który nie podlega procesowi psucia się i niszczenia (aksharaya).

413. Jesteś nieporównywalnym z niczym *Brahmanem* (paramaya brahmane).

414. Jesteś dumny ze swej potęgi (balavate).

415. Jesteś Śakrą (Indra) (sakraya).

416. Jesteś karą wymierzaną przestępcom, o której mówią rozprawy o moralności (nityai).

417. Jesteś Nim, który przynosi społeczeństwu tyranię w rezultacie nadużycia władzy (anityai).

418. Jesteś czystą duszą (suddhatmane).

419. Jesteś nieskazitelny, będąc ponad wszelkiego rodzaju błędami (suddhaya).

420. Jesteś godny uwielbienia (manyaya).

421. Jesteś światem, który ustawicznie ukazuje się i znika (gatagataya).

422. Jesteś Nim, którego łaska jest najwyższej miary (bahu prasadaya).

423. Jesteś Nim, który przynosi dobre sny (susvapanaya).

424. Jesteś lustrem, w którym odbija się wszechświat (darpanaya).

425. Jesteś Nim, który ujarzmił wszystkich wewnętrznych i zewnętrznych wrogów (amitrajite).

426. Jesteś Stwórcą *Wed*, których język jest boski (vedakaraya).

427. Jesteś źródłem deklaracji zawartych w *Tantrach* i *Puranach*, jak i tych, które ucieleśniły się w ludzkim języku (mantrakaraya).

428. Jesteś ekspertem w każdym rzemiośle (vidushe).

429. Jesteś Nim, który niszczy wroga w bitwie (samara mardanaya).

430. Jesteś Nim, który zamieszkuje w przeraźliwych chmurach pojawiających się w momencie uniwersalnego rozpadu (maha mega nivasine).

431. Jesteś Nim, który ukazuje się w przeraźliwej formie, przynosząc powszechne zniszczenie (maha ghoraya).

432. Jesteś Nim, który odnosi sukces w podporządkowaniu sobie wszystkich żywych istot i wszystkich przedmiotów (vasine).

433. Jesteś wielkim Niszczycielem (karaya).

434. Jesteś ogniem o ogromnej energii (agnijvalaya).

435. Jesteś potężniejszy od ognia (maha jvalaya).

436. Jesteś ogniem Czasu Końca, który konsumuje wszystko (atidhumraya).

437. Jesteś Nim, którego można zadowolić libacją laną do ognia ofiarnego (hutaya).

438. Jesteś libacją laną do ognia ofiarnego, której towarzyszy recytacja świętych mantr (havishe).

439. Jesteś Nim, który w formie boga Prawa rozdziela owoce zebrane dobrymi i złymi działaniami (vrushanaya).

440. Jesteś Nim, który obdarowuje błogością (sankaraya).

441. Jesteś zawsze pełen blasku (nityam varchasvine).

442. Jesteś ogniem przykrytym dymem (dhumaketanaya).

443. Jesteś w kolorze szmaragdu (nilaya).

444. Jesteś zawsze obecny w symbolu *lingi* (angalubhdhaya).

445. Jesteś źródłem błogosławieństwa (shobhanaya).

446. Jesteś Nim, którego nic nie może zatrzymać w podążaniu za swymi celami (niravagrahaya).

447. Jesteś Nim, który zawiera się w swej jaźni (svastidaya).

448. Jesteś najwyższym błogosławionym stanem bycia (svastibhavaya).

449. Jesteś Nim, który ma swój udział w ofierze (bhagine).

450. Jesteś Nim, który przydziela bogom ich udziały w ofierze (bhagakaraya).

451. Jesteś Nim, który oblewa innych swą łaską (laghave).

452. Jesteś odłączony od wszystkich przedmiotów (utsangaya).

453. Jesteś Nim, który ma najpotężniejsze kończyny (maha ngaya).

454. Jesteś Nim, który chowa w sobie cały wszechświat po jego zniszczeniu (maha garbha parayanaya).
455. Jesteś w ciemnej karnacji (krishna varnaya).
456. Jesteś w żółtym kolorze (suvarnaya).
457. Jesteś zmysłami wszystkich żywych istot (sarva dehinam indriyaya).
458. Jesteś Nim, który ma ogromne stopy (maha padaya).
459. Jesteś Nim, który ma ogromne dłonie (maha hastata).
460. Jesteś Nim, który ma ogromne ciało (maha kayaya).
461. Jesteś odziany w sięgającą szeroko sławę (maha yasase).
462. Jesteś Nim, który ma ogromną głowę (maha murdhne).
463. Jesteś Nim, który jest ogromnych rozmiarów (maha matraya).
464. Jesteś Nim, którego atrybutem jest wielka przenikliwość (maha netraya).
465. Jesteś miejscem, gdzie mieszka ciemność i ignorancja (nisalayaya).
466. Jesteś Niszczycielem niszczyciela (maha ntakaya).
467. Jesteś Nim, który ma ogromne uczy (maha karnaya).
468. Jesteś Nim, który ma bezkresne wargi (mahoshtaya).
469. Jesteś Nim, który ma ogromne szczęki (maha hanave).
470. Jesteś Nim, który ma ogromny nos (maha nasaya).
471. Jesteś Nim, który ma ogromny kark (maha kambave).
472. Jesteś Nim, który ma ogromny grzbiet (maha grivaya).
473. Jesteś Nim, który zrywa więzy ciała (osiąga Wyzwolenie) i żyje na terenie krematorium (smasana bhaje).
474. Jesteś Nim, który ma ogromną klatkę piersiową (maha vakshase).
475. Jesteś Nim, który ma szeroką pierś (mahoraskaya).
476. Jesteś wcieloną duszą zamieszkującą we wszystkich żywych istotach (antaratmane).
477. Jesteś Nim, który trzyma na kolanach jelenia (mrigalayaya).
478. Jesteś Nim, na którym wiszą niezliczone światy tak jak owoce na drzewie (lambanaya).
479. Jesteś Nim, który podczas uniwersalnego rozpadu szeroko otwiera usta, aby połknąć wszechświat (lambitoshtaya).
480. Jesteś Nim, który ma wielką moc iluzji (maha mayaya).

481. Jesteś oceanem mleka (payonidhaye).
482. Jesteś Nim, który ma ogromne zęby (maha dantaya).
483. Jesteś Nim, który ma ogromne kły (maha damshtraya).
484. Jesteś Nim, który ma ogromny język (maha jihwaya).
485. Jesteś Nim, który ma ogromne usta (maha mukhaya).
486. Jesteś Nim, który (w formie człowieka-lwa) ma ogromne pazury (maha nakhaya).
487. Jesteś Nim, który (w formie wielkiego dzika) ma ogromną zjeżoną sierść (maha romaya).
488. Jesteś Nim, który ma włosy związane na czubku głowy w ciężki węzeł (maha kesaya).
489. Jesteś Nim, który ma zmierzwione włosy (maha jataya).
490. Jesteś zawsze wesoły (prasannaya).
491. Jesteś uosobieniem miłości i łaski (prasadaya).
492. Jesteś Nim, który jest wiarą i mądrością (pratyayaya).
493. Jesteś Nim, który w czasie bitwy ma górę Meru za swój łuk (giri sadhanaya).
494. Jesteś Nim, który darzy miłością wszystkie żywe istoty tak jak rodzice swe potomstwo (snehanaya).
495. Jesteś Nim, który nie żywi żadnych uczuć (asnehanaya).
496. Jesteś niepokonany (ajitaya).
497. Jesteś wielkim mędrcem niezmiernie oddanym milczącej jogicznej kontemplacji (maha munaye).
498. Jesteś Nim, który ma formę drzewa świata Aświattha (vrkshakaraya).
499. Jesteś Najwyższym Bogiem, którego istnienia dowodzi drzewo świata Aświattha (vrikshaketave).
500. Jesteś nienasycony tak jak ogień (analaya).
501. Jesteś Nim, który ma wiatr za swój rydwan, przenosząc się z miejsca na miejsce jak ogień (vayu vahanaya).
502. Jesteś Nim, który wędruje po pagórkach i wzgórzach (gandaline).
503. Jesteś Nim, który zamieszkuje na górze Meru (meru dhamne).
504. Jesteś Panem bogów (devaditi pataye).
505. Jesteś Nim, który ma *Atharwawedę* za głowę (atharva sirshaya).

506. Jesteś Nim, który ma hymny *Samawedy* za swoje usta (samasyaya).

507. Jesteś Nim, który ma tysiące hymnów *Rigwedy* za swoje niezliczone oczy (riksahasramitekshanaya).

508. Jesteś Nim, który ma hymny *Jadżurwedy* za swoje stopy i dłonie (yaju pada bhujaya).

509. Jesteś *Upaniszadami* (guhyaya).

510. Jesteś całym ciałem rytuałów opisywanych w pismach (prakasaya).

511. Jesteś wszystkim, co jest ruchome (jangamaya).

512. Jesteś Nim, który nigdy nie pozostawia modlitw bez odpowiedzi (amogharthaya).

513. Jesteś zawsze skłonny do łaski (prasadaya).

514. Jesteś Nim, który jest łatwy do osiągnięcia (abhigamyaya).

515. Jesteś Nim, który ma piękną formę (sudarsanaya).

516. Jesteś Nim, który przybiera formę dobra czynionego na rzecz kogoś innego (upakaraya).

517. Jesteś Nim, który jest wszystkim drogi (priyaya).

518. Jesteś Nim, który zawsze ukazuje się swym wielbicielom (sarvaya).

519. Jesteś złotem i innymi metalami szlachetnymi, które wszyscy wysoko cenią (kanakaya).

520. Jesteś Nim, którego jasność jest jak wypolerowane złoto (kanchanacchavaye).

521. Jesteś pępkiem wszechświata (nabhaye).

522. Jesteś Nim, który sprawia, że rosną owoce ofiary zbierane przez tych, którzy czczą Cię ofiarą (nandikaraya).

523. Jesteś tą formą wiary i oddania, którą prawa osoba ma w stosunku do ofiary (bhavaya).

524. Jesteś budowniczym wszechświata (pushkara sthapataye).

525. Jesteś nieporuszony jak góra (sthiraya).

526. Jesteś dwunastoma stadiami życia, przez które przechodzi żywa istota od narodzin do śmierci, gdzie stadium jedenastym jest zdobycie nieba, a dwunastym Wyzwolenie (dvadasaya).

527. Jesteś Nim, który powoduje lęk (trasanaya).

528. Jesteś Nim, który jest początkiem wszystkich rzeczy (adyaya).

529. Jesteś religijną praktyką jednoczącą wcieloną duszę z Najwyższym *Brahmanem* (yajnaya).

530. Jesteś Nim, do którego można dotrzeć poprzez religijną praktykę (yajnasamahitaya).

531. Jesteś niezamanifestowany (naktaya).

532. Jesteś bogiem Kali, który rządzi czwartą *jugą* (*kalijugą*), tożsamym z żądzą, gniewem, zachłannością i złymi namiętnościami (kalaye).

533. Jesteś wiecznym Czasem (kalaya).

534. Jesteś gwiezdną konstelacją w formie żółwia (Wielka Niedźwiedzica) (makaraya).

535. Jesteś Nim, który jest czczony przez samego Niszczyciela o imieniu Kala (kala pujitaya).

536. Jesteś Nim, który żyje wśród towarzyszy zwanych *ganami* (saganaya).

537. Jesteś Nim, który przyjmuje wielbicieli do grona swych towarzyszy (ganakaraya).

538. Jesteś Nim, który ma Brahmę za woźnicę (bhutavahana sarathaye).

539. Jesteś Nim, który śpi na świętym popiele (bhasma sayaya).

540. Jesteś Nim, który ochrania wszechświat za pomocą świętego popiołu (basmagoptre).

541. Jesteś Nim, którego ciało jest zrobione z oczyszczającego grzechy popiołu (bhasmabhutaya).

542. Jesteś drzewem, które zapewnia spełnienie wszystkich życzeń (tarave).

543. Jesteś Nim, który przybiera formę swych towarzyszy (ganaya).

544. Jesteś obrońcą czternastu regionów (lokapalaya).

545. Jesteś Nim, który przekracza te regiony (alokaya).

546. Jesteś pełnią nie podlegającą procesowi niszczenia (mahatmane).

547. Jesteś Nim, który jest czczony przez wszystkie żywe istoty (sarva pujitaya).

548. Jesteś w białym kolorze, będąc czystym i nieskazitelnym (suklaya).

549. Jesteś Nim, którego ciało, mowa i umysł są nieskazitelne (trisuklaya).

550. Jesteś Nim, który zdobył czystość istnienia zwaną Wyzwoleniem (sampanaya).

551. Jesteś Nim, którego nie może zabrudzić żadna nieczystość (suchaye).

552. Jesteś Nim, do którego dotarli najwięksi nauczyciele starożytności (bhuta nishevitaya).

553. Jesteś Nim, który zamieszkuje w prawości i wszystkich czterech trybach życia (asramasthaya).

554. Jesteś prawością, która przybiera formę rytów i ofiar (kriyavasthaya).

555. Jesteś Nim, który ma formę umiejętności należących do niebiańskiego architekta wszechświata (visvakarma mataye).

556. Jesteś Nim, który jest czczony jako pierwotna forma wszechświata (varaya).

557. Jesteś Nim, który ma ogromne ramiona (visala shakaya).

558. Jesteś Nim, którego usta są w miedzianym kolorze (tamorshtaya).

559. Jesteś Nim, który ma formę oceanu (ambujalaya).

560. Jesteś niezwykle stabilny i nieruchomy, przybierając formę gór i wzgórz (sunischalaya).

561. Jesteś mędrcem Kapilą (kapilaya).

562. Jesteś w kolorze brązowym (kapisaya).

563. Jesteś wszystkimi odcieniami, które zmieszane razem dają kolor biały (suklaya).

564. Jesteś określonym okresem życia (ayushe).

565. Jesteś starożytny (paraya).

566. Jesteś świeżej daty (aparaya).

567. Jesteś Nim, który przybiera formę niebiańskiego muzyka gandharwy (gandharvaya).

568. Jesteś matką bogów w formie Aditi i matką wszystkich rzeczy w formie ziemi (aditaye).

569. Jesteś królem ptaków Garudą, synem Winaty i mędrca Kaśjapy (tarkshyaya).

570. Jesteś Nim, do którego można z łatwością dotrzeć (suvijneyaya).

571. Jesteś Nim, którego mowa jest wspaniała i przyjemna (susaradaya).

572. Jesteś Nim, który jest uzbrojony w wojenny topór (para svadhayudhaya).

573. Jesteś Nim, który szuka zwycięstwa (devya).

574. Jesteś Nim, który pomaga wielbicielom w zrealizowaniu ich planów (anukarine).

575. Jesteś wspaniałym przyjacielem (subandhavaya).

576. Jesteś Nim, który nosi instrument muzyczny zwany *wina* zrobiony z dwóch pustych tykw (tumbha veenaya).

577. Jesteś Nim, który podczas uniwersalnego rozpadu wybucha strasznym gniewem (mahakrodhaya).

578. Jesteś Nim, który ma potomstwo stojące wyżej od ludzi i bogów, jak Wisznu i Brahma (urdhvaretase).

579. Jesteś Nim, który po uniwersalnym rozpadzie przybiera formę Wisznu leżącego na wodach (jalesayaya).

580. Jesteś Nim, który pożera wszystko z wielką dzikością (ugraya).

581. Jesteś Nim, który płodzi potomstwo (vamsakaraya).

582. Jesteś Nim, który przybiera formę bambusowego fletu (vamsaya).

583. Jesteś grzmiącym dźwiękiem bambusowego fletu (vamsa nadaya).

584. Jesteś bezgrzeszny (aninditaya).

585. Jesteś Nim, który ma ciało o pięknych kończynach (sarvanga rupaya).

586. Jesteś Nim, który stworzył świat, wypełniając go iluzją (mayavine).

587. Jesteś dobry dla innych, nie oczekując zapłaty (suhrudaya).

588. Jesteś Nim, który przybiera formę wiatru (anilaya).

589. Jesteś Nim, który przybiera formę ognia (analaya).

590. Jesteś łańcuchami, które wiążą wcieloną duszę z tym światem (bandhanaya).

591. Jesteś Stwórcą tych łańcuchów życia (bandhakartre).

592. Jesteś Nim, który zrywa te łańcuchy życia (subandhana vimochanaya).

593. Jesteś Nim, który zamieszkuje u dajtjów, którzy są wrogami wszystkich rytuałów ofiarnych (sayajnaraye).

594. Jesteś Nim, który zamieszkuje u tych, którzy zaniechali wszystkich działań (sakamaraye).

595. Jesteś Nim, który ma ostre siekacze (mahadamshtraya).

596. Jesteś Nim, który ma potężną broń (mahayudhaya).

597. Jesteś Nim, który jest obrażany na różne sposoby (bahudha ninditaya).

598. Jesteś Nim, który pozbawił rozumu riszich w Lesie Daruka (sarvaya).

599. Jesteś Nim, który przynosi dobro nawet swoim krytykom, tak jak riszi w Lesie Daruka (samkaraya).

600. Jesteś Nim, który rozwiewa wszystkie lęki i wątpliwości, i po ich rozwianiu obdarowuje Wyzwoleniem (sankaraya).

601. Jesteś Nim, który nic nie posiada na własność, nawet ubrania przykrywającego ciało (adhanaya).

602. Jesteś Panem niebian (amaresaya).

603. Jesteś największym z wszystkich bogów, którego czci zarówno Indra, jak i ci, którzy stoją od niego wyżej (mahadevaya).

604. Jesteś przedmiotem czci nawet dla Wisznu (viswadevaya).

605. Jesteś zabójcą wrogów bogów (surarighne).

606. Jesteś Nim, który w formie wielkiego węża Śeszy zamieszkuje w podziemnych regionach (ahirbudhnyaya).

607. Jesteś Nim, który jest niewidzialny, ale którego można zrozumieć, tak jak można zrozumieć wiatr, który choć niewidzialny jest odczuwany przez każde ciało (anilabhaya).

608. Jesteś Nim, którego wiedza sięga do korzeni wszystkiego i który zna wszystkie rzeczy łącznie z tymi, które mają charakter wewnętrzny (chekitanaya).

609. Jesteś ugotowanym ryżem ofiarowanym bogom (havishe).

610. Jesteś Nim, który wśród jedenastu rudrów nosi imię Adżaikapat (ajaikapadaya).

611. Jesteś suwerenem całego wszechświata (kapaline).

612. Jesteś Nim, który przybiera formę wszystkich wcielonych dusz, przykrywając się trzema atrybutami: *sattwą*, *radżasem* i *tamasem* (trishankave).

613. Jesteś Nim, który nie podlega wpływowi tych trzech atrybutów (ajitaya).

614. Jesteś Nim, który przekracza te trzy atrybuty i jest stanem czystego bycia, którego nie można opisać za pomocą języka (sivaya).

615. Jesteś księciem lekarzy o imieniu Dhanwantari (danvantarye).

616. Jesteś kometą na niebie, gdyż sprowadzasz nieszczęście na grzeszników (dhumaketave).

617. Jesteś dowódcą boskiej armii Skandą (skandaya).

618. Jesteś królem jakszów Kuberą, który jest Twoim nieodłącznym towarzyszem i Panem bogactwa (vaisravanaya).

619. Jesteś Dhatrim (dhathre).

620. Jesteś Indrą (sakraya).

621. Jesteś Wisznu (vishnave).

622. Jesteś Mitrą (mitraya).

623. Jesteś niebiańskim rzemieślnikiem Twasztrim (tvashtre).

624. Jesteś gwiazdą polarną zwaną Dhruwa (dhruvaya).

625. Jesteś Nim, który utrzymuje wszystkie rzeczy w istnieniu (dharaya).

626. Jesteś Nim, który wśród bogów Wasu jest nazywany Prabhawą (prabhavaya).

627. Jesteś wiatrem zdolnym do poruszania się wszędzie (sarvagaya vayave).

628. Jesteś Arjamanem (aryamne).

629. Jesteś Sawitrim (savitre).

630. Jesteś Rawim (ravaye).

631. Jesteś starożytnym królem o wielkiej sławie o imieniu Uszangu (ushangave).

632. Jesteś Nim, który ochrania wszystkie żywe istoty na różne sposoby (vidhatre).

633. Jesteś Mandhatrim z racji swej zdolności do zadowalania wszystkich żywych istot (mandhatre).

634. Jesteś źródłem, z którego wypływają wszystkie żywe istoty (bhutabhavanaya).

635. Jesteś Nim, który istnieje w rozmaitych formach (vibhave).

636. Jesteś Nim, który powoduje istnienie różnych kolorów we wszechświecie (varna vibhavine).

637. Jesteś Nim, który podtrzymuje wszystkie pragnienia i atrybuty, gdyż z Ciebie one wypływają (sarva kama gunavahaya).

638. Jesteś Nim, z którego pępka wyrasta pierwotny Lotos (padmanabhaya).

639. Jesteś Nim, w którego łonie znajduje się niezliczona mnogość żywych istot (mahagarbhaya).

640. Jesteś Nim, którego twarz jest piękna jak księżyc (chandra vaktraya).

641. Jesteś wiatrem (anilaya).

642. Jesteś ogniem (analaya).
643. Jesteś Nim, który ma ogromną moc (balavate).
644. Jesteś Nim, który zdobył spokój duszy (upasantaya).
645. Jesteś najstarszy (puranaya).
646. Jesteś Nim, którego można poznać dzięki prawości (punyachanchave).
647. Jesteś Nim, który przybiera formę bogini pomyślności Lakszmi (aiyay).
648. Jesteś Stwórcą pola działania (Kurukszetra), gdzie żywe istoty oddają cześć Najwyższemu Bogu (kurukartre).
649. Jesteś Nim, który żyje na tym polu działania (kuru vasine).
650. Jesteś duszą tego pola działania (kuru bhutaya).
651. Jesteś Nim, który inspiruje i ożywia atrybut suwerenności, jak i inne przymioty (gunaushadhaya).
652. Jesteś tym miejscem, w którym wszystko przebywa, gdyż zgodnie z deklaracjami pism masz naturę tej świadomości, która ujawnia się podczas głębokiego, pozbawionego marzeń sennych snu (sarvasayaya).
653. Jesteś Nim, który otrzymuje należną mu część ofiary rozkładanej na trawie *dhabha* (darbhacharine)
654. Jesteś Panem wszystkich żywych istot odzianych w życiowe oddechy (sarvesham praninam pataye).
655. Jesteś Bogiem bogów (deva devaya).
656. Jesteś Nim, który nie szuka przyjemności (sukhasktaya).
657. Jesteś tym, co rzeczywiste (*sat*) w formie przyczyny (sate).
658. Jesteś tym, co nierzeczywiste (*asat*) w formie skutku (asate).
659. Jesteś Nim, który ma w sobie to, co jest we wszystkich rzeczach najlepsze (sarva ratna vide).
660. Jesteś Nim, który mieszka na górze Kailasa (kailasa giri vasine).
661. Jesteś Nim, który często odwiedza górę Himawat (himavat giri samsrayaya).
662. Jesteś Nim, który porywa i unosi wszystko za sobą jak potężny nurt, który wyrywa drzewa z korzeniami (kulaharine).
663. Jesteś Nim, który stworzył święty bród Puszkarę, jak i inne wielkie jeziora i zbiorniki wodne (kulakartre).
664. Jesteś Nim, który ma wszechwiedzę (bahuvidyaya).

665. Jesteś Nim, który rozdaje błogosławieństwa bez ograniczeń (bahu pradaya).

666. Jesteś kupcem, który dla wygody ludzi troszczy się o wymianę dóbr między różnymi krajami (vanijaya).

667. Jesteś niebiańskim cieślą (vardhakine).

668. Jesteś drzewem świata, które dostarcza budulca do budowy Twojego wojennego topora (vrkshaya).

669. Jesteś drzewem o nazwie Wakula (vakulaya).

670. Jesteś drzewem sandałowym (chandanaya).

671. Jesteś niepomyślnym drzewem Pala (chadhaya).

672. Jesteś Nim, który ma bardzo silny kark (saragrivaya).

673. Jesteś Nim, który ma szerokie ramiona (maha jatrave).

674. Jesteś wzburzony, choć niezmienny w swym działaniu i zdolnościach (alolaya).

675. Jesteś wszystkimi podstawowymi ziołami i roślinami oraz ich produktem w formie ryżu i innych zbóż (mahoushadhaya).

676. Jesteś Nim, który gwarantuje innym sukces w realizowaniu celów, na które nastawili swe serce (siddharthakarine).

677. Jesteś poprawnymi wnioskami płynącymi zarówno z *Wed*, jak i z gramatyki (siddhartha chando vyakaranottaraya).

678. Jesteś Nim, który ma głos jak lew (simhanadaya).

679. Jesteś Nim, który ma zęby jak lew (simhadamstraya).

680. Jesteś Nim, który kroczy jak lew (simhagaya).

681. Jesteś Nim, który podróżuje na grzbiecie lwa będącego pojazdem jego małżonki (simhavahanya).

682. Jesteś Nim, który jest nazywany duszą tego, co rzeczywiste (prabhavatmane).

683. Jesteś Nim, który ma Czas (Kala) będący niszczycielem wszechświata za talerz, z którego je (jagat kala sthalaya).

684. Jesteś Nim, który jest zawsze zaangażowany w szukanie tego, co jest dobre dla wszechświata (lokahitaya).

685. Jesteś Nim, który broni wszystkie żywe istoty przed nieszczęściem i prowadzi je ku błogości Wyzwolenia (tarave).

686. Jesteś ptakiem nazywanym Saranga (sarangaya).

687. Jesteś młodym łabędziem (nava chakrangaya).

688. Jesteś Nim, który jest przedstawiany z głową ozdobioną czubem jak u pawia (ketumaline).

689. Jesteś Nim, który ochrania miejsca, gdzie zbierają się mędrcy, aby wymierzać sprawiedliwość (sabhavanaya).

690. Jesteś domem dla wszystkich żywych istot (bhutalaya).
691. Jesteś Nim, który miłuje wszystkie stworzenia (bhuta pataye).
692. Jesteś dniem i nocą, które są elementami składowymi wieczności (ahoratraya).
693. Jesteś Nim, który nie błądzi i stąd nie podlega krytyce (aninditaya).
694. Jesteś Nim, który utrzymuje wszystkie stworzenia w istnieniu (sarvabhutanam vahitre).
695. Jesteś schronieniem dla wszystkich żywych istot (nilaya).
696. Jesteś nienarodzony (vibhave).
697. Jesteś istniejący (bhavaya).
698. Jesteś zawsze i we wszystkim szczodry (amoghaya).
699. Jesteś Nim, który osiągnął najwyższe stadia jogi: *dharana, dhjana, samadhi* (samyataya).
700. Jesteś ogierem Ukkaihśrawasem, który wyłonił się z ubijanego mlecznego oceanu (asvaya).
701. Jesteś dawcą jedzenia (bhojanaya).
702. Jesteś Nim, który podtrzymuje życiowe oddechy żywych istot (prana dharanaya).
703. Jesteś Nim, który jest cierpliwy (dritimate).
704. Jesteś Nim, który jest inteligentny (matimate).
705. Jesteś obdarzony mocą i zręcznością (dakshaya).
706. Jesteś przez wszystkich czczony (satkritya).
707. Jesteś Nim, który rozdziela owoce prawości i grzechu (yugadhipaya).
708. Jesteś Nim, który zabawia się i zarządza zmysłami (gopalaya).
709. Jesteś Panem wszystkich ciał niebieskich święcących na niebie (gopataye).
710. Jesteś wszystkimi zbiorami przedmiotów (gramaya).
711. Jesteś Nim, którego szaty są zrobione ze skóry bydlęcej (gocharma vasanaya).
712. Jesteś Nim, który rozwiewa smutek swych wielbicieli (haraye).
713. Jesteś Nim, który ma złotą broń (hiranya bahave).
714. Jesteś Nim, który ochrania ciała joginów, którzy szukają dojścia do swej jaźni (pravesinam guhapalaya).

715. Jesteś Nim, który całkowicie zniszczył wrogów w formie namiętności, będąc wzorem dla swych wielbicieli (prakrishtaraye).
716. Jesteś Nim, którego radość jest ogromna (mahaharshaya).
717. Jesteś Nim, który pokonał nieodpartego boga żądzy, (jitakamaya).
718. Jesteś Nim, który ujarzmił swoje zmysły (jithendriyaya).
719. Jesteś Nim, który na muzycznej skali jest nutą *ga* (gandharaya).
720. Jesteś Nim, który ma wspaniały dom na górze Kailasa (suvasaya).
721. Jesteś Nim, który jest głęboko zanurzony w umartwieniach (tapassaktaya).
722. Jesteś Nim, który ma formę radości i zadowolenia (rataye).
723. Jesteś Nim, który jest nazywany niezmiernym i nieskończonym (naraya).
724. Jesteś Nim, ku czci którego zostały skomponowane najprzedniejsze hymny (maha gitaya).
725. Jesteś Nim, który w tańcu wykonuje ogromne kroki i skoki (maha nrtyaya).
726. Jesteś Nim, który jest czczony przez rozmaite grupy niebiańskich nimf apsar (apsara gana sevitaya).
727. Jesteś Nim, który ma ogromny proporzec ze znakiem byka (maha ketave).
728. Jesteś górą Meru (maha dhatave).
729. Jesteś Nim, który włóczy się po szczytach górskich i górach (naikasanucharaya).
730. Jesteś tak szybki, że nie można cię złapać (chalaya).
731. Jesteś Nim, którego można poznać poprzez nauczyciela, chociaż nie można opisać Cię słowami (avedaniyaya).
732. Jesteś instrukcjami, które nauczyciel przekazuje uczniowi (adeshaya).
733. Jesteś Nim, który może odczuwać wszystkie przyjemne zapachy równocześnie (sarva gandha sukhavahaya).
734. Jesteś bramami prowadzącymi do miast i pałaców (toranaya).
735. Jesteś fosami i rowami otaczającymi obwarowane miasta przynoszącymi im zwycięstwo (taranaya).
736. Jesteś wiatrem (vataya).

737. Jesteś obwarowanymi miastami otoczonymi przez mury i fosy (paridhine).

738. Jesteś królem ptaków Garudą (patikhecharaya).

739. Jesteś Nim, który pomnaża stwarzanie poprzez połączenie przeciwnych płci (samyogaya vardhanaya).

740. Jesteś wśród wszystkich pierwszy pod względem cnót i wiedzy (vrddhaya).

741. Jesteś nawet ponad tymi, którzy są pierwsi pod względem cnót i wiedzy (ativrddhaya).

742. Jesteś Nim, który przekracza wszystkie cnoty i wiedzę (gunadhikaya).

743. Jesteś wieczny i niezmienny, zależny wyłącznie od siebie (nityamatma sahayaya).

744. Jesteś Panem i obrońcą bogów i asurów (devasurapataye).

745. Jesteś Panem i obrońcą wszystkich stworzeń (pataye).

746. Jesteś Nim, który nosi kolczugę (yuktaya).

747. Jesteś Nim, którego broń jest zdolna zniszczyć wroga (yukta bahave).

748. Jesteś przedmiotem uwielbienia nawet dla tego, który jest nazywany w niebie Suparwan (divi suparvano devaya).

749. Jesteś Nim, który daje żywym istotom moc znoszenia wszystkiego bez ulegania zniszczeniu (ashadhaya).

750. Jesteś Nim, który sam potrafi znieść wszystko (sushadhaya).

751. Jesteś stały i stabilny (dhruvaya).

752. Jesteś biały i czysty, niczym niesplamiony i bez skazy (harinaya).

753. Jesteś Nim, który jest uzbrojony w trójząb zdolny do zniszczenia wszystkiego (haraya).

754. Jesteś Nim, który przydziela formy tym, którzy krążą bez przerwy w kole narodzin i śmierci (avartamanebhyovapushe).

755. Jesteś Nim, który jest wart więcej niż bogactwo (vasu sreshthaya).

756. Jesteś dobrym postępowaniem tych, którzy są prawi (mahapathaya).

757. Jesteś Nim, który po namyśle i bez gniewu urwał Brahmie jedną z jego głów (shiroharine vimarsaya).

758. Jesteś Nim, który nosi dobrze wróżące znaki, o których mowa w naukach o wróżeniu (chiromancja) i frenologii oraz

innych gałęziach wiedzy traktujących fizyczne cechy za wskaźnik mentalnych osobliwości (sarva lakshana lakshitaya).

759. Jesteś jak oś rydwanu, który jest metaforą ciała (akshaya rathayogine).

760. Jesteś Nim, który istnieje w każdym przedmiocie jako przenikająca wszystkie przedmioty dusza (sarva yogine).

761. Jesteś obdarzony ogromną siłą, będąc herosem herosów (mahabalaya).

762. Jesteś *Wedami* (samamnayaya).

763. Jesteś wszystkimi innymi świętymi pismami, jak *smriti*, eposy (*Itihasy*) i *Purany* (asamamnayaya).

764. Jesteś bogiem każdego świętego miejsca (thirthadevaya).

765. Jesteś Nim, który ma ziemię za swój rydwan (maharathya).

766. Jesteś bezwolnymi elementami tworzącymi budulec wszystkich żywych istot (nirjivaya).

767. Jesteś Nim, który daje życie każdej kombinacji tych bezwolnych elementów (jivanaya)

768. Jesteś świętą sylabą OM i innymi mantrami, które mają moc ożywiania martwej materii (mantraya).

769. Jesteś Nim, którego oczy rzucają pomyślne spojrzenia (shubhakshaya).

770. Jesteś Nim, który jest ekstremalnie niemiły i niszczy wszystkie przedmioty (bahukarkasaya).

771. Jesteś Nim, który ma niezliczone cenne atrybuty i własności (ratnaprabhutaya).

772. Jesteś Nim, który ma czerwonawy kolor (ratnangaya).

773. Jesteś Nim, który stworzył bezkresne oceany i liczne jeziora dla zaspokojenia swego pragnienia (maha rnavanipanavide).

774. Jesteś korzeniami drzewa świata (mulaya).

775. Jesteś niezmiernie piękny i rozsiewasz wokół blask o niezrównanej wspaniałości (vishalaya).

776. Jesteś eliksirem nieśmiertelności (amrutaya).

777. Jesteś uchwytny dla swych wielbicieli, pozostając niewidzialny dla innych (vyaktavyaktaya).

778. Jesteś oceanem umartwień, będąc wielkim joginem (taponidhaye).

779. Jesteś Nim, który prowadzi swych wielbicieli do najwyższego poziomu istnienia (arohanaya).

780. Jesteś Nim, który już zdobył najwyższy poziom istnienia (athirohaya).

781. Jesteś Nim, który charakteryzuje się czystością działań i obrzędów, ochraniając dobre postępowanie (shiladharine).

782. Jesteś Nim, który zdobył wielką sławę swą prawością i postępowaniem (mahayasase).

783. Jesteś ozdobą armii z racji bycia uosobieniem męstwa i odwagi (senakalpaya).

784. Jesteś Nim, którego zdobią niebiańskie ozdoby (maha kalpaya).

785. Jesteś jogą (yogaya).

786. Jesteś Nim, z którego wypływa wieczny Czas, którego miarami są *jugi* i *kalpy* (yugakaraya).

787. Jesteś Nim, który wykonując dwa kroki, przykrył sobą niebo i ziemię, i zażądał przestrzeni na wykonanie trzeciego kroku (haraye).

788. Jesteś Nim, który przybiera formę prawości, grzeszności i formę pośrednią między prawością i grzesznością, tak jak kolejne *jugi* (yuga rupaya).

789. Jesteś wielki i nie masz granic (maha rupaya).

790. Jesteś Nim, który zabił potężnego asurę, który ruszył w kierunku świętego miejsca Waranasi, przybierając formę rozjuszonego potężnego słonia (mahanaga hanaya).

791. Jesteś Nim, który przybiera formę śmierci (vadhaya).

792. Jesteś Nim, który spełnia życzenia żywych istot w stopniu odpowiednim do zebranych zasług (nyaya nirvapanaya).

793. Jesteś ostatecznym celem (padaya).

794. Jesteś Nim, który zna wszystko to, co jest poza zasięgiem zmysłów (panditaya).

795. Jesteś niezmienny i znasz wszystkie zasady rzeczywistości materialnej (achalopamaya).

796. Jesteś Nim, który nieustannie błyszczy pięknem (bahu malaya).

797. Jesteś Nim, który nosi na szyi girlandę sięgającą aż do stóp (maha malaya).

798. Jesteś Hara, który ma księżyc za swoje piękne oko (sasine harasulocanaya).

799. Jesteś słonym oceanem rozciągającym się na ogromną przestrzeń (vistaraya lavanaya kupaya).

800. Jesteś pierwszymi trzema *jugami*: *kritajugą*, *tretajugą*, *dwaparajugą* (triyugaya).

801. Jesteś Nim, którego pojawienie się zawsze przynosi innym korzyść (saphalodayaya).

802. Jesteś Nim, który ma troje oczu, które symbolizują pisma, nauczyciela i medytacje (trilochanaya).

803. Jesteś niezmiernie subtelny, będąc subtelną formą pierwotnych elementów (vishannangaya).

804. Jesteś Nim, którego uszy są znudzone noszeniem ozdobionych klejnotami kolczyków (manividdhaya).

805. Jesteś Nim, który nosi włosy związane w ciężki węzeł (jatadharaya).

806. Jesteś znakiem w sanskryckim alfabecie, który wskazuje na nosowy dźwięk (bindave).

807. Jesteś znakiem w sanskryckim alfabecie, który wskazuje przydechowe (zasysane) H (visargaya).

808. Jesteś Nim, którego twarz jest doskonała (sumukhaya).

809. Jesteś strzałą wypuszczaną z łuku przez wojownika z intencją zniszczenia wroga (saraya).

810. Jesteś każdą bronią używaną przez wojowników (sarvayudhaya).

811. Jesteś obdarzony cierpliwością pozwalającą na zniesienie wszystkiego (sahaya).

812. Jesteś wiedzą, która powstaje z zatrzymania fizycznych i mentalnych funkcji (nivedanaya).

813. Jesteś Nim, który po zatrzymaniu fizycznych i mentalnych funkcji ujawnia się jako Prawda (sukhajataya).

814. Jesteś dźwiękiem *ga*, który powstaje w regionie Gandhara i jest niezwykle słodki dla ucha (sugandharaya).

815. Jesteś uzbrojony w potężny łuk Pinaka (mahadhanushe).

816. Jesteś Nim, który w okresie uniwersalnego zniszczenia zachowuje pamięć przeszłych narodzin (gandhapaline bhagavate).

817. Jesteś Nim, z którego po zniszczeniu wszechświata wypływają ponownie wszystkie działania (sarvakarmanam utthanaya).

818. Jesteś wiatrem, który zaczyna wiać w okresie uniwersalnego rozpadu i jest zdolny do ubijania całego wszechświata, tak jak pałka w dłoniach mleczarza ubija mleko w celu uzyskania masła (mandhanaya bahulavayave).

819. Jesteś pełnią (sakalaya).
820. Jesteś Nim, który widzi wszystko (sarva lochanaya).
821. Jesteś dźwiękiem uzyskiwanym poprzez uderzanie w dłonie (talastalaya).
822. Jesteś Nim, którego dłoń służy do trzymania jedzenia lub jako naczynie z jedzeniem (karastaline).
823. Jesteś Nim, który ma ciało twarde jak diament (urdhva samhananaya).
824. Jesteś nadzwyczajnie wielki (mahate).
825. Jesteś Nim, który przynosi ulgę, tak jak chroniący przed słońcem parasol (chatraya).
826. Jesteś Nim, który ma wspaniały chroniący przed słońcem parasol (suchattraya).
827. Jesteś dobrze znany, jako On, który jest tożsamy z wszystkimi żywymi istotami (vikhyata lokaya).
828. Jesteś Nim, który ma dyscyplinę we wszystkim (sarvasrayaya kramaya).
829. Jesteś Nim, który ma ogoloną głowę (mundaya).
830. Jesteś Nim, który przybiera bardzo złą i przeraźliwą formę (virupaya).
831. Jesteś Nim, który ma nieskończoną ilość form, stając się wszystkimi przedmiotami we wszechświecie (vikrutaya).
832. Jesteś Nim, który trzyma w dłoni laskę będącą symbolem świętego żebraka (dandine).
833. Jesteś Nim, który trzyma w dłoni naczynie na wodę (kundine).
834. Jesteś Nim, do którego nie można dotrzeć przez religijne działania (vikurvanaya).
835. Jesteś lwem (haryakshaya).
836. Jesteś wszystkimi kierunkami przestrzeni (kakubhaya).
837. Jesteś królem bogów (vajrine).
838. Jesteś Nim, który ma setkę języków (satajihvaya).
839. Jesteś Nim, który ma tysiąc stóp (sahasrapade).
840. Jesteś Nim, który ma tysiąc głów (sahasra murdhne).
841. Jesteś Panem niebian i jesteś zrobiony z wszystkich bogów (devendraya sarvadeva mayaya).
842. Jesteś wielkim mistrzem lub nauczycielem (gurave).
843. Jesteś Nim, który ma tysiąc ramion (sahasrabahave).

844. Jesteś zdolny do spełnienia każdego życzenia (sarva ngaya).

845. Jesteś Nim, u którego każdy szuka obrony (saranyaya).

846. Jesteś Stwórcą wszystkich światów (sarva lokakrte).

847. Jesteś wielkim czyścicielem z każdego rodzaju grzechu, przybierając formę świętych miejsc i wód (pavitraya).

848. Jesteś Nim, do którego należy potrójna mantra BIJA-SHAKTHI-KEELAKAM (trikakude mantraya).

849. Jesteś najmłodszym synem Aditi i Kaśjapy, karłem o imieniu Upendra, który pozbawił władzy nad światami asurę Wali i oddał ją z powrotem Indrze (kanishthaya).

850. Jesteś zarówno w czarnym, jak i w opalonym kolorze, przybierając formę znaną jako Hari-Hara (krishna pingalaya).

851. Jesteś Nim, który zrobił dla bramina jego cienką bambusową rózgę sprawiedliwości, która ma formę przekleństwa (brahmadanda vinirmatre).

852. Jesteś uzbrojony w śmiertelne bronie, zwane *sathagni*, *pasa* i *śakti* (sataghni pasa shaktimate).

853. Jesteś Nim, który narodził się w pierwotnym Lotosie (padmagarbhaya).

854. Jesteś Nim, który jest obdarzony ogromnym łonem (maha garbhaya).

855. Jesteś Nim, który ma *Wedy* w swoim łonie (brahma garbhaya).

856. Jesteś Nim, który unosi się na nieskończonym bezmiarze wód zalewających cały wszechświat po jego zniszczeniu (jalodbhavaya).

857. Jesteś odziany w promienie światła (gabhastaye).

858. Jesteś Nim, który stworzył *Wedy* (brhamakrte).

859. Jesteś Nim, który studiuje *Wedy* ((brahmine).

860. Jesteś Nim, który zna znaczenie *Wed* (brhamavide).

861. Jesteś oddany *Wedom* (brahmanaya).

862. Jesteś schronieniem dla wszystkich osób oddanych *Wedom* (gataye).

863. Jesteś Nim, który ma nieskończoną ilość form (ananta rupaya).

864. Jesteś Nim, który ma niezliczoną ilość ciał (naikatmane).

865. Jesteś obdarzony nieodpartą walecznością (svayambhuva tigmatejase).

866. Jesteś duszą, która przekracza trzy uniwersalne atrybuty: sattwę, radżas i tamas (urdhvagatmane).

867. Jesteś Panem wszystkich żywych istot (pasupataye).

868. Jesteś obdarzony szybkością wiatru (vataramhaya).

869. Jesteś obdarzony szybkością umysłu (manojavaya).

870. Jesteś zawsze pomazany pastą sandałową (chandanine).

871. Jesteś nieskończony, tak jak łodyga pierwotnego Lotosu (padmanalagraya).

872. Jesteś Nim, który swoją klątwą spowodował upadek niebiańskiej krowy Surabhi z najwyższego niebiańskiego regionu do podrzędnego ziemskiego regionu (surabhyuttaranaya).

873. Jesteś Brahmą, który nie potrafił zobaczyć Twojego końca (naraya).

874. Jesteś Nim, którego zdobi girlanda z kwiatów *karnikara* (karnikara mahasrgvigne).

875. Jesteś Nim, którego głowę zdobi diadem wybijany niebieskimi klejnotami (nilamaulaye).

876. Jesteś Nim, który nosi łuk Pinaka (pinakadhrte).

877. Jesteś Panem nauki o *Brahmanie* (umapataye).

878. Jesteś Nim, który z pomocą nauki o *Brahmanie* ujarzmił swe zmysły (umakantaya).

879. Jesteś Nim, który nosi boginię Gangę na swojej głowie (jahnavidhrte).

880. Jesteś mężem Umy, córki króla gór Himawata (umadhavaya).

881. Jesteś potężny, przybierając formę wielkiego dzika, który uniósł w górę zatopioną ziemię (varaya varahaya).

882. Jesteś obrońcą ziemi, który przybiera różne formy (varadaya).

883. Jesteś godny uwielbienia (varenyaya).

884. Jesteś pierwotnym Byciem o końskiej głowie recytującym *Wedy* grzmiącym głosem (sumahasvanaya).

885. Jesteś Nim, którego łaska jest wielka (mahaprasadaya).

886. Jesteś Nim, który ujarzmia (damanaya).

887. Jesteś Nim, który zniszczył wszystkich wrogów w formie namiętności (satrughne).

888. Jesteś w jednej połowie w kolorze białym, a w drugiej w kolorze opalonym (svetapingalaya).

889. Jesteś Nim, który ma ciało w kolorze złota (pitatmane).

890. Jesteś Nim, który jest czystą radością, będąc ponad pięcioma warstwami—cielesną, energetyczną, umysłową, intelektualną, ekstazy—które przykrywają wcieloną duszę (paramatmane).
891. Jesteś kontrolującą się duszą (prayatatmane).
892. Jesteś podstawą (twórczą zasadą) manifestującego się wszechświata (pradhanadhrte).
893. Jesteś Nim, którego twarz zwraca się we wszystkich kierunkach (sarvaparsva mukhaya).
894. Jesteś Nim, który ma troje oczu w formie słońca, księżyca i ognia (trayakshaya).
895. Jesteś Nim, który przewyższa wszystkie żywe istoty w konsekwencji swej prawości, która jest bezmierna (dharma sadharana varaya).
896. Jesteś duszą wszystkich ruchomych i nieruchomych stworzeń (characharatmane).
897. Jesteś tak subtelny, że nie można cię uchwycić myślą (sukshmatmane).
898. Jesteś Nim, który obdarowuje nieśmiertelnością w formie Wyzwolenia, będącą owocem prawych działań wykonywanych bez poszukiwania owocu (amrtaya govrushesvaraya).
899. Jesteś nauczycielem nawet tych, którzy są Bogami bogów (sadyarshaye).
900. Jesteś synem Aditi o imieniu Wasu (vasuradityaya).
901. Jesteś księżycem, który jest odziany w niezliczone promienie światła, stwarza wszechświat i jest somą wypijaną podczas ofiary (vivasvate savitamritaya).
902. Jesteś Wjasą, autorem *Puran* i innych świętych eposów (vyasaya).
903. Jesteś kreacją umysłu Wjasy, będąc identycznym z *Puranami* i innymi świętymi eposami zarówno w pełnej, jak i skróconej wersji (sargaya susamkshepaya vistaraya).
904. Jesteś sumą wszystkich wcielonych dusz (paryayo naraya).
905. Jesteś porami roku (ritave).
906. Jesteś rokiem (samvatsaraya).
907. Jesteś miesiącem (masaya).
908. Jesteś dwutygodniowym cyklem księżyca (pakshaya).
909. Jesteś tymi świętymi dniami, które zakańczają te okresy (samkhya samapanaya).
910. Jesteś miarą czasu zwaną *kala* (kalabhyo).

911. Jesteś miarą czasu zwaną *kaszthą* (kashthabhyo).
912. Jesteś miarą czasu zwaną *lawa* (lavebhyo).
913. Jesteś miarą czasu zwaną *matra* (matrabhyo).
914. Jesteś jedną trzynastą częścią dnia zwaną *muhurta* (muhurtaha kshapabhyo).
915. Jesteś miarą czasu zwaną *kszana* (kshanebhyo).
916. Jesteś ziemią, na której stoi drzewo wszechświata (viswa kshetraya).
917. Jesteś nasieniem wszystkich żywych istot (praja bijaya).
918. Jesteś zasadą (*tattwa*) nazywaną Mahat (lingaya).
919. Jesteś kiełkiem wcielonej duszy, będąc tą formą świadomości, która następuje po wyłonieniu się tego, co jest nazywane Mahat (adyaya nirgamaya).
920. Jesteś tym, co rzeczywiste (sate).
921. Jesteś Prawdą ukrytą za tym, co nierzeczywiste (asate).
922. Jesteś tym, co zamanifestowane i dostępne dla zmysłów (vyaktaya).
923. Jesteś tym, co niedostępne dla zmysłów (avyaktaya).
924. Jesteś ojcem (pitre).
925. Jesteś matką (matre).
926. Jesteś dziadkiem (pitamahaya).
927. Jesteś bramą do nieba, będąc tożsamym z umartwieniami (svargadvaraya).
928. Jesteś bramą do prokreacji żywych istot, będąc tożsamym z żądzą (prajadvaraya).
929. Jesteś bramą do Wyzwolenia, będąc tożsamym z brakiem żądzy (mokshadvaraya).
930. Jesteś tymi religijnymi działaniami, które prowadzą do nieba (trivishtapaya).
931. Jesteś wyzwolonym istnieniem wolnym od przywiązania i istnienia jako odrębna jednostka (nirvanaya).
932. Jesteś Nim, który daje radość żywym istotom (hladanaya).
933. Jesteś regionem Brahmy, który jest regionem Prawdy, gdzie udają się ci, który są najbardziej prawi (brahmalokaya).
934. Jesteś Nim, który przewyższa nawet region Prawdy (parayai gatyai).
935. Jesteś Nim, który stworzył zarówno bogów, jak i asurów (devasura vinirmatre).

936. Jesteś Nim, który jest schronieniem zarówno dla bogów, jak i asurów (devasura parayanaya).

937. Jesteś Brihaspatim i Śukrą, będąc nauczycielem zarówno bogów, jak i asurów (devasura gurave).

938. Jesteś boski i zwycięski (devaya).

939. Jesteś Nim, który jest czczony zarówno przez bogów, jak i asurów (devasura namaskrtaya).

940. Jesteś Nim, który prowadzi bogów i asurów, tak jak jeździec prowadzi słonia (devasura mahamatraya).

941. Jesteś schronieniem dla wszystkich bogów i asurów (devasura ganasrayaya).

942. Jesteś zarówno Indrą, jak i Wiroczaną, będąc władcą zarówno bogów, jak i asurów (devasura ganadhyakshaya).

943. Jesteś Nim, który podczas bitwy jest zarówno Skandą, jak i Keśim, będąc dowódcą zarówno bogów, jak i asurów (devasura ganagrnyai).

944. Jesteś Nim, który przekracza zmysły i świeci własnym światłem, będąc Bogiem bogów (devatidevaya).

945. Jesteś Nim, który przybiera formę Narady i innych niebiańskich riszich (devarshaye).

946. Jesteś Nim, który w formie Brahmy i Rudry daje dary zarówno bogom, jak i asurom (devasuravarapradaya).

947. Jesteś Nim, który rządzi sercami zarówno bogów, jak i asurów (devasureswaraya).

948. Jesteś Nim, który chowa w sobie cały wszechświat (visvaya).

949. Jesteś schronieniem nawet dla tego, który rządzi sercami bogów i asurów (devasuramahesvaraya).

950. Jesteś Nim, którego ciało jest zrobione z wszystkich bogów—ogień jest Twoją głową, a słońce i księżyc Twoimi oczami (sarva devamayaya).

951. Jesteś Najwyższym Byciem i nad Tobą nie ma nikogo wyższego uchwytnego myślą (achintyaya).

952. Jesteś Nim, który jest duszą bogów (devatatmane).

953. Jesteś Nim, który wypłynął sam z siebie (atmasambavaya).

954. Jesteś Nim, który ukazuje się, niszcząc ignorancję (udbhide).

955. Jesteś Nim, który odmierza wszystkie trzy światy trzema krokami (trivikramaya).

956. Jesteś Nim, który ma wielką wiedzę i umiejętności (vaidyaya).

957. Jesteś nieskazitelny (virajaya).

958. Jesteś wolny od atrybutu namiętności, czyli *radżasu* (nirajaya).

959. Jesteś Nim, który jest ponad zniszczeniem (amaraya).

960. Jesteś Nim, na cześć którego należy nucić hymny (idyaya).

961. Jesteś Panem tego niepowstrzymanego słonia, którym jest Czas (hast ishvaraya).

962. Jesteś Nim, który przybiera formę Pana tygrysów czczonego w kraju Kalingów (vyaghraya).

963. Jesteś Nim, który z racji swego męstwa jest nazywany lwem wśród bogów (devasimhaya).

964. Jesteś Nim, który zajmuje najwyższe miejsce wśród ludzi (nararishabhaya).

965. Jesteś Nim, który jest obdarzony wielką mądrością (vibhudhaya).

966. Jesteś Nim, który pierwszy bierze należną mu część w rytuale ofiarnym (agravaraya).

967. Jesteś nieuchwytny (sukshmaya).

968. Jesteś całkowitą sumą wszystkich bogów (sarvadevaya).

969. Jesteś uosobieniem umartwień (tapo mayaya).

970. Jesteś bardzo uważny (suyuktaya).

971. Jesteś dobrze wróżący i pomyślny (shibhanaya).

972. Jesteś uzbrojony w piorun (vajrine).

973. Jesteś źródłem, z którego pochodzi broń-włócznia zwana *prasa* (prasanam prabhavaya).

974. Jesteś Nim, do którego wielbiciele docierają różnymi drogami (avyayaya).

975. Jesteś dowódcą niebiańskiej armii zwanym Guha lub Skanda (guhaya).

976. Jesteś najdalej sięgającą granicą szczęśliwości (kantaya).

977. Jesteś tożsamy ze stwarzaniem (nijaya sargaya).

978. Jesteś Nim, który dając ludziom Wyzwolenie, ratuje ich przed śmiercią (pavitraya).

979. Jesteś czyścicielem wszystkich, łącznie z Brahmą (sarva pavanaya).

980. Jesteś Nim, który przybiera formę byków i innych rogatych zwierząt (srngine).

981. Jesteś Nim, który lubi przebywać na szczytach górskich (srngapriyaya).
982. Jesteś planetą Sani (Saturn) (babhruve).
983. Jesteś królem królów (rajarajaya).
984. Jesteś doskonałą bezbłędnością (niramayaya).
985. Jesteś Nim, który inspiruje radość (abhiramaya).
986. Jesteś wszystkimi niebianami wziętymi razem (sura ganaya).
987. Jesteś zanikiem wszystkich rzeczy (viramaya).
988. Jesteś wszystkimi obowiązkami należącymi do czterech trybów życia (sarva sadhanaya).
989. Jesteś Nim, który ma na czole trzecie oko (lalatakshaya).
990. Jesteś Nim, który zabawia się wszechświatem (viswa devaya).
991. Jesteś Nim, który ma formę jelenia (harinaya).
992. Jesteś Nim, który jest wyposażony w energię płynącą z wiedzy i umartwień (brahma varchasaya).
993. Jesteś Panem wszystkich nieruchomych przedmiotów w formie gór Himawat i Meru (sthavaranam pataye).
994. Jesteś Nim, który ujarzmił swoje zmysły, realizując różne nakazy i śluby (niyamendriya vardhanaya).
995. Jesteś Nim, który zrealizował wszystkie swoje cele (siddharthaya).
996. Jesteś tożsamy z Wyzwoleniem (siddhabhutarthata).
997. Jesteś odmienny od tego, któremu oddajemy cześć (achintyaya).
998. Jesteś Nim, który uczynił Prawdę swoim niezawodnym kredo (satya vrataya).
999. Jesteś o czystym sercu (suchaye).
1000. Jesteś Nim, który zarządza wszystkimi przysięgami i postami, będąc tym, który decyduje o ich owocach (vratadhipaya).
1001. Jesteś Najwyższym Byciem w formie czwartego stanu świadomości zwanego *turija* (parasmai).
1002. Jesteś *Brahmanem* (brahmane).
1003. Jesteś najwyższym schronieniem dla swych wielbicieli (bhaktanam paramayai gataye).
1004. Jesteś Nim, który przekracza wszelkie więzi (vimuktaya).
1005. Jesteś Nim, który nie ma ciała (mukthatejase).

1006. Jesteś odziany we wszelkiego rodzaju pomyślność (sreemate).
1007. Jesteś Nim, który zwiększa pomyślność swoich wielbicieli (srivardhanaya).
1008. Jesteś Nim, który będąc wszechświatem, przechodzi nieustannie zmiany (jagate)'.

Upamanju zakończył swój hymn, mówiąc:
'O Bogu w formie ziemi (Sarva),
O Bogu w formie wody (Bhava),
O Bogu w formie ognia (Rudra),
O Bogu w formie wiatru (Ugra),
O Bogu w formie przestrzeni (Bhima),
O Bogu w formie duszy (Paśupata),
O Bogu w formie słońca (Iśana),
O Bogu w formie księżyca (Mahate),
niech będzie Tobie chwała!'"

3. Upamanju mówi o wyzwalającej mocy czczenia Śiwy przez recytowanie jego tysiąca imion

Kryszna rzekł: „O Judhiszthira, w taki to sposób riszi Upamanju wychwalał Śiwę, recytując jego tysiąc imion w kolejności uwzględniającej ich znaczenie. Gdy zakończył swą pieśń ku jego chwale, rzekł: 'O Kryszna, mając ciebie za świadka, sławiłem w mym hymnie Mahadewę, wymieniając jego tysiąc imion-atrybutów. Któż jednakże zdołała opisać całą wielkość tego Pana wszystkiego, który zasługuje na największe uwielbienie i cześć, skoro nawet bogowie z Brahmą na czele i wielcy riszi nie potrafią tego uczynić? Wychwalałem jego wielkość wspomagany przez swoje oddanie i mając na to jego zgodę. Jego wielbiciel o czystej duszy i spokojnym sercu dzięki czczeniu go poprzez recytowanie jego tysiąca imion zwiększa swoją pomyślność i obdarzony jego łaską dociera do swej jaźni. Wychwalanie go w ten sposób jest najlepszą drogą prowadzącą do *Brahmana*. Z pomocą tego hymnu jego wielbiciel zdobywa Wyzwolenie.

Wszyscy wielcy riszi i bogowie czczą tego Najwyższego Boga, recytując ten hymn. Mahadewa, wychwalany w ten sposób przez osoby o opanowanej duszy, jest z nich zadowolony. Ten słynny bóg jest zawsze miłosierny dla swoich wielbicieli. Będąc wszechmocny, obdarowuje tych, którzy go czczą, Wyzwoleniem. Dlatego też ci najlepsi wśród ludzi, którzy mają dość wiary i oddania, słuchają z nabożeństwem recytacji tysiąca imion tego wiecznego i Najwyższego Boga wykonywanej przez innych i sami wychwalają go w obecności innych. Rodząc się ponownie na ziemi, wielbią go bez przerwy w myśli, mowie i uczynku, leżąc, siedząc, śpiąc, nie śpiąc, otwierając i zamykając oczy, i w ten sposób zdobywają szacunek innych, jak i ogromną satysfakcję i wielką radość. Gdy żywe istoty oczyszczą się z wszystkich grzechów w czasie milionów kolejnych narodzin w różnych porządkach istnienia, z ich serc wypływa pełne oddanie Mahadewie. Takie całkowite i wyłączne oddanie Bhawie, który jest oryginalną przyczyną wszechświata, wypływa z serca osoby, która poznała wszystkie sposoby oddawania mu czci, tylko dzięki wyrokowi dobrego losu. Takie nieskalane i czyste oddanie Rudrze, które jest wyłączne i nie do odparcia, jest rzadkie nawet wśród bogów i dla ludzi niedostępne. W sercu człowieka może pojawić się tylko dzięki łasce Rudry, prowadząc do realizacji najwyższego celu. Ten słynny Bóg jest bowiem zawsze skłonny do rozszerzenia swej łaski na tych, którzy szukają go z pokorą, oddając mu się całym sercem i uwalnia ich od obowiązku ponownych narodzin, podczas gdy inni bogowie, z lęku przed osłabieniem swojej mocy, starają się często unieważnić lub przerwać praktykowane przez ludzi umartwienia, nasyłając na nich pokusę w formie pięknej apsary'.

Upamanju kontynuował: 'O Kryszna, jak już mówiłem, riszi Tandi o spokojnej duszy, przypominający swym splendorem Indrę, wychwalał tego słynnego Pana wszystkich istniejących i nieistniejących rzeczy, tego wielkiego Boga odzianego w zwierzęce skóry, recytując jego tysiąc imion. Zaiste, Brahma nucił też ten hymn w obecności Śiwy. Ty sam znasz *Brahmana* i jesteś oddany wszystkim tym, którzy go znają, rozumiesz więc to, o czym mówię. Mówię o tym, co oczyszcza i zmywa wszystkie grzechy, prowadzi do jogi, Wyzwolenia, nieba i nasycenia. Ten, kto recytuje ten hymn z całkowitym oddaniem Mahadewie, osiąga najwyższy cel realizowany przez wyznawców *sankhji*. Ten, kto recytuje ten hymn przez rok każdego dnia z całkowitym oddaniem, zrealizuje cel, którego szuka.

O Kryszna, sam ten hymn jest wielką tajemnicą. Najpierw przebywał w piersi Brahmy. Brahma przekazał go Indrze, a Indra Mritju. Mritju przekazał go Rudrom, a od nich otrzymał go przebywający wówczas w regionie Brahmy riszi Tandi w nagrodę za swoje surowe umartwienia. Od niego z kolei otrzymał go bramin Śukra, a Śukra przekazał go Gautamie. Od Gautamy otrzymał go Waiwaśwata-Manu, który przekazał go Narajanie o wielkiej inteligencji i chwale, który przekazał go Jamie. Od Jamy otrzymał go riszi Nacziketa, a od niego otrzymał go mędrzec Markandeja. Markandeja ostatecznie przekazał go mnie, nagradzając mnie w ten sposób za realizowanie moich przysiąg i ascezę. Ja natomiast wyrecytowałem ten nieznany innym hymn przed Tobą. Hymn ten jest drogą do nieba, uwalnia od chorób i daje długie życie. Jest w pełni zgodny z *Wedami* i zasługuje na najwyższą chwałę'".

Napisane na podstawie fragmentów *Mahābharāta*,
Anusasana Parva, Part 1, Section XVII,
URL: http://www.sacred-texts.com/hin/m06/index.htm
URL: http://www.gita-society.com/section3/sivasahasranama.htm,
URL: http://vitalcoaching.com/spirit/shiva1000.htm.

Opowieść 204
O tym, jak Śiwa nagradza swych wielbicieli

1. Riszi zebrani wokół Bhiszmy mówią o potędze Śiwy, którego zadowolili swym oddaniem; 2. Kryszna podsumowuje to, co powiedział poprzednio o potędze Śiwy.

> Upamanju rzekł: „O Kryszna, ci, którzy są zanieczyszczeni przez złe uczynki, nie zdołają nigdy dotrzeć do Mahadewy. Ich skłonności zabrudzone przez atrybuty namiętności (radżasu) i ciemności (tamasu) nie pozwolą im się do niego zbliżyć. Tylko osoby duchowo odrodzone i mu oddane, które oczyściły swe dusze, zdołają dotrzeć do tego Najwyższego Boga. Jednakże ten, kto jest mu oddany, jest uważany za równego żyjącemu w dżungli ascecie nawet wówczas, gdy żyje w luksusie. Gdy potężny Rudra jest z kogoś zadowolony, może obdarzyć go nawet statusem Brahmy, Indry lub Wisznu i uczynić władcą trzech światów. Ten, kto oddając Mahadewie cześć w swym umyśle, zdoła uwolnić się od grzechów i zdobędzie miejsce w niebie wśród bogów. Ten, kto wielbi i oddaje cześć temu wielkiemu Bogu, który ma trzecie oko, nie zabrudzi się grzechem nawet wówczas, gdy dokona straszliwych zniszczeń we wszechświecie. Podobnie ten, kto medytuje nad Śiwą, choćby był zanieczyszczony przez wszystkie grzechy i pozbawiony wszelkich pomyślnych znaków, oczyści się ze swych grzechów i zdobędzie pomyślność. Nawet oddany Śiwie robak, owad czy ptak może włóczyć się po świecie całkowicie wolny od lęku. Ci, którzy są mu oddani, realizują w końcu najwyższy cel i wyzwalają się z obowiązku ponownych narodzin".

(*Mahābharāta*, Anusasana Parva, Part 1, Section XVIII)

1. Riszi zebrani wokół Bhiszmy mówią o potędze Śiwy, którego zadowolili swym oddaniem

Judhiszthira wysłuchał w skupieniu opowiadania Kryszny o tym, jak riszi Upamanju wychwalał Śiwę, recytując jego tysiąc osiem imion. Sławienie Śiwy poprzez recytowanie tych imion jest nazywane królem hymnów i jest uważne za najwyższy sposób oddawania mu czci. Gdy Kryszna skończył mówić, obecni przy łożu Bhiszmy riszi zaczęli opowiadać o swym oddaniu Śiwie i o darach, jakie od niego otrzymali, sławiąc go poprzez recytowanie tego hymnu.

Wjasa zabrał głos pierwszy. Rzekł: „O Judhiszthira, hymn ku czci Śiwy, o którym opowiadał Kryszna, ma wielką moc. Ten Najwyższy Bóg obdarowuje swą łaską tych, którzy czczą go, recytując ten hymn. Ongiś ja sam, pragnąc otrzymać od Mahadewy syna, wychwalałem go, recytując jego tysiąc imion. Mahadewa obdarzył mnie łaską i otrzymałem od niego mego syna Śukę".

Czczony przez bogów twórca doktryny *sankhji* riszi Kapila, słysząc słowa Wjasy, rzekł: „O Judhiszthira, jestem głęboko oddany Bhawie i oddawałem mu cześć przez wiele kolejnych narodzin. Zadowoliłem tym tego słynnego Boga, który obdarował mnie wiedzą prowadzącą do uwolnienia się od obowiązku kolejnych narodzin".

Miłosierny riszi Czarusirsza, przyjaciel Indry zwany inaczej synem Alamwany, rzekł: „O Judhiszthira, chcąc otrzymać synów, oddawałem ongiś cześć Śiwie, praktykując surowe umartwienia na górze Gokarna. Zadowolony ze mnie Sarwa obdarował mnie setką prawych synów o wielkim splendorze i opanowanej duszy, narodzonych bez udziału kobiety, którzy żyli sto tysięcy lat wolni o choroby i smutku".

Riszi Walmiki rzekł: „O Judhiszthira, asceci oskarżyli mnie niegdyś o grzech zabicia bramina i grzech ten mnie opętał. Pragnąc się z niego oczyścić, szukałem ochrony u bezgrzesznego Iśany, recytując jego tysiąc imion. Zadowoliłem tym tego wielkiego Boga, który rzekł: 'O Walmiki, bądź błogosławiony, zostaniesz autorem *Ramajany* i twoja sława na ziemi będzie wielka'".

Paraśurama, syn Dżamadagniego, błyszcząc wśród riszich swoim splendorem, rzekł: „O Judhiszthira, mnie również zanieczyszczał grzech zabicia bramina, gdyż zabiłem swych braci braminów. Chcąc się z tego grzechu oczyścić, szukałem ochrony u Mahadewy, recytując jego tysiąc imion. Zadowolony ze mnie Bhawa obdarował mnie toporem wojennym i innego rodzaju bronią, i rzekł: 'O Paraśurama, uwolnisz się od grzechu i będziesz w walce nie do pokonania. Śmierć nie zdoła cię zabrać, bo będziesz wolny od chorób'. Tak powiedział ten wielki Bóg i tak też się stało".

Wiśwamitra rzekł: „O Judhiszthira, urodziłem się w kaście wojowników. Pragnąc zostać braminem, oddawałem cześć Bhawie i dzięki jego łasce zdobyłem ten tak trudny do zdobycia status bramina".

Riszi Asita-Dewala rzekł: „O Judhiszthira, ongiś z powodu klątwy Indry straciłem wszystkie zasługi zebrane prawym działaniem. Czczony przeze mnie potężny Mahadewa dał mi je z powrotem razem z wielką sławą i długim życiem".

Słynny riszi Gritsamada, przyjaciel Indry dorównujący swym splendorem nauczycielowi bogów Brihaspatiemu, rzekł: „O Judhiszthira, w dawnych czasach Indra, prowadząc przez tysiąc lat rytuał ofiarny, zaangażował mnie w celu recytowania *Rathantary*. W ofierze tej uczestniczył riszi Warisztha, syn tego Manu, który wypłynął z oczu Brahmy. Riszi ten, słuchając mej recytacji, rzekł: 'O braminie, twoja recytacja *Rathantary* jest niepoprawna, a twoje rozumienie jest błędne. Zaprzestań więc recytacji, gdyż swym grzesznym działaniem niszczysz ofiarę!' I unosząc się gniewem, rzucił na mnie klątwę, mówiąc: 'O ty o błędnym rozumieniu, stań się zwierzęciem pozbawionym inteligencji, które żyje w wiecznym lęku i trosce, i przez dziesięć tysięcy osiemset dziesięć lat mieszkaj samotnie w dziewiczym lesie pobawionym wody i żywności, ścigany przez lwy i inne drapieżne istoty. Bądź dzikim jeleniem tonącym w nieszczęściu i smutku!' Ta straszliwa klątwa spełniła się natychmiast, przemieniając mnie w bezbronnego jelenia. Dotknięty tym nieszczęściem szukałem ochrony u Mahadewy, oddając mu cześć. Wielki Bóg ukazał się przede mną i rzekł: 'O braminie, uwolnij się od swego lęku. Dzięki mej łasce żadna choroba nie zdoła cię dotknąć i w ten sposób wyzwolisz się spod władzy śmierci. Twoja przyjaźń z Indrą będzie trwała dalej i niech ofiary twoje i Indry mnożą się'. Tego znakomitego i potężnego Boga nie sposób uchwycić myślą, mową czy uczynkiem. Sprzyja on wszystkim żywym istotom, będąc Nim, który dozuje i zarządza ich szczęściem i nieszczęściem. Tak jak ty dzięki jego łasce jesteś pierwszym wśród wojowników, tak ja jestem tym, któremu nikt nie dorównuje w nauce".

Kryszna rzekł: „O Judhiszthira, jestem odwiecznym wielbicielem Mahadewy o złotych oczach. W swym poprzednim wcieleniu oddawałem mu cześć na górze Manimantha przez milion lat. Zadowolony ze mnie Mahadewa ukazał się przede mną i rzekł: 'O Kryszna, bądź błogosławiony, proś mnie o dar'. Schylając przed nim głowę, odpowiedziałem: 'O Iśana, skoro jesteś ze mnie zadowolony, spraw, że moje oddanie Tobie będzie niezmienne. O to cię proszę'. Mahadewa rzekł: 'O Kryszna, niech tak się stanie'. I po wypowiedzeniu tych słów zniknął. Gdy zadowoliłem go swym oddaniem w swym obecnym wcieleniu, rzekł: 'O Kryszna, dzięki mej łasce w bitwie będziesz nie do pokonania, a twoja energia będzie równa energii ognia. Wszystkie żywe istoty będą też cenić cię wyżej od wszelkiego bogactwa'. Przy innej okazji obdarował mnie tysiącem innych darów".

Dżaigiszawaja rzekł: „O Judhiszthira, jeśli chodzi o mnie, to ten wielki Bóg obdarował mnie ongiś w mieście Waranasi ośmioma atrybutami suwerenności".

Riszi Garga rzekł: „O Judhiszthira, ten wielki Bóg, którego zadowoliłem ongiś na brzegu świętej rzeki Saraswati swoją ofiarą w umyśle, obdarował mnie nauką o Czasie i jej sześćdziesięcioma czterema odgałęzieniami. Obdarował mnie również tysiącem synów znających pisma, którzy dzięki jego łasce żyli tak jak ja przez dziesięć milionów lat".

Paraśara rzekł: „O Judhiszthira, zadowoliłem ongiś Mahadewę, pragnąc otrzymać od niego syna o wielkiej energii, który byłby pełen miłosierdzia, miałby wszystkie zalety ascety, praktykowałby jogę i zredagowałby *Wedy* i *Brahmany*. Mahadewa, poznawszy pragnienie mego serca, rzekł: 'O Paraśara, obdaruję cię tym, o co prosisz. W kolejnym cyklu stwarzania nazywanym imieniem Sawarni-Manu otrzymasz syna jakiego pragniesz o imieniu Kryszna (Wjasa). W tym cyklu stwarzania będzie on zaliczany do siedmiu wielkich mędrców i będzie przyjacielem Indry. Ochroni przed wygaśnięciem ród Bharatów i będzie autorem sławiącej ten ród *Mahabharaty*. Będzie praktykował ascezę i w swym działaniu będzie miał zawsze na uwadze dobro całego wszechświata. Wolny od chorób nie będzie podlegał władzy śmierci'. Po wypowiedzeniu tych słów ten wielki Bóg zniknął. Wkrótce otrzymałem wszystko to, co mi ten niezniszczalny Bóg o najwyższej energii obiecał".

Mandawia rzekł: „O Judhiszthira, posłuchaj mojego opowiadania o wielkości Mahadewy. W odległych czasach, choć nie jestem złodziejem, zostałem niesłusznie oskarżony o kradzież i na rozkaz króla wbity na pal. Szukając ochrony u Mahadewy, oddawałem mu cześć. Mahadewa ukazał się przede mną i rzekł: 'O Mandawia, uczynię tak, że pal ten nie sprawi ci bólu i już wkrótce się od niego uwolnisz. Będziesz żył miliony lat wolny od wszelkiego rodzaju nieszczęść i chorób, i ponieważ twoje ciało wypłynęło z czwartej stopy Dharmy, czyli Prawdy, nie będziesz miał na ziemi rywala. Aby uczynić swe życie płodnym, będziesz mógł bez żadnych przeszkód zażywać kąpieli we wszystkich świętych brodach znajdujących się na ziemi. Zarządzę też tak, że po opuszczeniu swego ciała będziesz się cieszył niebiańską błogością przez całą wieczność'. I po wypowiedzeniu tych słów ten wielki zasługujący na naszą cześć Bóg o wielkim splendorze zniknął razem ze swymi towarzyszami".

Mędrzec Galawa rzekł: „O Judhiszthira, posłuchaj moich słów o wielkości Mahadewy. W młodości byłem uczniem Wiśwamitry. Po zakończeniu nauk i zdobyciu wedyjskiej wiedzy wyruszyłem w drogę do domu, pragnąc zobaczyć mojego ojca. W domu zastałem jednak tylko matkę, która została wdową. Gorzko łkając, rzekła: 'O synu, twój ojciec już nie zobaczy swego syna, którego zdobi wedyjska wiedza, samo-kontrola i cały wdzięk młodości!' Słowa matki wypełniły moje serce straszliwym smutkiem i rozpaczliwie zapragnąłem raz jeszcze go zobaczyć i ucieszyć go swoim widokiem. Opuściłem dom i zatopiony głęboko w duszy oddawałem się surowym umartwieniom, szukając ochrony u Mahadewy. Zadowolony ze mnie Mahadewa ukazał się przede mną i rzekł: 'O Galawa, ty sam, jak i twoja matka i ojciec uwolnicie się spod władzy śmierci. Udaj się więc z powrotem do domu, gdzie zobaczysz ponownie swego ojca'. Posłuszny nakazowi tego Boga udałem się w kierunku domu i zobaczyłem tam mego ojca, który właśnie zakończył codzienny rytuał ofiarny. Stał w drzwiach, trzymając w dłoniach drewno potrzebne do rozpalenia ognia ofiarnego, źdźbło trawy *kuśa* i garść zebranych owoców. Zdawał się już być po porannym posiłku i obmyciu się po nim we właściwy sposób. Gdy mnie zobaczył, upuścił przedmioty, które trzymał w dłoni i z oczami pełnymi łez próbował mnie podnieść z ziemi, gdy padłem plackiem do jego stóp. Objął mnie i wąchając z miłością moją głowę, rzekł: 'O synu, cóż za szczęście móc cię zobaczyć, jak powracasz do domu po nabyciu nauk od swego nauczyciela'".

2. Kryszna podsumowuje to, co powiedział poprzednio o potędze Śiwy

Judhiszthira słuchał tych opowieści ascetów z pełnym szacunku zdumieniem. Następnie raz jeszcze głos zabrał Kryszna Wasudewa. Rzekł: „O Judhiszthira, posłuchaj jeszcze o tym, co usłyszałem od jaśniejącego jak słońce mędrca Upamanju, którego spotkałem w jego pustelni na górze Himawat, gdzie udałem się, aby prosić Śiwę o syna. Rzekł: 'O Kryszna, ci, którzy są zanieczyszczeni przez złe uczynki, nie zdołają nigdy dotrzeć do Mahadewy. Ich skłonności zabrudzone przez atrybuty namiętności (*radżasu*) i ciemności (*tamasu*) nie pozwolą im się do niego zbliżyć. Tylko osoby duchowo odrodzone i mu oddane, które oczyściły swe dusze, zdołają dotrzeć do tego Najwyższego Boga. Jednakże ten, kto jest mu oddany, jest uważany za równego żyjącemu w dżungli ascecie nawet wówczas, gdy żyje w luksusie.

Gdy potężny Rudra jest z kogoś zadowolony, może obdarzyć go nawet statusem Brahmy, Indry lub Wisznu i uczynić władcą trzech światów. Ten, kto oddaje cześć Mahadewie w swym umyśle, zdoła uwolnić się od grzechów i zdobędzie miejsce w niebie wśród bogów. Ten, kto wielbi i oddaje cześć temu wielkiemu Bogu, który ma trzecie oko, nie zabrudzi się grzechem nawet wówczas, gdy dokona straszliwych zniszczeń we wszechświecie. Podobnie ten, kto medytuje nad Śiwą, choćby był zanieczyszczony przez wszystkie grzechy i pozbawiony wszelkich pomyślnych znaków, oczyści się ze swych grzechów i zdobędzie pomyślność. Nawet oddany mu robak, owad, czy ptak może włóczyć się po świecie całkowicie wolny od lęku. Ci, którzy są mu oddani, realizują w końcu najwyższy cel i wyzwalają się z obowiązku ponownych narodzin'".

Kryszna kontynuował: „O Judhiszthira, wszystko, co istnieje, wypłynęło z tego Stwórcy wszystkich żywych istot. W Nim mają swój początek słońce, księżyc, wiatr, ogień, niebo, ziemia, chmury, Wasu, Wiświadewy, Rudrowie, Marutusi, Dhatri, Arjaman, Śukra, Brihaspati, Waruna, Brahma, Indra, siedmiu starożytnych mędrców, niebiańska krowa. Z Niego wypływają *Upaniszady* nauczające o *Brahmanie*, Prawda, *Wedy*, *Brahmany*, rytuały i dary ofiarne, recytujący *Wedy* bramini, soma, ofiarnik, część daru ofiarnego należna poszczególnym bogom, wszelkie rodzaje ograniczeń w formie ślubów, postów, surowych obrzędów, mantry i najwyższe akty prawości. W nim ma swój początek koło Czasu, siła, sława, samo-kontrola, wytrwałość inteligentnych, wszystkie akty dobra i zła, rozumienie najwyższego porządku, wszelkie rodzaje doskonałego dotyku, sukces działań religijnych. Z Niego wypływają różne plemiona bogów, którzy piją gorąco i somę, żywią się dotykiem, wizją, zapachem, oczyszczonym masłem wlewanym do ognia ofiarnego, jak i ci, którzy mają za swe ciało mantry, ślubują milczenie, kontrolują swój umysł, są czyści, zdolni do przybierania różnych form dzięki potędze jogi i stwarzania różnych przedmiotów mocą swej woli. Z Niego wypływają ci, którzy są uważani za najwyższych bogów, jak i wszyscy inni bogowie, gandharwowie, pisaki, danawowie, jakszowie, węże, wszystko to, co jest 'grube', jak i wszystko to, co jest subtelne, wszystko to, co jest miękkie, jak i wszystko to, co jest twarde, wszystkie smutki i radości, cała *sankhja* i joga, jak i wszystko to, co przekracza przedmioty uważane za najwyższe. W Nim ma początek wszystko to, co jest godne podziwu, jak i wszyscy obrońcy wszechświata, który tworzą fizyczne siły utrzymujące w istnieniu to starożytne stwarzanie tego słynnego Boga".

Kryszna zakończył swą mowę, mówiąc: „O Judhiszthira, wszystko to, co wymieniłem, jest 'grubsze' od tego, co wielki mędrzec widzi za pomocą umartwień. Zaprawdę, widzi on, że przyczyną życia jest subtelny *Brahman*, przed którym chylę z szacunkiem głowę. Niech ten nieustannie przez nas czczony niezmienny i niezniszczalny Pan zapewni nam spełnienie naszych życzeń. Czcij więc tego Najwyższego Pana, recytując jego tysiąc osiem imion. Ten, kto oczyściwszy się i kontrolując swe zmysły, recytuje hymn ku czci Śiwy wychwalający jego tysiąc imion bez przerywania recytacji przez cały miesiąc, zbierze zasługi równe tym, które przynosi Ofiara Konia. Bramin recytując ten hymn, zdobędzie wiedzę *Wed*, wojownik zwycięstwo w walce, waiśja bogactwo i zręczność w interesach, szudra szczęście na tym i tamtym świecie. Różne słynne osoby poprzez recytowanie tego hymnu, który jest święty i oczyszcza z wszystkich grzechów, oddają Rudrze swe serce. Człowiek recytując ten Hymn hymnów, zapewnia sobie niebo na długi czas".

Napisane na podstawie fragmentów *Mahābhārāta*,
Anusasana Parva, Part 1, Section XVIII.

Opowieść 205
O charakterze małżeńskiej wspólnoty

1. Judhiszthira pyta, czy małżeństwo służy spełnianiu wspólnie religijnych obowiązków, czy też przyjemności; 2. Bhiszma opowiada o tym, jak Wadanja poddaje testowi Asztawakrę, chcąc sprawdzić, czym jest dla niego małżeńska wspólnota; 3. Kubera kusi Asztawakrę zmysłowymi przyjemnościami; 4. Asztawakra dociera do pięknego pałacu i dzięki samo-kontroli opanowuje niepokój wywołany obecnością młodych kobiet; 5. Zamieszkująca pałac leciwa dama kusi Asztawakrę związkiem małżeńskim dla przyjemności; 6. Asztawakra opiera się pokusie małżeństwa dla przyjemności, pozostając wierny swej pierwotnej myśli o żonie celem zrealizowania religijnych obowiązków.

> Asztawakra rzekł: „O błogosławiona Pani, nigdy nie pożądam i nie zbliżam się do cudzej żony, bowiem ci, którzy znają pisma i Prawo, potępiają związki seksualne z kobietami, które należą do kogoś innego. Szukam żony nie dla przyjemności, lecz w celu uzyskania potomstwa. Dzięki uzyskaniu potomstwa w zgodny z Prawem sposób udam się do tych regionów szczęśliwości, które są inną drogą nie do osiągnięcia. Zaprzestań swoich starań, powinnaś lepiej wiedzieć, co jest i co nie jest dozwolone".

(*Mahābhārāta*, Anusasana Parva, Part 1, Section XIX)

1. Judhiszthira pyta, czy małżeństwo służy spełnianiu wspólnie religijnych obowiązków, czy też przyjemności

Judhiszthira rzekł: „O Bhiszma, chciałbym cię teraz zapytać o naturę i istotę związku małżeńskiego, na istnieniu którego bazuje domowy tryb życia. Mam w tej sprawie trochę wątpliwości. O małżeństwie mówi się, że jest związkiem płci, mającym na celu realizowanie wspólnie religijnych obowiązków. Jak to może być? Małżeństwo zdaje się być związkiem płci w celu doświadczania przyjemności. Poza tym, jeżeli małżeństwo ma służyć wspólnemu wykonywaniu obowiązków, to co zrobić z faktem, że śmierć jednego z małżonków to uniemożliwia. Po śmierci jednego z małżonków ich związek rozpada się i realizowanie razem obowiązków staje się niemożliwe. Ponadto każda jednostka działa odmiennie i po śmierci konsumuje owoce tylko własnych działań. Wytłumacz mi, czy małżeństwo może być faktycznie widziane jako związek płci w celu realizowania wspólnie religijnych obowiązków?"

2. Bhiszma opowiada o tym, jak Wadanja poddaje testowi Asztawakrę, chcąc sprawdzić, czym jest dla niego małżeńska wspólnota

Bhiszma rzekł: „O Judhiszthira, w odpowiedzi na twoje pytanie pozwól mi zacytować starożytną opowieść o rozmowie dotyczącej interesującego cię tematu między riszim Asztawakrą i kobietą o imieniu Disa, która pouczyła go w tej sprawie, poddając go testowi.

Praktykujący surowe umartwienia bramin Asztawakra, myśląc o swym obowiązku spłodzenia potomstwa, zapragnął pojąć za żonę Suprabhę, córkę mędrca o imieniu Wadanja, której nikt na ziemi nie dorównywał urodą, cnotą, godnością i dobrym zachowaniem, i która, będąc jak cieszący oczy wiosenny zagajnik ozdobiony kwiatami, ukradła mu serce od pierwszego wejrzenia. Gdy poprosił ojca o jej rękę, Wadanja rzekł: 'O Asztawakra, oddam tobie moją córkę za żonę, ale dopiero wówczas, gdy poprosisz ponownie o jej rękę po odbyciu podróży na północ i zobaczeniu tam różnych rzeczy. W ten sposób, chcę poddać próbie twoją religijność i rozumienie małżeństwa'.

Asztawakra rzekł: 'O Wadanja, jestem gotowy do spełnienia każdego twojego rozkazu. Powiedz mi jednak, czego mam szukać w tym regionie i co powinienem zobaczyć?'

Wadanja rzekł: 'O Asztawakra, wędrując przez królestwo Pana bogactwa Kubery, dotrzesz do góry Himawat. Zobaczysz tam płaskowyż, który jest miejscem zamieszkania Śiwy. Jest on również miejscem zamieszkania Siddhów i Czaranów. Zobaczysz tam również licznych rozbrykanych towarzyszy Mahadewy o rozmaitych formach, pomazanych rozmaitymi zapachowymi olejkami i tańczących przy akompaniamencie różnych muzycznych instrumentów zrobionych z mosiądzu. Mahadewa mieszka tam w otoczeniu tych, którzy poruszają się z ogromną szybkością w labiryntach tańca, zatrzymując się czasami gwałtowanie w miejscu lub wykonując nagle różne ruchy w poprzek. Jak mówią mędrcy, ten uroczy zakątek w górach jest ulubionym miejscem tego wielkiego Boga. Zarówno on, jak i jego towarzysze są tam zawsze obecni. W tym też miejscu bogini Uma praktykowała ongiś umartwienia, pragnąc otrzymać tego trójokiego Boga za męża. Z tego też powodu mówi się, że ten uroczy zakątek jest ulubionym miejscem zarówno Mahadewy, jak i Umy.

W swej podróży na północ będziesz również wędrował przez szczyty Mahaparśwy, usytuowane na północ od świętej góry Mahadewy, gdzie w starożytnych czasach podczas ostatniej nocy przed rozpadem wszechświata wielu bogów i ludzi oddawało mu cześć. Zobaczysz piękny las w błękitnym odcieniu przypominający swym wyglądem masy chmur. W tym lesie zobaczysz kobietę ascetkę wyglądającą jak bogini Śri, sędziwą w wieku, zajętą realizowaniem swych ślubów. Widząc ją, powinieneś oddać jej cześć. Ona udzieli ci odpowiednich nauk. Jeżeli po zobaczeniu jej i rozmowie z nią powrócisz tutaj do mojej pustelni, oddam ci moją córkę za żonę'.

Wadanja zakończył, mówiąc: 'O Asztawakra, jeżeli zgadzasz się na spełnienie mojego warunku, poczyń odpowiednie przygotowania i wyrusz w drogę'.

Asztawakra rzekł: 'O święty mędrcu, niech stanie się tak, jak sobie życzysz'.

3. Kubera kusi Asztawakrę zmysłowymi przyjemnościami

Riszi Asztawakra wyruszył w drogę. Wędrując w kierunku północnym, dotarł do góry Himawat zamieszkałej przez Siddhów i Czaranów. Stamtąd udał się nad brzeg świętej rzeki Wahuda, wykąpał się w jej świętych brodach (*tirtha*) pobawionych mułu i zadowolił bogów, wykonując ryty lania wody. Po wykonaniu ablucji przygotował dla siebie łoże, przykrywając ziemię trawą *kuśa*. O poranku raz jeszcze wykonał ablucje w świętych wodach, rozpalił swój święty ogień i oddawał mu cześć, recytując wedyjskie mantry. Wykonując właściwe ryty, oddał też cześć Rudrze i Umie, a następnie odpoczął chwilę na brzegu jeziorka uformowanego u koryta rzeki. Wypoczęty opuścił ten region i ruszył w kierunku góry Kailasa. Idąc dalej, ujrzał złotą bramę, która zdawała się płonąć swym pięknem. Zobaczył również rzekę Mandakini, mającą swe źródło na górze Kailasa oraz jeziorko Nalini pełne kwitnących lotosów, należące do Pana bogactwa Kubery. Potężni rakszasowie z Manibhadrą na czele ochraniający jeziorko, widząc zbliżającego się do nich bramina, powitali go, oddając mu cześć. Odpowiedział im właściwymi rytami, oddając im należne honory i poprosił, aby poinformowali Pana bogactwa Kuberę o jego przybyciu. Rakszasowie rzekli: 'O braminie, nie musimy informować Pana bogactwa i naszego króla o twoim przybyciu, bo on wie wszystko o celu twej podróży. Spójrz, właśnie tu przybył, aby cię powitać'.

Kubera, zbliżywszy się do bezgrzesznego ascety, powitał go, pytając o zdrowie i pomyślność. Po zwykłej wymianie uprzejmości rzekł: 'O duchowo odrodzony, witaj. Powiedz mi, czego u mnie szukasz, uczynię wszystko, czego sobie zażyczysz. Niech pobyt u mnie będzie dla ciebie miły i sprawi ci przyjemność. Zabaw u mnie tak długo, jak zechcesz, ciesząc się moją gościnnością, a gdy już się nią nasycisz, rusz w dalszą drogę bez żadnych przeszkód'.

Kubera zaprowadził gościa do swego pałacu i ofiarował mu swój tron do siedzenia, wodę do umycia stóp i obdarował należnymi gościowi darami. Po zakończeniu ceremonii powitalnej usiedli na najwyższych miejscach, a jakszowie z Manibhadrą na czele, jak i liczni gandharwowie i kimnarowie, usiedli u ich stóp. Kubera rzekł: 'O Asztawakra, pragnąc wypełnić mój obowiązek gościnności i cię zadowolić, nakazałem różnym plemionom apsar, które wiedzą, co sprawia przyjemność, aby rozpoczęły swój taniec. Czy wyrażasz na to zgodę?' Asztawakra, widząc gotowe do tańca piękne apsary, rzekł głosem pełnym słodyczy: 'O Kubera, niech tak się stanie'.

Zauroczony tańcem apsar i muzyką niebiańskich muzyków gandharwów spędził w królestwie Kubery cały niebiański rok, nie zauważając nawet upływu czasu. Kubera rzekł wówczas do niego: 'O uczony braminie, od momentu twojego przybycia do mojego pałacu minął już rok. Muzyka gandharwów i taniec apsar kradną serca i czas. Czy pragniesz, aby apsary tańczyły dalej, czy też chcesz ruszyć w dalszą drogę, myśląc o celu, dla realizacji którego wyruszyłeś w podróż? Jesteś moim gościem i w pełni zasługujesz na moją cześć. Powiedz mi więc, co mam uczynić, aby cię zadowolić?'

Asztawakra rzekł: 'O Panie bogactwa, bądź błogosławiony i niech pomyślność nigdy cię nie opuszcza! W pełni uhonorowałeś mnie swą gościnnością i zadowoliłeś moje serce. Z twym błogosławieństwem pragnę teraz wyruszyć w dalszą drogę, aby postąpić tak, jak nakazał mi riszi Wadanja'.

4. Asztawakra dociera do pięknego pałacu i dzięki samokontroli opanowuje niepokój wywołany obecnością młodych kobiet

Riszi Asztawakra pożegnał Kuberę i ruszył dalej w kierunku północnym. W swej wędrówce minął górę Kailasa, Mandarę i złotą górę. Po zejściu z tych wysokich regionów na ziemię uznał siebie za wystarczająco uświęconego, aby spojrzeć na ten święty region, który jest miejscem zamieszkania Mahadewy. Po jego trzykrotnym okrążeniu ruszył dalej w kierunku północnym z radosnym sercem. Przed jego oczami ukazał się wówczas czarowny las rozbrzmiewający śpiewem tysięcy ptaków, w którym pełno było jadalnych korzonków i owoców należących do różnych pór roku. Las ten był pełen uroczych zakątków. W pewnym momencie zobaczył szczególnie czarowne miejsce, pełne jezior i zbiorników czystej wody, ukryte wśród złotych wzgórz o różnych kształtach ozdobionych drogimi kamieniami. Widok tego miejsca wypełniał jego serce radością. Idąc dalej, zobaczył czarowny pałac zrobiony ze złota i ozdobiony klejnotami, który swą doskonałą budową przewyższał nawet pałac Kubery. Pałac był wielki i z dużą ilością pokoi o ścianach ozdobionych drogimi kamieniami i siecią z pereł. Klejnoty błyszczały swym własnym światłem, a cała ziemia wokół pałacu była pokryta różnego rodzaju brylantami. Pełno tu było przeróżnych pięknych przedmiotów przyciągających oczy. Dostrzegł również wiele wspaniałych pojazdów i stosy klejnotów, a wody przepływającej przez to miejsce rzeki Mandakini zdobiły kwiaty Mandara. To wspaniałe miejsce było miejscem schronienia dla licznych riszich.

Riszi Asztawakra, widząc to wspaniałe miejsce, zapragnął zatrzymać się tu na jakiś czas. Ruszył więc w kierunku bram pałacu, głośno oznajmiając: 'Niech ten, kto zamieszkuje ten pałac, powita gościa, który tu przybył w poszukiwaniu odpoczynku!' W odpowiedzi na jego wołanie z pałacu wybiegło siedem młodych i pięknych dziewcząt. Różnorodne w stylu rozsiewały wokół czar swej młodości i urody. Każda z nich zdawała się kraść jego serce i mimo najwyższych starań nie potrafił opanować swego umysłu. Ich widok całkowicie pozbawił go spokoju. Widząc, jak wielki wpływ ma na niego ich obecność, raz jeszcze podjął wielki wysiłek, aby poddać swój umysł kontroli i w końcu dzięki swej wiedzy i mądrości zdołał opanować pozbawiające go rozumu zmysły.

Piękne panny zaprosiły go do pałacu i riszi Asztawakra, zaciekawiony zarówno nimi, jak i tym pałacem, wszedł do środka. Zobaczył tam leciwą damę noszącą na twarzy wszystkie oznaki starości, odzianą w białe szaty i różnego rodzaju klejnoty. Zachowując wszystkie właściwe formy, pobłogosławił ją, mówiąc: 'O Pani, niech ci sprzyja dobry los!' Leciwa dama odpowiedziała mu tym samym i ofiarowała mu swój ozdobny tron do siedzenia. Riszi usiadł na wskazanym mu miejscu i rzekł: 'O Pani, każ tym pięknym młodym pannom odejść. Ich obecność zaburza mój umysł. Niech pozostanie tutaj tylko ta kobieta, która zdobyła mądrość i spokój serca'. Siedem piękności okrążyło pobożnie siedzącego na tronie mędrca i wszystkie udały się do swych pokoi. Tylko leciwa dama pozostała w komnacie razem z nim.

5. Zamieszkująca pałac leciwa dama kusi Asztawakrę związkiem małżeńskim dla przyjemności

Dzień minął szybko i słońce chyliło się ku zachodowi. Riszi, siedząc na wytwornym łożu, zaczął przygotowywać się do snu. Rzekł do leciwej damy: 'O Pani, nadeszła noc. Udaj się więc do swego łoża na spoczynek'. Leciwa dama uczyniła tak, jak kazał, kładąc się do snu w swym wspaniałym łożu. Wkrótce jednak powstała ze swego łoża i udając, że drży z zimna, weszła do łoża, w którym spał riszi. Riszi powitał ją z uprzejmością i całym szacunkiem dla jej wieku, ona jednakże wyciągnęła ramiona i objęła go z wielką czułością. Oszołomiony tym riszi nawet się nie poruszył, leżąc jak kłoda, podczas gdy ona, czując litość, rozpoczęła z nim rozmowę. Rzekła: 'O riszi, nie ma większej przyjemności, którą kobieta może czerpać z osoby odmiennej płci od tej, która płynie z żądzy. Owładnęła mną żądza i dlatego szukam z tobą kontaktu. Bądź radosny i połącz się ze mną. Obejmij mnie, bo bardzo cię pragnę. Niech to połączenie ze mną będzie nagrodą za twoje surowe umartwienia. Od pierwszego wejrzenia zrodziła się we mnie skłonność do szukania z tobą intymnego kontaktu. Odwzajemnij mi się taką samą skłonnością. Całe bogactwo, które widzisz w tym pałacu, należy do mnie. Odwzajemniając moją skłonność do ciebie, staniesz się Panem tego wszystkiego włącznie z moim sercem. Spełnię każde twoje życzenie. Oddaj się więc przyjemności, łącząc się ze mną w tym wspaniałym lesie zdolnym do zaspokojenia wszystkich twoich pragnień. Będę tobie we wszystkim posłuszna. Oddaj się przyjemności. Razem będziemy się cieszyć tym, co jest dla ludzi przedmiotem pragnienia. Czy jest coś, co może dostarczyć mężczyźnie większej przyjemności niż kobieta? Zaiste, seksualny związek dwóch osób przeciwnej płci jest najlepszym z owoców, który można zebrać. Kobiety opętane przez boga miłości stają się kapryśne, opętane przez żądzę nie czują żadnego bólu nawet wtedy, gdy wędrują boso po rozpalonym od słońca pustynnym piasku'.

Asztawakra rzekł: 'O błogosławiona, nigdy nie pożądam i nie zbliżam się do cudzej żony, bowiem ci, którzy znają pisma i Prawo, potępiają związki seksualne z kobietami, które należą do kogoś innego. Szukam żony nie dla przyjemności, lecz w celu uzyskania potomstwa. Dzięki uzyskaniu potomstwa w zgodny z Prawem sposób udam się do tych regionów szczęśliwości, które są inną drogą nie do osiągnięcia. Zaprzestań swoich starań, powinnaś lepiej wiedzieć, co jest i co nie jest dozwolone'.

Leciwa dama rzekła: 'O duchowo odrodzony, żaden z bogów nie jest równie lubiany przez kobiety jak bóg miłości Kama. Kobiety znajdują ogromną przyjemność w związkach seksualnych. Wśród tysiąca lub nawet setek tysięcy kobiet można znaleźć co najwyżej jedną taką, która jest oddana swemu mężowi. Będąc pod wpływem żądzy, zapominają o rodzinie, ojcu, matce, bratu, mężu, synach i bratu męża. Zaiste, podążając za tym, co uważają za szczęście, niszczą swoją rodzinę, w której się urodziły, jak i małżeństwo, będąc jak królewskie rzeki, które niszczą swoje brzegi. Sam Stwórca stwierdził, że kobiety są nieczyste'.

Riszi Asztawakra rzekł: 'O wielce błogosławiona, przestań mówić do mnie w ten sposób. Nie tęsknię za twoim towarzystwem i nawet nie zdążyłem cię polubić. Musiałbym mieszkać u ciebie dłużej, aby cię polubić i wówczas, być może, zatęskniłbym za tobą. Tęsknota za kimś rodzi się bowiem z przywiązania do niego. Zamiast nakłaniać mnie do grzechu, powiedz mi raczej, czy jest coś innego, co mógłbym dla ciebie zrobić?'

Leciwa dama rzekła: 'O duchowo odrodzony, zamieszkaj więc u mnie przez jakiś czas, aby móc stwierdzić, czy jest we mnie coś, co zdołasz polubić. W ten sposób mnie sowicie nagrodzisz'.

Riszi Asztawakra rzekł: 'O błogosławiona, uczynię tak, jak sobie życzysz. Będę zamieszkiwał u ciebie tak długo, jak długo starczy mi na to odwagi'.

Pogrążony w myślach riszi, patrząc na leciwą damę, cierpiał tortury. Widok jej dotkniętego przez Czas ciała nie sprawiał mu przyjemności, wręcz przeciwnie, brzydota jej ciała zniechęcała do patrzenia. Myślał: 'Ta leciwa dama musi być boginią tego pałacu. Jej brzydota musi być wynikiem jakiejś klątwy. Nie powinienem się spieszyć i zbyt pochopnie ustalać przyczyny tego wszystkiego, co mnie spotyka'. Rozmyślając nad tym i szukając w swym sercu wyjaśnienia, spędził dzień, nie mogąc uspokoić swego umysłu.

Gdy nadszedł wieczór, leciwa dama rzekła: 'O duchowo odrodzony, słońce chowa się już za horyzont. Powiedz mi, co mogę dla ciebie uczynić? Czym mogę ci służyć?'

Riszi rzekł: 'O Pani, przynieś, proszę, wodę potrzebną do moich ablucji. Po kąpieli oddam się modlitwie, ograniczając do minimum moją mowę i zmysły'.

Leciwa dama rzekł: 'O riszi, uczynię, jak każesz'. Przyniosła wodę, olejki oraz szatę do okrycia jego ciała podczas rytuału. Zanim udał się do odrębnej komnaty, aby wykonać ablucje, mając na to jego zgodą, natarła całe jego ciało pachnącymi olejkami. Gdy powrócił, zaprosiła go, aby usiadł na wspaniałym tronie i zaczęła obmywać go swymi delikatnymi dłońmi, których dotyk sprawiał mu wielką przyjemność. I gdy tak po kolei i we właściwym porządku wykonała wszystkie usługi związane z rytuałem, riszi nawet nie zauważył, jak minęła noc. Widok słońca na horyzoncie zaskoczył go i zadziwił. Pomyślał: 'Czy to wszystko wydarza się naprawdę, czy też jest to rezultat mojego błędnego rozumowania?' Po oddaniu słońcu należnej czci zapytał leciwą damę o to, co powinien dalej czynić. W odpowiedzi leciwa dama przygotowała dla niego posiłek o smaku równie doskonałym jak eliksir nieśmiertelności. Choć zjadł niewiele, delektując się smakiem i oddając się przyjemności, nie zauważył nawet, jak nadszedł wieczór. Leciwa dama zaprosiła go do specjalnie przygotowanego dla niego łoża. W tej samej komnacie znajdowało się drugie łoże przygotowane dla niej. Choć położyli się do snu w oddzielnych łożach, gdy nadeszła północ, leciwa dama opuściła swe łoże i położyła się obok leżącego w swym łożu bramina.

Asztawakra rzekł: 'O Pani, nie jestem skłonny do seksualnego związku z kobietą, która jest żoną kogoś innego. Opuść więc moje łoże i wróć do swojego'.

Leciwa dama odpowiedziała: 'O duchowo odrodzony, nie należę do nikogo. Przyjmując mnie do swego łoża, nie popełnisz więc grzechu'.

Asztawakra rzekł: 'O błogosławiona, kobieta zawsze do kogoś należy i nigdy nie należy wyłącznie do samej siebie. Sam Stwórca stwierdził, że kobieta nie może nigdy być niezależna'.

Leciwa dama rzekła: 'O duchowo odrodzony, opanowała mnie żądza. Zauważ, jak bardzo jestem tobie oddana, popełnisz więc grzech, ignorując moją prośbę'.

Asztawakra rzekł: 'O błogosławiona, mężczyźni, których działania są motywowane szukaniem przyjemności, popełniają wiele różnych grzechów, które prowadzą ich do piekła. Jeśli chodzi o mnie, to potrafię powstrzymać swą żądzę przy pomocy samo-kontroli. Powróć więc lepiej do swego łoża'.

Leciwa dama rzekła: 'O duchowo odrodzony, chylę przed tobą z szacunkiem głowę. Ukaż mi swą łaskę. Padam przed tobą plackiem na ziemię, bądź moim obrońcą. Skoro widzisz grzech w związku seksualnym z kobietą, która nie jest twoją żoną, uczyń mnie swoją żoną. Nie popełnisz wówczas grzechu. Jeżeli w naszym związku jest jakiś grzech, niech będzie wyłącznie mój. Uczyń, jak mówię, gdyż jestem Panią samej siebie i jestem ci oddana całym sercem'.

Asztawakra rzekł: 'O błogosławiona, jak to jest możliwe, abyś nie należała do nikogo i była Panią samej siebie. We wszystkich trzech światach nie ma takiej kobiety, która byłaby Panią samej siebie. Ojciec ochrania ją jako córkę, później ochrania ją mąż jako żonę, a gdy się zestarzeje, synowie ochraniają ją jako matkę. Kobiety przez całe życie są więc od kogoś zależne'.

Leciwa dama rzekła: 'O duchowo odrodzony, jeszcze w mych panieńskich latach uczyniłam ślub życia w celibacie i ciągle jestem dziewicą. Nie odrzucaj mojego oddania i uczyń mnie swoją żoną'".

6. Asztawakra opiera się pokusie małżeństwa dla przyjemności, pozostając wierny swej pierwotnej myśli o żonie celem zrealizowania religijnych obowiązków

Bhiszma kontynuował: „O Judhiszthira, riszi Asztawakra słysząc te słowa, rzekł: 'O błogosławiona, tak jak ty masz ku mnie skłonność, tak ja po spędzeniu z tobą dłuższego czasu mam taką samą skłonność ku tobie. Gnębi mnie jednak pytanie, czy ulegając moim obecnym skłonnościom, będę widziany jako ten, kto działa przeciwnie do tego, czego życzył sobie riszi Wadanja, wysyłając mnie w podróż na północ? Muszę znaleźć na nie odpowiedź. Czy będzie to miało dobroczynne, czy złe skutki? Pytam więc sam siebie o to, cóż powinienem uczynić, powrócić tam, skąd przybyłem i pojąć za żonę córkę Wadanji, czy też zaakceptować rękę dziewicy, która stoi tu przede mną w sukniach ozdobionych klejnotami i która obecnie zdaje mi się niezwykle piękna. Dlaczego cierpiała tak długo odziana w ciało zniszczone przez Czas? Kto wie, jaką jeszcze formę przybierze? Odpowiadając sobie na te pytania, dochodzę do wniosku, że nie powinienem nigdy tracić kontroli nad żądzą i innymi namiętnościami i powinienem być zadowolony z tego, co już uzyskałem. Takie porzucenie samo-kontroli nie wydaje się dobre. Powinienem zostać wierny Prawdzie' ".

Judhiszthira przerwał opowiadanie Bhiszmy i rzekł: „O Bhiszma, powiedz mi, dlaczego ta leciwa dama nie bała się klątwy mędrca Asztawakry o wielkiej energii i jak udało mu się powrócić do miejsca, z którego wyruszył?"

Bhiszma rzekł: „O Judhiszthira, posłuchaj dalej mojego opowiadania. Asztawakra rzekł do leciwej damy, która obecnie przybrała formę pięknej, młodej kobiety: 'O błogosławiona, jak udało ci się zmienić formę? Powiedz mi prawdę'.

Leciwa dam rzekła: 'O braminie, posłuchaj moich słów z uwagą. Pragnienie seksualnego związku z przeciwną płcią daje się zaobserwować zarówno wśród mieszkańców ziemi, jak i nieba. Poddałam cię próbie, z której wychodzisz zwycięski. Próba ta została przeze mnie wymyślona w celu sprawdzenia twej prawości. Udało ci się przekroczyć wszystkie światy i dotrzeć aż do tego miejsca, bo nie zapomniałeś o swojej wcześniejszej decyzji. Jestem kierunkiem północnym w ucieleśnionej formie. Ukazałam tobie frywolność kobiecego charakteru. Nawet leciwe kobiety pożądają związków seksualnych. Oparłeś się jednak pokusie i zarówno Brahma, jak i wszyscy bogowie z Indrą na czele są z ciebie zadowoleni.

Znam cel, z którym tu przyszedłeś. Zostałeś tu do mnie wysłany przez mędrca Wadanję, ojca dziewczyny, którą chcesz poślubić, abym mogła ci udzielić instrukcji. Uczyniłam to, czego Wadanja sobie życzył. Bazując na pragnieniu, którego nie potrafi przekroczyć żaden z trzech światów, próbowałam skłonić cię, abyś odstąpił od swego postanowienia. Ty jednakże pozostałeś mu wierny. Powróć więc teraz bezpiecznie tam, skąd przybyłeś, twoja podróż z powrotem nie będzie bardzo uciążliwa. Po powrocie otrzymasz za żonę kobietę, którą wybrałeś i urodzi ci ona syna. Wróć do swej pustelni odziany w zasługi, które zebrałeś swym prawym działaniem. Opowiedziałam tobie o tym wszystkim, chcąc oddać honory mędrcowi Wadanji, który wysłał cię w tę podróż na północ, mając na uwadze twoje dobro. Czy jest jeszcze coś, w czym mam cię poinstruować?'

Riszi Asztawakra wysłuchał tych słów z pobożnie złożonymi dłońmi. Następnie pożegnał się i powrócił do swej pustelni. Gdy odpoczął po podróży, mając zgodę swych krewnych, udał się do bramina Wadanji, aby ponowić swą prośbę o rękę jego córki. Po ceremonii powitalnej rzekł: 'O wielki mędrcu, zgodnie z twym nakazem udałem się w kierunku gór Gandhamadana. W regionie leżącym na północ od tych gór spotkałem wielką boginię, która przyjęła mnie z uprzejmością. Wspomniała o tobie, wymieniając twe imię i udzieliła mi instrukcji w różnych sprawach. Po wysłuchaniu ich wszystkim wróciłem tutaj, aby prosić cię o rękę twej córki'.

Riszi Wadanja rzekł: 'O braminie, weź więc moją córkę za żonę i gdy gwiazdy na niebie będą pomyślne, wykonaj właściwe ryty. Jesteś najlepszym z możliwych kandydatów na męża dla mojej córki'.

Riszi Asztawakra rzekł: 'O wielki mędrcu, niech tak się stanie'. I ten prawy riszi, mając za żonę piękną córkę bramina Wadanji, czuł w sercu wielką radość. Żył z nią razem w swej pustelni wolny od jakiejkolwiek gorączki umysłu".

Napisane na podstawie fragmentów *Mahābharāta*, Anusasana Parva, Part 1, Sections XIX-XXI.

Opowieść 206
O obdarowanych i obdarowujących

1. O cnotach tych, którzy zasługują na dary; 2. O darach przynoszących zasługi i braminach godnych uczestnictwa w rytuale *śraddha*; 3. O grzechach i zasługach gromadzonych przez obdarowanych i obdarowujących; 4. O tych, którzy swym działaniem zarabiają na piekło, i tych, którzy zdobywają niebo; 5. O czynach uznawanych za braminobójstwo.

> Bhiszma rzekł: „O Judhiszthira, dary ofiarne, które zostały poruszone, polizane lub nadgryzione, ofiarowane z niespokojnym umysłem lub widziane przez miesiączkującą kobietę, nie przynoszą zasług. Takie dary uważa się za należące do rakszasów".

(*Mahābharāta*, Anusasana Parva, Part 1, Section XIII)

1. O cnotach tych, którzy zasługują na dary

Judhiszthira rzekł: „O Bhiszma, chciałbym teraz posłuchać twoich nauk o darach ofiarowanych bogom i Ojcom podczas rytuałów ofiarnych, jak i o tych, które są ofiarowane braminom. Wytłumacz mi najpierw, który z braminów realizujących ściśle religijne ryty jest godny darów? Czy jest nim ten, który odziewa się w symbole trybu życia, za którym podąża, tak jak *brahmacarin* lub święty żebrak (*sannjasin*), czy też ten, który nie odziewa się w żadne symbole?"

Bhiszma rzekł: „O Judhiszthira, zostało stwierdzone w pismach, że na dary zasługuje ten bramin, który realizuje obowiązki swej kasty bez względu na to, czy odziewa się w symbole trybu życia, który prowadzi, czy też nie, gdyż to nie te symbole, lecz realizowanie obowiązków czyni go bezgrzesznym".

Judhiszthira rzekł: „O Bhiszma, wytłumacz mi, czy nieczysta osoba, która z wielkim oddaniem obdarowuje ofiarnym masłem lub jedzeniem bramina, popełnia grzech?"

Bhiszma rzekł: „O Judhiszthira, nawet ten, kto jest całkowicie pozbawiony samo-kontroli, oczyszcza się swoim oddaniem. Jego oddanie oczyszcza z grzechu każde jego działanie".

Judhiszthira rzekł: „O Bhiszma, mędrcy twierdzą, że nie należy nigdy sprawdzać kompetencji i poprawności działań bramina, który sam pragnie wykonywać religijne działania ku czci bogów, lecz należy zawsze sprawdzać kompetencje tego bramina, który chce być zatrudniony do wykonywania religijnych działań ku czci Ojców. Wytłumacz mi, proszę, skąd ta różnica?"

Bhiszma rzekł: „O Judhiszthira, różnica bierze się stąd, że jeśli chodzi o działania, które dotyczą bogów, to ich owoce nie zależą od kompetencji bramina zatrudnionego do wykonania rytu, lecz od łaski bogów. Zasługi płynące z tych działań są zdobywane tylko dzięki łasce bogów. Jak stwierdził kiedyś mędrzec Markandeja, bramin jest zawsze oddany *Brahmanowi* bez względu na to, co czyni."

Judhiszthira rzekł: „O Bhiszma, wytłumacz mi, dlaczego twierdzi się, że na dary zasługuje następujące pięć kategorii osób: gość, krewny, asceta, osoba znająca obowiązki swej kasy i osoba wykonująca wiernie rytuały ofiarne?".

Bhiszma rzekł: „O Judhiszthira, wymienione przez ciebie kategorie osób są uważane za godne darów, gdy posiadają następujące atrybuty: czystość urodzenia, oddanie religijnym działaniom, uczenie się, współczucie, skromność, szczerość i prawdomówność.

Posłuchaj, co na temat tych cnót powiedziały ongiś cztery osoby o wielkiej energii: bogini Ziemia, mędrca Kaśjapa, Agni i mędrzec Markandeja. Ziemia rzekła: 'Tak jak grudka gliny wrzucona do oceanu, rozpuści się, tak każdy rodzaj grzechu rozpuści się w trzech atrybutach bramina: spełnianiu ofiar, uczeniu się i akceptowaniu darów'. Kaśjapa rzekł: '*Wedy* ze swymi sześcioma odgałęzieniami, filozofia *sankhji*, *Purany* i wysokie urodzenie nie uratują bramina, który zarzucił dobre zachowanie (tj. uczciwość i skromność)'. Agni rzekł: 'Gdy bramin, który studiuje *Wedy* i uważa siebie za mędrca, próbuje wykorzystać swą wiedzę, aby zniszczyć dobre imię innych, opuszcza ścieżkę prawości i jest uważny za kogoś, kto odszedł od Prawdy. Zaprawdę, taka osoba o niszczycielskim geniuszu nigdy nie zdobędzie regionów szczęśliwości ani za życia, ani po śmierci'. Markandeja rzekł: 'Gdyby na jednej szali postawić tysiąc Ofiar Konia, a na drugiej Prawdę, tysiąc Ofiar Konia nie byłyby równe nawet połowie wagi Prawdy'".

Judhiszthira rzekł: „O Bhiszma, jeżeli bramin praktykujący ślub *brahmacarji* prosi kogoś o dar ofiarowany najpierw zmarłym przodkom w rytuale *śraddha*, to czy rytuał ten będzie nadal uważany za dobrze wykonany, gdy proszona przez niego osoba faktycznie obdaruje go tym darem?"

Bhiszma rzekł: „O Judhiszthira, bramin, który po zrealizowaniu ślubu *brahmacarji* przez nakazany okres dwunastu lat i nabyciu biegłości w *Wedach* i ich odgałęzieniach prosi kogoś o taki dar i faktycznie go spożywa, jest uważany za tego, kto złamał swój ślub, choć sam rytuał nie zostaje zanieczyszczony".

Judhiszthira rzekł: „O Bhiszma, mędrcy twierdzą, że obowiązek prawości może być realizowany na różne sposoby i w rezultacie przynosić odmienne owoce. Wyjaśnij mi, jakie są w tej sprawie ostateczne wnioski".

Bhiszma rzekł: „O Judhiszthira, nieranienie, prawdomówność, umiejętność wybaczania, współczucie, samo-kontrola, uczciwość i bezstronność są oznakami prawości. Jednakże na tym świecie są tacy, którzy wędrują po ziemi, wychwalając prawość, lecz jej nie praktykują, angażując się cały czas w grzech. Ten, kto obdarowuje taką osobę złotem lub ogierem szlachetnej krwi, tonie w piekle, gdzie będzie przebywać, żywiąc się tam kałem osób, które jedzą padnięte krowy i bawoły lub osób nisko urodzonych, co żyją na obrzeżach miast i wsi oraz niegodziwców, którzy pod wpływem gniewu i szaleństwa zajmują się głównie plotkowaniem o grzechach i zaniedbaniach innych. Podobnie, ci niemądrzy ludzie, którzy dają dary ofiarowane w rytuale *śraddha* braminowi praktykującemu *brahmacarję*, udają się do regionów przynoszących cierpienie".

Judhiszthira rzekł: „O Bhiszma, powiedz mi, czy istnieją wyższe dowody cnoty od realizowania ślubów celibatu? Czy istnieje jakiś wyższy rodzaj czystości?"

Bhiszma rzekł: „O Judhiszthira, powstrzymywanie się od jedzenia mięsa i miodu przewyższa nawet śluby celibatu. Prawość polega na trzymaniu się wewnątrz nakazanych granic lub inaczej mówiąc na samo-kontroli. Najwyższym przejawem prawości jest wyrzeczenie się ziemskich przedmiotów i brak pragnień, uważane również za najwyższy rodzaj czystości".

Judhiszthira rzekł: „O Bhiszma, wytłumacz mi, kiedy osoba, która pragnie iść drogą prawości, powinna szukać bogactwa i kiedy powinna oddać się przyjemności?"

Bhiszma rzekł: „O Judhiszthira, bogactwa należy szukać w pierwszej połowie życia, aby dzięki niemu zbierać zasługi swymi prawymi działaniami i cieszyć się przyjemnością. Nie należy jednak przywiązywać się do żadnego z tych celów i zapominać o tym, że należy zawsze obdarzać szacunkiem braminów, oddawać cześć nauczycielowi i starszyźnie, współczuć wszystkim żywym istotom, być łagodnym w usposobieniu i przyjemnym w mowie. Nie należy też nigdy wypowiadać kłamstwa w sądzie lub zachowywać się obłudnie w stosunku do króla, starszyzny i nauczyciela, gdyż jest to uważane za równie haniebne, jak zabicie bramina. Nie należy nigdy atakować osoby króla i uderzać krowy. Te dwa ostatnio wymienione rodzaje wykroczeń są równie haniebne, jak zabicie płodu. Nie należy też nigdy zaniedbywać codziennego rytuału czczenia ognia ofiarnego, jak i studiowania *Wed* lub atakować bramina słowem lub uczynkiem. Popełniany w ten sposób grzech jest równie haniebny, jak zabójstwo bramina".

Judhiszthira rzekł: „O Bhiszma, kogo należy nazywać dobrym lub prawdziwym braminem, którego obdarowanie przynosi obdarowującemu wielkie zasługi?"

Bhiszma rzekł: „O Judhiszthira, za prawdziwych braminów należy uważać tych, którzy uwolnili się od gniewu, są oddani prawym działaniom, nie zbaczają ze ścieżki Prawdy i praktykują powściągliwość. Obdarowanie takich braminów przynosi wielkie zasługi, podobnie jak obdarowywanie tych o czystych sercach i czystym zachowaniu, którzy są wolni od pychy i zachłanności, przyjacielscy wobec wszystkich, prawdomówni, zdolni do znoszenia wszystkiego, zdecydowani w podążaniu za swymi celami, kontrolujący zmysły, oddani dobru wszystkich żywych istot, mający wiedzę i skromność, i realizujący obowiązki nakazane w pismach. Riszi stwierdzili ogólnie, że na dary zasługuje ten bramin, który studiuje *Wedy* razem z ich odgałęzieniami i jest oddany sześciu bramińskim obowiązkom nakazanym w pismach. Ten, kto obdarowuje braminów o wymienionych cechach, gromadzi tysiąckrotne zasługi. Ten, kto obdarowuje choćby jednego bramina o opisanych zaletach, ochrania zarówno swoich przodków, jak i potomków. W darze należy dać mu krowę, konie, jedzenie oraz inne artykuły. Ten, kto czyni takie dary, zarabia na szczęście w następnym świecie. Przed uczynieniem takiego daru należy jednak zawsze starannie poszukać takich osób, które mają wymienione cechy oraz zasługują na dary i szacunek wszystkich dobrych ludzi".

2. O darach przynoszących zasługi i braminach godnych uczestnictwa w rytuale *śraddha*

Judhiszthira rzekł: „O Bhiszma, poucz mnie teraz o tych rozporządzeniach, które dotyczą obrzędów wykonywanych podczas rytu *śraddha* związanych z ofiarowaniem darów bogom, Ojcom i braminom".

Bhiszma rzekł: "O Judhiszthira, istnieją ryty ściśle związane z określonymi etapami w życiu jednostki, które muszą być wykonywane w określonej kolejności, rozpoczynając jeszcze przed czyimiś narodzinami i kończąc po jego śmierci. Rytuał *śraddha* należy do tej grupy rytów. Aby rytuał ten mógł zostać uznany za dobrze wykonany, należy postępować zgodnie z rozporządzeniami. Istnieją bardzo szczegółowe rozporządzenia dotyczące właściwego czasu podejmowania określonych działań, czystości ofiarowanego daru, czystości bramina uczestniczącego w rycie oraz brzmienia i treści słów wypowiadanych na zakończenie rytu. Posłuchaj tego, co mam na ten temat do powiedzenia.

Po oczyszczeniu się przy pomocy kąpieli i wykonaniu innych oczyszczających działań oraz rytów zapewniających pomyślność należy najpierw, zanim minie południe, bardzo starannie wykonać wszystkie te działania, które odnoszą się do bogów, a gdy minie południe, wszystkie te, które dotyczą Ojców (zmarłych przodków). W samo południe z kolei należy z szacunkiem i uczuciem ofiarować to, co należy się ludziom. Dary czynione w niewłaściwym czasie są grzeszne i ostatecznie są przywłaszczane sobie przez rakszasów.

Dary ofiarne, które zostały poruszone, polizane, nadgryzione, ofiarowane z niespokojnym umysłem lub widziane przez miesiączkującą kobietę, nie przynoszą zasług. Takie dary uważa się za należące do rakszasów. Do rakszasów należą również inne dary, jak te, które zostały obwieszczone w obecności dużej ilości osób, stanowią porcją wyznaczoną dla szudrów, zostały zabrudzone przez włosy, robaki, ślinę lub łzy, na które ktoś nadepnął, które były już jedzone przez kogoś, kto jest niezdolny do poprawnego recytowania sylaby OM, nosi broń lub jest niegodziwcem. Do rakszasów należy również to jedzenie, które zostało dane osobie, której porcja została zjedzona przez kogoś innego, lub takie, które nie zostało najpierw ofiarowane bogom, gościom i dzieciom. Bogowie i Ojcowie nigdy nie akceptują takiego zanieczyszczonego jedzenia, lecz jest ono akceptowane przez rakszasów. Do rakszasów należy również to jedzenie ofiarowane gościom i innym osobom, które było najpierw ofiarowane w rytualne *śraddha* bez recytowania właściwych mantr lub z recytowaniem ich w sposób niepoprawny, bez wykonania wszystkich szczegółowych działań opisanych w pismach lub które było jedzone przez grzesznika".

Bhiszma kontynuował: „O Judhiszthira, wyjaśniłem tobie, jaka część ofiarnego daru w rytualne *śraddha* należy do rakszasów. Przedstawię ci obecnie zasady, według których ustala się, jaki bramin zasługuje na uczestniczenie w uczcie ofiarowanej w tym rytuale.

Na uczestniczenie w tym rytuale, w którym składa się dary bogom i Ojcom, nie zasługują wszyscy ci bramini, którzy zostali wykluczeni ze swej kasty z powodu haniebnych grzechów lub zostali uznani za idiotów, czy pozbawionych rozumu. Nie należy też zapraszać bramina, którzy jest dotknięty leukodermą, trądem, gruźlicą, padaczką powodującą zmysłowe zaburzenia, jest pozbawiony męskości, niewidomy, praktykuje medycynę, otrzymuje regularną zapłatę za oddawanie czci wizerunkom bogów fundowanym przez bogatych, zarabia na życie usługami wykonywanymi na rzecz bogów, sprzedaje somę, czyni śluby motywowany pychą lub innymi równie fałszywymi wczuciami, jest z zawodu wokalistą, tancerzem, muzykiem, zawodowym recytatorem świętych ksiąg, wojownikiem lub atletą, leje libację do ognia ofiarnego na rzecz szudrów, jest nauczycielem szudrów lub usługuje szudrom, jak i tego, który zarabia na życie nauczaniem lub wysłuchuje czyichś nauk za odpowiednią opłatą, gdyż jest on uważany za kogoś, kto handluje wedyjską wiedzą. Na zaproszenie nie zasługuje również ten bramin, który został skłoniony, choćby tylko jeden raz, do zaakceptowania ofiarowanego w tym rytuale jedzenia na samym początku, ma za żonę szudrę, nie ma swojego domowego ognia, asystuje przy umarłych przed spaleniem ich zwłok, jest złodziejem, ma niegodziwych przodków, jest synem córki uznanym za syna przez jej ojca, który sam nie ma synów (*putrika-putra*), zajmuje się lichwą, utrzymuje się przy życiu ze sprzedaży żywych istot, jest we władzy swoich żon, jest kochankiem nieczystych kobiet lub zaniedbał porannych i wieczornych modlitw".

Bhiszma kontynuował: „O Judhiszthira, wymieniłem tych braminów, którzy nie są godni, aby uczestniczyć i wykonywać rytualne działania ku czci bogów i Ojców w rytualne *śraddha*. Posłuchaj teraz o tych, których uważa się za godnych. Zaiste, wymienię te zasługi, dzięki którym dana osoba może być dawcą lub odbiorcą darów w rytualne *śraddha*. Do udziału w tym rytuale należy zaprosić tych braminów, którzy realizują ryty i ceremonie wyznaczone dla nich w pismach, zbierają zasługi, znają święte sylaby *Gajatri*, wykonują codzienne bramińskie obowiązki nawet wówczas, gdy w celu utrzymania się przy życiu muszą uciekać się do rolnictwa. Bramin wysokiego urodzenia może uczestniczyć w tym rytuale nawet wówczas, gdy nosi broń i walczy w bitwie, lecz ten, który zajmuje się handlem nie może bez względu na to, jak wielkie zebrał zasługi. Do udziału w tym rytuale należy zaprosić tego bramina, który codziennie wlewa libację do ognia ofiarnego, nie jest złodziejem, ma stałe miejsce zamieszkania, spełnia swe obowiązki w stosunku do gości, recytuje *Sawitri*, rozdaje w darach całe swoje zdobyte bogactwo, jest pozbawiony złej woli i pychy, wolny od grzechu, nie wdaje się w pobawione głębszego sensu dysputy i jako święty żebrak utrzymuje się przy życiu z darów.

Ten, kto nie dotrzymuje ślubów, jest fałszywy w mowie i czynie, kradnie, utrzymuje się przy życiu z handlu i sprzedaży żywych istot, może również zostać zaproszony na rytuał *śraddha*, ale tylko wtedy, gdy najpierw ofiaruje wszystko, co posiada, bogom. Podobnie ten, kto zdobył bogactwo grzesznymi i okrutnymi sposobami, lecz użył je później w całości na oddawanie czci bogom i realizowanie obowiązku gościnności. Jednakże to bogactwo, które zostało zdobyte przez sprzedawanie wedyjskiej wiedzy, zarobione przez kobietę lub zdobyte dzięki podłości takiej jak np. złożenie w sądzie fałszywego świadectwa, nie powinno być nigdy ofiarowane bogom lub Ojcom".

Bhiszma kontynuował: „O Judhiszthira, aby rytuał *śraddha* był dobrze wykonany, powinien odbywać się podczas nowiu i tylko wówczas, gdy osoba pragnąca jego wykonania znalazła odpowiedniego bramina i zgromadziła potrzebne składniki, takie jak zsiadłe mleko, oczyszczone masło oraz mięso dzikiego zwierzęcia, i powinien zostać właściwie zakończony. Ryt jest właściwie zakończony wówczas, gdy bramin który recytuje mantry podczas rytuału wypowiada następujące słowa ASTU SWADHA, gdzie *astu* oznacza 'niech tak się stanie', co sugeruje, że rytuał został dobrze wykonany, a gdy odmawia wypowiedzenia tych słów, popełnia grzech równy grzechowi fałszywej przysięgi w sądowym procesie o ziemię. Gdy rytuał jest wykonywany dla wojownika, na zakończenie rytuału należy wypowiedzieć słowa: 'Niech Ojcowie będą zadowoleni!' Gdy jest wykonywany dla waiśji, słowa te powinny brzmieć: 'Niech niczego nie brakuje'. Gdy jest wykonany dla szudry, słowem tym jest SWASTI, które wyraża życzenie szczęśliwego losu.

Na sam koniec rytuału *śraddha* prowadzący rytuał bramin powinien poprosić innych braminów o wypowiedzenie życzenia szczęśliwego dnia, czyli PUNYAHAM. Życzenie takie wypowiadane w odniesieniu do bramina powinno być poprzedzone świętą sylabą OM, w odniesieniu do wojownika z pominięciem sylaby OM, a w odniesieniu do waiśji sylaba OM powinna zostać zastąpiona przez słowa: 'Niech bogowie będą zadowoleni!'"

3. O grzechach i zasługach gromadzonych przez obdarowanych i obdarowujących

Bhiszma kontynuował: „O Judhiszthira, posłuchaj teraz o tym, co obciąża winą i co przynosi zasługi zarówno obdarowanemu, jak i obdarowującemu. Zacznę od tych, którzy otrzymują dary. I tak na przykład winą obciąża się ten bramin, który je posiłek u kogoś innego, choć został najpierw zaproszony przez innego bramina. Jedząc u osoby, która zaprosiła go później, traci swój status pierwszeństwa i zanieczyszcza się grzechem równym grzechowi zabicia zwierzęcia bez ofiarowaniu go najpierw bogom. Podobny grzech popełnia wówczas, gdy po otrzymaniu najpierw zaproszenia na posiłek od wojownika lub waiśji, je u kogoś innego. Grzech równy wypowiedzeniu kłamstwa popełnia z kolei ten bramin, który spożywa jedzenie podczas rytów ku czci bogów i Ojców wykonywanych na rzecz braminów, wojowników lub waiśjów bez wykonania przedtem właściwych ablucji. Taki sam grzech popełnia ten, który spożywa jedzenie w podobnych okolicznościach, choć jest zanieczyszczony przez narodziny lub śmierć wśród swych krewnych i wie doskonale, że jest nieczysty. Grzech równy wypowiadaniu kłamstwa popełnia również ten, który cieszy się bogactwem wyłudzonym pod pozorami pielgrzymki do świętych miejsc lub fałszywej obietnicy użycia go na cele religijne. Taki sam grzech popełnia też ta osoba pochodząca z jednej z trzech wyższych kast, która podczas rytuału *śraddha* lub przy innej okazji recytując mantry, rozdaje jedzenie tym braminom, którzy nie studiują *Wed*, nie praktykują ślubów i których postępowanie jest nieczyste. Tak jak wypowiedzenie kłamstwa obciąża bramina winą zaniedbania swego obowiązku, tak grzech wojownika w tej sytuacji jest cztery razy większy, a grzech waiśji osiem razy".

Judhiszthira rzekł: „O Bhiszma, wymieniłeś tych, którzy nie powinni spożywać jedzenia, które zostało zadedykowane bogom i Ojcom. Powiedz mi teraz, kogo powinien obdarować takim jedzeniem ten, kto szuka najwyższych nagród?"

Bhiszma rzekł: „O Judhiszthira, szukając zasług należy nakarmić tych braminów, których wierne żony czekają z czcią na pozostawione przez nich resztki, tak jak rolnicy czekają na deszcz. Wielkie zasługi zbiera bowiem ten, kto obdarowuje tych braminów, których postępowanie jest czyste, którzy powstrzymują się od wszelkiego luksusu, łącznie z pełnym posiłkiem, którzy są oddani realizowaniu przysiąg prowadzących do wychudzenia ciała i którzy proszą o wsparcie tylko wtedy, gdy jest to absolutnie konieczne do utrzymania się przy życiu. Należy pamiętać, że tym, co przynosi zasługi, jest obdarowywanie kogoś ze względu na jego postępowanie w stosunku do jedzenia, ze względu na prawość jego żon i dzieci oraz ze względu na jego siłę i pomoc w przekraczaniu tego świata i zdobywaniu szczęścia w następnym świecie, której dostarcza innym. Ten, kto obdarowuje osobę, proszącą o dar po straceniu wszystkiego razem z żoną i dziećmi z rąk rabusiów lub oprawców, czy też w wyniku jakiejś innej katastrofy, jak i ten, kto będąc samemu bardzo biednym, oddaje braminowi proszącemu o jedzenie garść jedzenia, które sam otrzymał w darze, zbiera wielkie zasługi. Podobnie ten, kto obdarowuje tych braminów, którzy z własnej woli praktykują surowe umartwienia, postępując zgodnie z nakazami *Wed* i proszą o dar, aby móc zrealizować do końca swe przysięgi lub tych, którzy mieszkając z dala od osiedli ludzkich, gdzie praktyki są grzeszne i niegodziwe, i nie mając nic na własność, tracą siły z braku odpowiedniego wsparcia, jak i tych, którzy choć są całkowicie niewinni, zostali przez potężnych ludzi ograbieni z wszystkiego, co posiadali, i pragnąc zaspokoić głód, nie zważają już dłużej na jakość tego, co jedzą. Zasługi zbiera również ten, kto obdarowuje tych, którzy proszą o dar na rzecz innych, praktykują surowe umartwienia, są oddani swej religii i zadowalają się choćby najskromniejszym darem".

4. O tych, którzy swym działaniem zarabiają na piekło, i tych, którzy zdobywają niebo

Bhiszma kontynuował: „O Judhiszthira, wyjaśniłem tobie to, co zostało stwierdzone w pismach na temat nabywania wielkich zasług dzięki czynieniu darów na rzecz osób, które są w swym postępowaniu czyste i prawe. Posłuchaj teraz, jak wymienię te osoby, które swym działaniem zarabiają piekło, oraz te, które zarabiają niebo.

W piekle toną więc ci, którzy kłamią, za wyjątkiem tych, którzy czynią tak na prośbę nauczyciela lub w celu zapewnienia komuś bezpieczeństwa; uwodzą cudze żony, dzielą z nimi łoże lub pomagają innym w akcie cudzołóstwa; okradają innych, niszczą ich majątek lub ogłaszają publicznie ich grzechy; niszczą pojemniki na wodę, z których piją krowy, jak i budynki wykorzystywane dla celów publicznych spotkań, mosty, groble i domy mieszkalne; oczarowują i oszukują przestraszone lub bezbronne kobiety i starsze damy; niszczą czyjeś środki utrzymania, ich siedziby i rodziny oraz sieją niezgodę wśród przyjaciół; wykonują zawody wyznaczone dla innych kast; są niewdzięczni w stosunku do przyjaciół, którzy wyświadczyli im przysługi; nie wierzą w *Wedy* i je lekceważą, łamią przysięgi lub skłaniają innych do ich łamania; utracili swoją pozycję z powodu grzechów; zachowują się niewłaściwie, pożyczają na wysoki procent, ciągną nieproporcjonalnie wysokie zyski ze sprzedaży, oddają się hazardowi, angażują się w niegodziwe czyny bez żadnych skrupułów i zabijają żywe istoty; skłaniają innych do zwalniania służących, którzy mają nadzieję na nagrody, są w potrzebie, cieszą się dobrym zarobkiem lub oczekują odpłaty za wykonaną już wcześniej szczególną usługę; jedzą bez ofiarowania najpierw porcji swego jedzenia żonie, świętym ogniom, służącym, gościom i nie wykonują nakazanych rytów ku czci Ojców i bogów; sprzedają wiedzę *Wed*, szukają w *Wedach* błędu, odmawiają im ich boskiego pochodzenia; znajdują się poza obrębem czterech trybów życia, podejmują się praktyk zakazanych w pismach lub takich, które nie należą do działań wyznaczonych dla ich kasty; utrzymują się przy życiu ze sprzedaży włosów, trucizny lub mleka; umieszczają przeszkody na drodze, którą chodzą bramini, krowy i dziewice; sprzedają lub podrabiają broń taką jak strzały i łuki; blokują drogi przy pomocy kamieni, cierni lub kopiąc doły; zaniedbują i porzucają swoich służących, nauczycieli i lojalnych domowników, na których nie ciąży żadna wina; zaprzęgają do pracy woły, zanim osiągnęły odpowiedni wiek lub dziurawią ich nosy, aby zmuszać je do cięższej pracy; będąc królami, nie ochraniają swych poddanych i gnębią ich wielkimi podatkami; nigdy nie czynią darów, choć są bogaci; zaniedbują te szlachetne osoby, które zdobyły mądrość, praktykując wybaczanie i samo-kontrolę, jak i tych, z którymi byli związani przez wiele lat, lecz którzy im już dłużej nie służą; jedzą sami, nie dzieląc się niczym z dziećmi, starcami i służbą".

Bhiszma kontynuował: „O Judhiszthira, wymieniłem tobie tych, którzy zasługują na piekło. Posłuchaj teraz o tych, którzy swym postępowaniem zarabiają niebo.

Niebo zarabiają ci, którzy nie obrażają braminów, utrudniając im wykonywanie ich religijnych działań; realizują obowiązki wyznaczone dla nich w pismach i rozwijają w sobie cnoty dobroczynności, prawdomówności, samo-kontroli; nabywają wiedzę przez świadczenie usług na rzecz nauczyciela, prakty-kowanie umartwień; pomagają innym w uwalnianiu się od lęku, grzechu, ubóstwa, choroby i utrudnień na drodze do realizacji pragnień; mają skłonność do wybaczania i wykonywania wszystkich prawych działań; są cierpliwi i przynoszą innym pomyślność; powstrzymują się od jedzenia miodu i mięsa, picia alkoholu i kładzenia się do łoża z cudzą żoną; pomagają w tworzeniu miejsc odosobnienia dla ascetów, są założycielami rodów, umożliwiają zasiedlenie nowych krajów, budują nowe miasta i miasteczka; rozdają ubrania i rozmaite ozdoby i pomagają innym w znalezieniu żony i założeniu rodziny; powstrzymują się od ranienia, potrafią znieść wszystko i są schronieniem dla wszystkich żywych istot; służą z pokorą swoim rodzicom i darzą uczuciem swych braci; potrafią kontrolować swe zmysły, choć są potężni, młodzi i bogaci; są uprzejmi nawet w stosunku do tego, kto ich lży, łagodni w usposobieniu, przychylni wszystkim o łagodnym zachowaniu, skłonni do pomnażania szczęśliwości i wszelkiego rodzaju usług na rzecz ludzkości; obdarowują i ochraniają tysiące ludzi przed cierpieniem; czynią dary ze złota, pojazdów, krów i innych zwierząt; czynią dary z dóbr potrzebnych w małżeństwie, jak służba, ubrania i suknie; budują miejsca publicznych spotkań, ogrody, studnie, pola do uprawy zbóż, zbiorniki wodne pozwalające krowom i ludziom zaspokoić pragnienie; oddają w darze domy, pola i zaludnione wioski tym, którzy o to nie proszą; dają w darze słodki napój i nasiona wyprodukowane przez nich samych; płodzą setki potomstwa i żyją długo pełni współczucia dla innych, kontrolując swój gniew".

5. O czynach uznawanych za braminobójstwo

Bhiszma zakończył, mówiąc: „Judhiszthira, odpowiadając na twoje pytania, opowiedziałem tobie o cnotach tych, którzy zasługują na dary oraz o rytach ku czci bogów i Ojców wykonywanych przez ludzi z myślą o dobru zmarłych przodków. Mówiłem również o rozporządzeniach w pismach i stwierdzeniach starożytnych riszich, które dotyczą ofiarowywanych przedmiotów i sposobów ich ofiarowania. Wyjaśniłem tobie także, kiedy obdarowywany i obdarowujący popełniają grzech i kiedy zbierają zasługi oraz wymieniłem te działania, które przynoszą piekło, i te, które przynoszą niebo. Czy jest jeszcze coś na ten temat, o czym chciałbyś posłuchać"

Judhiszthira rzekł: „O Bhiszma, wyjaśnij mi jeszcze, proszę, w jakich okolicznościach osoba popełnia grzech zabójstwa bramina, choć faktycznie bramina nie zabiła?"

Bhiszma rzekł: „O Judhiszthira, to, o co pytasz, wyjaśnił mi kiedyś mędrzec Wjasa, któremu zadałem podobne pytanie. Powtórzę więc tobie to, co mi odpowiedział. Posłuchaj z uwagą.

Pewnego dnia rzekłem do Wjasy: 'O święty asceto, wyjaśnij mi, w jakich okolicznościach osoba staje się winna zabójstwa bramina, choć tego czynu nie popełniła?'

Wjasa rzekł: 'O Bhiszma, taką winą jest obciążony ten, kto z własnej inicjatywy zaprasza prawego bramina do swego domu, aby dać mu jałmużnę i następnie nie daje mu nic, twierdząc, że nic nie ma; niszczy środki utrzymaniu przy życiu służące braminom, którzy poznali wszystkie *Wedy* i ich rozgałęzienia i uwolnili się od przywiązania do wszystkich ziemskich istot i dóbr; blokuje spragnionym krowom drogę do wody, gdzie mogą ugasić swe pragnienie; krytykuje *Wedy*, jak i inne pisma zredagowane przez riszich, choć sam ich nie poznał we właściwy sposób z ust nauczyciela; nie znajduje dla swej córki posiadającej urodę i inne wielkie zalety odpowiedniego męża; przynosi braminom cierpienie, które rani do łębi ich serca; okrada z wszystkiego ślepców, chromych i idiotów; podpala wsie i miasta, jak i miejsca zamieszkiwane przez ascetów'".

Napisane na podstawie fragmentów *Mahābharāta*, Anusasana Parva, Part 1, Sections XXII-XXIV.

Opowieść 207
O świętych brodach (tirtha)
tak jak opisał to Angiras

Angiras rzekł: „O Gautama, skoro o to pytasz, wyrecytuję przed tobą nazwy świętych brodów znajdujących się na ziemi oraz nagrody, jakie przynoszą tym, którzy się w nich kąpią. Słuchaj mej recytacji z uwagą".

(*Mahābharāta*, Anusasana Parva, Part 1, Section XXV)

Judhiszthira rzekł: „O Bhiszma, twierdzi się, że podróż do świętych wód, kąpiel w nich, wsłuchiwanie się w nie i kontemplacja przynoszą ogromne zasługi. Chciałbym bardzo posłuchać twoich nauk na ten temat. Nauczaj nas, proszę, o tych świętych wodach, które istnieją na ziemi".

Bhiszma rzekł: „O Judhiszthira, w odpowiedzi na twoje pytanie powtórzę tobie listę świętych wód, którą przedstawił ongiś mędrzec Angiras w rozmowie z Gautamą. Samo wysłuchanie tej listy przynosi wielkie zasługi.

Pewnego dnia wielki asceta Gautama praktykujący surowe przysięgi zbliżył się do zamieszkującego w dżungli mędrca Angirasa o spokojnej duszy i rzekł: 'O wielki i słynny mędrcu, chciałbym porozmawiać z tobą na temat zasług płynących z pielgrzymki do świętych wód i sanktuariów znajdujących się na ziemi, bo mam tutaj pewne wątpliwości. Wyjaśnij nam, co zostało zarządzone w tej sprawie?'

Angiras rzekł: 'O Gautama, skoro o to pytasz, wyrecytuję przed tobą nazwy świętych brodów znajdujących się na ziemi oraz nagrody, jakie przynoszą tym, którzy się w nich kąpią. Słuchaj mej recytacji z uwagą.

Ten, kto poszcząc najpierw przez siedem kolejnych dni, kąpie się w zawsze falujących wodach rzek Czandrabhaga i Witasta, oczyszcza się z wszystkich grzechów i zdobywa zasługi równe tym, które swą praktyką zbiera asceta.

Ten, kto kąpie się w licznych rzekach Kaszmiru wpadających do Indusu (Sindhu), rozwija dobry charakter i po opuszczeniu tego świata zdobywa niebo.

Ten, kto kąpie się w słynnych świętych miejscach, takich jak Puszkara, Prabhasa, Naimisza, Indramarga, Swarnawindu, Dewika, udaje się do nieba na niebiańskim rydwanie wychwalany przez niebiańskie apsary.

Ten, kto ze skoncentrowanym umysłem zanurza się w strumieniu Hiranjawindu, oddając mu cześć i następnie kąpie się w brodach Kusesaja i Dewandra, oczyszcza się z wszystkich grzechów.

Ten, kto ze skoncentrowanym umysłem i oczyszczonym ciałem, poszcząc przez trzy dni, kąpie się najpierw do brodzie Indratoja w okolicy góry Gandhamadana i następnie w brodzie Karatoja w kraju o nazwie Kuranga, zdobywa zasługi Ofiary Konia.

Ten, kto kąpie się w brodach Gangadwara, Kusawarta, Wilwaka i Kankhala w górach Nila, oczyszcza się z grzechów i zdobywa niebo.

Ten, kto pokonuje swój gniew, praktykuje *brahmacarję*, szuka Prawdy i współczuje wszystkim żywym istotom i posiadając te cnoty, kąpie się w jeziorze Dżalaparda, zbiera zasługi Ofiary Konia.

Ten, kto praktykuje ascezę przez jeden miesiąc i następnie kąpie się w miejscu zwanym Bhagirati-Ganga, skąd wypływa święta rzeka Ganges kierująca się ku północny, gdzie niebo, ziemia i regiony podziemne łączą się ze sobą i gdzie przebywa Śiwa, nabywa zdolności widzenia bogów.

Ten, kto w jednym z trzech miejsc—Saptaganga, Triganga i Indramarga—wykonuje rytuał lania wody ku czci jednego z Ojców, zdobywa za swe pożywienie eliksir nieśmiertelności.

Ten, kto wykąpie się brodzie Mahasrana po oczyszczeniu swego ciała i umysłu przez wykonywanie codziennie rytuału *agnihotra* i poszczenie przez jeden miesiąc, osiąga duchowy sukces w ciągu miesiąca.

Ten, kto wykąpie się w jeziorze Bhrigu Kunda po trzydniowym poście i oczyszczeniu umysłu z wszystkich złych namiętności, oczyszcza się nawet z grzechu zabójstwa bramina.

Ten, kto kąpie się w świętym brodzie Kanjakupa i wykonuje ablucje w wodach Walaka, błyszczy chwałą i cieszy się sławą nawet wśród bogów.

Ten, kto kąpie się w brodzie Dewika i w jeziorze Sundarika, jak i w świętym miejscu zwanym Aświni, w swym następnym wcieleniu zdobywa piękną formę.

Ten, kto kąpie się w wodach Mahaganga i Krittikangaraka, oczyszcza się z grzechów i zdobywa niebo.

Ten, kto kąpie się w brodach Waimanika i Kinkinika, nabiera zdolności poruszania się gdzie tylko zechce mocą swej woli i po śmierci udaje się do regionu zamieszkałego przez niebiańskie nimfy apsary, które oddają mu cześć.

Ten, kto kąpie się w rzece Wipasa przepływającej przez święte miejsce zwane Kalika po pokonaniu swego gniewu i praktykowaniu przez określony czas ślubów *brahmacarina*, uwalnia się od obowiązku ponownych narodzin.

Ten, kto kąpie się w miejscu, które jest święte dla Krittików, oddaje cześć Ojcom, ofiarując wodę i zadowala Mahadewę, oczyszcza swe ciało i umysł z grzechów i zdobywa niebo.

Ten, kto kąpie się w brodzie Mahapura, oczyściwszy swe ciało i umysł, i poszcząc przez trzy dni, uwalnia się od lęku przed czworonożnymi, dwunożnymi i beznogimi zwierzętami.

Ten, kto kąpie się z oczyszczonym ciałem i umysłem w Lesie Dewadaru po spędzeniu tam siedmiu nocy i oddaniu czci Ojcom w rycie lania wody, po śmierci zdobywa region należący do bogów.

Ten, kto kąpie się w wodach wodospadów Dronasarmapada, Sarastamwa i Kusastambha, zdobywa region należący do niebiańskich nimf apsar, które będą oddawać mu cześć i usługiwać.

Ten, kto praktykując ascezę, kąpie się w brodach Citrakuta i Dżanasthana i w wodach Mandakini, zdobywa królestwo w swym przyszłym wcieleniu.

Ten, kto zamieszkuje przez dwa tygodnie w pustelni znanej pod nazwą Samja i kąpie się w znajdujących się tam świętych wodach, nabiera zdolności znikania mocą swej woli i doświadcza szczęścia właściwego dla niebiańskich muzyków gandharwów.

Ten, kto udaje się z czystym sercem do świętego brodu Kauśiki i przebywa tam, poszcząc trzy dni, po uwolnieniu z ciała swej duszy udaje się do regionu gandharwów.

Ten, kto kąpie się w brodzie Gandhataraka i mieszka tam przez miesiąc, powstrzymując się od jedzenia i picia, nabywa zdolności znikania mocą woli i po upływie dwudziestu jeden dni udaje się do nieba.

Ten, kto kąpie się w jeziorze Matanga, zdobywa duchowy sukces w przeciągu jednej nocy.

Ten, kto kąpie się w świętych miejscach, takich jak Analamwa, Andhaka, Naimisza, Swarga, kontrolując zmysły i czcząc Ojców rytem lania wody, nabywa zasługi równe tym, które przynosi złożenie w ofierze człowieka.

Ten, kto kąpie się w wodach Gangabrady, Gangesu i Jamuny, jak i w górach Kalandżara lub w miejscu zwanym Utpalawana i przez miesiąc czci Ojców rytem lania wody, nabywa zasługi Ofiary Konia.

Ten, kto kąpie się w wodach jeziora Szaszti, zbiera zasługi większe od tych, które przynosi dar z jedzenia.

Ten, kto kontrolując swą duszę i praktykując przez jakiś czas surowe przysięgi, kąpie się w miesiącu *magha* (styczeń/luty) w miejscu zwanym Prajaga, gdzie Jamuna łączy się z Gangesem i gdzie w tym miesiącu przebywa trzydzieści milionów i dziesięć tysięcy świętych wód, oczyszcza się z wszystkich grzechów i zdobywa niebo.

Ten, kto kąpie się w tym brodzie, który jest święty dla Marutusów i który jest miejscem schronienia dla Ojców znanym pod nazwą Wiwaswata, oczyszcza się z wszystkich grzechów i staje się równie czysty i święty jak ten bród.

Ten, kto udaje się do miejsc Brahmasara i Bhagirathi, i kąpie się tam codziennie przez cały miesiąc, poszcząc i czcząc Ojców oblacją, zdobywa po śmierci region Somy (księżyca).

Ten, kto kąpie się w wodach Utpataka i następnie Asztawakra w ciągu dwunastu dni, poszcząc i ofiarując wodę Ojcom każdego dnia, zdobywa zasługi Ofiary Konia.

Ten, kto kąpie się w górskich strumieniach Asmapriszth, Nirawinda i Kraunczapudi, oczyszcza się z grzechu zabójstwa bramina. I tak jak kąpiel w pierwszym z wymienionych miejsc oczyszcza z jednego grzechu zabójstwa bramina, tak kąpiel w drugim oczyszcza z dwóch grzechów, a w trzecim z trzech.

Ten, kto kąpie się w brodzie Kalawinga, w swym następnym wcieleniu zdobywa dużą ilość wody do użytku.

Ten, kto kąpie się w mieście Agni, nabywa zasługi pozwalające mu w kolejnym wcieleniu na długie życie w mieście córki Agni.

Ten, kto kąpie się w rzece Wisala w Karawirapura i czci Ojców rytem lania wody oraz jeden raz kąpie się również w miejscu zwanym Dewahrada, błyszczy chwałą i staje się tożsamy z Brahmą.

Ten, kto kąpie się w świętych brodach Punarawarta-nanda i w Maha-nanda, kontrolując swe zmysły i praktykując miłosierdzie dla wszystkich żywych istot, udaje po śmierci do ogrodów Indry zwanych Nandana i jest tam czczony przez apsary z różnych plemion.

Ten, kto w miesiącu *karttika* (październik/listopad) podczas pełni księżyca kąpie się w brodzie Urwasi na rzece Lohitja, zdobywa zasługi ofiary *pundarika*.

Ten, kto poszcząc przez dwanaście dni, kąpie się w brodzie Ramahrada i wykonuje rytuał lania wody ku czci Ojców w rzece Wipasa, oczyszcza się z wszystkich grzechów.

Ten, kto poszcząc przez miesiąc, kąpie się z oczyszczonym sercem w świętym miejscu zwanym Mahahrada, realizuje ten sam cel, co mędrzec Dżamadagni.

Ten, kto będąc oddany Prawdzie i miłosierdziu, kąpie się w gorących wodach brodu Windhja, zdobywa ascetyczny sukces w ciągu jednego miesiąca.

Ten, kto poszcząc przez dwa tygodnie, kąpie się w świętych brodach Narmada i Surparaka, rodzi się w rodzinie królewskiej w swym następnym życiu.

Ten, kto kontrolując swe zmysły, udaje się do świętego brodu Dżamwumarga, zdobywa ascetyczny sukces w przeciągu jednego dnia i nocy.

Ten, kto odziany w łachmany i żywiąc się jedynie ziołami, udaje się z pielgrzymką do Czandalikasrama, gdzie kąpie się w brodzie zwanym Kokamukha, zdobywa dziesięć panien o wielkiej urodzie za żony.

Ten, kto zamieszkuje w okolicy świętego brodu Kanjahrada, udaje się po śmierci do regionu szczęśliwości, który należy do bogów, pomijając królestwo boga umarłych Jamy.

Ten, kto podczas nowiu z opanowanymi zmysłami kąpie się w świętym brodzie o nazwie Prabhasa, zdobywa duchowy sukces i nieśmiertelność.

Ten, kto kąpie się w brodzie Udżdżanaka, który znajduje się w pustelni syna Arstiseny, a następnie w brodzie, który znajduje się w pustelni Pinga, oczyszcza się z wszystkich grzechów.

Ten, kto pości przez trzy dni i kąpie się w świętym brodzie znanym pod nazwą Kulja, nabywa zasługi Ofiary Konia.

Ten, kto pości jeden dzień i kąpie się w brodzie Pindaraka, już następnego ranka staje się czysty i zdobywa zasługi ofiary *agnistoma*.

Ten, kto udaje się z pielgrzymką do świętego miejsca zwanego Brahmasira w Lesie Dharmaranja, oczyszcza się z grzechów i zdobywa zasługi równe ofiary *pundarika*.

Ten, kto po uwolnieniu się od wszystkich pragnień kąpie się w świętych wodach w górach Mainaka i mieszka tam przez miesiąc, modląc się rano i wieczorem, zdobywa zasługi równe tym, które przynoszą wszystkie ryty ofiarne.

Ten, kto po dotarciu do brodów Kalolaka, Nandikunda i Uttaramanasa, wyrusza dalej do miejsca, które jest odległe od każdego z nich o setkę jodżanów, oczyszcza się z grzechu zabicia wroga.

Ten, kto zdoła ujrzeć wizerunek Nandiswary, oczyszcza się z grzechów.

Ten, kto kąpie się w świętym brodzie Swargamarga, zdobywa po śmierci regiony Brahmy.

Ten, kto po poznaniu w pełni *Wed* i uznaniu życia na tym świecie za wyjątkowo nietrwałe udaje się z pielgrzymką na świętą górę Himawat, która jest królem gór, ojcem Parwati, teściem Śiwy, kopalnią klejnotów i miejscem zamieszkania dla Siddhów, i po oddaniu czci bogom i ascetom powstrzymuje się od jedzenia i picia zgodnie z nakazami pism i uwalnia z ciała duszę, zdobywa duchowy sukces i udaje się do regionów Brahmy'".

Bhiszma zakończył, mówiąc: „O Judhiszthira, powtórzyłem tobie to, co wielki mędrzec Angiras powiedział ongiś Gautamie na temat świętych wód znajdujących się na ziemi oraz zasług gromadzonych dzięki kąpieli w nich. Angiras otrzymał tę wiedzę od Kaśjapy. Nie istnieje nic, co byłoby nie do zdobycia dla osoby, która zamieszkuje w jakimś świętym miejscu, opanowując swoją żądzę i gniew. Sami bogowie powinni kąpać się w tych świętych brodach, mających moc oczyszczania z grzechów również bogów. Mędrcy uważają, że już samo recytowanie lub słuchanie tej rozmowy Angirasa z Gautamą oczyszcza z grzechów i prowadzi do nieba oraz zapewnia ponowne narodziny w dobrej rodzinie z zachowaniem pamięci swego przeszłego życia. Temat ten jest jednak wielką tajemnicą i rozmowa, która go dotyczy, powinna ograniczyć się do braminów i tych prawych osób, które poszukują tego, co jest dla nich najlepsze.".

Napisane na podstawie fragmentów *Mahābharāta*,
Anusasana Parva, Part 1, Section XXV.

Opowieść 208
O świętości wód Gangesu

> *Wielki riszi, który osiągnął sukces płynący z ascezy, rzekł: „O braminie, za najbardziej święte uważane są te kraje, prowincje, pustelnie i góry, przez które przepływa święta rzeka Ganges (Bhagirathi). Ten, kto zamieszkuje u jej brzegów i kąpie się w jej wodach, przez sam ten fakt realizuje ten sam cel, co osoby praktykujące umartwienia, brahmacarję, ofiary i wyrzeczenie".*

(*Mahābhārāta*, Anusasana Parva, Part 1, Section XXVI)

Judhiszthira dotykając czołem stóp leżącego na swym łożu ze strzał Bhiszmy, rzekł: „O Bhiszma, opowiedziałeś nam o świętych brodach znajdujących się na ziemi i zasługach, jakie przynosi kąpiel w ich świętych wodach. Wytłumacz nam teraz, proszę, jakie kraje, prowincje, pustelnie, góry i rzeki są najbardziej święte?"

Bhiszma rzekł: „O Judhiszthira, takie samo pytanie padło kiedyś w rozmowie między ubogim braminem i riszim, który zdobył już sukces płynący z ascezy. Riszi ten wędrował po całej ziemi i pewnego dnia przybył do domu bramina, który żyjąc w zgodzie z domowym trybem życia, szedł ścieżką *sila* (praktykowania cnoty i prawego działania) oraz *unczha* (utrzymywania się przy życiu z garstki ziaren zbieranych na polach po żniwach). Bramin ten, choć był bardzo ubogi, powitał gościa wszystkimi należnymi gościowi rytami. Zadowolony z niego riszi spędził w jego domu całą noc. Gdy nadszedł poranek, ubogi bramin po wykonaniu wszystkich porannych i oczyszczających rytów zbliżył się z radosnym sercem do swego gościa z intencją rozmowy na tematy poruszane w *Wedach* i *Upaniszadach*. Gdy rozmowa ta dobiegała już końca, ubogi bramin rzekł: 'O wielki mędrcu, powiedz mi, jakie kraje, prowincje, pustelnie, góry i rzeki powinny być uważane za najbardziej święte'.

Wielki riszi, który osiągnął sukces płynący z ascezy, rzekł: 'O braminie, za najbardziej święte uważane są te kraje, prowincje, pustelnie i góry, przez które przepływa święta rzeka Ganges (Bhagirathi). Ten, kto zamieszkuje u jej brzegów i kąpie się w jej wodach, przez sam ten fakt realizuje ten sam cel, co osoby praktykujące umartwienia, *brahmacarję*, ofiary i wyrzeczenie.

Ci, którzy używają wód Gangesu we wszystkich swych religijnych działaniach, po opuszczeniu tego świata zdobywają niebo. Ci, których ciała zostały spryskane wodami z tej świętej rzeki lub których kości zostały złożone w jej korycie, po zdobyciu nieba nie opadają już z powrotem na ziemię. Dopóki ich kości leżą w korycie Gangesu, dopóty są tam czczeni i traktowani z wielkim respektem. Nawet ci ludzie, którzy po popełnieniu różnego rodzaju grzesznych czynów w pierwszej połowie swego życia, w drugiej połowie zamieszkują na brzegu Gangesu, oczyszczają się z grzechów i realizują najwyższy cel.

Setki rytów ofiarnych nie zdołają przynieść równie wielkich zasług, jak kąpiel w świętych wodach Gangesu. Tak jak wschodzące o poranku słońce uwalnia świat z mroku nocy, błyszcząc swym splendorem, tak kąpiel w tych wodach uwalnia człowieka z mroku grzechów.

Te miejsca na ziemi i te kierunki, które są pozbawione widoku Gangesu, są jak noce bez księżyca lub drzewa bez kwiatów. Zaiste, świat bez Gangesu jest jak cztery tryby życia bez będącej ich istotą prawości, jak ryty ofiarne bez somy, jak firmament bez słońca, jak ziemia bez gór lub jak przestworza bez powietrza.

Wszystkie żywe stworzenia zamieszkujące trzy światy czerpią wielką przyjemność z kontaktu z wodami Gangesu, niemożliwą do uzyskania z żadnych innych źródeł. Ten, kto pije tę wodę ogrzaną przez słoneczne płomienie, gromadzi zasługi większe od zasług płynących z utrzymywania się przy życiu z ziaren pszenicy lub kukurydzy zbieranych z krowiego łajna. Podobnie ten, kto wykonuje tysiąc postów *czandrajana* w celu oczyszczenia swego ciała, zebranymi zasługami nie dorówna temu, kto wypija dwie szklanki wody z Gangesu. Nie można też powiedzieć, aby zasługi tego, kto przez tysiąc lat stoi na jednej nodze, mogłyby dorównać zasługom zbieranym przez osobę, która zamieszkuje na brzegu tej świętej rzeki przez jeden miesiąc. O tym, kto zamieszkał nad brzegiem Gangesu na stałe, mówi się z kolei, że gromadzi zasługi większe od tego, kto przez dziesięć tysięcy *jug* stoi na głowie. Tak jak bawełna w kontakcie z ogniem spala się bez reszty, tak grzechy osoby kąpiącej się w wodach Gangesu zostają skonsumowane bez reszty.

Dla tych, którzy chcą uwolnić się od gnębiącego ich smutku, nie ma lepszego lekarstwa od wód Gangesu. Tak jak węże na sam widok ptaka Garudy tracą swój jad, tak człowiek już na sam widok świętych wód Gangesu uwalnia się od swego smutku. Ci, którzy stracili dobre imię, będąc w niewoli swych grzesznych nawyków, w wodach Gangesu mają swego obrońcę i azyl. Wielu niegodziwców zabrudzonych przez haniebne grzechy ratuje się przed piekłem, szukając ochronny w wodach Gangesu. Ci, którzy każdego dnia zanurzają się w tych świętych wodach, stają się równi wielkim mędrcom i bogom z Indrą na czele. Nawet wielcy grzesznicy, którym brak pokory i skromności w zachowaniu, stają się prawi i dobrzy, gdy zamieszkują na brzegu Gangesu. Wody Gangesu są dla ludzi jak soma dla bogów, *swadha* dla Ojców, *sudha* dla nagów. Tak jak głodne dzieci proszą matki o jedzenie, tak ludzie szukający najwyższego dobra proszą o nie rzekę Ganges. Tak jak region samorodnego Brahmy jest uważany za pierwszy wśród wszystkich regionów, tak rzeka Ganges jest uważana za pierwszą wśród wszystkich rzek. Tak jak ziemia i krowa, dostarczając składników niezbędnych w ofierze, są potrzebne bogom do utrzymania się przy życiu, tak rzeka Ganges jest tym, co jest potrzebne ludziom. Tak jak bogowie piją somę, która ma swe źródło w słońcu i księżycu i jest ofiarowana im w różnych rytach ofiarnych, tak ludzie piją wodę z Gangesu.

Osoba z ciałem pomazanym piaskiem zebranym na brzegach tej świętej rzeki jest jak mieszkaniec nieba z ciałem posmarowanym niebiańską pastą. Ta z kolei, która przykrywa głowę mułem z jej koryta, nabywa świetlistego aspektu słońca rozpraszającego ciemności. Osoba dotknięta przez wiatr unoszący ze sobą drobne cząsteczki jej wód, oczyszcza się natychmiast z wszystkich grzechów, a ta, która jest dotknięta nieszczęściem i ugina się pod jego ciężarem, uwalnia się od przygnębienia, czując radość wypełniającą jej serce już na sam widok jej wód. Ta święta rzeka, unosząca ze sobą melodię wodnego ptactwa igrającego na jej wodach, rzuca wyzwanie niebiańskim muzykom gandharwom, a swymi wysokimi brzegami rzuca wyzwanie górom. Niebo traci swą pychę, patrząc na powierzchnię jej wód rojną od łabędzi i innego wodnego ptactwa oraz na jej brzegi ozdobione pastwiskami i pasącymi się tam krowami.

Szczęście osiągane w niebie nie dorówna temu, które przynosi zamieszkiwanie na brzegu Gangesu. Już sam widok tej świętej rzeki oczyszcza z grzechów popełnionych w myśli, mowie i uczynku. Ten, kto chociaż raz ujrzał jej wody, dotknął ich lub wykąpał się w nich, ratuje przed piekłem swych przodków i potomków aż do siódmego pokolenia. Nawet ten, kto zaledwie słucha opowiadań innych o tej rzece, medytuje nad nią lub planuje pielgrzymkę do jej wód, ratuje cały swój ród zarówno ze strony matki, jak i ojca.

Setki i tysiące grzeszników oczyściło się już z grzechów dzięki ujrzeniu tej świętej rzeki, dotknięciu jej wód, piciu z jej koryta lub choćby tylko dzięki głoszeniu jej chwały. Ci, którzy pragną, aby ich narodziny, życie i uczenie się było owocne, powinni udać się na jej brzeg i zadowolić tam Ojców i bogów rytem lania wody. Zasługi, które ktoś zbiera dzięki kąpieli w wodach Gangesu, są nie do zdobycia ani przez spłodzenie synów, gromadzenie bogactwa, ani przez inne religijne działania.

Ci, którzy nie szukają kontaktu z tą świętą rzeką, choć są do tego fizycznie zdolni, są jak ci, którzy są niewidomi, martwi, pozbawieni możliwości ruchu lub cierpią na inne kalectwo. Jakiż bowiem inny człowiek odmówiłby czci tej rzece, która jest wielbiona zarówno przez mędrców znających przeszłość, przyszłość i teraźniejszość, jak i bogów z Indrą na czele? Jakiż inny człowiek nie chciałby szukać ochrony u jej brzegów, które dostarczają schronienia *brahmacarinom*, świętym żebrakom i ascetom? Człowiek prawych uczynków zatopiony w swej duszy, który myśli o niej w momencie gdy opuszczają go życiowe oddechy, realizuje najwyższy cel, a ten, który w momencie śmierci przebywa u jej brzegów, oddając jej cześć, uwalnia się od lęku przed jakimkolwiek nieszczęściem, grzechem, czy królem.

Gdy ta boska rzeka z wielką siłą opadała z nieba na ziemię, Śiwa, chcąc ochronić ziemię przed zniszczeniem, pozwolił jej upaść na swoją głowę. Przepływa ona teraz przez trzy regiony: niebo, ziemię i dolne regiony zwane Patala. W niebie jej strumień jest nazywany Mandakini, na ziemi Bhagirathi lub Ganges, a w dolnych regionach Bhogawati. Ta święta rzeka jest dla innych rzek jak słońce dla bogów, księżyc dla Ojców, król dla ludzi. Smutek wynikły z utraty matki, ojca, czy dzieci nie dorówna temu, który płynie z utraty jej widoku. Podobnie radość wynikła z wykonania działań prowadzących do regionu Brahmy, czy też z rytów prowadzących do nieba, jak i z posiadania dzieci i bogactwa, nie dorówna tej, którą daje widok Gangesu równie wspaniały jak widok księżyca w pełni.

Wszystkie żywe istoty zamieszkujące ziemię, niebo i przestrzeń między nimi, łącznie z tymi, które stoją najwyżej, powinny kąpać się w wodach tej bogini rzek. Zaiste, jest to najwyższy obowiązek wszystkich osób prawych. Ta święta rzeka została sprowadzana z nieba na ziemię przez króla Bhagirathę, który chcąc oczyścić z grzechów swych krewnych Sagarów, zadowolił swymi umartwieniami wszystkich bogów łącznie z Najwyższym Panem Śiwą. Od momentu, gdy jej wody oczyściły z grzechów wszystkich synów króla Sagara, spalonych na popiół przez mędrca Kapilę i zaniosły ich do nieba, sława świętości jej wód rozprzestrzeniła się na cały wszechświat (zob. *Mahabharata*, ks. III, Vana Parva, opow. 23). Ludzie obmyci przez jej wysokie, piękne, szybkie, unoszone przez wiatr fale oczyszczają się z grzechów i w swym splendorze są jak słońce o tysiącu promieniach. Ludzie o spokojnej duszy, którzy oddają swe ciała jej wodom, równym w swej świętości oczyszczonemu masłu i zdolnym do przynoszenia równie wielkich zasług jak największe ryty ofiarne, zdobywają regiony zamieszkałe przez bogów. Zaiste, ta boska rzeka, która ma sławę rozszerzającą się na cały wszechświat i jest czczona przez bogów z Indrą na czele, ascetów i ludzi, jest zdolna do spełnienia życzeń zarówno ślepców i pozbawionych rozumu, jak i tych, którzy są pozbawieni wszystkiego. Szczególnie drodzy są jej ci, którzy wyrzekając się innych przedmiotów czci, darzą ją niezmiennym i wyłącznym oddaniem, skupiając na niej swój umysł i wierząc, że w całym wszechświecie nie istnieje nic, co byłoby równie godne czci.

Ci, którzy szukają schronienia u bogini Gangi, która ma trzy strumienie o wodach świętych i słodkich jak miód, będących źródłem wszelkiego dobra, i która ochrania cały wszechświat, docierają do nieba. Śmiertelnik, który mieszka u jej brzegów i widzi ją każdego dnia, oczyszcza się już samym jej widokiem i dotykiem.

Ten, kogo bogowie obdarzyli szczęśliwością za życia i po śmierci, uważa tę boską rzekę za zdolną do ochronienia każdego przed grzechem i poprowadzenia go ku niebiańskiemu szczęściu. Uważa się ją za tożsamą z matką Wisznu Priśni i ze Słowem lub Mową. Jest uosobieniem pomyślności i dobrobytu. Jest zdolna do obdarzenia sześcioma dobrze znanymi atrybutami, którymi są siła, sława, bogactwo, piękno, wyrzeczenie i niezależność. Jest zawsze skłonna do rozszerzenia swej łaski. Jest najwyższym schronieniem dla wszystkich żywych istot. Ci, którzy za życia szukają u niej ochrony, zdobywają niebo.

Sława świętych wód Gangesu rozciąga się we wszystkich kierunkach, sięga nieba, ziemi i przestrzeni między nimi. Dzięki nim śmiertelne istoty osiągają duchowy sukces. Ci, którzy kąpią się w tych wodach każdego poranka, realizują trzy życiowe cele: Prawość, Bogactwo i Przyjemność. Ci, którzy po ich ujrzeniu, ukazują je innym, uwalniają się od obowiązku ponownych narodzin i zdobywają Wyzwolenie.

Ta święta rzeka, która nosi w swym łonie szlachetne metale takie jak złoto, nosiła również dowódcę niebiańskiej armii Skandę. Jest córką królewskiej góry Himawat, żoną Śiwy i ozdobą zarówno nieba, jak i ziemi. Jej wody w swej świętości są równe oczyszczonemu masłu lanemu do ognia ofiarnego przy akompaniamencie dźwięków wedyjskich mantr. Zdolne do oczyszczenia z grzechów opadły na ziemię z niebiańskich regionów i są czczone przez wszystkich. Zaiste, rzeka ta jest przedmiotem o wielkiej świętości we wszystkich trzech światach i niewyczerpanym źródłem zasług. Jest Prawością i energią w formie wody przenikającą całą ziemię. Zdobią ją zawsze wielkie fale, jak i bramini wykonujący ablucje w jej wodach. Ta matka niebios ma swe źródło na najpotężniejszej z gór i po opuszczeniu gór płynie dalej przez równiny, przynosząc mieszkańcom ziemi najcenniejsze korzyści. Jest najwyższą przyczyną wszystkich rzeczy, jest nieskazitelna. Jest równie subtelna jak *Brahman*, jest najlepszym łożem dla umierających i najszybszą drogą do nieba. Jest opiekunką wszechświata. Jest tożsama z każdą formą i jej widoku pożądają nawet ci, którzy zdobyli już sukces.

Ta święta rzeka swym miłosierdziem dorównuje ziemi, swym wsparciem dla zamieszkujących u jej brzegów ogniowi, swą energią i splendorem Surji, a swym faworyzowaniem duchowo odrodzonych Skandzie. Ludzie, którzy w czasie życia na ziemi szukają, choćby tylko mentalnie, lecz całą swoją duszą, widoku tej świętej, wychwalanej przez braminów rzeki, wypływającej spod stóp Wisznu, udają się po śmierci do regionu Brahmy. Ci, którzy opanowali swą duszę i są w pełni świadomi tymczasowości zarówno swych ziemskich posiadłości, jak i rozmaitych niebiańskich regionów, i pragną zdobyć wieczny region szczęśliwości tożsamy z *Brahmanem*, zawsze oddają jej cześć z szacunkiem i miłością podobną do tej, którą syn obdarza matkę. Człowiek o czystej duszy, który pragnie zdobyć duchowy sukces, zawsze szuka ochrony u tej rzeki, która jest jak krowa dostarczająca eliksiru nieśmiertelności zamiast zwykłego mleka, istnieje dla dobra wszystkich żywych istot, jest źródłem wszelkiej żywności, jaźnią pomyślności, matką wszystkich gór, azylem dla wszystkich prawych ludzi, wszechwiedzą, niezmierzoną energią i mocą, i oczarowuje serce samego Brahmy. Ludzie, którzy udają się do jej wód z pielgrzymką, uwalniają się od wszelkiego lęku zarówno za życia, jak i po śmierci'.

Riszi zakończył swój hymn ku czci Gangesu, mówiąc: 'O braminie, szukaj ochrony u bogini Gangi, której chwała rozciąga się na cały wszechświat. Opisałem tobie tylko niewielką część powodów jej chwały, nie jestem bowiem dość kompetentny, aby opisać jej wielkość w pełni, a tym bardziej ocenić poziom jej mocy i świętości. Łatwiej policzyć kamienie na górze Meru lub zmierzyć wodę w oceanie, niż wyliczyć wszystkie zalety wód tej boskiej rzeki. Po wysłuchaniu tego, co tobie powiedziałem, wychwalaj je w myśli, mowie i uczynku z głęboką wiarą i oddaniem. W ten sposób wypełnisz wszystkie trzy regiony ich sławą i zdobędziesz wielki duchowy sukces, który jest trudny do zdobycia przy pomocy innych środków. Zaiste, już wkrótce będziesz się cieszył wieloma regionami wielkiego szczęścia stworzonymi przez tę świętą rzekę dla tych, którzy oddają jej cześć. Ona zawsze obdarza swoją łaską i różnego rodzaju szczęściem tych, którzy są jej z pokornym sercem oddani. Niech więc ta błogosławiona rzeka rozpali w twoim i moim sercu te atrybuty, które są właściwe dla prawości'"

Bhiszma zakończył, mówiąc: „O Judhiszthira, ten uczony riszi o wielkiej inteligencji i zrozumieniu, o którym tobie opowiedziałem i który zdobył ascetyczny sukces, po wyjaśnieniu biednemu braminowi idącemu ścieżką *sila* jakie są niezliczone zalety wód Gangesu, wstąpił do nieba. Z kolei ów biedny bramin, obudzony przez jego słowa, zaczął oddawać cześć tej boskiej rzece i zrealizował wysoki cel".

Napisane na podstawie fragmentów *Mahābhārāta*,
Anusasana Parva, Part 1, Section XXVI.

Opowieść 209
O możliwości zdobycia statusu bramina przez osobę z innej kasty

1. O tym, jak Matanga bezskutecznie próbował zdobyć status bramina, prosząc Indrę o dar; 2. O tym, jak król Witahawja zdobył status bramina dzięki łasce Bhrigu.

> *Indra rzekł: „O Matanga, status bramina, którego tak pragniesz, jest dla ciebie nieosiągalny, bowiem osoba spłodzona przez nieczyste dusze nie może go zdobyć za życia. Myśląc inaczej, błądzisz w swym rozumowaniu i zapewniam cię, że jeżeli będziesz dalej szedł tą drogą, zostaniesz zniszczony. Zaniechaj więc swych próżnych starań. Statusu bramina, który stoi najwyższej z wszystkiego, nie można zdobyć umartwieniami! Łaknąc tego najwyższego statusu, który się tobie nie należy, ulegniesz zniszczeniu. Ten, kto urodził się jako czandala, nie zdoła za życia zdobyć tego statusu, który bogowie, demony i ludzie uważają za najbardziej święty!"*

(*Mahābhārāta*, Anusasana Parva, Part 1, Section XXVII)

1. O tym, jak Matanga bezskutecznie próbował zdobyć status bramina, prosząc Indrę o dar

Judhiszthira rzekł: „O Bhiszma, zdobi cię mądrość i znajomość wszystkich pism, jak i różne inne wspaniałe atrybuty, działania i podeszły wiek. Wyróżniasz się inteligencją, mądrością i umartwieniami, a swą prawością przewyższasz nawet najbardziej prawych. Pragnę słuchać dalej twych nauk o prawości, gdyż we wszystkich trzech światach nie ma nikogo, kto byłby równie godny nauczania na ten temat jak ty. Wytłumacz nam teraz, w jaki sposób ktoś, kto urodził się jako kszatrija, waiśja lub szudra, może zdobyć status bramina? Jakich powinien użyć środków? Czy są to religijne działania, takie jak surowe umartwienia, czy też studiowanie pism? Czy może on zdobyć ten status za życia?"

Bhiszma rzekł: „O Judhiszthira, bramini stoją najwyżej wśród wszystkich żywych istot i nabywają swój status na mocy urodzenia. Zdobycie tego statusu za życia przez osoby z pozostałych trzech niższych kast jest więc niemożliwe. Jednakże ten, kto wielokrotnie rodzi się na ziemi, wędrując przez różne poziomy istnienia, może w końcu urodzić się w kaście bramińskiej i w ten sposób stać się braminem. Posłuchaj starej opowieści o rozmowie między Matangą i pewną oślicą, która dotyczy tego tematu.

Ongiś, dawno temu, pewien bramin miał syna, który, choć spłodzony przez osobę należącą do niskiej kasty, od momentu narodzin otrzymał wszystkie wedyjskie ryty zarządzone dla kasty bramińskiej. Chłopiec ten miał na imię Matanga i osiągnął to wszystko, będąc wychowywanym przez bramina. Pewnego dnia jego ociec zapragnął wykonać rytuał ofiarny i rozkazał mu zebrać różne artykuły niezbędne do przeprowadzenia tego rytuału. Matanga w ich poszukiwaniu wyruszył w drogę na swym szybkim wozie ciągniętym przez osła. Osioł ten był bardzo młody i zamiast być mu posłusznym, ciągnął wóz w kierunku, gdzie przebywała jego matka. Niezadowolony z tego Matanga zaczął uderzać zwierzę w nos trzymanym w dłoni ostrzem. Jego matka, widząc te oznaki przemocy, pełna uczucia dla swego syna rzekła: 'O synu, nie płacz z powodu takiego złego traktowania, gdyż choć zdawałoby się, że ciągniesz wóz należący do bramina, to jednak wieziesz na tym wozie czandalę. W braminie nie ma takiej bezwzględności jak w nim. Bramin jest przyjacielem wszystkich żywych istot, jest ich nauczycielem i Panem. Jakże więc mógłby karać kogoś z takim okrucieństwem i nie mieć litości nawet dla kogoś tak jeszcze młodego jak ty? Ten, kto tak czyni, jest z całą pewnością istotą złych uczynków i swym zachowaniem dowodzi jedynie swego niskiego urodzenia. Natura, którą odziedziczył po ojcach, zakazuje mu bowiem rozwijania takich uczuć jak litość i życzliwość, które są naturalne dla braminów'.

Matanga, słysząc te nieprzyjemne słowa oślicy, zszedł ze swego wozu i stając przed nią, rzekł: 'O błogosławiona, dlaczego nazywasz mnie czandalą? Jakże to możliwe, abym utracił mój bramiński status? Jaka wina zabrudza moją matkę? Wytłumacz mi to od początku do końca'.

Oślica rzekła: 'O Matanga, zostałeś zrodzony ze związku płonącej żądzą bramińskiej kobiety z szudrą wykonującym zawód golibrody. Z urodzenia jesteś więc czandalą i choć zostałeś wychowany przez bramina, faktycznie nie należysz do kasty bramińskiej'.

Matanga z umysłem wzburzonym tym, co usłyszał, powrócił do domu. Na jego widok ojciec rzekł: 'O synu, co się stało, czy wszystko jest z tobą w porządku? Dałem tobie trudne zadanie zebrania wszystkich składników potrzebnych do przeprowadzenia rytuału ofiarnego, dlaczego więc wracasz z pustymi rękami?'

Matanga rzekł: 'O ojcze, czy ktoś taki jak ja, kto faktycznie nie należy do bramińskiego domu, gdzie się wychował, i jest bardzo niskiego urodzenia, może być szczęśliwy? Czy ktoś taki jak ja, kto ma nieczystą matkę, może być szczęśliwy? Pewna oślica, która zdała się stać wyżej od człowieka, powiedziała mi, że moją matką była nieczysta bramińska kobieta, a mój ojciec był szudrą. Muszę więc natychmiast opuścić twój dom i poddać się surowym umartwieniom, aby w ten sposób stać się prawdziwym braminem i móc powrócić do twego domu'.

Matanga, chcąc zrealizować swój cel, udał się do dżungli i praktykował tam umartwienia tak surowe, że ogniem swej ascezy zaczął parzyć bogów. Zaniepokojony tym Indra ukazał się przed nim i rzekł: 'O Matanga, dlaczego tak bardzo się umartwiasz, wyrzekając się wszystkiego, co sprawia przyjemność? Powiedz mi, co leży ci na sercu i poproś mnie o dar'.

Matanga rzekł: 'O Indra, bardzo pragnę zdobyć status prawdziwego bramina i dlatego się umartwiam. Obdaruj mnie więc tym statusem, o to cię proszę. Obiecuję, że gdy spełnisz moją prośbę, zaprzestanę mych ascetycznych praktyk i powrócę do domu'.

Indra rzekł: 'O Matanga, status bramina, którego tak pragniesz, jest dla ciebie nieosiągalny, bowiem osoba spłodzona przez nieczyste dusze nie może bowiem go zdobyć za życia. Myśląc inaczej, błądzisz w swym rozumowaniu i zapewniam cię, że jeżeli będziesz dalej szedł tą drogą, zostaniesz zniszczony. Zaniechaj więc swych próżnych starań. Statusu bramina, który stoi najwyżej z wszystkiego, nie można zdobyć umartwieniami! Łaknąc tego najwyższego statusu, który się tobie nie należy, ulegniesz zniszczeniu. Ten, kto urodził się jako czandala, nie zdoła za życia zdobyć tego statusu, który bogowie, demony i ludzie uważają za najbardziej święty!'

Matanga nie posłuchał jednak rady Indry i kontynuował umartwienia, stojąc na jednej nodze przez następne sto lat. Indra ukazał się przed nim ponownie i rzekł: 'O Matanga, już ci mówiłem, że status bramina jest dla ciebie nieosiągalny. Choć tak bardzo go pragniesz, nie możesz go zdobyć za życia i to twoje łaknienie tylko cię zniszczy. Twoje rozumowanie i postępowanie są błędne i lekkomyślne. Droga, którą podążasz, jest niesłuszna. Już raz zakazałem tobie iść tą drogą. Gdy pomimo mojego zakazu będziesz dalej starał się zdobyć ten status, praktykując umartwienia, sam sprowadzisz na siebie ruinę.

Posłuchaj tego, co mam do powiedzenia o drodze prowadzącej do bramińskości. Droga ta prowadzi przez długi ciąg kolejnych narodzin. Ten, kto urodził się w świecie zwierząt, podczas kolejnych narodzin może zdobyć status człowieka i rodząc się jako człowiek, urodzi się jako *pukkasa* (osoba należąca do grupy ludzi, którzy jedzą mięso osłów, koni i słoni) lub *czandala* (niedotykalny zajmującymi się kremacją ciał). Rodząc się w tym grzesznym porządku istnienia, błąka się tam przez długi czas, utrzymując swój status i następnie po upływie tysiąca lat rodzi się wśród szudrów, gdzie również błąka się, utrzymując przez długi okres swój status. Po upływie trzydziestu tysięcy lat rodzi się na ziemi jako waiśja i błąka się tam przez długi czas, rodząc się ponownie jako waiśja przez okres sześćdziesiąt razy dłuższy od tego, gdy rodził się w kaście szudrów. Po upływie tego czasu rodzi się w kaście wojowników (kszatrija), gdzie błąka się, utrzymując swój status przez okres, który jest równy poprzednio wymienionemu pomnożonemu przez sześćdziesiąt. Następnie rodzi się jako upadły bramin i po upływie okresu, który jest równy poprzednio wymienionemu pomnożonemu przez dwieście, rodzi się wśród braminów, którzy utrzymują się przy życiu przy pomocy broni. Po upływie czasu, który jest równy poprzednio wymienionemu pomnożonemu przez trzysta, rodzi się wśród tych braminów, których zawodem jest recytowanie *Gajatri* i innych mantr. Następnie, po upływie czasu, który równa się poprzednio wymienionemu pomnożonemu przez czterysta, rodzi się wśród braminów, którzy poznają *Wedy* i wszystkie pisma, i gdy błąka się tam przez długi czas, utrzymując swój status, próbują go opętać radość i smutek, pragnienie i awersja, próżność i zła mowa, chcąc uczynić z niego niegodziwca. Dopiero gdy zdoła ujarzmić tych wrogów, osiąga najwyższy cel, lecz gdy wrogowie ci go ujarzmią, traci swój wysoki bramiński status i rodzi się ponownie w niskim porządku istnienia'.

Indra zakończył swą mowę, mówiąc: O Matanga, wyjaśniłem tobie, że osoba urodzona w niskim porządku istnienia może osiągnąć status bramina tylko wtedy, gdy rodzi się ponownie na ziemi przez długi czas. Zaniechaj więc swych prób zdobycia tego statusu przez zadowalanie bogów swymi umartwieniami. Poproś mnie o inny dar, bo status bramina jest bezpośrednio nieosiągalny dla kogoś, kto tak jak ty urodził się jako czandala'.

Matanga jednakże pomimo nauk Indry nie zaprzestał swej praktyki. Realizując śluby z czystą duszą, umartwiał się przez tysiąc lat, stojąc na jednej nodze i zanurzając się głęboko w jogicznych medytacjach. Po upływie tysiąca lat Indra raz jeszcze ukazał się przed nim i rzekł: 'O Matanaga, już ci wyjaśniałem, że ten, kto urodził się jako czandala, nie może przy pomocy żadnych środków zdobyć statusu bramina za życia. Poproś mnie więc o coś innego, aby twe umartwienia nie pozostały bezowocne'.

Matanga z sercem przepełnionym smutkiem z powodu słów Indry udał się do świętego miejsca zwanego Prajaga, gdzie zbiega się pięć świętych rzek. Spędził tam sto lat, stojąc na palcach i w rezultacie praktykowania jogi, która jest bardzo trudna do wykonania, tak bardzo wychudł, że wszystkie jego żyły i tętnice stały się widoczne, a z ciała pozostały jedynie skóra i kości. Następnie udał się do miasta Gaja i praktykując tam dalej surową ascezę, upadł w końcu z wyczerpania na ziemię. Indra widząc to, stanął natychmiast przed nim, aby go podtrzymać.

Indra rzekł: 'O Matanga, sam widzisz, że status bramina, którego tak pragniesz, nie jest dla ciebie odpowiedni i jest dla ciebie nieosiągalny. Zaiste, w twoim przypadku niesie ze sobą wiele niebezpieczeństw. Tego statusu nie może zdobyć osoba nieczystego urodzenia. O braminach mówi się, że zajmują najwyższe miejsce wśród wszystkich stworzonych istnień i że zasługują na najwyższą cześć. Ten, kto oddaje im cześć, zdobywa szczęście, podczas gdy ten, kto tego nie czyni, doświadcza nieszczęścia. Bramini dają innym wszystko, czego pragną, i potrafią stworzyć wszystko, co zechcą. To dzięki nim bogowie i Ojcowie są zadowoleni, przynosząc światom pomyślność. Ich potęga jest wielka i to dzięki ich łaskawości inni zdobywają to, czego szukają. Jak już mówiłem, żywa istota zdobywa ten najwyższy status bramina, rodząc się wielokrotnie na ziemi i wędrując przez różne poziomy istnienia. Statusu tego nie można zdobyć umartwieniami. Zaprzestań więc swej praktyki i poproś mnie o inny dar, gdyż ten szczególny dar, o który prosisz, nie może być ci dany'.

Matanga rzekł: 'O Indra, dlaczego pogłębiasz mój smutek swą mową? Dlaczego uderzasz kogoś, kto jest już martwy. Nie masz żadnego współczucia dla osoby takiej jak ja. Twierdzisz, że status bramina jest nieosiągalny dla trzech pozostałych kast z powodu nieczystości ich urodzenia, cóż jednak powiedzieć o tych, którzy zdobyli ten tak trudny do zdobycia status dzięki urodzeniu, lecz nie potrafią go utrzymać, zaniedbując bramińskie obowiązki? Na tym świecie powinni być uważani za nisko upadłych nikczemników. Zaiste, to oni są największymi grzesznikami wśród wszystkich żywych istot! Skoro takie niegodziwe osoby są ciągle uważane za braminów, to dlaczego osoba taka jak ja, która praktykuje surową ascezę, zadowala się byciem w swej jaźni, przekroczyła wszystkie pary przeciwieństw, uwolniła się od przywiązania do ziemskich przedmiotów, praktykuje miłosierdzie w stosunku do wszystkich żywych istot i samo-ogranicza się w swoim zachowaniu, jest uważana za kogoś, kto nie zasługuje na bramiński status? Jakże jestem nieszczęsny, że z powodu grzechu mojej matki upadłem tak nisko i jestem czandalą, choć moje zachowanie jest prawe. Widzę wyraźnie, że nie można odwrócić przeznaczenia i lub pokonać go własnym wysiłkiem, czego dowodzi to, że pomimo moich uporczywych starań nie mogę osiągnąć tego, na co nastawiłem moje serce! Skoro tak jest, przeto faktycznie lepiej będzie, jeżeli poproszę cię o inny dar, jeżeli uważasz, że zasłużyłem na twą łaskę'.

Indra rzekł: 'O Matanga, proś mnie o dar'.

Matanga rzekł: 'O Indra, kłaniam się tobie. Skoro nie możesz dać mi statusu bramina, daj mi moc przyjmowania siłą mej woli dowolnej formy, podróżowania gdziekolwiek zechcę i cieszenia się wszystkim tym, ku czemu skieruję swoje serce. Niech stanę się przedmiotem uwielbienia dla braminów i wojowników, i niech moja sława na tym świecie nigdy nie wygaśnie'.

Indra rzekł: 'O Matanga, stanie się tak, jak mówisz. Będziesz czczony jako bóg szczególnego petytyckiego metrum. Czcić cię będą wszystkie kobiety i we wszystkich trzech światach nikt nie dorówna ci sławą'".

Bhiszma zakończył swe opowiadanie, mówiąc: „O Judhiszthira, po wypowiedzeniu tych słów Indra zniknął, podczas gdy Matanga, uwalniając z ciała duszę, osiągnął wysokie regiony. Status bramina jest bardzo wysoki i jak stwierdził to Indra, jest możliwy do uzyskania jedynie poprzez narodziny w kaście bramińskiej. Nie można go uzyskać poprzez umartwienia i dary od bogów".

2. O tym, jak król Witahawja zdobył status bramina dzięki łasce Bhrigu

Judhiszthira rzekł: „O Bhiszma, nauczasz nas, że status bramina jest bardzo trudny do zdobycia przez kogoś, kto urodził się w trzech pozostałych kastach. Jednakże, jak o tym nauczają bramini, Witahawja, choć był zaledwie królem, zdołał za życia zdobyć status bramina. Opowiedz mi, dzięki czemu stało się to możliwe? Czy król Witahawja otrzymał ten status w darze od kogoś o wielkiej mocy, czy też zdobył go swymi umartwieniami? Opowiedz mi o tym wszystkim".

Bhiszma rzekł: "O Judhiszthira, posłuchaj więc o tym, jak w odległych czasach król Witahawja o wielkiej sławie zdobył status bramina, który jest czczony we wszystkich światach jako najwyższy i dał początek rodowi, w którym narodziło się wielu sławnych braminów.

W odległych czasach, gdy Manu o wielkiej duszy rządził sprawiedliwie swymi poddanymi, uzyskał syna o prawej duszy, który stał się znany pod imieniem Sarjati. W jego rodzie urodzili się królowie o imionach Haihaja i Taladżangha, którzy byli synami Watsy. Król Haihaja, zwany inaczej Witahawja, miał dziesięć żon, które dały mu setkę walecznych synów, podobnych do siebie w charakterze i męstwie. Wychowywani w królewskim pałacu poznali zarówno *Wedy*, jak i naukę o broni. Byli silni i zręczni w walce każdą bronią.

W tym samym czasie królestwem Kasi (Waranasi) rządził król, który był dziadkiem Diwodasa i miał na imię Harjaśwa. Waleczni synowie króla Witahawji napadli na jego królestwo, leżące między rzekami Ganges i Jamuną, i walcząc z nim zaciekle, zabili go. Po wygranej bitwie powrócili do stolicy swojego kraju. Po śmierci króla Harjaśwy na tronie zasiadł jego syn o imieniu Sudewa, który swym splendorem i prawością dorównywał bogowi Prawa. Waleczni synowie króla Witahawji napadli ponownie na królestwo Kasi i po zabiciu króla Sudewy i pokonaniu jego armii, powrócili zwycięscy do stolicy swego kraju. Następcą Sudewy został jego syn Diwodasa o wielkiej energii, który na rozkaz Indry odbudował i ufortyfikował Kasi. Za jego rządów królestwo rozciągające się między Gangesem i Jamuną, zamieszkałe przez licznych braminów, wojowników, waiśjów i szudrów, słynęło z bogactwa i tętniło życiem. Swą wspaniałością przypominało królestwo Indry Amarawati. Waleczni synowie króla Witahawji napadli jednak ponownie na królestwo Kasi, prowokując króla Diwodasa do podjęcia bitwy. Walka między stronami była zacięta i przypominała dawne bitwy bogów z asurami. Król Diwodasa walczył z wrogiem przez tysiąc dni. W końcu po utracie całej swej armii i wyczerpaniu skarbca opuścił stolicę swego kraju, uciekając przed wrogiem. Po długiej wędrówce dotarł do pustelni mędrca Bharadwadży, który był jego domowym kapłanem i poprosił go o ochronę.

Riszi Bharadwadża, najstarszy syn Brihaspatiego, znany ze swego bezbłędnego postępowania i mądrości, rzekł na widok króla: 'O Diwodasa, co cię do mnie sprowadza? Uczynię wszystko, czego sobie zażyczysz'.

Król Diwodasa rzekł: 'O święty mędrcu, szukam u ciebie ochrony. Udziel mi jej, kierując się uczuciem, jakie masz dla swego ucznia. Synowie króla Witahawji wybili do nogi cały mój ród i ja jeden pozostałem przy życiu'. Riszi Bharadwadża o wielkiej energii rzekł: 'O Diwodasa, uwolnij się od swego lęku. Dzięki ofierze, którą z myślą o twoim dobru wykonam, otrzymasz syna, który będzie zdolny do zabicia tysięcy twoich wrogów'.

Bharadwadża wykonał rytuał ofiarny, w rezultacie którego król Diwodasa otrzymał syna o imieniu Pratardana. Zaraz po urodzeniu wyrósł na trzynastoletniego młodzieńca i szybko zdobył pełną wiedzę *Wed*, jak i znajomość wszelkiej broni. Riszi Bharadwadża o wielkiej inteligencji z pomocą swej jogi wstąpił do umysłu młodego księcia i zebrawszy razem całą energię zawartą we wszystkich przedmiotach wszechświata, w nim ją umieścił. Pratardana, ubrany w swą zbroję i z łukiem w dłoni wysławiany przez śpiewaków i niebiańskich riszich, rozświetlał przestrzeń jak słońce na niebie. Stojąc na swym rydwanie z mieczem u boku, błyszczał jak płonący ogień. Gdy wirując tarczą i z mieczem w dłoni, zbliżył się do swego ojca, serce Diwodasa wypełniło się wielką radością. Zaiste, widząc go, stary król uznał synów swego wroga za martwych. Czując się zwycięzcą, uczynił swego syna dziedzicem tronu i był niezwykle szczęśliwy. Rozkazał mu, aby ruszył do walki z synami króla Witahawji i zabił ich wszystkich.

Książę Pratardana, ten pogromca wrogich miast o niezwyklej mocy, szybko przekroczył na swym rydwanie świętą rzekę Ganges i ruszył z atakiem na miasta królestwa Witahawjów. Synowie króla Witahawji słysząc łoskot czyniony przez koła jego rydwanu, ruszyli przeciw niemu na swoich rydwanach, wyglądających jak obronne cytadele zdolne do stawienia oporu rydwanom wroga. Odziani w swe zbroje, z łukami gotowymi do strzału ruszyli do walki z Pratardaną, zalewając go deszczem strzał. Na setkach rydwanów otoczyli go ze wszystkich stron zasypując go deszczem przeróżnej broni, lecz książę Pratardana, neutralizując ich broń z pomocą swej broni, zabił ich wszystkich za pomocą swych ostrzy przypominających piorun Indry. Ich pozbawione głów i zbroczone krwią ciała padały na ziemię jak potężne drzewa powalone siekierą drwala.

Król Witahawja po stracie wszystkich swych walecznych synów chcąc ratować swe życie, uciekł ze swej stolicy, szukając ochrony w pustelni Bhrigu. Riszi Bhrigu zapewnił pokonanemu królowi ochronę. Pratardana, ścigając uciekającego króla, dotarł do pustelni Bhrigu i zawołał: 'O uczniowie wielkiego mędrca Bhrigu, którzy zamieszkujecie w tej pustelni, chcę zobaczyć waszego nauczyciela'. Bhrigu, rozpoznając głos Pratardany, sam wyszedł mu naprzeciw, witając go należnym gościowi rytami.

Po zakończeniu powitalnych rytów Bhrigu rzekł: 'O królu, wyjaśnij mi, jaki jest cel twej wizyty?'

Pratardana rzekł: 'O braminie, w twej pustelni ukrył się król Witahawja. Oddaj go w moje ręce. Jego synowie dumni ze swej siły zniszczyli cały mój ród, ograbili królestwo z bogactwa i spustoszyli ziemię. Teraz jednak zostali przeze mnie zabici. Pozwól mi zabić ich ojca, który się u ciebie ukrył i w ten sposób spłacić dług mojemu ojcu'.

Słynny ze swej prawości riszi Bhrigu rzekł z sercem wypełnionym współczuciem: 'O Pratardana, w mojej pustelni nie ma żadnego króla i wojownika. Wszyscy tu obecni są braminami'.

Pratardana, słysząc te słowa i wiedząc, że to, co mówi Bhrigu, musi być prawdą, dotknął z szacunkiem jego stóp i pełen duchowego uniesienia rzekł: 'O święty mężu, twe słowa dowodzą, że osiągnąłem pełne zwycięstwo, skoro w rezultacie mojej waleczności król Witahawja został zmuszony do opuszczenia kasty, do której należał na mocy swego urodzenia. Pozwól mi więc odejść i proszę cię, pobłogosław mnie, mając na względzie moją pomyślność'.

Zwycięski Pratardana, mając zgodę Bhrigu, opuścił jego pustelnię, uwalniając się od trucizny swego gniewu i wrócił tam, skąd przybył. Król Witahawja z kolei na mocy samych słów wielkiego risziego Bhrigu zdobył status bramina, który jest najwyższy i w ten sam sposób nabył pełną wiedzę *Wed*. Miał on syna o imieniu Gritsamada, który swym pięknem dorównywał Indrze i z tego powodu był atakowany przez asurów, którzy brali go za Indrę. Riszi Gritsamada o wielkiej inteligencji praktykował *brahmacarję*, wędrując po świecie i wszyscy ci, u których zamieszkiwał, cieszyli się wielkim szacunkiem braminów.

Riszi Gritsamada miał syna o imieniu Sutedżas, który miał syna o imieniu Warczas. Jego syn z kolei miał imię Wihawja. Wihawja miał syna o imieniu Witatja, który miał syna o imieniu Satja. Satja miał syna o imieniu Santa, a Santa miał syna o imieniu Śrawas. Śrawas spłodził syna o imieniu Tama, który miał syna Prakasa, który był wielkim braminem. Jego syn miał na imię Wagindra, który był uznany za pierwszego wśród tych, którzy bezgłośnie recytują mantry. Wagindra spłodził syna o imieniu Pramati, który był znawcą wszystkich *Wed*. Pramati miał z apsarą

Ghritaczi syna o imieniu Ruru, który miał syna o imieniu Sunaka, który z kolei spłodził syna o imieniu Saunaka".

Bhiszma zakończył swe opowiadanie, mówiąc: „O Judhiszthira, opowiedziałem tobie o tym, jak król Witahawja, choć urodził się w kaście wojowników, zdobył status bramina dzięki łasce wielkiego risziego Bhrigu. Przedstawiłem tobie także genealogię bramińskiego rodu zapoczątkowanego przez jego syna Gritsamadę. O czym jeszcze chciałbyś posłuchać?"

Napisane na podstawie fragmentów *Mahābharāta*,
Anusasana Parva, Part 1, Sections XXVII-XXX.

Opowieść 210
O ochranianiu żywych istot, prawości i służeniu braminom

1. Narada opowiada o swej czci dla braminów; 2. O obowiązku króla do udzielenia ochrony tym, którzy jej u niego szukają; 3. O obowiązku króla do oddawania czci braminom; 4. O rozmowie Wasudewy z Ziemią o obowiązku oddawania czci braminom; 5. Bhiszma podsumowuje swe nauki o obowiązku oddawania czci braminom.

> Bhiszma rzekł: „O Judhiszthira, mając w pamięci cytowane przeze mnie słowa Ziemi, nie zapominaj nigdy o oddawaniu czci braminom. Dzięki temu zdobędziesz to, co jest dla ciebie pomyślne. Bramini zasługują na cześć na mocy samego urodzenia w rodzinie bramińskiej i tak jak goście są uprawnieni do spożywania pierwszej porcji ugotowanego posiłku. W nich mają swe źródło wszystkie cztery cele życiowe: Prawość, Bogactwo, Przyjemność i Wyzwolenie. Są przyjaciółmi wszystkich żywych istot zamieszkujących wszechświat i ustami bogów, gdyż jedzenie wlewane do ich ust jest spożywane przez bogów. Obdarzani szacunkiem i czcią zapewniają nam pomyślność, recytując dobrze wróżące słowa".

(*Mahābharāta*, Anusasana Parva, Part 1, Section XXXV)

1. Narada opowiada o swej czci dla braminów

Judhiszthira rzekł: „O Bhiszma, wytłumacz nam, jacy ludzie zasługują na cześć we wszystkich trzech światach?"

Bhiszma rzekł: „O Judhiszthira, w odpowiedzi na to pytanie posłuchaj starożytnej opowieści o rozmowie między mędrcem Naradą i Kryszną Wasudewą.

Pewnego dnia Kryszna, widząc jak Narada stoi ze złożonymi pobożnie dłońmi i wychwala braminów, rzekł: 'O Narada, komu oddajesz cześć, kogo wśród tych braminów czcisz z tak wielką gorliwością? Jeżeli nie jest to tajemnicą i mogę o tym posłuchać, poucz mnie w tej sprawie'.

Narada rzekł: 'O Kryszna, posłuchaj, kim są ci, których czczę z oddaniem. Na całym świecie nie ma bowiem nikogo, kto bardziej od ciebie zasługiwałby na wysłuchanie mego wyjaśnienia.

Dowiedz się więc, że oddaję cześć braminom.

Kłaniam się tym, którzy bezustannie praktykują umartwienia, znają *Wedy*, są oddani studiowaniu pism i zebrali wielkie zasługi.

Chylę głowę przed świętymi osobami, które uwolniły się od chełpliwości i pychy, potrafią wybaczać, zadowalają się tym, co mają, i z pustym żołądkiem wykonują ryty ku czci bogów.

Oddaję cześć tym, którzy wykonują ryty ofiarne, są zdolni do samo-kontroli, opanowali zmysły, mają kult Prawdy i prawości, i obdarowują prawdziwych braminów ziemią i krowami.

Kłaniam się tym, którzy praktykują umartwienia, wykonują wszystkie ryty nakazane w pismach i realizują śluby *brahmacarina*.

Kłaniam się tym, którzy zamieszkują w dżungli, żywiąc się owocami i korzonkami, nie gromadząc niczego na później.

Kłaniam się tym, którzy żywią i ochraniają swych służących, oddają cześć gościom i jedzą tylko resztki z tego, co zostało ofiarowane bogom.

Czczę tych, którzy zdobywają moc dzięki studiowaniu *Wed*, są biegli w dyskusji na temat pism, oddani obowiązkowi spełniania ofiar na rzecz innych i nauczają swych uczniów.

Czczę tych, którzy obdarzają współczuciem wszystkie żywe istoty i studiują *Wedy*, zanim słońce osiągnie południe i ogrzeje ich plecy.

Kłaniam się tym, którzy uwolnili się od szaleństwa i zawiści, dotrzymują swych przysiąg, dają pierwszeństwo nauczycielowi, starając się o jego błogosławieństwo i o zdobycie od niego wiedzy *Wed*.

Kłaniam się tym, którzy praktykują milczenie, znają *Brahmana*, idą uparcie ścieżką Prawdy i leją do ognia oczyszczone masło oraz zwierzęcy tłuszcz.

Kłaniam się tym, którzy utrzymują się przy życiu z tego, co otrzymują w darze, są wychudzeni ascezą, zamieszkują w domach swych nauczycieli, mają niechęć do wszelkiej przyjemności i wyrzekają się wszelkich ziemskich dóbr.

Kłaniam się tym, którzy nie przywiązują się do ziemskich przedmiotów, nie mają żadnych sporów z innymi, nie ubierają się w wyszukane ubrania i nie mają pragnień.

Kłaniam się tym, którzy dzięki znajomości *Wed* stali się nie do pokonania, recytują *Wedy* i rozprawiają o prawości.

Kłaniam się tym, którzy są oddani praktykowaniu obowiązku współczucia dla wszystkich żywych istot, niezmienni na ścieżce Prawdy, samo-kontrolujący się i spokojni w swych działaniach.

Kłaniam się tym, którzy żyjąc w zgodzie z domowym trybem życia, oddają cześć bogom i gościom, żywiąc się tak jak gołąb tym, co zdołają zebrać z pól po żniwach.

Kłaniam się tym, którzy idą ścieżką Prawdy i prawości, a w swoim działaniu mają zawsze na uwadze trzy życiowe cele: Prawo, Bogactwo i Przyjemność.

Kłaniam się tym, którzy uwolnili się od zachłanności, zdobyli wiedzę *Wed* i są prawi w swych działaniach, mając zawsze na uwadze wspomniane wyżej trzy życiowe cele.

Kłaniam się tym, którzy żywią się jedynie wodą, powietrzem lub resztkami jedzenia ofiarowanego bogom i gościom, realizując różnego rodzaju śluby.

Czczę tych, który nie mają żon, gdyż uczynili ślub celibatu, jak i tych, którzy mają żony i domowe ognisko, prowadząc domowy tryb życia oraz tych, którzy ochraniają *Wedy* i wszystkie żywe istoty, współczując każdej z nich.

Kłaniam się riszim, którzy są Stwórcami wszechświata i są najstarsi zarówno we wszechświecie, jak i w swoim rodzie.

Kłaniam się tym, którzy rozpraszają ciemność ignorancji i z racji swej prawości oraz znajomości pism są najlepsi wśród wszystkich osób zamieszkałych we wszechświecie'.

Narada kontynuował: 'O Kryszna, z racji, o których wspomniałem, należy codziennie czcić tych, których wymieniłem. Zasługują oni w pełni na cześć i gdy będą odpowiednio czczeni, obdarzą cię szczęśliwością. Są zawsze dawcami szczęścia na tym i tamtym świecie. Czczeni przez wszystkich wędrują po tym świecie i gdy będziesz ich czcił, obdarują cię szczęściem.

Sukces w przekraczaniu wszelkich nieszczęść i przeszkód osiągną ci, którzy są prawdomówni i gościnni w stosunku do każdego, kto przybywa do ich domu, czczą braminów i krowy, kłaniają się wszystkim bogom, nie preferując któregoś z nich, widzą dla siebie obronę w jednej, niepodzielonej na cztery *Wedzie*, mają wiarę i samo-kontrolę, zachowują się we właściwy sposób w stosunku do matki, ojca i nauczyciela, jak i wszystkich innych seniorów rodu, są wytrwali w realizowaniu ślubów, praktykują dobroczynność i oczyszczają swoją duszę przez umartwienia, rozpalają ogień domowego ogniska, utrzymują jego płomień, oddają mu cześć i wlewają weń libację ofiarowaną bogom podczas rytu wyciskania somy, oddają honory bogom, gościom oraz Ojcom i żywią się jedynie resztkami ofiarowanego im jedzenia'".

Bhiszma zakończył swe opowiadanie, mówiąc: „O Judhiszthira, pamiętaj zawsze o tych słowach mędrca Narady i nie zapominaj nigdy o oddawaniu czci bogom, Ojcom i gościom przybywającym do twego domu, gdyż dzięki takiemu zachowaniu zrealizujesz na pewno swój cel. Czy jest coś jeszcze coś, o co chciałbyś mnie zapytać".

2. O obowiązku króla do udzielenia ochrony tym, którzy jej u niego szukają

Judhiszthira rzekł: „O Bhiszma, pragnę słuchać dalej twoich nauk o obowiązku i prawości. Wytłumacz nam, jakie zasługi zbiera ten, kto udziela ochrony jakieś osobie, bez względu na to, do jakiej należy kasty, która prosi go o ochronę".

Bhiszma rzekł: „O Judhiszthira, posłuchaj starej opowieści o zasługach zebranych przez króla Wriszadarbhę (Uśinara), który nie zawahał się w udzieleniu schronienia gołębiowi nawet za cenę swego życia.

Ongiś, dawno temu, pewien piękny gołąb ścigany przez jastrzębia opadł z przestworzy na kolana władcy królestwa Kasi Wriszadarbhy, szukając u niego ochrony. Widząc tego przerażonego ptaka szukającego schronienia na jego kolanach, król ten o czystej duszy rzekł, próbując go uspokoić: 'O piękny ptaku, uwolnij się od swego lęku. Cóż cię tak przeraża? Cóż uczyniłeś i gdzie to się stało, że w rezultacie tracisz z lęku zmysły i jesteś bardziej martwy niż żywy? Twoje pióra są w kolorze rozkwitającego niebieskiego lotosu, a twoje oczy mają odcień granatu lub kwiatu drzewa *aśoka*. Uspokój się. Szukając u mnie schronienia, możesz być pewien, że nikt nie odważy się nawet pomyśleć o tym, żeby cię złapać. Masz teraz we mnie swego obrońcę. Jeżeli okaże się to konieczne, to dla twego dobra jestem gotowy wyrzec się swojego królestwa, jak i nawet swego życia. Uspokój się więc i uwolnij się od lęku'.

Ścigający gołębia jastrząb, słysząc słowa króla wypowiedziane do gołębia, rzekł: 'O królu, nie powinieneś bronić tego gołębia przede mną. Ten ptak należy do mnie. Ścigając go, zapracowałem na niego. Jego ciało, krew, szpik kostny i tłuszcz są dla mnie dobre. Zjedzenie tego ptaka bardzo mnie zadowoli. Nie stawaj mi więc na drodze. Jestem bardzo głodny i spragniony, i nie mogę już dłużej znieść męczącego mnie głodu. Oddaj mi tego ptaka. Zauważ, że jego ciało jest już poranione od uderzenia moich skrzydeł i pazurów i jego oddech słabnie. Nie broń go przede mną. Twoja królewska władza uprawnia cię do ochraniania ludzi, gdy grozi im zniszczenie przez innych ludzi, lecz nie dotyczy ptaka szybującego w przestworzach. Rozciąga się na twych wrogów, krewnych, służbę, jak i na dysputy między twoimi poddanymi, sięga wszystkich części twego królestwa i nawet twych zmysłów, nie rozciąga się jednak na niebiosa. Możesz podporządkować swej władzy swych wrogów po ich pokonaniu, lecz twoje panowanie nie rozciąga się na szybujące po niebie ptaki. Jeżeli chcesz zebrać zasługi, ochraniając przede mną tego gołębia, musisz wziąć pod uwagę również mnie i uczynić to, co należy, abym mógł zaspokoić swój głód i utrzymać się przy życiu'.

Słowa jastrzębia skłoniły króla do refleksji. Nie lekceważąc jego słów i pragnąc go również zadowolić, rzekł: 'O jastrzębiu, spójrz na tego ptaka, który nie opuszcza moich kolan. Nie mogę ci go oddać, gdyż uczyniłem ślub, że nigdy nie opuszczę kogoś, kto szuka u mnie ochrony. Zaspokój więc dziś swój głód mięsem wołu, dzika lub jelenia'.

Jastrząb rzekł: 'O królu, nie jadam mięsa wołu, dzika ani jelenia. Cóż mi więc przyjdzie z jedzenia tego rodzaju? Interesuję się jedynie tym rodzajem jedzenia, które zostało od dawna wyznaczone dla istot mojego gatunku. Jastrzębie jedzą gołębie. Tak zostało od dawna zarządzone. Skoro jednak tak bardzo przywiązałeś się do tego gołębia, daj mi do zjedzenia zamiast niego tyle własnego ciała, ile waży ten gołąb'.

Król rzekł: 'O jastrzębiu, jesteś bardzo życzliwy, mówiąc do mnie w ten sposób. Uczynię tak, jak każesz'.

I ten najlepszy z królów zaczął odcinać kawałki swego ciała, kładąc je na szalę wagi. Królewska małżonka na wieść o jego czynie zaczęła lamentować i pobiegła tam, gdzie przebywał. Wtórowali jej ministrowie i służba, cały pałac rozbrzmiewał lamentem. Bezchmurne dotychczas niebo przykryły napływające z wszystkich stron gęste chmury, a cała ziemia drżała na widok jego szlachetnego czynu. Król obcinał ciało ze swych boków, ramion i ud, i kładł je na wadze, lecz gołąb ciągle ważył więcej. Wkrótce pozostał z niego tylko szkielet pokryty krwią. Widząc, że gołąb ciągle waży więcej, wszedł na szalę wagi, gotowy, aby oddać się jastrzębiowi w całości. W tym momencie do jego pałacu zaczęły przybywać tłumy żywych istot zamieszkujących wszystkie trzy światy z Indrą na czele, chcąc na własne oczy zobaczyć jego wielką ofiarę. Towarzyszył im dźwięk bębnów uderzanych przez niewidzialnych mieszkańców przestworzy. Na króla Wriszadarbhę lał się z niebios deszcz niebiańskiego nektaru i girland zrobionych z niebiańskich kwiatów o cudownym zapachu. Bogowie, gandharwowie oraz liczne apsary śpiewały i tańczyły wokół niego, tak jak zwykły to czynić w obecności dziadka wszechświata Brahmy. Król wsiadł do niebiańskiego rydwanu, który swym pięknem i okazałością przewyższał złoty pałac, którego łuki sklepienne były zrobione ze złota i klejnotów, a kolumny z *lapis lazuli* i udał się prosto do nieba".

Bhiszma zakończył swe opowiadanie, mówiąc: „O Judhiszthira, opowiedziałem tobie o władcy królestwa Kasi, który dzięki zasługom zebranym swoim szlachetnym czynem, zdobył wieczne niebo. Postępuj zawsze w podobny sposób w stosunku do tych, którzy szukają u ciebie ochrony. Ten, kto ochrania tych, którzy są mu oddani i darzą go uczuciem i ma współczucie dla wszystkich żywych stworzeń, zdobywa po śmierci wysokie regiony szczęśliwości. Prawy król, który w swym postępowaniu jest rzetelny i uczciwy, swym działaniem zdobywa wielką nagrodę. Już samo opowiadanie o czynie króla Wriszadarbhy, jak i słuchanie o nim oczyszcza z grzechów i prowadzi do nieba".

3. O obowiązku króla do oddawania czci braminom

Judhiszthira rzekł: „O Bhiszma, wyjaśnij mi, proszę, które z działań należących do obowiązków króla powinno być uważane za najważniejsze i zapewniające mu sukces za życia i po śmierci?"

Bhiszma rzekł: „O Judhiszthira, takim działaniem jest czczenie braminów. Król powinien zawsze oddawać cześć wszystkim prawym braminom, zamieszkującym w miastach i prowincjach jego królestwa, którzy zdobyli wedyjską wiedzę. Powinien czcić ich pokłonami, wygłaszać kojące mowy i obdarowywać ich sprawiającymi przyjemność przedmiotami. Jest to najwyższy z jego obowiązków, o którym nie powinien nigdy zapominać. Powinien miłować ich i ochraniać jak własną jaźń lub swoje dzieci. Gdy ochraniani przez króla bramini są wolni od niepokoju, całe jego królestwo lśni swym pięknem.

Król powinien czcić wszystkich tych braminów, którzy na to zasługują z racji swej najwyższej świętości i mądrości. Takie osoby są godne uwielbienia, przed nimi powinien chylić głowę. Należą im się takie same honory jak ojcu czy starszyźnie rodu. Bieg działań podejmowanych przez zwykłych ludzi zależy bowiem i podąża za biegiem ich działań, tak jak istnienie wszystkich stworzeń zależy od Indry. Bramini o wielkiej energii i mocy, której nic nie zdoła się przeciwstawić, gdy zostaną rozgniewani, potrafią obrócić w proch całe królestwo mocą swej woli, recytując święte mantry lub przy pomocy innych środków czerpiących swą moc z siły ich ascezy. Nie widzę nic, co mogłoby się ich mocy przeciwstawić. Ich moc wymyka się spod jakiejkolwiek kontroli i jest zdolna, aby dotrzeć do najdalszego zakątka wszechświata. W gniewie spalają wszystko swym spojrzeniem, będąc jak ogień niszczący suchy las. Swoją mocą potrafią przerazić najodważniejszych. Zarówno ich cnoty, jak i moc są niezwykłe i niezmierzone. Niektórych z nich można porównać do głębokich studni lub dołów przykrytych trawą i pnączami, inni są jak firmament oczyszczony z chmur i ciemności. Niektórzy z nich są gwałtowni, inni przebiegli, a jeszcze inni łagodni i spokojni. Niektórzy z nich są oddani praktykowaniu umartwień, inni zajmują się rolnictwem lub hodowlą krów, niektórzy utrzymują się przy życiu z dobroczynnych darów, a inni są nawet złodziejami. Niektórym z nich sprawia przyjemność prowokowanie kłótni i dysput, są też tacy, co są tancerzami i aktorami, jak i tacy, którzy są zdolni do wszelkiego rodzaju osiągnięć, zarówno zwykłych, jak i niezwykłych.

Charakter i działania braminów mogą więc przybierać różną formę. Bez względu na te różnice, należy zawsze czcić tych braminów, którzy znają wszystkie obowiązki, są prawi, choć niekiedy w celu ukrycia swej prawdziwej natury lub mając na uwadze ochronę całego świata, wykonują różnego rodzaju zawody i działania, nawet takie, których nie powinni. Bramini w swym istnieniu są starsi od Ojców, bogów, ludzi z pozostałych trzech kast, jak i węży i rakszasów. Są zdolni do nadania komuś statusu boga, jak i do pozbawienia boga jego statusu i są nie do pokonania przez bogów, Ojców, gandharwów, asurów czy pisaków. Są zdolni również do uczynienia kogoś królem, jak i do potępienia tych, którzy ich nie lubią. Ci, którzy szkalują i krytykują braminów, z całą pewnością zostaną zniszczeni.

Bramini są zdolni zarówno do wywyższenia kogoś, jak i do poniżenia i będąc źródłem lub przyczyną sławy lub hańby innych, gdy popadają w gniew, karzą tych, którzy próbują innych ranić. Człowiek wychwalany przez braminów cieszy się pomyślnością, podczas gdy ten, który zostaje przez nich potępiony, doświadcza nieszczęścia. To z powodu nieobecności braminów różne grupy wojowników zostały niegdyś zdegradowane do poziomu szudrów. Bycie przez nich pokonanym jest lepsze od zwycięstwa nad nimi. Grzech zabicia jednego bramina jest bardziej haniebny niż zabicie choćby wszystkich innych mieszkańców ziemi. Wielcy riszi uważają grzech zabicia bramina za najbardziej haniebny.

Nie należy więc nigdy krytykować bramina lub rzucać na niego oszczerstw, a gdy bramin wypowiada swą krytykę, należy wysłuchać jej ze schyloną głową. Nikt po sprzeczce z braminem nie zdoła uchronić się od nieszczęścia. Tak jak nikt nie potrafi złapać w dłonie wiatru, dotknąć księżyca, czy unieść ziemi, tak nikt nie potrafi pokonać na tym świecie braminów'.

4. O rozmowie Wasudewy z Ziemią o obowiązku oddawania czci braminom

Bhiszma kontynuował: „O Judhiszthira, należy zawsze darzyć braminów jak najwyższą czcią. Mają Somę (księżyc) za swego króla i są tymi, którzy obdarowują innych szczęściem lub nieszczęściem. Należy zawsze darzyć ich uczuciem i ochraniać tak jak swych ojców, kłaniać się im i obdarowywać ich jedzeniem, ozdobami, przedmiotami sprawiającymi przyjemność, czy też innymi, których pragną. Pokój i szczęście w królestwie ma swe źródło w takim stosunku dla braminów, w taki sam sposób, jak pokój i szczęście wszystkich żywych istot ma swe źródło w Indrze, który oblewa ziemię deszczem.

Mędrzec Narada powiedział kiedyś: 'Niech bramini o czystym zachowaniu i bramińskiej świetlistości mnożą się w królestwie i niech zamieszkują je również potężni wojownicy zdolni do pokonania wroga'. Nie istnieje nic, co byłoby lepsze dla króla od zachęcania braminów o czystym urodzeniu, znających moralność i Prawo, realizujących ściśle nakazy pism, do zamieszkania w jego pałacu. Przyniesie to wszelkie rodzaje błogosławieństw. Ofiarne dary za pośrednictwem braminów docierają do bogów, którzy je akceptują. Bramini są tymi, którzy spłodzili wszystkie żywe stworzenia i nie istnieje nic, co stałoby od nich wyżej. Bogowie, wiatr, woda, ziemia i punkty przestrzeni wchodzą do ciała bramina i jedzą to, co je bramin. Ojcowie (*pitri*) odmawiają jedzenia w domu, gdzie bramin nie spożywa posiłku, a bogowie nigdy nie jedzą posiłku w domu nędznika, który nienawidzi braminów. Kiedy bramin jest zadowolony, Ojcowie są również zadowoleni, nie ma co do tego cienia wątpliwości. Ci, którzy zadowalają bramina, dając mu ofiarne masło, sami są zadowoleni, nie ulegają zniszczeniu i realizują wysoki cel. Te szczególne dary ofiarne, które zadowalają bramina, zadowalają również Ojców i bogów.

Bramini są sprawcami tej pierwotnej ofiary, z której wypłynęły wszystkie stworzone przedmioty. Wiedzą, z czego wypływa wszechświat i gdzie po zniszczeniu się chowa. Znają wszystkie obowiązki, jak i drogę, która prowadzi do nieba. Wiedzą o wszystkim, co się już wydarzyło i co się wydarzy. Bramini zajmują pierwsze miejsce wśród wszystkich dwunożnych istot i ci, którzy za nimi podążają, nie ulegną zniszczeniu ani za życia, ani po śmierci. Te uduchowione osoby, które opanowały swoją duszę i akceptują słowa wypowiadane przez braminów, nigdy nie zginą".

Bhiszma kontynuował: „O Judhiszthira, energia i siła tych wojowników, którzy spalają wszystko swoją mocą, zostaje zneutralizowana, gdy spotkają na swej drodze braminów. Potomkowie Bhrigu pokonali Taladżanghów, syn Angirasa pokonał Nipów, Bharadwadża pokonał Witahawjów oraz Ailów. Wszyscy ci potężni wojownicy zdolni do użycia broni wszelkiego rodzaju, zostali pokonani przez braminów, którzy mają tylko skórę czarnej antylopy za swój emblemat! Obdarowując braminów ziemią i oświetlając splendorem swego czynu wszystkie światy, można osiągnąć najwyższy cel. Tak jak ogień ukryty w drzewie, tak wszystko, co zostało wypowiedziane, usłyszane i przeczytane na tym świecie, ukrywa się w braminie. Posłuchaj, co dawno na ten temat powiedziała Ziemia w rozmowie z Kryszną.

Wasudewa rzekł: 'O matko wszystkich żywych istot, rozwiej moją wątpliwość i wyjaśnij mi, dzięki jakiemu działaniu człowiek żyjący w zgodzie z domowym trybem życia zdoła oczyścić się z wszystkich grzechów?'

Ziemia odpowiedziała: 'O Kryszna, ten, kto chce oczyścić się z grzechów, powinien służyć braminom. Jest to akt oczyszczający i wspaniały, wszystkie zanieczyszczenia zostają dzięki niemu zniszczone. Z niego rodzi się pomyślność i sława, jak i inteligencja i poznanie duszy. Dzięki niemu wojownik staje się potężnym niszczycielem wroga i zdobywa wielką sławę.

Mędrzec Narada nauczał mnie, że ten, kto szuka pomyślności powinien zawsze oddawać honory braminom, którzy są czystego urodzenia, poznali pisma, praktykują surowe śluby i umartwienia. Pomyślność zdobywa bowiem faktycznie ten, kto uzyskał przychylność braminów, którzy stoją wyżej od wszystkich innych osób darzonych przez ludzi szacunkiem.

Osoba o czystej duszy i czystym działaniu szukająca sławy i różnych błogosławionych regionów w następnym świecie powinna żyć w zgodzie z naukami braminów. Człowiek, który mówi źle o braminach, zostanie zniszczony, tak jak grudka niewypalonej gliny wrzucona do oceanu. Wszystkie działania, które ranią braminów, przynoszą nieuchronnie porażkę i ruinę. Zauważ, że ciemne plamy na księżycu, które powstały z powodu klątwy Dakszy i słoność wód w oceanie, są rezultatem klątwy riszich. Sam wielki Indra z powodu klątwy Gautamy otrzymał ongiś ciało pokryte przez tysiąc *wulw* (żeńskich znaków seksualnych), które dopiero później dzięki łasce i mocy braminów przekształciły się w tysiąc oczu.'

Kryszna, usłyszawszy słowa Ziemi, rzekł, oddając jej należne honory: 'O Ziemio, wspaniale, wspaniale'".

5. Bhiszma podsumowuje swe nauki o obowiązku oddawania czci braminom

Bhiszma kontynuował: „O Judhiszthira, mając w pamięci cytowane przeze mnie słowa Ziemi, nie zapominaj nigdy o oddawaniu czci braminom. W ten sposób zdobędziesz to, co jest dla ciebie pomyślne. Bramini zasługują na cześć na mocy samego urodzenia w rodzinie bramińskiej i tak jak goście są uprawnieni do spożywania pierwszej porcji ugotowanego posiłku. W nich mają swoje źródło wszystkie cztery cele życiowe: Prawość, Bogactwo, Przyjemność i Wyzwolenie. Są przyjaciółmi wszystkich żywych istot zamieszkujących wszechświat i ustami bogów, gdyż jedzenie wlewane do ich ust jest spożywane przez bogów. Obdarzani szacunkiem i czcią zapewniają nam pomyślność, recytując dobrze wróżące słowa.

Posłuchaj, jak sam Stwórca Brahma opisał ich obowiązki.

Po stworzeniu braminów Brahma nucił: 'Bramini nie powinni nigdy wykonywać działań, które nie zostały dla nich wyznaczone. Ochraniani przez innych powinni ich ochraniać, dzięki czemu zdobędą to, co jest dla nich korzystne. Powinni być przykładem dla wszystkich żywych istot i swym przykładem powstrzymywać ich od czynienia zła. Znając pisma, nie powinni nigdy wykonywać działań wyznaczonych dla szudrów, gdyż wówczas tracą zebrane zasługi. Studiując pisma, zapewniają sobie pomyślność, inteligencję, energię, moc zdolną do spalenia na popiół wszystkich ziemskich przedmiotów i najwyższą chwałę. Ofiarując bogom oczyszczone masło, zdobywają najwyższe błogosławieństwo i stają się godni spożywania każdego posiłku jako pierwsi nawet wówczas, gdy takie pierwszeństwo zostało przyznane dzieciom. Dzięki współczuciu dla wszystkich żywych istot i praktykowaniu samo-kontroli realizują wszystkie swoje życzenia. Każda rzecz istniejąca w świecie człowieka i w świecie bogów jest bowiem do zdobycia za pomocą umartwień, wiedzy, ślubów i samo-kontroli'".

Bhiszma zakończył swe nauki, mówić: „O Judhiszthira, powtórzyłem tobie rozporządzenia dotyczące braminów, ogłoszone ongiś przez Brahmę. Brahma o wielkiej mądrości i inteligencji ogłosił je, mając na uwadze dobro braminów. Siła braminów, którzy są oddani praktykowaniu umartwień, jest nie do pokonania. Są wśród nich tacy, którzy są gwałtowni i niezwykle szybcy w tym, co czynią, oraz tacy, co mają siłę lwa lub tygrysa, dzika lub krokodyla oraz tacy, co mają siłę jelenia. Są wśród nich tacy, których dotyk jest jak ukąszenie jadowitego węża lub jak zęby rekina, jak i tacy, co potrafią zniszczyć wroga swym słowem lub spojrzeniem. Bramini różnią się między sobą dyspozycjami i charakterem. Są więc wśród nich tacy, którzy są jak jadowite węże, jak i tacy, których natura jest bardzo łagodna.

Tak jak nie można dotknąć przestrzeni lub eteru, poruszyć z miejsca góry Himawat lub zatrzymać wód Gangesu przy pomocy tamy, tak nie można podporządkować sobie braminów. Bramini stoją z wszystkiego najwyżej, są bogami dla samych bogów. Jeżeli chcesz się cieszyć władzą nad całą ziemią, oddawaj cześć braminom, obdarowując ich i służąc im na różne sposoby. Energia i siła braminów łagodnieje, gdy zaakceptują dary. Mając to na uwadze, ochraniaj swój ród przed gniewem tych braminów, którzy nie akceptują darów i których siła i energia są nie do opisania. Liczne rody wojowników zostały zdegradowane do poziomu szudrów z powodu bramińskiego gniewu, a demony asury z powodu lekceważenia braminów musiały szukać dla siebie kryjówki w głębinach oceanu. Bogowie z kolei dzięki ich łasce stali się mieszkańcami niebios".

Napisane na podstawie fragmentów *Mahābharāta*,
Anusasana Parva, Part 1, Sections XXXI-XXXV.

Księga XIII

Anusasana Parva, część 2

(w trzydziestu pięciu opowieściach)

Synopsis

Część druga księgi XIII *Mahabharaty* Anusasana Parvy (Księgi Instrukcji) jest w dużej części poświęcona opisowi i wychwalaniu ścieżek dobroczynności (*dana dharma*), współczucia, wybaczania, nieranienia (*ahimsa*), dobrego postępowania oraz rozwijania zdolności do samo-ograniczania się i samo-dyscypliny. Drogi te uważa się za alternatywne, choć równie dobre, co ścieżka wedyjskich rytów, która jednak ma tę wadę, że ze względu na wysokie koszty rytów jest niedostępna dla ludzi biednych. W części drugiej Anusasana Parvy obserwujemy więc dalszą ewolucję w rozumieniu religijnej praktyki, która nabiera coraz bardziej uniwersalistycznego charakteru, stając się dostępna dla każdego i dąży do minimalizowania wszelkiej przemocy. Produkty ziemi i krowiego mleka zastępują zwierzęce ofiary, a religijna praktyka umartwień zostaje jednoznacznie zdefiniowana jako ścieżka rozwijania samo-dyscypliny, a maltretowanie ciała niezgodne z regułami zostaje potępione. Ta dostępna dla wszystkich i zalecana religijna praktyka bazuje coraz bardziej na złotej regule („nie czyń drugiemu, co tobie niemiłe"), choć nie wyklucza możliwości wykonywania wedyjskich rytów przez uprawnione do tego osoby, gdyż wszystko to, co zostało zawarte w pismach, jest uznawane za wieczną prawdą i nie podlega zmianom. Zarówno rytualna przemoc i elitarność, jak i tendencje do ograniczania jej i egalitaryzm, dający możliwość zbawienia każdemu bez względu na przynależność kastową, były zawsze obecne w pismach i w ich nauczaniu. Obok *dharmy* właściwej dla specyficznych grup społecznych zawsze istniała *dharma* właściwa dla wszystkich.

O ścieżce dobroczynności i czynienia darów wspomina się przy różnych okazjach w wielu opowieściach. Szczególnie im poświęcone są opowieści 214, 216, 224, 225, 235. Opowieść 214 łączy w sobie pochwałę współczucia z opisem wartości daru, jakim jest krowa. Wartość krowy jest uważana za równą wartości obdarzonego współczuciem i praktykującego surowe umartwienia bramina. Stąd krowa należy do największych darów.

Poszczególne opowieści opisują szczegółowe reguły rządzące dobroczynnością, specyfikujące przedmiot daru, jego wartość, jak i to, komu i kiedy należy ofiarować określony dar oraz czyje dary należy akceptować a czyje nie. Aby zebrać swym postępowaniem religijne zasługi, należy ściśle tych reguł przestrzegać. Dary uczynione niewłaściwie, mają skutki przeciwne, będąc źródłem grzechu i stąd należy ich unikać. Reguły dotyczące darów zostały najpełniej zarysowane w opowieści 216.

Jest tu mowa o zasługach zbieranych dzięki kopaniu pojemników na wodę, sadzeniu drzew i wykonywaniu innych czynności służących dobru wszystkich, jak i odpowiedniości darów czynionych podczas rytów ofiarnych i poza rytami, o wartości darów, takich jak dar ziemi, wody, światła, jedzenia, złota, *ghee*, oraz o zasługach zbieranych wówczas, gdy czyni się określone dary we właściwym czasie, mierzonym obecnością odpowiednich konstelacji.

Zarówno te, jak i wszystkie inne akty dobroczynności, nie powinny być jednak motywowane chęcią zdobycia nagrody, lecz powinny wypływać z poczucia obowiązku. Osobami najbardziej zasługującymi na dary są uczeni bramini obdarzeni wiedzą, jogą i umartwieniami Należy obdarowywać ich, choć nie proszą o dary i należy czynić to bezinteresownie. Obdarowywanie ich myślą o własnych korzyściach może prowadzić do przeciwnych skutków. O takiej sytuacji wspomina opowieść 223, która mówi o tym, jak szukający zasług król o imieniu Wriszadarbhi rozgniewał się na grupę wielkich riszich, która odmówiła przyjęcia jego darów, wybierając kontynuowanie podążania swoją ścieżką surowej ascezy. Rozgniewany tym król, postanowił ich ukarać i nasłał na nich rakszinię Jatudhani, aby pozbawiła ich życia. Przed rakszinią obronił ich Indra w formie bramina idącego ścieżką dobrego postępowania i rytu, który nie dorównywał im jeszcze w poziomie duchowego rozwoju. Wspomniana opowieść jest interesująca sama w sobie. Zawiera szereg tajemniczych elementów prowokujących do dyskusji i różnych prób interpretacji.

Opowieści 224, 225, 235 dotyczą kwestii bardziej szczegółowych. Opowieść 224 opisuje mit leżący u podłoża wartości daru parasola i sandałów, który został oryginalnie uczyniony przez Surję w celu ochrony ludzi przed swoimi palącymi promieniami, a opowieść 225 opisuje szczegółowo dary, które powinna czynić osoba prowadząca domowy tryb życia. Wśród zalecanych darów szczególną i wysoką pozycję zajmuje dar jedzenia. Akceptowaniem tego daru rządzą jednak liczne szczegółowe reguły uwzględniające różnice kastowe, o których mowa w opowieści 235. Opowieść 232 z kolei opisuje dar jedzenia, który uczynił Maitreja, obdarowując smacznym posiłkiem odwiedzającego jego dom bramina Wjasę. Dar ten zadowolił Wjasę i sprowokował interesującą dyskusję na temat braminów będących właściwymi odbiorcami darów, różnych ścieżek prawego działania oraz obowiązku realizowania tych prawych działań, które zostały dla kogoś wyznaczone.

Gdy mowa o darze jedzenia, należy wspomnieć o rycie *śraddha*, czyli oddawania czci zmarłym przodkom zwanym Ojcami (*pitri*), którego opisowi poświęca się sporo miejsca. Ryt ten jest obwarowany szeregiem reguł szczegółowych, dotyczących jego prowadzenia oraz darów jedzenia ofiarowanych Ojcom. Od przestrzegania tych reguł zależy to, czy Ojcowie będą zadowoleni czy też doświadczą cierpienia. Centralnym elementem tego rytu jest uczta organizowana dla zasługujących na dary wielkich braminów, którzy spożywają jedzenie przeznaczone dla Ojców. Usta braminów są bowiem jak płomienie ognia ofiarnego, do którego jest wlewane oczyszczone masło. Przygotowując ten ryt łatwo popełnić różne błędy wynikające z nieczystości któregoś z zaproszonych braminów lub ofiarowanego im mięsnego posiłku, i uzyskać rezultaty przeciwne do zamierzonych. Temat ten został najbardziej szczegółowo omówiony w opowieści 221, choć o rycie tym wspomina się w wielu opowieściach.

Innym wielkim tematem części drugiej Anusasana Parvy jest ścieżka współczucia i nieranienia (*ahimsa*), której wspominało się już wielokrotnie w poprzednich księgach *Mahabharaty*. Współczucie i nieranienie są widziane jako najwyższy dar, ofiarowany wszystkim żywym istotom. Pamiętając o tym, należy unikać gniewu i szukać pojednania (opow. 233). O naturze współczucia odczuwanego na widok czyjeś niedoli mówi wspominana już opowieść 214, opowiadająca o tym, jak riszi Cjawana, który zanurzył się w wodach rzeki, praktykując surowe umartwienia, został złapany przez rybaków w sieci razem z rybami. Współczując rybom, nie chciał, aby rybacy uwolnili go z sieci bez ryb, a współczując również rybakom nie chciał pozwolić na to, aby odeszli z pustymi sieciami bez zapłaty za swój połów. Gdy rybacy szukając wyjścia z tej sytuacji udali się z prośbą o pomoc do króla Nahuszy, Cjawana zażądał od króla dania rybakom godziwej zapłaty za siebie i ryby. Król Nahusza ofiarował rybakom jako zapłatę wielkie bogactwo, lecz Cjawana uważał, że nie jest to zapłata właściwa i że on sam jest wart więcej. Król zadowolił go dopiero wówczas, gdy za radą pewnego świętego ascety jako zapłatę za Cjawanę ofiarował rybakom jedną krowę. Krowa, która dostarcza mleka, będącego źródłem oczyszczonego ofiarnego masła (*ghee*) oraz środków potrzebnych do utrzymania życia, jest najwyższym bezkrwawym darem, który pozwala na utrzymanie życia na tym świecie i prowadzi żywe istoty do zdobycia nieba.

Krowom należy się najwyższa cześć. O wartości i świętości krów i o obowiązku oddawania im czci wspomina się w wielu miejscach, choć najbardziej szczegółowo zostało to omówione w opowieści 218. Poprzedzająca ją opowieść 217 mówi z kolei o niebiańskim regionie najwyższej szczęśliwości należącym do krów i zwanym Goloka, który jest trudno dostępny i pozostaje tajemnicą nawet dla bogów.

O religii współczucia i nieranienia mówią również opowieści 229 i 230. Praktykowanie jej na każdym poziomie życia jest uważane za najlepszą drogę poprawy swej *karmy* w kolejnym życiu (opow. 229). Zarówno Bhiszma, jak i Brihaspati w rozmowie z Judhiszthirą wychwalają tę ścieżkę prawości jako prowadzącą do najwyższego dobra i zalecają, aby rozpocząć jej realizowanie od wyrzeczenia się spożywania mięsa (opow. 230). Życie jest tym, co każda żywa istota ceni sobie najwyżej. W tym kontekście w rozmowie Judhiszthiry z Bhiszmą pojawia się temat relacji między religią nieranienia, potępiającą spożywanie mięsa oraz tą religią, która zezwala na spożywanie ofiarnego mięsa i uznaje mięsną ofiarę w niektórych przypadkach za właściwą, jak to na przykład ma miejsce w przypadku rytu *śraddha*, gdzie ofiarowanie pewnego rodzaju zwierzęcego mięsa jest nakazane, gdyż przynosi Ojcom zadowolenie. W pewnych szczególnych przypadkach pozbawienie życia żywej istoty zdaje się więc nieuniknione i nie może zostać potępione bez popadania w sprzeczność z nakazami *Wed*.

W tym miejscu pojawia się również pytanie o to, czy istnieje coś, co ma dla żywej istoty wartość wyższą od jej życia i jest tym, dla czego powinna poświęcić życie. Jak nas poucza opowieść 231, to choć własne życie ma dla każdej żywej istoty najwyższą wartość, to jednak należy je poświęcić i ofiarować w obronie prawości. Stąd ofiarowanie swego życia na polu bitewnym w obronie bramina lub krowy jest uważane za najwyższą ofiarę, która przynosi osobie najwyższe religijne zasługi. Opisaną wyżej postawę ilustruje rozmowa Wjasy z robakiem, który znalazł się na drodze i niepokoi się o swoje życie, słysząc turkot nadjeżdżającego wozu. Wjasa poucza go, że bardziej niż utraty życia powinien lękać się nieprawości i zamiast myśleć o tym, jak ratować swoje życie, powinien myśleć o tym, jak uwolnić się od grzechów, z powodu których narodził się na ziemi na bardzo niskim poziomie istnienia odziany w formę robaka.

W części drugiej Anusasana Parvy często powraca się do tematu *karmy*. Wiara w moc *karmy* i prawo reinkarnacji jest potężnym motywem skłaniającym ludzi do dobrych (religijnych) działań. Dobre postępowanie za życia jest tu widziane nie tylko jako droga prowadząca do nieba, gdzie pobyt nie jest wieczny, ale przede wszystkim za drogę budowania dla siebie lepszego losu w przyszłym ponownym życiu na ziemi. Mniej lub bardziej szczegółowych instrukcji na temat dobrego postępowania dostarczają szczególnie opowieści 226, 227, 229 i 234, 237. Wyróżnia się tu różne drogi dobrego postępowania które przynoszą ludziom poprawę losu w kolejnym życiu: nieranienie, wykonywanie wedyjskich rytów, medytacje, ujarzmianie zmysłów, umartwienia, posłuszeństwo i służba na rzecz rodziców i nauczycieli. Opowieści te obfitują w opisy wielu indywidualnych przypadków poprawy swego losu i zdobycia wyższej formy dzięki swym przeszłym dobrym czynom. Opowieść 234 z kolei mówi o rozmowie między bogami, Ojcami i mędrcami na temat religijnych misteriów, które nie są powszechnie znane, a których wykonanie przynosi osobie sukces, a opowieść 237 przedstawia rozmowę Śiwy z Umą na temat rozmaitych reguł religijnego postępowania zarówno tych, które są właściwe dla poszczególnych grup ludzi, jak i tych, które odnoszą się do wszystkich. Rozmowy przedstawione w opowieściach 234 i 237 są prezentowane jako relacjonowane Kryszne przez Naradę w czasie ich pobytu na górze Himawat z intencją uczynienia tej wiedzy dostępną dla ludzi.

Jeśli chodzi o dobre postępowanie, to na szczególną uwagę zasługują opowieści 222 oraz 228, które dotyczą natury religijnych umartwień. Zostaje wyraźnie stwierdzone, że celem religijnych umartwień jest rozwijanie swojej zdolności do samo-dyscypliny i samo-kontroli (opow. 222). Za najlepszą formę umartwień uważa się ściśle zdefiniowaną praktykę postów, gdzie liczne szczegółowe reguły dotyczą ilości posiłków w ciągu dnia, ilości dni uprawiania postu, jak i tego w jakie szczególne dni i godziny miesiąca i roku należy praktykować post (opow. 228). Posty te w większości mają względnie łagodną formę i unikają maltretowania swojego ciała, gdyż, jak już była o tym mowa, ich celem jest rozwijanie w tym, kto je praktykuje, nawyku przestrzegania nakazów i prawości.

W tym kontekście interesująca jest wysoko kontrowersyjna wizja kobiet prezentowana na samym początku części drugiej Anusasana Parvy (opow. 211). Tak jak o ludziach w ogóle mówi się często w *Mahabhracie*, że mają naturalną skłonność do prawego postępowania, tak o kobietach mówi się tutaj, że mają naturalną skłonność do zbaczania ze ścieżki Prawa i łamania nakładanych na nie ograniczeń. Stwierdza się, że kobiety są z natury grzeszne i leżą u korzeni wszystkich popełnianych przez ludzi grzechów. Są wierne swym mężom i nie łamią Prawa tylko wtedy, gdy brakuje im zachęty ze strony innych mężczyzn. Są trudne do zrozumienia i nie można ich utrzymać w posłuszeństwie przy pomocy uczuć. Na samym początku kobiety wypłynęły z tego samego źródła, co wszyscy ludzie i oryginalnie były z natury prawe i zdolne do samo-ograniczeń i kierowania się w swym działaniu ku boskości, lecz już po ich stworzeniu Brahma wszczepił w nie ich wszystkie wady. Uczynił to na prośbę bogów, którzy bali się, że ludzie będą z nimi rywalizować o ich boską pozycję. Wszczepił w nie żądzę cielesnej przyjemności i w ten sposób uczynił z nich narzędzie niszczące prawość ludzi. Ze względu na naturę kobiet skłanianie ich do prawego postępowania wymaga specyficznych dla nich środków. Środki te ilustruje się, cytując opowieść o braminie Wipuli, który znalazł sposób na zmuszenie żony swego nauczyciela do samo-dyscypliny i ochronił ją w ten sposób przed zejściem ze ścieżki prawości. Bramin ten wszedł do jej ciała z pomocą swej jogi i opanowując jej zmysły i organ mowy, spowodował, że zamiast odpowiedzieć słodką mową na zaloty Indry, do czego skłaniała ją jej własna naturą, wypowiedziała wyszukane słowa, które włożył w jej usta Wipula i które bardzo speszyły Indrę. W ten sposób wyszukany i kulturowo zdeterminowany język narzucony jej przez Wipulę obronił ją przed uleganiem swej naturze.

Łatwo zauważyć, że w części drugiej Anusasana Pravy, czyli Księgi Instrukcji, mnoży się od opisów reguł i nakazów dotyczących właściwego postępowania. Dwie kolejne opowieści (opow. 212 i 213), następujące po opisie natury kobiet i metod skłaniania ich do prawości i samo-kontroli, przedstawiają reguły odnoszące się małżeństwa i dziedziczenia majątku. Znalezienie męża dla swej córki należy do obowiązków ojca, choć w sytuacji, gdy ojciec nie może znaleźć dla niej odpowiedniego kandydata, córka może sama zająć się takimi poszukiwaniami. Stwierdza się tu wyraźnie, że ojciec, szukając męża dla córki, powinien przede wszystkim szukać takiego kandydata, który byłby dla niej odpowiedni, gdyż związek mężczyzny z kobietą jest subtelny, będąc związany z przeznaczeniem i *karmą*, i w związku z tym wymaga szczególnej troski. Wyróżnia się pięć typów małżeństwa ze względu na istnienie różnych procedur dobierania małżonków. Procedury te mogą włączać obietnicę małżeństwa, lecz równocześnie różne reguły mówią o tym, kiedy można takiej obietnicy nie dotrzymać bez popełnienia grzechu. Obietnica małżeństwa nie jest tożsama z utworzeniem małżeńskiego związku mężczyzny z kobietą, gdyż małżeństwo, aby stać się faktem, wymaga wykonania odpowiedniego małżeńskiego rytu. Związek małżeński jest widziany nie tylko jako środek umożliwiający realizowanie religijnych obowiązków wyznaczonych dla domowego trybu życia, ale również właściwym środek do czerpania przyjemności wynikającej z połączenia mężczyzny z kobietą.

Jeśli chodzi o prawa dziedziczenia (opow. 213) w rodzinie, to zależą one zarówno od kasty, jak i płci, wieku oraz biologicznego związku potomstwa z ojcem. Zarówno bramini jak wojownicy mogą mieć kilka żon pochodzących z różnych kast. W konsekwencji ich potomstwo może mieć różną przynależność kastową zdeterminowaną przynależnością kastową matki i może podlegać odmiennym zasadom podziału majątku niż wówczas ich matka pochodzi z tej samej kasty, co ojciec. Potomstwo rodziców pochodzących z różnej kasty, zrodzone w małżeństwie lub poza małżeństwem, zasila kasty mieszane, które różnią się między sobą swymi obowiązkami, wykonywanym zawodem i miejscem w hierarchicznie uporządkowanym porządku społecznym. Twierdzi się, że ludzi urodzonych z nieczystych związków można poznać nie tylko po szczególnym zawodzie, ale również po inklinacji do nieprawych czynów. Synów dzieli się na różne kategorie w zależności od charakteru ich relacji z ojcem, na przykład w zależności od tego, czy narodził się z jego nasienia, czy też czy z czyjegoś innego nasienia, został spłodzony przez osobę specjalnie o to poproszoną czy też jest synem jego żony, urodzonym w domu jej ojca, gdy była jeszcze panną.

Niektóre opowieści zawarte w drugiej części Anusasana Parvy odchodzą od tematu instrukcji i powracają do mitycznych wydarzeń, wspominanych już wielokrotnie we wcześniejszych partiach *Mahabharaty*, dostarczając nowych wyjaśnień i uzupełnień. Należą do nich opowieści 215, 219, 241 i 243. Opowieść 215 powraca do opisu odległych wydarzeń, które umożliwiły królowi Wiśwamitrze zdobycie pozycji bramina za życia i były odpowiedzialne za to, że Paraśurama, choć narodził się jako bramin postępował jak wojownik. Opis tych wydarzeń zdaje się być w jakimś sensie na miejscu, gdyż wyjaśnia, jak możliwy stał się ten wyjątek od reguły, że za życia można się starać o zmianę swej przynależności kastowej w przyszłym życiu, ale aktualnie nie można zmienić kasty, w której ktoś się urodził. Urodzenie jest bowiem tym, co w aktualnym życiu decyduje o przynależności kastowej. Opowieść 219 powraca do opisu narodzin boga wojny i chorób Skandy, i wyjaśnia pochodzenie i naturę złota, które tak jak Skanda narodziło się z nasienia Agni, będącego oryginalnie nasieniem Śiwy, i które jest uważane za jeden z najcenniejszych darów. Opowieść 241 mówi o rozmowie boga wiatru z królem Kartawirją, znanym już z wcześniejszych partii *Mahabharaty*, który zapominając o tym, że swoją moc zdobył dzięki darowi bramina, miał skłonność do popadania w pychę z powodu swej siły i dowodzenia wyższości wojowników nad braminami. Oburzony jego postawą watr wychwala potęgę braminów i ich wyższość w stosunku do wojowników, uwalniając Kartawirję od jego pychy. Opowieść 243 kontynuuje wychwalanie potęgi braminów i ma na celu ukazanie, że posłuszeństwo braminom przynosi pomyślność. Opowieść ta jest opowiadaniem Kryszny o tym, jak gościł u siebie gniewnego bramina Durwasasa uważnego za inkarnację gniewu Śiwy i jak służył mu, spełniając wszystkie jego życzenia. Zgodził się nawet bez gniewu czy oburzenia na to, aby zaprząc swoją delikatną żonę do rydwanu, w którym bramin Durwasasa udał się na ulice miasta oraz na posmarowanie swojego i swej małżonki ciała *pajasą*, która była resztkami jedzenia przygotowanego dla bramina. W końcu zadowolony z pokory Kryszny Durwasasa uczynił jego ciało posmarowane *pajasą* niezniszczalnym przez żadną broń. Jedynie spodnia część jego stóp, których Kryszna nie posmarował *pajasą*, nie została objęta tym darem. Opowieść ta kończy się rozważaniami dotyczącymi form i energii Śiwy, której ucieleśnieniem był bramin Durwasasa.

Opowieści 236, 238, 239, 242, znajdujące się w końcowej partii księgi XIII części drugiej, jak i opowieść 220, w której Agni jest opisywany jako ten, który jest wszystkimi bogami w jednym i ma złoto za swój substytut, mają charakter bardziej teologiczny. Opowieść 236 opisuje w sposób metaforyczny energię Wisznu i Śiwy, a opowieści 238 i 242 wychwalają wielkość Kryszny Wasudewy, zalecając oddawanie mu czci poprzez recytowanie tysiąca imion Wisznu przedstawionych w opowieści 239. Recytowanie świętych imion jest wysoce cenionym sposobem religijnego postępowania. Tak jak tutaj wychwala się Wisznu, powtarzając jego tysiąc imion, tak w części pierwszej Anusasana Parvy wychwalało się Śiwę, recytując jego tysiąc imion. Zaleca się także recytowanie świętych imion bogów, mędrców, królów, jogi, *sankhji*, *ghee* i *Brahmana*, co zostało zarządzone przez Sawitri (opow. 241) i zostało zawarte w dwudziesto-cztero sylabowej mantrze *Gajatri*.

Gdy Bhiszma milknie po udzielaniu Pandawom ostatnich nauk na temat prawości (opow. 244), Judhiszthira ze swoimi braćmi, jak i inni, którzy zgromadzili się na polach Kurukszetry przy jego łożu ze strzał, wracają do Hastinapury, gdzie Judhiszthira podejmuje swoje królewskie obowiązki, a gdy nadchodzi wyznaczony przez Bhiszmę czas jego śmierci, udaje się w swym królewskim orszaku z powrotem na pola Kurukszetry, aby pożegnać Bhiszmę i wykonać dla niego pogrzebowe ryty. Księga XIII kończy się opisem śmierci Bhiszmy, którego dusza udaje się do nieba (opow. 245).

Opowieść 211
O naturze kobiet

1. O odwiecznych wadach kobiet i ich skłonności do opuszczania ścieżki prawości; 2. O tym, jak Brahma obdarzył kobiety ich wadami; 3. O tym, jak Wipula obronił żonę swego nauczyciela przed zejściem ze ścieżki prawości; 4. O tym, jak Wipula został zmuszony do przemyślenia tego, czy broniąc Ruczi przed grzechem, sam nie popełnił grzechu.

> Bhiszma rzekł: „O Judhiszthira, mówi się, że cała rasa ludzka ma prawą naturę i swym postępowaniem jest zdolna do zdobycia statusu bogów. Fakt ten jednak bardzo niepokoił bogów, którzy zaczęli obawiać się utraty swej pozycji. Udali się więc wszyscy razem przed oblicze dziadka wszechświata ... Potężny Brahma poznawszy, co leży im na sercu, stworzył kobiety z pomocą rytu atharwan, który jest wykonywany w celu zniszczenia niewidzialnego wroga. Podczas poprzedniego stwarzania wszystkie kobiety był prawe. Obecnie jednak zostały stworzone przez Brahmę z pomocą ułudy i wszystkie stały sie grzeszne. ... Po stworzeniu Żądzy i Gniewu obdarzył je żądzą cielesnej przyjemności".

(*Mahābhārāta*, Anusasana Parva, Part 2, Section XL)

1. O odwiecznych wadach kobiet i ich skłonności do opuszczania ścieżki prawości

Judhiszthira rzekł: „O Bhiszma, chciałbym teraz posłuchać o naturze kobiet. Mówi się, że kobiety są u korzeni wszelkiego zła, że są niezwykle słabe i lekkomyślne, i łatwo schodzą ze ścieżki prawości. Powiedz mi, czy jest tak naprawdę?"

Bhiszma rzekł: „O Judhiszthira, w odpowiedzi na to pytanie posłuchaj starej opowieści o rozmowie między riszim Naradą i niebiańską kurtyzaną o imieniu Pańcacuda, która, choć sama była kobietą, chcąc mówić prawdę, opowiedziała Naradzie o słabości tkwiącej w naturze kobiet.

Pewnego dnia w odległych czasach Narada, wędrując jak zwykle po wszystkich światach, spotkał piękną apsarę Pańcacudę, która zamieszkiwała w regionie Brahmy. Patrząc na jej ciało o bezbłędnej urodzie, rzekł: 'O ty o wąskiej talii, proszę cię, wytłumacz mi coś i pomóż mi w ten sposób w pozbyciu się wątpliwości, która zrodziła się w moim umyśle'.

Pańcacuda rzekła: 'O Narada, pytaj. Jeżeli zapytasz mnie o coś, o czym wiem i uznasz mnie za kompetentną w tej sprawie, powiem tobie, co myślę'.

Narada rzekł: 'O przemiła, nie poprosiłbym cię o wyjaśnienie mi czegoś, co przekraczałoby twoje kompetencje. Chciałbym, abyś mi wyjaśniła, jaka jest natura kobiet'.

Apsara Pańcacuda rzekła: 'O Narada, wprowadzasz mnie w zakłopotanie, gdyż będąc sama kobietą, nie mogę mówić o kobietach źle. Sam doskonale znasz kobiety i wiesz wszystko o ich skłonnościach, nie powinieneś więc mnie o to pytać'.

Narada rzekł: 'O ty o wąskiej talii, to, co mówisz, jest prawdą. Jeżeli jednak chce się uniknąć grzechu, gdy zna się odpowiedź na zadane pytanie, należy na nie odpowiedzieć, mówiąc tylko to, co jest prawdą'.

Słysząc te słowa mędrca Narady, piękna apsara zgodziła się odpowiedzieć na jego pytanie, opisując prawdziwie odwieczne wady kobiet.

Pańcacuda rzekła: 'O Narada, kobiety mają skłonność do zbaczania ze ścieżki Prawa. Mówi się, że nawet te, które są piękne, wysoko urodzone i mają swych opiekunów, są skłonne do łamania nałożonych na nie ograniczeń. Ta ich słabość naprawdę je plami. Z tego też powodu mówi się, że kobiety są z natury grzeszne. Zaiste, mówi się, że są u korzeni wszystkich grzechów popełnianych przez ludzi. Zresztą sam o tym doskonale wiesz!

Nawet te kobiety, które mają sławnych, przystojnych i bogatych mężów całkowicie im oddanych, są gotowe do lekceważenia ich i porzucania swych obowiązków, gdy pojawi się okazja. My kobiety mamy grzeszną skłonność do porzucania skromności i przebywania w towarzystwie mężczyzn, którzy mają złe intencje i grzeszne nawyki. Lubimy tych mężczyzn, którzy się do nas zalecają, szukają naszej obecności i są skłonni do służenia nam na najmniejsze skinienie.

Mówi się, że kobiety skłonne z natury do łamania wszelkich ograniczeń, nie łamią ich i stoją u boku swych mężów tylko z powodu braku zachęty ze strony osoby odmiennej płci lub z lęku przed krewnymi. Nie ma nikogo, komu odmówiłby swej łaski. Nie biorą nawet pod uwagę wieku osoby, którą faworyzują. Są gotowe obdarzać swym towarzystwem zarówno tego, kto jest brzydki, jak i tego, kto jest przystojny, byleby był przeciwnej płci. To, że pozostają wierne swym mężom, nie wynika z lęku przed grzechem, współczucia czy miłości do dzieci i rodziny. Nawet te kobiety, które żyją na łonie szanowanych rodzin, zazdroszczą warunków życia innym, które są młode, zdobią się klejnotami i prowadzą nieskrępowane niczym życie. Nawet te, które są kochane przez mężów i traktowane przez nich z wielkim szacunkiem, są skłonne do obdarowywania swymi łaskami innych mężczyzn, choćby garbatych, ślepych, idiotów i karłów. Kobiety zdają się lubić towarzystwo nawet tych mężczyzn, którzy stracili możliwość ruchu lub są wyjątkowo odrażający fizycznie! Na tym świecie nie ma takiego mężczyzny, którego uważałyby za niegodnego ich towarzystwa. Nie przekraczają sformułowanych dla nich zakazów jednie ze strachu przed śmiercią, więzieniem, krewnymi lub z braku dostępu do osób przeciwnej płci.

Kobiety nie potrafią znaleźć spokoju i bez przerwy tęsknią za nowym męskim towarzystwem. Ich natura jest niezrozumiała i dlatego nie sposób utrzymać je w posłuszeństwie przy pomocy uczuć. To z racji swej natury nie poddają się kontroli, gdy nastawią się na grzech. Są równie trudne do zrozumienia, jak słowa mędrca. Tak jak ogień nie ma nigdy dość paliwa, ocean nie nigdy dość wód, które wlewają weń rzeki, a Niszczyciel niszczonych przez siebie żywych istot, tak kobiety nie mają nigdy dość mężczyzn. Taka jest tajemnica kobiet. Na widok przystojnego i pełnego czaru mężczyzny ukazują natychmiast wszystkie symptomy żądzy. Nie mają dość szacunku nawet dla takiego męża, który spełnia wszystkie ich zachcianki, czyni tylko to, co sprawia im przyjemność i ochrania je przed niebezpieczeństwem. Męskie towarzystwo cenią sobie wyżej od klejnotów i innych przyjemności. Niszczyciel, bóg wiatru, śmierć, podziemne regiony, plująca ogniem głowa klaczy płynąca przez ocean, ostrość noża, jad węża i ogień istnieją w stanie jedności z kobietami. Zaiste, trudno utrzymać kobiety na ścieżce Prawa. Choć wypłynęły z tego samego źródła, wiecznego *Brahmana*, z którego wypłynęło pięć «wielkich» elementów i skąd wypłynęli ludzie, w momencie, w którym zostały stworzone, zostały w nie wszczepione wszystkie ich wady. Tak mówią mędrcy'".

2. O tym, jak Brahma obdarzył kobiety ich wadami

Judhisztira rzekł: „O Bhiszma, wszyscy mężczyźni na tym świecie dają się opętać iluzji stwarzanej przez Najwyższe Bycie i przywiązują się do kobiet. Podobnie kobiety przywiązują się do mężczyzn. Zjawisko to jest powszechne we wszechświecie. W kontekście tego, co powiedziałeś o wadach kobiet, w moim umyśle zrodziły się wątpliwości. Dlaczego mężczyźni przywiązują się do kobiet pomimo ich wad? Jakich mężczyzn kobiety lubią i jakich nie lubią? W jaki sposób mężczyźni mogą ochraniać kobiety przed uleganiem ich własnej naturze? Dlaczego mężczyźni szukają z nimi kontaktu i wiążą się z nimi, skoro one ich oszukują i zwodzą? Jak mężczyzna wpadnie w sidła kobiety, to trudno mu się z nich wyzwolić! Kobiety wpływają na wszystkich nowo poznanych mężczyzn, jeden po drugim. Oczarowują ich iluzją będącą sumą iluzji należącej do asurów Samwary, Namuczi, Kumbhinasi i Wali. Gdy mężczyzna się śmieje, kobieta się śmieje, gdy mężczyzna płacze, kobieta płacze. Gdy wymaga tego okazja, oczarowują tego, który jest nieprzyjemny, z pomocą przyjemnych słów. Łatwo zauważyć, że nauki o polityce, których Brihaspati nauczał bogów, a Śukra asurów, nie sięgają głębiej i nie są bardziej wyrafinowane od tego, co w sposób naturalny rodzi kobieca inteligencja!

Zaiste, czy istnieje sposób na to, aby mężczyźni mogli poddać kontroli kobiety? One z prawdy robią fałsz, a z fałszu prawdę. Skoro są do tego wszystkiego zdolne, jakże poddać je kontroli? Bez względu na to, czy są traktowane przez mężczyzn z szacunkiem czy z pogardą, zdają się mieszać im w głowie i agitują ich serca. Jestem przekonany, że wielcy myśliciele rozwinęli naukę o polityce, bazując na obserwacji rozumowania kobiet!

O żywych istotach mówi się, że są z natury prawe, bo w swym działaniu są zdolne do kierowania się ku boskości, jak jednak pogodzić to z faktem zachowania kobiet w stosunku do mężczyzn, na które nie ma wpływu to, jak są przez nich traktowane? Jeżeli jest tak, jak mówisz, to jaki mężczyzna zdoła utrzymać je na ścieżce prawości? Powiedz mi, czy możliwe jest zmuszenie kobiet do podążania za nakazami pism i czy udało się to kiedykolwiek jakiemuś mężczyźnie?"

Bhiszma rzekł: „O Judhiszthira, jest tak, jak mówisz. Zanim jednak odpowiem na twoje pytanie i opowiem tobie o tym, w jaki sposób bramin Wipula zdołał skłonić żonę swojego nauczyciela do prawego działania, posłuchaj mojej opowieści o tym, jak Brahma stworzył kobiety i w jakim celu obdarzył je wszystkimi wspomnianymi wadami. Nie ma niczego, co wiązałby się silniej z grzechem niż kobieta. Kobieta jest jak płonący ogień, jest iluzją, którą stworzył asura Maja. Jest ostra jak brzytwa i zabójcza jak jad węża. Zaiste, jest tym wszystkim połączonym w jedno. Posłuchaj, w jaki sposób został stworzony taki charakter kobiet.

Jak sam wspomniałeś, cała rasa ludzka od momentu stworzenia została wyposażona w prawą naturę i swym postępowaniem jest zdolna do zdobycia statusu bogów. Fakt ten jednak od dawna bardzo niepokoił bogów, którzy zaczęli obawiać się utraty swej pozycji. Udali się więc wszyscy razem przed oblicze dziadka wszechświata Brahmy i po wyjaśnieniu mu z czym przyszli, stali przed nim w milczeniu ze spuszczonymi oczami. Potężny Brahma poznawszy, co leży im na sercu, stworzył kobiety za pomocą rytu *atharwan*, który jest wykonywany w celu zniszczenia niewidzialnego wroga. Podczas poprzedniego stwarzania wszystkie kobiety był prawe, obecnie jednak zostały stworzone przez Brahmę za pomocą ułudy i wszystkie stały sie grzeszne. Przydzielił im łoża, ozdoby, słabość do nieprzyjemnych słów i fizycznej miłości oraz pozbawił je wszystkiego, co jest prawe. Po stworzeniu Żądzy i Gniewu obdarzył kobiety żądzą cielesnej przyjemności. Kuszone przez pragnienie cielesnej przyjemności zaczęły szukać kontaktu z mężczyznami, którzy ulegając wpływowi Żądzy i Gniewu, zaczęli szukać towarzystwa kobiet.

W tamtych czasach kobietom nie zostały jeszcze przydzielone żadne specjalne działania, gdyż właściwe nakazy nie zostały jeszcze sformułowane, nie było więc nic, co mogłoby skierować je na ścieżkę prawości. Pisma stwierdzały jedynie, że zmysły kobiet są bardzo potężne, że nie ma pism dostarczających właściwych wskazówek, za którymi mogłyby podążać i że żyją w fałszu. Sam Stwórca był niezdolny do narzucenia im jakichkolwiek ograniczeń, a tym bardziej mężczyźni. Mędrcy opowiadają jednak między sobą o żyjącym w odległych czasach braminie o imieniu Wipula, który znalazł sposób na to, aby zmusić żonę swego nauczyciela do samodyscypliny i ochronić ją przed zejściem ze ścieżki prawości. Posłuchaj tego opowiadania".

3. O tym, jak Wipula obronił żonę swego nauczyciela przed zejściem ze ścieżki prawości

Bhiszma kontynuował: „O Judhiszthira, w dawnych czasach żył na ziemi wielce błogosławiony riszi o imieniu Dewasarman, który cieszył się wielką sławą. Jego żona o wielkiej urodzie miała na imię Ruczi. Swym pięknem odurzała każdego, kto ją zobaczył, włączając w to bogów, gandharwów i danawów. Szczególnie Indra był nią oczarowany i bardzo jej pożądał. Riszi Dewasarman był w pełni świadomy natury kobiet i w ramach swej mocy i energii próbował ochronić swą żonę przed wpływem zła. Z drugiej strony, wiedział również, że Indra nie ma żadnych skrupułów, jeśli chodzi o szukanie towarzystwa kobiet, które są czyimś żonami i dlatego próbował ochraniać swą żonę szczególnie przed kontaktem z Indrą.

Pewnego dnia riszi Dewasarman, który zgromadził wielką ascetyczną moc, chciał udać się do dżungli, aby wykonać rytuał ofiarny. Zaczął więc rozmyślać nad tym, jak ochronić swą żonę przed kontaktem z Indrą podczas swojej nieobecności. W końcu znalazł zadowalające go rozwiązanie. Przywołał do siebie swego ulubionego ucznia, bramina Wipulę z rodu Bhrigu, i rzekł: 'O Wipula, muszę opuścić dom, aby móc wykonać rytuał ofiarny, lecz niepokoję się o swoją żonę, której uroda budzi w Indrze ogromną żądzę. Ochraniaj ją przed Indrą z całą swoją mocą i bądź bardzo uważny, gdyż Indra potrafi przybrać każdą możliwą formę'.

Asceta Wipula o splendorze ognia i słońca, który miał zawsze zmysły pod kontrolą, był prawdomówny, znał pisma i praktykował umartwienia, rzekł: 'O wielki mędrcu, niech tak się stanie! Powiedz mi jednak, w jakich formach pojawia się Indra? Z czego zrobione jest jego ciało i na czym polega jego energia?'

Dewasarman rzekł: 'O Wipula, potężny Indra ma wielką moc stwarzania iluzji. Przybiera formy, jakie tylko zechce. Czasami nosi na głowie koronę, w uszach kolczyki, a w dłoni trzyma piorun, kiedy indziej pojawia się w formie czandali. Czasami jego głowę zdobią królewskie kędziory, a kiedy indziej jego włosy są zmierzwione i odziewa się w łachmany. Czasami jest olbrzymi i piękny, kiedy indziej przekształca się w kogoś o wychudzonych kończynach. Czasami jest jasny w kolorycie, kiedy indziej ciemny. Czasami jest piękny, kiedy indziej brzydki. Czasami jest młody, kiedy indziej stary. Czasami ma formę bramina, kiedy indziej wojownika, waiśji, szudry lub osoby z kasty mieszanej. Czasami ukazuje się w formie papugi, kiedy indziej łabędzia lub ptaka *kokila*. Czasami przybiera formę lwa, kiedy indziej tygrysa lub słonia. Czasami ukazuje się w formie boga, kiedy indziej w formie króla lub demona asury. Czasami zdaje się być gruby i pulchny, kiedy indziej przybiera formę wiatru lub pojawia się z kończynami połamanymi przez porywisty wiatr i jest bardzo brzydki. Czasami przybiera formę czworonoga lub kogoś całkowicie pozbawionego rozumu, kiedy indziej formę much i komarów. W rezultacie przyjmowania tych rozlicznych form nikt nie potrafi go rozpoznać i nawet sam Stwórca wszechświata nie potrafi mu w tej umiejętności dorównać. Jak zechce, staje się niewidzialny i można go zobaczyć jedynie z pomocą oka wiedzy'.

Dewasarman zakończył, mówiąc: 'O Wipula, pamiętaj więc o tym, że Indra ciągle zmienia formy i mając to na uwadze, ochraniaj przed nim moją piękną żonę z największą troską. Nie pozwól, aby ją zanieczyścił, tak jak pies, który liże oczyszczone masło przygotowane do ofiary'.

Wipula pouczony w ten sposób przez swego nauczyciela, który opuścił dom, aby wykonać zamierzony rytuał ofiarny i zostawiał swą żonę pod jego opieką, zaczął rozmyślać nad tym, co powinien uczynić. Myślał: 'Muszę wykonać rozkaz mojego nauczyciela i za wszelką cenę ochronić jego żoną przed Indrą. Jak mam to jednak uczynić? Jakich użyć środków? Jak obronić ją przed ogromną mocą stwarzania iluzji, którą posiada Indra i której bardzo trudno się oprzeć? Nie sposób ogrodzić przed nim tego domostwa, bo jest zdolny do przybrania każdej formy, łącznie z formą wiatru i zdoła przekroczyć każde ogrodzenie. Najlepiej będzie, jak dzięki mocy mej jogi wejdę do ciała żony mego nauczyciela całym swym ciałem i pozostanę tam aż do czasu jego powrotu. W żaden inny sposób nie zdołam obronić jej przed Indrą. Muszę tak uczynić, bo inaczej mój nauczyciel przeklnie mnie, widząc swą małżonkę dotkniętą przez Indrę. Jego małżonki nie sposób ochraniać, tak jak zwykły człowiek ochrania inne kobiety przed uleganiem swej naturze, gdyż zwykłym sposobem nie można ochronić nikogo przed iluzją stwarzaną przez Indrę! Biada mi, znalazłem się w prawdziwie krytycznej sytuacji. Muszę być posłuszny rozkazowi nauczyciela, lecz jak go wykonać bez popełniania grzechu? Muszę uciec się do mocy swej jogi. Gdy ochronię jego małżonkę przed Indrą, krępując jej zmysły mocą swej jogi, wszyscy uznają mój czyn za wspaniały. Tak jak kropla wody, przebywając na liściu lotosu, go nie moczy, tak ja z pomocą swej jogi wejdę do jej ciała, nie dotykając jej. Wolny od skazy namiętności nie popełnię tym czynem grzechu. Zamieszkam w ciele żony mojego nauczyciela, tak jak wędrowiec zamieszkuje na noc w pustym domu, który napotyka podczas swej podróży. Zaiste, z umysłem zatopionym w jodze zamieszkam w jej ciele'

Jak pomyślał, tak uczynił. Myśląc o *Wedach* i ich odgałęzieniach oraz o zasługach, które zarówno jego nauczyciel, jak i on sam zebrali swą ascezą, po osadzeniu się mocno w swym umyśle, mocą swej jogi wszedł do ciała żony swego nauczyciela, mając na celu wyłącznie jej ochronę przed Indrą. Posłuchaj mojej recytacji o tym, jak to uczynił.

Wielki asceta Wipula przystąpił do realizacji swego celu z wielką troską. Obdarzony siłą płynącą z umartwień usiadł u boku małżonki swego nauczyciela o bezbłędnej urodzie i rozpoczął z nią rozmowę dotyczącą prawości i Prawdy. Kierując wzrok ku jej oczom i łącząc promienie światła emanujące z jej zmysłu wzroku z tymi, które emanowały z jego oczu, wszedł do jej ciała w swej subtelnej formie, tak jak element wiatru łączy się z elementem przestrzeni. Zanurzając swe oczy w jej oczach i swoją twarz w jej twarzy, pozostawał wewnątrz niej w całkowitym bezruchu, jak jej cień. Trzymając w ryzach każdą część jej ciała, nie opuszczał jej, chcąc w ten sposób ochraniać ją przed Indrą. Ona sama nie była jednak tego wszystkiego świadoma, choć pozostawał w niej w ten sposób aż do momentu, gdy jej małżonek powrócił do domu, zakończywszy szczęśliwie swój rytuał ofiarny.

Tymczasem Indra wiedząc, że riszi Dewasarman wyruszył do lasu w celu wykonania ofiary, przybrał niezwykle piękną, cieszącą oczy formę wysoce kuszącą dla kobiet i udał się do jego pustelni myśląc, że wreszcie nadeszła właściwa chwila na podjęcie próby uwiedzenia jego żony. Gdy wszedł do domostwa, zobaczył ciało bramina Wipuli w pozycji siedzącej, nieruchome jak kłoda o oczach pozbawionych wizji, przypominające obraz namalowany na płótnie. Zobaczył tam również siedzącą Ruczi o pięknych oczach, pełnych biodrach i nabrzmiałych piersiach. Jej oczy były jak płatki lotosu, a twarz równie piękna i słodka jak księżyc w pełni. Widząc Indrę, chciała powstać na jego powitanie i zaciekawiona jego piękną formą chciała zapytać, kim jest. Choć bardzo tego pragnęła, nie mogła się poruszyć skrępowana przez Wipulę, który przebywał w jej ciele. Indra rzekł głosem pełnym słodyczy: 'O ciemnobrewa o słodkim uśmiechu, przybyłem tu specjalnie do ciebie! Jestem Indrą i przybywam tutaj, mając na uwadze twoje dobro'.

Słowa Indry usłyszał również asceta Wipula, który będąc w jej ciele widział i słyszał wszystko tak jak ona. Ruczi o bezbłędnej urodzie słyszała słowa Indry, lecz skrępowana przez Wipulę nie mogła powstać na jego powitanie. Ze zmysłami skrępowanymi przez Wipulę nie mogła również wypowiedzieć żadnego słowa w odpowiedzi. Wipula, potomek Bhrigu o potężnej energii, zdołał więc faktycznie mocą swej jogi poddać kontroli jej członki i zmysły. Związał jej zmysły więzami swej jogi.

Indra widząc, że jego obecność nie robi na niej wrażenia, choć nieco się speszył, raz jeszcze rzekł do niej: 'O piękna, chodź tu, chodź'. Ruczi próbowała odpowiedzieć, lecz Wipula skrępował jej słowa, które chciała wypowiedzieć i spowodował, że zamiast tego, co chciała, powiedziała: 'O Indra, jaki jest powód twojej wizyty?' Wypowiedziane przez jej piękne usta słowa były doskonałe w swej gramatycznej konstrukcji i wyrafinowaniu. Ona jednak wypowiadając te słowa należące do kogoś innego, czuła się zawstydzona.

Indra z kolei słysząc te słowa, stracił cały swój animusz. Mając ciało ozdobione tysiącem oczu, obserwując tę niezręczną sytuację swym duchowym wzrokiem, widział wszystko. Zobaczył więc ascetę Wipulę, który przybywał w ciele tej bramińskiej żony. Asceta ten, przebywając w ciele żony swego nauczyciela, był jak obraz lub odbicie zatrzymane w lustrze. Widząc tego ascetę, który nagromadził ogromną duchową moc swymi umartwieniami, zadrżał z lęku przed jego klątwą.

W tym samym momencie Wipula opuścił ciało żony swego nauczyciela, powrócił do swojego ciała i stamtąd rzekł, zwracając się do Indry: 'O ty o niegodziwej duszy i grzesznym umyśle, nie myśl, że ludzie i bogowie będą wiecznie oddawać ci cześć. Czyżbyś zapomniał już o klątwie mędrca Gautamy, w rezultacie której całe twoje ciało zostało oszpecone przez tysiąc znaków żeńskiej płci (*wulwa*), które później litościwy riszi przekształcił w oczy? Twoje rozumowanie jest niemądre, dusza nieczysta, a umysł chwiejny. Ta kobieta, którą próbowałeś skłonić do grzechu i która jest żoną mojego nauczyciela, jest bardzo starannie przeze mnie chroniona. Wróć tam, skąd przyszedłeś! Współczuje tobie i tylko dlatego nie spaliłem cię jeszcze na popiół swoją energią! Mój nauczyciel o ogromnej energii zdobył ogromną moc. Gdyby zobaczył cię tutaj, spaliłby cię samym swym wzrokiem. Nie czyń tego więcej! Zamiast uwodzić bramińskie żony, oddawaj cześć braminom, darząc ich szacunkiem i uważaj, aby nie zniszczyli ciebie i całej twej rodziny swą energią! Ulegasz iluzji i wydaje ci się, że jesteś nieśmiertelny i wszystko ci wolno. Nie lekceważ braminów, gdyż nie istnieje nic, czego nie można zdobyć ascezą.'

Indra, zawstydzony słowami Wipuli, nie powiedział nic, stał się niewidzialny i zniknął. Niedługo po tym wydarzeniu Dewasarman powrócił do domu, ukończywszy szczęśliwie swój rytuał i jego uczeń Wipula oddał mu w opiekę jego bezgrzeszną żonę, którą tak skutecznie obronił przed podstępnym Indrą. Ze spokojną duszą i pełen szacunku dla swego nauczyciela oddał mu cześć, stojąc przed nim bez lęku, a gdy jego nauczyciel odpoczął i usiadł obok swej małżonki, opowiedział mu o odwiedzinach Indry, zadowalając go bardzo swym postępowaniem, postawą i dyscypliną. Wielki riszi Dewasarman widząc, jak jest niezachwiany w swej prawości i jak bardzo jest mu oddany, wychwalał go, mówiąc: 'O uczniu, wspaniale, wspaniale!' Obdarował go też darem, że nigdy nie zboczy ze ścieżki Prawa".

4. O tym, jak Wipula został zmuszony do przemyślenia tego, czy broniąc Ruczi przed grzechem, sam nie popełnił grzechu

Bhiszma kontynuował: "O Judhiszthira, riszi Dewasarman razem ze swą małżonką opuścił wkrótce swą pustelnię i udał się do dżungli, gdzie praktykując umartwienia, żył samotnie całkowicie wolny od lęku przed Indrą. Bramin Wipula o wielkiej duchowej energii opuścił za zgodą nauczyciela jego dom i oddał się praktykowaniu surowych umartwień, aż w końcu uznał, że zgromadził wystarczająco dużo ascetycznych zasług. Znany na całym świecie ze swych uczynków i szczycąc się swymi osiągnięciami, wędrował po całej ziemi z zadowoleniem i bez lęku. Ten potężny Bhargawa (bramin z rodu Bhrigu) uważał się za kogoś, kto podbił wszystkie światy swymi uczynkami i umartwieniami.

W międzyczasie pewna niebiańska istota o wielkiej urodzie spacerując po niebie, zgubiła wiązankę kwiatów o niebiańskim zapachu, które upadły na ziemię niedaleko miejsca, gdzie mieszkał riszi Dewasarmana. Te piękne kwiaty, leżące na ziemi, znalazła jego żona Ruczi o pięknych oczach i starannie je zebrała. Niedługo potem przyszło do niej zaproszenie z kraju Angów na uroczystą ceremonię jej siostry Prabhawati, która była żoną króla Angów, podczas której rozdawano ogromną ilość bogactw. Ruczi o pięknej cerze ozdobiła włosy znalezionymi niebiańskimi kwiatami i udała się do królestwa Angów na uroczystość swej siostry. Siostra, widząc w jej włosach te piękne kwiaty, zapragnęła mieć takie same i Ruczi poprosiła o zdobycie ich swego męża. Riszi Dewasarmana zawezwał swego ucznia Wipulę i nakazał mu, aby zdobył te kwiaty dla siostry Ruczi.

Wipula zaakceptował rozkaz bez słowa sprzeciwu i udał się tam, gdzie Ruczi zebrała te piękne kwiaty, które wzbudziły zazdrość w sercu jej siostry. Zauważył, że nie zebrała ich wszystkich i kilka z nich leżało ciągle na ziemi. Wyglądały jak świeżo zerwane. Zebrał więc te piękne kwiaty o niebiańskim zapachu, co mógł uczynić w rezultacie swych umartwień. Wykonawszy zadanie dane mu przez nauczyciela, czuł wielką radość i wyruszył z powrotem do miasta Czampa, udekorowanego festiwalowymi kwiatami *czampaka*. Podczas swej wędrówki spotkał dziwną parę ludzi, którzy trzymając się za ręce kręcili się w koło. Nagle jeden z nich wykonał szybki krok i przez to zniszczył rytm ich wspólnego wiru. Zaczęli się ze sobą kłócić, obwiniając się nawzajem o zniszczenie harmonii. Gdy jeden z nich mówił: 'To ty wykonałeś ten szybki krok!', drugi temu zaprzeczał. Każdy z nich upierał się przy swej opinii, stwierdzając to, czemu drugi zaprzeczał i zaprzeczając temu, co drugi stwierdzał. Spierali z głębokim przekonaniem o swej racji, czyniąc przysięgi. Wipula usłyszał nagle, że wśród słów przysiąg przez nich wypowiadanych padło również jego imię. Zaintrygowany zaczął uważniej wsłuchiwać się w ich głosy. Mówili: 'Niech tego z nas, który wypowiada kłamstwo, spotka ten sam los, co mędrca Wipulę!' Po usłyszeniu tych słów uśmiech zadowolenia natychmiast zniknął z twarzy Wipuli. Rozmyślając nad tym, co usłyszał, rzekł do samego siebie: 'Ich dyskusja jest bardzo zażarta i to, co słyszę jest dla mnie bolesne! Od dawna praktykuję surowe umartwienia, cóż złego uczyniłem? Jaki jest mój grzech, że tych dwóch uważa mnie za kogoś, kto po śmierci z powodu swych grzechów doświadczy najwyższego cierpieniu?' Myśląc o tym, zgarbił się, pochylił smętnie głowę i zasmucony próbował znaleźć w swej pamięci zło, które uczynił. Idąc dalej, zobaczył sześciu mężczyzn grających w kości ze złota i srebra. Byli tak rozgorączkowani grą, że wszystkie włosy na ich ciele stawały dęba i kłócąc się ze sobą, wypowiadali słowa przysięgi, wymieniając również jego imię. Mówili: 'Niech ten z nas, który ulegnie zachłanności i ucieknie się w tej grze do oszustwa, skończy po śmierci tak jak Wipula!'

Żal zaczął spalać umysł Wipuli, płonąc jak ogień ukryty w innym ogniu. Choć bardzo się starał, ciągle nie potrafił znaleźć w swej pamięci grzechu. Po upływie dłuższego czasu, który spędził w tym stanie najwyższego niepokoju, przypomniał sobie raz jeszcze sposób, którego użył, aby bronić żony swego nauczyciela przed machinacjami Indry. Rzekł sam do siebie: 'O biada mi, odziany w swe ciało subtelne, wszedłem do jej ciała, umieszczając kończyny w jej kończynach, twarz w jej twarzy. Choć tak się zachowałem przekonany o tym, że nikt o tym nie wie, zataiłem to przed moim nauczycielem. To jest mój grzech'".

Bhiszma kontynuował: „O Judhiszthira, niewątpliwie właśnie taki był grzech Wipuli. Świadomy swego grzechu ruszył dalej w kierunku miasta Czampa i gdy tam w końcu przybył, dał zebrane niebiańskie kwiaty swemu nauczycielowi i pełen oddania dla swych zwierzchników i starszyzny oddał mu cześć w należny sposób.

Dewasarman rzekł: 'O Wipula, opowiedz mi, kogo spotkałeś po drodze, gdy szedłeś przez wielki las. Ci, których widziałeś, znali cię, wiedząc tak jak ja i moja żona Ruczi, co uczyniłeś, aby ją ochronić przed Indrą'.

Wipula rzekł: 'O nauczycielu, wytłumacz mi, kim była ta para, którą spotkałam najpierw i kim było tych sześciu, których spotkałem później? Faktycznie, wszyscy oni zdawali się mnie znać i widzieli we mnie grzesznika, czy to o nich mówisz?'

Dewasarman rzekł: 'O Wipula, para, którą widziałeś najpierw, to dzień i noc, które poruszają się nieustannie jak koło. Są świadkami twoich działań i wiedzą wszystko o każdym twoim kroku. Grająca w kości szóstka, których zobaczyłeś później, to sześć pór roku, które również znają wszystkie twoje przewinienia. Ten, kto popełnia grzech, nie powinien mieć złudzeń, że nikt poza nim o tym grzechu nie wie. Dzień i noc, jak i pory roku zawsze o tym wiedzą. Nie powiedziałeś mi o tym, w jaki sposób ochroniłeś moją żonę przed Indrą. Sądziłeś, że nikt poza tobą o nim nie wie i to przekonanie napawało cię radością. Nie powiedziałeś swemu nauczycielowi całej prawdy, ukrywając przed nim znaczną część. Dzień i noc, jak i pory roku, których rozmowy słyszałeś, uznały, że należy ci o tym przypomnieć, abyś mógł naprawić swój błąd. Znają one wszystkie złe i dobre uczynki popełniane przez człowieka. Tak jak słyszałeś, mówiły do ciebie, mając pełną wiedzę tego, co uczyniłeś, o czym nie miałeś odwagi poinformować swego nauczyciela, bojąc się, że uczyniłeś coś złego. Dowiedz się, że na regiony wyznaczone dla grzeszników zasłużyłeś sobie tym, że nie powiedziałeś mi o tym, co uczyniłeś, aby ochronić moją żonę przed Indrą, a nie samym czynem. Swym uczynkiem zdołałeś ochronić moją żonę przed złem tkwiącym w jej naturze i nie popełniłeś grzechu. Wysoce mnie tym zadowoliłeś. Gdybym sądził, że postąpiłeś niegodziwie, nie zawahałbym się z rzuceniem na ciebie klątwy! Kobiety pragną łączyć się z mężczyznami w związkach seksualnych, ty jednakże połączyłeś się z nią w innym duchu, w celu poddania kontroli jej zmysłów i ochraniania jej przed związkiem seksualnym z Indrą. Gdybyś zachował się inaczej, rzuciłbym na ciebie klątwę. Ochroniłeś moją żonę przed grzechem i co więcej, obecnie poinformowałeś mnie również o tym, w jaki sposób udało ci się tego dokonać. Dowiedz się, że jestem bardzo z ciebie zadowolony i uwolnij się od gnębiącego cię niepokoju. Z całą pewnością zdobędziesz po śmierci niebo!'

Po wypowiedzeniu tych słów riszi Dewasarman razem ze swą małżonką wstąpili do nieba, gdzie spędzali czas w stanie wielkiej szczęśliwości".

Bhiszma zakończył swe opowiadanie, mówiąc: „O Judhiszthira, powtórzyłem tobie to, co kiedyś opowiedział mi mędrzec Markandeja. Kobiety należy zawsze ochraniać przed pokusą i nadarzającą się okazją grzechu. Wśród kobiet są takie, które są prawe i cnotliwe, i takie, które nie są. Te, które są prawe, są wielce błogosławione. Są matkami wszechświata, żywiąc i miłując wszystkie żywe istoty, dostarczają oparcia ziemi z jej wodami i lasami. Z kolei te kobiety, którą są grzeszne, których postępowanie jest niegodziwe, niszczą własny gatunek, ulegając złu, które jest w ich ciele. Tylko wysoko uduchowione osoby potrafią ochronić kobiety, wszystkie inne sposoby są nieskuteczne. Kobiety są z natury niepohamowane i waleczne. Nie kochają nikogo po za tymi, którzy angażują się z nimi w seks. Są jak magiczne zaklęcia wypowiadane w rytualne *athrawan*, które są dla życia niszczące. Nawet gdy godzą się na związek z jednym mężczyzną, są gotowe go opuścić i związać się z innymi. Związek z tylko jedną osobą przeciwnej płci nigdy ich nie zadowala. Mężczyźni nigdy nie powinni angażować się w nie uczuciowo lub zazdrościć innym ich posiadania, pamiętając o tym, że tylko człowiek tak prawy, jak Wipula zdoła ochronić je przed ich własną naturą, nikt inny nie jest do tego zdolny. Mężczyźni mający na względzie wyłącznie prawość, powinni zawsze zachowywać umiar i czerpać radość z przebywania w społeczeństwie bez entuzjazmu i przywiązywania się do czegokolwiek. W innym przypadku ulegną zniszczeniu".

Napisane na podstawie fragmentów *Mahābharāta*, Anusasana Parva, Part 2, Sections XXXVII-XLIII.

Opowieść 212
O zasadach doboru małżonków
i nabywaniu statusu męża i żony

1. O prawych i grzesznych typach małżeństwa i zasadzie, jaką powinien kierować się ojciec, szukając męża dla córki; 2. O tym, co faktycznie nadaje status męża i żony, i co należy odróżnić od procedury doboru małżonków; 3. O subtelnym charakterze małżeństwa i kontrowersjach dotyczących niektórych szczególnych sytuacji; 4. O wzajemnej zależności mężczyzn i kobiet i obowiązku oddawania czci kobietom.

> Bhiszma rzekł: „O Judhiszthira, ci, którzy szukają mężów dla córek i ci, którzy szukają dla siebie żon, starają się nawzajem pozyskać, jednakże dopóki nie zostaną wykonane odpowiednie małżeńskie ryty, nie można mówić o małżeństwie. ... Riszi nakazali ludziom, aby nigdy nie oddawać córek lub sióstr za żony, zanim nie znajdzie się kandydat, który jest faktycznie dla nich odpowiedni. ... Związek między mężem a żoną jest bardzo subtelny i trudno go opisać. Jest powiązany z przeznaczeniem i karmą, i dlatego można go zrozumieć jedynie poprzez stwierdzenia obecne w pismach. Jego charakter jest odmienny od naturalnego związku między osobami odmiennej płci, który bazuje jedynie na pragnieniu przyjemności".

(*Mahābhārata*, Anusasana Parva, Part 2, Section XLV)

1. O prawych i grzesznych typach małżeństw i zasadzie, jaką powinien kierować się ojciec, szukając męża dla córki

Judhiszthira rzekł: „O Bhiszma, wytłumacz nam, co leży u korzeni wszystkich obowiązków domowego trybu życia, co tworzy podstawę rodziny, pokrewieństwa, zmarłych przodków i gości? Sądzę, że jest to związek małżeński i obowiązek wydania córki za mąż w sposób zgodny z nakazami pism. Wytłumacz nam, jakiego rodzaju osobie należy oddać córkę za żonę?"

Bhiszma rzekł: „O Judhiszthira, wyróżnia się pięć sposobów dobierania małżonków i stąd pięć typów małżeństwa. Mędrcy nauczają, że prawi ludzie po zbadaniu postępowania, skłonności, umiejętności i urodzenia mężczyzn starających się o rękę ich córki powinni oddać ją temu, który wypada najlepiej i jest dla niej najbardziej odpowiedni. Tak postępują wszyscy prawi bramini i stąd takie małżeństwo jest nazywane małżeństwem bramińskim. Z inną formą małżeństwa mamy do czynienia wówczas, gdy ojciec po wybraniu osoby kwalifikującej się na męża dla córki skłania go do małżeństwa z nią przy pomocy różnych prezentów. Ta forma małżeństwa jest odwieczną praktyką wśród prawych wojowników. Z kolei w przypadku, gdy ojciec ignoruje własne życzenie i oddaje córkę za mąż temu, którego ona darzy uczuciem i który jej uczucia odwzajemnia, znawcy *Wed* mówią o małżeństwie w stylu gandharwów. Mędrcy mówią również o tym, że praktyką demonów asurów jest małżeństwo z czyjąś córką po kupieniu jej za wysoką cenę i zaspokojeniu chciwości jej krewnych, a gdy oblubieniec porywa dla siebie żonę siłą, zabijając opłakujących ją krewnych, wówczas ten typ małżeństwa jest nazywany małżeństwem w stylu demonów rakszasów.

Trzy pierwsze typy małżeństwa—w stylu braminów, wojowników i gandharwów—w formie czystej lub mieszanej uważa się za zgodne z Prawem, a pozostałe dwa za niezgodne i godne potępienia. Nie powinno się nigdy zawierać małżeństwa w stylu demonów asurów i rakszasów.

Bramin może mieć trzy żony pochodzące z trzech wyższych kast, wojownik dwie, a waiśja powinien mieć jedną żonę pochodzącą z tej samej co on kasty. Dzieci urodzone przez te żony powinny być uważane w ramach danej rodziny za równe w statusie. Jeśli zaś chodzi o żony, to wśród trzech brahmińskich żon, ta, która pochodzi z kasty brahmińskiej, powinna być uważana za pierwszą. Podobnie żona wojownika z tej samej co on kasty ma wyższy status od żony z innej kasty.

Niektórzy twierdzą, że osoby z trzech wyższych kast szukając w małżeństwie nie tylko możliwości realizowania obowiązku, ale także przyjemności, mogą również mieć żonę z kasty szudrów. Inni jednakże zabraniają w ogóle takich małżeństw lub potępiają praktykę posiadania dzieci z kobietą urodzoną w kaście szudrów. Bramin mający dzieci z szudrą musi oczyścić się, wykonując odpowiednie ryty.

Kandydaci na mężów szukają dla siebie kandydatek na żony w domach ojców córek, zanim u ich córek pojawią symptomy dojrzewania. Mężczyzna trzydziestoletni powinien szukać dla siebie żony wśród panien dziesięcioletnich, a dwudziestopięcioletni wśród panien siedmioletnich. Nie należy jednak wybierać dla siebie żony wśród tych młodych panien, które nie mają brata, gdyż one mogą być wyznaczone na matkę syna, którego jej ojciec, z braku męskiego potomka zdolnego do wykonania odpowiednich rytów, zamierza wychowywać jako swojego syna. Takie małżeństwo nie jest uważane za zaszczytne. Mężczyzna nie powinien również wybierać na żonę kobiety, która jest w związku typu *sapinda* (tj. w prostej linii pokrewieństwa) z jego matką lub należy do tego samego *gotra* (tj. nieprzerwanej linii męskiej pochodzącej od tego samego przodka), co jego ojciec. Tak zadeklarował Manu.

Niezamężna panna, u której wystąpiły już objawy dojrzewania, powinna odczekać trzy lata i po upływie tego czasu powinna zacząć sama szukać dla siebie męża, nie licząc już dłużej na to, że jej krewni znajdą go dla niej. Małżeństwo z taką kobietą nie jest uważane za hańbiące, a jej potomstwo nie jest mniej poważane. Jeżeli jednak zamiast wybrać dla siebie męża, zachowuje się inaczej, naraża się na niełaskę Pradżapatiego".

2. O tym, co faktycznie nadaje status męża i żony, i co należy odróżnić od procedury doboru małżonków

Judhiszthira rzekł: „O Bhiszma, o rękę jakiejś panny na wydaniu stara się zwykle wielu mężczyzn, lecz tylko jeden zostaje jej mężem. Wskazuje się na pięć różnych przypadków. 1. Czasami osoba, która pragnie małżeństwa, faktycznie płaci jej krewnym jej wiano, 2. kiedy indziej jej krewni sami zgadzają się na opłacenie jej wiana. 3. Są też tacy, co uprowadzają taką pannę siłą, jak i 4. tacy, co wystawiają na pokaz przed jej krewnymi całe swe bogactwo, obiecując jego część jako wiano dla niej, 5. i w końcu są też tacy, którzy biorą ją za żonę w rycie małżeńskim. Wytłumacz nam, w którym z tych przypadków panna na wydaniu staje się faktycznie żoną, co faktycznie nadaje danej parze status męża i żony? Powiedz nam również, w którym z wymienionych przypadków ojciec oddający swą córkę za żonę komuś innemu, niż to pierwotnie obiecał, popełnia grzech? Jesteś dla nas okiem, poprzez które możemy poznać prawdę!"

Bhiszma rzekł: „O Judhiszthira, tak jak każde ludzkie działanie, które zostało zaaprobowane w konsultacji z mędrcami wytwarza dobro, tak każda fałszywa mowa wytwarza zło. W dwóch pierwszych wymienionych przez ciebie sytuacjach ojciec, oddając córkę za żonę komuś innemu niż obiecał, popełnia grzech, natomiast w dwóch kolejnych sytuacjach nie popełnia grzechu. W przypadku nieoddania córki osobie, której jej ręka została obiecana, tylko ojciec popełnia grzech. Jego córka nie zdobywa się jednak statusu żony po prostu w rezultacie takiej obietnicy, lecz w wyniku faktycznie przeprowadzonego rytu małżeństwa, podczas którego krewni dziewczyny mówią, że 'ta panna jest czyjąś żoną'. Dopiero wówczas akt małżeński jest dokonany. Sama panna na wydaniu ma prawo obdarzyć swą dłonią inną osobę niż ta, której jej ręka została obiecana. Wówczas jednak, jak twierdzą niektórzy, jej synowie, jak i wszyscy obecni podczas ceremonii ślubnej powinni poddać się rytom ekspiacyjnym. Inni z kolei twierdzą jednak, że takie działanie nie wymaga ekspiacji. Manu nie pochwalał bowiem tego, aby dziewczyna żyła z osobą, której nie lubi. Panna na wydaniu nawet po obiecaniu komuś swej ręki może ostatecznie poślubić kogoś innego, kto jej bardziej odpowiada. Małżeństwo z osobą, której się nie lubi, przynosi hańbę i grzech. Gdy tak się dzieje w przypadku uprowadzenia panny na wydaniu siłą w celu małżeńskim, nie ma w tym wielkiego grzechu, nawet wtedy gdy panna na wydaniu została oddana porywającemu przez jej krewnych podczas odpowiednich rytów. Podobnie w przypadku panny, której wiano zostało opłacone i zaakceptowane, nikt nie naraża się na wielki grzech. Krewni panny na wydaniu po wyrażeniu swej zgody powinni uciec się do mantr i rytuału lania do ognia oczyszczonego masła (*homa*). Dopiero takie mantry realizują ich cele. Mantry i *homa* wykonane w odniesieniu do dziewczyny, która nie została oddana przez swych krewnych, nie realizują ich celu. Zaręczyny lub obietnica małżeństwa uczyniona przez krewnych dziewczyny ma charakter święty i zobowiązujący, lecz przyrzeczenie samych biorących ślub uświęcone przez recytowanie mantr jest jeszcze bardziej święte, gdyż jest tym, co faktycznie nadaje im status męża i żony. Jak to zostało stwierdzone w pismach, mąż powinien widzieć w swej żonie dar odpowiadający jego przeszłym działaniom, który został im przydzielony przez Najwyższego i dlatego też nie naraża się na hańbę, przyjmując za żonę pannę, którą jej krewni obiecali komuś innemu lub od którego zaakceptowali już jej wiano".

Judhiszthira rzekł: „O Bhiszma, powiedz nam, czy ojciec, który szuka męża dla swej córki, naraża się na hańbę, nie oddając jej ręki osobie, która opłaciła już jej wiano i wybierając kogoś innego, kto jest bardziej dla niej odpowiedni i ma więcej zalet, lecz pojawił sie dopiero później? W takiej sytuacji każdy wybór zdaje się być zły, gdyż odrzucenie tego, któremu jej ręka została obiecana, nie jest zaszczytne, a odrzucenie tego, który jest dla niej bardziej odpowiedni nie jest dobre ze względu na obowiązek ojca, aby wybierać dla córki małżonka, który jest dla niej najbardziej odpowiedni. Co powinien w takiej sytuacji uczynić jej ojciec, aby można było stwierdzić, że uczynił to, co najbardziej korzystne? Obowiązek ten zdaje się wymagać poważnych przemyśleń. Gorąco pragniemy dotrzeć do Prawdy, a ty jesteś naszymi oczami. Wyjaśnij nam więc to wszystko! Nigdy nie mamy dość słuchania twych nauk!"

Bhiszma rzekł: „O Judhiszthira, darowanie wiana nie nadaje automatycznie pannie na wydaniu statusu żony. Darujący dobrze o tym wie i traktuje to jako cenę za staranie się o dłoń dziewczyny. Również ci, którzy są dobrzy, nigdy nie kierują się w swym wyborze męża dla córki wielkością wiana, które ktoś jest gotowy zapłacić. Żądają opłaty jej wiana tylko wtedy, gdy widzą, że starający się o jej rękę nie jest osobą, która jest dla niej najbardziej odpowiednia. Jednakże o osobach, które przekonane przez czyjeś osiągnięcia mówią do niego: 'Czy poślubisz moją córkę zdobiąc ją klejnotami ze złota i srebra?', i on się na to zgadza, nie można powiedzieć, że żądają wiana (a o innym, że je daje), gdyż nie jest to faktycznie transakcja kupna i sprzedaży. Praktyka oddawania córki komuś za żonę po zaakceptowaniu tego, co jest traktowane ściśle jako dar (a nie zapłata) jest odwieczna.

W sprawie małżeństwa swych córek niektórzy ojcowie mówią: 'Nie oddam córki za żonę takiej i takiej osobie'. Inni mówią: 'Oddam córkę za żonę tylko takiej i takiej osobie'. Jeszcze inni mówią zapalczywie: 'Oddam moją córkę za żonę tylko temu mężczyźnie!' Deklaracje te nie oznaczają jeszcze faktycznego małżeństwa. Ci, którzy szukają mężów dla córek i ci, którzy szukają dla siebie żon, starają się nawzajem pozyskać, jednakże, dopóki nie zostaną wykonane odpowiednie małżeńskie ryty, nie można mówić o małżeństwie. Wycofanie się z obietnicy małżeństwa w sytuacji, gdy pojawia się bardziej odpowiedni kandydat, nie jest grzechem, co jest uważane za dar dla niezamężnych panien dany im w starożytnych czasach przez marutusów. Riszi nakazali bowiem ludziom, aby nie oddawać nigdy córek lub sióstr za żony, dopóki nie znajdzie się kandydat, który jest faktycznie dla nich odpowiedni, gdyż córka leży u korzeni pragnienia i potomstwa z bocznej linii. Inny rodzaj małżeństwa nigdy nie jest dobry i nie zadowala ani kobiety, ani jej krewnych".

Bhiszma kontynuował: „O Judhiszthira, opisana przeze mnie praktyka szukania męża i żony jest znana od najdawniejszych czasów. Po dokładniejszym zbadaniu możesz znaleźć w jej stosowaniu liczne usterki. Pamiętaj o tym, że same dary lub zaakceptowanie wiana dla panny na wydaniu nie mogą być widziane jako to, co tworzy małżeństwo. Posłuchaj o tym, jak mój wuj Walhika rozwiał w tej sprawie moje wątpliwości.

Kiedyś po pokonaniu Kasiów, Kosalów i Magadhów uprowadziłem siłą dwie panny na wydaniu z myślą o żonach dla księcia Wikitrawirji. Jedna z tych panien została poślubiona z należytymi rytami. Druga nie była w ten sposób poślubiona na bazie tego, że była tą, której wiano zostało opłacone w formie daru waleczności. Mój wuj Walhika twierdził, że ta panna, która została porwana i niepoślubiona z należnymi rytami, powinna zostać uwolniona i powinna poślubić Wikitrawirję zgodnie z należytymi rytami. Wątpiąc w słuszność jego słów, udałem się do innych z prośbą o opinię. Sądząc jednak, że mój wuj Walhika jest bardzo skrupulatny w sprawach moralności, udałem się do niego raz jeszcze i chcąc poznać, jaka jest praktyka prawych ludzi, jeśli chodzi o małżeństwo, rzekłem: 'O Walhika, poucz mnie w sprawie postępowania prawych ludzi'. Powtórzyłem moje pytanie kilka razy, gdyż wielka była moja ciekawość i pragnienie poznania. Mój wuj Walhika odpowiedział: 'O Bhiszma, status męża i żony nie wynika z daru i zaakceptowania wiana, lecz z wykonania rytu zaślubin, i ojciec panny na wydaniu, który pozwala swej córce odejść z dawcą wiana, ujawnia się jako zwolennik wiary innej niż ta, która wynika z pism'.

Tak deklarują uznane pisma. Osoby, które znają moralność i obowiązek, odmawiają autorytetu słowom tych, którzy mówią, że status męża i żony wynika z daru i zaakceptowania wiana, a nie z faktycznego aktu ślubu podczas małżeńskich rytów. Status żony nie może być nadawany pannie na wydaniu na zasadzie kupna i sprzedaży. Ci, którzy widzą ten status jako wynikły z kupna i sprzedaży, z całą pewnością nie znają pism i nikt nie powinien oddawać im córki za żonę. Nie należy nigdy kupować dla siebie żony i ojciec nigdy nie powinien sprzedawać swej córki. Tylko osoby o grzesznej duszy opętane przez zachłanność i ci, którzy handlują niewolnicami, uważają, że status żony wynika z daru i zaakceptowania wiana. W kontekście tego tematu cytuje się również słowa księcia Satjawata, którego ktoś kiedyś zapytał o to, czy ktoś inny może otrzymać rękę panny, gdy osoba, która opłaciła krewnym jej wiano, zmarła. Satjawat rzekł: 'Krewni panny na wydaniu powinni oddać jej rękę temu, kogo uważają za kwalifikującego się na jej męża. Osoba prawa działa w ten sposób nie zważając na to, czy ten, kto opłacił wiano pozostaje przy życiu, a gdy on nie żyje, to tym bardziej nie należy mieć w tej sprawie skrupułów'.

Niektórzy twierdzą, że gdy z powodu nieobecności męża lub jego śmierci małżeństwo pozostaje nieskonsumowane, dozwolone jest to, aby żona dziewica czy wdowa zjednoczyła się seksualnie z młodszym bratem jej męża lub jeżeli jej to nie odpowiada, oddała się praktykowaniu umartwień. Inni jednak twierdzą, że praktyka oddawania żony zmarłego starszego brata młodszemu wynika z żądzy a nie z nakazów zawartych w pismach. Ci, którzy tak twierdzą, są najwyraźniej zdania, że ojciec panny nie dotkniętej przez mężczyznę ma prawo i obowiązek oddania jej ręki temu, kto kwalifikuje się na jej męża ignorując wiano dane przedtem przez kogoś innego i przez niego samego przyjęte. Nawet wówczas, gdy po obiecaniu komuś jej ręki zostały wykonane wszystkie ryty przedmałżeńskie, może on ciągle jeszcze oddać jej rękę komuś innemu niż osoba, której ją obiecał. Tylko dawca popełnia grzech kłamstwa, jeśli jednak chodzi o status żony, żadna szkoda nie może z tego wynikać. Jeśli chodzi o małżeństwo, to mantry realizują swój cel tworzenia nierozerwalnej jedności małżeństwa w siedmiu krokach (siedmiu przysięgach). Panna na wydaniu staje się żoną tego, który otrzymuje dar wody. Jednym z najważniejszych rytów małżeńskich jest ceremonia okrążania. Panna młoda jest noszona dookoła pana młodego przez jej krewnych. Wszystkie dary są darami wody, tzn. obdarowujący czyniąc dar, wypowiada odpowiednią mantrę i przy pomocy trawy *kuśa* spryskuje ją kroplami wody. Oddanie jej ręki powinno być wykonane w ten sposób. Mędrcy nie mają tu wątpliwości. I tak na przykład wielki bramin powinien poślubić dziewicę, która nie jest niechętna, która należy do rodziny dorównującej jego rodzinie czystością lub statusem i która jest mu oddawana przez swojego brata. Powinna ona zostać poślubiona w obecności ognia podczas odpowiedniego rytu wymagającego od niej okrążania go określoną ilość razy".

3. O subtelnym charakterze małżeństwa i kontrowersjach dotyczących niektórych szczególnych sytuacji

Judhiszthira rzekł: „O Bhiszma, wytłumacz nam, co powinien uczynić ojciec lub inny krewny panny na wydaniu zobowiązany do szukania dla niej męża, gdy kandydat na jej męża po ofiarowaniu wiana odchodzi?"

Bhiszma rzekł: „O Judhiszthira, w takiej sytuacji panna na wydaniu, której ojciec jest bogaty i nie posiada synów, powinna żyć dalej w domu ojca na wypadek powrotu tego, kto ofiarował wiano. Zaiste, dopóki ojciec nie zwróci tego wiana krewnym dawcy, jego córka powinna być widziana jako należąca do niego. Podczas jego nieobecności może nawet urodzić i wychowywać dla niego potomstwo otrzymane dzięki użyciu środków, które zostały opisane w pismach. Nikt jednak nie może być upoważniony do poślubienia jej w małżeńskich rytach".

Judhiszthira rzekł: „O Bhiszma, powiedz nam, czy czyjaś córka może sama szukać dla siebie męża, gdy ojciec nie może znaleźć dla niej odpowiedniego kandydata?"

Bhiszma rzekł: „O Judhiszthira, w odległych czasach księżniczka Sawitri na rozkaz swego ojca, który nie mógł znaleźć dla niej odpowiedniego męża, sama wybrała dla siebie na męża księcia Satjawata. (zob. *Mahabharata*, ks. III, opow. 36). Ten jej czyn jest przez niektórych, który znają pisma, pochwalany, lecz przez innych jest potępiany. Niektórzy wskazują, że ci, którzy są prawi, nie postępują w ten sposób, podczas gdy inni argumentują, że postępowanie osób prawych tak jak Sawitri, która uczyniła to, co nakazał jej ojciec, powinno być zawsze traktowane jako dowód obowiązku i moralności i musi być zgodne z tym, co stwierdzają pisma. Władca Widehów Sakratu, wnuk króla Dźanaki o wielkiej duszy, zadeklarował w tej sprawie, co następuje. 'W pismach zostało wyraźnie stwierdzone, że kobiety nie cieszą się prawdziwą wolnością w czasie całego swego życia. Najpierw są pod opieką ojca, następnie męża i w końcu syna. Gdyby postępowanie córki zgodne z nakazem ojca nie byłoby prawe, jak powyższe stwierdzenie mogłoby w pismach zaistnieć? Stwierdzeń pism nie można cenzurować i wybierać niezgodne z nimi działanie. Ignorowanie stwierdzeń pism jest praktyką asurów, a nie naszych najstarszych przodków. Związek między mężem a żoną jest bardzo subtelny i trudno go opisać. Jest powiązany z przeznaczeniem i *karmą* i dlatego można go zrozumieć jedynie poprzez stwierdzenia obecne w pismach. Jego charakter jest odmienny od naturalnego związku między osobami odmiennej płci, który bazuje jedynie na pragnieniu przyjemności'".

Judhiszthira rzekł: „O Bhiszma, ojciec powinien traktować córkę tak samo jak syna, wytłumacz nam więc na mocy jakiego autorytetu majątek mężczyzn, którzy mają córki, jest dziedziczony przez kogoś innego?"

Bhiszma rzekł: „O Judhiszthira, syn jest dla ojca jak on sam, a córka jest jak syn, syn córki jest dla jej ojca jak jego własny syn. Jak więc ktoś inny mógłby zabrać majątek należący do kogoś, kto żyje dalej w formie (syna) swej córki? Cały majątek określany terminem *jautuka* jest częścią należącą do niezamężnej córki. Syn córki dziedziczy majątek po swym dziadku ze strony matki, jeżeli umiera on, nie pozostawiając synów. Syn córki ofiaruje dar *pinda* zarówno swemu ojcu, jak i ojcu matki, stąd, z punktu widzenia sprawiedliwości, nie ma różnicy między synem i synem córki.

Jeżeli ktoś najpierw ma tylko córkę, którą obdarzył statusem syna, i później rodzi mu się syn, wówczas syn nie dziedziczy po ojcu całego majątku, lecz musi go dzielić z siostrą, w proporcji trzy części dla syna i dwie dla córki. Jednakże wówczas, gdy ojciec mając najpierw tylko córkę, która obdarza statusem syna, i następnie zdobywa syna przez adopcję lub kupno, wówczas córka jest w stosunku do takiego syna nadrzędna i otrzymuje trzy części majątku po ojcu, a syn tylko dwie.

W następującym przypadku nie widzę jednak żadnego uzasadnienia dla tego, aby status 'syna córki' mógł należeć do synów czyjejś córki. Dotyczy to przypadku, gdy córka została sprzedana przez ojca za konkretną cenę. Synowie takiej córki należą wyłącznie do ich ojca (a nie do ojca matki) nawet wówczas, gdy on ich nie spłodził, lecz otrzymał ich zgodnie z regułami przedstawionymi w pismach dotyczącymi wychowania potomstwa uzyskanego za pośrednictwem kogoś innego. Nie mogą już należeć do dziadka ze strony matki jako 'synowie córki', gdyż w rezultacie sprzedania ich matki za określoną cenę utracił on do niej wszelkie prawa. Tacy synowie są pełni złej woli, ich zachowanie jest grzeszne, defraudują cudzą własność, są przebiegli i kłamliwi. Będąc potomstwem małżeństwa o grzesznej formie, zwanej małżeństwem asurów, stają się w swym działaniu niegodziwe. Ci, którzy znają dawne opowieści, są oddani pismom i niezachwiani w przestrzeganiu nakazanych ograniczeń, recytują rytmiczne linie nucone w odległych czasach przez Jamę. Jama nucił: 'Człowiek, który zdobywa bogactwo, sprzedając swego syna lub po wydaniu mąż swej córki używa jej wiana dla własnych celów, będzie tonąć po kolei we wszystkich siedmiu podziemnych piekłach, zmuszony cały czas do żywienia się moczem i kałem'.

W tym kontekście warto wspomnieć o sporze dotyczącym małżeństwa typu *arsza*, gdzie panna na wydaniu zostaje oddana za żonę mędrcowi, który jest zobowiązany do dania w darze krowy i byka, który to dar ojciec panny na wydaniu przyjmuje. Niektórzy uważają ten dar za opłacenie wiana, lecz inni się z tym nie zgadzają. Prawdą jest to, że dar ten mający na celu zdobycie żony bez względu na to, czy jest duży, czy mały, powinien być widziany jako opłata wiana lub zapłata i oddanie córki za żonę w takich okolicznościach powinno być widziane jako sprzedaż. Forma ta jest jednak praktykowana bardzo rzadko i stąd nie może być uznana za odwieczną. Istoty ludzkie, nawet te, z którymi nie łączą kogoś więzi krwi, nie powinny być nigdy przedmiotem sprzedaży, a tym bardziej własne potomstwo. Za pomocą bogactw zdobytych grzesznymi uczynkami, nie można wykonać żadnego czynu, który przynosiłby zasługi".

4. O wzajemnej zależności mężczyzn i kobiet i obowiązku oddawania czci kobietom

Bhiszma kontynuował: „O Judhiszthira, ci, którzy znają dawne opowieści, recytują następujące słowa Dakszy: 'Panna na wydaniu może zaakceptować klejnoty w formie wiana od kandydata na męża i takie działanie nie jest nazywane aktem sprzedaży dopóty, dopóki jej krewni nie czerpią z tego żadnego zysku'. Oddawanej za mąż pannie młodej należy się szacunek i wszystko inne, co przyjemne. Jej ojciec i bracia, jak i ojciec i bracia jej męża, jeżeli chcą, aby jej małżeństwo było dla wszystkich korzystne, powinni odnosić się do niej z szacunkiem i obdarowywać ją klejnotami, gdyż takie postępowanie przynosi szczęście i pomyślność. Jeżeli dobór małżonków jest zły i ani żona nie lubi swego męża, ani on nie jest z niej zadowolony, wówczas taki brak sympatii i radości nie przyniesie mężowi szczęścia w rozwijaniu swego rodu.

Kobietę należy zawsze czcić i traktować z uczuciem. Tam, gdzie kobiety są traktowane w ten sposób, bogowie są zadowoleni, a tam, gdzie nie są czczone, wszelkie działania stają się bezowocne. Rodzina, w której kobiety są nieszczęśliwe i leją łzy z powodu złego traktowania, wkrótce wygasa. Domy przeklęte przez kobiety popadają w ruinę i ulegają zniszczeniu, jakby zostały spalane przez ryt *atharwan*. Takie domy tracą cały swój splendor i opuszcza je pomyślność. Manu, dzień przed udaniem się do nieba, nakazał mężczyznom troszczenie się o kobiety i ochranianie ich przed złem mówiąc, że kobiety są słabe i nawet te, które są prawe, są skłonne do akceptowania oferowanej im miłości, stając się łatwym łupem dla uwodzących je mężczyzn. I nawet choć są wśród nich także takie, które są napastliwe, chciwe na zaszczyty, zacięte i pozbawione rozumu, zasługują na traktowanie ich przez mężczyzn z czcią.

Prawość mężczyzn, jak i cała ich radość i przyjemność zależą od kobiet. Służ więc kobietom i oddawaj im cześć. Ugnij przed nimi swą wolę. Dzięki ich istnieniu możliwe staje się spłodzenie potomstwa, one wychowują dzieci i od ich obecności zależy skuteczne wykonanie wielu rytów z myślą o dobru społeczności. To dzięki oddawaniu im czci mężczyźni realizują swe cele. W tym kontekście cytuje się zwykle słowa, które nuciła ongiś pewna księżniczka z rodu króla Dźanaki: 'Nie ma rytów ofiarnych wyznaczonych specjalnie dla kobiet, ani szczególnych postów. Ich jedynym obowiązkiem jest oddanie i posłuszeństwo mężowi. Realizowanie tego obowiązku jest drogą do nieba. Kobiety przez całe swe życie do kogoś należą i nie są pozostawione same sobie. W dzieciństwie ich opiekunem jest ojciec, w młodości mąż, a na starość syn. Mężczyzna, który szuka bogactwa i pomyślności powinien zawsze pamiętać, aby oddawać im cześć, gdyż bogowie, którzy przynoszą pomyślność, są kobietami. Oddając cześć kobietom, oddaje się cześć bogini pomyślności, a raniąc je, rani się samą boginię'".

Napisane na podstawie fragmentów *Mahābhārata*, Anusasana Parva, Part 2, Sections XLIV-XLVI.

Opowieść 213
O zasadach rządzących dziedziczeniem majątku i przynależnością kastową

1. O zasadach dziedziczna majątku w kaście bramińskiej; 2 O różnicach w statusie żon bramina i wynikłych stąd różnicach w wielkości dziedziczonego majątku; 3. O zasadach dziedziczenia majątku w kaście wojowników i waiśjów; 4. O wypadaniu poza obręb czterech podstawowych kast i powstawaniu kast mieszanych; 5. O różnicach w usposobieniu, po których można rozpoznać osoby z kast mieszanych; 6. O różnych kategoriach synów i relacji synostwa.

> Bhiszma rzekł: „O Judhiszthira, wszystkie mieszane kasty są rezultatem niewłaściwego i grzesznego związku między mężczyzną i kobietą, którzy należą do różnych kast. Ci, którzy do nich należą, bez względu na to, czy żyją jawnie, czy w ukryciu, są rozpoznawani przez zawód, który wykonują. W pismach zostały przedstawione obowiązki jedynie dla czterech głównych kast, o obowiązkach innych kast pisma milczą".

(*Mahābharāta*, Anusasana Parva, Part 2, Section XLVIII)

1. O zasadach dziedziczna majątku w kaście bramińskiej

Judhiszthira rzekł: „O Bhiszma, jesteś tym, który poznał wszystkie nakazy sformułowane w pismach i wszystkie obowiązki królów i słyniesz ze swej umiejętności uwalniania innych od wątpliwości. Pomóż mi więc w pozbyciu się wątpliwości, która zrodziła się w moim umyśle, gdyż nikt inny nie potrafi uczynić tego lepiej. Wytłumacz mi, jak powinien postępować człowiek, który chce kroczyć ścieżką prawości. Wspomniałeś, że bramin może mieć cztery żony z czterech głównych kast: bramińskiej, wojowników, waiśjów i szudrów. Wytłumacz mi, którzy z jego synów i w jakiej kolejności dziedziczą pozostawiony przez niego majątek? Pragnę poznać, w jaki sposób ojcowski majątek jest dzielony wśród jego synów?"

Bhiszma rzekł: „O Judhiszthira, kasty bramińska, wojowników i waiśjów, z racji wykonywania dla nich wedyjskich rytów, są uważane za duchowo odrodzone. Zaślubiny wewnątrz tych kast są bramińskim obowiązkiem. Bramini, którzy kładą się do łoża z szudrą, kierują się błędem w rozumowaniu, zachłannością lub lubieżnością. Według pism nie jest to właściwe i postępujący w ten sposób bramin zapłaci za to w swym przyszłym życiu rodząc się na niskim poziomie istnienia. Powinien więc odpokutować za swój czyn, poddając się rytom opisanym w pismach i pokuta ta powinna być dwa razy surowsza, jeżeli z takiego związku narodzą się dzieci.

Posłuchaj teraz o tym, w jaki sposób ojcowskie bogactwo powinno zostać podzielone między dziećmi różnych żon. Syn jego bramińskiej żony powinien najpierw zabrać dla siebie byka i wóz najwyższej jakości należące do majątku ojca, a to, co pozostaje, powinno zostać podzielone na dziesięć równych części. Syn bramińskiej żony ma prawo do czterech części. Syn żony z kasty wojowników, choć ma status bramina tak jak jego ojciec, z racji statusu matki ma prawo do trzech części, a syn jego żony z kasty waiśjów ma prawo do dwóch części. W sytuacji, gdy żony bramina z tych trzech kast mają po kilku synów, synowie ci powinni podzielić równo między sobą część majątku po ojcu, która jest wyznaczona dla syna żony z określonej kasty. Syn bramińskiej żony z kasty szudrów nie ma prawa do żadnej części, gdyż nie wlicza się do tych, którzy po nim dziedziczą. Jakaś część majątku po ojcu powinna jednak być mu dana pod wpływem współczucia. Syn bramina z kobietą szudrą nie powinien być uważany za bramina z racji braku odpowiednich bramińskich umiejętności i nieznajomości pism. Tylko dzieci jego żon z trzech wyższych kast mają status bramina.

Zostało stwierdzone w pismach, że istnieją tylko cztery kasty i nigdzie nie wspomina się o piątej. Bramiński syn z szudrą, którego status jest nieokreślony, otrzymuje więc dziesiątą część majątku po ojcu tylko wtedy, gdy ojciec mu tę część osobiście przydzieli, kierując się współczuciem. W innej sytuacji nie powinien uważać jej za swoją. Współczucie jest uważane za jedną z najwyższych cnót i zawsze przynosi zasługi bez względu na to, co je wywołuje. Bramiński syn zrodzony z jego żony szudry nie powinien jednak nigdy otrzymywać więcej z majątku ojca niż ta dziesiąta część.

Bramin, który zgromadził więcej bogactw, niż jest to potrzebne do utrzymania siebie i rodziny przy życiu w ciągu trzech lat, powinien złożyć to bogactwo w ofierze. Bramin nigdy nie powinien gromadzić bogactwa dla samego gromadzenia, lecz powinien je zużyć na utrzymanie się przy życiu i wykonanie ofiar. Bramin nie powinien też nigdy dawać żonie większej sumy niż trzy tysiące monet w używanej walucie, które ona ma prawo wydać, jak zechce. W przypadku gdy umiera bezdzietny, cały pozostawiony przez niego majątek dziedziczy jego żona, lecz nie wolno jej sprzedać żadnej jego części. Żona nie powinna również brać bez jego wiedzy niczego, co należy do niego. Wszelkie bogactwo, które bramińska żona otrzymuje w formie daru od swego ojca, powinno po jej śmierci należeć do jej córki, gdyż córka jest jak syn. W pismach zostało stwierdzone, że córka jest równa synowi. Takie jest prawo dziedziczenia. Pamiętając o tych zasadach podziału i dziedziczenia bogactwa, nie powinno się nigdy gromadzić bogactw dla samych bogactw".

2. O różnicach w statusie żon bramina i wynikłych stąd różnicach w wielkości dziedziczonego majątku

Judhiszthira rzekł: „O Bhiszma, powiedziałeś, że syn bramina z szudrą na mocy tego, co zostało stwierdzone w pismach, ma niepewny status i jest pozbawiony prawa dziedziczenia majątku po ojcu i to, co otrzymuje, wynika ze współczucia. Jednakże jego syn z żoną z kasty bramińskiej, jak i synowie z żonami z kasty wojowników i waiśjów mają status bramina. Dlaczego więc nie dziedziczą majątku ojca w równej części?"

Bhiszma rzekł: „O Judhiszthira, wszystkie żony na tym świecie są nazywane *dara*. Choć nazwa odnosi się do wszystkich żon, dają się zaobserwować duże różnice. Wśród trzech żon bramina z trzech wyższych klas, żona z kasty bramińskiej nawet wtedy, gdy została poślubiona ostatnia, ma najwyższy status pierwszej żony i zasługuje na najwyższą cześć. W należących do niej izbach powinno się trzymać wszystkie te przedmioty, które jej mąż potrzebuje do rytualnej kąpieli, mycia zębów i oczu, personalne ozdoby i wszystkie inne przedmioty potrzebne do wykonania nakazach działań religijnych. Gdy jest obecna w domu, wówczas tylko ona ma prawo do asystowania mężowi podczas przygotowań do religijnych obrządków. To ona powinna podawać mu posiłki i napoje, girlandy, szaty i ornamenty, gdyż tak zostało zarządzone przez Manu i jest praktykowane od niepamiętnych czasów. Bramin, który pod wpływem żądzy postępuje inaczej i daje pierwszeństwo którejś z pozostałych żon, powinien być uznany za czandalę wśród braminów.

Syn żony z kasty wojowników ma status bramina tak jak syn żony z kasty bramińskiej. Wyższy status syna żony z kasty bramińskiej ma swe źródło w pochodzeniu jego matki. Bramini są wysoko błogosławieni i są bogami dla bogów. Wojownicy powinni w specjalnych rytach oddawać braminom cześć, praktyka ta jest odwieczna. Pod względem urodzenia żona z kasty wojowników nie może więc być uważana za równą żonie z kasty bramińskiej, stąd też syn żony z kasty bramińskiej musi być widziany jako pierwszy w szeregu i przewyższający swą rangą syna żony z kasty wojowników. Z tej też racji syn żony z kasty bramińskiej dziedziczy po ojcu najlepszą część jego majątku.

Tak jak wojownik nie dorównuje swym statusem braminowi, tak waiśja nie dorównuje urodzeniem wojownikowi. Królestwo, dobrobyt, skarbiec należą do wojownika, zostały mu wyznaczone. Cała ziemia z otaczającym ją pasem oceanów należy do niego. Zbiera on ogromne bogactwo realizując swoje obowiązki, berło władzy należy do niego i to on zapewnia krajowi bezpieczeństwo. Wojownicy wykonując obowiązki swej kasty ochraniają dobytek wszystkich ludzi przed złodziejami i bandytami. Zaiste, bez wojowników bogactwo, żony i wszystkie inne posiadłości ludzi byłby im siłą odbierane. Wojownik jest obrońcą społecznego porządku i wszystkich kast. Z tego też powodu syn urodzony braminowi przez jego żonę z kasty wojowników powinien być stawiany wyżej od syna urodzonego przez jego żonę z kasty waiśjów i dlatego też syn ten dziedziczy po ojcu większą część jego majątku".

3. O zasadach dziedziczenia majątku w kaście wojowników i waiśjów

Judhiszthira rzekł: „O Bhiszma, wyjaśniłeś mi zasady dotyczące dziedziczenia majątku ojca przez synów bramina. Opisz mi teraz, proszę, zasady, które odnoszą się do pozostałych kast".

Bhiszma rzekł: „O Judhiszthira, wojownik może mieć dwie żony, jedną ze swojej kasty i drugą z kasty waiśjów. Zdarza się też często, że ma trzecią żonę szudrę. Praktyka ta, choć jest powszechna, nie znajduje potwierdzenia w pismach. Majątek wojownika powinien zostać podzielony na osiem części. Cztery części powinien otrzymać syn jego żony z kasty wojowników, a trzy syn żony z kasty waiśjów. Pozostałą ósmą część otrzymuje syn żony z kasty szudrów, ale tylko wtedy, gdy zostaje mu przez ojca oficjalnie dana.

Waiśja powinien mieć tylko jedną żonę pochodzącą z tej samej, co on kasty. Może mieć również drugą żonę pochodzącą z kasty szudrów, lecz praktyka ta nie znajduje to potwierdzenia w pismach. Jeżeli ma dwie żony, to różnią się między sobą statusem. Majątek waiśji powinien zostać podzielony na pięć części. Syn żony z kasty waiśjów powinien otrzymać cztery części. O piątej części mówi się, że należy do syna jego żony z kasty szudrów, ale może zostać przez niego zabrana tylko wtedy, gdy ojciec mu ją da. W przypadku trzech wyższych kast, syn żony z kasty szudrów jest bowiem zawsze oficjalnie uważany za tego, który nie ma prawa do majątku ojca.

Szudra powinien mieć tylko jedną żonę pochodzącą z tej samej co on kasty i w żadnych okolicznościach nie powinien mieć innej żony. Jego synowie, choćby nawet była ich setka, dziedziczą po ojcu równą część jego majątku.

Zostało stwierdzone w pismach, że dzieci urodzone przez żonę pochodzącą z tej samej kasty, co mąż (bez względu na to, jaka jest to kasta) dzielą się majątkiem po ojcu równo. Tym, co różnicuje wielkość dziedziczonego majątku, jest kolejność urodzenia. Udział najstarszego syna powinien być zawsze o jedną część większy od udziału młodszych braci, gdyż do niego powinny należeć najlepsze przedmioty pozostałe po ojcu. Tak zostało ogłoszone przez Brahmę. Zostało również stwierdzone, że najstarszy syn powinien ożenić się pierwszy wyprzedzając młodszych braci, oraz że w przypadku, gdy mężczyzna wybiera dla siebie po kolei trzy żony z tej samej co on kasty, syn żony zaślubionej jako pierwsza powinien otrzymać w dziedzictwie tę część, która jest wyznaczona dla najstarszego syna, syn żony zaślubionej jako druga, część wyznaczoną dla średniego syna, a syn żony zaślubionej jako trzecia, część wyznaczoną dla najmłodszego. Po przydzieleniu im tych szczególnych udziałów w spadku, to co pozostaje powinno być podzielone między nich równo. Gdy mężczyzna ma więcej żon niż jedną, żona pochodząca z tej samej co on kasty jest uważana za pierwszą i ma najwyższy status. Tak stwierdził Kaśjapa, syn mędrca Marici".

4. O wypadaniu poza obręb czterech podstawowych kast i powstawaniu kast mieszanych

Judhiszthira rzekł: „O Bhiszma, mężczyźni i kobiety z pobudek materialnych, żądzy, jak i z nieznajomości kasty swego urodzenia łączą się często z osobami z innych kast powodując mieszanie się kastowego porządku. Wytłumacz nam, jakie są obowiązki osób urodzonych w takich mieszanych kastach, jakie działania zostały dla nich wyznaczone?"

Bhiszma rzekł: „O Judhiszthira, na początku Pan wszystkich żywych istot stworzył cztery kasty—braminów, wojowników, waiśjów i szudrów—i wyznaczył każdej z nich odpowiednie działania i obowiązki w realizowaniu wedyjskiej ofiary. Dla szudrów, którzy nie mają prawa do uczestniczenia w wedyjskich rytach, została wyznaczona ofiara w formie służby na rzecz trzech wyższych kast realizujących wedyjskie ryty.

Jak już mówiłem, bramin może mieć cztery żony, z których każda pochodzi z innej kasty. W synach dwóch z nich, tj. tej, która pochodzi z tej samej co on kasty i tej, która pochodzi z kasty o jeden stopień niższej, sam się rodzi i stąd ich status jest równy jego statusowi, jednakże synowie jego żon z dwóch kolejnych kast, tj. waiśjów i szudrów, są pośledniejsi i ich status jest zdeterminowany przez status matki. Syn bramina z żoną szudrą jest nazywany *paraśara*, co sugeruje kogoś narodzonego ze zwłok, gdyż ciało kobiety szudry jest uważane za równie złowróżbne jak zwłoki. Obowiązkiem takiego syna jest służba na rzecz osób z rodu jego ojca. Nie powinien nigdy zaniedbywać wyznaczonych dla niego obowiązków i powinien wziąć na siebie cały ciężar stania na straży rodziny. Nawet w podeszłym już wieku powinien dalej służyć dzieciom swego ojca, nawet gdy są od niego młodsze i oddawać im każdy swój zarobek. Wojownik może mieć trzy żony. W synach dwóch pierwszych z nich, tj. tej, która pochodzi z tej samej, co on kasty i tej, która pochodzi z kasty o jeden stopień niżej, rodzi się sam i mają oni taki sam jak on status, podczas gdy syn jego żony z kasty szudrów ma niższy status wyznaczony przez status jego matki i jest nazywany *ugra*. Waiśja może mieć dwie żony, jedną z tej samej kasty, co on i drugą z kasty szudrów, która jest o jeden stopień niższa i ponieważ w ich synach sam się rodzi, mają oni taki sam status jak on. Szudra może mieć tylko jedną żonę z tej samej, co on kasty i jego syn ma również status szudry.

Synowie urodzeni w innych okolicznościach niż wymienione mają bardzo niski status. I tak syn mężczyzny z niższej kasty z kobietą z wyższej kasty jest traktowany z nieufnością i wypada poza nawias porządku tworzonego przez cztery główne kasty. Syn wojownika z bramińską kobietą nie przynależy do żadnej z tych kast i jest nazywany *suta*. Do jego obowiązków należy recytowanie pochwał i pochlebstw pod adresem króla i innych wielkich osób. Syn waiśji z bramińską kobietą jest nazywany *waidehaka*, do jego obowiązków należy ochranianie prywatności kobiet wysokiego urodzenia. Zarówno *suta* jak i *waidehaka* nie mają prawa do wykonywania rytów oczyszczających i nie zostają udekorowani świętą nicią. Syn szudry z bramińską kobietą jest nazywany *czandala* i ze względu na swoją okrutną naturę jest zmuszony do życia na obrzeżach miast. Jest uważany za wyrzutka społeczeństwa, do jego obowiązków należy wykonywanie publicznych egzekucji.

Syn waiśji z kobietą z kasty wojowników jest nazywany *wandi* lub *magadha*, do jego obowiązków należy recytowanie pochwał. Syn szudry z kobietą z kasty wojowników należy do *niszadów* i do jego obowiązków należy łowienie ryb. Syn szudry z kobietą z kasty waiśjów jest nazywany *ajogawa*, a jego obowiązkiem jest wykonywanie zawodu stolarza. Bramini nie powinni nigdy przyjmować darów od takiej osoby, gdyż nie ma ona prawa do żadnej własności. Syn mężczyzny z kasty mieszanej z kobietą pochodzącą z tej samej kasty należy do tej samej kasty co rodzice, a syn takiego mężczyzny z kobietą z niższej kasty osiąga status niższy od swego ojca, dziedzicząc status matki. Synowie osób z czterech podstawowych kast z kobietami pochodzącymi z tej samej kasty lub z kasty o jeden stopień niższej mają ten sam status, co ich ojcowie. Jednakże ich synowie z kobietami z kasty niższej o więcej niż jeden stopień mają status od nich niższy. Potomstwo syna, który wypadł poza porządek tworzony przez cztery podstawowe kasty, z kobietą należącą do jednej z czterech podstawowych kast dalej obniża swój status.

Kasty mieszane wypływają stąd, że kobiety mają związki seksualne z osobami, z którymi nie powinny mieć takich związków. Synowie tych, którzy znajdują się poza czterema głównymi kastami, jak i tych, którzy są jeszcze niżej, mnożą się w rezultacie takich związków. Wśród klasy ludzi, którzy znaleźli się na marginesie czterech głównych kast znajdują się dzieci ojców z kasty *magadha*, którzy nabywają umiejętności w mieszaniu maści, robieniu wieńców i innych przedmiotów używanych do ozdabiania ciał i do których obowiązków należy ozdabianie ciał królów i innych osób. Choć na mocy urodzenia są wolni, powinni wieść życie służących. Związek seksualny pewnej klasy ojców z kasty *magadha* z kobietami z kasty *sairindhri* prowadzi z kolei do powstania kasty o nazwie *ajogawa*. Zawodem ludzi z tej kasty jest produkcja sieci do łowienia ryb, ptaków i drobnej zwierzyny. Synowie ojców z kasty *waidehów* z kobietami z kasty *sairindhri* tworzą kastę zwaną *mairejakami*, ich obowiązkiem jest produkowanie win i alkoholu. Synowie *niszadów* należą do kasty zwanej *madgura* lub *dasa*, ich obowiązkiem jest pływanie na okrętach. Synowie *czandalów* tworzą kastę zwaną *ćwapaka*, a ich obowiązkiem jest opieka nad umarłymi. Kobiety z kasty *magadhi* jednocząc się z mężczyznami o niegodziwych skłonnościach z ostatnio wymienionych czterech kast rodzą synów praktykujących oszustwo nazywanych *mangsa*, *swadukara*, *kahaudra* i *sougandha*.

Z kasty *waidehów* rodzi się kasta okrutnych i grzesznych hochsztaplerów. Z kasty *niszadów* wywodzi się kasta o nazwie *madranabha*, której członkowie jeżdżą wozami ciągnionymi przez osły. Z *czandalów* wywodzi się kasta o nazwie *pukkasa*, która je osły, konie i słonie, do jedzenia używa skorup z rozbitych naczyń i nosi ubrania zdarte z trupów. Te trzy kasty o bardzo niskim statusie są tworzone przez potomstwo kobiet z kasty *ajogawa* jednoczących się z mężczyznami z odmiennych kast.

Z kasty *waidehaka* wywodzą się kasta zwana *kszudra* i kasta nazywana *andhra* zamieszkująca obrzeża miast. Potomstwo kobiet *niszadów* z mężczyznami z kasty *czarmakara* tworzy kastę o nazwie *karawara*. Z *czandalów* wywodzi się kasta zwana *pandusaupaka*, której obowiązkiem jest produkcja bambusowych koszyków i innych podobnych rzeczy. Potomstwo ze związku mężczyzny z kasty *niszadów* z kobietą z kasty *waidehów* tworzy kastę o nazwie *ahindaka*. Syn *czandali* z kobietą z kasty *saupaka* pozostaje w kaście *czandalów*. Kobieta *niszadów* jednocząc się z *czandalą*, rodzi synów, którzy żyją na obrzeżach miast i wsi i na terenie kremacji zwłok, i są uważani za tych, którzy zajmują najniższą pozycję wśród trudnej do policzenia liczby mieszanych kast.

Wszystkie mieszane kasty są rezultatem niewłaściwego i grzesznego związku między mężczyzną i kobietą, którzy należą do różnych kast. Ci, którzy do nich należą, bez względu na to, czy żyją jawnie czy w ukryciu, są rozpoznawani poprzez zawód, który wykonują. W pismach zostały przedstawione obowiązki jedynie dla czterech głównych kast, o obowiązkach innych kast pisma milczą. Osoby z mieszanych kast znajdują jednak sposób na to, aby zarobić na utrzymanie się przy życiu. Ci, którzy nie znają rytów ofiarnych lub dla których żadne ryty nie zostały wyznaczone i którzy nie żyją w bliskości z ludźmi prawymi i nie znają ich nauk, jednocząc się z kobietami z innych kast nie z poczucia prawości lecz z żądzy, powodują powstawanie licznych kast mieszanych, których zawody i miejsce zamieszkania zależą od okoliczności związanych z tym anormalnym związkiem, któremu zawdzięczają swoje narodziny. Uciekają na rozstaje dróg, tereny kremacji zwłok, wzgórza, w góry czy do lasu i tam budują dla siebie miejsce zamieszkania. Żyją otwarcie w takich miejscach i wykonują swoje zawody, aby zarobić na życie. Żyją na widoku, zdobiąc ciała ornamentami z żelaza, zajęci wytwarzaniem różnych domowych i innych przedmiotów. I choć nie zostały wyznaczone dla nich żadne ryty, zdobywają niebo, służąc krowom i braminom, i praktykując cnoty nieranienia, prawdomówności, współczucia, wybaczania i nawet jak trzeba ryzykowania na rzecz innych swego życia. Praktykowanie tych cnót jest ich drogą do sukcesu".

Bhiszma zakończył, mówiąc: "O Judhiszthira, ten, kto jest inteligentny, powinien brać pod uwagę to, co powiedziałem i mieć synów w sposób zgodny z tym, co zostało stwierdzone w pismach, biorąc za żonę kobietę, która została określona jako dla niego właściwa. Syn z kobietą pochodzącą z nieodpowiedniej kasty, zamiast wzmacniać ojca, przynosi mu smutek równie wielki jak kamień u szyi pływaka, który pragnie dotrzeć na drugi brzeg. Żądza i gniew należą do naturalnych atrybutów ludzkości i z tego powodu kontakt z kobietami przynosi cierpienie. Mężczyźni, którzy zdobyli mądrość, myślą o realizowaniu obowiązku i nie pozwalają sobie na to, aby przywiązywać się zbytnio do kobiet i w ten sposób starają się uniknąć cierpienia".

5. O różnicach w usposobieniu, po których można rozpoznać osoby z kast mieszanych

Judhiszthira rzekł: "O Bhiszma, niektórzy ludzie, którzy należą do kast mieszanych i są nieczystego pochodzenia, upodabniają się do osób godnych szacunku, choć faktycznie na szacunek nie zasługują. Bazując na obserwacji czyichś zewnętrznych cech, trudno niekiedy powiedzieć, jakie faktycznie jest jego pochodzenie. Wytłumacz mi, czy istnieją jakieś znaki, po których można poznać, skąd ktoś pochodzi?"

Bhiszma rzekł: "O Judhiszthira, inklinacje osoby urodzonej z nieczystego związku mają szereg obserwowalnych cech. Czystość czyjegoś urodzenia jest oceniana na bazie tego, w jakim stopniu jego działania przypominają działania tych, którzy są dobrzy i prawi. O nieczystości jego urodzenia świadczy więc jego niegodne szacunku zachowanie, niezgodne z tym, co zostało opisane w pismach, krętactwo i okrucieństwo, zaniechanie ofiar i innych działań religijnych przynoszących zasługi. Syn nabywa swe inklinacje od ojca lub matki, lub ich obydwu i nie potrafi do końca ich ukryć. Tak jak potomstwo tygrysa lub lamparta przypomina ojca i matkę zarówno w swej formie, jak i w paskach i plamkach na skórze, tak dana osoba zdradza okoliczności swego urodzenia swym zachowaniem. Bez względu na to, jak ktoś stara się to ukryć, jeżeli jego urodzenie jest nieczyste, jego charakter i inklinacje zamanifestują się w większym lub mniejszym stopniu. I tak na przykład osoba, która mając na uwadze własny cel wybiera nieuczciwą drogę zachowując jedynie pozory prawości, swymi inklinacjami ukrytymi za tym działaniem zdradza kastę, w której się urodziła.

Żywe istoty zamieszkujące ten świat są obdarzone różnego rodzaju inklinacjami i zaangażowane do wykonywania rozmaitych działań. Dla istot tak wyposażonych nie ma nic cenniejszego od czystego urodzenia i prawego działania. Gdy żywa istota rodzi się na niskim poziomie istnienia lub w bardzo niskiej kaście pozbawionej dostępu do wedyjskiej wiedzy, poprawne rozumienie, mające swe źródło w studiowaniu pism, nie powstrzymuje jej przed angażowaniem się w podłe działania. Absolutne dobro rozumienia może występować w stopniu niskim, średnim lub wysokim, lecz nawet gdy pojawia się u istot o nieczystym urodzeniu, szybko znika, nie powodując żadnego dobrego skutku, będąc jak jesienne chmury, które nie przynoszą deszczu. Z drugiej strony, to dobro rozumienia, które zostaje przydzielone istocie na wyższym poziomie istnienia, manifestuje się w jej dobrym działaniu.

Jeżeli zdarza się tak, że postępowanie osoby, która należy do wyższej kasty, nie jest dobre, nie zasługuje ona na szacunek. Z drugiej strony należy jednak czcić nawet szudrę, który poznał wszystkie obowiązki i którego postępowanie jest dobre. To, kim jest dana osoba definiuje jej postępowanie, inklinacje i urodzenie. Jeżeli ktoś z jakiś powodów został zdegradowany i urodził się w niskiej kaście, powinien starać się o to, aby poprawić swój przyszły los swym postępowaniem. Z tych samych powodów ci, którzy zdobyli mądrość, powinni unikać związków z tymi kobietami, z którymi nie powinni mieć potomstwa".

6. O różnych kategoriach synów i relacji synostwa

Judhiszthira rzekł: „O Bhiszma, opowiedz nam teraz, proszę, o różnicach wśród synów w zależności od tego, kim jest ich matka, jak i od tego, kto ma prawo do nazywania ich synami i jaki jest ich status w życiu. Synowie często są przedmiotem dysput, rozwiej więc nasze wątpliwości w tej sprawie".

Bhiszma rzekł: „O Judhiszthira, w spłodzonym przez siebie synu ojciec widzi samego siebie. Syn jego żony, spłodzony przez osobę specjalnie o to poproszoną, jest nazywany *niruktaja*, syn spłodzony bez jego zgody jest nazywany *prasritaja*, a syn spłodzony przez osobę, która utraciła swój status, jest nazywany *patitaja*. Synów dzieli się również na otrzymanych i spłodzonych, i tak syn urodzony przez czyjąś świeżo poślubioną żonę, lecz spłodzony przed ślubem przez kogoś, kto nie był jej mężem, jest nazywany *adhjuda*. Syn urodzony przez pannę w domu jej ojca jest nazywany *kanina*. Wśród synów wyróżnia się jeszcze sześciu nazywanych *apadhwansaja* i sześciu zwanych *apasada*. Wszyscy ci, których wymieniłem, są wzmiankowani w pismach".

Judhiszthira rzekł: „O Bhiszma, wytłumacz nam, kim są ci synowie, których nazywa się *apadhwansaja* i *apasada*?"

Bhiszma rzekł: „O Judhiszthira, synowie bramina z żonami należącymi do trzech niższych kast, synowie wojownika z żonami z dwóch niższych kast, oraz synowie waiśji z żoną z kasty poniżej jego własnej są nazywani *apadhwansaja*. Jest ich łącznie sześć kategorii.

Posłuchaj teraz o tym, do kogo odnosi się nazwa *apasada*. Jak już mówiłem, syn szudry z bramińską kobietą nazywa się *czandala*, z kobietą z kasty wojowników nazywa się *wratja*, a z kobietą z kasty waiśjów nazywa się *waidja*. Te trzy kategorie synów są określane łącznie jako *apasada*. Syn waiśji z bramińską kobietą jest nazywany *magdha*, a z kobietą z kasty wojowników jest nazywany *wamaka*. Syn wojownika z bramińską kobietą jest nazywany *suta*. Te trzy ostatnio wymienione kategorie synów są również określani razem jako *apasada*. O wymienionych sześciu kategoriach nie można powiedzieć, że nie są synami".

Judhiszthira rzekł: „O Bhiszma, niektórzy twierdzą, że synem dla kogoś jest ten, kto rodzi się na jego ziemi, podczas gdy inni twierdzą, że synem jest ten, kto rodzi się z jego nasienia. Wytłumacz nam, czy te dwie kategorie synów pokrywają się?"

Bhiszma rzekł: „O Judhiszthira, synem dla kogoś jest ten, kto narodził się z jego nasienia. Jeżeli jednak ten, do którego należy niesienie, porzuca syna z niego narodzonego, syn ten staje się synem tego, którego żoną jest jego matka. To samo dotyczy syna nazywanego *adhjuda*. Tak zostało zadeklarowane w pismach".

Judhiszthira rzekł: „O Bhiszma, powiedziałeś, że syn należy do tego, z czyjego nasienia się narodził. Podobnie, syn nazywany *adhjuda* powinien być uznany za syna tego, z czyjego nasienia się narodził. Skąd więc pochodzi prawo męża kobiety, która go rodzi, do tego syna? Czy ktoś może być synem kogoś innego z racji tego, że została złamana obietnica utrzymywania go i wychowania?"

Bhiszma rzekł: „O Judhiszthira, ten, kto z jakiś powodów porzuca syna, którego spłodził, nie może być uważany za jego ojca, bo samo życiowe nasienie nie wystarcza do ustanowienia relacji synostwa. Taki syn musi być uznany za syna tego, na czyjej ziemi się urodził. Jeżeli mężczyzna, który pragnie mieć syna, bierze za żonę kobietę spodziewającą się dziecka, syn urodzony przez jego żonę musi należeć do niego jako owoc jego ziemi, i wówczas osoba, z której nasienia się narodził, nie ma do niego żadnych praw. Syn narodzony na czyjeś ziemi, lecz nie z jego nasienia, nosi na sobie wszystkie znaki ojca, z którego nasienia się narodził, i oznak tych nie można ukryć i już na pierwszy rzut oka można je rozpoznać. Jeżeli chodzi o syna usynowionego, to jest on uważany za dziecko tej osoby, która uczyniła go synem i wychowała. W takim przypadku relacja synostwa nie wynika ani z życiowego nasienia, z którego się narodził, ani z gleby, na której się urodził, lecz z faktu uczynienia go synem i wychowania".

Judhiszthira rzekł: „O Bhiszma, kim jest ten ostatnio przez ciebie wymieniony syn, o którym mówi się, że został uczyniony synem i którego synostwo wynika z faktu, że został wzięty i wychowany, lecz w przypadku którego ani życiowe nasienie, ani gleba, na której się narodził, nie tworzy podstawy synostwa?"

Bhiszma rzekł: „O Judhiszthira, gdy jakaś osoba przygarnia i wychowuje chłopca, który został porzucony na drodze przez ojca i matkę, i wychowuje go, nie mogąc odnaleźć jego rodziców, staje się jego ojcem i taki syn jest określany jako ten, który został uczyniony synem. Nie mając nikogo, do kogo należy, staje się kimś, kto należy do osoby, która go przygarnęła".

Judhiszthira rzekł: „O Bhiszma, wytłumacz mi, jakie ryty oczyszczające należy wykonać w stosunku do takiego syna? W jaki sposób i w jakim przypadku? Gdzie powinien szukać dla siebie żony?"

Bhiszma rzekł: „O Judhiszthira, obrzędy oczyszczające dla takiego syna powinny zostać wykonane odpowiednio do zwyczaju osoby, która go wychowuje, gdyż taki syn porzucony przez swoich rodziców uzyskuje status tej osoby, która go przygarnia. Zaiste, ten, kto wychowuje takiego syna, powinien wykonać wszystkie ryty oczyszczające praktykowane w jego rodzie i przez jego krewnych. Gdy nie można ustalić kasty jego matki, powinien również szukać dla niego żony z tej samej co on sam kasty. Wśród synów, syn panieński i syn poczęty przed małżeństwem i narodzony później w małżeństwie są uważani za haniebnych i degradujących, jednakże nawet oni powinni otrzymać te same ryty oczyszczające, które zostały wyznaczone dla synów małżeńskich. W przypadku syna, który stał się synem ojca w konsekwencji urodzenia się na jego glebie, jak i tego, który został spłodzony przez męża jeszcze przed małżeństwem oraz w przypadku synów nazywanych *apasadami*, bramini i inni powinni wykonać te same ryty oczyszczające, które są uważane za właściwe dla danej kasty. Takie są stwierdzenia pism".

Napisane na podstawie fragmentów *Mahābharāta*,
Anusasana Parva, Part 2, Sections XLVII-XLIX.

Opowieść 214
O naturze współczucia
i wartości daru, jakim jest krowa

> Bhiszma zakończył swe opowiadanie mówiąc: "O Judhiszthira, opowiedziałem tobie to wszystko w odpowiedzi na twoje pytania. Głównym tematem cytowanej przeze mnie opowieści było uczucie, które powstaje na widok niedoli innych żywych istot i w konsekwencji życia z nimi oraz to, czym jest prawdziwa sprawiedliwość i jak błogosławionym darem jest krowa".

(*Mahābharāta*, Anusasana Parva, Part 2, Section LI)

Judhiszthira rzekł: "O Bhiszma, pragnę zapytać cię o to, jaka jest natura współczucia odczuwanego na widok czyjeś niedoli? Jaka jest natura tego uczucia, które rodzi się w konsekwencji życia i przebywania w towarzystwie innej osoby? Wytłumacz mi również, czy istnieje dar równie wielki jak dar krowy i skąd pochodzi najwyższa wartość tego daru? Wytłumacz mi, proszę, to wszystko".

Bhiszma rzekł: "O Judhiszthira, posłuchaj starej opowieści o rozmowie między królem Nahuszą i riszim Cjawaną. Znajdziesz w niej odpowiedź na wszystkie swoje pytania.

Ongiś, w odległych czasach, wielki riszi Cjawana, syn Bhrigu, praktykujący surowe śluby, zapragnął żyć przez jakiś czas w wodzie, jak nakazuje tryb życia zwanym *udawasa*. Wolny od pychy i gniewu, obojętny wobec szczęścia i nieszczęścia, uczynił ślub życia zgodnie z nakazami tego trybu przez dwanaście lat. Po oczyszczeniu się z wszystkich grzechów udał się tam, gdzie Jamuna zbiega się z Gangesem i kłaniając się bogom, wszedł do wód. Z głową zanurzoną pod prąd znosił cierpliwie gwałtowny i ryczący nurt tych dwóch połączonych ze sobą świętych rzek dorównujący szybkością wiatrowi. Od czasu do czasu nieruchomy jak kłoda kładł się na wodzie i zapadał w sen, kiedy indziej unosił się i stał w pozycji wyprostowanej. Przebywał tam przez długi okres czasu i przypominając swym zachowaniem księżyc, budził zaufanie we wszystkich żywych istotach na lądzie i w wodzie. Wszystkie zamieszkujące w wodzie żywe istoty akceptowały jego obecność i bez lęku zbliżały się do niego, dotykając jego ust.

Wody Gangesu, Jamuny i innych strumieni, zbiegające się razem w tym świętym miejscu zwanym Prajaga, z szacunku dla niego omijały go, nie chcąc przynosić mu cierpienia.

Pewnego dnia w miejscu gdzie przebywał, pojawili się rybacy z sieciami w silnych dłoniach. Było ich wielu i każdy z nich był nastawiony na łowienie ryb. Ci silni i odważni mężczyźni o muskularnych ciałach i szerokich piersiach, utrzymujący się przy życiu z połowu ryb, nie znali lęku przed wodą. Wolni od lęku, radośni i zdeterminowani zarzucili związane razem sieci zrobione z nowego sznura, przykrywając nimi znaczny obszar wód. Następnie weszli do wody i wspólnymi siłami wyciągnęli je na brzeg. W sieci złapała się ogromna liczba ryb i innych wodnych zwierząt i jak wyciągali je na brzeg, razem z ogromną liczbą ryb wyciągnęli w nich syna Bhrigu Cjawanę, którego ciało porosło rzecznym mchem, broda i zmierzwione włosy były zielone, a do głowy przyssały się liczne wodne mięczaki. Złapane w sieci ryby wyciągane na ląd ze strachu, bólu i braku wody masowo traciły życie. Cjawana, patrząc na tę rzeź ryb z sercem pełnym współczucia, głęboko i wielokrotnie wzdychał. Rybacy z kolei widząc w swych sieciach wśród ryb tego świętego, znającego *Wedy* mędrca, stanęli przed nim z pobożnie złożonymi dłońmi, schylając w pokłonie głowy i następnie padli przed nim plackiem na ziemię, mówiąc: 'O wielki asceto, popełniliśmy straszny grzech, wyciągając w sieciach z wód twoją świętą osobę! Wybacz nam! Powiedz nam, co mamy teraz uczynić. Rozkazuj nam!'

Cjawana rzekł spod góry przykrywających go ryb: 'O rybacy, posłuchajcie z uwagą, jakie jest moje najgorętsze życzenie. Zanurzony w wodach żyłem razem z tymi rybami przez bardzo długi okres czasu. Pozwólcie mi więc umrzeć razem z nimi, albo sprzedajcie mnie razem z nimi'.

Słowa Cjawany dogłębnie przeraziły rybaków. Nie wiedząc, co powiedzieć, z pobladłymi twarzami udali się do króla Nahuszy, aby opowiedzieć mu o tym, co się wydarzyło i szukać u niego rady. Król Nahusza po wysłuchaniu ich opowiadania pospieszył tam, gdzie zostawili sieci. Towarzyszyli mu ministrowie, doradcy, jak i jego domowy kapłan. Oczyściwszy się starannie przy pomocy właściwych rytów, stanął przed Cjawaną ze skoncentrowaną uwagę i pobożnie złożonymi dłońmi, podczas gdy jego domowy kapłan wykonywał odpowiednie ryty i ceremonie, oddając w ten sposób cześć temu wielkiemu ascecie, który swym splendorem i energią przypominał boga.

Król Nahusza rzekł: 'O najświętsza osobo, powiedz nam, co mamy uczynić, aby cię zadowolić? Nie istnieje nic, czego nie byłbym zdolny uczynić na twój rozkaz'.

Riszi Cjawana rzekł: 'O królu, ci rybacy, którzy utrzymują się przy życiu z łowienia ryb, są bardzo zmęczeni swoją pracą. Czy mógłbyś zapłacić im odpowiednią cenę za mnie i ryby złapane razem ze mną w sieci?'

Król Nahusza rzekł: 'O wielki asceto, niech mój kapłan zgodnie z twoim rozkazem da tym *niszadom* (rybakom) po tysiąc monet jako zapłatę za ich połów'.

Riszi Cjawana rzekł: 'O królu, tysiąc monet nie reprezentuje mojej ceny. Daj im godziwą zapłatę, bazując na własnym sądzie i inteligencji'.

Król Nahusza rzekł: 'O wielki asceto, każę dać każdemu z tych *niszadów* po sto tysięcy monet. Czy odpowiada to cenie, którą masz na myśli?'

Riszi Cjawana rzekł: 'O królu, nie powinienem zostać sprzedany za sto tysięcy monet. Porozum się ze swoimi ministrami i ustal właściwą zapłatę dla tych rybaków'.

Król Nahusza rzekł: 'O wielki asceto, niech mój kapłan da tym *niszadom* po dziesięć milionów monet. Jeżeli również ta suma nie reprezentuje twojej ceny, niech otrzymają nawet więcej'.

Riszi Cjawana rzekł: 'O królu, nie zasługuję na to, aby być sprzedanym za dziesięć milionów monet lub nawet więcej. Niech zapłata dana tym ludziom będzie właściwa i sprawiedliwa. Naradź się w tej sprawie z braminami'.

Król Nahusza rzekł: 'O wielki asceto, niech pół królestwa lub nawet całe będzie dane tym *niszadom*. Czy moja oferta odpowiada teraz twojej cenie?'

Riszi Cjawana rzekł: 'O królu, nie zasługuję na to, aby zostać sprzedanym za cenę połowy lub nawet całego królestwa. Naradź się w tej sprawie z mędrcami i zaproponuj tym ludziom właściwą cenę'.

Nahusza, słysząc te słowa Cjawany, posmutniał i choć długo obradował w tej sprawie ze swym kapłanem i ministrami, nie potrafił dojść do żadnego zadowalającego wniosku. W tym samym czasie do pałacu króla Nahuszy przybył pewien święty asceta, który narodził się z krowy i żył w dżungli, żywiąc się owocami i korzonkami. Rzekł do zmartwionego króla: 'O królu, weź sobie do serca to, co mam do powiedzenia, bo moje usta nie kłamią. Nie wypowiadam kłamstwa nawet dla żartu. To, co powiem, przyniesie ci wkrótce ulgę i zadowoli mędrca Cjawanę. Posłuchaj mnie więc i uczyń bez wahania to, co ci powiem'.

Nahusza rzekł: 'O wielki asceto, powiedz mi, jaką cenę za swą świętą osobę może mieć na myśli ten wielki riszi z rodu Bhrigu? Uratuj mnie, jak i moje królestwo i cały mój ród przed zniszczeniem. Ten święty riszi, gdy się rozgniewa, potrafi zniszczyć wszystkie trzy światy, a co dopiero mówić o mnie, który nie zebrał dość zasług swymi umartwieniami i może jedynie bazować na sile swej broni? Bądź dla mnie tratwą na tym bezdennym oceanie, gdzie wpadłem razem z moimi doradcami, ministrami i kapłanem!'

Wielki asceta o ogromnej energii, którego matką była krowa, rzekł, zadowalając swymi słowami króla i jego doradców: 'O królu, bramini należą do najwyższej z czterech kast. Wartość królestwa nie dorównuje więc wartości bramina. Dowiedz się, że tylko krowa może mieć wartość bramina!'

Słowa skromnego ascety wypełniły serce króla Nahuszy, jego doradców, ministrów i kapłana wielką radością. Udali się natychmiast przed oblicze syna Bhrigu Cjawany, chcąc go zadowolić. Król Nahusza rzekł: 'O synu Bhrigu, powstań! Krowa jest twoją ceną! Za tę cenę zostałeś kupiony!'

Riszi Cjawana rzekł: 'O królu królów, zaiste teraz zostałem przez ciebie właściwie wyceniony!'

Nie istnieje nic, co miałoby wartość wyższą od krowy. Mówienie o krowach, słuchanie o nich, widzenie ich, obdarowywanie nimi jest pomyślne i oczyszcza z grzechów. Krowy są u korzeni pomyślności. Są bez winy i zawsze stać je na dostarczenie jedzenia, które jest darem dla bogów, a od siły bogów zależy pomyślność wszechświata. Święte mantry zależą od krów, które są głównym czynnikiem kierującym ofiarami. Krowy są ustami ofiary, nosicielkami i dawczyniami doskonałego i życiodajnego nektaru. Na ziemi przypominają ogień w swej energii i formie, są czczone we wszystkich trzech światach jako źródło życiodajnego nektaru. Zaiste, w krowach znajduje swój wyraz wysoka energia obdarowująca żywe istoty szczęściem. Kraj, gdzie pozwala się krowom oddychać bez lęku, świeci pięknem i jest wolny od grzechów. Krowy są tym, co tworzy drabinę do nieba, zaiste to samo niebo je zdobi. Są boginiami zdolnymi do obdarowywania wszystkim i spełnienia każdego życzenia. W całym wszechświecie nie ma nic, co miałoby wyższą wartość od krów".

Bhiszma kontynuował: „O Judhiszthira, cytując tę opowieść, próbowałem opisać tobie wspaniałość i wartość krów. Nie jestem jednak wystarczająco kompetentny, aby przedstawić ich zalety w całej pełni. Nie potrafię więc wyczerpać do końca tego tematu. Mając to w pamięci posłuchaj do końca mego opowiadania o rozmowie króla Nahuszy z mędrcem Cjawaną.

Rybacy słysząc słowa Cjawany akceptujące krowę jako zapłatę dla nich za to, co złowili w swe sieci, rzekli: 'O wielki asceto, ukaż nam swą łaskę! Daj nam się przebłagać za popełniony przez nas grzech i przyjmij od nas w darze tę świętą krowę, którą król Nahusza daje nam jako zapłatę za to, co uniosły z wód nasze sieci. Ze swoją ogromną energią jesteś wśród ludzi jak płonący ogień, który wypija wlewane weń ofiarne masło. Jesteśmy tobie całkowicie oddani. Widzisz nas i rozmawiasz z nami tak, jak my widzimy i rozmawiamy z tobą, a jak to mówią mędrcy, przyjaźń z tymi, którzy są dobrzy, nie potrzebuje więcej niż siedem słów'.

Riszi Cjawana rzekł: 'O rybacy, oko osoby, która jest biedna lub którą spotkało nieszczęście, jak i oko ascety czy jadowitego węża całkowicie konsumuje człowieka, tak jak ogień roznoszony przez wiatr spala doszczętnie stos słomy lub suchej trawy. Przyjmę więc od was tę krowę, którą pragniecie mi ofiarować, a wy oczyszczeni z grzechów udajcie się natychmiast wprost do nieba razem z rybami, które złapaliście w sieci'.

Zaiste, dzięki energii tego wielkiego mędrca o czystej duszy mocą wypowiedzianych przez niego słów wszyscy rybacy i złowione ryby udali się do nieba. Król Nahusza patrzył na ten cud z pełnym podziwu zdumieniem. Wielki riszi Cjawana, jak i asceta narodzony z krowy, zadowoleni z króla Nahuszy, obdarowali go rozmaitymi darami. Król Nahusza o wielkiej energii przepojony radością przyjął od nich dar bycia niezłomnym na ścieżce cnoty i prawości, i rzekł: 'O święci asceci, wystarczy!' Następnie z wielkim szacunkiem oddał im cześć. Wkrótce król Nahusza powrócił do swej stolicy, a jeśli zaś chodzi o Cjawanę, to po wypełnieniu swego ślubu powrócił do swej pustelni. Do swej pustelni powrócił również riszi narodzony z krowy".

Bhiszma zakończył swe opowiadanie, mówiąc: „O Judhiszthira, opowiedziałem tobie to wszystko w odpowiedzi na twoje pytania. Głównym tematem cytowanej przeze mnie opowieści było uczucie, które powstaje na widok niedoli innych żywych istot i w konsekwencji życia z nimi oraz to, czym jest prawdziwa sprawiedliwość i jak błogosławionym darem jest krowa".

Napisane na podstawie fragmentów *Mahābhārāta*,
Anusasana Parva, Part 2, Sections L-LI.

Opowieść 215
O odległych wydarzeniach, dzięki którym Wiśwamitra mógł zdobyć status bramina, a Paraśurama bramina-wojownika

1. Riszi Cjawana udaje się do króla Kauśiki, chcąc zapobiec narodzinom Paraśuramy i Wiśwamitry; 2. Riszi Cjawana poddaje króla Kauśikę i jego żonę próbie; 3. Król Kauśika dochodzi do wniosku, że bramin przewyższa swą mocą króla; 4. Riszi Cjawana wyjaśnia Kauśice, dlaczego poddał go tak ciężkiej próbie; 5. Cjawana nagradza Kauśikę obietnicą narodzin Wiśwamitry, który zdobędzie za życia status bramina; 6. Cjawana opowiada o tym, w jaki sposób energie Bhrigu i Kauśiki połączą się w Wiśwamitrze i Paraśuramie.

Cjawana, syn Bhrigu, rzekł do Kauśiki: „O królu, wiem, jakie pragnienie zrodziło się w twoim sercu na ten wspaniały widok nieba, który przed tobą ukazałem dzięki swej bramińskiej mocy. Lekceważąc władanie całą ziemią i nawet niebem, zapragnąłeś zdobyć status bramina i zasługi płynące z umartwień. Taka była twoja myśl. Status bramina jest bardzo trudny do zdobycia, a gdy jest się braminem, trudno zdobyć status risziego, a będąc riszim, trudno zdobyć status ascety. Twoje pragnienie jednakże zrealizuje się. Z ciebie (w następnych pokoleniach) wypłynie klan bramiński nazywany twoim imieniem. Twój wnuk Wiśwamitra zdobędzie status bramina. Dzięki połączeniu energii twego królewskiego rodu z energią Bhrigu twój wnuk będzie ascetą o splendorze ognia. ...".

Król Kauśika rzekł: „O święta osobo, zadowoliłeś mnie w pełni swym darem! Niech stanie się tak, jak mówisz, o taki dar cię proszę. Niech mój wnuk zdobędzie bramińskość! Niech mój ród będzie rodem bramińskim".

(*Mahābhārāta*, Anusasana Parva, Part 2, Section LV)

1. Riszi Cjawana udaje się do króla Kauśiki, chcąc zapobiec narodzinom Paraśuramy i Wiśwamitry

Judhiszthira rzekł: „O Bhiszma, w mym umyśle zrodziła się wątpliwość wielka jak ocean i nie daje mi spokoju. Pomóż mi, proszę, w pozbyciu się jej. Dotyczy Paraśuramy, który był wnukiem bramina Riciki z rodu Bhrigu i synem Dżamadagni. Paraśurama urodził się w rodzinie bramińskiej, dlaczego więc żył jak wojownik? Skąd wzięła się jego waleczność, której nikt z wojowników nie potrafił stawić oporu? Zaspokój, proszę, moją ciekawość i wyjaśnij mi z wszystkimi szczegółami okoliczności jego narodzin. Wytłumacz mi również, jak to się stało, że Wiśwamitra—wnuk króla Kauśiki i syn króla Gadhi, którego córka była żoną Ricziki—choć urodził się w domu wojownika, żył jak bramin? Wielka była moc i odwaga zarówno Paraśuramy, jak i Wiśwamitry, gdyż w ich osobach bramińska moc Ricziki z rodu Bhrigu zmieszała się z mocą wojownika z rodu Kauśiki. Dlaczego jednak ta niezgodność zachowania i statusu dotknęła wnuków bramina Ricziki i króla Kauśiki, a nie ich synów? Opowiedz mi wszystko o towarzyszących tym wydarzeniom okolicznościach".

Bhiszma rzekł: „O Judhiszthira, posłuchaj mojego opowiadania, które dotyczy odległych czasów i opowiada o tym, jak riszi Cjawana, syn Bhrigu, poddał króla Kauśikę ciężkiej próbie, w rezultacie której przekonał się o jego głębokiej prawości i poznał jego skryte pragnienie, aby uczynić swój królewski ród klanem bramińskim. To dzięki tym odległym wydarzeniom król Wiśwamitra mógł zdobyć za życia status bramina, a Paraśurama bramina-wojownika.

Dawno temu wielki asceta Cjawana swym duchowym okiem zobaczył skazę na swym rodzie, w konsekwencji której jeden z jego potomków będzie wykonywał obowiązki wojownika. Rozmyślając nad wadami i zaletami takiego wydarzenia, jak i nad jego słabą i mocną stroną, zapragnął zniszczyć ród Kauśiki, który miał być odpowiedzialny za zanieczyszczenie jego bramińskiego rodu energią wojownika. Udał się więc do pałacu króla Kauśiki z nadzieją znalezienia uchybień w jego prawości i spalenia go i jego rodu aż do korzeni swą klątwą. Stanął przed obliczem króla i rzekł: 'O bezgrzeszny, pozwól mi zamieszkać u ciebie przez jakiś czas, bo takie pragnienie narodziło się w moim sercu'

Król Kauśika rzekł: 'O święty mężu, mieszkanie razem jest tym, co mędrcy zarządzili dla dziewcząt, zanim wyjdą za mąż. Mędrcy wspominają o tej praktyce tylko w tym kontekście, zamieszkiwanie razem, o które mnie prosisz, nie jest uświęcone żadnym nakazem. Pomimo tego jestem gotowy uczynić na twój rozkaz to, co cię zadowoli'.

Pobożny król Kauśika, ze swą żoną u boku, rozkazał dać Cjawanie odpowiednie miejsce do siedzenia i stanął obok niego pełen pokory. Zaoferował mu wodę do umycia stóp i nakazał wykonanie wszystkich powitalnych rytów ku jego czci. Po powitaniu i uhonorowaniu go w ten sposób, rzekł: 'O wielki asceto, moja żona i ja czekamy na twoje rozkazy. Powiedz nam, co mamy dla ciebie uczynić? Jeżeli zechcesz, oddamy tobie całe królestwo, bogactwo, krowy i wszystkie przedmioty dawane w ofierze, powiedz tylko słowo. Ten pałac, królestwo, jak i wymierzanie sprawiedliwości są na twoje usługi. Jesteś Panem tego wszystkiego. Rządź całą ziemią. Jeśli zaś chodzi o mnie, poddaje się całkowicie twej woli'.

Riszi Cjawana rzekł z radosnym sercem: 'O królu, nie pragnę twego królestwa, twoich kobiet, krów, prowincji czy artykułów potrzebnych w rytach ofiarnych. Jednakże, jeżeli ty i twoja żona nie macie nic przeciw temu, chciałbym uczynić pewien ślub, prosząc was o służenie mi bez słowa sprzeciwu podczas jego wykonywania'. Słowa Cjawany uszczęśliwiły króla Kauśikę i jego żonę. Rzekł radośnie: 'O święta osobo, niech tak się stanie!' Zaprowadził Cjawanę do wspaniałej komnaty i pokazując mu ją, rzekł: 'O święta osoba, tutaj jest twoje łoże. Spędzaj tu czas, jak chcesz. Moja żona i ja uczynimy wszystko, aby zapewnić ci wszystkie wygody i przyjemności' ".

2. Riszi Cjawana poddaje króla Kauśikę i jego żonę próbie

Bhiszma kontynuował: „O Judhiszthira, dzień spędzony na miłej konwersacji szybko minął, a gdy słońce schowało się za horyzont, riszi Cjawana poprosił króla, aby przyniósł mu jedzenie i picie. Król Kauśika kłaniając przed nim, zapytał: 'O święty asceto, jaki rodzaj posiłku cię zadowoli? Powiedz mi, jakie jedzenie powinienem przynieść?' Riszi odpowiedział: 'O królu, przynieś mi jedzenie, które jest dla mnie odpowiednie'. Król odpowiedział: 'O święta osobo, niech tak się stanie', i przygotował dla niego jedzenie odpowiedniego rodzaju.

Po skończeniu posiłku Cjawana rzekł do króla i jego żony: 'O królu, pragnę teraz udać się na spoczynek, bo ogarnęła mnie wielka senność'. Królewska para zaprowadziła go do komnat, gdzie czekało na niego łoże i gdy riszi położył się na łożu, usiedli obok niego. Cjawana rzekł: 'O królu, pozwólcie mi spać i nie budźcie mnie. Wy sami podczas mego snu pozostańcie obudzeni i uciskajcie moje stopy tak długo, jak będę tu leżał pogrążony we śnie'. Król Kauśika rzekł bez wahania: 'O święta osobo, niech tak się stanie'.

Król i królowa, dotrzymując danego słowa, nie spali całą noc uciskając jego stopy, tak jak kazał. Wykonywali dane im zadanie z gorliwością i uwagą. Tymczasem ten święty bramin spał bez żadnego dźwięku, nieruchomy jak kłoda przez dwadzieścia jeden dni. Przez cały ten czas królewska para, nie pamiętając o jedzeniu i piciu, służyła mu z radosnym sercem, uciskając jego stopy. Gdy dwudziesty pierwszy dzień miał się już ku końcowi, riszi sam się obudził i nie mówiąc ani słowa, wyszedł z komnaty. Król i królowa głodni i wyczerpani brakiem snu ruszyli za nim, ale ten wielki riszi nie raczył nawet rzucić na nich jednego spojrzenia. W końcu czyniąc się niewidzialny mocą swej jogi, zniknął im z oczu. W tym momencie król Kauśika o wielkim splendorze powalony przez żal upadł na ziemię, tracąc zmysły. Szybko jednak powstał z ziemi i mając w swej małżonce wiernego towarzysza, zaczął wszędzie szukać tego wielkiego mędrca, który na jego oczach rozpłynął się w powietrzu. W końcu, nie mogąc go nigdzie znaleźć, zawstydzony i zmęczony powrócił razem z królową do pałacu. W ponurym nastroju i bez słowa, myśląc jedynie o tym dziwnym zachowaniu Cjawany, weszli do jego komnat, gdzie ku swemu wielkiemu zdumieniu zobaczyli syna Bhrigu leżącego tak jak przedtem na swym łożu. Nie mogąc się temu nadziwić, zaczęli rozmyślać nad tym dziwnym wydarzeniem. Widok mędrca uwolnił ich jednak od zmęczenia. Usiedli obok niego i zaczęli delikatnie uciskać jego stopy. Riszi, zmieniwszy jedynie swą poprzednią pozycję, spał bezgłośnie jak przedtem przez kolejne dwadzieścia jeden dni. Królewska para pełna obaw wykonywała swe zadanie z tą samą gorliwością i uwagą, nie zmieniając ani swej postawy, ani uczuć w stosunku do śpiącego ascety.

Cjawana obudził się w końcu ze swego głębokiego snu i rzekł: 'O królu, pragnę wziąć kąpiel. Natrzyjcie więc moje ciało olejkiem'. Król i jego żona, choć byli głodni i zmęczeni, wstali i przynieśli kosztowny olej specjalnie dla niego przygotowany i w milczeniu zaczęli nacierać nim jego ciało. Cjawana nie dał im żadnego znaku informującego, że już wystarczy, widział jednak ich całkowitą determinację i brak gniewu. W pewnym momencie nagle wstał i bez jednego słowa udał się do komnaty, gdzie czekała na niego przygotowana kąpiel. W komnacie tej znajdowały się rozmaite przedmioty używane przez króla podczas kąpieli. Cjawana nie użył jednak żadnego z nich i raz jeszcze zniknął sprzed oczu Kauśiki i jego żony dzięki mocy swej jogi. Tym razem jednak jego zniknięcie nie zakłóciło spokoju królewskiej pary. Zobaczyli go ponownie siedzącego po kąpieli na specjalnie przygotowanym dla niego miejscu. Tam właśnie się im ukazał.

Król Kauśika i jego małżonka z radosnymi twarzami zaproponowali mu gorący posiłek, który on zaakceptował. Przyniesiony z kuchni posiłek był złożony z różnego rodzaju mięs i warzyw, ciast, słodyczy i przetworów mlecznych, oferując różnego rodzaju smaki. Były tam również różne produkty lasu znane ascecie oraz różne rodzaje owoców godnych królów. Zaiste, na rozkaz króla, który bał się bramińskiej klątwy, posiłek ten zawierał zarówno to, co jedzą osoby prowadzące domowy tryb życia, jak i to, co jedzą osoby mieszkające w dżungli. Posiłek ten, przykryty białą tkaniną został postawiony przed Cjawaną, dla którego przygotowano też odpowiednie miejsce do siedzenia jak i łoże. Cjawana nie zjadł jednak niczego, lecz wywołując ogień spalił wszystko na ich oczach na popiół. Zaraz potem wielki riszi raz jeszcze rozpłynął się w powietrzu. Królewska para widząc to zachowanie syna Bhrigu, nie ukazała jednak nawet cienia gniewu i pozostała w tym samym miejscu całą noc, nie zmieniając swej pozycji i nie wypowiadając żadnego słowa, czekała cierpliwie na powrót Cjawany.

Cjawana, nie mogąc znaleźć w zachowaniu króla najmniejszych uchybień, rzekł: 'O królu, bądź mi posłuszny, zaprzęgnij się razem z królową do swego powozu zamiast koni i zawieź mnie tam, gdzie rozkażę'. Król Kauśika, nie wahając się nawet przez moment, rzekł: 'O święta osobo, niech tak się stanie. Powiedz mi tylko, którego powozu powinienem użyć, aby cię zadowolić, tego, którym jeżdżę z myślą o przyjemności czy też tego, który służy mi do walki?' Cjawana odpowiedział: 'O królu, przygotuj swój wojenny rydwan, którego używasz do ataku na wrogie miasta. Turkot jego kół przypomina dźwięk dzwonów. Wyposaż go we wszelką broń, strzały, oszczepy, złote kolumny i słupki. Udekoruj flagami i proporcami'. Król Kauśika rzekł: 'O wielki asceto, niech tak się stanie'.

Wyposażył swój rydwan w rozmaitą broń, jak i w oścień do poganiania koni. Następnie zaprzągł królową do rydwanu po lewej stronie, podczas gdy sam zaprzągł się po prawej i rzekł: 'O wielki asceto, rydwan jest gotowy. Rozkazuj, w jakim kierunku powinniśmy się udać?' Cjawana rzekł: 'O królu, posłuszni mojej woli ciągnijcie ten rydwan powoli, krok po kroku, abym nie odczuwał zmęczenia. Niech moja podróż będzie przyjemna i niech wszyscy twoi poddani zobaczą mnie podczas tej jazdy. Niech nikt, kto zechce się do mnie zbliżyć, nie zostanie odpędzony. Wszystkich obdaruję bogactwem. Każdemu braminowi, który się do mnie zbliży, zagwarantuję spełnienie życzeń i obdaruję bogactwem i klejnotami bez żadnych ograniczeń. Uczyńcie tak, jak mówię, bez wahania!' Król Kauśika słysząc te słowa Cjawany, zwołał swoich służących i rzekł: 'O służący, bez żadnego lęku rozdawajcie ludziom wszystko to, co Cjawana rozkaże rozdać'.

Na rozkaz króla za rydwanem ciągnionym przez króla i królową, którym jechał riszi Cjawana, podążały wozy wypełnione złotem i klejnotami, piękne kobiety, ministrowie i słonie wielkie jak góry. Na ten niecodzienny widok całe królestwo pogrążyło się w smutku i ze wszystkich stron dochodziły żałosne wzdychania i okrzyki: 'O biada nam'. Smutek ten jeszcze się pogłębił, gdy riszi uderzył nagle króla i królową w plecy i policzki ościeniem do poganiania koni. Królewska para nie okazała jednak żadnych oznak gniewu. Ta heroiczna para, choć drżąca na całym ciele i krańcowo wyczerpana od niejedzenia i niespania przez pięćdziesiąt nocy, bez słowa protestu ciągnęła dalej rydwan z riszim przez ulice miasta. Ich ciała pokryły się wkrótce krwią od ustawicznych uderzeń ościenia i wyglądali jak dwa drzewa *kinsuka* pokryte kwiatami. Obywatele stolicy, widząc w jakim położeniu znalazł się ich król i królowa, pogrążali się w coraz większej żałobie. Znosili jednak swą niedolę w milczeniu, bojąc się klątwy Cjawany. Gromadząc się w grupki, szeptali między sobą: 'Jakże wielka jest siła ascezy, skoro nie potrafimy nawet spojrzeć na tego mędrca, choć jesteśmy wszyscy rozgniewani! Ogromna jest energia tego świętego mędrca o czystej duszy. Wielka jest też cierpliwość i hart ducha naszego króla i królowej, którzy pomimo krańcowego wyczerpania głodem i wysiłkiem ciągle ciągną ten rydwan!'

Tymczasem syn Bhrigu, Cjawana, choć w pełni świadomy ogromu niedoli, którą przyniósł krewskiej parze, nie zauważył u nich żadnych oznak gniewu lub niezadowolenia. Widząc ich tak całkowicie nieporuszonych przez sytuację, w której się znaleźli, podjął ostatnią próbę znalezienia w nich skazy i zaczął rozdawać ogromne bogactwo pochodzące z królewskiego skarbca, tak jakby był bogiem bogactwa, Kuberą. Król Kauśika i jego żona, choć to widzieli, nie ukazywali najmniejszych oznak niezadowolenia i czynili wszystko, co nakazywał mu riszi.

Cjawana widząc ich niewzruszoność, był uszczęśliwiony. Zszedł z rydwanu i uwolnił ich z jarzma. Łagodnym, głębokim i zachwyconym głosem rzekł: 'O królu, jestem z waszej służby bardzo zadowolony, zasłużyliście na dar!' Wzruszony i pełen ciepłych uczuć patrząc ich delikatne ciała poranione ościeniem, dotknął ich swymi dłońmi, które miały równie uzdrawiającą moc jak nektar nieśmiertelności. Zaiste, całe ich zmęczenie zniknęło pod wpływem dotyku Cjawany. Król rzekł: 'O święta osoba, moja żona i ja nie czujemy zmęczenia!'

Riszi Cjawana rzekł: 'O królu, muszę teraz pozostać nad brzegiem Gangesu, aby zrealizować tam do końca mój ślub. Miejsce, które wybrałem, jest wspaniałe i pomyślne. Wróć teraz ze swoją żoną do pałacu, bo jesteś zmęczony, lecz przyjdź jutro nad brzeg Gangesu, aby się ze mną zobaczyć. Nie ulegaj gniewowi lub smutkowi, jutro zbierzesz nagrodę, na którą zapracowałeś swym działaniem i osiągniesz to, czego bardzo pragniesz i co nosisz od dawna głęboko ukryte w sercu. Moje usta nie kłamią. Będzie tak, jak mówię'.

Król Kauśika pełen wzniosłych uczuć odpowiedział, mówiąc słowa o wielkim znaczeniu: 'O święta i błogosławiona osobo, nie chowam w sercu ani smutku, ani gniewu. Oczyściłeś nas z grzechów i uświęciłeś! Powróciła do nas nasza młodość. Nasze ciała stały bardzo piękne i silne. Nie widzę już tych blizn i ran, które zadałeś nam, uderzając nas ościeniem. Cieszymy się dobrym zdrowiem, a moja żona jest piękna jak niebiańska nimfa apsara. Powróciło do niej jest dawne piękno i splendor. Wszystko to zawdzięczamy twej łasce'.

Cjawana pożegnał Kauśikę, powtarzając raz jeszcze: 'O królu, przyjdź juto ze swoją małżonką nad brzeg Gangesu'. Kauśika oddał należne mu honory i odziany w nowe, piękne ciało ruszył razem ze swoją małżonką w kierunku swego pałacu. Jego doradcy, ministrowie i kapłani wyszli mu naprzeciw, aby go powitać. Witali go również wszyscy jego poddani i grupy tancerek. Król i królowa błyszcząc w ich otoczeniu urodą i splendorem, którymi obdarował go Cjawana, z radosnym sercem przekroczyli bramy swego pałacu wychwalani w pieśniach przez poetów i pochlebców. Po wykonaniu odpowiednich rytów zjedli smaczny posiłek, a gdy nadeszła noc, przespali ją spokojni i szczęśliwi. Tymczasem przybywający nad brzegiem Gangesu riszi Cjawana, który posiadał bogactwo ascezy, mocą swej jogi przekształcił ten piękny pokryty lasem brzeg Gangesu w miejsce odosobnienia, gdzie nie brakowało klejnotów, złota i innego bogactwa, i które przewyższało swym pięknem miejsce zamieszkania króla bogów Indry".

3. Król Kauśika dochodzi do wniosku, że bramin przewyższa swą mocą króla

Bhiszma kontynuował: „O Judhiszthira, słuchaj dalej mego opowiadania. O poranku król Kauśika ze swoją żoną wykonali poranne ryty i następnie udali się w kierunku tego miejsca nad brzegiem Gangesu, które riszi Cjawana poprzedniego dnia wybrał dla siebie. Po przybyciu tam ku swemu zdumieniu zobaczyli złoty pałac o tysiącu kolumn wysadzanych klejnotami i drogimi kamieniami, otoczony alejkami i jeziorkami pełnymi lotosów. Każda jego część zdradzała niebiański charakter. Wyglądał jak ukazująca się na wieczornym niebie zmieniająca się ustawicznie formacja chmur, zwana budowlą gandharwów. Przed wzrokiem królewskiej pary rozciągały się polany przykryte dywanem zieleniącej się trawy, jak i ogrody pełne różnorodnych drzew i krzewów pokrytych kwiatami należącymi do różnych pór roku, jak i zbiorniki i jeziorka wypełnione zimną lub ciepłą wodą. Wszędzie było pełno ptactwa różnego gatunku i rodzaju. Widzieli również liczne rezydencje wyglądające jak niebiańskie rydwany lub piękne góry, gdzie znajdowały się różne kosztowne przedmioty, jak wspaniałe ławy do siedzenia wysadzane drogimi kamieniami, łoża, dywany kufry pełne kosztownych ubrań oraz ogromna ilość jedzenia gotowego do spożycia. Tu i tam grupki rozbawionych apsar i gromady szczęśliwych gandharwów w towarzystwie żon ukazywały się i znikały sprzed ich oczu. Słyszeli również melodyjne śpiewy oraz przyjemne dla ucha głosy nauczycieli nauczających *Wed*, jak i harmonijne gęganie gęsi pływających po wodzie jeziora.

Kauśika zdumiony tym, co widzi, pomyślał: 'Czy to, co widzę, jest realne czy też jest to sen i wytwór mojego umysłu? Czyżbym bez porzucania ciała osiągnął niebiańskie szczęście? Czy to, co widzę, jest świętym krajem Uttara-Kuru czy też jest to kraj zwany Amarawati należący do Indry? Czym są te wspaniałe widoki ukazujące się przed moimi oczami?' Gdy tak rozmyślał, wewnątrz złego pałacu dostrzegł leżącego na kosztowym łożu syna Bhrigu, Cjawanę. Mając swą małżonkę u boku, zbliżył się do niego z uradowanym sercem. Cjawana jednakże nagle zniknął razem ze swym łożem i za chwilę król zobaczył go nad brzegiem Gangesu siedzącego bez ruchu na macie z trawy *kuśa* i recytującego mantry. W tym samym momencie oczarowujący króla widok niebiańskiego pałacu i otaczających go ogrodów zniknął i brzeg Gangesu stał się cichy jak zwykle, przykryty trawą *kuśa* i mrowiskami.

Ta nagła zmiana zdumiała królewską parę. Król Kauśika rzekł do swej małżonki: 'O najmilsza, wszystkie te niebiańskie widoki, które mieliśmy możliwość oglądać, ukazały się przed naszymi oczami dzięki łasce syna Bhrigu, który swymi umartwieniami zdobył ogromną moc. Zauważ, że wszystko to, co ktoś pielęgnuje w wyobraźni, staje się osiągalne dzięki umartwieniom. Umartwienia swą mocą przewyższają władzę nad trzema światami. Dzięki nim można zdobyć Wyzwolenie. Na tym świecie tylko ci, którzy urodzili się jako bramini, potrafią dotrzeć do zrozumienia, mowy i działań, które są święte. Zauważ moc, którą riszi Cjawana zdobył swymi umartwieniami. Gdy tylko zechce, potrafi nawet stworzyć inne światy. Któż inny poza nim potrafiłby tego wszystkiego dokonać? Suwerenność można z łatwością zdobyć, lecz status bramina nie jest tak łatwo osiągalny. Tylko moc bramina mogła zmusić nas do tego, abyśmy ciągnęli rydwan zaprzężeni do niego jak zwierzęta!'

Wszystkie te myśli, które zrodziły się w jego umyśle, stały się natychmiast znane Cjawanie. Riszi rzekł do Kauśiki: 'O królu, zbliż się do mnie!' Królewska para zbliżyła się do ascety z pochylonymi głowami, oddając mu cześć. Cjawana błogosławiąc króla, rzekł: 'O królu, usiądź tutaj'. Następnie szczerze i bez żadnego podstępu zadowolił króla, mówiąc: 'O królu, ujarzmiłeś w pełni pięć organów działania i pięć organów poznania (zmysłów) z umysłem jako szóstym. Dzięki temu zdołałeś przebrnąć bez szwanku przez ciężką próbę, którą dla ciebie przygotowałem. Zostałem przez ciebie właściwie uhonorowany i bez względu na to, jak wielką przyniosłem ci niedolę, nigdy nie zaniechałeś oddawania mi czci. Jesteś kryształowo czysty, nie zabrudza cię nawet najmniejszy grzech. Pozwól mi teraz odejść, gdyż pragnę powrócić tam, skąd przyszedłem. Przedtem jednak poproś mnie dar, gdyż jestem z ciebie bardzo zadowolony'.

4. Riszi Cjawana wyjaśnia Kauśice dlaczego poddał go tak ciężkiej próbie

Król Kauśika rzekł: 'O święta osobo, w twojej obecności jestem jak ktoś, kto stanął wśród płomieni ognia i to, że twój ogień mnie jeszcze nie spalił, jest dla mnie największym darem, jaki od ciebie otrzymałem. Wielkim darem jest dla mnie to, że cię zadowoliłem i uratowałem swój ród przed twoją klątwą. Widzę w tym dowód twej łaski. Zrealizowałam w ten sposób cel mojego życia i dotarłem do samego kresu mojej królewskiej władzy, zdobywając najwyższy owoc moich umartwień. Jednakże, jeżeli jesteś ze mnie faktycznie zadowolony, pomóż mi w rozwianiu wątpliwości, która powstała w moim umyśle'.

Riszi Cjawana rzekł: 'O królu, powiedz mi, jaka wątpliwość niepokoi twój umysł?'

Król Kauśika rzekł: 'O święta osobo, wyjaśnij mi, dlaczego zapragnąłeś zamieszkać przez jakiś czas w moim pałacu? Jaki cel chciałeś osiągnąć, zapadając w sen na przygotowanym dla ciebie łożu, gdzie czuwaliśmy przy tobie bez przerwy przez dwadzieścia jeden dni, podczas których spałeś, nie zmieniając swej pozycji? Jaki cel chciałeś zrealizować, wychodząc nagle ze swej sypialni bez wypowiedzenia jednego słowa? Dlaczego bez żadnego wyraźnego powodu uczyniłeś się niewidzialny, a potem znowu stałeś się widzialny? I dlaczego ponownie położyłeś się na łożu i spałeś przez kolejne dwadzieścia jeden dni? Dlaczego nagle opuściłeś pokój, kiedy natarliśmy twe ciało olejkami przed kąpielą? Dlaczego spaliłeś jedzenie, które najpierw kazałeś nam przygotować? Jaki był powód zaprzężenia nas do rydwanu i rozdawania ogromnej ilości naszego bogactwa? Jaki w końcu był cel ukazania przed naszymi oczami tej cudownej wizji, którą stworzyłeś mocą swej jogi? W jakim celu pokazałeś nam wszystkie te budynki zrobione ze złota, jak i te liczne łoża wspierające się na kolumnach wybijanych klejnotami? I dlaczego spowodowałeś, że wszystkie te cuda zniknęły nagle sprzed naszych oczu? Chciałbym poznać przyczynę tego wszystkiego. Swym działaniem wielokrotnie wprawiałeś mnie w zdumienie. Nie potrafię zrozumieć motywu twego działania. Wyjaśnij mi, proszę, prawdziwe znaczenie twych działań'.

Riszi Cjawana rzekł: 'O królu, pytań nie należy nigdy pozostawiać bez odpowiedzi, skoro więc zadałeś te pytania, wyjaśnię tobie, co skłoniło mnie do wymienionych przez ciebie działań.

W odległych czasach przy pewnej okazji Brahma stwierdził w obecności wszystkich bogów, że w rezultacie ścierania się ze sobą energii bramina i wojownika, w moim rodzie wywodzącym się od wielkiego bramina Bhrigu pojawi się zmieszanie tych energii, i że ta skaza na moim rodzie zostanie spowodowana przez twego wnuka o wielkiej energii i mocy. Dowiedziawszy się o tym, przybyłem do twego pałacu z postanowieniem zniszczenia twego rodu i spalenia na popiół wszystkich twoich potomków. Z tego to powodu powiedziałem tobie, że uczyniłem pewien ślub i nakazałem, abyś razem z żoną służył mi bez żadnego sprzeciwu. Pragnąc rzucić na ciebie klątwę, szukałem w tobie jakiś uchybień, które mogłyby wywołać mój gniew, jednakże podczas mojego pobytu w twym pałacu nie znalazłem w twoim postępowaniu żadnego zaniedbania. Dzięki temu ciągle jeszcze pozostajesz przy życiu, gdyż w innym przypadku dawno już byś był wśród umarłych. Dlatego też spałem przez dwadzieścia jeden dni z nadzieją, że nie wystarczy ci cierpliwości i obudzisz mnie, zanim obudzę się sam. Ty jednakże czuwając przy mym łożu razem z małżonką, posłusznie masowałeś moje stopy, nie budząc mnie. Już wtedy mnie zachwyciłeś. Wyszedłem ze swej komnaty bez słowa, licząc na to, że zapytasz mnie o motyw i że wtedy będę miał okazję, aby rzucić na ciebie klątwę, a gdy tego nie uczyniłeś, stałem się mocą mej jogi niewidzialny i ukazałem się następnie na swym łożu, gdzie spałem przez kolejne dwadzieścia jeden dni, licząc na to, że wyczerpany głodem i brakiem snu rozgniewasz się i dasz mi okazję do wypowiedzenia klątwy. Jednakże w twoim sercu nie znalazłem najmniejszego śladu zniecierpliwienia i gniewu. Zachwyciłeś mnie tym. Próbując dalej sprowokować twój gniew, kazałem poddawać sobie różnego rodzeniu jedzenie, paląc je na popiół swoją energią. Ty jednakże przyjąłeś to ze spokojem. Nawet wówczas, gdy rozkazałem tobie i twej żonie zaprząc się do rydwanu i wieźć mnie przez całe miasto, uczyniłeś to bez słowa sprzeciwu. Nawet rozdawanie twego bogactwa nie sprowokowało twego gniewu. W końcu, będąc z ciebie i twej żony bardzo zadowolony, mocą mojej jogi stworzyłem przed waszymi oczami wizję niebiańskiego lasu. Chciałem was nagrodzić przelotnym spojrzeniem na niebo. Wszystko, co widzieliście, daje przedsmak prawdziwego nieba. Spowodowałem, że mogliście je zobaczyć choć przez krótki moment bez porzucania swej ziemskiej formy. W ten sposób chciałem wam ukazać potęgę umartwień, jak i nagrodę, która czeka na tych, którzy są prawi'.

5. Cjawana nagradza Kauśikę obietnicą narodzin Wiśwamitry, który zdobędzie za życia status bramina

Riszi Cjawana kontynuował: 'O królu, wiem, jakie pragnienie zrodziło się w twoim sercu na ten wspaniały widok nieba, który przed tobą ukazałem dzięki swej bramińskiej mocy. Lekceważąc władanie całą ziemią i nawet niebem, zapragnąłeś zdobyć status bramina i zasługi płynące z umartwień. Taka była twoja myśl. Status bramina jest bardzo trudny do zdobycia, a gdy jest się braminem, trudno zdobyć status risziego, a będąc riszim trudno zdobyć status ascety. Twoje pragnienie jednakże zrealizuje się. Z ciebie (w następnych pokoleniach) wypłynie klan bramiński nazywany twoim imieniem. Twój wnuk Wiśwamitra zdobędzie za życia status bramina. Dzięki połączeniu energii twojego królewskiego rodu z energią Bhrigu twój wnuk będzie ascetą o splendorze ognia. Zaiste, mocą swej ascezy będzie budził lęk we wszystkich trzech światach. Moje usta nie kłamią, będzie więc tak, jak mówię. Wypowiedz teraz swoją prośbę, gdyż już niedługo opuszczę twój pałac, aby udać się z pielgrzymką do świętych brodów'.

Król Kauśika rzekł: 'O święta osobo, zadowoliłeś mnie w pełni swym darem! Niech stanie się tak, jak mówisz, o taki dar cię proszę. Niech mój wnuk zdobędzie bramińskość! Niech mój ród będzie rodem bramińskim. Opowiedz mi teraz o tym, w jaki sposób i za czyim pośrednictwem bramiński klan wywodzący się od Bhrigu zmiesza się z moim królewskim rodem?'

6. Cjawana opowiada o tym, w jaki sposób energie Bhrigu i Kauśiki połączą się w Wiśwamitrze i Paraśuramie

Riszi Cjawana rzekł: 'O królu, posłuchaj więc o tym, co jest nieuchronne i co się wydarzy. Wojownicy, choć powinni zawsze korzystać z pomocy synów Bhrigu w rytach ofiarnych, nieuchronnym zrządzeniem losu poróżnią się z braminami i zabiją wszystkich potomków Bhrigu, nie oszczędzając nawet tych, którzy nie opuścili jeszcze łona matek. Z nasienia Bhrigu narodzi się jednak riszi Aurwa, którego matka uchroni przed rzezią ukrywając go w swym udzie (zob. *Mahabharata*, ks. I, opow. 7, p. 6). Aurwa o ogromnej energii i splendorze będzie jak słońce lub ogień. Z powodu wyniszczenia całego swego rodu, będzie chował w sercu straszliwy gniew. Choć mógłby swym gniewem spalić całą ziemię razem z jej górami i lasami, stłumi go, wrzucając go do ust klaczy, która plując ogniem będzie się błąkać po oceanie. Jego syn będzie miał na imię Riczika. Mocą przeznaczenia przybędzie do niego cała nauka o broni w swej ucieleśnionej formie z intencją zniszczenia całej kasty wojowników. Riczika poślubi księżniczkę Satjawati z twojego rodu, córkę króla Gadhi i twoją wnuczkę. Riczika na prośbę żony, aby dał jej i jej matce odpowiedniego syna (bramina dla niej i wojownika dla jej matki), da jej dwa posiłki uświęcone mantrami, wskazując, który z nich jest przeznaczony dla niej, a który dla jej matki (zob. *Mahabharata*, ks. III, opow. 24, p. 4). Kobiety zamienią się jednak posiłkami i w rezultacie żona króla Gadhi urodzi Wiśwamitrę, twego wnuka, który będzie wojownikiem o mocy bramina. Twoja wnuczka z kolei i żona Riczika urodzi mu syna bramina o imieniu Dżamadagni, któremu Riczika mocą swej jogi przekaże naukę o broni zdobytą poprzez wewnętrzne światło i który będzie ją nosił w swym umyśle. Spłodzi on syna (wnuka Riczika) bramina Paraśuramę, który będzie działał jak wojownik i przyniesie zniszczenie kaście wojowników. Z kolei twój wnuk, syn króla Gadhi Wiśwamitra, będzie dorównywał siłą energii płynącej z ascezy nauczycielowi bogów Brihaspatiemu. Zostanie mu to zagwarantowane przez

Riczikę, który przygotowywał dla swej żony i jej matki posiłek, uświęcając go mantrami'.

Riszi Cjawana zakończył, mówiąc: 'O królu, wszystko to, o czym mówię, stanie się na mocy rozkazu Brahmy. Inaczej być nie może. W ten sposób w trzecim pokoleniu twój wnuk osiągnie bramińskość. Poprzez małżeństwo Ricziki z córką twego syna Gadhi i zamianę posiłków przez jego żonę i córkę staniesz się krewnym Bhargawów (potomków Bhrigu)'".

Bhiszma zakończył swe opowiadanie, mówiąc: 'O Judhiszthira, król Kauśika słuchając słów Cjawany, czuł ogromną radość. Rzekł: 'O święta osobo, niech tak się stanie!' A gdy riszi Cjawana raz jeszcze rzekł do niego, by poprosił go o dar, król Kauśika rzekł: 'O święta osoba, skoro tak nalegasz, spełnij, proszę, moje życzenie. Niech mój ród stanie się rodem bramińskim i niech nigdy nie zejdzie ze ścieżki prawości'. Riszi Cjawana zagwarantował mu spełnienie jego prośby, po czym pożegnał go i wyruszył w drogę do świętych brodów. Wszystko to, o czym mówił, spełniło się. Paraśurama z rodu Bhrigu i Wiśwamitra z rodu Kauśiki narodzili się dokładnie tak, jak to przedstawił".

Napisane na podstawie fragmentów *Mahābharāta*,
Anusasana Parva, Part 2, Sections LII-LVI.

Opowieść 216
O ścieżce dobroczynności

1. O ścieżce dobroczynności i nagrodach, które przynosi; 2. O nagrodach płynących z kopania zbiorników na wodę i sadzenia drzew; 3. O dobroczynności z poczucia obowiązku, a nie dla nagrody; 4. O obowiązku bezinteresownego obdarowywania tych, którzy o dary nie proszą, lecz na nie zasługują; 5. O darach czynionych w rytach ofiarnych i poza rytami; 6. O darze ziemi; 7. O darze jedzenia wychwalanym przez Naradę; 8. O powiązaniu różnych rodzajów darów z układem gwiazd na niebie; 9. O darze złota, wody, oczyszczonego masła, parasola i sandałów; 10. O rozporządzeniach dotyczących różnych darów.

> Bhiszma rzekł: „O Judhiszthira, posłuchaj o tym, co jest wielką tajemnicą i jest nadzwyczajnie wspaniałe. Bez względu na to, jaki los został człowiekowi wyznaczony w jego obecnym życiu, swymi prawymi działaniami zapewnia sobie po śmierci dobry los. Chciałbym więc raz jeszcze powrócić do tematu religii działania (pravritti) i nagród, które przynosi po śmierci wykonywanie poszczególnych działań. Chciałbym pouczyć cię o ścieżce dobroczynności i nagrodach zdobywanych przez tych, którzy idą tą ścieżką. Ten, kto idzie tą ścieżką, zapewnia sobie w przyszłości dobry los".

(*Mahābhārāta*, Anusasana Parva, Part 2, Section LVII)

1. O ścieżce dobroczynności i nagrodach, które przynosi

Judhiszthira wysłuchał z uwagą opowiadania Bhiszmy o próbie, której riszi Cjawana poddał króla Kauśikę i rzekł: „O Bhiszma, po wysłuchaniu twych słów czuję się oszołomiony. Rozmyślając nad tym, że to z mojej winy ziemia została pozbawiona prawie wszystkich królów, z których każdy cieszył się wielkim dobrobytem, pogrążam się w żałobie. Po podbiciu całej ziemi i zdobyciu setek królestw myślę ze smutkiem o tych milionach mężczyzn, których pozbawiłem życia na polach Kurukszetry. Co teraz stanie się z tymi wszystkimi kobietami, które straciły swych mężów, synów, wujów ze strony matki i braci. Po zabiciu tylu naszych krewnych, przyjaciół i sympatyków utoniemy w piekle głowami w dół! Nie ma co do tego wątpliwości. Z taką wizją naszego końca, gorąco pragnę poświęcić resztę mego życia umartwieniom. Poucz mnie, proszę, w tej sprawie".

Bhiszma rzekł: „O Judhiszthira, posłuchaj o tym, co jest wielką tajemnicą i co jest nadzwyczajnie wspaniałe. Bez względu na to, jaki los został dla człowieka wyznaczony w jego obecnym życiu, swymi prawymi działaniami zapewnia sobie po śmierci dobry los. Chciałbym więc raz jeszcze powrócić do tematu religii działania (*pravritti*) i nagród, które przynosi po śmierci wykonywanie poszczególnych działań. Chciałbym pouczyć cię o ścieżce dobroczynności i nagrodach zdobywanych przez tych, którzy idą tą ścieżką. Ten, kto idzie tą ścieżką, zapewnia sobie w przyszłości dobry los.

Dzięki obdarowywaniu innych zwiększa się własne bogactwo. Czyniąc dar olejków zapachowych i girland, jak i dar wody lub innych napojów, zdobywa się wieczną sławę, a czyniąc dar jedzenia, zdobywa się rozmaite przedmioty przyjemności. Oświetlając ciemne miejsca, w których przebywają ludzie, zdobywa się dobry wzrok, a rozdając kwiaty i owoce, zdobywa się wiedzę, Tak zostało stwierdzone przez zgromadzenie bogów w niebie. Ten, kto daje w darze tysiąc krów z rogami ozdobionymi złotem, zdobywa niebo. Ten, kto daje w darze krowę z ozdobionymi złotem rogami razem z miedzianym naczyniem do dojenia, tkaniną haftowaną złotem, miarkę sezamu i pewną sumę pieniędzy w formie *daksziny*, jak i ten, kto daje w darze woły, zdobywa region bogów Wasu. Ten, kto daje w darze krowę *kapila* z cielątkiem, miedzianym garnkiem do dojenia i rogami ozdobionymi złotem i ma również rozmaite inne osiągnięcia na swym koncie, otrzymuje od tej krowy spełnienie wszystkich życzeń. Osoba ta dzięki swemu darowi zamieszkuje w niebie przez tyle lat, ile jest włosów na ciele tej krowy i w swym przyszłym życiu ochrania przed piekłem wszystkich swych potomków aż do siódmego pokolenia. Dar krowy ochrania również jej dawcę w następnym świecie przed upadkiem w ciemności piekła i pomaga mu w przepłynięciu oceanu życia.

Ten, kto daje swą córkę za mąż odpowiedniemu kandydatowi, postępując zgodnie z bramińską formą małżeństwa lub obdarowuje bramina ziemią czy jedzeniem, wykonując odpowiednie ryty, zdobywa region Indry. Ten, kto daje prawemu braminowi znającemu *Wedy* umeblowany dom, zamieszka w kraju Uttar-Kuru. Ten, kto obdarowuje bramina dobrze wróżącym domem wyposażonym w piękne łoża i zapasy żywności, zdobędzie królewski pałac. Ten, kto daje braminowi do spania bogate, pachnące perfumami łoże, bez wysiłku zdobędzie piękną żonę z rodziny słynącej z dobrych manier. Ten, kto daje w darze czyste złoto, zbiera wielkie zasługi i zdobywa niebo, a ten, kto czyni dar tkaniny lub ubrań, otrzymuje w kolejnym życiu urodę i przedmioty podobnego rodzaju, a ten, kto daje w darze olejki zapachowe, zdobywa piękny zapach. Ten, kto daje w darze chroniący przed słońcem parasol, zamieszka w pałacu, a ten kto daje w darze parę sandałów lub butów, zdobywa dobre pojazdy. Ten, kto daje w darze braminowi kwiaty, owoce, rośliny i drzewa, nabywa bez wysiłku pałac z zamieszkującymi w nim pięknymi kobietami i bogactwem. Ten, kto rozdaje jedzenie i picie o różnych smakach, jak i inne przedmioty przyjemności, zdobywa ogromną ilość takich produktów. Ten, kto daje braminowi w darze girlandy, zapachy, maści i inne podobne przedmioty potrzebne po kąpieli, uwalnia się od chorób, zdobywa piękno i zamieszkuje w regionach wyznaczonych dla królów. Ten, kto oddaje życie w bitwie, staje się równy Brahmie, realizując swym działaniem najwyższy cel. Tak stwierdzili riszi".

Judhiszthira, słysząc te słowa Bhiszmy, pozbył się odczuwanego przed chwilą wstrętu do życia w zgodzie z domowym trybem życia, pragnąc zakończyć swe życie tak, jak to zostało wyznaczone dla herosów.

2. O nagrodach płynących z kopania zbiorników na wodę i sadzenia drzew

Judhiszthira rzekł: „O Bhiszma, powiedz nam, jakie nagrody przynosi kopanie zbiorników na wodę i sadzenie drzew?"

Bhiszma rzekł: „O Judhiszthira, przyjemny dla oka, urodzajny, zamieszkały przez różnorodne żywe istoty kawałek ziemi jest uważany za główne pole działania na tym świecie. Część tej ziemi należy przeznaczyć na miejsce dla zbiorników wodnych. Ten, kto kopie takie zbiorniki służące rozmaitym żywym istotom, zasługuje na szacunek i cześć całego świata. Zbiorniki wodne są równie zbawienne jak dom przyjaciela, ich kopanie zadowala Surję, wzmacnia siłę bogów i przynosi sławę temu, kto je kopie. Mędrcy twierdzą, że zbiorniki wodne kopane na ziemi, którą zamieszkują osoby godne szacunku, służą wszystkim czterem życiowym celom, tj. Prawu, Bogactwu, Przyjemności i Wyzwoleniu, są ozdobą kraju i dostarczają wsparcia ludziom, gandharwom, Ojcom, rakszasom i nawet przedmiotom nieożywionym.

Posłuchaj, co mędrcy mówią o zasługach, jakie przynosi troszczenie się o zbiorniki wodne i o nagrodach zdobywanych przez tych, którzy nakazują je kopać. Osoba, która gromadzi wodę w swym zbiorniku w czasie pory deszczowej, zdobywa zasługi równe tym, które przynosi rytuał *agnihotry*, a ta, która utrzymuje wodę w swym zbiorniku w sezonie jesiennym, zbiera zasługi równe tym, które przynosi dar tysiąca krów. Osoba, która utrzymuje wodę w swym zbiorniku w sezonie zimnym, zdobywa zasługi równe tym, które przynosi wykonanie rytu ofiarnego z licznymi darami złota, a ta, która utrzymuje wodę w swym zbiorniku w porze suchej, zbiera zasługi równe tym, które płyną z rytu *agnistoma*. Osoba, która utrzymuje wodę w swym zbiorniku w czasie wiosny, nabywa zasługi równe tym, które płyną z rytu *atiratra*, a ta, której zbiornik jest wypełniony wodą w sezonie letnim, równe tym, które przynosi Ofiara Konia. Osoba, z której zbiornika czerpią wodę ludzie prawi i gdzie krowy zaspakajają swe pragnienie, gromadzi zasługi równe tym, które płyną z Ofiary Konia i ratuje przed piekłem cały swój ród. Każda ilość wody wypita z czyjegoś zbiornika lub pobrana przez innych do kąpieli przynosi w następnym świecie dobro temu, kto wykopał ten zbiornik. Na tym świecie trudno o wodę zdatną do picia. Dar wody rodzi wieczne szczęście. Obdarowuj więc innych wodą, gdyż ten świat jest dla ciebie polem działania i gromadzenia zasług lub grzechów. Pod względem zasług dar wody przewyższa każdy inny, tak stwierdzili mędrcy. Nie zaniedbuj więc nigdy kopania na swej ziemi zbiorników na wodę i czynienia daru wody".

Bhiszma kontynuował: „O Judhiszthira, opowiedziałem tobie o tym, jakie zasługi zbiera ten, kto kopie zbiorniki wodne. Posłuchaj teraz o nagrodach, jakie przynosi sadzenie drzew. Rośliny, do których należą drzewa, dzielą się na sześć rodzajów: drzewa duże i małe (*wriksza*), krzewy i krzaki (*gnima)*, pnącza potrzebujące podpory (*lata*), rośliny, których trzon przypomina bardziej drzewo niż pnącze (*walli*), bambus (*twaksara*) i rożne rodzaje traw (*trina*). Ten, kto sadzi na ziemi drzewa, zdobywa pomyślność i sławę zarówno w świecie człowieka, jak i w zaświatach oraz przynosi ocalenie swym przodkom i potomkom z linii matki i ojca. Taki człowiek po opuszczeniu tego świata udaje się do nieba, gdzie czeka na niego wiele regionów ekstazy. Jest oklaskiwany i czczony w świecie Ojców i sława jego imienia nie ginie nawet wówczas, gdy zamieszkuje w świecie bogów. Drzewa cieszą bogów, Ojców i ludzi swymi kwiatami i owocami, a wędrowców i gości swym cieniem. Dostarczają schronienia ludziom, bogom, rakszasom, gandharwom i innym żywym istotom. Jak głoszą pisma i sugeruje rozum, posadzone przez człowieka drzewa są jak jego dzieci. Sadź więc drzewa, bo po śmierci drzewa ochraniają człowieka, który je posadził, tak jak dzieci ochraniają ojca. Stąd też człowiek, myśląc o własnym dobru, nie powinien nigdy zapominać o sadzeniu drzew wokół zbiorników wodnych i pielęgnowaniu ich jak swoje dzieci. Ten, kto kopie zbiorniki wodne, sadzi drzewa i wykonuje ryty, jest czczony w niebie jak ten, kto nigdy nie wypowiada kłamstwa, należy więc zawsze troszczyć się o zbiorniki wodne, sadzić drzewa, czcić bogów ofiarami i być prawdomównym".

3. O dobroczynności z poczucia obowiązku, a nie dla nagrody

Judhiszthira rzekł: „O Bhiszma, które wśród darów, o których wspomina się również w innych pismach niż *Wedy*, zasługują według ciebie na szczególne wyróżnienie? Wielka jest moja ciekawość w tej sprawie. Wytłumacz mi również, jak to się dzieje, że dary, które ktoś daje za życia, przynoszą nagrody po śmierci nawet wówczas, gdy ktoś czyni dary bezinteresownie, kierując się poczuciem obowiązku?"

Bhiszma rzekł: „O Judhiszthira, do najwyżej cenionych darów należy zagwarantowanie wszystkim żywym istotom swej sympatii, niestosowanie przemocy, dobroć i łaska dla osób, które spotkało nieszczęście, jak i obdarowanie przedmiotami, o które ktoś prosi oraz dawanie darów tym, którzy na nie zasługują, lecz o nie nie proszą. Obdarowuj więc tych, którzy są prawi, złotem, krowami i ziemią, gdyż ten, kto tak czyni, oczyszcza się z grzechów i broni się przed skutkami grzesznych działań. Ten, kto pragnie uwiecznić swój dar, powinien zawsze obdarowywać tych, którzy na dar zasługują, przedmiotami, których wszyscy pragną i tym, co ma w domu najlepszego. Człowiek, który daje w darze innym przedmioty przynoszące radość i czyni to, co jest dla nich miłe, sam zdobywa takie przedmioty i jest akceptowany przez wszystkich zarówno na tym, jak i na tamtym świecie, podczas gdy ten, kto z próżności nie pomaga biedakowi, który szuka u niego pomocy, jest uważany za okrutnika. Za najlepszego uważa się człowieka, który udziela pomocy nawet wrogowi, którego spotkało nieszczęście i prosi o pomoc. Nikt również nie dorówna w zbieranych zasługach temu, kto pomaga w zaspokojeniu głodu osobie, która zdobyła wiedzę i która jest wychudzona, osłabiona przez nieszczęście i pozbawiona środków do życia. Należy zawsze w ramach posiadanych środków pomagać w nieszczęściu temu, kto jest prawy w swych działaniach i przysięgach, i nie prosi innych o pomoc, choć nie ma żony i synów, i tonie w nieszczęściu. Te święte osoby, które nie mają pragnień i utrzymują się przy życiu z darów dawanych bez jakiekolwiek prośby z ich strony, zasługują na cześć i są równocześnie równie groźne jak jadowite węże. Mają moc wielkich *ritwijów* (kapłanów ofiarników wyposażonych w moc stwarzania). Broń się więc przed ich klątwą, czyniąc dary. Poszukuj ich przy pomocy swych szpiegów i agentów, i czcij ich, dając im domy wyposażone we wszystkie potrzebne przedmioty, rytualne szaty, niewolników i służących, jak i wszystko inne, co przynosi zadowolenie i szczęście".

Bhiszma kontynuował: „O Judhiszthira, ludzie prawych uczynków powinni czynić takie dary z poczucia obowiązku, a nie kierując się pragnieniem zdobycia nagrody. Zaiste, dobrzy ludzie powinni postępować w taki sposób, aby opisane wyżej cnotliwe osoby nie czuły niechęci do akceptowania darów uświęconych przez oddanie i wiarę.

Istnieją osoby, które zanurzają się całkowicie w studiowaniu *Wed* i realizowaniu ślubów i uzyskują środki potrzebne do utrzymania się przy życiu bez uzależniania się od czegokolwiek. Żyją z tego, co znajdą na swej drodze bez podejmowania żadnego wysiłku. Tacy bramini są oddani swym studiom i ascezie bez informowania kogokolwiek o swych praktykach. Każdy dar dany takim osobom czystego zachowania, kontrolującym swe zmysły i wiernym swej zaślubionej żonie, przynosi zasługi, które będą towarzyszyć obdarowującemu w każdym świecie, do którego uda się po śmierci. Dawanie darów osobom duchowo odrodzonym o opanowanej duszy przynosi zasługi równe tym, które zbiera osoba wykonująca codziennie o poranku i wieczorem ryt lania do ognia ofiarnego oczyszczonego masła. Zebranie przedmiotów potrzebnych do wykonania rytu ofiarnego uświęcone wiarą, oddaniem i *dakszyną*, jest najlepszą z wszystkich ofiar. Niech więc dawanie przez ciebie darów będzie równe takiej właśnie ofierze. Zraszanie darów wodą jest jak zraszanie wodą trawy *kuśa* w rytach ofiarnych i równa się dedykowaniu darów Ojcom (*pitri*), a cześć oddawana największym wśród braminów pozwala obdarowującemu na spłacenie długu, który ma wobec bogów. Te osoby, które opanowały swój gniew i nigdy nie pragną nawet jednego źdźbła trawy należącego do kogoś innego, których mowa jest łagodna i miła, zasługują na najwyższą cześć. Takie osoby nigdy nie dziękują za dary, bo uwolniły się w pełni od pragnień i nie starają się o to, aby je otrzymywać. Należy ich jednakże kochać tak, jak synów. Ja sam chylę przed nimi głowę. W nich niebo i piekło stają się jednym, gdy są z kogoś zadowoleni, obdarowują niebem, a rozgniewani karzą piekłem. *Ritwija*, domowi kapłani (*purohita*) i nauczyciele, którzy znają *Wedy* i traktują łagodnie swych uczniów, stają się takimi osobami.

Energia króla i wojownika traci siłę, gdy napotka na swej drodze energię bramina. Nie popadaj więc w pychę i nie ciesz się swą królewską władzą i bogactwem bez dzielenia się nimi z braminami. Chcąc umocnić i utrzymać swoją władzę, realizuj obowiązki swej kasty i z pomocą swego bogactwa oddaj cześć braminom. Pozwól im żyć tak, jak zechcą i chyl przed nimi z szacunkiem głowę. Ciesz się nimi jak swoimi dziećmi, pozwalając im żyć szczęśliwie tak, jak pragną. Któż inny, jak nie ty, byłby bardziej odpowiedni, aby zapewnić środki do życia tym braminom, którzy żyją w swej jaźni, dobrze ci życzą i potrzebują tak niewiele. Tak jak jedynym wiecznym obowiązkiem żony na tym świecie jest posłuszeństwo i służenie mężowi, tak służenie braminom jest wiecznym obowiązkiem królów i wojowników. Jaki sens będzie miało dla nich życie, gdy bramini widząc ich okrucieństwo i grzechy opuszczą ich królestwo, zmuszając ich do życia bez *Wed*, rytów ofiarnych, nadziei na lepszy świat po śmierci i motywu do wykonywania heroicznych czynów?

W starożytnych czasach wojownicy służyli i oddawali cześć braminom, waiśjowie królom, a szudrowie waiśjom. Bramin był jak płonący ogień i szudra służył mu na dystans, nie zbliżając się do niego. Tylko wojownik i waiśja mogli się do niego zbliżyć fizycznie lub dotknąć go. Bramini zostali obdarzeni łagodnym usposobieniem, w swym postępowaniu są w zgodzie z Prawdą i idą drogą prawdziwej religii, lecz rozgniewani są jak jadowity wąż. Taka jest ich natura, a obowiązkiem króla jest służenie im i oddawanie im czci. Bramin przewyższa nawet to, co najwyższe. Energia nawet największych wojowników zostaje zneutralizowana w kontakcie z braminem. Jeśli chodzi o mnie, to nic nie jest mi równie drogie jak bramini, nawet mój ojciec, matka, dziadek, ja sam i moje życie. Tu na ziemi bramini są mi nawet droższi od ciebie. Taka jest Prawda, poprzez którą pragnę zdobyć religijną ekstazę równą tej, którą zdobył ongiś mój ojciec. Oczami swej duszy widzę te święte regiony oświetlane przez Brahmę, tam się wkrótce udam. Widząc te regiony moimi duchowymi oczami, myślę z radością o tych wszystkich uczynkach, którymi czciłem braminów".

4. O obowiązku bezinteresownego obdarowywania tych, którzy o dary nie proszą, lecz na nie zasługują

Judhiszthira rzekł: „O Bhiszma, jeżeli dwaj bramini są równie czyści w zachowaniu, znają *Wedy*, są podobnego urodzenia i różnią się jedynie tym, że jeden z nich prosi o dary, a drugi nie, to obdarowanie którego z nich przynosi większe zasługi?"

Bhiszma rzekł: „O Judhiszthira, jak już mówiłem, obdarowanie tej osoby, która o nic nie prosi, przynosi obdarowującemu większe zasługi. Bramin, który zdobył całkowitą obojętność i niczego nie pragnie, bardziej zasługuje na dar niż ten, który nie zdobył jeszcze tej cnoty i jest bezradny wobec ciosów i burz tego świata. Tak jak moc wojownika wyraża się w ochronie, którą daje innym, tak moc bramina tkwi w jego obojętności i odmowie proszenia o cokolwiek. Bramini, którzy zdobyli taką niezależność, wiedzę i zadowalanie się własną jaźnią, cieszą bogów. Mędrcy twierdzą, że proszenie o dary przez biedaka jest haniebne, tacy ludzie drażnią innych tak jak złodzieje i rozbójnicy, i dlatego też święty żebrak, aby nie drażnić innych, zamieszkuje w dżungli z dala od ludzkich osiedli i nie prosi o dary. O osobie, która prosi o dary, mówi się, że daje śmierć, podczas gdy o obdarowującym mówi się, że daje życie temu, kto chodzi po prośbie i co więcej, swym aktem obdarowania ratuje również swą jaźń. Miłosierdzie jest wielką cnotą, niech więc ci, którzy dają dary tym, którzy o nie proszą, czynią tak z miłosierdzia. Inaczej jest w przypadku tych, którzy nie proszą o dary, choć są biedni lub spotkało ich nieszczęście. Ich należy darzyć czcią i szacunkiem prosić o zgodę na to, by móc udzielić im wsparcia.

Jeżeli w twoim królestwie mieszkają tacy bramini, którzy swą wielkością przerastają wszystko, powinieneś traktować ich jak ukryty pod popiołem ogień. Płonąc siłą swych umartwień, są zdolni do spalenia całej ziemi. Takie osoby, choć nie są powszechnie czczone, powinny być uważane za zasługujące na oddawanie im czci na wszystkie możliwe sposoby. Obdarzone wiedzą, duchową wizją, umartwieniami i jogą zawsze zasługują na cześć. Oddawaj zawsze cześć takim braminom. Powinno się ich czcić i wspomagać z własnej nieprzymuszonej woli i obdarowywać ich wszelkim bogactwem. Ten, kto tak czyni, zdobywa zasługi równe tym, jakie płyną z poprawnego lania libacji do ognia ofiarnego o poranku i wieczorem. Takich wielkich braminów, oczyszczonych przez studiowanie *Wed* i praktykowanie ślubów, którzy prowadzą niezależne od nikogo życie i nie ogłaszają wszem i wobec, jak wielką zdobyli wiedzę i jak surowe praktykują śluby, należy zapraszać do swego domu wyposażonego w piękne meble, stroje, służbę i wszelkie inne przedmioty będące źródłem przyjemności. Te święte osoby, znające swe obowiązki i mające wszechogarniającą wizję, zaakceptują dary dane im z oddaniem i szacunkiem, wierząc, że nie powinni odmawiać i rozczarowywać tego, kto je daje.

Zapraszaj więc do swego domu tych braminów, na powrót których prawe żony czekają tak, jak rolnik na deszcz. Po nakarmieniu ich obdaruj ich dodatkowym jedzeniem, aby po ich powrocie do domu ich prawe żony mogły rozdzielić je między domagające się jedzenia dzieci. Zapraszaj kontrolujących swe zmysły *brahmacarinów*, którzy jedząc posiłek w czyimś domu, zanim minie południe, powodują nasycenie ogni ofiarnych w jego domu. Niech w twym domu ofiara daru ma miejsce również w południe i po nakarmieniu gościa obdaruj go krową, złotem i ubraniem, gdyż w ten sposób zadowolisz króla bogów Indrę. Będzie to tworzyć twoją trzecią ofiarę, w której obdarowuje się bogów, Ojców i braminów. Taką ofiarą zadowolisz również *Wiśwadewy*. Niech współczucie dla wszystkich żywych istot, dawanie im tego, co im się należy, kontrola zmysłów, wyrzeczenie, stałość i uczciwość będą w tej ofierze, którą jest dawanie darów, zakańczającą rytuał kąpielą. Taka jest twoja ofiara uświęcona przez oddanie i wiarę, w której dawana jest wielka *dakszina*. Czyń zawsze taką ofiarę daru, która zajmuje wśród wszystkich ofiar szczególne miejsce!"

5. O darach czynionych w rytach ofiarnych i poza rytami

Judhiszthira rzekł: „O Bhiszma, wytłumacz nam, czy człowiek otrzymuje nagrody płynące z ofiar i darów jeszcze za życia czy dopiero po śmierci? Co przynosi większe zasługi: obdarowywanie czy ofiary? Kogo powinno się obdarowywać? W jaki sposób i kiedy należy wykonywać ofiary i dawać dary? Nauczaj nas dalej o obowiązku obdarowywania, powiedz nam, co prowadzi do większej nagrody: dar czyniony na ołtarzu ofiarnym czy też poza nim?"

Bhiszma rzekł: „O Judhiszthira, ten, kto urodził się w rodzinie wojownika, jest zwykle zmuszony do wykonywania gwałtownych czynów. W jego przypadku ryty ofiarne i dary oczyszczają go z grzechów lub uświęcają. Osoby dobre i prawe nie akceptują darów od królów, którzy angażują się w grzeszne działania i z tego też powodu król w celu oczyszczenia się z grzechów powinien sponsorować ryty ofiarne, rozdając ogromną ilość darów braminom w formie *daksziny* W ten sposób królewskie ryty ofiarne są również środkami obdarowywania braminów. Gdy dobrzy i prawi bramini zaakceptują ofiarowane im dary, wówczas król-wojownik powinien ich nieustannie obdarowywać z oddaniem i wiarą.

Obdarowywanie oczyszcza z grzechów i przynosi zasługi. Należy więc wykonywać ryty ofiarne i obdarowywać bogactwem tych braminów, którzy są przyjaciółmi wszystkich żywych istot, poznali *Wedy*, są prawi i szlachetni w działaniach, postępowaniu i umartwieniach. Gdy tacy bramini nie zaakceptują twoich darów, nie zbierzesz zasług. Sponsoruj więc ryty ofiarne, dając ogromną *dakszinę* i obdarowując ogromną ilością smacznego jedzenia tych, którzy są prawi. Dzięki *dakszinie* powinieneś uważać siebie za tego, kto wykonuje ofiarę daru. Poprzez *dakszinę* oddawaj cześć tym braminom, którzy wykonują sponsorowane przez ciebie ryty. W ten sposób będziesz miał swój udział w zasługach, które te ryty przynoszą. Swymi darami powinieneś dostarczać wsparcia takim braminom, gdyż oni mają moc dawania potomstwa i są zdolni do posyłania ludzi do nieba. Postępując w ten sposób, zapewnisz sobie potomstwo równie liczne jak potomstwo Pradżapatiego. Ci, którzy są prawi, wpierają i rozwijają przyczynę wszystkich prawych działań. Należy więc przez wyrzeczenie się wszystkiego, co się posiada, wspierać tych braminów, jak i innych ludzi, którzy działają na rzecz dobra wszystkich żywych istot".

Bhiszma kontynuował: „O Judhiszthira, będąc królem i ciesząc się zamożnością, obdaruj braminów krowami, wołami, jedzeniem, parasolami, szatami, sandałami i butami. Braminom wykonującym ryty ofiary daj w darze oczyszczone masło, jedzenie, pojazdy z zaprzężonymi do nich końmi, domy mieszkalne, dwory i łoża. Takie dary przynoszą pomyślność i bogactwo temu, kto je czyni i są uważane za czyste. Powinieneś sam aktywnie poszukiwać tych braminów, których działanie jest nienaganne i którzy nie mają żadnych środków do utrzymywania się przy życiu, i troszczyć się o nich w sekrecie lub publicznie, przydzielając im środki utrzymania. Takie postępowanie przynosi królowi większe korzyści niż ofiara koronacyjna (*radżasuja*), czy Ofiara Konia. Oczyszczając się w ten sposób z grzechów, zdobędziesz niebo. Wypełniając królewski skarbiec, powinieneś działać z myślą o dobru królestwa. Dzięki takiemu postępowaniu zdobędziesz za życia bogactwo, a w przyszłym życiu status bramina. Ochraniaj swoje własne środki utrzymania i wykonywania prawych działań, jak i środki potrzebne innym do istnienia. Dostarczaj wsparcia swoim służącym i dzieciom i ochraniaj braminów, aby mogli cieszyć się tym, co mają i daj im to, czego im brakuje. Niech twoje życie będzie oddane bramińskim celom i niech nikt nigdy nie powie, że nie zagwarantowałeś braminom wystarczającej ochrony.

Zbyt wielkie bogactwo posiadane przez bramina staje się jednak źródłem zła. Nieustane powiązanie z bogactwem i pomyślnością obudzi w nim pychę, i spowoduje, że przestanie rozumieć swe obowiązki, a gdy bramin traci prawidłowe rozumienie swych obowiązków i pogrąża się w szaleństwie, prawość i obowiązek ulegają zniszczeniu. A gdy prawość jest zniszczona, wszystkie żywe istoty ulegają zniszczeniu. Żądza zbyt wielkiego bogactwa niszczy również króla. Król, który po zgromadzeniu ogromnego bogactwa zamyka je w skarbcu strzeżonym przez strażników i dalej plądruje królestwo, nakazując urzędnikom, aby przynosili mu wszystko, co uda im się wymusić od obywateli, i używa tego zebranego siłą bogactwa do sponsorowania rytów ofiarnych, powinien wiedzieć, że taka praktyka nie jest pochwalana przez osoby prawe. Król powinien sponsorować ryty ofiarne, używając tylko tego bogactwa, które dostatni i nieprzymuszani w żaden sposób obywatele oddali na rzecz skarbu państwa z własnej woli. Ryty ofiarne nie powinny nigdy być sponsorowane z bogactwa, które zostało nabyte siłą i wymuszaniem. Król powinien sponsorować wielkie ryty ofiarne, podczas których bramini otrzymują liczne dary w formie *dakszyny* tylko wtedy, gdy obywatele w rezultacie jego troski o ich dobro przynoszą mu swe bogactwo dobrowolnie, mając na uwadze ten rytuał.

Obowiązkiem króla jest ochranianie majątku niepełnoletnich, starców, ślepców i wszystkich innych, którzy są w jakimś sensie upośledzeni. Nigdy nie powinien odbierać majątku osobom, które podczas suszy zdołały wyhodować kukurydzę z pomocą wody ze studni. Nie powinien też nigdy zabierać czegokolwiek płaczącym kobietom, które żyją w nędzy i nie posiadają niczego. Dobra odbierane osobom bezbronnym i biedakom niszczą królestwo i pomyślność króla. Obowiązkiem króla jest rozdawanie wszystkich cenionych przedmiotów w formie uznawanych za prawe darów i uwalnianie ludzi od lęku przed głodem. Nie ma ludzi bardziej grzesznych od tych, na których jedzenie dzieci patrzą z łaknieniem i tęsknotą bez możliwości zjedzenia. Król, który pozwala na to, aby w jego królestwie któryś ze znających *Wedy* braminów cierpiał głód tak jak te dzieci, popełnia grzech równy zabiciu płodu. Jak to ongiś powiedział król Siwi: 'Hańba królowi, w którego królestwie bramin lub ktokolwiek inny cierpi głód!' Królestwo, w którym bramin po ukończeniu edukacji, lecz zanim rozpocznie domowy tryb życia (faza życia zwana *sanataka*), marnieje z głodu, zostanie zmiażdżone przez nieszczęście. Hańba takiemu królestwu i jego królowi!

Król, w którego królestwie kobiety płacząc z oburzenia i żalu są uprowadzane siłą pomimo obecności ich mężów i synów, jest bardziej martwy niż żywy. Obywatele powinni uzbroić się i pozbawić władzy takiego króla, który ich nie ochrania, plądruje ich majątek, znosi wszystkie różnice, nie potrafi nimi kierować, nie zna miłosierdzia i jest uważany za największego z grzeszników. Król, który obiecuje obywatelom, że będzie ich obrońcą, lecz nie jest zdolny do zrealizowania swej obietnicy, powinien zostać zabity przez zjednoczonych przeciw niemu obywateli jak zarażony wścieklizną pies.

Czwarta część grzechów popełnianych przez obywateli obciąża króla, który nie zapewnia im ochrony, tak zadeklarował Manu. Z kolei ten król, który ochrania swych obywateli, zdobywa czwartą część ich zasług gromadzonych dzięki tej ochronie. Postępuj więc w ten sposób, aby obywatele mogli szukać u ciebie ochrony, tak jak wszystkie żywe istoty szukają ochrony u polewającego ziemię deszczem Indry lub jak ptaki szukają dla siebie ochrony na wielkim drzewie. Niech wszyscy twoi krewni, przyjaciele i ci, którzy dobrze ci życzą, szukają u ciebie obrony, tak jak rakszasowie szukają jej u boga bogactwa Kubery, a bogowie u Indry".

6. O darze ziemi

Judhiszthira rzekł: „O Bhiszma, ludzie akceptują deklaracje pism, które mówią, że 'to należy ofiarować' i 'tamto należy ofiarować' i królowie posłuszni tym nakazom czynią różne dary. Wytłumacz nam, jaki dar jest ceniony najwyżej i zajmuje pierwsze miejsce wśród wszystkich królewskich darów?"

Bhiszma rzekł: „O Judhiszthira, takim darem jest dar ziemi. Ziemia jest niezachwiana i niezniszczalna, zdolna do dania temu, kto ją posiada, wszystkiego, na co nastawił swoje serce: klejnotów, zwierząt, ryżu, jęczmienia i wszystkiego innego. Żywe istoty zarabiają własnym działaniem na warunki, w jakich żyją zarówno na tym, jak i w następnym świecie. Dowiedz się więc, że ten, kto czyni dar ziemi, osiąga niekończącą się pomyślność i cieszy się nią dopóty, dopóki ziemia istnieje. Nie ma daru cenniejszego od daru ziemi! Mówi się, że każdy człowiek daje odrobinę ziemi, a skoro wszyscy czynią dar ziemi, przeto wszyscy cieszą się odrobiną pomyślności. Ziemia jest potężną boginią i jaźnią pomyślności, i czyni swym Panem tego, kto w swym przeszłym życiu obdarował nią innych, a ten, kto daje ją braminom w formie *dakszíny*, rodzi się w kolejnym życiu jako Pan ziemi.

Wielkość czyjegoś szczęścia w obecnym życiu jest współmierna do wielkości darów uczynionych w poprzednim życiu. Do takiego wniosku prowadzą stwierdzenia pism. Wojownik powinien więc albo uczynić dar ziemi, ale oddać w bitwie swe życie. Są to dla niego dwa najważniejsze źródła przyszłej pomyślności. Ziemia dana w darze oczyszcza nawet z grzechu fałszu i zabójstwa bramina i uświęca obdarowującego. Ten, kto jest prawy i dobry, nie akceptuje od grzesznego króla żadnego innego daru poza darem ziemi. Ziemia, jak wydawana za mąż córka, oczyszcza zarówno tego, kto ją oddaje w darze, jak i tego, kto ją przyjmuje, i stąd dawana w darze i akceptowana jako dar nosi imię Prijadatta, (darowana przez kogoś, komu jest droga, komuś, komu jest droga). Prijadatta jest odwiecznym i tajemnym imieniem ziemi, które jest dla niej drogie. Każdy pragnie daru ziemi. Król, jak tylko zdobędzie ziemię, powinien oddać ją w darze braminom, gdyż ten, kto obdarowuje ziemią uczonych braminów, rodząc się ponownie na tym świecie, otrzymuje królestwo. Nikt poza Panem ziemi nie jest upoważniony do czynienia takiego daru i nikt, kto nie zasługuje na taki dar, nie powinien go zaakceptować. Ci, którzy pragną zdobyć w przyszłym życiu ziemię, powinni oddawać ją w darze. Ten, kto zabiera ziemię należącą do osoby prawych uczynków siłą, nigdy jej nie zdobędzie. Ziemię zdobywa się poprzez darowanie jej tym, którzy są prawi. Czyniąc tak, osoba o prawej duszy zdobywa sławę za życia i po śmierci. Prawy król akceptuje bramińskie słowa: 'Żyjemy na ziemi, którą otrzymaliśmy w darze'. W ten sposób jego wrogowie nie odważą się napadać na jego królestwo.

Każdy grzech popełniony przez człowieka w procesie szukania środków do utrzymania przy życiu zostaje zmyty przez dar skrawka ziemi, choćby nie był większy od tego, który zdoła przykryć skóra krowy. Królowie, którzy są w swych czynach małoduszni i zacięci, powinni się nauczyć, że dar ziemi oczyszcza z grzechów i przynosi największe zasługi. Nasi starożytni przodkowie twierdzili, że nie ma wielkiej różnicy między tym królem, który sponsoruje Ofiarę Konia i tym, który obdarowuje sprawiedliwych ziemią i kwestionują nabywanie zasług przez wykonywanie wszystkich innych aktów prawości niż dar ziemi. Uważali, że jedynym prawym działaniem, które nie budzi w nich żadnych wątpliwości, jest dar ziemi, który jest wśród wszystkich darów ceniony najwyżej. Mądry człowiek, który czyni dar ziemi, faktycznie daje w darze wszystko: złoto, srebro, klejnoty, perły i drogie kamienie. Umartwienia, ofiary, wedyjska wiedza, dobre działanie, brak chciwości, prawdomówność, oddawanie czci nauczycielom, Ojcom i bogom są atrybutami tych, którzy czynią dar ziemi. Nawet ci, którzy oddają życie w bitwie, walcząc w sprawie swego króla, nie zdołają przewyższyć zgromadzonymi zasługami tych, którzy uczynili dar ziemi.

Tak jak matka zaspakaja głód dziecka mlekiem ze swej piersi, tak ziemia nagradza wszystkimi smakami tego, kto czyni dar ziemi. Tak jak krowa biegnie w kierunku cielaka z pełnymi wymionami ociekającymi mlekiem, w taki sam sposób błogosławiona ziemia nagradza tego, kto uczynił dar ziemi. Tak jak księżyc wzrasta każdego dnia, tak zasługi płynące z daru ziemi rosną za każdym razem, gdy ziemia rodzi plon. Człowiek o spokojnej duszy, który czyni dar ziemi, zadowala swym czynem Ojców i bogów przebywających w swych regionach i nie zdołają go dotknąć ani haniebne i przeraźliwe grzechy, ani bogowie znani ze swej gwałtowności, jak Ogień czy Mritju. Obdarowanie ziemią tego, kto jest pozbawiony środków do życia i omdlewa z głodu, i dostarczenie mu w ten sposób środków do życia, przynosi zasługi równe tym, jakie płyną z wykonania ofiary. Ten, kto obdarowuje bramina zoraną ziemią, na której zostały zasiane nasiona lub wyrósł już gotowy do zebrania plon, w następnym życiu będzie zdolny do zrealizowania wszystkich życzeń, a ten, kto skłania bramina prowadzącego domowy tryb życia do przyjęcia daru ziemi, będzie zawsze zdolny do obrony przed nieszczęściem i rozpaczą.

Ci, którzy znają starożytną historię, nucą słowa recytowane ongiś przez Ziemię: 'O dobroczyńco, przyjmij mnie jako dar i obdaruj mną. Obdarowując mną, zdobędziesz mnie z powrotem. To, co daje się w darze w obecnym życiu, otrzymuje się ponownie w kolejnym życiu'. Paraśurama, słysząc ongiś ten werset, obdarował całą ziemią, którą zdobył swoją walecznością, mędrca Kaśjapę. Bramini, którzy recytują te słowa Ziemi podczas rytu *śraddha* ku czci zmarłych przodków, zdobywają najwyższą nagrodę. Uczynienie daru ziemi jest najwyżej cenioną pokutą za grzechy dla tych potężnych ludzi, którzy w celu zniszczenia wroga uciekają się do rytów *atharwan*. Zaiste, ten, kto czyni dar ziemi, jak i nawet ten, kto zaledwie poznał deklaracje *Wed* dotyczące zasług, jakie ten dar przynosi, ratuje swój ród od strony ojca i matki aż do dziesiątego pokolenia.

Ziemia jest matką wszystkich żywych istot, gdyż dostarcza wszystkim środków do utrzymania się przy życiu, a o bogu ognia mówi się, że jest przewodnią siłą (inteligencją) ziemi. To wedyjskie stwierdzenie powinno być recytowane przed królem po jego koronacji, aby mógł uczynić dar ziemi i aby nigdy nie próbował odbierać ziemi prawej osobie. Cała ziemia zdobyta przez króla należy oryginalnie do braminów. Pierwszym i koniecznym warunkiem pomyślności królestwa jest obecność króla, który zna naukę o obowiązku i moralności i postępuje zgodnie z jej nakazami. Obywatele kraju, gdzie ateistyczny król schodzi ze ścieżki obowiązku i prawa w swym postępowaniu, nigdy nie są szczęśliwi. W konsekwencji niegodziwych czynów swego króla żyją w ustawicznym lęku, nie mogą spać i budzić się w pokoju. W takim królestwie nikt nie ochrania tego, co obywatele już zdobyli i co zdobywają przy pomocy prawych środków. Obywatele kraju, w którym rządzi mądry i prawy król, śpią spokojnie i budzą się szczęśliwi. Dzięki prawym działaniom swego króla uwalniają się od niepokoju, powstrzymują się od niegodziwych działań i swym działaniem zwiększają swój dobrobyt. Zdolni do utrzymania tego, co już zdobyli, czynią nowe nabytki.

Król, który czyni dary ziemi, jest uważany za dobrze urodzonego. Jest szanowany jako człowiek i uważany za przyjaciela, osobę prawych działań i dobroczyńcę. Ci, którzy obdarowują bogatą i żyzną ziemią braminów znających *Wedy*, w rezultacie ich energii jaśnieją na tym świecie jak wiele słońc. Tak jak nasiona rzucone na spulchnioną glebę rosną i dają obfity plon, tak czynienie darów ziemi przynosi spełnienie życzeń. Mahadewa, Wisznu i inni bogowie oklaskują człowieka, który daje w darze ziemię. Żywe istoty wypływają z ziemi i do niej powracają. Dzielone na cztery klasy—żyworodne, jajorodne, narodzone z brudu i rośliny—mają ziemię za swój istotny składnik. Ziemia jest zarówno matką, jak i ojcem wszystkich żywych istot. Żaden inny element jej w tym nie dorównuje.

Posłuchaj teraz o tym, jak nauczyciel bogów Brihaspati wychwalał w rozmowie z Indrą dar ziemi. Indra, który czcił Wisznu setką rytów ofiarnych, z których każdy wyróżniał się wielkością darów dawanych w formie *dakszíny*, zbliżył się kiedyś do Brihaspatiego i rzekł: 'O Brihaspati, powiedz mi, dzięki jakiemu darowi obdarowujący zdobywa niebo i błogość. Jaki dar przynosi największe i niewyczerpane zasługi?'

Brihaspati o wielkiej energii rzekł: „O Indra, takim darem jest dar ziemi. Król, który szuka pomyślności i szczęścia, powinien więc dawać w darze ziemię tym, którzy na to zasługują, wykonując właściwe ryty. Obdarowując ziemią braminów, pozbywa się grzechów, tak jak wąż starej skóry. O tym, kto czyni dar ziemi, mówi się, że daje w darze wszystko—morza, rzeki, góry, lasy, jeziora, zbiorniki wodne, studnie. Ze względu na wilgotność ziemi mówi się też o nim, że daje w darze wszystkie te przedmioty, które mają smak, wszystkie zioła i rośliny o rozmaitych walorach, kwitnące i owocujące drzewa, zagajniki i pagórki. Ten, kto zdoła swym wysiłkiem przywrócić wygnanemu królowi jego ziemię, zdobywa niebo i cześć jego mieszkańców. Osoba, która czyni dar ziemi, zbiera zasługi większe od tych, które przynoszą wielkie ryty ofiarne, jak *agnistoma*, podczas których rozdawana jest wielka *dakszina*, i ratuje swój ród od strony ojca i matki aż po dziesiąte pokolenie. Ten z kolei, kto odbiera darowaną poprzednio ziemię, tonie w piekle, przynosząc taki sam los swemu rodowi aż po dziesiąte pokolenie. Ludzie, który nie realizują obietnicy daru ziemi lub odbierają swój dar, złapani na rozkaz Śmierci w pętlę Waruny doświadczą niedoli przez długi okres czasu. Tacy ludzie nigdy nie trafiają do królestwa boga umarłych Jamy, który oddaje cześć tym wielkim braminom, którzy każdego dnia leją libację do ognia ofiarnego, nieprzerwanie wykonują ryty ofiarne, utrzymują się przy życiu ze skromnych środków i przyjmują we właściwy sposób gości szukających u nich schronienia.

Król powinien spłacić swój dług braminom i ochraniać słabych i bezradnych należących do innych kast. Nie powinien nigdy odbierać ziemi ofiarowanej przez kogoś braminowi, który jest pozbawiony środków do życia. Łzy płynące z oczu takiego bramina potrafią zniszczyć jego przodków i potomków aż po trzecie pokolenie. Król, który daje braminom w darze zdobytą przez siebie bogatą w minerały i żyzną ziemię pokrytą polami trzciny cukrowej, jęczmienia i pszenicy razem z krowami, końmi i innym bydłem, zdobywa po śmierci nieprzebrane regiony szczęśliwości. O takim królu mówi się, że wykonał ofiarę ziemi. Król, który czyni dar ziemi, oczyszcza się z wszystkich grzechów i jest oklaskiwany przez wszystkich prawych ludzi. Zasługi płynące z daru ziemi rosną za każdym razem, gdy darowana ziemia rodzi plon, tak jak upadające do wody krople oleju gromadzą się na jej powierzchni. Ci heroiczni królowie, którzy oddają życie w walce z wrogiem w obronie ziemi, zdobywają regiony Brahmy. Kwiaty o wspaniałym zapachu, wspaniałe konchy, trony, parasole i zaprzężone w znakomite ogiery rydwany zawsze czekają na tych, którzy czynią dary ziemi. Nikt nigdzie nie zdoła sprzeciwić się rozkazom takiego króla i jest on wszędzie witany okrzykami zwycięstwa. Nagrodą za dar ziemi jest miejsce w niebie, złoto, kwiaty, rośliny, zioła mające lecznicze własności, bogactwa mineralne i zieleniąca się trawa. Tak jak wśród starszyzny nikt nie jest bardziej godny szacunku niż matka i tak jak nie ma większego obowiązku od Prawdy, tak wśród bogactwa nie ma cenniejszego od tego, co zostało dane w darze'".

Bhiszma zakończył swe opowiadanie, mówiąc: „O Judhiszthira, obdaruj ziemią braminów tak jak Indra, który po wysłuchaniu słów Brihaspatiego obdarował go ziemią z jej klejnotami i wszelkiego rodzaju bogactwem. Dar ziemi jest najprzedniejszym z wszystkich darów! Cytowane przeze mnie wersety o zasługach płynących z daru ziemi powinny być recytowane podczas rytu *śraddha*, gdyż wówczas demony nie zdołają przywłaszczyć sobie żadnej części ofiarowanego podczas rytu daru i dar ofiarowany Ojcom będzie niewyczerpany. Ten, kto jest mądry, powinien więc wykonując ten ryt recytować te wersety w obecności jedzących resztki z ofiary braminów".

7. O darze jedzenia wychwalanym przez Naradę

Judhiszthira rzekł: „O Bhiszma, nauczaj nas dalej o tym, jakie dary powinien król dawać tym braminom, którzy mają największe osiągnięcia. Jaki dar natychmiast ich zadowoli? Jaka będzie za taki dar nagroda? Jakie nagrody można zdobyć, czyniąc dary? Jakie dary przynoszą nagrody zarówno za życia, jak i po śmierci?"

Bhiszma rzekł: „O Judhiszthira, w odpowiedzi na swoje pytania posłuchaj tego, co mi kiedyś na ten temat powiedział mędrzec Narada o niebiańskim wyglądzie.

Narada rzekł: 'O Bhiszma, bogowie i riszi wychwalają dar jedzenia, na którym bazują zdolności intelektualne żywych istot i bieg świata. Nigdy nie było i nie będzie daru dorównującego darowi jedzenia. Ono jest źródłem energii i siły, na nim bazują życiowe oddechy, cały bezmierny wszechświat na nim się opiera, od niego zależy istnienie wszystkich kategorii ludzi. Ten, kto ofiaruje jedzenie braminowi, który o nie prosi, zapewnia sobie w kolejnym świecie bogactwo o wielkiej wartości. Gospodarz, który szuka dobrobytu, powinien więc ofiarować jedzenie braminom o czystej duszy i tym, co prowadzą żebraczy styl życia, choćby nawet kosztem swych krewnych. Nie powinien nigdy ignorować człowieka, który odwiedza jego dom lub obrażać go, zamykając przed nim drzwi, powinien gościć z szacunkiem zmęczonego długą wędrówką wędrowca, gdy zawita do jego domu. Człowiek, który uwolnił się od gniewu i złej woli, i jest w swych skłonnościach prawy, czyniąc dar jedzenia, zdobywa szczęście za życia i po śmierci. Ten, kto ofiaruje czyste jedzenie nieznanej mu zmęczonej osobie spotkanej na drodze, zbiera wielkie zasługi tak jak i ten, kto zadowala darem jedzenia Ojców, bogów, riszich, braminów i gości, którzy przybyli do jego domu. Tak jak rolnicy czekają na deszcz, tak Ojcowie (*pitri*) oczekują, że ich synowie i wnuki ofiarują im jedzenie w rytuale *śraddha*. Obdarowanie jedzeniem nawet czandali lub psa nigdy nie jest stracone. Nawet ta osoba, która popełniła haniebny grzech, nie starci z tego powodu rozumu, jeżeli obdaruje jedzeniem bramina lub kogoś innego, kto o to prosi. Należy dać jedzenie każdemu, kto o nie prosi, pewne jest bowiem to, że ten, kto ofiaruje jedzenie, zdobywa za życia i po śmierci liczne drzewa rodzące owoce i inne przedmioty, których pragnie. Ofiarowanie jedzenia szudrze przynosi zasługi, lecz zasługi płynące z ofiarowania jedzenia braminowi są niezliczone, taka jest różnica między zasługami płynącymi z obdarowywania jedzeniem bramina i szudry. Gdy bramin prosi o dar jedzenia, nie należy pytać o jego ród, postępowanie i wedyjską wiedzę. Bramin jest wielką istotą i gdy przybywa do czyjegoś domu i prosi o posiłek, gospodarz bez względu na to, czy pragnie zasług, czy też nie, zdobywa je, spełniając jego prośbę. Bramin jest gościem wszystkich żywych istot we wszechświecie i ma prawo do pierwszej porcji każdego jedzenia. W domu, do którego udaje się z prośbą o jałmużnę i z którego wraca odpowiednio uhonorowany i nasycony, rośnie pomyślność. Gospodarz takiego domu w swym kolejnym życiu rodzi się w rodzinie cieszącej się wszelkimi udogodnieniami i luksusami życia. Dar jedzenia uczyniony za życia na tym świecie przynosi osobie po śmierci wspaniałe miejsce, a ten, kto daje w darze słodycze i rozmaite słodzone jedzenie, udaje się do nieba, gdzie jest czczony przez bogów i innych niebian. O dawcy jedzenia mówi się, że daje życie, zaiste, że daje wszystko, stąd też człowiek, który czyni dar jedzenia, nabywa na tym świecie siłę i piękną formę. Jedzenie dane we właściwy sposób braminowi, który przybywa do czyjegoś domu jako gość, przynosi gospodarzowi wielkie szczęście i cześć samych bogów. Bramin jest jak żyzne pole i gdy na tym polu zasieje się nasiona, daje obfity plon zasług. Ofiarowanie jedzenia braminowi rodzi natychmiast widoczne szczęście obdarowującego i obdarowanego, podczas gdy wszystkie inne dary rodzą owoc, który nie jest bezpośrednio widoczny.

Wszystkie żywe istoty, jak i szczęście i radość wypływają z jedzenia. Z jedzenia płyną również religia i bogactwo, jak i zdrowie i lekarstwo na choroby. Jak to powiedział w poprzedniej *kalpie* Pan wszystkich żywych istot Brahma, jedzenie jest nektarem nieśmiertelności. Jedzenie jest ziemią, niebem i firmamentem. Wszystko bazuje na jedzeniu i gdy brakuje jedzenia, pięć «wielkich» elementów tworzących fizyczne organizmy przestaje istnieć w stanie zjednoczenia. Bez jedzenia ginie nawet najsilniejszy człowiek, jak i małżeństwo, zapraszanie, ryty ofiarne, nawet same *Wedy*. Wszystkie ruchome i nieruchome żywe istoty we wszechświecie zależą od jedzenia, religia, bogactwo i wszystkie trzy światy zależą od jedzenia. Z tego powodu ten, kto jest mądry, powinien czynić dar jedzenia. Siła, energia, sława i osiągnięcia człowieka, który czyni dary jedzenia, bezustannie umacnia w istnieniu wszystkie trzy światy. Bóg wiatru i Pan życiowych oddechów czczony ofiarą umieszcza wysoko na niebie chmury, z których słońce wypija wodę. Woda zawarta w chmurach mocą Indry opada na ziemię w formie deszczu. Słońce swymi promieniami wypija wodę z ziemi. Bóg wiatru powoduje opadanie wilgoci ze słońca, a gdy woda z chmur zrasza ziemię, bogini Ziemia nabiera wilgotności i ludzie uprawiając ją, sieją różne nasiona i zbierają plon, od którego wszystkie żywe istoty zależą. To w tym jedzeniu, które stwarza ciało, tłuszcz, kości, ma swe źródło życiowe nasienie wszystkich żywych istot. Z tak powstałego życiowego nasienia wypływają rozmaite rodzaje żywych istot. W każdym ciele zamieszkują dwa sprawcze czynniki, Agni i Soma, które tworzą i utrzymują życiowe nasienie w istnieniu. Tak więc słońce, bóg wiatru i życiowe nasienie wypływają i działają dzięki jedzeniu. Mówi się o nich, że tworzą jeden element lub stan i że to z nich wypływają wszystkie żywe istoty. Stąd ten człowiek, który ofiaruje jedzenie komuś, kto przybył do jego domu i o nie prosi, przyczynia się do rozwoju życia i energii wszystkich żywych istot'".

Bhiszma kontynuował: „O Judhiszthira, powtórzyłem tobie słowa mędrca Narady. Ja sam po ich wysłuchaniu nigdy nie zapominam o darze jedzenia. Wolny od urazy i złej woli czyń ten dar z radosnym sercem, wykonując właściwe ryty, a zdobędziesz niebo. Dla tych, co tak czynią, są zarezerwowane niebiańskie regiony, gdzie wspaniałe pałace, ruchome lub nieruchome, wspierając się na wielu kolumnach białych jak tarcza księżyca, błyszczą swym pięknem jak gwiazdy na firmamencie. Niektóre z nich mają blask *lapis lazuli*, a inne blask słońca, niektóre są zrobione ze srebra, a inne ze złota. Wokół tych pałaców, wypełnionych setkami kosztownych przedmiotów, ubrań, ozdób, jak i zwierząt lądowych i wodnych, znajdują się liczne drzewa zdolne do spełnienia życzeń, zbiorniki wodne, studnie, jeziora, rzeki mleka, jak i góry jedzenia i ryżu. Na prowadzących do nich drogach widać tysiące pojazdów ciągnionych przez konie lub inne zwierzęta, których koła głośno turkoczą. Zaiste, jest tam wiele pałaców wspaniałych jak białe chmury z łożami ze złota czekających na człowieka, który żyjąc na tym świecie czyni dar jedzenia".

8. O powiązaniu różnych rodzajów darów z układem gwiazd na niebie

Judhiszthira rzekł: "O Bhiszma, opowiedziałeś o zasługach, które przynosi dar jedzenia. Wytłumacz mi teraz, jaki jest związek między różnego rodzaju darami i określonymi układami gwiazd na niebie?"

Bhiszma rzekł: "O Judhiszthira, w odpowiedzi na twoje pytanie powtórzę tobie rozmowę mędrca Narady z matką Kryszny, Dewaki. Pewnego dnia, gdy znający wszystkie obowiązki Narada o boskich cechach przybył do Dwaraki, Dewaki zadała mu podobne do twojego pytanie. Riszi Narada rzekł: 'O błogosławiona, posłuchaj o tym, co zostało powiedziane o nagrodach zdobywanych przez tych, którzy czynią określone dary pod szczególnym układem gwiazd.

Ten, kto zadowala zasłużonego bramina darem ryżu gotowanego w słodzonym mleku (*pajasa*) i zmieszanego z oczyszczonym masłem (*ghee*), czyniąc to pod gwiazdozbiorem Karttika, zdobywa region wielkiej szczęśliwości.

Ten, kto czyni dar wielu garści dziczyzny z oczyszczonym masłem, mlekiem i ryżem, jak i innych rodzajów jedzenia i picia pod gwiazdozbiorem Rohini, uwalnia się od długu w stosunku do braminów.

Ten, kto czyni dar krowy z cielątkiem pod konstelacją Somadaiwata, udaje się po śmierci z regionu istot ludzkich do niebiańskiego regionu o wielkiej szczęśliwości, a ta praktykująca ascezę osoba, która daje w tym czasie ryż ugotowany z nasionami sezamowymi (*krisara*), pokonuje w następnym świecie wszystkie przeszkody łącznie z górami ze skałami ostrymi jak brzytwa.

Ten, kto czyni dar ciasta i innego jedzenia pod konstelacją Punarwasu, zdobywa osobiste piękno i sławę, i w następnym życiu rodzi się w rodzinie, gdzie nigdy nie brakuje jedzenia.

Ten, kto czyni dar złota pod konstelacją Puszja, świeci blaskiem jak księżyc w ciemnych regionach.

Ten, kto daje w darze srebro pod konstelacją Aslesza, uwalnia się od lęku i zdobywa wielkie bogactwo i pomyślność.

Ten, kto daje w darze gliniane naczynia wypełnione sezamem pod konstelacją Magha, zdobywa na tym świecie liczne potomstwo i liczne stada zwierząt domowych oraz szczęście w następnym.

Ten, kto poszcząc przez pewien okres czasu, obdarowuje braminów jedzeniem ze zgęstniałym sokiem z trzciny cukrowej (*phanita*) pod konstelacją Purwa-Phalguni, zdobywa pomyślność zarówno za życia, jak i po śmierci.

Ten, kto daje dar oczyszczonego masła z mlekiem nazywany *szaszthika* pod konstelacją Uttara-Phalguni, dochodzi do wielkich zaszczytów w niebie; wszelkie dary uczynione pod tą konstelacją przynoszą wielkie zasługi, które stają się niewyczerpane.

Ten, kto poszcząc przez jakiś czas, daje w darze pojazd i cztery słonie pod konstelacją Hasta, udaje się do tych regionów wielkiej szczęśliwości, gdzie mogą zostać zrealizowane wszystkie jego pragnienia.

Ten, kto daje w darze byka i dobre perfumy pod konstelacją Czitra, doświadczy ekstazy w regionach należących do apsar podobnej do ekstazy doświadczanej przez bogów w regionach Lasu Nandana.

Ten, kto daje w darze bogactwo pod konstelacją Swati, zdobywa wspaniałe regiony, których pragnie, i wielką sławę.

Ten, kto daje w darze byka, mleczną krowę, wóz wypełniony niełuskanym ryżem przykryty bambusowym nakryciem pod konstelacją Parasanga i zadowala Ojców i bogów, gromadzi niewyczerpane zasługi i zdobywa niebo.

Ten, kto kontrolując swą duszę, daje braminom w darze owoce i korzonki pod konstelacją Mula, zadowala Ojców i realizuje swój cel.

Ten, kto praktykując przez jakiś czas ascezę, daje w darze dobrze urodzonym i dobrze zachowującym się braminom znającym *Wedy* naczynia wypełnione twarogiem pod konstelacją Purwaszada, w swym następnym życiu rodzi się w rodzinie posiadającej wielkie stada krów.

Ten, kto daje w darze dzbany wypełnione kleikiem jęczmiennym, oczyszczonym masłem i zagęszczonym sokiem trzciny cukrowej pod konstelacją Uttaraszada, otrzymuje w nagrodę spełnienie wszystkich życzeń.

Ten, kto daje w darze mędrcowi mleko z miodem i oczyszczonym masłem pod koniunkcją zwaną Abhidżit, zdobywa niebo, gdzie staje się przedmiotem czci.

Ten, kto daje w darze koce lub inne grubo tkane tkaniny pod koniunkcją Srawana, zdobywa zdolność poruszania się swobodnie po wszystkich regionach szczęśliwości, jadąc białym pojazdem o czystym blasku.

Ten, kto kontrolując swą duszę, daje w darze wóz z ciągnącymi go wołami lub stosy ubrań i bogactwa pod konstelacją Dhanisztha, w kolejnym życiu zdobywa niebo.

Ten, kto daje w darze olejki zapachowe z drzewa sandałowego i inne perfumy pod konstelacją Satabhisza, zdobywa w następnym świecie towarzystwo apsar i wieczne perfumy różnego rodzaju.

Ten, kto daje w darze fasolę *radżamasza* pod konstelacją Purwa-Bhadrapada, w kolejnym życiu zdobywa wielkie szczęście i ogromne zapasy różnego rodzaju jedzenia i owoców.

Ten, kto daje w darze baraninę pod konstelacją Uttara, zadowala Ojców i w następnym świecie osiąga niewyczerpane zasługi.

Ten, kto daje w darze krowę razem z naczyniem z białej miedzi na mleko pod konstelacją Rewati, w kolejnym świecie uzyskuje spełnienie wszystkich swych życzeń przez tę krowę.

Ten, kto daje w darze pojazd razem z zaprzężonymi doń ogierami pod konstelacją Aświnów, w kolejnym życiu zdobywa wielką energię i urodzi się w rodzinie posiadającej wiele słoni, ogierów i pojazdów.

Ten, kto daje braminowi w darze krowę i nasiona sezamu pod konstelacją Bharani, w kolejnym życiu zdobywa sławę i liczne stada krów'".

Bhiszma zakończył swe opowiadanie, mówiąc: „O Judhiszthira, Dewaki po wysłuchaniu nauk Narady o tym, jakie dary najlepiej czynić pod jakimi konstelacjami, powtórzyła te nauki swej synowej, żonie Kryszny".

9. O darze złota, wody, oczyszczonego masła, parasola i sandałów

Bhiszma kontynuował: „O Judhiszthira, syn Brahmy Atri zwykł mówić: 'O osobie, która daje w darze złoto, mówi się, że daje w darze każdą rzecz, jaka należy do tego świata'. Król Hariśczandra rzekł, że dar złota oczyszcza z grzechów, daje długie życie i przynosi wielkie zasługi. Manu z kolei stwierdził, że dar napoju jest najlepszym z wszystkich darów i dlatego należy kopać studnie, zbiorniki wodne i jeziorka. Mówi się, że studnia pełna wody, z której różne żywe istoty czerpią wodę, aby zaspokoić pragnienie, oczyszcza osobę, która ją wykopała, z połowy jej grzesznych działań. Cały ród osoby, z której studni, zbiornika wodnego lub jeziorka piją wodę krowy, bramini i inne prawe osoby, ratuje się przed piekłem i grzechami. Człowiek, z którego studni lub zbiornika wodnego można bez ograniczeń pić wodę w sezonie letnim, jest zdolny do pokonania każdego rodzaju nieszczęścia.

Najlepszym z wszystkich płynów jest oczyszczone masło (*ghee*). Jest potrzebne w rytach ofiarnych i ma wielkie walory lecznicze. Dar z oczyszczonego masła przynosi wielkie zasługi, zadowalając Brihaspatiego, Puszanę, Bhagę, Aświnów i Ogień. Człowiek, który pragnie w kolejnym życiu szczęścia, sławy i pomyślności, powinien z czystą duszą i po wykonaniu ablucji ofiarować braminom dar z oczyszczonego masła w odpowiednich rytach. Człowiek, który czyni taki dar w miesiącu *aświna* (wrzesień/październik), zadowala Aświnów i zostaje przez nich nagrodzony wielką urodą. Dom człowieka, który obdarowuje braminów *pajasą* zmieszaną z oczyszczonym masłem, nie zostanie nigdy zaatakowany przez rakszasów, a ten, kto daje w darze braminom słoje wypełnione wodą, nie umrze z pragnienia i nie doświadczy nigdy nieszczęścia lub cierpienia.

Mówi się, że ten człowiek, który z oddaniem i kontrolując zmysły daje dary zasługującemu na dar braminowi, otrzymuje szóstą część zasług, które ten bramin zdobył swymi umartwieniami. Człowiek, który daje braminom mającym środki do życia drewno potrzebne do ogrzania się i ugotowania posiłku, zrealizuje swoje cele i wszystkie jego działania zostaną uwieńczone sukcesem. Taka osoba zadowala boga ognia, a swym blaskiem oślepia i zwycięża wszystkich wrogów. Nigdy nie zabraknie jej stad bydła. Człowiek, który daje w darze przeciwsłoneczny parasol, zbiera zasługi równe tym, jakie płyną z wykonania ofiary. Zdobywa liczne potomstwo i dobrobyt, i uwalnia się od wszelkich trudności i przeszkód. Riszi Sandilja odnosił te słowa do wszystkich darów, a szczególnie do daru pojazdu".

Judhiszthira rzekł: „O Bhiszma, jakie zasługi gromadzi człowiek, który obdarowuje bramina, którego stopy są poranione od gorącego piasku, parą sandałów?"

Bhiszma rzekł: „O Judhiszthira, taki człowiek zdoła skruszyć wszystkie ciernie, pokona wszelkie trudności i wrogów i zdobędzie wspaniałe pojazdy ze złota i srebra zaprzężone w muły. Jego zasługi są równe tym, które płyną z daru pojazdu ciągnionego przez wysokiej krwi ogiery".

10. O rozporządzeniach dotyczących różnych darów

Judhiszthira rzekł: „O Bhiszma, wytłumacz mi teraz, jakie zasługi przynoszą dary sezamu, ziemi, krów i jedzenia".

Bhiszma rzekł: „O Judhiszthira, posłuchaj najpierw o rozporządzeniach dotyczących daru nasion sezamowych i zasługach, jakie ten dar przynosi.

Nasiona sezamowe zostały stworzone przez samorodnego Brahmę, jako najlepsze jedzenie dla Ojców i stąd dar sezamu zawsze bardzo zadowala Ojców. Ten, kto czci Ojców darem z nasion sezamowych, jest równy temu, kto czci bogów ofiarami, a ten, kto daje w darze nasiona sezamowe braminom w miesiącu *magha* (styczeń/luty), nie zobaczy nigdy piekła, gdzie zamieszkują różne przeraźliwe istoty. Wykonując ryt *śraddha* nie należy nigdy ofiarować nasion sezamu bez wyraźnego celu, gdyż taki ryt powinien być bowiem wykonywany jedynie z myślą o zdobyciu owocu. Nasiona sezamowe wypływają z członków mędrca Kaśjapy i stąd są uważane za bardzo skuteczne dary przynoszące w nagrodzie pomyślność, urodę i oczyszczenie z grzechów. Dar z nasion sezamowych ze względu na swą skuteczność jest stawiany wyżej od innych darów. Riszi Gautama i inni riszi dzięki takiemu darowi zdobyli niebo. Bramini idący drogą religijnych działań (*pravritti*), którzy w rytuale *homa* ofiarują nasiona sezamowe, powstrzymując się od związków seksualnych, są uważani za równych w czystości i skuteczności oczyszczonemu masłu (*hawi*). Dar nasion sezamowych przewyższa różne inne dary i twierdzi się, że przynosi wielkie zasługi. Mówi się, że ongiś, w odległych czasach, gdy przy pewnej okazji oczyszczone masło było niedostępne, riszi Kauśika ofiarował trzem ofiarnym ogniom nasiona sezamowe, osiągając swój cel".

Bhiszma kontynuował: „O Judhiszthira, opowiedziałem tobie o rozporządzeniach dotyczących daru z nasion sezamowych. Dzięki tym zasadom dar ten jest widziany jako przynoszący najwyższe zasługi. Wielkie zasługi przynosi także dar ziemi. Posłuchaj teraz starożytnej opowieści o tym, jak bogowie otrzymali od Brahmy w darze kawałek ziemi na miejsce ofiarne i jak związali z tym miejscem część zasług zebranych ofiarą, czyniąc dar ziemi źródłem najwyższych zasług.

Ongiś, dawno temu, bogowie, pragnąc wykonać rytuał ofiarny na ziemi, udali się przed oblicze samorodnego Brahmy, aby go poprosić o pomyślny kawałek ziemi. Bogowie rzekli: 'O Brahma, jesteś zarówno Panem ziemi, jak i bogów. Za twoją zgodą pragniemy wykonać ryt ofiarny. Osoba, która nie otrzymała przy pomocy legalnych środków kawałka ziemi, gdzie mogłaby zbudować ołtarz ofiarny, nie czerpnie z wykonywanego rytuału żadnych zasług. Jesteś Panem wszystkich przedmiotów ruchomych i nieruchomych tworzących wszechświat, obdaruj nas więc kawałkiem ziemi, abyśmy mogli wykonać naszą ofiarę'.

Brahma rzekł: 'O bogowie, dam wam, synom Aditi i Kaśjapy, kawałek ziemi, abyście mogli wykonać tam zamierzony rytuał'.

Bogowie rzekli: 'O Brahma, nasze pragnienie spełniło się, wykonamy naszą ofiarę choćby tutaj, ofiarując braminom wielką *dakszinę*. Niech jednakże mędrcy zawsze czczą ten kawałek ziemi, który dałeś nam jako miejsce ofiarne'.

Brahma rzekł: 'O bogowie, niech tak się stanie'.

Gdy przybyli tam na to miejsce ofiarne wielcy riszi Agastja, Kanwa, Bhrigu, Atri, Wriszakapi, Asita-Dewala, bogowie o wielkich duszach wykonali zamierzony ryt ofiarny i zakończyli go we właściwym czasie. Po ukończeniu tej ofiary na łonie góry Himawat i obdarowaniu braminów *dakszyną*, związali z tym darem ziemi, uczynionym przez Brahmę, szóstą część zasług, które zebrali swoją ofiarą. Stąd człowiek, który z szacunkiem i oddaniem daje braminowi w darze choćby piędź ziemi, nie dozna nigdy żadnych trudności i nie spotka go żadne nieszczęście. Ten, kto daje w darze dom, który chroni przed zimnem, wiatrem i gorącem, stojący na kawałku czystej ziemi, zdobywa region bogów i nie opada stamtąd na ziemię, gdy jego zasługi się wyczerpią, a ten, kto daje dom mieszkalny, żyje po śmierci szczęśliwie w towarzystwie Indry i otrzymuje w niebie wielkie zaszczyty. Ten, kto gości w swym domu przez dłuższy czas znającego *Wedy* i kontrolującego zmysły bramina zadowalając go, zdobywa regiony wielkiej błogości, a ten, kto daje w darze zagrodę o solidnej budowie, która chroni krowy przed zimnem i deszczem, ochrania swój ród przed piekłem. Ten, kto daje w darze ziemię uprawną, zdobywa pomyślność, a ten, kto daje kawałek ziemi bogaty w dobra mineralne, powiększa swoją rodzinę i cały ród. Nie należy nigdy czynić daru z ziemi, która jest jałowa, wypalona i sucha, należy do grzesznika lub leży w sąsiedztwie krematorium. Nie należy też nigdy wykonywać rytu *śraddha* ku czci Ojców na ziemi, która należy do kogoś innego, gdyż wówczas Ojcowie uznają dary, ziemię i sam rytuał za bezowocne. Ten, kto jest mądry, powinien kupić choćby nawet niewielki kawałek ziemi i na niej wykonać ryt *śraddha*, obdarowując Ojców. *Pinda* (dar jedzenia dla Ojców), gdy zostaje ofiarowany Ojcom na ziemi, która została legalnie kupiona, staje się niewyczerpany. Nie ma jednakże obowiązku kupna ziemi, gdy ryt *śraddha* zostaje wykonany w dżungli, górach, i na terenie świętych brodów, gdyż uważa się, że te miejsca nie mają właściciela. Takie są stwierdzenia w odniesieniu do zasadności czynienia darów ziemi.

Posłuchaj teraz o tym, co zostało stwierdzone w odniesieniu do daru krowy. Krowy uważa się za stojące wyżej nawet od ascetów i ponieważ tak właśnie jest, boski Mahadewa praktykował ascezę w ich towarzystwie. Krowy mieszkają w regionie Brahmy w towarzystwie Somy (księżyca) i riszi, którzy osiągnęli duchowy sukces, starają się zdobyć ten właśnie region, który znajduje się najwyżej. Krowy dają ludziom mleko, oczyszczone masło, twaróg, łajno, skórę, kości, rogi i sierść. Krowy zawsze rodzą owoce, nie czują zimna lub ciepła, pora deszczowa też nie ma na nie wpływu i ponieważ realizują najwyższy cel, docierając do regionu Brahmy, gdzie przebywają w towarzystwie braminów, mędrcy twierdzą, że krowy i bramini są sobie równi.

Ongiś, w starożytnych czasach, król Rantidewa sponsorował wielki rytuał ofiarny, podczas którego ubito i ofiarowano ogromną liczbę krów. Z soku wydzielanego przez skórę ubitych zwierząt powstała wówczas rzeka nazywana Czarmanwati. Od tamtych czasów krów nie uważa się już dłużej za zwierzęta ofiarne, lecz za dar ofiarowywany braminom przynoszący wielkie zasługi. Król, który obdarowuje jakiegoś wielkiego bramina krowami, zdoła pokonać każde nieszczęście, które na niego spadnie. Człowiek, który daje w darze tysiąc krów, unika piekła i zawsze zwycięża wroga. Indra stwierdził kiedyś, że mleko krów jest jak nektar nieśmiertelności i stąd ten, kto daje w darze krowę, jest widziany jako ktoś, kto daje w darze nektar. Osoby znające *Wedy* głoszą, że oczyszczone masło (*ghee*) produkowane z krowiego mleka jest najwyżej cenioną libacją wylewaną do ognia ofiarnego i stąd człowiek, który daje w darze krowę, jest widziany jako ten, kto ofiaruje libację do ognia ofiarnego. Byk z kolei jest ucieleśnieniem nieba, stąd ten, kto daje zasłużonemu braminowi w darze byka, zdobywa w niebie zaszczyty.

O krowach mówi się, że są życiowym oddechem dla żywych istot, i stąd twierdzi się, że ten, kto daje w darze krowę, daje w darze życiowy oddech. Osoby znające *Wedy* głoszą, że krowy są ostoją dla żywych istot, stąd człowiek, który daje w darze krowę, jest widziany jako ten, kto ofiaruje to, co jest ostoją dla żywych istot. Człowiek, który daje w darze tysiąc krów, zdobywa niebo i doświadcza błogości w towarzystwie Indry, a ten kto czyni dar z dziesięciu tysięcy krów, zdobywa liczne regiony niewyczerpanej szczęśliwości. Nie należy jednak nigdy dawać braminowi w darze krowy, która jest chuda, rodzi martwe cielęta, nie daje mleka, jest chora, ma uszkodzone kończyny czy jest wyczerpana orką. Nie należy też nigdy dawać w darze krowy komuś z przeznaczeniem na ubój lub w celu ciągnięcia pługa, lub komuś, kto jest ateistą czy spożywa mięso krów. Mędrcy głoszą, że ten, kto daje w darze krowę którejś z tych grzesznych osób, utonie w wiecznym piekle".

Bhiszma kontynuował: „O Judhiszthira, opowiedziałem tobie o darach sezamu, ziemi i krów. Posłuchaj teraz o stwierdzeniach dotyczących daru jedzenia. Dar jedzenia jest uważany za jeden z głównych darów. W odległych czasach król Rantidewa zdobył niebo dzięki takiemu darowi. Król, który obdarowuje jedzeniem tych, którzy są głodni i fizycznie wyczerpani, zdobywa ten region najwyższej szczęśliwości, który należy do Brahmy. Czyniąc dar jedzenia zdobywa się regiony wyższe od tych, które przynoszą dary złota, ubrań i wielu innych przedmiotów. Wśród wszystkich istniejących przedmiotów jedzenie jest przedmiotem najwyżej cenionym i najwyższym dobrem. Jedzenie daje życie, energię, moc i siłę. Ten, kto obdarowuje jedzeniem tych, którzy są prawi, nie popada w nieszczęście. Riszi Paraśara powiedział kiedyś, że ten, kto chce czcić bogów w poprawny sposób, powinien w pierwszym rzędzie ofiarować im jedzenie. Zostało stwierdzone, że to, co jedzą poszczególne osoby, jest jedzone również przez bogów, którym oddają cześć. Zostało również stwierdzone, że ten, kto czyni dar jedzenia podczas dwóch tygodni jaśniejącego księżyca w miesiącu *karttika* (październik/listopad), pokona za życia wszystkie przeszkody i nieszczęścia, a po śmierci zdobędzie bezgraniczne szczęście. Ten z kolei, kto nakarmi głodnego gościa, który przybył do jego domu, zdobywa regiony zarezerwowane dla osoby, która zna *Brahmana*. O tym, kto czyni dar jedzenia, mówi się, że zrozumie każdy grzech i oczyści się z wszystkich grzesznych działań".

Judhiszthira rzekł: „O Bhiszma, z tego, co mówisz, wynika, że dar jedzenia jest szczególnie ceniony i uważany za godny pochwały. Powiedz mi teraz, co zostało stwierdzone w odniesieniu daru napoju. Jakie zasługi gromadzi ten, kto zaspokaja takim darem czyjeś pragnienie'.

Bhiszma rzekł: „O Judhiszthira, zasługi, jakie przynosi dar jedzenia i picia są nie do zdobycia przez jakiekolwiek inne dary. Nie ma daru cenniejszego od daru jedzenia i picia. Żywe istoty podtrzymują swe istnienie dzięki jedzeniu i dlatego wśród wszystkich przedmiotów jedzenie jest cenione najwyżej. Dzięki jedzeniu siła i energia żywych istot ciągle wzrasta i dlatego sam Pan wszystkich żywych istot stwierdził, że dar jedzenia jest wysoko cenionym darem. Człowiek, który obdarowuje jedzeniem, daje faktycznie w darze życie, a w całym wszechświecie nie ma wyższego daru od daru życia. Ci, którzy czynią dar życia, zdobywają najwyższe regiony szczęśliwości. Dar picia jest równie cenny lub nawet cenniejszy od daru jedzenia. Nic nie może istnieć bez pomocy tego, co wypływa z wód. Pan wszystkich planet Soma (księżyc) wypływa z wód. Z wód wypływa również eliksir nieśmiertelności, jak i *sudha* (boski napój), *swadha* (ofiara), mleko, różne rodzaje jedzenia, zioła i lecznicze pnącza. Z nich płynie życiowy oddech żywych istot. Bogowie żywią się eliksirem nieśmiertelności, nagowie *sudhą*, a Ojcowie *swadhą*. Zwierzęta mają zioła i rośliny za swoją żywność, ludzie ryż. Wszystko to wypływa z wód i dlatego nie ma nic, co stałoby wyżej od daru wody lub napoju. Osoba, która pragnie zapewnić sobie pomyślność, nie powinna nigdy zapominać o czynieniu daru wody. Dar wody jest uważany za bezcenny, przynosi dawcy sławę i długie życie. Ten, kto obdarowuje wodą, zawsze zwycięża wrogów, realizuje wszystkie swoje pragnienia i zdobywa wieczną sławę. Oczyszcza się również z wszystkich grzechów i zdobywa nieskończone szczęście, udając się do nieba. Sam Manu stwierdził ongiś, że taka osoba zdobywa po śmierci regiony wiecznego szczęścia. Jama z kolei, mając na uwadze dobro Ojców, pochwalał równie silnie jak dar wody ofiarowanie lamp w ciemnych miejscach. Taki dar wzmacnia wzrokową moc bogów, Ojców, jak i własnej jaźni".

Napisane na podstawie fragmentów *Mahābharāta*,
Anusasana Parva, Part 2, Sections LVII-LXVIII.

Opowieść 217
O niebiańskim regionie krów Goloka

1. O trzech darach określanych słowem *go*; 2. O nieszczęściu, które spotkało króla Nrigę w rezultacie obdarowania bramina ukradzioną krową; 3. O tym, jak Naczikęta dzięki łasce Jamy odwiedza niebiańskie regiony krów i poznaje znaczenie daru krowy; 4. Indra pyta Brahmę o naturę regionu krów i drogę, która do niego prowadzi; 5. Brahma opisuje atrybuty regionu krów widzialne dla tych, którzy oczyścili swe umysły i uwolnili się od świadomości ciała; 6. Brahma wyjaśnia, kiedy dar krowy prowadzi osobę do regionu krów.

> Nacziketa rzekł: „O ojcze, powtórzyłem tobie to, co król umarłych wyjaśnił mi, gdy byłem u niego w gościnie. Wielka była moja radość na widok tych wszystkich cudów, które przede mną ukazał. Powiem tobie teraz coś, co powinno cię ucieszyć. Dzięki twej klątwie poznałem wielką ofiarę, której wykonanie nie wymaga posiadania wielkiego bogactwa. O tej ofierze (którą jest dar krów) mówi się, że wypływa ze mnie. Inni poznają ją również. Nie jest sprzeczna z nakazami Wed. Klątwa, którą na mnie rzuciłeś, nie była faktycznie klątwą, lecz błogosławieństwem, gdyż umożliwiła mi zobaczenie wielkiego króla umarłych. Będąc u niego, zobaczyłem, jaką nagrodę zarabia się, czyniąc dary krowy. Pójdę więc ścieżką czynienia darów, nie mając cienia wątpliwości co do tego, jaką przynosi nagrodę".

(*Mahābhārāta*, Anusasana Parva, Part 2, Section LXXI)

1. O trzech darach określanych słowem *go*

Judhisztira rzekł: „O Bhiszma, nauczaj nas dalej o rozporządzeniach dotyczących darów. Opowiedziałeś nam o darze ziemi. Pouczyłeś nas, że wojownik i król powinien obdarowywać ziemią braminów prawych uczynków, którzy powinni przyjąć ten dar wykonując odpowiednie ryty. Nikt inny jednak poza wojownikiem nie ma wystarczających kompetencji do czynienia takiego daru. Wytłumacz nam, dla jakich przedmiotów nie ma ograniczeń i mogą być dawane w darze przez ludzi ze wszystkich kast, którzy pragną gromadzić zasługi? Co na ten temat mówią *Wedy*?"

Bhiszma rzekł: „O Judhiszthira, obdarowywanie przedmiotami określanymi tym samym słowem *go* przynosi takie same zasługi i spełnienie każdego pragnienia. Tymi przedmiotami są wiedza (mowa), krowy i ziemia. Osoba, która przekazuje uczniowi słowa pochodzące z *Wed*, zbiera zasługi równe tym, które przynosi dar krowy lub ziemi. Podobnie, dary krowy lub ziemi przynoszą te same zasługi, co dar słowa. Nie istnieją dary o większej wartości niż dary tych trzech przedmiotów. O darze krów mówi się, że przynosi zasługi zawsze i natychmiast. Krowy są matkami wszystkich stworzeń i przynoszą wszystkie rodzaje szczęścia. Ten, kto szuka pomyślności, powinien więc zawsze czynić dar krów. Krowy są boginiami i miejscami zamieszkiwania pomyślności, i stąd zawsze zasługują na cześć. Dawniej bogowie podczas obróbki ziemi, na której wykonywali ofiarę, używali ościenia do uderzania wołów ciągnących pług, i stąd po dziś dzień można bez popełnia grzechu używać ościenia podczas obróbki ziemi. Jednakże w każdej innej sytuacji uderzanie wołów ościeniem lub batem jest zakazane. Gdy krowy pasą się lub odpoczywają, nikt nie powinien im w żaden sposób przeszkadzać. Krowy samym swym spojrzeniem potrafią zniszczyć tego, kto uniemożliwia im dotarcie do rzek lub zbiorników wodnych, gdzie chcą zaspokoić pragnienie, razem z jego krewnymi i przyjaciółmi. Krowie łajno jest używane do czyszczenia i uświęcania ołtarzy, gdzie wykonywany jest ryt *śraddha* ku czci Ojców, jak i ryty ku czci bogów. Czyż może więc istnieć stworzenie bardziej od krowy święte? Człowiek, który przed spożyciem posiłku daje codziennie przez rok garść trawy krowie należącej do kogoś innego, jest uważany za tego, kto realizuje przysięgę zapewniającą mu spełnienie życzeń. Taki człowiek zdobywa liczne potomstwo, sławę, bogactwo i dobrobyt, i uwalnia się od zła i złych snów".

Judhiszthira rzekł: „O Bhiszma, opowiedziałeś mi o świętości krów i zasługach, jakie przynosi obdarowanie krową. Wytłumacz mi teraz, czym się kierować, decydując o tym, jaką krowę należy oddać komuś w darze i kim powinna być osoba, którą obdarowuje się krową?"

Bhiszma rzekł: „O Judhiszthira, nie należy nigdy dawać w darze krowy osobie, której zachowanie jest grzeszne, która jest zawistna, kłamie i nie czci bogów i Ojców nakazaną ofiarą. Liczne regiony szczęśliwości zdobywa natomiast po śmierci ten, kto daje w darze krowę braminowi znającemu *Wedy*, biedakowi, jak i temu, kto ma liczne potomstwo i posiada swój domowy ogień. W przypadku gdy obdarowana przez kogoś osoba wykonuje działanie przynoszące zasługi, korzystając z tego, co otrzymała w darze, część zasług zebranych tym działaniem należy do tego, kto obdarował ją bogactwem potrzebnym do wykonania tego działania. Ci, którzy dają życie jakiejś osobie, ratują ją przed śmiercią lub dostarczają jej środków do życia, są uważani za czyichś ojców. Usługi świadczone sumiennie na rzecz nauczyciela niszczą grzechy, podczas gdy pycha niszczy nawet największą sławę. Posiadanie trójki dzieci niszczy hańbę bezdzietności, a posiadanie dziesięciu krów niszczy hańbę ubóstwa. Człowiek prawych działań posiadający potomstwo powinien dostarczać środków potrzebnych do utrzymania się przy życiu braminowi, który jest oddany *wedancie*, uczy się i jest mądry, kontroluje zmysły, przestrzega nakazy sformułowane w pismach, wycofuje się z ziemskich spraw, wypowiada tylko przyjemne słowa, jest gościnny i nie działa grzesznie nawet pod wpływem głodu. Wielkość zasług zbieranych dzięki obdarowaniu krową osoby, która na to zasługuje, jest równa wielkości grzechu tego, który okrada bramina z tego, co do niego należy. W każdych warunkach należy unikać grabieży tego, co należy do bramina i zachowywać dystans do jego żon".

2. O nieszczęściu, które spotkało króla Nrigę w rezultacie obdarowania bramina ukradzioną krową

Judhiszthira rzekł: „O Bhiszma, jak wielki grzech popełnia ten, kto kradnie krowę należącą do bramina?"

Bhiszma rzekł: „O Judhiszthira, nawet ten, kto nieświadomie okrada bramina z jego własności, popełnia wielki grzech, którego konsekwencje musi spożyć w kolejnym życiu. Posłuchaj starej opowieści o nieszczęściu, które spotkało króla o imieniu Nriga w rezultacie nieświadomej grabieży tego, co należało do bramina.

Pewnego dnia młodzieńcy z rodu Jadawów, poszukując wody, natrafili na wielką studnię ukrytą pod zarastającymi ją pnączami i trawą. Pragnąc naczerpnąć z niej wody, powycinali przykrywające wejście do niej pnącza i gdy zajrzeli do studni, zobaczyli tam jaszczurkę wielką jak góra. Pełni współczucia młodzieńcy podjęli próbę uratowania jej i uwolnienia z tej sytuacji, używając sznura i skórzanych cęgów. Gdy jednakże nie przyniosło to sukcesu, udali się do Kryszny Wasudewy, prosząc go pomoc. Kryszna udał się razem z nimi tam, gdzie znajdowała się studnia, bez trudu wyciągnął z niej wielką jaszczurkę i zapytał ją, kim jest. Jaszczurka wyjaśniła, że jest prawym królem Nrigi, który żył w starożytnych czasach i sponsorował wiele rytów ofiarnych, i którego dusza zamieszkała w jej ciele w rezultacie nieświadomie popełnionego grzechu.

Kryszna rzekł: „O Nriga, wykonałeś wiele prawych działań i nie popełniłeś świadomie żadnego grzechu. Dlaczego więc skończyłeś tak żałośnie? Słyszałem, że wielokrotnie obdarowywałeś braminów niezliczoną ilością krów. Dlaczego więc spotkało cię takie nieszczęście, jaki jest powód tego, że znalazłeś się w tej nieprzyjemnej sytuacji?'

Król Nriga rzekł: 'O Kryszna, ongiś zdarzyło się tak, że krowa należąca do pewnego bramina, który nigdy nie zapominał o oddawaniu czci swemu domowemu ogniowi, uciekła z jego zagrody podczas jego nieobecności i schowała się w zagrodzie należącej do mnie. Pastuch troszczący się o moje stada dołączył ją do stada tysiąca moich krów. Tak się złożyło, że właśnie tę krowę dałem w darze innemu braminowi, pragnąc zdobyć niebo. Oryginalny właściciel krowy po powrocie do domu rozpoczął poszukiwania swej krowy i znalazł ją w zagrodzie należącej do kogoś innego. Rzekł: «Ta krowa należy do mnie!» Bramin obdarowany przeze mnie tą krową odpowiedział: «Ta krowa jest moja!» W końcu rozgniewani przybyli do mnie. Obdarowany przeze mnie bramin rzekł: «O królu, to ty dałeś mi tę krowę w darze!». Oryginalny właściciel krowy rzekł: «O królu, ukradłeś mi tę krowę, bo ona jest moja!» Szukając rozwiązania tego sporu, poprosiłem bramina, któremu dałem tę krowę, aby oddał mi ten dar w zamian za setki setek innych krów. Bramin odpowiedział: «O królu, ta krowa, którą mnie obdarowałeś, doskonale pasuje do czasu i miejsca. Daje obficie mleko, jest bardzo spokojna i bardzo mnie lubi. Jej mleko jest słodkie i odżywcze dla mojego świeżo narodzonego potomka, który właśnie został odstawiony od piersi. W moim domu jest bezcenna». I bramin ten po wypowiedzeniu tych słów opuścił mój pałac. Zwróciłem się wówczas z prośbą do bramina, który był oryginalnym właścicielem krowy, ofiarując mu sto tysięcy krów w zamian za tę jedną krowę, która stała się przedmiotem konfliktu. Bramin odpowiedział: «O królu, nie przyjmuję darów od królów. Potrafię żyć bez niczyjej pomocy. Oddaj mi więc jak najszybciej krowę, która należy do mnie». Słysząc to, ofiarowałem mu w darze złoto, srebro, konie i wozy, lecz on nie chciał nic przyjąć i opuścił mój pałac.

Tymczasem czas mojego pobytu na ziemi się skończył i opuściłem ten świat. Wędrując do świata Ojców, stanąłem przed obliczem króla umarłych Jamą. Jama po oddaniu mi czci rzekł: «O królu, nikt nie potrafi przewidzieć momentu śmierci, opuściłeś swe ciało i przybyłeś tu do mnie. Choć jesteś osobą prawych uczynków, to jednak zabrudza cię grzech, który popełniłeś nieświadomie. Wstępując na tron, uczyniłeś przysięgę, że zapewnisz każdej osobie w swym królestwie możliwość cieszenia się tym, co należy do niej. Nie dotrzymałeś jednak tej przysięgi i przywłaszczyłeś sobie cudzą własność, co więcej, jest to własność należąca do bramina. Popełniłeś więc podwójny grzech. Zadecyduj teraz sam, czy chcesz skonsumować owoc tego grzechu natychmiast, czy też później». Odpowiedziałem: «O królu umarłych, pragnę natychmiast skonsumować owoc mego grzechu, abym mógł później cieszyć się bez przeszkód przyznanym mi szczęściem». Po wypowiedzeniu tych słów opadłem natychmiast na ziemię. Opadając, słyszałem wypowiadane bardzo głośno słowa Jamy: «O królu, po upływie tysiąca lat uratuje cię Kryszna, syn Wasudewy. Wtedy owoc twego grzechu wyczerpie się i zdobędziesz regiony niewyczerpanego szczęścia, które zarobiłeś swym prawym działaniem». Opadłem na ziemię głową w dół do tej studni przemieniony w istotę pośredniego gatunku, lecz pamięć przeszłych wydarzeń nie opuściła mnie. Dziś spełniła się obietnica Jamy i uwolniłeś mnie z tarapatów. Czy jest coś jeszcze, co chcesz ode mnie usłyszeć? Jeżeli nie, to pozwól mi, proszę, udać się do nieba!'"

Bhiszma zakończył swe opowiadanie, mówiąc: „O Judhiszthira, król Nriga schylił przed Kryszną pobożnie głowę i za jego zgodą wsiadł do rydwanu, który się przed nim pojawił, i udał się do nieba. Pamiętaj słowa recytowane kiedyś przez Krysznę: 'Nikt nigdy nie powinien przywłaszczać sobie czegoś, co należy do bramina. Zabrana braminowi własność przyniesie biorącemu ją nieszczęście, tak jak zabrana braminowi krowa przyniosła nieszczęście królowi Nriga'. Czynienie dobra nigdy nie pozostaje bezowocne i choć król Nriga musiał również skonsumować owoc swego grzechu, jego przeszłe dobre działania uratowały go przed wiecznym piekłem. Należy pamiętać o tym, że nie wolno nigdy używać przemocy wobec krów, i tak jak uczynienie daru krowy przynosi zasługi, jej grabież rodzi winę".

3. O tym, jak Nacziketa dzięki łasce Jamy odwiedza niebiańskie regiony krów i poznaje znaczenie daru krowy

Judhiszthira rzekł: „O Bhiszma, opowiedz mi więcej o zasługach, jakie przynosi danie w darze krowy. Nie mogę się nigdy wystarczająco nasycić twymi słowami!"

Bhiszma rzekł: „O Judhiszthira, ci, którzy czynią dary krów, zdobywają niebiańskie regiony należące do krów, będące regionami najwyższej szczęśliwości. W tym kontekście posłuchaj starożytnej opowieści o rozmowie między riszim Uddalaką i jego synem Nacziketą, który dzięki łasce Jamy ujrzał te regiony, zanim uwolnił z ciała swą duszę.

Pewnego dnia riszi Uddalaka o wielkiej inteligencji rzekł do swego syna Naczikety: 'O synu, bądź mi posłuszny i służ mi'. Po zrealizowaniu swego ślubu, który uczynił, rozkazał mu: 'O synu, będąc zatopiony głęboko w studiowaniu *Wed* i wykonywaniu ablucji, zapomniałem przynieść drewna potrzebnego do rozpalenia ognia ofiarnego, jak i trawy *kuśa*, kwiatów, pojemnika na wodę i zebranych przeze mnie warzyw, pozostawiając je nad brzegiem rzeki. Udaj się tam i przynieś mi tutaj te przedmioty'.

Syn udał się nad brzeg rzeki, jak nakazał mu ojciec, lecz gdy tam przybył, zobaczył, że wszystkie wymienione przez niego przedmioty zostały porwane przez prąd. Powrócił więc z niczym i rzekł: 'O ojcze, niczego nie przyniosłem, gdyż nie było tam już tego, o co prosiłeś'.

Głodny i zmęczony riszi Uddalaka o wielkiej ascetycznej mocy słysząc te słowa syna, wybuchnął nagłym gniewem i przeklął go, mówiąc: 'O synu, jeszcze dziś zobaczysz boga umarłych Jamę!' Nacziketa, który stał przed ojcem ze złożonymi dłońmi, porażony jego słowami, które spadły na niego jak piorun z jasnego nieba, rzekł: 'O ojcze, wybacz mi!' Ledwie jednak zdążył wypowiedzieć te słowa, padł martwy na ziemię. Uddalaka, widząc martwe ciało syna leżące na ziemi, zawołał: 'O biada mi, cóż ja uczyniłem!' Tracąc z rozpaczy zmysły, upadł na ziemię i spędził całą resztę dnia i noc, opłakując śmierć swego syna.

Po upływie pewnego czasu leżący na trawie *kuśa* i skąpany w łzach ojca Nacziketa zaczął ukazywać oznaki powrotu do życia. Jego powrót do życia przypominał kiełkowanie nasion skąpanych w dobrze wróżącym deszczu. Z ciałem pomazanym pachnącymi olejkami wyglądał, jakby budził się z głębokiego, pozbawionego marzeń sennych snu. Choć odzyskujący świadomość syn był ciągle jeszcze bardzo słaby, riszi Uddalaka zapytał: 'O synu, twoje ciało zdaje się nie być dłużej ciałem człowieka. Opowiedz mi, gdzie byłeś? Czy dzięki swym działaniom zdobyłeś pomyślne regiony?'

Nacziketa, zapytany w ten sposób przez swego ojca, rzekł: 'O ojcze, posłuszny twemu rozkazowi udałem się do rozległego regionu króla umarłych Jamy o wielkiej świetlistości. Zobaczyłem tam pałac zajmujący przestrzeń tysiąca jodżanów emitujący złotym blaskiem z każdej swej części.

Jama, gdy tylko zobaczył, że zbliżam się z twarzą skierowaną ku niemu, rzekł do swej służby: «O służący, dajcie mu dobre miejsce do siedzenia!» Zaiste, król umarłych mając na uwadze twoje dobro, powitał mnie rytami wykonywanymi na powitanie gościa. Czczony w ten sposób przez Jamę i siedząc wśród jego doradców, rzekłem: «O najwyższy sędzio umarłych, przydziel mi region, na który zasłużyłem swym działaniem».

Jama odpowiedział: «O braminie, nie jesteś martwy i przybyłeś tu tylko z wizytą. Twój ojciec, który zgromadził wielką moc siłą swej ascezy, powiedział: ‹O synu, jeszcze dziś zobaczysz boga umarłych, Jamę!› Energia twego ojca jest jak płonący ogień. Jakże więc mógłbym zadać kłam jego mowie? Zobaczyłeś mnie i teraz odejdź, jesteś tylko moim gościem. Twój ojciec, który jest stwórcą twego ciała, opłakuje cię i czeka na twój powrót. Zanim jednak odejdziesz, wypowiedz prośbę, którą ukrywasz w swym sercu, abym mógł ją spełnić. Proś mnie o spełnienie swego najskrytszego pragnienia».

Odpowiedziałem: «O królu umarłych, przybyłem do twego królestwa, z którego nikt nie powraca. Jeżeli jednak faktycznie zasługuję na twoją łaskę, pozwól mi, zanim powrócę na ziemię, zobaczyć te regiony największej szczęśliwości, które są zarezerwowane dla ludzi prawych uczynków».

Jama rozkazał mi wówczas wsiąść do rydwanu ciągnionego przez liczne wysokiej krwi ogiery, wspaniałego i promienistego jak rydwan boga słońca, i wioząc mnie na tym rydwanie, pokazał mi wszystkie te zachwycające regiony, które są zarezerwowane dla osób prawych uczynków. Widziałem tam liczne wspaniałe pałace jasne jak tarcza księżyca, przeznaczone dla ludzi o wielkich duszach. Setki z nich miało wiele pięter. Ozdobione rozmaitymi drogimi kamieniami i rzędami dzwoniących dzwoneczków przybierały różne formy. Inne, o blasku *lapis lazuli* i słońca, zrobione ze złota i srebra, swym kolorytem przypominały wschodzące słońce. Niektóre były nieruchome, inne ruchome, wszystkie wypełnione wspaniałymi łożami, stosami żywności, tkanin i innych przyjemnych przedmiotów. Wokół nich były liczne zagajniki i lasy, jak i jeziorka kryształowo czystej wody, rzeki, jak i liczne drogi, po których jeździło tysiące pojazdów zaprzężonych w wysokiej krwi ogiery. Rosły tam też liczne spełniające wszystkie życzenia drzewa, rzeki były pełne mleka i wszędzie było widać kopce oczyszczonego masła. Zaiste, dzięki łasce króla umarłych zobaczyłem wiele takich regionów, których nie widziałem nigdy przedtem.

Zapytałem: «O najwyższy sędzio umarłych, dla kogo są przeznaczone te rzeki pełne mleka i te kopce oczyszczonego masła?»

Jama rzekł: «O braminie, ich przeznaczeniem jest dostarczenie przyjemności tym prawym osobom, które zamieszkując w świecie człowieka, uczyniły wiele darów. Regiony wiecznej szczęśliwości, w których widzisz te wspaniałe pałace, są przeznaczone dla tych, którzy dawali w darze krowy. Zasługi płynące z takiego daru są wielkie i godne pochwały. Ten, kto czyni taki dar, powinien jednak pamiętać o tym, że specjalnej rozwagi wymaga ocena, czy osoba, która otrzymuje taki dar, czas, w którym dokonuje się daru, rodzaj krów dawanych w darze oraz wykonywane ryty są odpowiednie. Krowy należy dawać w darze dopiero po upewnieniu się, że zarówno obdarowywany bramin, jak i dawane w darze krowy posiadają odpowiednie atrybuty. Nie powinno się dawać w darze krów komuś, w czyjej zagrodzie cierpią one z powodu ognia lub słońca. Godny daru krowy jest ten bramin, który zdobył wedyjską wiedzę, praktykuje ascezę i wykonuje ryty ofiarne. Z kolei jeśli chodzi o krowy, to dużą wartość mają te, które są ochraniane przed udręką i zostały dane komuś innemu przez biednego gospodarza z myślą o zapewnienia im odpowiednich środków do życia i opieki.

Ten, kto planuje uczynić dar krowy, powinien po dostarczeniu krowie odpowiedniej żywności żywić się przez trzy noce jedynie wodą i spać na nagiej ziemi. Dopiero po upływie tego czasu powinien obdarować bramina krową, jak i innymi darami. Krowa powinna być ofiarowana w darze razem ze zdrowymi cielętami urodzonymi w najlepszym sezonie. Razem z nimi powinny być dane również inne dary. Po uczynieniu takiego daru obdarowujący powinien przez trzy dni żywić się jedynie mlekiem, powstrzymując się od jedzenia innego rodzaju.

Ten, kto daje w darze braminowi krowę razem z naczyniem na mleko i krowa ta nie ma wad, rodzi zdrowe cielęta we właściwych odstępach czasu i nie ucieka z domu właściciela, cieszy się niebiańskim szczęściem przez tyle lat, ile włosów znajduje się na ciele tej krowy. Ten, kto daje braminowi byka, który jest dobrze poskromiony, zdolny do noszenia ciężarów, młody, silny i pełen energii, cieszy się tymi regionami, które są zarezerwowane dla osób dających w darze krowy.

Godny daru krowy jest ten bramin, który nie ma trwałych środków utrzymania i jest znany z traktowania krów łagodnie, ochrania je i jest im wdzięczny. Pobożna osoba powinna oddać w darze swoją ukochaną krowę wtedy, gdy panuje głód, gdy widzi, że jakiś bramin ma zamiar wykonać ryt ofiarny, gdy pragnie uprawiać ziemię, gdy wykonuje ofiarę *homa* z intencją otrzymania syna, dla dobra nauczyciela lub w celu utrzymania przy życiu dziecka urodzonego w zwykły sposób. Takie są stwierdzenia pism w odniesienia do miejsca i czasu dawania w darze krowy.

Krowy warte tego, aby być dane komuś w darze, powinny mieć następujące własności: dawać ogromną ilość mleka, być znane ze swej uległości i innych zalet, powinny być kupione lub nabyte jako zapłata za nauczanie lub w zamian za inne zwierzęta, jak np. owce lub kozły, zdobyte w walce lub otrzymane w formie małżeńskiego wiana od ojca lub krewnych panny młodej».

Po wysłuchaniu tych słów boga umarłych Jamy rzekłem: «O sędzio umarłych, opowiedziałeś mi o tym, kiedy osoba, która czyni dar krowy, zdobywa niebiańskie regiony krów. Wytłumacz mi teraz, czy ktoś, kto nie ma krowy, może zarobić na pobyt w tych regionach jakimś innym darem?»

Jama rzekł: «O braminie, ten, kto nie ma krowy, może zarobić na niebiańskie regiony krów, czyniąc dar uważany za równoważny darowi krowy. Ten, kto w przypadku nieposiadania krowy wykona ryt daru krowy z oczyszczonego masła (*ghee*), otrzyma na swój użytek te rzeki *ghee*, które zbliżają się do osoby, tak jak pełna matczynych uczuć matka zbliża się do dziecka. Ten, kto w przypadku niemożności wykonania daru krowy z oczyszczonym masłem zastąpi ten dar nasionami sezamowymi, zdobędzie pomoc krowy w przekroczeniu niedoli tego świata, a po śmierci będzie czerpał szczęście z tych rzek mleka, które widziałeś w rejonie krów. Ten, kto w przypadku niemożności wykonania daru krowy z nasion sezamowych wykona taki ryt z pomocą wody, zdobędzie te szczęśliwe regiony krów wypełnione zimną i kryształowo czystą wodą zdolną do zrealizowania wszystkich pragnień»'.

Nacziketa kontynuował: 'O ojcze, powtórzyłem tobie to, co król umarłych wyjaśnił mi, gdy byłem u niego w gościnie. Wielka była moja radość na widok tych wszystkich cudów, które przede mną ukazał. Powiem tobie teraz coś, co powinno cię ucieszyć. Dzięki twej klątwie poznałem wielką ofiarę, którą jest ofiara krowy, której wykonanie nie wymaga posiadania wielkiego bogactwa. O tej ofierze mówi się, że wypływa ze mnie i nie jest ona sprzeczna z nakazami *Wed*. Klątwa, którą na mnie rzuciłeś, nie była więc faktycznie klątwą, lecz błogosławieństwem, gdyż umożliwiła mi zobaczenie wielkiego króla umarłych. Będąc u niego zobaczyłem, jaką nagrodę zarabia się, czyniąc dary krowy. Pójdę więc ścieżką czynienia darów, nie mając cienia wątpliwości co do tego, jaką przynosi nagrodę.

Prawy Jama rzekł do mnie: «O braminie, poruszany przeze mnie temat darów jest święty. Ten, kto idzie ścieżką darów i oczyścił swój umysł, powinien szczególnie czynić dary krów. Nie lekceważ nigdy obowiązku czynienia darów. Dary należy dawać tym, którzy na to zasługują, czekając na odpowiedni czas i miejsce. Nie zapominaj nigdy o wielkości daru krowy i nie żyw w tej sprawie żadnych wątpliwości. W starożytnych czasach wiele osób o wielkiej duszy oddanych ścieżce obdarowywania czyniło dary krowy. Wolni od pychy i próżności, lecz bojąc się praktyki surowych umartwień, wybierali drogę darów na miarę swych możliwości. Wykonując ryty *śraddha* ku czci Ojców i inne prawe działania, czynili w miarę swej mocy dary krowy i w nagrodę zdobywali niebo, błyszcząc tam swoją prawością.

Ten, kto chce zdobyć niebo, powinien czynić dar krowy ósmego dnia miesiąca synodycznego (księżycowego) znanego pod nazwą *kamjasztami*, obdarowując krową zasługującego na dar bramina. Po uczynieniu takiego daru powinien przez dziesięć dni utrzymywać się przy życiu, bazując jedynie na krowim mleku, łajnie i moczu. Ten, kto daje w darze byka, zbiera zasługi równe tym, które płyną z boskiej przysięgi. Ten, kto daje w darze wozy razem ciągnącymi je mułami, nabywa zasługi równe tym, które płyną z kąpieli w świętych wodach. Ten, kto daje w darze parę krów, zdobywa w nagrodę wiedzę *Wed*, a ten, kto daje w darze krowę *kapila*, oczyszcza się z grzechów. Zaiste, dar choćby nawet jednej krowy *kapila* zdobytej przy pomocy legalnych środków oczyszcza dawcę z wszystkich grzechów, które kiedykolwiek popełnił.

Nie ma nic cenniejszego od mleka krowy i stąd krowa jest uważana za najwyższy dar. Dająca mleko krowa ratuje wszystkie światy przed katastrofą. To krowy dają jedzenie potrzebne żywym istotom do życia. Ten, kto nie darzy krów uczuciem, choć zna rozmiar wykonywanych przez nie usług, jest grzesznikiem i z całą pewnością utonie w piekle, podczas gdy ten, kto czci krowy i ofiaruje właściwej osobie we właściwym czasie choćby jedną krowę rodzącą zdrowe cielęta, może być pewien tego, że krowa ta odnajdzie go w niebie w formie rzeki świętej wody spełniającej wszystkie życzenia. Krowy dorównują docierającym do ziemi promieniom słońca w sile pomyślności i wzrostu, które przynoszą mieszkańcom ziemi, jak i ochrony, którą im gwarantują. Słowo, które oznacza krowę, oznacza również promienie słońca. Stąd ten, kto czyni dar krowy, rozsiewa wokół blask jak słońce i daje początek wielkiemu rodowi, który rozszerza się na całą ziemię.

Należy więc po dokładnym zbadaniu wybrać takiego bramina, który zasługuje na dar, ofiarować mu zdobytą prawymi środkami krowę i skłonić go do przyjęcia daru. Uczeń powinien obdarowywać krową nauczyciela i gdy tak czyni, na pewno zdobędzie niebo.

Obowiązkiem osób realizujących nakazy pism jest uczynienie z nauczyciela osoby godnej otrzymania daru. Jest to faktycznie nakaz pierwotny, gdyż wszystkie inne rozporządzenia dotyczące daru krowy bazują na nim. Ja sam, inni bogowie i ludzie, którzy życzą dobrze innym, zwykli mówić: ‹Niech twoje prawe działanie przyniesie tobie zasługi równe tym, jakie przynosi dar krowy!›»'

Naczyketa zakończył swe opowiadanie, mówiąc: 'O ojcze, takie słowa wypowiedział do mnie sędzia umarłych Jama i po ich wypowiedzeniu dał mi zgodę na opuszczenie swego królestwa' ".

4. Indra pyta Brahmę o naturę regionu krów i drogę, która do niego prowadzi

Judhiszthira rzekł: „O Bhiszma, nauczaj nas dalej o konsekwencjach obdarowania krową zasługującego na taki dar bramina. Opowiedziałeś nam już o niedoli, której doświadczył król Nriga w konsekwencji nieświadomego przewinienia obdarowania bramina ukradzioną krową. Musiał przez długo zamieszkiwać w ciele jaszczurki, zanim Kryszna nie uwolnił go od skutków grzechu. Opowiedziałeś nam również o wizycie Naczikety w królestwie Jamy i o tym, co po powrocie powiedział do swego ojca o darze krowy i nagrodzie, jaką jest zdobycie regionu krów. Opowiedz nam więcej o tych wspaniałych regionach należących do tych, którzy czynią dary krów".

Bhiszma rzekł: „O Judhiszthira, w odpowiedzi na swoje pytanie posłuchaj starej opowieści o rozmowie między Brahmą, który wypłynął z pierwotnego Lotosu, i Indrą, który wykonał setkę ofiar.

Pewnego dnia Indra rzekł do Brahmy: 'O Brahma, widzę, że ci, którzy mieszkają w regionie krów, przewyższają swym blaskiem pomyślność innych mieszkańców nieba, których traktują jak istoty niższego porządku. Fakt ten zrodził w moim umyśle pewne wątpliwości. Jaki charakter mają regiony krów? Zaiste, jaka jest natura tych regionów, które są zamieszkiwane przez tych, którzy dają w darze krowy? Bardzo chciałbym się tego dowiedzieć. Jakie rodzą owoce, czym jest ten najwyżej stojący owoc zdobywany tam przez ich mieszkańców? Jakie są jego zalety? Wytłumacz mi również, jak ludzie, którzy uwolnili od wszelkiego niepokoju, zdobywają te regiony? Jeżeli drogą prowadzącą do tych regionów jest czynienie daru krowy, to jak długo ten, kto uczynił taki dar, cieszy się owocami zrodzonymi przez swój czyn? Jakie zasługi zbiera ten, kto daje w darze liczne krowy, i jakie ten, kto daje tylko kilka? Jak wielu ludzi ofiaruje w darze wiele krów i jak wielu czyni dar tylko jednej krowy? W jaki sposób ktoś staje się dawcą krów, choć faktycznie nie dał w darze żadnej konkretnej krowy? Wytłumacz nam to wszystko. Jak to się dzieje, że ten, kto daje w darze wiele krów, staje się równy temu, kto daje tylko kilka? Jak to się dzieje, że ten, kto daje w darze tylko jedną krowę, osiąga równość z tym, kto daje ich wiele? Jaki rodzaj *dakszin*y wyróżnia się wśród innych swą ważnością? Wytłumacz mi to wszystko zgodnie z prawdą'.

5. Brahma opisuje atrybuty regionu krów widzialne dla tych, którzy oczyścili swe umysły i uwolnili się od świadomości ciała

Brahma rzekł: 'O Indra, zaiste, twoje pytania dotyczące daru krów i regionu krów są godne ciebie! Nikt inny nie potrafiłby ich postawić. Istnieje wiele rodzajów regionów, które pozostają niewidzialne nawet dla ciebie, choć są widzialne dla mnie i dla bezgrzesznych kobiet przywiązanych tylko do jednego męża. Riszi praktykujący surowe śluby i bramini o prawych duszach dzięki swym prawym uczynkom i pobożności docierają do nich nawet bez porzucania swej cielesnej formy. Ludzie praktykujący surowe śluby widzą te święte regiony jak wytwory marzeń sennych z pomocą swych czystych umysłów dzięki tymczasowemu uwolnieniu się od świadomości ciała.

Posłuchaj o atrybutach tych regionów, których żaden inny region szczęśliwości nie przewyższa. Bieg Czasu jest tam zawieszony, nie ma tam zgrzybiałości ani ognia wszechobecnego we wszechświecie. Nie ma tam żadnych oznak zła, chorób i słabości jakiegokolwiek rodzaju. Zamieszkujące tam krowy są zdolne do urzeczywistnienia wszystkich pragnień. Sam doświadczyłem bezpośrednio tego, o czym mówię. Ich mieszkańcy mogą bez żadnych przeszkód poruszać się tam, gdzie zechcą mocą swej woli i realizować każde pragnienie, jakie narodzi się w ich umyśle. Jest tam wiele jezior, zbiorników wodnych, rzek, lasów różnego rodzaju, wzgórz i rozmaitych wspaniałych przedmiotów.

Do tych regionów najwyższej szczęśliwości udają się ci, którzy darzą wszystkich miłością, potrafią wszystko wybaczać i znieść, są wolni od pychy i próżności, posłuszni i pełni szacunku dla swych nauczycieli. Ten wieczny i niezmienny region krów zdobywają ci, którzy mają następujące atrybuty: są bezgrzeszni, prawi w swych działaniach i czystego serca, nie spożywają żadnego mięsa, odnoszą się z czcią do rodziców, nie wypowiadają kłamstwa, służą braminom, oddają cześć wszystkim bogom, nie powalają sobie na gniew w stosunku do krów i braminów, wykonują z oddaniem wszystkie obowiązki, zawsze wybaczają każde przewinienie w stosunku do siebie, są oddani Prawdzie i dobroczynności, łagodni, zdolni do samo-kontroli i miłosierni w stosunku do wszystkich. Regionu tego nie zobaczy jednak nigdy ten, kto zabrudził się cudzołóstwem lub zabójstwem nauczyciela, kłamie i przechwala się, ustawicznie sprzecza się z innymi i zachowuje się wrogo wobec braminów. Taki niegodziwiec nigdy nie zobaczy tych szczęśliwych regionów, tak jak i ten, kto rani przyjaciela, jest podstępny, niewdzięczny, oszukuje, jest nieuczciwy w działaniu, pogardza religią, jest zabójcą braminów. Taki człowiek nie potrafi nawet sobie wyobrazić regionu krów, który jest dostępny tylko dla ludzi prawych uczynków'.

6. Brahma wyjaśnia, kiedy dar krowy prowadzi osobę do regionu krów

Brahma kontynuował: 'O Indra, opowiedziałem tobie wszystko o regionie krów. Regiony te zdobywa również ten, kto czyni dary krów zgodnie z tym, co zostało stwierdzone w pismach.

Liczne regiony nieprzebranej szczęśliwości jako owoc swych działań zdobywa ten, kto czyni dar krów po nabyciu ich za dobra odziedziczone lub zdobyte prawymi środkami, a ten, kto czyni dar krów po nabyciu ich za dobra wygrane w kości, cieszy się szczęśliwością przez dziesięć tysięcy boskich lat. Ten błogosławiony region krów zdobywa również ta osoba, która po otrzymaniu krowy w darze, z czystym sercem obdarowuje nią kogoś innego, jak i ten, kto od urodzenia aż do śmierci zawsze mówi prawdę, służy z pokorą swemu nauczycielowi i braminom, i idzie ścieżką wybaczania. Nie należy nigdy zwracać się do braminów w niewłaściwy sposób i nie wolno nawet w myśli ranić krów. Należy je naśladować w niegromadzeniu zapasów jedzenia na jutro i okazywać im współczucie.

Posłuchaj o owocach zbieranych przez tych, którzy są oddani obowiązkowi prawdomówności. Gdy prawdomówny bramin daje w darze jedną krowę, ta jedna krowa jest równa tysiącowi krów. Jeżeli wojownik o takiej postawie czyni dar jednej krowy, jego zasługi dorównują zasługom bramina zdobywanym w podobnych okolicznościach. W przypadku waiśji, którego charakteryzuje taka postawa, zasługi, które przynosi dar jednej krowy, są równe zasługom płynącym z daru pięciuset krów. W przypadku gdy pełen pokory szudra daje w darze jedną krowę, zdobywa zasługi równe tym, które przynosi dar stu dwudziestu pięciu krów. Gdy osoba o opanowanej duszy, oczyszczonym ciele i umyśle, biegła w pismach, oddana ścieżce umartwień i Prawdy, służąca z pokorą nauczycielowi, skłonna do wybaczania, oddająca cześć bogom, realizująca obowiązki i wolna od egoizmu daje braminowi mleczną krowę podczas wykonywania odpowiedniego rytu, zbiera wielkie zasługi. Stąd, jak stwierdzają pisma, taka osoba powinna zawsze czynić dar krowy.

Posłuchaj teraz o zasługach zbieranych przez bramina, który studiuje *Wedy*, ukazuje krowom szacunek, cieszy się ich widokiem i od urodzenia chyli przed nimi głowę. Taka oddająca cześć krowom osoba zbiera zasługi równe tym, które przynosi Ofiara Konia (*radżasuja*) lub dar stosów złota. Tak mówią prawi riszi i osoby o wielkiej duszy, które zdobyły sukces swą ascezą. Oddany prawdzie bramin o spokojnej duszy, który uwolnił się od chciwości i jest niezmienny w zachowaniu i szczery w swych pełnych czci słowach w stosunku do krów, i który przez cały rok zanim sam spożyje posiłek, ofiaruje go krowom, zdobywa zasługi równe tym, które przynosi dar tysiąca krów. Bramin, który oddaje krowom niezmiennie cześć, ukazuje im miłosierdzie i spożywając dziennie tylko jeden posiłek, oddaje dużą część pozostałego jedzenia krowom, cieszy się wielkim szczęściem przez dziesięć lat. Ten z kolei, który ogranicza się tylko do jednego posiłku dziennie, a za pozostałe jedzenie gromadzone przez jakiś czas zakupi krowę i odda ją w darze braminowi, zbiera w ten sposób zasługi równe tym, które przynosi dar tylu krów, ile jest włosów na ciele tej ofiarowanej krowy. To, co powiedziałem poprzednio, dotyczy zasług zbieranych przez bramina czyniącego dar krowy. Jeśli chodzi o wojownika, to twierdzi się, że wojownik, kupując w ten sposób krowę i dając ją w darze braminowi, zdobywa pięć lat wielkiego szczęścia. Waiśja z kolei takim zachowaniem zbiera zasługi równe połowie tych, które zbiera wojownik, a szudra równe połowie tych, które zbiera waiśja.

Człowiek, który sprzedaje samego siebie i za to, co otrzymuje, nabywa krowę i daje ją w darze braminowi, cieszy się szczęściem w niebie tak długo, jak długo krowy pozostają na ziemi. Zostało stwierdzone, że w każdym włosie na ciele nabytej w ten sposób krowy znajduje się region niewyczerpanej szczęśliwości. Człowiek, który zdobył krowy w bitwie i daje je w darze braminom, nabywa takie same zasługi, jak ten, kto czyni dar krowy po nabyciu jej za to, co uzyskał po sprzedaniu samego siebie. Człowiek, który z braku krowy czyni dar krowy z nasion sezamowych, kontrolując swe zmysły, jest ratowany przez taką krowę, gdy na swej drodze spotyka nieszczęście i smutek, i cieszy się pomyślnością'.

Brahma kontynuował: 'O Indra, opowiedziałam tobie o zasługach zbieranych przez tych, którzy czynią dar krowy. Pamiętaj jednak o tym, że dar krowy sam w sobie nie przynosi zasług. Zasługi są zbierane dopiero wówczas, gdy dar ten jest wykonany we właściwym czasie, podczas odpowiedniego rytu i gdy zarówno krowa, jak i obdarowywany posiadają wymagane atrybuty.

Nie należy dawać w darze krów komuś, w czyim domu mogą one cierpieć z powodu ognia lub zbytniego gorąca. Osobą godną otrzymania daru krowy jest ten bramin, które nie ma żadnych przydzielonych mu środków utrzymania, który ma głęboką wedyjską wiedzę i różne inne rodzaje bramińskich umiejętności, czyste urodzenie, spokojną duszę i jest oddany wykonywaniu ofiar. Jest miłosierny w stosunku do krów, łagodny zachowaniu, lękający się grzechu i dostarcza ochrony każdemu, kto jej u niego szuka.

Dar krowy powinien być również uczyniony we właściwym miejscu i czasie. Ten, kto ma na uwadze dobro rolnictwa lub nauczyciela, czy też pragnie zdobyć syna urodzonego z rytu lania libacji do ognia lub utrzymać go przy życiu, powinien obdarować krową tego bramina, który nie ma środków utrzymania lub cierpi ekstremalnie z powodu braku jedzenia w okresie głodu. Przed ofiarowaniem krowy braminowi należy przez trzy dni powstrzymywać się do jedzenia, żywić się jedynie wodą, spać przez ten czas na nagiej ziemi oraz zadowolić bramina innymi darami, a po uczynieniu takiego daru należy przez następne trzy dni żywić się wyłącznie mlecznymi produktami.

Właściwym darem są te krowy, których skłonności są dobrze znane, które zostały zdobyte jako nagroda za wiedzę, nabyte w zamian za inne zwierzęta, jak kozły, owce, itp., wygrane w walce, otrzymane jako małżeńskie wiano, uratowane z jakiejś katastrofy i takie, którym zbyt ubodzy właściciele nie potrafią zapewnić odpowiednich warunków do życia. Pochwalany jest dar takich krów, które są silne, o dobrym nastawieniu i przyjemnym zapachu. Tak jak Ganges jest najlepszą z wszystkich rzek, tak krowa *kapila* jest najlepszą rasą wśród wszystkich ras krów.

Dar pozbawionej wszelkich wad krowy powinien być uzupełniony darem zdrowych cieląt, które nie zostały jeszcze odstawione od piersi. Ten, kto daje w darze braminowi krowę o dobrych skłonnościach, która chce być dojona, rodzi żywe i zdrowe cielęta, nie ucieka z zagrody, cieszy się szczęściem w kolejnym świecie przez tyle lat, ile jest włosów na ciele tej krowy. Podobnie, ten, kto daje braminowi wołu zdolnego do noszenia wielkiego ciężaru, młodego, silnego i zdrowego, który cicho znosi jarzmo pługa i ma dość energii do wykonywania ciężkiej pracy, zdobywa te same regiony, co ten, kto uczynił dar krowy. Osoba, która broni na pustkowiu krowy i braminów przed niebezpieczeństwem, broni samą siebie przed wszelkiego rodzaju katastrofą. Zasługi zbierane przez taką osobę są równe wiecznym zasługom płynącym z Ofiary Konia. Taka osoba w godzinie śmierci osiąga cel, którego szuka, i wiele niebiańskich regionów szczęśliwości stoi przed nią otworem, gdzie za zgodą krów cieszy się szacunkiem niebian. Z kolei ta osoba, która każdego dnia podąża za krowami do lasu z intencją, aby przez jakiś czas żywić się jedynie trawą i liśćmi, które opadły z drzew i której serce uwolniło się od pragnienia owocu, zmysły wycofały się z niewłaściwych przedmiotów, a umysł oczyścił się z niepotrzebnego balastu myśli, taka osoba wolna od pragnienia żyje szczęśliwie w regionie, który należy do mnie lub w jakimś regionie, który wybrała, mając bogów za swoich towarzyszy'.

Indra rzekł: 'O Brahma, jak kończy ten, kto świadomie lub z chciwości kradnie krowę'.

Brahma rzekł: 'O Indra, osoba, która wbrew zakazom pism ukradła krowę z zamiarem zabicia jej, spożycia, sprzedaży lub dania jej w darze braminowi, będzie żyła w piekle przez tyle lat, ile jest włosów na ciele tej krowy. Ciężar grzechu przypisany do takiego czynu jest równy temu, który obciąża kogoś, kto blokuje ryt ofiarny wykonywany przez bramina. Osoba, która obdarowuje bramina ukradzioną krową, w rezultacie uczynienia daru będzie cieszyła się przez krótki czas pobytem w niebie, lecz z powodu grzechu kradzieży będzie przez długi czas cierpiała w piekle'.

Indra rzekł: 'O Brahma, wytłumacz mi, jaki rodzaj *daksziny* dawanej braminom podczas rytów ofiarnych wyróżnia się wśród innych swą ważnością?'

Brahma rzekł: 'O Indra, mówi się, że podczas rytu, jakim jest czynienie daru krów, złoto stanowi *dakszinę*. Zaiste, mówi się, że złoto jest najlepszą *dakszina* we wszystkich rytach ofiarnych. Poprzez dar krów ratuje się swych potomków i przodków aż po siódme pokolenie, podczas gdy dając w darze krowy łącznie ze złotem w formie *daksziny* liczba ratowanych przodków i potomków podwaja się. Dar złota jest najlepszym darem, złoto jest najlepszą *dakszina*. Złoto jest najlepszym czyścicielem, jest najlepsze wśród wszystkich oczyszczających przedmiotów. O złocie mówi się, że uświęca cały ród tego, kto oddaje je w darze. Tyle można powiedzieć w skrócie o *daksz*inie'".

Bhiszma zakończył swe opowiadanie, mówiąc: "O Judhiszthira, powtórzyłem tobie to, co Brahma powiedział do Indry na temat świętości krów. Indra powtórzył to królowi Daśaracie, który przekazał te stwierdzenia Brahmy swemu synowi Ramie, a Rama przekazał je swemu bratu Lakszmanie, a Lakszmana, żyjąc w dżungli, przekazał je riszim, którzy przekazują je dalej między sobą z pokolenia na pokolenie. Ja sam usłyszałem je od mojego nauczyciela. Bramin, który recytuje te słowa Brahmy codziennie na zgromadzeniu braminów, podczas ofiary lub czynienia daru krowy zdobywa liczne regiony nieprzebranej szczęśliwości, gdzie zamieszkuje w towarzystwie bogów".

Napisane na podstawie fragmentów *Mahābharāta*,
Anusasana Parva, Part 2, Sections LXIX-LXXIV.

Opowieść 218
O świętości krów i należnej im czci

1. O rycie daru krowy; 2. O narodzinach krów i darze krowy *kapila*; 3. O krowach jako żywicielkach bogów i ostoi ofiary; 4. O darze Brahmy, dzięki któremu krowy stały się najlepszą *dakszina*; 5. O zasługach płynących z oddawania czci krowom; 6. O świętości i imionach krów; 7. O świętości krowiego łajna; 8. O obdarowaniu krów niebiańskim regionem Goloka znajdującym się wyżej od regionu bogów.

> Bhiszma rzekł: „O Judhiszthira, człowiek, który jest oddany krowom, osiągnie spełnienie wszystkich życzeń. Ten, kto pragnie syna, otrzyma syna, a ten, kto pragnie córki, otrzyma córkę. Ten, kto szuka bogactwa, otrzyma bogactwo, ten, kto szuka zasług, zdobędzie zasługi. Ten, kto pragnie wiedzy, zdobędzie wiedzę, a ten, kto pragnie szczęścia, zdobędzie szczęście. Nie ma nic, co byłoby nieosiągalne dla tego, kto jest oddany krowom".

(*Mahābhārāta*, Anusasana Parva, Part 2, Section LXXXIII)

1. O rycie daru krowy

Judhiszthira rzekł: „O Bhiszma, opowiedziałeś nam o niebiańskim regionie krów, który należy do najwyższych regionów szczęśliwości i jest niedostępny nawet dla Indry, jak i o tym, że drogą prowadzącą do tych regionów jest dar krowy wykonany zgodnie z rozporządzeniami pism. Wyjaśnij nam teraz z wszystkimi szczegółami, jakie są te rozporządzenia".

Bhiszma rzekł: „O Judhiszthira, nie ma daru, który przynosi większe zasługi niż dar krowy. Nabyta legalnie krowa dana w darze we właściwym rycie przynosi natychmiast ratunek całemu rodowi dawcy. Rytuał ten oryginalnie powstał z uwagi na dobro tych, którzy są prawi i następnie został uznany za ryt służący dobru wszystkich żywych istot. Pojawił się w pradawnych czasach, lecz jest odwieczny i istniał już nawet przedtem, zanim został ogłoszony w pismach. Opowiem tobie o tym rycie, cytując starożytną opowieść o naukach, których nauczyciel bogów Brihaspati udzielił niegdyś królowi Mandhatri, odpowiadając na podobne do twojego pytanie.

Żyjący w odległych czasach król Mandhatri miał wątpliwości co do tego, w jakim rycie powinien oddać w darze zamierzoną liczbę krów i udał się do nauczyciela bogów Brihaspatiego z prośbą o ich rozwianie. Brihaspati rzekł: 'O królu, w rycie daru krowy dawana w darze krowa powinna należeć do klasy czerwonych krów o nazwie *rohini*. Ten, kto pragnie uczynić ten dar, powinien najpierw ustalić dokładny czas jego wykonania i przez określony czas praktykować ascezę. W przeddzień zamierzonego rytu powinien oddać cześć braminom i następnie udać się do zagrody krów i wypowiedzieć następujące wedyjskie słowa skierowane do krów: «O krowy, krowa jest matką, a byk ojcem. Jesteście moją ucieczką! Dajcie mi niebo i ziemską pomyślność!» Te same wedyjskie słowa należy wypowiedzieć również w momencie dawania daru. Czyniący dar krowy powinien spędzić noc poprzedzającą ryt w krowiej zagrodzie i przebywając tam z krowami, zadbać o to, aby nie ograniczać w żaden sposób ich swobody. Śpiąc na nagiej ziemi, nie powinien próbować odganiać od siebie uprzykrzonych owadów drażniących go tak samo, jak drażnią krowy. Upodabniając się w ten sposób do krów, oczyści się natychmiast z wszystkich grzechów. Dar powinien uczynić o poranku, gdy słońce ukaże się na niebie, ofiarując w darze krowę razem z cielątkiem i bykiem. Postępując w ten sposób, zdobędzie niebo.

Podczas rytu osoba czyniąca dar krowy powinna prosić krowy o błogosławieństwo, wypowiadając następujące mantry: «O krowy, w was jest zawarty element siły, żywotnego uporu i mądrości. Jesteście schronieniem dla każdej energii, źródłem nieśmiertelności zdobywanej w ofierze, zarówno środkami, jak i tym, co utrzymuje w ruchu wieczny bieg wszechświata. Dzięki wam zdobywa się ziemską pomyślność. Uczestniczycie zarówno w naturze Surji, jak i Somy i prowadzicie do rozrastania się czyjegoś rodu. Niech krowa, którą daję w darze, zniszczy moje grzechy, niech wspiera mnie na drodze do nieba, niech będzie dla mnie jak matka dla swego potomstwa. Niech do mnie należą wszystkie jej błogosławieństwa łącznie z tymi, które nie zostały przeze mnie wymienione. O krowy, jesteście skłonne tak jak rzeka Saraswati do obdarowywania błogosławieństwem tych, którzy używają pięciu krowich produktów, szukając lekarstwa na gruźlicę, czy inne wyniszczające choroby lub chcąc wyzwolić z ciała duszę. Jesteście dostarczycielkami środków pozwalających ludziom na zbieranie zasług. Bądźcie ze mnie zadowolone i obdarzcie mnie swym błogosławieństwem! Dziś stałem się z wami tożsamy i dając was w darze, daję faktycznie w darze siebie».

Po wypowiedzeniu tych słów przez osobę czyniącą dar, osoba otrzymująca dar powinna powiedzieć: «O krowo, nie należysz już dłużej do tego, który oddał cię w darze. Jesteś teraz moja. Masz naturę Surji i Somy, obdaruj wszelkiego rodzaju pomyślnością zarówno tego, kto dał cię w darze, jak i tego, kto cię w darze otrzymał».

Człowiek, który w rycie daru krowy zamiast krowy daje w darze ekwiwalent jej aktualnej wartości, tkaninę lub złoto, jest również widziany jako dawca krowy. Osoba dająca ekwiwalent wartości krowy powinna wypowiedzieć następujące słowa: «Ta krowa jest dawana w darze, zaakceptuj ją!» Człowiek, który w zastępstwie krowy daje w darze tkaninę, powinien wypowiedzieć słowo «*bhawitawja*», które oznacza, że dar powinien być widziany jako dar krowy. Ten z kolei, który w zastępstwie krowy czyni dar złota, powinien rzec «*waiszanawi*», co oznacza, że dawane w darze złoto ma naturę krowy. Taki zastępczy dar krowy przynosi czyniącemu go pewne zasługi, lecz zasługi zbierane przez tego, kto obdarowuje rzeczywistą krową, są większe. Ten, kto czyni taki zastępczy dar krowy, zdobywa niebo, gdzie zamieszkuje przez określoną liczbę lat, podczas gdy ten, kto daje w darze rzeczywistą krowę, zdobywa nagrody równe tym, jakie płyną z obydwóch darów. Ten, kto daje w darze rzeczywistą krowę, zostaje obdarzony na tym świecie przynoszącym niebo dobrym działaniem. Ten, kto daje w darze ekwiwalent wartości krowy, uwalnia się od wszelkiego rodzaju lęku. Ten kto czyni dar krowy, zastępując ją tkaniną lub złotem, nigdy nie doświadczy smutku. Wszyscy oni, jak i ci, którzy zawsze o poranku wykonują ablucje i inne religijne działania oraz ci, którzy poznali *Mahabharatę*, zdobywają regiony Wisznu i Somy'.

Brihaspati kontynuował: 'O królu, opowiedziałem tobie o tym, co należy uczynić przed wykonaniem rytu daru krowy i jakie słowa należy wypowiedzieć przed i podczas rytu. Po wykonaniu rytu i uczynieniu daru należy spędzić jedną noc z krowami i rozpoczynając od ósmego dnia miesiąca synodycznego (księżycowego) zwanego *kamja*, w którym krowy są czczone w odpowiednim rycie, należy spędzić trzy noce żywiąc się jedynie mlekiem, moczem i łajnem krów.

Ten, kto daje w darze byka, zdobywa zasługi równe tym, jakie przynosi przysięga celibatu, a ten, kto daje w darze kilka krów, zdobywa pełną wiedzę *Wed*. Ten, kto wykonuje ryt ofiarny i czyni dar krów zgodnie z nakazami pism, zdobywa wiele najwyższych regionów, które nie są jednak dostępne dla tego, kto czyni dar krowy bez uwzględnienia wedyjskich nakazów. Skoro człowiek, dający w darze zgodnie z rytem choćby tylko jedną mleczną krowę z wymionami wypełnionymi oblacją (*hawi*), nabywa zasługi równe tym, które przynosi dar z wszystkich pożądanych przez ludzi przedmiotów zebranych razem, to cóż powiedzieć o tym, kto czyni dar wielu takich krów? Zasługi płynące z oddawania w darze przednich wołów przewyższają nawet zasługi, które płyną z daru krów'".

Bhiszma zakończył swe opowiadanie, mówiąc: „O Judhiszthira, powtórzyłem tobie słowa Brihaspatiego dotyczące rytu darowania krowy. Wielu prawych królów, czyniąc dar krów zgodnie z tymi instrukcjami, zdobyło regiony wielkiej szczęśliwości. Nie powinno się jednak nigdy przekazywać tych instrukcji osobie, która nie jest czyimś uczniem, błędnie rozumuje, nie uczyniła odpowiednich ślubów i nie ma wystarczającej wiary. Zaiste, religia, o której cię nauczam, jest tajemnicą większości ludzi nieznaną i ten, kto ją poznał, nie powinien wszystkim o niej opowiadać. Wśród ludzi jest wielu takich, którzy są podli i bardziej niż ludzi przypominają rakszasów. Gdy religia, której cię nauczam, zostanie im przekazana, zrodzi zło. Zrodzi również zło wówczas, gdy zostanie przekazana ateistom".

Bhiszma kontynuował: „O Judhiszthira, nie zapominaj nigdy o moich pouczeniach. Postępuj zgodnie z nakazami pism i obdarowuj braminów krowami. Obdarowując bramina młodą, mleczną krową, owiniętą kawałkiem tkaniny i z cielątkiem, oczyścisz się z grzechów i nigdy nie doświadczysz pozbawionych słonecznego światła regionów, których jest w piekle wiele. Ten jednakże, kto daje braminowi w darze krowę, która nie ma mleka, nie może jeść i pić, jest słaba, stara, chora i stąd może być porównana do wyschniętego wodnego zbiornika, zaiste ten, kto daje braminowi krowę przynosząca mu jedynie ból i rozczarowanie, nie uniknie piekła. Takiej krowy nie powinno się nigdy dawać w darze i gdy ktoś tak czyni, nie zdobędzie szczęścia i energii nawet w tych regionach szczęśliwości, które zdobył w nagrodę za jakieś inne prawe działania, które wykonał. Należy zawsze dawać w darze tylko te krowy, które są silne, młode i dają mleko. Zaiste, najlepszym darem jest krowa *kapila*. Tak jak rzeka Ganges jest pierwsza wśród wszystkich rzek, tak krowa *kapila* jest pierwsza wśród krów".

2. O narodzinach krów i darze krowy *kapila*

Judhiszthira rzekł: „O Bhiszma, wytłumacz nam, dlaczego mędrcy wychwalają dar krowy *kapila* jako przynoszący największe zasługi i uważają taki dar za najbardziej wskazany. Czyż wszystkie dobre krowy dawane w darze nie powinny być widziane jako równe? Wytłumacz nam, czym wyróżnia się krowa *kapila*?"

Bhiszma rzekł: „O Judhiszthira, posłuchaj starej opowieści o warunkach, w jakich krowa *kapila* została stworzona.

W odległych czasach, na samym początku stwarzania, samorodny Brahma rozkazał Dakszy: 'O Daksza, stwórz żywe istoty!' Daksza mając na uwadze dobro stworzonych istot, stworzył najpierw jedzenie i od tamtych czasów tak jak istnienie bogów zależy od nektaru nieśmiertelności, tak życie wszystkich innych żywych istot zależy od żywności przydzielonej im przez Dakszę.

Wśród wszystkich żywych istot istoty ruchome stoją wyżej od nieruchomych, a wśród istot ruchomych najwyżej stoją bramini. Wszystkie ryty ofiarne bazują na ich istnieniu, a ryty są źródłem somy (nektaru nieśmiertelności) potrzebnej do istnienia bogom utrzymującym w istnieniu cały wszechświat. Soma bazuje na istnieniu krów, z których mleka pochodzi oczyszczone masło (*ghee*) wlewane do ognia będącego ustami bogów.

W procesie stwarzania środki potrzebne do utrzymania się przy życiu poprzedzają żywe istoty, które następują po nich. Żywe istoty, jak tylko zaistnieją, domagają się jedzenia. Zbliżają się do swego stwórcy, tak jak dzieci do rodziców, prosząc o jedzenie. Daksza, znając ich intencje i mając na uwadze ich dobro, wypił dużą ilość nektaru nieśmiertelności (*amrita*, soma) i gdy nasycił się wypitym łapczywie nektarem, z jego ust wypłynęło głośne czknięcie, rozsiewając wokół zapach perfum. W rezultacie tego czknięcia narodziła się krowa, którą nazwał Surabhi.

Krowa Surabhi była więc córką Dakszy, która wypłynęła z jego ust. Krowa ta urodziła ogromną ilość córek, które były uważane za matki świata. Były w kolorycie somy lub białego złota i wszystkie były krowami *kapila*. Były tym, co tak jak soma dostarcza wszystkim żywym istotom środków do życia. Gdy krowy te zaczęły lać ze swych wymion mleko, unosząca się na mleku piana rozprzestrzeniała się na wszystkie strony świata, ścigając się jak fale w strumieniu. Część piany, która wypłynęła z ust cieląt ssących pełne mleka wymiona matek, opadła na głowę Mahadewy, który siedział na ziemi. Rozgniewany tym potężny Mahadewa spojrzał na nie zdobiącym jego czoło trzecim okiem, zdając się je spalać. I tak jak słońce barwi chmury na różne kolory swymi promieniami, tak energia płynąca z trzeciego oka Śiwy zabarwiła krowy na różne kolory. Jednakże te krowy, którym udało się schować przed wzrokiem Mahadewy w rejonie Somy (księżyca), zachowały swój oryginalny biały kolor.

Daksza, widząc, że Śiwa rozgniewał się, rzekł: 'O Mahadewa, pohamuj swój gniew, zostałeś bowiem zroszony nektarem nieśmiertelności. Mleko lub piana opadająca z ust cieląt ssących wymiona matek nie może być nigdy uważana za nieczyste resztki. Tak jak nektar nieśmiertelności, który Księżyc leje ponownie swymi promieniami na ziemię po jego wypiciu, nie jest z tego powodu uważany za nieczysty, tak mleko, lejące się z wymion krowy *kapila* narodzonej z wypitego przeze mnie nektaru i jej córek, jest zawsze czyste i nie może być uważane za zanieczyszczone nawet wówczas, gdy płynie z ust cieląt ssących swe matki. Tak jak nie można zanieczyścić dotykiem wiatru, ognia, złota, oceanu, czy nektaru nieśmiertelności pitego przez bogów, tak mleko tej krowy nawet wówczas, gdy jej wymiona są ssane przez jej cielęta, nie staje się nieczyste. Krowy te swym mlekiem i wytwarzanym z niego ofiarnym masłem (*ghee*) utrzymają w istnieniu wszystkie trzy światy. Wszystkie żywe istoty pragną cieszyć się tym pomyślnym bogactwem, którym jest nektar nieśmiertelności i który jest w posiadaniu tych krów!' Daksza po wypowiedzeniu tych słów obdarował Mahadewę bykiem i kilkoma krowami, zadowalając tym darem jego serce. Mahadewa uczynił tego byka swym pojazdem i ozdobił nim proporzec na swoim wojennym rydwanie i z tego powodu jest nazywany bogiem z bykiem na swym proporcu. Zjednoczeni bogowie uczynili Mahadewę Panem zwierząt, zaiste Mahadewa stał się Panem krów i jest również nazywany bogiem ze znakiem byka. Z tego też powodu, jeśli chodzi o dary krowy, za najbardziej wskazany uważa się dar krów *kapila* o jednolitym (białym) kolorze i o wielkiej energii".

Bhiszma zakończył swe opowiadanie, mówiąc: „O Judhiszthira, wśród wszystkich żywych istot na tym świecie krowy zajmują pierwsze miejsce. Mają Rudrę za swego Pana i dają somę (nektar nieśmiertelności) w formie mleka, dostarczając w ten sposób środków potrzebnych do utrzymania istnienia wszystkich trzech światów. Są święte, niosą ze sobą pomyślność, dają życie i spełniają wszystkie życzenia i stąd ten, kto czyni dar krowy, jest uważany za kogoś, kto daje w darze wszystko, co sprawia ludziom radość i czego pragną. Swym czynem zdobywa takie same zasługi, jak te, które przynosi dar oczyszczonego masła, czczenie Ojców przez lanie wody, dar pojazdów i tkanin, opieka nad dziećmi i starcami i inne religijne działania przynoszące spokój i szczęście. Nawet ten, kto z oczyszczonym ciałem i sercem recytuje powyższe wiersze mówiące o narodzinach krów, oczyści się z grzechów i zdobędzie pomyślność dla siebie, dzieci i zwierząt".

3. O krowach jako żywicielkach bogów i ostoi ofiary

Bhiszma kontynuował: „O Judhiszthira, opowiedziałem tobie o rycie daru krowy i wyjaśniłem, dlaczego twierdzi się, że dar krowy *kapila* jest najbardziej wskazany. Posłuchaj teraz mojego opowiadania o tym, co riszi Wasiszta powiedział kiedyś królowi Saudasa z rodu Ikszwaku o świętości i mocy krów.

Żyjący w odległych czasach mądry król Saudasa zbliżył się kiedyś do swego rodzinnego kapłana Wasiszty, który zdobył ascetyczny sukces i wieczne życie, był zdolny do poruszania się po wszystkich regionach i był naczyniem *Wed*, i rzekł, stojąc przed nim z pobożnie złożonymi dłońmi: 'O święta i bezgrzeszna osobo, powiedz mi, co jest w trzech światach najbardziej święte i jakie mantry ustawiczne recytowane przynoszą najwyższe zasługi?'

Riszi Wasiszta, słysząc to pytanie króla, pokłonił się najpierw krowom i po oczyszczeniu umysłu i ciała rozpoczął rozmowę o tajemnicy krów. Rzekł: 'O królu, krowy są tym, co jest najbardziej święte i zasługują na ustawiczną cześć i powtarzanie ich imion. Z ich ciał emanuje zawsze ten sam zapach, co z soków drzewa *amyris agallochum*. Są dla wszystkich żywych istot ucieczką i źródłem wielkiej łaski, wiecznego wzrostu i pomyślności. Są przeszłością i przyszłością. Nic, co zostało im dane, nigdy nie ginie. Są źródłem najcenniejszego jedzenia, wlewanego do ognia ofiarnego masła (*hawi*), będącego jedzeniem bogów. *Waszaty* i mantry *swaha* wypowiadane podczas lania *hawi* do ofiarnego ognia mają w nich swoją permanentną bazę. Dzięki nim rodzą się owoce rytów ofiarnych, w nich ryty te mają swoją permanentną bazę, od nich zależą. To one rankiem i wieczorem dają riszim *hawi* lane do ognia w rycie *homa*.

Za ludzi niegodnych szacunku uważa się tych, którzy choć posiadają stado złożone ze stu krów, nie zbudowali domowego ogniska, aby móc wykonywać codzienny ryt lania do ognia ofiarnego masła, jak i tych, którzy choć posiadają stado złożone z tysiąca krów, nie wykonują rytów ofiarnych, oraz tych, którzy choć posiadają spory majątek, zachowują się jak nędzarze, nie dając darów i nie realizując obowiązku gościnności. Ci z kolei, którzy obdarowują krowami braminów, zdołają oczyścić się z grzechów i pokonają wszystkie nieszczęścia, które spotykają na swej drodze. Ci, którzy mając dziesięć krów, dają w darze jedną krowę, zbierają takie same zasługi jak ci, którzy mając sto krów, dają w darze dziesięć, lub ci, którzy mając tysiąc krów, dają w darze sto. Ci, którzy dają w darze krowy *kapila* z cielątkami, które w momencie czynienia daru nie mają żadnych wad i są owinięte tkaniną, uzupełniając ten dar naczyniem z białego mosiądzu na mleko, zdobywają sukces zarówno na tym, jak i na tamtym świecie. Również ten, kto obdaruje posiadającego wedyjską wiedzę bramina młodym bykiem o silnych zmysłach i z ogromnymi rogami ozdobionymi ornamentami ze złota i srebra, rodząc się ponownie na ziemi, zdobędzie dobrobyt i dostatek. Nikt nie powinien kłaść się do łoża ani wstawać o poranku bez wyrecytowania odpowiednich mantr zawierających imiona krów. Należy zawsze pamiętać o imionach krów i nie wolno nigdy okazywać im w żaden sposób pogardy. Jeżeli ktoś ma niegodziwe sny, powinien również recytować ich imiona. Wieczorem i o poranku należy kłaniać się krowom, gdyż takim postępowaniem zdobywa się wielką pomyślność. Nie powinno się też nigdy odczuwać wstrętu do krowiego moczu i łajna, i nie należy jeść krowiego mięsa. Należy kąpać się, używając krowiego łajna, należy siadać na suchym krowim łajnie, nie wolno jednak nigdy oddawać kału i moczu na krowie łajno i nie należy nigdy stawać krowom na drodze. Należy jeść oczyszczone masło prosto z nagiej ziemi, siedząc w milczeniu na bydlęcej skórze oczyszczonej przez zanurzenie jej w wodzie i spojrzenie w kierunku zachodnim. Należy lać do ognia ofiarnego oczyszczone masło i czyniąc dar z oczyszczonego masła, należy skłonić braminów do wypowiedzenia błogosławieństw na swoją rzecz. Należy jeść oczyszczone masło i dawać je w darze. W konsekwencji takich czynów zdobywa się pomyślność, której źródłem są krowy.

Krowy przyniosą pomyślność także temu, kto w przypadku braku rzeczywistej krowy zbuduje krowią formę z nasion sezamowych, recytując wedyjskie mantry o nazwie *Gomati*, i ozdobiwszy ją klejnotami, da ją w darze. Taki człowiek nie będzie nigdy cierpiał smutku z powodu wszystkich swych czynów ominiętych i wykonanych.

W szczęściu i nieszczęściu, nocą i dniem, jak i w chwilach wielkiego strachu człowiek powinien wołać: «Niech krowy *kapila* (Surabhi i jej córki), które dają dużo mleka i których rogi są ozdobione złotem, zbliżą się do mnie, tak jak rzeki zbliżają się do oceanu. Niech krowy patrzą na mnie, tak jak ja zawsze patrzę na nie. Krowy należą do nas, a my należymy do krów. Tam, gdzie są krowy, tam my jesteśmy». Człowiek, który wypowiada te słowa, uwolni się od lęku'.

4. O darze Brahmy, dzięki któremu krowy stały się najlepszą *dakszyną*

Riszi Wasiszta kontynuował: 'O Saudasa, posłuchaj teraz o tym, w jaki sposób krowy stały się najwyżej cenioną *dakszyną*. Dawno temu krowy zaraz po ich stworzeniu zapragnęły zdobyć prymat wśród żywych istot. Rzekły do siebie: «O krowy, powinnyśmy na tym świecie stać się najlepszą *dakszyną* ofiarowaną podczas rytów ofiarnych braminom i nie powinna zabrudzać nas żadna wina. Kąpiel w wodzie zmieszanej z naszym łajnem powinna oczyszczać z grzechów i stąd bogowie i ludzie powinni używać naszego łajna do oczyszczania wszystkich ruchomych i nieruchomych istot zamieszkujących ziemię, a ci, którzy oddają nas w darze braminom, powinni zdobywać najwyższe regiony szczęśliwości, które należą do nas». Kierując swą prośbę do Brahmy, rozpoczęły surowe umartwienia, praktykując je przez sto tysięcy lat. Zadowolony z nich Brahma ukazał się przed nimi i dał im dar, o który prosiły, mówiąc: «O krowy, niech stanie się tak, jak sobie życzycie. Bądźcie ratunkiem dla wszystkich trzech światów».

W ten sposób, po spełnieniu ich życzeń przez Brahmę, krowy, te matki przeszłości i przyszłości, stały się ucieczką dla całego świata. Mówi się o nich, że są błogosławione, święte i pierwsze wśród wszystkich przedmiotów. Stoją na czele wszystkich żywych istot. Chcąc zapewnić sobie pomyślność, należy im się kłaniać każdego ranka i obdarowywać nimi zasługujących na taki dar braminów.

Ten, kto daje w darze niezłośliwą krowę *kapila* z podobnym do niej cielątkiem, dającą dużo mleka i okrytą kawałkiem tkaniny, zdobywa wielkie zaszczyty w regionie Brahmy.

Ten, kto daje w darze niezłośliwą krowę w czerwonym kolorycie z podobnym do niej cielątkiem, dającą dużo mleka i okrytą kawałkiem tkaniny, zdobywa wielkie zaszczyty w regionie Surji.

Ten, kto daje w darze niezłośliwą, wielobarwną krowę z podobnym do niej cielątkiem, dającą dużo mleka i okrytą kawałkiem tkaniny, zdobywa wielkie zaszczyty w regionie Somy.

Ten, kto daje w darze niezłośliwą krowę w białym kolorycie z podobnym do niej cielątkiem, dającą dużo mleka i okrytą kawałkiem tkaniny, zdobywa wielkie zaszczyty w regionie Indry.

Ten, kto daje w darze niezłośliwą krowę w ciemnym kolorycie z podobnym do niej cielątkiem, dającą dużo mleka i okrytą kawałkiem tkaniny, zdobywa wielkie zaszczyty w regionie Agni.

Ten, kto daje w darze niezłośliwą krowę w kolorze dymu z podobnym do niej cielątkiem, dającą dużo mleka i okrytą kawałkiem tkaniny, zdobywa wielkie zaszczyty w regionie Jamy.

Ten, kto daje w darze niezłośliwą krowę w kolorze dymu z płonącej słomy z podobnym do niej cielątkiem, dającą dużo mleka i okrytą kawałkiem tkaniny, zdobywa wielkie zaszczyty w regionie Ojców.

Ten, kto daje w darze niezłośliwą krowę w kolorze piany wodnej z podobnym do niej cielątkiem, dającą dużo mleka i okrytą kawałkiem tkaniny, zdobywa wielkie zaszczyty w regionie Waruny.

Ten, kto daje w darze niezłośliwą krowę w kolorze unoszonego przez wiatr kurzu z podobnym do niej cielątkiem, dającą dużo mleka i okrytą kawałkiem tkaniny, zdobywa wielkie zaszczyty w regionie boga wiatru.

Ten, kto daje w darze niezłośliwą krowę w kolorze złota z podobnym do niej cielątkiem, dającą dużo mleka i okrytą kawałkiem tkaniny, zdobywa wielkie zaszczyty w regionie Kubery.

Ten, kto daje w darze grubą krowę ze zwisającym w dół gardłem razem z cielątkiem, zdobywa bez trudu region bogów Wiświadewów.

Ten, kto daje w darze niezłośliwą krowę *gauri* z podobnym do niej cielątkiem, dającą dużo mleka i okrytą kawałkiem tkaniny, zdobywa region bogów Wasu.

Ten, kto daje w darze krowę w kolorze białego koca z podobnym do niej cielątkiem i naczyniem z białego mosiądzu okrytą kawałkiem tkaniny, zdobywa wielkie zaszczyty w regionie Sadhjów.

Ten, kto daje w darze byka z wysokim garbem udekorowanego klejnotami, zdobywa region Marutusów.

Ten, kto daje w darze dojrzałego byka w kolorycie nieba, ozdobionego wszelkiego rodzaju ornamentami, zdobywa regiony apsar i gandharwów.

Ten, kto daje w darze krowę z obwisłym gardłem, ozdobioną wszelkiego rodzaju ornamentami, uwalnia się od smutku i zdobywa regiony, które należą do samego Pradżapatiego.

Ten, kto ma zwyczaj czynienia daru krowy, jest widziany jako osoba najwyższego gatunku i gdy udaje się do nieba, jest tam witany przez tysiące niebiańskich dziewcząt o szerokich biodrach, odzianych w piękne suknie i ornamenty, które czekają tam na jego przybycie, aby dostarczać mu rozkoszy i śpi tam spokojnie budzony słodkim dźwiękiem ich melodyjnego śmiechu i muzycznych instrumentów. Zamieszkuje w niebie przez tyle lat, ile jest włosów na ciałach krów, które dał w darze, a upadając z nieba na ziemię po wyczerpaniu zasług, rodzi się wśród ludzi, w rodzinie wyższego porządku'.

5. O zasługach płynących z oddawania czci krowom

Wasiszta kontynuował: 'O Saudasa, w odpowiedzi na twoje pytanie wyjaśniłem tobie, że krowy są tym, co jest najbardziej święte. Są dostarczycielkami ofiarnego masła, które wlewane do ofiarnego ognia jest eliksirem, który jest pokarmem bogów. Istnienie świata bazuje na rytach ofiarnych, a ryty ofiarne bazują na krowach. Krowy również są najlepszą *dakszyną* ofiarowaną braminom. Krowom należy się najwyższa cześć. Recytowanie wedyjskich słów skierowanych do krów przynosi wielkie zasługi. Każdego poranka i wieczora po oczyszczeniu się przez dotknięcie wody należy recytować następujące mantry, dzięki temu można oczyścić się z grzechów w ciągu jednego dnia. «Krowy dają mleko i oczyszczone masło ofiarne (*ghee*) będące nektarem bogów. One są rzekami i wirami *ghee*. Niech krowy zawsze będą w moim domu! *Ghee* jest zawsze w moim sercu, jest nawet ulokowane w moim pępku, jak i w każdym z moich członków. *Ghee* rezyduje w moim umyśle. Krowy są przede mną i za mną, są po każdej mojej stronie, mieszkam wśród krów».

Ci, którzy czynią dar tysiąca krów, udają się po opuszczeniu tego świata do regionów gandharwów i apsar, przez które przepływa niebiański nurt Gangesu zwany nurtem Wasu, gdzie znajdują się liczne złote pałace i rzeki pełne mleka mające ser za swój muł, a zsiadłe mleko za pływający po ich powierzchni mech. Ci, którzy czynią dar setek tysięcy krów zgodnie z rytem nakazanym w pismach, zdobywają pomyślność na ziemi, a po śmierci zaszczyty w niebie. Zapewniają również swoim przodkom ze strony ojca i matki aż po dziesiąte pokolenie regiony wielkiej szczęśliwości i uświęcają cały swój ród.

Krowy są święte i wśród wszystkich przedmiotów na tym świecie zajmują pierwsze miejsce. Zaiste, są ostoją i schronieniem dla całego świata, są matkami samych bogów, są niezrównane. To im należy dziękować za ofiarę, która dzięki nim jest możliwa. Podróżując z krowami, należy mieć je po swej lewej stronie, a gdy nadchodzi właściwy czas, należy dać je w darze właściwej osobie, pamiętając o tym, że ten, kto daje w darze krowę *kapila* o wielkich rogach okrytą kawałkiem tkaniny razem z cielątkiem i naczyniem na mleko z białego mosiądzu, udaje się bez lęku do pałacu Jamy.

Należy zawsze oddawać cześć krowom, recytując następujące wedyjskie mantry: «Krowy mają piękne formy. Krowy mają różne formy. Krowy są uniwersalną formą. Krowy są matkami wszechświata. O krowy, zbliżcie się do mnie!»'

Wasiszta zakończył swe pouczenia, mówiąc: 'O królu, odpowiadając na twoje pytanie, wymieniłem tylko niewielką część zalet, które mają krowy. Na całym świecie nie ma daru, ostoi i schronienia, które stałyby wyżej od krowy. Nie ma daru bardziej świętego, który przynosiłby bardziej błogosławione skutki. W całym wszechświecie nie ma nic, co byłoby równe krowie i nigdy nie będzie. Krowy swą skórą, sierścią, rogami, ogonem, mlekiem i tłuszczem utrzymują w mocy ofiarę, na której bazuje cały wszechświat. Cóż innego byłoby bardziej przydatne od krowy? Schylając z szacunkiem głowę, oddaję cześć krowom, które są matkami przeszłości i przyszłości, i dzięki którym cały wszechświat ruchomych i nieruchomych istot utrzymuje się w istnieniu'".

Bhiszma zakończył swe opowiadanie, mówiąc: „O Judhiszthira, król Saudasa pod wpływem tych słów Wasiszty o wielkim znaczeniu, kontrolując swe zmysły, obdarował braminów ogromną liczbą krów i dzięki temu darowi zdobył po śmierci liczne regiony szczęśliwości".

6. O świętości i imionach krów

Bhiszma rzekł: „O Judhiszthira, powtórzyłem tobie to, co wielki riszi Wasiszta powiedział królowi Saudasa o świętości krów. Wśród wszystkich świętych rzeczy na tym świecie krowy są tym, co jest najbardziej święte i co stoi najwyżej wśród wszystkich przedmiotów. Dzięki mleku i wywarzanemu z niego ofiarnemu masłu utrzymują w istnieniu wszystkie żywe istoty i cały wszechświat. Będąc same święte, są zdolne do oczyszczania i uświęcania innych. Czczone bronią przed grzechem i nieszczęściem, dawane w darze zasługującemu na dar braminowi ratują obdarowującego. Królowie Mandhatri, Jajati i jego ojciec Nahusza zwykli dawać w darze tysiące krów i w nagrodę zdobyli niebiańskie regiony należące do krów i nieosiągalne nawet dla bogów. Mędrzec zawsze stara się zdobyć niebo poprzez czynienie daru krów!"

Bhiszma kontynuował: „O Judhiszthira, posłuchaj o tym, co mędrzec Wjasa powiedział swemu synowi Śuce o świętości krów, należnej im czci i oddawaniu ich w darze.

Pewnego dnia inteligentny Śuka o opanowanym umyśle po zakończeniu porannych rytów zbliżył się do swego ojca Wjasy, który poznał różnicę między tym, co nadrzędne i co podrzędne, z zamiarem zadania mu na ten temat kilku pytań. Powitał go i rzekł: 'O ojcze, wytłumacz mi, jaki ryt ofiarny przewyższa wszystkie inne ryty? Dzięki jakiemu działaniu zdobywa się najwyższe regiony? Dzięki jakiemu czynowi bogowie cieszą się niebiańskim szczęściem? Czym jest to, co nadaje rytowi ofiarny charakter? Czym jest to, na czym ryt ofiarny bazuje? Czym jest to, co bogowie uważają za najlepsze? Jaka ofiara przewyższa wszystkie inne ofiary na tym świecie? Co na tym świecie jest najbardziej święte?'

Wjasa rzekł: 'O synu, krowy są tym, co jest najbardziej święte. Zapewniają istnienie wszystkim żywym stworzeniom, są ich ostoją i schronieniem. W nich ucieleśniła się cnota, bezgrzeszność i czystość. Czczone, oczyszczają i uświęcają wszystko. Mówi się, że najpierw nie miały rogów i chcąc je otrzymać, oddawały cześć Brahmie. Brahma widząc, jak są mu oddane, przyznał każdej to, czego pragnęła. Od tamtego czasu rosły im rogi i każda dostawała to, czego pragnęła. Z rogami i w różnych kolorach błyszczały urodą. Obdarowane dobrodziejstwem przez Brahmę, niosą ze sobą pomyślność i są dostarczycielkami oblacji (ofiarnego masła), dzięki której ryt staje się ofiarą. W nich ucieleśnia się cnota. Są święte i błogosławione. Ich forma i atrybuty są doskonałe, są stojącą wysoko i doskonałą energię.

Dar krów jest zawsze godny pochwały. Dobrzy ludzie, którzy uwolnili się od pychy i czynią dar krów, są uważani za tych, co obdarowują wszystkim i postępują dobrze. Tacy ludzie zdobywają święte regiony krów, gdzie drzewa rodzą słodkie owoce i są zawsze ozdobione słodko pachnącymi kwiatami, gdzie powierzchnia ziemi jest zrobiona z kamieni szlachetnych, a piasek ze złota, gdzie czuje się powiew wszystkich sezonów i gdzie nie ma błota i kurzu. Zaiste, region ten jest bardzo pomyślny, płynące tam strumienie mają kolory wschodzącego słońca, mieniąc się od kwitnących na ich powierzchni czerwonych lotosów, jak i kamieni szlachetnych i złota na brzegach. Jest tam również wiele jezior ozdobionych kwitnącymi lotosami i innymi niebiańskimi kwiatami o płatkach zrobionych z drogich kamieni, jak i wiele rzek, których brzegi mienią się od zdobiących je pereł i złota. Jest tam także wiele drzew błyszczących blaskiem różnego rodzaju klejnotów. Niektóre są zrobione ze złota, a inne mają splendor ognia. Jest tam również i wiele złotych gór oraz pagórków drogich kamieni. Zamieszkujące te regiony osoby prawych uczynków są wolne od smutku i gniewu, poruszają się swobodnie z miejsca na miejsce na wspaniałych pojazdach i wszystkie ich życzenia zostają natychmiast spełnione. Apsary z różnych plemion zabawiają je swą muzyką i tańcem'.

Wjasa kontynuował: 'O synu, te wspaniałe regiony, które mają za swych panów Puszanę i Marutusów o wielkiej odwadze, zdobywa ten, kto oddaje cześć krowom i czyni dary krów. Zdobywane przez niego bogactwo jest równe bogactwu Waruny. Należy więc czcić krowy, recytując codziennie mantry, które, jak zadeklarował Pradżapati, są imionami krów: JUGANDHARAH, SURUPAH, WAHURUPAH, WISWARUPAH, MATARA. Pierwsza mantra opisuje krowę jako ciągnącą pług, druga wskazuje na piękno jej formy, trzecia i czwarta opisuje krowę jako źródło wszystkich rzeczy we wszechświecie, bowiem wszystkie rzeczy są jedynie różnymi formami krowy, piąta opisuje krowę jako matkę wszystkiego. Ten, kto służy krowom z czcią i pokorą, z całą pewnością zdoła zdobyć wiele bezcennych darów od krów, które są z nich zadowolone. Nie powinno się nigdy ranić krów nawet w swym sercu, należy zawsze dbać o ich szczęście, wielbić je i czcić, chyląc przed nimi głowę. Ten, kto tak czyni z radością, poddając równocześnie kontroli zmysły, zostanie nagrodzony szczęściem doświadczanym w ich regionie.

Jak zostało stwierdzone w pismach, ten, kto chce oddać cześć krowom, powinien poddać się surowej ascezie, pijąc najpierw przez trzy dni tylko mocz krów, przez następne trzy dni gorące krowie mleko, przez kolejne trzy dni oczyszczone masło, a przez ostatnie trzy dni żywić się jedynie powietrzem. Następnie powinien wlać do ognia ofiarnego ten święty płyn, którym jest oczyszczone masło (*ghee*), dzięki któremu bogowie stali się bogami, skłaniając swym darem braminów do wypowiadania błogosławieństw. Ten, kto sam je oczyszczone masło, jak i daje je w darze, zdobywa pomyślność w regionie krów, a ten, kto przez miesiąc żywi się jęczmienną papką zbieraną codziennie z krowiego łajna, oczyszcza się nawet ze śmiertelnego grzechu, którym jest zabójstwo bramina. Sami bogowie odprawiali ongiś taką pokutę, gdy zostali pokonani przez asurów i dzięki tej pokucie odzyskali utraconą pozycję. Zaiste, to dzięki temu odzyskali siły i zdobyli sukces.

Krowy są święte, w nich ucieleśniła się czystość i cnota, są stojącymi najwyżej i najbardziej skutecznymi czyścicielkami wszystkiego. Ten, kto obdarowuje krowami braminów, zdobywa niebo, a ten, kto żyje w stanie czystym wśród krów i po dotknięciu wody recytuje w umyśle mantry *gomati*, oczyszcza się z wszystkich grzechów. Bramini znani z prawych uczynków, oczyszczeni przez studiowanie *Wed* i surowe śluby, powinni przekazywać te mantry swym uczniom w obliczu ognia ofiarnego, wśród krów lub na zgromadzeniu braminów, a uczeń po ich otrzymaniu powinien pościć przez trzy dni. Recytowanie tych mantr przynosi zasługi równe tym, które płyną z rytów ofiarnych Ten, kto pragnie otrzymać syna lub bogactwo, może zrealizować swój cel, recytując te mantry, a młoda dziewczyna może dzięki nim zdobyć dobrego męża. Zaiste, recytując te święte mantry, można zrealizować każdy cel'.

Wjasa zakończył swe nauki, mówiąc: 'O synu, nie istnieje nic, co stałoby wyżej od krów. Zadowolone z oddawanych im usług, potrafią spełnić wszystkie życzenia. Są wielce błogosławione i dostarczają podstawowych składników, dzięki którym ryt staje się rytem ofiary składanej bogom'".

Bhiszma rzekł: „O Judhiszthira, Śuka po wysłuchaniu słów ojca wychwalających krowy zaczął każdego dnia oddawać im cześć. Mając na uwadze swoje dobro, bierz z niego przykład i czyń to samo".

7. O świętości krowiego łajna

Judhiszthira rzekł: „O Bhiszma, mędrcy mówią, że w krowim łajnie przebywa bogini pomyślności Śri. Wyjaśnij mi, w jakich okolicznościach bogini pomyślności wybrała krowie łajno za miejsce swojego pobytu?"

Bhiszma rzekł: „O Judhiszthira, posłuchaj starożytnej opowieści o rozmowie bogini Śri z krowami.

Ongiś, dawno temu, bogini Śri, przybrawszy piękną formę, ukazała się przed stadem krów, które patrzyły na nią z podziwem. Krowy rzekły: 'O piękna, kim jesteś? Jak zdobyłaś to niespotykane na ziemi piękno formy? Swym pięknem budzisz w nas zdumienie, bardzo pragniemy cię poznać!'

Śri rzekła: 'O krowy, bądźcie błogosławione! Jestem boginią pomyślności, znaną pod imieniem Śri i wszystkie żywe stworzenia pragną mieć mnie u siebie. Opuszczone przeze mnie demony asury są na zawsze zgubione, a bogowie z kolei po uzyskaniu mnie swoją prawością cieszą się pomyślnością, która ich nie opuszcza. Zaiste, riszi i bogowie zdobyli sukces dopiero wtedy, gdy u nich zamieszkałam. Żywe istoty, u których nie mieszkam, ulegają zniszczeniu. Religia, bogactwo i przyjemność przynoszą im szczęście tylko wtedy, gdy w nich mieszkam. Posiadam energię uszczęśliwiania innych tak jak wy i pragnę zamieszkiwać na zawsze w każdej z was! Niech Śri będzie zawsze z wami!'

Krowy rzekły: 'O bogini, nie pragniemy twej obecności, udaj się gdzie indziej. Jesteś zmienna i niespokojna, bo zbyt wiele osób chce się tobą cieszyć. Nam nie jesteś potrzebna, bo same mamy doskonałą i stabilną formę. Opuść więc nas i idź do kogoś innego. Zadowoliłaś nas w pełni, odpowiadając na nasze pytanie, i niczego więcej od ciebie nie chcemy'.

Śri rzekła: 'O krowy o wielkiej energii, czy faktycznie jest tak, że nie jestem wam potrzebna? Bardzo trudno mnie zdobyć, dlaczego więc nie chcecie mnie przyjąć? Wygląda mi na to, że i do was odnosi się popularne powiedzenie, że gdy ktoś przychodzi do tych, którzy go nie poszukują, spotyka się z lekceważeniem. Bogowie, demony i ludzie mogą mnie zdobyć jedynie po poddaniu się przez jakiś czas bardzo surowym umartwieniom, podczas gdy wy każecie mi odejść, choć przychodzę z własnej woli. Przyjmijcie mnie, gdyż we wszystkich trzech światach żadna żywa istota nigdy mnie nie lekceważy!'

Krowy rzekły: 'O bogini, nie lekceważymy cię i w żaden sposób nie chcemy pomniejszać twego znaczenia. Stwierdzamy jedynie, że jesteś zmienna i o niestałym sercu, i tylko z tego powodu prosimy cię, abyś sobie poszła. Same z siebie mamy doskonałą i pomyślną formę, i nie jesteś nam potrzebna. Czy trzeba tu więcej słów? Idź więc tam, dokąd chcesz'.

Śri rzekła: 'O błogosławione i bezgrzeszne, odrzucona przez was w ten sposób, zacznę być lekceważona przez wszystkie trzy światy. Ukażcie mi swoją łaskę! Jesteście zawsze skłonne do ochraniania tych, którzy szukają u was ochrony. Pomóżcie mi wyjść z honorem z tej sytuacji, jestem niewinna i będę wam zawsze oddana! Skoro nie chcecie, abym zamieszkiwała w każdej z was, pozwólcie mi zamieszkać w czymś, co pochodzi z waszych ciał, choćby wydało się jak najbardziej odrażające. Zaiste, mogę zamieszkać nawet w waszej odbytnicy, gdyż żadnej części waszego ciała nie uważam za odrażającą, jesteście bowiem święte, uświęcacie wszystko i jesteście wysoce błogosławione. Spełnijcie moją prośbę, powiedzcie mi, gdzie mogę zamieszkać?'

Krowy, które są zawsze łaskawe dla tych, którzy są im oddani i przynoszą im pomyślność, naradziły się między sobą i rzekły: 'O bogini pomyślności, z całą pewnością powinnyśmy oddać należne ci honory i powitać cię tak, jak należy przyjmować gościa. Zamieszkaj więc w naszym moczu i łajnie, które są święte'.

Śri rzekła: 'O dawczynie szczęścia, bądźcie błogosławione! Wyrokiem dobrego losu obdarzyłyście mnie swą łaską, ukazując wolę spełnienia mej prośby. Niech będzie tak, jak mówicie!' "

Bhiszma zakończył swe opowiadanie, mówiąc: „O Judhiszthira, po zawarciu tej ugody z krowami, Śri na ich oczach stała się niewidzialna. W taki to sposób bogini pomyślności zamieszkała w łajnie krów, które jest święte".

8. O obdarowaniu krów niebiańskim regionem Goloka znajdującym się wyżej od regionu bogów

Bhiszma kontynuował: „O Judhiszthira, opowiedziałem tobie o świętości krów. Żaden ryt ofiarny nie może być wykonany bez zsiadłego mleka i oczyszczonego masła. Ofiara jest ofiarą dzięki obecności oczyszczonego masła i stąd oczyszczone masło i krowa, dzięki której można je uzyskać, są uważane za sam rdzeń rytualnej ofiary. Stąd też obdarowanie prowadzącego ryt bramina krową jest darem cenionym najwyżej. Ci, którzy czynią takie dary i utrzymują się przy życiu, spożywając resztki oblacji ofiarowanej do ognia ofiarnego, są uważani za osoby realizujące wszystkie rodzaje ofiar. Krowy stoją na czele wszystkich rzeczy. Będąc same święte, są tym, co oczyszcza i uświęca. Osoby szukające pomyślności i spokoju powinny czcić krowy. Słodkie i zsiadłe mleko oraz *ghee*, które dają krowy, potrafią oczyścić z każdego grzechu. O krowach mówi się, że reprezentują najwyższą energię zarówno na tym, jak i na tamtym świecie. Nie istnieje nic, co byłoby bardziej święte i uświęcające od nich".

Bhiszma kontynuował: „O Judhiszthira, posłuchaj teraz starej opowieści o tych wydarzeniach, dzięki którym krowy narodzone z wypitej przez Dakszę somy zstąpiły na ziemię, aby służyć ofierze i otrzymały w darze niebiański region Goloka, który jest niedostępny nawet dla bogów.

Ongiś, dawno temu, gdy dajtjowie zostali pokonani i Indra odzyskał władzę nad trzema światami, wszystkie żywe istoty żyły ponownie w dobrobycie i odnalazły ścieżkę prawdziwej religii. W tym to czasie przy pewnej okazji bogowie, mędrcy, gandharwowie, demony, jak i inne niebiańskie istoty zgromadziły się razem, aby oddać cześć Brahmie. Przybyły tam również odziane w formę pory roku i bóg wiatru, niosąc ze sobą słodki zapach niebiańskich kwiatów, a niebiańskie nimfy apsary tańczyły i śpiewały przy akompaniamencie niebiańskich instrumentów.

Indra, chyląc przed Brahmą pobożnie głowę, rzekł: 'O Brahma, wytłumacz mi, dlaczego niebiański region krów znajduje się wyżej od regionów bogów? Dzięki jakim umartwieniom krowy zdobyły ten wysoki region znajdujący się ponad regionem bogów, którzy są Panami wszystkich światów?'

Brahma rzekł: 'O Indra, ty sam zawsze lekceważyłeś krowy i dlatego nie nabyłeś pozycji im równej. Posłuchaj o najwyżej energii krów i ich pierwszeństwie. O krowach mówi się, że są tym, na czym wspiera się ofiara, zaiste są samą istotą ofiary. Bez nich niemożliwy jest żaden ofiarny ryt. Swym mlekiem i ofiarnym masłem (*hawi*) produkowanym z mleka utrzymują w istnieniu wszystko to, co stworzone, a ich dzieci płci męskiej służą uprawie ziemi i umożliwiają wzrost ryżu i innych zbóż. Z nich wypływają ofiarne ryty, oblacja, mleko, ser i oczyszczone masło, i dlatego są święte. Nawet dotknięte głodem i pragnieniem potrafią znieść rozmaite obciążenia. Są wsparciem dla świętych mędrców i swymi różnymi działaniami podtrzymują w istnieniu wszystkie żywe istoty. W swym działaniu są niewinne, bezinteresowne i czyste, i z racji takiego właśnie działania, jak i innych dobrze wykonanych działań, są upoważnione do wiecznego życia w regionach, które stoją wyżej od naszych. Taki jest właśnie powód tego, że krowy zamieszkują w regionie, który znajduje się ponad regionem bogów.

Krowy mają wiele wspaniałych form i są zdolne do obdarowywania innych. Od imienia swej matki są nazywane Surabhi. Wykonywują święte uczynki, są obdarzane licznymi pomyślnymi znakami i mają moc oczyszczania duszy'.

Brahma kontynuował: 'O Indra, posłuchaj teraz o tym, jaki jest powód tego, że dzieci Surabhi zstąpiły na ziemię, podczas gdy Surabhi ciągle przebywa z niebiańskim regionie krów. W odległych czasach, gdy danawowie zdobyli władzę nad trzema światami. Aditi, pragnąc otrzymać za syna Wisznu zdolnego do pokonania demonów, poddała się surowym umartwieniom, stojąc przez długi okres czasu na jednej nodze. Oddana prawości córka Dakszy, Surabhi, widząc jak Aditi praktykuje ascezę, sama również zaczęła praktykować surową ascezę na łonie góry Kailasa zamieszkiwanej przez bogów i gandharwów, mając na uwadze dobro wszechświata. Zanurzywszy się w najwyższej jodze, stała na jednej nodze przez jedenaście tysięcy lat. Bogowie i nagowie spalani surowością jej umartwień przybyli tu do mnie i wszyscy razem zaczęli oddawać jej cześć. Rzekłem do niej: «O bogini czysta w swym działaniu, powiedz mi, jaki jest cel twoich surowych umartwień? Jestem z ciebie zadowolony, proś mnie więc o dar. Spełnię każde twoje życzenie». Surabhi odpowiedziała: «O Brahma, nie szukam żadnego daru, wystarczy mi bowiem to, że jesteś ze mnie zadowolony». Odpowiedziałem: «O bogini, jesteś wolna od żądzy i zachłanności, i zadowoliłaś mnie swymi umartwieniami, obdaruję cię więc nieśmiertelnością. Dzięki mej łasce zamieszkasz w regionie, który znajduje się ponad trzema światami i który będzie znany pod nazwą Goloka. Wszelkie rodzaje niebiańskich i ziemskich przyjemności, o jakich tylko pomyślisz, będą się natychmiast realizować. Będziesz też mogła doświadczać wszelkiego rodzaju szczęścia, jakie jest dostępne w niebie. Twoje potomstwo z kolei zaangażowane zawsze w dobre uczynki będzie przebywać na ziemi w świecie człowieka. Faktycznie, twoje córki będą tam mieszkać»'.

Brahma kontynuował: 'O Indra, w regionach należących do krowy Surabhi wszystkie pragnienia są natychmiast spełniane. Ich mieszkańców nie dotyka zgrzybiałość, śmierć, ogień, czy zły los. Jest tam wiele wspaniałych lasów i przedmiotów o wielkiej piękności, wiele wspaniałych pojazdów bogato wyposażonych, poruszających się mocą woli. Te regiony znane pod nazwą Goloka można zdobyć przez praktykowanie celibatu, umartwień, prawdomówności, samo-kontroli, dobroczynności, pielgrzymkę do świętych brodów i inne rodzaje prawych uczynków. Taka jest moja odpowiedź na twoje pytanie. Pamiętaj, że nigdy nie wolno lekceważyć krów!'"

Bhiszma zakończył swe opowiadanie mówiąc: „O Judhiszthira, Indra po wysłuchaniu słów Brahmy zaczął oddawać cześć krowom każdego dnia i ukazywać im szacunek. Pamiętaj o tym, aby czynić to samo. Opowiedziałem tobie o uświęcającym charakterze krów. Wyjaśniłem tobie, że krowy dzięki swej świętości, prymatowi i wspaniałości są zdolne od oczyszczenia z każdego grzechu. Ten człowiek, który wycofuje swe zmysły z ziemskich przedmiotów i recytuje imiona krów podczas rytu wlewania ofiarnego masła do ognia ku czci bogów lub Ojców, przyniesie swym przodkom niewyczerpane szczęście. Ten, kto jest oddany krowom, osiągnie spełnienie wszystkich życzeń. Ten, kto pragnie syna, otrzyma syna, a ten, kto pragnie córki, otrzyma córkę. Ten, kto szuka bogactwa, otrzyma bogactwo, ten, kto szuka zasług, zdobędzie zasługi. Ten, kto pragnie wiedzy, zdobędzie wiedzę, a ten, kto pragnie szczęścia, zdobędzie szczęście. Nie ma nic, co byłoby nieosiągalne dla tego, kto jest oddany krowom".

Napisane na podstawie fragmentów *Mahābharāta*, Anusasana Parva, Part 2, Sections LXXVI-LXXXIII.

Opowieść 219
O pochodzeniu złota, jego naturze i oczyszczającej mocy daru złota

1. Judhiszthira pyta o wartość złota jako *dakszmy*; 2. Bhiszma opowiada, jak sam dowiedział się o oczyszczającej mocy daru złota; 3. Wasiszta skłania Paraśuramę do daru złota i opowiada o pochodzeniu złota i jego podwójnej naturze Agni i Somy; 4. O tym, jak Agni zdobywa imię „tego, kto ma złoto za swoje życiowe nasienie" (Hiraniaretas); 5. O tym, jak z nasienia Agni narodziło się złoto i Skanda o formie złota, który uwolnił bogów od terroru asury Taraki.

> Wasiszta rzekł: „O Paraśurama, złoto jest potomkiem Agni (ognia), który w starożytnych czasach spalił cały świat. Wówczas z jego nasienia wrzuconego do wód narodziło się złoto o jasnej barwie celebrowane pod imieniem dobrego koloru. ... Złoto łączy w sobie istotę (esencję) ognia i somy, co do tego nie ma wątpliwości. Jest ogromną energią powstałą w wyniku ubijania całego wszechświata, tak jak masło jest tym, co powstaje w wyniku ubijania mleka, a eliksir nieśmiertelności (soma) z ubijania oceanu. ... Złoto jest nadrzędne w stosunku do wszystkich przedmiotów, jest najwspanialszą i najcenniejszą rzeczą, jaka istnieje na ziemi. Stąd ten, kto czyni dar złota, jest uważany za kogoś, kto daje w darze cały wszechświat. ... Dar złota jest najwyższym darem, przewyższa swą wartością dar ziemi, krowy i wszystkich innych przedmiotów, jest wiecznym czyścicielem".

(*Mahābhārāta*, Anusasana Parva, Part 2, Section LXXXIV)

1. Judhiszthira pyta o wartość złota jako *dakszmy*

Judhiszthira rzekł: „O Bhiszma, opowiedziałeś nam o zasługach, jakie przynosi dar krów, wskazując, że w przypadku królów realizujących swe obowiązki taki dar jest szczególnie godny pochwały. Najwyższa władza nie jest łatwa i osoby o nieczystych duszach nie potrafią unieść jej ciężaru. Królowie w większości przypadków nie osiągają pomyślnych celów, jednakże czyniąc dary krów i ziemi, zdołają oczyścić się z grzechów. Nauczałeś nas o wielu obowiązkach. Opowiedziałeś nam o darach krów, które w odległych czasach uczynił król o imieniu Nriga i powtórzyłeś nam to, co riszi Nacziketa powiedział o zasługach zbieranych takim działaniem. W moim umyśle zrodziła się jednak pewna wątpliwość, dotycząca tego, co jest najwyżej cenionym darem. W *Wedach* i *Upaniszadach* zostało bowiem stwierdzone, że we wszystkich rodzajach rytów ofiarnych i innych religijnych aktach *dakszina̧* powinna być ziemia, krowy i złoto. Równocześnie jednak pisma stwierdzają, że najlepszą *dakszina̧* jest złoto. Chciałbym posłuchać twych nauk na ten temat. Czym jest złoto? Jak i kiedy powstało? Jaka jest jego natura? Jaki bóg nim rozporządza? Jakie rodzi owoce? Dlaczego jest tak wysoko cenione i stawiane ponad innymi przedmiotami? Dlaczego mędrcy pochwalają dar złota? Dlaczego złoto jest uważane za najlepszą *dakszinę* i najlepszego czyściciela, stojącego wyżej nawet od krów i ziemi? Wytłumacz nam, proszę, to wszystko".

2. **Bhiszma opowiada, jak sam dowiedział się o oczyszczającej mocy daru złota**

Bhiszma rzekł: „O Judhiszthira, posłuchaj ze skoncentrowaną uwagą mojej opowieści o rozmowie między riszim Wasisztą i Paraśuramą dotyczącej warunków, w których powstało złoto. Opowiadając o nich, Wasiszta wyjaśnił Paraśuramie, dlaczego dar złota ma tak wielką oczyszczającą z grzechów moc. Opowiem tobie o tym tak, jak to sam rozumiem. Najpierw jednakże posłuchaj, jak ja sam zapragnąłem uczynić dar złota, aby oczyścić z wszystkich grzechów zarówno siebie, jak i swoich przodków.

Po śmierci mojego ojca Śamtanu udałem się w kierunku świętego miejsca Gangadwara (Haridwar) w celu wykonania tam dla niego rytu *śraddha* ku czci zmarłych. Przybyła tam również moja matka bogini Ganga, udzielając mi pomocy. Gdy liczni zaproszeni przeze mnie asceci, którzy zdobyli sukces płynący z ascezy, usiedli wokół mnie, rozpocząłem wstępne ryty daru wody i innych darów. Po wykonaniu tych wstępnych rytów tak, jak to zostało nakazane w pismach, ze skoncentrowanym umysłem przygotowałem się do ofiarowania pogrzebowego placka. W tym momencie zobaczyłem, jak piękne i foremne ramię ozdobione klejnotami i rozmaitymi ozdobami unosi się ku górze, przebijając ziemię pokrytą trawą *kuśa*. Widok ten wywołał we mnie pełne zgrozy zdumienie. Pomyślałem, że to mój ojciec przybył, aby przyjąć ode mnie pogrzebowy placek, który zamierzałem oddać w ofierze. Po krótkim namyśle uprzytomniłem sobie jednak, że w świetle tego, co stwierdzają pisma, placek pogrzebowy nie powinien być oddawany w ręce tego, dla kogo ryt *śraddha* jest wykonywany. Umysł mój opanowała więc myśl, że nie powinien być nigdy dawany przez człowieka do ukazującej się dłoni zmarłego, ku czci którego jest wykonywany ten ryt. Ojcowie (*pitri*) nie pojawiają się podczas rytu w widzialnej formie, aby odebrać placek. Pisma nakazują, aby placek ten został położony na trawie *kuśa*, którą specjalnie w tym celu została przykryta ziemia. Mając w pamięci sformułowania pism, położyłem pogrzebowy placek na trawie *kuśa*, ignorując to wyciągnięte ramię sugerujące obecność mojego ojca. To, co uczyniłem, było w pełnej zgodzie z tym, co stwierdzają pisma i gdy położyłem placek pogrzebowy na trawie kuśa, ramię mojego ojca znikło.

Tej nocy moi przodkowie (Ojcowie) ukazali mi się we śnie i rzekli: 'O Bhiszma, jesteśmy bardzo zadowoleni z tego, że pozostałeś wierny słowom pism i nie złamałeś nakazów. W ten sposób nakazy te stały się jeszcze bardziej bezapelacyjne. Takim postępowaniem oddałeś honory i utrzymałeś w mocy swój autorytet, jak i autorytet pism, Ojców, riszich, Brahmy i Pradżapatich. Posłuszeństwo pismom zostało przez ciebie utrzymane. Zachowałeś się dzisiaj bardzo poprawnie. Czyń tak dalej i ponieważ uczyniłeś już dary ziemi i krów na naszą intencję, uczyń teraz dar złota. Taki dar ma wielką oczyszczającą moc. Znasz doskonale wszystkie obowiązki i wiesz, że dzięki takim twoim działaniom my sami, jak i nasi przodkowie oczyszczą się z wszystkich grzechów. Takie dary ratują zarówno przodków, jak i potomków tego, kto je czyni, aż po dziesiąte pokolenie'.

Takie były słowa moich przodków, którzy ukazali się przede mną podczas snu. Obudziłem się z poczuciem cudu i nastawiłem moje serce na uczynienie daru złota".

3. Wasiszta skłania Paraśuramę do daru złota i opowiada o pochodzeniu złota i jego podwójnej naturze Agni i Somy

Bhiszma kontynuował: „O Judhisztira, posłuchaj teraz bardzo starej opowieści o tym, co riszi Wasiszta powiedział Paraśuramie o złocie i mocy daru złota. Opowieść ta jest godna najwyższej pochwały i słuchanie jej przedłuża okres życia tego, kto jej słucha. Po raz pierwszy wyrecytował ją Paraśurama, syn Dżamadagniego.

W odległych czasach rozgniewany bramin Paraśurama z rodu Bhrigu trzykrotnie dokonał wyniszczenia kasty wojowników aż po siódme pokolenie, ogołacając z nich ziemię. Po ujarzmieniu całej ziemi Paraśurama o oczach jak płatki lotosu rozpoczął przygotowania do Ofiary Konia, która jest wychwalana zarówno przez braminów, jak i wojowników, i jest zdolna do spełnienia każdego życzenia. Ten ryt ofiarny oczyszcza z grzechów wszystkie żywe istoty i zwiększa energię i splendor tych, którzy zdołali go szczęśliwie ukończyć. Paraśurama o wielkiej energii, dzięki wykonaniu tego rytu do samego końca, stał się bezgrzeszny, lecz ukończenie tego rytu nie uwolniło go całkowicie od leżącego mu na sercu ciężaru. Pełen skruchy i współczucia udał się do bogów i riszich, którzy znali każdą gałąź wiedzy i rzekł: 'O błogosławieni, powiedzcie mi, czy istnieje coś jeszcze bardziej oczyszczającego dla człowieka okrutnych uczynków takiego jak ja niż Ofiara Konia?' Znający wszystkie *Wedy* i inne pisma riszi rzekli: 'O Paraśurama, oddawaj cześć uczonym braminom, kierując się autorytetem *Wed*. Postępując w ten sposób przez jakiś czas, zapytaj ponownie duchowo odrodzonych riszich, co powinieneś uczynić, aby oczyścić się z grzechów i następnie postępuj zgodnie z radą, jakiej ci udzielą'.

Po upływie jakiegoś czasu, Paraśurama, ten potomek rodu Bhrigu o wielkiej energii, udał się do riszich Wasiszty, Agastji i Kaśjapy, i rzekł: 'O wielcy bramini i asceci, wielkie pragnienie zrodziło się w moim sercu. Powiedzcie mi, w jaki sposób mógłbym się skutecznie oczyścić? Przy pomocy jakich rytów lub działań mógłbym to osiągnąć? Jaki dar powinienem uczynić, aby zrealizować mój cel? Jesteście pierwszymi wśród ludzi prawych, jeśli więc w swych umysłach jesteście skłonni do oddania mi przysługi, powiedzcie mi, jak mam się oczyścić z konsekwencji moich gwałtownych uczynków?'

Riszi rzekli: 'O Paraśurama, śmiertelnik, który zgrzeszył, oczyszcza się przez uczynienie daru krowy, ziemi i bogactwa. Tak mówią mędrcy. Istnieje jednak jeszcze inny rodzaj daru, który ma największą oczyszczającą moc. Posłuchaj naszej opowieści o darze przedmiotu, który jest wspaniały i obdarzony wspaniałym wyglądem. Tym przedmiotem jest złoto. Złoto jest potomkiem Agniego (ognia), który w starożytnych czasach spalił cały świat. Wówczas z jego nasienia wrzuconego do wód narodziło się złoto o jasnej barwie celebrowane pod imieniem dobrego koloru. Czyniąc dar złota, na pewno zdołasz zrealizować swe pragnienie'.

Następnie słynny riszi Wasiszta praktykujący surowe śluby rzekł: 'O Paraśurama, posłuchaj teraz o tym, w jaki sposób złoto, które ma splendor ognia, zaczęło istnieć. Złoto cię oczyści. Dar złota jest bardzo pochwalany. Posłuchaj więc, czym jest złoto, skąd się wzięło, w jaki sposób nabyło swe najwyższej cenione atrybuty.

Złoto łączy w sobie istotę (esencję) ognia i somy, co do tego nie ma wątpliwości. Jest ogromną energią powstałą w wyniku ubijania całego wszechświata, tak jak masło jest tym, co powstaje w wyniku ubijania mleka, a eliksir nieśmiertelności (soma) z ubijania oceanu. Kozioł jest Ogniem, gdyż dany w darze prowadzi do regionu boga ognia. Owca jest Waruną, gdyż prowadzi do regionu Waruny, boga wód. Koń jest Surją, gdyż prowadzi do regionu Surji, boga słońca. Słonie są Nagami, gdyż prowadzą do świata nagów. Bawoły są asurami, gdyż prowadzą do regionu asurów. Koguty i dziki są rakszasami, gdyż prowadzą do regionu rakszasów. Ziemia jest ofiarą, krowami, wodą i somą, gdyż dana w darze przynosi zasługi płynące z ofiary i prowadzi do regionów należących do krów, Pana wód i Somy (księżyca). Takie są stwierdzenia pism. Złoto jest nadrzędne w stosunku do wszystkich przedmiotów, jest najwspanialszą i najcenniejszą rzeczą, jaka istnieje na ziemi. Stąd ten, kto czyni dar złota, jest uważany za osobę, która daje w darze cały wszechświat. Z tego też powodu bogowie, demony, gandharwowie, ludzie i wszyscy inni traktują je z wielką dbałością. Wszystkie żywe istoty zdobywają wielki splendor dzięki złotu, robiąc z niego korony, amulety, różnego rodzaju ozdoby. Z tego też powodu złoto jest uważane za najlepszego czyściciela wśród wszystkich oczyszczających przedmiotów, jak ziemia, krowy i inne rodzaje bogactwa.

Dar złota jest najwyższym darem, przewyższa swą wartością dar ziemi, krowy i wszystkich innych przedmiotów, jest wiecznym czyścicielem. Obdarowuj więc złotem wielkich braminów, gdyż pierwsze miejsce wśród oczyszczających z grzechów przedmiotów zajmuje złoto. Złoto jest najlepszą *dakszyną*. O tych, którzy czynią dar złota, mówi się, że czynią dar z wszystkiego. Zaiste, są tymi, którzy tak jakby dają w darze bogów. Agni jest wszystkimi bogami w jednym, a złoto ma ogień za swoją istotę (esencję), stąd, osoba, która czyni dar złota, jest widziana, jakby dawała w darze Agni, czyli wszystkich bogów. Stąd też twierdzi się, że nie ma większego daru od złota'.

4. O tym, jak Agni zdobywa imię „tego, kto ma złoto za swoje życiowe nasienie" (Hiraniaretas)

Riszi Wasiszta kontynuował: 'O Paraśurama, jak stwierdzają Purany, ja sam reprezentuję mowę Pradżapatiego, słuchaj więc dalej moich nauk o prymacie złota. To, o czym pragnę ci opowiedzieć, wydarzyło się w odległych czasach i sięga korzeniami do dnia zaślubin Śiwy z boginią Umą (Parwati). Posłuchaj więc opowieści o tym, jak Agni stał się nosicielem nasienia Śiwy i zdobył imię «tego, kto ma złoto za swoje życiowe nasienie (Hiraniaretas)».

Po zakończeniu ceremonii swych zaślubin z boginią Umą na łonie góry Himawat, uzbrojony w swój trójząb Śiwa zapragnął połączyć się z nią w celu uzyskania potomstwa. Zaniepokojeni tym bogowie zbliżyli się do niego i chyląc z szacunkiem głowy przed nim i jego spełniającą życzenia małżonką, rzekli: «O wielki asceto, twój związek seksualny z boginią jest połączeniem się dwóch osób praktykujących surowe umartwienia, zaiste jest połączeniem się dwóch ogromnych energii. Tak jak twoja energia jest nieodparta, tak i energia bogini. Potomstwo zrodzone z takiego związku będzie miało straszliwą moc i spali bez reszty wszystkie trzy światy! Miej na uwadze dobro trzech światów i zagwarantuj dar nam, bogom, leżącym przed tobą plackiem na ziemi, o który chcemy cię prosić. Powstrzymaj swoją ogromną energię, która może stać się nasieniem twojego potomstwa! Ta energia jest esencją wszystkich sił istniejących w trzech światach. Swym stosunkiem seksualnym z boginią spalisz cały wszechświat! Powstrzymaj swe nasienie i nie pozwól, aby upadło na *yoni* bogini Umy, gdyż zrodzone z was potomstwo niewątpliwie sprowadzi na bogów nieszczęście! Jesteśmy przekonani, że nawet Ziemia, Firmament i Niebo, sami lub razem wzięci, nie będą w stanie unieść waszej połączonej razem energii i cały wszechświat od niej spłonie! Ukaż nam swoją przychylność i obiecaj nam, że nie spłodzisz z boginią Umą syna. Powstrzymaj cierpliwie swą ognistą i potężną energię!» Mahadewa, który ma byka za swój znak, słysząc tę prośbę bogów, powstrzymał swe życiowe nasienie i rzekł: «O bogowie, niech tak się stanie». Od tego czasu Śiwa jest nazywany imieniem Urddharetas (ten, kto powstrzymuje swe życiowe nasienie).

Usiłowania bogów, aby powstrzymać Śiwę od spłodzenia potomstwa, rozgniewały bardzo jego małżonkę. Będąc przeciwnej płci, która jest niezdolna do pełnej kontroli swego nastroju, rzekła z gniewem, rzucając na bogów klątwę: «O bogowie, za to, że powstrzymaliście mojego męża od spłodzenia syna wtedy, gdy tego pragnął, sami nie będzie mogli spłodzić synów! Za to, że uniemożliwiliście mi posiadanie potomstwa, sami nie będziecie zdolni do poczęcia potomstwa». W ten sposób bogini ukarała wszystkich bogów za wyjątkiem Agni, którego nie było wśród bogów w momencie, gdy wypowiadała swą klątwę.

Po tym wydarzeniu przeklęci przez boginię bogowie stali się bezdzietni, podczas gdy Rudra spełniając ich prośbę, powstrzymywał swą energię o niezrównanej mocy. Niewielka ilość jego życiowego nasienia opada jednak z jego ciała na ziemię i wpadła do płonącego ognia i tam, jak najbardziej cudownie, zaczęła rosnąć w rozmiarze i mocy. Energia Rudry w kontakcie z energią ognia o wielkiej mocy stała się z nią w swej istocie (esencji) tożsama.

W tym samym czasie asura Taraka dzięki darom otrzymanym od Brahmy urósł w siłę i zaczął gnębić bogów. Aditjowie, Wasu, Rudrowie, Marutusi, Aświni i Sadhjowie ogromnie ucierpieli z powodu potęgi tego syna Diti. Wszystkie boskie regiony, jak i boskie rydwany i pałace były spalane przez asurów. Bezsilni wobec asurów bogowie z Indrą na czele oraz riszi udali się do dziadka wszechświata Brahmy, aby szukać u niego pomocy.

Bogowie rzekli: «O Brahma, asura Taraka dzięki darom, które otrzymał od ciebie, niszczy bogów i riszich. Nie mamy dość sił, aby go pokonać. Rozporządź jego śmierć! Tylko ty możesz nas uratować, bo jego siła przeraża nas i przerasta!»

Brahma rzekł: «O bogowie, nie faworyzuję nikogo i zachowuję się tak samo w stosunku do wszystkich żywych istot, nagradzając tych, którzy zadowolą mnie swą religijnością. Nie mogę jednakże tolerować bezprawia, nic wolno niszczyć *Wed* i wiecznych obowiązków! Niech więc ten podły Taraka ulegnie zniszczeniu! Pozbądźcie się więc gorączki swych serc i uwolnijcie się od lęku, bo wydałem już konieczne rozporządzenia i wkrótce narodzi się jego zabójca».

Bogowie rzekli: «O Brahma, to w rezultacie twych darów bogowie nie są w stanie pokonać tego syna Diti, który chełpi się swoją mocą. Jakże więc możliwe jest spowodowanie jego śmierci, skoro otrzymał od ciebie dar, że nie może zginąć z rąk bogów, asurów i rakszasów? Co więcej, małżonka Rudry rzuciła na nas klątwę, że pozostaniemy bezdzietni, ponieważ uniemożliwiliśmy jej i Rudrze prokreację. Klątwa ta pozbawiła nas potomstwa».

Brahma rzekł: «O bogowie, gdy bogini Uma rzuciła na was klątwę, nie było wśród was Agni. Klątwa bogini go nie dotyka i jest on zdolny do spłodzenia potomka, który zniszczy waszych wrogów. Zadecydowałem, że ten syn Agni przewyższy swą mocą bogów, asurów i rakszasów, i zniszczy Tarakę swą włócznią *śakti*, która wyrzucona przeciw Tarace z jego dłoni stanie się bronią, której nic nie zdoła się przeciwstawić. Zniszczy również wszystkich innych waszych wrogów. Wola (chęć, napęd, pragnienie) jest energią, która jest odwieczna. Ta energia nazywa się *kama* (chęć, pragnienie, wola) i jest tożsama z nasieniem Rudry, którego część opadła na ziemię prosto do płonącej formy Agni. Energia ta, która jest potężną substancją i jest jak drugi Agni, zostanie przez niego wrzucona do wód Gangesu, aby ta święta rzeka stała się matką syna zdolnego do zniszczenia waszych wrogów. Agni, ten nosiciel ofiarnej libacji, gdzieś się schował i był poza zasięgiem klątwy Umy. Spróbujcie więc go teraz odnaleźć i niech nastawi swe serce na wykonanie tego zadania».

Brahma kontynuował: «O bogowie, opisałem wam środki prowadzące do zniszczenia asury Taraki. Klątwy tych, którzy są obdarzeni energią, nie mają wpływu na tych, którzy są obdarzeni energią. Siły, które wchodzą w kontakt z czymś, co jest obdarzone większą siłą, słabną. Ci, którzy praktykują ascezę, są zdolni do zniszczenia bogów, którzy spełniają życzenia i zdają się być niezniszczalni. Wola—lub inaczej chęć czy pragnienie—która jest utożsamiana z Agnim, zaistniała w dawnych czasach i wśród wszystkich stworzeń jest najbardziej odwieczna. Agni jest Panem wszechświata. Nie można go ani uchwycić myślą, ani opisać przy pomocy słów. Zdolny do dotarcia wszędzie i istnienia we wszystkich rzeczach jest Stwórcą wszystkich żywych istot. Żyje w sercach wszystkich żywych istot. Obdarzony wielką mocą jest starszy od samego Rudry. Udajcie się więc na poszukiwanie tego nosiciela ofiarnej libacji, który jest masą energii. Ten słynny bóg spełni pragnienie waszych serc».

Bogowie i riszi zadowoleni z tego, że udało im się zrealizować cel, z którym przybyli do Brahmy, rozpoczęli swe poszukiwania kryjówki, gdzie ukrył się bóg ognia. Pragnąc gorąco go odnaleźć, z umysłem i sercem wypełnionym myślą o nim poszukiwali go we wszystkich trzech światach, jednakże choć odwiedzili wszystkie zakątki wszechświata, nie potrafili odnaleźć tego nosiciela ofiarnej libacji, który łącząc się z wodą, będącą z nim tożsamą, stał się niewidoczny. W międzyczasie pewna nieszczęsna żaba płci męskiej ukazała się na powierzchni wód, wypływając z najniższych regionów poparzona przez energię Agni. To niewielkie stworzenie rzekło do bogów, którzy bardzo pragnęli odnaleźć Agni i niepokoili się swym barakiem sukcesu: «O bogowie, Agni zamieszkuje w najniższych regionach. Przypalany przez tego boga, nie mogłem już tego dłużej znieść i wypłynąłem stamtąd na powierzchnię. Ten słynny nosiciel ofiarnej libacji znajduje się teraz pod wodami. Sam stworzył masę wód, gdzie obecnie przebywa. Wszystkich nas przypala swoją energią. Jeżeli macie do niego jakiś interes i chcecie go zobaczyć, musicie się tam do niego udać, my z kolei musimy uciekać z tamtego regionu z lęku przed nim».

Żaba, po wypowiedzeniu tych słów, zanurzyła się w wodach. Ogień, ten nosiciel ofiary, dowiedział się jednak, że zdradziła bogom miejsce jego pobytu i rzucił na nią klątwę. Rzekł: «O żabo, za to, co uczyniłeś, ty sam i twoi krewni utracicie swój organ smaku i mowy (język)!» I po rzuceniu na żabę tej klątwy opuścił swą kryjówkę i schował sie w innym miejscu, nie ukazując się przed bogami. Tymczasem bogowie, widząc w jak żałosnym położeniu znalazły się żaby z ich powodu, ulitowali się nad nimi. Rzekli: «O żaby, choć Agni swą klątwą pozbawił was możliwości odczuwania smaku, będziecie dalej zdolne do wydawania różnego rodzaju dźwięków. Ziemia będzie was nadal nosić, choć będziecie żyć w dziurach bez jedzenia i przytomności, marniejąc i wysychając, bardziej martwe niż żywe. Będziecie jednak zdolne do włóczenia się po nocy, gdy cały świat pokryją ciemności».

Bogowie, po pożegnaniu żab, ruszyli ponownie na wędrówkę po całej ziemi, poszukując Agni, jednakże pomimo starań, nie potrafili go znaleźć. Gdy już zaczęli tracić nadzieję, słoń, wielki jak słoń Indry, rzekł do nich: «O bogowie, Agni ukrył się w drzewie *aświattha*!» Rozgniewany Agni przeklął wówczas słonie, mówiąc: «O słonie, za to, że zdradziliście bogom moje miejsce pobytu, wasz język będzie odgięty do wewnątrz!» Klątwa ta dotknęła wszystkie słonie, nawet te, które weszły do serca drzewa *sami*, chcąc tam zamieszkiwać przez jakiś czas. Bogowie o wielkiej mocy, widząc, co spotkało słonie za przysługę udzieloną im przez jednego z nich, rzekli: «O słonie, nawet z językiem wygiętym do wewnątrz będziecie ciągle zdolne do jedzenia i co więcej, będziecie zdolne do głośnego ryku».

Bogowie, błogosławiąc słonie, wznowili swoje poszukiwania. Tymczasem Agni po opuszczeniu drzewa *aświattha* ukrył się w sercu drzewa *sami*. To jego nowe miejsce pobytu zdradziła bogom papuga płci męskiej. Agni rozgniewany na papugę przeklął cały gatunek papug, mówiąc: «O papugo, od dziś cały twój gatunek będzie pozbawiony mowy!», i natychmiast język (dziób) papug wygiął się do wewnątrz. Bogowie słysząc klątwę rzuconą na cały gatunek papug i współczując im, pobłogosławili je, mówiąc: «O papugi, nie będzie całkowicie pozbawione mowy i choć wasz język jest wygięty do wewnątrz, będzie zdolne do mowy, która jednakże ograniczy się do dźwięku ‹k›. Wasza mowa tak jak mowa dziecka lub starca będzie słodka, niewyraźna i zdumiewająca!» Po wypowiedzeniu tych słów bogowie zobaczyli ogień ukryty w sercu drzewa *sami* i na pamiątkę tego wydarzenia uczynili drewno pochodzące z tego drzewa świętym paliwem używanym w rytach ofiarnych do krzesania ognia przez ich pocieranie. Od tego czasu ogień zdaje się zawsze zamieszkiwać w sercu drzewa *sami* i ludzie uważają pochodzące z tego drzewa drewno za właściwy środek do krzesania ognia, a wody w najniższych regionach, gdzie najpierw schował się Agni, wybuchają nadal z górskich źródeł po nabraniu gorąca od jego energii.

Widok bogów bardzo zasmucił Agni. Rzekł: «O bogowie, jaki jest powód waszej wizyty?» Bogowie i riszi odpowiedzieli: «O Agni, chcemy cię skłonić do wykonania pewnego zadania. Musisz je wykonać, przyczyni się to do zwiększenia twej sławy!» Agni rzekł: «O bogowie, jakie zadanie macie na myśli. Wykonam je, jestem bowiem zawsze gotowy do realizowania tego, o co mnie prosicie. Rozkazujcie mi bez wahania!» Bogowie rzekli: «O Agni, potężny asura o imieniu Taraka w rezultacie darów otrzymanych od Brahmy napęczniał od pychy i urósł w tak wielką siłę, że nie potrafimy go pokonać. Doprowadź do jego zniszczenia i uratuj w ten sposób bogów, Pradżapatich i riszich. Spłodź heroicznego syna mającego twoją energię, który byłby zdolny do uwolnienia nas od lęku przed tym asurą! Skłaniając Śiwę do powstrzymywania swego nasienia, zostaliśmy przeklęci bezpłodnością przez boginię Umę i tylko na ciebie klątwa ta nie ma wpływu. Twoje życiowe nasienie (twoja energia) jest dla nas ostatnią deską ratunku. Przynieś nam ratunek!» Słynny i potężny nosiciel ofiary rzekł: «O bogowie, niech stanie się to, o co prosicie!»

Niosąc w sobie nasienie Śiwy, które w niewielkiej ilości upadło na ziemię i stało się jego nasieniem, ruszył w kierunku tego nurtu świętej rzeki Ganges, który nosił imię Bhagirathi. Zjednoczył się tam z nią w duchowym związku, powodując, że stała się brzemienna. Nasienie Agni złożone w łonie tej świętej rzeki, córki mędrca Dżanhu, zaczęło wzrastać tak jak sam ogień, gdy jest wspomagany przez wiatr i zasilany paliwem. Złożona w niej energia silnie wzburzała ją w jej sercu i sprawiała jej wielkie cierpienie. Co więcej, w momencie gdy bóg ognia wrzucał swoje nasienie o wielkiej energii do jej łona, pewien skoncentrowany na własnym celu asura, czując nagle wielki strach, głośno zaryczał i choć nie było to jego intencją, swym rykiem tak bardzo przeraził rzekę, że nie mogła już dłużej ukryć swego zdenerwowania. Zapłodniona energią boga ognia, zaczęła drżeć na całym ciele i tracąc świadomość, nie mogła dłużej unieść ani swych wód, ani nasienia. Przytłoczona energią tego nasienia, rzekła: «O Agni, nie potrafię już dłużej utrzymać twego nasienia w moim łonie. Odbiera mi ono siły. Tracę zdrowie i spokój. Moje serce zamiera. Nie mogę go znieść, więc wyrzucę je z siebie, czyniąc tak nie z kaprysu, lecz z powodu cierpienia, które mi przynosi. Między moją osobą a twoim nasieniem nie ma rzeczywistego kontaktu. Choć nasze zjednoczenie w duchowym związku mające za swą przyczynę cierpienie bogów było właściwe, to jednak zjednoczenie naszych ciał takie nie jest. Wszelkie zasługi lub ich przeciwieństwo, które mogą wyniknąć z zamierzonego przeze mnie działania, muszą należeć do ciebie! Zaiste, sądzę, że dobro lub zło tego uczynku musi należeć do ciebie!» Bóg ognia rzekł: «O bogini, bądź cierpliwa i noś nadal to nasienie! Noś nadal ten zarodek odziany w moją energię, przyniesie to wysoce znaczące skutki! Jesteś przecież zdolna do noszenia nawet całej ziemi, co więc ci przyjdzie z odrzucenie mojej energii?»

Pomimo perswazji boga ognia i innych bogów bogini Ganga wyrzuciła to nasienie na łono góry Meru. Choć była zdolna do jego noszenia, dręczona przez energię Rudry, z którym Agni jest tożsamy, nie potrafiła go już dłużej w sobie utrzymać. Gdy wyrzuciła ze swych wód to płonące nasienie o splendorze ognia, Agni rzekł do niej: «O bogini, czy wszystko jest w porządku z tym wyrzuconym przez ciebie zarodkiem? Jakiej jest barwy? Jak wygląda? Jaka jest jego energia? Powiedz mi to wszystko». Rzeka Ganges rzekła: «O nosicielu ofiarnej libacji, ten zarodek jest w kolorze złota i ma twoją energię. Jest wspaniały w kolorze, niczym nieskalany i mając królewski splendor, oświetla całą górę, a rozsiewany przez niego zapach jest podobny do orzeźwiających perfum unoszących się nad jeziorami pełnymi lotosów i innych niebiańskich kwiatów. Blask tego zarodka zdaje się przekształcać wszystko wokół w złoto, tak jak promienie słońca oświetlające góry i niziny przemieniają w złoto wszystkie przedmioty, których dotykają. Zaiste, blask tego zarodka sięga daleko, oświetlając wszystkie trzy światy i zamieszkujące je żywe istoty. Taki jest ten embrion! W swym blasku jest jak słońce lub ty sam, w swej piękności jest jak drugi Soma!»'

Riszi Wasiszta kontynuował: 'O Paraśurama, bogini Ganga po wypowiedzeniu tych słów zniknęła z widoku, podobnie Agni o wielkiej energii zrealizowawszy zadanie, które otrzymał od bogów, powrócił do swego ulubionego miejsca pobytu. Riszi i bogowie w konsekwencji opisanego przeze mnie skutku jego czynu (tj. narodzin złotego zarodka) nazwali ogień imieniem Hiraniaretas, tj. «mający złoto za swoje życiowe nasienie». Nasienie Agni utożsamiane ze złotem jest uważane za najwyższe bogactwo, ziemia z kolei, ponieważ uchwyciła to życiowe nasienie Agni po wyrzuceniu go przez Gangę ze swych wód i je utrzymuje, otrzymała imię Wasumati tj. «odziana w bogactwo».

Zarodek, który powstał z życiowego nasienia Agni wrzuconego do wód Gangesu i następnie wyrzuconego przez rzekę z jej wód, upadł na las trzciny i zaczął rosnąć, przybierając wspaniałą formę. Z tego promiennego zarodka wyłoniło się złoto o ognistym blasku. Las trzciny pokrywający góry, jak i wszystko, co się tam znajdowało—trawa, drzewa i krzewy—mocą tego zarodka stały się olśniewające i złote'.

Riszi Wasiszta zakończył swe opowiadanie, mówiąc: 'O Paraśurama, w taki to sposób złoto narodziło się na ziemi z zarodka powstałego z nasienia boga o płonących płomieniach wrzuconego do wód świętej rzeki, która nie mogąc znieść jego gorąca, wyrzuciła go na powierzchnię ziemi. Po dziś dzień można je znaleźć ukryte zarówno w strumieniach, jak i w ziemi. Złoto jest uważane za najcenniejszą z wszystkich rzeczy i ozdobę właściwą dla bogów. Z powodu swej wspaniałej formy, którą przybrało po swych narodzinach z nasienia Agni, jest również znane pod imieniem Dżatarupa, czyli „ten, kto zachowuje zawsze formę, w jakiej się narodził". Złoto zajmuje pierwsze miejsce wśród wszystkich kosztownych przedmiotów i ozdób. Jest czyścicielem dla wszystkich oczyszczających przedmiotów, jest najbardziej pomyślne wśród tego wszystkiego, co pomyślne. Złoto jest faktycznie słynnym Agnim, Panem wszystkich przedmiotów, pierwszym wśród Pradżapatich. Wśród wszystkich świętych rzeczy złoto jest najbardziej święte. Zaiste, o złocie mówi się, że ma za swą istotę (esencję) Agni i Somę'".

5. O tym, jak z nasienia Agni narodziło się złoto i Skanda o formie złota, który uwolnił bogów od terroru asury Taraki

Judhiszthira rzekł: „O Bhiszma, opowiedziałeś nam o zasługach, jakie zgodnie ze stwierdzeniami pism przynosi dar złota, jak i o pochodzeniu złota i jego naturze. Powiedz nam teraz o tym, w jaki sposób został zniszczony asura Taraka, który terroryzował swą potęgą bogów. Powiedziałeś, że bogowie nie mieli dość siły, aby pokonać tego demona i że otrzymali od Brahmy obietnicę, że pokona go syn narodzony z nasienia Agni. Czy Agni zrealizował dane mu przez bogów zadanie? Opowiedz nam o tym, gdyż wielka jest nasza ciekawość w tej sprawie".

Bhiszma rzekł: „O Judhiszthira, gdy sześć bogiń tworzących konstelację Karttika ujrzało wspaniałą formę tego zarodka, urodzonego z nasienia Agni i wyrzuconego przez rzekę Ganges na szczyt góry, przypominającą wschodzące słońce, zaczęło traktować go jako swego syna. Wśród wszystkich niebiańskich istot nie było takich, które mogłyby mocą swej energii utrzymać nasienie Agni w swym łonie i stąd bóg ognia był ogromnie wdzięczny boginiom Karttika za ich chęć utrzymania przy życiu tego zarodka, który narodził się z jego nasienia i był wyposażony we własną potężną energię. Energia Agni w formie tego zarodka została podzielona na sześć części i umieszczona w sześciu łonach sześciu bogiń Karttika i każda z nich zaczęła żywić przydzieloną jej część. W miarę jak Skanda zaczął rosnąć w ich łonach, jego energia przynosiła im cierpienie i nie mogły znaleźć spokoju ani w niebie, ani na ziemi. Ich ciała wypełniły się energią i nadszedł czas na poród. Wszystkie urodziły swą część w tym samym czasie. Te sześć części zarodka Agni, choć narodzone z różnego łona, ujrzawszy światło dzienne, połączyło się razem. Bogini Ziemia wzięła to dziecko w ramiona, unosząc je ze sterty złota, na której leżało. Dziecko to, mające wspaniałą formę, płonęło takim samym splendorem jak bóg ognia i zaraz po narodzinach zaczęło rosnąć w trzcinowym lesie. Gdy boginie Karttika zobaczyły to swoje dziecko piękne jak poranne słońce, z sercami pełnymi matczynej miłości zaczęły karmić je mlekiem ze swych piersi i z tego powodu, że dziecko to narodziło się z nich i było przez nie utrzymywane przy życiu, zostało nazwane Karttikeja. Ten syn Agni jest również nazywany Skandą (ten, który upadł) dlatego, że narodził się z nasienia, które upadło na ziemię z ciała Rudry. Jest również nazywany Guha (ten, który jest ukryty lub urodzony w tajemnicy) z powodu swych narodzin w samotni trzcinowego lasu, gdzie leżał ukryty przed czyimkolwiek wzrokiem.

Wszyscy—tj. bogowie w liczbie trzydziestu trzech z Indrą na czele, kierunki przestrzeni w swej ucieleśnionej formie, bogowie będący strażnikami czterech kierunków, Rudra, Dhatri, Wisznu, Jama, Puszana, Arjaman, Bhaga, Angsa, Mitra, Wasu, Aświni, wody, wiatr, firmament, księżyc, wszystkie konstelacje i planety, Surja, hymny *Rigwedy*, *samany* w ucieleśnionej formie—przybyli na miejsce, gdzie przebywał ten syn ognia, chcąc go zobaczyć. Riszi i gandharwowie wychwalali w swych hymnach to dziecko zwane również Kumara (czyste złoto lub dziecko) o sześciu głowach, sześciu parach oczu i bezgranicznie oddane braminom. Miało blask ognia i Aditjów, potężne barki i dwanaście ramion, i bogowie i riszi, gdy patrzyli na nie, jak leżało rozciągnięte na kępie trawy, odczuwali wielką radość i uważali już asurę Tarakę za pokonanego. Zaczęli mu przynosić różne zabawki i przedmioty, którymi zabawiał się jak dziecko. Ptak Garuda o wspaniałych piórach dał mu w darze mieniącego się różnymi kolorami pawia, rakszasowie dali mu dzika i bawołu, Aruna dał mu koguta o ognistym splendorze. Księżyc dał mu owcę, a słońce kilka swoich oślepiających promieni. Matka wszystkich krów Surabhi dała mu setki tysięcy krów. Agni dał mu kozła o wielu zaletach, Ila dał mu ogromną ilość kwiatów i owoców, a Sudhanwan wspaniały rydwan. Waruna dał mu dobrze wróżące i wspaniałe produkty morza razem ze słoniami, a Indra dał mu lamparty, tygrysy, lwy i inne drapieżne zwierzęta, rozmaite rodzaje pierzastych mieszkańców przestworzy i parasole rozmaitego rodzaju.

Skanda rósł szybko wyposażony w ogromną siłę i energię, a bogowie uczynili go dowódcą swych wojsk, informując go o tym, jak są uciskani przez asurę Tarakę, który zdobył władzę nad trzema światami. Wkrótce demony rozpoczęły wojnę z tym przeraźliwym synem Agni i choć asura Taraka próbował na różne sposoby go zniszczyć, nie potrafił go pokonać. W końcu Skanda zabił Tarakę swą włócznią *śakti* i uczynił ponownie Indrę władcą bogów i trzech światów. Posiadając ogromną moc, ten dowódca armii bogów jaśniał swym pięknem i sławą. Potężny Skanda stał się obrońcą bogów, czyniąc to, co zadowalało Śiwę".

Bhiszma zakończył swe opowiadanie, mówiąc: „O Judhiszthira, Skanda, ten potężny syn Agni, miał formę złota i jest wiecznym dowódcą boskiej armii. Złoto jest potężną energią boga ognia i narodziło się z tego samego nasienia Agni, co Skanda, i stąd ma w sobie wielką pomyślność i wartość, jest wspaniałe i wyposażone w niezniszczalne zalety. Powtórzyłem tobie to, o czym w dawnych czasach nauczał riszi Wasiszta w swej rozmowie z Paraśuramą, wyjaśniając mu, dlaczego powinien uczynić dar złota, aby oczyścić się z krwi zabitych przez siebie wojowników. Idź za jego przykładem i uczyń dar złota, zdobędziesz w ten sposób miejsce w niebie nieosiągalne dla innych".

Napisane na podstawie fragmentów *Mahābhārata*,
Anusasana Parva, Part 2, Sections LXXXIV-LXXXVI.

Opowieść 220
O Agnim,
który jest wszystkimi bogami w jednym,
i o złocie będącym jego substytutem

1. O ofierze Śiwy, podczas której Śiwa zawarł w sobie wszystkie formy i wlał je do swej jaźni, mając Agni za swą duszę; 2. O tym, jak podczas ofiary Śiwy z ognia, gdzie Brahma wlał swe nasienie, wypłynęły żywe istoty; 3. O sporze co do tego, do kogo należą powstałe z ognia żywe istoty, i rozwiązaniu go przez Brahmę; 4. O identyczności Agni z wszystkimi bogami i o złocie jako jego substytucie.

> Wasiszta rzekł: „O Paraśurama, riszi, którzy zdobyli wiedzę i kierują się autorytetem Wed, mówią, że Agni jest wszystkimi bogami w jednostkowej jaźni. Pierwszy Stwórca wszechświata zadeklarował, że Agni jest Najwyższym Brahmą, który jest wieczny i spełnia wszystkie życzenia. Jest to zaprawdę wielka tajemnica".

(*Mahābharāta*, Anusasana Parva, Part 2, Section LXXXV)

1. O ofierze Śiwy, podczas której Śiwa zawarł w sobie wszystkie formy i wlał je do swej jaźni, mając Agni za swą duszę

Bhiszma rzekł: „O Judhiszthira, powtórzyłem tobie rozmowę mędrca Wasiszty z Paraśuramą o potędze złota, które narodziło się z nasienia Agni (ognia) tożsamego z nasieniem Śiwy, którego niewielka ilość upadła na ziemię. Mędrcy twierdzą, że złoto jest substytutem Agni i że Agni jest faktycznie wszystkimi bogami w jednym, tożsamym z Śiwą i Brahmą. W tym kontekście posłuchaj opowiadania o tym, co riszi Wasiszta powiedział Paraśuramie o wielkiej ofierze wszystkiego (wszystkich form) wykonanej przez Śiwę na samym początku i o tym, jak z tej ofiary dzięki działaniu Śiwy, Agni i Brahmy wyłoniły się ponownie nowe formy (żywe istoty) i powstał nowy świat. W opowieści tej sławi się ofiarę Śiwy, potęgę Agni, z którego wypłynęły żywe istoty i uczynek Brahmy, który w momencie gdy bogowie zaczęli się spierać o to, czyje są to dzieci, podzielił pierwsze stworzone żywe istoty między Agni, Śiwę i siebie. Dzięki tej decyzji Brahmy różne formy zaczęły ponownie mnożyć się i zaludniać świat.

Wasiszta kontynuował: 'O Paraśurama, posłuchaj opowieści znanej pod nazwą *brahmadarśana*, która dotyczy wielkiego czynu dziadka wszechświata Brahmy utożsamianego z Najwyższą Duszą i która jest mi znana od najdawniejszych czasów.

W odległych czasach Rudra (Śiwa) przygotował ryt ofiarny, znany jako ofiara wszystkiego. Na ryt ten prowadzony przez Rudrę, który na tę okazję przybrał formę Waruny, przybyli liczni mędrcy i asceci oraz bogowie z Agnim na czele. Przybyły tam również w swych ucieleśnionych formach wszystkie gałęzie *Wed* (*angi*), na których opiera się ofiara, mantry *waszaty*, wszystkie *jadżusy* i *samany*, *Rigweda* ozdobiona regułami prawidłowej wymowy, *Upaniszady*, *lakszany* (pomyślne znaki), reguły rządzące interpretacją znaczenia słów (*sury*), nuty uporządkowane w rzędach, święta sylaba OM, reguły gramatyczne dotyczące samogłosek (*nigraha* i *pragraha*) i wszystkie razem zamieszkały w oku Mahadewy. Przyszła tam również przeszłość, teraźniejszość i przyszłość, zamieszkując w Śiwie, i wówczas ten potężny Pan wszystkiego dokonał libacji z samego siebie do swej jaźni. Zaiste, spowodował, że ofiarowanie wielorakiej formy wyglądało niezwykle pięknie.

Mahadewa jest niebem, firmamentem, ziemią i nieboskłonem, jest Panem ziemi i jego władza obejmuje wszystkie przeszkody. Jest obdarzony pomyślnością i jest tożsamy z bogiem ognia Agnim. Jest nazywany tysiącem imion. Jest Brahmą, Śiwą, Rudrą, Waruną, Agnim i Pradżapatim. Jest łaskawym Panem wszystkich żywych istot (Paśupati). Podczas tej ofiary wszystkiego wszystko zjednoczyło się z nim: zarówno ofiara w swej wcielonej formie, jak i umartwienia, małżeńskie ryty, niewzruszona w swych obrzędach bogini Diksza, poszczególne kierunki przestrzeni razem z ochraniającymi je bogami, żony wszystkich bogów, ich córki i niebiańskie matki. Patrząc tę ofiarę wielkiego Mahadewy, który przybrał formę Waruny, wszyscy w nim zgromadzeni byli bardzo zadowoleni'.

2. O tym, jak podczas ofiary Śiwy z ognia, gdzie Brahma wlał swe nasienie, wypłynęły żywe istoty

Wasiszta kontynuował: 'O Paraśurama, ofiara wszystkiego do świętego ognia, która została rozpoczęta, była kontynuowana. Brahma pełnił w niej funkcję *hotara* i dokonywał libacji do ognia. Gdy to czynił, owładnęła nim żądza i upuścił swe życiowe nasienie. Zebrał je ofiarną łyżką i wlał do ognia jak ofiarne masło wypowiadając odpowiednie mantry i z tego nasienia powstały cztery porządki żywych istot.

Nasienie Brahmy miało trzy atrybuty: *sattwy* (jasność, dobro), *radżasu* (namiętność) i *tamasu* (ciemność). Z *tamasu* wypłynęły wszystkie istoty nieruchome, a z *radżasu* wszystkie ruchome wyposażone w zasadę *pravritti* (religijnego działania). Element *sattwy* z kolei wszedł do obydwu wyżej wymienionych rodzajów istnień. Atrybut ten ma bowiem naturę *tedżas* lub światła, jest tożsamy z rozumieniem, czyli *buddhi* i przenika wszystko. Jest wieczną i nieskończoną przestrzenią, uniwersalną formą. Atrybut *sattwy* jest więc obecny we wszystkich żywych istotach i jest tożsamy ze światłem, które wskazuje, co jest dobre i co jest złe.

Gdy nasienie Brahmy zostało wlane do ognia ofiarnego, z ognia wypłynęły trzy istnienia. Były to trzy osoby płci męskiej odziane w ciała, które były rezultatem warunków, w których zaistniały. Pierwsza wypłynęła z płomieni ognia noszących nazwę *bhrig* (trzaski płonących płomieni) i stąd otrzymała imię Bhrigu. Druga wypłynęła z rozpalonego drewna opałowego zwanego *angara* (węgiel drzewny) i stąd otrzymała imię Angiras. Trzecia z kolei wypłynęła ze sterty wygasłego drewna i otrzymała imię Kawi (mędrzec).

Z płomieni ofiarnego ognia oprócz Bhrigu wypłynęła jeszcze inna osoba o imieniu Marici. Następnie z Marici wypłynął Kaśjapa. Ze źdźbeł trawy *kuśa* użytej w tej ofierze wypłynęli mędrcy o wielkości kciuka o imieniu Walakhiljowie. Z tej samej trawy *kuśa* wypłynął Atri. Z wypalonego popiołu wypłynęli z kolei wszyscy ci odrodzeni duchowo riszi o imieniu Waikhanasowie, którzy zdobyli owoc ascezy, są oddani wedyjskiej wiedzy i mają jeszcze inne wspaniałe zalety. Z oczu Agni wypłynęli Aświni o wielkiej urodzie, a z jego uszu Pradżapatiowie. Z por w ciele Agni wypłynęli riszi, z jego potu uczeni mężowie, a z jego siły umysł.

Kawałki drewna utrzymujące ogień przy życiu są nazywane miesiącami. Wątroba Agni jest nazywana nocą i dniem, a jego ostre światło jest nazywane jednostką czasu *muhurta*. Krew Agni jest widziana jako źródło Rudrów. Z jego krwi wypływają również bogowie zwani Maitradewata, którzy są w barwie złota. Z dymu wypływają Wasu, z płomieni Rudrowie oraz dwunastu Aditjów o wielkiej jasności. Planety, konstelacje i różne gwiazdy ustawione na różnych orbitach na firmamencie są uważane za rozżarzone ogniem węgle. Riszi, którzy zdobyli wiedzę i kierują się autorytetem *Wed*, mówią, że Agni jest wszystkimi bogami w swej jednostkowej jaźni. Pierwszy Stwórca wszechświata zadeklarował, że Agni jest Najwyższym Brahmą, który jest wieczny i spełnia wszystkie życzenia. Jest to zaprawdę wielka tajemnica'.

3. O sporze co do tego, do kogo należą powstałe z ognia żywe istoty, i rozwiązaniu go przez Brahmę

Wasiszta kontynuował: 'O Paraśurama, po wszystkich tych narodzinach, o których tobie opowiedziałem, Mahadewa, który podczas tej ofiary przybrał formę Waruny i miał Agni za swą duszę, rzekł: «O bogowie błądzący po nieboskłonie, ta wspaniała ofiara wszystkiego jest moja. W tej ofierze noszę imię Grihapati (gospodarz). Te trzy istnienia, które najpierw wypłynęły z ofiarnego ognia, należą więc do mnie i powinny być uważane za moje potomstwo. Pamiętajcie o tym. Są one owocami tej ofiary!»

Agni rzekł: «O bogowie, to potomstwo wypłynęło z moich członków. Wszystkie te istnienia są zależne ode mnie jako przyczyny ich narodzin. Należy więc uznać je za moje dzieci. Mahadewa w formie Waruny myli się w tej sprawie».

Dziadek wszechświata Brahma, rzekł: «O bogowie, te dzieci są moje! To życiowe nasienie, które wlałem do ognia ofiarnego należało do mnie. To ja jestem wykonawcą tej ofiary i wlałem do ognia ofiarnego to nasienie, które pochodzi ode mnie. Owoce należą zawsze do tego, kto posiał nasiona. Główną przyczyną tych narodzin jest moje nasienie!»

Bogowie schylając przed Brahmą z szacunkiem głowę i stojąc przed nim z pobożnie złożonymi dłońmi, rzekli: «O Brahma, my wszyscy, jak i cały wszechświat ruchomych i nieruchomych stworzeń jesteśmy twoim potomstwem. Niech jednakże zostanie spełnione życzenie Agni i Mahadewy, aby to potomstwo należało do nich!»

W rezultacie tej prośby bogów Mahadewa w formie Waruny otrzymał za syna pierworodnego Bhrigu o słonecznym blasku. Następnie Brahma, który zna Prawdę w odniesieniu do wszystkiego, uznał, że Angiras powinien stać się synem Agni, a za swego syna uznał Kawi. Stąd Bhrigu, który jest uważany za jednego z Pradżapatich zaangażowanych w rozmnażanie żywych istot w celu zaludnienia ziemi, jest znany jako potomek Waruny. Z kolei obdarzony wszelką pomyślnością Angiras był nazywany potomkiem Agni, a słynny Kawi był znany jako syn Brahmy.

Bhrigu i Angiras, którzy wypłynęli z płomieni i paliwa Agni, stali się ojcami rozległych ras i plemion na świecie. Zaiste, Bhrigu, Angiras i Kawi są uważani za Pradżapatich i ojców rozmaitych ras i plemion zamieszkujących świat. Wszyscy są ich dziećmi.

Bhrigu miał siedmiu synów, którzy byli mu równi w zasługach i osiągnięciach. Ich imiona to Cjawana, Wadżrasirszan, Suczi,

Urwa, Śukra, Wibhu, Sawana. Razem było ich siedmiu. Będąc synami Bhrigu, należą do rodu o nazwie Bhargawa. Noszą również nazwę Warunów z tego powodu, że Bhrigu został zaadoptowany przez Mahadewę w formie Waruny. Ty sam Paraśurama należysz do rodu Bhrigu.

Angiras miał ośmiu synów znanych również pod imieniem Warunów. Oto ich imiona: Brihaspati, Utathja, Pajasja, Santi, Dhira, Wirupa, Samwarta, Sudhanwan. Tych ośmiu jest widzianych również jako potomkowie Agni. Wolni od wszelkiego zła, są oddani wyłącznie wiedzy.

Kawi miał również ośmiu synów znanych pod nazwą Warunów, którzy dobrze wróżący z natury znali *Brahmana*. Ich imiona to: Kawi, Kawja, Dhrisznu, Uśanas o wielkiej inteligencji, Bhrigu, Wiradża, Kasi i Urga znający wszystkie obowiązki. Oni zaludnili cały świat.

Wszyscy oni nosili imię Pradżapatich i zaludnili świat licznym potomstwem. Cały świat został więc zaludniony przez potomstwo Bhrigu, Angirasa i Kawi. Potężny i Najwyższy Pan Mahadewa, który w swej ofierze przybrał formę Waruny, przyjął również za synów zarówno Angirasa, jak i Kawi. Stąd ci dwaj są znani pod nazwą Warunów. Później Agni, bóg o ognistych płomieniach i nosiciel ofiary, przyjął za syna Angirasa i stąd wszyscy potomkowie Angirasa są znani również jako należący do rodu Agni.

W starożytnych czasach zadowolony z wszystkich bogów dziadek wszechświata Brahma rzekł: «O bogowie, niech Bhrigu, Angiras i Kawi oraz ich potomkowie uratują was wszystkich. Niech oni wszyscy staną się ojcami potomstwa zaludniającego ziemię i niech praktykują umartwienia. Niech dzięki waszej łasce uratują wszechświat przed byciem bezludną pustynią. Niech staną się tymi, którzy dali początek i utrzymują w istnieniu wszystkie rasy i plemiona i niech zwiększają ich energię. Niech staną się gruntownymi znawcami *Wed* i niech dokonają wielkich czynów. Niech dostarczają wsparcia celowi bogów i niech niosą ze sobą pomyślność. Niech staną się założycielami rozległych ras i plemion. Niech praktykują umartwienia, niech będą oddani *brahmacarji* i niech będą wielkimi mędrcami».

Bogowie rzekli: «O dziadku wszechświata, zarówno my, jak i wszyscy inni będziemy twoim potomstwem. Jesteś Stwórcą zarówno bogów, jak i braminów. Marici będzie twoim pierwszym synem. Zarówno my sami, jak i wszyscy ci, którzy są nazywani Bhargawa, będą twoimi potomkami. Mając ten fakt na uwadze, będziemy sobie nawzajem pomagać i wspierać się. W ten sposób wszystko będzie mnożyć swe potomstwo, mając ciebie za Stwórcę na początku każdego stwarzania, które następuje po zniszczeniu całego wszechświata».

Brahma rzekł: «O bogowie, jestem z was zadowolony, niech więc będzie tak, jak mówicie». I po wypowiedzeniu tych słów Brahma powrócił do swego zwykłego miejsca pobytu'.

4. O identyczności Agni z wszystkimi bogami i o złocie jako jego substytucie

Wasiszta kontynuował: 'O Paraśurama, opowiedziałem tobie o tym, co według niektórych wydarzyło się w odległych czasach na samym początku stwarzania podczas ofiary wielkiego Mahadewy, który zawierając w sobie wszystko, wlał samego siebie do swej jaźni, mając Agni za swoją duszę i który ze względu na cele swej ofiary przybrał formę Waruny. Opowiedziałem tobie również o pochodzeniu złota i oczyszczającej mocy daru złota. Posłuchaj raz jeszcze o potędze Agni i mocy złota. Agni jest wszystkimi bogami w jednym. Jest Brahmą, Paśupatim, Sarwą, Rudrą i Pradżapatim. Złoto narodziło się z jego nasienia i jest z nim identyczne. W sytuacji gdy ogień potrzebny w rycie ofiarnym jest nieosiągalny, złoto może zostać użyte jako jego substytut. Osoba, która wie, że złoto jest z ogniem tożsame, powinna położyć grudkę złota na trawie *kuśa* i dokonać libacji z ofiarnego masła na nią. Tak zostało stwierdzone w *Wedach*. Bóg ognia jest również zadowolony, gdy dokonuje się libacji do mrowiska, prawego ucha osła, do wody w świętych brodach (*tirtha*), na kawałek doskonale równej ziemi i rękę bramina, uważając ją za źródło swego nasycenia, jak i nasycenia bogów. Bogowie uważają Agni za swoje miejsce schronienia i są mu oddani. Agni, który jest ustami bogów, ukazał się, wypływając z Brahmy, a z Agni wypłynęło złoto, będąc z nim tożsame. Stąd mówi się, że te prawe osoby, które obdarowują bramina złotem, obdarowują go wszystkimi bogami.

Osoba, która czyni dar złota, realizuje bardzo wysoki cel, zdobywając regiony o płomiennym blasku. Zaiste, staje się królem królów w niebie. Czyniąc dar złota o poranku zgodnie z nakazanym obrządkiem, recytując właściwe mantry i realizując określone śluby, zdoła uniknąć przeraźliwych skutków zapowiadanych w koszmarnych snach i oczyści się z wszystkich grzechów. Zdoła również zrealizować wszystkie swoje pragnienia. Czyniąc dar złota w południe, niszczy wszystkie swoje przyszłe grzechy, a czyniąc taki dar o zmroku, zdobywa miejsca pobytu w regionach Brahmy, boga wiatru, Agni, Somy i Indry.

Ten, kto czyni dar złota, zdobywa sławę na tym świecie i po oczyszczeniu się z grzechów przebywa w niebiańskich regionach w stanie szczęśliwej ekstazy. Zaiste, taki człowiek zdobywa wiele regionów szczęśliwości i nikt mu nie dorówna chwałą. Zdolny do poruszania się wszędzie mocą swej woli, nigdy nie opadnie na ziemię i będzie się nimi cieszył przez całą wieczność. Chwała, którą zdobywa, jest prawdziwie wielka. Mówi się o nim, że jest tożsamy z Agni. Dar złota przynosi wielkie szczęście i prowadzi do zdobycia tych zasług i osiągnięć, których ktoś szuka, idąc drogą religii *pravritti* i oczyszczając serce'.

Wasiszta zakończył swe nauki, mówiąc: 'O Paraśurama, opowiedziałem tobie o mocy złota i potędze Agni, z którego nasienia narodziło się złoto. Pouczyłem cię również o zasługach, jakie przynosi dar złota. Mając to w pamięci nie zapominaj nigdy o czynieniu takiego daru i oddawaniu czci Agni'".

Bhiszma zakończył swe opowiadanie, mówiąc: „O Judhiszthira, po wysłuchaniu nauk wielkiego mędrca Wasiszty, Paraśurama uczynił dar złota zgodnie z nakazanym obrządkiem, obdarowując nim braminów i w ten sposób oczyścił się z grzechów. Uczyń więc to samo. Czyniąc taki dar oczyścisz się z grzechów".

Napisane na podstawie fragmentów *Mahābhārāta*,
Anusasana Parva, Part 2, Sections LXXXV (fragmenty).

Opowieść 221
O rytuale śraddha ku czci zmarłych przodków

1. O skutkach wykonania rytu *śraddha* w dany dzień miesiąca; 2. O przedmiotach ofiarowanych zmarłym przodkom podczas rytu *śraddha*; 3. O nagrodach płynących z wykonywaniu rytu *śraddha* pod szczególnymi konstelacjami; 4. O konieczności sprawdzenia zalet braminów spożywających jedzenie ofiarowane zmarłym przodkom podczas rytu *śraddha*; 5. O obowiązku zapraszania na posiłek podczas rytu *śraddha* tych, którzy na to zasługują; 6. O tym, jak riszi Nimi po raz pierwszy wykonał na ziemi ryt *śraddha*, szukając ochrony u swych przodków; 7. O tym, dlaczego podczas rytu *śraddha* pierwsza porcja darów należy do Agni; 8. O prawdziwej naturze religijnych umartwień.

> Bhiszma rzekł: „O Judhiszthira, ten, kto wykonuje ryt śraddha tylko w celu zaproszenia na ucztę przyjaciół i krewnych, swymi darami nie zadawala ani bogów, ani Ojców, i nie zdobywa nieba. Ten, kto z okazji rytu śraddha rozdaje jedzenie wśród krewnych i przyjaciół, nie dbając o to, aby zaprosić na posiłek tych, którzy na to zasługują i oddać im w ten sposób honory, nie dostaje się po śmierci na ścieżkę bogów, która jest wolna od udręki i przeszkód. Zaiste, ten, kto przekształca ryt śraddha w okazję do spotkania z przyjaciółmi, odrywa się od nieba, będąc jak ptak siadający na gałęzi, którą nagle łamie wiatr".

(*Mahābhārata*, Anusasana Parva, Part 2, Section XC)

1. O skutkach wykonania rytu *śraddha* w dany dzień miesiąca

Judhiszthira rzekł: „O Bhiszma, nauczałeś nas kiedyś o obowiązkach czterech kast. Wyjaśnij nam teraz w podobny sposób obowiązki, jakie żywi mają w stosunku do zmarłych przodków. Wyjaśnij nam rozporządzenia odnoszące się do wykonania rytu *śraddha*".

Bhiszma rzekł: „O Judhiszthira, posłuchaj z uwagą moich wyjaśnień dotyczących rytu *śraddha*. Rytuał ten jest pomyślny i godny pochwały, przynosi sławę i potomstwo, i jest traktowany jako ofiara ku czci Ojców (*pitri*).

Wszyscy, tj. bogowie, demony asury, ludzie, gandharwowie, pisaki, rakszasowie i inni, powinni zawsze oddawać cześć Ojcom z wielką troską o każdy szczegół. Ludzie często błądzą i oddają najpierw cześć Ojcom, a dopiero później zadowalają bogów, ofiarując im swoje uwielbienie, podczas gdy w pismach zostało stwierdzone, że ryt *śraddha* ku czci Ojców powinien być wykonywany dopiero po oddaniu czci bogom. W pewnych szczególnych warunkach możliwe jest jednak odstępstwo od tej ogólnej reguły. Zostało bowiem również stwierdzone, że podczas nowiu ryt *śraddha* powinien być wykonywany po południu, oraz że bogów należy czcić najpierw w czasie pierwszego dnia okresu przybywającego księżyca, a podczas pozostałych dni tego okresu należy najpierw czcić Ojców.

Zmarli dziadkowie zadawalają się rytem *śraddha* wykonanym dowolnego dnia, lecz owoce zbierane przez wykonującego są odmienne zależnie od tego, którego dnia miesiąca księżycowego ryt wykonuje. Posłuchaj teraz o wadach i zaletach wykonywania tego rytu podczas określonego dnia miesiąca księżycowego i owocach, jakie to przynosi.

Jeśli chodzi o okres przybywającego księżyca to ten, kto wykonuje ryt *śraddha* pierwszego dnia tego okresu, zdobywa piękne żony zdolne do obdarzenia licznym potomstwem o upragnionych zaletach. Ten, kto czci Ojców drugiego dnia, zdobywa liczne córki. Ten, kto czci ich trzeciego dnia, zdobywa liczne stada mniejszych zwierząt domowych, takich jak kozły i owce. Ten, kto czci ich piątego dnia, zdobywa licznych synów. Ten, kto czci ich szóstego dnia, zdobywa wielki splendor. Ten, kto czci ich siódmego dnia, zdobywa wielki zysk w handlu. Ten, kto czci ich dnia dziewiątego, zdobywa liczne zwierzęta kopytne. Ten, kto czci ich dziesiątego, zdobywa liczne stada krów. Ten, kto czci ich jedenastego dnia, zdobywa bogactwo w formie ubrań oraz naczyń z mosiądzu i innych metali, oraz licznych synów o splendorze równym Brahmie. Ten, kto czci ich dwunastego dnia, może zawsze oglądać różne rodzaje pięknych przedmiotów zrobionych ze złota i srebra. Ten, kto czci ich trzynastego dnia, zdobywa sławę wśród swych krewnych, lecz ten, kto czci ich czternastego dnia, uwikła się w wojnę i wszyscy młodzi ludzie w jego rodzinie zginą.

Jeśli zaś chodzi o dwutygodniowy okres ubywającego księżyca, to wszystkie dni, rozpoczynając od dziesiątego, kończąc na nowiu i wyłączając czternasty dzień, są właściwymi dniami na wykonanie tego rytu, podczas gdy pozostałe dni nie są zalecane. Wykonanie rytu *śraddha* podczas nowiu przynosi spełnienie wszystkich życzeń. I tak jak okres, w którym ubywa księżyca jest lepszy na wykonanie tego rytu od okresu, gdy go przybywa, tak druga część dnia jest lepsza od pierwszej".

2. O przedmiotach ofiarowanych zmarłym przodkom podczas rytu *śraddha*

Judhiszthira rzekł: „O Bhiszma, wytłumacz nam, jakie przedmioty ofiarowane Ojcom nigdy się nie wyczerpują? Jaki dar staje się wieczny?"

Bhiszma rzekł: „O Judhiszthira, posłuchaj o tym, co osoby doskonale znające rozporządzenia dotyczące rytu *śraddha* mówią o przedmiotach, jakie powinny być ofiarowane podczas rytu i o owocach takiego daru. Dar nasion sezamowych, ryżu, jęczmienia i czarnej ciecierzycy zadowala Ojców na okres miesiąca, jednakże, jak stwierdził Manu, gdy ryt *śraddha* jest wykonywany z ogromną ilością sezamu, jego skutki są wieczne. Z wszystkich rodzajów jedzenia ofiarowywanych Ojcom sezam jest uważany za najlepszy.

Dar ryb zadowala Ojców na dwa miesiące, baraniny na trzy miesiące, a mięsa z zająca na cztery. Mięso kozła zadowala ich na pięć miesięcy, bekonu na sześć, a ptasiego mięsa na siedem. Mięso jelenia zwane *priszata* zadowala ich na osiem miesięcy, antylopy *ruru* na dziewięć, a *gawaja* na dziesięć. Mięso bawołu zadowala ich na jedenaście miesięcy, a mięso wołu na cały rok. Dar *pajasy* (ugotowanego mleka z ryżem zmieszanego z oczyszczonym masłem) zadawala Ojców tak samo jak mięso wołu. Ofiarowanie mięsa z *wadhrinasa* (nosorożca) przynosi Ojcom zadowolenie przez dwanaście lat. Mięso nosorożca ofiarowane Ojcom w rocznicę ich śmierci nigdy się nie wyczerpuje, podobnie jak ofiarowana wówczas roślina zwana *kalasaka*, płatki kwiatu *kanczana* lub mięso kozła.

Pozwól mi w tym kontekście zacytować słowa nucone ongiś przez Ojców i powtarzane przez innych po dziś dzień. Zostały mi one przekazane przez mędrca Sanat-Kumarę. Ojcowie nucili:

'Ci, którzy rodzą się w naszym rodzie, powinni trzynastego dnia ubywającego księżyca, gdy na niebie dominuje konstelacja Magha, a słońce porusza się ku południu, ofiarować nam *pajasę* zmieszaną z oczyszczonym masłem. Powinni również pod konstelacją Magha ofiarować nam mięso kozła lub płatki kwiatu *kanczana*. Do ich obowiązków należy również ofiarowanie nam *pajasy* w odpowiednim rycie w miejscu przykrytym cieniem słonia.

Ci, którzy rodzą się w naszym rodzie, powinni mieć wielu synów, aby chociaż jeden z nich mógł udać się do świętego brodu Gaja w celu wykonania tam rytu *śraddha* pod drzewem banianowym czczonym w trzech światach. Dary ofiarowane pod jego gałęziami stają się niewyczerpalne. Podobnie niewyczerpalna staje się nawet niewielka ilość wody, korzonków, mięsa i ryżu zmieszanego z miodem, jeżeli są ofiarowane w rocznicę naszej śmierci'".

3. O nagrodach płynących z wykonywaniu rytu *śraddha* pod szczególnymi konstelacjami

Bhiszma kontynuował: „O Judhiszthira, posłuchaj teraz o tym, jakie nagrody przynosi wykonanie rytu *śraddha* pod szczególną konstelacją. Powtórzę tobie to, o czym opowiedział ongiś po raz pierwszy bóg umarłych Jama w rozmowie z królem Sasawindu.

Ten, kto zawsze wykonuje ryt *śraddha* pod konstelacją Karttika, jest uważany za wykonującego ofiarę po rozpaleniu w swym domowym ognisku ognia ofiarnego i wolny od gorączki, razem ze swymi dziećmi zdobywa niebo.

Ten, kto wykonuje ryt *śraddha* pod konstelacją Rohini lub pod konstelacją Wiśakha, realizuje pragnienie posiadania potomstwa, a ten, kto czci Ojców pod konstelacją Hasta, realizuje wszystkie swoje życzenia

Ten, kto szuka personalnego wzrostu i doskonalenia się, powinien czcić Ojców pod konstelacją Puszja, a ten, kto poszukuje energii, powinien wykonać ten ryt pod konstelacją Mrigasira.

Ten, kto wykonuje ryt *śraddha* pod konstelacją Ardra, staje się realizatorem gwałtownych uczynków, ten, kto czci Ojców pod konstelacją Aslesza zdobywa heroiczne potomstwo, a ten, kto czci Ojców pod konstelacją Madha, zdobywa prymat wśród krewnych.

Ten, kto czci Ojców pod wcześniejszą konstelacją Phalguni, zdobywa dobry los, ten, kto czci ich pod późniejszą Phalguni, liczne potomstwo, a ten, kto czci Ojców pod konstelacją Czitra, zdobywa potomstwo o wielkiej urodzie.

Ten, kto czci Ojców pod konstelacją Swati, zdobywa zyski w handlu, ten, kto czci ich pod konstelacją Punarwasu, zdobywa sukces w rolnictwie, a ten, kto czci ich a pod konstelacją Satawisza, którą włada Waruna, zdobywa sukces jako lekarz.

Ten, kto czci Ojców z pokorą i oddaniem pod konstelacją Dżesztha, zdobywa władzę, ten, kto czci ich pod konstelacją Dhaniszta, staje się władcą królestwa, a ten, kto czci ich pod konstelacją Anuradha, staje się królem królów.

Ten, kto wykonuje ryt *śraddha* pod konstelacją Mula, zdobywa zdrowie, ten, kto wykonuje go pod wczesną konstelacją Aszadą zdobywa sławę, a ten, kto wykonuje go pod późną konstelacją Aszadą, wędruje przez cały świat wolny od smutku.

Ten, kto czci Ojców pod konstelacją Abhidżit, zdobywa wiedzę, a ten, kto czci ich pod konstelacją Srawana, realizuje po śmierci wysoki cel.

Ten, kto wykonuje ryt *śraddha* pod wczesną konstelacją Bhadrapada, zdobywa wielkie stada kozłów i owiec, a ten, kto wykonuje go pod późną konstelacją Bhadrapada, zdobywa stada tysięcy krów.

Ten, kto czci Ojców pod konstelacją Rewati, nabywa wielkie bogactwo w formie naczyń z mosiądzu i miedzi, ten, kto czci ich pod konstelacją Aświnów, zdobywa wiele koni, a ten, kto czci ich pod konstelacją Bharani, zdobywa długowieczność".

Bhiszma zakończył swe opowiadanie, mówiąc: „O Judhiszthira, król Sasawindu po wysłuchaniu nauk Jamy o rozporządzeniach dotyczących nagród płynących z wykonania rytu *śraddha* pod szczególną konstelacją, postępował zgodnie z nimi i odniósł wielki sukces w podboju w zdobyciu władzy nad całą ziemią".

4. O konieczności sprawdzenia zalet braminów spożywających jedzenie ofiarowane zmarłym przodkom podczas rytu *śraddha*

Judhiszthira rzekł: „O Bhiszma, na ryt *śraddha* składa się szereg ceremonii ofiarowania jedzenia swoim zmarłym przodkom poprzez karmienie braminów. Wytłumacz nam, proszę, jakie cechy powinni mieć bramini, którzy spożywają jedzenie ofiarowane Ojcom w rycie *śraddha*?

Bhiszma rzekł: „O Judhiszthira, podczas rytu *śraddha* bramini otrzymują ofiarowane Ojcom jedzenie, siedząc na ziemi w długiej linii. Wśród nich mogą być zarówno tacy, o których mówi się, że zanieczyszczają linię, jak i tacy, co ją uświęcają, zależnie od ich wad i zalet. Zasługi zdobywane przez wykonującego ryt, jak i zadowolenie Ojców zależą również od atrybutów tych braminów. Dlatego też inteligentny człowiek wykonujący ryt *śraddha* powinien zawsze zbadać zalety tych braminów, których chce zatrudnić do pomocy przy prowadzeniu rytu i których następnie obdarowuje darami ofiarowanymi Ojcom. Badanie to powinno dotyczyć szlachetności ich urodzenia, wieku, postępowania, wyglądu i wiedzy.

Posłuchaj o tym, jacy bramini powinni być wykluczeni spośród tych, którzy otrzymują ofiarowane Ojcom jedzenie lub mówiąc potocznie, 'siedzą w linii', oraz o tym, jakie konsekwencje ma ich udział w rycie. Wykluczeni powinni być ci bramini, którzy są podstępni, winni zabójstwa płodu, podpalenia lub otrucia, chorzy na gruźlicę, zaniedbujący studiowanie *Wed*, będący pospolitymi sługami w wiosce lub śpiewakami, utrzymujący się przy życiu z lichwiarskiego procentu, zajmujący się stręczycielstwem lub wróżbiarstwem, sprzedający somę lub olej, jak i ci, którzy są na usługach króla. Również ci, którzy są krzywoprzysięzcami, oszustami lub złodziejami, zostali przeklęci, są w konflikcie ze swym ojcem, tolerują w swym domu kochanka żony, zdradzają swoją żonę, utrzymują się przy życiu z mechanicznej sztuki, przebierają się za kogoś innego, zachowują się fałszywie, są wrodzy wobec tych, których nazywają przyjaciółmi, są nauczycielami szudrów, noszą broń, polują używając psów, zostali pogryzieni przez psa, zawarli związek małżeński przed swoim starszym bratem, zostali obrzezani, zanieczyścili łoże swego nauczyciela oraz ci, którzy są aktorami, mimami lub wróżbiarzami.

Mędrcy znający *Wedy* twierdzą, że gdy jedzenie ofiarowane Ojcom jest zjadane przez wymienionych przeze mnie braminów, zamiast do żołądków Ojców trafia do żołądków rakszasów, a ta osoba, która po zjedzeniu takiego jedzenia położy się do łoża z kobietą szudrą, powinna wiedzieć, że w konsekwencji tego uczynku zmusza swych Ojców do leżenia przez miesiąc we własnych odchodach. Podobnie, gdy jedzenie ofiarowane Ojcom w rycie *śraddha* jest dane do spożycia braminowi, który sprzedaje somę, przemienia się w ludzkie ekskrementy, a dane braminowi praktykującemu medycynę, przemienia się w ropę i krew.

Jedzenie ofiarowane Ojcom w rycie *śraddha* zjadane następnie przez bramina żyjącego z lichwy przynosi wykonującemu ryt niesławę, a spożywane przez bramina zajmującego się handlem lub wróżbiarstwem nie przynosi mu żadnych owoców ani na tym, ani na tamtym świecie. Podobnie, dane braminowi, który jest synem kobiety, która po śmierci męża wyszła ponownie za mąż lub braminowi, który nie realizuje swych obowiązków i nie stosuje się do reguł zachowania właściwych dla swej kasty, staje się równie bezowocne, jak lanie oczyszczonego masła na wygasły popiół. Człowiek o niewielkiej inteligencji, który daje takie dary do spożycia wymienionym braminom, choć zna ich skłonności, zmusza swoich Ojców do spożywania ludzkich odchodów. Stwierdza się również, że ofiarowane Ojcom dary należą do asurów wówczas, gdy są zjadane przez kogoś z głową owiniętą szalem lub z twarzą odwróconą w kierunku południowym oraz kogoś w butach lub sandałach. Wszystko, co jest dane ze złą wolą lub bez szacunku, staje się na mocy bramińskiego rozporządzenia porcją należącą do księcia asurów Wali".

Bhiszma kontynuował: „O Judhiszthira, pamiętaj o tym, że wymienieni przeze mnie bramini są niegodni należenia do swej kasty i zasługują na wykluczenie z 'siedzenia w linii' podczas rytu *śraddha*. Do tej samej kategorii nędzników należą również ci bramini o niewielkiej energii, którzy są nauczycielami szudrów, a o braminie, który jest niewidomy, mówi się, że plami sześćdziesiąt osób 'siedzących w linii'. Ten z kolei, któremu brakuje męskiej energii, zanieczyszcza setkę, a ten, którego dotknął trąd, plami każdego, na kogo spojrzy. Psom i braminom zanieczyszczającym 'siedzących w linii' nie powinno się nigdy pozwolić na spojrzenie na ofiarę przygotowaną dla Ojców. Z tego powodu ryt *śraddha* powinien być wykonywany w miejscu, które jest ogrodzone, ukryte przed niepożądanym wzrokiem i posypane nasionami sezamu. W rytach *śraddha*, które są wykonywane w gniewie lub bez nasion sezamowych, ofiarowane Ojcom dary są rozkradane przez pisaki i rakszasów, a utrata zasług spowodowana przez niemądrego wykonawcę rytu jest współmierna do liczby braminów zasługujących na wykluczenie, których zaprosił do 'siedzenia w linii'".

Bhiszma kontynuował: „Posłuchaj teraz o tych braminach, którzy zaproszeni do udziału w uczcie podczas rytu *śraddha* uświęcają 'siedzących w linii'. Znajdziesz ich dzięki badaniu ich bramińskich wad i zalet. Bramini oczyszczają się poprzez wiedzę, stąd wszystko jest uświęcane przez tych, którzy studiują *Wedy*, czynią śluby i wykonują obrzędy, których zachowanie jest dobre i religijne.

Na 'siedzenie w linii' podczas rytu *śraddha* zasługuje ten bramin, który rozpalił pięć ogni ofiarnych, poznał trzy *naczikety*, pięć *suparnów*, sześć gałęzi *Wed* (*angi*), jak i święte wedyjskie hymny, naukę o rytmie i *saman* Dżesztha. Zasługuje na to również ten, kto sam poznał *Wedy* i ma przodków znających je od dziesięciu pokoleń. Ten, którego ojciec nauczał *Wed* i który sam ich naucza, jest posłuszny nakazom rodziców, kładzie się do łoża ze swymi żonami jedynie we właściwym czasie, jest oczyszczony przez wiedzę, *Wedy*, śluby i obrzędy. Zasługuje na to również ten, kto praktykuje *brahmacarję*, realizuje przysięgi, jest prawdomówny i prawy w działaniu, realizuje obowiązki wyznaczone dla swej kasty, podejmuje trud pielgrzymki do świętych brodów, odbywa końcową kąpiel po wykonaniu rytów ofiarnych i recytowaniu mantr, uwalnia się od gniewu, osiąga spokój, ma skłonność do wybaczania, kontroluje swe zmysły i jest oddany dobru wszystkich żywych istot. Cokolwiek jest dane takiemu braminowi, staje się niewyczerpane. Taki bramin zaproszony na ucztę podczas rytu *śraddha*, 'siedząc w linii', uświęca ją. Wymienia się również inne osoby, które są błogosławione i powinny być widziane jako uświęcające 'linię'. Należą do nich święci pustelnicy i ci, którzy poznali religię *mokszy* i są oddani jodze, jak i ci, którzy recytują starożytne i święte opowieści na zgromadzeniach braminów. Należą do nich również ci, którzy poznali komentarze do świętych pism zwane *bhaszaja*, są oddani studiom gramatyki, *Puran* i nauk o *dharmie*, postępują zgodnie z wyznaczonymi standardami, mieszkają przez określony okres czasu w domu nauczyciela, są prawdomówni, znają wszystkie *Wedy* i filozoficzne aforyzmy. Osoby te uświęcają 'linię' tak daleko, jak sięga ich wzrok. Bramini mówią, że do uświęcających 'linię' należy nawet ta osoba, która jest potomkiem nauczyciela *Wed*, a ta, która również sama naucza *Wed*, uświęca wszystko na odległość siedmiu mil.

O tym, kto zajmuje podczas rytu *śraddha* pierwsze miejsce w 'linii', choć nie jest kapłanem ofiarnikiem (*ritwik*) lub wedyjskim nauczycielem, mówi się, że swym uczynkiem bierze na siebie grzechy tych, którzy 'siedzą w linii', choćby nawet uczynił to za zgodą obecnych tam kapłanów. Jednakże, gdy człowiek ten poznał *Wedy* i jest wolny od wszystkich słabostek, które zanieczyszczają 'linię', nie powinien być uważany za upadłego z powodu zajęcia pierwszego miejsca w 'linii'. Taki człowiek jest faktycznie tym, który uświęca 'linię'. Czystość braminów robi wielką różnicę i dlatego przed zaproszeniem braminów na ucztę podczas rytu *śraddha* należy odpowiednio zbadać ich wady i zalety. Należy zaprosić tylko tych, którzy są oddani obowiązkom swej kasty, urodzili się w dobrej rodzinie i zdobyli wiedzę".

5. O obowiązku zapraszania na posiłek podczas rytu *śraddha* tych, którzy na to zasługują

Bhiszma rzekł: „O Judhiszthira, ten, kto wykonuje ryt *śraddha* tylko w celu zaproszenia na ucztę przyjaciół i krewnych, swymi darami nie zadawala ani bogów, ani Ojców i nie zdobywa nieba. Ten, kto z okazji rytu *śraddha* rozdaje jedzenie wśród krewnych i przyjaciół, nie dbając o to, aby zaprosić na posiłek tych, którzy na to zasługują i oddać im we ten sposób honory, nie dostaje się po śmierci na ścieżkę bogów, która jest wolna od udręki i przeszkód. Zaiste, ten, kto przekształca ryt *śraddha* w okazję do spotkania z przyjaciółmi, odrywa się od nieba, będąc jak ptak siadający na gałęzi, którą nagle łamie wiatr. Wykonywany przez kogoś ryt *śraddha* nie służy temu, aby uhonorować ucztą przyjaciół. Przyjaciół może ugościć przy innej okazji. Jedzenia ofiarowanego podczas rytu Ojcom nie należy dawać ani przyjaciołom, ani wrogom, lecz osobom postronnym, które na to zasługują. Tak jak nasiona posiane na sterylną ziemię nie wyrosną i tak jak ten, kto nie zasiał nasion, nie zbierze plonu, tak jedzenie ofiarowane Ojcom podczas rytu *śraddha* nie zrodzi owocu ani za życia, ani po śmierci, jeżeli jest spożywane przez niegodną tego osobę. Bramin, który nie zna *Wed*, jest jak słomiany ogień, który szybko gaśnie. Obdarowanie go tym, co zostało ofiarowane Ojcom podczas rytu *śraddha* jest równie bezowocne jak lanie ofiarnego masła na popiół, który pozostał po wygasłym ogniu ofiarnym.

Gdy jedzenie ofiarowane Ojcom podczas rytu *śraddha* zostaje podzielone pomiędzy wykonawców rytu, zamiast być dane w darze tym, którzy na ten dar zasługują, staje się jedzeniem dla pisaków. Taki dar ofiarny nie zadowala ani bogów, ani Ojców, którzy pozbawieni odpowiedniego jedzenia zamiast dotrzeć do właściwego regionu, błąkają się po tym świecie, tak jak krowa po utracie cielątka błąka się po zagrodzie. Tak jak oczyszczone masło lane na popiół po wygaśnięciu ognia ofiarnego nigdy nie dociera do bogów i Ojców, tak dar ofiarowany tancerzowi lub śpiewakowi, czy też *dakszina* ofiarowana kłamcy lub oszustowi nie przynosi żadnych zasług. Wręcz przeciwnie, taka *dakszina* niszczy zarówno obdarowująco, jak i obdarowanego i jest godna potępienia. Ojcowie osoby czyniącej taką *dakszinę* nie mogą iść dalej ścieżką bogów. Bogowie znają ich jako braminów, którzy krążą w kółko zamknięci wewnątrz granic ustanowionych przez riszich znających wszystkie obowiązki i mających głęboką wiarę w ich skuteczność.

Za riszich uważa się tych braminów, którzy są oddani wiedzy, studiowaniu *Wed*, umartwieniom i religijnemu działaniu. Jedzenie ofiarowane Ojcom podczas rytu *śraddha* powinno być następnie właśnie nim dane. Ci, którzy mówią źle o braminach podczas rozmów na zgromadzeniach, nie powinni nigdy spożywać tego, co zostało ofiarowane Ojcom. Oczerniani bramini potrafią zniszczyć trzy pokolenia oczerniającego. Tak zostało zadeklarowane przez mędrców. Ten, kto pragnie wykonać ryt *śraddha*, powinien poddać braminów znających Wedy dyskretnie i z dystansu egzaminowi, i nie zważając na to, czy kogoś lubi, czy też nie, powinien oddać jedzenie ofiarowane Ojcom tylko tym braminom, którzy na to zasługują. Ten, kto daje w darze jedzenie tysiącom fałszywych braminów, nie zdobędzie nawet cząstki tych zasług, które płyną z nakarmienia choćby jednego bramina, który zdobył wiedzę *Wed*".

6. O tym, jak riszi Nimi po raz pierwszy wykonał na ziemi ryt śraddha, szukając ochrony u swych przodków

Judhiszthira rzekł: „O Bhiszma, skąd wziął się na ziemi ryt *śraddha* i kiedy powstał? Jaka jest jego istota? Kim był ten mędrzec, który w czasach gdy świat był zaludniony jedynie przez potomków Bhrigu i Angirasa, wykonał go pierwszy raz? Jakie działania należy wykonać podczas rytu i jakie są zakazane? Czym są te *śraddhy*, podczas których ofiaruje się owoce i korzonki? Jakich gatunków niełuskanego ryżu należy w rycie unikać? Opowiedz nam, proszę, o tym wszystkim"

Bhiszma rzekł: „O Judhiszthira, posłuchaj teraz mojego opowiadania o tym, jak i kiedy wykonanie rytu *śraddha* ku czci zmarłych przodków zostało na ziemi wprowadzone, jaka jest istota tego rytu i kto wykonał go po raz pierwszy.

W odległych czasach żył na ziemi riszi o imieniu Nimi, który zdobył bogactwo ascezy. Jego ojcem był Dattatreja, który pochodził z rodu Atriego narodzonego z umysłu Brahmy. Nimi miał syna o imieniu Śrimat, który był bardzo piękny. Śrimat praktykował bardzo surowe umartwienia i po upływie tysiąca lat poddając się wpływowi czasu, uwolnił z ciała swą duszę i opuścił ten świat. Jego ojciec Nimi, choć wykonał oczyszczające ryty zgodnie z nakazami, goląc sie, kąpiąc i nosząc czyste ubranie, nie potrafił uwolnić się od smutku z powodu utraty syna. Nie mogąc przestać myśleć o przyczynie swego smutku, czternastego dnia miesiąca księżycowego zebrał różne składniki potrzebne do przygotowania smacznych potraw i napojów, którymi za życia cieszył się jego syn. Następnego dnia, choć obudził się z sercem pełnym bólu, zdołał ten ból usunąć z jednego składnika, nad którym pracował, przygotowując jedzenie. Jego rozumienie zdołało zająć się czymś innym niż myślenie o śmierci syna. W jego skoncentrowanym na przygotowywaniu jedzenia umyśle narodziła się wówczas idea *śraddhy*. Przygotowując posiłek, skupiał po kolei całą swą myśl na poszczególnych zebranych poprzedniego dnia artykułach, na które składały się owoce, korzonki i ziarna podstawowych zbóż. W dniu nowiu zaprosił do swej pustelni pewną liczbę godnych szacunku braminów i gdy na jego prośbę usiedli na trawie *kuśa*, oddał im honory, okrążając ich pobożnie. Zbliżył się do siedmiu z nich i ofiarował im do zjedzenia ryż *sjamaka* bez soli. Pod stopami tych jedzących ryż braminów rozłożył źdźbła trawy *kuśa* z górnymi końcami skierowanymi na południe. Po rozłożeniu trawy *kuśa* w ten sposób z oczyszczonym ciałem i umysłem ofiarował placki ryżu swemu zmarłemu synowi, recytując jego imię jak i imiona rodziny i swego rodu.

Po uczynieniu tego wszystkiego riszi Nimi pożałował swego czynu, gdyż uświadomił sobie, że wykonał czyn, który, zgodnie z jego wiedzą, nie został uświęcony w pismach. Uczynił bowiem z myślą o swym umarłym synu to, co syn powinien uczynić po śmierci ojca. Żałując swego uczynku myślał z przerażeniem: 'Cóż ja uczyniłem? Jakże zdołam uniknąć klątwy braminów z powodu wykonania tego obcego pismom rytu?'

Zaczął rozmyślać o oryginalnym założycielu swego rodu, szukając ochrony u swych przodków. I jak tylko zaczął o nim myśleć, wielki riszi Atri, do którego sięgały korzenie jego rodu, pojawił się przed nim. Atri, widząc jego smutek z powodu czynu, który popełnił, pragnąc uwolnić się od smutku spowodowanego śmiercią syna, rzekł uspakajająco: 'O Nimi, uwolnij się od lęku, bo nie popełniłeś grzechu. Ryt, którego idea narodziła się w twoim umyśle i który wykonałeś, jest rytem ofiarnym ku czci *pitri* (Ojców), tj. dusz przodków. Ryt ten został w odległych czasach zarządzony przez dziadka wszechświata Brahmę. Bogowie nazywani *pitri* zostali stworzeni przez Brahmę. Dzieli się ich na siedem klas, z których cztery są cielesne i trzy bezcielesne. Również inni wysoce błogosławieni, jak *uszmapowie*, zostali stworzeni przez Brahmę. Dla każdego z nich zostały wyznaczone odpowiednie porcje darów ofiarowanych podczas rytu *śraddha*. Dzięki oddawaniu czci tym bogom podczas tego rytu, zmarli ojcowie rodu lub bezpośredni przodkowie osoby wykonującej dla nich ryt, do których zalicza się dziadek, ojciec i syn, oczyszczają się z grzechów'.

Riszi Atri kontynuował: 'O Nimi, postąpiłeś słusznie. Któż inny niż Brahma mógłby zarządzić ten ryt, który wykonałeś i który jest rytem ku czci Ojców? Posłuchaj moich nauk o jego dalszych rozporządzeniach w tej sprawie, które są doskonałe, i realizuj je w swym postępowaniu po śmierci zmarłych ojców własnego rodu, aby zapewnić im ochronę Ojców na drodze ku wyższym regionom.

Brahma zarządził, że podczas wykonywania rytu *śraddha* porcje ofiary należą się również bogom. Po wykonaniu *karany* do świętego ognia z pomocą odpowiednich mantr, należy ofiarować libację Agni, Somie i Warunie. Podczas rytów *śraddha* należy również sławić boginię Ziemię, która nosi i utrzymuje w istnieniu to, co jest ofiarowane, sławiąc jej imiona Waisznawi, Kaśjapi i Akszaja (niewyczerpalna). Warunę należy wysławiać w momencie, gdy zostaje przyniesiona woda, zaraz potem należy przywołać Agni i Somę i zadowolić ich libacją.

Brahma zarządził również część ofiary dla Wiśwadewów, którzy zawsze towarzyszą *pitrim*, mają Agni za swoje usta i są karmieni za jego pośrednictwem. Posłuchaj ich imion: Wala, Dhriti, Wipapa, Punjakrit, Pawan, Parszni, Kszeman, Samuha, Diwjasanu, Wiwaswat, Wirjawat, Hrimat, Kirtimat, Krita, Dżitatman, Muniwirja, Diptroman, Bhajankara, Anukarman, Pratira, Pradatri, Angsumat, Sailabha, Parama, Krodhi, Dhiroszni, Bhupati, Śradżas, Wadżrin i Wari. Istnieją jeszcze inni o imionach Widjurwarczas, Somawarczas i Surjaśri. Wśród nich są Somapa, Surjasawitra, Dattatman, Pundarijaka, Uszninabha, Nabhoda, Wiśwaju, Dipti, Szamuhara, Suresa, Wjomari, Sankara, Bhawa, Iśa, Karttri, Kriti, Daksza, Bhuwana, Diwjakarmakrit, Ganita, Pańcawirja, Aditja, Rasmimat, Saptakrit, Somawarcza, Kawi, Wiśwakrit, Anugoptti, Sugoptri, Naptri i Iśwara. Są to imiona Wiśwadewów, którzy są wieczni i znają wszystko, co wydarza się w czasie.

Pisma wskazują na szereg artykułów, który nie powinno się ofiarowywać podczas rytu *śraddha*. Należy do nich np. gatunek niełuskanego ryżu o nazwie *kodrawa* i *pulaka*. Nie należy również ofiarować cebuli, czosnku, *asofetidity*, mięsa zwierząt zabitych zatrutymi strzałami, czarnej soli, mięsa z udomowionego wieprza lub zwierząt zabitych w ofierze, soli z gatunku *wid*, warzyw o nazwie *sitapaki*, wszelkiego rodzaju kiełków, jak np. kiełki bambusowe, i inne. Wszystkie rodzaje soli i pewne gatunki owoców powinny również być wykluczone spośród artykułów ofiarowanych podczas rytu *śraddha*. Nie należy też podawać takich artykułów, które zostały oplute lub zroszone łzami. Wymienionych artykułów *pitri* nie akceptują'.

Kończąc swe nauki Atri, rzekł: 'O Nimi, wykonując ryt *śraddha* po śmierci bezpośrednich ojców swego rodu, pamiętaj również o tym, że należy starannie wybrać miejsce, gdzie ryt zostanie wykonany. Nie powinno tam być żadnego czandali, garbarza skór, zabójcy bramina, bramina o nieczystym pochodzeniu, osoby noszącej pożółkłe ubranie, chorej na trąd, zdeklasowanej, lub której krewni są zdeklasowani. Postępując w ten sposób, zapewnisz swym zmarłym przodkom ochronę Ojców i zdobycie wyższych regionów'.

Riszi Atri pouczywszy w ten sposób mędrca Nimi, który był potomkiem jego rodu, udał się z powrotem na zgromadzenie zarządzone przez dziadka wszechświata w niebie".

7. O tym, dlaczego podczas rytu *śraddha* pierwsza porcja darów należy do Agni

Bhiszma kontynuował: „O Judhiszthira, inni riszi, idąc za przykładem Nimi, zaczęli wykonywać ryt ofiarny ku czci Ojców nazywany *śraddha*, postępując zgodnie z rozporządzeniami. Oddani swym obowiązkom, zaczęli również ze skoncentrowanym umysłem ofiarować Ojcom wodę, jednakże w konsekwencji czczenia Ojców oblacją przez osoby z wszystkich kast Ojcowie, jak i bogowie zostali dotknięci niestrawnością. Chorzy od ogromnej ilości jedzenia otrzymywanej od ludzi udali się przed oblicze Somy (księżyca) i rzekli: 'O Soma, jesteśmy chorzy od ogromnej ilości jedzenia, którym ludzie obdarowują nas podczas rytu *śraddha*. Rozporządź to, co jest konieczne, aby przynieść nam ulgę!' Soma rzekł: 'O bogowie i Ojcowie, udajcie się do Brahmy, on przyniesie wam ulgę'.

Bogowie i Ojcowie udali się więc do Brahmy, który siedział na szczycie góry Meru. Rzekli: 'O Brahma, jesteśmy chorzy od ogromu jedzenia ofiarowanego nam podczas rytu *śraddha* przez ludzi. Ukaż nam łaskę i uczyń to, co będzie dla nas dobre'.

Brahma rzekł: 'O bogowie i Ojcowie, poproście o pomoc Agni, który siedzi tutaj obok mnie'.

Agni rzekł: 'O bogowie i Ojcowie, od tego momentu będę zjadać jedzenie ofiarowane podczas rytu *śraddha* razem ze wami. Jedząc je razem ze mną, zdołacie je bez trudu strawić'.

Słowa Agni ucieszyły Ojców i od tego czasu podczas rytu *śraddha* pierwsza część darów ofiarnych należy do Agni. Gdy ta pierwsza porcja jest ofiarowana Agni, wówczas rakszasowie z linii Pulastji, syna Brahmy, nie są zdolni do zniszczenia takiego rytu. Rakszasowie uciekają na widok Agni obecnego podczas rytu *śraddha*.

Zgodnie z rozporządzeniami, podczas rytu *śraddha* należy ofiarować pogrzebowy placek w określonym porządku: najpierw zmarłemu ojcu, następnie dziadkowi i w końcu pradziadkowi. Ofiarnik, ofiarując placek każdemu z nich, powinien ze skupioną uwagą recytować mantry Sawitri, jak i Somy, który darzy Ojców sympatią. Ofiarowany Ojcom ryż powinien być gotowany jedynie przez kobietę należącą do tego samego rodu, co ten, kto wykonuje ryt. Ponadto miesiączkująca kobieta, która jest nieczysta, jak i taka, która ma obcięte uszy, nie powinna nigdy przebywać na terenie, gdzie wykonywany jest ryt *śraddha*.

Chcąc zadowolić Ojców, należy zawsze podczas przekraczania rzeki czynić ofiarę wody, najpierw na rzecz swoich zmarłych przodków, a następnie na rzecz swych zmarłych przyjaciół i krewnych. Ojcowie oczekują również ofiary wody od tych, którzy przekraczają rzekę, jadąc wozem zaprzężonym w woły różnej maści lub płynąc łódką. Ci, którzy o tym wiedzą, zawsze ofiarują Ojcom w tych okolicznościach wodę ze skupionym umysłem. Swych zmarłych przodków należy regularnie czcić rytem *śraddha* co dwa tygodnie w dniu nowiu. Dzięki oddaniu Ojcom, do których należą również Brahma, Pulastja, Wasiszta, Pulaha, Angiras, Kratu i Kaśjapa widziani jako mistrzowie jogi, zdobywa się wysoki wzrost, żywotność, energię i dobrobyt".

Bhiszma zakończył swe opowiadanie, mówiąc: „O Judhiszthira, takie są rozporządzenia w odniesieniu do rytu *śraddha*. Dzięki wykonywaniu tego rytu na ziemi przez tych, którzy pozostają przy życiu, zmarli przodkowie jego rodu uwalniają się od cierpienia".

Napisane na podstawie fragmentów *Mahābharāta*,
Anusasana Parva, Part 2, Sections LXXXVII-XCII.

Opowieść 222
O prawdziwej naturze religijnych umartwień

> Bhiszma rzekł: „O Judhiszthira, ludzie faktycznie często utożsamiają poszczenie przez cały miesiąc lub połowę z religijnymi umartwieniami. Nie jest to jednak słuszne. Ten, kto torturuje swe ciało, nie staje się przez to automatycznie ascetą lub kimś, kto poznał religię. Takie umartwianie się jest grzeszne. Praktykowanie umartwień w religijnym sensie jest tożsame z praktykowaniem wyrzeczenia. Zostało stwierdzone, że bramin przez praktykowanie wyznaczonych dla niego postów i celibatu powinien rozwijać w sobie umiejętność uwalniania się od wpływu żądzy oraz zdolność do kontrolowania zmysłowych impulsów".

(*Mahābharāta*, Anusasana Parva, Part 2, Section XCIII)

Judhiszthira rzekł: „O Bhiszma, chciałbym bardzo poznać, jaka jest prawdziwa natura religijnych postów i umartwień. Wytłumacz mi na przykład, czy bramini, którzy pomimo uczynionego przedtem ślubu postu wypijają na zaproszenie innego bramina ofiarowaną oblację podczas rytu *śraddha*, popełniają grzech złamania przysięgi? Czy w takiej sytuacji powinni odmówić wypicia jej?"

Bhiszma rzekł: „O Judhiszthira, *Wedy* zakazują braminowi realizującemu ślub postu spożywanie czegokolwiek pod wpływem pragnienia. Stwierdzają również, że realizujący post bramin popełnia grzech złamania przysięgi, wypijając ofiarne masło na zaproszenie osoby prowadzącej ryt *śraddha*".

Judhiszthira rzekł: „O Bhiszma, niektórzy twierdzą, że poszczenie jest tożsame z praktykowaniem religijnych umartwień. Wytłumacz mi, czy to stwierdzenie jest słuszne?"

Bhiszma rzekł: „O Judhiszthira, ludzie faktycznie często utożsamiają poszczenie przez cały miesiąc lub połowę z religijnymi umartwieniami. Nie jest to jednak słuszne. Ten, kto torturuje swe ciało, nie staje się przez to automatycznie ascetą lub kimś, kto poznał religię. Takie umartwianie się jest grzeszne. Praktykowanie umartwień w religijnym sensie jest tożsame z praktykowaniem wyrzeczenia. Zostało stwierdzone, że bramin przez praktykowanie wyznaczonych dla niego postów i celibatu powinien rozwijać w sobie umiejętność uwalniania się od wpływu żądzy oraz zdolność do kontrolowania zmysłowych impulsów. Powinien zawsze praktykować samo-dyscyplinę, trzymając w ryzach swą mowę i recytując *Wedy*. Powinien zawrzeć związek małżeński i spłodzić potomstwo, kierując się prawością. Powinien kontrolować swój sen, wyrzec się mięsa, studiować pisma, zawsze mówić prawdę, być gościnny dla każdego, kto zawita do jego domostwa. Powinien żywić się tym, co pozostaje z darów ofiarowanych bogom i gościom, oraz tym, co pozostaje w domu po nakarmieniu całej rodziny. O takiej osobie mówi się, że pije eliksir nieśmiertelności (*amritę*), który jest napojem bogów. Powinien również wykonywać wszystkie ryty i spełniać ofiary".

Judhiszthira rzekł: „O Bhiszma, kiedy więc można o kimś powiedzieć, że zawsze pości, realizuje śluby celibatu lub że spożywa resztki z ofiary (*wighasa*)? Kiedy można kogoś nazwać gościnnym?"

Bhiszma rzekł: „O Judhiszthira, o tym, kto spożywa posiłek tylko rano i wieczorem o określonych godzinach i powstrzymuje się od jedzenia między posiłkami, mówi się, że zawsze pości. O tym, kto kładzie się do łoża jedynie ze swoją żoną i tylko we właściwym czasie, mówi się, że przestrzega celibatu. Za szczerego i prawdomównego uważa się tego, kto zawsze daje dary. Ten, kto spożywa tylko mięso zwierząt zabijanych w ofierze, jest uważany za osobę, która ogranicza się w jedzeniu mięsa. Ten, kto powstrzymuje się od spania podczas dnia, jest uważany za wiecznie obudzonego. Ten, kto zawsze spożywa tylko to, co pozostaje po zaspokojeniu potrzeb gości i służby, jest uważany za kogoś, kto zawsze pije *amritę* (eliksir nieśmiertelności). Ten, kto sam spożywa posiłek dopiero wówczas, gdy bramini się nasycą, jest uważany za osobę, która swym zachowaniem zdobywa niebo. O tym, kto spożywa tylko to, co pozostaje z darów ofiarowanych bogom i gościom oraz po nakarmieniu całej rodziny, mówi się, że spożywa *wighasę* (resztki z ofiary). Ci, którzy postępują w opisany przeze mnie sposób, zdobywają liczne regiony szczęśliwości należące do Brahmy, gdzie przebywają w towarzystwie apsar i gandharwów. Zaiste, cieszą się tam wszystkimi rodzajami rozkoszy dostępnymi w tych regionach. Taki realizują cel".

Napisane na podstawie fragmentów *Mahābharāta*,
Anusasana Parva, Part 2, Section XCIII (fragmenty).

Opowieść 223
O tym, jak Indra ochrania siedmiu riszich przed rakszinią Jatudhani

> *Sunahsakha rzekł: „O bezgrzeszni asceci odziani w bogactwo umartwień, faktycznie to ja ukradłem wasze łodygi lotosów, powodując w jednym mgnieniu oka ich zniknięcie. Uczyniłem tak z pragnienia poddania testowi waszej zdolności do wyrzeczenia. Przybyłem tutaj głównie po to, aby was ochronić przed złymi zamiarami tej przeraźliwej rakszini o imieniu Jatudhani. Ta kobieta skłonna do okrucieństwa leży teraz martwa na ziemi w formie garstki popiołu. Narodziła się z zaklęć króla Wriszadarbhi rozgniewanego waszą odmową przyjęcia jego daru i przybyła tutaj, aby was zabić. Gdybym jej nie zniszczył, ta niegodziwa istota nasłana na was przez tego króla pozbawiłaby was życia. Dowiedzcie się, że jestem Indrą i przybyłem tutaj na ziemię, aby ją zabić i was ochraniać. Wy sami dowiedliście swym postępowaniem, że uwolniliście się już całkowicie od zachłanności i zdobyliście w ten sposób wieczne regiony, gdzie natychmiast realizują się wszystkie życzenia. Udajcie się więc do tych błogosławionych regionów wiecznej szczęśliwości zarezerwowanych dla was".*

(*Mahābhārāta*, Anusasana Parva, Part 2, Section XCIII)

Judhiszthira rzekł: „O Bhiszma, nauczałeś nas o praktykowaniu dobroczynności i nagrodach, jakie przynosi. Wytłumacz nam teraz, kiedy odmówienie przyjęcia daru przez bramina jest cnotą?"

Bhiszma rzekł: „O Judhiszthira, w odpowiedzi na to pytanie posłuchaj starożytnej opowieści o tym, jak siedmiu mędrców odmówiło przyjęcia daru od króla o imieniu Wriszadarbhi i jak Indra obronił ich przed rakszinią Jatudhani zrodzoną z jego gniewu, poddając najpierw testowi ich cnotę.

W odległych czasach riszi Kaśjapa, Bharadwadża, Wasiszta, Atri, Gautama, Wiśwamitra i Dżamadagni, pragnąc zdobyć wieczny region Brahmy przy pomocy jogicznych medytacji, wędrowali po całym świecie, praktykując surowe umartwienia. Towarzyszyła im cnotliwa żona Wasiszty Arundhati oraz jej służąca o imieniu Ganda ze swoim mężem szudrą Pasusakhą. W czasie ich wędrówki na ziemi panowała długotrwała susza i zamieszkujące ziemię żywe istoty, cierpiąc głód, stały się bardzo słabe. Zanim susza zawładnęła światem, wymienieni riszi, asystując w rycie ofiarnym sponsorowanym przez króla Wriszadarbhi, otrzymali od niego w formie *dakszin y* jego syna, który nie ciesząc się długowiecznością, umarł obecnie z głodu. Riszi zbliżyli się do zmarłego księcia, usiedli wokół niego i następnie pod wpływem impulsu wynikłego z męczarni głodu zaczęli gotować jego ciało w naczyniu. W tych strasznych czasach, gdy wszelka żywność zniknęła z ludzkiego świata, ci pobożni asceci, pragnąc ratować swe życie, uciekli się do tak nędznego czynu! Przy tej czynności zastał ich ojciec księcia, król Wriszadarbhi, który również wędrował po świecie.

Król Wriszadarbhi rzekł: 'O wielcy asceci, którzy zdobyliście bogactwo umartwień, powstrzymajcie się od spożycia tego jedzenia, które jest niejadalne! Zamiast tego zaakceptujcie mój dar, który pozwoli wam na utrzymanie ciał przy życiu i przyniesie wam natychmiastową ulgę. Bramin, który prosi mnie o dar, jest mi zawsze bliski. Posłuchajcie, jakie jest moje bogactwo! Zaiste, obdaruję was tysiącem mułów i każdemu z was dam tysiąc mlecznych krów o białej sierści razem z bykiem i cielątkiem. Dam wam również tysiąc byków o białej sierści należących do najlepszej rasy i zdolnych do noszenia wielkich ciężarów, jak i dużą liczbę tłustych krów o łagodnej naturze, najlepszych z możliwych, które urodziły już pierwsze cielątko i wkrótce urodzą następne. Powiedzcie mi, czym jeszcze mogę was obdarować: wioskami, zbożem, czy też choćby bardzo rzadkimi i kosztownymi klejnotami?'

Riszi rzekli: 'O królu, nie możemy przyjąć twojego daru. Zaakceptowanie daru od króla zdaje się najpierw być wielką słodyczą, lecz ostatecznie jest jak trucizna. Sam o tym dobrze wiesz, dlaczego więc kusisz nas swoją ofertą? Ciało bramina jest polem działania dla bogów i oczyszcza się przez umartwienia. Ten, kto zadowala braminów, zadowala bogów. Bramini tacy jak my, akceptując dar od króla, tracą zasługi, które mogliby w tym czasie zebrać, praktykując umartwienia. Zaiste, przyjęcie takiego daru konsumuje bramińskie zasługi, tak jak pożoga las. Zarabiaj więc lepiej na swe szczęście, obdarowując tych, którzy o to proszą, zamiast nas, oddanych praktykowaniu umartwień'.

Riszi po wypowiedzeniu tych słów ruszyli w dalszą drogę, pozostawiając królowi ciało zmarłego księcia, które zamierzali ugotować, nieugotowane. Porzuciwszy swój wcześniejszy zamiar udali się do lasu w poszukiwaniu jedzenia. Tymczasem na rozkaz króla jego ministrowie udali się również do lasu, aby zebrać pewien gatunek jadalnych fig z zamiarem dania ich riszim w celu zebrania zasług tym darem. Część zebranych fig wypełnili złotem i po zmieszaniu ich z innymi próbowali skłonić riszich do przyjęcia ich daru.

Atri wziął do ręki kilka ofiarowanych mu fig, lecz widząc, że są zbyt ciężkie, odmówił ich przyjęcia. Rzekł: 'O ministrowie, nie jesteśmy głupcami, wiemy, że w tych figach zostało ukryte złoto. Jesteśmy obudzeni i nie utraciliśmy zmysłów. Zaakceptowanie tych fig za życia przyniesie później gorzkie konsekwencje. Ten, kto szuka szczęścia za życia i po śmierci, nie powinien ich przyjąć!'

Wasiszta rzekł: 'O ministrowie, jeżeli przyjmiemy choćby jedną złotą monetę, obciąży to nas ogromną winą płynącą z jej akceptacji. Jeżeli przyjmiemy wiele takich moment, z całą pewnością sprowadzimy później na siebie nieszczęście!'

Kaśjapa rzekł: 'O ministrowie, nawet cały ryż i jęczmień zebrany na ziemi, jak i całe złoto, zwierzęta i kobiety istniejące we wszechświecie nie zdołają ugasić żądzy jednej osoby. Dlatego też ten, kto jest mądry, powinien ćwiczyć się w wyrzeczeniu i szukać uspokojenia umysłu'.

Bharadwadża rzekł: 'O ministrowie, tak jak rogi antylopy *ruru* rosną razem z antylopą, tak i ludzkie nienasycenie wzrasta razem z człowiekiem. Nienasycenia nie można ugasić'.

Gautama rzekł: 'O ministrowie, żądzy człowieka nie zdołają zaspokoić nawet wszystkie przedmioty istniejące we wszechświecie. Człowiek nigdy nie ma dość, tak jak ocean wypełniany wodami wpadających do niego rzek'.

Wiśwamitra rzekł: 'O ministrowie, jak tylko jakieś pragnienie zostaje zaspokojone, natychmiast pojawia się inne szukające zaspokojenia, które rani człowieka jak strzała'.

Dżamadagni rzekł: 'O ministrowie, zdolność do wyrzeczenia się darów jest fundamentem, na którym bazują zasługi płynące z umartwień. Przyjęcie daru niszczy te zasługi'.

Cnotliwa żona Wasiszty Arundhati rzekła: 'O ministrowie, niektórzy ludzie gromadzą bogactwo należące do tego świata z myślą o użyciu go później jako środków do gromadzenia zasług dzięki użyciu ich w rytach ofiarnych i rozdaniu w darach. Sądzę jednak, że bogactwo prawości samo w sobie przewyższa ziemskie bogactwo'.

Pokojówka Arundhati, Ganda, rzekła: 'O ministrowie, skoro wszyscy ci wielcy mędrcy o potężnej energii tak bardzo obawiają się tego, co zdaje się być dla nich tak przerażające, ja sama będąc tak słaba, boję się tego nawet bardziej!'

Mąż pokojówki szudra Pasusakha rzekł: 'O ministrowie, bogactwo prawości jest najwyższym bogactwem i nie istnieje nic, co stałoby wyżej. Bogactwo to jest braminom dobrze znane, ja sam będąc ich sługą czekam jedynie na to, aby pouczyli mnie o wartości tego bogactwa'.

Wolni od gniewu riszi rzekli następnie jednym głosem: 'O ministrowie, choć nie możemy przyjąć ofiarowanego nam daru, niech wasz król zdobędzie szczęście będące rezultatem tego daru! Niech dar tego króla, który przysłał dla nas przez swych ministrów figi wypełnione złotem, przyniesie mu owoce'. Po wypowiedzeniu tych słów ci niezłomni w swych przysięgach riszi opuścili miejsce, w którym się zatrzymali i ruszyli w dalszą wędrówkę.

Tymczasem ministrowie powrócili do królewskiego pałacu i rzekli: 'O królu, riszi, rozpoznając ukryte w figach złoto, nie przyjęli daru i odeszli'. Król Wriszadarbhi rozgniewał się i chcąc zemścić się na riszich za ich czyn, zamknął się w swej komnacie, gdzie praktykując surowe umartwienia, wlał do ognia oczyszczone masło, wypowiadając równocześnie święte mantry. W rezultacie jego zaklęć z ognia wyłoniła się przeraźliwa forma płci żeńskiej, zdolna przerazić najodważniejszego. Król Wriszadarbhi dał jej imię Jatudhani.

Jatudhani, równie przeraźliwa jak bogini nocy, stanęła przed królem ze złożonymi dłońmi i rzekła: 'O królu, jakie zadanie powinnam wykonać?'

Król Wriszadarbhi rzekł: 'O Jatudhani, idź śladami siedmiu riszich i towarzyszącej im żony Wasiszty Arundhati z jej pokojówką i jej mężem z zamiarem ich zniszczenia. Jednakże, żeby ochronić się przed ich potężną energią, która może cię zniszczyć, spróbuj najpierw zrozumieć znaczenie ich imion. Po poznaniu ich imion, zabij ich wszystkich. Po zabiciu ich możesz udać się, gdzie zechcesz'.

Rakszini Jatudhani rzekła: 'O królu, niech tak się stanie'. I przybrawszy stosowną formę, ruszyła w kierunku lasu, dokąd udali się riszi w poszukiwaniu jedzenia.

Tymczasem ci wielcy riszi, wśród których był Atri, wędrowali po dżungli, żywiąc się owocami i korzonkami. Podczas wędrówki spotkali na swej drodze dobrze odżywionego żebraka o szerokich barkach, pulchnych nogach i ramionach, okrągłej twarzy i brzuchu, który wędrował w towarzystwie psa. Pobożna żona Wasiszty, Arundhati, widząc tego przystojnego, dobrze odżywionego żebraka, zawołała, zwracając się do riszich: 'O riszi, popatrzcie na tego żebraka, żaden z was nie zdoła nigdy osiągnąć tak dobrze odżywionego ciała!'

Wasiszta rzekł: 'O Arundhati, święty ogień tej osoby jest inny od naszego, gdyż on rankiem i wieczorem dokonuje libacji do ofiarnego ognia, podczas gdy żaden z nas tego już dłużej nie czyni. To dlatego widzimy go i jego psa tak dobrze odżywionych, podczas gdy nasza chudość wynika z tego, że nie wykonujemy już żadnych codziennych rytów religijnych, lecz wędrujemy po lesie, szukając Wyzwolenia'.

Atri rzekł: 'O Arundhati, ten człowiek nie odczuwa tak jak my męczarni głodu. Jego energia nie bazuje tak jak nasza na samoograniczaniu się (wyrzeczeniu). Jego wedyjska wiedza nabyta z największą trudnością nie zniknęła tak jak nasza i z tego powodu widzimy go i jego psa tak dobrze odżywionych'.

Wiśwamitra rzekł: 'O Arundhati, ten człowiek w przeciwieństwie do nas jest ciągle jeszcze zdolny do realizowania wiecznych obowiązków opisanych w pismach, podczas gdy ja zaprzestałem wszystkich wedyjskich działań, stałem się bezczynny, straciłem całą wiedzę, którą nabyłem i czuję głód. Ten człowiek nie jest pod tym względem taki jak my i z tego powodu widzimy go i jego psa tak dobrze odżywionych'.

Dżamadagni rzekł: 'O Arundhati, ten człowiek, nie musi troszczyć się o przechowywanie swego rocznego ziarna i paliwa, i z tego powodu widzimy go i jego psa tak dobrze odżywionych'.

Kaśjapa rzekł: 'O Arundhati, ten człowiek nie ma tak jak my czterech braci pełnej krwi, którzy wędrują od domu do domu wołając «daj, daj», i z tego powodu widzimy go i jego psa tak dobrze odżywionych'.

Bharadwadża rzekł: 'O Arundhati, ten człowiek nie cierpi tak jak my z powodu potępienia i przekleństwa swego małżonka, i z tego powodu widzimy go i jego psa tak dobrze odżywionych'.

Gautama rzekł: 'O Arundhati, ten człowiek nie odziewa się tak jak my tylko w trzy kawałki okrycia zrobionego z trawy *kuśa* i jednej skóry *ranku*, którą nosimy już przez trzy lata, i z tego powodu widzimy go i jego psa tak dobrze odżywionych'.

Wędrowny żebrak z psem o imieniu Sunahsakha (przyjaciel psów), widząc tych wielkich riszich, zbliżył się do nich i zgodnie z obyczajem powitał ich, dotykając ich dłoni i następnie wszyscy razem, rozmawiając o trudnościach zdobycia pożywienia w tym lesie i wynikłych stąd męczarni głodu, ruszyli w dalszą wędrówkę po tej dzikiej dżungli, zbierając owoce i korzonki, aby utrzymać się przy życiu. Pewnego dnia dotarli do pięknego jeziora o brzegach gęsto porośniętych drzewami i wodzie kryształowo czystej pokrytej kwiatami lotosu w kolorze porannego słońca i liściach w kolorycie *lapis lazuli*, po której pływało rozmaite ptactwo wodne. Do jeziora prowadziła tylko jedna ścieżka dająca do wody łatwy dostęp, którego strzegła rakszini Jatudhani o przeraźliwym wyglądzie przywołana do istnienia przez króla o imieniu Wriszadarbhi w celu zniszczenia riszich, którzy odmówili przyjęcia jego daru.

Riszi, razem z towarzyszącą im Arundhati, parą służących oraz Sunahsakhą, zbliżyli się do jeziora z zamiarem zebrania nadających się do jedzenia łodyg lotosu. Zobaczywszy rakszinię Jatudhani o przeraźliwym wyglądzie broniącą do wody dostępu, rzekli: 'O rakszini, kim jesteś i co robisz samotnie w tym lesie? Na kogo tutaj czekasz? Jaki jest twój cel i dlaczego przebywasz tutaj na brzegu tego jeziora pełnego lotosów?'

Jatudhani rzekła: 'O wy, którzy zdobyliście moc płynącą z ascezy, czyż nie zasługuję na to, aby nie pytać mnie o imię, pochodzenie i cel? Bez względu bowiem na to, kim jestem, czyż nie widzicie, że stoję na straży tego jeziora?'

Riszi rzekli: 'O rakszini, nie mamy nic do jedzenia i jesteśmy głodni, pozwól więc nam na zebranie kilku łodyg lotosów'.

Jatudhani rzekła: 'O święci asceci, zawrzyjmy kontrakt. Niech każdy z was po kolei powie mi swoje imię, wtedy pozwolę wam na zebranie tych łodyg'.

Atri, rozpoznawszy w niej mocą swej ascezy rakszinię o imieniu Jatudhani (demon, zły duch), zrozumiał, że jej zamiarem jest zabicie ich po poznaniu zakresu ich mocy ze znaczenia ich imion. Poganiany głodem, rzekł: 'O piękna, jestem nazywany Atri, ponieważ oczyszczam świat z grzechów i studiując każdego dnia trzykrotnie *Wedy*, z moich nocy robię dni. Nie ma takiej nocy, podczas której nie studiowałbym *Wed*! Z tych powodów zostałem nazwany Atri'.

Jatudhani rzekła: 'O ty o wielkiej jasności, nie potrafię zrozumieć znaczenia twego imienia na podstawie wyjaśnienia, jakie mi dałeś. Idź więc i zanurz się w wodzie tego jeziora pełnego lotosów'.

Wasiszta rzekł: 'O rakszini, zdobyłem bogactwo jogicznych mocy i prowadzę domowy tryb życia. Jestem uważany za tego, kto stoi najważniej wśród osób żyjących w zgodzie z tym trybem życia i w rezultacie moich atrybutów jestem nazywany Wasiszta'.

Jatudhani rzekła: 'O asceto, etymologiczne wyjaśnienie twojego imienia z powodu licznych fleksji, którym podlegają oryginalne korzenie, jest dla mnie niezrozumiałe. Idź więc i zanurz się w wodzie tego jeziora pełnego lotosów'.

Kaśjapa rzekł: 'O rakszini, zawsze ochraniam swoje ciało i w rezultacie swych umartwień zdobyłem świetlistość. Z powodu tej ochrony ciała i świetlistości zostałem nazwany Kaśjapa'.

Jatudhani rzekła: 'O ty o wielkiej świetlistości, nie potrafię zrozumieć etymologicznego wyjaśnienia twego imienia, jakie mi dałeś. Idź więc i zanurz się w wodzie tego jeziora pełnego lotosów'.

Bharadwadża rzekł: 'O rakszini, jestem zawsze oparciem dla moich synów, uczniów, bogów, braminów i mojej żony, i w konsekwencji tego, że bez trudu dostarczam im wszystkim oparcia, noszę imię Bharadwadża'.

Jatudhani rzekła: 'O asceto, etymologiczne wyjaśnienie znaczenia twego imienia, które mi dałeś, jest dla mnie niezrozumiałe z powodu licznych fleksji, którym podlegają oryginalne korzenie. Idź więc i zanurz się w wodzie tego jeziora pełnego lotosów'.

Gautama rzekł: 'O rakszini, zdobyłem niebo i ziemię za pomocą mojej samo-kontroli i ponieważ patrzę na wszystkie żywe istoty i wszystkie przedmioty takim samym okiem, jestem jak bezdymny ogień. Gdy się narodziłem, świetlistość mego ciała rozpraszała ciemności. Z tych powodów noszę imię Gautama i dlatego też nie zdołasz mnie ujarzmić'.

Jatudhani rzekła: 'O asceto, wyjaśnienie znaczenia twego imienia dane mi przez ciebie jest dla mnie niezrozumiałe. Idź więc i zanurz się w wodzie tego jeziora pełnego lotosów'.

Wiśwamitra rzekł: 'O rakszini, bogowie rządzący wszechświatem są moimi przyjaciółmi, a ja sam jestem przyjacielem wszechświata i z tych powodów noszę imię Wiśwamitra'.

Jatudhani rzekła: 'O asceto, wyjaśnienie znaczenia twego imienia dane mi przez ciebie jest dla mnie niezrozumiałe z powodu licznych fleksji, którym podlegają oryginalne korzenie. Idź więc i zanurz się w wodzie tego jeziora pełnego lotosów'.

Dżamadagni rzekł: 'O piękna, wypłynąłem z ofiarnego ognia bogów i dlatego noszę imię Dżamadagni'.

Jatudhani rzekła: 'O asceto, etymologiczne wyjaśnienie znaczenia twego imienia, który mi dałeś, jest dla mnie niezrozumiałe z powodu licznych fleksji, którym podlegają oryginalne korzenie. Idź więc i zanurz się w wodzie tego jeziora pełnego lotosów'.

Cnotliwa żona Wasiszty Arundhati rzekła: 'O rakszini, ja zawsze stoję po stronie męża i razem z nim utrzymuję ziemię. Staram się też zawsze skłaniać serce mego męża ku sobie i z tych powodów noszę imię Arundhati'.

Jatudhani rzekła: 'O ascetko, wyjaśnienie twego imienia dane mi przez ciebie jest dla mnie niezrozumiałe z powodu licznych fleksji, którym podlegają oryginalne korzenie. Idź więc i zanurz się w wodzie tego jeziora pełnego lotosów'.

Pokojówka Arundhati, Ganda, rzekł: 'O rakszini, słowo *ganda* odnosi się do pewnej części policzka i ponieważ ja mam tę część policzka nieco wyżej od reszty, noszę imię Ganda'.

Jatudhani rzekła: 'O ascetko, wyjaśnienie znaczenia twego imienia dane mi przez ciebie jest dla mnie niezrozumiałe z powodu licznych fleksji, którym podlegały oryginalne korzenie. Idź więc i zanurz się w wodzie tego jeziora pełnego lotosów'.

Szudra Pasusakha rzekł: 'O rakszini, ochraniam i pielęgnuję każde zwierzę, które zobaczę, i jestem zawsze ich przyjacielem i z tych powodów noszę imię Pasusakha'.

Jatudhani rzekła: 'O asceto, wyjaśnienie znaczenia twego imienia dane mi przez ciebie jest dla mnie niezrozumiałe z powodu licznych fleksji, którym podlegają oryginalne korzenie. Idź więc i zanurz się w wodzie tego jeziora pełnego lotosów'.

Żebrak Sunahsakha, którego riszi spotkali po drodze z psem rzekł: 'O rakszini, nie potrafię wyjaśnić etymologii mojego imienia w taki sam sposób, jak ci asceci. Dowiedz się jednak, że jestem nazywany Sunahsakha-sakha, czyli przyjaciel psów'.

Jatudhani rzekła: 'O duchowo odrodzony, wymieniłeś swoje imię tylko raz. Nie byłam w stanie uchwycić myślą danego przez ciebie wyjaśnienia. Czy mógłbyś wymienić je jeszcze raz?'

Sunahsakha rzekł: 'O rakszini, skoro nie zdołałaś uchwycić znaczenia mojego imienia, bo wymieniłem je tylko raz, uderzę cię moim potrójnym żebraczym kijem i natychmiast przemienisz się w popiół!'

I faktycznie rakszini Jatudhani, która narodziła się z zaklęć króla Wriszadarbhi w celu zniszczenia siedmiu riszich, jak tylko została uderzona w głowę potrójnym kijem świętego żebraka przypominającym berło sprawiedliwości Brahmy, przemieniła się w garstkę popiołu. Po zniszczeniu w ten sposób potężnej rakszini

Żebrak Sunahsakha wbił kij w ziemię i usiadł na kawałku ziemi pokrytej trawą.

Tymczasem pozostali riszi, po zebraniu znacznej ilości łodyg lotosów, radośni i zadowoleni wyszli z wody. Pozostawili zebrane z ogromnym wysiłkiem łodygi na brzegu i zanurzyli się ponownie w wodzie, aby uczcić Ojców rytem daru wody. Gdy po wykonaniu rytu wyszli na brzeg, zobaczyli ze zdumieniem, że pozostawione na brzegu łodygi lotosu zniknęły.

Zawołali: 'O niegodziwcze, który ukradłeś łodygi lotosów, które zebraliśmy z takim trudem, chcąc zaspokoić nasz głód, kim jesteś?' Patrząc na siebie nawzajem z podejrzliwością, rzekli: 'O riszi, niech każdy z nas dowiedzie swej niewinności przysięgą!' Wyczerpani pracą i głodem zaczęli po kolei wypowiadać swoje zaklęcia.

Atri rzekł: 'Niech ten, kto ukradł te łodygi lotosów, dotyka krów stopami, zostawia wodę na słońcu i studiuje *Wedy* w zakazane dni!'

Wasiszta rzekł: 'Niech ten, kto ukradł te łodygi lotosów, zaprzestanie studiowania *Wed*, prowadzi na smyczy psy i stanie się zwykłym żebrakiem nie przestrzegającym nakazów wyznaczonych dla żebraczego stylu życia. Nich będzie zabójcą kogoś, kto szuka u niego ochrony, niech utrzymuje się przy życiu z tego, co uzyskał ze sprzedaży swej córki i niech szuka bogactwa u tych, którzy są podli lub nisko urodzeni'.

Kaśjapa rzekł: 'Niech ten, kto ukradł te łodygi lotosów, będzie niepohamowany w mowie, daje fałszywe świadectwo w sądzie, spożywa mięso zwierząt, które nie zostały zabite w celach ofiarnych, daje dary tym, którzy na dar nie zasługują lub tym, którzy na to zasługują, lecz w niewłaściwym czasie i niech kładzie się do łoża z kobietą w czasie dnia!'

Bharadwadża rzekł: 'Niech ten, kto ukradł te łodygi lotosów będzie okrutny i grzeszny w swym postępowaniu z kobietami, krewnymi i krowami. Niech poniża w dyskusji braminów, dowodząc swej wyższości. Niech sam studiuje hymny *Rigwedy* i *Jadżurwedy*, ignorując nauczyciela. Niech leje ofiarne masło do zbyt szybko wygasającego ognia podsycanego wiązką suchej trawy lub słomy'.

Dżamadagni rzekł: 'Niech ten, kto ukradł te łodygi lotosów, zabrudzi się winą płynącą z wrzucania do wody nieczystości, wrogości w stosunku do krów i kładzenia się do łoża z kobietą bez zamiaru poczęcia potomstwa. Niech budzi we wszystkich ludziach awersję. Niech utrzymuje się przy życiu z zarobków żony. Niech nie ma żadnych przyjaciół tylko samych wrogów. Niech szuka odpłaty za swoje akty gościnności'.

Gautama rzekł: 'Niech ten, kto ukradł te łodygi lotosów, obciąży się grzechem wyrzucenia *Wed* po ich przestudiowaniu. Niech zanieczyści się grzechem zaniedbania trzech świętych ogni. Nie będzie sprzedawcą somy. Niech zamieszkuje u bramina, który żyje w wiosce, gdzie jest tylko jedna studnia, z której czerpią wodę ludzie z wszystkich kast i niech ma za żonę szudrę'.

Wiśwamitra rzekł: 'Niech ten, kto ukradł te łodygi lotosów, będzie skazany na oglądanie za życia starszyzny swego rodu, nauczyciela i służby będących na utrzymywaniu innych, i niech źle skończy. Niech pyszni się swym majątkiem, niech wśród braminów będzie łajdakiem i grzesznikiem, niech będzie szaleńcem. Niech tuła się po ziemi podczas pory deszczowej, niech będzie opłacanym służącym, niech będzie królewskim kapłanem, niech asystuje w rytach ofiarnych ludzi nieczystych, którzy nie zasługują na taką asystę'.

Pobożna żona Wasiszty, Arundhati, rzekła: 'Niech ta osoba, która ukradła te łodygi lotosów, poniża swoją teściową, rozdrażnia swego małżonka i spożywa smaczny posiłek, nie dzieląc się z innymi. Niech żyje w domu męża i je co wieczór podsmażaną mąkę jęczmienia, ignorując krewnych swego męża. Niech w rezultacie tych wszystkich grzechów zostanie uznana za nieprzyjemną i niech pomimo swej bramińskości stanie się matką wojownika'.

Pokojówka Arundhati, Ganda, rzekła: 'Niech ta osoba, która ukradła te łodygi lotosów, zawsze kłamie i kłóci się ze swoimi krewnymi, niech zostanie wydana za mąż za pieniądze. Niech sama spożywa ugotowane przez siebie jedzenie bez dzielenia się z innymi, niech spędzi całe życie w niewoli, niech szybko zajdzie w ciążę w konsekwencji grzesznego związku'.

Szudra Pasusakha rzekł: 'Niech ten, kto ukradł te łodygi lotosów, narodzi się z niewolnicy, niech ma liczne, pozbawione wszelkiej wartości potomstwo i niech nigdy nie kłania się bogom'.

Żebrak z psem Sunahsakha, którego riszi spotkali po drodze, rzekł: 'Niech ten, kto zabrał te łodygi lotosów, zbierze zasługi, oddając swą córkę za mąż braminowi, który studiował *Samawedę* i *Jadżurwedę*, starannie przestrzegał nakazów *brahmacarji* i wykonał końcowe ablucje po zakończeniu studiów nad *Atharwawedą*'.

Riszi słysząc to, co powiedział Sunahsakha i co było błogosławieństwem dla złodzieja łodyg, rzekli jednym głosem: 'O

Sunahsakha, to, co powiedziałeś, nie jest prawdziwą przysięgą pobożnej osoby chcącej dowieść swej niewinności. Wymienione przez ciebie działania, których życzysz temu, kto ukradł te łodygi lotosu, są działaniami, które każdy dobry bramin pragnie wykonać, a nie tymi, których powinien unikać. Z twoich słów wynika więc jasno, że to ty ukradłeś zebrane przez nas z tak wielkim trudem łodygi lotosów!'

Sunahsakha rzekł: 'O bezgrzeszni asceci odziani w bogactwo umartwień! Faktycznie, to ja ukradłem wasze łodygi lotosów, powodując w jednym mgnieniu oka ich zniknięcie. Uczyniłem tak z pragnienia poddania testowi waszej zdolności do wyrzeczenia. Przybyłem tutaj głównie po to, aby was ochronić przed złymi zamiarami tej przeraźliwej rakszini o imieniu Jatudhani. Ta kobieta skłonna do okrucieństwa leży teraz martwa na ziemi w formie garstki popiołu. Narodziła się z zaklęć króla Wriszadarbhi rozgniewanego waszą odmową przyjęcia jego daru i przybyła tutaj, aby was zabić. Gdybym jej nie zniszczył, ta niegodziwa istota, nasłana na was przez tego króla, pozbawiłaby was życia. Dowiedzcie się, że jestem Indrą i przybyłem tutaj na ziemię, aby ją zabić i was ochraniać. Wy sami dowiedliście swym postępowaniem, że uwolniliście się już całkowicie od zachłanności i zdobyliście w ten sposób wieczne regiony, gdzie natychmiast realizują się wszystkie życzenia. Udajcie się więc do tych błogosławionych regionów wiecznej szczęśliwości zarezerwowanych dla was'.

Riszi, rozpoznając Indrę, rzekli: 'O Indra, niech tak się stanie!'".

Bhiszma zakończył swe opowiadanie, mówiąc: „O Judhiszthira, opowiedziałem wam o uczynkach siedmiu riszich, którzy dzięki swym religijnym praktykom zdobyli zdolność do samoograniczania się i wyrzeczenia. Te święte osoby o wielkich duszach, choć kuszone do zjedzenia różnych przedmiotów w czasach wielkiej suszy, potrafiły oprzeć się pokusie pomimo głodu i w rezultacie takiego wyrzeczenia zdobyły niebo. Należy zawsze wyrzekać się zachłanności bez względu na okoliczności, gdyż jest to najwyższym nakazem Prawa. Człowiek, który tak czyni, zdobywa bogactwo i osiąga wysokie niebiańskie regiony, realizując wysoki cel".

Napisane na podstawie fragmentów *Mahābharāta*, Anusasana Parva, Part 2, Section XCIII (fragmenty).

Opowieść 224
O darze parasola i sandałów

> Riszi Dżamadagni odłożył swój łuk i milczał przez chwilę, podczas gdy Surja zrobił dla niego niezwłocznie parasol i parę sandałów. Dając mu swe dary, Surja rzekł: „O braminie, przyjmij ode mnie ten parasol, z pomocą którego będzie można ochraniać głowę przed moimi palącymi promieniami i te sandały zrobione ze skóry, aby ochraniały twoje stopy. Od tego momentu czynienie daru tych dwóch przedmiotów podczas wszystkich religijnych rytów powinno stać się obowiązkowe!"

(*Mahābhārāta*, Anusasana Parva, Part 2, Section XCVI)

Judhiszthira rzekł: „O Bhiszma, wytłumacz nam, kto wprowadził zwyczaj dawania w darze parasola i sandałów podczas ceremonii ofiarowania swego podporządkowania i posłuszeństwa? Dlaczego został on wprowadzony i jakiemu celowi te dary służą? Dawanie takich darów nie ogranicza się zresztą jedynie do wymienionych ceremonii, lecz jest również czynione przy innych okazjach z nadzieją zdobycia religijnych zasług. Wytłumacz nam, proszę, jakie jest prawdziwe znaczenie tego zwyczaju".

Bhiszma rzekł: „O Judhiszthira, w odpowiedzi na to pytanie posłuchaj starożytnej opowieści o rozmowie mędrca Dżamadagniego z bogiem słońca Surją. Słuchając tej opowieści dowiesz się, przez kogo i w jaki sposób zwyczaj ten został wprowadzony, jak się utrwalił i dlaczego został uznany za działanie przynoszące zasługi.

Żyjący w odległych czasach urodzony w rodzie Bhrigu riszi Dżamadagni o ognistej energii zaangażował się w praktykowanie strzelania z łuku. Po obraniu określonego celu, oczarowany świstem swych strzał i brzękiem cięciwy, zwykł wypuszczać ze swego łuku jedną strzałę za drugą, podczas gdy jego żona Renuka zwykła zbierać wypuszczone przez niego strzały i przynosić mu je z powrotem. Pewnego letniego dnia w miesiącu *dżjaisztha* (maj-czerwiec), w samo południe Dżamadagni, po wypuszczeniu ze swego łuku wielu strzał, rzekł jak zwykle do swej żony: 'O pięknooka, idź i przynieś mi te strzały, abym mógł wystrzelić je ponownie'. Posłuszna Renuka ruszyła w kierunku, gdzie upadły strzały z zamiarem szybkiego wykonania zadania, lecz podczas jej wędrówki ostre promienie słoneczne tak boleśnie paliły jej twarz i stopy, że musiała ukryć się przed słońcem w cieniu drzew.

Czarnooka Renuka odpoczęła tam przez dłuższą chwilę, lecz bojąc się klątwy męża, wkrótce ruszyła dalej, aby zebrać wystrzelone strzały i z niespokojnym umysłem, znosząc cierpliwie ból, jaki sprawiły je słoneczne promienie, powróciła tam, gdzie czekał na nią jej mąż.

Rozgniewany jej długą nieobecnością riszi rzekł: 'O Renuka, dlaczego wracasz tak późno!'

Renuka rzekła: 'O mężu odziany w bogactwo umartwień, słońce tak silnie przypiekało moją twarz i stopy, że szukając wytchnienia musiałam chwilę odpocząć w cieniu drzew. Taka jest przyczyna mojego późnego powrotu. Teraz, gdy znasz tę przyczynę, ucisz, proszę, swój gniew!'

Dżamadagni patrząc na swą cnotliwą żonę, ze współczuciem rzekł: 'O Renuka, jeszcze dziś potężną energią mego łuku zniszczę tę gwiazdę dnia, której ostre promienie sprawiły ci ból!'. I po wypowiedzeniu tych słów uchwycił w dłonie swój niebiański łuk i strzały, i kierując twarz ku słońcu, stanął z łukiem gotowym do strzału, obserwując jego dzienny ruch.

Bóg słońca Surja widząc jego gotowość do wypuszczenia strzały, przybrał formę bramina i pojawił się nagle przed riszim. Rzekł: 'O duchowo odrodzony, cóż Surja uczynił, że wzbudził twój gniew? Każdego dnia porusza się po firmamencie, wypijając z ziemi wilgoć, aby móc oblać ją następnie deszczem. Dzięki temu cyklowi ziemia rodzi jedzenie pozwalające ludziom na utrzymanie się przy życiu. Jak to zostało stwierdzone w *Wedach*, z jedzenia rodzą się życiowe oddechy, a istnienie jedzenia zależy od słońca. Słońce, otoczone swymi promieniami i ukryte za chmurami, zraszając siedem wysp strumieniami deszczu, dostarcza im wilgoci, z której rodzą się liście, owoce, warzywa i zioła przekształcane przez ludzi w jedzenie. Wszystkie artykuły używane w rytach ofiarnych, wszelkiego rodzaju dary mają swe źródło w jedzeniu. W jedzeniu mają swe początki wszystkie ryty, jak ryt narodzin, małżeństwa, dekorowanie braminów świętą nicią, czynienie daru krów, jak i inne religijne nakazy choćby takie jak reguły sprawowania rządów. Wszelkie związki między ludźmi, całe bogactwo, wszystkie dobre i przyjemne przedmioty we wszechświecie i cały wysiłek podejmowany przez ludzi płyną więc z jedzenia, które istnieje dzięki temu, że słońce wykonuje swój cykl, poruszając się po niebie. Sam dobrze o tym wiesz, powtórzyłem bowiem tylko to, co jest dobrze znane. Mając to w pamięci, pohamuj swój gniew! Co ci przyjdzie ze zniszczenia słońca?'"

Bhiszma kontynuował: „O Judhiszthira, Dżamadagni pomimo tych próśb słońca nie pozbył się swego gniewu. Wówczas Surja, który przybrał formę bramina, pochylił przed nim głowę i stojąc przed nim z pobożnie złożonymi dłońmi, rzekł słodkim głosem: 'O duchowo odrodzony, słońce jest w bezustannym ruchu, jakże zdołasz przebić swą strzałą tego Pana dnia, który nigdy nie stoi w miejscu?'

Dżamadagni, który rozpoznał w braminie Surję, rzekł: 'O Surja, wiem, że zarówno poruszasz się po niebie, jak i stoisz w miejscu. Widzę to okiem wiedzy. W samo południe zdajesz się jednak zatrzymywać na moment, wtedy przebiję cię moją strzałą! Takie jest moje postanowienie!'

Surja słysząc to, rzekł: 'O duchowo odrodzony i najlepszy z łuczników, widzę, że swym duchowym okiem poznałeś, kim jestem. Zauważ, że choć obraziłem cię swym czynem, przybyłem tutaj, aby szukać u ciebie obrony!'

Dżamadagni rzekł do twórcy dnia z uśmiechem: 'O Surja, skoro szukasz u mnie obrony, nie masz się czego obawiać. Ten, kto zabiłby kogoś, kto szuka u niego obrony, przekroczyłby granicę bramińskiej prostoty, ziemskiej stabilności, księżycowej łagodności, powagi Waruny, świetlistości Agni, jasności góry Meru i gorąca słońca. Ten, kto jest zdolny do zabicia kogoś, kto szuka u niego pomocy, będzie również zdolny do uwiedzenia żony swego nauczyciela, zabójstwa bramina i picia alkoholu. Ucisz więc swój lęk. Pomyśl jednak o tym, jak uniknąć tego zła, którym są oparzenia od gorąca twoich promieni. Znajdź na to jakiś sposób!'

Po wypowiedzeniu tych słów riszi Dżamadagni odłożył swój łuk i milczał przez chwilę, podczas gdy Surja zrobił dla niego niezwłocznie parasol i parę sandałów. Dając mu swe dary, Surja rzekł: 'O braminie, przyjmij ode mnie ten parasol, z pomocą którego będzie można ochraniać głowę przed moimi palącymi promieniami i te sandały zrobione ze skóry, aby ochraniały twoje stopy. Od tego momentu czynienie daru tych dwóch przedmiotów podczas wszystkich religijnych rytów powinno stać się obowiązkowe!'"

Bhiszma zakończył swe opowiadanie, mówiąc: „O Judhiszthira, opowiedziałem tobie o tym, jak zwyczaj dawania w darze parasola i sandałów został zapoczątkowany przez Surję. Taki dar przynosi zasługi we wszystkich trzech światach. Obdarowuj więc braminów sandałami i parasolem podczas religijnych ceremonii, gdyż tym działaniem zgromadzisz wielkie zasługi. Ten, kto daje w darze braminowi biały parasol, zdobywa po śmierci wieczne regiony szczęśliwości i zamieszkuje w regionie Indry wysoko cenionym przez braminów, bogów i apsary, a ten, kto daje sandały braminowi z sekty Snataka lub temu, którego stopy są poranione od słonecznego żaru wskutek praktykowania określonych religijnych rytów, zdobywa najwyższe niebiańskie regiony, które budzą zazdrość w bogach. Takie są zasługi płynące z daru parasola i sandałów czynionego podczas religijnych ceremonii".

Napisane na podstawie fragmentów *Mahābhārāta*, Anusasana Parva, Part 2, Sections XCV-XCVI.

Opowieść 225
O ofiarowaniu kwiatów, światła, kadzidełek i pierwszej porcji jedzenia

1. O darach ofiarnych należących do obowiązków domowego trybu życia; 2. O ofiarowywaniu kwiatów; 3. O ofiarowaniu kadzidełek; 4. O ofiarowaniu światła; 5. O ofiarowaniu pierwszej porcji jedzenia; 6. O tym, jak Nahusza stracił swoją pozycję Indry po zaniechaniu obowiązków domowego trybu życia i przekroczeniu wszystkich ograniczeń.

> *Śukra rzekł: „O wielki asuro, najpierw narodziły się religijne umartwienia (samodyscyplina), a dopiero potem dharma (prawość, cnotliwość). W czasie pomiędzy nimi narodziły się liczne pnącza i zioła. Liczba ich gatunków była niezliczona i wszystkie miały za swego pana Somę (księżyc). Część z nich została uznana za napój bogów (amrita), część za truciznę, a pozostałe nie zostały zaliczone do żadnej z tych dwóch klas. Trucizna narodziła się z energii ognia.*
> *Za amritę uznano wszystkie te pnącza i zioła, które przynoszą bezzwłoczne zadowolenie i radość umysłu, a za truciznę te, które torturują umysł swym zapachem. Amrita jest bardzo pomyślna, podczas gdy trucizna jest złowróżbna.*
> *Kwiaty, które zadowalają umysł i przynoszą pomyślność, są więc amritą i dlatego też człowiek prawych uczynków uważa kwiaty za dobroczynne (sumanasa)".*

(*Mahābharāta*, Anusasana Parva, Part 2, Section XCVIII)

1. O darach ofiarnych należących do obowiązków domowego trybu życia

Judhiszthira rzekł: „O Bhiszma, nauczałeś nas o darach czynionych przez ludzi prawych i nagrodach, jakie przynoszą. Opowiedz nam teraz raz jeszcze o darach ofiarnych, których czynienie należy do obowiązków osoby prowadzącej domowy tryb życia i wyjaśnij nam, co ludzie powinni uczynić, aby zdobyć na tym świecie pomyślność?"

Bhiszma rzekł: „O Judhiszthira, posłuchaj starej opowieści o rozmowie Kryszny Wasudewy z boginią Ziemią. Pewnego dnia potężny Wasudewa wychwalał boginię Ziemię w swym hymnie, a następnie zadał jej pytanie podobne do twojego.

Wasudewa rzekł: 'O bogini, jakie działania powinna wykonać osoba, która tak jak ja prowadzi domowy tryb życia, aby działania te zrodziły pomyślne owoce?'

Bogini Ziemia rzekła: 'O Kryszna, gospodarz prowadzący domowy tryb życia powinien czynić ofiary i oddawać cześć riszim, bogom, Ojcom i ludziom. Bogów zadowalają ofiary, a ludzi gościnność, gospodarz powinien więc dawać im to, czego pragną. Takim działaniem zadowala riszich.

Gospodarz powinien więc każdego dnia zadbać o swój ogień ofiarny i ofiarne dary, powstrzymując się od jedzenia. Takimi działaniami zadowala bogów. Powinien codziennie czynić ofiarę jedzenia i wody lub owoców, korzonków i wody, aby zadowolić Ojców. Powinien również z myślą o Agnim, Somie i Dhanwantari uczynić ofiarę sypania do ognia ugotowanego ryżu zwaną *waiśwadewa* oraz lania do ognia oczyszczonego masła. Odmienną i oddzielną ofiarą powinien czcić Pradżapatiego. Specjalne dary należą się również Marutusom i bogom domostwa. Wszystkie te dary ofiarne, których czynienie należy do obowiązków osoby prowadzącej domowy tryb życia, są znane pod nazwą darów *wali*.

Gospodarz powinien czynić dary ofiarne, zachowując właściwy porządek. Jamę powinien czcić w regionie południowym, Warunę w zachodnim, Somę w północnym, Dhanwantariego w północno-wschodnim, Indrę we wschodnim, a Pradżapatiego wewnątrz domostwa. Ludziom powinien ofiarować jedzenie przed wejściem do swego domu. Dary przeznaczone dla wszystkich bogów łącznie powinny być ofiarowane na otwartym powietrzu, a przeznaczone dla rakszasów i rozmaitych duchów powinny być ofiarowane w nocy.

Gospodarz po uczynieniu opisanych darów powinien uczcić ofiarą braminów, a jeżeli bramini są nieobecni, powinien pierwszą porcję ofiarowanego jedzenia wrzucić do ognia.

Gospodarz, który pragnie ofiarować *śraddhę* swoim przodkom, powinien po zakończeniu ceremonii uczynić dary *wali* w określonym porządku. Powinien uczcić ofiarą wszystkich zebranych razem bogów i następnie zaprosić braminów i w sposób właściwy poczęstować gości przybyłych do jego domu jedzeniem. Tym działaniem ich zadowoli. Za gościa uważa się każdego, kto przybył do czyjegoś domu i po względnie krótkim czasie odchodzi.

Gospodarz powinien codziennie wypowiadać następujące słowa do swego nauczyciela, ojca, przyjaciela i gościa: «Wszystko, co mam w swym domu, ofiaruję dzisiaj tobie» i powinien czynić wszystko, o co gość go poprosi. Tak zostało stwierdzone w *Wedach*.

Gospodarz powinien spożywać posiłek ostatni po ofiarowaniu jedzenia wszystkim innym poprzednio wymienionym.

Gospodarz powinien oddawać cześć swemu królowi, kapłanowi, nauczycielowi, teściowi i braminom z sekty *snataka*, ofiarując im napój zwany *madhuparka* nawet wówczas, gdy zatrzymają się w jego domu na cały rok. Powinien również ofiarować rano i wieczorem jedzenie psom, ludziom z najniższej kasty i ptakom, pozostawiając je na ziemi. Ten dar ofiarny (i ogólniej dar gotowanego jedzenia wrzucanego do ognia ofiarnego) jest nazywany ofiarą *waiświadewa*.

Gospodarz, który wykonuje wszystkie te ceremonie z czystym i wolnym od namiętności umysłem, zdobywa na tym świecie błogosławieństwo riszich, a po śmierci niebiańskie regiony szczęśliwości'".

Bhiszma zakończył swe opowiadanie, mówiąc: „O Judhiszthira, potężny Wasudewa po wysłuchaniu nauk udzielonych mu przez boginię Ziemię, postępował zgodnie z nimi. Postępuj w podobny sposób. Realizując obowiązki gospodarza prowadzącego domowy tryb życia, zdobędziesz sławę na tym świecie i niebo po śmierci".

2. O ofiarowywaniu kwiatów

Judhiszthira rzekł: „O Bhiszma, wytłumacz nam, jakiego rodzaju darem jest dar kwiatów, kadzidełek i światła. Jak powstał? Jakie przynosi zasługi?"

Bhiszma rzekł: „O Judhiszthira, w odpowiedzi na te pytania posłuchaj starej opowieści o rozmowie między Panem żywych istot Manu i ascetą o imieniu Suwarna

W starożytnych czasach żył na ziemi asceta, który miał cerę w kolorze złota i stąd nosił imię Suwarna (o złotej cerze). Urodził się w czystym rodzie, charakteryzował się dobrym działaniem i innymi osiągnięciami, poznał wszystkie *Wedy* i uparcie kroczył ścieżką Prawdy. Swymi bramińskimi zaletami i dokonaniami przewyższał wiele osób wysokiego urodzenia. Pewnego dnia zobaczył Pana wszystkich żywych istot Manu i zbliżył się do niego, aby z nim porozmawiać. Po wymianie miłych słów na powitanie usiedli na zboczu złotej góry Meru rozpoczynając rozmowę na różne tematy dotyczące bogów, riszich i asurów zamieszkujących w starożytnych czasach wszechświat.

Asceta Suwarna rzekł do samorodnego Manu: 'O Manu, mając na uwadze dobro wszystkich żywych istot odpowiedz, proszę, na moje pytanie. Od najdawniejszych czasów bogowie są czczeni darami w formie świeżych kwiatów i różnych innych przedmiotów o przyjemnym zapachu. Jak narodziła się ta praktyka, skąd się wzięła? Jakie przynosi zasługi?'

Manu rzekł: 'O Suwarna, w odpowiedzi na pytanie takie jak twoje cytuje się zwykle starożytną opowieść o rozmowie między nauczycielem demonów braminem Śukrą z rodu Bhrigu i asurą Wali synem Wiroczany, który zdobył władzę nad trzema światami dzięki darom otrzymanym od bogów. Posłuchaj tej opowieści.

Pewnego dnia wódz asurów Wali, który uczynił wiele darów ofiarnych zadowalając tym bogów, gościł w swym domu bramina Śukrę. Na powitanie zaofiarował mu miejsce do siedzenia, oddając mu w ten sposób cześć, i gdy jego gość usiadł, sam usiadł obok niego, aby rozpocząć rozmowę na ten sam dokładnie temat, który ciebie interesuje.

Asura Wali rzekł: 'O największy z braminów, ty znasz wszystkie pisma, wyjaśnij mi więc, proszę, jakie zasługi zbiera ten, kto czci bogów darem w formie kwiatów, pachnideł i lamp?'

Śukra rzekł: 'O wielki asuro, posłuchaj, co mam do powiedzenia. Najpierw narodziły się religijne umartwienia (samodyscyplina), a dopiero potem *dharma* (prawość, cnotliwość). W okresie pomiędzy ich narodzinami narodziły się liczne pnącza i zioła. Liczba ich gatunków była niezliczona i wszystkie miały za swego pana Somę (księżyc). Część z nich została uznana za napój bogów (*amrita*), część za truciznę, a pozostałe nie zostały zaliczone do żadnej z tych dwóch klas. Trucizna narodziła się z energii ognia.

Za *amritę* uznano wszystkie te pnącza i zioła, które przynoszą bezzwłoczne zadowolenie i radość umysłu, a za truciznę te, które torturują umysł swym zapachem. *Amrita* jest bardzo pomyślna, podczas gdy trucizna jest złowróżbna. Kwiaty, które zadowalają umysł i przynoszą pomyślność, są więc *amritą* i dlatego też człowiek prawych uczynków uważa kwiaty za dobroczynne (*sumanasa*). Bogowie są zadowoleni z tych, którzy w stanie duchowo czystym ofiarują im kwiaty, recytując ich imię, i przynoszą im pomyślność. Są zadowoleni z powodu ich oddania. Wszystkie zioła, które tracą zimą liście, są *amritą*. Istnieje wiele rodzajów takich ziół, o rozmaitych rodzajach energii. Dzieli się je zwykle na dzikie, łagodne i o wielkiej mocy.

Istnieje również wiele rodzajów drzew rodzących kwiaty. Posłuchaj o tym, które z nich mogą i które nie mogą być użyte w celach ofiarnych. Posłuchaj również o tym, jakie girlandy są akceptowane przez asurów i jakie powinny być ofiarowane bogom. Powiem tobie również we właściwym porządku, jakie girlandy zadowalają rakszasów, jakszów, ludzi i Ojców.

Istnieje wiele rodzajów kwiatów. Niektóre rosną dziko, inne zdobią drzewa w osiedlach ludzkich. Niektóre rosną na drzewach wyrastających na stokach gór, inne wyrastają dopiero na tych drzewach, które zostały posadzone przez ludzi na dobrze zaoranej ziemi. Niektóre rosną na drzewach, które mają kolce, inne na drzewach bez kolców. Aromat, piękno, forma i smak mogą być również podstawą klasyfikacji.

Kwiaty mogą mieć przyjemny lub nieprzyjemny zapach. Te o przyjemnym zapachu powinny być ofiarowane bogom. Kwiaty na drzewach pozbawionych kolców są zwykle białe. Takie kwiaty są zawsze akceptowane przez bogów. Bogów zadawalają również kwiaty rosnące w dolinach lub na zboczach gór, o przyjemnym zapachu i wyglądzie, gdy ozdobione pastą drzewa sandałowego są im ofiarowane zgodnie z rozporządzeniami pism. Girlandy z wodnych kwiatów jak na przykład lotosy należy z kolei ofiarować gandharwom, nagom i jakszom. Rośliny i zioła, które są kłujące i mają czerwone kwiaty i ostry zapach, są natomiast odpowiednie we wszystkich przypadkach wypowiadania zaklęć, które mają w celu zaszkodzenie wrogowi. Takie kwiaty o ostrym zapachu i sprawiające ból przy dotyku, rosnące na drzewach i krzewach mających kolce, o kolorze krwisto-czerwonym lub czarnym powinny być ofiarowywane złym duchom i nieziemskim istotom. Kwiaty zadowalające umysł i serce, przyjemne w dotyku i o pięknej formie są warte tego, aby ofiarować je ludziom. Podczas rytów małżeńskich lub innych rytów, które mają na celu osiągnięcie wzrostu i pomyślności, czy też podczas sekretnych igraszek nie należy używać tych kwiatów, które rosną na terenach cmentarzy, krematoriów i w miejscach poświęconych bogom.

Bogów zadowala zapach kwiatów, jakszów i rakszasów ich wygląd, nagów ich dotyk, a ludzi zadowala wszystko: zapach, wygląd i dotyk. Kwiaty ofiarowane bogom zadowalają ich natychmiast i ze względu na ich zdolność zrealizowania celu przez samo pragnienie realizacji, gdy są zadowoleni z tego, kto ofiaruje im kwiaty, powodują natychmiastową realizację jego życzeń. Zadowoleni bogowie zadowalają swych wielbicieli, właściwie uhonorowani oddają im honory, a lekceważeni i obrażani przez niegodziwców przynoszą im zniszczenie'.

3. O ofiarowaniu kadzidełek

Śukra kontynuował: 'O wielki asuro. posłuchaj teraz o zasługach, jakie przynosi ofiarowywanie kadzidełek oraz o rozporządzeniach dotyczących tego daru. Istnieje wiele rodzajów kadzidełek. Niektóre są pomyślne, a inne niepomyślne. Niektóre mają przyjemny, inne nieprzyjemny zapach. Niektóre powstają z sączących się powoli płynów, inne z palącego się powoli pachnącego drewna, jeszcze inne zostały zrobione ludzką ręką ze zmieszania razem różnych elementów. Wszystkie kadzidełka pochodzące z sączących się płynów, za wyjątkiem *boswellia serrata*, zadowalają bogów, choć najbardziej zadowala ich *balsamodendron mukul*. Z wszystkich *dhupasów* należących do klasy *sari* najlepsze są *aquilaria agallocha*, które zadowalają szczególnie jakszów, rakszasów i nagów. *Boswellia serrata* i inne kadzidełka należące do tej samej klasy są szczególnie pożądane przez dajtjów. Kadzidełka *dhupasy* zrobione z sączących się *shorea rubusta* i *pinus deodara* zmieszane z różnymi roztworami o silnym zapachu zostały przeznaczone dla ludzi. O takich *dhupasach* mówi się, że przynoszą natychmiastowe zadowolenie bogom, asurom i duchom. Poza wymienionymi rodzajami kadzidełek istnieją takie *dhupasy*, które są używane przez ludzi dla przyjemności. Wszystkie te zasługi, które płyną z czynienia daru kwiatów, są gromadzone również przez dar kadzidełek, które mają moc przynoszenia zadowolenia'.

4. O ofiarowaniu światła

Śukra kontynuował: 'O wielki asuro, opowiedziałem tobie o darach kwiatów i kadzidełek. Posłuchaj teraz o darze światła (lamp), o zasługach, jakie ten dar przynosi, jak i o tym, jaki rodzaj światła należy ofiarować, kto może czynić taki dar, w jakim czasie i w jaki sposób.

O świetle mówi się, że jest energią, sławą i ruchem ku górze. Stąd dar światła będącego pięknem i energią potęguje energię ludzi.

Istnieje piekło o nazwie Andhatamas (wielka ciemność). Również okres, w którym słońce kieruje się na południe, jest nazywany ciemnym. Ten, kto umiera w tym ciemnym okresie, musi przedzierać się przez wspomnianą wielką ciemność. Chcąc uciec przed ciemnością tego okresu i piekłem Andhatamas, należy ofiarować światło w okresie, gdy słońce porusza się w kierunku przeciwnym, ku północy. Taki czyn jest pochwalany przez tych, którzy są dobrzy.

Światło będące ruchem ku górze jest uważane za remedium na ciemność i stąd każdy, kto chce uniknąć ciemności, powinien być dawcą światła, do takiego wniosku prowadzą pisma. Bogowie dzięki czynieniu daru światła zdobyli piękno, energię i świetlistość, podczas gdy rakszasowie z powodu zaniechania tego czynu, zdobyli atrybuty dokładnie przeciwne. Należy więc zawsze czynić dar światła, dzięki takiemu działaniu zdobywa się ostre widzenie i świetlistość. Ten, kto daje światło, nie powinien być przedmiotem zawiści innych. Nie wolno też nigdy kraść lub gasić światła, które zostało dane w darze. Ten, kto kradnie światło, traci wzrok i całą świetlistość i w następnym świecie musi poruszać się po omacku. Ten z kolei, kto daje światło, jaśnieje pięknością w niebie, jak gwiazdy na firmamencie.

Wśród wszystkich świateł najlepsze są te, które powstają z palenia oczyszczonego masła (*ghee*). Następne w hierarchii jest światło uzyskane z palenia soków liściastych ziół, jak olej z nasion musztardowych, sezamowych lub z nasion rącznika, które tak jak *ghee* są napojem bogów. Człowiek, który czyni dar światła, oświetla swój ród, osiąga czystość duszy i blask formy, a po śmierci dołącza do gwiazd świecących na firmamencie. Szukając wzrostu i pomyślności, powinien ofiarować światło przy zejściach z gór, na drogach prowadzących przez las, na skrzyżowaniach dróg i w innych trudno dostępnych regionach, lecz nie powinien nigdy w celu uzyskania światła palić zwierzęcego tłuszczu, szpiku kostnego lub płynu ze zwierzęcych kości'.

5. O ofiarowaniu pierwszej porcji jedzenia

Śukra kontynuował: 'O wielki asuro, posłuchaj teraz o zasługach płynących z ofiarowania daru *wali* bogom, jakszom, nagom, ludziom, duchom i rakszasom. Dotyczy to głównie tych, którzy prowadzą domowy tryb życia.

W domu gospodarza pierwsza porcja jedzenia powinna być zawsze ofiarowana braminom, bogom, gościom i dzieciom. Ci niegodziwi i pozbawieni wszelkich skrupułów ludzie, którzy tak nie czynią, powinni być uważani za rakszasów. Stąd gospodarz żyjący w zgodzie z domowym trybem życia powinien zawsze najpierw ofiarować otrzymane swą pracą jedzenie bogom, oddając im odpowiednio cześć ze skupioną uwagą i zmysłami poddanymi kontroli. Chyląc pobożnie głowę, powinien ofiarować bogom *wali*.

Życie bogów bazuje na jedzeniu ofiarowanym im przez osobę, która jest głową domu (gospodarza). Zaiste, bogowie błogosławią te domy, w których ofiaruje się im takie dary. Jakszowie, rakszasowie, pannagowie (gatunek nagów), jak i goście i osoby bezdomne również utrzymują się przy życiu dzięki jedzeniu ofiarowanemu im przez osoby prowadzące domowy tryb życia. Również Ojcowie czerpią swoje środki utrzymania z takich darów. Wszyscy oni, zadawalani przez gospodarza taki darami, nagradzają go długim życiem, sławą i bogactwem.

Bogom należy ofiarować razem z kwiatami czyste jedzenie o przyjemnym zapachu i wyglądzie, zmieszane z mlekiem i twarogiem. Z kolei *wali* ofiarowane jakszom i rakszasom powinno składać się z krwi i mięsa posypanego dobrze wysmażonym proszkiem z niełuskanego ryżu oraz wina i wódki. Nagów szczególnie zadowala dar *wali*, zmieszany z lotosami i liliami wodnymi, natomiast duchom i innym nieziemskim istotom należy ofiarować nasiona sezamowe gotowane z nierafinowanym cukrem.

Człowiek, który sam nigdy nie spożywa przygotowanego przez siebie jedzenia, zanim nie odda pierwszej porcji braminom, bogom i gościom, nabiera prawa do pierwszej porcji. Zdobywa również siłę i energię. Dzięki obecności domowych bogów dom gospodarza błyszczy pięknem, stąd każdy, kto szuka wzrostu i pomyślności, powinien oddawać cześć domowym bóstwom, ofiarując im pierwszą porcję każdego spożywanego posiłku'".

Bhiszma zakończył swe opowiadanie, mówiąc: „O Judhiszthira, opowiedziałem tobie o zasługach płynących z ofiarowania kwiatów, kadzidełek, światła i pierwszej porcji jedzenia, recytując nauki, których nauczyciel demonów Śukra udzielił asurze Wali. Manu opowiedział o tej rozmowie mędrcowi o imieniu Suwarna, który przekazał to dalej Naradzie, a Narada mi to przekazał. Teraz ty sam poznałeś tę starożytną opowieść o zasługach płynących z tych działań. Wykonuj więc te działania i zbieraj zasługi. Osoba prowadząca domowy tryb życia, gdy nadchodzi wieczór, powinna zawsze czynić dar lamp. Dawca światła z całą pewnością zdobędzie po śmierci niebiańską wizję. Zaiste, stanie się olśniewający jak księżyc w pełni. Piękno formy i siła, które zdobędzie, będą trały tak długo, jak migotanie ofiarowanego światła".

6. O tym jak Nahusza stracił swoją pozycję Indry po zaniechaniu obowiązków domowego trybu życia i przekroczeniu wszystkich ograniczeń

Judhiszthira rzekł: „O Bhiszma, wyjaśniłeś nam, jakie zasługi przynosi realizowanie obowiązków takich jak ofiarowanie kwiatów, kadzidełek, światła i jedzenia przez tych, którzy prowadzą domowy tryb życia. Chciałbym posłuchać dalszych nauk na ten temat. Opowiedz nam o konsekwencjach zaniechania religijnych działań przez osobę prowadzącą domowy tryb życia?"

Bhiszma rzekł: „O Judhiszthira, posłuchaj starej opowieści o królu Nahuszy, który po zdobyciu pozycji Indry urósł zbytnio w pychę i zaniechawszy swych religijnych obowiązków, zaczął gnębić swą potęgą bogów i braminów, lecz gdy jego energia zdobyta wcześniejszą religijną praktyką osłabła, został pozbawiony swej pozycji mocą bramińskiego gniewu.

Król Nahusza, który swymi umartwieniami i dobrymi czynami zdobył bogactwo płynące z umartwień, został władcą nieba, zajmując miejsce Indry, który gdzieś się ukrył po zabiciu asury Wrtry. Nahusza przez długi okres czasu mieszkał w niebie, kontrolując swe zmysły i wykonując różne pobożne czyny zarówno niebiańskiej, jak i ziemskiej natury. Każdego dnia czcił odpowiednimi rytami ogień ofiarny, zbierał święte opał i trawę *kuśa*, i zadowalał bogów, Ojców i braminów, ofiarując im jedzenie posypane proszkiem z wysmażonego niełuskanego ryżu oraz kwiaty, światło i kadzidełka. Zaiste, choć mieszkał w niebie, ciągle wykonywał ofiarę *dżapa* (bezgłośnej recytacji) i ofiarę medytacji. Nawet wówczas gdy został królem bogów, przez jakiś czas oddawał nadal cześć bogom tak jak dawniej, wykonując odpowiednie ryty i obrzędy, i był z tego dumny. Jednakże po upływie dłuższego czasu, gdy dzięki darowi zdolności do pokonania każdego, kto znajdzie się w zasięgu jego wzroku, który otrzymał od bogów, jego pycha i wyniosłość urosły do ogromnych rozmiarów, zaprzestał wszystkich tych pobożnych działań i zaczął zmuszać wielkich riszich do noszenia jego lektyki na swych ramionach. W tym samym czasie wskutek zaniechania religijnych działań jego energia zaczęła słabnąć. Nahusza jednakże, pełen wiary w swoją potęgę, nie zaprzestawał zmuszania największych riszich po kolei do wykonywania tej upokarzającej pracy. Riszi i bogowie gnębieni przez Nahuszę zaczęli się zastanawiać nad tym, jak go pokonać.

Pewnego dnia, gdy przypadła kolej na Agastję, aby nosić królewską lektykę, Agastja rzekł do mędrca Bhrigu, który przybył do jego pustelni: 'O wielki asceto, jak długo mamy jeszcze znosić to upokarzanie nas przez tego niegodziwca Nahuszę, który stał się królem bogów? Czy znasz jakiś sposób na to, abym mógł skutecznie przekląć Nahuszę i pozbawić go władzy? Jak dobrze wiesz, sam Brahma dał mu najlepszy z możliwych darów, gwarantując mu, że każdy, kto zbliży się do niego na odległość zasięgu jego wzroku, straci całą swoją energię i znajdzie się w zasięgu jego władzy. Z powodu tego daru ani ty, ani żaden z riszich nie możemy pozbawić go jego wysokiej pozycji. Brahma dał również Nahuszy do wypicia nektar nieśmiertelności, powodując, że staliśmy się wobec niego bezradni. Wygląda na to, że ten najwyższy bóg dał mu dary, które przynoszą żywym istotom cierpienie. Ten łajdak Nahusza traktuje braminów krańcowo niesprawiedliwie. Powiedz nam, co mamy uczynić w tej sytuacji? Zrobimy tak, jak nam poradzisz'.

Bhrigu rzekł: 'O Agastja, przyszedłem tu do ciebie do twojej pustelni na rozkaz Brahmy, aby cię pouczyć, jak przeciwstawić się królowi Nahuszy, który zdobył wielką energię, lecz został ogłupiony przez los. Jego koniec jest bliski. Ten niegodziwiec w swym postępowaniu przekroczył cały umiar i wszystkie ograniczenia, i dlatego z pomocą mojej energii pozbawię go jego królewskiej pozycji i równocześnie na jego oczach ustanowię ponownie na tronie prawdziwego Indrę, który wykonał setkę Ofiar Konia. Nahusza, którego rozumienie zostało już zniszczone przez los, wkrótce zaprzęgnie cię do swego pojazdu i znieważy cię kopnięciem, co przyniesie jego upadek. Mając twoją zgodę, rozgniewany jego zniewagą rzucę klątwę na tego łajdaka i wroga braminów, mówiąc: «O łajdaku, opadnij natychmiast na ziemię, przybierając formę wielkiego węża». Swoją klątwą spowoduję, że opadnie on ponownie na ziemię pozbawiony swej wielkiej energii przez rozlegające się z wszystkich stron okrzyki oburzenia, które są jedynym rodzajem kary podczas *kritajugi*, którą teraz mamy. Zaiste, w taki to sposób spowoduję upadek ogłupionego przez władzę i moc Nahuszy!' Słowa Bhrigu bardzo zadowoliły Agastję i przyniosły mu spokój".

Judhiszthira rzekł: „O Bhiszma, opowiedz nam o tym, w jaki sposób riszi Bhrigu zdołał ukryć się przed wzrokiem Nahuszy i jego energią, aby móc wypowiedzieć swą klątwę i zepchnąć go z nieba na ziemię, pozbawiając go w ten sposób pozycji króla bogów? Jak to się stało, że upadek Nahuszy stał się możliwy?"

Bhiszma rzekł: „O Judhiszthira, stało się to dokładnie tak, jak to przewidział mędrzec Bhrigu w rozmowie z Agastją. Jak już mówiłem, na samym początku gdy Nahusza został królem bogów, realizował wszystkie pobożnie działania zarówno ludzkie, jak i niebiańskie w swej naturze, gromadząc zasługi. Ofiarował kwiaty, światło i wykonywał wszystkie inne podobne w charakterze ryty łącznie z ofiarowaniem daru *wali* i wszystkimi rytami obowiązującymi podczas szczególnie świętych dni. Ci, którzy są mądrzy, nigdy bowiem nie zaniedbują wykonania pobożnych działań bez względu na to, czy żyją w świecie ludzi, czy bogów. Gospodarstwo domowe cieszy się bowiem wzrostem i pomyślnością w rezultacie takich działań jak ofiarowywanie lamp, kadzidełek, kłaniania się i padania plackiem oraz ofiarowania jedzenia. Pierwsza porcja ugotowanego jedzenia powinna być zawsze ofiarowana braminom, podczas gdy domowym bóstwom należy zawsze ofiarować dar *wali*. Takie dary ofiarne zadowalają bogów. Wielkość satysfakcji, jaką bogowie czerpią z ofiarowanych im darów, jest stokrotnie większa od tej, którą osiąga gospodarz z czynienia ich. Pobożna i mądra osoba, ofiarując kadzidełka i światło, kłania się i pada plackiem na ziemię. Takie działania zawsze przynoszą wzrost i pomyślność tym, którzy je wykonują. Bogów zadowalają również ryty oczyszczające wykonywane z pomocą wody, którym towarzyszy kłanianie się im. Ojcowie, riszi odziani w bogactwo ascezy i domowe bóstwa są zawsze zadowoleni, gdy są czczeni przy pomocy odpowiednich rytów.

Nahusza po zdobyciu pozycji Indry wykonywał wszystkie te ryty dopóty, dopóki dobry los mu sprzyjał, lecz gdy dobry los się od niego odwrócił, zaniechał ich wykonania i zaczął lekceważyć wszelkie nakazy i ograniczenia. Jego ofiarne ryty i dary były niszczone przez rakszasów i w konsekwencji zaczął tracić całą swoją nagromadzoną wcześniej energię.

Tak jak to przewidział riszi Bhrigu, pewnego dnia zaślepiony swą pychą Nahusza zmusił mędrca Agastję do ciągnięcia swego pojazdu we wskazanym przez niego kierunku. W międzyczasie Bhrigu o wielkiej energii rzekł do Agastji: 'O Agastja, zamknij oczy i nie otwieraj ich, zanim nie wejdę w twoje zmierzwione włosy'. I podczas gdy Agastja stał nieruchomo jak kłoda drewna, Bhrigu schował się w jego zmierzwionych włosach, mając na celu pozbawienie Nahuszy tronu należącego oryginalnie do Indry.

Nahusza, jak tylko zobaczył Agastję, zbliżył się do niego z zamiarem zaprzężenia go do swego powozu. Agastja wyprzedzając jego intencje, rzekł: 'O Nahusza, zaprzęgnij mnie bez żadnej zwłoki. Zawiozę cię, gdzie tylko zechcesz! Do jakiego regionu mam cię zawieść?'

Nahusza zadowolony z jego słów kazał zaprząc go do swego powozu, co z kolei bardzo zadowoliło ukrytego we włosach Agastji mędrca Bhrigu, który sam starał się nie patrzeć na Nahuszę. Zachowywał się w ten sposób, bo znał konsekwencje daru, którym Brahma obdarował Nahuszę. Agastja pomimo tego, że został tak podle potraktowany, powstrzymywał swój gniew nawet wówczas, gdy Nahusza zaczął poganiać go swym ościeniem. W pewnym momencie zaślepiony pychą Nahusza rozgniewał się i kopnął Agastję w głowę. Ten podły akt Nahuszy bardzo rozgniewał ukrytego przed jego wzrokiem mędrca Bhrigu. Bhrigu zawołał: 'O niegodziwcze, ponieważ kopnąłeś w głowę tego wielkiego mędrca Agastję, opadnij natychmiast na ziemię, zamieszkując w formie wielkiego węża!'

Nahusza, przeklęty w ten sposób przez mędrca Bhrigu, którego nie mógł zobaczyć, przekształcił się natychmiast w węża i opadł na ziemię. Gdyby mógł go zobaczyć, spaliłby go swym wzrokiem. Nahusza dzięki licznym darom i innym religijnym działaniom, które zdołał uczynić, zanim został ogłupiony przez los, opadając na ziemię, zachował całą swoją pamięć. Gdy zaczął błagać mędrca Bhrigu o wyznaczenie kresu dla klątwy, do jego próśb dołączył również współczujący mu Agastja. W końcu Bhrigu, kierując się współczuciem, zgodził się na wyznaczenie kresu klątwy. Rzekł: 'O Nahusza, gdy na ziemi narodzi się król Judhiszthira, uwolni cię od mojej klątwy'".

Bhiszma zakończył swe opowiadanie, mówiąc: „O Judhiszthira, po wypowiedzeniu tych słów przez Bhrigu wszyscy riszi zniknęli sprzed oczu Nahuszy. Agastja o potężnej energii powrócił do swej pustelni czczony przez wszystkich braminów, podczas gdy Bhrigu po pozbawieniu Nahuszy jego pozycji króla bogów udał się do dziadka wszechświata Brahmy, aby mu o tym opowiedzieć. Brahma skłonił wówczas Indrę, który ukrył się we włóknach łodygi lotosu, do powrotu do nieba i rzekł do bogów: 'O bogowie, Nahusza zdobył władzę w niebie dzięki moim darom za swoje wcześniejsze religijne działania, teraz jednak utracił władzę, gdyż swą arogancją rozgniewał mędrca Agastję. Wy sami nie możecie jednak żyć bez króla, oddajcie więc ponownie królewski tron Indrze'. Bogowie odpowiedzieli jednym głosem: 'O Brahma, niech tak się stanie!'

Tymczasem Nahusza ukarany przez Bhrigu klątwą za swoje grzechy pychy i lekceważenia braminów, zgodnie z jego zapowiedzią został w końcu przez ciebie uwolniony od klątwy i dzięki zasługom, które wcześniej nagromadził swym religijnym działaniem, prowadząc domowy tryb życia, zdołał odzyskać utracone miejsce w regionie Brahmy".

Napisane na podstawie fragmentów *Mahābharāta*, Anusasana Parva, Part 2, Sections XCVII-C.

Opowieść 226
O oczyszczaniu się z grzechów
i zdobywaniu nieba pobożnymi czynami

1. O tym, jak pewien czandala próbował oczyścić się z grzechu spożycia nieczystego jedzenia; 2. O tym, jak riszi Gautama zdobył region Brahmy dzięki swej ojcowskiej miłości do słonia; 3. O tym, jak król Bhagiratha zdobył region Brahmy, realizując ślub postu.

> Czandala rzekł: „O królu, rozpaczliwie szukam drogi, aby uwolnić się od mojego obecnego stanu istnienia będącego konsekwencją spożycia nieczystego jedzenia. Ci, którzy prowadzą domowy tryb życia, bronią się przed skutkami swych grzechów, zbierając zasługi poprzez studiowanie Wed i czynienie innych darów. Grzeszni bramini oczyszczają się z grzechów, praktykując leśny tryb życia, studiując Wedy i wyrzekając się przywiązania do ziemskich przedmiotów. Ja jednakże urodziłem się grzesznej kaście i nie potrafię jasno zobaczyć, w jaki sposób mógłbym oczyścić się z grzechu spożycia nieczystego jedzenia".

(Mahābhārāta, Anusasana Parva, Part 2, Section CI)

1. O tym, jak pewien czandala próbował oczyścić się z grzechu spożycia nieczystego jedzenia

Judhiszthira rzekł: „O Bhiszma, wytłumacz nam, dokąd udają się po śmierci ci niegodziwcy, którzy kradną lub defraudują przedmioty należące do braminów?"

Bhiszma rzekł: „O Judhiszthira, w odpowiedzi na to pytanie posłuchaj starej opowieści o rozmowie między pewnym nisko urodzonym czandalą i pomniejszym królem. Król ten, obserwując dziwne zachowanie czandali, rzekł: 'O czandala, osiągnąłeś już podeszły wiek, a zachowujesz się jak dziecko. Choć nie troszczysz się o to, że twoje ciało jest pokryte kurzem unoszonym przez psy i osły, niepokoją cię krople krowiego mleka opadające niekiedy na twoje ciało. Choć oczywiste jest dla mnie to, że wszystkie te działania, które są krytykowane przez pobożnych, są właściwe dla czadalów, to jednak chciałbym wiedzieć, dlaczego próbujesz zmyć te krople mleka ze swego ciała?'

Czandala rzekł: 'O królu, posłuchaj mojego wyjaśnienia. Ongiś zdarzyło się tak, że krowy należące do pewnego bramina zostały ukradzione i gdy były uprowadzane przez złodziei, krople mleka z ich wymion upadły na łodygi somy rosnącej przy drodze. Bramini, którzy podczas rytu wyciskania somy pili sok z tych roślin zroszonych mlekiem ukradzionych krów, jak również król, który sponsorował ten ryt, wpadli prosto do piekła. Zaiste, z powodu kradzieży czegoś, co należy do bramina, król i wszyscy asystujący w jego ofiarach bramini idą wprost do piekła. Dowiedz się, że również wszyscy bramini i wojownicy, którzy piją mleko lub ofiarne masło w pałacu króla, który ukradł braminowi krowy, kończą w piekle. Ukradzione braminowi krowy, potrząsając wymionami, zabijają swym mlekiem zarówno synów i wnuków tych, którzy je ukradli, jak i króla i królową, choćby nawet traktowali zwierzęta z wielką troską. Jeśli chodzi o mnie, to kiedyś w poprzednim życiu byłem braminem i żyłem w miejscu, gdzie przebywały wspomniane przeze mnie ukradzione krowy, realizując ślub *brahmacarji*. Ofiarowane mi przez ludzi jedzenie, które jadłem, było zroszone ich mlekiem i z powodu spożywania tego nieczystego jedzenia urodziłem się ponownie na ziemi jako czandala.

Król, który kradnie krowy należące do bramina, płaci za to złą sławą. Stąd też nie należy nigdy przywłaszczać sobie czegoś, co należy do bramina. Popatrz na mnie! Sam widzisz, w jak żałosnym znalazłem się położeniu, spożywając jedzenie spryskane mlekiem ukradzionych krów. Z tego samego powodu mądre osoby uważają, że soma, która jest napojem bogów, nie może być przedmiotem kupna i sprzedaży, i potępiają tych, którzy ignorują ten zakaz. Zaiste, zarówno ci, którzy sprzedają somę, jak i ci, którzy ją kupują, po opuszczeniu tego świata i udaniu się do regionu Jamy toną w piekle zwanym Raurawa przeznaczonym dla przestępców. Ten, kto pomimo znajomości *Wed* sprzedaje somę, w następnym życiu rodzi się jako lichwiarz i szybko ulega zniszczeniu. Musi tonąć w piekle trzysta razy i przekształca się w zwierzę żywiące się ludzkim mięsem.

Pycha, która prowadzi do przekraczania wszystkich hamulców, jest gorsza nawet od służenia osobie, która jest grzeszna, podła i dumna, jak i od gwałtu na żonie przyjaciela. Spójrz na tego psa, który jest tak żałośnie wyblakły, chudy i grzeszny. W swym poprzednim życiu był człowiekiem! To z powodu pychy żywe istoty tak nędznie kończą! Ja sam w jednym z moich przeszłych wcieleń urodziłem się w poważanej rodzinie i choć znałem wagę wszystkich tych przywar i stałem się mistrzem we wszystkich gałęziach wiedzy i nauki, pod wpływem pychy stałam się na te przywary ślepy i ignorując zakazy, zjadłem zakazane mięso z kręgosłupa zwierząt. W konsekwencji takiego zachowania urodziłem się ponownie w rodzinie czandalów, którzy są uważani za nieczystych i żywią się tym, co uchodzi za nieczyste. Zauważ odwrócenie losu, które przynosi ze sobą Czas!

Będąc czandalą i nie widząc dla siebie ratunku, z ciałem pokrytym kurzem biegam gnany strachem tak jak osoba, której ubranie złapało ogień lub którą ścigają pszczoły. Rozpaczliwie szukam drogi, aby uwolnić się od mojego obecnego stanu istnienia będącego konsekwencją spożycia nieczystego jedzenia. Ci, którzy prowadzą domowy tryb życia, bronią się przed skutkami swych grzechów, zbierając zasługi poprzez studiowanie *Wed* i czynienie innych darów. Grzeszni bramini oczyszczają się z grzechów, praktykując leśny tryb życia, studiując *Wedy* i wyrzekając się przywiązania do ziemskich przedmiotów. Ja jednakże urodziłem się grzesznej kaście i nie potrafię jasno zobaczyć, w jaki sposób mógłbym oczyścić się z grzechu spożycia nieczystego jedzenia. Znam swój grzech, gdyż dzięki zasługom, które zgromadziłem w poprzednim życiu swymi prawymi działaniami, zachowałem pamięć przeszłego życia'.

Czandala zakończył swą opowieść, mówiąc: 'O królu, błagam cię o litość, pomóż mi w rozwiązaniu mojego problemu. Poucz mnie, jaką drogą powinienem pójść, jakie pomyślne działania powinienem wykonać, aby uwolnić się z mojego obecnego stanu? Dzięki jakim środkom mógłbym pozbyć się mojego statusu czandali?'

Król rzekł: 'O czandala, skoro mnie o to pytasz, poznaj sposób na pozbycie się swego niskiego statusu. Osiągniesz to, czego pragniesz oddając życie w obronie majątku bramina. Spalając swe ciało w ogniu bitwy w obronie majątku bramina lub czyniąc z niego jadło dla drapieżnych ptaków i zwierząt, zrealizujesz swój cel. Żadne inne środki ci w tym nie pomogą'".

Bhiszma rzekł: „O Judhiszthira, po otrzymaniu tej rady czandala wlał swe życiowe oddechy tak jak ofiarne masło do ognia bitwy w obronie majątku bramina i w rezultacie tego czynu zrealizował swój cel. Kradzież tego, co należy do bramina, ma fatalne konsekwencje nie tylko dla złodziei, podczas gdy obrona majątku bramina oczyszcza z grzechów. Ochraniaj więc zawsze to, co stanowi majątek bramina i zdobądź w ten sposób niebiańskie regiony wiecznej szczęśliwości".

2. O tym, jak riszi Gautama zdobył region Brahmy dzięki swej ojcowskiej miłości do słonia

Judhiszthira rzekł: „O Bhiszma, mówi się, że wszyscy prawi ludzie zdobywają po śmierci niebo. Czy jest prawdą to, że wśród nich istnieją różnice pozycji i statusu?"

Bhiszma rzekł: „O Judhiszthira, prawdą jest to, że ci, którzy są w swych działaniach prawi, docierają do regionów szczęśliwości, podczas gdy grzesznicy udają się do regionów przynoszących cierpienie. Różne prawe uczynki prowadzą jednakże do różnych niebiańskich regionów. Posłuchaj starej opowieści o rozmowie między Indrą i ascetą Gautamą, który dzięki swej ojcowskiej miłości do słonia, jak i wiedzy na temat różnych niebiańskich regionów, rozpoznał Indrę, który ukradł jego słonia i zdobył niebiański region Brahmy. Rozmowę tę cytuje się zwykle w kontekście pytania takiego jak twoje.

Żyjący w odległych czasach bramin asceta o imieniu Gautama, łagodny, zdolny do samodyscypliny i kontrolujący swe zmysły, zobaczył kiedyś młodego, białego słonia, który stracił swoją matkę i był z tego powodu bardzo smutny. Pełen współczucia dla zwierzęcia przygarnął go, pielęgnował, żywił i pod jego troskliwym okiem słoń wyrósł na wielkiego i silnego słonia. Pewnego dnia Indra, który zapragnął mieć tego słonia na własność, przybrał formę króla Dhritarasztry i złapał to piękne zwierzę, które było wielkie jak góra.

Gautama, widząc swego słonia uprowadzanego przez króla Dhritarasztrę, rzekł: 'O niewdzięczny królu, dlaczego kradniesz mi tego słonia. Troszczyłem się o niego jak o syna, podejmując trud wychowania go i utrzymania przy życiu. Jeżeli jesteś prawy, powinieneś wiedzieć, że gdy ludzie prawi spotykają się na swej drodze, nie potrzebują wielu słów, aby stać się przyjaciółmi. Strzeż się więc grzechu zranienia przyjaciela! Chcesz zabrać mi słonia, który wykonuje wszystkie moje polecenia, przynosi mi wodę i opał, ochrania moją pustelnię, gdy udaję się na wędrówkę, jest wyjątkowo łagodny, uległy, posłuszny, wdzięczny i jest mi bardzo drogi. Nie powinieneś go ze sobą zabierać, ignorując moje protesty'.

Król Dhritarasztra rzekł: 'O wielki riszi, oddaj mi tego słonia. Dam tobie za niego tysiąc krów, setkę służebnic i pięćset sztuk złota. Dam tobie również trzy inne rodzaje bogactwa. Po co braminowi słoń?'

Gautama rzekł: 'O królu, zatrzymaj dla siebie te krowy, służące, złote monety, klejnoty i wszystkie inne rodzaje bogactwa. Po co braminowi bogactwo? Pragnę jedynie towarzystwa tego słonia, który jest dla mnie jak syn'.

Król Dhritarasztra rzekł: 'O uczony riszi, bramini nie mają ze słoni żadnego użytku. Słonie należą do królów. To, że zabieram ze sobą tego wspaniałego słonia, aby móc na nim jeździć, nie może być uważane za grzech. Nie stój mi więc na drodze i nie przeszkadzaj mi w realizacji mojego celu!'

Gautama rzekł: 'O królu, jeżeli nie oddasz mi tego słonia z własnej woli, odbiorę go tobie, choćbym nawet musiał ciebie szukać w regionie boga umarłych Jamy, gdzie osoby prawe żyją w szczęśliwości, a grzesznicy toną w smutku'.

Król Dhritarasztra rzekł: 'O braminie, nie znajdziesz mnie w tym regionie. Tylko ci, którym brakuje wiary, którzy nie wykonują religijnych działań, są grzeszni i nastawieni na zaspakajanie swych zmysłów, muszą się tam udać i znosić niedolę, którą dla nich bóg umarłych Jama zarządza. Ja sam udam się do wyższych regionów'.

Gautama rzekł: 'O królu, region Jamy jest miejscem, gdzie ludzie są sądzeni. Tam nikt nie zdoła powiedzieć kłamstwa. Tam zwycięża prawda. Tam słabi karzą silnych. Podążając za tobą do tego regionu, zmuszę cię do oddania mi tego słonia, którego mi zabierasz!'

Król Dhritarasztra rzekł: 'O braminie, tylko ci, którzy są odurzeni pychą, i traktują ojca matkę i starszą siostrę jak wrogów, muszą udać się do tego regionu. Ja sam pójdę do wyższych regionów'.

Gautama rzekł: 'O królu, jeżeli udasz się do regionu Mandakini (niebiański region Gangesu) należącego do króla Waiśrawany (Kubery) zamieszkiwanego przez te błogosławione osoby, dla których została wyznaczona każda radość i komfort, gdzie gandharwowie, jakszowie i apsary umilają wszystkim czas swą muzyką i tańcem, nawet tam pójdę za tobą i zmuszę cię do oddania mi tego słonia'.

Król Dhritarasztra rzekł: 'O braminie, region zwany Mandakini należący do Kubery zdobią ci, którzy ślubują gościnność i czynią inne śluby, dają schronienie braminom, jedzą to, co pozostaje po nakarmieniu wszystkich osób, które od nich zależą. Ja sam jednakże tam się nie udam, bo dla mnie zarezerwowane są wyższe regiony'.

Gautama rzekł: 'O królu, jeżeli udasz się do tych wspaniałych leśnych regionów pełnych kwiatów i drzew *dżamwu* o rozłożystej koronie znajdujących się na szczycie góry Meru, które rozbrzmiewają echem melodyjnych głosów wiecznych kochanków i muzyków kimnarów, pójdę tam za tobą i zmuszę cię oddania mi słonia'.

Król Dhritarasztra rzekł: 'O wielki riszi, do tych regionów udają się bramini, którzy znają pisma, są łagodni, prawdomówni, miłosierni w stosunku do wszystkich żywych istot, studiują *Purany* i obdarowują braminów miodem. Ja sam tam się jednak nie udam, gdyż pójdę jeszcze wyżej! Jeżeli znasz jakieś inne regiony szczęśliwości, wymień je'.

Gautama rzekł: 'O królu, jeżeli udasz się do lasów należących do Narady i przez niego wielbionych, pełnych kwiatów i echa melodyjnych pieśni królewicza kimnarów, będących wieczną siedzibą gandharwów i apsar, podążę za tobą i zmuszę cię do oddania mi tego słonia'.

Król Dhritarasztra rzekł: 'O braminie, do tych regionów udają się ci, którzy nigdy nie proszą o jałmużnę, kultywują muzykę i taniec, i zawsze włóczą się po całej ziemi wypełnieni radością. Ja tam nie pójdę, lecz udam się do wyższych regionów'.

Gautama rzekł: 'O królu, nawet jeżeli udasz się do tego regionu, gdzie błogosławione dusze kraju Uttara-Kuru płoną pięknem i spędzają swe dni w radości w towarzystwie bogów, gdzie rezydują w pełnym szczęściu istoty mające swe źródło w ogniu, wodzie i górach, gdzie Indra leje deszczem urzeczywistniania wszystkich życzeń, gdzie nie istnieją uczucia zazdrości i gdzie kobiety żyją w całkowitej wolności bez żadnych reguł ograniczających ich zachowanie, podążę tam za tobą i zmuszę cię do oddania mi tego słonia'.

Król Dhritarasztra rzekł: 'O braminie, do tego regionu udają się tylko ci ludzie, którzy uwolnili się od całkowicie pragnienia przedmiotów przyjemności, powstrzymują się od jedzenia mięsa, nie wymierzają kary, nie ranią żadnej żywej istoty, widzą w sobie duszę wszystkich żywych istot, są całkowicie wolni od idei, że «coś jest moje», jak i od wszelkiego rodzaju przywiązania, nie widzą różnicy między zyskiem i stratą czy też pochwałą i krytyką. Ja tam jednak nie pójdę, lecz udam się do wyższych regionów'.

Gautama rzekł: 'O królu, ponad tymi wiecznymi i płonącymi pięknem regionami znajdują się regiony pachnące wspaniałymi perfumami i wolne od wszelkiego rodzaju namiętności i smutku, które należą do Somy (księżyca). Jeżeli tam się udasz, to nawet tam podążę za tobą i zmuszę cię do oddania mi tego słonia'.

Król Dhritarasztra rzekł: 'O braminie, do tych regionów udają się tylko ci, którzy zawsze czynią dary, lecz sami nie akceptują żadnych darów i usług od innych, posiadają tylko to, co mogliby dać w darze zasługującej na to osobie, są gościnni dla wszystkich żywych istot, skłonni do obdarzania każdego łaską, wybaczania i współczucia, nigdy nie mówią źle o innych i są zawsze prawi w swych działaniach. Ja tam jednak nie pójdę, lecz udam się do wyższych regionów'.

Gautama rzekł: 'O królu, obok tych regionów płonących pięknem znajdują się inne wieczne regiony wolne od namiętności, ciemności i smutku należące do słońca. Jeżeli tam się udasz, to nawet tam podążę za tobą i zmuszę cię do oddania mi tego słonia'.

Król Dhritarasztra rzekł: 'O braminie, do tego regionu udają się ludzie o czystej duszy, którzy pilnie studiują *Wedy*, służą z oddaniem nauczycielowi, praktykują umartwienia i realizują śluby, są prawdomówni, nigdy nie mówią czegoś, co sugerowały brak posłuszeństwa lub wrogość do nauczyciela, są zawsze czujni i gotowi do świadczenia usług na rzecz seniorów i nauczycieli, są powściągliwi w mowie i oddani Prawdzie. Ja tam jednak nie pójdę, lecz udam się do wyższych regionów'.

Gautama rzekł: 'O królu, obok tych regionów istnieją inne wieczne regiony płonące pięknem, czarujące najwspanialszymi zapachami, wolne od namiętności i smutku, które należą do Waruny. Jeżeli tam się udasz, to nawet tam podążę za tobą i zmuszę cię do oddania mi tego słonia'.

Król Dhritarasztra rzekł: 'O braminie, do tego regionu udają się jedynie ci, którzy przez cztery miesiące poszczą, realizując ślub zwany *czaturmasja*, wykonują sto dziesięć rytów ofiarnych, codziennie przez trzy lata z oddaniem i wiarą czczą swój święty ogień, lejąc weń ofiarne masło zgodnie z nakazami pism, znoszą ciężar wszystkich obowiązków bez najmniejszego sprzeciwu i idą zawsze drogą prawości, podążając za tymi, którzy są dobrzy. Ja tam jednak nie pójdę, lecz udam się do wyższych regionów'.

Gautama rzekł: 'O królu, ponad tymi wszystkimi regionami są regiony Indry wolne od namiętności i smutku, trudne do zdobycia i pożądane przez wszystkich ludzi. Jeżeli tam się udasz, to nawet tam podążę za tobą i zmuszę cię do oddania mi tego słonia'.

Król Dhritarasztra rzekł: 'O braminie, do regionu Indry udają się heroiczni ludzie, którzy żyją setkę lat, studiują *Wedy* i wykonują z oddaniem ryty ofiarne. Ja tam jednak nie pójdę, lecz udam się do wyższych regionów'.

Gautama rzekł: 'O królu, ponad regionem Indry znajdują się regiony o najwyższej szczęśliwości należące do Pradżapatich, gdzie istnieją wszystkie rodzaje szczęścia i nie ma smutku. Regiony te należą do tych potężnych istot, z których wypływa stwarzanie i są przez wszystkich pożądane. Jeżeli tam się udasz, to nawet tam podążę za tobą i zmuszę cię do oddania mi tego słonia'.

Król Dhritarasztra rzekł: 'O braminie, do tych regionów udają się ci królowie o prawej duszy, którzy wzięli kąpiel po udanym zakończeniu ofiary koronacyjnej *radżasuja* i którzy umyli swoje członki w wodzie ofiarnej po udanym zakończeniu Ofiary Konia i ochraniają właściwie swych poddanych. Ja tam jednak nie pójdę, lecz udam się do wyższych regionów'.

Gautama rzekł: 'O królu, jeszcze wyżej od wymienionych znajduje się trudny do zdobycia wieczny region krów płonący pięknością, czarujący najwspanialszymi zapachami, wolny od namiętności i przekraczający smutek. W tym regionie nie ma opresji i cierpienia. Jeżeli tam się udasz, to nawet tam podążę za tobą i zmuszę cię do oddania mi tego słonia'.

Król Dhritarasztra rzekł: 'O braminie, wymieniony przez ciebie region wiecznej szczęśliwości zdobywa ten, kto osiągnął dojrzały wiek, praktykując aż do tego czasu ślub celibatu, jest posłuszny deklaracjom *Wed* i będąc odziany w energię umysłu, udaje się na pielgrzymkę do świętych wód i miejsc. Dociera tam również ten, kto posiadając tysiąc krów, każdego roku czyni dar z setki krów, jak i ten, kto posiadając setkę krów, każdego roku daje w darze dziesięć najlepszych z nich oraz ten, kto posiadając dziesięć krów lub nawet tylko pięć, co roku daje w darze jedną z nich. Te błogosławione jednostki odziane w niebiańskie ciała i girlandy udają się do tych regionów radości i zadowolenia, rozsiewając wokół najwspanialsze z możliwych zapachów. Ja tam jednak nie pójdę, lecz udam się do wyższych regionów'.

Gautama rzekł: 'O królu, obok tych regionów istnieją jeszcze wyższe regiony, gdzie nieznany jest lęk przed zimnem lub gorącem, nie ma głodu, łaknienia, bólu, smutku i radości, jak i różnicy między tym, co przyjemne lub nieprzyjemne, przyjacielem i wrogiem, prawością i grzechem, starością i śmiercią. Nawet wówczas, gdy udasz się do tego regionu wolnego od namiętności, gdzie mieszka mądrość i atrybut *sattwy* (jasność-dobro), który jest miejscem zamieszkiwania Brahmy, podążę za tobą i zmuszę cię do oddania mi tego słonia'.

Król Dhritarasztra rzekł: 'O braminie, święte regiony Brahmy, o których mówisz, zdobywają ci, którzy uwolnili się od przywiązania do ziemskich przedmiotów, oczyścili swą duszę, zrealizowali najwyższe śluby, są oddani jodze bazującej na uspokojeniu umysłu, czyli ci ludzie, którzy połączyli się z atrybutem *sattwy* i zdobyli niebiańskie szczęście jeszcze za życia. Nie zdołasz mnie tam odnaleźć, bo udam się do jeszcze wyższych regionów'.

Gdy Gautama usłyszał te słowa króla Dhritarasztry, rozpoznał, że pod jego postacią ukrył się Indra, który ukazał się przed nim, aby poddać testowi jego prawość. Rzekł: 'O ty, który ukradłeś mojego słonia, rozpoznaję cię. Nie jesteś królem Dhritarasztrą, lecz Indrą, zwanym zabójcą demona Wrtry i bogiem setki ofiar, który wędruje po wszystkich regionach wszechświata. Mam nadzieję, że nie obraziłem ciebie moimi słowami, nie rozpoznając cię wcześniej. Dowiedz się, że nawet wówczas, gdy udasz się tam, gdzie nucone są *samany* zwane *Rathantara*, gdzie ołtarze są przykryte świętą trawą *kuśa* przygotowane do wykonania ofiar zwanych *pundarika*, gdzie zbierają się bramini pijący somę, przybywający tam rydwanami ciągnionymi przez wysokiej krwi ogiery, podążę za tobą i zmuszę cię do oddania mi tego słonia'.

Indra rzekł: 'O braminie, jestem z ciebie zadowolony i kłaniam się tobie. Faktycznie jestem Indrą i przybyłem do świata ludzi specjalnie po to, aby złapać tego białego słonia. Rozkazuj mi! Spełnię każde twoje życzenie'.

Gautama rzekł: 'O Indra, daj mi w darze tego słonia, który jest biały w kolorycie i bardzo młody, gdyż ma zaledwie dziesięć lat. Troszczyłem się o niego jak o syna. Mieszkając w tym lesie wzrastał na moich oczach i był moim umiłowanym towarzyszem. Wypuść na wolność mojego syna, którego pojmałeś i chcesz ze sobą uprowadzić!'

Indra rzekł: 'O braminie, niech tak się stanie! Popatrz, ten słoń, który jest dla ciebie jak syn, podszedł do ciebie i dotyka trąbą twych stóp, patrząc na ciebie z miłością! Bądź pozdrowiony i módl się, mając na uwadze moje dobro!'

Gautama rzekł: 'O Indra, zawsze myślę o twoim dobru i zawsze oddaję tobie cześć. Obdarz mnie błogosławieństwem! Przyjmę tego słonia jako dar od ciebie!'

Indra rzekł: 'O braminie, jesteś jedynym wśród wielkich riszich o czystych duszach idących ścieżką Prawdy i mających *Wedy* głęboko w swych sercach, który był zdolny mnie rozpoznać. Bardzo mnie tym zadowoliłeś. Mając teraz swego syna za towarzysza udaj się więc razem ze mną prosto do nieba. Zasłużyłeś na to, aby bez zwłoki dotrzeć do różnych regionów najwyższej szczęśliwości, choćby nawet w ciągu jednego dnia!'".

Bhiszma zakończył swe opowiadanie, mówiąc: „O Judhiszthira, Indra dając Gautamie i jego słoniowi pierwszeństwo, udał się razem z nimi do nieba, którego zdobycie jest trudne nawet dla osób prawych. Ten, kto kontrolując swe zmysły, będzie codziennie przez jakiś czas recytował lub słuchał tej starej opowieści, którą tobie powtórzyłem, zdobędzie po śmierci tak jak Gautama niebiański region należący do Brahmy".

3. O tym, jak król Bhagiratha zdobył region Brahmy, realizując ślub postu

Judhiszthira rzekł: „O Bhiszma, opowiedziałeś nam o tym, jak pewien czandala oczyścił się z grzechu spożycia nieczystego jedzenia swym pobożnym działaniem i jak asceta Gautama zdobył niebiańskie regiony Brahmy dzięki swej miłości do słonia, którego traktował jak syna. Na ścieżce do nieba nie istnieje nic, co przewyższałoby swą mocą religijne działania i umartwienia. Wytłumacz nam, proszę, jaki rodzaj religijnych umartwień jest stawiany najwyżej".

Bhiszma rzekł: „O Judhiszthira, niebiański region szczęśliwości zdobywany po śmierci przez daną osobę koresponduje z rodzajem realizowanych przez nią umartwień. Moim zdaniem nie ma umartwień lepszych od postów. Posłuchaj bardzo starej opowieści o rozmowie króla Bhagirathy z Brahmą, która dotyczy tego tematu.

Dziadek wszechświata Brahma widząc, że król Bhagiratha zdobył niebiański region znajdujący się wyżej od regionów bogów, krów i riszich, rzekł ongiś do Bhagirathy: 'O królu, dotarłeś do regionu, który jest bardzo trudny do zdobycia. Bogowie, gandharwowie i ludzie nie potrafią dotrzeć do tego regionu bez praktykowania najsurowszej ascezy. Powiedz mi, w jaki sposób zdołałeś zdobyć ten region?'

Król Bhagiratha rzekł: 'O Panie wszechświata, obdarowałem braminów realizujących ślub celibatu setką tysięcy złotych monet, ale to nie dzięki zasługom zebranym tymi darami zdobyłem ten region.

Wykonałem wielokrotnie ryt *pańcaratri*, dziesięciokrotnie ryt *ekaratri*, jedenastokrotnie ryt *ekadasaratri*, a wielki ryt ofiarny *dżotisztoma* (wyciskania somy) wykonałem setkę razy, jednakże to nie dzięki zasługom zebranym tymi rytami zdobyłem ten region najwyższej szczęśliwości.

Mieszkałem przez setkę lat nad brzegiem Gangesu, praktykując najsurowszą ascezę. Obdarowałem tam braminów tysiącami niewolników i niewolnic. Nad brzegiem jeziora Puszkara dałem braminom sto tysięcy razy setkę tysięcy ogierów i dwieście tysięcy krów. Dałem również w darze tysiąc dziewcząt o wielkiej piękności z włosami ozdobionymi dyskiem ze złotymi księżycami i sześćdziesiąt tysięcy dziewcząt w biżuterii z czystego złota, jednakże to nie dzięki zasługom zebranym tymi czynami zdobyłem ten najwyższy niebiański region.

Wykonując ryty znane pod nazwą *gośawa*, zgromadziłem dary w wielkości dziesięciu *arwudów* (jednostka miary) krów i obdarowałem każdego bramina dziesięcioma krowami z cielątkami dającymi mleko we właściwym czasie i dwoma naczyniami na mleko, jednym złotym i drugim z białego mosiądzu. Wykonałem liczne ryty wyciskania somy i za każdym razem obdarowałem każdego bramina dziesięcioma mlecznymi krowami z pierwszym cielątkiem oraz setkami krów z gatunku *rohini*. Dałem również każdemu z nich dwa razy po dziesięć *prajutów* (jednostka miary) mlecznych krów innego gatunku, jednakże to nie dzięki zasługom zebranym tymi czynami zdobyłem ten najwyższy niebiański region.

Oddałem również w darze braminom setkę tysięcy koni rasy *walhika*, białej maści i ozdobionych złotymi girlandami, jednakże to nie dzięki zasługom zebranym tym czynem zdobyłem ten niebiański region.

Dałem w darze braminom osiem *krorów* (jednostka miary) złotych monet i dodatkowo dziesięć *krorów* podczas każdego sponsorowanego przeze mnie rytu ofiarnego, jednakże to nie dzięki zasługom zebranym tym czynem zdobyłem ten niebiański region

Dałem również w darze braminom siedem *krorów* ogierów, z których każdy był zielonkawej maści z ciemnymi uszami i ozdobiony złotą girlandą i siedem tysięcy olbrzymich słoni z kłami wielkimi jak lemiesz pługa, z których każdy miał na ciele wiry określane nazwą *padma* i był ozdobiony girlandami ze złota, jak również dziesięć tysięcy wozów udekorowanych złotem oraz siedem tysięcy innych wozów razem z ciągnącymi je ogierami noszącymi ozdoby z czystego złota. Wozy te, ofiarowane przeze mnie braminom jako *dakszina* podczas ofiary, były dokładnie tego rodzaju, jak to zalecają *Wedy*. Podczas dziesięciu wielkich ofiar *wadżapeja*, które wykonałem, uczyniłem również dar z tysiąca herosów o mocy równej Indrze sądząc z ich męstwa i wykonanych ofiar. Wydając ogromne sumy pieniędzy i wykonując osiem królewskich ofiar *radżasuja*, obdarowałem asystujących w ofierze braminów tysiącem królów, których najpierw pokonałem w walce, w girlandach ze złota na szyjach. Jednakże to nie dzięki zasługom zebranym tymi czynami zdobyłem ten region szczęśliwości. W tych sponsorowanych przeze mnie ofiarach dary były równie obfite jak wody Gangesu. Każdy bramin otrzymał ode mnie trzykrotnie po dwa tysiące słoni i dwa tysiące ogierów ozdobionych złotem oraz setką najlepszych wiosek. Praktykując umartwienia i właściwą dietę, ograniczając mowę i uspakajając umysł, zamieszkiwałem przez długi czas u stóp góry Himawat na brzegu świętej rzeki Ganges, której niepowstrzymany nurt upadł prosto z nieba na głowę Śiwy, jednakże to nie dzięki zasługom zebranym tymi czynami zdobyłem te regiony najwyższej szczęśliwości.

Czciłem bogów licznymi ofiarami *pundarika*, jak i ofiarami wymagającymi budowania małych ołtarzy odległych od siebie na dystans mierzony rzutem ciężkich kawałków drewna z drzewa *sami*, które muszą zostać zakończone w ciągu jednego dnia, jak i takimi, które są realizowane w ciągu dwunastu lub trzynastu dni. Jednakże to nie dzięki zasługom zebranym tymi czynami zdobyłem te regiony najwyższej szczęśliwości.

Obdarowałem braminów ośmioma tysiącami białych byków z pięknym garbem, z których każdy miał rogi pokryte złotem. Każdemu z nich dałem również piękną żonę z szyją ozdobioną złotym naszyjnikiem. Rozdałem w darach ogromne stosy złota, klejnotów i drogich kamieni, jak i tysiące bogatych wiosek, gdzie nie brakowało kukurydzy. W pełni świadomy podczas licznych rytów ofiarnych, które sponsorowałem, dałem braminom w darze setkę tysięcy młodych i mlecznych krów razem z ich pierwszym cielątkiem. Jednakże to nie dzięki zasługom zebranym tymi czynami zdobyłem te regiony najwyższej szczęśliwości.

Czciłem bogów ofiarą ukończoną w ciągu jedenastu dni, a dwukrotnie czciłem ich ofiarami ukończonymi w ciągu dwunastu dni. Wielokrotnie czciłem ich Ofiarą Konia. Szesnaście razy wykonałem ofiarę zwaną *arkajana*. Jednakże to nie dzięki zasługom zebranym tymi czynami zdobyłem ten region najwyższej szczęśliwości.

Obdarowałem każdego bramina lasem drzew *kanczana* ozdobionymi klejnotami zajmującymi przestrzeń jednego *jodżana* w każdym kierunku, jednakże to nie dzięki zasługom zebranym tym czynem zdobyłem ten region najwyższej szczęśliwości.

Przez trzydzieści lat z sercem całkowicie wolnym od gniewu realizowałem ślub *turajana* przynoszący wielkie zasługi, obdarowując braminów każdego dnia dziewięcioma setkami mlecznych krów należących do rasy *rohini*, jednakże to nie dzięki zasługom płynącym z tego czynu zdobyłem ten region najwyższej szczęśliwości. Każdego dnia oddawałem cześć trzydziestu ogniom. Czciłem także bogów ośmioma ofiarami, w których lany jest do ognia tłuszcz wszystkich zwierząt, jak i siedmioma ofiarami, w których do ognia jest lany ludzki tłuszcz. Wykonałem również tysiąc dwadzieścia osiem ofiar *wiświadżit* i na brzegach Gangesu, Saraju i Wahudy oraz w Lesie Naimisza dałem w darze braminom milion krów. Jednakże to nie dzięki zasługom zebranym tymi czynami zdobyłem ten region najwyższej szczęśliwości'.

Król Bhagiratha kontynuował: 'O Panie wszechświata, choć czciłem bogów licznymi ofiarami i uczyniłem wiele darów, nie tymi czynami zdobyłem najwyższy region szczęśliwości, który należy do ciebie. Zdobyłem go, realizując ślub postu. Ślub ten był od dawna znany Indrze, który jednak trzymał go w tajemnicy. Nauczyciel demonów Śukra urodzony w rodzie Bhrigu poznał jednak ten sekret dzięki duchowej wizji, którą zdobył umartwieniami i ogłosił go we wszechświecie. Ja sam poznawszy ten sekret, uczyniłem taki ślub i gdy go zrealizowałem, zadowoliłem tym bardzo braminów. Tysiące riszich i braminów ukazało się przede mną i rzekło: «O królu, jesteśmy z ciebie bardzo zadowoleni, udaj się więc teraz do regionu Brahmy!» To w rezultacie zasług płynących z uczynienia tego ślubu zdołałem zdobyć najwyższy region szczęśliwości'.

Król Bhagiratha zakończył swe opowiadanie, mówiąc: 'O Brahma, kłaniam się tobie, ty zarządzasz wszystkimi rzeczami! Zapytany przez ciebie, wyjaśniłem tobie wielkość zasług zbieranych przez tych, którzy realizują ślub postu. W mojej opinii nie ma umartwień, które stałyby wyżej od postu. Raz jeszcze, kłaniam sie tobie! Bądź ze mnie zadowolony!'"

Bhiszma rzekł: „O Judhiszthira, w ten sposób król Bhagiratha, który zasłużył na wszystkie honory i został również odpowiednio uhonorowany przez Brahmę, zakończył swoją odpowiedź na pytanie Brahmy. Pamiętając o tym, co tobie opowiedziałem, zrealizuj ślub postu i oddawaj cześć braminom każdego dnia. Wypowiedziane przez braminów słowa potrafią urzeczywistnić wszystko zarówno za życia, jak i po śmierci. Zaiste, należy zadowalać braminów darami ubrań, jedzenia, krów białej maści oraz ofiarowywać im domy i dwory do zamieszkania. Nawet bogowie powinni się troszczyć o to, aby zadowolić braminów. Uwolnij się więc od zachłanności i podejmij ślub postu, który przynosi największe zasługi".

Napisane na podstawie fragmentów *Mahābharāta*, Anusasana Parva, Part 2, Sections CI-CIII.

Opowieść 227
O tym, jak zapewnić sobie długie życie

1. O dobrym działaniu przedłużającym życie i przynoszącym pomyślność; 2. O obowiązkach braci w stosunku do siebie.

> Bhiszma zakończył swe opowiadanie, mówiąc: „O Judhiszthira, opowiedziałam tobie w skrócie o tym, co daje szansę na zdobycie długiego życia. To, co pominąłem, powinieneś usłyszeć z ust osób znających wszystkie trzy Wedy. U korzeni pomyślności leży dobre postępowanie. Dobre postępowanie przynosi sławę, długie życie, niszczy zło i pokonuje nieszczęście. O dobrym postępowaniu mówi się, że przewyższa wszystkie gałęzie nauk. Rodzi prawość, a prawość przedłuża życie. Dobre postępowanie przynosi sławę, długie życie i niebo. Dobre postępowanie jest najbardziej skutecznym rytem zjednywania sobie bogów i otrzymywania od nich pomyślności wszelkiego rodzaju".

(*Mahābharāta*, Anusasana Parva, Part 2, Section CIV)

1. O dobrym działaniu przedłużającym życie i przynoszącym pomyślność

Judhiszthira rzekł: „O Bhiszma, zostało stwierdzone, że człowiek jest obdarzony znaczną energią i siłą, i może żyć ponad sto lat. Dlaczego więc istoty ludzkie umierają nawet za młodu? Dzięki czemu człowiek osiąga długie życie i co powoduje, że okres jego życia zostaje skrócony? Dzięki czemu zdobywa sławę, która bazuje na osiągnięciach? Dzięki czemu zdobywa bogactwo i pomyślność? Czy zawdzięcza to umartwieniom, *brahmacarji*, milczącej recytacji mantr, czy też lekarstwom? Czy osiąga to działaniem, umysłem czy mową? Wyjaśnij nam to wszystko'.

Bhiszma rzekł: „O Judhiszthira, posłuchaj mojej odpowiedzi na swoje pytania. Wyjaśnię tobie, jaki jest powód tego, że jedna osoba żyje krótko, a inna długo oraz tego, że jedna osoba zdobywa sławę, bogactwo i pomyślność, a inna nie. Zaiste, pouczę cię o sposobie, w jaki należy żyć, aby osiągnąć wszystko to, co jest korzystne. Dowiedz się więc, że człowiek zdobywa to wszystko działaniem. Ten, kto postępuje niewłaściwie lub niegodziwie, nigdy nie zdobędzie długiego życia. Żywe istoty są przez takiego człowieka ciemiężone i boją się go. Jeżeli ktoś chce się doskonalić i szuka pomyślności, powinien podczas życia na tym świecie podejmować tylko te działania, które są właściwe i dobre. Dobrym postępowaniem zapobiegnie niedoli i złu, których doświadczyłby w konsekwencji grzechów. O prawości wnioskuje się na podstawie zachowania. Ludzie stają się dobrzy i prawi w konsekwencji działań, które podejmują. Postępowanie tych, którzy są dobrzy i prawi, dostarcza definicji dobrego postępowania. Człowiek, którego działanie jest prawe i który wykonuje dobre czyny, jest darzony szacunkiem nawet przez tych ludzi, którzy nie widzieli go na własne oczy, lecz jedynie o nim słyszeli. Ci, którzy są ateistami, nie słuchają nauczycieli, łamią nakazy pism, nie znają obowiązków, postępują bezbożnie i niewłaściwie, łamią wszystkie ograniczenia, nie mają żadnych skrupułów w związkach seksualnych, nie cieszą się długim życiem, a po śmierci idą do piekła, podczas gdy ci, którzy wykonują prawe i właściwe działania, mają wiarę i są wolni od złej woli, żyją sto lat nawet wówczas, gdy nie mają żadnych szczególnych osiągnięć. Ci, którzy uwolnili się od gniewu, unikają ranienia żywych istot, są prawdomówni, pozbawieni złości, fałszu i nieuczciwości w swym postępowaniu, będą żyli setkę lat, podczas gdy ci, którzy mają brzydkie nawyki, jak wyrywanie trawy spod stóp lub obgryzanie paznokci lub są zawsze brudni i niespokojni, nie osiągną takiego długiego życia.

Posłuchaj teraz o szczegółowych rozporządzeniach dotyczących tego, co należy i czego nie należy czynić, aby zachować długie życie. Należy zawsze budzić się o godzinie *brahma muhurta*, gdy słońce znajduje się tuż poniżej linii horyzontu i oddać się wówczas rozmyślaniom o Prawie, Zysku i Przyjemności. Po powstaniu z łoża należy umyć twarz i usta, i wypowiadać modlitwy ze złożonymi pobożnie dłońmi. Podobnie wieczorem, gdy zapada zmrok należy zaprzestać rozmów z innymi i wypowiadać wieczorne modlitwy. Podczas brzasku i zmierzchu nie należy nigdy spać, studiować pism, spożywać posiłku, czy też zażywać kąpieli. Należy wówczas powstrzymać się od wszelkich działań i oddać się medytacjom. W tym czasie należy zawsze ograniczyć rozmowy z innymi i oddać się modlitwie. Wypowiadając poranne i wieczorne modlitwy, nie należy nigdy patrzeć na wschodzące lub zachodzące słońce. Nie należy też patrzeć na słońce podczas zaćmienia, gdy odbija się w wodzie i gdy jest w zenicie. Riszi dzięki takiemu regularnemu czczeniu brzasku i zmroku zdobywają długowieczność. Bramini, którzy zaniedbują modlitwy o brzasku i zmierzchu, powinni zostać przez króla ukarani nakazem wykonania działań należących do szudrów.

Każdego dnia należy właściwie troszczyć się o swój ogień ofiarny i dawać jałmużnę. Należy również myć zęby i ograniczyć mowę przez jakiś czas. Po umyciu zębów należy wyrzucić użytą w tym celu pałeczkę i każdego dnia użyć nowej. Zanim nie umyje się zębów, nie należy oddawać czci bogom i zanim nie odda się czci bogom, nie należy nigdy udawać się z wizytą do jakiejkolwiek osoby za wyjątkiem nauczyciela, osoby starszej lub takiej, która jest prawa i zdobyła mądrość. Należy systematycznie pościć w czasie nowiu i pełni księżyca i jeść tylko to, co nie zostało zakazane w pismach. Nie wolno też nigdy jeść mięsa zwierząt, które nie zostały zabite w celu ofiary. Nie należy nigdy jeść mięsa z grzbietu lub kręgosłupa zwierzęcia. Nie należy nigdy gotować *samjawy*, *krisary*, *saszakuli*, *pajasy* i mięsa tylko dla siebie, należy je najpierw ofiarować bogom. Należy zawsze wykonywać ryt *homa*, tj. lania do ognia oczyszczonego masła i recytować mantry *sawitri*, aby zdobyć przychylność bogów. Należy pamiętać o ślubie *brahmacarja* i realizować go podczas nowiu, pełni oraz ósmego dnia zarówno ciemniejącej, jak i jaśniejącej fazy księżyca. Nie należy też nigdy zakładać jednej nogi na drugą.

Nie należy nigdy kłaść się do łoża z cudzą żoną bez względu na to, w jakiej kaście się ktoś urodził. Nic nie skraca bardziej życia od cudzołóstwa i taki cudzołożnik będzie zmuszony do życia w piekle przez wiele tysięcy lat. Nie należy też nigdy kłaść się do łoża z kobietą nieznajomą, ciężarną, niezamężną, bezpłodną, ladacznicą, taką, która nie wzięła kąpieli po zakończeniu miesiączki lub z kobietą zakazaną, jak na przykład żona króla, czy też przyjaciółki królowej. Nie należy też nigdy kłaść się do łoża z kobietą w ciągu dnia. Ten, kto unika takich czynów, zapewnia sobie długie życie.

Nie należy nigdy kłaść się do łoża ze swoją żoną w czasie miesiączki lub nawet zachęcać ją do rozmowy. Ten, kto jest mądry może zaakceptować jej towarzystwo po oczyszczającej kąpieli dopiero czwartego dnia. Ten, kto kładzie się do łoża ze swoją żoną piątego dnia, licząc od początku jej krwawienia, otrzyma córkę, a gdy uczyni to szóstego dnia, otrzyma syna. Ten, kto jest mądry, przestrzega tej reguły dotyczącej dni parzystych i nieparzystych.

Nie należy nigdy leżeć w łożu w czasie gdy słońce świeci na niebie i ten, kto któregoś dnia nie budzi się wraz ze słońcem, powinien wykonać pokutę. Nie należy spać nago. Po obudzeniu się należy powitać rodziców, nauczyciela i innych seniorów zasługujących na szacunek. Ten, kto tak czyni, zdobywa długie życie.

Zanim słońce znajdzie się w zenicie, należy starannie ułożyć włosy, zastosować *collyrium* do oczu, umyć zęby i oddawać cześć bogom. Nie należy patrzyć na mocz i kał lub ich ślad, czy dotykać ich stopą. Po załatwieniu potrzeby naturalnej, przejściu przez drogę, jak i przed rozpoczęciem recytowania *Wed* lub jedzenia należy umyć stopy. Istnieją trzy rodzaje rzeczy, które są uważane przez bogów za czyste i święte, i w związku z tym nadają się do tego, by zostać użyte przez braminów: taka, której nieczystość jest nieznana, taka, która została umyta w wodzie i taka, o której mówi się dobrze.

Nie należy kąpać się podczas nocy lub wykonywać jakichkolwiek czynności ku czci Ojców (*pitri*). Oddając cześć Ojcom, nie należy używać resztek jedzenia i picia lub kwiatów użytych podczas oddawania czci bogom. Należy powstrzymywać się nocą od jedzenia smażonej mąki z jęczmienia. Zapraszając gościa na noc, nie należy zachęcać go do jedzenia posiłku aż do pełnego nasycenia i również samemu nie należy nocą jeść w ten sposób. Nie należy też zabijać nocą ptaków w celu zjedzenia, szczególnie po ich nakarmieniu.

Nie należy nigdy spać z głową odwróconą ku północy lub zachodowi. Nie należy nigdy kłaść się na łożu, które jest złamane lub rozchwiane. Nie należy kłaść się do łoża przed oświetleniem go i sprawdzeniem, w jakim jest stanie, lub spać w łożu, w którym śpi koś inny. Nie należy nigdy spać, leżąc na łożu w poprzek. Nie należy też nigdy przyciągać krzesła stopą i siadać na nim.

Nie należy nigdy kąpać się nago lub nocą i pozwalać komuś na wycieranie lub uciskanie swych członków po kąpieli. Nie należy nigdy smarować ciała maścią bez wzięcia najpierw kąpieli, a biorąc kąpiel, nie należy nigdy wachlować swym ubraniem w powietrzu, aby je wysuszyć. Nie należy nosić na co dzień mokrego ubrania. Nie należy nigdy zdejmować girland z kwiatów, które nadają się do noszenia lub zakładać ich na wierzchnie ubranie.

Nie należy nigdy samemu, w towarzystwie szudry lub osoby nieznanej wyruszać w drogę o świcie, w południe lub o zmroku. Nie należy też samemu udawać się w podróż zagraniczną lub podróżować nocą. Przed zapadnięciem zmroku należy powrócić do domu i tam pozostać. Wędrując po drodze, należy zawsze stanąć na boku i dać pierwszeństwo braminowi, krowom, królowi, ciężarnej kobiecie, osobie starszej wiekiem lub wyraźnie fizycznie słabej oraz takiej, która niesie jakiś ciężar. Napotykając po drodze duże, dobrze znane drzewo lub docierając do skrzyżowania dróg, należy je okrążyć i dopiero potem kontynuować podróż. Nie należy nigdy nosić sandałów lub ubrań noszonych przez kogoś innego. Nie należy nigdy siadać na łupinach kukurydzy, włosach, popiele i kościach. Nie należy nigdy siadać lub kłaść się spać z mokrymi stopami. Ten, kto postępuje zgodnie z tą zasadą, będzie długo żył. Potrzeby naturalne należy załatwiać w ciągu dnia z twarzą skierowaną na północ, a w nocy na południe, kontrolując zmysły. Nie należy nigdy załatwiać swych potrzeb naturalnych z twarzą skierowaną ku słońcu, płonącemu ogniowi, krowie, duchowo odrodzonej osobie lub na drodze, gdyż ci, którzy tak czynią, skracają swoje życie. Potrzeb naturalnych nie należy nigdy załatwiać na popiół lub na polu uprawnym, w krowiej zagrodzie, do wody lub w pobliżu miejsc zamieszkiwanych przez ludzi. Należy zawsze wyrzucać resztki niezjedzonego posiłku lub załatwiać potrzeby fizjologiczne w miejscu odległym od swego miejsca zamieszkania i umyć stopy. Ten, kto tak postępuje, zdobywa długie życie. Nie należy też nigdy patrzeć na odbicie swego oblicza w matowym lub brudnym lustrze. Będąc w stanie nieczystym, nie należy nigdy dotykać trzech rzeczy o ogromnej energii, tj. ognia, krowy i bramina. Nie należy też patrzeć wprost na trzy rzeczy o wielkiej energii, tj. na słońce, księżyc i gwiazdy.

Nie należy nosić girland z czerwonych kwiatów, lecz z białych, choć można ozdobić włosy pojedynczym czerwonym kwiatem, nawet jeżeli jest to kwiat wodny. Złota girlanda z kolei pozostaje zawsze czysta bez względu na warunki. Nie należy po kąpieli używać sproszkowanych pachnideł, lecz zapachowej pasty zmieszanej z wodą. Nie należy nigdy używać górnej części ubrania do okrycia dolnej części ciała i dolnej części ubrania do okrycia górnej. Nie należy też nosić innych ubrań niż te, które są uznane za właściwe i mają dwa boczne frędzle. Kładąc się do łoża lub udając się w podróż, należy zmienić ubranie, aby nie oddawać czci bogom w tym samym ubraniu. Należy smarować kończyny maścią z drzewa sandałowego lub z *aglaia roxburghiana, aegle marmelos, taberuaemontana coronaria, eclipta alba*. Przed rozpoczęciem postu należy oczyścić ciało kąpielą, odpowiednio ozdobić i natrzeć maścią zapachową. Podczas pełni i nowiu należy powstrzymać się od seksualnego kontaktu.

Nie należy nigdy siadać na złamanym lub zniszczonym siedzeniu. Nie należy też używać zniszczonego naczynia z białego mosiądzu, lecz należy je wyrzucić. Nie należy spożywać posiłku z górną częścią odzieży owiniętą wokół ciała. Nie należy dotykać resztek jedzenia na talerzach innych ludzi. Będąc w stanie nieczystym, nie należy nigdy dotykać czyjeś głowy, gdyż jak zostało stwierdzone w pismach, wszystkie życiowe oddechy skupiają się w głowie. Nie należy nigdy uderzać kogoś w głowę lub chwytać go za włosy. Drapiąc się w głowę, należy to czynić złożonymi razem dłońmi. Kąpiąc się, nie należy często zanurzać głowy. Ten, kto kąpiąc się, zanurza często głowę w wodzie, nie powinien po kąpieli namaszczać olejkiem żadnej części swego ciała. Ten, kto nie słucha tych nakazów, skraca swoje życie.

Będąc w stanie nieczystym, nie należy nigdy nauczać lub studiować *Wed* i innych pism. Nie należy nigdy myśleć o *Wedach* podczas burzy lub gdy w powietrzu unosi się nieprzyjemny zapach. Ten, kto poznał najstarszą historię, recytuje w tych warunkach starożytny hymn *Gatha* intonowany ongiś przez Jamę. Ten, kto w podobnych warunkach studiuje *Wedy*, zaiste ten duchowo odrodzony bramin, który studiuje *Wedy* w zakazanym czasie, traci wiedzę *Wed* i skraca swoje życie. Nie należy więc nigdy skupiać swej uwagi na *Wedach* w zakazanym czasie.

Nie należy nigdy przygotowywać posiłku bez zjedzenia porcji sezamu. Przed jedzeniem należy trzykrotnie wypłukać usta wodą, a po jedzeniu należy wypłukać usta najpierw trzykrotnie i następnie dwukrotnie. Należy zawsze umyć przed jedzeniem stopy. Ten, kto siada do posiłku po umyciu stóp, będzie żył sto lat. Należy jeść z twarzą skierowaną na wschód, ograniczając mowę i nie krytykując spożywanego jedzenia, a po zakończeniu posiłku należy mentalnie dotknąć ognia. Nie należy nigdy jeść posiłku spacerując, jeść należy zawsze w pozycji siedzącej. Jedzenie posiłku z twarzą skierowaną ku wschodowi przynosi długie życie, a jedzenie z twarzą skierowaną na południe przynosi wielką sławę. Jedzenie z twarzą skierowaną na zachód przynosi bogactwo, a jedzenie z twarzą skierowaną na północ prawdomówność. Po spożyciu posiłku należy umyć usta, nozdrza, uszy i oczy. Należy też umyć wszystkie kończyny, pępek i czubki palców. Nie należy jednak nigdy używać w tym celu wody, której używał już ktoś inny.

Nie należy nigdy jeść z kimś innym z tego samego talerza, nawet gdy jest on równy rangą. Nie należy też jeść posiłku przyrządzonego przez miesiączkującą kobietę, jak i jeść jedzenia i pić napoju, które zostały pozbawione esencji. Nie należy spożywać posiłku bez oddania porcji osobom, które patrzą pożądliwie na czyjeś jedzenie. Inteligentny człowiek nie powinien nigdy siadać zbyt blisko tego, kto jest nieczysty, jak i tego, kto jest najbardziej pobożny. Wszelkie jedzenie, którego nie wolno używać podczas działań religijnych, nie należy też używać przy innych okazjach. Ten, kto szuka tego, co jest dla niego dobre, nie powinien nigdy jeść owoców takich roślin, jak *ficus religiosa*, *ficus bengalensis*, *ficus glomerata* oraz liści *crotolaria juncea*. Nie powinien też nigdy jeść mięsa kozła, krowy czy pawia. Powinien również powstrzymać się od jedzenia mięsa wyschniętego lub nieświeżego oraz mięsa ze zwierząt, które nie zostały zabite w celach ofiarnych. Nie należy nigdy jeść soli ręką, a nocą nie należy jeść zsiadłego mleka i mąki ze smażonego jęczmienia.

Należy jeść w skupieniu jeden posiłek rano i jeden wieczorem, powstrzymując się całkowicie od jedzenia w międzyczasie. Nie należy jeść niczego, co jest zanieczyszczone włosem. Nie należy też nigdy jeść posiłku u wroga w czasie rytu *śraddha*. Należy jeść w ciszy, siedząc z górną częścią ciała przykrytą ubraniem. Nie należy nigdy jeść posiłku na stojąco. Nie należy jeść, kładąc jedzenie na nagiej ziemi. Należy jeść bezgłośnie. Inteligentny człowiek powinien zawsze najpierw ofiarować wodę i jedzenie gościowi i dopiero potem jeść samemu. O tym, kto siada do posiłku razem z przyjacielem i sam je, nie dzieląc się z nim, mówi się, że spożywa truciznę. Jeśli chodzi o wodę, *pajasę*, mąkę ze smażonego jęczmienia, zsiadłe mleko, oczyszczone masło i miód, to nie należy nigdy proponować komuś zjedzenia tego, co pozostało po innych. Nie należy nigdy jeść czegoś, co budzi jakieś wątpliwości, jeśli chodzi o czystość lub świeżość i pić zsiadłego mleka na zakończenie posiłku. Nie należy też zdobić ciała po spożyciu posiłku.

Po spożyciu posiłku należy umyć usta i twarz, używając jedynie prawej dłoni i zanurzyć w niewielkiej ilości wody duży palec prawej stopy. Po umyciu się w ten sposób należy dotknąć czubka głowy prawą dłonią i następnie ze skupioną uwagą dotknąć ognia. Ten, kto zna wszystkie te nakazy i potrafi je z troską wykonać, zdobywa pierwsze miejsce wśród swych krewnych. Po jedzeniu należy też umyć nos, oczy, uszy, pępek i dłonie w wodzie, lecz nie należy pozostawić dłoni mokrych. Na prawej dłoni znajdują się miejsca należące do bogów i Ojców. Pomiędzy czubkiem a rdzeniem kciuka znajduje się święte miejsce należące do Brahmy (*Brahma-tirtha*), na tylnej stronie małego palca znajduje się święte miejsce należące do bogów (*dewa-tirtha*), z kolei przestrzeń między kciukiem i palcem wskazującym po dotknięciu wody zgodnie z rozporządzeniami powinna być użyta w czynieniu ofiary z określonych artykułów w rytach ku czci Ojców (*pitri-tirtha*).

Przed podjęciem religijnych działań i po umyciu kończyn tak jak to zostało wskazane należy najpierw po usunięciu z ust i gardła wszelkich resztek jedzenia trzykrotnie wypłukać usta i następnie dodatkowo wypłukać je dwukrotnie. Poszczególne organy zmysłowe należy umyć jednokrotnie i następnie należy również polać wodą całe ciało. W ten sposób człowiek oczyszcza się i może podjąć odpowiednie działania religijne. Postępując zgodnie z nakazami *Wed*, może przystąpić do oddawania czci Ojcom i bogom. Jeśli chodzi o braminów, to przed jedzeniem i po jedzeniu, jak i w przypadku wszystkich działań wymagających oczyszczenia, powinni dodatkowo wykonać ryt *aczamana*, polewając wodą część dłoni zwaną *Brahma-tirtha*.

Przed rozpoczęciem jakiegokolwiek działania mającego na celu oddawanie czci Ojcom, bogom, braminom lub nauczycielowi należy wykąpać się, zanurzając głowę w wodzie. Nie należy nigdy czcić Ojców rytem *śraddha* pod tą konstelacją, pod którą ktoś się narodził. Nie należy również wykonywać *śraddhy* pod konstelacjami uważanymi za okrutne lub wrogie. Zaiste należy unikać wszystkich tych konstelacji, które są w astrologicznych pismach uważane za zakazane. Nie też należy uczestniczyć w czyimś rycie ofiarnym bez zaproszenia. Bez zaproszenia można udać się na ryt ofiarny tylko wtedy, gdy chce się być jedynie widzem, a nie uczestnikiem ofiary. Ten, kto udaje się na ryt ofiarny bez zaproszenia i nie otrzymuje odpowiedniego błogosławieństwa od osoby składającej ofiarę, skraca swe życie. Podczas golenia należy siadać z twarzą skierowaną na wschód lub północ. Ten, kto tak czyni, zdobywa długie życie. Zła wola zawsze skraca życie i dlatego nie należy pielęgnować w sobie złej woli. Życie skraca również spanie w ciągu dnia, gdy słońce odbywa swą wędrówkę po niebie, jak i o świcie i o zmierzchu. Życie skraca również cudzołóstwo, jak i spanie w stanie nieczystym bez wzięcia kąpieli po goleniu.

Należy unikać zarówno samooskarżania się, jak i krytykowania i potępiania innych oraz wszelkiego rodzaju fałszywego zachowania. Nie należy ranić innych swymi słowami. Nie należy nigdy wygłaszać okrutnych mów. Nie należy przyjmować darów od ludzi podłych i wulgarnych. Nie należy nigdy wypowiadać słów, które wprowadzają innych w zakłopotanie, są niepomyślne lub grzeszne. Człowiek zraniony strzałami czyichś słów rozpacza dzień i noc, i dlatego światła osoby nie powinna nigdy ranić innych słowami. Las zniszczony strzałami lub wycięty siekierą odrośnie, jednakże rany człowieka zranionego nieprzemyślanymi słowami nie goją się i prowadzą do śmierci. Nawet kolczaste i szerokie strzały dają się z ciała usunąć, lecz strzał nieprzyjemnych słów nie da się usunąć, bo uderzają prosto w serce. Nie należy szydzić z ludzi kalekich, umysłowo upośledzonych, nieszczęśliwych, brzydkich, biednych lub słabych. Człowiek, który pragnie dla siebie dobra, nie powinien też nigdy rzucać na innych oszczerstw i wypowiadać nieprzyjemnych słów. Nie powinien prowokować gniewu innych lub szukać kontaktu z osobą, która straciła swój kastowy status. Należy unikać nawet widoku takiej upadłej osoby. Postępując w ten sposób, zapewni sobie długie życie.

Ten, kto pragnie długiego życia, nie powinien nigdy okazywać braku szacunku lub obrażać bramina, wojownika i węża bez względu na to, jak bardzo wydają się słabi, gdyż każdy z nich jest uzbrojony w truciznę. Rozgniewany wąż spala ofiarę już samym spojrzeniem, podobnie wojownik. Rozgniewany bramin z kolei, najsilniejszy z nich, spala już samą myślą i nie tylko tego, kto go rozgniewał, ale cały jego ród. Ten, kto jest mądry, powinien więc traktować tych trzech z ostrożnością. Nie należy też nigdy spierać się z nauczycielem, a gdy nauczyciel rozgniewa się, należy próbować ułagodzić jego gniew, oddając mu honory. Nauczycielowi należy się szacunek nawet wówczas, gdy się całkowicie myli, a oszczercze słowa pod jego adresem zawsze niszczą tego, kto je wypowiada.

Należy unikać ateizmu, krytykowania *Wed* i bogów, złej woli, pychy, arogancji i opryskliwości. Nie należy nigdy zawierać umów z ateistami lub łączyć się z nimi w jakikolwiek sposób. Nie należy karać innych w gniewie, można jedynie co najwyżej ukarać łagodnie syna lub ucznia z myślą o udzieleniu mu nauki. Nie należy mówić źle o braminach i nie należy wskazywać gwiazd palcami. Nie należy wyjaśniać pytającemu, jaki miesiąc księżycowy jest danego dnia, gdyż udzielenie odpowiedzi na takie pytanie skraca życie. Gdy starsza czcigodna osoba przybywa do domu młodego człowieka, jego oddechy unoszą się ku górze. Otrzymuje je z powrotem, gdy wstaje przed gościem i prawidłowo go wita. Starzy ludzie zawsze zasługują na to, aby ich odpowiednio uhonorować. Widząc starszego człowieka, należy zawsze najpierw zaproponować mu miejsce do siedzenia, a dopiero potem usiąść samemu ze złożonymi pobożnie dłońmi. Gdy stary człowiek idzie drogą nie należy go wyprzedzać, lecz podążać za nim.

Należy zawsze udzielać pomocy przyjaciołom i braminom szukającym ochrony. Ten, kto tak czyni, zdobywa długie życie.

Mądry człowiek powinien mieszkać w domu zbudowanym z pomocą budowniczego posiadającego właściwe zdolności oraz bramina, który wybiera dobrze wróżące miejsce na dom. Należy przyjąć do swego domu zarówno krewnego, który jest stary, jak i przyjaciela, który jest biedny i troszczyć się o nich jak o członka rodziny. Nie należy nigdy zdradzać sekretów osób o wielkiej duszy. Nie należy też utrzymywać zbyt zażyłych stosunków z lekarzami, dziećmi, osobami starszymi i służbą. Ten, kto tak czyni, zdobędzie sławę i długie życie. Gołębie, jak i para papug zamieszkujących w czyimś domu są błogosławieństwem. Ten, kto ma je u siebie, obroni swój dom przed nieszczęściem. To samo dotyczy karaczanów. Jednakże gdy w czyimś domu pojawią się robaczki świętojańskie, sępy, gołębie grzywacze, rybołowy lub pszczoły, należy wykonać ryt mający na celu zjednanie bogów, ich widok jest bowiem złym znakiem.

Ten, kto jest mądry, powinien poślubić pannę wysokiego urodzenia, w wieku odpowiednim do zamęścia, noszącą na ciele pomyślne znaki. Po spłodzeniu potomstwa i przedłużeniu w ten sposób istnienia rodu, należy oddać synów pod opiekę dobrych nauczycieli, aby mogli nabyć ogólną wiedzę i poznać szczególne zwyczaje swej rodziny, a córki należy wydać za mąż za inteligentnych młodzieńców z szacownych rodzin. Należy również zadbać o pozycję synów i wyznaczyć dla każdego odpowiednią część rodzinnego majątku.

Należy unikać ślubu z kobietą, której brakuje jakiejś kończyny lub jest w jakiś inny sposób zdeformowana, jak i z taką, która należy do tego samego klanu lub narodziła się w tym samym klanie co jego matka. Nie należy nigdy kłaść się do łoża z kobietą, która jest w zaawansowanym wieku lub porzuciła domowy tryb życia na rzecz leśnego trybu życia, która jest wierna mężowi lub której organy rozrodcze są zniszczone przez chorobę lub źle uformowane. Nie należy brać ślubu z kobietą trędowatą lub urodzoną w rodzinie trędowatych, o żółtej skórze, chorującą na padaczkę, niskiego urodzenia i obyczaju lub pochodzącą z rodziny osób krótko żyjących. Należy wziąć za żonę tylko taką pannę, którą zdobią pomyślne znaki, zdobyła odpowiednie dla kobiety umiejętności, jest miła i urodziwa. Należy szukać dla siebie żony w rodzinie o wyższym lub równym sobie statusie. Nie należy nigdy brać ślubu z kobietą o niższym od siebie statusie lub taką, która straciła swój status. Wybrawszy dla siebie żonę, należy po starannym rozpaleniu ognia wykonać wszystkie te ślubne ryty, które są nakazane przez *Wedy*. Nie należy nigdy ranić kobiety.

Żonę należy ochraniać i należy traktować z szacunkiem wszystkich krewnych i powinowatych ze strony żony. Należy zawsze być posłusznym nakazom rodziców i nauczyciela. Będąc królem, należy z wielką troską studiować *Wedy* oraz naukę o broni i walce. Należy ćwiczyć się w umiejętności prowadzenia słoni, ogierów i wojennych rydwanów. Król, który pobiera te nauki z troską i uwagą, zdobywa szczęście, pokonuje nawet najsilniejszego wroga, panuje nad swą służbą i przewodzi swym krewnym, z których żaden nie jest lepszy od niego. Król, który zdobywa taką pozycję i realizuje swój obowiązek ochraniania poddanych, nie poniesie nigdy żadnej straty. Król powinien również poznać naukę o rozumowaniu, o słowach, jak i naukę gandharwów oraz sześćdziesiąt cztery gałęzie nauki zwanej *kala*. Powinien każdego dnia słuchać recytacji *Puran* i poematów poetyckich oraz innych starożytnych opowieści o życiu różnych osób o wielkich duszach. Powinien najlepiej jak to jest w jego mocy czcić bogów w rytach ofiarnych, obdarowując braminów *dakszinq*, a po upływie okresu odpowiedniego dla domowego stylu życia powinien rozpocząć leśny tryb życia".

Bhiszma zakończył swe opowiadanie, mówiąc: „O Judhiszthira, opowiedziałam tobie w skrócie o tym, co daje szansę na zdobycie długiego życia. To, co pominąłem, powinieneś usłyszeć z ust osób znających wszystkie trzy *Wedy*. U korzeni pomyślności leży dobre postępowanie. Dobre postępowanie przynosi sławę, długie życie, niszczy zło i pokonuje nieszczęście. O dobrym postępowaniu mówi się, że przewyższa wszystkie gałęzie nauk. Rodzi prawość, a prawość przedłuża życie. Dobre postępowanie jest najbardziej skutecznym rytem zjednywania sobie bogów i otrzymywania od nich pomyślności wszelkiego rodzaju".

2. O obowiązkach braci w stosunku do siebie

Judhiszthira rzekł: „O Bhiszma, opowiedziałeś nam, jak należy żyć, aby zapewnić sobie długie życie. Wytłumacz nam jeszcze, jak starszy brat powinien zachowywać się w stosunku do młodszego i jak młodszy powinien zachowywać się w stosunku do starszego".

Bhiszma rzekł: „O Judhiszthira, straszy brat powinien zawsze zachowywać się wobec młodszego jak nauczyciel wobec ucznia. Będąc najstarszym bratem, tak właśnie powinieneś się zachowywać w stosunku do swych braci. Zachowanie ucznia wzoruje się na zachowaniu nauczyciela. Gdy nauczycielowi brakuje mądrości, uczniowie nie darzą go wystarczającym szacunkiem, lecz gdy nauczyciel jest mądry i jego postępowanie jest dobre i bazuje na prawości, uczniowie postępują podobnie.

Straszy brat powinien niekiedy ignorować działania młodszych i pomimo tego, że sam zdobył mądrość, zachowywać się tak, jakby nie rozumiał ich błędu. Jeżeli młodsi bracia są winni jakiegoś wykroczenia, starszy powinien skorygować ich zachowanie przy pomocy pośrednich środków. Używając bezpośrednich lub ostentacyjnych środków naraża się bowiem na to, że wrogowie zazdrośni o dobre zrozumienie między nimi będą starali się ich skłócić.

Najstarszy brat jest tym, który zwiększa pomyślność w rodzinie lub całkowicie ją niszczy. Gdy jest pozbawiony rozsądku i grzeszny w zachowaniu, przynosi rodzinie zniszczenie. Najstarszy brat, który rani lub szkodzi młodszym braciom, traci swój status najstarszego, jak i udział w rodzinnym majątku i zasługuje na to, aby zostać poddany królewskiej kontroli.

Osoby, które poznały moc prawości, twierdzą, że prawość jest najwyższym dobrem. Ten, kto działa podstępnie lub fałszywie, zasługuje na regiony, gdzie panuje smutek i cierpienie. Rodzina, w której rodzi się grzesznik, jest narażona na wszelkie rodzaje zła. Taka osoba przynosi hańbę i powoduje, że wszystkie dobre działania znikają z rodziny.

Ten wśród braci, który upiera się przy złych działaniach, traci swe prawa do rodzinnego majątku. W takim przypadku najstarszy brat może zabrać dla siebie całą własność, która została nabyta jako dar uczyniony przy okazji małżeństwa matki (własność *jautuka*) bez oddania jakiejkolwiek części młodszemu bratu. W przypadku, gdy żona młodszego brata jest grzeszna, należy ciągle mieć na uwadze dobro jej i jej męża. W przypadku, gdy najstarszy brat zdobywa jakiś majątek bez używania w tym celu majątku należącego do rodziców, nie ma obowiązku dzielenia się nim z młodszymi braćmi.

W przypadku śmierci ojca, najstarszy brat spełnia jego funkcje. Powinien zapewnić młodszym braciom środki do życia, ochraniać ich i troszczyć się o nich. Wszyscy młodsi bracia powinni mu się kłaniać i być mu posłuszni. Powinni podporządkować mu się tak, jak podporządkowywali się ojcu, gdy jeszcze żył. Ojciec i matka stworzyli ich ciała, dzięki którym mogli się narodzić, jednakże dopiero duchowe narodziny, które otrzymują od nauczyciela, są uważane za prawdziwe narodziny, które są niezniszczalne i nieśmiertelne".

Napisane na podstawie fragmentów *Mahābharāta*,
Anusasana Parva, Part 2, Section CIV-CV.

Opowieść 228
O poście jako najwyższej formie religijnych umartwień

1. O nagrodach płynących z realizowania postów zgodnie z nakazami; 2. O zastępowaniu rytów ofiarnych postami w celu zdobycia zasług; 3. O oczyszczającej mocy tych, którzy zdobyli mądrość; 4. O tym, jak Samorodny wychwalał w swej pieśni post przynoszący najwyższe szczęście; 5. O zdobywaniu pełni pomyślnych atrybutów dzięki postowi *czandrawrata*.

> Bhiszma zakończył swe nauki, mówiąc: „O Judhiszthira, w odpowiedzi na twoje pytanie o to, jak ludzie biedni mogą zbierać zasługi zdobywane przez innych dzięki rytom ofiarnym, przedstawiłem tobie rozporządzenia dotyczące postów. Duszą ofiar są albo rzeczywiste obrzędy ustanowione w pismach, albo posty różnego rodzaju. Posty i ryty ofiarne są równoważne, jeśli chodzi o zasługi, jakie przynoszą. Stąd też biedak, który nie ma wystarczających środków na przeprowadzenie rytu, może zdobyć owoce ofiary, praktykując odpowiednie posty. Zaiste, ślub postu nie wymaga bogactwa i dzięki niemu nawet oddający cześć bogom i braminom biedak zdoła zrealizować najwyższy cel. Nie żyw nigdy żadnych wątpliwości co do zasług zbieranych przez tych ludzi, którzy czynią przysięgi, są rozważni, czyści, o wielkich duszach, wolni od pychy i kłótliwości, zdobyli głębokie zrozumienie i dążą do swego celu z uporem i wytrwałością, nie zbaczając z wybranej ścieżki".

(*Mahābhārata*, Anusasana Parva, Part 2, Section CVII)

1. O nagrodach płynących z realizowania postów zgodnie z nakazami

Judhiszthira rzekł: „O Bhiszma, chciałbym teraz porozmawiać na temat postów. Posty są wychwalane jako źródło wielkich zasług i ostoja dla człowieka. Opowiedziałeś nam kiedyś o tym, jak król Bhagiratha (zob. opow. 226, p. 3) wychwalał realizowanie postów jako najwyższą formę religijnej praktyki prowadzącą do zdobycia najwyższego nieba. Choć król ten sponsorował wiele rytów ofiarnych i zebrał w ten sposób wielkie zasługi, to jednak dopiero dzięki postom zdobył najwyższą nagrodę. Poucz nas, proszę, o rozporządzeniach dotyczących postów i nagrodach, jakie przynoszą.

Skłonność do praktykowania postów zdaje się charakteryzować wszystkich ludzi bez względu na to, do jakiej należą kasty, wyłączając w to ludzi z plemion barbarzyńskich (nie-wedyjskich). Nie potrafimy zrozumieć, jaki jest tego powód. Niejednokrotnie słyszeliśmy bowiem o tym, że jedynie bramini i wojownicy powinni być posłuszni nakazowi postów. Na jakiej więc podstawie ludzie z innych kast zbierają zasługi, praktykując posty? Co przyczyniło się do tego, że praktyka postów rozszerzyła się na ludzi z wszystkich kast? Jaki cel realizuje ten, kto jest oddany postom? Czym jest więc ów owoc zarabiany przez tego, który przestrzega postów? Wytłumacz nam, proszę, to wszystko".

Bhiszma rzekł: „O Judhiszthira, o wielkich zasługach, które przynosi praktykowanie postów zgodnie z nakazami słyszałem już w dawnych czasach. Kiedyś podczas rozmowy z riszim Angirasem, który zdobył wielkie zasługi ascezą, zadałem mu pytanie podobne do twojego i ten wielki riszi, który wypłynął z ofiarnego ognia, przedstawił mi nakazy dotyczące praktykowania postów, które on sam ogłosił po raz pierwszy. Ten, kto realizuje posty zgodnie z tymi nakazami, zbiera zasługi i zdobywa niebo.

Angiras rzekł: 'O Bhiszma, posłuchaj, jakie są rozporządzenia dotyczące charakteru postu, czasu trwania, jak i praktykowania postów w określonym dniu lub miesiącu. Posłuchaj również o zasługach, jakie zbiera ten, kto postępuje zgodnie z nimi.

Ten, kto przez kolejne sześć lat spożywa tylko dwa posiłki dziennie, jeden przed południem i jeden po zachodzie słońca, powstrzymując się od jedzenia i picia w międzyczasie, kto okazuje współczucie wszystkim żywym istotom i każdego dnia leje do ognia oczyszczone masło, gdy uwolni z ciała duszę, zdobywa region apsar, który rozbrzmiewa echem pieśni, muzyki i tańca, i spędza tam czas w towarzystwie tysiąca niebiańskich dziewcząt o wielkiej piękności. Jeździ po niebie rydwanem o barwie złota i jest czczony w regionie Brahmy. Po wyczerpaniu swych zasług rodzi się ponownie na ziemi, gdzie zdobywa pozycję znakomitości.

Ten, kto codziennie powstrzymuje się od jedzenia ryżu i je ryż jedynie na zakończenie każdego dwutygodniowego cyklu miesiąca księżycowego, w kolejnym życiu zdobywa liczne potomstwo, wiele krów i długie życie.

Ten, kto kontrolując swe zmysły i duszę, rezygnuje ze spożycia jednego z dwóch dziennych posiłków podczas piątego i szóstego dnia miesiąca księżycowego oraz podczas pełni, gdy rodzi się ponownie na ziemi, zostaje obdarzony zdolnością do wybaczania, pięknem i znajomością pism, góruje nad innymi członkami swej rodziny, zdobywa liczne potomstwo, unika biedy i obdarowuje żywnością ogromną liczbę braminów.

Ten, kto rezygnuje ze spożycia jednego z dwóch posiłków ósmego i czternastego dnia w okresie ciemniejącego księżyca, uwalnia się od chorób wszelkiego rodzaju i zdobywa wielką energię.

Ten, kto w miesiącu *margasirsza* (listopad/grudzień) powstrzymuje się codziennie od spożycia jednego z dwóch posiłków i z oddaniem i czcią dostarcza jedzenia wielu braminom, uwalnia się od wszystkich grzechów, zdobywa pomyślność i energię, i cieszy się bogactwem i obfitością żywności, zbierając ze swych pól bogaty plon.

Ten, kto w miesiącu *pausza* (grudzień/styczeń) powstrzymuje się codziennie od spożycia jednego z dwóch posiłków, zdobywa szczęśliwy los, miłe cechy i sławę.

Ten, kto w miesiącu *magha* (styczeń/luty) powstrzymuje się codziennie od spożycia jednego z dwóch posiłków, rodzi się ponownie w rodzinie o wysokim statusie i zdobywa pozycję znakomitości wśród krewnych.

Ten, kto w miesiącu *bhagadaiwata* (luty/marzec) powstrzymuje się codziennie od spożycia jednego z dwóch posiłków, staje się panem samego siebie i faworytem kobiet.

Ten, kto w miesiącu *czajtra* (marzec/kwiecień) powstrzymuje się codziennie od spożycia jednego z dwóch posiłków, rodzi się ponownie w rodzinie o wysokim statusie i zdobywa bogactwo w formie złota, klejnotów i pereł.

Ten, kto w miesiącu *wajsiakha* (kwiecień/maj), kontrolując zmysły, powstrzymuje się codziennie od spożycia jednego z dwóch posiłków zdobywa pozycję znakomitości wśród swoich krewnych.

Ten, kto w miesiącu *dżiasztha* (maj/czerwiec) powstrzymuje się codziennie od spożycia jednego z dwóch posiłków, zdobywa pozycję znakomitości i wielkie bogactwo.

Ten, kto w miesiącu *aszadha* (czerwiec/lipiec), koncentrując się na swych obowiązkach, powstrzymuje się codziennie od spożycia jednego z dwóch posiłków, zdobywa wielkie bogactwo, bogate plony i liczne potomstwo.

Ten, kto w miesiącu *śrawana* (lipiec/sierpień) powstrzymuje się codziennie od spożycia jednego z dwóch posiłków, zdobywa przywileje wykonywania rytów ofiarnych bez względu na to, gdzie rezyduje i pozycję znakomitości wśród krewnych, których wspiera.

Ten, kto w miesiącu *proszthapada* (sierpień/wrzesień) powstrzymuje się codziennie od spożycia jednego z dwóch posiłków, zdobywa wielkie bogactwo i trwający długo dostatek.

Ten, kto w miesiącu *aświna* (wrzesień/październik) powstrzymuje się codziennie od spożycia jednego z dwóch posiłków, zdobywa czystość ciała i duszy, jak i liczne potomstwo i obfitość zwierząt hodowlanych i pojazdów.

Ten, kto w miesiącu *karttika* (październik/listopad) powstrzymuje się codziennie od spożycia jednego z dwóch posiłków, zdobywa heroizm, liczne żony i wielką sławę.

Ten, kto ogranicza się do jednego posiłku dziennie przez cały rok, zdobywa zasługi równe tym, które przynosi ofiara *atiratra* i po śmierci zdobywa niebo, gdzie staje się przedmiotem czci. Po wyczerpaniu zasług powraca na ziemię, zdobywając pozycję znakomitości.

Ten, kto ogranicza się do jednego posiłku dziennie przez trzy lata i powstrzymuje się od kładzenia się do łoża z inną kobietą niż jego ślubna małżonka, jest widziany jako ktoś, kto wykonuje ulubioną ofiarę Indry wymagającą ogromnej ilości darów ze złota. Taki człowiek, praktykując prawdomówność, czyniąc dary, czcząc braminów, pokonując złą wolę i gniew, wybaczając i kontrolując swe zmysły, realizuje najwyższy cel. Przez miliony lat żyje w niebie, mając za swe towarzyszki niebiańskie nimfy apsary i jeżdżąc po niebie rydwanem w kolorze białych chmur ciągnionym przez łabędzie'".

Bhiszma kontynuował: „O Judhiszthira, człowiek, który z własnej woli, a nie z powodu choroby realizuje ślub postu, nabywa za każdym razem zasługi równe tym, które płyną z rytów ofiarnych. Odziany w moc zasług udaje się do nieba, jadąc na rydwanie ciągnionym przez tysiąc łabędzi i gdzie przez setkę lat doświadcza wszelkiego rodzaju szczęścia, igrając z setkami apsar o doskonałej urodzie, budzony każdego ranka przez dźwięk dzwoneczków zdobiących ich kostki i złotych łańcuszków zdobiących ich biodra. Ten, kto pragnie nieba, nie chce powrotu siły, gdy słabnie, leczenia ran, gdy jest ranny, leków, gdy jest chory, uspakajania, gdy jest rozgniewany lub łagodzenia smutku wynikłego z nędzy. Opuszczając ten świat, gdzie doświadczał wszelkiego rodzaju niedoli, udaje się do nieba na ozdobionym złotem rydwanie, z ciałem udekorowanym wszelkiego rodzaju ozdobami i oczyszczony z grzechów przebywa tam w otoczeniu setek najpiękniejszych panien, ciesząc się wszelkiego rodzaju przyjemnościami i szczęściem. Zaiste, powstrzymując się od jedzenia i ziemskich przyjemności, opuszcza ciało i udaje się do nieba, które jest owocem jego umartwień, i tam wolny od grzechów zdobywa zdrowie, szczęście i spełnienie wszystkich pragnień. Mając rydwan w złotym kolorze o blasku porannego słońca ozdobiony proporcami, lampami, sznurami pereł i *lapis lazuli*, jeździ nim po niebie przy akompaniamencie dźwięków niebiańskich dzwoneczków i innych niebiańskich instrumentów, i przez wiele lat cieszy się wszelkiego rodzaju szczęściem.

Tak jak nie ma ksiąg przewyższających *Wedy*, bogactwa większego od prawości i osoby bardziej godnej czci niż matka, tak nie ma umartwień przewyższających posty. Tak jak na ziemi i w niebie nie ma niczego bardziej świętego od bramina, tak nie ma umartwień, które stałyby wyżej od postów. To dzięki postom bogowie zdobyli niebo jako miejsce zamieszkiwania, a riszi najwyższy duchowy sukces. Cjawana, Dżamadagni, Wasiszta, Gautama i Bhrigu, ci wielcy riszi zdolni do wybaczania, zdobyli niebo dzięki postom. Król Wiświamitra z kolei ograniczając się do jednego posiłku dziennie przez tysiąc boskich lat, zdobył status bramina".

2. O zastępowaniu rytów ofiarnych postami w celu zdobycia zasług

Judhiszthira rzekł: „O Bhiszma, wspomniałeś o tym, że dzięki postom zbiera się zasługi równe tym, jakie płyną z wykonania rytów ofiarnych. Poucz nas, proszę, jakie są rozporządzenia w tej sprawie. Ryty ofiarne są kosztowne i wymagają zgromadzenia dużej ilości kosztownych przedmiotów i ludzie biedni nie są zdolni do wykonania takich rytów. Zaiste, tylko królowie i książęta zdają się być zdolni do zebrania zasług płynących z ofiary. Ci, którzy nie posiadają bogactwa, są bezradni lub żyją w pojedynkę, są do tego niezdolni".

Bhiszma rzekł: „O Judhiszthira, posłuchaj, co wielki riszi Angiras powiedział o owocach rozmaitych rocznych postów, które dorównują owocom zrodzonym z ofiary.

Ten, kto w przeciągu całego roku pości jeden dzień i spożywa tylko jeden posiłek co drugi dzień, kto wstaje każdego dnia z łoża, zanim wejdzie słońce i kto leje do ognia ofiarne masło, zbiera zasługi *agnisztomy*. Taki człowiek zdobywa rydwan ciągniony przez żurawie i łabędzie, i zamieszkuje w regionie Indry, ciesząc się tam towarzystwem apsar.

Ten, kto przez okres całego roku pości przez dwa dni i spożywa tylko jeden posiłek co trzeci dzień, kto wstaje z łoża, zanim wzejdzie słońce i każdego dnia leje do ognia ofiarne masło, zbiera zasługi rytu *atiratra*. Po uwolnieniu z ciała duszy udaje się do regionu siedmiu niebiańskich mędrców, jadąc na rydwanie ciągnionym przez pawie, łabędzie i żurawie, gdzie przebywa w otoczeniu apsar o wielkiej piękności przez kwintyliony lat.

Ten, kto przez cały rok pości przez trzy dni i spożywa tylko jeden posiłek co czwarty dzień i kto każdego dnia leje do ognia ofiarne masło, gromadzi wielkie zasługi ofiary *wadżapeja*. Po uwolnieniu z ciała duszy zamieszkuje w regionie Indry, gdzie przebywa kwintyliony lat i doświadcza szczęścia wszelkiego rodzaju, będąc świadkiem zabaw króla bogów, i jeździ tam rydwanem, który uświetnia obecność niebiańskich dziewcząt o wielkiej urodzie, córek Indry.

Ten, kto przez okres całego roku pości przez cztery kolejne dni i spożywa tylko jeden posiłek co piąty dzień i kto leje każdego dnia do ognia ofiarne masło, uwolnił się od zachłanności, jest prawdomówny, czci braminów, unika ranienia jakiejkolwiek żywej istoty, jak i złej woli i grzechu, nabywa zasługi ofiary *wadżapeja* i zamieszkuje we wspaniałym pałacu w czysto białym kolorze, gdzie żyje w wielkiej szczęśliwości przez kwintyliony lat i jeździ po niebie rydwanem zrobionym ze złota, ciągnionym przez łabędzie o blasku wielu słońc.

Ten, kto przez okres całego roku pości przez pięć kolejnych dni i spożywa tylko jeden posiłek co szósty dzień, kto każdego dnia leje do ognia ofiarne masło, wykonuje trzy razy dziennie ablucje, recytuje modlitwę i czci tych, którzy na to zasługują, prowadzi życie *brahmacarina*, oczyszcza swe działania ze złej woli, zbiera zasługi ofiary *gomedha*. Otrzymuje wspaniały rydwan o blasku ognia ozdobiony złotem, ciągniony przez łabędzie i pawie, a za łoże służą mu kolana pięknych apsar, które budzą go o poranku melodyjnym dzwonieniem swych ozdób. Czczony przez wszystkich zamieszkuje w regionie Brahmy, gdzie przebywa prawie całą wieczność.

Ten, kto przez okres całego roku pości przez sześć kolejnych dni i spożywa tylko jeden posiłek co siódmy dzień, kto leje każdego dnia do ognia ofiarne masło, ogranicza przez jakiś czas mowę, realizuje ślub *brahmacarji*, powstrzymuje się od zdobienia ciała kwiatami i olejkami oraz jedzenia miodu i mięsa, zdobywa regiony Marutusów i Indry, którymi cieszy się przez bardzo długi okres czasu. Jest tam czczony przez niebiańskie nimfy i każde życzenie, które powstaje w jego umyśle, natychmiast realizuje się. Zasługi, które gromadzi, są równe zasługom płynącym z ofiary, podczas której czyni się dary ogromnej ilości złota.

Ten, kto przez okres całego roku pości przez siedem kolejnych dni i spożywa tylko jeden posiłek co ósmy dzień, kto leje każdego dnia do ognia ofiarne masło i oddaje cześć bogom, nabywa zasługi ofiar *paundarika* i *gawamaja*. Po uwolnieniu z ciała swej duszy wędruje po niebie rydwanem w kolorze lotosów ciągnionym przez łabędzie i żurawie, i przez całe pięćdziesiąt tysięcy lat cieszy się szczęściem w niebie, przebywając tam w towarzystwie licznych niebiańskich nimf w kwiecie młodości o wielkiej urodzie i złotej lub ciemnej skórze.

Ten, kto przez okres całego roku pości przez osiem kolejnych dni, spożywając tylko jeden posiłek co dziewiąty dzień, i kto każdego dnia leje do ognia ofiarne masło, zdobywa zasługi tysiąca Ofiar Konia. Po uwolnieniu z ciała swej duszy podróżuje po niebie w rydwanie pięknym jak kwiat lotosu o blasku rozpalonego ognia lub słońca w zenicie, mając za towarzyszki córki Rudry z szyjami ozdobionymi niebiańskimi girlandami. Zdobywszy region Rudry, przebywa tam przez niezliczenie długi okres czasu.

Ten, kto przez okres całego roku pości przez dziewięć kolejnych dni i spożywa tylko jeden posiłek co dziesiąty dzień i każdego dnia leje do ognia ofiarne masło, zdobywa zasługi tysiąca Ofiar Konia i towarzystwo córek Brahmy o urodzie zdolnej do oczarowania serc wszystkiego, co żyje. Obecność tych pięknych dziewcząt o cerze w kolorze białego lub błękitnego lotosu daje mu nieustanną radość. Jego rydwan przypomina swym wyglądem gęstą chmurę zwaną *awarta* (topiel, wir) lub fale oceanu i porusza się po niebie, zataczając koła i wypełniając przestrzeń brzękiem uderzających o siebie w ruchu sznurów pereł i klejnotów oraz melodyjnym dźwiękiem konch. Zdobią go kolumny zrobione z kryształów i diamentów oraz ołtarz zbudowany z tych samych minerałów. Tym rydwanem, ciągnionym przez żurawie i łabędzie, podróżuje po niebie, doświadczając niebiańskiego szczęścia przez miliony lat.

Ten, kto przez okres całego roku pości przez dziesięć kolejnych dni i spożywa tylko jedną porcję *ghee* co jedenasty dzień, kto każdego dnia leje do ognia ofiarne masło, nigdy nie kłamie nawet w interesie ojca i matki i nie pożąda w słowie, myśli czy uczynku towarzystwa cudzych żon, zbiera zasługi tysiąca Ofiar Konia. Sam Brahma pojawi się przed nim na swym rydwanie w otoczeniu niebiańskich nimf o wielkiej urodzie i skórze o blasku czystego złota, aby go zabrać do nieba. Taka osoba mająca splendor ognia zdoła też ujrzeć Mahadewę (Śiwę) o wielkiej mocy jadącego na swym rydwanie. Żyjąc w niebiańskim pałacu przez niezliczoną liczbę lat i ciesząc się wszelkiego rodzaju szczęścia, przez cały ten czas doświadcza również radości schylania głowy przed Rudrą, czczonym przez bogów i danawów, widząc go każdego dnia.

Ten, kto przez okres całego roku pości przez jedenaście kolejnych dni i spożywa tylko jedną porcję *ghee* co dwunasty dzień, zdobywa zasługi wszystkich rytów ofiarnych. Jego rydwan ma blask dwunastu słońc. Zamieszkuje w pałacu znajdującym się w regionie Brahmy, który zdobią duże kopuły, klejnoty, sznury pereł i korale o wielkiej wartości, jak i sznury łabędzi, pawi, węży i ptaków *czakrawaka* angażujących się w swe melodyjne śpiewy. Zawsze jest tam obecnych wiele kobiet i mężczyzn gotowych, aby mu służyć.

Ten, kto przez okres całego roku pości przez dwanaście kolejnych dni i spożywa tylko niewielką porcję *ghee* co trzynasty dzień, zdobywa zasługi bożej ofiary. Jadąc na rydwanie w kolorze świeżo zakwitającego lotosu, ozdobionym złotem, wielką ilością klejnotów i drogich kamieni, udaje się do regionu Marutusów, który zamieszkują tysiące niebiańskich dziewcząt zdobiących swe ciała różnorodnością niebiańskich ozdób i rozsiewających wokół zapachy słodkich perfum. Przebywając w tym regionie niezliczoną liczbę lat, doświadcza wszystkich możliwych rodzajów niebiańskiego szczęścia i cieszy wzrok widokiem niebiańskich dziewcząt o wielkiej urodzie ukojony dźwiękami niebiańskiej muzyki i melodyjnymi głosami gandharwów.

Ten, kto przez okres całego roku pości przez trzynaście kolejnych dni i spożywa tylko niewielką porcję *ghee* co czternasty dzień, gromadzi zasługi ofiary *mahamedha*, która wymaga złożenia w ofierze człowieka. Przez tyle lat, ile jest ziarenek piasku na brzegach Gangesu, zamieszkuje we wspaniałym pałacu, mając na usługi niebiańskie nimfy o niezwykłej piękności błyszczące złotem i klejnotami, które czekają na niego w swych powozach, aby mu towarzyszyć w jego podróży po niebie. Trudno zgadnąć ich wiek, bo przez całą wieczność zachowują młody wygląd. Co rana budzą go słodkie dźwięki dzwoneczków, które zdobią ich kostki, jak i niebiańskich muzycznych instrumentów oraz melodyjnych głosów łabędzi.

Ten, kto przez okres całego roku pości przez czternaście kolejnych dni, kontroluje swe zmysły i spożywa tylko jeden posiłek co piętnasty dzień i kto każdego dnia leje do ognia ofiarne masło, nabywa zasługi tysiąca królewskich ofiar *radżasuja*. Jego rydwan o niebiańskich atrybutach i blasku błyskawicy, z jedną kolumną, czterema łukowatymi sklepieniami i siedmioma ołtarzami o niezwykle pomyślnym charakterze jest ciągniony przez łabędzie i pawie. Zdobi go tysiąc proporców brzmiących na wietrze jak muzyka, girlandy z pereł i najczystszego złota i obecność tłumu niebiańskich dziewcząt ubranych w klejnoty. Taki człowiek przebywa w niebie przez tysiące *jug* i ma na swe usługi słonie i nosorożce.

Ten, kto przez okres całego roku pości przez piętnaście kolejnych dni i spożywa tylko jeden posiłek co szesnasty dzień, nabywa zasługi ofiary wyciskania somy i cieszy się niebiańskim szczęściem przez bardzo długi okres czasu mając za swe towarzyszki córki Somy (księżyca) Mając ciało pachnące olejkami i perfumami równie słodkimi, jak te, które należą do Somy, nabywa mocy natychmiastowego przenoszenia się tam, gdzie tylko zechce.

Ten, kto przez okres całego roku pości przez szesnaście kolejnych dni i spożywa tylko jedną porcję *ghee* co siedemnasty dzień i kto leje codziennie do ognia ofiarne masło, po uwolnieniu z ciała duszy udaje się do regionów Waruny, Indry, Rudry i Marutusów, Śukry i Brahmy, gdzie jest witany przez niebiańskie panny. Udaje mu się zobaczyć niebiańskiego mędrca o imieniu Bhurbhuwa, który zdobył Wyzwolenie, i uchwycić myślą cały wszechświat. W jego wędrówkach towarzyszą mu córki Boga bogów, zadowalając go swym widokiem. Te niebiańskie panny o doskonałych manierach zdobiące swe ciała klejnotami potrafią przybierać trzydzieści dwie różne formy. Dopóki słońce i księżyc poruszają się po niebie, dopóty ten człowiek wiedzy przebywa w tych regionach wiecznej szczęśliwości, żywiąc się napojem bogów.

Ten, kto przez okres całego roku pości przez siedemnaście kolejnych dni i spożywa tylko jedną porcję *ghee* co osiemnasty dzień, staje się zdolny do uchwycenia myślą i zrozumienia siedmiu regionów tworzących wszechświat. Zamieszkuje w tych regionach wielkiej szczęśliwości przez tysiąc *kalp*, żywiąc się napojem bogów. Jeździ po wszechświecie wspaniałym rydwanem ciągnionym przez lwy i tygrysy, którego pędzące koła wydają dźwięk podobny do grzmotu i za którym z głośnym i przyjemnym dla ucha turkotem podążają liczne pojazdy z niebiańskimi pannami błyszczącymi klejnotami i urodą.

Ten, kto przez okres całego roku pości przez osiemnaście kolejnych dni i spożywa tylko jeden posiłek co dziewiętnasty dzień, staje się zdolny do uchwycenia myślą i zrozumienia siedmiu regionów tworzących wszechświat. Otrzymuje piękną niebiańską formę i rydwan o blasku słońca, którym udaje się do regionów zamieszkiwanych przez różne plemiona apsar, gdzie wiecznie słychać dźwięki melodyjnych głosów niebiańskich muzyków gandharwów. W swej pięknej niebiańskiej formie, z sercem wolnym od niepokoju, ozdobiony niebiańskimi girlandami przebywa tam w wielkim szczęściu przez miliardy lat.

Ten, kto przez okres całego roku pości przez dziewiętnaście kolejnych dni i spożywa tylko jeden posiłek co dwudziesty dzień, jest prawdomówny, prowadzi życie *brahmacarina*, nie je mięsa i jest oddany dobru wszystkich żywych istot, udaje się do rozległych regionów należących do Aditjów, a gdy podróżuje po niebie swym wspaniałym rydwanem, podążają za nim liczne powozy apsar i gandharwów udekorowanych girlandami i słodko pachnącymi maściami.

Ten, kto przez okres całego roku pości przez dwadzieścia kolejnych dni i spożywa tylko jeden posiłek co dwadzieścia jeden dni i kto każdego dnia leje do ognia ofiarne masło, zdobywa regiony Śukry, Indry, Aświnów oraz Marutusów i zamieszkuje tam, doświadczając nieprzerwanego szczęścia. Zdobywszy wielką moc i nie znając smutku, podróżuje po niebie swym wspaniałym rydwanem jak równy bogom.

Ten, kto przez okres całego roku pości przez dwadzieścia jeden kolejnych dni i spożywa tylko jeden posiłek co dwudziesty drugi dzień, kto każdego dnia leje do ognia ofiarne masło, unika ranienia jakiejkolwiek żywej istoty, jest prawdomówny i wolny od złej woli, zdobywa formę o blasku słońca i udaje się do regionu należącego do bogów Wasu. Zdobywa moc udawania się siłą swej woli gdzie zechce, pije napój bogów i cieszy się towarzystwem niebiańskich dziewcząt. Odziany w niebiańskie ozdoby podróżuje po niebie w najwspanialszych rydwanach.

Ten, kto przez okres całego roku pości przez dwadzieścia dwa kolejne dni i spożywa tylko jeden posiłek co dwudziesty trzeci dzień, kontrolując zmysły, zdobywa regiony wiatru, Śukry i Rudry. Zdolny do poruszania się siłą woli gdzie tylko zapragnie, jest czczony przez różne plemiona apsar. Z ciałem udekorowanym niebiańskimi ornamentami spędza niezliczoną ilość lat w stanie wielkiej szczęśliwości, ciesząc się towarzystwem niebiańskich dziewcząt i innych niebian, i jeżdżąc po niebie wspaniałymi rydwanami.

Ten, kto przez okres całego roku pości przez dwadzieścia trzy kolejne dni i spożywa tylko niewielką porcję *ghee* co dwudziesty czwarty dzień i kto każdego dnia leje do ognia oczyszczone masło, po uwolnieniu z ciała duszy udaje się do regionu Aditjów, gdzie przebywa w wielkiej szczęśliwości niezliczoną ilość lat. Natarty perfumami i słodko pachnącymi maściami, ubrany w niebiańskie szaty i girlandy podróżuje po niebie złotym rydwanem ciągnionym przez łabędzie, ciesząc się towarzystwem milionów niebiańskich dziewcząt.

Ten, kto przez okres całego roku pości przez dwadzieścia cztery kolejne dni i spożywa tylko jeden posiłek co dwudziesty piąty dzień, cieszy się szczęściem niebiańskich regionów przez tysiąc *kalp*, żywiąc się napojem bogów i jeżdżąc po niebie wspaniałym rydwanem wypełnionym wszelkimi przedmiotami będącymi źródłem przyjemności, za którym posuwa się sznur złotych pojazdów ciągnionych przez lwy i tygrysy, wiozących niebiańskie nimfy apsary. Stukot ich kół jest jak pomruk burzowych chmur.

Ten, kto przez okres całego roku pości przez dwadzieścia pięć kolejnych dni i spożywa tylko jeden posiłek co dwudziesty szósty dzień, każdego dnia leje do ognia ofiarne masło, kontroluje swe zmysły i uwalnia się od przywiązania do ziemskich przedmiotów, udaje się do regionów siedmiu Marutusów i bogów Wasu, i jest tam czczony przez apsary. Wypełniony niebiańską energią cieszy się szczęściem tych niebiańskich regionów przez dwa tysiące *jug*, a gdy podróżuje po niebie, za jego rydwanem ciągnie sznur pojazdów zrobionych z doskonałego kryształu, ozdobionych klejnotami, które należą do tłumu apsar i gandharwów oddających mu cześć.

Ten, kto przez okres całego roku pości przez dwadzieścia sześć kolejnych dni i spożywa tylko jeden posiłek co dwudziesty siódmy dzień i kto każdego dnia leje do ognia ofiarne masło, gromadzi wielkie zasługi i udaje się do nieba, gdzie jest czczony przez bogów. Żywi się napojem bogów i wolny od pragnienia cieszy się wszelkiego rodzaju niebiańskim szczęściem. Odziany w wielką energię podróżuje po niebie swym wspaniałym rydwanem w towarzystwie niebiańskich dziewcząt o doskonałych manierach. Z duszą oczyszczoną z grzechów żyje na sposób niebiańskich riszich i królewskich mędrców przez trzy tysiące *kalp* i *jug*.

Ten, kto przez okres całego roku pości przez dwadzieścia siedem kolejnych dni, kontrolując swe zmysły i duszę, i spożywa tylko jeden posiłek co dwudziesty ósmy dzień, zdobywa wielkie zasługi równe zasługom zbieranym przez niebiańskich riszich. Zdobywszy ogromną energię i mając dostęp do wszystkich przedmiotów sprawiających przyjemność, płonie blaskiem słońca znajdującego się w zenicie. Zamieszkuje w niebie przez miliony *kalp*, ciesząc się towarzystwem niebiańskich dziewcząt o pełnych piersiach i okrągłych biodrach odzianych w niebiańskie ozdoby, które podążają za nim, gdy podróżuje po niebie swym wspaniałym rydwanem o blasku słońca.

Ten, kto przez okres całego roku pości przez dwadzieścia osiem kolejnych dni i spożywa tylko jeden posiłek co dwudziesty dziewiąty dzień i zawsze mówi prawdę, zdobywa pomyślne regiony należące do bogów Wasu, Marutusów, Sadhjów, Aświnów oraz samego Brahmy, które są czczone przez niebiańskich riszich i królewskich mędrców, gdzie utrzymuje się przy życiu, pijąc nektar bogów. Odziany w niebiańską formę przyjemną dla każdego oka, o energii i splendorze płonącego ognia, błyszczy na niebie energią i pomyślnością jak słońce o tysiącu promieni. Odziany w niebiańskie szaty i girlandy, pomazany niebiańskimi olejkami i perfumami i oddany jodze, spędza czas w stanie ogromnej szczęśliwości, której nie przyćmiewa nawet cień smutku. Jego rydwan jest zrobiony z czystego złota i ma blask słońca i księżyca. Gdy jedzie nim po niebie, błyszcząc swą energią, jest obsługiwany przez niebiańskie nimfy, które świecą własnym światłem. W ten sposób te córki Rudrów i niebiańskich riszich o słodkich głosach, zdolne do przybierania różnych przyjemnych dla oka form, oddają mu cześć. Jego rydwan subtelnością materiału, który go tworzy, przypomina firmament. Podążające za nim pojazdy wyglądają jak księżyc, a te, które jadą przed nim, przypominają chmury. Pojazdy po jego prawej stronie są czerwone, te poniżej niebieskie, a te powyżej są różnobarwne. Obdarzony mądrością i wielbiony przez tych, którzy mu usługują, przebywa w regionie Brahmy tyle lat, ile kropli deszczu opada w ciągu tysiąca lat na ten region, który nosi nazwę Dżamwudwipa (Sudarśana). Zaiste, mając promienistość bogów, przebywa w regionie niezmąconej szczęśliwości przez tyle lat, ile kropli deszczu opada na ziemię w porze deszczowej.

Ten, kto przez cały rok praktykuje post trwający cały miesiąc, pijąc jedynie trochę wody po upływie każdego miesiąca, nabywa zasługi ofiary *wiświadżit*. Taki człowiek zamieszkuje w niebie przez siedemdziesiąt tysięcy lat, gdzie doświadcza wszelkiego rodzaju szczęścia i jeździ po niebie rydwanem ciągnionym przez lwy i tygrysy. Posty, które rozciągają się na okres dłuższy od jednego miesiąca bez żadnego posiłku, nie zostały uświęcone ani przez pisma, ani przez znających wszystkie obowiązki mędrców.

Ten, kto pości cały miesiąc i spożywa tylko jeden posiłek pierwszego dnia kolejnego miesiąca i czyni tak przez okres dziesięciu lat, zdobywa status wielkiego mędrca i udaje się do nieba w niezmienionej formie, aby cieszyć się owocami swoich działań w swej własnej formie. Zaiste, ten wysoki status wielkiego mędrca zdobywa się poprzez ograniczenie mowy, praktykowanie samodyscypliny, opanowanie gniewu, seksualnego pożądania i łakomstwa, lanie do ognia oczyszczonego masła i oddawanie czci zmierzchowi i brzaskowi. Człowiek, który pości w opisany sposób i praktykuje te i podobne przysięgi, oczyszcza się i staje się nieskazitelny jak eter i promienisty jak słońce. Udaje się do nieba w swej cielesnej formie i cieszy się niebiańskim szczęściem jak bóg".

Bhiszma zakończył swe nauki, mówiąc: „O Judhiszthira, w odpowiedzi na twoje pytanie o to, jak ludzie biedni mogą zbierać zasługi zdobywane przez innych dzięki rytom ofiarnym, przedstawiłem tobie rozporządzenia dotyczące postów. Duszą ofiar są albo rzeczywiste obrzędy ustanowione w pismach, albo posty różnego rodzaju. Posty i ryty ofiarne są równoważne, jeśli chodzi o zasługi, jakie przynoszą, to. Stąd też biedak, który nie ma wystarczających środków na przeprowadzenie rytu, może zdobyć owoce ofiary, praktykując odpowiednie posty. Zaiste, ślub postu nie wymaga bogactwa i dzięki niemu nawet oddający cześć bogom i braminom biedak zdoła zrealizować najwyższy cel. Nie żyw nigdy żadnych wątpliwości co do zasług zbieranych przez tych ludzi, którzy czynią przysięgi, są rozważni, czyści, o wielkich duszach, wolni od pychy i kłótliwości, zdobyli głębokie zrozumienie i dążą do swego celu z uporem i wytrwałością, nie zbaczając z wybranej ścieżki".

3. O oczyszczającej mocy tych, którzy zdobyli mądrość

Judhiszthira rzekł: „O Bhiszma, opowiedziałeś nam o postach, które, gdy są wykonane zgodnie z rozporządzeniami, przynoszą zasługi rytów ofiarnych. Zaiste, posty stanowią najwyższą formę religijnych umartwień! Wytłumacz nam teraz, jak najlepiej oczyścić się z grzechów, jakich użyć środków? Słyszeliśmy już niejednokrotnie o oczyszczającej mocy kąpieli w świętych brodach (*tirtha*) znajdujących się na powierzchni ziemi. Wytłumacz nam teraz, który ze świętych brodów ma najwyższą moc. Poucz nas, kąpiel w którym z tych brodów jest najbardziej oczyszczająca i przynosi największe zasługi?"

Bhiszma rzekł: "O Judhiszthira, kąpiel we wszystkich świętych miejscach znajdujących się na ziemi przynosi zasługi. Posłuchaj jednak moich nauk o tym, jaką *tirthą*, jakim czyścicielem, jest sam człowiek, który zdobył mądrość. Taki człowiek poprzez uparte trwanie przy wiecznej Prawdzie bierze kąpiel w świętym miejscu zwanym Manasa (dusza), które jest bezkresne w swej głębi, nieskazitelne, czyste, gdzie wodami jest Prawda, a jeziorami rozumienie. Owocem takiej kąpieli jest pozbycie się zachłanności, prawdomówność, szczerość, łagodność, współczucie, nieranienie żadnej żywej istoty i spokój umysłu. Ludzie, którzy uwolnili się od przywiązania do ziemskich przedmiotów i od pychy, przekroczyli wszystkie pary przeciwieństw, jak przyjemność i ból, chwalenie i obwinianie, gorąco i zimno, nie mają żon, dzieci, domów czy ogrodów, czyli tacy, którzy są doskonale czyści i utrzymują się przy życiu z jałmużny, są uważani za takie święte brody. Ten, kto widzi wszystkie ziemskie przedmioty prawdziwie i jest wolny od idei 'to jest moje', jest najpotężniejszą *tirthą* (świętym brodem oczyszczającym z grzechów). Ten, kto szuka oznak czyjejś czystości, powinien zawsze zwracać uwagę na wymienione przeze mnie atrybuty; tam gdzie są obecne, tam jest obecna czystość, a tam, gdzie ich nie ma, tam nie ma czystości. Ci, z których duszy zostały zmyte trzy atrybuty natury materialnej *Prakriti,* tj. *sattwa* (jasność-dobro), *radżas* (namiętność) i *tamas* (ciemność), którzy bez względu na to, jak bardzo wydają się zewnętrznie czyści lub nieczyści, dążą do najwyższych celów, jakie sobie postawili, wyrzekli się wszystkiego, zdobyli wszechwiedzę i kosmiczną wizję, są widziani jako *tirtha* i mają moc oczyszczania z grzechów.

Człowiek, który zaledwie zanurzył swe kończyny w wodzie, nie jest uważany za czystego. Prawdziwie czysty jest ten, kto oczyścił się samodyscypliną. O takim człowieku mówi się, że jest zarówno wewnętrznie, jak i zewnętrznie czysty. Najwyższą czystość zdobywają ci, którzy nigdy nie martwią się o przeszłość i nie czują przywiązania do nabytków teraźniejszości, ci, którzy są wolni od pragnienia. Wiedza, podobnie jak uwolnienie się od pragnień i spokój umysłu, daje ciału szczególny rodzaj czystości, a czystość postępowania daje z kolei czystość umysłu. Czystość osiągana przez ablucje w znajdujących się na ziemi świętych brodach jest uważana za pośledniejszą. Zaiste, czystość powstająca z wiedzy jest stawiana najwyżej. Te ablucje, które wykonuje się z płonącym umysłem w *tirthi* Manasa (duszy), zanurzając się w wodach wiedzy *Brahmana,* są prawdziwymi ablucjami tych osób, które znają Prawdę. Prawdziwie czysty jest więc ten człowiek, który zdobył czystość postępowania, jest zawsze oddany utrzymywaniu właściwej postawy w stosunku do wszystkich i ma wszystkie wspomniane atrybuty będące oznakami czystości. Stąd o tych, których wymieniłem mówi się, że są prawdziwymi *tirthami* ukrytymi w ciele".

Bhiszma zakończył swe nauki, mówiąc: „O Judhiszthira, opowiedziałem tobie *tirthach* ukrytych w ciele. Niejednokrotnie nauczałem cię również o świętych miejscach znajdujących się na powierzchni ziemi. Tak jak o opisanych przeze mnie atrybutach obecnych w ciele mówi się, że są święte, tak też o pewnych miejscach znajdujących się na ziemi, szczególnie wodach, mówi się, że są święte. Recytowanie ich nazw, wykonywanie w nich ablucji, jak i rytów ku czci Ojców oczyszcza z grzechów, a ci, którzy oczyścili się z grzechów, zdobywają po śmierci niebo. Poszczególne miejsca na ziemi stają się święte dzięki powiązaniu z jakimiś wysoce prawymi osobami lub też dzięki szczególnemu wpływowi samej ziemi, gdzie znajdują się te miejsca. *Tirthy* umysłu są odrębne i odmienne od tych, które znajdują się na ziemi. Ten, kto kąpie się w obu, osiąga bez zwłoki najwyższy sukces. Tak jak sama siła bez wysiłku, lub wysiłek bez siły nie potrafią w pojedynkę dokonać tego, co potrafią uczynić razem, podobnie ten, kto oczyścił się zarówno w *tirthach* ciała, jak i w tych, które znajdują się na ziemi, staje się prawdziwie czysty i po uwolnieniu duszy z ciała osiąga najwyższy sukces. Czystość pochodząca równocześnie z tych dwóch źródeł jest najlepsza".

4. O tym, jak Samorodny wychwalał w swej pieśni post przynoszący najwyższe szczęście

Bhiszma rzekł: „O Judhiszthira, opowiedziałem tobie o owocach postów i o owocach, jakie przynosi kąpiel w *tirthach* obecnych w ciele i na powierzchni ziemi. Posłuchaj teraz pieśni, w której Samorodny wychwalał ongiś posty przynoszące najwyższe szczęście.

Samorodny ongiś nucił: 'Ten, kto pości dwunastego dnia miesiąca *margasirsza* (listopad/grudzień), czcząc przez całą noc i dzień Kryszmę pod imieniem Keszawy, zdobywa zasługi Ofiary Konia i oczyszcza się z wszystkich grzechów.

Ten, kto pości dwunastego dnia miesiąca *pausza* (grudzień/ styczeń), czcząc przez cały dzień i noc Kryszmę pod imieniem Narajana, zdobywa zasługi ofiary *wadżapeja* i realizuje najwyższy cel.

Ten, kto pości dwunastego dnia miesiąca *magha* (styczeń/luty), czcząc przez cały dzień i noc Krysznę pod imieniem Madhawa. zdobywa zasługi ofiary *radżasuja* i uwalnia swych zmarłych przodków i potomków od wszelkiego rodzaju niedoli w kolejnym świecie.

Ten, kto pości dwunastego dnia miesiąca *phalguna* (luty/marzec), czcząc przez cały dzień i noc Krysznę pod imieniem Gowinda, zdobywa zasługi ofiary *atiratra* i zdobywa region Somy.

Ten, kto pości dwunastego dnia miesiąca *czajtra* (marzec/kwiecień), czcząc przez cały dzień i noc Krysznę pod imieniem Wisznu, zdobywa zasługi ofiary *pundarika* i udaje się do regionu bogów.

Ten, kto pości dwunastego dnia miesiąca *wajsiakha* (kwiecień/maj), czcząc przez cały dzień i noc Krysznę pod imieniem zabójcy demona Madhu zbiera zasługi ofiary *agnistoma* i udaje się do regionu Somy.

Ten, kto pości dwunastego dnia miesiąca *dżjaisztha* (maj/czerwiec), czcząc Krysznę pod imieniem tego, który przemierzył wszechświat trzema krokami, zdobywa zasługi ofiary *gomedha* i po uwolnieniu z ciała duszy spędza czas w wielkiej szczęśliwości w towarzystwie apsar.

Ten, kto pości dwunastego dnia miesiąca *aszadha* (czerwiec/lipiec), czcząc Krysznę w formie karła, który wprowadził w błąd króla asurów Wali, zdobywa zasługi rytu ofiarnego *naramedha* wymagającego ludzkiej ofiary i po uwolnieniu z ciała duszy spędza czas w wielkiej szczęśliwości w towarzystwie apsar.

Ten, kto pości dwunastego dnia miesiąca *śrawana* (lipiec/sierpień), czcząc dzień i noc Krysznę pod imieniem Śridhara, zdobywa zasługi ofiary *pańcajadżna* i zamieszkując w niebie, zdobywa wspaniały rydwan.

Ten, kto pości dwunastego dnia miesiąca *bhadrapada* (sierpień/wrzesień), czcząc Krysznę pod imieniem Hriszikesa przez dzień i całą noc, zdobywa zasługi ofiary *sautramani* i oczyszcza się z grzechów.

Ten, kto pości dwunastego dnia miesiąca *aświna* (wrzesień/październik), czcząc Krysznę pod imieniem Padmanabha, zdobywa zasługi ofiary, podczas której tysiąc krów zostaje danych w darze.

Ten, kto pości dwunastego dnia miesiąca *karttika* (październik/listopad), czcząc Krysznę pod imieniem Damodara, zdobywa zasługi wszystkich ofiar łącznie.

Ten, kto pości dwunastego dnia każdego miesiąca przez cały rok, czcząc Krysznę pod imieniem Pundarikaksza, nabywa mocy pamiętania wydarzeń z przeszłych narodzin i zdobywa ogromne bogactwo i złoto.

Ten, kto pości w ten sposób przez cały rok, czcząc każdego dnia Krysznę pod imieniem Upendra i po zrealizowaniu tej przysięgi nakarmi braminów lub obdaruje ich darem w formie *ghee*, zdobywa z nim identyczność. Słynny Wisznu, który jest Pradawnym Byciem, powiedział kiedyś, że post tego rodzaju przynosi zasługi większe niż jakikolwiek inny rodzaj postu'".

5. O zdobywaniu pełni pomyślnych atrybutów dzięki postowi *czandrawrata*

Judhiszthira rzekł: „O Bhiszma, opowiedziałeś nam o niebiańskim szczęściu zdobywanym po śmierci przez tych, którzy praktykują posty zgodnie z rozporządzeniami. Poucz nas teraz, proszę, dzięki jakiemu postowi człowiek rodzi się na ziemi odziany we wszystkie pomyślne atrybuty, takie jak piękna forma i budzące sympatię skłonności?"

Bhiszma rzekł: „O Judhiszthira, aby uzyskać to, o co pytasz, należy czcić księżyc ślubowaniem postu *czandrawrata*. Posłuchaj o tym, kiedy należy uczynić odpowiednią przysięgę i rozpocząć taki post. Zostało stwierdzone, że taki post należy rozpocząć w miesiącu *margasirsza* (listopad/grudzień), gdy księżyc jest w koniunkcji z asteryzmem zwanym Mula, jego dwie stopy łączą z tym asteryzmem, Rohini znajduje się na jego łydce, jego staw kolanowy jest w konstelacji Aświni, a jego uda są w dwóch Aszadach, Phalguni tworzy jego odbyt, Karttika jego talię, jego pępek jest w Bhadrapada, region jego oczu jest w Rewati, jego plecy są na Dhaniszthrze, Anuradha tworzy jego brzuch, jego ramiona sięgają Wisakhów, jego dwie dłonie wskazują na Hastę, Punarwasu tworzy jego palce, Aślesza jego paznokcie, Dżesztha jego kark, Srawana wskazuje na jego uszy, Puszja tworzy jego usta, Swati jego zęby i usta, Satabhisza jego uśmiech, Magha jego nos, Mrigasiry są w jego oczach, Czitra jest na jego czole, jego głowa jest w Bharani, a Ardra tworzy jego włosy. Na zakończenie ślubu *czandrawrata* należy dać braminom znającym *Wedy* dar w formie *ghee*. Owocem tej przysięgi jest zdobycie upartego dążenia do szukania wiedzy. Zaiste, w rezultacie tej przysięgi osoba zdobywa pełnię pomyślnych atrybutów, którą można porównać jedynie z pełnią księżyca".

Napisane na podstawie fragmentów *Mahābharāta*,
Anusasana Parva, Part 2, Sections CVI-CX.

Opowieść 229
O reinkarnacji i religii nieranienia (ahimsa)

1. O odziewaniu się duszy w ciało i działaniach wykonanych w poprzednim życiu; 2. O konsekwencjach przeszłych grzesznych działań i ponownych narodzinach na niższych poziomach istnienia; 3. O oczyszczaniu się z konsekwencji grzesznych działań poprzez skruchę i dobre czyny; 4. O religii nieranienia i współczucia, i postępowaniu zgodnie ze złotą regułą „nie czyń drugiemu, co tobie niemiłe".

> *Brihaspati rzekł: „O Judhiszthira, najwyższe dobro zdobywa ten, kto praktykuje religię uniwersalnego nieranienia i współczucia (ahimsa). Ten, kto zdobywa kontrolę nad trzema przywarami—żądzą, gniewem i zachłannością—rzutując je na wszystkie żywe istoty i rozwija w sobie cnotę współczucia, osiąga sukces. ... Nie czyń drugiemu, co jest tobie niemiłe, taka jest w skrócie złota reguła prawości. Ten, kto działa inaczej, ulegając żądzy, zabrudza się winą nieprawości. Należy zawsze oceniać skutki różnych czynów skierowanych ku innym, tak jakby były skierowane ku sobie".*

(*Mahābhārata*, Anusasana Parva, Part 2, Section CXIII)

1. O odziewaniu się duszy w ciało i działaniach wykonanych w poprzednim życiu

Judhiszthira rzekł: „O Bhiszma, zdobyłeś wielką mądrość, znasz wszystkie pisma i udzieliłeś nam już wielu cennych nauk. Poucz nas teraz o tych rozporządzeniach, w konsekwencji których śmiertelne istoty muszą wędrować przez niekończący się cykl ponownych narodzin. Wytłumacz nam, jakie postępowanie przynosi im wysokie niebiańskie regiony i jakie piekło? Czym jest to, co za nimi podąża, gdy udają się do innego świata porzucając swe martwe ciało, które leży bezwolne jak kłoda drewna lub gruda ziemi?"

Bhiszma rzekł: „O Judhiszthira, widzę, że właśnie zbliża się do nas nauczyciel bogów Brihaspati, zapytaj go więc o to, o co mnie pytasz. Twoje pytania dotyczą przedmiotu, który jest odwieczną tajemnicą i nikt nie potrafi odpowiedzieć na nie lepiej od niego. Na całym świecie nie ma takiego mówcy, który dorównywałby Brihaspatiemu!"

Faktycznie, w tym momencie gdy Bhiszma przestał mówić, przed jego łożem ze strzał, pojawił się wielki riszi Brihaspati o czystej duszy, schodząc na ziemię z firmamentu. Król Prawa Judhiszthira i jego bracia powitali go odpowiednimi rytami. Po zakończeniu rytów powitalnych szukający odpowiedzi na swoje pytania Judhiszthira rzekł: „O wielki riszi i nauczycielu bogów, wytłumacz nam, kto jest prawdziwym przyjacielem śmiertelnej istoty? Ojciec, matka, syn, nauczyciel, krewny, czy też osoba nazywana przyjacielem nie wspierają już dłużej śmiertelnika, gdy udaje się on do kolejnego świata, pozostawiając za sobą martwe i bezwolne ciało. Kto mu wówczas towarzyszy?"

Brihaspati rzekł: „O Judhiszthira, śmiertelnik rodzi się sam i umiera sam, sam staje w obliczu trudności na drodze, którą musi iść po śmierci i sam boryka się z niedolą. Człowiek nie ma w tych działaniach towarzysza. Ojciec, matka, brat, syn, nauczyciel, przyjaciel i krewny, traktując czyjeś martwe ciało po krótkiej żałobie, jakby było kłodą drewna, opuszczają je i wracają do swych własnych trosk. Tylko prawość podąża za umarłym, którego ciało zostało przez wszystkich opuszczone. Skoro prawość jest jedynym przyjacielem, który towarzyszy umarłemu po śmierci, przeto prawość jest tym, czego należy szukać. Osoba odziana w prawość realizuje wysoki cel, zdobywając niebo, podczas gdy ta, która odziewa się w nieprawość, zdobywa piekło. Człowiek inteligentny powinien zawsze szukać prawości, używając w tym celu bogactwa, które zdobył legalnymi środkami. W świecie po śmierci prawość jest jedynym przyjacielem śmiertelnika. Należy zawsze troszczyć się o dobro duszy, o czym zdaje się zapominać ten, który z powodu chciwości, otępienia, błędnie rozumianego współczucia czy lęku jest niezdolny do prawidłowej oceny i wykonuje niewłaściwe działania, chcąc zadowolić wyłącznie swe ciało. Owocem życia jest Prawość, Zysk i Przyjemność i dla własnego dobra należy realizować te trzy cele przy pomocy właściwych i wolnych od grzechu środków".

Judhiszthira rzekł: „O Brihaspati, wysłuchałem z uwagą twych prawych słów wypowiedzianych z korzyścią dla nas. Poucz nas teraz, proszę, o istnieniu ciała po śmierci. Ciało zmarłego człowieka staje się subtelne, niezamanifestowane i niewidzialne. Jak jest to możliwe, aby prawość podążała za nim?"

Brihaspati rzekł: „O Judhiszthira, pięć 'wielkich' elementów (ziemia, woda, wiatr, światło i przestrzeń), umysł, bóg umarłych Jama, rozumienie, dusza, dzień i noc są świadkami zasług i przewinień każdej żywej istoty. Po śmierci żywej istoty opuszczają jej ciało i podążają dalej za umarłym, mając prawość za towarzysza. Gdy ciało traci życie, opuszcza je równocześnie skóra, kości, mięśnie, życiowe nasienie i krew. Po utracie starego ciała odziana w zasługi i przewinienia *dżiwa* (ucieleśniona dusza) otrzymuje nowe ciało. Gdy zdobywa to nowe ciało, bogowie zarządzający pięcioma 'wielkimi' elementami tworzącymi ciało raz jeszcze stają się świadkami wszystkich jej działań, dobrych i złych. *Dżiwa* odziana w przeszłym życiu w prawość cieszy się szczęściem, a odziana w nieprawość doświadcza niedoli. O czym jeszcze chcesz usłyszeć?"

Judhiszthira rzekł: „O Brihaspati, wytłumaczyłeś nam, w jaki sposób prawość podąża po śmierci ciała za wcieloną duszą. Wytłumacz nam teraz, jak powstaje życiowe nasienie?"

Brihaspati rzekł: „O Judhiszthira, jedzenie spożywane przez bogów zamieszkujących w ciele (tj. ziemię, wodę, wiatr, ogień, przestrzeń i umysł) zadowala ich. Gdy pięć 'wielkich' elementów i umysł jako szósty są zadowoleni, zostaje stworzone ich życiowe nasienie. Gdy mężczyzna i kobieta połączą się w jedno, życiowe nasienie uwalnia się i powoduje poczęcie. O czym jeszcze pragniesz usłyszeć?"

Judhiszthira rzekł: „O Brihaspati, wytłumaczyłeś nam, w jaki sposób następuje poczęcie, wytłumacz nam teraz w jaki sposób rodząca się *dżiwa* ponownie odziewa się w ciało?"

Brihaspati rzekł: „O Judhiszthira, gdy *dżiwa* wchodzi do życiowego nasienia, zostaje natychmiast zasypana przez pięć 'wielkich' elementów, podczas gdy w momencie śmierci się od nich oddziela. W konsekwencji odziania się we wszystkie te elementy otrzymuje ciało i bogowie zarządzający tymi elementami stają się świadkami wszystkich jej działań dobrych i złych. O czym jeszcze pragniesz usłyszeć?"

Judhiszthira rzekł: „O Brihaspati, gdzie *dżiwa* przebywa po opuszczeniu skóry, mięśni i oddieleniu się od wszystkich tych elementów tworzących ciało, aby móc później doświadczyć konsekwencji swych przeszłych działań?"

Brihaspati rzekł: „O Judhiszthira, *dżiwa* po śmierci starego ciała, odziana we wszystkie swoje przeszłe działania szybko wchodzi do życiowego nasienia i korzystając z obecności płodnej kobiety, rodzi się ponownie na ziemi. Po narodzinach otrzymuje od wysłannika boga umarłych Jamy niedolę i śmierć. Zaiste, niedola i bolesny cykl śmierci i ponownych narodzin jest jej dziedzictwem. Odziana w życie na tym świecie od momentu narodzin doświadcza skutków swych przeszłych dobrych i złych działań. Jeżeli od momentu swych narodzin podąża ścieżką prawości najlepiej jak potrafi, wówczas podczas swych przyszłych ponownych narodzin doświadczy nieprzerwanego szczęścia. Jednakże gdy krocząc ścieżką prawości, zabrudzi się grzechem, w swym przyszłym życiu doświadczy zarówno szczęścia będącego rezultatem jej przeszłych prawych czynów, jak i niedoli będącej rezultatem jej grzesznych czynów".

2. O konsekwencjach przeszłych grzesznych działań i ponownych narodzinach na niższych poziomach istnienia

Brihaspati kontynuował: „O Judhiszthira, śmiertelnicy po śmierci muszą udać się do przeraźliwego królestwa boga umarłych Jamy, gdzie istnieją miejsca równie wspaniałe jak te, które są zamieszkiwane przez bogów, oraz takie, które są nawet gorsze od tych, gdzie zamieszkują zwierzęta i ptaki. Są tam również takie miejsca, które poziomem szczęśliwości dorównują regionowi Brahmy. Jak już mówiłem, prawość jest prawdziwym przyjacielem wcielonej duszy w jej wędrówce do królestwa Jamy. *Dżiwa* odziana w nieprawość doświadcza tam wielkiej niedoli i jest zmuszona do ponownych narodzin na niższych poziomach istnienia. Posłuchaj o tym, co mówią na ten temat pisma. Posłuchaj też o działaniach i skłonnościach, które w konsekwencji przynoszą ludziom niedolę i trwogę.

Duchowo odrodzona osoba znająca *Wedy*, która traci rozum i przyjmuje dar od upadłego człowieka, rodzi się ponownie wśród osłów, gdzie żyje przez piętnaście lat. Po pozbyciu się tej formy rodzi się ponownie w formie wołu i żyje w tej formie przez siedem lat. Po pozbyciu się tej formy rodzi się w formie rakszasy i żyje w niej trzy miesiące. Po śmierci i pozbyciu się tej formy odzyskuje swój dawny status i rodzi się ponownie wśród ludzi w kaście bramińskiej.

Bramin, który asystuje w rycie ofiarnym na prośbę osoby upadłej, rodzi się ponownie w formie podłego robaka. W kolejnym życiu po uwolnieniu się z tej formy, rodzi się wśród osłów i żyje przez pięć lat. Następnie rodzi się w formie świni, w której przebywa również przez pięć lat, a po jej opuszczeniu rodzi się w formie koguta i żyje w niej przez kolejne pięć lat. Następnie rodzi się w formie szakala, żyjąc w tym stanie przez pięć lat. Następnie rodzi się w formie psa i po spędzeniu w tej formie jednego roku w kolejnych narodzinach odzyskuje status człowieka.

Niemądry bramiński uczeń, który obraża swego nauczyciela raniąc go w jakiś sposób, jest zmuszony do trzykrotnych narodzin na niższych poziomach istnienia, najpierw w formie psa, następnie drapieżnika i w końcu osła, w której włóczy się po ziemi przez jakiś czas, pokutując jak duch. Po uwolnieniu się z tej formy rodzi się ponownie wśród braminów.

Grzeszny bramiński uczeń, który choćby w myślach cudzołoży z żoną swego nauczyciela, w konsekwencji takiego grzesznego serca rodzi się ponownie w różnych dzikich formach. Najpierw w formie psa, w której żyje przez trzy lata, następnie w formie robaka lub podłego gada. Po przeżyciu w tej formie przez cały rok odzyskuje swój status człowieka i rodzi się wśród osób duchowo odrodzonych.

Nauczyciel, który zabija bez powodu swego ucznia, który był dla niego jak syn, w konsekwencji swego rozmyślnego grzesznego uczynku rodzi się w kolejnym życiu w formie drapieżnika.

Syn, który lekceważy swą matkę i ojca, w kolejnym życiu rodzi się w świecie zwierzęcym w formie osła, żyje w niej przez dziesięć lat, a po jej opuszczeniu rodzi się ponownie w formie ludzkiej.

Syn, który rozgniewa swych rodziców, z powodu swych złych myśli w stosunku do nich, rodzi się w kolejnym życiu w formie osła i żyje w niej przez dziesięć miesięcy. Następnie rodzi się w formie psa i żyje w tej formie przez czternaście miesięcy. W kolejnym życiu rodzi się w formie kota i żyje w niej przez siedem miesięcy. Po opuszczeniu tej formy odzyskuje swój dawny status i rodzi się w świecie człowieka.

Syn, który mówi źle o swych rodzicach, rodzi się w kolejnym życiu w formie ptaka *sarika*, a ten, który ich uderza, rodzi sie w formie żółwia i żyje w tej formie przez dziesięć lat. Po jej opuszczeniu rodzi się w formie jeżozwierza. Następnie rodzi się w formie węża i żyje w niej przez sześć miesięcy, a po jej porzuceniu rodzi się ponownie w świecie ludzkim.

Ten, kto choć żywi się żywnością dostarczaną mu przez króla, ogłupiony przez szaleństwo popełnia czyn, który szkodzi królewskim interesom, rodzi się w kolejnym życiu w formie małpy i żyje w niej przez dziesięć lat, a po jej opuszczeniu rodzi się w formie myszy i żyje w niej przez pięć lat. Następnie rodzi się w formie psa i żyje w niej przez okres sześciu miesięcy, a po jej opuszczeniu odzyskuje swój ludzki status i rodzi się wśród ludzi.

Ten, kto sprzeniewierza to, co zostało u niego z zaufaniem zdeponowane, musi doświadczyć setki zmian formy, rodząc się ponownie na ziemi. W końcu, gdy narodzi się w formie podłego gada i żyje w niej przez piętnaście lat, jego wina wyczerpie się i po opuszczeniu tej formy rodzi się ponownie wśród ludzi.

Ten, kto ukrywa w sercu nienawiść do innych, rodzi się po śmierci w formie ptaka *śarngaka*.

Ten, kto z powodu niegodziwego rozumowania narusza czyjeś zaufanie, w kolejnym życiu rodzi się w formie ryby i żyje w niej przez osiem lat. Po jej opuszczeniu rodzi się na ziemi w formie jelenia i żyje w niej przez cztery miesiące. Następnie rodzi się w formie kozła i żyje w niej przez rok. Po jej opuszczeniu rodzi się w formie robaka i w końcu po opuszczeniu tej formy rodzi się ponownie wśród ludzi.

Ten, kto popełnia grzech cudzołóstwa, kładąc się do łoża z czyjąś żoną, rodzi się w kolejnym życiu w formie wilka. Następnie, zanim odzyska status człowieka, rodzi się kolejno w formach psa, szakala, sępa, węża, drapieżnego ptaka *kanka* i żurawia.

Ten, kto otępiony przez szaleństwo cudzołoży z żoną swego brata, rodzi się ponownie formie kukułki rodzaju męskiego i musi żyć w tej formie przez cały rok.

Ten, kto pod wpływem żądzy cudzołoży z żoną przyjaciela, nauczyciela lub króla, rodzi się ponownie na ziemi w formie wieprza i po przeżyciu w tej formie pięciu lat rodzi się w formie wilka i żyje w niej przez dziesięć lat. Przez kolejne pięć lat żyje na ziemi w formie kota, a po śmierci rodzi się ponownie w formie koguta i żyje wśród kogutów przez dziesięć lat. Po opuszczeniu formy koguta żyje przez trzy miesiące wśród mrówek i następnie przez jeden miesiąc wśród robaków. W kolejnym życiu rodzi się w formie podłego gada, i żyje w niej przez czternaście lat. Po przejściu przez wszystkie te przekształcenia i skonsumowaniu konsekwencji swego grzechu, odzyskuje swój status człowieka i rodzi się wśród ludzi.

Ten, kto przeszkadza w wykonaniu rytów małżeńskich lub ofiary, musi w swym przyszłym życiu urodzić się wśród podłych robaków i żyć w tej formie przez piętnaście lat, i dopiero wtedy, gdy skonsumuje całkowicie konsekwencje swego grzechu, rodząc się na niższych poziomach istnienia i doświadczając cierpienia, rodzi się ponownie w formie człowieka.

Ten, kto po oddaniu ręki swej córki jednej osobie, próbuje oddać jej rękę innej osobie, rodzi się ponownie wśród podłych robaków i formie takiego robaka żyje przez trzynaście lat. Dopiero po odcierpieniu swej winy w tych niższych formach rodzi się ponownie wśród ludzi.

Ten, kto spożywa posiłek bez wykonania przedtem odpowiednich rytów ku czci bogów i Ojców lub nawet bez ofiarowania riszim i Ojcom wody, musi narodzić się w kolejnym życiu w formie wrony. Po przeżyciu wśród wron setki lat rodzi się na ziemi w formie koguta, a następnie w formie węża i w końcu w formie człowieka.

Ten, kto lekceważy starszego brata, który jest dla niego jak ojciec, rodzi się ponownie wśród żurawi i żyje w tej formie przez dwa lata. Po opuszczeniu tej formy rodzi się ponownie wśród ludzi. Szudra, który kładzie się do łoża z bramińską kobietą, rodzi się w kolejnym życiu wśród świń i umiera zaraz po urodzeniu z powodu choroby. Następnie rodzi się w formie psa i po skonsumowaniu skutków swego grzechu rodzi się ponownie wśród ludzi. Ten szudra z kolei, który płodzi potomstwo z bramińską kobietą, po porzuceniu swej ludzkiej formy rodzi się wśród myszy.

Ten, kto popełnia grzech niewdzięczności, musi udać się do regionu Jamy, gdzie zostaje boleśnie potraktowany przez posłów ponurego króla umarłych, prowokując ich gniew. Taki człowiek cierpi w królestwie Jamy straszliwe tortury uderzany maczugami, młotami i pałkami, wbijany na pal, zamykany w rozpalonych kotłach, ciągnięty przez las mieczy, zmuszany do chodzenia po rozgrzanym piasku, nacierany cierniami. Po doznaniu takich cierpień w królestwie króla umarłych powraca na ziemię, rodząc się wśród obrzydliwego robactwa i żyjąc w tej formie przez piętnaście lat. Po upływie tego czasu dostaje się do łona, gdzie umiera przed urodzeniem. Następnie rodzi się ponownie na ziemi jeszcze sto razy wśród istot znajdujących się pomiędzy gatunkiem ludzkim a nieożywionymi przedmiotami. Doświadczając niedoli przez wiele lat i zanim odzyska status człowieka, rodzi się na ziemi jako bezwłosy żółw.

Ten nikczemnik, który będąc sam uzbrojony, zabija kogoś nieuzbrojonego, kierując się motywem zdobycia jego bogactwa lub uczuciem wrogości, rodzi się ponownie na ziemi w formie osła i po przeżyciu w tej formie dwóch lat ginie od uderzenia broni. Następnie rodzi się w formie jelenia i żyjąc w tej formie przez rok w wiecznym lęku o swe życie, ginie od uderzenia broni. Po uwolnieniu się z tej formy rodzi się w formie ryby i po upływie czterech miesięcy zostaje złapany w sieć. W kolejnym życiu rodzi się w formie drapieżnika i żyje w niej przez dziesięć lat. Następnie rodzi się w formie lamparta i po przeżyciu w niej pięciu lat oczyszcza się ze skutków swego grzechu i rodzi się wśród ludzi.

Ten, kto zabija kobietę, musi udać się do regionu Jamy, gdzie doświadcza różnego rodzaju bólu i niedoli. Następnie po dwudziestu jeden kolejnych narodzinach i zmianie formy rodzi się na ziemi wśród wstrętnego robactwa i po przeżyciu w tej formie dwudziestu lat w kolejnych narodzinach odzyskuje swój status człowieka.

Ten, kto kradnie zsiadłe mleko, rodzi się ponownie na ziemi w formie żurawia, a ten, kto traci rozum i kradnie olej, rodzi się w formie karalucha, który żywi się olejem.

Ten, kto kradnie jedzenie, rodzi się ponownie na ziemi w formie pszczoły. Po upływie wielu miesięcy negatywne skutki jego grzechu wyczerpują się i w kolejnym życiu rodzi się wśród ludzi.

Ten, kto kradnie niełuskany ryż, rodzi się ponownie na ziemi w formie kota, podczas gdy ten, kto kradnie jedzenie zmieszane z ciastem sezamowym, rodzi się w formie myszy dużej lub małej w zależności od wielkości ukradzionego ciasta. Żyjąc w tej formie, grzeszy każdego dnia, gryząc ludzi i w konsekwencji tych grzechów jest zmuszony do przeżycia wielu kolejnych cyklów narodzin i śmierci.

Ten, kto kradnie oczyszczone masło (*ghee*), rodzi się ponownie na ziemi w formie małego ptaka z gatunku łysek.

Ten, kto kradnie sól, rodzi się w formie imitującej głosy papugi.

Ten, kto kradnie surową rybę, rodzi się w formie małpy lub wrony.

Ten, kto kradnie miód, rodzi się jako giez.

Ten, kto kradnie owoce, korzonki lub ciasto, rodzi się w formie mrówki.

Ten, kto kradnie fasolę *niszpawa*, rodzi się ponownie na ziemi w formie robaka z długim ogonem o nazwie *halagolaka*.

Ten, kto kradnie ofiarną *pajasę*, rodzi się w kolejnym życiu w formie ptaka *tittiri*, a ten, kto kradnie ofiarny placek, rodzi się w formie skrzeczącej sowy.

Ten, kto kradnie żelazo, rodzi sie w formie krowy, a ten, kto kradnie biały mosiądz, rodzi się wśród ptaków gatunku *harita*.

Ten, kto kradnie złote naczynie, rodzi się na ziemi wśród obrzydliwych szkodników.

Ten, kto kradnie tkaninę z jedwabiu, rodzi się wśród kuropatw, a ten, kto kradnie tkaninę z czerwonego jedwabiu, rodzi się wśród przepiórek.

Ten, kto kradnie tkaninę z muślinu, rodzi się w formie papugi.

Ten, kto kradnie wytworną tkaninę, utkaną z cienkiej nitki, rodzi sie ponownie na ziemi w formie kaczki.

Ten, kto kradnie tkaninę zrobioną z bawełny, rodzi się w formie żurawia.

Ten, kto kradnie tkaninę zrobioną z konopi, rodzi się ponownie na ziemi w formie owcy.

Ten, kto kradnie tkaninę zrobioną z lnu, rodzi się w formie zająca.

Ten, kto kradnie różne rodzaje barwników, rodzi się w formie pawia.

Ten, kto kradnie tkaninę w kolorze czerwonym, rodzi się wśród ptaków gatunku *dżwadżiwaka*.

Ten, kto owładnięty żądzą kradnie maści zapachowe i perfumy, rodzi się ponownie na ziemi w formie kreta i żyje wśród kretów przez piętnaście lat. Po wyczerpaniu negatywnych skutków swego grzechu rodzi się następnie wśród ludzi.

Ten, kto kradnie to, co zostało mu w zaufaniu powierzone, skraca swe życie i rodzi się ponownie na ziemi wśród ryb. Po przeżyciu w tej formie przez pewien czas rodzi się ponownie wśród ludzi, lecz jego życie jest bardzo krótkie".

Nauczyciel bogów Brihaspati kontynuował: „O Judhiszthira, opowiedziałem tobie o konsekwencjach niegodziwych uczynków. Wszystko to usłyszałem ongiś z ust Brahmy, gdy rozmawiał na ten temat z niebiańskimi mędrcami. Zaiste, ludzie, który popełniają grzechy za życia, są zmuszeni do ponownych narodzin na niższym poziomie istnienia pomiędzy ludźmi i roślinami. Są całkowicie nieświadomi prawości, która bierze swój autorytet z ich serc. Ci, którzy postępują grzesznie, ulegając wpływowi chciwości i tracąc rozum, rodzą się ponownie wśród plemion barbarzyńskich (nie-wedyjskich), które nie zasługują na to, aby się z nimi zrzeszać, a zachowujące się grzeszne kobiety rodzą się jako żony ptaków. Ci z kolei, którzy popełniają różne grzeszne czyny i szukają odkupienia w realizowaniu ślubów i pobożności, doświadczają zarówno szczęścia, jak i niedoli, i żyją z wielkim niepokojem w sercach. Z drugiej strony ci, którzy całe swe życie unikają grzechu, uwalniają się od wszelkiego rodzaju chorób, zdobywają piękną formę i bogactwo. Nastaw więc swój umysł na prawość".

3. O oczyszczaniu się z konsekwencji grzesznych działań poprzez skruchę i dobre czyny

Judhiszthira rzekł: „O Brihaspati, nauczałeś nas o skutkach grzechu i zejścia ze ścieżki prawości. Nauczaj nas teraz o skutkach prawości. Wytłumacz nam, dzięki jakim działaniom ludzie, którzy popełnili różne grzeszne czyny, zdobywają w końcu pomyślność na tym świecie i w niebie?"

Brihaspati rzekł: "O Judhiszthira, ten, kto wykonuje grzeszne działania, mając wypaczony umysł, ulega władzy nieprawości i w konsekwencji kończy w piekle. Jednakże ten, kto po popełnieniu grzesznych czynów z powodu utraty rozumu odczuwa skruchę i nastawia swe serce na kontemplowanie boga, nie musi spożywać owoców swych grzechów. Człowiek uwalnia się od grzechów proporcjonalnie do swej skruchy (pokuty). Ten, kto po popełnieniu grzechu wyznaje to w obecności znających pisma braminów, uwalnia się od hańby wynikłej z jego grzechu. Ten, kto z umysłem skoncentrowanym na bogu wyznaje wszystkie swoje grzechy, uwalnia się od nich, tak jak wąż uwalnia się ze swej starej skóry.

Pomyślny cel realizuje również ten, kto z umysłem skoncentrowanym na bogu obdarowuje jakiegoś znającego pisma bramina. Posłuchaj o tym, jakie dary przynoszą zasługi nawet temu, kto zgrzeszył swymi działaniami. Za najlepszy z wszystkich darów uważa się dar jedzenia, stąd ten, kto pragnie zgromadzić zasługi, powinien z czystym sercem czynić takie dary. Jedzenie jest życiowym oddechem człowieka. Wszystkie żywe istoty rodzą się dzięki jedzeniu i wszystkie ich światy opierają na jedzeniu, stąd też dar jedzenia jest godny pochwały. To dzięki takim darom żyjący w odległych czasach król Rantidewa, jak i inni królowie zdobyli niebo.

Dobre jedzenie zdobyte legalną drogą powinno być z radosnym sercem dawane w darze posiadającym wedyjską wiedzę braminom. Ten, kto z radością w sercu obdarowuje takiego bramina jedzeniem zdobytym legalnymi środkami, oczyszcza się z grzechów. Ten, kto swym darem dostarcza środków utrzymania tysiącowi braminów, nigdy nie musi rodzić się na pośrednim poziomie istnienia, a ten, kto daje dar żywności dziesięciu tysiącom braminów, staje się bezgrzeszny i oddany jodze.

Ten, kto podąża ścieżką prawości, oczyszcza się z grzechów. Znający *Wedy* bramin, który obdarowuje innego bramina oddanego studiowaniu *Wed* jedzeniem, które sam otrzymał w darze, zdobywa szczęście jeszcze za życia. Król, który ze skoncentrowanym na bogu sercem postępuje w sposób prawy, ochrania swych poddanych, nie zabiera niczego, co należy do braminów i obdarowuje ich jedzeniem zdobytym swą dzielnością, oczyszcza się ze skutków wszystkich grzesznych działań. Z kolei waiśja oczyszcza się z grzechów, gdy dzieli zebrany ze swych pól plon na sześć równych części i jedną z tych części daje w darze braminom. Szudra natomiast oczyszcza się z grzechów, gdy po zdobyciu jedzenia swoją ciężką pracą i ryzykowaniem życia obdarowuje nim braminów. Ten, kto obdarowuje bramina jedzeniem zdobytym swoim fizycznym wysiłkiem, nie raniąc żadnej żywej istoty, unika wszelkich kataklizmów. Ten, kto czyni dar z jedzenia dodającego energii, sam zdobywa taką energię. Ci, którzy czynią dary jedzenia, są uważani za dawców życia. Zbierane przez nich zasługi są wieczne. Pamiętając o tym, należy zawsze czynić dary jedzenia zdobytego legalnymi środkami. Gospodarz powinien zawsze spożywać posiłek po obdarowaniu nim najpierw bramina. Należy zawsze dbać o to, aby dzień był owocny, czyniąc dar jedzenia. Król, który dostarcza żywności tysiącowi braminów znających pisma, unika piekła i cieszy się niebiańskim szczęściem, gdzie każde jego życzenie spełnia się. Zebrawszy zasługi, jak i sławę i bogactwo, cieszy się szczęściem wolny od niepokoju. Czynienie daru jedzenia leży u korzeni prawości i zasług, jak również wszystkich darów".

4. O religii nieranienia i współczucia, i postępowaniu zgodnie ze złotą regułą „nie czyń drugiemu, co tobie niemiłe"

Judhiszthira rzekł: „O nauczycielu bogów, istnieją różne drogi gromadzenia zasług, jak współczucie i nieranienie, wykonywanie wedyjskich rytów, medytacje, ujarzmienie zmysłów, umartwienia, czy też posłuszeństwo i świadczenie usług na rzecz nauczyciela. Która z tych sześciu dróg przynosi najwyższe zasługi".

Brihaspati rzekł: „O Judhiszthira, każda z tych sześciu dróg prowadzi do zasług, istnieją bowiem różne bramy prawości. O nich będę teraz mówił, słuchaj więc moich nauk z uwagą. Posłuchaj, na czym bazuje osiąganie przez człowieka najwyższego dobra. Najwyższe dobro zdobywa ten, kto praktykuje religię uniwersalnego nieranienia i współczucia (*ahimsa*). Ten, kto zdobywa kontrolę nad trzema wadami—żądzą, gniewem i zachłannością—rzutując je na wszystkie żywe istoty i rozwija w sobie cnotę współczucia, osiąga sukces. Ten, kto myśląc o swoim doczesnym szczęściu, zabija bezbronne istoty, wymierzając kary, nie zdobędzie nigdy szczęścia w następnym świecie, podczas gdy ten, kto widzi we wszystkich żywych istotach samego siebie i traktuje je wszystkie jak samego siebie, odkładając na bok rózgę kary i ujarzmiając całkowicie swój gniew, zdobywa szczęście. Sami bogowie, którzy pragną dla siebie stałego miejsca zamieszkania w niebie, nie potrafią odnaleźć śladu tych, którzy łączą się z *Brahmanem*, stając się duszą wszystkich żywych istot i widząc w swej jaźni wszystkie żywe istoty, gdyż nie pozostawiają za sobą śladu. Nie czyń drugiemu, co jest tobie niemiłe, taka jest w skrócie złota reguła prawości. Ten, kto działa inaczej, ulegając żądzy, zabrudza się winą nieprawości. Należy zawsze oceniać skutki różnych czynów skierowanych ku innym tak jakby były skierowane ku sobie. Gdy kogoś zranimy, odpowie nam zranieniem. I odwrotnie, gdy kogoś miłujemy, będzie nas miłował. Należy zawsze postępować zgodnie z tą regułą. Na tym subtelnym przykładzie wyjaśniłem tobie, czym jest prawość".

Nauczyciel bogów Brihaspati o wielkiej inteligencji po udzieleniu Pandawom tych nauk udał się na ich oczach do nieba.

Napisane na podstawie fragmentów *Mahābhārata*,
Anusasana Parva, Part 2, Sections CXI-CXIII.

Opowieść 230
O religii nieranienia,
ofiarowaniu zwierząt i jedzeniu mięsa

1. O praktykowaniu religii nieranienia i niejedzeniu mięsa; 2. O równości zasług płynących z niejedzenia mięsa i rytów ofiarnych; 3. O zapewnianiu żywym istotom bezpieczeństwa dzięki niejedzeniu mięsa; 4. O grzechu jedzenia mięsa zwierząt, które nie zostały uświęcone ofiarą; 5. O nagrodach zbieranych przez tych, którzy powstrzymują się od jedzenia mięsa; 6. O nieranieniu jako najwyższej religii zawierającej w sobie wszystkie inne.

> Bhiszma rzekł: „O Judhiszthira, te uczone osoby, które dają wszystkim żywym istotom dakszinę w formie całkowitego bezpieczeństwa, są uważane na tym świecie za dawców życiowych oddechów. Obietnica nieranienia bez względu na okoliczności jest dakszyną w wielkiej ofierze, którą jest uniwersalne współczucie i nieranienie. Jest to najwyższa religia wychwalana przez mędrców. Życiowe oddechy innych żywych istot są dla nich równie cenne jak ich własne. Ludzie inteligentni o czystych duszach powinni zawsze zachowywać się w stosunku do innych tak, jakby chcieli, aby inni zachowywali się w stosunku do nich".

(Mahābhārāta, Anusasana Parva, Part 2, Section CXV)

1. O praktykowaniu religii nieranienia i niejedzeniu mięsa

Judhiszthira po wysłuchaniu pouczeń nauczyciela bogów Brihaspatiego o religii współczucia (*ahimsa*), której praktykowanie przynosi najwyższe zasługi i jest najlepszą drogą prowadzącą do uwolnienia się w przyszłym życiu od złej *karmy*, pragnąc pozostać jeszcze przy tym temacie, rzekł do leżącego na łożu ze strzał seniora swojego rodu Bhiszmy: „O Bhiszma, riszi, bramini i bogowie kierując się autorytetem *Wed*, pochwalają religię, o której nauczał nas Brihaspati i która ma praktykowanie współczucia za swój nakaz. Wytłumacz nam teraz bliżej, jak człowiek, który w swym przeszłym życiu ranił innych w myśli, mowie i uczynku, może oczyścić się w swym przyszłym życiu ze złej *karmy*?"

Bhiszma rzekł: „O Judhiszthira, bramini mówią, że istnieją cztery rodzaje ranienia (*himsa*): przypadkowe (*grharambhi himsa*), związane z wykonywaniem zawodu (*udjami himsa*), obronne (*wirodhi himsa*) i umyślne (*sankalpi himsa*). Religia współczucia nakazuje powstrzymywania się od wszystkich czterech rodzajów ranienia i gdy choć jeden z tych nakazów nie jest przestrzegany, mówi się, że religia współczucia nie jest realizowana. Tak jak czworonożne zwierzęta nie potrafią ustać na trzech nogach, tak religia współczucia nie potrafi utrzymać się, gdy brakuje jej choćby jednej sekcji lub części. Tak jak ślad stopy słonia przykrywa ślady łap wszystkich innych zwierząt, tak religia współczucia zawiera w sobie wszystkie inne religie".

Bhiszma kontynuował: „O Judhiszthira, posłuchaj o tym, dlaczego spożywanie mięsa jest uważane za karygodne. Mięso zwierząt jest jak ciało syna i stąd ten niemądry człowiek, który je spożywa, jest najpodlejszą z ludzkich istot. Tak jak związek ojca z matką przynosi potomstwo, tak okrucieństwo popełnione przez jakiegoś bezsilnego i grzesznego nieszczęśnika rodzi skutek w formie niekończącego się cyklu narodzin i niedoli.

Grzech ranienia można popełniać uczynkami, słowami lub myślami. Po odrzuceniu ranienia mentalnie na samym początku, należy następnie odrzucić je w słowie i myśli. O tym, kto stosuje tę trzystopniową regułę, powstrzymując się od jedzenia mięsa, mówi się, że oczyszcza się trzykrotnie. Bramini twierdzą, że grzech jedzenia mięsa ma trzy przyczyny: może przywiązywać się do umysłu, słowa lub uczynku. Dlatego też mądrzy ludzie odziani w zasługi płynące z ascezy, chcąc oczyścić się z grzechu ranienia, powstrzymują się od jedzenia mięsa.

Język jest źródłem zarówno wiedzy, jak i smaku i stąd, jak stwierdzają pisma, przywiązanie do jedzenia mięsa wypływa ze smaku. Smaczne mięso ugotowane z solą lub bez soli, bez względu na to w jakiej podane formie, stopniowo coraz bardziej przyciąga i zniewala umysł. Jak ci niemądrzy ludzie żywiący się mięsem, którzy mają zniewolony umysł, zdołają usłyszeć słodkie dźwięki niebiańskich bębnów, czyneli, lir i harf? Ci, którzy jedzą mięso, wychwalają je, dając się oczarować jego smakowi, który opisują jako nieopisywalny, niewyobrażalny i niepojęty. Takie wychwalanie smaku mięsa jest obarczone winą".

2. O równości zasług płynących z niejedzenia mięsa i rytów ofiarnych

Judhiszthira rzekł: „O Bhiszma, nauczałeś nas wielokrotnie, że powstrzymywanie się od ranienia jest najwyższą religią, jednakże z drugiej strony nauczałeś nas również, że osoby czczące Ojców rytem *śraddha* powinny ze względu na własne dobro ofiarować Ojcom różne rodzaje zwierzęcego mięsa. Jak zdobyć mięso bez zabijania? Twoje stwierdzenia wydają mi się sprzeczne. Budzą w mym umyśle wątpliwości. Jaka wina zabrudza tego, kto spożywa mięso i jakie zbiera on zasługi? Jaki popełnia grzech, spożywając mięso zwierząt, które sam zabił i jaki, gdy spożywa mięso zwierząt zabitych przez kogoś innego lub zakupione u kogoś, kto je sprzedaje? Wytłumacz nam to wszystko w każdym szczególe, pragnę bowiem dogłębnie zrozumieć tę wieczną religię nieranienia, o której mówisz".

Bhiszma rzekł: „O Judhiszthira, posłuchaj o zasługach płynących z niejedzeniem się mięsa i rozporządzeniach w tej sprawie. Mędrcy od dawna dyskutują między sobą na ten temat. Posłuchaj, jaka jest ich opinia. Siedmiu niebiańskich mędrców, jak i Walakhiljowie i riszi, którzy wypijają promienie słoneczne o wielkiej mądrości, pochwalają powstrzymywanie się od jedzenia mięsa. Samorodny Manu stwierdził, że człowiek, który nie je mięsa, nie zabija żywych istot i nie skłania innych do ich zabijania, jest przyjacielem wszystkich żywych istot. Żadna z żywych istot nie potrafi go zniewolić, cieszy się ich zaufaniem i aprobatą sprawiedliwych. Narada o prawej duszy stwierdził, że człowiek, który chce wzmocnić swe ciało, jedząc ciało innych żywych istot, źle skończy. Brihaspati z kolei powiedział, że ten, kto powstrzymuje się od jedzenia miodu i mięsa, zbiera zasługi równe tym, które płyną z darów, rytów ofiarnych i umartwień. W mojej opinii nie ma różnicy w zasługach między tym, kto czci bogów każdego miesiąca Ofiarą Konia przez okres stu lat i tym, kto powstrzymuje się od jedzenia miodu i mięsa. W konsekwencji takiej abstynencji jest widziany jako równy temu, kto zawsze czci bogów rytami ofiarnymi, obdarowuje innych odpowiednimi darami lub praktykuje surową ascezę. Ten z kolei, kto najpierw jadł mięso, lecz później porzuca ten nawyk, zbiera zasługi przewyższające nawet te, które płyną z wykonania wszystkich rytów ofiarnych lub poznania wszystkich *Wed*. Wyrzeczenie się jedzenia mięsa po poznaniu najpierw jego smaku jest bardzo trudne. Zaiste, dla takiej osoby realizowanie tej wielkiej przysięgi niejedzenia mięsa, która ucisza lęk żywych istot o swe życie, jest bardzo trudne".

3. O zapewnianiu żywym istotom bezpieczeństwa dzięki niejedzeniu mięsa

Bhiszma kontynuował: „O Judhiszthira, te uczone osoby, które dają wszystkim żywym istotom *dakszinę* w formie całkowitego bezpieczeństwa, są uważane na tym świecie za dawców życiowych oddechów. Obietnica nieranienia jest *daksziną* w wielkiej ofierze, którą jest uniwersalne współczucie i nieranienie. Jest to najwyższa religia wychwalana przez mędrców. Życiowe oddechy innych żywych istot są dla wyznawców tej religii równie cenne, jak ich własne. Ludzie inteligentni o czystych duszach powinni zawsze zachowywać się w stosunku do innych tak, jakby chcieli, aby inni zachowywali się w stosunku do nich. Nawet mędrcy dążący do najwyższego celu, którym jest Wyzwolenie, nie są wolni od lęku przed śmiercią, cóż więc dopiero powiedzieć o tych niewinnych i zdrowych żywych istotach kochających życie, których śmierci szukają grzesznicy żywiący się ich mięsem? Z tego powodu odrzucenie jedzenia mięsa jest najwyższym religijnym azylem, niebem i szczęściem.

Nieranienie jest najwyższą religią, najwyższym umartwieniem i najwyższą prawdą, za którą podążają wszystkie obowiązki. Mięsa nie można uzyskać z trawy, drewna, czy kamienia. Nie można zdobyć go inaczej, jak przez zabicie żywej istoty i dlatego jedzenie mięsa jest grzeszne. Bogowie, którzy są oddani prawdzie i prawości, utrzymują się przy życiu dzięki mantrom SWAHA i SWADHA i nektarowi nieśmiertelności. Ci z kolei, którzy czerpią zadowolenie ze smaku mięsa, są znani jak rakszasowie zniewoleni przez atrybut namiętności. Człowiek, który powstrzymuje się od jedzenia mięsa, nie odczuwa lęku przed żadną żywą istotą bez względu na porę dnia i nocy, jak i to, gdzie przebywa, w dzikim i niedostępnym miejscu pełnym dzikich zwierząt i węży, czy też na otwartej przestrzeni miejskich skwerów lub miejsc zgromadzeń. We wszystkich budzi zaufanie i wszyscy szukają u niego ochrony. Sam nie zna niepokoju i w nikim nie budzi lęku swym widokiem.

Gdyby nie było nikogo, kto je mięso, nie byłoby nikogo, kto zabija żywe istoty. Gdyby mięso zostało uznane za niejadalne, nikt nie zabijałby żywych istot. Ten, kto je zabija, czyni to przez wzgląd na kogoś, kto je mięso. To przez wzgląd na niego zabijanie istnieje na świecie. Każdy, kto ma na względzie własne dobro, powinien zaniechać spożywania mięsa, gdyż okres życia tych, którzy zabijają żywe istoty lub skłaniają innych do ich zabicia, ulega skróceniu. Takie okrutne osoby nigdy nie znajdą dla siebie obrońców, gdy ich potrzebują, i powinny być traktowane tak jak drapieżne zwierzęta. Skłonność do grzechu manifestuje się w ludziach w formie zachłanności lub utraty rozumu i w szukaniu siły i mocy. Ten jednakże, kto pragnie wzmocnić swe fizyczne siły, jedząc mięso, będzie zmuszony do życia na tym świecie w wielkim niepokoju, a po śmierci narodzi się na niskim poziomie istnienia.

Wielcy riszi oddani praktykowaniu ślubów i samo-kontroli twierdzą, że powstrzymywanie się od jedzenia mięsa jest warte każdej ceny i samo w sobie przynosi sławę, niebo i pojednanie. Tak stwierdził ongiś riszi Markandeja, gdy nauczał o grzeszności jedzenia mięsa. Grzech jedzenia mięsa jest równy grzechowi uboju. Ten, kto kupuje mięso, zabija żywe istoty swym bogactwem, ten, kto spożywa mięso, zabija je swym jedzeniem, a ten, kto wiąże, łapie lub faktycznie zabija żywe istoty, jest uważany za rzeźnika. Te trzy rodzaje czynów są trzema rodzajami mordu. Również ten, kto sam nie je mięsa, lecz aprobuje akt zabijania, zabrudza się grzechem zabójstwa. Dzięki powstrzymywaniu się od jedzenia mięsa i współczuciu dla wszystkiego, co żyje, zdobywa się długie życie, zdrowie, szczęście i przyjaźń wszystkich żywych istot. Zasługi płynące z powstrzymywania się od jedzenia mięsa przewyższają nawet te, które daje dar złota, krów lub ziemi".

4. O grzechu jedzenia mięsa zwierząt, które nie zostały uświęcone ofiarą

Bhiszma kontynuował: „O Judhiszthira, posłuchaj teraz o tym, co mam do powiedzenia na temat spożywania mięsa ofiarowanego Ojcom lub bogom. Dowiedz się, że nie należy nigdy jeść mięsa pochodzącego ze zwierząt, które nie zostały ofiarowane zgodnie z nakazami pism w rytach ofiarnych i zostały zabite bez żadnego wzniosłego celu. Ten, kto spożywa takie mięso, popełnia wielki grzech i niewątpliwie skończy w piekle, podczas gdy wina tego, kto je mięso uświęcone, bo pochodzące ze zwierząt ofiarnych lub zabitych w celu nakarmienia braminów, jest niewielka. Ten, kto rezygnuje z jedzenia mięsa całkowicie, choć je poprzednio jadł, gromadzi wielkie zasługi w rezultacie powstrzymywania się od grzechu i okrucieństwa.

Ten, kto zabija żywe istoty dla tych, którzy jedzą mięso, popełnia większy grzech niż ci, którzy je jedzą. Ten, kto krocząc ścieżką religijnego rytu nakazanego w *Wedach*, zabija żywą istotę z żądzy jedzenia mięsa, z całą pewnością trafi do piekła. Wszyscy ci, którzy organizują uzyskiwanie mięsa, aprobują to, zabijają, kupują, sprzedają, gotują i jedzą mięso, są uważani za tych, co jedzą mięso.

Posłuchaj teraz o tym, co na ten temat zostało ogłoszone przez Stwórcę czczonego przez riszich i co zostało nakazane w *Wedach*. Zostało stwierdzone, że religia działania (*pravritti*) została zarządzona dla tych, co prowadzą domowy tryb życia, a nie dla tych, którzy szukają Wyzwolenia. Sam Manu powiedział kiedyś, że mięso uświęcone mantrami i ofiarowane zgodnie z wedyjskimi nakazami w rytach ku czci Ojców jest czyste, podczas gdy każdy inny rodzaj mięsa pochodzącego z bezsensownego mordu jest niejadalny i jego jedzenie przynosi piekło i niesławę. Riszi Agastja, mając na uwadze dobro wszystkich ludzi, mocą swych umartwień zadedykował ongiś wszystkie dziko żyjące jelenie i antylopy rozmaitego gatunku bogom i stąd zwierzęta te są ofiarowywane bogom i Ojcom. Ojcowie karmieni mięsem zgodnie z nakazami *Wed* są zadowoleni.

Nie należy nigdy jeść mięsa zdobytego w sposób nieuświęcony przez nakazy, jak to czyni demon rakszasa. Prawy człowiek, który chce uniknąć nieszczęść wszelkiego rodzaju, powinien powstrzymać się od jedzenia wszelkiego mięsa, które wymaga zabicia żywej istoty, biorąc przykład z ludzi żyjących w starożytnych czasach, którzy szukając religijnych zasług, ofiarowywali w rytach nasiona zamiast zwierząt, uważając mięso zwierząt za niejadalne. Cytowałem już kiedyś opowieść o tym, jak w odległych czasach riszi mieli wątpliwości co do tego, czy ofiarowanie zwierząt w rytach podczas *kritajugi* jest właściwe, i spierali się o to z bogami. Gdy poprosili o rozstrzygnięcie ich sporu króla Cedów o imieniu Wasu, który przebywał wówczas w niebie (zob. *Mahabharata*, ks. XII Santi Parva, cz. 3, opow. 188, p.8), król ten, choć wiedział, że mięso jest niejadalne, powiedział im, że jest jadalne, opowiadając się po stronie bogów, i w momencie gdy to uczynił, opadł z nieba na ziemię i zapadł się na długi czas w mroczne podziemia".

5. O nagrodach zbieranych przez tych, którzy powstrzymują się od jedzenia mięsa

Bhiszma kontynuował: „O Judhiszthira, powstrzymywanie się od jedzenia mięsa daje pełnię szczęścia. Ci, którzy tak czynią, gromadzą takie same zasługi, jak ci, którzy praktykują surowe umartwienia. Zostało stwierdzone, że ten, kto powstrzymuje się od jedzenia mięsa i miodu w dwutygodniowym okresie jaśniejącego księżyca w miesiącu *karttika* (październik/listopad), zbiera wielkie zasługi, a czyniąc tak przez cały ten miesiąc, pokonuje wszelkie rodzaje nieszczęść i żyje w pełnej szczęśliwości. Ten, kto powstrzymuje się od jedzenia mięsa przez cztery miesiące pory deszczowej, zdobywa cztery błogosławieństwa: osiągnięć, długowieczności, sławy i potęgi. Ten, kto powstrzymuje się od jedzenia mięsa przez wiele miesięcy lub wiele dwutygodniowych cyklów księżyca, zdobywa w rezultacie powstrzymywania się od grzechu okrucieństwa region Brahmy.

W starożytnych czasach ci liczni królowie, którzy w swej jaźni widzieli dusze wszystkich żywych istot, poznali Prawdę wszechrzeczy, czyli Duszę i Nie-duszę, i powstrzymywali się od jedzenia mięsa przez cały miesiąc *karttika* lub w czasie dwóch tygodni jaśniejącego księżyca, zdobyli w konsekwencji najwyższe niebo i odziani w pomyślność świecą swym blaskiem w regionie Brahmy, przebywając w otoczeniu tysięcy niebiańskich panien o wielkiej urodzie i oddających im cześć gandharwów.

Wszystkie te prawe osoby o wielkiej duszy, które idą ścieżką religii nieranienia, zapewniają sobie miejsce w niebie, a ci, którzy nie jedzą mięsa i nie piją wina od momentu urodzenia, są nazywani *muni* (święty człowiek, mędrzec). Człowiek, który sam nie je mięsa, podążając ścieżką religii nieranienia, i naucza innych o tej religii, nigdy nie będzie musiał iść do piekła nawet wówczas, gdy jest jego postępowanie pod innymi względami jest grzeszne. Także ten, kto jedynie czyta rozporządzenia dotyczące powstrzymywania się od jedzenia mięsa czczone przez riszich lub słucha ich czytania, oczyszcza się z grzechów i zdobywa szczęście płynące ze spełnienia się wszystkich życzeń. Wśród swych krewnych zdobywa pozycję znakomitości, bez trudu pokonuje wszystkie przeszkody i unika nieszczęść. Gdy zapadnie na zdrowiu, szybko się uleczy, a gdy ogarnie go smutek, szybko się od niego uwolni. Nigdy nie rodzi się ponownie na ziemi na niższym poziomie istnienia wśród ptaków lub zwierząt. Obdarzony pomyślnością rodzi się wśród ludzi, gdzie zdobywa piękną formę i sławę".

6. O nieranieniu jako najwyższej religii zawierającej w sobie wszystkie inne

Judhiszthira rzekł: „O Bhiszma, hańba tym okrutnym ludziom, którzy odrzucają wszystkie inne rodzaje jedzenia i łakną tylko mięsa, zachowując się jak rakszasowie! Hańba tym, którzy nie potrafią rozkoszować się smakiem różnego rodzaju ciast, warzyw czy też jedzeniem zawierającym różnego rodzaju zioła tak jak rozkoszują się smakiem mięsa! Trudno mi to zrozumieć, gdyż ich postępowanie sugeruje, że nie istnieje nic, co przewyższałoby mięso w smaku. Poucz nas, proszę, w tej sprawie".

Bhiszma rzekł: „O Judhiszthira, jest dokładnie tak jak mówisz, nie ma na ziemi niczego, co przewyższałoby smakiem mięso. Nie ma też nic, co byłoby bardziej korzystne od mięsnego posiłku dla osoby, która jest wychudła, chora, fizycznie słaba, seksualnie uzależniona, czy wyczerpana podróżą. Mięso szczególnie wzmacnia fizyczne siły i sprzyja rozwojowi. Nie ma jedzenia, które przewyższałoby walory mięsa. Pomimo tego, wielkie zasługi należą do tych, którzy wyrzekają się jedzenia mięsa, gdyż jedzenie mięsa jest okrucieństwem. Jego zdobycie wymaga pozbawienia kogoś życia, a na tym świecie nie ma nic, co byłoby dla żywej istoty droższe od życia. Stąd też należy wyrzec się jedzenia mięsa, ukazując dla życia innych takie samo miłosierdzie jak dla swojego, nie ma bowiem człowieka bardziej okrutnego i podłego od tego, który pragnie wzmocnić swe ciało, jedząc ciało innej żywej istoty.

Ciało ma swój początek w życiowym nasieniu. Jego jedzenie jest grzechem, a powstrzymywanie się od takiego czynu przynosi zasługi. Nie jest jednak grzechem jedzenie mięsa uświęconego zgodnie z rozporządzeniami *Wed*, gdyż jak zostało stwierdzone, zwierzęta ofiarne zostały stworzone, aby służyć ofierze. Mięso, które zostaje ofiarowane w ofierze wykonanej ku czci bogów i Ojców, jest nazywane *hawi* (oczyszczone masło) i jest godne tego, aby zostać zjedzone. Wszyscy inni, którzy jedzą mięso pochodzące z innego źródła, idą ścieżką rakszasów. Istnieją jednak szczególne rozporządzenia odnoszące się do kasty wojowników. Zostało stwierdzone, że wojownicy nie popełniają grzechu, jedząc mięso zwierząt zdobytych walecznością. Wszystkie gatunki żyjących dziko jeleni i antylop zostały w odległych czasach zadedykowane bogom i Ojcom, i dlatego polowanie na jelenie nie jest potępiane. Nie ma polowania bez ryzykowania życiem. Zabijający i zabijany są sobie równi i albo zwierzę ginie, albo myśliwy. Stąd nawet królewscy mędrcy zajmują się polowaniem bez popełniania grzechu. Zaiste, ta praktyka nie jest uważana za grzeszną.

Zarówno na tym, jak i tamtym świecie nie ma nic, co dorównywałoby w zaletach praktyce współczucia (miłosierdzia) dla wszystkich żywych istot. Ci, którzy znają Prawo, twierdzą, że tylko ta religia, która powstrzymuje od okrucieństwa, zasługuje na swoją nazwę. Człowiek o czystej duszy powinien wykonywać tylko takie czyny, które w swej istocie są miłosierne. Miłosierny człowiek nie zna lęku i w warunkach, które wywołują lęk, uwalnia od lęku innych. Nieszkodliwy i odziany we współczucie zdobywa zarówno ten, jak i kolejny świat. Gdy jest ranny, wyniszczony, osłabiony, posiniaczony, wszystkie żywe istoty starają się go ochraniać. Zaiste, czynią tak w każdej sytuacji, bez względu na to, czy jest na równym, czy nierównym gruncie. Nie zabiją go ani węże, ani dzikie zwierzęta, ani rakszasowie.

Dla osoby żyjącej na tym świecie nie ma nic cenniejszego od jej życia i z tego powodu osoba o czystej duszy powinna mieć litość dla każdej żywej istoty. Śmierć jest złem i nieszczęściem, i wszystkie żywe istoty drżą na jej widok, gdy nadchodzi. Trudno o dar większy od daru życia, nie ma bowiem nic, co byłoby dla żywej istoty droższe od życia. Ten, kto powstrzymuje się od jedzenia mięsa od momentu urodzenia, niewątpliwie zdobywa niebo. Ci z kolei, którzy jedzą mięso zwierząt, które pragną żyć, zostają sami zjedzeni przez te zwierzęta. Taka jest moja opinia. Ten, kto mnie zjadł, zostanie zjedzony przeze mnie. Zabójca zawsze zostaje sam zabity. Na tej samej zasadzie ten, kto za życia zachowuje się w stosunku do innych wrogo, w przyszłym życiu sam stanie się ofiarą ich wrogości. Ten, kto wykonuje jakikolwiek czyn, zamieszkując w jakimś ciele, będzie musiał skonsumować konsekwencje tego czynu w tym samym ciele. W tym oceanie życia te żywe istoty, które nie znajdują ucieczki z koła wiecznych powrotów, muszą nieustannie znosić ponowne narodziny, zgrzybiałość, śmierć i inne udręki różnego rodzaju. Zamieszkując w macicy, gotują się w alkaicznych, kwaśnych i gorzkich płynach zmieszanych z żółcią i kałem, które powodują trudny do zniesienia ból. Są tam bezradne, bezustannie przebijane i rozdzierane. Ci, którzy grzeszą, łaknąc mięsa, wracają na ziemię zmuszeni wielokrotnie do przebywania w macicy w takim bezradnym stanie. Doświadczając ponownych narodzin, gotują się w piekle zwanym *kumbhipaka*, są atakowani, zabijani i muszą nieustannie powtarzać tę wędrówkę.

Nieranienie jest najwyższą religią. Powstrzymywanie się od okrucieństwa jest najwyższą samo-kontrolą, najwyższym darem, najwyższym umartwieniem, najwyższą ofiarą, najwyższą mocą, najwyższym szczęściem, najwyższą Prawdą i najwyższym nakazem. Dary czynione w rytach ofiarnych, kąpiel w świętych wodach, jak i dary w innych okolicznościach wskazanych przez pisma nie przynoszą zasług dorównujących tym, które płyną z powstrzymywania się od okrucieństwa. Zasługi tego, kto powstrzymuje się od okrucieństwa, są niewyczerpane. Taka osoba jest uważana za tego, kto nieustanie czyni ofiarę, jak i za tego, kto jest matką i ojcem wszystkich żywych istot".

Bhiszma zakończył swe nauki, mówiąc: „O Judhiszthira opowiedziałem tobie tylko o niektórych konsekwencjach powstrzymywania się od okrucieństwa. Zdobywanych w ten sposób zasług nie sposób faktycznie opisać nawet przez sto lat".

Napisane na podstawie fragmentów *Mahābharāta*,
Anusasana Parva, Part 2, Sections CXIV-CXVI.

Opowieść 231
O tym, jak Wjasa poucza robaka, że nie śmierci powinien się bać, lecz nieprawości

> *Wjasa, widząc byłego robaka w bramińskim wcieleniu, ukazał się przed nim i rzekł: „O były robaku i obecnie wielki braminie, który wie, czym jest prawość, nie czuj lęku przed śmiercią. Ten, kto w czasie życia postępuje w sposób prawy, rodzi się ponownie w godnej szacunku rodzinie, podczas gdy ten, kto postępuje grzesznie, rodzi się wśród niegodziwców lub na niskim poziomie istnienia. Wielkość doświadczanej w kolejnym życiu niedoli zależy od wielkości grzechów popełnianych w obecnym życiu. Nie bój się więc śmierci. Jedyną rzeczą, której powinieneś się obawiać, jest utrata prawości. Idź więc dalej drogą prawości".*

(*Mahābharāta*, Anusasana Parva, Part 2, Section CXIX)

Judhiszthira rzekł: „O Bhiszma, nauczałeś nas o religii współczucia i nieranienia, wskazując, że dla żywych istot nie ma nic cenniejszego od życia. Jednakże wielu ludzi, szczególnie wśród tych, co urodzili się w kaście wojowników, oddaje życie w wielkiej ofierze bitwy lub w obronie braminów. Wytłumacz nam, jaki realizują cel? Czym jest to, co zdobywają swoim czynem? Utrata życia w bitwie nie jest wolna od smutku, gdyż pożegnanie się z życiem jest dla każdego trudne, bez względu na to, czy dobry los mu sprzyja, czy też nie, czy jest szczęśliwy, czy nieszczęśliwy. Wytłumacz nam, jaki jest tego powód?"

Bhiszma rzekł: „O Judhiszthira, żywe istoty przychodzą na ten świat, aby żyć zgodnie z określonym wzorem, jedne w szczęściu, inne w nieszczęściu, jedne w dobrobycie, inne w biedzie. Wyjaśnię to tobie, cytując starą opowieść o rozmowie mędrca Wjasy z pełzającym robakiem, który drżał o swoje życie, lecz pod wpływem rozmowy z Wjasą zdecydował się oddać swe życie w ofierze, aby swoją prawością oczyścić się ze złej karmy. Opowieść tę cytuje się zwykle w kontekście pytania takiego, jak twoje.

W starożytnych czasach mędrzec Wjasa po utożsamieniu się z Brahmą wędrował po całym świecie. Pewnego dnia zobaczył na drodze, po której zwykły jeździć wozy, pełznącego pośpiesznie robaka. Posiadając wszechwiedzę i znając tor życia wyznaczony dla każdej żywej istoty, jak i wszystkie języki, którymi mówią, rzekł: 'O robaku, pełznąc po tej drodze, zdajesz się być krańcowo zaniepokojony i w wielkim pośpiechu. Powiedz mi, dlaczego jesteś taki przerażony i dokąd uciekasz?'

Robak rzekł: 'O braminie, słyszę turkot kół wielkiego wozu jadącego po tej drodze i to mnie przeraża. Ten wóz jest bardzo blisko! Turkot jego kół jest przeraźliwy i wyraźnie słyszalny! Boję się, że mnie zabije i dlatego próbuję uciekać. Słyszę już ciężki oddech wołów ciągnących ciężki ten wóz i poganianych batem, jak i dźwięki czynione przez jadących wozem ludzi. Istoty należące do mojego gatunku nie potrafią słyszeć tych dźwięków i nie znają strachu, ja jednakże je słyszę i dlatego jestem przerażony i uciekam. Każda żywa istota uważa śmierć za wielkie nieszczęście, a życie traktuje jako coś bardzo cennego i trudnego do zdobycia. Nie chcę zamieniać swego stanu szczęśliwości, którym jest życie, w stan wielkiej niedoli, którym jest śmierć!'

Wjasa rzekł: 'O robaku, czy życie jest faktycznie dla ciebie aż takim wielkim szczęściem? Urodziłeś się na bardzo niskim poziomie istnienia i różne rodzaje przyjemności płynące z życia, jak dźwięk, dotyk, smak, zapach, są twojemu gatunkowi nieznane. Sądzę, że śmierć byłaby dla ciebie dobrodziejstwem i większym szczęściem!'

Robak rzekł: 'O ty o wielkiej mądrości, żywa istota bez względu na to, w jakim znajduje się położeniu, przywiązuje się do swego istnienia. Jeśli chodzi o mnie, to sądzę, że pomimo mojego niskiego urodzenia jestem szczęśliwy, i dlatego pragnę żyć. Wszystkie przedmioty przyjemności istniejące na moim poziomie istnienia są odpowiednie dla potrzeb mojego ciała. Ludzie, jak i te istoty, które wypływają z nieruchomych przedmiotów, mają odmienne przyjemności. Dowiedz się, że w poprzednim życiu byłem człowiekiem i choć należałem do kasty szudrów, cieszyłem się wielkim bogactwem. Urodziłem się wśród lichwiarzy i byłem człowiekiem niegodziwych i okrutnych uczynków. To w konsekwencji tych czynów urodziłem się obecnie jako robak. Nie oddawałem czci braminom, byłem szorstki w mowie, a oszustwo i podstęp uważałem za mądrość. Nienawidziłem wszystkich żywych istot. W ugodach z innymi wykorzystywałem każdy pretekst, aby przywłaszczyć sobie cudzą własność. Nie dając jedzenia służbie i gościom, którzy przybyli do mojego domu, będąc okrutny i działając pod wpływem pychy i zazdrości o dobre jedzenie, zaspakajałem wyłącznie swój głód. Żądny bogactwa nigdy nie ofiarowałem z wiarą i czcią jedzenia bogom i Ojcom, choć należało to do moich obowiązków, i nie dostarczałem ochrony tym, którzy przychodzili do mnie prosząc o ochronę i rozproszenie lęku. Widok czyjegoś majątku, ukochanych żon, jedzenia, napojów i pałaców budził we mnie straszliwą zazdrość. Widok czyjegoś szczęścia wypełniał moje serce zawiścią i pragnieniem, aby popadli w biedę. Wybierając głównie te zachowania, które dawały nadzieję na zrealizowanie moich życzeń, dążyłem do zniszczenia cnoty, bogactwa i przyjemności innych ludzi'.

Robak zakończył swą mowę, mówiąc: 'O potężny, w swym przeszłym życiu popełniłem liczne czyny, które były okrutne i zabrudzone przez namiętność. Na myśl o nich czuję skruchę i żal równie wielki, jak żal ojca po utracie ukochanego syna. Znam więc owoce mych złych uczynków, nie wiem jednak, jakie są owoce dobrych uczynków. Choć w swym przeszłym życiu byłem okrutnikiem, to jednak zawsze czciłem swoją starą matkę i nawet jeden raz obdarowałem gościnnością pewnego zasłużonego bramina o czystym urodzeniu, który wędrując po całym świecie, przybył pewnego dnia do mojego domu, prosząc o gościnę. Sądzę, że to dzięki zasługom zebranym tym czynem zachowałem pamięć przeszłego życia. Wierzę, że z powodu tego dobrego uczynku zdołam kiedyś odzyskać szczęście właściwe dla wyższego poziomu istnienia. Pomóż mi, proszę, na tej drodze i powiedz mi, co powinienem uczynić?'

Wjasa rzekł: 'O robaku, dzięki swemu chwalebnemu uczynkowi nie straciłeś całkowicie rozumu, choć urodziłeś się na tak niskim poziomie życia. To ja, dając ci możliwość widzenia mnie, spowodowałem, że zachowałeś rozum. Dzięki mocy zdobytej umartwieniami mam zdolność do uratowania kogoś przed skutkami jego win, obdarowując go swym widokiem. Nie ma większej mocy od tej, która płynie z umartwień. Nawet bez twoich wyjaśnień wiedziałam o tym, że urodziłeś się w gatunku robaków z powodu grzesznych czynów w przeszłym życiu. Jeżeli jednak będziesz myślał o zdobyciu prawości i gromadzeniu zasług, w kolejnym wcieleniu urodzisz się na ziemi w świecie człowieka. Bogowie, jak i ci, którzy zdobyli ascetyczny sukces, zdobywają swój status, ciesząc się skutkiem czynów wykonanych na polu działania w przeszłym życiu. Wśród ludzi podobnie, chwalebne czyny są wykonane z pragnienia owocu (w przyszłym życiu), a nie z pogardy dla owocu. Człowiek szuka osiągnięć chwalebnymi czynami, pragnąc szczęścia, które przyniosą. Żywe istoty, gdy są pozbawione mowy, rozumienia, rąk i stóp (tj. organów działania) są pozbawione wszystkiego, co mogłoby przynieść im poprawę losu w ich przyszłym życiu. Ten, kto osiąga status wielkiego bramina, zdobywa to swym działaniem, recytując święte mantry i czcząc za życia bogów słońca i księżyca'.

Wjasa zakończył swe nauki, mówiąc: 'O robaku, ty też osiągniesz ten wysoki poziom istnienia w cyklu kolejnych narodzin i będziesz mógł czerpać radość z wszystkich pięciu elementów przekształconych w przedmioty radości, a gdy już zdobędziesz ten status, obdaruję cię *Brahmanem* i jeżeli tego zechcesz, dam ci nawet wyższy status'".

Bhiszma kontynuował: „O Judhiszthira, robak, akceptując słowa Wjasy, zaprzestał swej desperackiej próby ucieczki i pozostał na drodze. W międzyczasie wielki pojazd, który jechał w ich kierunku, zbliżył się do miejsca, w którym przebywał i robak rozszarpany na kawałki przez koła wydał ostatnie tchnienie. Dzięki łasce Wjasy po serii kolejnych narodzin na różnych poziomach istnienia, w formie jeża, dzika, jelenia i ptaka, czandali, szudry i waiśji, narodził się na ziemi jako wojownik o wielkiej odwadze, zachowując pamięć kolejnych narodzin. Pamiętając o życzliwości okazanej mu przez Wjasę wówczas, gdy przebywał na ziemi w formie robaka, udał się na spotkanie z nim. Stojąc przed nim ze złożonymi dłońmi, opowiedział mu o swoich kolejnych przekształceniach i padł mu do stóp, dotykając ich głową.

Były robak rzekł: 'O wielki riszi, mój obecny wysoki status jest pożądany przez wszystkich i jest osiągany dzięki posiadaniu dziesięciu dobrze znanych atrybutów. Zaiste, dzięki twej łasce ja, który byłem kiedyś robakiem, zdobyłem pozycję króla! Potężne słonie ozdobione złotymi łańcuchami noszą mnie teraz na swym grzbiecie, moje rydwany ciągną ogiery *kamwodża* o wielkiej energii, a liczne inne pojazdy są ciągnione przez wielbłądy i muły. W towarzystwie swych przyjaciół i krewnych spożywam smaczne mięsne posiłki, i czczony przez wszystkich sypiam w kosztownych łożach znajdujących się w czarownych komnatach, do których nigdy nie docierają nieprzyjemne wiatry. Każdej nocy poeci, Magadhowie i panegiryści sławią mnie w swych pieśniach, tak jak bogowie sławią swego króla Indrę. O ty o wielkiej mądrości, chylę przed tobą czoło, rozkazuj mi, co powinienem teraz czynić! To dzięki mocy twoich umartwień i ukazaniu się przede mną zdołałem zdobyć ten wysoki i szczęśliwy status!'

Wjasa rzekł: 'O były robaku i obecnie królu, oddałeś mi dziś cześć, wypowiadając szereg pełnych czci słów. Gdy żyłeś w formie robaka, twoja pamięć była ciągle zamroczona, lecz teraz do ciebie wróciła z pełną jasnością. Grzech, który popełniłeś, gdy narodziłeś się na ziemi w formie okrutnego lichwiarza żądnego bogactwa i wrogiego wobec braminów, nie został jednak jeszcze do końca zniszczony. Gdy żyłeś na ziemi w formie robaka, byłeś zdolny mnie zobaczyć i to właśnie było twoją cnotą. W rezultacie tego, że powitałeś mnie właściwie i oddałeś mi cześć, uniesiesz się jeszcze wyżej i w kolejnym życiu narodzisz się w kaście bramińskiej. Stanie się tak jednak tylko wtedy, gdy żyjąc obecnie jako wojownik, oddasz swe życie na polu bitewnym w obronie krów lub braminów. Ciesząc się szczęściem i wykonując liczne ryty ofiarne z wielkimi darami, zdobędziesz niebo i łącząc się z wiecznym *Brahmanem*, zdobędziesz doskonałą błogość. Ci, którzy rodzą się na ziemi w pośrednim gatunku zwierząt, gdy idą wyżej, w kolejnym życiu zdobywają status szudrów, następnie waiśjów i następnie wojowników. Wojownik z kolei, który czerpie dumę z wykonania obowiązków swej kasty, w kolejnym życiu zdobywa statusu bramina, a bramin dzięki prawemu działaniu zdobywa niebo i błogość'".

Bhiszma kontynuował: „O Judhiszthira, były robak, o którym opowiadam i który urodził się obecnie w kaście wojowników, pamiętając o swych przeszłych wcieleniach, zaczął praktykować surowe umartwienia. Wjasa, widząc jego umartwienia, udał się do niego do lasu i rzekł: 'O były robaku, umartwieniami wyznaczonymi dla wojowników są obowiązki dostarczania ochrony wszystkim żywym istotom i te obowiązki są obecnie umartwieniami wyznaczonymi dla ciebie. Gdy je zrealizujesz, w kolejnym wcieleniu urodzisz się wśród braminów. Opuść więc tę dżunglę i czyń to, co do ciebie należy. Upewnij się, co jest słuszne i co niesłuszne i po oczyszczeniu swej duszy dostarczaj opieki i ochraniaj wszystkie żywe istoty, zaspakajając ich dobre pragnienia i korygując wszystko to, co bezbożne. Bądź oczyszczoną i nasyconą duszą oddaną praktykowaniu prawości. Gdy będziesz postępował w ten sposób, w kolejnych narodzinach po uwolnieniu z ciała swej duszy staniesz się braminem'.

Były robak i obecnie król po usłyszeniu słów wielkiego mędrca powrócił do swego królestwa, którym rządził sprawiedliwie, ochraniając swych poddanych i oddając ostatecznie życie w obronie braminów. W rezultacie po wypełnieniu swych królewskich obowiązków i uwolnieniu z ciała swej duszy urodził się na ziemi jako bramin. Wjasa, widząc byłego robaka w bramińskim wcieleniu, ukazał się przed nim i rzekł: 'O były robaku i obecnie wielki braminie, który wie, czym jest prawość, nie czuj lęku przed śmiercią. Ten, kto w czasie życia postępuje w sposób prawy, rodzi się ponownie w godnej szacunku rodzinie, podczas gdy ten, kto postępuje grzesznie, rodzi się wśród niegodziwców lub na niskim poziomie istnienia. Wielkość doświadczanej w kolejnym życiu niedoli zależy od wielkości grzechów popełnianych w obecnym życiu. Nie bój się więc śmierci. Jedyną rzeczą, której powinieneś się obawiać, jest utrata prawości. Idź więc dalej drogą prawości'.

Były robak rzekł: 'O święty mężu, dzięki twej łasce w kolejnych wcieleniach osiągałem coraz szczęśliwszą pozycję. Zdobywając coraz większą pomyślność, która ma swe korzenie w prawości, zdołałem, jak sądzę, oczyścić się z wszystkich win'"

Bhiszma zakończył swe opowiadanie, mówiąc: 'O Judhiszthira, były robak, który mocą nakazu Wjasy zdobył w kolejnym życiu trudny do zdobycia status bramina, ozdobił ziemię tysiącem ofiarnych słupków i poznał *Brahmana*. Po uwolnieniu z ciała swej duszy udał się do regionu Brahmy. Zaiste, ten były robak zdobył najwyższy region wiecznego *Brahmana* dzięki własnym czynom wykonanym w zgodzie z radą Wjasy. Nie opłakuj więc śmierci tych wielkich wojowników, którzy oddali na polach Kurukszetry swe życie, realizując swe obowiązki wojownika, gdyż w ten sposób osiągnęli godny pochwały cel".

Napisane na podstawie fragmentów *Mahābhārāta*,
Anusasana Parva, Part 2, Sections CXVII-CXIX.

Opowieść 232
O darze Maitreji

1. Wjasa zadowolony z posiłku ofiarowanego mu przez Maitreję wychwala dary jako drogę prowadzącą do nieba; 2. Maitreja wychwala wiedzę i umartwienia braminów, którzy są właściwymi odbiorcami darów; 3. Wjasa wychwala realizowanie tych prawych działań, które zostały komuś wyznaczone z racji wieku i urodzenia.

> Wjasa rzekł: „O Maitreja, jak to zostało ogłoszone przez starożytnych riszich podążających za deklaracjami Wed, najlepszą drogą idą ci ludzie, którzy w swym postępowaniu realizują trzy śluby: prawdomówności, nieranienia i dobroczynności. Te sięgające starożytnych czasów wskazówki powinny obowiązywać również w naszych czasach".
>
> (*Mahābharāta*, Anusasana Parva, Part 2, Section I)

1. Wjasa zadowolony z posiłku ofiarowanego mu przez Maitreję wychwala dary jako drogę prowadzącą do nieba

Judhiszthira rzekł: „O Bhiszma, nauczałeś nas o różnych ścieżkach prawości prowadzących do realizacji wysokich celów. Wychwalałeś szukanie wiedzy, religijne umartwienia i czynienie darów. Wytłumacz nam teraz, która z nich jest najlepsza?"

Bhiszma rzekł: „O Judhiszthira, w odpowiedzi na swoje pytanie posłuchaj starej opowieści o tym, co na interesujący cię temat powiedział ongiś riszi Wjasa podczas przyjacielskiej rozmowy z księciem Benarów (Waranasi) Maitreją, który czcił religię działania (*pravritti*). Opowieść tę cytuje się zwykle w kontekście pytania takiego jak twoje. Wszystkie wymienione przez ciebie ścieżki prawości mają swe źródło w autorytecie Wed. Jednakże dla różnych osób właściwe są różne ścieżki religijnego działania opisywane przez mędrców znających *Wedy* i każdy powinien wybrać taką, która jest dla niego odpowiednia.

Wjasa, wędrując ongiś w przebraniu po całym świecie, dotarł do Waranasi, gdzie chciał spotkać się z młodym Maitreją, który od urodzenia należał do rasy *munich*. Maitreja powitał go odpowiednimi rytami i posiłkiem. Wjasa po zjedzeniu smacznego i zdrowego posiłku ofiarowanego mu przez Maitreję, który przyniósł mu pełną gratyfikację, był radosny i śmiał się głośno. Maitreja słysząc jego śmiech, rzekł: 'O ty o prawej duszy, opanowała cię wielka wesołość, choć jesteś ascetą zdolnym do kontrolowania emocji. Wytłumacz mi, jaka jest przyczyna twojego śmiechu?'

Wjasa rzekł: 'O Maitreja, śmieję się, bo podczas jedzenia tego smacznego posiłku, którym mnie obdarowałeś, przepełniło mnie zdumienie na myśl o paradoksalnej interpretacji przez niektórych nauczycieli pewnej deklaracji *Wed* dotyczącej ścieżki prawości, która dla mnie brzmi jak hiperbola (wyolbrzymienie), a w ich rozumieniu zdaje się być wewnętrznie sprzeczna. Wskazują oni, że z jednej strony zostało stwierdzone, że dzięki darowi choćby garstki wody można zdobyć miejsce osiągane setką ofiar, a z drugiej strony stwierdza się, że nikt nie zdobędzie takiego miejsca bez tysiąca ofiar.

Wedyjskie stwierdzenia nie mogą być fałszem. Zaiste, nawet niewielki dar, gdy zostaje uczyniony we właściwych warunkach, rodzi wspaniałe owoce! Jak to zostało ogłoszone przez starożytnych riszich podążających za deklaracjami *Wed*, najlepszą drogą idą ci ludzie, którzy w swym postępowaniu realizują trzy śluby: prawdomówności, nieranienia i dobroczynności. Te sięgające starożytnych czasów wskazówki powinny obowiązywać również w naszych czasach. Przybyłem do ciebie spragniony, a ty dałeś mi ze szczerego serca trochę wody. Dzięki obdarowaniu mnie takim smacznym jedzeniem, choć sam byłeś spragniony i głodny, zdobyłeś równie liczne regiony szczęśliwości jak ten, kto wykonał setkę rytów ofiarnych! Niezmiernie zadowoliłeś mnie zarówno swym świętym darem, jak i swymi umartwieniami. Twoją siłą jest siła prawości. Ukazujesz się jako prawość i otacza cię wonność prawości. Wierzę, że wszystkie twoje czyny są wykonywane zgodnie z rozporządzeniem.

Dar jest uwieńczony powodzeniem z większą łatwością niż wszystkie inne religijne działania takie jak kąpiel w świętych wodach, czy też realizacja wedyjskich ślubów. Gdyby nie miał od nich większych zalet, nie można by mówić o jego wyższości. Wszystkie ryty ustanowione w *Wedach*, które tak wychwalasz, nie dorównują darowi pod względem jego zalet. Ten, kto jest mądry, powinien podążać śladem tych, którzy czynią dary i są uważani za ofiarodawców życiowych oddechów. Tworzące prawość obowiązki w nich mają swoją siedzibę'.

Wjasa kontynuował: 'O Maitreja, zadowolony z twego daru wychwalałem czynienie darów. Dary przynoszą równie wielkie zasługi, jak studiowanie *Wed*, kontrolowanie zmysłów czy całkowicie wyrzeczone życie. Dzięki realizowaniu obowiązku czynienia darów twoja szczęśliwość będzie wzrastać. Jest wiele dowodów na to, że ludzie, którzy zdobyli pomyślność i bogactwo, osiągnęli to dzięki prawym działaniom takim jak czynienie darów i ryty ofiarne. Dzięki nim zdobyli szczęśliwość. Wyrzeczenie przynosi w nagrodę szczęście, a nastawienie na szukanie jedynie zmysłowych przyjemności przynosi w rezultacie niedolę. Mędrcy twierdzą, że na tym świecie działania mogą być widziane jako prawe, grzeszne lub takie, które nie są ani prawe, ani grzeszne. Postępowanie osoby oddanej *Brahmanowi* nie jest rozważne jako prawe lub grzeszne. Jego grzechy nie są nigdy uważane za grzechy. Podobnie człowiek oddany wyznaczonym dla niego obowiązkom z racji ich wykonywania nie jest uważny za prawego lub grzesznego. Za prawych uważa się natomiast tych, którzy są oddani ofiarom, darom i umartwieniom, a za grzesznych tych, którzy ranią inne żywe istoty i są w stosunku do nich wrodzy. Ci, którzy przywłaszczają sobie cudzą własność, na pewno skończą w piekle i doświadczą niedoli. Inne działania wykonywane przez człowieka zdają się być widziane jako neutralne, ani prawe, ani grzeszne'.

Wjasa zakończył, mówiąc: 'O Maitreja, baw się, rozwijaj, raduj, czyń dary i wykonuj ryty ofiarne. Jeżeli tak będziesz czynił, wówczas ani ludzie wiedzy, ani ci, którzy praktykują umartwienia nie zdołają być od ciebie lepsi'".

2. Maitreja wychwala wiedzę i umartwienia braminów, którzy są właściwymi odbiorcami darów

Bhiszma kontynuował: „O Judhiszthira, Maitreja, który urodził się w pomyślnym rodzie, zdobył wielką mądrość i czcił religię działania (*pravritti*), rzekł po wysłuchaniu słów Wjasy: 'O ty o wielkiej mądrości, z całą pewnością jest tak, jak mówisz. Czy mogę jednakże coś powiedzieć?'

Wjasa rzekł: 'O Maitreja, powiedz to, co chcesz i jak chcesz, gdyż bardzo pragnę cię wysłuchać'.

Maitreja rzekł: 'O wielki mędrcu, twoje słowa o darach są czyste i bezbłędne. Twoja dusza jest oczyszczona przez wiedzę i umartwienia. Z czystości twej duszy czerpię wielką korzyść i z pomocą rozumienia widzę, że jesteś odziany w moc umartwień. Jeśli chodzi o takich jak ja, to nabywamy pomyślność tylko dzięki widzeniu osobistości takich jak ty! To, iż mogę cię zobaczyć, jest rezultatem twej łaski i moich religijnych działań. Umartwienia, wiedza *Wed* i narodziny w czystym rodzie są przyczynami pozycji, którą ktoś otrzymuje w darze od bramina. Gdy jakaś osoba ukazuje te trzy atrybuty, zaczyna być nazywana osobą duchowo odrodzoną.

Nie ma nic, co stałoby wyżej od bramina, który zdobył wedyjską wiedzę. Gdy taki bramin jest zadowolony, Ojcowie i bogowie są zadowoleni. Bez takiego bramina wszystko byłoby ciemnością, nic nie byłoby znane. Zniknęłyby różnice między czterema kastami, prawością i nieprawością, prawdą i fałszem. Tak jak dobrze zaorane pole przynosi bogaty plon, tak obdarowywanie bramina, którzy zdobył wiedzę *Wed*, przynosi wielkie zasługi. Tam, gdzie nie ma braminów, którzy posiadają wedyjską wiedzę i dobre postępowanie i zasługują na dary, tam bogactwo posiadane przez bogatych staje się bezużyteczne. Niedouczony bramin, który spożywa ofiarowane mu jedzenie, niszczy zarówno to, co je, jak i samego siebie. Taki dar nie przynosi ofiarującemu żadnych zasług, a ten, kto je ofiarowane mu jedzenie, na które nie zasłużył, popełnia grzech. Należałoby więc poprawnie nazwać jadalnym tylko to, co zostało darowane zasługującemu na dar braminowi, gdyż we wszystkich innych przypadkach dar dawcy staje się nic niewarty, a ten, kto przyjmuje ten dar, grzeszy. Uczony bramin dzięki swym walorom jest zdobywcą jedzenia, które zostało mu ofiarowane i które spożywa, i jedząc je, płodzi nowe jedzenie, podczas gdy ignorant, który je takie jedzenie, traci prawo do swego potomstwa, gdyż potomstwo należy do tego, do kogo należy jedzenie umożliwiające rodzicowi jego spłodzenie. Jest to subtelna wina, która przywiązuje się do tych, którzy jedzą jedzenie należące do innych ludzi, gdy sami nie mają mocy, aby je zdobyć.

Zasługi, jakie obdarowujący zbiera swym darem, są równe tym, jakie zbiera obdarowywany, akceptując jego dar. Obdarowujący i obdarowywany zależą od siebie nawzajem, tak mówią mędrcy. Tam, gdzie są bramini posiadający wedyjską wiedzę, tam ludzie mogą zdobyć święte owoce darów i cieszyć się nimi za życia i po śmierci. Ludzie o czystym rodowodzie czyniący dary, znający *Wedy* i oddani umartwieniom są godni najwyższej czci. To oni są tymi dobrymi ludźmi, którzy wyznaczają drogę, po której kroczenie nie pozbawia człowieka rozumu. To oni prowadzą innych do nieba, noszą na swych barkach ciężar ofiary i żyją wiecznie'".

3. Wjasa wychwala realizowanie tych prawych działań, które zostały komuś wyznaczone z racji wieku i urodzenia

Bhiszma rzekł: „O Judhiszthira, Wjasa słysząc te słowa wychwalające braminów zasługujących na dary, rzekł: 'O Maitreja, wyrokiem dobrego losu zdobyłeś wiedzę i właściwe rozumienie. Ci, którzy są dobrzy, zawsze wychwalają wszystkie prawe atrybuty. Osobiste piękno, młodość i pomyślność nie zdołały cię zniszczyć. Zawdzięczasz to życzliwości bogów. Posłuchaj teraz o tym, co w swej sile jest nawet nadrzędne w stosunku do darów.

Wszystkie pisma i traktaty religijne, które istnieją, jak i wszystkie religijne inklinacje obserwowane na tym świecie pojawiły się w odpowiedniej kolejności pod przewodnictwem *Wed*, zgodnie z ich odpowiednim rozporządzeniem. Podążając za *Wedami*, wychwalam dary, podczas gdy ty wychwalasz umartwienia i wedyjską wiedzę. Umartwienia są święte, są środkiem do zdobycia zarówno wiedzy *Wed*, jak i nieba. Z pomocą umartwień i wiedzy osoba zdobywa najwyższe znane nam owoce. Dzięki umartwieniom niszczy swoje grzechy i wszelkie zło, i realizuje każdy swój cel. Wszystko to, co jest trudne do zdobycia, podboju, osiągnięcia i przekroczenia, może być osiągnięte za pomocą umartwień. Nie istnieje nic, co ma większą moc od umartwień. Z ich pomocą zdoła oczyścić się grzechów nawet ten człowiek, który pije alkohol, zabiera siłą to, co należy do innych, jest zabójcą płodu, czy też kładzie się do łoża z żoną swego nauczyciela. To samo można powiedzieć o wiedzy. Ten, kto zdobył wszechwiedzę i prawdziwe widzenie, jest równy ascecie praktykującemu surowe umartwienia. Obydwaj zasługują na cześć, przed każdym z nich należy się zawsze kłaniać.

Wszyscy ci, którzy mają *Wedy* za swoje bogactwo, zasługują na cześć, tak samo jak i wszyscy ci, którzy za swoje bogactwo mają umartwienia. Ci, którzy obdarowują osoby zasługujące na dary, zdobywają za życia pomyślność i szczęście po śmierci. Ci, którzy są za życia prawi, dzięki darowi jedzenia zdobywają zarówno ten świat, jak i świat Brahmy, który ma wiele regionów najwyższego szczęścia, i są czczeni i honorowani przez tych, którzy sami są czczeni i honorowani przez wszystkich'.

Wjasa zakończył swą rozmowę z Maitreją, mówiąc: 'O Maitreja, to, co każdy otrzymuje za te czyny, które za życia wykonał i które pominął, jest proporcjonalne do tych czynów i pominięć, i po uwolnieniu z ciała duszy otrzymuje takie miejsce, do którego uprawniają go jego działania Jeśli chodzi o ciebie, to charakteryzuje cię zarówno inteligencja, jak i wedyjska wiedza, dobre urodzenie i współczucie. Posiadasz młodość, realizujesz śluby, jesteś oddany prawości. Dzięki tym atrybutom otrzymasz tyle jedzenia i picia, ile tylko zechcesz. Posłuchaj więc mojej rady, i realizuj te obowiązki, które są obecnie dla ciebie właściwe. Są to obowiązki głowy domu i gospodarza. Dom, w którym mąż jest zadowolony ze swej żony, a żona z męża, zapewnia wszystkie pomyślne rezultaty. Tak jak woda zmywa z ciała brud, tak splendor ognia rozprasza ciemność i tak czynienie darów i praktykowanie umartwień oczyszcza z grzechów'.

Żegnając się Maitreją, Wjasa rzekł: 'O Maitreja, odchodzę stąd w pokoju. Bądź błogosławiony i niech pałace należą do ciebie. Pamiętaj zawsze o tym, co powiedziałem, przyniesie ci to wiele korzyści'.

Maitreja okrążył pobożnie swego słynnego gościa, pokłonił się przed nim i składając dłonie, rzekł: 'O święty mężu, bądź błogosławiony'"

Napisane na podstawie fragmentów *Mahābharāta*, Anusasana Parva, Part 2, Sections CXX-CXXIII.

Opowieść 233
O szukaniu pojednania

> Bhiszma rzekł: "O Judhiszthira, posłuchaj teraz o zasadności szukania pojednania, dzięki czemu można sobie zjednać nawet najbardziej drapieżną istotę. Zilustruję to, cytując starą opowieść o tym, jak pewien bramin porwany przez demona rakszasę zdołał uwolnić się z niewoli dzięki szukaniu pojednania".

(*Mahābharāta*, Anusasana Parva, Part 2, Section CXXIV)

Judhiszthira rzekł: „O Bhiszma, nauczałeś nas o religii współczucia (*ahimsa*), jak i o ścieżce dobroczynności i czynienia darów. Wytłumacz nam teraz, co jest lepsze: czynienie darów, czy szukanie pojednania?"

Bhiszma rzekł: „O Judhiszthira, niektórych bardziej zadowala pojednanie, a innych dary. Człowiek wybiera jedno lub drugie zależnie od swej natury. Mówiłem już wielokrotnie o zasługach zbieranych przez tych, którzy czynią dary. Posłuchaj teraz o zasadności szukania pojednania, dzięki czemu można sobie zjednać nawet najbardziej drapieżną istotę. Zilustruję to, cytując starą opowieść o tym, jak pewien bramin porwany przez demona rakszasę zdołał uwolnić się z niewoli dzięki szukaniu pojednania.

Pewien elokwentny i inteligentny bramin, który był gruby i dobrze odżywiony, znalazł się w niebezpieczeństwie, gdy pewnego dnia został złapany i uniesiony do lasu przez chudego i bladego demona rakszasę, który był głodny i zamierzał go zjeść. Mądry bramin, który zdobył wiedzę i zrozumienie, zachował spokój, pomimo swego ciężkiego położenia. Nie pozwalając sobie na utratę rozumu na widok tego przeraźliwego ludożercy, postanowił spróbować powstrzymać go od jego zamiaru, proponując mu pojednanie i prosząc go, aby pozwolił mu uciec.

Rakszasa, zwracając się z szacunkiem do bramina, rzekł: 'O mądry braminie, zanim uciekniesz, aby ratować swoje życie, wyjaśnij mi, jaki jest powód tego, że choć jestem potężnym demonem rakszasą, jestem bardzo blady i chudy?'

Bramin rozmyślał przez chwilę, po czym rzekł:

'O demonie, posłuchaj, co ci powiem. Jesteś wzniosłą duszą i wzniosłość twej duszy skłania cię do odrzucenia tych środków utrzymania się przy życiu, które są wyznaczone dla ciebie, choć cierpisz z głodu. To dlatego jesteś taki blady i chudy.

Widzę również, że choć udałeś się do lasu, aby praktykować surowe umartwienia, twoi krewni nie aprobują twojego działania. To dlatego jesteś taki blady i chudy.

Zamieszkałeś w tym lesie odległym od domu i pozbawiony przyjaciół oraz krewnych poruszasz się samotnie po sferze, która do ciebie nie należy. To dlatego jesteś taki blady i chudy.

W rezultacie swej prawości ograniczasz się w jedzeniu, mając na uwadze dobro innych, lecz oni tego nie rozumieją i myślą, że oszukali cię i ujarzmili swoją wyższą inteligencją. To dlatego jesteś taki blady i chudy.

Ci, którzy cię znają, nie wychwalają cię i nie szanują, choć wiedzą, że poznałeś naturę tego świata, jak i wszystkie tajemnice i że jest w tobie ogromny potencjał. To dlatego jesteś taki blady i chudy.

Twoi przyjaciele, choć traktujesz ich dobrze, z racji swej natury nie są w stosunku do ciebie życzliwie usposobieni. To dlatego jesteś taki blady i chudy.

Ty sam, choć jesteś opanowaną duszą odzianą w zasługi i mądrość, zdajesz się preferować i honorować bardziej innych, pozbawionych zasług i mądrości, niż siebie. To dlatego jesteś taki blady i chudy.

Widzę też, że bolejesz nad losem tych osób, które mają dusze opanowane przez żądzę i gniew, cierpiąc na tym świecie niedolę. To dlatego jesteś taki blady i chudy.

Zaiste, choć zdobi cię mądrość, jesteś wyśmiewany przez tych, którzy są jej całkowicie pozbawieni i potępiany przez tych, co postępują niegodziwie. To dlatego jesteś taki blady i chudy.

Osoby bogatsze od ciebie, choć o mniejszych osiągnięciach, lekceważą cię. To dlatego jesteś taki blady i chudy.

Niektórzy twoi wrogowie przychodzą do ciebie z przyjazną mową, udając osoby prawe, a następnie oszukują cię jak najgorszy łotr. To dlatego jesteś taki blady i chudy.

Choć przybywając wśród niegodziwców zaangażowanych w jakieś grzeszne przedsięwzięcia pouczałeś ich, aby rozwiać ich wątpliwości, oni nigdy nie uznali twoich wielkich zasług. To dlatego jesteś taki blady i chudy.

Choć nie posiadasz ani wielkiego bogactwa, ani wedyjskiej wiedzy, próbujesz osiągnąć coś wielkiego za pomocą swej własnej energii. To dlatego jesteś taki blady i chudy.

Niektórzy z twoich sąsiadów, choć są bogaci, młodzi i mają jeszcze inne przyjemne cechy, zazdroszczą ci twej ukochanej żony. To dlatego jesteś taki blady i chudy.

Choć słowa wypowiadane przez ciebie wśród bogaczy są wspaniałe, nie są przez nich uznawane ani za mądre, ani za wypowiedziane we właściwym czasie. To dlatego jesteś taki blady i chudy.

Choć ustawicznie pouczasz jednego ze swych pozbawionych inteligencji krewnych, aby wyrzekł się gniewu, nie potrafisz go uspokoić, a inny twój krewny, który pokazał kiedyś tobie, jak zdobyć upragniony przez ciebie przedmiot, szuka teraz sposobu na to, jak odebrać ci ten przedmiot. To dlatego jesteś taki blady i chudy.

Zaiste, choć masz wielkie osiągnięcia i jesteś z tego powodu czczony, twoi krewni odmawiają ci tych osiągnięć i uważają, że jesteś czczony ze względu na nich. To dlatego jesteś taki blady i chudy.

Nie mogąc zrealizować dążenia do pewnych celów, zarówno martwisz się tym opóźnieniem w ich realizacji, jak i odczuwasz wstyd, że nie potrafisz z nich w swym sercu zrezygnować. To dlatego jesteś taki blady i chudy.

Daremnie starasz się o to, aby przy pomocy swej inteligencji wziąć pod opiekę różne osoby o odmiennym poziomie rozumienia i skłonnościach. To dlatego jesteś taki blady i chudy.

Choć brakuje ci odwagi, pewnych umiejętności i bogactwa, szukasz takiej sławy, którą można zdobyć tylko dzięki posiadaniu tych umiejętności, odwagi i bogactwa. To dlatego jesteś taki blady i chudy.

Już od dawna nie możesz osiągnąć niczego, na co nastawiłeś swe serce i to, co pragniesz uczynić, ktoś inny chce zniszczyć. To dlatego jesteś taki blady i chudy.

Nie mogąc dostrzec w sobie żadnej winy, martwisz się, że być może ktoś rzucił na ciebie klątwę. To dlatego jesteś taki blady i chudy.

Choć nie posiadasz bogactwa i odpowiednich środków, próbujesz bez skutku pocieszać swych przyjaciół i innych ludzi, których pokonał smutek. To dlatego jesteś taki blady i chudy.

Wśród osób prowadzących leśny tryb życia dostrzegasz niegodziwców i takich, którzy są przywiązani do domowego życia i domu. To dlatego jesteś taki blady i chudy.

Zaiste, twoje działania motywowane Prawem, Bogactwem i Przyjemnością, jak i wypowiadane przez ciebie właściwe słowa, nie rodzą owoców. To dlatego jesteś taki blady i chudy. Chociaż jesteś mądry, pragnąc żyć, utrzymujesz się przy życiu z darów otrzymanych od grzeszników. To dlatego jesteś taki blady i chudy. Widząc, jak nieprawość rośnie w siłę, a prawość słabnie, odczuwasz smutek. To dlatego jesteś taki blady i chudy. Starasz się zadowolić wszystkich przyjaciół nawet wtedy, gdy są w stosunku do siebie nawzajem wrodzy. To dlatego jesteś taki blady i chudy. Odczuwasz smutek, widząc osoby, które choć zdobyły wedyjską wiedzę, angażują się niewłaściwe zachowania i są niezdolne do utrzymania samo-kontroli. To dlatego jesteś taki blady i chudy'".

Bhiszma zakończył swe opowiadanie, mówiąc: „O Judhiszthira, rakszasa po wysłuchaniu tych prawdziwych słów mądrego bramina oddał mu cześć i traktując go jak przyjaciela, puścił go wolno".

Napisane na podstawie fragmentów *Mahābhārāta*,
Anusasana Parva, Part 2, Sections CXXIV.

Opowieść 234
O religijnych misteriach

1. O tym, jak powinna postępować żywa istota, która zdobyła status człowieka; 2. O działaniach zadowalających Ojców; 3. O działaniach zadowalających Wisznu i innych bogów; 4. O działaniach przynoszących szczęście rodowi ludzkiemu; 5. O działaniach przynoszących ulgę zmarłemu w pośmiertnym świecie; 6. O działaniach zadowalających słonie podtrzymujące cały wszechświat; 7. O misteriach zwiększających ilość szczęścia na ziemi.

> Bhiszma rzekł: „O Judhiszthira, ten, kto chce uwolnić się od wszystkich skaz i zebrać liczne zasługi, ten powinien poznać sekretną wiedzę o tym, co zadawala bogów, Ojców, mędrców, upiornych towarzyszy Mahadewy zwanych Pramathami, boginię Śri, sekretarza boga umarłych Jamy Citraguptę oraz potężne słonie utrzymujące w istnieniu cztery podstawowe kierunki przestrzeni, jak i o tym, co konstytuuje religię riszich, która ma wiele tajemnic, i po jej zdobyciu powinien postępować zgodnie z tą wiedzą. Aby zdobyć tę sekretną wiedzę, posłuchaj starożytnej opowieści, którą usłyszałem od Wjasy, o rozmowie bogów, Ojców i riszich na temat religijnych misteriów przynoszących im zadowolenie".

(Mahābhārata, Anusasana Parva, Part 2, Section CXXV)

1. O tym, jak powinna postępować żywa istota, która zdobyła status człowieka

Judhiszthira rzekł: „O Bhiszma, wytłumacz nam, jak powinna żyć ta żywa istota mająca na uwadze swoje dobro, której udało się zdobyć status ludzki i dotrzeć do tego regionu działania, który jest bardzo trudny do zdobycia. Wytłumacz nam również, który z darów jest najlepszy i w jaki sposób jego wartość zależy od warunków, w których zostaje uczyniony. Powiedz nam również, kto naprawdę jest godny czci i uwielbienia?"

Bhiszma rzekł: „O Judhiszthira, posłuchaj ze skoncentrowaną uwagą moich nauk o tajemnicach dotyczących obowiązku, które wyjaśnił mi wielki riszi Wjasa. Wiedza ta jest tajemnicą nawet dla samych bogów. Jako owoc swych umartwień zdobył ją ongiś bóg umarłych Jama o nieskazitelnych działaniach dzięki swym ślubom i medytacji.

Jeśli chodzi o dary, to nie należy akceptować darów od rzeźnika lub zabójcy zwierząt. Należy też pamiętać o tym, że jeden olejarz ma wartość dziesięciu rzeźników, alkoholik dziesięciu olejarzy, kurtyzana dziesięciu alkoholików, lokalny magnat dziesięciu kurtyzan, a król połowy sumy wszystkich wyżej wymienionych razem wziętych. Stąd grzech płynący z akceptowania daru od wymienionych, gdy jest to zakazane, rośnie proporcjonalnie do ich miejsca zajmowanego w opisanym szeregu. Z drugiej strony, należy zająć się zdobywaniem nauki, która jest święta i uczy o prawości realizowania w swym postępowaniu trzech celów życiowych: Prawa, Bogactwa i Przyjemności.

Wśród trzech wyżej wymienionych celów, Bogactwo i Przyjemność są tymi, które pociągają człowieka najbardziej z racji swej natury. Trzeci z nich, którym jest realizowanie Prawa (religii), jest mniej oczywisty i stąd należy ze skoncentrowaną uwagą słuchać nauk o religii, szczególnie tych najbardziej tajemnych i świętych, gdyż słuchanie o religijnych misteriach rodzi wspaniałe owoce. Należy poznać wszystkie szczegóły związane z praktykowaniem religii, które zostały zarządzone przez bogów, jak na przykład instrukcje dotyczące *śraddhy* i innych trudnych do zrozumienia misteriów związanych z oddawaniem czci Ojcom i bogom. To, co nazywamy religią, mieści w sobie również wszystkie obowiązki i praktyki realizowane przez starożytnych riszich, łącznie z religijnymi misteriami, oraz opis zasług, jakie przynoszą ofiary i wszelkiego rodzaju dary. Ludzie, którzy ustawicznie studiują pisma dotyczące tych kwestii, słuchają o nich, pamiętają i realizują je w praktyce, są uważni za równie świętych i bezgrzesznych jak sam Narajana. Ci, którzy słuchają pism, mają wiarę i czyste serca, zdobywają niebiańskie regiony szczęśliwości. Prawi ludzie, którzy mają wiarę, oczyszczają się z wszystkich skaz i nie zabrudzi ich żaden grzech. Ich prawość zawsze rośnie i odnoszą sukces w zdobywaniu nieba".

2. O działaniach zadowalających Ojców

Bhiszma kontynuował: „O Judhiszthira, ten, kto chce uwolnić się od wszystkich skaz i zebrać liczne zasługi, ten powinien poznać sekretną wiedzę o tym, co zadawala bogów, Ojców, mędrców, upiornych towarzyszy Mahadewy zwanych Pramathami, boginię Śri, sekretarza boga umarłych Jamy Citraguptę oraz potężne słonie utrzymujące w istnieniu cztery podstawowe kierunki przestrzeni, jak i o tym, co konstytuuje religię riszich, która ma wiele tajemnic i po jej zdobyciu powinien postępować zgodnie z tą wiedzą. Aby zdobyć tę sekretną wiedzę, posłuchaj starożytnej opowieści, którą usłyszałem od Wjasy, o rozmowie bogów, Ojców i riszich na temat religijnych misteriów przynoszących im zadowolenie.

Pewnego dnia na dwór Indry przybył niebiański posłaniec i pozostając dla bogów niewidzialny, rzekł do króla bogów: 'O Indra, przybyłem do twojego pałacu, gdzie zgromadzili się liczni bogowie, Ojcowie i ludzie, na rozkaz tych dwóch bogów, którzy są najlepszymi lekarzami (Aświni) i są wyposażeni we wszystkie pożądane atrybuty. Przybyłem tutaj, gdyż mam do ciebie szereg pytań dotyczących prawości i obowiązku. Wytłumacz mi, dlaczego człowiek, który wykonuje *śraddhę* lub spożywa jedzenie ofiarowane Ojcom, powinien powstrzymać się tego dnia od stosunków seksualnych i dlaczego podczas *śraddhy* ofiaruje się trzy oddzielne kulki ryżu zwane *pinda*? Komu należy ofiarować pierwszą kulkę, komu drugą i komu trzecią?'

Bogowie i Ojcowie siedzący w pałacu Indry z twarzami skierowanymi ku wschodowi, gdy usłyszeli te pytania, byli bardzo zadowoleni. Ojcowie rzekli: 'O ty, który wędrujesz po niebie, witaj i bądź błogosławiony. Twoje pytania są ważne i mają głęboki sens. Dowiedz się więc, że należy unikać kładzenia się łoża z kobietą w dniu *śraddhy* lub po zjedzeniu ofiarowanego w tym rycie jedzenia, gdyż Ojcowie tych osób, którzy tak czynią, muszą przez cały miesiąc leżeć na swym życiowym nasieniu. Jeśli zaś chodzi o trzy kulki ryżu zwane *pinda* ofiarowane podczas *śraddhy*, to pierwsza z nich powinna zostać wrzucona do wód, druga dana do zjedzenia jednej z żon osoby prowadzącej *śraddhę*, a trzecią należy wrzucić do ognia. Takie są rozporządzenia w odniesieniu do *śraddhy* i taka jest praktyka. Ojcowie osoby, która postępuje zgodnie z tymi rozporządzeniami, są z niej zadowoleni i pozostają zawsze pogodni. Potomstwo takiego człowieka mnoży się bezustannie i nigdy nie brakuje mu bogactwa'.

Niebiański posłaniec rzekł: 'O Ojcowie, wyjaśniliście mi, dlaczego i w jaki sposób należy ofiarować te trzy kulki ryżu. Powiedzcie mi teraz, do kogo dociera ta kulka ryżu, która zostaje wrzucona do wód i jak to się dzieje, że ofiarowana w ten sposób zadowala bogów i ratuje Ojców? Powiedzcie mi również, w jaki sposób Ojcowie człowieka, którego żona zjada drugą kulkę ryżu stają się tymi, którzy ją następnie zjadają? Trzecia kulka ryżu zostaje wrzucona do ognia, w jaki sposób dociera ona do was lub kim jest ten, kto ją spożywa? Wytłumaczcie mi to wszystko, bo bardzo pragnę poznać, jaki ostatecznie cel jest realizowany przez te trzy kulki ryżu ofiarowane podczas *śraddhy*'.

Ojcowie rzekli: 'O strażniku nieba, zadowoliłeś nas bardzo swoim pytaniem, które samo w sobie jest wspaniałe i zdumiewa, dotykając głęboko ukrytej tajemnicy. Sami bogowie i wielcy riszi, choć pochwalają działania mające na celu oddawanie czci Ojcom, nie znają celu, jakiemu służą pewne rozporządzenia dotyczące tych działań. Jedynie nieśmiertelny riszi Markandeja o wielkiej duszy i sławie, który jest zawsze oddany Ojcom, poznał wszystkie tajemnice leżące u podłoża rozporządzeń dotyczących *śraddhy* i nam je przekazał.

Pierwsza kulka ryżu, wrzucana do wód, zadowala boga księżyca Somę, a gdy on jest zadowolony, przynosi to zadowolenie pozostałym bogom i razem z nimi również Ojcom. Druga kulka ryżu jest spożywana przez żonę prowadzącego *śraddhę* i zadowala Ojców dzięki temu, że Ojcowie, którzy zawsze pragną potomstwa, obdarowują żonę gospodarza licznym potomstwem. Jeśli chodzi o trzecią kulkę ryżu, to wrzucenie jej do ognia, który jest nosicielem ofiary, zadowala Ojców, którzy będąc zadowoleni, gwarantują temu, kto tak czyni, spełnienie życzeń. Bramin, który pełni podczas *śraddhy* funkcję kapłana (*ritwik*), tym czynem ustanawia siebie za Ojca osoby wykonującej *śraddhę* i stąd powinien w ciągu tego dnia powstrzymać się od kładzenia się do łoża z kobietą, nawet wówczas gdy jest jego żoną. Bramin, który je jedzenie ofiarowane Ojcom podczas *śraddhy*, powinien zachować czystość przez cały dzień, w innym przypadku grzeszy. Zaproszony na ucztę ofiarowaną Ojcom powinien przedtem oczyścić się kąpielą i powstrzymywać się w czasie tego dnia od ranienia innych i wszelkiego zła. Potomstwo takiej osoby mnoży się i ten, kto obdarowuje go jedzeniem, zdobywa jedzenie w nagrodę' ".

Bhiszma kontynuował: „O Judhiszthira, gdy Ojcowie przestali mówić, głos zabrał riszi Widjutprabha, który zdobył formę jaśniejącą splendorem równym słońcu, zwracając się do Indry. Rzekł: 'O Indra, wielu ludzi traci rozum i zabija różne żywe istoty urodzone na pośrednim poziomie istnienia, jak robaki, mrówki, węże, owce, czy ptaki, popełniając wielki grzech. Jakie jest lekarstwo na ten grzech?' Zebrani w pałacu Indry bogowie, riszi odziani w bogactwo ascezy i Ojcowie, słysząc to pytanie, odpowiedzieli aplauzem.

Indra rzekł: 'O Widjutprabha, rozmyślając równocześnie o takich świętych miejscach jak Kurukszetra, Gaja, Ganges, Prabhasa i Puszkara, należy zanurzyć głowę w wodzie. W ten sposób człowiek uwalnia się od wszystkich grzechów, jak księżyc uwalnia się od połykającego go cyklicznie demona Rahu. Należy tak czynić przez trzy kolejne dni i za każdym razem po takiej kąpieli należy dotknąć tyłu krowy i kłaniać się przed nią, schylając głowę aż do jej ogona'.

Riszi Widjutprabha rzekł: 'O Indra, pozwól mi ogłosić ryt, który jest jeszcze bardziej subtelny. Jak to kiedyś usłyszałem, chcąc oczyścić się z grzechów, należy jeść niełuskany ryż zwany *szasztika* (ryż który dojrzewa w ciągu sześćdziesięciu dni) z mlekiem, posypując ciało proszkiem uzyskanym z wiszących korzeni drzewa banianowego oraz smarując je olejem z nasion gorczycy. Pozwól mi też przypomnieć o innej tajemnicy odkrytej przez riszich dzięki medytacjom. Poznałem ją, słuchając, jak Brihaspati opowiadał o niej Mahadewie. Ty sam słuchałeś tego razem z Rudrą. Osoba, która wspina się na szczyt góry i tam stoi na jednej nodze ze złożonymi dłońmi i ramionami wzniesionymi do góry, i powstrzymując się od jedzenia, patrzy na płonący ogień, zbiera zasługi równe tym, które płyną z surowych umartwień, jak i tym, które zarabia się postami. Rozgrzany tam przez słoneczne promienie oczyszcza się z wszystkich grzechów. Bez względu na to, czy czyni to zimą, czy latem, oczyszcza się z wszystkich grzechów i zdobywa wspaniałą karnację. Płonie energią jak słońce i błyszczy urodą jak księżyc'.

Indra, usłyszawszy te słowa, rzekł, zwracając się do nauczyciela bogów Brihaspatiego: 'O święty riszi, opowiedz nam sam o religijnych misteriach, które przynoszą ludziom szczęście i o konsekwencjach popełnianych przez nich grzechów?'

Brihaspati rzekł: 'O Indra, zarówno słońce, wiatr, jak i ogień będący nosicielem ofiarnych darów i krowy, które są matkami wszystkich żywych istot, zostali stworzeni przez Samorodnego w celu ratowania wszystkich światów. Są bogami ludzi. Stąd ci, którzy oddają mocz z twarzą skierowaną ku słońcu, jak i ci, którzy nie ukazują szacunku wiatrowi, nie leją do ognia oczyszczonego masła lub doją krowy zaraz po urodzeniu cielęcia, pragnąc zdobyć jak najwięcej mleka, obciążają się winą. Posłuchajcie o tej winie i jej konsekwencjach, o których wspomina religia. Te niegodziwe kobiety i ci grzeszni mężczyźni, którzy oddają mocz z twarzą skierowaną ku słońcu, będą żyć w niesławie przez osiemdziesiąt sześć lat. Żona człowieka, który nie oddaje czci wiatrowi, będzie ronić jego synów. Człowiek, który zaniedbuje lania libacji do ofiarnego ognia, nie będzie mógł rozpalić ognia, gdy zechce złożyć taką ofiarę. Człowiek, który pije mleko krowy, której cielę jest zbyt młode, nie będzie miał potomków przedłużających jego ród. Całe jego potomstwo wymrze, nie pozostawiając następcy. O takich konsekwencjach wspominają mędrcy i dlatego też osoba, która o tym wie i szuka pomyślności, powinna zawsze unikać tego, co zakazane, i czynić jedynie to, co zostało nakazane. To, co mówię, jest samą prawdą'.

Gdy nauczyciel bogów Brihaspati skończył mówić, bogowie i mędrcy zwrócili się raz jeszcze z pytaniem do Ojców. Rzekli: 'O Ojcowie, powiedzcie nam, jakie działania wykonywane przez ludzi, którym zwykle brak właściwego zrozumienia, przynoszą wam największe zadowolenie? Jakie dary ofiarowane podczas *śraddhy*, wspierające zmarłych po śmierci, są niewyczerpane w swej skuteczności? Dzięki jakim działaniom ludzie uwalniają się od swego długu wobec Ojców? Pragniemy się tego dowiedzieć, gdyż nasza ciekawość w tej sprawie jest wielka'.

Ojcowie rzekli: 'O bogowie i mędrcy, wątpliwość, która zrodziła się w waszych umysłach, jest zrozumiała. Posłuchajcie więc o tym, jakie działania wykonywane przez prawych ludzi zadowalają nas najbardziej. Należy do nich puszczanie wolno byków o skórze w ciemnym, przyjemnym dla oka odcieniu, dary z nasion sezamowych i wody ofiarowane nam podczas nowiu oraz zapalanie dla nas lamp umieszczonych na palach przywiązanych do najwyższych drzew oświetlających niebo w czasie pory deszczowej. Tymi czynami ludzie uwalniają się od swego długu w stosunku do nas. Takie dary nigdy nie są czynione na próżno i rodzą wspaniałe owoce. Zadowolenie, jakie z nich czerpiemy, jest niewyczerpane, a ci ludzie, którzy mają wiarę i płodzą potomstwo, bronią nas oraz swych umarłych przodków przed straszliwym piekłem'.

Słysząc te słowa Ojców, mędrzec Garga o wielkiej energii zapytał ze zdumieniem: 'O Ojcowie, wytłumaczcie nam, jakie zasługi płyną z puszczenia wolno byków o skórze w ciemnym, przyjemnym dla oka odcieniu oraz z zapalania lamp podczas pory deszczowej, jak i z daru wody z nasionami sezamowymi?'

Ojcowie rzekli: 'O wielki mędrcu, gdy puszczony wolno byk o skórze w ciemnym, przyjemnym dla oka odcieniu unosi swym ogonem niewielką ilość wody, wówczas Ojcowie osoby, która uwolniła byka, czerpią z tej wody zadowolenie przez sześćdziesiąt tysięcy lat. Co więcej, muł z brzegów rzek lub jezior, jaki ten byk unosi na swych rogach, unosi Ojców tej osoby do regionu Somy. Jeśli chodzi o dar lamp podczas pory deszczowej, to ten, kto czyni ten dar, sam staje się równie jasny jak księżyc i uwalnia się od wpływu atrybutu ciemności (*tamas*). Ten z kolei, kto podczas nowiu obdarowuje Ojców darem z nasion sezamowych i wody zmieszanych razem z miodem w miedzianym naczyniu, jest uważany za kogoś, kto wykonuje ryt *śraddha* za wszystkimi misteriami. Ludzie, którzy tak czynią, mają potomstwo cieszące się zdrowiem i radosnym umysłem. Ci z kolei, którzy ofiarują Ojcom trzy kulki ryżu (*pinda*) gwarantują wzrost swemu rodowi. Zaiste, ten, kto wykonuje opisane czyny, uwalnia się od swego długu wobec Ojców'".

3. O działaniach zadowalających Wisznu i innych bogów

Bhiszma kontynuował: „O Judhiszthira, gdy Ojcowie zamilkli, Indra rzekł do Wisznu: 'O Wisznu, usłyszeliśmy o tym, jakie są rozporządzenia dotyczące *śraddhy* i jakie działania ludzi przynoszą Ojcom największe zadowolenie. Wytłumacz nam teraz, jakie działania przynoszą tobie zadowolenie? W jaki sposób ludzie mogę cię zadowolić swym działaniem?'

Wisznu rzekł: 'O Indra, czuję się czczony, gdy bramini są czczeni, stąd też najgorsze dla mnie jest pomniejszanie wartości braminów. Ten, kto chce mnie zadowolić, powinien więc zawsze oddawać honory wszystkim wielkim braminom, witać ich, ofiarując posiłek, a wieczorem powinien czcić swoje własne stopy. Gdy ludzie tak postępują, jestem zadowolony. Zadowalają mnie również ci ludzie, którzy składają ofiarne dary do wiru, który jest widoczny w krowim łajnie świeżo po upadku na ziemię.

Ludzie, którym udało się zobaczyć bramina w formie karła lub dzika, który wynurza się z wody, unosząc na głowie sporą ilość mułu zebranego z dna rzeki, dzięki mej łasce zdołają uniknąć wszelkiego zła i uwolnią się od wszystkich grzechów. Ci z kolei, którzy codzienne oddają cześć świętemu drzewu Aśwattha (*ficus religiosa*), krowie i żółtej substancji zwanej *goroczana*, czczą mnie w formie całego wszechświata łącznie z bogami, asurami i ludźmi. Będąc tym wszystkim, przyjmuję ofiarowaną im cześć w swej własnej formie, gdyż cześć im ofiarowana, jest mi ofiarowana. Tak było zawsze od początku stworzenia światów. Ludzie o niewielkim rozumie, którzy czczą mnie w inny sposób, czczą mnie na próżno. gdyż nigdy nie akceptuję takiego rodzaju czci. Zaiste, żaden inny sposób oddawania mi czci mnie nie zadowala'.

Indra rzekł: 'O Wisznu, wytłumacz nam, dlaczego wychwalasz znaki dysku lub wiru widoczne w krowim łajnie, oddawanie czci własnym stopom, jak i dzikowi wyłaniającemu się z wody z mułem na głowie i braminowi, który urodził się w formie karła? Ty sam zarówno ich stwarzasz, jak i niszczysz. Jesteś wieczną naturą wszystkich śmiertelnych i przemijających przedmiotów!'

Wisznu rzekł z uśmiechem: 'O Indra, wychwalam znak wiru, gdyż to dzięki mojemu wirującemu dyskowi dajtjowie (asury) zostali zabici, swymi dwiema stopami przykryłem cały świat, rodząc się na ziemi w formie dzika, zabiłem demona Hiranjakszę, a rodząc się w formie karła, pokonałem asurę Wali. Stąd ci, którzy czczą mnie obecnego w tych formach, zadowalają mnie i gwarantuję im, że nie spotka ich nigdy porażka.

Ten, kto widząc bramina praktykującego *brahmacarję*, ofiaruje mu pierwszą porcję przygotowanego posiłku, która należy zawsze do braminów, a sam zadowoli się tym, co pozostało, jest uważny za tego, kto wypija napój bogów (*amrita*). Ten z kolei, kto po oddaniu czci porankowi stoi z twarzą skierowaną ku słońcu, zbiera zasługi równe tym, które płyną z rytualnej kąpieli w świętych brodach i oczyszcza się z grzechów'.

Wisznu zakończył, mówiąc: 'O bogowie i wy, których zdobi bogactwo umartwień, opowiedziałem wam, co mnie zadowala i co należy do religijnych tajemnic. O czym jeszcze chcecie usłyszeć? Wyraźcie swoje wątpliwości'.

Waladewa (Balarama) rzekł: 'O bogowie, Ojcowie i mędrcy, posłuchajcie o jeszcze innym wielkim religijnym misterium, które przynosi szczęście tym, którzy je znają, podczas gdy ignoranci, który o tym nie wiedzą, doświadczą udręki ze strony innych żywych istot. Zostało stwierdzone, że ten, kto pragnie oczyścić się z grzechów, powinien po wstaniu z łoża o wczesnym poranku dotknąć krowy, oczyszczonego masła, zsiadłego mleka, nasion gorczycy i mieszanki rozmaitych ziół zwanych *prijangu*'.

Gdy Waladewa skończył mówić, bogowie rzekli: 'O Ojcowie i riszi, słuchajcie dalej o tych działaniach ludzi, które zadowalają bogów. Zostało stwierdzone, że bogów zadowala ten, kto zobowiązuje się do realizacji postów lub jakiegoś innego rodzaju ślubu, trzymając w dłoniach miedziane naczynie wypełnione wodą i stojąc z twarzą skierowaną ku wschodowi. Wszystkie jego życzenia zostają spełnione. Człowiek o niewielkim rozumie, który realizuje post lub ślub bez uczynienia najpierw takiego zobowiązania zwanego *sankalpa*, nie zbierze swym czynem żadnych zasług. Należy pamiętać o tym, że czyniąc takie zobowiązanie, należy użyć miedzianego naczynia. Należy zawsze używać takiego właśnie naczynia, czcząc bogów ofiarą, dając lub przyjmując jałmużnę lub ofiarując Ojcom wodę zmieszaną z nasionami sezamowymi. Ten, kto wykonuje te czynności w inny sposób, nie zbiera zasług. Takie są misteria, które przynoszą zadowolenie bogom'.

Dharma rzekł: 'O bogowie, Ojcowie i riszi, posłuchajcie o jeszcze innych sekretnych rozporządzeniach, które są niewielu znane. Nie należy nigdy dawać darów ofiarowanych najpierw bogom i Ojcom w świętych rytach takiemu braminowi, który przyjmuje służbę u króla, wykonuje różne zadania pomocnicze podczas *śraddhy* takie jak dzwonienie, zajmuje się hodowlą krów lub handlem, wykonuje zawód artysty, jest aktorem, kłóci się z przyjaciółmi, zaniedbuje studiowanie *Wed* lub którego żona jest szudrą. Ten, kto podczas wykonywania *śraddhy* dla swych zmarłych obdarowuje takiego bramina jedzeniem przeznaczonym dla Ojców, utraci zarówno pomyślność, jak i zdolność do przedłużanie istnienia swego rodu. Swym rytem nie zdoła też zadowolić Ojców.

Należy też zawsze pamiętać o tym, że gdy goście opuszczają czyjś dom niezadowoleni, wówczas z jego domu znikają zarówno bogowie i Ojcowie, jak i święte ognie. Ludzie, którzy nie realizują swego obowiązku gościnności wobec gości odwiedzających ich dom, są uważani za równie grzesznych jak ci, którzy zabili kobietę, krowę lub bramina, zniesławili łoże swego nauczyciela lub są niewdzięczni w stosunku do swoich dobroczyńców'.

Agni rzekł: 'O bogowie, Ojcowie i riszi, hańba tym ludziom o niegodziwym rozumowaniu, którzy kopnęli krowę, bramina lub płonący ogień. Ich zła sława rozszerza się na całą ziemię i dotyka nieba. Ich Ojcowie odczuwają strach, a bogowie są z niego niezadowoleni. Ogień ofiarny o wielkiej energii odmawia przyjęcia lanej przez nich libacji. Tacy ludzie będą zmuszeni do zamieszkiwania w piekle przez setkę swych kolejnych narodzin. Nie ma dla nich ratunku. Stąd ten, kto ma dość wiary i troszczy się o swoje dobro, nie powinien nigdy dotykać swoją stopą krowy, bramina, czy ognia, jeżeli chce uniknąć opisanej przeze mnie kary'.

Wiśwamitra rzekł: 'O bogowie, Ojcowie i riszi, posłuchajcie o innym religijnym misterium, mało znanym wśród ludzi. Zostało stwierdzone, że wielkie zasługi zbiera ten, kto ofiaruje Ojcom ugotowany ryż ze słodzonym mlekiem pod konstelacją Magha w czasie miesiąca *bhadrapada* (sierpień/wrzesień), siedząc w samo południe z twarzą zwróconą ku południowi w cieniu rzucanym przez ciało słonia. Człowiek, który ofiaruje Ojcom taki dar w opisanych okolicznościach, jest uważany za równego temu, kto wykonuje wielką *śraddhę* przez kolejne trzynaście lat'.

Krowy rzekły: 'O bogowie, Ojcowie i mędrcy, posłuchajcie, co mamy do powiedzenia. Człowiek, który pragnie oczyścić się z grzechów, powinien recytować następujące mantry ku naszej chwale: «O Wahula (*przyzwyczajona do noszenia ciężaru*), O Samanga (*pełnia, całość*), jesteś nieustraszona, wybaczająca, przyjazna i dobrze wróżąca. Jesteś wszędzie i jesteś źródłem wszelkiej obfitości. W najdawniejszych czasach byłaś obecna razem ze swym cielątkiem w regionie Brahmy podczas ofiary Indry, tego nosiciela pioruna, a na firmamencie wybrałaś sobie miejsce na ścieżce, po której porusza się Agni. Z wszystkich tych powodów bogowie razem z mędrcem Naradą oddają ci cześć, nazywając cię Sarwamsahą (*znoszącą wszystko cierpliwie*)». Człowiek, który sławi nas w ten sposób, zbiera nagrody, jakie dają krowy i zdobywa splendor księżyca. Uwalnia się zarówno od grzechów, jak i lęku i smutku, a po śmierci zdobywa region Indry'.

Gdy krowy skończyły mówić, siedmiu starożytnych mędrców z Wasisztą na czele powstało ze swych miejsc i ze złożonymi pobożnie dłońmi okrążyło urodzonego w pierwotnym Lotosie Brahmę. Wasiszta, który poznał *Brahmana*, wystąpił w roli ich rzecznika i mając na uwadze dobro wszystkich żywych istot, a szczególnie braminów i wojowników, zadał Brahmie następujące pytanie: 'O Brahma, wytłumacz nam, w jaki sposób ludzie prawych działań, lecz pozbawieni bogactwa, mogą zgromadzić zasługi równe tym, jakie płyną z wykonania rytualnej ofiary?'

Brahma rzekł: 'O wy, którzy zdobyliście bogactwo umartwień, macie najwyższy wgląd w subtelne prawdy i wasze pytanie niesie ze sobą pomyślność. Takie pytania są bardzo subtelne i przynoszą korzyść całej ludzkości. Posłuchajcie więc o tym postępowaniu, dzięki któremu pobożna osoba nabywa zasługi ofiary, choć z powodu ubóstwa nie jest zdolna do wykonania ofiarnych rytów. Zostało przeze mnie zarządzone, że takie zasługi zbiera osoba, która podczas tej części miesiąca *pausza* (grudzień/styczeń), gdy księżyc rośnie i pozostaje w koniunkcji z konstelacją Rohini, pełna wiary i ze skoncentrowanym umysłem po oczyszczeniu się kąpielą kładzie się w pojedynczej warstwie ubrania pod kopułą nieba, wypijając promienie księżyca. To, co powiedziałem, odpowiadając na wasze pytanie, jest wielką tajemnicą, która nie jest wielu znana'.

Wibhawasu (Surja) rzekł: 'O bogowie, Ojcowie i mędrcy, posłuchajcie moich słów o tych działaniach człowieka, które zadowalają bogów i tych, które są grzeszne. Znane są dwa rodzaje darów ofiarnych: garstka wody i ziarna ryżu zmieszane z *ghee* (*akszata*). Należy ofiarować je księżycowi podczas pełni, stojąc z twarzą skierowaną ku jego tarczy. O człowieku, który tak czyni, mówi się, że oddaje cześć swojemu świętemu ogniowi. Zaiste, jest uważany za tego, kto leje libację do trzech głównych ogni ofiarnych. Z kolei ten człowiek o niewielkim rozumie, który podczas nowiu wycina duże drzewo, zabrudza się grzechem równym grzechowi zabójstwa bramina. Taki grzech popełnia nawet wówczas, gdy niszczy choćby pojedynczy liść. O niemądrym człowieku, który w dniu nowiu żuje patyk używany do czyszczenia zębów w celu zmiękczenia jego włókien, mówi się, że swym czynem rani księżycowego boga i rozdrażnia Ojców. Bogowie nie akceptują libacji lanej przez taką osobę do ognia w czasie pełni i nowiu, jego Ojcowie kierują ku niemu swój gniew, a jego ród wygasa'.

Następnie głos zabrała bogini Śri. Rzekła: 'O bogowie, Ojcowie i mędrcy, ludzie powinni zawsze dbać o porządek w swych domach i nie powinni nigdy uderzać kobiety. Bogowie i Ojcowie porzucają bowiem ze wstrętem te grzeszne domy, w których naczynia, krzesła i łoża są porozrzucane w nieładzie i gdzie kobiety są bite. Zaiste, bogowie i Ojcowie nie akceptują darów od takich ludzi i uciekają z ich domów'.

Mędrzec Angiras rzekł: 'O bogowie, Ojcowie i mędrcy, posłuchajcie o jeszcze innym religijnym misterium ukrytym przez wzrokiem wielu. Jeśli chodzi o potomstwo, to mnoży się ono u tego człowieka, który podczas każdej nocy przez cały rok staje pod drzewem z gatunku *karanjaka* z lampą, aby je oświetlić, trzymając w dłoni korzenie rośliny z gatunku *suwarczala*'.

Garga rzekł: 'O bogowie, Ojcowie i mędrcy, istnieją obowiązki zaliczane do głównych, choć nawet one należą do religijnych tajemnic. Nie każdy wie na przykład o tym, że w pomieszczeniach, gdzie wykonuje się ryty ofiarne, należy zawsze zapalać lampy, że należy też zawsze realizować swe obowiązki gościnności, unikać spania w ciągu dnia i powstrzymywać się od jedzenia mięsa. Nie wolno zadawać ran krowom i braminom, i należy zawsze recytować nazwy świętych brodów. Gdy wymienione obowiązki są realizowane, rodzą wspaniałe owoce. Nawet wówczas, gdy ktoś wykona setkę ofiar, jego zasługi płynące z lania libacji do ognia wyczerpią się, podczas gdy zasługi tego, kto z głęboką wiarą realizuje opisane przeze mnie obowiązki, są niewyczerpane.

Warto też wiedzieć o tym, że bogowie nie jedzą libacji lanej do ognia podczas rytów *śraddha* lub rytów wykonanych ku ich czci podczas zwykłych dni księżycowych czy też podczas pełni lub nowiu, jeżeli zobaczą w pobliżu miesiączkującą kobietę lub kobietę, której matka jest chora na trąd. Ojcowie człowieka, który pozwala takiej kobiecie zbliżyć się do miejsca, gdzie jest wykonywana *śraddha*, pozostają z niego niezadowoleni przez trzynaście lat.

Osoba wykonująca *śraddhę*, która pragnie, aby czynione przez nią dary były niewyczerpane, powinna zaprosić braminów i po oczyszczeniu ciała i duszy ubrana na biało powinna skłonić ich do wypowiadania błogosławieństw. Przy tej okazji należy również recytować *Mahabharatę*. W tej sposób dary czynione podczas *śraddhy* staną się niewyczerpane'.

Dhaumja rzekł: 'O bogowie, Ojcowie i mędrcy, istnieje szereg złowróżbnych przedmiotów, których powinno się unikać. Należą do nich pęknięte naczynia, połamane łoża, koguty, psy i drzewa wyrastające w obrębie budynków mieszkalnych. W pękniętym naczyniu ukrywa się sam bóg chaosu Kali, a w złamanym łożu utrata bogactwa. Widok koguta lub psa powoduje, że bogowie nie jedzą ofiarowanych im darów. Jeśli zaś chodzi o drzewa, to u ich korzeni zamieszkują skorpiony i węże i dlatego nie należy nigdy sadzić drzewa wewnątrz swego domu'.

Dżamadagni rzekł: 'O bogowie, Ojcowie i riszi, człowiek, którego serce jest nieczyste, idzie do piekła nawet wtedy, gdy praktykuje surową ascezę i czci bogów Ofiarą Konia lub setką rytów *wadżapeja*. Czystość serca jest tożsama z ofiarą i Prawdą. Biedny bramin o czystym sercu zdobywa region Brahmy nawet wtedy, gdy obdaruje innego bramina jedynie garstką zmielonego jęczmienia. Dowodzi to, jak ważna w religijnej praktyce jest czystość serca'".

4. O działaniach przynoszących szczęście rodowi ludzkiemu

Bhiszma kontynuował: „O Judhiszthira, powtórzyłem tobie rozmowę bogów, Ojców i riszich, zabranych w pałacu Indry, na temat religijnych misteriów, których wykonanie przez ludzi przynosi im zadowolenie. Słuchaj dalej mojej opowieści o tej rozmowie.

Gdy mędrzec Dżamadagni przestał mówić, głos zabrał bóg wiatru Waju. Rzekł: 'O bogowie i mędrcy, wyrecytuję teraz przed wami te obowiązki, których realizacja przynosi rodowi ludzkiemu szczęście. Posłuchajcie o tym, co szukający nieba człowiek powinien i czego nie powinie czynić. Ten, kto w ciągu czterech miesięcy pory deszczowej zapala dla Ojców lampy, ofiaruje im nasiona sezamowe i wodę, leje libację do świętego ognia i w miarę swych możliwości ofiaruje uczonym braminom jedzenie, a bogom gotowany ryż z cukrem i mlekiem, zdobywa zasługi równe tym, jakie płyną z setki rytów ku czci bogów, w których ofiaruje się zwierzęta. Takie postępowanie jest więc gorąco zalecane. Grzech popełnia natomiast ten człowiek, który nie widzi nic złego w tym, że szudra rozpala ogień, do którego leje libację, lub że kobiety usługują podczas *śraddhy*, choć jest to zakazane. Taki człowiek swym postępowaniem budzi gniew trzech ofiarnych ogni i w kolejnym życiu narodzi się wśród szudrów. Zarówno bogowie, jak i Ojcowie nigdy nie są z niego zadowoleni. Może on jednak oczyścić się z tych grzechów i uwolnić od gorączki dzięki pokucie. Chcąc się oczyścić, powinien pościć przez trzy określone dni w ciągu całego roku, lejąc ze skoncentrowaną uwagę do ognia libację z krowiego moczu zmieszanego z krowim łajnem, mlekiem i *ghee*. Bogowie zaakceptują wówczas jego ofiarę. Po odbyciu takiej pokuty zadowoli również Ojców swoją *śraddhą* i po opuszczeniu tego świata zdobędzie niebo'.

Mędrzec Lomasa rzekł: 'O bogowie, Ojcowie i mędrcy, gdy nadchodzi na to właściwy czas, mężczyzna powinien szukać dla siebie żony. Ojcowie tych, którzy nie mają żon lub kładą się do łoża z żonami innych, są niezadowoleni, gdy nadchodzi czas na wykonanie *śraddhy*. Ten, kto kładzie się do łoża z czyjąś żoną lub z kobietą, która jest bezpłodna, jest równie grzeszny, jak ten, który przywłaszcza sobie coś, co należy do bramina. Ojcowie takich ludzi odcinają się od nich i nie chcą mieć z nimi nic wspólnego. Bogowie i Ojcowie nie akceptują ofiarowanych im przez takich ludzi darów. Z tego powodu człowiek, który dba o własne dobro, powinien zawsze powstrzymywać się od kładzenia się do łoża z czyjąś żoną lub z kobietą, która jest bezpłodna, i nie powinien nigdy przywłaszczać sobie czegoś, co należy do bramina.

Posłuchajcie teraz o innej religijnej tajemnicy, która nie jest wszystkim znana. Dwunastego dnia miesiąca księżycowego, jak i co miesiąc w czasie pełni należy ofiarować braminom w darze oczyszczone masło (*ghee*) oraz ryż zmieszany z kurkumą (*akszata*). Człowiek, który tak czyni, zbiera wielkie zasługi i zdobywa wielką energię i męstwo. Taki czyn powoduje przyrost Somy (księżyca) i oceanu. Zadowolony z niego boski Soma gwarantuje mu spełnienie życzeń, a król bogów Indra przyznaje mu czwartą część zasług płynących z Ofiary Konia.

Posłuchajcie o jeszcze innych religijnych misteriach, które są źródłem wielkich zasług i gdy są realizowane w obecnym eonie *kalijugi*, przyniosą ludziom szczęście. Wielkie zasługi zbiera ten, kto wstaje przed świtem, bierze kąpiel i odziany w białe szaty ze skoncentrowaną uwagą obdarowuje braminów naczyniami z miedzi wypełnionymi nasionami sezamowymi, a Ojców dodatkowo wodą, zapala lampy oraz daje w darze jedzenie zwane *krisara*. Zostało stwierdzone, że ten, kto daje w darze naczynia z miedzi lub mosiądzu wypełnione nasionami sezamowymi, zbiera takie same zasługi jak ten, kto czyni dar krów lub dar ziemi przynoszący wieczne zasługi, jak i ten, kto wykonuje ofiarę *agnistoma*, rozdając bogate dary w formie *dakszyny* dla braminów. Dary wody z nasionami sezamowymi przynoszą wszystkim Ojcom wieczne zadowolenie, zmarłych przodków z kolei zadowalają dary lamp i jedzenia *krisara*. Takie są rozporządzenia sformułowane przez starożytnych riszich, wychwalane przez Ojców i bogów przebywających w swych regionach'".

Bhiszma kontynuował: „O Judhiszthira, po wysłuchaniu słów Lomasy ze skupioną uwagą, zebrani w pałacu Indry riszi, Ojcowie i bogowie zwrócili się z pytaniem do żony mędrca Wasiszty Arundhati, słynącej ze zgromadzenia ogromnego bogactwa umartwień, równego bogactwu jej męża i z dorównywania mu w swej energii, przysięgach i zachowaniu. Rzekli: 'O Arundhati, pragniemy wysłuchać twoich słów o sekretach obowiązku i religii. Powiedz nam, co uważasz za największą tajemnicę?'

Arundhati rzekła: 'O bogowie, Ojcowie i mędrcy, wielki postęp, jaki udało mi się osiągnąć w moich umartwieniach, zawdzięczam waszemu szacunkowi dla mnie i waszej pamięci o mnie. Dzięki waszej łasce i za waszą zgodą opowiem wam o tych obowiązkach, które są wieczne i należą do wielkich religijnych tajemnic, które nie są wielu znane. Wiedza o nich powinna być przekazana tylko tym, którzy mają wiarę i czyste serca. Nie należy natomiast nigdy rozmawiać o religii i obowiązkach z kimś, komu brakuje wiary, jest pełen pychy, popełnił grzech zabójstwa bramina lub pohańbił łoże swego nauczyciela.

Zostało stwierdzone, że gościnność należy do największych cnót, a zadowalanie gości należy do najważniejszych obowiązków. Zasługom zbieranym przez tych, którzy zadawalają gości, nie dorównują nawet te, które zbiera osoba czyniąca każdego dnia przez dwanaście lat dar krowy *kapila* czy też osoba, która każdego miesiąca czci bogów ofiarą lub ta, która czyni dar setek tysięcy krów w świętym miejscu Puszkara.

Posłuchajcie teraz o innym misterium, którego realizowanie przynosi rodowi ludzkiemu szczęście. Posiadająca wiarę osoba powinna je spełnić w sekretnym rycie. Zbiera w ten sposób wielkie zasługi. Posłuchajcie o mocy tego rytu. Ten, kto po obudzeniu się przed świtem, uda się do krowiej zagrody, niosąc w dłoniach spory pojemnik wody oraz garstkę trawy *kuśa* i po przybyciu tam umyje wodą rogi krowy, spryskując je wodą przy pomocy trawy *kuśa* i następnie pozwoli wodzie spłynąć na swoją głowę, w wyniku takiej kąpieli jest uważany za kogoś, kto wykonał ablucje we wszystkich świętych wodach, o których mędrcy mówią, że istnieją we wszystkich trzech światach i są czczone i odwiedzane przez Siddhów i Czaranów'.

Słowa Arundhati zadowoliły bogów i Ojców, którzy oklaskując ją, wołali: 'Wspaniale, wspaniale!'

Brahma rzekł: 'O błogosławiona, wspaniały jest ten sekretny ryt, o którym nam opowiedziałaś. Niech będzie ci chwała! Twoje słowa bardzo mnie zadowoliły, przyjmij więc ode mnie w darze to, że twoje umartwienia będą zawsze wzrastać!' "

5. O działaniach przynoszących ulgę zmarłemu w pośmiertnym świecie

Bhiszma kontynuował: „O Judhiszthira, następnie głos zabrał bóg umarłych Jama, który rzekł: 'O bogowie, Ojcowie i mędrcy, wysłuchałem z uwagą całej waszej dyskusji. Posłuchajcie teraz o tym, co powiedział ongiś asystujący mi bóg Czitragupta o religijnych misteriach, które przynoszą ludziom ulgę w pośmiertnym świecie. W jego posiadaniu jest pełna dokumentacja czynów wykonanych przez ludzi podczas życia na ziemi. Jego słowa dotyczące obowiązku i sekretnego rytu bardzo mnie zadowoliły i są warte tego, aby wysłuchali ich zarówno wielcy riszi, jak i ludzie, którzy mają na uwadze swoje własne dobro.

Żaden rezultat prawości i nieprawości w postępowaniu żywych istot w czasie życia na ziemi nigdy nie ginie. Podczas nowiu i pełni wszystkie wykonane działania zostają przekazane słońcu i tam znajdują spoczynek. Gdy śmiertelnik udaje się do świata umarłych, bóg słońca pełni rolę świadka wszystkich jego czynów. Ten, kto jest prawy, nabywa tam owoce swej prawości, a ten, kto jest grzeszny, owoce swej nieprawości. Aby zapewnić sobie komfort w drodze prowadzącej przez świat umarłych, należy za życia czynić dary wody do picia, lamp oświetlających ciemność, sandałów i parasoli, wykonując odpowiednie ryty, a w świętym miejscu Brahmy należy obdarować krowami *kapila* zasługującego na dar bramina, który poznał *Wedy*. Należy też zawsze dbać swój ogień ofiarny i *agnihotrę*.

Wraz z upływem czasu każda żywa istota musi umrzeć. Ci, którzy nie zdobyli wystarczającego zrozumienia, cierpią w krainie umarłych z głodu i pragnienia. Muszą tam gnić, płonąc z bólu. Dla nich nie ma ucieczki przed taką niedolą. Są zmuszeni do wejścia w gęstą ciemność. Realizowanie za życia wymienionych przeze mnie obowiązków pomaga w pokonaniu takiej niedoli. Nie wymagając prawie żadnych kosztów, pozwala na zebranie wielkich zasług. Zaiste, przynosi szczęście w pośmiertnym świecie. Ci, którzy czynią dar wody za życia, w świecie pośmiertnym otrzymują w nagrodę dostęp do wielkiej rzeki czystej wody o doskonałym smaku. Woda w tej rzece, z której mogą pić, jest niewyczerpana, zimna i słodka jak niebiański nektar. Ci z kolei, którzy za życia czynią dar lamp, nie widzą po śmierci gęstej ciemności piekieł. Soma, Surja i Agni zawsze dają im światło, gdy udają się do pośmiertnego świata. Bogowie ci zarządzili, że osoby te mają światło ze wszystkich swych stron i gdy znajdą się w świecie umarłych, rozświetlają przestrzeń swą jasnością jak drugi Surja. Z tych to względów czynienie darów wody i światła za życia jest szczególnie ważne.

Posłuchajcie teraz o zasługach zbieranych przez tego, kto obdarowuje za życia krową *kapila* zasługującego na to bramina, szczególnie gdy czyni to w świętym miejscu zwanym Puszkara. Zasługi zbierane przez takiego człowieka są równe zasługom zbieranym darem setki krów i byka, i są niewyczerpane. Dar nawet jednej krowy *kapila* ma moc oczyszczania z wszystkich grzechów łącznie z grzechem zabójstwa bramina. Należy więc w miesiącu *karttika* podczas pełni księżyca uczynić dar krowy *kapila*, udając się do tego z dwóch świętych miejsc o tej samej nazwie Puszkara znajdujących się na ziemi, które jest uważane za bardziej święte. Ludzie, którzy tak czynią, uwalniają się od smutku i cierni sprawiających im ból i unikają wszelkich nieszczęść. Ten, kto za życia daje w darze parę sandałów wielkiemu braminowi zasługującemu na dar, gromadzi podobne zasługi. Czyniąc dar parasola, zdobywa w pośmiertnym świecie przyjemny cień. Dar dany zasługującej na niego osobie nigdy nie jest stracony i zawsze przynosi dawcy w kolejnym świecie nagrody'.

Surja po usłyszeniu tego, co powiedział bóg umarłych Jama, rzekł: 'O bogowie, Ojcowie i mędrcy, usłyszeliście z ust Jamy o tajemnicach dotyczących obowiązków, przedłożonych przez Czitraguptę. Wszyscy ludzie, którzy mając wiarę, czynią opisane dary, uwalniają się od wszelkiego rodzaju lęku za wyjątkiem pięciu typów ludzi zabrudzonych przez swoje okrutne uczynki, dla których nie ma ucieczki. Zaiste, są oni uważani za najgorszych z ludzi i nie należy nigdy z nimi rozmawiać na temat religijnych tajemnic. Należy ich zawsze unikać. Do tych pięciu typów ludzi należą: zabójca bramina, zabójca krowy, cudzołożnik, ten, kto nie ma wiary w *Wedy*, oraz ten, kto utrzymuje się przy życiu ze sprzedaży cnoty swej żony. Wymienione osoby, których postępowanie jest grzeszne, po przybyciu do regionu umarłych gniją w piekle, tak jak robak żyjący w ropie lub we krwi. Ojcowie, bogowie, bramini realizujący ślub *snataka* i inne duchowo odrodzone osoby praktykujące umartwienia są oddane tylko tym, którzy praktykują umartwienia'".

Bhiszma kontynuował: „O Judhiszthira, gdy Surja zamilkł, głos zabrali upiorni towarzysze Mahadewy zwani Pramathami. Rzekli: 'O bogowie, Ojcowie i mędrcy, posłuchajcie, co mamy do powiedzenia. Ludzie zanieczyszczają się przez kontakty seksualne. Ci, którzy nie oczyszczą się po takich kontaktach, jak i ci, którzy obrażają swoich przełożonych, jedzą różne rodzaje mięsa, śpią pod drzewem, trzymają jakąś pochodzącą ze zwierząt substancję pod poduszką podczas snu, śpią z głową tam, gdzie powinny być nogi, są uważani za nieczystych. Do tej samej klasy ludzi zalicza się także tych, którzy wrzucają flegmę i inne nieczyste cielesne wydzieliny do wody. Ci ludzie zasługują na śmierć z naszych rąk, jak i na to, abyśmy ich zjedli. Do naszych obowiązków należy nękanie ludzi, którzy tak postępują.

Istnieją jednak takie czyny, które są uważane za antidotum na nas i uniemożliwiają nam ranienie ludzi. Posłuchajcie o nich. Wiedza ta należy do głęboko strzeżonych tajemnic. Nie potrafimy nękać tych ludzi, na których ciałach ukazują się ślady kamienia *goroczana* będącego antidotum na truciznę i zaraźliwe choroby, którzy trzymają w dłoniach lecznicze zioła *acorus calamus*, dają w darze *ghee* zmieszane z innymi składnikami zwanymi *akszata* lub umieszczają *ghee* i *akszata* na swych głowach oraz takich, którzy powstrzymują się od jedzenia mięsa. Nie mamy też władzy nad tymi ludźmi, w których domach święty ogień ofiarny płonie dzień i noc, i nigdy nie jest wygaszany, jak i nad tymi, w których domostwie dym ofiarny unosi się ku górze i tymi, którzy mają kota lub kozła w kolorze czarnym lub żółtobrązowym i którzy w swym domu trzymają zęby wilka lub skorupę żółwia. Gospodarz, który trzyma w domu wymienione przedmioty, nie będzie napastowany nawet przez najbardziej krwiożercze duchy żywiące się mięsem. Nie zdołają go również zranić istoty takie jak my, krążące po różnych światach w poszukiwaniu przyjemności. Ludzie, którzy mają na uwadze swoje dobro, powinni więc trzymać je w domach, gdyż niszczą one rakszasów i inne mięsożerne stworzenia'".

6. O działaniach zadowalających słonie podtrzymujące cały wszechświat

Bhiszma rzekł: „O Judhiszthira, następnie głos zabrał dziadek wszechświata Brahma, który narodził się w pierwotnym Lotosie i sam swym przyjemnym wyglądem i zapachem przypomina lotos. Rzekł, zwracając się do Indry i bogów: 'O bogowie, spójrzcie na obecnego wśród nas potężnego węża o wielkiej sile, energii i odwadze, który zamieszkuje świat podziemny. Ma on na imię Renuka i jest niewątpliwie bardzo potężną istotą. Poproście go, aby udał się do podziemi i zapytał potężne słonie o wielkiej energii i mocy, które dostarczają ziemi oparcia, o znane im religijne misteria służące dobru całego wszechświata'.

Bogowie uczynili to, co nakazał im Brahma i wysłali Renukę tam, gdzie przebywają wielkie słonie podtrzymujące cały świat. Renuka udał się tam i rzekł do słoni: 'O potężne istoty, bogowie i Ojcowie wysłali mnie do was, aby zapytać was o znane tylko wam sekrety dotyczące religii i obowiązku. Chciałbym posłuchać, co macie na ten temat do powiedzenia. Powiedzcie mi o to, co wasza mądrość wam dyktuje'.

Osiem słoni podtrzymujących świat z ośmiu stron rzekło: 'O Renuka, posłuchaj więc o tym, jakie pobożne działania ludzi przynoszą nam zadowolenie i ulgę w utrzymywaniu ciężaru ziemi. Zadowala nas ten, kto czyni dary melasy i ryżu w ósmym, pomyślnym dniu tej części miesiąca *karttika*, gdy księżyca ubywa i gdy konstelacja Aślesza jest w fazie wschodzącej. Po uwolnieniu się od gniewu należy uczynić te dary podczas *śraddhy*, zachowując post przez określony czas i nucąc następujące mantry: «Niech Waladewa (Balarama) brat Kryszny i inkarnacja węża Śeszy, który w swych zwojach trzyma ziemię, aby zapewnić jej stabilność, i inni nagowie o wielkiej sile oraz inne potężne węże o ogromnych ciałach, które są wieczne i niezniszczalne, i wszystkie pozostałe wielkie węże, które narodziły się w ich gatunku, wzmocnią moje siły i energię. Zaiste, niech moja siła będzie równie wielka jak błogosławionego Narajany, który uniósł na powierzchnię zatopioną w oceanie ziemię». Następnie należy uczynić dar *wali* do mrowiska, a gdy słońce ukryje się w swoich komnatach na zachodzie, należy złożyć do wybranego mrowiska dar z ryżu zmieszanego z cukrem. Przed uczynieniem tego daru należy posypać to wybrane mrowisko kwiatami *gadżendra*. Należy też ofiarować niebieską tkaninę i pachnące maści. Gdy ofiara jest czyniona w opisany przez nas sposób, istoty zamieszkujące podziemne regiony, które unoszą na swych głowach i barkach ciężar górnych regionów wszechświata, są zadowolenie. Dzięki takim darom nie odczuwamy ciężaru trzymywanej przez nas ziemi. Znosimy cierpliwie ten ciężar wolni od egoizmu z myślą o dobru wszystkich ludzi. Ci ludzie, którzy czynią opisane przez nas dary do mrowiska przez cały rok, przestrzegając odpowiednio postu, zbierają wielkie zasługi bez względu na to, w jakiej kaście się urodzili. Ofiarowanie daru *wali* do mrowiska przynosi prawdziwie wielkie zasługi. Taki dar jest uważany za realizowanie obowiązku gościnności w stosunku do wszystkich potężnych słoni zamieszkujących trzy światy'"

7. O misteriach zwiększających ilość szczęścia na ziemi

Bhiszma kontynuował: „O Judhiszthira, Ranuka po powrocie z podziemnych regionów do pałacu Indry powtórzył zebranym tam niebianom swoją rozmowę ze słoniami. Bogowie, Ojcowie i mędrcy, słysząc jego opowiadanie, nagrodzili go oklaskami. Następnie głos zabrał Śiwa, który rzekł: 'O bogowie, Ojcowie i mędrcy, wspaniałe są te religijne misteria, o których sobie przypominacie i o których opowiadacie. Są źródłem wielkich zasług. Należy jednak nauczać o nich tylko tych ludzi, których rozumienie jest nastawione na religię i którzy mają wiarę.

Posłuchajcie teraz moich słów o zasługach zbieranych przez osobę, która każdego dnia przez cały miesiąc, z sercem wolnym od niepokoju, czyni dar jedzenia, ofiarując go krowom, podczas gdy sama zadowala się jednym posiłkiem dziennie. Krowy są uważane za błogosławione i wśród wszystkiego, co święte, są uważane za najbardziej święte. To one utrzymują w istnieniu wszystkie trzy światy zamieszkiwane przez bogów, asurów i ludzi. Służenie im i oddawanie im czci przynosi wielkie zasługi i nagrody, stąd człowiek, który każdego dnia czci je, czyniąc dar jedzenia, gromadzi religijne zasługi.

Ja sam wyraziłem moje uwielbienie dla krów dawno temu, jeszcze podczas *kritajugi*. Później Brahma narodzony w pierwotnym Lotosie poprosił mnie o ukazanie krowom mojej łaski i od tamtego czasu mój proporzec zdobi wizerunek byka. Zawsze igram z krowami i dlatego wszyscy powinni oddawać im cześć. Krowy są obdarzone ogromną mocą i gdy oddaje się im cześć, obdarowują spełnieniem życzeń. Osoba, która ofiaruje krowom jedzenie, choćby przez jeden dzień, otrzymuje dodatkowo w nagrodę od tych błogosławionych istot czwartą część zasług, które zdołał zebrać w czasie całego życia swymi czynami'.

Skanda rzekł: 'O bogowie, Ojcowie i mędrcy, opowiem wam o jeszcze innym religijnym misterium, które mnie zadowala. Posłuchajcie ze skoncentrowaną uwagą. Wielkie zasługi gromadzi ta osoba, która zbiera tę odrobię ziemi, która gromadzi się na rogach byka o ciemnym, przyjemnym dla każdego oka kolorze skóry i naciera nią swoje ciało przez trzy dni, a następnie po upływie tego czasu wykonuje ablucje. Dzięki takiemu czynowi oczyszcza się z zanieczyszczeń i wszelkiego zła, zdobywając suwerenność zarówno za życia, jak i po śmierci. Bez względu na to, ile razy urodzi się ponownie na tym świecie, będzie zawsze wielbiona za swój heroizm.

Opowiem wam o jeszcze innym misterium, znanym niewielu. Po ugotowaniu jedzenia w miedzianym naczyniu należy zmieszać je z miodem i wieczorem podczas pełni księżyca, w momencie gdy księżyc ukazuje sie na niebie, należy ofiarować je jako dar *wali*. Taki dar jest akceptowany przez wielu bogów: Sadhjów, Rudrów, Aditjów, Wiśadewów, Aświnów, Marutusów i Wasu. Dzięki tej ofierze wzrasta zarówno Soma (księżyc), jak i ocean, który jest skarbnicą wód. Zadeklarowany przeze mnie obowiązek, gdy jest spełniany, powoduje wzrost szczęścia na świecie'".

Bhiszma zakończył swoje opowiadanie o rozmowie bogów, Ojców i riszich na temat tych religijnych działań wykonywanych przez ludzi, które przynoszą im zadowolenie, mówiąc: „O Judhiszthira, mając na uwadze twoje dobro, opowiedziałem tobie o religijnych tajemnicach znanych bogom, które zostały ogłoszone na ziemi przez mędrca Wjasę. Ci, którzy znają religię i obowiązek, twierdzą, że ta wiedza jest cenniejsza całego ziemskiego bogactwa. Wiedzy tej nie należy przekazywać komuś, komu brakuje wiary i współczucia dla innych, jest ateistą, oddaje się pustym naukowym dysputom, twierdzi, że każda żywa istota jest odmienna, przestał realizować obowiązki swej kasty lub jest wrogi w stosunku do swego nauczyciela. Posłuchaj, co na zakończenie tej rozmowy powiedział Wisznu.

Wisznu rzekł: 'O bogowie, Ojcowie i mędrcy, wasza dyskusja o religijnych misteriach jest wspaniała. Wykonywanie wskazanych przez was rytów przez ludzi przynosi im ogromne zasługi. Ogromne zasługi można zebrać nawet przez samo czytanie i słuchanie o nich. Ten, kto z wiarą, umysłem wolnym od szaleństwa i skoncentrowaną uwagą słucha tych nauk zadeklarowanych przez bogów i riszich, nigdy nie ulegnie złu i uwolni się od lęku. Także ten, kto kontrolując zmysły, czyta fragmenty opisujące te dobrze wróżące i przynoszące zasługi obowiązki, o których była mowa, nabywa zasługi równe tym, które płyną z ich wykonania. Takiego człowieka grzech nigdy nie pokona i nigdy nie zabrudzi żadna wina. Bogowie i Ojcowie zawsze jedzą ofiarowane przez niego oczyszczone masło, które dzięki cnotom ofiarodawcy staje się niewyczerpane. Takie same zasługi zdobywa ten, kto podczas pełni i nowiu ze skoncentrowaną uwagą opowiada o tych misteriach w obecności braminów. W rezultacie takiego czynu staje się wytrwały w spełnianiu wszystkich obowiązków. Zdobywa również pomyślność, piękno formy i staje się faworytem bogów i Ojców'".

Napisane na podstawie fragmentów *Mahābharāta*,
Anusasana Parva, Part 2, Sections CXXV-CXXXIV.

Opowieść 235
O regułach dotyczących akceptowania daru jedzenia

1. O osobach, od których można i od których nie można przyjmować daru jedzenia; 2. O pokucie, jakiej powinien poddać się bramin spożywający jedzenie ofiarowane bogom i Ojcom przez innych; 3. O dobroczynności i oddaniu; 4. O pięciu motywach i rodzajach darów.

> Bhiszma rzekł: „O Judhiszthira, zostało stwierdzone, że bramin i wojownik mogą przyjmować dar jedzenia od bramina i wojownika, nie powinni jednak akceptować takiego daru od szudrów, którzy nie potrafią zaprzestać czynienia zła i bez żadnych skrupułów jedzą wszystko".

(*Mahābharāta*, Anusasana Parva, Part 2, CXXXV)

1. O osobach, od których można i od których nie można przyjmować daru jedzenia

Judhiszthira rzekł: „O Bhiszma, wytłumacz nam teraz, czy bramin może akceptować dar jedzenia od każdego bez względu na to, z jakiej pochodzi kasty, czy też nie? I podobnie, czyj dar jedzenia może zaakceptować wojownik, waiśja i szudra?"

Bhiszma rzekł: „O Judhiszthira, zostało stwierdzone, że bramin i wojownik mogą przyjmować dar jedzenia od bramina i wojownika, nie powinni jednak akceptować takiego daru od szudrów, którzy nie potrafią zaprzestać czynienia zła i bez żadnych skrupułów jedzą wszystko. Jeśli chodzi o dary jedzenia pochodzące od waiśjów, to bramini i wojownicy mogą spożywać jedzenie otrzymane w darze od tych waiśjów, których charakter jest bez zarzutu i którzy każdego dnia czczą święty ogień i realizują ślub postu *czaturmasja*. O tym, który przyjmuje jedzenie od szudry, mówi się, że połyka wszystkie obrzydliwości, które znajdują się na ziemi, pije wydzieliny ludzkiego ciała i zjada nieczystości z wszystkich trzech światów.

Bramin, wojownik, czy waiśja usługujący szudrom nie zdoła uniknąć zagłady, choćby nawet wykonał wszystkie ryty swojej kasty. Zostało bowiem stwierdzone, że zawód służącego został wyznaczony dla szudrów, podczas gdy obowiązkiem braminów jest studiowanie *Wed* i działanie na rzecz dobra ludzkości, obowiązkiem wojowników jest dostarczanie ludziom obrony, a obowiązkiem waiśjów troska o ich materialny dobrobyt. Waiśja utrzymuje się przy życiu, dostarczając innym owoców uprawy ziemi i swej pracy. Hodowla i handel są przydzieloną im pracą, którą powinni wykonywać, nie obawiając krytyki. Człowiek urodzony w jednej z trzech wyższych kast, który zaniedbuje wykonywania wyznaczonego dla niego zawodu i wykonuje zawód służącego, wyznaczony dla szudrów, powinien być traktowany jak szudra i w żadnym wypadku nie należy przyjmować od niego daru jedzenia. Również lekarzy, najemnych żołnierzy, kapłanów pełniących funkcję dozorców i osoby, które, choć poświęcają cały rok na studia, nie mają z tego żadnej korzyści, uważa się za szudrów. Ludzie z trzech wyższych kast spożywający jedzenie ofiarowane podczas ceremonii w domu szudry nie unikną nieszczęścia. W konsekwencji spożywania stracą rodzinę, energię i siłę i narodzą się ponownie na ziemi w świecie zwierząt w formie psów, w której to formie zostają pozbawieni dostępu do religijnych obrzędów oraz szans rozwijania cnót prowadzących do nieba. Jedzenie otrzymane od lekarzy jest jak czyjeś odchody, od nierządnicy jak mocz, a od zręcznego artysty jak krew.

Bramin aprobowany przez ludzi uważanych za dobrych, który przyjmuje jedzenie od osoby utrzymującej się przy życiu z nauczania *Wed*, jest uważany za kogoś, kto je jedzenie szudry. Dobrzy ludzie powinni wyrzec się takiego jedzenia. Jedzenie otrzymane od osoby przez wszystkich potępianej jest jak pobrane z jeziora krwi. Przyjęcie jedzenia od niegodziwca jest uważane za równie karygodne jak zabójstwo bramina.

Nie należy nigdy akceptować jedzenia, które jest zepsute lub ofiarowane bez odpowiedniego szacunku. Bramin, który akceptuje takie jedzenie, zachoruje i jego ród wymrze, a ten, który przyjmuje jedzenie od pijaka lub osoby, która popełniła grzech cudzołóstwa z żoną nauczyciela, bądź zabójstwa krowy, sprzyja rozwojowi rakszasów. Potomkowie tego, kto przyjmuje jedzenie od strażnika miasta, upadną do najniższego poziomu pariasa, a ten, kto akceptuje jedzenie od eunucha, niewdzięcznika lub kogoś, kto sprzeniewierzył oddaną mu pod opiekę czyjąś własność, narodzi się ponownie w kraju Sawarów, który znajduje się poza obrębem środkowego kraju".

Bhiszma zakończył, mówiąc: „O Judhiszthira, odpowiadając na twoje pytanie, wymieniłem osoby, od których można i od których nie należy przyjmować daru jedzenia. Powiedz mi teraz, o czym jeszcze chciałbyś dzisiaj usłyszeć?"

2. O pokucie, jakiej powinien poddać się bramin spożywający jedzenie ofiarowane bogom i Ojcom przez innych

Judhiszthira rzekł: „O Bhiszma, opowiedziałeś nam o rozporządzeniach dotyczących akceptowania przez braminów daru jedzenia od osób pochodzących z różnych kast i wykonujących różne zawody. W tym kontekście w moim umyśle zrodziła się pewna wątpliwość. Wytłumacz nam, jaką pokutę powinien odbyć bramin, aby oczyścić się z grzechu, na który naraża się, akceptując jedzenie ofiarowane bogom i zmarłym przodkom przez innych".

Bhiszma rzekł: „O Judhiszthira, posłuchaj więc o tym, w jaki sposób bramin może oczyścić się z takiego grzechu.

Pokutą za grzech wynikły z zaakceptowania oczyszczonego masła i sezamu ofiarowanego przez innych bogom lub Ojcom jest lanie ofiarnych darów do ognia i recytowanie hymnu *Sawitri*.

Pokutą za grzech wynikły z zaakceptowania mięsa, miodu lub soli jest stanie bez ruchu od zmierzchu aż do wschodu słońca.

Pokutą za grzech wynikły z zaakceptowania złota, pieniędzy, ubrania lub kobiety jest bezgłośne recytowanie *Gajatri* w miejscu publicznym z kawałkiem żelaza w dłoni.

Pokutą za grzech wynikły z zaakceptowania jedzenia, ryżu ugotowanego z mlekiem i cukrem, soku z trzciny cukrowej, oleju lub jakiegoś świętego przedmiotu jest trzykrotna kąpiel w ciągu dnia, rano, w południe i wieczorem.

Pokutą za grzech wynikły z zaakceptowania niełuskanego ryżu, kwiatów, owoców, wody, niedojrzałego jęczmienia, mleka, zsiadłego mleka lub czegokolwiek innego zrobionego z mleka i mąki, jest recytowanie mantry *Gajatri* setkę razy. W taki sam sposób można oczyścić się z grzechu wynikłego z zaakceptowania daru sandałów lub ubrania podczas ceremonii pogrzebowych.

Pokutą za grzech wynikły z przyjęcia daru ziemi ofiarowanego podczas zaćmienia lub w okresie uważanym za nieczysty jest przestrzeganie postu przez trzy kolejne doby.

Pokutą za grzech wynikły ze spożycia oblacji ofiarowanej zmarłym przodkom w okresie ciemniejącego księżyca, jest poszczenie w ciągu jednego dnia i nocy".

Bhiszma kontynuował: „O Judhiszthira, bramin, który chce unikać wszelkich możliwych zanieczyszczeń wynikłych z wykonywania czynności religijnych podczas dnia, powinien unikać wypowiadania wieczornych modlitw i rozpoczynania religijnych medytacji lub spożywania drugiego posiłku bez wykonania najpierw ablucji, dzięki którym się oczyszcza. Z tego też powodu zostało zarządzone, że ryt *śraddha* ku czci zmarłych przodków powinien być wykonywany po południu i tylko bramini, którzy zostali zaproszeni wcześniej, powinni uczestniczyć w typowej dla tego rytu uczcie.

Bramin, który spożywa jedzenie w domu zmarłego trzeciego dnia po jego śmierci, oczyszcza się z wynikłego stąd grzechu, biorąc kąpiel trzy razy dziennie w ciągu dwunastu dni. Po upływie dwunastu dni i starannym wykonaniu wszystkich oczyszczających ceremonii, powinien ofiarować braminom oczyszczone masło, co ostatecznie niszczy jego grzech.

Bramin, który spożywa jedzenie w domu umarłego w okresie dziesięciu dni po jego śmierci, musi wykonać opisaną wyżej pokutę łącznie z recytowaniem mantry *Sawitri* i wykonaniem niszczących grzechy rytów, znanych pod nazwą *iszti*, jak i umartwień ku czci Kuszmandy (Durgi).

Bramin, który je w domu zmarłej osoby w okresie trzech nocy po jego śmierci, oczyszcza się przez wykonanie ablucji trzy razy dziennie w ciągu siedmiu dni i dzięki temu zdobywa wszystkie przedmioty, których pragnie i unika wszelkich nieszczęść.

Bramin, który spożywa posiłek w towarzystwie szudrów, oczyszcza się z wynikłych z tego nieczystości przez wykonanie odpowiednich oczyszczających ceremonii.

Bramin, który popełnia grzech, spożywając posiłek w towarzystwie waiśji, oczyszcza się, gdy w ciągu kolejnych trzech dni utrzymuje się przy życiu z jałmużny.

Bramin, który popełnia grzech, jedząc w towarzystwie wojowników, oczyszcza się przez kąpiel w ubraniu.

Nie należy nigdy jeść z kimś z tego samego talerza. Rodzina szudry jedzącego z tego samego talerza, co inny szudra, traci poważanie. Waiśja, jedząc z tego samego talerza z innym waiśją, traci swoje stada krów i przyjaciół. Wojownik w podobnej sytuacji traci pomyślność, a bramin cały swój splendor i energię. W takich przypadkach należy wykonać pokutę i pokutnicze ryty oraz czcić bogów ofiarą.

Nie należy nigdy jeść jedzenia już częściowo zjedzonego przez osobę z innej kasty. Reguła ta dotyczy wszystkich bez względu na to, w której z czterech kast ktoś się urodził. Aby oczyścić się z takiego grzechu, należy odbyć pokutę, smarując ciało różnymi substancjami uważanymi za pomyślne".

3. O dobroczynności i oddaniu

Judhiszthira rzekł: „O Bhiszma, nauczałeś nas wielokrotnie o zaletach zarówno ścieżki dobroczynności, jak i oddania. Wytłumacz nam teraz, czy żyjąc na tym świecie, lepiej iść ścieżką dobroczynności czy oddania?"

Bhiszma rzekł: „O Judhiszthira, liczni królowie i riszi, którzy byli oddani dobru, po oczyszczeniu swych serc zdobyli różne niebiańskie regiony przez umartwienia, dobroczynność i inne prawe działania. Posłuchaj imion niektórych z nich.

Czczony przez wszystkich riszi Atreja zdobył wieczne niebiańskie regiony, nauczając swych uczniów o Najwyższym Byciu, a riszi Wasiszta zdobył je, ratując wszystkie żywe istoty w okresie wielkiej suszy, gdy Indra przestał oblewać ziemię deszczem. Syn Manu Sudjumna z kolei zdobył je, karząc we właściwy sposób Likhitę.

Wielu królów zdobyło niebo swymi darami. Król Rantidewa, syn Sangkritiego, zdobył je, obdarowując uduchowionego riszi Wasisztę, a król Dewawriddha, ofiarując braminowi podczas ofiarnego rytu wspaniałe złote parasole.

Król Dźanamedźaja z dynastii słonecznej zdobył niebo, obdarowując braminów kolczykami, wspaniałymi pojazdami i krowami, a królewski mędrzec Wriszadarwi zdobył je, obdarowując braminów klejnotami i wspaniałymi domami.

Król Widarwów Nimi zdobył niebo razem ze swymi synami, przyjaciółmi i krowami, oddając córkę i królestwo mędrcowi Agastji, a Paraśurama, syn Dżamadagniego, zdobył wieczne regiony przekraczające jego oczekiwania, obdarowując braminów całą ziemią.

Rama, syn króla Daśarathy, który cieszy się sławą we wszystkich trzech światach, zdobył wieczne regiony dzięki darom czynionym podczas ofiary, a królewski mędrzec Kakszasena zdobył je, obdarowując mędrca Wasisztę bogactwem.

Marutta, syn Abikszity i wnuk Karandhamy, zdobył niebo, oddając córkę za żonę mędrcowi Angirasowi, a król Mitrasaha zdobył je, oddając Wasiszcie swoją ulubioną żonę o imieniu Madajanti.

Król Siwi, syn Uśinary, i król Kasiów o imieniu Pratardana zdobyli niebo i wielką sławę, poświęcając życie swego syna dla dobra bramina, a słynny królewski mędrzec Sahasraczitta zdobył je, poświęcając swoje życie dla dobra bramin.

Król Satadjumna zdobył niebo, ofiarując Mudgali złoty pałac wypełniony wszystkim, czego tylko można zapragnąć, a żyjący w dawnych czasach król Sumanju zdobył je, obdarowując Sandilję ogromną ilością jedzenia.

Król Salwa o wielkim splendorze zdobył najwyższe regiony, obdarowując swym królestwem Riczikę, a pobożny król Pańcalów Brahmadatta zdobył je, dając w darze drogocenną konchę.

Godny czci Amwarisza zdobył region bogów, dając w darze braminowi o wielkiej mocy całe swoje królestwo, a królewski mędrzec Madiraśwa zdobył ten region, oddając swoją córkę o wąskiej talii Hiranjahaście.

Dostojny Lomapada zdobył wszystko, czego pragnął, oddając swoją córkę o imieniu Santa za żonę Riszjaśrindze, a królewski mędrzec Bhagiratha, dając Kautsie swoją słynną córkę Hansi".

Bhiszma zakończył, mówiąc: „O Judhiszthira, jak widzisz, wielu ludzi, rodząc się wielokrotnie na ziemi, zdobyło niebo, prowadząc domowy tryb życia i zbierając zasługi dobroczynnością, umartwieniami, prowadząc ryty ofiarne i płodząc potomstwo. Ich sława będzie istniała równie długo, jak istnienie wszechświata".

4. O pięciu motywach i rodzajach darów

Judhiszthira rzekł: „O Bhiszma, wymieniłeś imiona królów, którzy realizując swoje zobowiązanie wobec Prawdy, szli ścieżką dobroczynności i zdobyli niebo. Wytłumacz nam teraz, co powoduje, że różne rodzaje darów przynoszą różne zasługi? Na jakiej podstawie różnicuje się dary?"

Bhiszma rzekł: „O Judhiszthira, dary można czynić, kierując się następującymi pięcioma motywami: szukając zasług, dążąc do zysku, kierując się lękiem, kierując się wolną wolą uczynienia daru i kierując się współczuciem. Biorąc pod uwagę te różne w motywy, dary dzieli się na pięć rodzajów.

Dary dawane braminom powinny być czynione z umysłem wolnym od złej woli. Dzięki takim darom nabywa się sławę za życia i po śmierci. Taki dar powinien być motywowany pragnieniem zebrania zasług.

Ten, kto czyni dary, myśląc: 'On ma zwyczaj czynienia darów', 'On mnie kiedyś obdarował', daje dary, kierując się motywem zysku.

Ten, kto czyni dary, myśląc: 'Ani ja do niego nie należę, ani on do mnie, lecz jeżeli go zlekceważę, może mnie zranić, daje dary, kierując się lękiem. Nawet mędrzec może obdarować ignoranta i niegodziwca, kierując się takim motywem,.

Ten, kto daje dar innej osobie, myśląc: 'On jest mi równie bliski i drogi, jak ja jemu', czyni dar, kierując się wolną wolą uczynienia daru. Inteligentna osoba myśląc w ten sposób, obdarowuje przyjaciela z entuzjazmem i całkowicie dobrowolnie. Ten, kto obdarowuje osoby, które są bardzo biedne, zadowalając się samemu małym, czyni dary, kierując się współczuciem".

Bhiszma zakończył swe nauki, mówiąc: „O Judhiszthira, odpowiadając na twoje pytanie, opowiedziałem tobie o pięciu rodzajach darów, które przynoszą obdarowującemu zasługi i sławę. Brahma stwierdził kiedyś, że należy zawsze czynić dary na miarę swych sił".

Napisane na podstawie fragmentów *Mahābharāta*,
Anusasana Parva, Part 2, Sections CXXXV-CXXXVIII.

Opowieść 236
O energii Wisznu i Śiwy

1. Kryszna wyjaśnia tajemnicę ognia, który wypłynął z jego ust i zdumiał riszich; 2. Kryszna prosi riszich, aby opowiedzieli mu o czymś zdumiewającym, co widzieli lub o czym słyszeli; 3. Narada mówi o ogniu wypływającym z trzeciego oka Śiwy; 4. Śiwa wyjaśnia Umie swoją formę.

> *Kryszna Wasudewa rzekł: „O wielcy riszi, ogień, który wypłynął z moich ust i spalił góry, przypominając swym wielkim splendorem niszczący wszystko ogień Końca Eonu, jest niczym innym jak energią Wisznu. Na widok tej energii nawet wy odczuliście strach i niepokój, chociaż zdobyliście bogactwo umartwień, macie pełną kontrolę nad swym gniewem i zmysłami, a swoją mocą dorównujecie bogom".*

(*Mahābhārāta*, Anusasana Parva, Part 2, Section CXXXIX)

1. Kryszna wyjaśnienia tajemnicę ognia, który wypłynął z jego ust i zdumiał riszich

Judhiszthira rzekł: „O Bhiszma, ty sam zdobyłeś wielką mądrość i poznałeś wszystkie gałęzie nauki. W naszej wielkiej dynastii ty jeden zdobyłeś wszechwiedzę. Czas przyniósł nam obecnie wielką niedolę. Prowadząc wielką wojnę z naszymi kuzynami, doprowadziliśmy do wyniszczania naszego rodu. Nic podobnego nie wydarza się zwykle wśród krewnych i przyjaciół. Ratuj nas, gdyż poza tobą nie mamy obecnie nikogo, kto mógłby udzielić nam właściwych instrukcji! Nawet Kryszna, który jest Narajaną, obdarzonym wszystkim, co pomyślne, i czczonym przez wszystkich królów, stoi teraz przy twoim łożu, oddając ci honory i dając ci pierwszeństwo. Jesteś seniorem naszego rodu i darzysz nas uczuciem, nauczaj nas dalej, mając na uwadze nasze dobro".

Bhiszma, syn bogini Gangi, z radością wynikłą z jego uczucia dla Pandawów rzekł: „O Judhiszthira, posłuchaj opowieści o mocy Wisznu, którą usłyszałem w odległych czasach od swoich nauczycieli. Opowiem tobie również o mocy tego boga, który ma byka na swym proporcu i o jego rozmowie z Umą na temat moralności.

Ongiś, dawno temu, Kryszna o prawej duszy uczynił ślub, którego realizacja rozciągała się na okres dwunastu lat. Udał się na szczyt góry Himawat i gdy wykonywał ryt inicjacji wymagany przed podjęciem przysięgi, przybyli tam liczni riszi, chcąc go zobaczyć. Wśród nich byli Narada, Parwata, Wjasa, Dhaumja, Kaśjapa, Hastikaśjapa, Dewala, jak i inni riszi, którzy zdobyli samo-kontrolę i sami wykonali inicjujące ryty. Razem z nimi przybyli ich uczniowie, Siddhowie i liczni asceci, który zgromadzili wiele zasług. Przybyli tam również bogowie i liczni królewscy mędrcy. Kryszna syn Dewaki uhonorował ich rytami gościnności właściwymi dla tych, którzy są godni pochwały i równi bogom. Gdy riszi usiedli wygodnie na ofiarowanych im siedzeniach w rozmaitych kolorach, zielonym, złotym i w kolorze pióropusza pawia, rozpoczęli między sobą rozmowę na tematy dotyczące religii i obowiązku. Nagle wydarzyło się coś prawdziwie niebywałego. Z ust praktykującego umartwienia Kryszny, znanego wszystkim ze swoich heroicznych czynów, buchnęła z potężną siłą energia Narajany w formie ognia żywiącego się paliwem niewzruszonej woli spełniania przysięgi. Ogień ten zaczął konsumować góry łącznie z drzewami, pnączami, rozmaitymi roślinami i zamieszkującym je licznym ptactwem, stadami jeleni, gadami i drapieżnikami. Wkrótce ogołocone przez ogień szczyty gór, z których przez jakiś czas dobiegał żałosny krzyk spalanej zwierzyny, zaczęły przedstawiać sobą żałosny i niepokojący widok. Po spaleniu dokładnie wszystkiego, ogień ten o potężnych płomieniach powrócił do Wisznu, dotykając z szacunkiem jego stóp, tak jak posłuszny uczeń dotyka stóp nauczyciela. Kryszna, ten pogromca wrogów, widząc wypalone całkowicie góry, rzucił na nie życzliwe spojrzenie i przywrócił je do ich pierwotnego stanu. Góry ponownie pokryły się kwitnącymi drzewami i krzewami, i zaczęły rozbrzmiewać krzykiem ptaków, jeleni, drapieżników i gadów.

Zgromadzeni wokół Kryszny asceci i riszi patrzyli na ten cud z pełnym pobożności zdumieniem, zgrozą i łzami w oczach. Narajana, widząc to, rzekł: 'O wielcy asceci i riszi, jesteście wolni o wszelkiej skazy i odziani w moc płynącą z umartwień, skąd się wzięło w waszych sercach to pełne podziwu zdumienie? Jesteście przecież wolni od przywiązania do ziemskich przedmiotów, jak i od idei, że «coś jest moje», i poznaliście wszystkie święte nauki? Wytłumaczcie mi tę wątpliwość, która zrodziła się w waszym umyśle'.

Riszi rzekli: 'O Kryszna, jesteś Nim, który stwarza świat, jak i Nim, który go niszczy. Jesteś Nim, który jest zarówno wiosną, latem, jak i porą deszczową. Jesteś Nim, który dla wszystkich ruchomych i nieruchomych istot pojawiających się na ziemi jest ojcem, matką, Panem, początkiem i końcem. Ten ogień, który wypłynął z twoich ust, zrodził w nas wielkie zdumienie i lęk. Wytłumacz nam, czym jest ten ogień i w ten sposób przywróć spokój naszym zaniepokojonym umysłom. Gdy nasz lęk zostanie rozproszony, wyrecytujemy przed tobą wszystko to, o czym słyszeliśmy i co widzieliśmy!'.

Kryszna Wasudewa rzekł: 'O wielcy riszi, ogień, który wypłynął z moich ust i spalił góry, przypominając swym wielkim splendorem niszczący wszystko ogień Końca Eonu, jest niczym innym jak energią Wisznu. Na widok tej energii nawet wy odczuliście strach i niepokój, chociaż zdobyliście bogactwo umartwień, macie pełną kontrolę nad swym gniewem i zmysłami, i swoją mocą dorównujecie bogom. Zaiste, ten ogień, który wypłynął z moich ust, jest wynikiem mojego zaangażowania w realizowanie mojej przysięgi. Jestem bowiem w tej chwili całkowicie oddany spełnianiu nakazów podjętego przeze mnie ślubu. Uwolnijcie się od lęku, gdyż udałem się w te piękne i przynoszące pomyślność góry w celu spełnienia mojej przysięgi, a nie w celu zniszczenia świata. Swoimi surowymi umartwieniami pragnę zdobyć syna dorównującego mi energią. To w rezultacie moich umartwień obecna w moim ciele dusza przybrała formę ognia, który wypłynął z mych ust. Ogień ten udał się przed oblicze dziadka wszechświata Brahmy. Brahma poinformował moją duszę, że połowa energii Boga, który ma byka na swoim proporcu, urodzi się w formie mojego syna. Ogień, wykonawszy swoje zadanie, powrócił do mnie, dotykając moich stóp jak uczeń, który pragnie służyć swojemu nauczycielowi. Zaiste, uwalniając się od swej zaciekłości, powrócił do mnie w swej właściwej dobroczynnej naturze'.

2. Kryszna prosi riszich, aby opowiedzieli mu o czymś zdumiewającym, co widzieli lub o czym słyszeli

Kryszna Wasudewa kontynuował: 'O riszi, wyjaśniłem wam w skrócie zagadkę, która ma związek z Nim, który ma Lotos za swój początek (Brahma) i jest wyposażony w wielką inteligencję. Uwolnijcie się więc od niepokoju! Wy sami zdobyliście moc płynącą z umartwień, macie daleko sięgającą wizję i możecie poruszać się po całym wszechświecie. Dzięki swej ascezie zdobyliście wszechwiedzę. Stąd też chciałbym was prosić, abyście opowiedzieli mi o czymś, co jest wielce zdumiewające i o czym słyszeliście lub co widzieliście na ziemi lub w niebie. Bardzo pragnę cieszyć się miodem waszych słów, który jest równie słodki jak nektar nieśmiertelności. Jeśli chodzi o mnie to, gdy widzę na ziemi lub w niebie coś, co jest wspaniałe i zdumiewające, lecz co jest wam, wyglądającym jak bogowie, nieznane, stwierdzam, że musi to być konsekwencją mojej własnej najwyższej natury, której nic nie potrafi zatrzymać. Wszystko, co jest wspaniałe, o czym wiedza zamieszkuje we mnie lub zostaje przeze mnie nabyta, przestaje mi się wydawać cudowne. Jednakże wszystko to, co jest recytowane przez pobożne osoby takie jak wy i co można usłyszeć od tych, którzy są dobrzy, zasługuje na to, aby być zaakceptowane z szacunkiem i wiarą. Takie pobożne rozmowy, które pojawiają się na ziemi od najdawniejszych czasów, są niezniszczalne, tak jak litery wyryte w kamieniu. Stąd też pragnę usłyszeć na tym spotkaniu z wami coś, co płynie z waszych ust i co zawsze przynosi człowiekowi dobro'".

Bhiszma kontynuował: „O Judhiszthira, słowa Kryszny zdumiały ascetów. Z uwielbieniem spoglądali na Krysznę o oczach wielkich i pięknych jak płatki lotosu. Niektórzy zaczęli go wychwalać, a inni oddawać mu cześć. Wszyscy głosili chwałę tego zabójcy demona Madhu, wypowiadając słowa nieśmiertelnych hymnów *Rigwedy*. Następnie rzekli, zwracając się do mędrca Narady: 'O Narada, spełnij życzenie Kryszny i opowiedz mu o tym cudownym i niepojętym wydarzeniu, które miało miejsce na górze Himawat i którego świadkami było wielu z nas udających się tam podczas swej pielgrzymki do świętych brodów. Opowiedz o tym wydarzeniu, mając na uwadze dobro wszystkich tu zebranych'".

Bhiszma kontynuował: „O Judhiszthira, i wtedy na prośbę ascetów niebiański riszi Narada opowiedział o tym, jak to ongiś, w odległych czasach, ogień wypłynął z trzeciego oka Śiwy, paląc góry i wprawiając wszystkich świadków tego wydarzenia w zdumienie. Posłuchaj jego opowieści.

3. Narada mówi o ogniu wypływającym z trzeciego oka Śiwy

Narada rzekł: 'O Kryszna, kiedyś, w odległych czasach, Pan wszystkich bogów Mahadewa praktykował surowe umartwienia na szczycie świętej góry Himawat, zamieszkiwanej przez Siddhów i Czaranów. Te wspaniałe góry, porośnięte różnego rodzaju ziołami i ozdobione rozmaitymi rodzajami kwiatów, są miejscem zabaw dla różnych plemion apsar. Wielki Bóg siedział tam pełen radości w otoczeniu setek upiornych duchów, które w oczach widza przybierały różne formy. Niektóre wdawały się wstrętne i niedołężne, inne przystojne, a jeszcze inne wyjątkowo piękne. Wiele z nich miało zwierzęce twarze, niekiedy twarz tygrysa, kiedy indziej lwa lub słonia. Inne miały twarze szakala, lamparta, małpy lub byka, a jeszcze inne sowy, jastrzębia lub rozmaitych gatunków jeleni. Towarzyszyły mu również setki kimnarów, jakszów, gandharwów, rakszasów i rozmaitych innych żywych istot. Miejsce, które ten wielki Bóg wybrał sobie na schronienie, będące również miejscem schronienia dla riszich, oświetlały niebiańskie promienie światła i zdobiły niezliczone niebiańskie kwiaty. W powietrzu unosił się słodki zapach drzewa sandałowego i dym kadzidełek, a przestrzeń wypełniał dźwięk niebiańskich muzycznych instrumentów, w rytm których tańczyły zapamiętale zarówno apsary, jak i upiorne duchy i pawie z rozpostartymi piórami. Miejsce to przedstawiało sobą widok niezwykle przyjemny dla oka. Było równie piękne jak samo niebo, a jego słodycz i urok trudno opisać w słowach.

Zaiste, góry te jaśniały niewysłowionym pięknem, z wielkim Bogiem praktykującym umartwienia na ich szczycie, rozbrzmiewając dźwiękami wedyjskich hymnów nuconych przez braminów i bzyczeniem zbierających miód pszczół. Asceci, widząc tego wielkiego Boga o gwałtownej formie wyglądającego tak odświętnie, odczuwali wielką radość. Wszyscy oni, jak i powstrzymujący swe nasienie Siddhowie, Marutusi, Wasu, Sadhjowie, Wiśwadewy, jakszowie, węże, pisaki, różne święte ognie, wiatry i różne inne żywe istoty przebywające w tych górach, zanurzyły się w jodze. Obecne tam równocześnie wszystkie pory roku zdobiły góry wszelkiego rodzaju kwiatami. Rozmaite rodzaje ognistych ziół oświetlały drzewa i lasy, a gromadzące się na zboczach gór różnego rodzaju ptactwo radośnie świergotało.

Mahadewa z włosami związanymi w ciężki węzeł siedział na jednym z górskich wierzchołków ozdobionym licznymi minerałami jak na wspaniałym łożu. Jego biodra przykrywała skóra tygrysa, a górną część ciała okrywała skóra lwa. Wąż owinięty wokół jego piersi służył mu za świętą nić, a ramiona zdobiły niebiańskie klejnoty *angada*. Ten wielki Bóg jest zarówno Nim, który w swej przeraźliwej formie wzbudza lęk we wszystkich żywych istotach, jak i Nim, który w swej pomyślnej formie uwalnia żywe istoty od lęku. Jest Nim, który jest czczony przez swych wielbicieli jako ten, którego proporzec zdobi wizerunek byka. Wielcy riszi o wybaczających duszach widząc Mahadewę, pokłonili się przed nim, dotykając czołami ziemi. Sama możliwość widzenia tego wielkiego Boga oczyściła ich z wszystkich grzechów. To miejsce odosobnienia, gdzie przebywał ten Pan wszystkich żywych istot, zamieszkałe przez różne przeraźliwe formy o osobliwym pięknie i olbrzymie węże, do których nikt nie śmiał się zbliżyć, dzięki jego obecności w jednym mgnieniu oka stało się wyjątkowo wspaniałe. Siedziba tego wielkiego Boga płonęła przeraźliwym pięknem.

Do siedzącego na szczycie gór Himawat Mahadewy zbliżyła się jego małżonka Uma z orszakiem żon upiornych duchów towarzyszących wielkiemu Bogu oraz bogiń górskich strumieni o żeńskich imionach, które przynoszą pomyślność. Przybyła tam w podobnym do Śiwy stroju, realizując taki sam ślub. Na swych biodrach trzymała naczynie wypełnione wodą pochodzącą ze wszystkich świętych brodów. Zbliżała się do Śiwy ze swoim orszakiem, rozsypując na wszystkie strony kwiaty i rozsiewając wokół słodki zapach perfum. Piękna Uma z uśmiechem na twarzy, pragnąc zażartować, zbliżyła się do Śiwy od tyłu, zakrywając mu swymi pięknymi dłońmi oczy. Natychmiast jak tylko to uczyniła, wszystkie regiony zalała ciemność i życie w każdym zakątku wszechświata zdało się gasnąć. Ogień, do którego lano oczyszczone masło w świętym rycie *homa*, wygasł, a wraz z ogniem ze świata zniknęły święte mantry *waszaty*. Serca żywych istot opanował smutek i lęk. Zaiste, gdy oczy Pana wszystkich żywych istot zostały zakryte, cały wszechświat stał się bezsłoneczny. Wkrótce jednak te pokrywające wszystko ciemności zaczęły znikać. Na czole Śiwy ukazało się bowiem trzecie oko, równie ogniste jak drugie słońce. Z jego czoła wypłynął potężny płomień ognia. Zaczął płonąć tak jak ogień Końca Eonu, spalając góry. Pięknooka Uma córka Himawata widząc, co się wydarza, skłoniła pobożnie głowę w pokłonie przed Mahadewą z trzecim okiem, które było jak płonący ogień i stała wpatrzona w swego Pana. Gdy ogniste płomienie spalały pokrywający góry las, nie oszczędzając nikogo, przerażone stada jeleni i innych zwierząt przybiegły tam, gdzie przebywał Śiwa, aby szukać u niego ratunku. Miejsce pobytu Śiwy z tą przerażoną zwierzyną wypełniającą sobą prawie całą przestrzeń miało w sobie przeraźliwe i osobliwe piękno.

W międzyczasie płonący dziko ogień sięgnął nieba, i mając splendor i zmienność błyskawicy oraz świetlistość i moc tuzina słońc, rozprzestrzenił się we wszystkich kierunkach tak jak ogień Końca Eonu. W jednym momencie góra Himawat z jej minerałami, szczytami i całą roślinnością została pochłonięta przez ogień. Córka króla gór Uma, widząc góry zniszczone i spalone, stanęła przed Mahadewą ze złożonymi dłońmi, szukając u niego obrony. Śiwa widząc, że jego małżonką zawładnął przypływ kobiecej łagodności i że nie chce widzieć swego ojca Himawata zredukowanego do tego żałosnego stanu, rzucił na góry życzliwe spojrzenie i w tym samym momencie góry powróciły do swego pierwotnego stanu i stały się równie piękne jak zawsze, ukazując ponownie swój radosny aspekt. Wszystkie drzewa pokryły się kwiatami tak jak przedtem.

Bogini Uma, która jest we wszystkim doskonała, widząc, że góry odzyskały całe swoje piękno, rzekła do Mahadewy: «O ty, który jest Panem wszystkich żywych istot, wielka wątpliwość zrodziła się w moim umyśle. Rozwiej ją, proszę. Dlaczego na twoim czole ukazało się trzecie oko? Dlaczego góry i wszytko to, co na nich się znajduje, zostało skonsumowane przez ogień? Dlaczego po spaleniu ich najpierw swym ogniem przywróciłeś je do ich pierwotnego stanu, przykrywając je ponownie roślinnością i zwierzyną?»

Śiwa rzekł: «O bogini wolna od wszelkiej niedoskonałości, wszechświat utracił na moment całe światło i stał się ciemny dlatego, że tak nieostrożnie zakryłaś moje oczy swymi dłońmi. Stworzyłem moje trzecie oko, pragnąc ochraniać wszystkie żywe istoty przed ciemnością. A gdy potężna energia tego oka spaliła góry, chcąc cię zadowolić, spowodowałem, że powróciły do swego dawnego stanu bez najmniejszego uszczerbku»'.

4. Śiwa wyjaśnia Umie swoją formę

Mędrzec Narada kontynuował: 'O Kryszna, odpowiedź Śiwy zdumiała Umę. Patrząc na formę, którą przybrał, rzekła: «O Bogu z wizerunkiem byka na swoim proporcu, wytłumacz mi, dlaczego twoje twarze skierowane na wschód, północ i zachód są równie przyjemne dla oka jak widok księżyca i dlaczego ta twarz, która jest skierowana na południe, jest przeraźliwa? Dlaczego twoje włosy w ciemnym kolorze i związane w ciężki węzeł unoszą się ku górze? Dlaczego twoja szyja jest równie niebieska, jak pióropusz pawia? Dlaczego zawsze trzymasz w dłoni swój łuk Pinaka? Dlaczego zawsze jesteś *brahmacarinem*? Wytłumacz mi to wszystko. Jestem twoją żoną i pragnę podążać razem z tobą taką samą ścieżką obowiązków. Jestem twoim wielbicielem».

Słowa Umy bardzo zadowoliły potężnego Mahadewę. Rzekł: «O błogosławiona, posłuchaj więc mojego wyjaśnienia, dlaczego moją forma jest taka, jak ją widzisz.

W odległych czasach Brahma stworzył kobietę o imieniu Tilottama, używając do tego celu ziaren piękna zebranych ze wszystkich pięknych przedmiotów istniejących we wszechświecie.

Pewnego dnia ta kobieta o doskonałej formie, nieporównywalnej z niczym, co istnieje we wszechświecie, zbliżyła się do mnie rzekomo po to, aby pobożnie mnie okrążyć, lecz faktycznie po to, aby wzbudzić we mnie żądzę. Gdy mnie okrążała, na mej głowie ukazywała się nowa twarz, tak bardzo pragnąłem śledzić każdy jej ruch. To w rezultacie chęci patrzenia na nią, dzięki mocy swej jogi nabyłem formę o czterech twarzach skierowanych w czterech kierunkach.

Mając cztery twarze, realizuję swoje odmienne funkcje z odpowiednią twarzą. Z twarzą skierowaną ku wschodowi sprawuję władzę nad wszechświatem, a z twarzą skierowaną ku północy igram z tobą. Moja twarz skierowana na zachód jest miła i dobrze wróżąca, gdyż z tą twarzą obdarzam wszystkie żywe istoty szczęściem. Moja twarz skierowana ku południu jest nieprzyjemna i przeraźliwa, gdyż z tą twarzą niszczę wszystkie żywe istoty.

Jeśli chodzi o twoje inne pytania, to dowiedz się, że żyję jak *brahmacarin* z włosami związanymi z ciężki węzeł, gdyż pragnę czynić dobro na rzecz wszystkich żywych istot. Trzymam zawsze w dłoni łuk Pinaka, aby móc realizować cele bogów. Moja szyja jest w kolorze niebieskim z tego powodu, że w starożytnych czasach Indra, chcąc zdobyć pomyślność równą mojej, rzucił we mnie swoim piorunem, paląc mi gardło».

Uma rzekła: «O ty, którzy wśród wszystkich żywych istot zajmujesz pierwsze miejsce, wytłumacz mi, dlaczego wybrałeś sobie byka za swój pojazd, choć istnieje wiele innych pojazdów o wielkiej piękności».

Śiwa rzekł: «O bogini, w odległych czasach dziadek wszechświata Brahma stworzył krowę Surabhi, dającą dużo mleka. Z niej z kolei narodziła się ogromna ilość różnych krów, których mleko było słodkie jak nektar nieśmiertelności. Pewnego dnia pewna ilość piany z ust jednego z jej cieląt upadła na moje ciało. Bardzo mnie to rozgniewało i swym gniewem zacząłem przypalać wszystkie krowy, powodując, że zaczęły różnić się kolorem. Wszechwiedzący Brahma, chcąc uciszyć mój gniew, obdarował mnie bykiem, który stał się zarówno moim pojazdem, jak i wizerunkiem na moim proporcu».

Uma rzekła; «O Śiwa, w niebie istnieje wiele miejsc zamieszkiwania, które mają różne formy i charakteryzują się różnym poziomem komfortu i luksusu. Dlaczego więc porzucasz te piękne niebiańskie pałace i zamieszkujesz na terenie krematorium, gdzie płoną setki stosów pogrzebowych i słychać wycie sępów oraz szakali. Miejsce to wypełnione ciałami w rozkładzie, grząskie od tłuszczu i krwi, pokryte kośćmi umarłych i wnętrznościami, po którym grasują szakale, na pewno nie jest miejscem czystym».

Śiwa rzekł: «O ty o słodkim uśmiechu, zawsze włóczę się po całej ziemi, szukając dla siebie świętego miejsca, gdzie mógłbym zamieszkać. Jednakże nie znajduję miejsca bardziej świętego niż teren kremacji zwłok. Stąd krematorium jest tym jedynym miejscem, ocienionym gałęziami drzewa banianowego i ozdobionym poszarpanymi girlandami z kwiatów, które najbardziej cieszy moje serce. Towarzyszące mi liczne upiorne duchy uwielbiają przebywać w takim miejscu. Stąd też krematorium jest dla mnie świętym miejscem zamieszkiwania. Zaiste, wydaje się być samym niebem. Ludzie, którzy szukają dla siebie świętych miejsc, wychwalają teren kremacji zwłok jako najbardziej święty i mający ogromne walory»'".

Napisane na podstawie fragmentów *Mahābharāta*,
Anusasana Parva, Part 2,
Sections CXXXIX- CXL, CXLI (fragmenty).

Opowieść 237
O rozmowie Śiwy z Umą na temat rozmaitych reguł religijnego postępowania

1. O rozpoznawaniu tego, co należy do religii i obowiązku; 2. O religii poszczególnych kast; 3. O religii, która odnosi się do wszystkich kast; 4. O religii riszich i ascetów; 5. O religii leśnych pustelników; 6. O zależności zdobywanego statusu od własnych działań; 7. O konsekwencjach własnych działań; 8. O religii kobiet.

> Śiwa rzekł: „O bogini, odpowiadając na twoje pytanie, opowiedziałem tobie o tym, w jaki sposób szudra może zdobyć status bramina i w jaki sposób ten, kto urodził się w rodzinie bramińskiej, traci swój status i staje się szudrą. Wyjaśniłem tobie, że dzięki swym prawym czynom nawet ta osoba, która urodziła się na ziemi w upadłej kaście szudrów, może stać się braminem, oczyszczonym z wszystkich plam i posiadających wedyjską wiedzę. W taki sam sposób osoba, która urodziła się na ziemi jako bramin, utraci swą bramińskość i w kolejnym życiu urodzi się wśród szudrów, jeżeli jej działania są grzeszne i gdy nie przestrzega reguł dotyczących zakazanego jedzenia. Stąd szudra, który oczyścił swoją duszy czystymi uczynkami i ujarzmił zmysły, zasługuje na szacunek i traktowanie go tak jak bramina. Tak stwierdził sam samorodny Brahma. Dlatego też, zgodnie z moją opinią, gdy pobożna natura i pobożne uczynki są zauważalne nawet u kogoś, kto jest szudrą, należy oddawać mu cześć i stawiać go nawet powyżej trzech duchowo odrodzonych kast".

(*Mahābhārāta*, Anusasana Parva, Part 2, Section CXLIII)

1. O rozpoznawaniu tego, co należy do religii i obowiązku

Bhiszma rzekł: „O Judhiszthira, riszi Narada, mając za swoich słuchaczy Krysznę i zebranych na górze Himawat niebian i riszich, kontynuował swoje opowiadanie o rozmowie Śiwy z Umą, która miała miejsce w odległych czasach na szczycie tej świętej góry. Posłuchaj o tym, co powiedział.

Narada, zwracając się do Kryszny, rzekł: 'O Kryszna, żona Śiwy Uma zadowolona z udzielonego jej przez Śiwę wyjaśnienia jego formy pytała dalej, pragnąc rozwiać powstałe w jej umyśle wątpliwości dotyczące religijnych obowiązków.

Uma rzekła: «O ty, który zajmujesz pierwsze miejsce wśród wszystkich tych, którzy realizują obowiązki i ryty religijne, w moim umyśle zrodziła się wielka wątpliwość dotycząca nakazów religijnych. Asceci praktykują rozmaite rodzaje umartwień i wędrują po świecie w różnego rodzaju ubraniu, przybierając różne formy. Mając na uwadze dobro tych wszystkich riszich i ascetów, którzy się tu zebrali, jak i moje, rozwiej, proszę, moją wątpliwość. Wytłumacz mi, jak odróżnić to, co jest religią i obowiązkiem od tego, co nie jest? Zaiste, w jaki sposób ludzie, którzy nie znają wszystkich szczegółów dotyczących religii i obowiązku, zdołają je uwzględnić w swym postępowaniu?»

Zgromadzeni na górze Himawat riszi, słysząc to pytanie Umy, oddali jej cześć, intonując hymny *Rigwedy* i wychwalając ją innymi słowami o wielkim znaczeniu.

Śiwa rzekł: «O bogini, religia i Prawo mają faktycznie wiele rozgałęzień i opisują różne drogi prowadzące do szczęścia. Posłuchaj o obowiązkach, które przynoszą wielkie zasługi i powinny być zawsze realizowane przez te wcielone dusze, które cenią sobie Prawo najwyżej. Nieranienie, prawdomówność, współczucie dla wszystkich żywych istot, spokój duszy, czynienie darów w miarę swych możliwości należą do najważniejszych obowiązków tych osób, które żyją z zgodzie z domowym trybem życia. Do pięciu głównych obowiązków zalicza się z kolei: powstrzymywanie się od cudzołóstwa, ochrona majątku i kobiet powierzonych czyjeś opiece, niechęć do przywłaszczania sobie czegoś, co należy do kogoś innego, oraz unikanie picia miodu i jedzenia mięsa».

2. O religii poszczególnych kast

Uma rzekła: «O Bogu bogów, pragnę zapytać cię o coś jeszcze, co budzi moje wątpliwości. Jakie obowiązki są odpowiednie dla braminów, wojowników, waiśjów i szudrów, i jakie obowiązki wyznaczone dla tych czterech kast, realizujących cztery odmienne prawa kastowe, zasługują na szczególną chwałę?»

Śiwa rzekł: «O bogini, twoje pytanie jest bardzo na miejscu. Ludzie, którzy należą do kasty bramińskiej, są uważani za wielce błogosławionych i są faktycznie bogami na ziemi. Praktykowanie postów w celu ujarzmienia zmysłów jest odwiecznym obowiązkiem bramina. Bramin, który wykonuje prawidłowo wszystkie swoje obowiązki, zdobywa tożsamość z Brahmą. Właściwe realizowanie obowiązków *brahmacarji* jest jego rytem. Czynienie ślubów oraz ceremonia udekorowania świętą nicią są innymi obowiązkami dla niego wyznaczonymi. Dzięki nim staje się prawdziwie duchowo odrodzony. Bramin staje się prawdziwym braminem poprzez czczenie bogów, swego nauczyciela i innych seniorów. Zaiste, ta religia, która ma za swoją duszę studiowanie *Wed*, jest źródłem wszelkiej prawości. Tę właśnie religię powinny praktykować i jej nakazów powinny słuchać wszystkie te wcielone dusze, które są oddane obowiązkowi i prawości».

Uma rzekła: «O Najwyższy Bogu, swymi słowami oczyściłeś mój umysł z wątpliwości. Wyjaśnij mi teraz szczegółowo, jakie są obowiązki i jaki jest tryb właściwego postępowania wyznaczony dla każdej z czterech kast?».

Śiwa rzekł: «O bogini, do obowiązków braminów należy słuchanie rozmów o tajemnicach religii i Prawa, spełnianie ślubów nakazywanych przez *Wedy*, troska o święty ogień, posłuszeństwo nakazom nauczyciela, życie jak święty żebrak, noszenie świętej nici, recytowanie *Wed* i przestrzeganie nakazów *brahmacarji*.

Zostało stwierdzone, że bramin po upływie czasu wyznaczonego na naukę powinien na rozkaz nauczyciela opuścić jego dom, powrócić do domu swego ojca i wybrać dla siebie odpowiednią żonę. Bramin będący gospodarzem domu powinien każdego dnia oddawać cześć swemu domowemu ogniowi, studiować *Wedy*, lać libację do ognia, oddając cześć Ojcom i bogom, i kontrolować swe zmysły. Powinien unikać jedzenia przygotowanego przez szudrę i przestrzegać postów oraz nakazów *brahmacarji*. Poszczeniem nazywa się spożywanie posiłków jedynie w ściśle określonych godzinach, a *brahmacarją* (celibatem) unikanie seksualnych kontaktów z innymi kobietami niż własna żona, z którą również należy kłaść się do łoża tylko we właściwym czasie.

Bramiński gospodarz powinien być zawsze wstrzemięźliwy w jedzeniu, prawdomówny i czysty zarówno wewnętrznie, jak i zewnętrznie. Gościnność oraz utrzymywanie trzech ogni ofiarnych należy do jego świętych obowiązków. Bramin żyjący w zgodzie z domowym trybem życia powinien również obsługiwać ryty ofiarne znane pod nazwą *iszti*, jak i ofiarować bogom zwierzęta, postępując zgodnie z rozporządzeniami. Zaiste, obsługiwanie rytów ofiarnych i nieranienie żywych istot należy do jego najwyższych obowiązków.

Gospodarz powinien jeść posiłek dopiero po nakarmieniu bogów, gości i tych, którzy są na jego utrzymaniu. Jedzenie tego, co pozostaje po nakarmieniu wyżej wymienionych, jest nazywane *wighasą*, czyli eliksirem bogów. Gospodarz powinien zawsze jeść *wighasę*, a szczególnie bramiński gospodarz znający *Wedy*.

Dbałość o domostwo należy do obowiązków zarówno gospodarza, jak i jego żony. Każdego dnia należy oddawać cześć bogom sprawującym opiekę nad domostwem, ofiarując im świeże kwiaty i inne przedmioty. Gospodarz powinien także dbać o to, aby każdego dnia dom został rytualnie natarty dobrze wróżącym krowim łajnem i wodą oraz okadzony dymem, pochodzącym z oczyszczonego masła wlewanego do ofiarnego ognia ku czci bogów i Ojców.

Takie są obowiązki osoby z bramińskiej kasty, która żyje w zgodzie z domowym trybem życia. Obowiązki te utrzymują cały świat w istnieniu. Zaiste, ich spełnianie wypływa odwiecznie z tych prawych osób wśród braminów, które prowadzą domowy tryb życia».

Śiwa kontynuował: «O bogini, posłuchaj teraz z uwagą moich słów o obowiązkach wojowników.

Od samego początku zostało stwierdzone, że obowiązkiem wojownika jest ochrona wszystkich żywych istnień. Stąd też król ma swój udział w zasługach zbieranych przez jego poddanych i ich określona część należy do niego. Prawość króla jest więc mierzona prawością jego poddanych. Król, który rządzi sprawiedliwie i ochrania poddanych, postępując zgodnie z nakazami Prawa, zdobywa wiele regionów szczęśliwości w kolejnym życiu.

Do obowiązków króla należy również opanowanie swej żądzy i gniewu, prawdomówność, upór w doprowadzeniu do końca rozpoczętych działań, studiowanie *Wed*, czynienie darów, lanie libacji do świętego ognia, wykonywanie religijnych rytów zgodnie z rozporządzeniami *Wed*, dostarczanie środków do życia służbie i innym, którzy są na jego utrzymaniu oraz wspomaganie cierpiących. Jego obowiązkiem jest także wymierzanie kary odpowiednio do wagi przestępstwa i właściwe ocenianie sporów sądowych. Król jest wychwalany zarówno za życia, jak i po śmierci dzięki realizowaniu swoich obowiązków. Król powinien również być zdolny do poświęcenia życia na polu bitewnym w obronie krów i braminów. Taki król zbiera zasługi i zdobywa te same niebiańskie regiony co ten, który wykonuje Ofiarę Konia.

Jeśli chodzi o reguły postępowania waiśjów, to ich obowiązkiem jest hodowla bydła, rolnictwo, studiowanie *Wed*, czynienie darów i lanie libacji do ognia ofiarnego. Handel, gościnność, opanowanie zmysłów, odnoszenie się z czcią do braminów i skłonność do wyrzeczeń na ich rzecz należy również do odwiecznych obowiązków waiśjów. Waiśja zajmujący się handlem i idący ścieżką prawości nie powinien jednak nigdy sprzedawać sezamu, substancji zapachowych, soków i płynnych substancji. Powinien być gościnny dla wszystkich, którzy odwiedzają jego dom, i starać się na miarę swych możliwości i rozsądku realizować w swym życiu trzy cele, którymi są Prawo, Zysk i Przyjemność.

Do obowiązków szudry należy służenie trzem wyższym duchowo odrodzonym kastom. Szudra gromadzi zasługi dzięki prawdomówności, kontrolowaniu swych zmysłów i gościnności. Szudra, który realizuje obowiązki gościnności, zbiera zasługi równe tym, które osiąga się surowymi umartwieniami. Inteligentny szudra, który jest prawy w swoim postępowaniu i oddaje cześć bogom i braminom, zdobywa nagrody zarabiane prawością».

3. O religii, która odnosi się do wszystkich kast

Uma rzekła: «O święty mężu, opowiedziałeś mi o obowiązkach wyznaczonych dla każdej z czterech kast, nauczając, że spełnianie swoich własnych obowiązków jest korzystne dla każdej z kast i przynosi wszystkim pomyślność. Poucz mnie teraz o tej religii, której nakazy odnoszą się do wszystkich czterech kast».

Śiwa rzekł: «O piękna, w odpowiedzi na swoje pytanie posłuchaj o trzech różnych źródłach religijnych nakazów, o roli braminów w społeczeństwie i w utrzymywaniu religijności oraz o religii *pravritti* i *nivritti*.

Brahma, który jest Stwórcą wszechświata i zajmuje pierwsze miejsce wśród żywych istot, zawsze myśli o tym, aby dać im wszystkim możliwość zdobycia nagród i gromadzenia zasług prawością. Z myślą o tym i mając na uwadze obronę wszystkich światów, stworzył braminów. Zaiste, bramini są bogami na ziemi. Wykonywane przez nich religijne działania utrzymują w istnieniu cały wszechświat i wskazują ludziom drogę prowadzącą do nieba. Stąd też religia wyznaczona dla braminów zajmuje pierwsze miejsce wśród wszystkich religii.

Samorodny Brahma, mając na uwadze zapewnienie istnienia prawości na świecie, stworzył ongiś trzy wiekuiste religie, które stwarza ciągle na nowo za każdym razem, gdy na nowo stwarza wszechświat. Wśród nich religia bazująca na *Wedach* (*śruti*) stoi najwyżej, bazująca na *smriti* (skodyfikowane prawo zwyczajowe) zajmuje drugie miejsce pod względem znaczenia, a ta z kolei, która bazuje na praktyce osób uważanych za prawe, zajmuje trzecie miejsce. Bramin powinien zdobyć wiedzę trzech *Wed* i nie powinien nigdy czerpać z tej wiedzy zysku i zarabiać na życie recytowaniem *Wed*. Powinien być oddany realizowaniu trzech religijnych działań, którymi są dary, studiowanie *Wed* i wykonywanie rytów ofiarnych. Powinien uwolnić się od żądzy, gniewu i chciwości, i powinien zawsze być przyjacielem wszystkich żywych istot. Osoba, która ma wymienione atrybuty, jest nazywana braminem. Realizowanie sześciu religijnych działań, którymi są: wykonywanie rytów ofiarnych, asystowanie w rytach na rzecz innych, czynienie darów, akceptowanie darów, nauczanie i studiowanie *Wed* należy do wiecznych obowiązków bramina. Tymi działaniami zbiera on religijne zasługi.

Odwiecznym obowiązkiem wszystkich prawych osób jest szukanie spokoju umysłu. Gospodarz, którzy oczyścił umysł, zdoła zgromadzić wielkie zasługi. Zaiste, wielkie zasługi zbiera ten, kto oczyszcza swoją duszę pięcioma ofiarami, jest prawdomówny, wolny od złej woli i pychy, uczciwy w transakcjach, czyni dary, oddaje cześć odwiedzającym jego dom odrodzonym duchowo gościom, służy z przyjemnością gościom przybyłym do jego domu, używa uprzejmych i przyjemnych słów w komunikowaniu się z innymi, dba o czystość swego miejsca zamieszkiwania i sam je dopiero to, co pozostaje po nakarmieniu bogów, gości, wszystkich członków rodziny i innych osób będących na jego utrzymaniu. Człowiek, który wita gościa odpowiednimi darami, ofiaruje mu wodę do umycia rąk i stóp, miejsce do siedzenia, łoże, lampy do oświetlenia ciemności i schronienie, jest zawsze uważany za osobę prawą. Gospodarz, który wstaje przed świtem, płucze usta, myje twarz, ofiaruje nowoprzybyłym gościom jedzenie, oddaje im honory i właściwie żegna tych, którzy odchodzą, odprowadzając ich do bramy, zbiera wieczne zasługi.

Gościnność i podążanie za trzema życiowymi celami, Prawem, Zyskiem i Przyjemnością, należy do obowiązków gospodarza bez względu na to, z jakiej pochodzi kasty. Podążanie za trzema wymienionymi celami należy również do obowiązku szudrów. Religia wyznaczona dla gospodarza jest religią prawych działań wykonywanych z myślą o wspólnym dobru, zwaną *pravritti*. Religia ta przynosi pomyślność i jest korzystna dla wszystkich żywych istot. Gospodarz, realizujący nakazy tej religii, powinien zawsze w miarę swych możliwości czynić dary i wykonywać ryty ofiarne oraz inne prawe czyny, które są dla niego najbardziej korzystne. Szukając zysku, powinien nabywać bogactwo przy pomocy prawych środków. Nabyte w ten sposób bogactwo powinien troskliwie dzielić na trzy części. Jedna część powinna zostać przeznaczona na wykonanie prawych czynów należących do obowiązków gospodarza. Druga część powinna zostać użyta w celu dostarczenia przyjemności, a trzecia część powinna być środkiem do zdobywania nowego bogactwa».

Śiwa kontynuował: «O bogini, takie są nakazy religii *pravritti*, odnoszące się do działań gospodarza. Religia *nivritti* (wyrzeczenia się działań) jest odmienna. Została ona stworzona w celu wskazania ludziom drogi prowadzącej do Wyzwolenia, czyli uwolnienia się od obowiązku ponownych narodzin poprzez połączenie się z *Brahmanem*. Posłuchaj o nakazach tej religii. Jednym z jej głównych nakazów jest praktykowanie współczucia dla wszystkich żywych istot. Człowiek, którzy idzie ścieżką tej religii, powinien opuścić swój dom i wyrzekając się działań, udać się na wędrówkę po lesie. Taki człowiek nie przebywa nigdy w jakimś miejscu dłużej niż jeden dzień, uwalnia się od wszelkiej nadziei i pragnień. Nie przywiązuje się ani do miejsca schronienia, które znalazł, ani do miejsca, gdzie usiadł, aby odpocząć, ani do łoża, na którym śpi. Nie przywiązuje się także do swego żebraczego naczynia na wodę zwanego *kamandalu*, żebraczego ubrania, potrójnej żebraczej laski, czy też ognia. Idąc tą ścieżką, nastawia swe serce na poznanie duszy. Jego umysł jest oddany Najwyższemu *Brahmanowi*, wypełniony całkowicie ideą dotarcia do *Brahmana*. Jest on oddany praktykowaniu jogi i filozofii *sankhji*. Nie pragnie żadnego innego łoża niż kawałek ziemi u stóp drzewa lub na brzegu rzeki czy też miejsca w opuszczonym przez ludzi domu. Uwolnił się od przywiązania do wszelkich ziemskich przedmiotów i od więzi uczuciowych z czymkolwiek, jednocząc swoją duszę z Najwyższą Dużą. Szukając Wyzwolenia, wyrzeka się działania i stoi nieruchomo jak kłoda drzewa, powstrzymując się od jedzenia lub oddany jodze wędruje bez celu po świecie.

O bogini, takie są rozporządzenia religii *nivritti*, będącej religią tych, którzy wybrali drogę do Wyzwolenia, zadeklarowane w *Wedach*. Ci, którzy podążają tą ścieżką, nie pozostawiają za sobą żadnego śladu. Są nazywani *wikszu* i dzieli się ich na cztery kategorie: *kuticzaków, wahudaków, hansów* i *paramahansów*. Ci, którzy są wymienieni jako drudzy, stoją wyżej od pierwszych, ci, którzy są wymienieni jako trzeci, stoją wyżej od wymienionych jako drudzy, a ostatnio wymienieni stoją wyżej od tych, którzy zostali wymienieni jako trzeci. Nie istnieje nic, co przewyższałoby *paramahansów*, którzy osiągnęli stan jedności z *Brahmanem*. Ten, kto zdobył ten stan, uwalnia się całkowicie zarówno od smutku, jak i radości, i nie podlega żadnej zmianie, znajdując się poza zniszczeniem i śmiercią».

4. O religii riszich i ascetów

Uma rzekła: «O Najwyższy Bogu, wyjaśniłeś mi religię gospodarza, jak i religię Wyzwolenia oraz tę, która bazuje na spełnianiu nakazów osób prawych. Kroczenie tymi ścieżkami jest korzystne dla całego świata żywych istot. Chciałabym teraz posłuchać o religii riszich. Zawsze darzyłam uczuciem ascetów żyjących w swych pustelniach, którym dodaje czaru i uroku unoszący się z ołtarzy zapach dymu emanującego z lanego do ognia oczyszczonego masła. Widok ten zawsze cieszył moje serce. Poucz mnie, proszę, o religii tych ascetów, nie pomijając żadnych szczegółów».

Śiwa rzekł: «O bogini, posłuchaj więc moich nauk o wzniosłej i doskonałej religii ascetów, którzy spełniając nakazy swojej religii, zdobywają sukces surowymi umartwieniami.

Posłuchaj najpierw o obowiązkach tych prawych riszich, którzy są znani pod nazwą Fenapowie i żywią się pianą. Ich praktyka pochodzi stąd, że w odległych czasach Brahma, który był oddany praktykowaniu umartwień, wypił niebiański nektar w formie wody, która wypłynęła z wielkiej ofiary. W rezultacie tego, że Brahma pił tę wodę, unosząca się na wodzie piana nabrała pomyślności, dzieląc z Brahmą jego naturę. Stąd też riszi, którzy utrzymują się przy życiu, wypijając pewną ilość piany, są nazywani ‹jedzącymi pianę› (*phenapa*). Taka jest religia tych riszich o czystych duszach!

Posłuchaj teraz mojego wyjaśnienia, kim są Walakhiljowie. Są to asceci, którzy zdobyli sukces swymi umartwieniami i mają dysk słoneczny ze swoje miejsce zamieszkiwania. Poznali wszystkie nakazy prawości i żyją zgodnie z trybem *unczha*, utrzymując się przy życiu tak jak ptaki z garstki ziaren zebranych z pól. Nie są więksi od kciuka, a ich jedynym ubraniem jest skóra czarnej antylopy lub kora drzewna. Podzieleni na różne klasy realizują wyznaczone dla swej klasy obowiązki. Wolni od wszystkich par przeciwieństw i mający umartwienia za swoje bogactwo, podążają ścieżką prawości, pragnąc jedynie praktykowania umartwień. Zasługi, które zbierają swoim prawym działaniem, są wielkie. Mówi się, że osiągnęli równość z bogami i że istnieją, aby realizować cele bogów. Wypaliwszy wszystkie swoje grzechy surowymi umartwieniami, płoną wielkim blaskiem, oświetlając wszystkie punkty przestrzeni.

Inną grupą riszich są Czakraczarowie o czystych duszach, oddani praktykowaniu współczucia. Prawi w swym postępowaniu i o wielkiej świętości zamieszkują region Somy. Rezydując wystarczająco blisko regionu Ojców, utrzymują się przy życiu, pijąc promienie księżyca.

Istnieją jeszcze inne grupy riszich, jak Samprakhalowie, którzy każdego dnia myją bardzo dokładnie wszystkie naczynia, nie pozostawiając niczego do jedzenia na jutro, Asmakuttowie, którzy używają do łuskania ziarna dwóch kamieni, oraz Dantolukhalowie, którzy w tym celu używają jedynie zębów. Zamieszkują niedaleko regionów bogów pijących somę oraz tych, którzy piją płomienie ognia. Przebywając w towarzystwie swych żon i kontrolując całkowicie swe namiętności, utrzymują się przy życiu, wypijając promienie księżyca. Leją do ognia oczyszczone masło, oddają we właściwy sposób cześć Ojcom i wykonują dobrze znane ryty ofiarne, co konstytuuje ich religię».

Śiwa kontynuował: «O bogini, religia wymienionych przeze mnie riszich jest realizowana przez tych, którzy pozostają bezdomni i mogą poruszać się swobodnie po wszystkich regionach, łącznie z regionem zamieszkiwanym przez bogów. Istnieją jednak również inne klasy riszich, o których chciałbym teraz mówić.

Bez względu na różnice w stylu życia wszyscy ci, którzy postępują zgodnie z różnymi nakazami religii riszich, powinni ujarzmić swe namiętności i poznać duszę. Zaiste, powinni całkowicie opanować żądzę i gniew. Ci, którzy żyją w zgodzie z trybem życia zwanym *unczha*, żywiąc się jedynie garstką ziaren zebranych z pól, powinni realizować następujące obowiązki: lać libację do świętego ognia, wykonywać ryt ofiarny *dharmaratri* i ofiarę somy, nabywać specjalną wiedzę, czynić ofiarne dary, wykonywać codzienne ryty ofiarne, czcić z oddaniem Ojców i bogów, troszczyć się właściwie o gości. Wyrzeczenie się luksusowego jedzenia zrobionego z krowiego mleka, czerpanie przyjemności ze spokoju serca, leżenie na nagiej ziemi lub skałach, oddanie jodze, jedzenie warzyw i liści z drzew, utrzymywanie się przy życiu z jedzenia jedynie owoców, korzonków, żywienie się jedynie wiatrem, wodą i mchem—należą do działań, dzięki którym riszi realizują cele osiągane przez tych, którzy nie dali się ujarzmić materialnemu światu. Człowiek oddany religii podążającej za Prawdą i szukający spokoju duszy powinien jeść to, co pozostaje jeszcze w domu gospodarza wówczas, gdy dym z domowego ogniska przestaje unosić się ku górze, maszyna do łuskania ziaren milknie, wszyscy domownicy otrzymali już swoje porcje jedzenia, nie nosi się dłużej naczyń z pokoju do pokoju i gdy żebracy przestali już spacerować po ulicy. Prawy człowiek, który tak postępuje, staje się tym, który praktykuje religię *munich* (świętych ascetów). Nie należy być zbyt wyniosłym, dumnym, ponurym czy niezadowolonym, nie należy się także niczemu dziwić. Prawa osoba, która poznała wszystkie obowiązki, powinna zachowywać się w taki sam sposób w stosunku do przyjaciół, jak i wrogów, powinna być przyjazna w stosunku do wszystkich istot».

5. O religii leśnych pustelników

Uma rzekła: «O Śiwa, leśni pustelnicy zamieszkują w pięknych regionach u źródeł i na brzegach rzek, na zboczach gór, w lasach i w świętych miejscach pełnych kwiatów i korzonków, spełniając ze skoncentrowanym umysłem swoje przysięgi i nakazy. Opowiedz mi, proszę, o rozporządzeniach odnoszących się do postępowania tych leśnych pustelników, którzy w utrzymywaniu się przy życiu polegają wyłącznie na samych sobie».

Śiwa rzekł: «O bogini, skoro mnie o to prosisz, posłuchaj moich nauk o obowiązkach tych leśnych pustelników i po ich wysłuchaniu nastaw swoje serce na prawość!

Zostało stwierdzone, że do obowiązków leśnych pustelników należy wykonywanie trzy razy dziennie ablucji, oddawanie czci bogom i Ojcom, lanie libacji do ognia ofiarnego, wykonywanie rytów *iszti*, zbieranie nasion niełuskanego ryżu, żywienie się owocami i korzonkami oraz używanie tylko oleju wyciskanego z nasion rycynowych lub z nasion rośliny o nazwie *balanites aegyptiaca* (*inguda*).

Leśni pustelnicy, którzy wykonali wymagane ćwiczenia jogi, zdobywając sukces płynący z ascezy oraz uwolnili się od żądzy i gniewu, powinni znaleźć dla siebie miejsce w głębokiej dżungli, do którego żaden tchórz nie ma dostępu i usiąść tam w pozie *wirasana*. Realizując nakazy jogi zwanej *manduka joga*, powinni siedzieć w tej pozie pośrodku czterech ogni całe lato, śpiąc na nagich skałach lub ziemi bez żadnej ochrony przed deszczem, zimnem i ogniem, żywiąc się jedynie wodą i mchem. Ci asceci do mielenia kukurydzy używają jedynie dwóch kamieni lub zębów i nie posiadają żadnych naczyń, w których mogliby przechowywać jedzenie na później. Za ubranie mają łachmany, korę drzewną lub skórę antylopy.

Leśni pustelnicy żyją w ten sposób przez wyznaczony im czas, podążając za wedyjskimi nakazami. Przebywając w lesie, wędrują po dżungli i tam właśnie można ich znaleźć. Zaiste, ci leśni pustelnicy udając się do dżungli, żyją tam jak uczniowie w domu nauczyciela. Ich obowiązkiem jest wykonywanie rytu *homa* oraz spełnianie pięciu ofiar. Dokładne przestrzeganie wedyjskich reguł dotyczących czasu wykonania tych pięciu ofiar, jak i oddanie innym rytom i realizowanie postów w okresie czterech świętych miesięcy (od lipca do października), zwanych *czaturmasja* oraz obowiązujących podczas pełni księżyca (*paurnamasja*) należy do obowiązków tych ludzi, którzy opuścili swe domy, uwolnili od przywiązania do ziemskich przedmiotów i oczyścili się z grzechów. Zaiste, ich obowiązkiem jest życie w dżungli właśnie w ten sposób. Są zawsze oddani trzem ogniom ofiarnym, a łyżka do lania do ognia ofiarnego masła i pojemnik na wodę są ich całym majątkiem. Będąc prawi w swych działaniach i krocząc zawsze ścieżką cnoty, osiągają najwyższy cel. Ci *muni*, którzy zdobyli ascetyczny sukces i są zawsze oddani religii Prawdy, zdobywają najwyższe regiony Brahmy lub wieczne regiony Somy. Taka oto jest religijna ścieżka leśnych pustelników».

Uma rzekła: «O Najwyższy Bogu, tobie oddają cześć wszystkie żywe istoty. Wyjaśnij mi, jaka jest religia tych grup *munich*, którzy są zwolennikami pism mówiących o ascetycznym sukcesie. Wśród nich są tacy, którzy znając doskonale pisma i zamieszkując w dżungli, żyją i działają, jak chcą, nie ograniczając się do jakiejś szczególnej praktyki, oraz tacy, którzy mają żony. Wytłumacz mi, jak ich praktyki zostały przedstawione w pismach?»

Śiwa rzekł: «O bogini, ogolona głowa i ubranie w brązowym kolorze są oznakami pustelników, którzy włóczą się po świecie całkowicie wolni, podczas gdy oznakami tych, którzy są żonaci jest to, że spędzają noc w domu ze swoją żoną. Wykonywanie ablucji trzy razy dziennie jest obowiązkiem wszystkich, podczas gdy ryt *homa* z ofiarowaniem wody i owoców lasu, będąc obowiązkiem riszich w ogóle, należy do obowiązków żonatych pustelników. Do innych wyznaczonych dla nich obowiązków należą: zatopienie się w medytacji i uparte podążanie ścieżką prawości nakazaną w pismach, jak i wszystkie inne obowiązki realizowane przez leśnych pustelników wspomniane poprzednio. Zaiste, ten, kto realizuje wszystkie te obowiązki, zdobywa nagrody płynące z praktykowania surowych umartwień.

Zostało stwierdzone, że ci leśni asceci, którzy kontynuują małżeńskie życie, powinni ograniczać zaspakajanie swych zmysłów, kładąc się ze swoją żoną do łoża tylko we właściwym czasie. Religia, której ścieżką podążają te cnotliwe osoby, jest tą religią wyznaczoną dla riszich. Nastawieni na nabywanie prawości, nie powinni nigdy podążać za jakimś przedmiotem żądzy, kierując się niepohamowanym kaprysem. Prawość nabywa ten, kto obdarza wszystkie żywe istoty swym współczuciem, zapewniając im nieranienie i uwalnia się od zanieczyszczenia złą wolą i wrogością. Zaiste, prawdziwie prawym staje się ten, kto widząc w swej jaźni duszę wszystkich żywych istot, ma współczucie dla wszystkich i realizuje ślub bezwzględnej uczciwości w swoim postępowaniu z nimi.

Kąpiel we wiedzy *Wed* i uczciwość w odnoszeniu się do wszystkich żywych istot są uważane za równe w zasługach, choć, być może, uczciwość przynosi nawet więcej zasług. O uczciwości mówi się, że jest tożsama z prawością, podczas gdy nieuczciwość jest jej odwrotnością. Człowiek, który zawsze postępuje uczciwie, staje się prawy i ozdobiony cnotą nazywaną prawością. Człowiek, który jest zawsze oddany uczciwości w swym postępowaniu, zdobywa regiony należące do bogów. Stąd ten, kto pragnie zdobyć zasługi prawości, powinien być uczciwym. Rozwijając w sobie skłonność do wybaczania, samodyscyplinę i panowanie nad gniewem, przekształca siebie w uosobienie prawości i uwalnia się od złej woli. Taki człowiek, który ponadto jest oddany spełnianiu wszystkich religijnych obowiązków, odziewa się w prawość. Taka osoba o prawej duszy, która uwolniła od gnuśności i odkładania na później, krocząc ścieżką prawości najlepiej, jak potrafi, staje się osobą o czystym zachowaniu, a gdy osiągnie podeszły wiek, jest widziana jako tożsama z Brahmą».

Uma rzekła: «O słynny trójoki Bogu, dzięki jakim religijnym działaniom zdobywają wielki splendor ci asceci, którzy żyją w swych pustelniach odziani w bogactwo ascezy? Dzięki jakim działaniom zdobywają cenne nagrody ci królowie i książęta, którzy posiadają wielki majątek i dzięki jakim ci, którzy nie posiadają żadnego majątku? Dzięki jakim działaniom mieszkańcy lasu zdobywają to miejsce wiecznej szczęśliwości, gdzie smarują swe ciała niebiańską pastą z drzewa sandałowego? Rozwiej, proszę, moje wątpliwości dotyczące praktykowania umartwień i wyjaśnij mi wszystko, nie pomijając żadnych szczegółów».

Śiwa rzekł: «O bogini, ten człowiek, który realizuje swoje śluby dotyczące postów, trzyma w ryzach swe zmysły, nie rani żadnej żywej istoty i ćwiczy się w prawdomówności, zdobywa niebo i wolny od wszelkiego zła zabawia się beztrosko w towarzystwie apsar i gandharwów.

Ten człowiek o prawej duszy, który przyjmuje postawę właściwą dla jogi *manduka* i który poprawnie, zgodnie z nakazami wykonuje chwalebne czyny po otrzymaniu właściwej inicjacji (*diksza*), po śmierci spędza szczęśliwie czas w regionie nagów.

Ten człowiek, który przebywa w towarzystwie jeleni i utrzymuje się przy życiu, jedząc trawę i zieleninę, która opadła z ich ust, otrzymuje właściwą inicjację i realizuje wynikłe z niej obowiązki, po śmierci zdobywa pałac Indry zwany Amarawati.

Ten człowiek, który żywi się leśnym mchem i liśćmi opadłymi z drzew i znosi cierpliwie wszelkie kaprysy pogody, zdobywa bardzo wysokie niebiańskie regiony.

Ten człowiek, który żywi się jedynie wodą i powietrzem lub owocami i korzonkami, zdobywa po śmierci przepełniony bogactwem świat jakszów i spędza szczęśliwie czas w towarzystwie rozmaitych plemion apsar.

Ten człowiek, który w ciągu dwunastu lat wykonuje odpowiednie ryty zgodnie z nakazami i w okresie lata realizuje ślub pięciu ogni, w kolejnym życiu rodzi się w rodzinie królewskiej.

Ten człowiek, który realizuje swe śluby dotyczące jedzenia, praktykuje umartwienia i powstrzymuje się od zakazanego jedzenia przez czternaście lat, a w zakazanych godzinach rezygnuje nawet z powietrza i wody, w kolejnym życiu zdobywa status króla.

Ten człowiek, który siedzi i śpi na nagiej ziemi, mając nad sobą tylko kopułę nieba, idzie ścieżką obowiązków, do której otrzymał inicjację i w końcu uwalnia z ciała duszę, powstrzymując się całkowicie od jedzenia, cieszy się szczęściem w niebie, gdzie zdobywa wspaniałe rydwany oraz łoża i pałace o blasku księżyca.

Ten, kto jest wstrzemięźliwy w jedzeniu i realizuje rozmaite surowe śluby, zdobywa niebo i cieszy się tam szczęściem.

Ten, kto żyje, bazując wyłącznie na swej jaźni, realizuje obowiązki ścieżki, do której otrzymał właściwe ryty inicjujące i w końcu uwalnia duszę z ciała w wielkim oceanie, zdobywa po śmierci region Waruny.

Ten, kto żyje, bazując wyłącznie na swej jaźni, realizując przez dwanaście lat nakazy zgodnie z otrzymaną inicjacją i oddając ostatecznie swoje ciało ogniowi w formie ofiarowanej bogom oblacji, zdobywa region Brahmy i cieszy się tam najwyższym szacunkiem.

Ten, kto żyje, bazując wyłącznie na swej jaźni, realizując przez dwanaście lat nakazy zgodnie z otrzymaną inicjacją i przebijając swe stopy ostrym kamieniem, zdobywa niebiański region należący do *guhjaków* (towarzyszy Skandy).

Ten, kto żyjąc w swej jaźni, oddaje jej cześć i uwalnia się zarówno od par przeciwieństw (takich jak zimno i gorąco, radość i smutek), jak i od przywiązania do ziemskich przedmiotów i kto realizuje przez dwanaście lat nakazy zgodnie z otrzymaną inicjacją, zdobywa niebo i cieszy się szczęściem, przebywając w towarzystwie bogów».

Śiwa kontynuował: «O bogini, posłuchaj teraz o herosach ascezy i prawości. Miejsce wyznaczone dla herosów zdobywa ten duchowo odrodzony człowiek, który po otrzymaniu inicjacji ujarzmia swe zmysły i łącząc swoją jaźń z Najwyższą Jaźnią, uwalnia się od poczucia ‹to jest moje›. Wyrusza w pojedynkę na wędrówkę po dżungli całkowicie nagi i pragnąc rozwinąć w sobie prawość, po oddaniu swego świętego ognia drzewu, realizuje przez dwanaście lat zgodnie z otrzymaną inicjacją nakazy ścieżki herosów prawości i ascezy, śpiąc i postępując tak jak oni. Taki człowiek po śmierci dociera do regionu Indry, gdzie spełniają się jego wszystkie życzenia i cieszy się szczęściem, zdobiąc swe niebiańskie ciało girlandami, kwiatami i perfumami. Zaiste, taka osoba szczęśliwie żyje w niebie, ciesząc się towarzystwem bogów i poruszając się po wszystkich regionach w swym niebiańskim rydwanie mocą swej woli».

6. O zależności zdobywanego statusu od własnych działań

Uma rzekła: «O niszczycielu ofiary Dakszy, w moim umyśle zrodziła się wielka wątpliwość. W starożytnych czasach Brahma stworzył podział na cztery kasty. Wytłumacz mi, jakie złe czyny wykonywane za życia powodują, że w kolejnym życiu waiśja upada do poziomu szudry, wojownik do poziomu waiśji, a bramin do poziomu wojownika? Przy pomocy jakich środków można zapobiec takiej degradacji? Wytłumacz mi również, z powodu jakich czynów bramin i wojownik rodzą się wśród szudrów oraz w jaki sposób osoby urodzone w trzech niższych kastach mogą w kolejnym życiu zdobyć status bramina?»

Śiwa rzekł: «O bogini, status bramina jest bardzo trudny do osiągnięcia. Osoba staje się braminem poprzez akt oryginalnego stworzenia lub przez urodzenie w rodzinie bramińskiej. Podobnie, wojownik, waiśja i szudra nabywają swój status poprzez urodzenie. Bramin może jednak utracić swój bramiński status z powodu swoich niegodziwych działań. Stąd ten, kto urodził się w kaście bramińskiej, powinien zawsze troszczyć się o utrzymanie swego statusu przez wykonywanie jedynie prawych działania. Wojownik i waiśja z kolei swym prawym działaniem mogą w kolejnym życiu zdobyć status bramina.

Bramin, który porzuca obowiązki swojej kasty i realizuje obowiązki wyznaczone dla wojowników, jest uważany za kogoś, kto utracił swój status i stał się wojownikiem. Bramin o niewielkim zrozumieniu, który motywowany zachłannością i złą wolą wykonuje działania wyznaczone dla waiśjów, zapominając o swoim statusie bramina, jest uważany za kogoś, kto stał się waiśją. Bramin, który wykonuje działania wyznaczone dla szudry, staje się szudrą. Zaiste, bramin, który odrzuca obowiązki swej kasty, może upaść nawet do poziomu szudry. Bramin, który odpada od swej kasty, zamiast udać się po śmierci do regionu Brahmy, którego zdobycie jest celem osób realizujących bramińskie obowiązki, tonie w piekle i w kolejnym życiu rodzi się w rodzinie szudry. Jeśli zaś chodzi o wojownika i waiśję, to ci, którzy nie wykonują działań wyznaczonych dla ich kasty, lecz działania właściwe dla szudrów, w kolejnym życiu rodzą się w kaście mieszanej.

W taki to sposób bramin, wojownik i waiśja tracą swój status w kolejnym życiu i upadają nawet do poziomu szudrów. Z kolei ten człowiek, który dzięki spełnianiu obowiązków swej kasty zdobywa jasność widzenia, poznaje naukę oraz oczyszcza ciało i duszę, zbiera nagrody swoją prawością. Posłuchaj, co Brahma powiedział ongiś na ten temat. ‹Ci, którzy są prawi i pragną gromadzić zasługi, zawsze podążają z uporem i stanowczością za głosem duszy. Jedzenie pochodzące od osoby okrutnej, urodzonej w kaście mieszanej lub takiej, której zawodem jest zabijanie zwierząt ofiarnych, jest nie do zaakceptowania dla bramina, podobnie jak jedzenie przygotowane dla dużej ilości ludzi lub z myślą o wykonaniu pierwszej *śraddhy* na rzecz świeżo zmarłego czy też takie, które zostało zanieczyszczone zwykłym grzechem lub pochodzi od szudry. Bramin nie powinien nigdy akceptować wymienionych rodzajów jedzenia›.

Jak to zostało ogłoszone przez Brahmę, bogowie nigdy nie przyjmują jedzenia pochodzącego od szudrów. Bramin, który umrze po rozpaleniu świętego ognia lub podczas wykonywania rytu ofiarnego, mając w żołądku część niestrawionego jedzenia pochodzącego od szudry, w konsekwencji tych niestrawionych resztek traci swój bramiński status w kolejnym życiu i nabywa status szudry. Zostało bowiem stwierdzone, że bramin nabywa w kolejnym życiu status tej osoby, której niestrawione resztki jedzenia znajdują się w jego żołądku. Stąd też bramin powinien zawsze troszczyć się o to, jakie spożywa jedzenie. Bramin, który pije alkohol, popełnia grzech zabójstwa bramina, zachowuje się podle, kradnie, łamie przysięgi, zaniedbuje studiowanie *Wed*, jest grzeszny, zachłanny, grzeszy oszustwem lub przebiegłością, nie realizuje swych ślubów, ma za żonę kobietę szudrę, spożywa jedzenie prosto z garnka, schlebiając tym żądzy innych, sprzedaje somę, czy też służy osobie o niższym statusie, traci bramiński status. Status ten traci również ten bramin, który, choć poznał *Wedy*, bezcześci łoże swego nauczyciela, żywi w stosunku do niego nienawiść lub źle o nim mówi».

Śiwa kontynuował: «O bogini, wyjaśniłem tobie to, kiedy bramin traci swój bramiński status. Posłuchaj teraz o tym, w jaki sposób dzięki dobremu postępowaniu wojownik, waiśja i szudra nabywają w kolejnym życiu status bramina.

Szudra, który pragnie w przyszłym życiu uwolnić się od swej złej *karmy*, powinien za życia wykonywać poprawnie wszystkie wyznaczone dla niego obowiązki zgodnie z nakazami. Powinien zawsze odnosić się z pokorą do osób z trzech wyższych kast, być im posłuszny, dawać im pierwszeństwo i służyć im z troską. Powinien zawsze czynić to radośnie, idąc drogą swego obowiązku i oddawać im cześć jak bogom. Powinien realizować obowiązek gościnności w stosunku do wszystkich, kontrolować swe zmysły, ograniczać się w jedzeniu i kłaść się do łoża ze swoją żoną jedynie we właściwym czasie. Powinien zawsze poszukiwać służby u osób, które są święte i czyste, a jeśli chodzi o jedzenie, to powinien spożywać tylko to, co pozostaje po zaspokojeniu potrzeb wszystkich innych osób. Pragnąc w kolejnym życiu zdobyć status waiśji, powinien również powstrzymać się od jedzenia mięsa zwierząt zabitych w celu ofiary.

Waiśja, który w kolejnych inkarnacjach pragnie zdobyć status bramina, powinien być prawdomówny, wolny od pychy i arogancji. Powinien uwolnić się od ego-świadomości i par przeciwieństw i iść ścieżką prowadzącą do ciszy i spokoju. Powinien czcić bogów ofiarami, studiować z oddaniem i recytować *Wedy* oraz dbać o czystość ciała i umysłu. Powinien kontrolować swe zmysły, czcić braminów i w swoich działaniach brać zawsze pod uwagę dobro wszystkich czterech kast. Powinien realizować obowiązki gościnności w stosunku do wszystkich. Prowadząc domowy tryb życia, powinien spożywać posiłek tylko dwa razy dziennie o określonych godzinach, zaspakajając głód tylko tym jedzeniem, które pozostaje po zaspokojeniu potrzeb wszystkich członków rodziny, służby i gości. Powinien być zawsze wstrzemięźliwy w jedzeniu i w swym działaniu nie powinien nigdy kierować się pragnieniem nagrody, lecz poczuciem obowiązku. Powinien czcić bogów *agnihotrą*, lejąc libację do świętego ognia oraz oddawać cześć trzem ogniom zgodnie z tym, co zostało stwierdzone w pismach.

Taki waiśja o czystym zachowaniu, zanim zdobędzie status bramina, urodzi się najpierw w rodzinie wojownika o wysokim statusie. Jeżeli w czasie, gdy jest wojownikiem, odbędzie oczyszczające ryty i uczyni odpowiednie śluby, urodzi się w kolejnym życiu jako bramin. Zaiste, taki były waiśja po zdobyciu statusu wojownika powinien czcić bogów w wielkich rytach ofiarnych, rozdając bogate dary w formie *dakszin*y, studiować *Wedy* i dążąc do zdobycia nieba, czcić trzy ognie. Powinien ochraniać poddanych i dążyć do tego, aby uwolnić strapionych od smutku. Powinien sprawiedliwie rozdzielać kary i nagrody wśród tych, którzy na nie zasłużyli. Powinien skłaniać ludzi do prawych uczynków i postępując zgodnie z zasadami rządzenia, powinien pobierać od swych poddanych jedną szóstą uzyskanego przez nich plonu z pól w formie podatku. Powinien szukać realizacji trzech celów życiowymi, którymi są Prawość, Zysk i Przyjemność, i być zawsze pogodny. Znając nauki dotyczące tych trzech celów, nie powinien koncentrować się na szukaniu seksualnej przyjemności, lecz żyć radośnie, zachowując niezależność i kładąc się do łoża ze swoją żoną jedynie we właściwym czasie. Powinien także przestrzegać postów, trzymać w ryzach swą duszę, studiować *Wedy* i dbać o czystość ciała i umysłu. Powinien spać w swej komnacie ogniowej na podłodze przykrytej trawą *kuśa*. Tym, którzy proszą go o jedzenie, powinien zawsze odpowiadać, że jest już gotowe. Nie powinien nigdy pożądać czegoś, kierując się wyłącznie motywem zdobycia majątku lub przyjemności. Powinien czcić Ojców, bogów i gości. W swoim własnym domu powinien prowadzić życie świętego żebraka. Rano, w południe i wieczorem powinien właściwie czcić bogów *agnihotrą*, lejąc libację do ognia zgodnie z nakazami. I w końcu powinien uwolnić z ciała swą duszę, stojąc twarzą w twarz ze swym wrogiem i walcząc na polu bitewnym z uwagi na dobro krów i braminów, lub recytując odpowiednie mantry, powinien ofiarować swe ciało trzem ogniom. Wojownik, który podąża za opisaną linią postępowania, w kolejnym życiu urodzi się jako bramin. W ten to sposób prawy wojownik, po zdobyciu wiedzy i nauki oraz oczyszczeniu się z całego ziemskiego brudu, zdobywa status bramina swoim własnymi czynami».

Śiwa kontynuował: «O bogini, odpowiadając na twoje pytanie, wyjaśniłem tobie, że dzięki swym prawym czynom nawet ta osoba, która urodziła się na ziemi w upadłej kaście szudrów, może w cyklu kolejnych urodzin uzyskać status bramina oczyszczonego z wszystkich grzechów i posiadającego wedyjską wiedzę. W taki sam sposób osoba, która urodziła się na ziemi jako bramin, może utracić swoją bramińskość i w kolejnym życiu urodzić się wśród szudrów, jeżeli jej działania są grzeszne i gdy nie przestrzega reguł dotyczących zakazanego jedzenia. Stąd szudra, który oczyścił swoją duszy czystymi uczynkami i ujarzmił swe zmysły, zasługuje na szacunek i traktowanie go jak bramina. Tak stwierdził samorodny Brahma. Dlatego też, zgodnie z moją opinią, gdy pobożna natura i pobożne uczynki dają się zauważyć nawet u kogoś, kto jest szudrą, należy oddawać mu cześć i stawiać go nawet powyżej trzech duchowo odrodzonych kast.

Zaiste, urodzenie, oczyszczające ryty, pobierane nauki, czy też posiadanie potomstwa nie dają wystarczających podstaw do przyznania komuś statusu osoby duchowo odrodzonej. Takich podstaw dostarcza wyłącznie czyjeś działanie. Wszyscy bramini na tym świecie (bez względu na to, w jakiej urodzili się kaście) są braminami w rezultacie swoich działań. Stąd nawet szudra, który postępuje we sposób właściwy dla bramina, powinien być widziany jako ten, kto ma status bramina. *Brahman* jest zawsze jeden i ten sam bez względu na to, gdzie się ukazuje. Taka jest moja opinia. Braminem jest ten, w kim istnieje status *Brahmana*— czyli stan istnienia, który nie ma atrybutów i jest niczym niesplamiony. Sam spełniający życzenia Brahma, stwarzając wszystkie żywe istoty, stwierdził, że podział ludzi na cztery kasty bazujący na urodzeniu ma jedynie klasyfikujący (porządkujący) charakter.

Na tym świecie bramińskość jest wielkim polem wyposażonym w stopy, gdyż porusza się z miejsca na miejsce. Ten, kto zasieje na tym polu nasiona, zbierze plon w kolejnym świecie. Stąd też ten, kto urodził się jako bramin, mając na uwadze swoje dobro, powinien zawsze jeść tylko to, co pozostaje po zaspokojeniu głodu innych. Nie powinien nigdy zbaczać ze ścieżki prawości. Powinien zawsze iść drogą prowadzącą do *Brahmana*. Powinien żyć, studiując *Samhity* (kolekcja świętych wedyjskich hymnów, mantr, modlitw, błogosławieństw i litanii) i spełniać wszystkie obowiązki domowego trybu życia. Powinien być zawsze oddany studiowaniu *Wed*, lecz nie powinien nigdy utrzymywać się z tych studiów przy życiu. Bramin, który zawsze postępuje w ten sposób i nie zbaczając ze ścieżki prawości, oddaje cześć świętemu ogniowi i studiuje *Wedy*, jest widziany jako *Brahman*. Po zdobyciu statusu bramina dzięki urodzeniu w rodzinie bramińskiej, należy więc zawsze swój status ochraniać, unikając zanieczyszczenia kontaktem z osobami nisko urodzonymi przez akceptowanie ich darów i inne działania zakazane w pismach».

7. O konsekwencjach własnych działań

Uma rzekła: «O Panie wszystkich żywych istot, tobie oddają cześć zarówno bogowie, jak i demony asury, pragnę kontynuować naszą rozmowę o tym, co należy do obowiązków ludzi i co jest uważane za ich zaniedbywanie i uwolnić się w ten sposób od wątpliwości, które rodzą się w moim umyśle. Zostało stwierdzone, że ludzie przywiązują się do świata zmysłowych przedmiotów za pośrednictwem myśli, słów i uczynków, i również za ich pośrednictwem zrywają swe więzi z tym światem. Wytłumacz mi, dzięki jakiemu konkretnie zachowaniu, jakim atrybutom i słowom ludzie zdobywają niebo?»

Śiwa rzekł: «O bogini, ty sama wiesz doskonale, jak wielkie znaczenie mają obowiązki. Jesteś zawsze oddana prawości i samoograniczaniu się. Stawianie pytań takich jak twoje przynosi korzyść wszystkim żywym istotom, potęgując ich rozumienie. Posłuchaj więc z uwagą mojej odpowiedzi.

Ani grzech, ani cnota nie zdołają ujarzmić tych ludzi, którzy uwolnili się od wszystkich wątpliwości, zdobyli wszechwiedzę i są zdolni do prawdziwego widzenia wszystkich przedmiotów. Ludzi, którzy uwolnili się od wszystkich ziemskich więzi, nie zdołają zniewolić żadne łańcuchy działania. Nie zdołają też zniewolić tych, którzy nigdy nikogo nie ranią w myśli, słowie i uczynku, jak i tych, którzy powstrzymują się od zabijania, traktują wszystkich ze współczuciem, charakteryzują się dobrym postępowaniem, traktują tak samo wroga i przyjaciela, i są zdolni do samo-ograniczeń.

Niebo zdobywają te osoby, które są oddane religii Prawdy, pozostają prawe niezależnie od trybu życia i cieszą się bogactwem zdobytym prawymi środkami. Ci, którzy obdarzają współczuciem wszystkie żywe istoty, dając im w ten sposób poczucie bezpieczeństwa, i są wolni od złych intencji w swym działaniu, zdobywają niebo. Ci, którzy nie pożądają tego, co należy do innych, nie cudzołożą, zdobywają niebo. Ci, którzy zachowują się w stosunku do cudzych żon w taki sam sposób jak w stosunku do swych matek, sióstr i córek, zdobywają niebo. Ci, którzy zadowalają się tym, co mają i żyją w zgodzie ze swoim losem, zdobywają niebo. Ci, którzy opanowali zmysły, nie szukają nigdy kontaktu z żonami innych i są oddani prawemu postępowaniu, zdobywają niebo.

Taka jest droga stworzona przez bogów, którą powinny podążać osoby prawe. Jest to droga uwalniania się od namiętności i awersji, która została stworzona dla tych, którzy są prawi. Ci, którzy są oddani swym żonom, kładą się z nimi do łoża tylko we właściwym czasie i unikają angażowania się w szukanie przyjemności płynącej ze związków seksualnych, zdobywają niebo. Postępowanie, które charakteryzuje się dobroczynnością i pokutą, prawością uczynków i czystością ciała i serca, powinno być wybierane przez tych, którzy są mądrzy i którzy pragną zgromadzić zarówno środki utrzymania się przy życiu, jak i zasługi. Ci, którzy chcą zdobyć niebo, powinni podążać właśnie tą drogą, a nie inną».

Uma rzekła: «O Panie wszystkich żywych istot, jakie słowa zakuwają człowieka w kajdany przywiązania, i jakie uwalniają go od więzi ze światem zmysłowych przedmiotów?»

Śiwa rzekł: «O bogini, posłuchaj, kim są ci, którzy zdobywają niebo swymi słowami. Są to ci, którzy nigdy nie okłamują ani siebie, ani innych nawet dla żartu czy dla śmiechu. Są to ci, którzy nigdy nie mówią nieprawdy w celu zdobycia zasług lub środków do życia lub też dla kaprysu. Są to ci, którzy wypowiadają słowa gładkie, słodkie i bezbłędne, szczerze witające wszystkich. Są to ci, którzy nigdy nie wypowiadają słów ostrych, gorzkich i okrutnych, uwolniwszy się od fałszu i wszelkiego rodzaju zła. Są to ci, którzy powstrzymują się od grzesznych, nieprzyjemnych i podyktowanych złymi intencjami rozmów i wypowiadają jedynie słowa, które są przyjemne i pomyślne. Są to ci, którzy nigdy nie wypowiadają słów podyktowanych gniewem i oburzeniem, które ranią innych ludzi, i wypowiadają tylko takie słowa, które są nastawione na pokój i prowadzą do zgody.

Ludzie powinni zawsze uwzględniać w swym postępowaniu wymienione przeze mnie nakazy dotyczące mowy, gdyż bazują one na Prawdzie i przynoszą pomyślność. Ci, którzy są mądrzy, powinni zawsze unikać fałszu».

Uma rzekła: «O Bogu bogów, wytłumacz mi, jakie mentalne działania lub myśli zniewalają człowieka?»

Śiwa rzekł: «O bogini o słodkiej twarzy, człowiek, który zbiera zasługi swymi mentalnymi czynami, zdobywa niebo. Wymienię tobie te mentalne czyny, które prowadzą do nieba. Gdy umysł jest niekontrolowany, zostaje zniewolony przez niekontrolowane lub złe myśli.

Posłuchaj o tych, którzy zdobywają niebo swymi mentalnymi czynami. Są to ci, którzy widząc w dzikim lesie coś, co należy do kogoś innego, nawet nie pomyślą o tym, aby to zabrać, jak i ci, którzy nie myślą o przywłaszczeniu sobie czegoś, co należy do innych nawet wtedy, gdy widzą to leżące w pustym domu lub wiosce opuszczonej przez mieszkańców. Są to ci, którzy nawet w myślach nie poszukują kontaktu z cudzymi żonami, choćby spotykali je w odludnych miejscach i choćby były opanowane przez żądzę. Są to ci, którzy zachowują się równie przyjaźnie w stosunku do spotykanych wrogów, jak i przyjaciół. Są to ci, którzy zdobyli wiedzę, mają współczucie dla innych, są prawdomówni i czyści na ciele i duszy, jak i ci, którzy zadowalają się tym, co należy do nich. Są to ci, którzy nie żywią złej woli w stosunku do żadnej żywej istoty, nikogo nie ranią i nie podejmują żadnego wysiłku w celu zdobycia środków do życia, żywiąc się jak gołąb tym, co znajdą na polach. Są to ci, którzy sami będąc świętymi ascetami, szukają kontaktu z innymi świętymi mędrcami, mają wiarę, odnoszą się do innych przyjaźnie i ze współczuciem, znają różnicę między dobrem i złem, jak i konsekwencje dobrych i złych uczynków. Są to ci, którzy są oddani bogom i braminom, jak i ci, którzy są zawsze we wszystkim sprawiedliwi i uparci w swoim dążeniu do czynienia dobra. Wszyscy oni zdobywają niebo dzięki zasługom zbieranym swymi dobrymi czynami, będącymi rezultatem poddania kontroli swego umysłu. O czym jeszcze chcesz posłuchać?»

Uma rzekła: «O Mahadewa, mam pewną wątpliwość w odniesieniu do ludzi. Uwolnij mnie od niej swymi naukami. Ty sam jesteś całkowicie nieskazitelny, wytłumacz mi jednak, jakimi czynami człowiek zdobywa długie życie, a jakie powodują, że jego pobyt na ziemi jest krótki? Niektórym ludziom los sprzyja, a innym nie. Niektórzy rodzą się w szlachetnej rodzinie, a inni w niegodziwej. Niektórzy są odpychający, a inni pociągający nawet na pierwszy rzut oka. Niektórzy są pozbawieni rozumu i wiedzy, a inni są inteligentni i mądrzy. Niektórzy są wolni od cierpienia, a inni padają ofiarą nieszczęść i katastrof. Ja sama jestem widziana przez ludzi w rozmaitej formie. Wytłumacz mi, jaki jest tego powód?»

Śiwa rzekł: «O bogini, wyjaśnię teraz tobie, jak manifestują się rozmaite owoce działania. To w rezultacie reguł rządzących tą manifestacją wszyscy ludzie na tym świecie cieszą się lub cierpią w konsekwencji swoich działań.

W piekle tonie ten człowiek, który rodzi się z dyspozycją do okrucieństwa, aby móc zabijać żywe istoty, jak i ten, który zbroi się w kij lub inną broń, który jest widziany z bronią gotową do użycia i zabija żywe istoty, któremu brakuje współczucia i który budzi we wszystkich strach, nie oszczędzając nawet robaków i mrówek. Ten z kolei, który ma przeciwne skłonności i jest prawy w swoich czynach, rodzi się, mając przyjemny wygląd. Człowiek, który ma skłonność do okrucieństwa, tonie w piekle, podczas gdy ten, który jest obdarzony współczuciem, zdobywa niebo. Człowiek, który idzie do piekła, musi odcierpieć za swoje grzechy, doświadczając okrucieństwa i niedoli, a gdy po opuszczeniu piekła rodzi się na ziemi, żyje krótko. Człowiek, który nałogowo zabija i rani innych, z racji swych grzesznych uczynków zasługuje na zniszczenie. Z tego powodu taka osoba rodzi się w nieprzyjemnej dla wszystkich formie i żyje krótko. Z kolei ten człowiek, który należy do tak zwanej białej klasy, który pozbył się wszelkiej broni, nigdy nikogo nie zabija, nikogo nie karze, nikogo nie rani, nigdy nikomu nie zleca zabicia jakiejś żywej istoty, nigdy nie odpowiada zranieniem temu, kto próbuje go zranić lub zabić, nigdy nie aprobuje aktu zabójstwa, obdarza współczuciem wszystkie żywe istoty, traktuje innych tak jak siebie samego, stoi wśród ludzi najwyżej i po śmierci zdobywa pozycję boga. Taki człowiek cieszy się różnymi luksusami. Jeżeli rodzi się ponownie na ziemi wśród ludzi, zostaje obdarzony długim życiem i szczęściem. Taka jest droga tych, którzy są prawi w swoich uczynkach, która została wskazana przez Brahmę i którą charakteryzuje powstrzymywanie się od ranienia wszystkich żywych istot».

Uma rzekła: «O Bogu bogów, wytłumacz mi teraz, dzięki jakiemu usposobieniu (dyspozycji), jakiemu działaniu i jakim darom człowiek zdobywa niebo?»

Śiwa rzekł: «O bogini, mieszkańcem nieba staje się po śmierci ten człowiek o wielkodusznym usposobieniu, który oddaje cześć braminom i wita ich gościnnością, obdarowuje nędzarzy, ślepców i nieszczęśników jedzeniem, piciem, ubraniem i innymi przedmiotami, buduje budynki służące publicznym zgromadzeniom, jak i schroniska, gdzie spragnieni i strudzeni wędrowcy mogą odpocząć i napić się chłodnej i czystej wody, kopie studnie, zaspakaja potrzeby wszystkich, którzy o coś proszą, obdarowując łożami, krzesłami, pojazdami, bogactwem, klejnotami, domami, kukurydzą wszelkiego rodzaju, krowami, polami, kobietami i czyni te dary z radosnym sercem. Po śmierci zamieszkuje on przez długi czas w Lesie Nandana i innych wspaniałych niebiańskich regionach w towarzystwie apsar, ciesząc się dostępem do różnych wspaniałych przedmiotów. Po wyczerpaniu zasług opada z nieba na ziemię, rodząc się wśród ludzi w majętnej rodzinie, gdzie nie brakuje żadnych źródeł przyjemności. W czasie życia na ziemi nie brakuje mu niczego, co pozwalałoby mu na zaspokojenie wszystkich pragnień. Zaiste, jest zamożny i jego skarbiec jest pełny. Zostało zadeklarowane w starożytnych czasach przez samego Brahmę, że taki człowiek jest wysoko błogosławiony i uzyskuje przyjemną formę.

Na piekło zarabiają natomiast ci, których usposobienie jest dokładnie przeciwne i którzy są niezdolni do czynienia darów nawet wówczas, gdy są bogaci i gdy bramini ich o nie proszą. Tacy nienasyceni ludzie o niewielkich rozumie, szukający ciągle zaspakajania swego zmysłu smaku, odmawiają wszelkiej pomocy nędzarzom, ślepcom, nieszczęśnikom i żebrakom nawet wówczas, gdy przychodzą do ich domu i proszą o dary. Nigdy nie uczynili żadnego daru ubrań, żywności, złota, krów, czy innego bogactwa. Ci, którzy nie są skłonni do przynoszenia ulgi cierpiącym, są zachłanni, chciwi, nie mają wiary w pisma, zaiste wszyscy ci, którym brakuje rozumu, toną w piekle. Po upłynie czasu wyznaczonego na przebywanie w piekle, rodzą się na ziemi w rodzinie nędzarza, gdzie bezustannie cierpią głód i pragnienie, i gdzie są wykluczeni z praworządnego społeczeństwa, pozbawieni szans na to, aby cieszyć się tym, co dobre i gdzie prowadzą życie ekstremalnych nikczemników. Zaiste, to ich własne czynny wykonywane w poprzednim życiu powodują, że rodzą się na ziemi biedni i niegodziwi.

Na piekło zarabiają również ci, którzy z powodu posiadanego bogactwa są aroganccy i pełni pychy. Ci bezrozumni niegodziwcy odmawiają pierwszeństwa tym, którzy na to zasługują, nie oddają im należnej czci i nie ofiarują wody do umycia stóp. Nie oddają też honorów gościom i nauczycielom, tak jak powinni, postępując zgodnie z nakazami. Chciwi i aroganccy odmawiają szacunku ludziom starszym i tym, którzy stoją od nich wyżej. Tacy ludzie kończą w piekle, a gdy po upływie długiego czasu ich pobyt w piekle dobiega końca, rodzą się na ziemi w rodzinie niegodziwców o niskim statusie. Zaiste ci, którzy poniżają swoich nauczycieli i tych, którzy należą do starszyzny rodu, są zmuszeni do ponownych narodzin w niskich kastach takich jak *swapakowie* i *pukkasowie*, słynących z wielkiej podłości i braku rozumu.

Niebo zdobywa natomiast ten człowiek, w którym nie ma arogancji i pychy. Taki człowiek, cieszący się szacunkiem całego świata, czci bogów i braminów, kłania się każdemu, kto na to zasługuje, a jego mowa jest gładka, przyjemna i kojąca. Działa na rzecz dobra wszystkich kast, jest oddany dobru wszystkich żywych istot, nie czuje niechęci do nikogo. Ustępuje zawsze drogi tym, którzy na to zasługują, czci swych nauczycieli w taki sposób, w jaki powinni być czczeni, wita każdą żywą istotę z odpowiednią uprzejmością, oddaje starszym i gościom należne honory. Nie żywi złej woli w stosunku do żadnej żywej istoty, jest nastawiony na zapewnienie komfortu gościom i czci każdego, kto odwiedza jego dom. Taki człowiek zamieszkuje przez długi czas w niebie, a po wyczerpaniu swych zasług rodzi się na ziemi wśród ludzi w rodzinie cieszącej się wielkim szacunkiem i w czasie życia cieszy się wszelkiego rodzaju bogactwem. Nastawiony na prawość daje każdemu to, na co zasługuje, i jest oddany spełnianiu wszystkich obowiązków i prawych czynów. Honorowany i czczony przez wszystkie żywe istoty konsumuje owoce swoich własnych przeszłych uczynków. Tak w starożytnych czasach stwierdził sam Brahma.

W piekle tonie ten, kto jest okrutny w swym zachowaniu, rani żywe istoty, budząc w nich lęk i stosuje różne rodzaje oszustwa w celu zabicia żywych istot, dokuczania im lub przerażenia ich. Gdy taki człowiek po upływie długiego czasu zdobywa ponownie status człowieka, rodzi się w bardzo niskiej i grzesznej kaście lub w rodzinie, która na każdej drodze spotyka trudne do pokonania przeszkody. W rezultacie swych własnych przeszłych działań staje się wyklęty wśród ludzi.

Niebo zdobywa natomiast ten, kto jest pełen współczucia i troszczy się o wszystkie żywe istoty, będąc w stosunku do nich przyjazny, traktuje je wszystkie jak swoich synów, jest wolny od uczucia wrogości, kontroluje wszystkie swoje namiętności, jak i swoje ręce i stopy, i nigdy nie rani innych przy ich pomocy. Taki człowiek budzi w innych żywych istotach zaufanie. Nigdy nikogo nie uderza przy pomocy jakiegokolwiek narzędzia. Jego uczynki nigdy nie są niepohamowane i okrutne, do wszystkich odnosi się zawsze z życzliwością i dobrocią. Osoba, która tak właśnie postępuje, zdobywa niebo, gdzie spędza czas w komforcie w towarzystwie bogów. Po wyczerpaniu zasług rodzi się ponownie wśród ludzi, gdzie nigdy nie doświadcza żadnych trudności i jest wolna od lęku. Zaiste, doświadcza szczęścia, nie musząc walczyć o środki do utrzymania się przy życiu i jest wolna od niepokoju. Taka jest droga ludzi prawych, która uwalnia ich od wszelkich przeszkód i dolegliwości».

Uma rzekła: «O Bogu bogów, na tym świecie niektórzy ludzie rozumieją przyczyny i skutki, które nimi kierują. Zaiste, zdobyli odpowiednie nauki i wiedzę, mają liczne potomstwo, uczą się i zdobywają mądrość. Innym z kolei brakuje wiedzy i mądrości, i są we władzy szaleństwa. Wytłumacz mi, dzięki jakiem konkretnie działaniom człowiek staje się mądry, a jakie prowadzą go do zaburzonej wizji i utraty rozumu. Rozprosz moje wątpliwości w tej sprawie. Dlaczego niektórzy rodzą się na ziemi ślepi, chorzy lub jako impotenci. Jaki jest tego powód?»

Śiwa rzekł: «O bogini, ci ludzie, którzy zawsze starają się poznać to, co jest dla nich korzystne i co im szkodzi, pytając o to braminów znających *Wedy* i unikają złych uczynków, wykonując jedynie dobre czyny, po uwolnieniu z ciała swej duszy zdobywają niebo, gdzie cieszą się wielkim szczęściem. Po wyczerpaniu zasług opuszczają niebo i rodzą się ponownie wśród ludzi jako osoby o wielkiej inteligencji, które przynoszą im szczęście i wszystko to, co pomyślne. Ci z kolei, którym brakuje rozumu i nie potrafią uniknąć złych uczynków, w konsekwencji swych grzesznych czynów rodzą się ponownie na ziemi jako ślepcy. Ci, którzy pod wpływem żądzy patrzą na nagą kobietę, w konsekwencji swych grzesznych czynów całe życie cierpią na różne choroby. Ci z kolei, którzy kładą się do łoża z przypadkowymi kobietami lub kobietami z niższej kasty, bezczeszczą łoże swego nauczyciela, zabijają lub przyczyniają się do zabijania zwierząt, rodzą się ponownie na ziemi wśród osób pozbawionych męskości».

Uma rzekła: «O Najwyższy Bogu, jakie działania są bezgrzeszne, a jakie grzeszne? Czym charakteryzują się te działania, które przynoszą człowiekowi najwyższe dobro?»

Śiwa rzekł: «O bogini, człowiek, który pragnie poznać, czym jest prawość i zdobyć wszystkie najwyższe cnoty, który zawsze pyta braminów o drogę prowadzącą do najwyższego dobra, zdobywa niebo, a po wyczerpaniu zasług rodzi się ponownie wśród ludzi, charakteryzując się wielką inteligencją, pamięcią i mądrością. Taka jest linia postępowania wybierana przez osoby prawe, która jest najbardziej korzystna. Wyjaśniam to tobie, mając na uwadze dobro ludzi».

Uma rzekła: «O Najwyższy Bogu, wśród ludzi istnieją tacy, którzy nienawidzą prawości, charakteryzują sie niewielkim rozumem i nie szukają rozmów z braminami znającymi *Wedy*. Istnieją też tacy, którzy czynią przysięgi i dbają o to, aby wykonać prawidłowo ryty *śraddha*, jak i tacy, którzy nigdy nie czynią żadnych przysiąg i nie zważają na żadne nakazy, zachowując się jak rakszasowie. Niektórzy są oddani realizowaniu wszystkich rytów, podczas gdy inni zapominają nawet o obowiązku *homy*. Z powodu jakich przeszłych czynów ludzie nabywają tak odmienną naturę?»

Śiwa rzekł: «O bogini, *Wedy* określają granice wszystkich ludzkich działań. Ludzie, którzy postępują zgodnie z tym, co nakazują *Wedy*, w kolejnym życiu rodzą się wśród tych, którzy czynią śluby. Ci z kolei którzy, tracąc rozum, wybierają za życia nieprawość, nie czynią przysiąg i łamią wszelkie ograniczenia, narodzą się ponownie w formie demonicznych upiorów zwanych braminami rakszasami. Zaiste, ci ludzie, którzy ignorują ryty takie jak *homa*, nigdy nie recytują *waszatów* i innych świętych mantr, są uważani za tych, którzy są najgorsi z wszystkich tych, co stoją najniżej»'.

8. O religii kobiet

Riszi Narada rzekł: 'O Kryszna, Mahadewa, po udzieleniu swej małżonce odpowiedzi na jej pytania i patrząc na nią, siedzącą u jego boku i gotową do spełnienia każdego jego życzenia, sam zapragnął ją o coś zapytać.

Śiwa rzekł: «O piękna córko króla gór Himawata! Chcąc rozwiać twoje wątpliwości, odpowiedziałem na twoje pytania dotyczące religii, ukazując przed tobą cały ocean obowiązków wyznaczonych dla człowieka. Opowiedziałem tobie także o grzechach, jakie ludzie popełniają. Chciałbym teraz ciebie o coś zapytać. Ty sama lubisz przebywać w miejscach odosobnienia, wybieranych przez ascetów, znasz całe Prawo, jak i to, co jest i co nie jest Tym, co Najwyższe. Zdobi cię wszelka cnota. Jesteś prawdziwie pięknobrewa, a twoje włosy opadają na ramiona w pięknych lokach. Jesteś biegła w każdej pracy i potrafisz wszystko. Jesteś powściągliwa, opanowana i bezstronna w swym stosunku do wszystkich żywych istot. Jesteś wolna od poczucia, że ‹coś jest moje› i całkowicie oddana realizowaniu wszystkich obowiązków. Wyjaśnij mi, proszę, to, o co chcę cię zapytać. Sawitri jest wierną żoną Brahmy, Śaci Indry. Dhumorna Markandeji, Riddhi króla Waiśrawany, Gauri Waruny, Suwarczala Surji, Rohini Kryszny, Swaha Wibhawasu, a Aditi Kaśjapy. Wszystkie one widzą w swoich mężach bogów. Spotykasz je i rozmawiasz z nimi każdego dnia i dlatego chcę cię zapytać o obowiązki kobiet. Twoje słowa są zawsze zgodne z Prawem, wyjaśnij mi więc od samego początku to, o co pytam. Mąż i żona są jednią, tak jak ty jesteś jednią ze mną. Połowę mojego ciała tworzy połowa twojego ciała. Jesteś przyczyną zaludnienia ziemi i jesteś zawsze zajęta wykonywaniem pracy bogów. Będąc moją żoną, realizujesz wszystkie obowiązki razem ze mną. Twoje postępowanie, jak i wszystkie śluby, które czynisz, są dokładnie takie jak moje. Twoja moc i energia są równe moim i tak jak ja praktykujesz umartwienia. Twoja odpowiedź na moje pytanie stanie się dla ludzi źródłem wielkich zasług, dostarczając całemu światu standardów. Kobiety są bowiem największymi obrończyniami kobiet, a standardy, które przedstawisz w rozmowie ze mną, ludzie będą sobie przekazywać z pokolenia na pokolenie. Poucz mnie więc, nie pomijając żadnych szczegółów, jakie są obowiązki twojej płci, które ty sama doskonale znasz».

Uma rzekła: «O Panie wszystkich żywych istot! To ty jesteś Nim, który jest źródłem przeszłości, teraźniejszości i przyszłości, to dzięki twej łasce wypowiadane przeze mnie słowa przychodzą mi do głowy. Popatrz, wszystkie rzeki mojej płci, ozdobione wodami świętych brodów, zbliżają się do ciebie, abyś mógł wykonać w nich ablucje. Pozwól jednak, że dopiero po konsultacji z nimi odpowiem na twoje pytanie we właściwym porządku. Nawet On, Najwyższa Osoba nazywany Puruszą, który mieszka w każdej żywej istocie, chociaż sam jest we wszystkim najbardziej kompetentny, będąc całkowicie wolny od próżności i arogancji, nigdy nie waha się przed poproszeniem innych o opinię. Jeśli chodzi o kobiety, to podążają zawsze za osobami swojej płci. Pozwól więc, że zanim odpowiem na twoje pytanie, zapytam te rzeki o opinię w sprawie, o którą mnie pytasz i oddam im w ten sposób honory. Oddam hołd rzece Saraswati biegnącej w kierunku oceanu, która jest prawdziwie pierwsza wśród rzek, jak i innym rzekom, które przybyły tutaj przed twoje oblicze. Uhonoruję rzeki o imionach Wipasa, Witasta, Czandrabhaga, Irawati, Satadru, Dewika, Kauśiki i niebiańską rzekę Ganges, która zawiera w sobie wszystkie święte brody i która mając swój początek w niebie, zstąpiła na ziemię, upadając na twoją głowę».

Po wypowiedzeniu tych słów małżonka Boga bogów Uma, oddana realizowaniu wszystkich swoich obowiązków, rozpoczęła z uśmiechem swe konsultacje z rzekami swojej płci na temat obowiązków kobiet. Zaiste, wszystkie te święte rzeki, ze świętą rzeką Ganges jako pierwszą wśród nich, znały doskonale wszystkie te obowiązki.

Uma rzekła: «O rzeki, słynny Bóg bogów Śiwa zapytał mnie o obowiązki kobiet. Chciałabym odpowiedzieć mu na to pytanie dopiero po konsultacji z wami. Nie znam bowiem takiej gałęzi nauki na ziemi lub w niebie, którą jednostka mogłaby doskonale opanować bez niczyjej pomocy. Wy rzeki płyniecie w kierunku oceanu i dlatego pragnę poznać wasze zdanie».

W taki to sposób małżonka Śiwy Uma zapytała o opinię rzeki, z których każda była święta i dobrze wróżąca. Niebiańska rzeka Ganges, która czciła córkę króla gór Umę, została wydelegowana przez rzeki do udzielania jej odpowiedzi. Zaiste, bogini Gangesu Ganga o słodkim uśmiechu, nabrzmiała od wiedzy różnego rodzaju, doskonale znała obowiązki kobiet.

Ta nieskazitelna bogini o wielkiej inteligencji, zdolna do oczyszczenia z lęków przed grzechem i z racji swej inteligencji pozbawiona pychy, rzekła: «O bogini, jesteś bezgrzeszna i zawsze oddana spełnianiu wszystkich swoich obowiązków. Kierując swoje pytanie do mnie, ukazałaś mi wielką łaskę. Ty, którą czci cały wszechświat, zadajesz pytanie komuś, kto jest zaledwie rzeką. Ten, kto będąc sam najbardziej kompetentny w określonym temacie, zwraca się z prośbą o opinię do kogoś innego, oddając mu w ten sposób honory, z całą pewnością zasługuje na bycie nazwanym prawą duszą. Zaiste, taka osoba zasługuje na to, aby nazywać ją wykształconą i mądrą. Ten, kto zwraca się z pytaniami do swoich rozmówców, tak jakby już znali całą naukę, zdobyli wiedzę i byli zaznajomieni z analizą wniosków i przesłanek, nigdy się nie zhańbi. Z kolei ten, kto jest pełen pychy, choćby nawet był bardzo inteligentny, lecz nigdy nie konsultuje swej wiedzy z innymi, gdy przemawia na zgromadzeniu mędrców, wypowiada jedynie słowa słabe i mało znaczące».

Ganga zakończyła, mówiąc: «O bogini, ty sama zdobyłaś duchowy wgląd i zajmujesz pierwsze miejsce wśród niebian. Swą pozycję zawdzięczasz zebranym zasługom. To ty jesteś najbardziej kompetentna i zdolna do nauczania o obowiązkach kobiet».

W ten to sposób bogini Ganga oddała cześć Umie, wychwalając jej wielkie zasługi. Wychwalana w ten sposób bogini Uma zaczęła z pełnym autorytetem nauczać o tym, jakie są obowiązki kobiet.

Uma rzekła: «O boginie, wyjaśnię wam obowiązki kobiet tak, jak są mi znane. Słuchajcie z uwagą. Obowiązki kobiet pojawiają się po raz pierwszy w rytach małżeńskich jako stworzone przez krewnych. Zaiste, podczas tych rytów kobieta w obecności godowego ognia łączy się ze swym Panem w jedno w celu wykonywania wszystkich prawych uczynków.

Ta nieskalana kobieta o przyjaznym usposobieniu, słodkiej mowie, słodkim zachowaniu i słodkim wyglądzie, która zawsze patrzy mężowi w twarz, czerpiąc z tego taką radość, jakby patrzyła na twarz swego syna, i która w swych działaniach ściśle przestrzega wyznaczonych dla niej nakazów, jest uważana za prawdziwie prawą w swym postępowaniu.

Ta kobieta, która słucha o obowiązkach małżeńskiego życia, tak jak zostały opisane w pismach, i realizuje wszystkie te wróżące pomyślność obowiązki, widząc w prawości swój najwyższy życiowy cel, jest uważana za prawdziwie prawą w swym postępowaniu.

Ta kobieta, która czyni te same śluby co jej mąż, zachowuje czystość, traktuje swego męża jak boga, daje mu pierwszeństwo, z radością mu służy i oddaje mu całe swe serce, nie myśląc nigdy o jakimś innym mężczyźnie, jest uważana za osobę prawdziwie prawą w swym postępowaniu.

Ta kobieta, która pozostaje pogodna nawet wówczas, gdy mąż ją karci i spogląda na nią gniewnym okiem, jak i ta, która nigdy nawet nie spojrzy na księżyc, słońce czy drzewo, którego imię jest rodzaju męskiego, jest uważana za prawdziwie oddaną mężowi żonę.

Ta kobieta, która jest wielbiona przez swego męża i ma przyjemne i piękne cechy, jest uważana za prawdziwie prawą.

Ta kobieta, która traktuje swego męża z takim samym uczuciem jak swoje dziecko nawet wtedy, gdy jest biedny, chory, słaby, czy też zmęczony podróżą, jest uważana za prawą w swym postępowaniu.

Ta kobieta, która zdobyła samo-kontrolę, urodziła dzieci, jest oddana mężowi całym sercem i służy mu z radosnym sercem i pokorą. jest uważana za prawą w swym postępowaniu.

Ta kobieta, która zawsze dostarcza wsparcia swym krewnym i powinowatym, ofiarując im jedzenie, i której upodobanie w zaspakajaniu swych pragnień i posiadaniu pięknych przedmiotów nie dorównuje upodobaniu, które ma ona w swoim mężu, jest uważana za prawą w swym postępowaniu.

Ta kobieta, która zawsze czerpie przyjemność z wczesnego wstawania i wypełniania domowych obowiązków, która utrzymuje dom w czystości, naciera codziennie dom krowim łajnem, troszczy się o domowy ogień, nigdy nie zapomina o ofiarowaniu bogom kwiatów i innych przedmiotów oraz razem ze swoim mężem zadowala bogów, gości, służbę i tych, którzy są na ich utrzymaniu, dzieląc z nimi jedzenie zgodnie z rozporządzeniami i która sama spożywa to, co pozostaje po ofiarowaniu go wyżej wymienionym, zbiera wielkie zasługi.

Ta cnotliwa kobieta, która czci stopy swego teścia i teściowej, i jest zawsze oddana swemu ojcu i matce, gromadzi wielkie ascetyczne bogactwo.

Ta kobieta, która ofiaruje jedzenie braminom, którzy są słabi, bezradni, nieszczęśliwi, ślepi i żyją w nędzy, dzieli ze swym mężem zgromadzone przez niego zasługi.

Ta kobieta, która zawsze realizuje śluby z lekkim sercem nawet wówczas, gdy są trudne do wykonania, której serce jest oddane mężowi i która zawsze szuka i myśli o jego dobru, dzieli ze swym mężem zgromadzone przez niego zasługi».

Kończąc, Uma rzekła, zwracając się do Śiwy: «O Mahadewa, kobieta zbiera zasługi swym oddaniem mężowi. Takie są jej religijne umartwienia i jej niebo. Zasługi, umartwienia i niebo zdobywa bowiem ta kobieta, która w swym mężu widzi wszystko i która będąc nieskalana, pragnie być oddana swemu mężowi całkowicie i we wszystkim. Mąż jest dla kobiet bogiem, przyjacielem i miejscem schronienia. Kobiety nie mają ani schronienia, ani boga porównywalnych z ich mężami. W ocenie kobiet łaska męża i niebo są sobie równe, a jeżeli są nierówne, różnica jest bardzo trywialna. Jeśli chodzi o mnie, to nie pragnę samego nieba, jeżeli nie jesteś ze mnie zadowolony. Żona powinna być posłuszna mężowi, i nawet wówczas gdy jej mąż, który jest nieszczęśliwy, chory, wpadł w ręce wroga lub został przeklęty przez bramina, rozkaże jej, aby uczyniła coś, co zdaje się być bezprawne lub może prowadzić do zniszczenia samego życia, powinna uczynić to, co jej rozkazał bez najmniejszego wahania, kierując się wówczas tym Prawem, które odnosi się do sytuacji katastrofy. Zaiste, kobieta, która postępuje zgodnie z opisanymi przeze mnie nakazami, zasługuje na to, aby uczestniczyć w zasługach gromadzonych przez jej męża»'".

Bhiszma zakończył swe opowiadanie, mówiąc: „O Judhiszthira, na tym mędrzec Narada zakończył swoją opowieść o rozmowie Umy z Śiwą na temat prawości, która miała miejsce w odległych czasach na górze Himawat. Gdy Uma skończyła mówić, Śiwa wychwalał jej nauki i następnie pożegnał wszystkich tych, którzy zebrali się na tej świętej górze. Towarzyszące mu zwykle różne upiorne istoty, jak i rzeki w swoich ucieleśnionych formach, apsary i gandharwowie pokłonili się przez Umą i Śiwą, i udali się do swych zwykłych miejsc zamieszkania".

Napisane na podstawie fragmentów *Mahābharāta*,
Anusasana Parva, Part 2, Sections CXLI-CXLVI.

Opowieść 238
O wielkości Wasudewy

1. Śiwa wychwala wielkość Wasudewy; 2. Riszi wychwalają wielkość Wasudewy; 3. Bhiszma wychwala wielkość Wasudewy.

> *Śiwa rzekł: „O wielcy riszi, odpowiadając na wasze pytanie, wyjaśnię wam, jaka jest natura Wasudewy, abyście mogli z odpowiednim szacunkiem i troską oddawać cześć Krysznie, który jest pierwszym wśród Jadawów. Posłuchajcie moich słów. Hari jest Nim, który przewyższa nawet dziadka wszechświata Brahmę. On jest Nim, który jest wiecznym Puruszą".*
>
> (*Mahābharāta*, Anusasana Parva, Part 2, Section CXLVII)

1. Śiwa wychwala wielkość Wasudewy

Bhiszma rzekł: „O Judhiszthira, opowiedziałem tobie o wydarzeniach, które miały miejsce w starożytnych czasach na górze Himawat. Kryszna, oddając się medytacji z myślą o zdobyciu syna, ukazał przed zgromadzonymi tam mędrcami swoją energię, która wypłynęła z jego ust w formie ognia. Po wyjaśnieniu zdumionym i oddającym mu cześć riszim czym jest ten ogień, odwzajemnił ich cześć i poprosił ich, aby opowiedzieli mu o jakimś zdumiewającym wydarzeniu, którego byli świadkami i o którym nauczają ludzi swoimi recytacjami. Wydelegowany przez riszich Narada opowiedział wówczas o tym, jak w odległych czasach, na oczach zebranych na górze Himawat riszich Śiwa otworzył swoje trzecie oko, gdy jego małżonka Uma żartobliwie zakryła mu oczy i jak wypłynął z niego ogień, spalając całą górę. Śiwa wyjaśnił wówczas zdumionym riszim, że ogień ten jest jego energią i odpowiadając na ich pytania, opowiedział im o naturze Wasudewy.

Narada rzekł: 'O Kryszna, zebrani na górze Himawat riszi, zdumieni cudami, które udało im się zobaczyć, rzekli do Śiwy: «O ty, który pozbawiłeś oka Bhagę i trzymasz w dłoni swój łuk Pinaka, ciebie sławi cały wszechświat! Opowiedz nam teraz o wielkości Wasudewy».

Śiwa rzekł: «O wielcy riszi, odpowiadając na wasze pytanie, wyjaśnię wam, jaka jest natura Wasudewy, abyście mogli z odpowiednim szacunkiem i troską oddawać cześć Krysznie, który jest pierwszym wśród Jadawów. Posłuchajcie moich słów. Hari jest Nim, który przewyższa nawet dziadka wszechświata Brahmę.

On jest Nim, który jest wiecznym *Puruszą*.

On jest Nim, który jest zwany Kryszną, jest odziany w splendor złota i ma blask jak drugie słońce.

On jest Nim, który ma dziesięć ramion, ogromną energię i jest zabójcą wrogów bogów.

On jest Nim, który ma kręcone włosy, a na piersi nosi znak wiru.

On jest Nim, któremu oddają cześć wszyscy bogowie.

On jest Nim, z którego pępka wyrósł Pierwotny Lotos i skąd wyłonił się Brahma.

On jest Nim, z którego głowy ja sam się wyłoniłem.

On jest Nim, z którego włosów na głowie wypłynął firmament ozdobiony gwiazdami, a z włosów na ciele wypłynęli bogowie i demony asury.

On jest Nim, z którego ciała wypłynęli riszi i wszystkie wieczne światy.

On jest Nim, który jest prawdziwym miejscem zamieszkiwania dla Brahmy i wszystkich bogów.

On jest Nim, który jest stwórcą całej ziemi i Panem wszystkich trzech światów.

On jest Nim, który jest niszczycielem wszystkich żywych istot, ruchomych i nieruchomych.

On jest Nim, który jest pierwszym wśród bogów.

On jest Nim, który jest Panem i niszczycielem swoich wrogów.

On jest Nim, który posiada wszechwiedzę.

On jest Nim, który istnieje we wszystkim.

On jest Nim, który porusza się, gdzie zechce.

On jest Nim, który przenika wszytko.

On jest Nim, który jest Najwyższą Duszą.

On jest Nim, który oddziałuje na zmysły. On jest Nim, który przykrywa sobą cały wszechświat.

On jest Nim, który jest Najwyższym Panem i we wszystkich trzech światach nie istnieje nic, co stałoby wyżej.

On jest Nim, który jest wieczny.

On jest Nim, który jest zabójcą demona Madhu.

On jest Nim, który nosi imię Gowinda.

On jest Nim, który rozdaje honory.

On jest Nim, który rodząc się na ziemi w ludzkiej formie, prowadzi wszystkich ziemskich królów na śmierć, aby zrealizować na ziemi cele bogów, którzy sami nie są zdolni do ich realizacji.

On jest Nim, który jest przywódcą wszystkich żywych istot i jest czczony przez wszystkich bogów, którzy bez jego przywództwa są bezsilni.

On jest Nim, który jest zawsze oddany realizowaniu celów bogów.

On jest Nim, w którego żołądku rezyduje dziadek wszechświata Brahma, gdzie ja sam również szczęśliwie rezyduję pod imieniem Sarwy i gdzie zamieszkują wszyscy bogowie.

On jest Nim, który jest tożsamy z *Brahmanem* będącym azylem dla duchowo odrodzonych riszich.

On jest Nim o wielkim blasku i oczach w kształcie płatków lotosu.

On jest Nim, w którym zawsze przebywa bogini Śri, z którą jest na zawsze związany.

On jest Nim, którego bronią jest łuk Saranga, dysk Sudarśana i miecz.

On jest Nim, który jest wrogiem wszystkich wężów i ma ptaka Garudę na swym proporcu.

On jest Nim, którego wyróżnia nienaganne postępowanie, czystość ciała i umysłu, samo-kontrola, odwaga, energia, piękna forma, wysoki wzrost, proporcjonalne kończyny, cierpliwość, uczciwość, dostatek, współczucie i moc.

On jest Nim, który rozsiewa wokół blask i nosi niebiańską broń o wspaniałej formie i marce.

On jest Nim, który ma swoją jogę zamiast iluzji.

On jest Nim, który ma tysiąc oczu.

On jest Nim, który nie popełnia żadnych błędów.

On jest Nim, którego nic nigdy nie zanieczyszcza.

On jest Nim, który jest wielkoduszny i heroiczny.

On jest Nim, który jest przedmiotem dumy dla swoich przyjaciół.

On jest Nim, którego kochają wszyscy jego krewni i który odpowiada miłością.

On jest Nim, który wybacza.

On jest Nim, który jest wolny od pychy i egotyzmu.

On jest Nim, który jest oddany braminom i który jest ich przewodnikiem.
On jest Nim, który uwalnia wszystkich od lęku.
On jest Nim, który zwiększa radość wszystkich przyjaciół.
On jest Nim, który jest schronieniem dla wszystkich żywych istot.
On jest Nim, który ochrania i pociesza tych, którzy cierpią ból.
On jest Nim, który jest zasobny we wszystko i zna wszystkie pisma.
On jest Nim, który jest czczony przez wszystkie żywe istoty.
On jest Nim, który zna wszystkie obowiązki.
On jest Nim, który jest wielkim dobroczyńcą nawet dla wrogów, którzy szukają u niego ochrony.
On jest Nim, który zna dyplomację i ją stosuje.
On jest Nim, który recytuje *Wedy* i ma zmysły pod kontrolą.
On jest Nim, który jest dobroczyńcą bogów.
On jest Gowindą, który urodzi się w rodzie Manu o wielkiej duszy.
On jest Nim, który odziany w wielką inteligencję rodzi się w pomyślnym i prawym rodzie Pradżapatich».

Śiwa kontynuował: «O wielcy riszi, posłuchajcie teraz o tym, w jaki sposób Wasudewa narodzi się na ziemi w swojej śmiertelnej formie.

Wielki Manu będzie miał syna o imieniu Anga, którego potomkiem będzie Antardhaman. Antardhaman będzie miał syna o imieniu Hawirdhaman, którego potomkiem będzie sławny Warhi. Warhi będzie miał dziesięciu synów Praczetów. Praczetowie będą mieli syna o imieniu Daksza, który będzie widziany jako Pradżapati. Daksza będzie miał córkę o imieniu Dakszajani, z której narodzi się Aditja (bóg słońca), którego potomkiem będzie ponownie Manu. Manu będzie miał córkę o imieniu Ila i syna o imieniu Sudjumna. Ila, której mężem będzie Wudha, urodzi mu syna Pururawasa. Potomkiem Pururawasa będzie Aju, którego syn będzie miał na imię Nahusza. Synem Nahuszy będzie Jajati, którego synem będzie Jadu. Potomkiem Jadu będzie Krosztri, który będzie miał potężnego syna o imieniu Wridżiniwat. Wridżiniwat będzie miał syna Uszadgu. Uszadgu będzie miał syna Citrarathę, którego młodszy syn miał na imię Śura.

Zaiste, Śura narodzi się w sławionym przez braminów rodzie potężnych wojowników o energii wychwalanej przez cały świat.

Zdobędą sławę swoim dobrym postępowaniem, rozmaitymi osiągnięciami, oddaniem w realizowaniu ofiar i czystością w swoim działaniu. Sura będzie wojownikiem o wielkiej energii i wielkiej sławie. Synem Sury będzie rozsławiający jego ród Wasudewa, zwany inaczej Anakadundhuwi, który będzie miał syna Krysznę.

Kryszna będzie miał starszego brata, który będzie na świecie znany po imieniem Balarama (Wala). Jego forma będzie jak biała góra, a jego bronią będzie socha. Będzie tak potężny, że zdoła unieść całą ziemię. Proporzec na jego rydwanie będzie zdobić złote drzewo palmowe. Głowa tego herosa o potężnych ramionach będzie ocieniania przez potężne ciała licznych wężów o prawych duszach. Przed nim będzie stawiała się natychmiast każda broń, jak tylko o niej pomyśli, używana zarówno do ataku, jak i do obrony.

Balarama jest również nazywany Anantą (Nieskończonym). Zaiste, jest tożsamy z wiecznym Hari. Ongiś, w odległych czasach bogowie rzekli do syna Kaśjapy Garudy następujące słowa: «O potężny ptaku, czy widzisz koniec Jego, który jest nieskończony?» Jednakże Garuda, choć jest potężny i ma wielką energię, nie potrafił znaleźć końca Jego, który jest tożsamy z Najwyższą Duszą. On jest Nim, który wspierając całą Ziemię na swoich ramionach, rezyduje w niższych regionach. On jest Nim, który wędruje radośnie po całym wszechświecie w formie Śeszy. On jest Wisznu. On jest słynnym Anantą. On jest Ramą i Hriszikesą. On jest Aćjutą i Anantą. On jest Nim, który dostarcza oparcia ziemi.

Zarówno Kryszna jak i Balarama są niebianami o niebiańskiej odwadze. Kryszna jest uzbrojony w dysk, a Balarama w sochę. Zasługują na najwyższe honory i należy zawsze szukać ich widoku».

Śiwa kontynuował: «O wielcy riszi, Kryszna Wasudewa jest czteroramienny i tożsamy z *Brahmanem*. Charakteryzuje się bezgraniczną hojnością. Oddaje cześć i darzy miłością braminów, którzy również darzą go miłością. Ten potomek rodu Jadawów przyniesie wolność licznym królom uwięzionym przez władcę Magadhów Dżarasamdhę, zabijając go w stolicy jego kraju, ukrytej wśród gór. Do niego należeć będzie całe bogactwo królów ziemi. Największy wśród Jadawów, o wielkiej sile i wpływie, zamieszka w Dwarace i znając całą naukę o sprawowaniu władzy i dyplomacji, dostarczy ochrony całej ziemi po zniszczeniu najpierw wszystkich jej Panów w wielkiej wojnie.

O wielcy riszi, oddajcie cześć Kryszńie tak jak Kryszna oddaje cześć braminom, używając odpowiednich słów, kwiatów, perfum i kadzidełek. Ten, kto pragnie zobaczyć mnie lub dziadka wszechświata Brahmę, powinien najpierw zobaczyć słynnego Wasudewę o wielkiej mocy. Ten, kto widzi Wasudewę, widzi również mnie i Brahmę, gdyż nie ma między nami żadnej różnicy. Ten, kto zadowala Wasudewę o lotosowych oczach, zadowala wszystkich bogów łącznie z Brahmą. Ten, kto szuka u Wasudewy ochrony, zdobędzie zwycięstwo i niebo. Stanie się nauczycielem religii i obowiązków, gromadząc wielkie zasługi. Wszyscy, którzy poznali religię i obowiązki, biją pokłony przed Nim, który jest Panem wszystkich bogów, gromadząc w ten sposób wielkie zasługi.

On jest Nim o wielkiej energii, który myśląc o dobru wszystkich żywych istot i mając na celu utrzymanie na ziemi prawości, stworzył riszich, których miliony, z Sanat-Kumarą na czele, zamieszkują obecnie na górze Gandhamadana. Stąd też ten prawy Wasudewa, zajmujący pierwsze miejsce wśród duchowo odrodzonych, powinien być przez was wszystkich czczony.

Ten słynny Hari, ten potężny Narajana jest pierwszym wśród mieszkańców nieba. Czczony odpowiada czcią, honorowany odpowiada honorami, obdarowywany odpowiada darami, widziany odpowiada widzeniem, szukany jako miejsce ochrony, odpowiada ofiarowaniem ochrony, wielbiony odpowiada wielbieniem. Takie jest postępowanie tego wolnego od wszelkich skaz Wisznu i wszystkie prawe osoby powinny brać przykład z tego Najwyższego Boga i uczynić ślub podobnego postępowania.

On jest Nim, który jest zawsze czczony przez cały świat. Zaiste, będąc Wiecznym Istnieniem, jest czczony również przez bogów. Ci, którzy są Jemu oddani ze stałością przysięgi, uwalniają się od kataklizmu i lęku w stopniu równym ich oddaniu. Duchowo odrodzeni powinni zawsze mieć Kryszńę w swoich myślach, mowie i uczynkach, powinni szukać widoku Kryszny, ofiarując mu swoje umartwienia.

O wielcy asceci, idźcie drogą, którą wam ukazuję. Patrząc na Niego, zobaczycie wszystkich bogów. Ja sam chylę głowę przed Nim, który jest Panem wszechświata, dziadkiem wszystkich światów, jak i potężnym i niepojętym dzikiem, który w odległych czasach wyciągnął ziemię z dna oceanu. Ten, kto Jego widzi, widzi wszystkich bogów, którzy w Nim zamieszkują».

Gdy Mahadewa skończył mówić, cały firmament pokrył się ciężkimi chmurami i zadrżał od potężnych grzmotów oraz towarzyszących im błyskawic. Indra zaczął oblewać ziemię deszczem, tak jak zwykł czynić w porze deszczowej. Wszystko dokoła przykryła gęsta ciemność, powodując, że riszi nie mogli już dłużej rozróżnić kierunków przestrzeni i zobaczyć tłumu duchów i upiorów towarzyszących Mahadewie. Wkrótce jednak niebo ponownie rozjaśniało i część riszich, odzyskawszy spokój umysłu, wznowiła swoją pielgrzymkę do świętych wód, a inni ruszyli w drogę powrotną do miejsc, skąd przyszli. Rozchodzili się pełni pobożnego zdumienia, które wypełniło ich umysły na widok tych wszystkich cudów, które udało się im zobaczyć'.

2. Riszi wychwalają wielkość Wasudewy

Riszi Narada kontynuował: 'O Kryszna, to ty jesteś Nim, który jest pierwszym z wszystkich istnień, o którym opowiadał nam Śiwa na górze Himawat! Ty jesteś Nim, który jest tożsamy z wiecznym *Brahmanem*! Zanim Śiwa zaczął nas nauczać o tobie i o Prawie, spalił górę Himawat swoją energią. Ty sam dokonałeś na naszych oczach takiego samego cudu. Zaiste, opowiedziałem Tobie o tym, co uczynił Śiwa ze względu na podobieństwo do tego, co doświadczyliśmy dzisiaj, patrząc na ogień wypływający z twoich ust. To na twoją prośbę opowiedziałem tobie o wielkości Boga bogów Śiwy'".

Bhiszma kontynuował: „O Judhiszthira, Kryszna w odpowiedzi na te słowa Narady oddał cześć riszim, którzy zebrani na górze Himawat byli świadkami dokonanego przez niego cudu.

Riszi, zwracając się ponownie do Kryszny, rzekli z radosnymi sercami: 'O zabójco demona Madhu, niech będzie chwała tobie za to, że ciągle ponownie ukazujesz się przed nami i możemy Cię zobaczyć. Nawet niebo nie cieszy nas tak bardzo, jak widzenie Ciebie! Wszystko to, co powiedział o tobie Śiwa, jest prawdziwe. Opowiedzieliśmy Tobie wszystko o tym cudzie, choć ty sam wiesz wszystko na każdy temat. Zrobiliśmy to tylko dlatego, że po wyjaśnieniu nam, czym jest ogień wypływający z twoich ust, poprosiłeś nas o odwzajemnienie się i udzielenie odpowiedzi na twoje pytanie. Opowiedzieliśmy tobie o rozmowie Śiwy z Umą, której byliśmy świadkami, tylko dlatego, aby cię zadowolić. We wszystkich trzech światach nie ma bowiem nic, o czym byś nie wiedział. Wiesz wszystko o narodzinach i początku wszystkich rzeczy, zaiste, wiesz wszystko o przyczynie stwarzającej wszystkie przedmioty. My sami z kolei z racji swojej natury nie jesteśmy zdolni do noszenia w sobie wiedzy o jakiejś tajemnicy bez ujawniania jej. Stąd też, jak tylko otrzymaliśmy od Mahadewy wiedzę o tobie, zapragnęliśmy natychmiast się nią z kimś podzielić i dlatego opowiedzieliśmy tobie o tym na twoją prośbę. W twej obecności ukazaliśmy całą niespójność naszych umysłów, ulegając naszemu charakterowi! Musisz w sekrecie śmiać się z tego, co zdaje się być naszą pychą. Nie ma bowiem takiej zdumiewającej rzeczy, która byłaby tobie nieznana! Wszystko, co istnieje w niebie lub na ziemi, jest tobie znane. Bądź dla nas łaskawy i pozwól nam teraz odejść i powrócić do naszych zwykłych miejsc zamieszkania. Niech pomyślność będzie z tobą! Już niedługo otrzymasz syna takiego, jak pragniesz, który będzie podobny do Ciebie lub nawet Cię przewyższy. Będzie obdarzony wielką energią i splendorem, i mając moc równie wielką jak Twoja, dokona wielkich czynów'".

3. Bhiszma wychwala wielkość Wasudewy

Bhiszma kontynuował: „O Judhiszthira, riszi pokłonili się przed tym Bogiem bogów, który narodził się na ziemi w rodzie Jadawów i zajmuje pierwsze miejsce wśród wszystkiego, co istnieje. Okrążyli go pobożnie i mając jego pozwolenie, odeszli. Jeśli zaś chodzi o Narajanę, odzianego w pomyślność i blask, to po zrealizowaniu do końca swej przysięgi powrócił do Dwaraki. Po upływie dziesięciu miesięcy jego żona Rukmini urodziła heroicznego syna wychwalanego przez wszystkich za swoje wielkie uczynki. Syn ten był tożsamy z Kamą (pragnieniem), który istnieje w każdej żywej istocie i przenika każdy istniejący stan. Zaiste, zamieszkuje również w sercach bogów i asurów.

Kryszna jest Nim, który jest największy wśród wszystkich istot. W tej sprawie nie ma żadnych wątpliwości.

On jest Nim, który jest koloru chmur.

On jest Nim, który jest czteroramiennym Wasudewą.

On jest Nim, którzy przykrył ziemię trzema krokami.

On jest Nim, który jest trzydziestoma trzema bogami z Indrą na czele.

On jest Nim, który jest jednym starożytnym bogiem.

On jest Nim, który jest pierwszym wśród bogów.

On jest Nim, który jest obrońcą wszystkich żywych istot.

On jest Nim, który nie ma ani początku, ani końca.

On jest Nim, który jest niezamanifestowany.

On jest Nim, który jest zabójcą demona Madhu.

On jest Nim, który odziany w potężną energię rodzi się na ziemi w formie człowieka w celu zrealizowania celu bogów.

On jest Nim, który jest Madhawą, głosicielem najtrudniejszych prawd dotyczących bogactwa i ich realizatorem".

Bhiszma kontynuował: „O Judhiszthira, ten wielki Kryszna motywowany uczuciem przywiązał się do was i wy, synowie króla Pandu, odpowiadacie mu tym samym. Osiągnięcia, pomyślność, inteligencja i droga prowadząca do nieba są tam, gdzie jest ten słynny Wisznu, który przykrył ziemię trzema krokami. Stąd ty sam zawdzięczasz wszystkie swoje osiągnięcia, pokonanie wrogów i zdobycie władzy nad całą ziemią tej swojej stronie, która należy do Narajany. To fakt, że masz niepojętego Narajanę za swojego obrońcę i schronienie, umożliwił tobie bycie głównym ofiarnikiem (*adhwarju*) w ofierze bitwy, który wlewa bezmiar królów jako libację do płonącego ognia bitwy na polach Kurukszetry. Kryszna był w tej wielkiej ofierze twoją wielką ofiarną łyżką do wlewania ofiarnego tłuszczu, która jest jak niszczący wszystko ogień pojawiający się na zakończenie *jugi*. Durjodhana razem ze swoimi synami, braćmi i krewnymi zasługuje na litość tylko o tyle, że będąc niezdolny do opanowania gniewu, sprowokował wojnę z Kryszną i Ardżuną uzbrojonym w swój łuk Gandiwę. Liczni synowie Diti, danawowie o potężnych ciałach i wielkiej sile, którzy urodzili się na ziemi w formach licznych królów, zginęli w ogniu dysku Kryszny jak owady spalane w czasie leśnego pożaru. Jakże bezsilne są istoty ludzkie, podejmując walkę z Kryszną! Jakże są bezsilne i pozbawione mocy! Jeśli zaś chodzi o Ardżunę, to jest on potężnym joginem, przypominającym niszczący wszystko ogień końca eonu, zdolnym do naciągania łuku zarówno prawą, jak i lewą ręką, zawsze zwycięski w walce. Dzięki swej energii pozbawił życia całe wojsko Durjodhany, czyli tego, którego imię oznacza tego, z którym walka nie jest łatwa, zwanego również Sujodhaną, którego imię oznacza tego, który reprezentuje zło w ludzkiej naturze i zawsze walczy z cnotą.

Pamiętaj o słowach Mahadewy mającego wizerunek byka na swoim proporcu, które wyrecytował przed zgromadzeniem ascetów na górze Himawat i które tworzą *Puranę*. Wielkość, energia, siła, waleczność, odwaga, pokora i rodowód, które charakteryzują Ardżunę, nie przekraczają trzeciej części miary, w jakiej atrybuty te rezydują w Krysznie. Nie istnieje nikt, kto mógłby przewyższyć Krysznę miarą tych atrybutów. Sam oceń, czy jest to możliwe. Tam gdzie jest słynny Kryszna, tam jest doskonałość i wielkość. Co do nas samych, to jesteśmy zaledwie ludźmi o ograniczonym rozumieniu. Zależąc od woli innych, jesteśmy prawdziwie godni pożałowania. Świadomie idziemy wieczną ścieżką śmierci.

Ty sam bolejesz i obwiniasz siebie o to, że zabiłeś zbyt wielu krewnych i przyjaciół, wierząc w to, że ty sam to uczyniłeś. Ty sam jednakże w przeciwieństwie do Kaurawów jesteś oddany uczciwości w postępowaniu. Po przegranej w kości z Kaurawami dotrzymałeś swej przysięgi, że wyrzekniesz się królestwa na trzynaście lat, podczas gdy Kaurawowie nie chcieli dotrzymać danego słowa. Powinieneś również pamiętać o tym, że Bhima i inni twoi bracia uczynili przysięgi, że zabiją Kaurawów, a łamanie przysiąg nie należy do tego, co jest dobre. Wszyscy ci, którzy zginęli na polu bitewnym, zostali faktycznie zabici przez Czas. Zaiste, to Czas zabija nas wszystkich. Czas jest wszechmocny i sam znasz doskonale potęgę Czasu. Nie powinieneś więc poddawać się rozpaczy. To sam Kryszna, zwany inaczej Hari, jest Czasem o krwistoczerwonych oczach z maczugą w dłoni. Wiedząc o tym, nie powinieneś więc rozpaczać i obwiniać się o spowodowanie śmierci swoich krewnych. Uwolnij się od swojego smutku i bądź od niego zawsze wolny!"

Bhiszma zakończył swe opowiadanie, mówiąc: "O Judhiszthira, opowiedziałem tobie o cudownych wydarzeniach związanych z Kryszną Wasudewą i Śiwą, które miały ongiś miejsce na górze Himawat. Wydarzenia te miały swe źródło w samej naturze tych zdumiewających bogów. Opowiedziałem tobie o chwale i wielkości Wasudewy. Dobremu człowiekowi powinno to wystarczyć, aby go zrozumieć. Cytując słowa Wjasy i Narady o wielkiej inteligencji, mówiłem o tym, jak godny uwielbienia jest Kryszna, dodając do ich słów moją własną wiedzę. Mówiłem również o tym, jak Mahadewa przedstawił najwyższą moc Kryszny w rozmowie z mędrcami zgromadzonymi na górze Himawat. Człowiek, który pragnie zdobyć to, co jest dla niego najbardziej korzystne, powinien być oddany Kryszie. Potężny Wasudewa, gdy narodził się w ludzkiej formie, będąc jeszcze dzieckiem, dokonał wielkich czynów, zabijając demona Kansę, aby przynieść ulgę swoim krewnym. Nie zdołam wymienić wszystkich wielkich czynów tego starożytnego i wiecznego Bycia. Niewątpliwie wielkie szczęście ma ten, kto tak jak ty ma Wasudewę za swojego przyjaciela. W kontekście tego, co powiedziałem, prawdziwie żal mi niegodziwego Durjodhany. To on jest winny temu, że ziemia została pozbawiona bojowych słoni i ogierów. Zaiste, to z winy Durjodhany, Karny, Śakuniego i Duhśasany wyginął prawie cały ród Kuru.

O Judhiszthira, wysłuchałeś również mojej opowieści o rozmowie Śiwy z Umą dotyczącej prawości. Ten, kto słucha o tej rozmowie, nosi ją w pamięci i powtarza ją osobom godnym jej wysłuchania, osiągnie to, co jest dla niego korzystne. Wszystkie jego życzenia zostaną spełnione i po opuszczeniu ziemi uda się do nieba. To, co mówię, jest pewne. Pamiętaj zawsze o tych obowiązkach, o których nauczał Śiwa w rozmowie z Umą. Jeżeli będziesz postępował zgodnie z tymi przykazaniami i ochraniał oraz sądził poddanych sprawiedliwie, zdobędziesz niebo. Traktuj więc zawsze swoich poddanych zgodnie z tym, co nakazuje sprawiedliwość. Mówi się bowiem, że w stanowczym wymierzaniu kary tym, którzy na to zasłużyli, ucieleśnia prawość króla i jego zasługi. Po wysłuchaniu rozmowy Śiwy z Umą dotyczącej prawości, którą tobie powtórzyłem, jak i nawet wówczas, gdy ma się jedynie zamiar wysłuchania tego dialogu, należy oddać cześć temu bogowi, który ma wizerunek byka na swoim proporcu. Zaiste, osoba, która pragnie uzyskać od niego to, co jest korzystne, powinna wielbić go z czystym sercem. Taki jest nakaz bezgrzesznego mędrca Narady o wielkiej duszy. Czyń więc tak, jak nakazał Narada".

Po wypowiedzeniu tych słów Bhiszma zamilkł. Leżał na swym łożu ze strzał na polach Kurukszetry w otoczeniu Pandawów i licznych innych osób o wielkich duszach, którzy przybyli tutaj, aby wysłuchać jego nauk. Był tam również obecny Kryszna, jak i niewidomy król Dhritarasztra oraz liczni riszi z Naradą na czele. Słowa Bhiszmy wypełniły ich serca pobożnym zdumieniem. W swych umysłach czcili Krysznę, zwracając się ku niemu z pobożnie złożonymi dłońmi.

Napisane na podstawie fragmentów *Mahābharāta*,
Anusasana Parva, Part 2, Sections CXLVII- CXLVIII.

Opowieść 239
O tysiącu imion Wisznu

1. Judhiszthira pyta Bhiszmę o Niego, który jest jednym Bogiem wszechświata;
2. Bhiszma wychwala Wisznu, recytując jego tysiąc imion; 3. Bhiszma kończy recytację i skłania Pandawów do czczenia Wisznu przez recytację jego imion.

> *Judhiszthira rzekł*: „*O Bhiszma, wytłumacz nam, o kim można powiedzieć, że jest tym jednym Bogiem we wszechświecie i naszym jedynym schronieniem?* ..."
> *Bhiszma rzekł*: „*O Judhiszthira, wyrecytuję teraz przed tobą tysiąc imion Jego, który we wszystkich światach zajmuje pierwsze miejsce, Tego Pana wszechświata, Wisznu. Imiona te mają wielką moc niszczenia grzechów. Wszystkie one wywodzą się z atrybutów Wasudewy, zarówno tych dobrze znanych, jak i tych nieznanych, które są recytowane przez riszich. Mając na uwadze dobro was wszystkich i całego wszechświata, wyrecytuję je teraz przed tobą, rozpoczynając od świętej sylaby OM*".

(Mahābharāta, Anusasana Parva, Part 2, Section CXLIX)

1. Judhiszthira pyta Bhiszmę o Niego, który jest jednym Bogiem wszechświata

Judhiszthira, po wysłuchaniu opowieści Bhiszmy o wydarzeniach, które miały ongiś miejsce na górze Himawat, oraz o rozmowie Śiwy z Umą na temat obowiązków widzianych w ich pełni, jak i o wszystkich tych świętych działaniach i przedmiotach, które oczyszczają człowieka z grzechów, rzekł do leżącego na łożu ze strzał seniora swojego rodu: „O Bhiszma, wytłumacz nam, o kim można powiedzieć, że jest tym jednym Bogiem we wszechświecie i naszym jedynym schronieniem? Kim jest On, który przynosi ludziom to, co jest korzystne, gdy jest przez nich czczony i wielbiony? Która z religia jest według ciebie tą, która zajmuje pierwsze miejsce wśród wszystkich religii? Jakie mantry dzięki ich recytowaniu uwalniają żywe istoty od obowiązku ponownych narodzin?"

Bhiszma rzekł: „O Judhiszthira, odrzucając wszystko to, co ulotne, należy zawsze wychwalać gorliwie Wasudewę, tego Pana wszechświata i Boga bogów, który jest nieskończony i pierwszy wśród wszystkich istnień, recytując jego tysiąc imion. Od wszelkiego smutku uwolni się ten, kto oddaje cześć z oddaniem i pobożnością Jemu, który jest niezmienny, rozmyślając o Nim, głosząc Jego chwałę, bijąc przed Nim pokłony, czcząc Go ofiarami, zaiste ten, kto oddaje cześć Wisznu, który nie ma ani początku, ani końca, nie podlega zniszczeniu, jest Najwyższym Panem wszystkich światów i sprawuje nad całym wszechświatem kontrolę. Ten Najwyższy Pan, który jest oddany braminom, zna wszystkie obowiązki i praktyki, i przynosi sławę ludziom, jest władcą wszystkich światów i Pierwotną Przyczyną wszelkiego istnienia. Recytowanie jego tysiąca imion jest według mnie najwyższą religią, Religią wszystkich religii.

Należy zawsze czcić i wychwalać Wasudewę o lotosowych oczach, recytując jego tysiąc imion. On jest najwyższą energią, najwyższym umartwieniem, najwyższym Brahmą i najwyższym obrońcą. On jest najbardziej święty z wszystkiego, co święte, najbardziej pomyślny z wszystkiego, co pomyślne. On jest Bogiem bogów. On jest wiecznym Ojcem wszystkich żywych istot. On jest Nim, z którego wypływają wszystkie żywe istoty, gdy nadchodzi Czas Początku i w którym wszystkie żywe istoty się chowają, gdy nadchodzi Czas Końca".

2. Bhiszma wychwala Wisznu, recytując jego tysiąc imion

Bhiszma kontynuował: „O Judhiszthira, wyrecytuję teraz przed tobą tysiąc imion Jego, który we wszystkich światach zajmuje pierwsze miejsce, tego Pana wszechświata Wisznu. Imiona te mają wielką moc niszczenia grzechów. Wszystkie one wywodzą się z atrybutów Wasudewy, zarówno tych dobrze znanych, jak i tych nieznanych, które są recytowane przez riszich. Mając na uwadze dobro was wszystkich i całego wszechświata, wyrecytuję je teraz przed tobą, rozpoczynając od świętej sylaby OM:

1. OM! On jest Nim, który wchodzi we wszystkie rzeczy poza samym sobą (vishvam)[2]

2. On jest Nim, który przenika wszystkie przedmioty (vishnuh).

3. On jest Nim, w którego wlewa się ofiarną libację (vashatkarh).

4. On jest Nim, który jest Panem przeszłości, teraźniejszości i przeszłości (bhuta bhavya bhavat prabhuh).

---

[2] W nawiasach podano imiona-atrybuty Wisznu w sanskrycie w wersji niespolszczonej, w tzw. transliteracji naukowej.

5. On jest Nim, który jest Stwórcą i Niszczycielem wszystkich rzeczy (bhuta krit)
6. On jest Nim, który jest podporą wszystkich przedmiotów (bhuta bhrid).
7. On jest Nim, który jest Istnieniem (bhava).
8. On jest Nim, który jest duszą wszystkich (bhutatma).
9. On jest Nim, który jest Sprawcą wszystkich rzeczy (bhuta atma).
10. On jest Nim o oczyszczonej duszy (puta atma).
11. On jest Nim, który jest Najwyższą Duszą (parama atma).
12. On jest Nim, który jest najwyższym miejscem schronienia dla wszystkich wyzwolonych osób (muktanam parama gatih).
13. On jest Nim, który jest niezmienny (avyayah).
14. On jest Nim, który jest ukryty w ciele (purushah).
15. On jest Nim, który jest świadkiem (sakshe).
16. On jest Nim, który zna ciało, gdzie mieszka (kshetragno).
17. On jest Nim, który jest niezniszczalny (akshara eva cha).
18. On jest Nim, którego umysł odpoczywa w podczas jogicznego abstrahowania (yogah).
19. On jest Nim, który jest nauczycielem i liderem wszystkich osób praktykujących jogę (yoga-vidam neta).
20. On jest Nim, który jest Panem zarówno Pradhany (*Prakriti*), jak i *Puruszy* (pradhana-purusheshvarah).
21. On jest Nim, który przybiera ludzką formę z głową lwa (narasimha vapuhu).
22. On jest Nim o pięknych rysach i wspaniałej broni (shriman).
23. On jest Nim o pięknych włosach (keshavah).
24. On jest Nim, który jest Najwyższym *Puruszą* (purushottamah).
25. On jest Nim, który jest uosobieniem wszystkich przedmiotów (sarvah).
26. On jest Nim, który jest Niszczycielem wszystkich przedmiotów (sharvah).
27. On jest Nim, który przekracza trzy atrybuty: jasności-dobra (*sattwa*), namiętności (*radżas*) i ciemności (*tamas*) (shivah).
28. On jest Nim, który jest nieporuszony (sthanu).
29. On jest Nim, który jest początkiem wszystkich rzeczy (bhutadih).

30. On jest Nim, który jest naczyniem, w którym toną wszystkie przedmioty podczas uniwersalnego rozpadu (nidhir avyayah).

31. On jest Nim, który jest niezmienny (sambhavah).

32. On jest Nim, który rodzi się mocą swej woli (bhavanah).

33. On jest Nim, który powoduje, że działania żywych istot rodzą owoce w formie szczęścia lub niedoli oraz Nim, który jest podporą dla wszystkich przedmiotów (bharta).

34. On jest Nim, który jest źródłem, z którego wypływają pierwotne elementy (prabhavah).

35. On jest Nim, który jest potężny (prabhuh).

36. On jest Nim, który ma nieograniczoną niczym władzę nad wszystkimi przedmiotami (ishvarah).

37. On jest Nim, który jest samorodny (svayambhuh).

38. On jest Nim, którzy przynosi szczęście swoim wielbicielom (shambhuh).

39. On jest Nim, który jest główną inteligencją o złotej formie w centrum słonecznego dysku (adityah).

40. On jest Nim o lotosowych oczach (pushkarakshah).

41. On jest Nim o donośnym głosie (mahasvanah).

42. On jest Nim, który nie ma ani początku, ani końca (anadi nidhanah).

43. On jest Nim, który w formie Ananty i innych dostarcza oparcia wszechświatowi (dhata).

44. On jest Nim, który rozdziela działania i ich owoce (vidhata).

45. On jest Nim, który stoi wyżej od dziadka wszechświata Brahmy (dhaturuttamah).

46. On jest Nim, który jest niezmierzony (aprameyah).

47. On jest Nim, który jest Panem zmysłów (lub: jest Nim o kręconych włosach) (hrishikesah).

48. On jest Nim, z którego pępka wypływa pierwotny Lotos (padmanabhah).

49. On jest Nim, który jest Panem wszystkich bogów (amaraprabhuh).

50. On jest Nim, który jest architektem wszechświata (vishvakarma).

51. On jest Nim, który jest mantrą (lub: jest Nim, który manifestuje się w formie wedyjskich mantr) (manuh).

52. On jest Nim, który osłabia lub wyjaławia wszystkie przedmioty (tvashta).

53. On jest Nim, który jest niezmierzony (sthavishthah).
54. On jest Nim, który jest starożytny i Nim, który jest trwały i niezmienny (sthaviro dhruvah).
55. On jest Nim, który jest nie do uchwycenia przez zmysły i umysł (agrahyah).
56. On jest Nim, który jest wieczny (shasvatah).
57. On jest Nim, który jest Kryszną (krishnah).
58. On jest Nim o czerwonych oczach (lohitaakshah).
59. On jest Nim, który zabija wszystkie żywe istoty, gdy nadchodzi czas uniwersalnego zniszczenia (pratardanah).
60. On jest Nim, który jest wszechwiedzą, dzielnością i innymi podobnymi atrybutami (prabhutah).
61. On jest Nim, który rezyduje w każdej żywej istocie w trzech częściach: powyżej, pośrodku i poniżej (tri-kakub-dhama).
62. On jest Nim, który oczyszcza (pavitram).
63. On jest Nim, który jest pomyślny i na wysokościach (param mangalam).
64. On jest Nim, który ponagla żywe istoty do wszystkich ich działań (ishanah).
65. On jest Nim, który powoduje działanie życiowych oddechów (pranadah).
66. On jest Nim, który powoduje, że żywe istoty żyją (pranah).
67. On jest Nim, który jest najstarszy (jyeshthah).
68. On jest Nim, który jest najwspanialszy (shreshthah).
69. On jest Nim, który jest Panem wszystkich żywych istot (prajapatih).
70. On jest Nim, który ma cały wszechświat w swoim żołądku (hiranya garbhah).
71. On jest Nim, który ma ziemię w swym żołądku i jest łonem, z którego wypływa świat (bhu garbhah).
72. On jest Nim, który jest Panem bogini Śri zwanej również Lakszmi (madhavah).
73. On jest Nim, który jest zabójcą demona Madhu (madhu sudanah).
74. On jest Nim, który jest wszechpotężny (ishvarah).
75. On jest Nim o wielkiej waleczności (vikrami).
76. On jest Nim, który jest uzbrojony w łuk (dhanvi).
77. On jest Nim, który ma umysł zdolny do zrozumienia treści wszystkich naukowych rozpraw (medhavi).

78. On jest Nim, który włóczy się po całym wszechświecie mając za swój pojazd Garudę (vikramah).
79. On jest Nim, który odbiera składane mu ofiary i ma moc cieszenia się nimi właściwie (kramah).
80. On jest Nim, który jest niezrównany (anuttamah).
81. On jest Nim, którego nie można zmartwić (duradharshah).
82. On jest Nim, który zna wszystkie wykonywane działania (kritagnah).
83. On jest Nim, który jest tożsamy z wszystkimi działaniami (kritih).
84. On jest Nim, który opiera się na swojej prawdziwej jaźni (atmavan).
85. On jest Nim, który jest Panem wszystkich bogów (sureshah).
86. On jest Nim, który jest dla wszystkich schronieniem (sharanam).
87. On jest Nim, który jest uosobieniem najwyższego szczęścia (sharma).
88. On jest Nim, którego nasieniem jest wszechświat (vishvaretah).
89. On jest Nim, który jest źródłem wszystkich rzeczy (prajabhavah).
90. On jest Nim, który jest wiecznie promienisty i jasny tak jak światło dnia, które oświetla wokół wszystkie przedmioty, jest Nim, który jest dniem, gdyż budzi *dźiwę* ze snu niewiedzy (ahah).
91. On jest Nim, który jest rokiem, Nim, który jest Panem Czasu (samvatsarah).
92. On jest Nim, który jest wężem i jest nie do uchwycenia (vyalah).
93. On jest Nim, który jest ucieleśnieniem pewności (pratyayah).
94. On jest Nim, który widzi wszystko (sarvadarshanah).
95. On jest Nim, który jest nienarodzony (ajah).
96. On jest Nim, który jest Panem wszystkich żywych istot (sarveshvarah).
97. On jest Nim, który odnosi sukces (siddhah).
98. On jest Nim, który sam jest sukcesem (siddhih).
99. On jest Nim, który jest początkiem wszystkich rzeczy z racji bycia ich przyczyną (sarvadih).

100. On jest Nim, który jest poza zniszczeniem (achyutah)

101. On jest Nim, który jest prawością objawiającą się w formie byka oraz w formie wielkiego dzika, który uniósł na powierzchnię zatopioną w wodach ziemię (vrishakapir).

102. On jest Nim o niezmierzonej duszy (ameyatma).

103. On jest Nim, który trzyma się z dala od wszelkiego rodzaju więzi (sarva yoga vinisritah).

104. On jest Nim, który wśród bogów Wasu jest Pawaką (lub: jest Nim, który zamieszkuje w swoim wielbicielu) (vasuh).

105. On jest Nim, który jest tolerancyjną duszą, wolną od gniewu, pychy i innych złych namiętności (vasumanah).

106. On jest Nim, który jest Prawdą (satyah).

107. On jest Nim, który jest sprawiedliwą duszą z racji swojej bezstronności (samatma).

108. On jest Nim, który jest niezrównany, niepowtarzalny i nie ma sobie równych (sammitah).

109. On jest Nim, który jest zawsze taki sam, będąc ponad wszelką zmianą czy modyfikacją (samah).

110. On jest Nim, który nigdy nie odmawia spełnienia życzeń swoich wielbicieli (amoghah).

111. On jest Nim, którego oczy są jak płatki lotosu (pundarikakshah).

112. On jest Nim, którego działania zawsze cechują się prawością (lub: jest Nim, który jest zawsze zajęty spełnianiem życzeń swoich wielbicieli) (vrishakarma).

113. On jest Nim, który ma formę prawości (vrishakritih).

114. On jest Nim, który niszczy wszystkie żywe istoty (lub ich ból) (rudrah).

115. On jest Nim o wielu głowach (bahushirah).

116. On jest Nim, który utrzymuje w mocy cały wszechświat (babhruh).

117. On jest Nim, który jest źródłem wszechświata (visvayonih).

118. On jest Nim o czystej i nieskazitelnej sławie (shuchishravah).

119. On jest Nim, który jest nieśmiertelny (amritah).

120. On jest Nim, który jest wieczny, stały i nieusuwalny (shashvata sthanuh).

121. On jest Nim o pięknych kończynach, do którego dotarcie jest najwspanialszym celem i czynem (vararohah).

122. On jest Nim, który ma taką wiedzę, przejawiającą się w umartwieniach, że jest zdolny do zainicjowania przekształcania się *Prakriti* we wszechświat (mahatapah).

123. On jest Nim, który przenika wszystkie przedmioty jako ich przyczyna (sarvagah).

124. On jest Nim, który jest wszechwiedzący, który płonie niezmiennym światłem świadomości, oświetlającym wszystkie światła (sarvavid bhanuh).

125. On jest Nim, który ma wszędzie swoje wojska w formie swoich oddanych towarzyszy (lub: jest Nim, na widok którego danawowie uciekają we wszystkich kierunkach) (vishvaksenah).

126. On jest Nim, który jest poszukiwany przez wszystkich (lub: jest Nim, który niszczy swoich wrogów) (janardanah).

127. On jest Nim, który jest jedną *Wedą* (vedah).

128. On jest Nim, który zna wszystkie *Wedy* (vedavid).

129. On jest Nim, który zna wszystkie rozgałęzienia *Wed* (avyangah).

130. On jest Nim, który jest odpowiednikiem wszystkich rozgałęzień *Wed* (vedangah).

131. On jest Nim, który decyduje o wszystkich interpretacjach *Wed* (vedavit).

132. On jest Nim, którego nikt nie doścignie mądrością (kavih).

133. On jest Nim, który jest Panem wszystkich światów (lokadhyakshah).

134. On jest Nim, który jest Panem bogów (suradhyakshah).

135. On jest Nim, który nadzoruje prawość (dharmadhyakshah).

136. On jest Nim, który jest zarówno skutkiem, jak i przyczyną (lub: jest Nim, którego życie nie jest zdeterminowane przez czyny wykonane w przeszłym życiu, bo przekracza *Prakriti*) (kritakritah).

137. On jest Nim o czterech duszach w konsekwencji swoich czterech ramion: Aniruddhy, Pradjumny, Sankarśany, Wasudewy (chaturatma).

138. On jest Nim, który jest znany w czterech formach: Aniruddhy, Pradjumny, Sankarśany, Wasudewy (chaturvyuhah).

139. On jest Nim o czterech ostrzach (klach, rogach), gdy przybiera formę człowieka z głową lwa w celu zabicia króla asurów Hiranjakaszipu (chatur danshtrash).

140. On jest Nim, który jest czteroramienny, aby móc trzymać w dłoniach konchę, dysk, maczugę i lotos (chaturbhujah).
141. On jest Nim, który płonie blaskiem (bhrajishnuh).
142. On jest Nim, który jest dawcą jedzenia (bhojanam).
143. On jest Nim, który miłuje tych, którzy są dobrzy (bhoktaa).
144. On jest Nim, który nie może znieść i nie akceptuje niegodziwców (lub: jest Nim, który wybacza przypadkowe grzechy swoim wielbicielom) (sahishnuh).
145. On jest Nim, który istniał, zanim zaistniał wszechświat (jagadadijah).
146. On jest Nim, który jest nieskazitelny (anaghah).
147. On jest Nim, który jest zawsze zwycięski (vijayah).
148. On jest Nim, który zwycięża samych bogów (jeta).
149. On jest Nim, który jest materialną przyczyną wszechświata (vishvayonih).
150. On jest Nim, który wciąż na nowo zamieszkuje w przyczynach materialnych (punarvasuh).
151. On jest Nim, który jest młodszym bratem Indry (lub: jest Nim, który przewyższa Indrę w osiągnięciach i atrybutach) (upendrah).
152. On jest Nim, który przybrał formę karła, rodząc się na ziemi z matki Aditi i ojca Kaśjapy, w celu pozbawienia asury Wali władzy nad trzema światami i oddania jej z powrotem Indrze (vamanah).
153. On jest Nim, który ma ogromną uniwersalną formę, w której ukazał się podczas ofiary Wali, aby móc przykryć ziemię, niebo i podziemie trzema krokami) (pranshuh).
154. On jest Nim, którego działania nigdy nie są bezowocne (amoghah).
155. On jest Nim, który oczyszcza tych, którzy Go czczą, słuchają lub myślą o Nim (shuchih).
156. On jest Nim, który jest odziany w najwyższą energię i siłę (orjitah).
157. On jest Nim, który przewyższa Indrę wszystkimi atrybutami (atindrah).
158. On jest Nim, który akceptuje wszystkich swoich wielbicieli (sangrahah).
159. On jest Nim, który jest samym stwarzaniem w konsekwencji bycia jego przyczyną (sargah).

160. On jest Nim, który utrzymuje swoją jaźń w tej samej formie, będąc wolny od narodzin, wzrostu i śmierci (dhritatma).

161. On jest Nim, który utrzymuje wszystkie żywe istoty w ich właściwych funkcjach we wszechświecie (niyamah).

162. On jest Nim, który kontroluje serca wszystkich żywych istot (yamah).

163. On jest Nim, który powinien być znany tym, którzy pragną zdobyć to, co jest dla nich najwyższym dobrem (vedyah).

164. On jest Nim, który jest niebiańskim lekarzem w formie Dhanwantari (lub: jest Nim, który leczy z najgorszej choroby, którą są więzi wiążące człowieka z tym światem) (vaidyah).

165. On jest Nim, który jest zawsze zanurzony w jodze (sada yogi).

166. On jest Nim, który zabija wielkich asurów, aby ustanowić prawość (viraha).

167. On jest Nim, który jest Panem bogini Lakszmi, która wypłynęła z oceanu, gdy był ubijany wspólnymi siłami przez bogów i asurów (lub: jest Nim, który troszczy się o boginie dobrobytu i nauki) (madhavah).

168. On jest Nim, który jest miodem z racji przyjemności, jaką daje tym, którym udało się poznać jego smak (madhuh).

169. On jest Nim, który przekracza zmysły (lub: jest Nim, który jest niewidoczny dla tych, którzy się od Niego odsuwają. (aindriyah).

170. On jest Nim, który ma wielką moc iluzji manifestującą się w jego wielokrotnym oczarowywaniu Mahadewy i innych bogów (mahotsahah).

171. On jest Nim, który mobilizuje ogromną energię i dokonuje wielkich czynów (mahotsahah).

172. On jest Nim, który przewyższa wszystkich swoją mocą (mahabalah).

173. On jest Nim, który przewyższa wszystkich inteligencją (maha buddhih).

174. On jest Nim, który przewyższa wszystkich męstwem (maha viryah).

175. On jest Nim, który przewyższa wszystkich kompetencją (maha saktih).

176. On jest Nim, który ukazuje wszechświat dzięki świetlistości emanującej ze swojego ciała (maha dyutih).

177. On jest Nim, którego ciała nie można poznać oczami lub: przy pomocy innych zmysłów (anirdesyavapuh).

178. On jest Nim, który posiada wszelkie piękno (sriman).

179. On jest Nim, którego duszy nie potrafią uchwycić myślą ani bogowie, ani ludzie (ameyatma).

180. On jest Nim, który przybrawszy formę wielkiego żółwia, utrzymywał na swym grzbiecie olbrzymią górę Mandarę, która służyła bogom i demonom za pałkę do ubijania wielkiego oceanu w celu wydobycia na powierzchnię wszystkich bogactw ukrytych w jego łonie (lub: jest Nim, który uniósł górę Gowardhanę w Lesie Brinda, aby ochronić mieszkańców tego świętego miejsca przed gniewem Indry, który przez wiele dni bez przerwy lał deszczem, chcąc zalać wszystko potopem) (maha dridhrik).

181. On jest Nim, który wypuszcza swoje strzały na wielką odległość, niszcząc każdą przeszkodę (maheshvasah).

182. On jest Nim, który przybrawszy formę potężnego dzika, uniósł na powierzchnię ziemię zatopioną w oceanie (mahibharta).

183. On jest Nim, na którego piersi zamieszkuje bogini dobrobytu (lub: jest Nim, który jest tożsamy z Kamą, Panem Rati) (shrinivasah).

184. On jest Nim, który jest miejscem schronienia dla wszystkich prawych osób (satam gatih).

185. On jest Nim, do którego nie można inaczej dotrzeć niż przez oddanie (lub: jest Nim, którego nie można powstrzymać lub zmusić do czegoś siłą) (aniruddhah).

186. On jest Nim, który jest radością bogów (lub: jest Nim, który jest uosobieniem radości w całej swojej pełni) (suranandah).

187. On jest Nim, który uratował zanurzoną w wodach ziemię (lub: jest Nim, który rozumie hymny swych wielbicieli) (govindah).

188. On jest Nim, który jest Panem wszystkich elokwentnych osób (lub: jest Nim, który rozprasza nieszczęścia wszystkich tych, którzy Go znają) (govindam patih).

189. On jest Nim, który jest pełen blasku (marichih).

190. On jest Nim, który uwalnia swych wielbicieli od cierpienia (lub: jest Nim, który przybiera formę uniwersalnego Niszczyciela Jamy, w celu ukarania wszystkich tych, którzy przestali wykonywać swoje obowiązki) (damah).

191. On jest Nim, który przybrał formę łabędzia, aby przekazać *Wedy* dziadkowi wszechświata Brahmie (lub: jest Nim, który przenika do ciał wszystkich osób) (hamsah).

192. On jest Nim, który ma króla ptaków Garudę za swój pojazd (suparnah).

193. On jest Nim, który jest największym z wężów, będąc tożsamy z Śeszą (Ananta), który utrzymuje na głowie całą ziemię (lub: jest Nim, który ma kaptur szyjny króla wężów za swoje łoże, gdy po rozpadzie całego wszechświata układa się do snu na nieskończonych wodach) (bhujagottamah).

194. On jest Nim, którego pępek jest równie piękny jak złoto (hiranyanabhah).

195. On jest Nim, który praktykował surowe umartwienia w pustelni Badari na górze Himawat, przybrawszy formę Narajany (sutapaah).

196. On jest Nim, którego pępek przypomina lotos (lub: jest Nim, z którego pępka wypływa pierwotny Lotos, w którym narodził się dziadek wszechświata Brahma) (padmanabhah).

197. On jest Nim, który jest Panem wszystkich żywych istot (prajapatih).

198. On jest Nim, który przekracza śmierć (lub: jest Nim, który nie dopuszcza śmierci do swoich wielbicieli) (amrityuh).

199. On jest Nim, który zawsze patrzy łaskawym okiem na swoich wielbicieli (lub: jest Nim, który widzi wszystkie przedmioty we wszechświecie) (sarvadrik).

200. On jest Nim, który niszczy wszystkie przedmioty (lub: jest Nim, który oblewa nektarem nieśmiertelności tych, którzy czczą go z całkowitym oddaniem) (simhah).

201. On jest Nim, który jest Zarządzającym wszystkich zarządzających (lub: jest Nim, który jednoczy wszystkie osoby z konsekwencjami ich działań) (sandhata).

202. On jest Nim, który sam konsumuje owoce wszystkich działań (lub: jest Nim, który przybiera formę Ramy, syna króla Daśarathy i na rozkaz swego ojca udaje się na wygnanie, gdzie zawiera umowę z Sugriwą, przywódcą małp, że w zamian za udzielenie mu pomocy w odebraniu królestwa od jego starszego brata Wali, Sugriwa pomoże mu w zabiciu demona Rawany i uwolnieniu jego żony Sity, którą ten demon rakszasa porwał i uwięził w swoim królestwie Lance) (sandhiman).

203. On jest Nim, który ma zawsze taką samą formę (lub: jest Nim, który obdarza swoich wielbicieli bezgranicznym uczuciem) (sthirah).

204. On jest Nim, który jest zawsze w ruchu (lub: jest Nim, który ma formę Kamy, który budzi się w sercu każdej żywej istoty (ajah).

205. On jest Nim, którego demony asury nie potrafią znieść (lub: jest Nim, który ma litość dla wszystkich czandalów i innych osób urodzonych w niskich kastach, które są mu oddane, jak to było wówczas, gdy urodziwszy się w formie Ramy, obdarzył swoją przyjaźnią wodza czandalów o imieniu Guha, który zamieszkiwał w kraju zwanym Śringawerapura) (durmarshanah).

206. On jest Nim, który karze niegodziwców (lub: jest Nim, który reguluje postępowanie wszystkich osób poprzez nakazy sformułowane w *śruti* i *smriti*) (shasta).

207. On jest Nim, którego dusza ma prawdziwą wiedzę za swój przejaw (lub: jest Nim, który przybierając formę pełnego współczucia i innych cnot Ramy, zniszczył wroga bogów Rawanę) (visrutatma).

208. On jest Nim, który niszczy wrogów bogów (lub: jest Nim, który zabija tych, którzy zabraniają lub utrudniają obdarowywanie tych, którzy na dary zasługują) (surariha).

209. On jest Nim, który jest nauczycielem wszystkich nauk i ojcem wszystkich (guruh).

210. On jest Nim, który jest nauczycielem nawet dziadka wszechświata, Brahmy (gurutamah).

211. On jest Nim, który jest miejscem zamieszkania lub spoczynku dla wszystkich żywych istot (dhama).

212. On jest Nim, który jest wolny od zanieczyszczenia fałszem i który jest dobroczyńcą tych, którzy są dobrzy (satyah).

213. On jest Nim, przed którego męstwem nie można uciec (satya parakramah).

214. On jest Nim, który nie rzuca spojrzenia na te działania, które nie zostały uświęcone i zaaprobowane w pismach (nimishah).

215. On jest Nim, który rzuca spojrzenie tylko na te działania, które zostały uświęcone i zaaprobowane w pismach (lub: jest Nim, którego oczy nigdy nie mrugają ani nie zasypiają) (animishah).

216. On jest Nim, którego zawsze zdobi girlanda zwycięstwa z niezniszczalnych kwiatów zwana *waidżajanti*, będąca słynną girlandą Wisznu (sragvi).

217. On jest Nim, który jest Panem mowy i jest tak hojny, że ratuje nawet najniższych wśród tych, którzy są nisko i najpodlejszych z podłych, obdarzając ich łaską (vachaspatir-udaradhih).

218. On jest Nim, który prowadzi do Wyzwolenia tych, którzy pragną je zdobyć (lub: jest Nim, który przybiera formę potężnej ryby i przepływa wielkie wody pokrywające ziemię w czasie rozpadu świata, ciągnąc umocowaną do swoich rogów łódź i wioząc w niej Manu i innych w bezpieczne miejsce (agranih).

219. On jest Nim, który jest liderem wszystkich żywych istot (lub: jest Nim, który igra w wielkich wodach, które zalewają wszystkie przedmioty w czasie uniwersalnego rozpadu (gramanih).

220. On jest Nim, który jest w posiadaniu każdego piękna (sriman).

221. On jest Nim, którego słowa są *Wedami* i który ratuje *Wedy* od utonięcia w wodach w czasie uniwersalnego rozpadu (nyayah).

222. On jest Nim, który wypełnia we wszechświecie wszystkie funkcje (neta).

223. On jest Nim, który przybiera formę wiatru w celu skłonienia wszystkich żywych istot do działań i podejmowania wysiłku (lub: jest Nim, którego ruchy są zawsze piękne i który pragnie uwielbienia wszystkich żywych istot) (samiranah).

224. On jest Nim, który ma tysiąc głów (sahasra murdha)

225. On jest Nim, który jest duszą wszechświata i jako taki przenika wszystkie rzeczy (visvatma).

226. On jest Nim o tysiącu oczu (sahasrakshah).

227. On jest Nim o tysiącu stóp (sahasrapat).

228. On jest Nim, który powoduje mocą swej woli obracanie się koła wszechświata (avartanah).

229. On jest Nim o duszy wolnej od pragnienia, który przekracza i nie podlega warunkom wpływającym na wcieloną duszę i i ograniczającym ją (nivrittatma).

230. On jest Nim, który pozostaje niewidzialny dla tych, którzy są przywiązani do tego świata (lub: jest Nim, który przykrywa oczy wszystkich ludzi opaską niewiedzy) (samvritah).

231. On jest Nim, który miażdży tych, którzy się od Niego odwracają (sampramardanah).

232. On jest Nim, który ustanowił pojawianie się kolejnych dni, w konsekwencji bycia identycznym ze słońcem (ahasamvartakah).

233. On jest Nim, który przekazuje libację laną do świętego ognia tym, dla których jest przeznaczona (lub: jest Nim, który nosi cały wszechświat w mikroskopijnej cząstce Jego ciała) (vahnih).

234. On jest Nim, który jest Niszczycielem niszczącego wszystko Czasu (anilah).

Księga XIII, cz. 2 Opowieść 239 579

235. On jest Nim, który nie ma początku (lub: jest Nim, który nie ma stałego miejsca zamieszkania) i który utrzymuje ziemię w przestrzeni, przybierając formę węża Šeszy lub dzika ratującego ją przed zatopieniem, lub dzięki temu, że ją subtelnie przenika (dharani dharah).

236. On jest Nim, który jest tak bardzo skłonny do obdarowywania łaską, że obdarowuje szczęściem nawet swoich wrogów takich jak Sziśupala (suprasadah).

237. On jest Nim, który jest wolny od atrybutów namiętności (*radżas*) i ciemności (*tamas*), będąc sam w sobie czystą, niezanieczyszczoną niczym jasnością i dobrem (*sattwa*) (lub: jest Nim, który zrealizował wszystkie swoje pragnienia) (prasanatma).

238. On jest Nim, który wspiera wszechświat (vishvadhrik).

239. On jest Nim, który cieszy się wszechświatem (vishvabhug).

240. On jest Nim, który manifestuje się w niekończonej mocy (vibhuh).

241. On jest Nim, który honoruje bogów, Ojców i swoich wielbicieli (satkarta).

242. On jest Nim, który jest honorowany i czczony przez tych, którzy sami są honorowani i czczeni przez innych (lub: jest Nim, którego działania są piękne i trwałe) (satkritah).

243. On jest Nim, który realizuje cele innych (lub: jest Nim, który jest dobroczyńcą innych) (saadhur).

244. On jest Nim, który podczas uniwersalnego zniszczenia chowa wszystkie przedmioty w sobie (lub: jest Nim, który niszczy wrogów swoich wielbicieli i bogów) (jahnuh).

245. On jest Nim, który ma wody za swój dom (lub: jest Nim, który jest azylem dla wszystkich żywych istot) (narayanah).

246. On jest Nim, który niszczy ignorancję wszystkich żywych istot (narah).

247. On jest Nim, którego formy są bezkresne po każdej stronie (asankhyeyah).

248. On jest Nim, który jest Jaźnią nieuchwytną dla umysłu przy pomocy zwykłych sposobów poznania (aprameyatma).

249. On jest Nim, który jest ponad wszystkim (vishishtah).

250. On jest Nim, który miłuje sprawiedliwych (shishtakrit).

251. On jest Nim, który oczyszcza wszystkie światy (lub: jest Nim, który jest czysty) (suchih).

252. On jest Nim, który urzeczywistnia pragnienia wszystkich żywych istot (siddharthah).
253. On jest Nim, którego życzenia są zawsze spełnione (siddhasankalpah).
254. On jest Nim, który przynosi wszystkim sukces (siddhidah).
255. On jest Nim, który zapewnia sukces tym, którzy Go o to proszą (siddhisadhanah).
256. On jest Nim, który prezyduje nad wszystkimi świętymi dniami (lub: jest Nim, który przytłacza Indrę swoimi wspaniałymi atrybutami) (vrishahi).
257. On jest Nim, który obsypuje swych wielbicieli przedmiotami pragnień (vrishabhah).
258. On jest Nim, który trzema krokami przekracza cały wszechświat (vishnuh).
259. On jest Nim, który ofiaruje ludziom szukającym drogi do wyższych światów, drabinę zbudowaną z prawości (vrishaparva).
260. On jest Nim, który ma prawość w swoim żołądku (lub: jest Nim, który ochrania Indrę, tak jak matka ochrania dziecko w swym łonie (vrishodarah).
261. On jest Nim, który unosi ku górze swoich wielbicieli (vardhanah).
262. On jest Nim, który rozprzestrzenił się, aby stać się rozległym wszechświatem (vardhamanashcha).
263. On jest Nim, który jest z dala od wszystkich rzeczy, chociaż je przenika (viviktah).
264. On jest Nim, który jest naczyniem dla oceanu *śruti* (shruti sagarah).
265. On jest Nim, który ma wspaniałe ramiona, zdolne do utrzymania całego wszechświata (subhujah).
266. On jest Nim, który nie został urodzony przez żadną żywą istotę (durdharah).
267. On jest Nim, z którego wypłynęły dźwięki *Brahmana* czyli *Wedy* (vagmi).
268. On jest Nim, który jest Panem wszystkich panów świata (mahendrah).
269. On jest Nim, który daje bogactwo (vasudah).
270. On jest Nim, który mieszka w swej własnej mocy (vasuh).
271. On jest Nim, który ma wiele form (naikarupah).
272. On jest Nim, którego forma jest ogromna (brihadrupah).

273. On jest Nim, który zamieszkuje we wszystkich zwierzętach w formie ofiary (sipivishtah).
274. On jest Nim, który powoduje, że wszystkie przedmioty stają się widzialne (prakas anah)
275. On jest Nim, który jest obdarzony wielką mocą, energią i splendorem (ojas tejo dyutidharah).
276. On jest Nim, który ukazuje się w widzialnej formie swym wielbicielom (prakashatma).
277. On jest Nim, który spala grzeszników ogniem swej energii (pratapanah).
278. On jest Nim, który jest bogaty w sześć przymiotów: siłę, sławę, bogactwo, piękno, wyrzeczenie i niezależność (riddhah).
279. On jest Nim, który przekazał Brahmie *Wedy* (spashtaaksharah).
280. On jest Nim, który ma formę *samanów*, *jadżusów* i hymnów *Rigwedy* (mantras).
281. On jest Nim, który chłodzi ogień dolegliwości tego świata u swoich wielbicieli, tak jak chłodne promienie księżyca ochładzają rozgrzaną przez słońce ziemię (chandramsuh).
282. On jest Nim, który jest obdarzony równie płomienną świetlistością jak słońce (bhaskaradyutih).
283. On jest Nim, z czyjego umysłu wypłynął księżyc (amritamshudbhavah).
284. On jest Nim, który płonie własnym blaskiem (bhanuh).
285. On jest Nim, który żywi wszystkie żywe istoty tak jak księżyc, który ma za swój znak piękna plamę przypominającą wizerunek zająca i który żywi cały świat esencją wszystkich roślin (shasabinduh).
286. On jest Nim, który jest Panem wszystkich bogów (sureshvarah).
287. On jest Nim, który jest wspaniałym lekarstwem na chorobę przywiązania do ziemskich przedmiotów (aushadham).
288. On jest Nim, który jest wielką groblą wszechświata (jagatasetuh).
289. On jest Nim, który ma wiedzę i inne wspaniałe atrybuty oraz moc, której nie można odeprzeć (satya dharma parakramah).
290. On jest Nim, o którego łaskę ubiegają się wszystkie żywe istoty zarówno obecnie, jak w przeszłości i w przyszłości (bhuta bhavya bhavan nathah).

291. On jest Nim, który ratuje swoich wielbicieli, rzucając na nich łaskawe spojrzenia (pavanah).

292. On jest Nim, który uświęca nawet tych, którzy są święci (paavanah).

293. On jest Nim, który scala oddech życia w duszy (lub: jest Nim, który przybiera różne formy, aby ochraniać zarówno tych, którzy zdobyli, jak i tych, którzy nie zdobyli Wyzwolenia (analah).

294. On jest Nim, który zabija pragnienia tych, którzy zdobyli Wyzwolenie (lub: jest Nim, który powstrzymuje złe pragnienia od pojawienia się w umysłach swoich wielbicieli) (kamaha).

295. On jest Nim, który jest ojcem Kamy, zasady pragnienia lub żądzy (kamakrit).

296. On jest Nim, który jest najbardziej urzekający (kantah).

297. On jest Nim, który jest przedmiotem pragnień wszystkich żywych istot (kamah).

298. On jest Nim, który gwarantuje spełnienie pragnień (kamapradah).

299. On jest Nim, który jest zdolny do wykonania wszystkich czynów (prabhuh).

300. On jest Nim, który wprawia w ruch wszystkie cztery jugi (yugadikrit).

301. On jest Nim, który powoduje, że koło *jug* ciągle się obraca (yugaavartah).

302. On jest Nim, który jest obdarzony różnego rodzaju iluzją, będącą przyczyną, z której wypływają różnego rodzaju działania charakterystyczne dla różnych *jug* (naikamaayah).

303. On jest Nim, który jest największym żarłokiem, gdyż na koniec każdej *kalpy* połyka wszystkie przedmioty (mahasanah).

304. On jest Nim, który jest nie do uchwycenia przez tych, którzy nie są Jego wielbicielami (adrisyah).

305. On jest Nim, który manifestuje się jako niezmierzony (vyakta rupah).

306. On jest Nim, który pokonuje tysiące wrogów bogów (sahasrajit).

307. On jest Nim, który pokonuje niezliczonych wrogów (anantajit).

308. On jest Nim, którego pragną nawet dziadek wszechświata Brahma i Rudra (lub: jest Nim, który jest czczony ofiarą) (ishtah).

309. On jest Nim, który jest stawiany ponad wszystkich (vishishtah).

310. On jest Nim, którego poszukują ci, którzy są mądrzy i prawi (shishta-ishtah).

311. On jest Nim, który w formie Kryszny zdobi swoje nakrycie głowy pawimi piórami (shikhandi).

312. On jest Nim, który otumania wszystkie żywe istoty swoją iluzją (nahushah).

313. On jest Nim, który oblewa łaską wszystkich swoich wielbicieli (vrishah).

314. On jest Nim, który wypełnia grzeszników gniewem (krodhaha).

315. On jest Nim, który jest wykonawcą wszystkich działań (krodhakritkarta).

316. On jest Nim, który trzyma wszechświat na swoich ramionach (vishvabahuh).

317. On jest Nim, który dostarcza oparcia ziemi (mahidharah).

318. On jest Nim, który przekracza sześć dobrze znanych modyfikacji: początku, narodzin, wzrostu, dojrzałości, słabnięcia i rozpadu (achyutuh).

319. On jest Nim, który swymi uczynkami zdobył wielką sławę (prathitah).

320. On jest Nim, który będąc przenikającą wszystko duszą, powoduje, że wszystkich żywe istoty żyją (pranah).

321. On jest Nim, który daje życie (pranadah).

322. On jest Nim, który w formie karła jest młodszym bratem Wasawy (Indry) (vasavanujah).

323. On jest Nim, który jest naczyniem wszystkich wód we wszechświecie (apam nidhih).

324. On jest Nim, który odziewa wszystkie żywe istoty w ciało, będąc materialną przyczyną wszystkiego (adhishthanam).

325. On jest Nim, który będąc ponad błądzeniem, nigdy nie jest nierozważny (apramattah).

326. On jest Nim, który bazuje na swej sławie (pratishthitah).

327. On jest Nim, który płynie w formie boskiego nektaru (lub: jest Nim, który wysusza wszystkie przedmioty) (skandah).

328. On jest Nim, który podtrzymuje ścieżkę prawości (skanda dharah).

329. On jest Nim, który unosi ciężar wszechświata (dhuryah).

330. On jest Nim, który spełnia prośby tych, którzy o coś proszą (varadah).

331. On jest Nim, który powoduje wianie wiatru (vayu vahanah).

332. On jest Nim, który jest synem Wasudewy (lub: jest Nim, który przykrywa wszechświat swymi iluzjami i bawi się nimi) (vasudevah).

333. On jest Nim, który jest obdarzony niezwykłym blaskiem (brihat bhaanuh).

334. On jest Nim, który jest stwarzającą przyczyną bogów (adidevah).

335. On jest Nim, który niszczy wszystkie wrogie miasta (purandarah).

336. On jest Nim, który przekracza wszelki smutek (ashokah).

337. On jest Nim, który przeprowadza nas bezpiecznie przez ocean życia i tego świata (taranah).

338. On jest Nim, który uwalnia serca swoich wielbicieli od lęku przed ponownymi narodzinami (tarah).

339. On jest Nim, który ma bezgraniczną odwagę i męstwo (shurah).

340. On jest Nim, który należy do potomstwa rodu Śury, który był ojcem Wasudewy, którego syn jest Wasudewą (shaurih).

341. On jest Nim, który jest Panem wszystkich żywych istot (janeshvarah).

342. On jest Nim, który jest skłonny do ukazywania wszystkim swojej łaski (anukulah).

343. On jest Nim, który rodził się na ziemi setkę razy, aby uratować tych, którzy są prawi, zniszczyć niegodziwców i ustanowić prawość (shatavartah).

344. On jest Nim, który trzyma w jednej ze swych dłoni lotos (padmi).

345. On jest Nim, którego oczy są jak płatki lotosu (padmanibhekshanah).

346. On jest Nim, z którego pępka wypływa pierwotny Lotos (lub: jest Nim, który siedzi na Lotosie) (padmanabhah).

347. On jest Nim, który jest obdarzony oczami przypominającymi płatki lotosu (arvindakshah).

348. On jest Nim, który jest czczony przez swych wielbicieli jako ten, który siedzi w lotosie ich serc (padmagarbhah).

349. On jest Nim, który mocą swojej iluzji przyjmuje formę wcielonej duszy (sharirabhrit).

350. On jest Nim, który jest obdarzony wszelkiego rodzaju mocą (maharddhih).
351. On jest Nim, który rośnie w formie pięciu pierwotnych elementów (riddhah).
352. On jest Nim, który jest starożytną duszą (vriddhatma).
353. On jest Nim, który jest obdarzony ogromnymi oczami (mahakshah).
354. On jest Nim, który ma Garudę na proporcu na swoim rydwanie (garudadhvajah).
355. On jest Nim, który jest niezrównany (atulah).
356. On jest Nim, który jest Sarabhą, ośmionogą bestią potężniejszą od lwa (sharabhah).
357. On jest Nim, który budzi w niegodziwcach przerażenie (bhimah).
358. On jest Nim, który wie o wszystkim co było, jest i będzie (samayagnah).
359. On jest Nim, który przybierając formy bogów, akceptuje *ghee* lane do ognia ofiarnego (havir harih).
360. On jest Nim, który jest znany poprzez wszystkie rodzaje dowodów (sarva lakshana lakshanyah).
361. On jest Nim, na którego piersi zawsze zasiada bogini pomyślności (lakshmivan).
362. On jest Nim, który zwycięża w każdej bitwie (samitinjayah).
363. On jest Nim, który jest ponad zniszczeniem (viksharah).
364. On jest Nim, który przybiera formę w kolorze czerwonym, (lub: jest Nim, który wybucha gniewem przeciw wrogom swych wielbicieli) (rohitah).
365. On jest Nim, którego poszukują ludzie prawi (margah).
366. On jest Nim, który jest u korzeni wszystkich rzeczy (hetuh).
367. On jest Nim, który ma wokół brzucha znak od sznurka, którym wiązała go w dzieciństwie Jaśoda (damodarah).
368. On jest Nim, który znosi lub wybacza wszystkie urazy (sahah).
369. On jest Nim, który podtrzymuje ziemię w formie jej gór (mahidharah).
370. On jest Nim, który wśród wszystkich przedmiotów czci zajmuje pierwsze miejsce (maha bhagah).

371. On jest Nim, który charakteryzuje się wielką szybkością (vegavan).

372. On jest Nim, który połyka ogromne ilości jedzenia (amita shanah).

373. On jest Nim, który spowodował, że rozpoczęło się stwarzanie (udbhavah).

374. On jest Nim, który wprawia w ruch zarówno *Prakriti*, jak i *Puruszę* (kshobhanah).

375. On jest Nim, który rozsiewa wokół blask (lub: jest Nim, który cieszy się zabawą) (devah).

376. On jest Nim, który ma wielką moc w swoim żołądku (shri garbhah).

377. On jest Nim, który jest Panem wszystkiego (parameshvarah).

378. On jest Nim, który jest materią, z której wszechświat jest zrobiony (karanam).

379. On jest Nim, który jest przyczyną lub czynnikiem sprawczym, który stworzył wszechświat (karanam).

380. On jest Nim, który jest od wszystkich rzeczy niezależny (karta).

381. On jest Nim, który zarządził we wszechświecie różnorodność (vikarta).

382. On jest Nim, którego nie można zrozumieć (gahanah).

383. On jest Nim, który pod zasłoną iluzji czyni siebie niewidzialnym (guhah).

384. On jest Nim, który jest czystą świadomością (*czit*), pozbawioną wszelkich atrybutów (vyavasayah).

385. On jest Nim, na którym wszystko spoczywa (vyavasthanah).

386. On jest Nim, w którym podczas uniwersalnego zniszczenia zamieszkują wszystkie przedmioty (sansthanah).

387. On jest Nim, który daje pierwsze miejsce swoim wielbicielom (sthanadah).

388. On jest Nim, który jest wieczny (dhruvah).

389. On jest Nim, który ma największą moc (pararddhih).

390. On jest Nim, który jest wychwalany w *wedancie* (paramaspashtah).

391. On jest Nim, który jest nasycony (tushtah).

392. On jest Nim, który jest zawsze pełnią (pushtah).

393. On jest Nim, który jest zawsze pełnią i którego spojrzenie jest pomyślne (shubhekshanah).

394. On jest Nim, który wypełnia wszystkich joginów zachwytem (raamah).

395. On jest Nim, który jest końcem dla wszystkich żywych istot, gdyż to w Nim w czasie uniwersalnego rozpadu chowają się wszystkie przedmioty (viramah).

396. On jest Nim, który jest najpełniejszą ścieżką (virajah).

397. On jest Nim, który w formie wcielonej duszy prowadzi do Wyzwolenia (margah).

398. On jest Nim, który jest dla wcielonej duszy przewodnikiem prowadzącym do Wyzwolenia (neyah).

399. On jest Nim, który prowadzi wcieloną duszę do Wyzwolenia (nayah).

400. On jest Nim, który sam nie ma przewodnika (anayah).

401. On jest Nim, który jest odziany w wielką siłę (virah).

402. On jest Nim, który wśród wszystkich istot o wielkiej sile jest najpotężniejszy (shaktimataam shreshtha).

403. On jest Nim, który utrzymuje wszystko w mocy (dharmo).

404. On jest Nim, który wśród wszystkim osób znających obowiązki i religię zajmuje pierwsze miejsce (dharma viduttamah).

405. On jest Nim, który podczas stwarzania łączy razem odosobnione elementy, formując z nich przedmioty (vaikunthah).

406. On jest Nim, który zamieszkuje we wszystkich ciałach (purushah).

407. On jest Nim, który w formie znawcy pola (*kszetra-dżiny*) skłania wszystkie żywe istoty do działania (pranah).

408. On jest Nim, który stwarza na nowo wszystkie żywe istoty po zniszczeniu ich podczas uniwersalnego rozpadu (pranadah).

409. On jest Nim, któremu każdy się kłania z wielką czcią (pranavah).

410. On jest Nim, który rozszerza się na cały wszechświat (prithuh).

411. On jest Nim, który ma pierwotne złote jajo, które wszystko poprzedza, za swój żołądek (tak jak kobieta macicę) (hiranyagarbhah).

412. On jest Nim, który niszczy wrogów bogów (shatrughnah).

413. On jest Nim, którzy przykrywa wszystkie przedmioty, będąc materialną przyczyną, z której one wypływają (vyaptah).

414. On jest Nim, który rozsiewa wokół zapach słodkich perfum (vaayuh).
415. On jest Nim, który lekceważy zmysłowe przyjemności (adhokshajah)
416. On jest Nim, który jest tożsamy z porami roku (rhituh).
417. On jest Nim, który przez samo ukazanie się spełnia największe pragnienie wszystkich swoich wielbicieli (sudarshanah).
418. On jest Nim, który osłabia wszystkie żywe istoty (kalah).
419. On jest Nim, który zamieszkuje na firmamencie serca, bazując na swej chwale i potędze (parameshthi).
420. On jest Nim, którego obecność jest wszędzie rozpoznawana (parigrahah).
421. On jest Nim, który budzi we wszystkich strach (ugrah).
422. On jest Nim, w którym zamieszkują wszystkie żywe istoty (samvatsarah).
423. On jest Nim, który jest zręczny w realizowaniu wszystkich działań (dakshah).
424. On jest Nim, który będąc ucieleśnieniem Wyzwolenia, jest odpoczynkiem dla wszystkich żywych istot (vishramah).
425. On jest Nim, który jest obdarzony większymi kompetencjami niż inne żywe istoty (vishva-dakshinah).
426. On jest Nim, w którym mieści się cały wszechświat (vistarah).
427. On jest Nim, który jest nieruchomy i w którym wszystko spoczywa na zawsze (sthavarah sthanuh).
428. On jest Nim, który jest celem dowodzenia (pramanam)
429. On jest Nim, który jest niezniszczalnym i niezmiennym nasieniem (bijamavyayam).
430. On jest Nim, który będąc szczęściem, jest poszukiwany przez wszystkich (arthah).
431. On jest Nim, który nie ma żadnych pragnień, bo wszystkie Jego pragnienia zostały spełnione (anarthah).
432. On jest Nim, który jest wielką przyczyną obejmującą cały wszechświat (maha koshah).
433. On jest Nim, który ma wszystkie przedmioty, aby móc się nimi cieszyć (maha bhogah).
434. On jest Nim, który ma wszelkie bogactwo potrzebne do zdobycia wszystkich przedmiotów pragnień (maha dhanah).
435. On jest Nim, który jest ponad rozpaczą (anirvinnah).

436. On jest Nim, który istnieje w formie wyrzeczenia (sthavishthah).
437. On jest Nim, który jest nienarodzony (abhuh).
438. On jest Nim, który jest filarem, do którego jest uwiązana prawość (dharma yupah).
439. On jest Nim, który jest wielkim ucieleśnieniem ofiary (maha makhah).
440. On jest Nim, który będąc gwiazdą polarną w konstelacji Sisumara (Mała Niedźwiedzica), jest piastą gwieździstego koła, które obraca się na firmamencie (nakshatranemih).
441. On jest Nim, który wśród konstelacji jest księżycem (nakshatri).
442. On jest Nim, który jest zdolny do wykonania każdego wyczynu (kshamah).
443. On jest Nim, który wówczas gdy znikają wszystkie rzeczy, przebywa w swej duszy (kshaama).
444. On jest Nim, który żywi pragnienie stwarzania (samihanah).
445. On jest Nim, który jest ucieleśnieniem wszystkich ofiar (yagnah).
446. On jest Nim, który jest wielbiony we wszystkich ofiarach i religijnych rytach (ijyah).
447. On jest Nim, który wśród bogów obecnych podczas rytualnych ofiar czynionych przez ludzi jest najbardziej godny czci (mahejyah).
448. On jest Nim, który jest uosobieniem wszystkich rytów, w których ofiaruje się zwierzęta zgodnie z nakazami (kratuh).
449. On jest Nim, który jest wielbiony przez ludzi przed każdym posiłkiem (satram).
450. On jest Nim, który jest azylem dla wszystkich tych, którzy szukają Wyzwolenia (sataam gatih).
451. On jest Nim, który widzi wszystkie czyny, które zostały wykonywane lub zaniedbywane przez żywe istoty (sarvadarshi).
452. On jest Nim, którego dusza przekracza wszystkie atrybuty (vimuktatma).
453. On jest Nim, który ma wszechwiedzę (sarvagnah).
454. On jest Nim, który jest identycznym z wiedzą, która jest nienabyta, nieograniczona i zdolna do osiągnięcia wszystkiego (gnanamuttamam).

455. On jest Nim, który realizuje wspaniałe śluby, wśród których głównym jest gwarantowanie łaski temu, który z czystym sercem o nią prosi (suvratah).

456. On jest Nim, którego twarz jest zawsze pełna radości (sumukhah).

457. On jest Nim, który jest niezwykle subtelny (sukshmah).

458. On jest Nim, który wypowiada najprzyjemniejsze dźwięki, którymi są dźwięki *Wed* lub muzyki fletu (sughoshah).

459. On jest Nim, który obdarowuje szczęściem swoich wielbicieli (sukhadah).

460. On jest Nim, który daje innym dobro, nie oczekując nic w zamian (suhrit).

461. On jest Nim, który przynosi żywym istotom radość (manoharah).

462. On jest Nim, który pokonał gniew (jita krodhah).

463. On jest Nim, który ma potężną broń, przy pomocy której z łatwością zabija najpotężniejszych asurów (virabahu).

464. On jest Nim, który niszczy niegodziwców (vidaranah).

465. On jest Nim, który powoduje, że osoby, które nie poznały duszy, pozostają uśpione w głębokim śnie jego iluzji (svapanah).

466. On jest Nim, który bazuje tylko na sobie, będąc w pełni niezależny od wszystkich osób i przedmiotów (svavashah).

467. On jest Nim, który wypełnia sobą cały wszechświat (vyapi).

468. On jest Nim, który istnieje w nieskończonej ilości form (naikatma).

469. On jest Nim, który jest zaangażowany w niezliczoną ilość zadań (naika karma krit).

470. On jest Nim, który żyje we wszystkim (vatsarah).

471. On jest Nim, który obdarza uczuciem swoich wielbicieli (vatsalah).

472. On jest Nim, który jest uniwersalnym ojcem, dla którego wszystkie żywe istoty we wszechświecie są jak wypływające z Niego cielątka (ratnagarbhah).

473. On jest Nim, który przybierając formę ogromnego oceanu, trzyma w żołądku wszystkie skarby i klejnoty (ratnagarbhah).

474. On jest Nim, który jest Panem wszystkich bogactw (dhaneshvarah).

475. On jest Nim, który jest obrońcą sprawiedliwych (dharmagup).

476. On jest Nim, który realizuje wszystkie nakazy prawości (dharmakrit).

477. On jest Nim, który jest bazą prawości (dharmi).

478. On jest Nim, który jest zawsze obecny (sat).

479. On jest Nim, który będąc wszechświatem, jest nieistniejący, gdyż zamanifestowany świat wynika zaledwie z iluzji (asat).

480. On jest Nim, który w formie wszechświata jest zniszczalny (ksharam).

481. On jest Nim, który jako czysta świadomość (*czit*) jest niezniszczalny (aksharam).

482. On jest Nim, który w formie wcielonej duszy (*dżiwa*) jest pozbawiony prawdziwej wiedzy (avignata).

483. On jest Nim, który w formie słońca odziewa się w tysiąc promieni (sahasra-anshuh).

484. On jest Nim, który rozkazuje nawet tak potężnym istotom jak Śesza i Garuda (vidhata).

485. On jest Nim, który stworzył wszystkie święte pisma (kritalakshanah).

486. On jest Nim, który istnieje w formie słońca jako centrum niezliczonych promieni światła (gabhastinemih).

487. On jest Nim, który zamieszkuje we wszystkich żywych istotach (sattvasthah).

488. On jest Nim o wielkiej waleczności (simhah).

489. On jest Nim, który jest Panem Jamy i innych o podobnej mocy (bhuta-maheshvarah).

490. On jest Nim, który jest najstarszym z bogów, istniejącym od samego początku (adidevah).

491. On jest Nim, który istnieje w swej własnej chwale, odrzucając wszystkie warunki (maha devah).

492. On jest Nim, który jest Panem nawet wszystkich bogów (deveshah).

493. On jest Nim, który włada nawet Indrą będącym oparciem dla bogów (deva bhrid guruh).

494. On jest Nim, który przekracza narodziny i śmierć (uttarah).

495. On jest Nim, który w formie Kryszny ochrania i opiekuje się krowami (gopatih).

496. On jest Nim, który żywi wszystkie stworzenia (gopta).

497. On jest Nim, do którego można zbliżyć się jedynie dzięki wiedzy (gnanagamyah).

498. On jest Nim, który jest starożytny (puratanah).

499. On jest Nim, który utrzymuje w istnieniu elementy, które tworzą ciało (sharira bhuta bhri).

500. On jest Nim, który w formie wcielonej duszy zarówno cieszy się dobrobytem, jak i cierpi biedę (bhokta).

501. On jest Nim, który przybrał formę wielkiego dzika (lub: jest Nim, który w formie Ramy był Panem wielkiego małpiego króla) (kapindrah).

502. On jest Nim, który podczas swojej wielkiej ofiary rozdał ogromne dary (bhuri dakshinah).

503. On jest Nim, który pije somę podczas każdej ofiary (somapah).

504. On jest Nim, który pije nektar nieśmiertelności (amritapah).

505. On jest Nim, który w formie Somy (księżyca) żywi wszystkie zioła i rośliny (somah).

506. On jest Nim, który w jednej chwili pokonuje nawet niezliczonych wrogów (purujit).

507. On jest Nim o kosmicznej formie, który zajmuje pierwsze miejsce wśród wszystkich istniejących bogów (puru-sattamah).

508. On jest Nim, który karze (vinayah).

509. On jest Nim, który zwycięża wszystkich (jayah).

510. On jest Nim, którego nie można zbić z tropu, gdy realizuje swoje cele (satya-sandhah).

511. On jest Nim, który zasługuje na dary (dasharhah).

512. On jest Nim, który daje żywym istotom to, czego im brakuje i ochrania to, co zdobyły (sattvatam-patih).

513. On jest Nim, który ochrania życiowe oddechy (jivah).

514. On jest Nim, który widzi wszystko to, co stworzył bezpośrednio i nigdy nie widzi czegoś poza swoją jaźnią (vinayita sakshi).

515. On jest Nim, który daje Wyzwolenie (mukundah).

516. On jest Nim, który swymi trzema krokami przykrył ziemię, niebo i podziemne (amitavikramah).

517. On jest Nim, który jest naczyniem dla wszystkich wód (ambho nidhih).

518. On jest Nim, który zatapia całą przestrzeń, Czas i wszystkie przedmioty (anantatma).

519. On jest Nim, który po uniwersalnym rozpadzie wszechświata leży na powierzchni bezbrzeżnych wód (mahodadhishayah).

520. On jest Nim, który powoduje zniszczenie wszystkich przedmiotów (antakah).

521. On jest Nim, który się nie rodzi (ajah).

522. On jest Nim, który jest godny największego podziwu (maharhah).

523. On jest Nim, który manifestuje się w swojej własnej naturze (svabhavyah).

524. On jest Nim, który pokonuje wrogów, którymi są gniew i inne złe namiętności (jitamitrah).

525. On jest Nim, który wprawia w zachwyt tych, którzy nad nim medytują (pramodanah).

526. On jest Nim, który jest radością (anandah).

527. On jest Nim, który wypełnia innych radością (nandanah).

528. On jest Nim, w którym przebywają wszystkie przyczyny radości (nandah).

529. On jest Nim, który ma Prawdę i inne cnoty za swoje oznaki (satyadharma).

530. On jest Nim, który zostawił ślad stopy we wszystkich trzech światach (trivikramah).

531. On jest Nim, który jest pierwszym wśród riszich znających wszystkie *Wedy* i jest tożsamy z Kapilą (maharshih kapila charyah).

532. On jest Nim, który jest znawcą wszechświata (kritagnah).

533. On jest Nim, który jest Panem ziemi (medinipatih).

534. On jest Nim o trzech stopach (tripadah).

535. On jest Nim, który jest strażnikiem wszystkich bogów (tridashadhyakshah).

536. On jest Nim, który przybrał formę wielkiej ryby o dużych rogach w celu uratowaniu Manu, który w okresie wielkiego potopu płynął po wodach łodzią uwiązaną do jej rogów (maha shringah).

537. On jest Nim, który powoduje, że wykonawcy czynów konsumują ich owoce i oczyszcza ich w ten sposób ze skutków działań (lub: jest Nim, który niszczy samego Niszczyciela) (kritantakrit).

538. On jest Nim o formie wielkiego dzika (maha varahah).

539. On jest Nim, który jest rozumiany z pomocą wedanty (govindah).

540. On jest Nim, który ma wspaniałe wojsko w formie swoich wielbicieli (sushenah).

541. On jest Nim w złotej zbroi (kanakangadi).

542. On jest Nim, który jest ukryty i staje się wiedzą jedynie z pomocą *Upaniszad* (guhyah).

543. On jest Nim, który tkwi głęboko we wiedzy i mocy (gabhirah).

544. On jest Nim, do którego trudno dotrzeć (gahanah).

545. On jest Nim, który przekracza zarówno słowo, jak i myśl (guptah).

546. On jest Nim, który jest uzbrojony w swój dysk i maczugę (chakra gada dharah).

547. On jest Nim, który jest Zarządzającym (vedhah).

548. On jest Nim, który jest przyczyną wszechświata (svangah).

549. On jest Nim, którego nigdy nikt nie pokonał (jitah).

550. On jest Nim, który jest riszim Wjasą (krishnah).

551. On jest Nim, który jest wieczny, będąc ponad zniszczeniem (dridhah).

552. On jest Nim, który niszczy wszystkie przedmioty, będąc sam ponad wszelkim psuciem się (sankarshano chyutah).

553. On jest Nim, który jest Panem wód Waruną (varunah).

554. On jest Nim, który w formie Wasiszty lub Agastji jest synem Waruny (varunah).

555. On jest Nim, który jest równie nieruchomy jak drzewo (vrikshah).

556. On jest Nim, który manifestuje się w swej prawdziwej formie w lotosie serca (pushkara kshah).

557. On jest Nim, który wszystko stwarza, utrzymuje i niszczy decyzją umysłu (maha manah).

558. On jest Nim, który posiada sześć atrybutów: siłę, sławę, bogactwo, piękno, wyrzeczenie i niezależność (bhagavan).

559. On jest Nim, który niszczy te sześć atrybutów (bhagaha).

560. On jest Nim, który jest szczęściem, gdyż jest wypełniony wszelkiego rodzaju pomyślnością (anandi).

561. On jest Nim o imieniu Waidżajanta, którego zdobi zwycięska girlanda (vanamali).

562. On jest Nim, który jest uzbrojonym w sochę Balaramą (halayudhah).

563. On jest Nim, który narodził się z łona Aditi, przybierając formę karła, który zabił demona Wali (adityah).

564. On jest Nim, który jest obdarzony słoneczną świetlistością (jyotir adityah).

565. On jest Nim, którzy jest ponad wszystkie pary przeciwieństw (sahishnu).

566. On jest Nim, który jest największym schronieniem dla wszystkich przedmiotów (gatisattamah)

567. On jest Nim, który jest uzbrojony w najwspanialszy łuk Sarangę (sudhanva).

568. On jest Nim, który w formie Paraśuramy dzięki swej waleczności zdobył swój wojenny topór (khanda parashuh).

569. On jest Nim, który jest gwałtowny (darunah).

570. On jest Nim, który obdarowuje wszystkimi przedmiotami pragnień (dravina pradah).

571. On jest Nim, który podczas ofiarnego rytu Wali był tak wysoki, że głową dotykał nieba (divah sprik).

572. On jest Nim, który jest riszim Wjasą rozpowszechniającym *Wedy*, dzięki czemu jego wizja rozciąga się na cały wszechświat, (sarva drik vyasah).

573. On jest Nim, który jest Panem mowy i wszelkiego uczenia się i Nim, który pojawił się na świecie bez pośrednictwa organów seksualnych (vachaspatir ayonijah).

574. On jest Nim, który jest sławiony w trzech najważniejszych *samanach* (trisama).

575. On jest Nim, który jest recytatorem *samanów* (samagah).

576. On jest Nim, który jest *Samawedą* (sama).

577. On jest Nim, który będąc uosobieniem wyrzeczenia, jest wygaśnięciem wszystkich ziemskich więzi (nirvanam).

578. On jest Nim, który jest lekarstwem (bheshajam).

579. On jest Nim, który jest lekarzem (bhishak).

580. On jest Nim, który zarządził czwarty tryb życia zwany wyrzeczeniem, aby umożliwić żywym istotom zdobycie Wyzwolenia (sannyasa krit).

581. On jest Nim, który chcąc dać swym wielbicielom spokój duszy, powoduje, że uwalniają się od namiętności (shamah).

582. On jest Nim, który będąc całkowicie odłączony od ziemskich przedmiotów, jest w pełni nasycony (shaantah).

583. On jest Nim, który jest schronieniem dla oddania (nishtha).

584. On jest Nim, który jest spokojem duszy (shantih).

585. On jest Nim, który jest najwyższym celem zwanym Narajaną lub inaczej Wyzwoleniem (parayanam).

586. On jest Nim o pięknych kończynach (shubhaangah).

587. On jest Nim, który daje spokój duszy (shantidah).

588. On jest Nim, który jest Stwórcą (srashta).

589. On jest Nim, który zabawia się radośnie na łonie ziemi (kumudah).

590. On jest Nim, który po rozpadzie świata leży zanurzony w jodze na ciele króla wężów Seszy (kuvaleshayah).

591. On jest Nim, który jest dobroczyńcą krów (lub: jest Nim, który przybrał ludzką formę, aby uwolnić ziemię od ciężaru zamieszkującej ją populacji) (gohitah).

592. On jest Nim, który jest Panem wszechświata (gopatih).

593. On jest Nim, który jest obrońcą wszechświata (gopta).

594. On jest Nim, który ma oczy jak byk (vrishabhakshah).

595. On jest Nim, który troszczy się z miłością o Prawo (vrisha priyah).

596. On jest Nim, który jest wielkim herosem (anivarti).

597. On jest Nim, którego dusza wycofała się ze wszystkich więzi (nivritta atma).

598. On jest Nim, który w okresie uniwersalnego rozpadu zmniejsza wszechświat do subtelnej formy (sankshepta).

599. On jest Nim, który przynosi dobro swoim cierpiącym wielbicielom (kshemakrit).

600. On jest Nim, którego imię oczyszcza z grzechów, jak tylko zostaje usłyszane (shivah).

601. On jest Nim, który ma pomyślny znak wiru na piesi (shrivatsa vakshah).

602. On jest Nim, w którym zawsze mieszka bogini pomyślności (shri vasah).

603. On jest Nim, który został wybrany przez boginię pomyślności Lakszmi na męża (shri-patih).

604. On jest Nim, który zajmuje pierwsze miejsce wśród istot obdarzonych pomyślnością (shrimatam varah).

605. On jest Nim, który przynosi pomyślność swoim wielbicielom (shridah).

606. On jest Nim, który jest Panem pomyślności (shrishah).

607. On jest Nim, który zawsze żyje wśród tych, którzy są obdarzeni pomyślnością (shri nivasah).

608. On jest Nim, który jest naczyniem dla wszelkiego rodzaju pomyślności (shri nidhih).

609. On jest Nim, który obdarowuje pomyślnością ludzi prawych uczynków według miary ich prawości (shri vibhavanah).

610. On jest Nim, który trzyma boginię pomyślności na swej piersi (shri dharah).

611. On jest Nim, który obdarowuje pomyślnością tych, którzy słuchają o Nim, wychwalają Go i medytują nad Nim (shri karah).

612. On jest Nim, który jest uosobieniem tego stanu, który obrazuje osiągnięcie niedościgłego szczęścia (shreyah).

613. On jest Nim, który ma w posiadaniu wszelkie rodzaje piękna (shriman).

614. On jest Nim, który jest azylem dla trzech światów (loka traya ashrayah).

615. On jest Nim, który ma piękne oczy (svakshah).

616. On jest Nim, który ma piękne kończyny (svangah).

617. On jest Nim, który jest w posiadaniu setki źródeł rozkoszy (shatanandah).

618. On jest Nim, który obrazuje najwyższą rozkosz (nandih).

619. On jest Nim, który jest Panem wszystkich ciał niebieskich, utrzymując je wszystkie na swoich miejscach na orbicie (jyotir ganeshvarah).

620. On jest Nim, który opanował swoją duszę (vijitatma).

621. On jest Nim, którego dusza nie jest we władzy żadnej wyższej istoty (vidheyatma).

622. On jest Nim, którego czyny są zawsze piękne (sat kirtih).

623. On jest Nim, który nie ma wątpliwości, gdyż widzi cały wszechświat jak na dłoni tak jak kamienny dysk *amlak*a (chhinna sanshayah).

624. On jest Nim, który jest ponad wszystkimi stworzeniami (udirnah).

625. On jest Nim, którego wizja rozciąga się we wszystkich kierunkach (sarvatah chakshuh).

626. On jest Nim, który nie ma żadnego Pana (anishah).

627. On jest Nim, który zawsze przekracza wszelkie zmiany (shashvata sthira).

628. On jest Nim, który w formie Ramy musiał spać na nagiej ziemi (bhushayah).

629. On jest Nim, który zdobi ziemię swoimi inkarnacjami (bhushanah).

630. On jest Nim, który jest jaźnią mocy (bhutih).

631. On jest Nim, który przekracza wszelki smutek (vishokah).

632. On jest Nim, który rozprasza smutek swoich wielbicieli, jak tylko o Nim pomyślą (shoka nashanah).

633. On jest Nim, który jest w posiadaniu blasku (archishman).

634. On jest Nim, który jest czczony przez wszystkich (architah).

635. On jest Nim, który jest *kumbhą* (naczyniem na wodę noszonym przez świętych ascetów), gdyż w Nim rezydują wszystkie przedmioty i cały wszechświat (kumbhah).

636. On jest Nim o czystej duszy (vishuddha atma).

637. On jest Nim, który oczyszcza wszystkich, gdy tylko o Nim usłyszą (vishodhanah).

638. On jest Nim, który jest wolny i niepohamowany (anirudhah).

639. On jest Nim, którego rydwan nigdy nie ucieka przed walką (apratirathah).

640. On jest Nim, który jest w posiadaniu wielkiego bogactwa (pradyumnah).

641. On jest Nim, którego zalet nie można zmierzyć (amita vikramah).

642. On jest Nim, który jest zabójcą asury o imieniu Kalanemi (w innym wcieleniu Kansa) (kalaneminiha).

643. On jest Nim, który jest herosem (virah).

644. On jest Nim, który narodził się w rodzie Śury (shaurih).

645. On jest Nim, który jest Panem wszystkich bogów (shurajaneshvar).

646. On jest Nim, który jest duszą wszystkich trzech światów (triloka atma).

647. On jest Nim, który jest Panem wszystkich trzech światów (triloka ishah).

648. On jest Nim, który ma księżycowe i słoneczne promienie za swoje włosy (keshavah).

649. On jest Nim, który jest zabójcą asury Keśi (keshiha).
650. On jest Nim, który podczas uniwersalnego rozpadu niszczy wszystkie przedmioty (harih).
651. On jest Nim, u kogo szuka się spełnienia wszystkich pragnień (kamadevah).
652. On jest Nim, który spełnia pragnienia wszystkich (kama palah).
653. On jest Nim, który ma pragnienia (kami).
654. On jest Nim o pięknej formie (kantah).
655. On jest Nim, który ma pełną wiedzę *śruti* i *smriti* (kritagamah).
656. On jest Nim, który ma formę nie do opisania przez atrybuty (anirdeshya vapuh).
657. On jest Nim, który przenika wszystko (vishnuh).
658. On jest Nim o promieniach, których jasność zalewa niebo (virah).
659. On jest Nim, który jest nieskończony (anantah).
660. On jest Nim, który w formie Ardżuny lub Nary zdobył ogromne bogactwo, podbijając sąsiedzkie królestwa (dhananjayah).
661. On jest Nim, który jest głównym przedmiotem i celem bezgłośnej recytacji, ofiary, *Wed* i wszystkich działań religijnych (brahmanyah).
662. On jest Nim, który stworzył umartwienia i innych religijne praktyki (brahmakrit).
663. On jest Nim, który ma formę Brahmy (brahmaa).
664. On jest Nim, który jest największy, niezmierzony i przenikający wszystko (brahma).
665. On jest Nim, który mnoży umartwienia (brahma vivardhanah).
666. On jest Nim, który zna Najwyższego Ducha (brahma vid).
667. On jest Nim, który ma formę bramina (brahmanah).
668. On jest Nim, który ma Brahmę za swoje kończyny (brahmi).
669. On jest Nim, który zna wszystkie *Wedy* i każdą rzecz we wszechświecie (brahma gnah).
670. On jest Nim, który jest zawsze przyjazny dla braminów, którzy są również przyjaźni wobec niego (brahmana priyah).
671. On jest Nim, którego stopy pokrywają wielką przestrzeń (maha kramah).

672. On jest Nim, którego czyny są wielkie (maha karma).
673. On jest Nim, który jest w posiadaniu wielkiej energii (maha teja).
674. On jest Nim, który jest tożsamy z Wasukim, królem węży (mahoragah).
675. On jest Nim, który jest wielkim ofiarowaniem ego (maha kratuh).
676. On jest Nim, który zajmuje pierwsze miejsce wśród wszystkich ofiar (maha yajva).
677. On jest Nim, który jest *dżapą* (bezgłośną recytacją), będącą pierwszą wśród ofiar (maha yagnah).
678. On jest Nim, który zajmuje pierwsze miejsce wśród darów ofiarnych składanych w rytach ofiarnych. (maha havih).
679. On jest Nim, który jest przez wszystkich wychwalany (stavyah).
680. On jest Nim, który kocha być wychwalanym przez swoich wielbicieli (stava priyah).
681. On jest Nim, który sam jest hymnami ku swej czci wypowiadanymi przez Jego wielbicieli (stotram).
682. On jest Nim, który jest samym aktem wychwalania (stutih).
683. On jest Nim, który jest osobą, która wychwala (stota).
684. On jest Nim, który lubi walczyć z wszystkim, co jest złem (rana priyah).
685. On jest Nim, który jest wypełniony każdego rodzaju szacunkiem (purnah).
686. On jest Nim, który wypełnia innych wszelkiego rodzaju dostatkiem (purayita).
687. On jest Nim, który niszczy wszystkie grzechy, gdy jest pamiętany (punyah).
688. On jest Nim, który jest sławiony jako święty, którego działania są zawsze prawe (punya kirtih).
689. On jest Nim, który przekracza choroby (anamayah).
690. On jest Nim, który jest obdarzony chyżością umysłu (manojavah).
691. On jest Nim, który jest twórcą i głosicielem wszelkiego rodzaju uczenia się (tirthakarah).
692. On jest Nim, którego życiowe nasienie jest złotem (vasuretah).

693. On jest Nim, który jest dawcą bogactwa, będąc tożsamy z Kuberą, który jest Panem bogactwa (vasurpradah).

694. On jest Nim, który odbiera asurom całe ich bogactwo (vasupradah).

695. On jest Nim, który jest synem Wasudewy (vasudevah).

696. On jest Nim, w którym zamieszkują wszystkie stworzenia (vasuh).

697. On jest Nim, którego umysł zamieszkuje we wszystkich rzeczach, będąc z nimi tożsamy (vasumanah).

698. On jest Nim, który jest oblacją i oczyszcza z grzechów wszystkich tych, którzy szukają u Niego obrony (havih).

699. On jest Nim, który jest osiągalny dla osób prawych (sadgatih).

700. On jest Nim, którego działania są zawsze dobre (sat kritih).

701. On jest Nim, który jest jedyną istotą we wszechświecie (satkritih).

702. On jest Nim, który manifestuje się w różnych formach (sad bhutih).

703. On jest Nim, który jest azylem dla wszystkich tych, którzy znają Prawdę (sat parayanah).

704. On jest Nim, który ma w swoich oddziałach największych herosów takich jak Hanuman (shura seno).

705. On jest Nim, który zajmuje pierwsze miejsce wśród Jadawów (yadushreshthah).

706. On jest Nim, który jest miejscem zamieszkania dla osób prawych (sannivasah).

707. On jest Nim, który igra radośnie w lesie Wrindawan nad brzegiem Jamuny (suyamunah).

708. On jest Nim, w którym zamieszkują wszystkie stworzone rzeczy (bhuta vasah).

709. On jest Nim, który zalewa cały wszechświat swoją *mają* (iluzją) (vasu devah).

710. On jest Nim, z którym wszystkie żywe istoty się łączą i gdzie osiągają Wyzwolenie (sarvasu nilayah).

711. On jest Nim, którego głód nie jest nigdy zaspokojony (analah).

712. On jest Nim, który niszczy pychę innych (darpaha).

713. On jest Nim, który wypełnia tych, którzy są prawi, słuszną dumą (darpadah).

714. On jest Nim, który pęcznieje radością (driptah).
715. On jest Nim, którym nie można zawładnąć (durdharah).
716. On jest Nim, którego nikt nigdy nie pokonał (a-para-jitah).
717. On jest Nim o kosmicznej formie (vishvamurtih).
718. On jest Nim o olbrzymiej formie (maha murtih).
719. On jest Nim, którego forma płonie energią i blaskiem (dipta murtih).
720. On jest Nim, który w rzeczywistości nie ma formy, przenika wszystko i nic Go nie ogranicza (a-murtiman).
721. On jest Nim, który ma różnorodne formy (aneka murtih).
722. On jest Nim, który jest niezamanifestowany (avyaktah).
723. On jest Nim, który ma setkę form (shata murtih).
724. On jest Nim, który ma setkę twarzy (shatananah).
725. On jest Nim, który jest jeden (ekah).
726. On jest Nim, który dzięki iluzji staje się mnogi (naikah).
727. On jest Nim, który ma naturę ofiary *sawa*, czyli ofiary wyciskania somy (savah).
728. On jest Nim, który jest wypełniony błogością (kah).
729. On jest Nim, który jest jednym wielkim tematem dociekań (yat).
730. On jest Nim, który jest tym wszystkim (yat).
731. On jest Nim, który jest zwany Tym (tat).
732. On jest Nim, który jest najwyższym schronieniem (padam anuttamam).
733. On jest Nim, który zamyka wcieloną duszę w materialnych przyczynach (loka bandhuh).
734. On jest Nim, który jest przez wszystkich pożądany (loka nathah).
735. On jest Nim, który narodził się w rodzie demona Madhu (madhavah).
735. On jest Nim, który jest niezwykle czuły dla swoich wielbicieli (bhakta-vatsalah).
737. On jest Nim o złotej karnacji (suvarnavarnah).
738. On jest Nim o kończynach w złotym odcieniu (hemangah).
739. On jest Nim o pięknych kończynach (varangah).
740. On jest Nim, którego osoba jest ozdobiona naramiennikami wykonanymi z pasty sandałowej (chandanangadi).
741. On jest Nim, który jest zabójcą herosów (viraha).

742. On jest Nim, który nie ma sobie równych (vishamah).

743. On jest Nim, który z racji nieposiadania atrybutów pozostaje zaszyfrowaną tajemnicą (shunyah).

744. On jest Nim, który w rezultacie swego bycia pełnią nie potrzebuje błogosławieństw (dhritashih).

745. On jest Nim, który nigdy nie odchyla się od swojej natury, mocy i wiedzy (achalah).

746. On jest Nim, który porusza się w formie wiatru (chalah).

747. On jest Nim, który nigdy nie utożsamia się z czyś, co nie jest duszą (amani).

748. On jest Nim, który honoruje swych wielbicieli (manadah).

749. On jest Nim, który jest przez wszystkich honorowany (manyah).

750. On jest Nim, który jest Panem trzech światów (lokasvami).

751. On jest Nim, który dostarcza oparcia trzem światom (triloka dhrik).

752. On jest Nim, który ma inteligencję i pamięć zdolną do utrzymania w umyśle treści wszystkich rozpraw (sumedhah).

753. On jest Nim, który narodził się z ofiary (medha jah).

754. On jest Nim, który jest wart najwyższej czci (dhanyah).

755. On jest Nim, którego inteligencja i pamięć nigdy nie są bezowocne (satyamedha).

756. On jest Nim, który daje stabilność ziemi (dharadharah).

757. On jest Nim, który w formie słońca oblewa ciepłem ziemię (tejovrishah).

758. On jest Nim o pięknych kończynach (dhyutidharah).

759. On jest Nim, który zajmuje pierwsze miejsce wśród tych, którzy noszą broń (sarva shastra bhritam varah).

760. On jest Nim, który przyjmuje dary w formie kwiatów i liści od swoich wielbicieli (pragrahah).

761. On jest Nim, który tłumi wszystkie swoje namiętności i miażdży swoich wrogów (nigrahah).

762. On jest Nim, który za nikim nie podąża (vyagrah).

763. On jest Nim, który przybiera formę o czterech rogach (naika shringah).

764. On jest Nim, który jest starszym bratem Gady (gadagrajah).

765. On jest Nim, który zawsze występuje w czterech formach: w kolejnych *jugach* pojawia się w kolorze białym, czerwonym,

żółtym i czarnym; w każdej jednostce istnieje jako obudzony, śniący, pogrążony w głębokim śnie i jako czysta jaźń; w mikrokosmosie istnieje jako ten, w którego ciele jest cały wszechświat (Wirat) oraz jako ciało 'grube' (Hiranjagarbha), subtelne (Iświara) i kazualne (Paratman) (chatur murtih).

766. On jest Nim, który jest czteroramienny (chatur bahuh).

767. On jest Nim, z którego wypływa czterech *Puruszów*: zamieszkujący w ciele każdej żywej istoty, w wedyjskich mantrach, w *Wedach* i jako Wielki *Purusza*) (chatur vyuhah).

768. On jest Nim, który jest azylem dla czterech trybów życia i czterech kast (chatur gatih).

769. On jest Nim, który ma cztery dusze: umysł, rozumienie, świadomość i pamięć (chatur atma).

770. On jest Nim, z którego wypływają cztery cele życiowe: Prawo, Bogactwo, Przyjemność i Wyzwolenie (chatur bhavah).

771. On jest Nim, który jest biegły w czterech *Wedach* (chatur veda vid).

772. On jest Nim, który manifestuje tylko część swojej mocy (ekapat).

773. On jest Nim, który wprowadził w ruch obracające się bez przerwy koło świata (samavartah).

774. On jest Nim, którego dusza jest odłączona od ziemskich przywiązań (nivrittatma).

775. On jest Nim, którego nie można pokonać (durjayah).

776. On jest Nim, którego nie można przekroczyć (durati kramah).

777. On jest Nim, który jest niezmiernie trudny do osiągnięcia (dur labhah).

778. On jest Nim, do którego trudno się zbliżyć (dur gamah).

779. On jest Nim, do którego jest trudny dostęp (dur gah).

780. On jest Nim, którego trudno przyprowadzić do serca nawet z pomocą jogi (dur-aavasah).

781. On jest Nim, który zabija nawet najpotężniejszych wrogów wśród danawów (dur ariha).

782. On jest Nim, który ma piękne kończyny (shubhangah).

783. On jest Nim, który ma w sobie esencję wszystkich rzeczy we wszechświecie (lokasarangah).

784. On jest Nim, który posiada najpiękniejszą osnowę i wątek do tkania układu włókien w tkaninie wszechświata (sutantuh).

785. On jest Nim, który tka tkaninę wszechświata z wiecznie rozszerzającą się osnową i wątkiem (tantu vardhanah).

786. On jest Nim, którego działania są wykonywane przez Indrę (indrakarma).

787. On jest Nim, którego czyny są wielkie (maha karma).

788. On jest Nim, który nie pozostawia czynów niewykonanych (krita karma).

789. On jest Nim, który w całości stworzył *Wedy* i wszystkie pisma (kritagamah).

790. On jest Nim o wysokim urodzeniu (udbhavah).

791. On jest Nim, który jest niezwykle przystojny (sundarah).

792. On jest Nim o litościwym sercu (sundah).

793. On jest Nim, który ma cenne klejnoty w swoim pępku (ratnanabhah).

794. On jest Nim, który ma pełną wiedzę za swoje oczy (sulochanah).

795. On jest Nim, który jest godny uwielbienia ze strony Brahmy i innych, którzy zajmują najwyższe miejsce we wszechświecie (arkah).

796. On jest Nim, który jest dawcą jedzenia (vajasanah).

797. On jest Nim, który podczas uniwersalnego rozpadu odziewa się w rogi (shringi).

798. On jest Nim, który zawsze w najbardziej zadziwiający sposób ujarzmia swoich wrogów (jayantah).

799. On jest Nim, który zna wszystkie rzeczy i który zwycięża tych, którzy mają nieodpartą moc (sarvavid jayi).

800. On jest Nim, którego kończyny są jak złoto (suvarna binduh).

801. On jest Nim, którego nie zdoła poruszyć gniew, awersja, czy też żądza (akshobhyah).

802. On jest Nim, który jest Panem wszystkich tych, którzy są mistrzami mowy (sarva vagishvareshvarah).

803. On jest Nim, który jest jak najgłębsze jezioro (maha hradah).

804. On jest Nim, który jest jak najgłębszy dół (maha gartah).

805. On jest Nim, który jest ponad wpływem Czasu (maha bhutah).

806. On jest Nim, w którym są ulokowane pierwotne elementy (maha nidhih).

807. On jest Nim, który zadowala ziemię (kumudah).

808. On jest Nim, który przyznaje owoce równie przyjemne jak kwiaty *kunda* (jasminum pubescens) (kundarah).

809. On jest Nim, który w formie Paraśuramy obdarował Kaśjapę ziemią (lub: jest Nim, który jest równie piękny i atrakcyjny jak kwiaty *kunda*) (kundah).

810. On jest Nim, który wygasza trzy rodzaje nieszczęść wymienianych przez *sankhję*, tak jak deszczowe chmury chłodzą rozpalaną słońcem ziemię ulewą (parjanyah).

811. On jest Nim, który oczyszcza wszystkie żywe istoty (pavanah).

812. On jest Nim, którego nikt nie ponagla (anilah).

813. On jest Nim, który pije nektar bogów (amritanshah).

814. On jest Nim, którego ciało nie umiera (amrita vapuh).

815. On jest Nim, który ma wszechwiedzę (sarvagnah).

816. On jest Nim, który ma twarz i oczy skierowane w każdym kierunku (sarvato mukhah).

817. On jest Nim, którego łatwo zdobyć dzięki ofiarowywaniu kwiatów i liści (sulabhah).

818. On jest Nim, który realizuje surowe przysięgi (suvratah).

819. On jest Nim, który zdobywa sukces dzięki samemu sobie (siddhah).

820. On jest Nim, który jest zawsze zwycięski (shatrujit).

821. On jest Nim, który spala swych wrogów (shatrutapanah).

822. On jest Nim, który wiecznie rośnie i jest wysoki jak drzewo banianowe zwane również świętym drzewem figowym, (*ficus religiosa*), które wyrasta ponad wszystkie inne drzewa (nyagrodhah).

823. On jest Nim, który jest świętym drzewem figowym (dumbarah).

824. On jest Nim, który jest *ficus religiosa* (lub: jest Nim, który, choć jest wszystkimi niezniszczalnymi formami, które istnieją, jest zniszczalny, będąc równocześnie wszystkimi zniszczalnymi formami we wszechświecie) (ashvatthah).

825. On jest Nim, który jest zabójcą demona i wielkiego zapaśnika Czanury z Andhry (chanurandhra nishu danah).

826. On jest Nim o tysiącu promieni (sahasra archih).

827. On jest Nim, który ma siedem języków (sapta jihvah).

828. On jest Nim, który będąc tożsamy z bogiem ognia, ma siedem płomieni (sapta edhaah).

829. On jest Nim, którego rydwan ciągnie siedem ogierów (lub: jest Nim, który ma ogiery zwane Septa) (sapta vaahanah).

830. On jest Nim, który jest bez formy (amurtih).

831. On jest Nim, który jest bez grzechu (anaghah).

832. On jest Nim, który jest niepojęty (achintyah).

833. On jest Nim, który rozprasza niepokój (bhaya krit).

834. On jest Nim, który niszczy każdy lęk (bhayanashanah).

835. On jest Nim, który jest bardzo mały (anuhbrihat).

836. On jest Nim, który jest ogromny (brihat).

837. On jest Nim, który jest wychudzony (krishah).

838. On jest Nim, który jest gruby (sthulah).

839. On jest Nim, który jest odziany w atrybuty (gunabhrit).

840. On jest Nim, który przekracza atrybuty (nirgunah).

841. On jest Nim, który jest Tym Najwyższym (mahan).

842. On jest Nim, który jest nieuchwytny (adhritah).

843. On jest Nim, który manifestuje się, aby stać się uchwytny dla swoich wielbicieli (svadhritah).

844. On jest Nim o doskonałej twarzy (svasyah).

845. On jest Nim, którego potomkami są ludzie z zachodnich regionów (lub: jest Nim, który jest najstarszy) (prag vanshah).

846. On jest Nim, który stwarza świat z pięciu pierwotnych elementów (vansha vardhanah).

847. On jest Nim, który w formie Ananty utrzymuje w swych splotach wielki ciężar ziemi (bhara bhrit).

848. On jest Nim, o którym mówią *Wedy* (kathitah).

849. On jest Nim, który jest oddany jodze (yogi).

850. On jest Nim, który jest Panem joginów (yogishah).

851. On jest Nim, który spełnia wszystkie życzenia (sarva kamadah).

852. On jest Nim, który zapewnia azyl wszystkim tym, którzy go szukają (ashramah).

853. On jest Nim, który skłania joginów do wznowienia praktyki jogi po ich powrocie z nieba na ziemię (shramanah).

854. On jest Nim, który obdarza joginów siłą nawet wtedy, gdy wyczerpali swoje zasługi (kshamah).

855. On jest Nim, który jest drzewem świata i ma wielkie liście będące *Wedami* (suparno).

856. On jest Nim, który powoduje wianie wiatrów (vayu vahanah).

857. On jest Nim, który w formie Ramy jest uzbrojony w łuk (dhanurdharah).

858. On jest Nim, który zna naukę o broni (dhanurvedah).

859. On jest Nim, który jest berłem sprawiedliwości (dandah).

860. On jest Nim, który wymierza karę (damayita).

861. On jest Nim, który wykonuje wszystkie wyroki (damah).

862. On jest Nim, którego nikt nigdy nie pokonał (aparajitah).

863. On jest Nim, który jest kompetentny we wszystkich działaniach (sarvasah).

864. On jest Nim, który przydziela wszystkim właściwe obowiązki (aniyanta).

865. On jest Nim, który nie ma nad sobą nikogo, kto nakłania go do pracy (aniyamah).

866. On jest Nim, który nie podlega władzy boga umarłych Jamy (ayamah).

867. On jest Nim, który jest obdarzony heroizmem i męstwem (sattvavan).

868. On jest Nim, którego atrybutem jest *sattwa* (jasność-dobro) (sattvikah).

869. On jest Nim, który jest tożsamy z Prawdą (satyah).

870. On jest Nim, który jest oddany Prawdzie i prawości (satya dharma parayanah).

871. On jest Nim, którego poszukują ci, którzy pragną zdobyć Wyzwolenie (lub: jest Nim, w którym podczas uniwersalnego rozpadu chowa się cały wszechświat) (abhiprayah).

872. On jest Nim, który zasługuje na wszystkie dary od swoich wielbicieli (priyarhah).

873. On jest Nim, który zasługuje na wielbienie Go hymnami, kwiatami i innymi sposobami oddawania czci (arhah).

874. On jest Nim, który przynosi wszystkim dobro (priya krit).

875. On jest Nim, który przynosi wszystkim radość (priti vardhanah).

876. On jest Nim, którego ślad prowadzi przez firmament (vihayasagatih).

877. On jest Nim, który płonie swoją własną jasnością (jyotih).

878. On jest Nim, który jest obdarzony wielkim pięknem (su ruchih).

879. On jest Nim, który spożywa dary wlewane do ofiarnego ognia (huta bhuk).

880. On jest Nim, który mieszka wszędzie i jest obdarzony najwyższą mocą (vibhuh).

881. On jest Nim, który w formie słońca wypija z ziemi całą wilgoć (ravih).

882. On jest Nim, który ma różne pragnienia (virochanah).

883. On jest Nim, który tworzy wszystkie przedmioty (suryah).

884. On jest Nim, który jest rodzicem wszechświata (savita).

885. On jest Nim, który ma słońce za swe oko (ravi lochanah).

886. On jest Nim, który jest nieskończony (anantah).

887. On jest Nim, który przyjmuje wszystkie ofiary (hutbhuk).

888. On jest Nim, który czerpie przyjemność z *Prakriti* w formie umysłu (bhokta).

889. On jest Nim, który jest dawcą szczęścia (sukhadah).

890. On jest Nim, który z myślą o ochronie prawości i ludzi prawych wielokrotnie rodzi się na ziemi (naikajah).

891. On jest Nim, który jest pierworodnym wśród wszystkich istniejących rzeczy (agra jah).

892. On jest Nim, który mając spełnione wszystkie swoje życzenia, przekracza rozpacz (anirvinnah).

893. On jest Nim, który wybacza ludziom prawym, gdy błądzą (sada marshi).

894. On jest Nim, który jest fundamentem, na którym opiera się wszechświat (loka adhishthanam).

895. On jest Nim, który jest najwspanialszy (adbhutah).

896. On jest Nim, który istniał od początku Czasu (sanat).

897. On jest Nim, który istniał przed narodzinami dziadka wszechświata Brahmy i wszystkich innych (sanatanatamah).

898. On jest Nim o śniadej karnacj (lub: jest Nim, który oświetla wszystkie istniejące przedmioty swoimi promieniami (kapilah).

899. On jest Nim, który przybiera formę wielkiego dzika (kapih).

900. On jest Nim, który istnieje nawet po rozpadzie wszystkich przedmiotów (avyayah).

901. On jest Nim, który jest dawcą wszelkich błogosławieństw (svasti dah).

902. On jest Nim, który stworzył błogosławieństwa (svasti krit).

903. On jest Nim, który jest rozpoznawany we wszystkich błogosławieństwach (svasti).

904. On jest Nim, który cieszy się błogosławieństwami (svasti bhuk).

905. On jest Nim, który jest zdolny do obsypywania wszystkich błogosławieństwami (svasti dakshinah).

906. On jest Nim, w którym nie ma gniewu (araudrah).

907. On jest Nim, który w formie Śeszy leży w bezruchu w swych zwojach (lub: jest Nim z uszami ozdobionymi kolczykami) (kundali).

908. On jest Nim, który jest uzbrojony w dysk (chakri).

909. On jest Nim, który jest obdarzony męstwem (vikrami).

910. On jest Nim, który sprawuje swoją władzę poprzez *śruti* i *smriti* (urjita shasanah).

911. On jest Nim, którego nie można opisać przy pomocy słów (shabdatigah).

912. On jest Nim, którego *wedanta* próbuje opisać za pomocą mowy (shabdasahah).

913. On jest Nim, który tak jak rosa przynosi ulgę tym, którzy są dotknięci przez trzy rodzaje smutku (shishirah).

914. On jest Nim, który zamieszkuje we wszystkich ciałach obdarzony zdolnością rozpraszania ciemności (sharvari karah).

915. On jest Nim, w którym nie ma okrucieństwa (akrurah).

916. On jest Nim, który jest zdolny do wykonania wszystkich czynów w myśli, mowie i uczynku (peshalah).

917. On jest Nim, który potrafi wykonać wszystkie działania w najkrótszym czasie (dakshah).

918. On jest Nim, który niszczy niegodziwców (dakshinah).

919. On jest Nim, który jest zajmuje pierwsze miejsce wśród wybaczających (kshaminam varah).

920. On jest Nim, który zajmuje pierwsze miejsce wśród osób obdarzonych wiedzą (vidvattamah).

921. On jest Nim, którzy przekracza wszelki lęk (vitabhayah).

922. On jest Nim, którego imiona, słuchane lub recytowane, prowadzą osobę do prawości (punya shravana kirtanah).

923. On jest Nim, który ratuje ludzi prawych ze wzburzonego oceanu tego świata (uttaranoah).
924. On jest Nim, który niszczy niegodziwców (dushkritiha).
925. On jest Nim, który jest prawością (punyah).
926. On jest Nim, który uwalnia od złych snów (duhsvapna nashanah).
927. On jest Nim, który niszczy wszystkie grzeszne drogi, prowadząc swoich wielbicieli ku Wyzwoleniu (viraha).
928. On jest Nim, który ochrania wszechświat przebywając w atrybucie *sattwy* (rakshanah).
929. On jest Nim, który kroczy drogą dobra (santah).
930. On jest Nim, który jest życiem (jivanah).
931. On jest Nim, który istnieje, przykrywając sobą cały wszechświat (paryavasthitah).
932. On jest Nim o nieskończonej ilości form (anantarupah).
933. On jest Nim, który jest obdarzony bezgraniczną pomyślnością (anantashrih).
934. On jest Nim, który opanował gniew (jitamanyuh).
935. On jest Nim, który niszczy lęk ludzi prawych (bhayapahah).
936. On jest Nim, który przydziela owoce zdolnym do uczuć istotom według ich myśli i działań (chaturashrah).
937. On jest Nim, który jest bezgraniczną duszą (gabhiratma).
938. On jest Nim, który przydziela każdemu te owoce, na które zasłużył swoimi czynami (vidishah).
939. On jest Nim, który ustanawia różne nakazy dla bogów i ludzi (vyadishah).
940. On jest Nim, który łączy właściwy owoc z każdym działaniem (dishah).
941. On jest Nim, który nie ma początku (anadih).
942. On jest Nim, który jest naczyniem zarówno dla wszystkich przyczyn, jak i dla ziemi.
943. On jest Nim, który ma boginię pomyślności zawsze po swojej stronie (lakshmih).
944. On jest Nim, który wśród herosów zajmuje pierwsze miejsce (suvirah).
945. On, jest Nim, który zdobi ramiona pięknymi naramiennikami (ruchirangadah).

946. On jest Nim, który stwarza wszystkie żywe istoty (jananah).

947. On jest Nim, który jest oryginalną przyczyną narodzin wszystkich stworzeń (janajanmadih).

948. On jest Nim, który budzi przerażenie we wszystkich niegodziwych asurach (bhimah).

949. On jest Nim, który jest obdarzony wielką walecznością (bhima parakramah).

950. On jest Nim, który jest naczyniem i miejscem zamieszkiwania dla pięciu pierwotnych elementów (adharanilayah).

951. On jest Nim, który połyka wszystkie żywe istoty podczas uniwersalnego rozpadu wszechświata (adhata).

952. On jest Nim, którego uśmiech jest równie przyjemny jak widok kwiatów (lub: jest Nim, którego uśmiech jest jak kwiaty) (pushpahasah).

953. On jest Nim, który jest zawsze obudzony (prajagarah).

954. On jest Nim, który stoi na czele wszystkich żywych istot (urdhvagah).

955. On jest Nim, na którego postępowanie składają się te działania, które wykonują osoby prawe (satpathacharah).

956. On jest Nim, który przywraca zmarłych do życia, jak to się stało w przypadku Parikszita i innych (pranadah).

957. On jest Nim, który jest pierwotną sylabą OM (pranavah).

958. On jest Nim, który zarządził wszystkie prawe działania (panah).

959. On jest Nim, który ujawnia prawdę o Najwyższej Duszy (pramanam).

960. On jest Nim, który jest miejscem zamieszkania dla życiowych oddechów i zmysłów (prananilayah).

961. On jest Nim, który jest jedzeniem, które utrzymuje przy życiu żywe istoty (prana bhrit).

962. On jest Nim, który powoduje, że wszystkie żywe istoty żyją za pomocą życiowego oddechu *prana* (prana jivanah).

963. On jest Nim, który stanowi główny przedmiot każdego systemu filozofii (tattvam).

964. On jest Nim, który ma pełną wiedzę o tym, co rzeczywiste, czyli o pierwotnej i zasadniczej naturze Jaźni, która jest Jego boską naturą (tattvavid).

965. On jest Nim, który jest jedyną Jaźnią wszechświata (ekatma).

966. On jest Nim, który przekracza narodziny, zgrzybiałość i śmierć (janma mrityu jara atigah).

967. On jest Nim, który ratuje wszechświat przy pomocy świętych sylab BHUH, BHUVAH, SWAH i innych wypowiadanych podczas rytu lania do ognia oczyszczonego masła (bhur bhuvah svas taruh).

968. On jest Nim, który jest Wielkim Wybawcą (tarah).

969. On jest Nim, który jest Panem wszystkiego (savita).

970. On jest Nim, który jest Panem nawet dziadka wszechświata Brahmy (pra pitamahah).

971. On jest Nim, który ma formę rytualnej ofiary (yagnah).

972. On jest Nim, który jest Panem wszystkich ofiar, będąc tym wielkim bogiem, który jest w nich czczony (yagna patih).

973. On jest Nim, który jest ofiarnikiem (yajva).

974. On jest Nim, który ma ofiary za swoje kończyny (yagnangah).

975. On jest Nim, który jest fundamentem wszystkich ofiar (yagna vahanah).

976. On jest Nim, który ochrania ofiary (yagna bhrit).

977. On jest Nim, który stworzył ofiary (yagnakrit).

978. On jest Nim, który zajmuje pierwsze miejsce wśród wykonawców ofiar (yagni).

979. On jest Nim, który cieszy się nagrodami wszystkich ofiar (yagnabhuk).

980. On jest Nim, który powoduje spełnienie się wszystkich ofiar (yagna sadhanah).

981. On jest Nim, który spełnia wszystkie ofiary, akceptując libację na ich zakończenie (yagnantakrit).

982. On jest Nim, który jest tożsamy z ofiarami, które są wykonywane bez pragnienia owocu (yagna guhyam).

983. On jest Nim, który jest jedzeniem utrzymującym przy życiu wszystkie żywe istoty (annam).

984. On jest również Nim, który je to jedzenie (annadah).

985. On jest Nim, który sam jest przyczyną swojego istnienia (atma yonih).

986. On jest Nim, który jest samorodny (svayam jatah).

987. On jest Nim, który przenika nieprzenikalną ziemię i udaje się do podziemi, aby zabić asurę Hiranjakszę i innych (vai khanah).

988. On jest Nim, który nuci *samany* (sama gayanah).

989. On jest Nim, który jest radością dla swej matki Dewaki (devaki nandanah).

990. On jest Nim, który jest Stwórcą wszystkiego (srashta).

991. On jest Nim, który jest Panem ziemi (kshitishah).

992. On jest Nim, który jest niszczycielem grzechów swoich wielbicieli (srashta).

993. On jest Nim, który trzyma w dłoni konchę Pańcadżanja (sankha bhrit).

994. On jest Nim, który nosi miecz wiedzy i iluzji (nandaki).

995. On jest Nim, który powoduje, że koło jug się obraca (chakri).

996. On jest Nim, który odziewa się w ego-świadomość i zmysły (sharnga dhanva).

997. On jest Nim, który jest obdarzony buławą najpełniejszego rozumienia (gadaa dharah).

998. On jest Nim, który ma koło rydwanu (dysk) za swoją broń (rathanga panir).

999. On jest Nim, którego nie można zmienić (akshobhyah).

1000. On jest Nim, który jest uzbrojony we wszystkie rodzaje broni (sarva praharanayudhah)".

3. Bhiszma kończy recytację i skłania Pandawów do czczenia Wisznu przez recytację jego imion

Bhiszma, kończąc swoją recytację, rzekł: „O Judhiszthira, wyrecytowałem przed tobą wszystkie tysiąc imion Wisznu, którego chwałę należy zawsze głosić. Ten, kto słucha tych imion każdego dnia lub sam je recytuje, nie doświadczy żadnego zła zarówno za życia, jak i po śmierci, i uwolni się od lęku przed ponownymi narodzinami, zgrzybiałością, chorobą i śmiercią. Ten, kto z oddaniem i wiarą recytuje ten hymn ku czci Wasudewy, zdobędzie szczęście duszy, zdolność do wybaczania, pomyślność, inteligencję, pamięć i sławę. Wszyscy ci prawi ludzie, którzy są oddani temu pierwszemu z wszystkich istnień, uwolnią się od gniewu, zazdrości, zachłanności i niegodziwego rozumienia.

Cały firmament ze słońcem, księżycem, gwiazdami, nieboskłonem i wszystkimi kierunkami jest wspierany i utrzymywany na miejscu dzięki waleczności potężnego Wasudewy. Cały ruchomy i nieruchomy wszechświat razem z bogami, asurami, gandharwami, jakszami i rakszasami jest we władzy Kryszny. Zmysły, umysł, rozumienie, życie, energia, siła i pamięć mają Wasudewę za swoją duszę. Zaiste, ciało nazywane polem (*kszetra*) i zamieszkująca je inteligentna dusza, zwana znawcą pola (*kszetra-dżina*), mają również za swoją duszę Wasudewę. O religijnej praktyce mówi się, że należy do najważniejszych tematów, o których mowa w pismach. Bazą prawości jest religijna praktyka. O wiecznym Wasudewie mówi się, że jest Panem prawości. Riszi, Ojcowie, bogowie, pięć pierwotnych elementów, metale, cały ruchomy i nieruchomy wszechświat wypływa z Narajany. Joga, *sankhja*, wiedza, technika, *Wedy* i inne pisma oraz całe uczenie się wypływają z Dżanarddany (Kryszny).

Wisznu jest jednym wielkim elementem lub substancją, która rozłożyła się na wielorakie formy. On, dusza wszystkich rzeczy, przykrywając sobą wszystkie trzy światy, cieszy się nimi wszystkimi. Jego chwała nie zna granic. On jest Nim, który cieszy się całym wszechświatem, będąc jego najwyższym Panem. Hymn, który przed tobą wyrecytowałem, skomponowany przez Wjasę, głosi chwałę Wisznu i powinien być recytowany zarówno przez tego, kto szuka szczęścia, jak i tego, kto dąży do najwyższego celu, którym jest Wyzwolenie. Ci, którzy czczą i wielbią tego Pana wszechświata o oczach równie pięknych jak płatki lotosu, tego Boga o wielkiej świetlistości, który jest nienarodzony, niezniszczalny i który jest przyczyną wszechświata, nigdy nie poniosą klęski".

Napisane na podstawie fragmentów *Mahābharāta*,
Anusasana Parva, Part 2, Section CXLIX oraz
http://www.hinduism.co.za/vishnu.htm.

Opowieść 240
O mantrze zarządzonej przez Sawitri

1. Judhiszthira pyta o znaczenie mantry Sawitri; 2. O imionach bogów; 3. O imionach riszich; 4. O imionach królów; 5. O imionach *sankhji*, jogi, oczyszczonego masła i *Brahmana*; 6. O nagrodach, które płyną z recytowania świętych imion; 7. O identyczności mantry Sawitri z *Brahmanem*.

> Medytujemy nad wielkością tego Bycia, które stworzyło ten wszechświat, niech oświeci nasze umysły (*Om bhur bhuvah suvah tat savitur vareṇyaṃ bhargo devasya dhimahi dhiyo yo naḥ pracodayāt*)[3]
>
> (Mantra Sawitri, zwana również Gajatri
> https://www.youtube.com/watch?v=zxa7Z6NCgqg)

1. Judhiszthira pyta o znaczenie mantry Sawitri

Judhiszthira rzekł: „O Bhiszma, ty sam zdobyłeś wielką mądrość i poznałeś wszystkie gałęzie nauk. Poucz nas, jaki jest przedmiot tej bezgłośnej recytacji, dzięki której zdobywa się wielkie zasługi prawości, jeżeli praktykuje się ją codziennie? Czym jest ta mantra, która przynosi sukces, jeżeli recytuje się ją przed rozpoczęciem podróży, przed wejściem do nowego budynku, przed rozpoczęciem wykonania jakiegoś zadania lub przy okazji ofiar ku czci bogów i Ojców. Czym jest ta mantra, która będąc zgodna z *Wedami*, równocześnie kontroluje wszelkie złe wpływy, przynosi pomyślność, wzrost, zniszczenie wrogów, ochrania przed złem i rozprasza lęki".

Bhiszma rzekł: „O Judhiszthira, posłuchaj ze skupioną uwagą o tym, czym jest ta mantra, która została zarządzona przez Sawitri, ogłoszona przez Wjasę i ma moc natychmiastowego oczyszczania z wszystkich grzechów. Posłuchaj o rozporządzeniach dotyczących tej mantry. Już samo słuchanie o nich oczyszcza z grzechów. Ten, kto recytuje tę mantrę dniem i nocą, nigdy nie zabrudzi się żadnym

---

[3] Ralph T. H. Griffith proponuje bardziej dosłowne tłumaczenie tej mantry: „Niech uda nam się dotrzeć do wspaniałości tego boga Sawitar, aby mógł ożywiać nasze modlitwy", wskazując, że w swej treści jest sławieniem bogini Sawitri, matki *Wed* (lub wedyjskiego słonecznego boga Sawitar) i prośbą o wspomaganie w modlitwie. W swej strukturze symbolizuje dwadzieścia cztery elementy, z których zbudowany jest wszechświat i zamieszkujące go żywe istoty.

grzechem. Posłuchaj, czym jest ta mantra. Ten, kto o tym słucha, zdobywa długie życie, realizuje wszystkie swoje pragnienia i cieszy się szczęściem za życia i po śmierci. Mantrę tę recytowali najwięksi królewscy mędrcy oddani realizowaniu obowiązków wojownika i spełnianiu przysięgi oddania Prawdzie. Zaiste, ci królowie, którzy ze spokojną duszą i kontrolując swe zmysły, recytowali tę mantrę każdego dnia, zdobyli wielką pomyślność".

2. O imionach bogów

Bhiszma kontynuował:

„O Judhiszthira, kłaniam się mędrcowi Wasiszcie, temu oceanowi *Wed*, który realizował surowe przysięgi po oddaniu najpierw honorów Paraśarze. Kłaniam się wielkiemu wężowi Anancie i wszystkim tym, którzy zdobyli sukces i niegasnącą chwałę. Kłaniam się riszim i Jemu, który jest najwyżej, temu Bogowi bogów obdarowującemu tych, którzy wśród osób prawych zajmują pierwsze miejsce. Kłaniam się Jemu o tysiącu głów i tysiącu imion, który jest najbardziej łaskawy, kłaniam się Krysznie.

Wyrecytuję najpierw przed tobą imiona trzydziestu trzech bogów.

Adża, Ekapada, Ahiwradhna, niepokonany Pinakin, Rita, Pitrirupa, trójoki Maheśwara, Wriszakapi, Sambhu, Hawana oraz Iśwara—to imiona jedenastu Rudrów, którzy są Panami światów. O tych jedenastu Rudrach mówi się w *Wedach* jako o setce Rudrów.

Angsa, Bhaga, Mitra, Waruna, Dhatri, Arjaman, Dżajanta, Bhaskara, Twastar (Twasztri), Puszana, Indra i Wisznu—to imiona dwunastu Aditjów, synów Kaśjapy i Aditi, jak to deklarują *śruti*.

Dhara, Dhruwa, Soma, Sawittra, Anila, Anala, Pratjusa, Prabhasa—to imiona ośmiu bogów Wasu wspominane w pismach.

Nasatja and Dasra—to imiona bliźniaków Aświnów. Są synami Martandy (Surji), wychodząc z nozdrzy jego żony Samdżany.

Posłuchaj teraz imion tych, którzy są świadkami wszystkich działań wykonywanych we wszechświecie i odnotowują wszystkie ofiary, dary i dobre uczynki. Ci Panowie wśród niebian widzą wszystko, będąc sami niewidzialni. Zaiste, widzą zarówno wszystkie dobre, jak i złe uczynki wszystkich żywych istot. Są to: Mritju, Kala, Wiświadewy, Ojcowie odziani w formę, wielcy riszi obdarzeni bogactwem umartwień, *muni* i inni, którzy oddani umartwieniom i Wyzwoleniu zdobyli duchowy sukces. Oni o słodkim uśmiechu obdarowują szczodrze ludzi, którzy recytują ich imiona. Zaiste, obdarzeni niebiańską energią obdarowują różnymi regionami szczęśliwości, stworzonymi dla takich ludzi przez Brahmę. Zamieszkują we wszystkich trzech światach i z uwagą odnotowują wszystkie czyny.

Ten, kto recytuje imiona tych Panów wszystkich żywych istot, zdobywa prawość, bogactwo i radość, a po śmierci zdobywa różne szczęśliwe regiony stworzone przez Pana wszechświata. Ten, kto pragnie uwolnić się od grzechów, powinien więc, kontrolując swe zmysły, recytować imiona wymienionych wyżej trzydziestu trzech bogów, którzy są Panami wszystkich żywych istot, jak i również imię byka Nandi o ogromnym ciele, jak i Jego, który ma byka na swoim proporcu, imiona tych Panów wszystkich światów, który są towarzyszami Ganeszy, imiona Saumjów, Rudrów, joginów, elementów (*bhuta*), ciał niebieskich, rzek, nieboskłonu, króla ptaków Garudy, wszystkich tych mieszkańców ziemi, którzy zdobyli sukces swymi umartwieniami, góry Himawat i wszystkich innych gór, czterech oceanów, wszystkich towarzyszy Śiwy o równej mu mocy, sławnego i zawsze zwycięskiego Wisznu oraz Skandy i Ambiki".

3. O imionach riszich

Bhiszma kontynuował: „O Judhiszthira, posłuchaj teraz imion tych riszich, którzy wśród riszich zajmują pierwsze miejsce i są nazywani Manawami (Ojcami rodu ludzkiego).

Jawakrita, Raibhja, Arwawasu, Parawasu, Auszidża, Wala (syn Angirasa), Kaksziwat, Kanwa (syn Madhatithi) i Wariszada są obdarzeni energią Brahmy i w pismach mówi się o nich jako o stwórcach wszechświata. Wypłynęli z Rudry i Anali (ogień) oraz innych Wasu. Ten, kto recytuje ich imiona ze skupioną uwagą, zdobywa region Indry, gdzie cieszy się oddawanymi im honorami Wymienieni riszi są kapłanami Indry i zamieszkują wschodnią ćwiartkę nieba.

Unmuczu, Pramuczu, Swastjatreja o wielkiej energii, Dridhawja, Urdhawahu, Trinasoma Angiras i Agastja (syn Mitra-Waruny)—wymienieni riszi, których jest siedmiu, są kapłanami króla umarłych Jamy i zamieszkują południową ćwiartkę nieba.

Dridheju, Riteju, Pariwjadha o wielkiej sławie, Ekata, Dwita i Trita o splendorze równym słońcu oraz Saraswata o prawej duszy (syn Atri)—ci riszi, których jest siedmiu, są kapłanami Waruny i zamieszkują zachodnią ćwiartkę nieba.

Atri, Wasiszta, Gautama, Bharadwadża, Wiśwamitra (syn Kauśiki, gniewny Dżamadagni (syn Ricziki) o wielkiej energii— tych siedmiu riszich pełni rolę kapłanów Kubery i zamieszkuje północną ćwiartkę nieba.

Dharma, Kama, Kala, Wasu, Wasuki, Ananta i Kapila—tych siedmiu riszich zamieszkuje wszystkie cztery kierunki przestrzeni, nie preferując żadnego z nich. Dostarczają oparcia światu i są tymi, którzy przynoszą ludziom zarówno sławę, jak i wszystko, co jest korzystne i mówi się o nich jako o stwórcach świata.

Wszyscy wyżej wymienieni należą do tych wielkich riszich, którzy są podzieleni na siedem grup po siedmiu w każdej grupie. Są oni stwórcami pokoju i dobra, którymi cieszą się ludzie. Mówi się o nich, że zarządzają poszczególnymi kierunkami przestrzeni. Jeżeli ktoś pragnie oddać któremuś z nich cześć, powinien stanąć z twarzą skierowaną ku regionowi, gdzie on mieszka. Riszi ci są stwórcami wszystkich żywych istot i są widziani jako czyściciele wszystkich.

Paraśurama, Wjasa, Aśwatthaman (syn Drony)—to inni riszi, którzy zajmują wśród mędrców pierwsze miejsce.

Samwarta, Merusawarna, Markandeja, Sanhkja, Joga, Narada i Durwasas słyną z surowych umartwień i samo-kontroli i są czczeni we wszystkich trzech światach.

Istnieją inni riszi równi samemu Rudrze, którzy zamieszkują w regionie Brahmy. Bezdzietny mężczyzna dzięki recytowaniu z czcią ich imion zdobywa syna, a biedak bogactwo. Zaiste, dzięki recytowaniu ich imion zdobywa się sukces w realizowaniu trzech życiowych celów, którymi są Prawo, Bogactwo i Przyjemność".

4. O imionach królów

Bhiszma kontynuował: „O Judhiszthira, należy również pamiętać o imieniu tego słynnego króla Prithu (syna Weny), który jest równy Pradżapatiemu i był pierwszym Panem całej ziemi, która stała się jego córką.

Należy również recytować imię Pururawasa ze słonecznego rodu, który swoją mocą dorównywał Indrze. Miał on syna o imieniu Ila, który jest wychwalany we wszystkich trzech światach.

Należy również recytować imię słynnego w trzech światach króla Bharaty, jak i króla Rantidewy o wielkim splendorze, który był równy Mahadewie i który podczas *kritajugi* czcił bogów wielką ofiarą *gomedha*. Obdarzony bogactwem umartwień, jak i wszystkimi pomyślnymi znakami, podbił cały wszechświat, będąc dla świata źródłem wszelkiego rodzaju korzyści.

Należy również recytować imię królewskiego mędrca Świety o wielkiej sławie. Zadowolił on Śiwę, który mając na uwadze jego dobro, zabił asurę Andhakę.

Należy również wychwalać imię królewskiego mędrca Bhagirathy o wielkiej sławie, który dzięki łasce Śiwy sprowadził z nieba na ziemię świętą rzekę Ganges w celu oczyszczania ludzi z grzechów. To on spowodował, że prochy sześćdziesięciu tysięcy synów króla Sagary, spalonych przez mędrca Kapilę, zostały oblane wodami Gangesu i oczyszczone z grzechów.

Należy zawsze recytować imiona tych, którzy są obdarzeni świetlistością płonącego ognia, szczególnym pięknem formy i wysoką energią. Moc i forma niektórych z nich budzi zarówno podziw, jak i trwogę. Zaiste, należy recytować imiona bogów, riszich i królów, tych Panów wszechświata, będących tymi, którzy potęgują wspaniałość i blask".

5. O imionach *sankhji*, jogi, oczyszczonego masła i *Brahmana*

Bhiszma kontynuował: „O Judhiszthira, zostało stwierdzone, że *sankhja* i joga, które są najwyższe z tego, co wysokie, *hawia* i *kawia* (oczyszczone masło), jak i Najwyższy *Brahman*, który jest obrońcą wszystkich *śruti*, zostali zadeklarowani jako najwyższe źródła dobra dla wszystkich żywych istot. Są święci, oczyszczają z grzechów i mówi się o nich z wielką czcią. Są najlepszym lekarstwem na wszystkie choroby i są tym, co powoduje sukces, jeśli chodzi o uczynki.

Kontrolując zmysły, należy o poranku i wieczorem recytować ich imiona. Oni są tymi, którzy dostarczają ochrony, przynoszą deszcz, rozświetlają przestrzeń, dają światło i ciepło, wieją wiatrem i stwarzają wszystkie przedmioty. Są uważni za zajmujących wśród wszystkiego pierwsze miejsce, za liderów całego wszechświata, za całkowitych Panów swych zmysłów, za zdolnych zarówno do osiągnięcia wszystkiego, jak i do wybaczania. Zaiste, mówi się, że oni rozpraszają całe zło, na które wszystkie istoty ludzkie są narażone. Są świadkami wszystkich złych i dobrych uczynków".

6. O nagrodach, które płyną z recytowania świętych imion

Bhiszma kontynuował: „O Judhiszthira, należy recytować wszystkie te święte imiona, wstając o poranku, gdyż w ten sposób zapewnia się sobie zdobycie tego wszystkiego, co dobre. Ten, kto recytuje te imiona, uwalnia się od lęku przed ogniem i złodziejami. Idzie drogą, której nie blokują żadne przeszkody. Dzięki recytowaniu imion tych wielkich dusz uwalnia się od złych snów i będąc wolny od wszystkich grzechów, rodzi się ponownie w pomyślnej rodzinie.

Ta duchowo odrodzona osoba, która kontrolując swe zmysły, recytuje te imiona przy okazji wykonywania inicjacyjnych rytów, jak i innych religijnych obowiązków, w konsekwencji nabywa prawość, skłonność do studiowaniu duszy, zdolność do wybaczania, samodyscyplinę i uwalnia się od złej woli. Recytowanie ich przez osobę chorą uwalnia ją od choroby. Recytowanie ich wewnątrz domu uwalnia jego mieszkańców od zła. Recytowanie ich na polu powoduje wzrost wszystkich zbóż. Recytowanie ich przed podróżą lub podczas przebywania poza domem przynosi dobry los. Dzięki recytowaniu tych imion osoba ochrania zarówno samą siebie, jak i swoje potomstwo, małżonka, bogactwo, nasiona i zboża. Wojownik, który recytuje te imiona przystępując do bitwy, pokonuje wrogów i przynosi zwycięstwo swojej stronie. Ten, kto recytuje te imiona ku czci bogów i Ojców podczas wykonywania rytów ku ich czci, pomaga im w spożyciu oczyszczonego masła. Ten, kto recytuje te imiona, staje się wolny od lęku przed chorobą, jak i przed atakiem drapieżników, słoni i złodziei. Jego bagaż lęku staje się lżejszy i staje się wolny od każdego grzechu.

Dzięki recytowanie tych wspaniałych mantr Sawitri na pokładzie statku, w rydwanie lub na królewskim dworze osoba zdobywa sukces. Tam, gdzie recytuje się te mantry, ogień nie spali drewna, dzieci przedwcześnie nie umrą i nie zamieszkają tam węże. Zaiste, w takim miejscu nie ma powodu do lęku przed niesprawiedliwą królewską karą, rakszasami i pisakami. Człowiek, który recytuje te mantry uwalnia się od lęku przed ogniem, wichurą, powodzią czy też drapieżnikami".

7. O identyczności mantry Sawitri z *Brahmanem*

Bhiszma kontynuował: „O Judhiszthira, mantry Sawitri właściwie recytowane przyczyniają się do pokoju i pomyślności wszystkich czterech kast. Ci ludzie, którzy recytują je z oddaniem uwalniają się od smutku i realizują ostatecznie wysoki cel. Takie nagrody zdobywają ci, którzy recytują mantry Sawitri będące są formą *Brahmana*. Człowiek, który recytuje te mantry wśród krów, będzie miał krowy płodne. Mantry te należy recytować przy każdej okazji, zarówno wtedy, gdy rozpoczyna się podróż, jak i wtedy powraca się do domu. Stanowią one wielką tajemnicę riszich i są prawdziwym skarbem dla tych, którzy je bezgłośnie recytują.

Bhiszma zakończył swe nauki, mówiąc: „O Judhiszthira, nauczałem ciebie o mantrach Sawitri, które są tożsame z wiecznym *Brahmanem*. Wyjaśniłem tobie, czym są te mantry dla ludzi, którzy praktykują bezgłośną recytację, lejąc do ognia oczyszczone masło. To, co tobie opowiedziałem jest opinią wielkiego mędrca Paraśary i zostało w odległych czasach wygłoszone przed Indrą. Powtórzyłem to tobie w pełni, przedstawiając Prawdę i wiecznego *Brahmana*. Jest to duszą wszystkich żywych istot i najwyżej stojącym *śruti*.

Wszyscy królowie wywodzący się od Somy (księżyca) i Surji (słońca) po oczyszczeniu się odpowiednimi rytami recytują te mantry każdego dnia. Są one dla ludzi najwyższym celem. W codziennej recytacji imion bogów, siedmiu riszich i Dhruwy jest ratunek i obrona przed wszelkimi kłopotami i trudnościami. Zaiste, taka recytacja szybko uwalnia od cierpienia. Czcili je starożytni mędrcy, tacy jak Kaśjapa, Gautama, Bhrigu, Angiras, Atri, Śukra, Brihaspati i inni. Mantry te z aprobatą syna mędrca Bharadwadży zostały przekazane synom Ricziki. Indra i bogowie Wasu po otrzymaniu ich od mędrca Wasiszty wygrali bitwę z asurami.

Ten człowiek, który po obdarowaniu jakiegoś godnego daru bramina setką krów z rogami pokrytymi złotem recytuje historię Bharaty każdego dnia w swoim domu, zdobywa wielkie zasługi. Recytując imię Bhrigu, wzmacnia swoją prawość. Kłaniając się przed Wasisztą, zwiększa swoją energię. Wychwalając w swej recytacji Aświnów, uwalnia się od chorób".

Napisane na podstawie fragmentów *Mahābharāta*,
Anusasana Parva, Part 2, Section CL.

Opowieść 241
O tym, jak król Kartawirja uwolnił się od swej pychy

1. O braminach jako fundamencie, na którym opiera się świat; 2. O tym, jak król Kartawirja ulega pysze i dowodzi, że wojownik przewyższa bramina; 3. O tym, jak bóg wiatru, chcąc dowieść wyższości braminów, opowiada o ich zdolności do pokonywania bogów; 4. O wielkości Kaśjapy; 5. O wielkości Utathji z rodu Angirasa; 6. O wielkości Agastji; 7. O wielkości Wasiszty; 8. O wielkości Atriego; 9. O wielkości Cjawany; 10. O wielkości braminów, którzy pomogli bogom odzyskać niebo; 11. Król Kartawirja uwolniony od swej pychy oddaje cześć wiatrowi.

> Bhiszma rzekł: „O Judhiszthira, bramini faktycznie zasługują na cześć i na to, żeby się im kłaniać. Należy zachowywać się w stosunku do nich tak, jakby byli twoimi synami. Zaiste, to na tych ludziach o wielkiej mądrości opierają się wszystkie światy. Bramini są wielkimi groblami, które utrzymują prawość we wszystkich światach. Ich szczęściem jest wyrzeczenie się wszystkiego rodzaju bogactwa i powściągliwa mowa. Odnoszą się przyjaźnie do wszystkich żywych istot i czynią różne surowe śluby. Są azylem dla wszystkich żywych istot we wszechświecie. ... Bramina należy czcić zawsze, nawet wtedy gdy jego czyny są niegodziwe. Bramin jest zawsze najwyższym bóstwem!"

(*Mahābhārāta*, Anusasana Parva, Part 2, Section CLI)

1. O braminach jako fundamencie, na którym opiera się świat

Judhiszthira rzekł: „O Bhiszma, powiedz nam, kto zasługuje na najwyższą cześć? Komu powinniśmy się kłaniać? Jak należy zachowywać się w stosunku do różnych osób, aby nie przynosić nikomu cierpienia?"

Bhiszma rzekł: „O Judhiszthira, kłaniaj się zawsze braminom. Poniżanie ich powoduje cierpienie bogów, a ten, kto im się kłania, nie obciąża się żadną winą. Bramini faktycznie zasługują na cześć i na to, żeby się im kłaniać. Należy zachowywać się w stosunku do nich tak, jakby byli twoimi synami. Zaiste, to na tych ludziach o wielkiej mądrości opierają się wszystkie światy. Bramini są wielkimi groblami, które utrzymują prawość we wszystkich światach. Ich szczęściem jest wyrzeczenie się wszystkiego rodzaju bogactwa i powściągliwa mowa. Odnoszą się przyjaźnie do wszystkich żywych istot i czynią różne surowe śluby. Są azylem dla wszystkich żywych istot we wszechświecie. To oni są autorami wszystkich reguł, które rządzą światami. Ich bogactwem są umartwienia, a ich siłą słowa. Ich energia płynie z realizowanych przez nich obowiązków. Są tymi, którzy mają najbardziej subtelną wizję i są zdolni do najbardziej subtelnych rozważań. Pragną prawości, mają swoją bazę w prawości i są groblami dla prawości. Wszystkie cztery rodzaje żywych istot, które istnieją na ziemi (tj. żyworodne, jajorodne, rośliny i istoty urodzone z brudu), mają w braminach swoich obrońców. To oni wskazują ścieżkę, którą powinny podążać. Są przewodnikami dla wszystkich i wieczną podporą wszystkich rytów ofiarnych. Dźwigają na swych ramionach ciężar Ojców, dziadków, nauczycieli i nawet na trudnej drodze nie uginają się nigdy pod tym ciężarem. To oni stoją na straży wszystkich wymagań dotyczących Ojców, bogów i gości. Im należy się pierwsza porcja oczyszczonego masła, gdyż już przez samo jedzenie go ochraniają światy przed wielkim lękiem.

Bramini są lampami oświetlającymi wszystkie światy. Są oczami nawet dla tych, którzy mają oczy. Mają wgląd we wszystkie gałęzie wiedzy, znanej pod nazwami *śruti* i *siksza* (instrukcje). Są obdarzeni wielkimi umiejętnościami i znają najbardziej subtelne związki między rzeczami. Znają też kres wszystkich rzeczy i ich myśli są zawsze skupione na nauce o duszy. Wiedzą doskonale, jaki jest początek, środek i koniec wszystkich rzeczy, i po zdobyciu wiedzy, która jest pewna, są tymi, którzy uwolnili się od wszelkich wątpliwości. Są w pełni świadomi różnicy między tym, co jest dobre i złe. Są też tymi, którzy realizują najwyższy cel. Wolni od przywiązania i oczyszczeni z grzechów przekraczają wszystkie pary przeciwieństw i nie mają nic na własność. Prawdziwie zasługują na wszystkie honory i zawsze są czczeni przez osoby, które zdobyły wiedzę. Dla tych wielkich dusz nie ma różnicy między pastą sandałową, nieczystościami i ziemią, jak i między tym, co nadaje się i co nie nadaje się do jedzenia. Takim samym okiem patrzą również na ubranie ze skór lub z grubej tkaniny, jak i zrobione z cienkiego jedwabiu. Potrafią przez wiele dni obywać się bez jedzenia, wysuszając swoje ciała do skóry i kości. W ten sposób poświęcają się całkowicie studiowaniu *Wed*, kontrolując swe zmysły. Dzięki swej mocy potrafią uczynić bogami tych, którzy nimi nie są i pozbawić boskości tych, którzy nimi są. Rozgniewani potrafią stworzyć nowe światy i ich nowych władców. To mocą ich klątwy woda oceanu stała się słona i przestała nadawać się do picia, a ogień ich gniewu ciągle jeszcze spala Las Dandaka nieczuły na upływ Czasu".

Bhiszma kontynuował: „O Judhiszthira, bramini są Bogami bogów, Przyczyną wszystkich przyczyn i Władcami wszystkich władców. Jakiż więc mądry człowiek chciałby ich poniżać? Stoją najwyżej z racji swych umartwień i wiedzy, i czczą się nawzajem. Wśród nich wszyscy, młodzi i starzy, zasługują na cześć. Nawet ten bramin, który nie zdobył wiedzy, jest bogiem i może być narzędziem w oczyszczaniu innych, choć ten, który zdobył wiedzę, jest większym bogiem, będąc jak wypełniony po brzegi ocean. Bramin jest jednak zawsze boskością i to zarówno ten, który jest uczony, jak i ignorant. Podobnie ogień jest zawsze boskością bez względu na to, czy został uświęcony przez mantry, czy też nie. Nawet ten ogień, który płonie na terenie krematorium, pozostaje nieskażony przez miejsce, w którym płonie. Tak samo oczyszczone masło, które zawsze wygląda równie pięknie bez względu na to, czy zostało użyte w ofierze, czy też nie. Bramina więc należy czcić zawsze, nawet wtedy, gdy jego czyny są niegodziwe. Bramin jest zawsze najwyższym bóstwem!"

2. O tym, jak król Kartawirja ulega pysze i dowodzi, że wojownik przewyższa bramina

Judhiszthira rzekł: „O Bhiszma, czym jest ta pomyślność, która płynie z oddawania czci braminom? Jaka jest twoja w tej sprawie opinia? Co ciebie samego motywuje do oddawania im czci?"

Bhiszma rzekł: „O Judhiszthira, w odpowiedzi na twoje pytanie pozwól mi zacytować starożytną opowieść o rozmowie boga wiatru Pawany z królem Kartawirją Ardżuną. W tej rozmowie bóg wiatru wyjaśnił królowi naturę braminów i ich moc.

W starożytnych czasach żył na ziemi potężny król Kartawirja Ardżuna o tysiącu ramion i wielkiej urodzie, który zdobył władzę nad całym światem. Ten władca Haihajów był synem króla o imieniu Kritawirja. Stolicą jego kraju było miasto Mahiszmati. Król Kartawirja rządził całą ziemią z jej pasem mórz, wyspami, kopalniami złota i szlachetnych kamieni. Król ten, który stawiał na pierwszym miejscu obowiązki wyznaczone dla wojowników, był pokorny, czcił braminów i znał nauki *Wed*. Wśród braminów szczególną czcią darzył mędrca Dattatreję, którego obdarował całym swoim bogactwem. Zadowolony z niego wielki asceta obiecał mu spełnienie jego trzech próśb. Król Kartawirja rzekł: 'O wielki asceto realizujący surowe śluby, obdaruj mnie tysiącem ramion, które pojawią się wówczas, gdy będę jechał na czele swej armii, gotowy do podjęcia walki. Jednakże niech mam tylko jedną zwykłą parę ramion, gdy będę przebywał w domu. Niech dzięki swej mocy odniosę sukces w podboju całej ziemi i niech po dokonaniu podboju bacznie i troskliwie nią władam. Poza wymienionymi trzema darami chciałbym prosić cię o czwarty. Okaz mi łaskę i spełnij również moje czwarte życzenie. Niech będzie tak, że zawsze wtedy, gdy zboczę na złą drogę, znajdzie się ktoś prawy, kto poprowadzi mnie we właściwym kierunku'. Asceta odpowiedział : 'O królu, niech tak się stanie!'

Wkrótce potem król ten o wielkiej świetlistości wsiadł na swój rydwan o wielkim splendorze i oślepiony swoją potęgą zawołał: 'Czy jest na ziemi ktoś, kto dorównywałby mi cierpliwością, energią, sławą, heroizmem, odwagą i siłą?' Ku swemu zdziwieniu usłyszał w odpowiedzi dochodzący z niebios głos, który faktycznie należał do bogini Gajatri: 'O nikczemny ignorancie, czyżbyś nie wiedział, że bramin przewyższa wojownika! Wojownik ochrania swoich poddanych tylko dzięki pomocy bramina!'

Wypełniony nagłą pychą król Kartawirja rzekł: 'O niewidzialna istoto, bramin mnie na pewno nie przewyższa! Gdy jestem zadowolony, potrafię stworzyć wiele żywych istot, a gdy jestem rozgniewany, potrafię je wszystkie zniszczyć. W swoich myślach, słowach i uczynkach przewyższam wszystkich. Zauważ, że choć jedni stwierdzają, że bramin przewyższa wojownika, inni argumentują, że wojownik przewyższa bramina. W tym, co mówisz, nie ma żadnego dowodu. Wątpisz w to, że ochranianie poddanych dowodzi wyższości wojownika, twierdząc, że zależy ono od pomocy bramina, lecz zapominasz, że to bramin szuka ochrony u wojownika, a nie wojownik u bramina. Jak ziemia długa i szeroka, tak bramini akceptują miejsce i środki utrzymania ofiarowane im przez wojowników rzekomo z racji tego, że nauczają *Wed*. Obowiązek dostarczania ochrony wszystkim żywym istotom został przydzielony wojownikowi. Zdobycie przez bramina środków potrzebnych do utrzymania się przy życiu zależy od wojownika. Na jakiej więc podstawie można twierdzić, że bramin przewyższa wojownika? Zaiste, będąc królem z łatwością zmuszę do uległości wszystkich tych braminów, którzy niby stoją wśród żywych istot najwyżej i są tak pełni poczucia wyższości, choć za swój zawód mają żebractwo!'

Król Kartawirja kontynuował: 'O niewidzialna istoto, to, co mówisz, przybrawszy formę niewidzialnego głosu z niebios, jest nieprawdą. Bramini odziani w skóry wędrują rzekomo niezależni po całej ziemi. Z łatwością podporządkuję tych żebraków swej władzy, we wszystkich trzech światach nie ma bowiem takiej istoty, która mogłaby mnie pokonać i pozbawić władzy. Czyż nie dowodzi to, że przewyższam braminów? Nawet jeżeli bramini stają obecnie najwyżej, potrafię ich ujarzmić i spowodować w ten sposób, że wojownicy ich przewyższą. Nie ma nikogo, kto byłby w stanie pokonać mnie na polu bitewnym!'

Słowa króla Kartawirji rozgniewały i przestraszyły wędrującą po nieboskłonie boginię, która przemówiła do niego w formie niewidzialnego głosu. Z nieboskłonu dał się wówczas słyszeć głos boga wiatru: 'O królu, uwolnij się od tego grzesznego nastawienia, które opanowało twój umysł. Pokłoń się przed braminami. Zranienie ich sprowadzi nieszczęście na twoje królestwo. Bramini spowodują twoją śmierć, albo pozbawią cię królestwa, odbierając tobie całą energię'.

Król Kartawirja rzekł: 'O niewidzialna istoto, kim ty jesteś, że śmiesz przemawiać do mnie w ten sposób?'

Bóg wiatru rzekł: 'O królu, jestem bogiem wiatru i posłańcem bogów. Wypowiadam do ciebie te słowa, mając na uwadze twoje dobro'.

Król Kartawirja rzekł: 'O Panie wiatru, ukazujesz dzisiaj przede mną swoje wielkie oddanie i przywiązanie do braminów. Wytłumacz mi więc, jakim rodzajem ziemskiej istoty jest bramin? Czy jest on równy wiatrowi, ziemi, wodzie, ogniowi, słońcu lub firmamentowi?'

3. O tym, jak bóg wiatru chcąc dowieść wyższości braminów, opowiada o ich zdolności do pokonywania bogów

Bóg wiatru rzekł: 'O niemądry człowieku, posłuchaj moich słów o przymiotach braminów o wielkich duszach. Przewyższają oni wszystkich przez ciebie wymienionych—ziemię, wodę, ogień, słońce i wiatr—i zarówno na ziemi, jak i w niebie są zawsze nie do pokonania. Posłuchaj o ich wielkich czynach. W starożytnych czasach, gdy bogini Ziemia, rywalizując z królem Angów, zaniechała swego charakteru i przestała rodzić plony, duchowo odrodzony riszi Kaśjapa, chcąc ją zmusić do wznowienia swej funkcji, sparaliżował ją swoim duchem, grożąc jej zniszczeniem. Riszi z rodu Agastji z kolei, chcąc ukarać boga oceanu, mocą swej energii wypił ongiś wszystkie jego wody i choć pił je tak, jakby były mlekiem, nie zaspokoił w pełni swego pragnienia. Przy innej okazji spowodował potężną falę, zalewając cały ląd przez wielkie wody. Przy jeszcze innej okazji tak się na mnie rozgniewał, że z lęku przed nim uciekłem z tego świata i schowałem się na dłuższy czas w *agnihotrze* braminów. Bramini przewyższają swoją mocą nawet bogów. Gdy Indra pożądał ciała żony mędrca Gautamy, ten wielki riszi ukarał go, rzucając na niego klątwę i tylko dlatego, że miał na uwadze prawość, nie zniszczył go całkowicie. Również ocean, którego wody były ongiś kryształowo czyste, nabrały słonego smaku z powodu bramińskiej klątwy. Nawet Agni, który jest w barwie złota i gdy nie przykrywa go dym, płonie z wielkim blaskiem, wznosząc się ku górze, stracił te swoje atrybuty, gdy został przeklęty przez rozgniewanego Angirasa.

O królu, ty sam nie dorównujesz braminom. Wojownik, choćby i o wielkiej mocy, powinien kłaniać się nawet przed tymi bramińskimi dziećmi, które są jeszcze w łonie matki. Czyżbyś zapomniał o tym, jak sześćdziesiąt tysięcy potężnych wojowników, synów króla Sagara, zostało spalonych na popiół od spojrzenia mędrca Kapili o złotej skórze? Wielkie królestwo Dandaków zostało zniszczone przez braminów. Potężni i liczni wojownicy Taladżangala zostali zniszczeni przez jednego bramina Aurwę. Ty sam zdobyłeś zarówno królestwo, jak i wielką siłę, zasługi religijne i umiejętności, które są trudne do zdobycia, dzięki łasce bramina Dattatreji i oddajesz każdego dnia cześć Agni, który jest braminem i nosicielem ofiarnej libacji lanej do ognia we wszystkich częściach wszechświata. Czyżbyś nie znał tych faktów? Dlaczego pozwalasz sobie na uleganie pysze, jakbyś nie wiedział, że to nikt inny tylko najwyższy bramin jest obrońcą wszystkich żywych istot we wszechświecie i że faktycznie jest ich stwórcą? Pan wszystkich żywych istot Brahma, niezamanifestowany, obdarzony mocą i niegasnącą sławą, który stworzył ten bezkresny wszechświat wypełniony ruchomymi i nieruchomymi istotami, jest bowiem braminem! Tylko osoby, którym brakuje wiedzy, twierdzą, że Brahma narodził się z Pierwotnego Jaja, które nagle się ukazało się na wodach i z którego wypłynęły wszystkie góry, kierunki, ziemia i niebiosa. Tych początków stwarzania nikt nie widział, na jakiej więc podstawie może ktoś twierdzić, że Brahma narodził się z tego Pierwotnego Jaja, szczególnie że został ogłoszony jako nienarodzony? Zostało stwierdzone, że Dziadek wszechświata zamanifestował się z niezamanifestowanej przestrzeni (Najwyższego *Brahmana*). Gdy zapytasz, gdzie on przebywał po zamanifestowaniu się, skoro nie było tam wówczas niczego innego, odpowiedź jest następująca: tym, co jest, jest istniejące Bycie o nazwie Świadomość. To potężne Bycie jest obdarzone wielką energią. Brahma istnieje, choć nie ma Jaja. On jest Stwórcą wszechświata i jego królem'.

4. O wielkości Kaśjapy

Bóg wiatru kontynuował: 'O królu, słuchaj dalej o tym, jak potężnymi istotami są bramini. Dawno temu król o imieniu Anga zapragnął oddać całą ziemię braminom w formie daru ofiarnego. Swoim zamiarem bardzo zaniepokoił boginię Ziemię. Pomyślała: «Jestem córką Brahmy i utrzymuję przy życiu wszystkie żywe istoty. Dlaczego więc ten wielki król po zdobyciu mnie, chce mnie oddać w darze braminom? Porzucę swoją istotę bycia ziemią (gruntem, glebą) i schowam się u mojego ojca. Niech ten król i całe jego królestwo ulegną zniszczeniu!» I powziąwszy takie postanowienie, ruszyła w kierunku regionu Brahmy. Gdy riszi Kaśjapa zobaczył tę wędrówkę bogini Ziemi, uwolnił się natychmiast z pomocą jogi od swojego ciała i wszedł do jej widzialnej formy. Gleba (ziemia) przeniknięta przez ducha Kaśjapy pokryła się trawą, ziołami i różnymi rodzajami warzyw. Zaiste, gdy Kaśjapa przeniknął glebę swoim duchem, z powierzchni ziemi zniknął lęk i wszędzie królowała prawość. Gleba (ziemia) pozostawała przeniknięta przez ducha Kaśjapy przez trzydzieści tysięcy boskich lat, realizując w pełni wszystkie te funkcje, które realizowała przedtem, będąc przeniknięta przez ducha bogini Ziemi, córki Brahmy. Po upływie tego czasu bogini Ziemia opuściła region Brahmy, powróciła na ziemię i udała się przed oblicze Kaśjapy. Złożyła przed nim pokłon i od tego czasu stała się córką Kaśjapy. Taki był wielki uczynek Kaśjapy, który jest braminem. Wymień choć jedno imię wojownika, który przewyższałby Kaśjapę!'

5. O wielkości Utathji z rodu Angirasa

Gdy król Kartawirja odpowiedział milczeniem, bóg wiatru rzekł: 'O królu, posłuchaj teraz mojej opowieści o potędze mędrca Utathji, który urodził się w rodzie Angirasa.

W starożytnych czasach bóg księżyca Soma miał córkę o imieniu Bhadra, której nikt nie dorównywał pięknością. Szukając dla niej męża, uznał mędrca Utathję za odpowiedniego kandydata. Błogosławiona Bhadra o kończynach bez żadnej skazy, pragnąc go zdobyć, uczyniła surowe przysięgi, poddając się surowej ascezie. Soma z kolei zaprosił go do swego domu, ofiarując mu we właściwy sposób swoją córkę za żonę łącznie z bogatą *dakszyną*. Riszi Utathja dary te zaakceptował i zabrał ze sobą swoją żonę do swej leśnej pustelni. Zdarzyło się jednak tak, że bóg wód Waruna od dawna pragnął zdobyć tę pannę dla siebie. Udał się więc do lasu, gdzie mieszkał Utathja i ukradł mu Bhadrę, gdy brała kąpiel w wodach Jamuny. Pan wód porwał ją i zaniósł do swojego pałacu, który zdobiło sześćset tysięcy jezior i żaden inny pałac nie dorównywał mu pięknem. To wspaniałe miejsce ożywiała obecność wielu plemion apsar i innych niebiańskich istot oraz rozmaitych przedmiotów dostarczających przyjemności.

Utathja dowiedział się wkrótce o porwaniu jego żony od Narady. Rzekł do niebiańskiego mędrca: «O Narada, udaj się do Waruny i przemów do niego z należytą surowością. Zapytaj go, dlaczego uprowadził moją żonę i powiedz mu w moim imieniu, że powinien ją uwolnić. Powiedz mu: ‹O Waruna, jesteś obrońcą światów, a nie ich niszczycielem. Dlaczego więc porwałeś moją żonę, ofiarowaną mi przez jej ojca Somę?›»

Narada udał się do Waruny i rzekł do niego; «O Waruna, uwolnij natychmiast żonę Utathji! Dlaczego ją porwałeś?»

Waruna rzekł: «O Narada, ta nieśmiała dziewczyna jest mi niezmiernie droga. Nie mogę pozwolić jej odejść!»

Narada powrócił do Utathji i rzekł: «O wielki asceto, Waruna wyrzucił mnie ze swojego pałacu, chwytając mnie za gardło. Nie chciał oddać twojej żony. Uczyń więc to, co trzeba!»

Utathja z rodu Angirasa, słysząc te słowa Narady, rozgniewał się i obdarzony bogactwem swoich umartwień stężył wody mocą swej energii i wypił je wszystkie. Waruna razem ze swoimi przyjaciółmi i krewnymi, widząc, że wszystkie wody zostały wypite, poczuł się nieszczęśliwy, ale nawet pomimo tego nie chciał oddać Utathji jego żony. Rozgniewany tym riszi Utathja o wielkiej duszy rzekł do bogini Ziemi, co następuje: «O najmilsza, ukaż ląd tam, gdzie znajduje się sześćset tysięcy jezior!» Na te słowa bramina ocean wycofał się ze wskazanego miejsca, ukazując całkowicie jałowy i zasolony ląd. Utathja rzekł wówczas do rzek przepływających przez ten region: «O płochliwa Saraswati, stań się w tym regionie niewidoczna. Zaiste, opuść ten region i udaj się na pustynię. Niech ten region pozbawiony twej obecności utraci całą swoją świętość»'.

Bóg wiatru zakończył, mówiąc: 'O królu, gdy region, który zamieszkiwał Pan wód Waruna, całkowicie wysechł, udał się on do Utathji, przyprowadzając ze sobą jego żonę. Utathja po odzyskaniu swojej żony był bardzo zadowolony i wypełnił ponownie ocean wodą, ratując boga wód i cały wszechświat od nieszczęścia, jakie na nich sprowadził. Po odzyskaniu z powrotem swej żony rzekł do Waruny: ‹O Panie wód, to dzięki sile moich umartwień sprowadziłem na ciebie udręki, aby zmusić cię do zwrócenia mi żony». I po wypowiedzeniu tych słów wielki riszi Utathja powrócił ze swoją żoną do swojego domu. Taka była potęga tego wielkiego bramina. Czy przekonałem cię swoim opowiadaniem o tym, jak wielka jest siła braminów, czy też ciągle upierasz się przy swojej opinii i uważasz, że wojownik przewyższa swoją mocą braminów takich jak Utathja?'

6. O wielkości Agastji

Gdy król Kartawirja nadal milczał, bóg wiatru kontynuował: 'O królu, posłuchaj teraz o wielkości bramina Agastji.

Ongiś, gdy demony asury pokonały i podporządkowały sobie bogów, bogowie bardzo podupadli na duchu. Ofiary ku czci bogów były rozkradane, podobnie *śraddha* wykonywana ku czci Ojców. Zaiste, danawowie spowodowali, że wszystkie działania religijne i ryty wykonywane dotychczas przez ludzi zostały zawieszone lub uległy przekręceniom. Bogowie okradzieni ze swej pomyślności błąkali się bez celu po ziemi. Pewnego dnia spotkali na swej drodze mędrca Agastję znanego ze swoich surowych przysiąg, obdarzonego wielką energią i splendorem. Bił od niego blask równy blaskowi słońca. Bogowie powitali go właściwie, oddając mu cześć. Rzekli: «O wielki riszi, zostaliśmy pokonani przez danawów i opuściła nas nasza zwykła pomyślność. Wybaw nas z tej sytuacji, która rodzi w nas wielki lęk».

Informacja o sytuacji, w jakiej znaleźli się bogowie, wzburzyła Agastję, który rozpalił się jak ogień konsumujący wszechświat w czasie uniwersalnego rozpadu. Płomienie emanujące z jego ciała zaczęły spalać danawów. Tysiące demonów opadało z nieba na ziemię i płonąc od energii Agastji, uciekało w kierunku południowym, opuszczając zarówno niebo, jak i ziemię. W czasie gdy to się działo, król danawów Wali wykonywał Ofiarę Konia w dolnych regionach i wszystkie te wielkie demony asury, które przebywały razem z nim we wnętrznościach ziemi, nie zostały spalone. Bogowie po zniszczeniu ich wrogów przez ogień Agastji odzyskali swoje niebiańskie regiony i uwolnili się od lęku. Zachęceni przez to, co wielki riszi już dla nich uczynił, poprosili go, aby spalił również te demony, które schowały się w dolnych regionach we wnętrzu ziemi. Agastja odpowiedział bogom: «O bogowie, jestem zdolny do spełnienia waszej prośby i zniszczenia także tych demonów, które ukryły się w podziemiach, lecz jeżeli to uczynię, moje umartwienia ulegną zmniejszeniu. Dlatego też mając to na uwadze, nie użyję swej mocy»'.

Bóg wiatru zakończył swe opowiadanie, mówiąc: 'O królu, w taki to sposób ten wielki riszi o ogromnej energii uwolnił bogów od terroru danawów. Agastja o czystej duszy dokonał tego wielkiego czynu dzięki sile swoich umartwień. Czy potrafisz wymienić imię wojownika, który przewyższałby Agastję, czy mam mówić dalej?'

7. O wielkości Wasiszty

Gdy król Kartawirja nadal milczał, bóg wiatru kontynuował: 'O królu, posłuchaj teraz o wielkim uczynku mędrca Wasiszty. Ongiś, dawno temu, bogowie wykonywali ryt ofiarny w okolicy jeziora Manasa. Znając potęgę mędrca Wasiszty, zbliżyli się do niego w swych umysłach i uczynili go głównym kapłanem w swej ofierze. W tym samym czasie danawowie z rodu Khalinów, ogromni jak góry, widząc bogów osłabionych i wychudzonych w rezultacie religijnych praktyk uprawniających ich do wykonania rytuału, zapragnęli ich zabić. Choć zaatakowani bogowie bronili się, zabijając demony, nie mogli ich pokonać, gdyż ci wśród danawów, którzy zostali zabici przez bogów, dzięki darowi Brahmy powracali do życia i sił po zanurzeniu się w wodach jeziora Manasa. Wyłaniali się ponownie z wód ze szczytami wielkich gór, maczugami i drzewami w dłoniach. Wzburzając jego wody, spowodowali fale o wysokości setki jodżanów i ruszyli ponownie do ataku przeciw dziesięciu tysiącom bogów. Bogowie rażeni przez danawów i czując się wobec nich bezsilni, szukali obrony u Indry, który jednak sam ucierpiał od ataku danawów i szukał ochrony u niebiańskiego mędrca Wasiszty. Wasiszta, kierując się współczuciem, uspokoił bogów i widząc, że podupadli na duchu, bez wielkiego wysiłku spalił wszystkich danawów swoją energią. Rzeka Ganges udała się wówczas ku górze Kailasa, lecz ten obdarzony bogactwem umartwień riszi przywołał tę świętą rzekę z powrotem do jeziora Manasa. Ukazała się tam, przebijając się przez jego wody i gdy je przeniknęła, wypłynęła jako rzeka o imieniu Saraju. Miejsce, gdzie danawowie zostali zabici, jest nazywane od ich imienia Khaliną'.

Bóg wiatru zakończył swe opowiadanie, mówiąc: 'O królu, w ten to sposób bogowie razem z Indrą zostali uratowani przez Wasisztę, podczas gdy danawowie pomimo daru, jaki otrzymali od Brahmy, zostali zabici przez tego wielkiego bramina. Czy znasz takiego wojownika, który swym czynem zdołałby przewyższyć wielki czyn Wasiszty?'

8. O wielkości Atriego

Gdy król Kartawirja nadal milczał, bóg wiatru kontynuował: 'O królu, posłuchaj teraz o wielkich czynach niebiańskiego mędrca Atriego.

Ongiś, w odległych czasach, gdy bogowie walczyli z asurami, demon Rahu przebił strzałami Surję (słońce) i Somę (księżyc). Na świecie zapanowały ciemności i bogowie razem ze zwierzętami ofiarnymi zostali zasypani przez strzały asurów. Atakowani bez przerwy przez demony zaczęli tracić siły. Szukając dla siebie ratunku, dostrzegli wówczas nagle wielkiego bramina Atriego, praktykującego surową ascezę. Zwrócili się do niego ze słowami: «O wielki riszi, zarówno słońce, jak i księżyc zostały przebite strzałami przez asurów i tracąc orientację w ciemnościach, jesteśmy zabijani przez wroga. Nie możemy znaleźć spokoju. Ratuj nas i obroń nas przed lękiem». Atri rzekł: «O bogowie, powiedzcie mi, jak mam was ratować?» Bogowie rzekli: «O wielki riszi, stań się słońcem i księżycem, i zabij tych złodziei!».

Atri, ulegając prośbie bogów i widząc, że Surja i Soma faktycznie pociemniały od strzał wroga, mocą swoich umartwień przybrał ich formę. Stając się równie piękny i przystojny jak oni, zaczął oświetlać pole bitewne. Zaiste, spowodował, że cały wszechświat rozbłysnął światłem i używając swej bramińskiej mocy, pokonał tę ogromną rzeszę asurów, którzy są wrogami bogów. Bogowie, widząc asurów spalonych przez Atriego i ochraniani przez jego energię, odzyskali siłę i energię, i zaczęli szybko zabijać tych, co pozostali przy życiu'.

Bóg wiatru zakończył swe opowiadanie, mówiąc: 'O królu, w taki to sposób Atri, dzięki swej mocy i energii uratował bogów, zabijając asurów. Taki był ten wielki czyn, którego dokonał z pomocą swego świętego ognia ten duchowo odrodzony riszi żywiący się wyłącznie owocami, ubrany w jelenie skóry i recytujący bezgłośnie mantry. Powiedz mi, czy znasz wojownika, który by go przewyższał?'

9. O wielkości Cjawany

Gdy król Kartawirja nadal milczał, bóg wiatru kontynuował: 'O królu, posłuchaj teraz o wielkich uczynkach syna Bhrigu Cjawany.

W dawnych czasach riszi Cjawana, postępując zgodnie z obietnicą, którą dał Aświnom, rzekł do Indry i towarzyszących mu bogów: «O bogowie, zezwólcie bliźniakom Aświnom na picie somy podczas rytów ofiarnych razem z wami».

Indra rzekł: «O wielki mędrcu, Aświni są lekarzami i pozostają nieczyści, dlatego zostali przez nas pozbawieni możliwości uczestniczenia w rytach ofiarach. Na jakiej więc podstawie mamy ich dopuścić do picia somy razem z innymi. Nie zaliczamy ich do bogów i nie chcemy pić somy w ich towarzystwie. Poproś nas o coś innego».

Cjawana rzekł: «O Indra, Aświni powinni pić somę razem z wami. Ich ojcem jest Surja, są więc bogami. Uczyńcie to, o co proszę, przyniesie to bogom szczęście, w przeciwnym wypadku opanuje ich zło».

Indra rzekł: «O Cjawana, nie będę pił somy razem z Aświnami! Niech inni to czynią, jeżeli chcą, ja sam się na to nie odważę!»

Cjawana rzekł: «O Indra, jeżeli nie uczynisz dobrowolnie tego, o co cię proszę, jeszcze dziś zmuszę cię do picia z nimi somy podczas ofiary!»

Następnie Cjawana, mając Aświnów za swych towarzyszy, rozpoczął wielki religijny ryt w intencji ich dobra, wprawiając bogów w osłupienie swymi mantrami. Uzbrojony w swój piorun Indra, widząc ten wyczyn Cjawany, rozgniewał się i uchwyciwszy w dłonie ogromną górę zamierzył się, aby rzucić nią w Cjawanę. Jednakże ten wielki riszi, odziany w bogactwo swoich umartwień, rzucił w kierunku zbliżającego się Indry gniewne spojrzenie i spryskał go garstką wody, powodując jego paraliż. Lejąc libację do ognia, stworzył przeraźliwego asurę o otwartych ustach, wroga Indry, który nosił imię Mada (odurzenie, arogancja). Usta asury wypełnione tysiącem zębów rozciągały się na setkę jodżanów. Jego potężne kły miały długość dwóch setek jodżanów. Miał też potężne szczęki. Jedna z nich opierała się o ziemię, a druga sięgała nieba. Zaiste, wszyscy bogowie razem z Indrą zdawali się tkwić niedaleko wielkiej gardzieli tego asury u postaw jego języka, wyglądając jak ryby wpływające do szeroko otwartych ust wieloryba. Przerażeni bogowie, tkwiąc w otwartych ustach Mady, rzekli do Indry: «O Indra, pokłoń się z czcią przed tym wielkim riszim! Jeśli chodzi bowiem o nas, to możemy pić somę w towarzystwie Aświnów». Indra uległ prośbie bogów i pokłonił się przed Cjawaną, obiecując posłuszeństwo.

W taki to sposób Cjawana zrealizował swoją obietnicę daną Aświnom, którzy od tego momentu pili somę razem z bogami. Jeśli chodzi o asurę Madę, to Cjawana wycofał go z ataku przeciw bogom i nakazał mu zamieszkać w grze w kości, polowaniu, alkoholu i kobietach. Stąd też ludzie, którzy angażują się w te grzeszne działania, ulegają zniszczeniu. Należy więc ich unikać'.

Bóg wiatru zakończył swe opowiadanie, mówiąc: 'O królu, opowiedziałem tobie o wielkim uczynku bramina Cjawany. Czy potrafisz wymienić wojownika, który by go przewyższał?'

10. O wielkości braminów, którzy pomogli bogom odzyskać niebo

Gdy król Kartawirja w odpowiedzi na pytanie boga wiatru nadal milczał, bóg wiatru kontynuował: 'O królu, w czasie gdy bogowie razem z Indrą znajdowali się jeszcze ciągle w ustach asury Mady, Cjawana odebrał im ziemię. Bogowie, którzy już przedtem zostali pozbawieni nieba przez Kapów (oszustów), tracąc obecnie również ziemię, bardzo podupadli na duchu. Przygnębieni postanowi szukać ochrony u Brahmy. Stając przed jego obliczem ze złożonymi pobożnie dłońmi, rzekli: «O Brahma, jesteś czczony przez wszystkie żywe istoty zamieszkujące wszechświat, u ciebie szukamy obrony. Kapowie pozbawili nas nieba, a riszi Cjawana odebrał nam ziemię». Brahma rzekł: «O niebianie z Indrą na czele, szukajcie ochrony u braminów. Zadawalając braminów, odzyskacie obydwa utracone światy».

Bogowie, pouczeni w ten sposób przez Brahmę, udali się do braminów, prosząc ich o ochronę. Bramini zapytali: «O bogowie, kogo mamy ujarzmić?» Bogowie odpowiedzieli: «O bramini, ujarzmijcie Kapów». Bramini odpowiedzieli: «O bogowie, możemy zniszczyć tylko tych, którzy przebywają na ziemi. Musimy więc najpierw sprowadzić ich na ziemię, gdzie ujarzmimy ich bez trudu».

Bramini rozpoczęli więc ryty, mające na celu zniszczenie Kapów. Gdy Kapowie się o tym dowiedzieli, wysłali do nich swego posłańca o imieniu Dhanin. Dhanin przybył do nich, gdy siedzieli na ziemi i przekazał im wiadomość od Kapów. Rzekł: «O bramini, Kapowie są dokładnie tacy sami jak wy. Dlaczego więc podjęliście się zadania ich zniszczenia. Wszyscy oni zdobyli mądrość, poznali *Wedy*, ślubowali Prawdę i troszczą się o ryty ofiarne. Z tych też powodów są uważni za równych wielkim riszim. Bogini Pomyślności u nich przebywa i odwzajemniają się jej, oddając jej cześć. Kładą się do łoża ze swymi żonami tylko w wyznaczonym czasie i nigdy nie angażują się w związki seksualne z nimi podczas menstruacji. Nigdy nie jedzą mięsa pochodzącego ze zwierząt, które nie zostały zabite w celach ofiarnych. Każdego dnia leją libację do ofiarnego ognia i posłusznie realizują rozkazy swych ojców i nauczycieli. Każdy z nich zdobył pełną kontrolę nad swoją duszą. Wszyscy używają rydwanów i żaden z nich nie porusza się na piechotę. Postępują w opisany wyżej sposób z myślą o zdobyciu po śmierci regionów wielkiej szczęśliwości. Zaiste, ich uczynki są zawsze prawe. Nigdy nie spożywają posiłku, zanim nie nakarmią ciężarnych kobiet, ludzi w starszym wieku i dzieci. Nigdy nie angażują się w zabawę lub sport, zanim nadejdzie południe i nigdy nie kładą się spać w ciągu dnia. Dlaczego chcecie ich ujarzmić, skoro mają wymienione cnoty i osiągnięcia? Z myślą o własnym dobru porzućcie lepiej swój zamiar».

Bramini odpowiedzieli: «O posłańcu Kapów, ujarzmimy was, bo przyrzekliśmy to bogom. Jesteśmy po stronie bogów i choćby z tego powodu Kapowie zasługują na to, aby zginąć z naszych rąk. Powróć więc tam, skąd przybywasz!»

Dhanin powrócił do Kapów i rzekł: «O Kapowie, bramini nie biorą pod uwagę waszych cnót i dobra». Słysząc to, Kapowie uchwycili za broń i ruszyli do ataku na braminów. Gdy bramini zobaczyli ich jadących na rydwanach ze wzniesionymi proporcami, bezzwłocznie uwolnili swoje wieczne ognie z pomocą wedyjskich mantr w celu zniszczenia ich życiowych oddechów. Te wieczne ognie po zniszczeniu Kapów świeciły na firmamencie jak złote chmury, powodując wzrost energii walczących z Kapami bogów. Bogowie nie wiedzieli jeszcze wtedy, że odnieśli sukces i pokonali Kapów dzięki braminom. Zrozumieli to dopiero wówczas, gdy pojawił się wśród nich Narada o wielkiej energii i wyjaśnił im, że Kapowie zostali faktycznie przez nich zabici dzięki energii braminów. Gdy bogowie zaczęli wychwalać i sławić tych swoich sprzymierzeńców o odrodzonych duszach, ich energia jeszcze bardziej wzrosła. Odzyskali wówczas swoją nieśmiertelność i sami byli czczeni we wszystkich światach'".

11. Król Kartawirja uwolniony od swej pychy oddaje cześć wiatrowi

Bhiszma zakończył swe opowiadanie, mówiąc: „O Judhiszthira, gdy bóg wiatru przestał mówić, król Kartawirja zrozumiał swoją pychę. Pełen pokory oddał cześć wiatrowi, który sprowadził go z powrotem na ścieżkę prawości i rzekł: 'O potężny bogu, zawsze i na wszelkie sposoby żyję z myślą o dobru braminów. Zawsze oddaję im cześć. To dzięki łasce bramina Dattatreji zdobyłem całą swoją moc, zdołałem dokonać w świecie wielkich czynów i zgromadziłem wielkie zasługi. Usłyszałem od ciebie całą prawdę o wielkich czynach braminów. Wysłuchałem jej z wielką uwagą i czcią'. Bóg wiatru rzekł: 'O królu, realizuj dalej swoje królewskie obowiązki, ochraniaj i czcij braminów. Ochraniaj ich tak, jak swoje zmysły, choć w przyszłości grozi ci niebezpieczeństwo ze strony wielkiego bramina-wojownika z rodu Bhrigu (aluzja do śmierci Kartawirji z rąk Paraśuramy). Groźba ta zrealizuje się jednak dopiero w odległej przyszłości' "

Napisane na podstawie fragmentów *Mahābhārāta*,
Anusasana Parva, Part 2, Sections CLI-CLVII.

Opowieść 242
O wielkości Kryszny

> *Bhiszma rzekł: "O Judhiszthira, niech Kriszna wyjaśni tobie to, co nie zostało jeszcze wyjaśnione. Wiem, kim naprawdę jest Kryszna i jaka jest jego sięgająca starożytności moc. On jest bezgraniczną duszą i gdy prawość upada, jest Nim, który rodzi się na ziemi i ponownie ustanawia autorytet Prawa".*

(*Mahābharāta*, Anusasana Parva, Part 2, Section CLVIII)

Judhiszthira rzekł: „O Bhiszma, słyniesz z tego, że zawsze oddajesz cześć braminom. Jakiego spodziewasz się owocu? Czym jest ta pomyślność płynąca z oddawania im czci? Wytłumacz nam to, proszę".

Bhiszma rzekł: „O Judhiszthira, niech obecny tutaj przy moim łożu ze strzał Kryszna o wielkiej inteligencji odpowie na twoje pytania. Niech on ci wyjaśni, jaki rodzaj pomyślności zdobywa ten, kto oddaje cześć braminom. Moje siły, słuch, mowa, oczy, umysł i rozumienie są dziś zamglone. Myślę, że już niedługo porzucę ciało. Słońce zdaje się poruszać po niebie zbyt wolno. Wyjaśniłem już tobie obowiązki braminów, kszatrijów (wojowników), waiśjów i szudrów tak, jak zostało to opisane w *Puranach*. Niech Kryszna wyjaśni tobie wszystko to, co nie zostało jeszcze wyjaśnione. Wiem, kim naprawdę jest Kryszna i jaka jest jego sięgająca starożytności moc. On jest bezgraniczną duszą i gdy prawość upada, jest Nim, który rodzi się na ziemi i ponownie ustanawia autorytet Prawa".

Bhiszma kontynuował, wychwalając potęgę Kryszny:

O Judhiszthira, Kryszna jest Nim, który stworzył ziemię, przestworza i niebo. Zaiste, jest Nim, z którego ciała wypłynęła ziemia.

On jest Nim o wielkiej mocy, istniejącym od początku Czasu, który przybrał formę wielkiego dzika i uniósł na powierzchnię wód zanurzoną w nich ziemię.

On jest Nim, który stworzył góry i wszystkie kierunki. Niebo i firmament są mu podporządkowane. On jest Nim, z którego wypływa całe stwarzanie.

On jest Nim, który stworzył starożytny wszechświat. To z Jego pępka wyłonił się Lotos, w którym pojawił się samoistny Brahma

Księga XIII, cz. 2   Opowieść 242   639

o niezmierzonej energii i rozproszył tę straszliwą ciemność, która przenikała pierwotny ocean.

On jest Nim, który podczas *kritajugi* istnieje na ziemi w formie *dharmy* (prawości), podczas *tretajugi* w formie wiedzy, podczas *dwaparajugi* w formie mocy, a podczas *kalijugi* w formie *adharmy* (nieprawości).

On jest Nim, który w starożytnych czasach zabił dajtjów.

On jest Nim, który będąc starożytnym bogiem, stał się imperatorem.

On jest Nim, który w formie imperatora Walina rządził asurami.

On jest Nim, który jest Stwórcą wszystkich obecnych i przyszłych żywych istot.

On jest Nim, który jest obrońcą wszechświata obarczonego nasieniem zniszczenia.

On jest Nim, który wówczas, gdy zanika autorytet Prawa, rodzi się wśród ludzi lub bogów i bazując na Prawie, ochrania zarówno wyższe, jak i niższe światy, oszczędzając tych, którzy na to zasługują i zabijając asurów.

On jest Nim, który jest zarówno dobrymi i złymi uczynkami, jak i tym, na czym one bazują.

On jest Nim, który jest tymi wszystkimi czynami, które były, są i będą wykonane.

On jest Nim, który jest zarówno demonem Rahu, jak i Somą, Indrą i Wiśwakarmanem.

On jest Nim o kosmicznej formie.

On jest Nim, który jest zarówno Stwórcą, jak i Niszczycielem wszechświata.

On jest Nim, którego bronią jest lanca (trójząb) Śula.

On jest Nim o ludzkiej formie.

On jest Nim o przeraźliwej formie.

On jest Nim, który jest przez wszystkich wychwalany z racji swoich uczynków.

On jest Nim, któremu zawsze towarzyszą setki gandharwów, apsar i bogów.

On jest Nim, który jest wychwalany nawet przez rakszasów.

On jest Nim, który powoduje wzrost bogactwa.

On ten Nim, który zawsze zwycięża.

On jest Nim, który jest sławiony w rytach ofiarnych.

On jest Nim, który jest sławiony w hymnie *Rathantara* przez śpiewaków *Samawedy*.

On jest Nim, którego bramini sławią w wedyjskich mantrach.

On jest Nim, dla którego ofiarni kapłani leją do ognia oczyszczone masło.

On jest Nim, który był wychwalany przez bogów z Indrą na czele, gdy uniósł górę Gawardhana, aby ochronić stado krów przed nieustającym deszczem, którym rozgniewany Indra oblewał ziemię.

On jest Nim, który jest dobroczyńcą wszystkich żywych istot.

On jest Nim, który wszedł do starożytnej jaskini i zobaczył z tego miejsca owiany tajemnicą prapoczątek wszechświata.

On jest Nim, który powoduje dyskomfort dajtjów i danawów oraz ich wielbicieli.

On jest Nim, któremu ludzie dedykują różne rodzaje jedzenia.

On jest Nim, któremu wojownicy w czasie bitwy dedykują swoje rydwany.

On jest Nim, który jest wieczny, dzięki któremu istnieją ziemia, niebo, przestrzeń między nimi oraz wszystkie inne rzeczy.

On jest Nim, który powoduje, że nasienie Mitry i Waruny wpada do słoja, skąd wypływa riszi Wasiszta.

On jest Nim, który jest bogiem wiatru.

On jest Nim, który jest Aświnami.

On jest Nim, który jest pierwszym z bogów.

On jest Nim, który jest słońcem o tysiącu promieni.

On jest Nim, który ujarzmia asurów.

On jest Nim, który przykrywa światy swoimi trzema krokami.

On jest Nim, który jest duszą bogów, ludzi i Ojców.

On jest Nim, który jest ofiarą wykonywaną przez tych, którzy znają ryty ofiarne.

On jest Nim, który każdego dnia pojawia się na horyzoncie w formie słońca.

On jest Nim, który dzieli Czas na noc i dzień.

On jest Nim, który przez jedno półrocze porusza się w kierunku północnym, a przez drugie w kierunku południowym.

On jest Nim, który emanuje promieniami w górę, w dół i w poprzek, oświetlając ziemię.

On jest Nim, którego wielbią znający *Wedy* bramini.

On jest Nim, od którego słońce bierze swój blask.

On jest Nim, który z miesiąca na miesiąc jest uświęcany w rytach ofiarnych.

On jest Nim, którego imię jest recytowane przez odrodzone duchowo osoby we wszystkich rodzajach ofiar.

On jest Nim, który dostarcza oparcia trzem światom, tak jak koło roku o trzech piastach ciągnięte przez siedem koni (tj. jak rydwan boga słońca).

On jest Nim, który jest obdarzony wielką energią i przenikając wszystkie przedmioty, sam jeden dostarcza oparcia trzem światom.

On jest Nim, który jest słońcem rozpraszającym ciemność.

On jest Nim, który jest Stwórcą wszystkiego.

On jest Nim, który jest zawsze sprawcą.

On jest Nim, który leżąc wśród słomy i suchej trawy w formie Agni, zaspokoił swój głód Lasem Khandawa.

On jest Nim, który będąc zdolny do poruszania się wszędzie mocą woli, ujarzmił rakszasów i ich wielbicieli, wlewając ich w formie libacji do płonącego ognia.

On jest Nim, który jest tym pierwszym koniem, od którego wywodzą się wszystkie białe ogiery

On jest Nim, który obdarował Ardżunę białymi ogierami.

On jest Nim, który stworzył wszystkie ogiery.

On jest Nim, którego rydwan reprezentuje ludzkie życie na tym świecie lub ten świat.

On jest Nim, który jest jarzmem wprowadzającym ten rydwan w ruch.

On jest Nim, którego rydwan ma trzy koła reprezentujące trzy atrybuty (*sattwę, tamas* i *radżas*) i wykonuje trzy ruchy (w górę, w dół i w poprzek), reprezentujące wyższe, niższe lub pośrednie urodzenie w wyniku wykonanych działań.

On jest Nim, którego rydwan jest ciągniony przez cztery ogiery reprezentujące Czas, przeznaczenie, wolę bogów i własną wolę.

On jest Nim, którego rydwan ma trzy piasty (białą, czarną i mieszaną) reprezentujące dobre, złe i mieszane uczynki.

On jest Nim, który jest azylem dla pięciu 'wielkich' elementów.

On jest Nim, który zawiera w sobie ziemię, niebo i przestrzeń między nimi bez poczucia, że są jego własnością.

On jest Nim, który stworzył lasy i góry.

On jest Nim, który sparaliżował Indrę, gdy przekroczył wody, pragnąc Go zranić swoim piorunem.

On jest Nim, którego Indra wychwala podczas wielkich ofiar.

On jest Nim, który, jak to głoszą bramini, jest wychwalany w tysiącu hymnów *Rigwedy*.

On jest Nim, który był tym jedynym zdolnym do goszczenia w swoim domu mędrca Durwasasa o wielkiej energii.

On jest Nim, o którym mówi się, że jest tym jedynym i starożytnym mędrcem.

On jest Nim, który jest Stwórcą wszechświata.

On jest Nim, który stwarza wszystko ze swej własnej natury.

On jest Nim, który przewyższa wszystkich bogów i ich naucza.

On jest Nim, który skrupulatnie realizuje wszystkie starożytne nakazy.

On jest Nim, który jest Wiświakseną, z którego wypływają wszystkie przedmioty przyjemności, wszystko to, co jest zawarte w *Wedach* i wszystkie owoce pożądane na tym świecie.

On jest Nim, który jest białymi promieniami światła widzianymi we wszystkich trzech światach.

On jest trzema światami.

On jest trzema strażnikami światów w trzech światach.

On jest trzema ofiarnymi ogniami.

On jest trzema sposobami wypowiadania stwierdzeń.

On jest Nim, który jest łącznie wszystkimi bogami.

On jest rokiem.

On jest porami roku.

On jest dwutygodniowymi cyklami księżycowego miesiąca.

On jest dniem.

On jest nocą.

On jest miarami Czasu, takimi jak *kala, kasztha, matra, muhurta, lawa, kszana*.

On jest Nim zwanym Wiświakseną, który jest w tym wszystkim.

On jest Nim zwanym Wiświakseną, z którego wypływają księżyc, słońce, planety, konstelacje, gwiazdy, księżycowe domy (dwadzieścia osiem sektorów ekliptyki księżyca), pełnia księżyca i koniunkcje różnych konstelacji.

On jest Nim, z którego wypływają Rudrowie, Aditjowie, siedmiu starożytnych mędrców, Wasu, Aświni, Sadhjowie, Wiświadewy, Marutusi, jak sam Pradżapati i matka bogów Aditi.

On jest Nim, który przybiera formę wiatru i porusza wszechświatem.

On jest Nim, który przybiera formę ognia i spala wszechświat.

On jest Nim, który ma wszechświat za swoją formę.

On jest Nim, który przybierając formę wody, moczy i zatapia wszystko.

On jest Nim, który przybierając formę Brahmy, stwarza i ożywia wszystkie żywe istoty.

On jest Nim, który choć sam jest *Wedami*, studiuje *Wedy*.

On jest Nim, który choć sam jest wszystkimi nakazami, sam je wszystkie realizuje.

On jest Nim, który jest Prawem (*dharmą*) i *Wedami*.

On jest Nim, który jest siłą rządzącą wszechświatem.

On jest Nim, który jest całym ruchomym i nieruchomym wszechświatem.

On jest Nim, który manifestuje się w formie najwyższego światła

On jest Nim, który ma wszechświat za swoją formę i manifestuje się w płomiennej świetlistości.

On jest Nim, który będąc oryginalnym źródłem duszy żywych istot, najpierw stworzył wody, a następnie wszystko inne.

On jest Nim, który jest Wisznu.

On jest Nim, który jest duszą całego wszechświata.

On jest Nim, który jest źródłem wszystkich pór roku.

On jest Nim, który jest chmurami, błyskawicami i wszystkim innym.

On jest Nim, który jest słoniem Airawata i wszystkimi innymi ruchomymi i nieruchomymi istotami we wszechświecie".

Bhiszma kontynuował: „O Judhiszthira, to Kryszna, którego wychwalam, który jest miejscem zamieszkania dla wszechświata i który przekracza wszystkie atrybuty, jest Wasudewą (Najwyższą Osobą Boga). Gdy przybiera formę wcielonej duszy (*dżiwy*) jest zwany Sankarśana. Następnie przekształca się w Pradjumnę i w końcu staje się Aniruddhą. W ten sposób Kryszna o wielkiej duszy, mając samego siebie za swoje źródło, manifestuje się w poczwórnej formie. Pragnąc stworzyć wszechświat z pięciu pierwotnych elementów, przystąpił do realizacji tego zadania i spowodował, że wszechświat ukształtował się w formie pięciu rodzajów ożywionej egzystencji: bogów, asurów, ludzi, bestii i ptaków. Następnie po nadaniu wszechświatowi formy stworzył pięć pierwotnych elementów: ziemię, wiatr, przestworza, światło i wodę. Po stworzeniu z nich wszystkich nieruchomych i ruchomych przedmiotów, podzielił je na cztery gatunki: żyworodne, jajorodne, rośliny i narodzone z brudu. Następnie stworzył żyzną ziemię i zasiał na niej pięć rodzajów nasion w formie czterech wymienionych gatunków żywych istot oraz działań, które determinują wszystkie stany istnienia. Następnie stworzył firmament w celu oblewania ziemi obfitym deszczem".

Bhiszma zakończył, mówiąc: „O Judhiszthira, to Kryszna jest Nim, który jest sam dla siebie źródłem. On jest Nim, który stworzył cały wszechświat, spowodował zaistnienie wszystkich przedmiotów własną mocą, stworzył bogów, asurów, ludzi, riszich, Ojców i wszystkie inne żywe istoty. Ten Pan wszystkich istot, gdy pragnął stwarzania, stworzył cały świat życia. Dowiedz się, że wszystko to, co dobre i złe, ruchome i nieruchome wypłynęło z Niego jednego, który jest Wiświakseną. Wszystko, co istniało, istnieje i zaistnieje, wszystko to jest Kesawą (Kryszną). Kryszna jest również śmiercią, która obezwładnia wszystkie żywe istoty, gdy ich czas pobytu na ziemi się kończy. On jest Nim, który jest wieczny i który utrzymuje autorytet Prawa (*dharmy*). Wszystko, co istniało w przeszłości i co jest jeszcze nieznane, jest Wiświakseną. Wszystko, co jest szlachetne i chwalebne we wszechświecie, zaiste całe dobro i zło, które istnieje, wszystko to jest Kesawą, który jest niepojęty. Stąd też absurdem jest myślenie, że istnieje coś, co przewyższa Kesawę. On jest Tym i nawet więcej niż To. On jest Narajaną. On jest Tym, co najwyższe, niezmienne i trwałe. On jest wieczną i niezmienną przyczyną zarówno całego ruchomego i nieruchomego wszechświata z jego początkiem, środkiem i końcem, jak i wszystkich istot, które rodzą się na jego życzenie".

Napisane na podstawie fragmentów *Mahābhārata*,
Anusasana Parva, Part 2, Section CLVIII.

Opowieść 243
O gniewnym riszim Durwasasie, inkarnacji Rudry

1. O pomyślności, jaką przyniosło Krysznie posłuszeństwo nakazom bramina Durwasasa; 2. O energii Rudry ucieleśnionej w formie Durwasasa; 3. O wielości form Rudry.

> Kryszna rzekł: „O Judhiszthira, gdy ten obdarzony wielką energią bramin mnie zobaczył, rzekł: 'O potężny Kryszna, siłą swej natury opanowałeś swój gniew. Nie widzę w tobie nawet cienia winy. Jestem z ciebie głęboko zadowolony. Poproś mnie o spełnienie swoich życzeń. Sam zobacz, jak wielką pomyślnością potrafię obdarować tego, kto mnie zadowolił! ... Dopóki będziesz chciał żyć na ziemi, dopóty nie musisz obawiać się tego, że śmierć zaatakuje cię przez którąś z tych części twojego ciała, które zostały wysmarowane pajasą. Dlaczego jednak nie wysmarowałeś nią również spodniej części swych stóp? Ten twój uczynek jest dla mnie nie do zaakceptowania i tym jednym czynem mnie nie zadawalasz!'"

(*Mahābharāta*, Anusasana Parva, Part 2, Section CLIX)

1. O pomyślności, jaką przyniosło Krysznie posłuszeństwo nakazom bramina Durwasasa

Judhiszthira rzekł: „O Kryszna, niech będzie tobie chwała! Słuchając o tobie słów Bhiszmy, który cię poznał, chylimy przed tobą z pokorą głowy! Wyjaśnij nam, proszę, czym jest ta pomyślność, jaka płynie z oddawania czci braminom. Jesteś w tym temacie najwyższym znawcą".

Kryszna rzekł: „O Judhiszthira, posłuchaj więc ze skupioną uwagą tego, co mam do powiedzenia o prawdziwych walorach braminów.

Kiedyś, podczas mojego pobytu w Dwarace, mój syn Pradjumna rozgniewany przez pewnego bramina podszedł do mnie i rzekł: 'O zabójco demona Madhu, wytłumacz mi, jakie owoce płyną z nieprzerwanego oddawania czci braminom. Skąd wzięła się ich suwerenność zarówno za życia, jak i po śmierci. Wytłumacz mi to, proszę, i uwolnij mój umysł od wątpliwości'.

Rzekłem wówczas do swojego syna: 'O synu, posłuchaj moich słów o pomyślności, jaką przynosi oddawanie czci braminom. O to, aby zadowolić braminów, powinien zatroszczyć się zarówno ten, kto nastawia swój umysł na realizację trzech celów życiowych (Prawa, Bogactwa, Przyjemności) lub na zdobycie Wyzwolenia, jak i ten, kto szuka lekarstwa na chorobę lub pragnie oddawać cześć bogom i Ojcom. Bramini są jak Soma (księżyc). To oni są Panami szczęścia i niedoli zarówno na tym, jak i na tamtym świecie. Są czczeni przez władców i mieszkańców wszystkich trzech światów. Wszystko, co przyjemne za życia i po śmierci, ma w nich swoje źródło. Wielkie osiągnięcia, sława i siła płyną z oddawania im czci. Jakże więc można ich lekceważyć, wiedząc, że są Panami ziemi? Nie pozwalaj więc sobie nigdy na gniew w stosunku do braminów. Bramini są wielkimi istotami zarówno na tym, jak i na tamtym świecie. Są tymi, którzy mają bezpośrednią znajomość wszystkiego we wszechświecie. Zaiste, rozgniewani potrafią wszystko spalić na popiół. Są też zdolni do stworzenia zarówno alternatywnych światów, jak i ich władców. Skoro tak jest, to dlaczego osoba obdarzona energią i wiedzą miałaby odmawiać im czci i posłuszeństwa?'

Kontynuowałem: 'O synu, ja sam nigdy nie odmawiam czci i posłuszeństwa braminom. Posłuchaj mojego opowiadania o gościnie, jakiej kiedyś udzieliłem w swoim domu braminowi Durwasasowi o śniadej skórze. Ten wielki mędrzec, odziany w łachmany z laskę zrobioną z drzewa *bilwa* w dłoni, swym wzrostem przewyższał najwyższego mieszkańca ziemi. Jego broda była bardzo długa, a ciało wycieńczone ascezą. Wędrował po wszystkich światach należących do ludzi, bogów i innych wyższych istot, nucąc na zgromadzeniach i publicznych skwerach następujące słowa «Czy jest wśród was ktoś, kto realizując swój obowiązek gościnności, odważy się zaprosić mnie do swego domu? Wpadam w gniew z powodu nawet najmniejszych uchybień. Ten, kto mnie zaprosi, powinien więc uważać, aby mnie nie rozgniewać!»

Gdy zobaczyłem, że nikt nie miał odwagi, aby udzielić mu schronienia, zaprosiłem go do swojego domu. Były dni, w których zjadał on tyle, że wystarczyłoby to dla tysięcy osób, a kiedy indziej jadł bardzo niewiele. Były też dni, że wychodził z domu i długo nie wracał. Czasami wybuchał śmiechem bez wyraźnego powodu, a kiedy indziej płakał. Pewnego dnia, gdy wszedł do swych komnat, spalił swoim gniewem wszystkie łoża i kołdry, jak i usługujące mu młode służące, i po uczynieniu tego wszystkiego nagle odszedł. W tym czasie nie było bowiem na ziemi nikogo, kto dorównywałby mu w sile gniewu. Któregoś dnia rzekł do mnie: «O Kryszna, zapragnąłem zjeść *pajasę*. Dostarcz mi jej natychmiast!» Znając jego umysł, prosiłem służbę, aby każdego dnia przygotowywała zawczasu wszelkiego rodzaju jedzenie i picie. Stąd też moi służący przynieśli mu natychmiast to, czego zażądał. Po zjedzeniu części posiłku ten wielki asceta rzekł do mnie: «O Kryszna, weź trochę tej *pajasy* i wysmaruj nią swoje ciało». Bez chwili wahania uczyniłem, co kazał, smarując *pajasą* całe ciało i głowę. W tym czasie asceta ujrzał w pobliżu twoją matkę Rukmini o słodkiej twarzy i ze śmiechem posmarował całe jej ciało *pajasą*. Następnie kazał ją zaprząc do rydwanu, na którym opuścił mój dom'.

Kontynuowałem: 'O synu, ten bramin o wielkiej inteligencji i ognistym blasku w mojej obecności zaprzągł moją żonę Rukmini będącą w kwiecie młodości do rydwanu, jakby była zwierzęciem zdolnym do ciągnięcia pojazdów człowieka! Choć byłem tego świadkiem, gdy na to patrzyłem, nie odczuwałem najmniejszego żalu zrodzonego ze złej woli, ani chęci zranienia tego mędrca, który po zaprzężeniu mojej żony do rydwanu opuścił mój dom z zamiarem przejażdżki główną ulicą miasta. Widok ten wzburzył jednak gniew niektórych osób z rodu Daszarthów będących mieszkańcami Dwaraki, którzy mówili między sobą z gniewem: «Któż inny na ziemi zdołałby ujść z życiem po dokonaniu tak straszliwego czynu, jak zaprzężenie Rukmini do rydwanu! Zaiste, niech na świecie żyją jedynie bramini! Niech nikt inny nie śmie się tu narodzić. Trucizna bramina jest bowiem silniejsza niż trucizna jadowitego węża! Nie ma takiego lekarza, który zdołały uleczyć z trucizny bramina!»

Rukmini, ciągnąc rydwan z tym nieokiełznanym braminem, szła chwiejnym krokiem, co chwilę upadając. Rozgniewany tym riszi poganiał ją, uderzając ją batem. W pewnym momencie ten rozogniony do czerwoności bramin zeskoczył nagle z rydwanu i ruszył szybkim krokiem w kierunku południowym, przedzierając się samotnie przez pustkowie. Choć nasze ciała były wysmarowane *pajasą*, ruszyliśmy za nim, krzycząc: «O święty riszi, bądź z nas zadowolony!»

Gdy ten obdarzony wielką energią bramin mnie zobaczył, rzekł: «O potężny Kryszna, siłą swej natury opanowałeś swój gniew. Nie widzę w tobie nawet cienia winy. Jestem z ciebie głęboko zadowolony. Poproś mnie o spełnienie swoich życzeń. Sam zobacz, jak wielką pomyślnością potrafię obdarować tego, kto mnie zadowolił! Dopóki ludzie będą mieli upodobanie do jedzenia, dopóty będą żywić takie samo uczucie w stosunku do ciebie. Dopóki we wszechświecie będzie istniała prawość, dopóty sława twych uczynków nie wygaśnie. Zdobędziesz zwierzchnictwo we wszystkich trzech światach. Wszyscy będą cię darzyć miłością. Wszystko, co zostało przeze mnie w twoim domu uszkodzone, spalone lub zniszczone zostanie przywrócone do swej dawnej formy lub nawet zdobędzie lepszą formę. Dopóki będziesz chciał żyć na ziemi, dopóty nie musisz obawiać się tego, że śmierć zaatakuje cię przez którąś z tych części twojego ciała, które zostały wysmarowane *pajasą*. Dlaczego jednak nie wysmarowałeś nią również spodniej części swych stóp? Ten twój uczynek jest dla mnie nie do zaakceptowania i tym jednym czynem mnie nie zadawalasz».

Gdy zamilkł, zauważyłem, że moje ciało nabrało wielkiego piękna i świetlistości. Riszi rzekł do Rukmini: «O piękna, jestem z ciebie bardzo zadowolony. Swymi uczynkami i sławą przewyższysz wszystkie osoby swojej płci. Nie doświadczysz nigdy zgrzybiałości, choroby, czy utraty swej pięknej cery. Twoje ciało będzie zawsze obdarzone pięknym zapachem i wszyscy zdołają zobaczyć, jak oddajesz cześć Krysznie. Wśród szesnastu tysięcy żon Kryszny będziesz zawsze pierwsza. I gdy ostatecznie nadejdzie czas na opuszczenie tego świata, staniesz się jego nieodłączną towarzyszką».

Następnie ten wielki riszi raz jeszcze zwrócił się do mnie, mówiąc: «O Kesawa, niech twoje rozumienie będzie zawsze nastawione w stosunku dla innych braminów tak jak do mnie». I po wypowiedzeniu tych słów odszedł, płonąc jak ogień. Jeśli chodzi o mnie, to po jego odejściu uczyniłem ślub bezgłośnego recytowania odpowiednich mantr. Zaiste, od tego dnia podjąłem zobowiązanie do czynienia tego wszystkiego, co zostanie mi nakazane przez braminów. Po uczynieniu tego ślubu wróciłem do pałacu razem z moją piękną żoną i twoją matką. Nasze serca wypełniała wielka radość. Gdy wszedłem do pałacu, zauważyłem, że wszystkie przedmioty, zniszczone poprzednio i połamane przez Durwasasa, powróciły do swego poprzedniego stanu i były jak nowe. Widok ten przepełnił mnie zdumieniem. Zaiste, od tego dnia zawsze oddaję cześć braminom w swoim umyśle' ".

Kryszna zakończył, mówiąc: „O Judhisztira, powtórzyłem tobie to, co powiedziałem kiedyś do mojego syna, gdy rozgniewany na pewnego bramina szukał w rozmowie ze mną rozwiania swych wątpliwości i wytłumaczenia mu, dlaczego należy zawsze czcić braminów. Pamiętaj zawsze o wielkości braminów, którzy zajmują pierwsze miejsce wśród wszystkich kast i czcij ich każdego dnia odpowiednimi darami. Pomyślność ma bowiem swe źródło w łasce braminów. Ja sam zdobyłem swoją pomyślność, czcząc braminów i wszystko, co Bhiszma powiedział tobie o mnie, jest prawdą!"

2. O energii Rudry ucieleśnionej w formie Durwasasa

Judhiszthira rzekł: „O Kryszna, opowiedz mi o tej wiedzy, jaką nabyłeś dzięki łasce mędrca Durwasasa. Mędrzec ten jest uważany za inkarnację gniewu Mahadewy. Pragnę poznać wszytko to, co dotyczy tej wielkiej duszy i jego imion".

Kryszna rzekł: „O Judhiszthira, całą swoją pomyślność i sławę zdobyłem dzięki łasce tej wielkiej duszy. Pozwól więc, że złożę pokłon przed Kaparddinem (Śiwą), recytując hymn ku czci Rudry (Satarudrija). Hymn ten skomponował ongiś wielki Pan żywych istot Brahma, praktykując surowe umartwienia. Ja sam recytuję ten hymn każdego poranka po opuszczeniu łoża i kontrolując zmysły, czczę w ten sposób wielkiego Rudrę".

Kryszna kontynuował: „O Judhiszthira, posłuchaj o wielkich czynach Rudry.

To Śankara (Śiwa) jest Nim, który stworzył wszystkie żywe istoty we wszechświecie, zarówno ruchome, jak i nieruchome. Nie ma żadnej takiej istoty, która przewyższałaby Mahadewę. On jest najwyższym Byciem we wszechświecie. Nie ma takiej istoty, która mogłaby być uznana za mu równą. Nie ma też nikogo, kto byłaby zdolny stawić mu czoła. Gdy przepełniony gniewem pojawia się na polu bitewnym, już sam zapach jego obecności pozbawia wrogów świadomości i wszyscy ci, którzy jeszcze nie zginęli, drżą i padają martwi na ziemię. Jego ryk jest równie przeraźliwy jak ryk burzowych chmur i nawet bogowie tracą do walki serca, gdy słyszą na polu bitewnym jego ryk. Gdy ten nosiciel łuku Pinaka rozgniewa się i przybierze przeraźliwą formę, wówczas samym swym spojrzeniem rzuconym na boga, asurę, gandharwę czy węża pozbawia go spokoju umysłu, choćby nawet szukał schronienia w głębi górskiej jaskini.

Ongiś, gdy Pan żywych istot Daksza przygotował swoją ofiarę, rozkładając ją na ziemi, nieustraszony Bhawa (Śiwa) rozgniewany z powodu zlekceważenia go przez Dakszę i niezaproszenie do udziału w ofierze, przebił ucieleśnioną ofiarę swoją przeraźliwą strzałą, którą z potężnym rykiem wypuścił ze swego łuku. Dźwięk cięciwy jego łuku pozbawił spokoju cały wszechświat. Oszołomieni bogowie stracili całą swoją radość, spokój serc i orientację. Ocean falował, a ziemia drżała w samym swym centrum. Góry i wzgórza odrywały się od swej podstawy i uciekały we wszystkich kierunkach. Sklepienie niebieskie rozpękło się i wszystkie światy przykrył mrok. Ciała niebieskie łącznie ze słońcem przygasły i nie można było nic zobaczyć. Przerażeni riszi, chcąc uczynić coś dla dobra całego wszechświata, wykonywali ryty mające na celu przebłaganie bogów i zdobycie spokoju.

Tymczasem Rudra o przeraźliwej mocy ruszył przeciw bogom. Rozpalony gniewem pozbawił Bhagę oczu, kopnął Puszanę oraz wyrwał zęby Purodasy, który zjadał dużą ofiarną porcję. Drżący ze strachu bogowie skłaniali głowy w pokłonie przed Śankarą, lecz ciągle rozgniewany Rudra nie zaprzestał nakładania na cięciwę swego łuku ostrej, ognistej strzały. Jego waleczność zaniepokoiła bogów i riszich. Najwięksi z nich, próbując go uspokoić, stanęli przed nim ze złożonymi dłońmi, recytując *Satarudriję*. W końcu ich wychwalanie zadowoliło Śiwę. Bogowie przydzielili mu wówczas dużą część składanej ofiary i drżąc z lęku szukali u niego ochrony. Gdy Rudra został przez nich zadowolony, ucieleśniona ofiara, która została dwukrotnie przebita strzałą i wszystkie jej członki zniszczone przez strzały Mahadewy odzyskały swoją pełnię".

Kryszna kontynuował: „O Judhiszthira, słuchaj dalej o wielkich uczynkach Rudry. W starożytnych czasach demony asury dzięki darom Brahmy zdobyły wielką energię i zamieszkiwały w trzech miastach na nieboskłonie. Jedno z tych miast było zbudowane z żelaza, drugie ze srebra i trzecie ze złota. Indra nie potrafił zniszczyć tych miast przy pomocy żadnej swej broni i bogowie szukali pomocy u Rudry. Wszyscy razem rzekli do niego jednym głosem: 'O Rudra, demony asury wywierają niszczący wpływ na wszystkie działania. Mając na uwadze dobro trzech światów, zniszcz tych potężnych dajtjów i ich miasta'. Rudra rzekł: 'O bogowie, niech tak się stanie!' Zrobił z Wisznu głowicę swej strzały, a z boga ognia Agni i boga umarłych Jamy jej lotki. Z *Wed* uczynił swój łuk, a z bogini Sawitri cięciwę. Dziadek wszechświata Brahma był woźnicą na jego rydwanie ciągnionym przez wszystkich bogów. Wypuszczając ze swego łuku strzałę, która miała trzy złącza i trzy głowice, zniszczył potrójne miasto asurów. Zaiste, asury i ich miasta zostały spalone przez Rudrę przy pomocy strzały, która mając jego barwę, była jak słońce i która miała energię ognia konsumującego wszystkie przedmioty na koniec eonu.

Kiedy indziej znowu Rudra pojawił się na kolanach Umy w formie dziecka z pięcioma lokami. Uma, widząc to dziecko, zapytała bogów o to, kim ono jest, lecz żaden z bogów nie potrafił na jej pytanie odpowiedzieć. Indra, który bał się konkurenta o swoją pozycję, gdy zobaczył to dziecko, postanowił je zabić swoim piorunem. Jednakże dziecko to, odgadując jego zamiar, sparaliżowało jego ramię, które z piorunem w dłoni wyglądało jak maczuga zrobiona z żelaza. Zdumieni jego czynem bogowie ciągle nie potrafili rozumieć, że to dziecko jest Panem wszechświata i Najwyższym Byciem. Wreszcie słynny dziadek wszechświata Brahma, rozmyślając nad tym dziwnym wydarzeniem z pomocą swych umartwień, odkrył, że to dziecko jest małżonkiem Umy, Mahadewą o niezmiernej sile i oddał mu cześć. Gdy bogowie również zaczęli głosić chwałę Umy i Rudry, sparaliżowane ramię Indry uzbrojone w piorun powróciło do normalnego stanu".

Kriszna kontynuował: „O Judhiszthira, ten sam Mahadewa, którego czyny wychwalałem, narodził się na ziemi w formie bramina Durwasasa o wielkiej energii. W czasie gdy zamieszkiwał w moim domu w Dwarace, wybuchając gniewem wykonał szereg szkodliwych czynów. Znosiłem je jednak ze spokojem, kierując się wielkodusznością, choć były trudne do zniesienia. On jest bowiem Rudrą, Śiwą i Agnim. On jest Nim, który zawsze zwycięża. On jest Indrą, Waju i Aświnami. On jest błyskawicą. On jest księżycem. On jest Iśaną, Surją, Waruną, Czasem, Niszczycielem i Śmiercią. On jest dniem i nocą, dwutygodniowym cyklem księżyca, porami roku i rokiem. On jest świtem i zmierzchem. On jest Dhatrim i Widhatrim. On jest Wiśwakarmanem i znawcą wszystkich rzeczy. On jest głównymi i uzupełniającymi kierunkami przestrzeni. On jest bezgraniczną duszą. On ma wszechświat za swoją formą. On jest niezmiernie świetlisty. On jest Nim, który czasami manifestuje się w pojedynczej formie, a czasami w setce, tysiącu, setkach tysięcy form. Taka jest natura Mahadewy i gdybym nawet sto lat recytował jego zalety, nie zdołam ich wyczerpać".

3. O wielości form Rudry

Kriszna kontynuował: „O Judhiszthira, błogosławiony Rudra, ma wiele imion. Riszi nazywają go Agnim, Sthanu, Maheśwarą, Ekakszą (jednookim), Tryambaką (trójokim), Wiśwarupą (o kosmicznej formie), Śiwą (wysoce pomyślnym).

Bramini, którzy znają *Wedy*, głoszą, że ten wielki Bóg ma dwie główne formy: przeraźliwą i pomyślną. Te dwie formy z kolei dzielą się na wiele innych. Forma, która jest dzika i przeraźliwa, jest widziana jako tożsama z Agnim, błyskawicą i Surją, a pomyślna jest utożsamiana z prawością (*dharma*), wodą i księżycem. Mówi się, że jedna połowa jego ciała jest ogniem, a druga somą. Jego pomyślne formy są zaangażowane w praktykowanie *brahmacarji*, a formy przeraźliwe we wszystkie akty niszczenia występujące we wszechświecie.

Jest nazywany Maheśwarą, ponieważ jest wielki (Mahat) i jest Najwyższym Panem (Iśwara).

Jest nazwany Iśwarą (Najwyższym Panem), ponieważ ma pełną kontrolę nad zmysłami i przedmiotami przyjemności.

Jest nazywany Rudrą (przeraźliwym), ponieważ spala, gnębi, jest dziki, obdarzony wielką energią i żywi się mięsem, krwią oraz szpikiem kostnym.

Jest nazywany Mahadewą (Wielkim Bogiem), ponieważ wśród bogów zajmuje pierwsze miejsce i jego panowanie jest bardzo rozległe, oraz ponieważ ochrania cały wszechświat.

Jest nazywany Śiwą (dobrze wróżącym, pomyślnym), ponieważ w swej formie i kolorze przypomina dym.

Jest nazywany Dhurdżdżatią, ponieważ wszystkie jego czyny są ofiarami na rzecz wszystkich i ponieważ zawsze myśli o dobru wszystkich żywych istot.

Jest nazywany Sthanu (stałym, nieruchomym), ponieważ w formie lingi pozostaje nieruchomy i stojąc na wysokościach, spala życie wszystkich istot oraz ponieważ będąc niezmiennym, nie schodzi nigdy z określonej ścieżki.

Jest nazywany Wahurupą (o wielu formach), ponieważ zawsze był, jest i będzie, ma wiele aspektów oraz ponieważ jest zarówno ruchomy, jak i nieruchomy.

Jest nazywany Wiśwarupą (o kosmicznej formie), ponieważ w Nim rezydują bogowie Wiśwadewy.

Jest nazywany Paśupatim (Panem wszystkich żywych stworzeń), ponieważ żywi wszystkie żywe istoty, zabawia się z nimi i jest ich Panem".

Kryszna kontynuował: „O Judhiszthira, wszystkie światy oddają Śiwie cześć, ponieważ istnieje zawsze na ziemi w formie nieruchomej i wzniesionej ku górze lingi, i zawsze praktykuje *brahmacarję*. Ten, kto czci Go w tej formie, zdobywa wielką pomyślność. On jest Nim, który lubi przebywać na terenie krematorium, gdzie spala się martwe ciała. Ludzie, którzy wykonują na tym terenie ryty ofiarne, zdobywają regiony wyznaczone dla herosów. Jest czuły dla swych wielbicieli i obdarowuje ich szczęściem Ma wiele ognistych i przeraźliwych form, które są czczone przez bogów i braminów. Jego imiona mają źródło w jego bohaterskich uczynkach i postępowaniu. Bramini czczą jego imiona, recytując *Satarudriję* zawartą w *Wedach* i skomponowaną przez Wjasę.

On jest Nim, którego bramini i riszi nazywają najstarszym z wszystkich istnień.

On jest Nim, który zajmuje wśród bogów pierwsze miejsce.

On jest Nim, z którego ust wypłynął Agni.

On jest Nim o tysiącu oczach.

On jest Nim o dziesięciu tysiącach oczu.

On jest Nim o oczach we wszystkich kierunkach.

On jest Nim, którego energia i siła płyną z oczu.

On jest Nim, który niszczy swym wzrokiem.

On jest Nim, który zamieszkuje w ciałach wszystkich żywych istot w formie śmierci.

On jest Nim, który jest oddechami *prana* i *apana* w ciałach żywych istot.

On jest Nim, który udziela ochrony.

On jest Nim, który ratuje prawe dusze.

On jest Nim, który zarówno gwarantuje długie życie, zdrowie, zamożność i spełnienie życzeń, jak i je zabiera.

On jest Nim, w którym faktycznie mają swoje źródło władza i świetlistość, które pojawiają się u Indry i innych bogów.

On jest Nim, który we wszystkich trzech światach jest zawsze zaangażowany w to wszystko, co jest zarówno dobre, jak i złe.

On jest Nim, który przenika cały wszechświat w swoich różnych formach.

On jest Nim, z którego ust wydobywa się przeraźliwy ryk i który spala wody oceanu w formie ognia o głowie klaczy".

Napisane na podstawie fragmentów *Mahābharāta*, Anusasana Parva, Part 2, Sections CLIX-CLXI.

Opowieść 244
Ostatnie nauki Bhiszmy

1. O tym, jak uwolnić się od wątpliwości co do prawości swojego postępowania; 2. O naturze tych, którzy podążają ścieżką prawości i tych, którzy wybierają ścieżkę nieprawości; 3. O podwójnej przyczynie rezultatów czyichś działań; 4. O mocy prawości, która ostatecznie zawsze zwycięża; 5. O świętych imionach, których recytowanie oczyszcza z grzechów; 6. Bhiszma kończy swe nauki i żegna tych, co zgromadzili się wokół jego łoża.

> Bhiszma rzekł: „O Judhiszthira, Czas, który wszystko rozdziela, zachowując właściwy porządek, nie może nigdy sprawić, aby prawość (dharma) była przyczyną niedoli. Należy zatem stwierdzić, że dusza, która jest prawa, jest z całą pewnością czysta, czyli wolna od elementu zła i niedoli. Jeśli zaś chodzi o nieprawość (adharma), to należy stwierdzić, że nawet wtedy, gdy pojawia się w swym ogromie, nie jest w stanie dotknąć prawości, która jest zawsze ochraniana przez Czas i świeci swym blaskiem jak rozpalony ogień. Prawość ma więc dwa skutki: czystość duszy i niemożność dotknięcia jej przez nieprawość. Zaiste, prawość jest obdarzona atrybutem zwycięstwa. Jej blask jest tak wielki, że oświetla wszystkie trzy światy. ... Gdy nadchodzi Czas Końca, cały wszechświat ulega zniszczeniu. Tym, co pozostaje, jest ta zapoczątkowująca wola osiągnięcia prawości. Stąd w kolejnym życiu pojawia się ona sama z siebie".

(Mahābhārāta, Anusasana Parva, Part 2, Section CLXIV)

1. O tym, jak uwolnić się od wątpliwości co do prawości swojego postępowania

Judhiszthira raz jeszcze zwrócił się do seniora Hastinapury Bhiszmy ze swoim pytaniem. Rzekł: „O Bhiszma, znasz doskonale wszystkie obowiązki i prawość ma w tobie prawdziwe oparcie! Wyjaśnij nam, proszę, gdzie należy szukać oparcia i rozstrzygającego autorytetu przy podejmowaniu decyzji o działaniu: w bezpośrednim postrzeganiu, czy w świętych pismach?"

Bhiszma rzekł: „O Judhiszthira, w moim rozumieniu nie powinno być tutaj wątpliwości, choć rodzą się one z łatwością, gdyż proces decyzji jest bardzo trudny. Posłuchaj z uwagą, co mam na ten temat do powiedzenia. Istnieje bardzo wiele takich sytuacji, że rodzące się wątpliwości dotyczą zarówno tego, co się widzi na własne oczy, jak i tego, co się usłyszało, słuchając pism. Ci, którzy czerpią przyjemność z logicznych debat i uważają siebie za najwyższych ekspertów, głoszą, że jedynym autorytetem jest bezpośrednia percepcja. Utrzymują, że to, czego nie można zobaczyć, nie istnieje i nie może być uważane za prawdziwe. Takie stwierdzenia są jednakże absurdem i ci, którzy je głoszą, są w błędzie bez względu na to, jak bardzo sami wierzą w swoją rację. Tym, którzy wątpią w to, że to niedostępny bezpośrednio zmysłom i niepodzielny *Brahman* jest Przyczyną, odpowiem, że można to zrozumieć dopiero po wielu latach i dzięki praktykowaniu jogi. Tylko taka osoba potrafi zrozumieć tę pojedynczą i Najwyższą Przyczynę. Dopiero wówczas, gdy osoba dociera do samego końca procesu logicznego rozumowania, które bazuje na języku i wychodzi poza ten proces, zdobywa tę wspaniałą i wszechogarniającą wiedzę—tę ogromną masę blasku, który oświetla cały wszechświat i jest zwany *Brahmanem*. To poznanie, które bazuje na rozumie i pochodzi z wnioskowania z przesłanek, z trudem można nazwać wiedzą i należy je odrzucić. Prawdziwej wiedzy nie można zdobyć za pośrednictwem słowa. *Brahman* jest rozległym blaskiem, który oświetla wszystkie światy. Kto dociera do tej prawdy, dociera do Najwyższej Przyczyny".

Judhiszthira rzekł: „O Bhiszma, co jest najbardziej miarodajne w odróżnianiu prawego i nieprawego działania: bezpośrednia percepcja, wnioski płynące z obserwacji, święte pisma, czy też różne ustalone praktyki odróżniania dobra od zła?"

Bhiszma rzekł: „O Judhiszthira, gdy niegodziwcy o wielkiej mocy próbują zniszczyć prawość (*dharma*), może ona znaleźć obrońców przynajmniej na jakiś czas w tych, którzy z gorliwością i troską angażują się w dobre działania. Taka obrona prawości jest jednak trudna do utrzymania przez dłuższy okres czasu, gdyż nieprawość (*adharma*) w końcu prześciga prawość. Prawość bywa często używana w celu zamaskowania nieprawości, tak jak trawa lub słoma maskująca głęboki dół, ukrywająca go przed czyimś wzrokiem. W rezultacie praktyka dobrych działań miesza się ze złem i zostaje przez niegodziwców zniszczona. W ten sposób ci nieszczęśni niegodziwcy, którzy nienawidzą prawości, niszczą dobre postępowanie, które w przeciwnym razie mogłoby służyć jako standard. Stąd wątpliwości w odniesieniu do bezpośredniej percepcji i płynących z niej wniosków dotyczących dobrego postępowania. Najlepsi wśród dobrych są ci, którzy zdobyli zrozumienie płynące ze znajomości pism i którzy są zawsze nasyceni, nie mając żadnych pragnień. Niech ci, którzy są zatroskani i pozbawieni spokoju duszy, u nich szukają rady i przewodnika w sprawie dobrego postępowania. U nich szukaj pomocy w rozwianiu swoich wątpliwości. Odwróć się od pragnienia oraz żądzy, która za nim podąża i obudziwszy w sobie wiarę, że należy szukać tylko prawdziwej prawości, udaj się do nich i u nich szukaj oświecenia. Ich prawe postępowanie nigdy nie błądzi i nie ulega zniszczeniu, podobnie jak i ich ryty oraz wedyjskie studia. Zaiste, bazę prawości tworzą realizowane przez nich prawe działania, ofiary i studiowanie *Wed*".

Judhiszthira rzekł: „O Bhiszma, mój umysł znowu opanowała wątpliwość. Czuję się tak, jakbym szukał sposobu na przekroczenie oceanu, lecz nie potrafię nawet dostrzec drugiego brzegu. Mówisz, że *Wedy*, ofiary i działania są uważne za świadectwo prawości, lecz one wydają się być od siebie różne. I w ten sposób prawość (*dharma*), choć jest tylko jedna i niepodzielna, jest ze względu na te różnice dzielona na trzy rodzaje".

Bhiszma rzekł: „O Judhiszthira, jak wspominałem, prawość zostaje niekiedy zniszczona przez niegodziwców o wielkiej mocy. Fakt ten skłonił cię do refleksji i zrodził w tobie myśl, że istnieją trzy rodzaje prawości. Dowiedz się, że prawość jest jedna i niepodzielna, lecz może manifestować się na trzy różne sposoby, co skłania ludzką inteligencję do myślenia o jej trzech formach. Z tego też powodu zostały opisane trzy odrębne drogi dla każdego z tych trzech świadectw prawości. Postępuj więc zgodnie z instrukcjami. Nie powinieneś nigdy poddawać prawości w wątpliwość lub słuchać tych, którzy na nią pomstują. Niech wątpliwości tego typu nigdy nie powstają w twoim umyśle! Bądź posłuszny temu, co mówię, bez chwili wahania. Podążaj za moimi wskazówkami jak ślepiec, który sam pozbawiony wzroku musi bazować na wzroku kogoś innego. Praktykuj nieranienie, prawdomówność, wybaczanie, hojność i czynienie darów, które konstytuują niezmienną i wieczną *dharmę*. W stosunku do braminów podążaj tą ścieżką postępowania, którą szli twoi ojcowie i dziadowie. Są to drogi prowadzące do nieba. Ignorant, który niszczy siłę autorytetu, odmawiając wartości standardu temu, co było zawsze akceptowane jako standard, nie zdobędzie wśród ludzi autorytetu. Taki człowiek staje się przyczyną smutku istniejącego we wszechświecie. Nie zapominaj więc nigdy o oddawaniu czci braminom i udzielaniu im gościny. Służ im zawsze w ten sposób, gdyż cały wszechświat się na nich opiera. Myśl o nich zawsze w ten sposób!"

2. O naturze tych, którzy podążają ścieżką prawości i tych, którzy wybierają ścieżkę nieprawości

Judhiszthira rzekł: „O Bhiszma, wytłumacz mi, jakie cele realizują ci, który nienawidzą i krytykują *dharmę* i jakie ci, którzy czczą ją i postępują zgodnie z jej nakazami?"

Bhiszma rzekł: „O Judhiszthira, o tych ludziach, którzy nienawidzą prawości, mówi się, że ich serca toną w atrybutach namiętności (*radżasu*) i ciemności (*tamasu*). Oni zawsze kończą w piekle. Z kolei o tych ludziach, którzy czczą prawość i są oddani prawdomówności i uczciwości, mówi się, że są we władzy atrybutu jasności i dobra (*sattwy*) i nazywa się ich dobrymi. W rezultacie ich czci i służby na rzecz nauczycieli ich serca zawsze zwracają się ku prawości. Oni zawsze cieszą się szczęściem w niebie, zdobywając po śmierci regiony bogów. Wszyscy ci wśród bogów i ludzi, którzy uwalniają się od zachłanności i złej woli, i którzy wycieńczają swe ciało ascezą, w rezultacie swej prawości zdobywają niebo. Mędrcy mówią, że bramini, którzy są najstarszymi synami Brahmy, są ucieleśnieniem prawości. Stąd ci, którzy są prawi, zawsze oddają im cześć i darzą ich w swych sercach miłością, tak jak pusty żołądek darzy miłością dojrzałe i smaczne owoce".

Judhiszthira rzekł: „O Bhiszma, poucz nas, jaka jest natura ludzi niegodziwych i jaka ludzi dobrych? Jakie czyny wykonują osoby dobre? Jak rozpoznać niegodziwców i odróżnić ich od tych, którzy są dobrzy?"

Bhiszma rzekł: „O Judhiszthira, tych, którzy są niegodziwi w swym postępowaniu, nie można poddać kontroli. Są niezdolni do trzymania się w granicach reguł i do opanowania swej złej mowy. Dobrzy z kolei są zawsze dobrzy w swoim postępowaniu. Dobre postępowanie jest wyróżniającym ich atrybutem

Ci, którzy są dobrzy i prawi, nigdy nie załatwiają swoich naturalnych potrzeb na drogach publicznych, w zagrodzie dla krów, czy na polu ryżowym. Żywią się tym, co pozostaje po nakarmieniu bogów, Ojców, gości, osób będących na ich utrzymaniu oraz swoich krewnych. Nigdy nie rozmawiają podczas jedzenia i nie kładą się spać z mokrymi rękami. Zawsze pobożnie okrążają napotkany na swej drodze płonący ogień, byka, wizerunek boga, stado krów, skrzyżowanie dróg, ludzi starszych i cnotliwych braminów. Zawsze ustępują z drogi osobom niosącym jakiś ładunek, spieszącym się na umówione spotkanie z zarządzającymi wioską lub miastem, kobietom, braminom, krowom i królom.

Zawsze witają z uprzejmością i dostarczają ochrony swoim gościom, służbie, członkom rodziny, jak i wszystkim tym, którzy są na ich utrzymaniu lub szukają u nich pomocy. Spożywają jedynie dwa posiłki dziennie, rano i wieczorem, nie jedząc nic w międzyczasie. O tych, którzy tak postępują, mówi się, że praktykują post. Kładą się do łoża ze swoją żoną tylko w dozwolonym czasie, gdyż tak jak ogień ofiary oczekuje oblacji, gdy nadchodzi pora na wykonanie rytuału *homa*, tak prawa kobieta po zakończeniu menstruacji oczekuje pojednania ze swoim mężem. O mężczyźnie, który kładzie się do łoża ze swoją żoną tylko w tym dozwolonym czasie, mówi się, że praktykuje *brahmacarję*.

Bramini i krowy są jak boski eliksir nieśmiertelności (*amrita*), stąd też należy zawsze oddawać im cześć przy pomocy właściwych rytów. Ten, kto spożywa mięso zwierząt zabitych w rytach ofiarnych i oczyszczonych z pomocą hymnów z *Jadżurwedy*, nie zabrudza się i nie popełnia grzechu. Powinien jednak unikać mięsa z kręgosłupa ofiarnego zwierzęcia, jak i mięsa pochodzącego ze zwierzęcia, które nie zostało zabite w celach ofiarnych. Bez względu na to, czy przebywa się we własnym lub obcym kraju, nie należy nigdy pozwolić gościowi na odejście bez spożycia posiłku. Nie należy też nigdy patrzeć na nagiego mężczyznę lub nagą kobietę i angażować się w seksualne zachowanie w miejscu publicznym. Nie należy nigdy krytykować ludzi starszych lub ukazywać im swoją wyższość. Nie należy siedzieć, gdy się widzi, że starsza osoba stoi. Ten, kto działa w ten sposób, zapewnia sobie długie życie. Po zakończeniu nauki należy ofiarować nauczycielowi *dakszinę*. Należy zawsze oddawać nauczycielowi cześć i ofiarować mu miejsce do siedzenia. Ten, kto czci swoich nauczycieli, przedłuża okres swego życia i zdobywa sławę. Nauczyciel jest dla osoby największą *tirthą* (świętym brodem), serce jest wśród świętych przedmiotów najbardziej święte, wiedza jest pierwsza wśród przedmiotów, których należy szukać, a nasycenie jest największym szczęściem.

Rankiem i wieczorem należy słuchać słów wypowiadanych przez starszych. Ten, kto służy starszym, nabywa od nich wiedzę. Do czytania *Wed* i jedzenia należy używać prawej ręki. Należy zawsze kontrolować mowę i myśli, aby zmysły nie ulegały rozproszeniu. Ósmego dnia miesiąca księżycowego należy zawsze oddawać cześć bogom i Ojcom, ofiarując im w odpowiednim rycie ugotowaną *pajasę*, ziarna jęczmienia, *krisarę* i oczyszczone masło. Przy pomocy podobnych darów należy również oddać cześć planetom. Nie należy nigdy golić się, zanim nie wypowie się błogosławieństwa. Jeżeli ktoś kichnie w czyjejś obecności, powinien on wypowiedzieć błogosławieństwo. Należy błogosławić wszystkich tych, którzy są chorzy, życząc im wyzdrowienia. Zwracając się do tych, którzy stoją wyżej, należy zawsze używać słowa *bhawan* i nie należy nigdy używać słowa 'ty' (*twam*) Należy bowiem pamiętać, że dla tych, którzy zdobyli wiedzę i stoją wyżej, użycie słowa *twam* w odniesieniu do nich jest równoznaczne z zabiciem ich. Takie osoby przez adresowanie ich w ten sposób czują się poniżone. Słowa *twam* można używać jedynie w odniesieniu do uczniów lub tych, którzy są równi lub stoją niżej".

Bhiszma kontynuował: „O Judhiszthira, opowiedziałem tobie o dobrych działaniach. Ten, kto je realizuje jest nazywany osobą dobrą. Serce grzesznika jest zawsze świadkiem popełnionych grzechów. Ci, którzy próbują ukryć swoje grzeszne czyny przed oczami tych, którzy są dobrzy, wierząc, że o ich grzechach nie wiedzą ani ludzie, ani bogowie, ulegają zniszczeniu. Przytłoczeni swymi grzechami rodzą się ponownie na ziemi na niskim i nędznym poziomie bycia. Ich grzechy ciągle rosną, tak jak procent pobierany przez lichwiarza, który wzrasta z dnia na dzień. Ten z kolei, kto próbuje zniszczyć swój grzech prawym działaniem, przynajmniej go nie zwiększa. Tak jak sól rozpuszcza się, gdy jest polewana wodą, tak pokuta rozpuszcza grzech. Dlatego też nie należy ukrywać grzechu, lepiej wyznać go w obecności osób dobrych, którzy go zniszczą. Nie należy nigdy gromadzić tego, co zbędne, z nadzieją na przyszłość, lecz należy konsumować to we właściwym czasie.

Mędrcy twierdzą, że prawość (*dharma*) jest obecna w umyśle każdej żywej istoty. Stąd wszystkie żywe istoty mają wrodzoną skłonność do prawego postępowania. Każdy powinien praktykować prawość sam z siebie i w pojedynkę. Zaiste, nie należy ogłaszać siebie za osobę prawą i spacerować ze wzniesionym sztandarem prawości jedynie na pokaz. Tych, którzy tak czynią, uważa się za handlujących prawością. Bogów należy czcić bez uczucia pychy. Nauczycielom należy służyć bez oszustwa. Dary należy czynić bez rozgłosu, lecz z myślą o zgromadzeniu tego bogactwa, które dostarczy osobie wsparcia na jej drodze po śmierci".

3. O podwójnej przyczynie rezultatów czyichś działań

Judhiszthira rzekł: „O Bhiszma, nauczasz nas o prawości i dobrych działaniach. Rezultaty czyichś działań nie zależą jednak bezpośrednio o wykonywanych działań. Widzimy wokół nas, że jeżeli osoba jest niefortunna, nie zdoła zdobyć bogactwa bez względu na to, jak bardzo się stara. Z drugiej strony, osoba fortunna zdobywa je nawet wówczas, gdy się o to nie stara. Istnieją setki takich ludzi, którzy pomimo wielkich starań nie uzyskują oczekiwanych rezultatów, podczas gdy inni uzyskują je bez większego wysiłku. Niektórzy ludzie mogą szukać bogactwa na setkę sposobów i mogą nawet grzeszyć dla jego zdobycia, lecz go nie zdobywają, podczas gdy inni zdobywają je bez grzechu i nawet bez szukania. Podobnie, zanim nie nadejdzie właściwy czas, nikt nie zdoła niczego zdobyć bez względu na to, jak bardzo się stara, lecz gdy czas jest właściwy, zdobywa się wszystko bez większego wysiłku. Nikt nie zdoła również umrzeć, zanim nie nadejdzie właściwy czas, choćby nawet został przebity przez setkę strzał, lecz gdy nadchodzi wyznaczona godzina, straci życie nawet od uderzenia źdźbłem trawy. Wyjaśnij nam, proszę, dlaczego tak się dzieje? Gdyby bogactwo było rezultatem czyjegoś wysiłku, wówczas ten, kto podejmuje wysiłek, nabywałby je natychmiast. Zaiste, gdyby tak było, nie byłoby mądrych ludzi szukających ochrony i środków utrzymania u głupców. Widzimy też takich ludzi, którzy choć realizują wyznaczone im obowiązki, są biedni, podczas gdy inni oddani nieprawości są bogaci. Są też tacy, którzy, choć pobierali nauki o moralności i rządzeniu, nie potrafią rządzić, podczas gdy inni, choć nie pobierali tych nauk, są doskonałymi królewskimi doradcami. Zarówno uczona osoba, jak i ta, która nie pobierała nauki, może być albo bogata, albo biedna. Gdyby poprzez naukę można było zdobyć szczęście płynące z bogactwa, wówczas nie można byłoby znaleźć żadnego człowieka nauki, który szuka środków do życia i ochrony u osoby, która nie pobierała nauk. Zaiste, gdyby poprzez uczenie się można nabyć wszystko, czego się pragnie, wówczas nikt na tym świecie nie leniłby się w zdobywaniu nauk".

Bhiszma rzekł: „O Judhiszthira, dopóki nie posieje się ziarna, dopóty nie zbierze się plonu. Dlatego też ten, kto nie zdobywa bogactwa w obecnym życiu pomimo wielkich starań, powinien oddać się praktykowaniu surowych umartwienia, aby swymi prawymi działaniami zarobić na lepszy los w przyszłym życiu. To dzięki obdarowywaniu za życia tych, którzy zasługują na dary, zdobywa się w kolejnym życiu liczne przedmioty przyjemności. To dzięki służeniu tym, którzy są w zaawansowanym wieku, zdobywa się inteligencję, a długie życie zdobywa się dzięki praktykowaniu powstrzymywania się od okrucieństwa w stosunku do wszystkich żywych istot. Należy więc bez wezwania czynić dary i akceptować dary czynione przez innych. Należy oddawać cześć osobom prawym, używać uprzejmych słów w stosunku do wszystkich i zawsze czynić to, co jest dla innych równie miłe, jak dla nas samych. Należy starać się o osiąganie fizycznej i duchowej czystości i unikać ranienia jakiejkolwiek żywej istoty. Jeśli chodzi o doświadczane przez każdą żywą istotę szczęście lub nieszczęście, włączając w to nawet owady i mrówki, to ich przyczyną są jej własne działania w obecnym i przeszłym życiu oraz natura materialna *Prakriti*. Pozbądź się więc swoich wątpliwości, bo gdy widzisz, że czyjeś starania nie przynoszą bogactwa, podczas gdy inny zdobywa je bez żadnych starań, wówczas to, co widzisz, jest rezultatem łącznego działania tych dwóch wymienionych przeze mnie przyczyn".

4. O mocy prawości, która ostatecznie zawsze zwycięża

Bhiszma kontynuował: „O Judhiszthira, ten, kto sam wykonuje dobre działania lub skłania innych do ich wykonania, zbiera owoce prawości, podczas gdy ten, kto sam wykonuje grzeszne działania i skłania innych do ich wykonania, zbiera owoce nieprawości. W każdym momencie Czas wkracza do rozumienia wszystkich żywych istot, skłaniając je do czynów prawych lub grzesznych, i następnie rozdziela wśród nich szczęście i niedolę. Ten, kto widząc owoc prawości, zrozumie jej wyższość, zaczyna skłaniać się ku prawości i pokładać w niej wiarę, podczas gdy ten, którego rozumienie jest chwiejne, nie potrafi uwierzyć w prawość. Jeśli chodzi o wiarę w prawość, jest ona tym, czym jest, i niczym innym. Uwierzenie w prawość jest dowodem mądrości wszystkich ludzi. Ten, kto poznał zarówno to, co należy uczynić i to, czego nie należy, realizując swój cel z troską i oddaniem, powinien osiągać to, co dobre. Ci prawi ludzie, którzy w swoim obecnym życiu cieszą się dostatkiem, kierując się własnym impulsem, troszczą się o swoją duszę, aby nie musieć w kolejnym życiu urodzić się jako osoba zdominowana przez atrybut namiętności (*radżasu*).

Czas, który wszystko rozdziela, zachowując właściwy porządek, nie może nigdy sprawić, aby prawość (*dharma*) była przyczyną niedoli. Należy zatem stwierdzić, że dusza, która jest prawa, jest z całą pewnością czysta, czyli wolna od elementu zła i niedoli. Jeśli zaś chodzi o nieprawość (*adharma*), to należy stwierdzić, że nawet wtedy, gdy pojawia się w swym ogromie, nie jest w stanie dotknąć prawości, która jest zawsze ochraniana przez Czas i świeci swym blaskiem jak rozpalony ogień. Prawość ma więc dwa skutki: czystość duszy i niemożność bycia dotkniętą przez nieprawość. Zaiste, prawość jest obdarzona atrybutem zwycięstwa. Jej blask jest tak wielki, że oświetla wszystkie trzy światy.

Mędrzec nie potrafi uchwycić tego, co trzyma na uwięzi grzesznika i zmusić go do stania się prawym, i gdy próbuje zmusić go do prawego działania, grzesznik motywowany przez lęk działa z hipokryzją. Ludzie prawdziwie prawi nigdy nie uciekają się do hipokryzji, nawet ci, którzy urodzili się wśród szudrów. Ciała wszystkich osób bez względu na to, w jakiej kaście się urodzili, są tak samo zbudowane z pięciu pierwotnych elementów. Zaiste, wszystkie są zrobione z tego samego budulca. Jeśli chodzi o różnice między nimi, to dotyczą one praktyki życia i szczególnych obowiązków. Jednakże pomimo tych różnic została im dana wystarczająca wolność, aby każda jednostka mogła osiągnąć taki stan szczęśliwości. Niebiańskie regiony szczęśliwości będące nagrodą za prawość nie są jednak wieczne i mają swój koniec. Skoro przyczyna (prawość) jest wieczna, dlaczego przynosi skutek (pobyt w niebie), który nie jest wieczny? Posłuchaj mojej odpowiedzi na to pytanie. Tylko ta prawość jest wieczna, która nie jest rezultatem dążenia do zdobycia owocu lub nagrody (*niszkama*). Prawość, która jest rezultatem takiego dążenia (*sakama*), nie jest wieczna. Stąd tylko skutek pierwszego rodzaju prawości, którym jest połączenie się z *Brahmanem*, jest wieczny. Skutek tej prawości, która wynika z pragnienia zdobycia nagrody, nie jest wieczny.

Wszyscy ludzie są równi, jeśli chodzi o fizyczne ciało. Wszyscy również posiadają duszę, która w swej naturze jest taka sama. Gdy nadchodzi Czas Końca, cały wszechświat ulega zniszczeniu. Tym, co pozostaje, jest ta zapoczątkowująca wola osiągnięcia prawości. Stąd w kolejnym życiu pojawia się ona sama z siebie. Szczęście i nieszczęście w obecnym życiu zależy od czynów wykonanych w przeszłym życiu, stąd nierówności dostrzegane wśród ludzi nie mogą być uważane za anormalne. Równocześnie jednak nawet te żywe istoty, które urodziły się na pośrednim poziomie istnienia, w sprawie swoich działań są tak samo jak inne po wpływem dobrego przykładu i swymi dobrymi czynami mogą zarobić na poprawę swego losu w przyszłym życiu".

5. O świętych imionach, których recytowanie oczyszcza z grzechów

Judhiszthira rzekł: „O Bhiszma, poucz nas raz jeszcze o tym, co na tym świecie jest dla człowieka najbardziej korzystne. Co powinien czynić, aby zdobyć szczęście? Co powinien czynić, aby oczyścić się z grzechów? Zaiste, poucz nas o tym, co niszczy grzechy".

Bhiszma rzekł: "O Judhiszthira, aby oczyścić się z grzechów należy rano, w południe i wieczorem recytować święte imiona we właściwym porządku. Posłuchaj tych imion. Ten, kto je recytuje, oczyszcza się z grzechów, które popełnił świadomie lub nieświadomie w ciągu dnia, nocą lub o porannym i wieczornym zmierzchu, działając za pomocą organów poznania i działania. Taki człowiek nigdy nie straci wzroku i słuchu, i zdobędzie to, co jest korzystne. Nie narodzi się nigdy na ziemi na pośrednim poziomie istnienia lub w kaście mieszanej i nigdy nie spadnie do piekła. Nie musi obawiać się żadnej katastrofy i moment śmierci nie wprowadzi go w osłupienie.

Posłuchaj najpierw imion bogów. Recytację tych świętych imion należy zacząć od imienia Brahmy, dziadka i Pana wszechświata, nauczyciela wszystkich bogów i asurów, pełnego blasku, nienarodzonego, niewyobrażalnego i nie do opisania, czczonego przez wszystkie żywe istoty i jego bezgrzesznej żony Sawitri. Należy kontynuować, recytując kolejne imiona w następującej kolejności: Wisznu zwany Narajaną o bezgranicznej mocy, źródło *Wed*; Wirupaksza (Śiwa) towarzysz Umy; Skanda dowódca armii bogów; Wiszakha (Agni) nosiciel oblacji; Waju bóg wiatru; promienny Czandra (księżyc); Aditja bóg słońca; Indra towarzysz Śaci; Jama mąż Dhumorni; Waruna mąż Gouri; Kubera mąż Riddhi; Surabhi przyjazna i słynna krowa; Wiszrawa wielki riszi; sześć pór roku; ocean; bogini Ganga; wszystkie święte rzeki; wszyscy Marutusi; Walakhiljowie odziani w bogactwo ascezy; Wjasa zwany urodzonym na wyspie Kryszną; Narada; Parwata; Wiśwawasu; Haha; Huhu; Tumbaru; Citrasena; wielce błogosławione córki bogów; niebiańskie apsary o imionach Urwasi, Menaka, Ramwa, Misrakesi, Alamwusza, Wiswaczi, Pańcacuda, Ghritaczi, Tilottama; Aditjowie; Wasu; Aświni; *pitri* (Ojcowie); *dharma* (prawość); Prawda; umartwienia; inicjacja; śluby; noc; dzień; Kaśjapa syn Marici; Śukra; Brihaspati; Mangala (Mars) syn Ziemi; Wudha; Rahu; Szanaiszczara (Saturn); gwiezdne konstelacje; pory roku; miesiące; rok; Garuda syn Winaty; oceany; węże synowie Kadru; Satadru; Czandrabhaga; Wipasa; Saraswati; Sindhu; Dewika; Prabhasa; święte wody Puszkary; święte wody Gangesu; Mahanadi; Wena: Kaweri; Normada; Kulampuna; Wisalja; Karataja; Amwuwahini; Saraju; Gandaki; Lohita; Tamra, Aruna, Wetrawati; Parnasa; Gautami; Godawari; Wena; Krisznawena; Dwija; Driszadwati; Kaweri; Wankhu; Mandakini;

Prajaga; Prabhasa; święty Las Naimisza; święte miejsce Mahadewy, gdzie znajduje się jezioro o kryształowo czystej wodzie; święte miejsce Kurukszetry z jego licznymi zbiornikami czystej wody; święty ocean mleka; pokuta; dary; Dżamwumarga; Hiranwati; Witasta; święte miejsce zwane Gangadwara; Riszikulja; rzeka Wekszumati; Citrapatha; Kauśiki; Jamuna; Bhimarathi; Bahuda; Mahendrawani; Tridiwa; Nilika; Saraswati; Nanda; Aparananda; święty bród jeziora Manasa; Gaja; święty bród Phalgutirtha; Las Dharmaranja ulubione miejsce bogów; święte jeziora i rzeki stworzone przez Brahmę; góry Himawat porośnięte świętymi ziołami; góry Windhja pokryte licznymi świętymi brodami, minerałami i ziołami; góry Malaja; święta góra Meru; święta góra Śweta obdarzona srebrem; Sringawat; Mandara; Nila; Niszada; Dardura; Citrakuta; Andżanabha; Gandhamadana; Somagiri; wszystkie inne święte góry; główne i podrzędne kierunki przestrzeni; cała ziemia; wszystkie drzewa; Wiświadewy; planety".

Bhiszma kontynuował: „O Judhiszthira, należy zawsze wychwalać bogów, riszich i królewskich mędrców, recytując ich imiona. Człowiek, który tak czyni, oczyszcza się z grzechów, które prowadzą do narodzin wśród tych, którzy są nieczyści, i uwalnia się od lęku.

Wymieniłem imiona bogów. Posłuchaj teraz imion braminów, którzy zdobyli bogactwo ascezy. Ich recytowanie oczyszczenia z wszystkich grzechów. Są to:

Jawakrita, Raibhja, Kaksziwat, Ouszidża, Bhrigu, Kanwa, Madhatithi, Barhi o wielkich osiągnięciach, którzy zamieszkują we wschodnim regionie.

Ulmuczu, Pramuczu, Swastjatreja o wielkiej energii, Angiras o wielkiej mocy syn Mitry i Waruny, Dridhaju i Urdhawahu, którzy zamieszkują w południowym regionie.

Uszangu, Pariwjadha, Dirghatama, Gautama, Kaśjapa, Ekata, Dwita, Trita, Durwasas syn Atriego oraz Saraswat, którzy zamieszkują w zachodnim regionie.

Atri, Wasiszta, Śakti, Wjasa syn Paraśary, Wiśwamitra, Bharadwadża, Dżamadagni wnuk Ricziki, Bharadwadża, Kohala, Paraśurama, Uddalaka, Swetaketu, Wipula, Dewala, Dewasarman, Dhaumja, Hastikaśjapa, Lomasa, Nacziketa, Lomaharasana, Ugraśrawas i Cjawana, syn Bhrigu, którzy oddają cześć bogom w swych rytach ofiarnych i zamieszkują w północnym regionie.

Posłuchaj teraz imion wielkich królów, których recytowanie oczyszcza z każdego grzechu. Są to: Nriga, Jajati, Nahusza, Jadu, Puru o wielkiej energii, Sagara, Dhundhumara, Dilipa o wielkiej odwadze, Kriszaśwa, Juwanaśwa, Citraśwa, Satjawat, Duhszanta, Bharata, który zdobył pozycję imperatora, Jawana, Dźanaka, Dritaratha, Raghu, Daśaratha, Rama zabójca rakszasów, Sasawindu, Bhagiratha, Hariśczandra, Marutta, Dridharatha, Alarka, Aila, Karandhama, Kasmira, Daksza, Amwarisza, Kukura, Kuru, Raiwata, Samwarana, Mandhatri o wielkiej odwadze, królewski mędrzec Muczukunda, Dżahnu faworyt Dżanhawi (Gangi), Prithu syn Weny, Mitrabhanu, Prijankara, Trasadasju, królewski mędrzec Śweta, sławny Mahabhisa, Nimi, Asztaka, Aju, Kszupa, Kakszeju, Pratardana, Diwodasa, Saudasa, Kosala, Aila, Nala, Pradżapati Manu, Hawirdhana, Priszaghna, Pratipa, Śamtanu, Adża, Ikszwaku, Anaranja, Dżanudżangha, Kakszasena i wielu innych.

Ten człowiek, który rano i wieczorem recytuje wszystkie te wymienione przeze mnie imiona z czystym ciałem i umysłem oraz ze skupioną uwagą, zdobywa wielkie religijne zasługi. Ich recytowanie należy zakończyć, mówiąc: 'Niech ci Panowie stwarzania zapewnią mi wzrost, długie życie i sławę! Niech omijają mnie nieszczęścia! Niech nie zabrudzi mnie żaden grzech! Niech nie atakują mnie żadni wrogowie! Niech do mnie należy zwycięstwo i pomyślność po śmierci'".

6. Bhiszma kończy swe nauki i żegna tych, co zgromadzili się wokół jego łoża

Po wypowiedzeniu tych słów leżący na swym łożu ze strzał senior Hastinapury Bhiszma zamilkł. Zgromadzeni wokół jego łoża królowie i riszi pozostawali również w całkowitej ciszy. Siedzieli całkowicie bez ruchu, przypominając figury namalowane na płótnie. Po chwili milczenia i namysłu riszi Wjasa rzekł do syna bogini Gangi i króla Śamtanu: „O Bhiszma, król ludu Kuru Judhiszthira, jego bracia i zwolennicy po rozmowie z tobą zostali przywróceni do swej zwykłej natury i uwolnili się od swoich wątpliwości. Mając Krysznę po swojej stronie, chylą przed tobą z szacunkiem głowy. Daj im więc swoje pozwolenie na powrót do ich królestwa". Bhiszma, dając im swoje pozwolenie na opuszczenie swego łoża znajdującego się na polach Kurukszetry, rzekł: „O Judhiszthira, uwolnij się od gorączki swego serca, powróć ze swoimi braćmi do Hastinapury i rządź sprawiedliwie swoim odzyskanym królestwem. Z oddaniem i opanowanymi zmysłami czcij bogów różnymi rytami, ofiarując ogromne dary jedzenia i bogactwa, podobnie jak to czynił król Jajati. Pozostając oddany *dharmie* kasty wojowników, zadowalaj Ojców i bogów. W ten sposób zgromadzisz ogromne zasługi. Ochraniaj i przynoś zadowolenie wszystkim swoim poddanym. Nieś wszystkim pokój. Oddawaj honory wszystkim tym, którzy ci dobrze życzą i przydzielaj im nagrody, na jakie zasługują. Dostarczaj środków do życia przyjaciołom i tym, którzy dobrze ci życzą, aby mogli żyć jak ptaki żywiące się owocami wielkich drzewach rosnących w świętych miejscach. Gdy słońce zakończy swój bieg w kierunku południowym i zatrzyma się na moment, aby rozpocząć swój bieg w kierunku północnym, powróć tutaj do mojego łoża ze strzał, gdyż wtedy nadejdzie właściwy moment na uwolnienie z ciała mej duszy".

Judhiszthira, syn boga Dharmy zwany Królem Prawa, rzekł: „O Bhiszma, niech tak się stanie!" Następnie oddał cześć leżącemu na swym łożu ze strzał Bhiszmie i razem ze swoją rodziną i zwolennikami ruszył w kierunku Hastinapury. Idąc w orszaku z królem Dhritarasztrą i jego oddaną mu małżonką Gandhari na czele, w towarzystwie riszich, Kryszny oraz licznych obywateli przekroczył bramy tego wspaniałego miasta, którego nazwa wywodzi się od imienia słonia (*hastina*).

Napisane na podstawie fragmentów *Mahābharāta*,
Anusasana Parva, Part 2, Sections CLXII-CLXVI.

Opowieść 245
Bhiszma wstępuje do nieba

> Kryszna Wasudewa rzekł: „O Bhiszma, uwolnij z ciała swoją duszę, masz na to moje pozwolenie. Udaj się do nieba i osiągnij tam ponownie status jednego z ośmiu bogów Wasu. Żyjąc na tym świecie, nie zabrudziłeś się żadnym grzechem. Głęboko oddany swemu ojcu Śamtanu, otrzymałeś od niego dar zadecydowania o momencie swej śmierci. Jesteś więc jak drugi Markandeja! Śmierć na ciebie czeka jak niewolnik z pochyloną głową, całkowicie zależna od twej woli".

(*Mahābhārāta*, Anusasana Parva, Part 2, Section CLXVII)

Król Prawa Judhiszthira po przybyciu do Hastinapury oddał honory mieszkańcom swej stolicy i prowincji, którzy wyszli mu na powitanie i następnie po zakończeniu powitalnych rytów zezwolił im na udanie się z powrotem do swych domów. Próbując złagodzić ból kobiet, które straciły swoich heroicznych mężów i synów w wojnie Pandawów z Kaurawami, obdarował je licznymi darami. W ten sposób po odzyskaniu swojego królestwa ten prawy Pandawa o wielkiej mądrości podjął swoje królewskie obowiązki. Podążając we wszystkim za swoją prawą naturą, zadowalał swych poddanych różnymi aktami dobrej woli. Ten syn boga Dharmy i najwyższa podpora Prawa na ziemi swym postępowaniem zapewnił sobie błogosławieństwo braminów, militarnych dowódców i wszystkich innych czołowych obywateli swojego kraju. Gdy zobaczył, że słońce kończy swój bieg ku południowi, aby zacząć wędrówkę w kierunku północnym i że nadchodzi dzień, który Bhiszma wyznaczył na moment swojej śmierci, ruszył ponownie w kierunku pól Kurukszetry, gdzie ten senior Hastinapury leżał na swym łożu ze strzał, będącym łożem herosów. Zabrał ze sobą licznych kapłanów, ognie ofiarne oraz ogromną ilość oczyszczonego masła, girland z kwiatów, substancji zapachowych, tkanin z najczystszego jedwabiu, olejków z drzewa sandałowego i aloesowego oraz z czarnego aloesu, potrzebnych do przygotowania ciała Bhiszmy do kremacji. Król Prawa udał się tam w orszaku, na którego czele jechali niewidomy król Dhritarasztra ze swoją cnotliwą żoną Gandhari, matka Pandawów Kunti i młodsi Pandawowie. Zaraz za nimi podążali Judhiszthira z Kryszną, Widurą, Jujutsu i Satjaki oraz innymi krewnymi. Towarzyszyły im dźwięki pieśni ku chwale

Bhiszmy nuconych przez poetów. Król Prawa, idąc w tym orszaku, był jak król bogów Indra w otoczeniu bogów.

Wkrótce przybyli na miejsce, gdzie syn bogini Gangi i króla Śamtanu leżał na swym łożu ze strzał. U jego łoża zgromadzili się już wielcy riszi jak Wjasa, Narada, Asita-Dewala, oraz królowie, którzy przeżyli wojnę i przybyli tutaj z różnych krajów, aby oddać Bhiszmie cześć. Zaiste, Król Prawa zobaczył tego seniora swego rodu o wielkiej duszy leżącego na swym łożu herosa i strzeżonego ze wszystkich stron przez wojowników wykonujących swój obowiązek.

Pandawowie zeszli ze swoich rydwanów, aby oddać Bhiszmie cześć. Oddali również cześć riszim z Wjasą na czele, którzy odwzajemnili się im swoim hołdem. W towarzystwie swoich kapłanów, z których każdy był jak sam Brahma, zbliżyli się do łoża Bhiszmy i otaczających je riszich. Judhiszthira, mając u boku swoich braci, rzekł do Bhiszmy: „O synu bogini Gangi i wielki liderze naszego rodu, niech będzie tobie chwała! Jeżeli ciągle mnie słyszysz, powiedz, co mogę jeszcze dla ciebie uczynić? Przybyłem tutaj, przynosząc ze sobą ognie ofiarne i czekam na ciebie u twego łoża w godzinie, na którą wskazałeś. Przybyli tu również nauczyciele wszystkich gałęzi nauk, bramini oraz asystujący w rytach kapłani. Jest tu również król Dhritarasztra o wielkiej energii, jak i moi doradcy oraz Kryszna Wasudewa o wielkiej mocy. Są tu również wojownicy i królowie, którzy przeżyli wojnę. Otwórz oczy i spójrz na nas! Wszystko, co powinno być uczynione w tej wielkiej godzinie, zostało przeze mnie uczynione. Zaiste, wszystko jest przygotowane na tę godzinę, o której mówiłeś!"

Na te słowa Judhiszthiry syn bogini Gangi otworzył oczy i zobaczył stojących u swego łoża wszystkich Bharatów. Wziął silną dłoń Judhiszthiry w swe dłonie i rzekł głosem równie głębokim, jak ryk burzowych chmur: „O Judhiszthira, dziękuję dobremu losowi za to, że pozwolił tobie przybyć tutaj razem ze wszystkimi twoimi doradcami w tej świętej godzinie, gdy Surja o tysiącu promieni rozpoczyna swój bieg w kierunku północnym! Czekając na tę godzinę, leżę już na swym łożu ze strzał przez pięćdziesiąt osiem nocy. Rozciągnięty na ich ostrzach mam wrażenie, że leżę już tak setkę lat. Nadszedł jednak obecnie miesiąc księżycowy *magha* (styczeń/luty) ze swoimi najjaśniejszymi (najdłuższymi) czternastoma dniami w roku i właśnie kończy się ostatnia czwarta część tego okresu".

Po wypowiedzeniu tych słów do Judhiszthiry Bhiszma rzekł, zwracając się do króla Dhritarasztry: „O królu, poznałeś wszystko, co dotyczy Prawa (*dharma*) i wszystkie twoje wątpliwości dotyczące celów życia (*artha*) zostały rozwiane. Służyłeś licznym uczonym braminom i poznałeś wszystkie subtelne nauki czterech Wed. Znasz również prawdę o przeznaczeniu. Nie rozpaczaj więc z powodu tego, co się stało! Stało się bowiem to, co było przeznaczone. Nie mogło być inaczej. Z ust samego Wjasy dowiedziałeś się o sekretach dotyczących bogów. Według Prawa Pandawowie są tak samo twoim synami, jak i synami twojego zmarłego brata Pandu. Postępuj więc zgodnie z tym, co nakazuje religia, ciesz się nimi i ochraniaj ich. Odwzajemnią się tobie swym posłuszeństwem i oddaniem seniorom waszego rodu. Judhiszthira, który jest Królem Prawa, jest czystą duszą i zawsze okazywał tobie posłuszeństwo. Wiem, że jest oddany cnocie współczucia i nieranienia. Jest też głęboko oddany swoim ojcom i nauczycielom. Twoi synowie (Kaurawowie) z kolei mieli nikczemne dusze. Byli we władzy gniewu i zachłanności. Motywowani zawiścią zachowywali się podle. Nie powinieneś więc ich opłakiwać".

Następnie Bhiszma rzekł, zwracając się do Kryszny: „O Ty, który jesteś Najwyższym z wszystkich istnień, niech Pandawowie, zawsze mają w Tobie swojego obrońcę! O Bogu bogów, to Ty jesteś czczony przez wszystkich bogów i asurów! To Ty przykrywasz wszystkie światy trzema krokami! Niech będzie Tobie chwała! Trzymasz w dłoniach konchę, dysk i maczugę. Jesteś Wasudewą o ciele w złotym kolorze. Jesteś Najwyższym Puruszą. Jesteś Stwórcą wszechświata. Jesteś bez granic. Jesteś wcieloną duszą. Jesteś subtelny i przenikasz wszystko. Jesteś Najwyższą Duszą. Kłaniam się Tobie! Daj mi pozwolenie na opuszczenie i odejście z tego świata. O Ty, który jesteś najwyższą szczęśliwością! Dawniej wielokrotnie mówiłem Durjodhanie o grzesznym umyśle, że prawość jest po tej stronie, gdzie jest Kryszna i że zwycięstwo jest tam, gdzie jest prawość. Mówiłem mu, że powinien szukać azylu w Wasudewie i zawrzeć pokój z Pandawami. Niemądry Durjodhana nie chciał słuchać moich rad. Spowodował na ziemi wielkie spustoszenie i w końcu sam oddał w ofierze swe życie. O Kryszna, wiem, że to Ty jesteś tym najstarszym i najlepszym z riszich, który razem z Narą spędził wiele lat w pustelni Badari. Dowiedziałem się o tym od niebiańskiego mędrca Narady i od Wjasy, który zdobył ogromne bogactwo płynące z umartwień. Wiem też to, że Ty i Ardżuna jesteście parą starożytnych mędrców Narajaną i Narą, którzy raz jeszcze urodzili się na ziemi w ludzkie formie. O Kryszna, pozwól mi teraz odejść. Pozwól mi uwolnić z ciała duszę. Pozwól mi osiągnąć najwyższy cel!"

Kryszna Wasudewa rzekł: „O Bhiszma, uwolnij z ciała swoją duszę, masz na to moje pozwolenie. Udaj się do nieba i osiągnij tam ponownie status jednego z ośmiu bogów Wasu. Żyjąc na tym świecie, nie zabrudziłeś się żadnym grzechem. Głęboko oddany swemu ojcu Śamtanu, otrzymałeś od niego dar zadecydowania o momencie swej śmierci. Jesteś więc jak drugi Markandeja! Śmierć na ciebie czeka jak niewolnik z pochyloną głową, całkowicie zależna od twej woli".

Bhiszma raz jeszcze zwrócił się do Bharatów i innych osób zgromadzonych wokół jego łoża. Rzekł: „O Bharatowie, pozwólcie mi odejść, naszedł bowiem ten moment, gdy pragnę uwolnić się od mojego życiowego oddechu,. Podążajcie zawsze za Prawdą, bo Prawda jest najwyższą siłą. Przebywajcie zawsze w bliskości braminów o prawym działaniu, którzy są oddani umartwieniom, nieranieniu i poddali kontroli swoje dusze". Następnie po wzięciu wszystkich w objęcia, rzekł raz jeszcze do Judhiszthiry: „O Królu Prawa, czcij zawsze wszystkich braminów, a szczególnie tych, którzy zdobyli mądrość, są nauczycielami i kapłanami asystującymi w rytach ofiarnych!"

Bhiszma zamilkł i leżał przez jakiś czas w milczeniu. Przebywając po kolei w różnych stadiach koncentracji (*dharana*) i kontrolując swój życiowy oddech, pchnął go ku górze. Dzięki mocy jego jogi wszystkie te części jego ciała, które życiowy oddech opuszczał, wznosząc się ku górze, oczyszczały się z ran. Widok ten był cudowny i tajemniczy. Nie minęło wiele czasu, jak jego ciało całkowicie uwolniło się od ran i przebijających je strzał. Wszyscy zebrani wokół jego łoża razem z Kryszną patrzyli na to z pobożnym zdumieniem. W końcu życiowy oddech Bhiszmy, niezdolny do ucieczki poprzez inne bramy ciała, przebił się przez koronę głowy i wzniósł się ku niebu skąd dochodziły dźwięki niebiańskich bębnów, a na ziemię opadał deszcz kwiatów. Wypełnieni ekstatycznym zachwytem riszi wołali: „Wspaniale! Wspaniale!" Oddech Bhiszmy po przybiciu się przez koronę jego głowy z siłą potężnego meteoru, przeszył nieboskłon i natychmiast zniknął. W taki to sposób syn króla Śamtanu, prawdziwy filar, na którym wspierał się ród Bharatów, połączył się z wiecznością.

Pandawowie razem z Widurą zebrali wówczas ogromną ilość drewna i różnego rodzaju kadzidełek zapachowych i przygotowali dla Bhiszmy jego stos pogrzebowy. Jujutsu i inni byli tu tylko obserwatorami. Judhiszthira i Widura owinęli następnie ciało Bhiszmy w jedwabne sukno i ozdobili girlandami z kwiatów. Jujutsu trzymał nad ciałem Bhiszmy wspaniały, chroniący przed słońcem parasol, podczas gdy Bhima i Ardżuna wachlowali jego ciało wachlarzami o śnieżnej białości, a Nakula i Sahadewa synowie Madri trzymali w dłoniach przeznaczone dla Bhiszmy nakrycie głowy. Następnie Judhiszthira i Dhritarasztra stanęli u jego stóp, a stojące po obu stronach jego ciała kobiety wachlowały je wachlarzami zrobionymi z liści palmowych. Zgodnie z nakazami została wykonana ofiara ku czci Ojców na intencję Bhiszmy, podczas której lano libację do ognia ofiarnego, a śpiewacy nucili *samany*. Gdy ciało Bhiszmy posmarowane pastą z drzewa sandałowego i czarnego aloesu oraz innymi pachnącymi maściami zostało ułożone na stosie pogrzebowym, Dhritarasztra i inni Bharatowie stanęli po jego prawej stronie. Po kremacji wszyscy Bharatowie udali się w kierunku świętej rzeki Bhagirathi (Gangesu), mając za swych towarzysz riszich. Razem z nimi udali się tam Wjasa, Narada, Asita-Dewala, Kryszna, kobiety z rodu Bharatów oraz obywatele Hastinapury, którzy przybyli na pola Kurukszetry, aby pożegnać Bhiszmę. Gdy przybyli na brzeg świętej rzeki, uczynili na intencję Bhiszmy dar wody.

Gdy tak czynili, z wód uniosła się bogini Bhagirathi (Ganga), lejąc łzy. Rzekła: „O bezgrzeszni, posłuchajcie moich słów o tym, co się wydarzyło. Mój syn o królewskim zachowaniu i dyspozycji był dobroczyńcą wszystkich ojców swego rodu. Poczynił surowe śluby i był bezgranicznie oddany swojemu ojcu, królowi Śamtanu. Ten wielki heros, którego nawet Paraśurama nie zdołał pokonać przy pomocy swej boskiej broni, został zabity przez Śikhandina. Moje serce musi być zrobione z twardego diamentu, skoro nie pękło na wieść o jego śmierci. Ten wielki heros dokonał wielu bohaterskich czynów. Uprowadził trzy księżniczki Kasi podczas ich festiwalu wyboru męża z myślą o swoim bracie Wikitrawirji i sam jeden na swoim rydwanie pokonał atakujących go zawistnych królów. Nigdy nie było na ziemi osoby dorównującej mu mocą! Dlaczego moje serce nie pęka na wieść o śmieci mojego syna!"

Kryszna, słysząc jej lament, rzekł kojąco: „O najmilsza, nie rozpaczaj. Twój syn udał się do regionów najwyższej szczęśliwości. On był jednym z bogów Wasu o wielkiej energii i narodził się na ziemi w ludzkiej formie w rezultacie klątwy Wasiszty. Nie opłakuj go. Realizując obowiązki wojownika, został pokonany na polu bitewnym przez strzały Ardżuny, a nie przez Śikhandina. Gdy pojawiał się na polu bitewnym z łukiem w dłoni, nikt nie mógł go pokonać, nawet sam król bogów Indra. Cała armia bogów była w walce z nim bezsilna. Twój syn udał się do nieba, zdobywając region wielkiej szczęśliwości. Uwolnij się więc od gorączki swego serca". Słowa Kryszny uwolniły boginię Gangę od jej żalu i przywróciły jej spokój umysłu. Bharatowie razem z Kryszną oddali jej cześć i po otrzymaniu od niej zgody, opuścili brzeg świętego Gangesu, udając się z powrotem do swego królestwa.

Napisane na podstawie fragmentów *Mahābharāta*, Anusasana Parva, Part 2, Bhiszma Swargarohanika Parva Sections CLXVII-CLXVIII.

Dodatki

Słowniczek *Mahabharaty* (księga XIII, cz. 1 i 2)

Hasła pojawiające się w poprzednich księgach zostały pominięte.

A

aczamana: oczyszczający ryt, który przed rozpoczęciem jakiegoś religijnego działania polega na dotykaniu wody ustami i innymi określonymi częściami ciała, np. miejscem na dłoni zwanym Brahma-tirtha.

agnisziuta: rytuał oddawania czci ogniowi.

ahimsa (*nieranienie, współczucie*): słowo to wywodzące się od sanskryckiego *himsa* (ranić, uderzać) i stanowiące jego negację *ahimsa* opisuje jedną z kluczowych cnót w hinduizmie. Idea współczucia i nieranienia, odnoszona do wszystkich żywych istot, przewija się przez całą *Mahabharatę* i jest religijnym obowiązkiem każdego bez względu na to, w jakiej kaście się ktoś urodził. Nieranienie jest traktowane jako uniwersalna i najwyższa ścieżka prawości prowadząca do tego, co najwyższe.

ajogawa: syn szudry z kobietą z kasty waiśjów, do którego obowiązków należy wykonywanie zawodu stolarza.

akszata: dar ofiarny złożony z ziarenek ryżu i *ghee*.

amrita: napój nieśmiertelności, soma, napój bogów.

Ardhanariśwara: dwupłciowa forma Śiwy będąca w połowie Śiwą i w połowie jego żoną Parwati.

Ardżunaka: ptasznik, który chciał pomścić śmierć syna Gautami, zabijając węża, który go ukąsił, przynosząc mu śmierć.

Asztawakra: bramin, który pragnąc zrealizować swój religijny obowiązek spłodzenia potomstwa, chciał pojąć za żonę Suprabhę, córkę mędrca Wadanji, który przed oddaniem mu córki za żonę poddał go próbie mającej na celu stwierdzenie, czy dla niego małżeństwo jest związkiem płci w celu realizowania religijnych obowiązków, czy też służy osiąganiu przyjemności.

Aśwattha (*ficus religiosa*): święte drzewo liściaste nazywane również drzewem Bodhi, świętym fikusem, czy też drzewem figowym, które zaczyna rosnąć na innym drzewie, rozwijając trzydziestometrowe lub dłuższe korzenie, które, oplatając oryginalne drzewo, sięgają ziemi; jego owoce są w kolorze purpurowym i są nazywane figami.

atharwan: ryt wykonywany w celu zniszczenia niewidzialnego wroga; Brahma stworzył kobiety za pomocą tego rytu.

B

Bhagirathi: nazwa jednego z trzech strumieni Gangesu, tj. tego, który znajduje się na ziemi (drugi płynie w niebie, a trzeci w podziemiach), która pochodzi od imienia mitycznego króla Bhagiratha, który uwolnił swych krewnych Sagarów od klątwy mędrca Kapili, sprawdzając rzekę Ganges z nieba na ziemię. Współcześnie jest to nazwa rzeki w Himalajach uważanej za jedno z dwóch źródeł Gangesu.

Bhangaśwana: król, który obraził Indrę, nie oddając mu czci w swym rytuale, mającym na celu uzyskanie synów i którego Indra przemienił w kobietę. Król ten miał setkę synów, których spłodził jako mężczyzna i setkę, którą urodził jako kobieta. Gdy zadowolił w końcu Indrę i Indra zaproponował mu, że przywróci mu jego męskość, odmówił przyjęcia tego daru, twierdząc, że ciało kobiety daje większą zmysłową przyjemność niż ciało mężczyzny.

brahma-muhurta: nazwa porannej godziny, gdy słońce znajduje się tuż poniżej linii horyzontu.

bycie w czterech stanach świadomości: bycie (istnienie) w obudzonym stanie świadomości jest nazywane *wiśwanara*, bycie w śniącym stanie świadomości jest nazywane *taidżasa*, błogie bycie w pozbawionym snów stanie świadomości jest nazywane *pradżna*, a bycie w stanie medytacji *sensu stricte* jest nazywane *śiwadhjana*.

C

czandala: niedotykalny, zajmujący się kremacją zwłok; również syn szudry z bramińską kobietą, do którego obowiązków należy wykonywanie publicznych egzekucji.

Czarmanwati: rzeka powstała z soku wydzielanego przez skórę dużej ilości krów zabitych i ofiarowanych podczas rytu ofiarnego sponsorowanego przez króla Rantidewę.

Czitragupta: asystujący Jamie bóg, w którego posiadaniu jest pełna dokumentacja wszystkich czynów wykonanych przez ludzi w czasie życia na ziemi.

D

Dewasarman: riszi żyjący w starożytnych czasach.

Dasaswa: dziesiąty z kolei syn króla Ikszwaku, król Mahiszmati, który miał syna o imieniu Madiraśwa, który z kolei miał syna o imieniu Djutimat, który miał syna o imieniu Suwira.

Suwira miał syna o imieniu Sudurdżaja, który miał syna o imieniu Durjodhana.

diksza: inicjacyjne ryty uprawniające do wyboru określonej religijnej drogi postępowania.

Disa: leciwa dama, która poddała testowi rozumienie natury małżeńskiej wspólnoty przez bramina o imieniu Asztawakra.

Durjodhana: jeden ze starożytnych królów nazywany wielkim królewskim mędrcem.

dżatakarma: rytuał związany z narodzinami, który powinien zostać wykonywany w czasie dwóch pierwszych tygodni życia dziecka.

Dżatarupa (*ten, który zawsze zachowuje formę, w jakiej się narodził*): nazwa złota, które narodziło się z nasienia Śiwy, wrzuconego przez Agni do Gangesu i wyrzucone przez rzekę w Himalajach w formie zarodka. Z tego zarodka narodził się bóg wojny i chorób Skanda, który zasłynął z tego, że pokonał terroryzującego bogów asurę Tarakę.

F

ficus religiosa: zob. Aświattha.

G

Gautami: starsza kobieta znana ze swej cierpliwości i spokoju umysłu, która chciała wybaczyć wężowi, który zabił jej syna, twierdząc, że to nie on, lecz Przeznaczenie spowodowało jego śmierć.

ghee: dosłownie klarowne (oczyszczone) masło uzyskiwane przez zastosowanie określonej procedury a ogólniej: oczyszczony tłuszcz.

go: sanskryckie słowo, które między innymi oznacza krowę, ziemię i wiedzę (mowę) i jest używane jako określenie daru z tych trzech przedmiotów, który przynosi zasługi i spełnienie wszystkich pragnień.

Goloka: niebiański region krów.

Grihapati (*gospodarz*): jedno z imion Śiwy.

H

hawi: oczyszczone masło.

Hiraniaretas (*mający złoto za swoje życiowe nasienie*): imię nadane przez bogów bogowi ognia, upamiętniające wrzucenie przez niego swego życiowego nasienia do Gangesu, z którego narodził się bóg wojny i dowódca armii bogów Skanda, mający za zadanie pokonanie asury Taraka, który gnębił bogów.

I

imiona Śiwy: Śiwa ma wiele imion opisujących jego atrybuty i jest czczony w hymnie poprzez recytację jego tysiąca ośmiu imion; hymn ten został przedstawiony w opow. 203; do najczęściej wymienianych imion należą: Bhawa, Bhima, Hara, Haragauri (forma, w której ciało Śiwy jest w połowie nim samym i w połowie jego małżonką), Iśa, Iśana, Maheświara, Mahadewa, Maheśa, Nilarohita (niebieski i czerwony), Paśupati, Pragna (znający jaźń), Rudra, Sambhu (rodzic), Sarwa, Sthanu, Swayambhu (samo-stwarzający-się), Śankara, Urga, Wabhru (niezmierny).

J

Jatudhani: żeńska przeraźliwa forma rakszini, która wyłoniła się z ognia ofiarnego na życzenie króla Wriszadarbhi, który szukał zemsty na siedmiu mędrcach za to, że odmówili przyjęcia jego daru.

jautuka: nazwa tej części majątku, którą tworzą dary otrzymane z okazji małżeństwa; również nazwa wiana panny młodej.

K

kamjasztami: ósmy dzień kalendarza księżycowego.

kamja: działanie religijne, które nie ma obowiązkowego charakteru, którego wykonanie przynosi zasługi, lecz którego niewykonanie nie jest grzechem.

kapila: nazwa gatunku krów o białej maści uważanych za szczególnie święte.

karma: w sanskrycie oznacza „działanie", „pracę", „uczynki". Termin jest używany zarówno do opisu działania w aktualnym życiu, jak i do opisu konsekwencji działania w przeszłym życiu. Każde działanie rodzi owoce, które mogą być pozytywne (szczęście) lub negatywne (nieszczęście), które podążają po śmierci za wcieloną duszą i muszą zostać skonsumowane całkowicie w kolejnym lub kilku kolejnych wcieleniach, aby dusza zdobyła Wyzwolenie. Owoce działania zgromadzone w danym życiu są konsumowane w przyszłym życiu i nie mają wielkiego wpływu na rezultaty indywidualnych działań w obecnym życiu. Rezultaty obecnych działań zależą bowiem od przeszłej *karmy* działającej osoby oraz od *karmy* osób wplątanych w to działanie. Aktualnie różne szkoły myślenia mówią o *karmie* trojakiego rodzaju: 1. *sanczita karmie*, czyli karmicznych owocach nagromadzonych podczas wielu poprzednich wcieleń, 2. *prarabdha karmie*, czyli tej części *sanczita karmy*, która jest zwana przeznaczeniem i musi zostać skonsumowana w obecnym wcieleniu, oraz 3. *agami karmie*, czyli owocach działań gromadzonych w obecnym wcieleniu, które będą musiały zostać skonsumowane w przyszłych wcieleniach.

Kartawirja Ardżuna: król kraju Haihajów ze stolicą o nazwie Mahiszmati, syn króla Kritawirji. Słynął ze swej waleczności i tysiąca ramion. Miał skłonność do popadania w pychę, co ostatecznie doprowadziło do jego śmierci z rąk Paraśuramy, opisanej w trzeciej księdze *Mahabharaty*, Vana Parva. W księdze trzynastej Anusasana Parva pojawia się w rozmowie z bogiem wiatru, który, opowiadając mu o wielkich czynach braminów, próbuje uwolnić go od pychy będącej rezultatem darów od mędrca Dattatreji.

L

loka: pochodzi od sanskryckiego czasownika *loc*, „świecić", „być jasnym", „być widocznym" i oznacza świat, miejsce zamieszkania, wymiar, poziom istnienia. Termin ten jest używany do opisu wszechświata lub jakiegoś jego podziału zamanifestowanego istnienia na kosmiczne regiony, gdzie każdy region odzwierciedla szczególny poziom świadomości. Najbardziej popularnym podziałem wszechświata jest podział na trzy światy: 1. wszechświat materialny, ziemski postrzegany przy pomocy pięciu zmysłów (*bhuloka*), 2. wszechświat subtelny, wewnętrzny, astralny, znajdujący się pomiędzy dwoma innymi światami, sfera mentalna i emocjonalna (*antarloka*), oraz 3. wszechświat duchowy bogów i istot na wysokim poziomie duchowego rozwoju (*brahmaloka*). Wewnątrz świata subtelnego (*antarloka*) wyróżnia się trzy regiony: powietrza (*bhuwarloka*), niebiański (*swarloka*) oraz mocy i sławy (*maharloka*). Wewnątrz świata duchowego (*brahmaloka*) wyróżnia się także trzy regiony: stwarzania należący do synów Brahmy (*dżanaloka*), umartwień (*taparloka*) oraz prawdy i tego, co rzeczywiste należący do Stwórcy świata Brahmy (*satjaloka*). Łącznie wyróżnia się zwykle siedem górnych regionów nazywanych w skrócie: Bhu, Bhuwa, Swa, Maha, Dżana, Tapa, Satja oraz siedem dolnych regionów zwanych ogólnie Naraka lub Patala. Są to: Put, Awiczi, Samhata, Tamisra, Ridżiśa, Kudmala i Kakola.

M

Mada (*odurzenie, arogancja*): demon asura stworzony przez mędrca Cjawanę, aby skłonić Indrę i bogów do zaakceptowania obecności Aświnów podczas ofiar i zezwolenie im na picie somy.

Maitreja: młody książę Benarów (Waranasi), który od urodzenia miał atrybuty mędrca i czcił religię działania (*pravritti*); w księdze XIII *Mahabharaty* pojawia się w rozmowie z riszim Wjasą na temat różnych ścieżek prawego działania.

Mandara: syn demona Hiranjakaszipu, który dzięki darowi Śiwy trzymał w szachu Indrę przez dziesięć milionów lat, kojarzony również z wpływem złej planety.

mantra Sawitri: inna nazwa mantry *Gajatri*.

Matanga: chłopiec wychowany przez bramina zgodnie z bramińskim porządkiem, który z urodzenia był faktycznie czandalą (niedotykalnym), i który po dowiedzeniu się o swym faktycznym pochodzeniu pragnął zdobyć status prawdziwego bramina za życia swymi umartwieniami. Pomimo surowych umartwień nie zdołał jednak zrealizować swego celu, gdyż, jak pouczył go Indra, status bramina można zdobyć jedynie poprzez czyste urodzenie w kaście bramińskiej dzięki prawości w swym przeszłym wcieleniu, a nie w obecnym życiu jako dar od bogów.

Mritju: śmierć w swej ucieleśnionej formie (zwykle rodzaju żeńskiego) prezentowana tutaj jako będąca rodzaju męskiego.

N

Nacziketa: syn bramina Uddalaki, który z powodu klątwy swego ojca udał się do królestwa umarłych, gdzie bóg umarłych Jama ukazał mu niebiański region krów i następnie pozwolił mu powrócić na ziemię, aby opowiedzieć o nim swemu ojcu.

niszada: syn szudry z kobietą z kasty wojowników, do którego obowiązków należy łowienie ryb.

niszkama: ten rodzaj prawości (*dharma*), który prowadzi do połączenia się z *Brahmanem*, przynosząc nagrodę, która jest wieczna. Jej opozycją jest *sakama*, czyli ten rodzaj prawości (*dharma*), który jest rezultatem dążenia do zdobycia owocu lub nagrody i prowadzi do zdobycia nieba, gdzie pobyt nie jest wieczny i kończy się po wyczerpaniu zasług.

nitja: działanie religijne, które ma charakter obowiązkowy i którego wykonanie nie przynosi szczególnych zasług, ale którego niewykonanie jest grzechem.

Nriga: król, który musiał zamieszkiwać przez długi czas w studni w formie wielkiej jaszczurki z powodu tego, że nieświadomie popełnił grzech, obdarowując pewnego bramina krową, która faktycznie należała do innego bramina i została przypadkowo włączona do jego stada przez pastucha.

O

Oghawati: imię żony bramina Sudarśany, która praktykując razem ze swym mężem cnotę gościnności i chcąc zadowolić gościa, który przybył do ich domu podczas nieobecności jej męża, zdecydowała się na spełnienie prośby i oddanie mu samej siebie. W rezultacie swego czynu została przemieniona przez boga Prawa Dharmę, który faktycznie był tym odwiedzającym jej dom gościem w bramińskim przebraniu, w świętą, oczyszczającą z grzechów rzekę przepływającą przez pola Kurukszetry, uważaną za jedną z tzw. siedmiu rzek Saraswati.

P

Pańcacuda: niebiańska kurtyzana, która opowiedziała Naradzie o naturze kobiet.

Parnasala: starożytne miasto braminów, położone między Gangesem i Jamuną.

pitri (*Ojcowie*): dusze zmarłych przodków poszczególnych jednostek lub wszystkich istot ludzkich. Wyróżnia się ich różne klasy i kategorie zależnie od ich pochodzenia, formy i miejsca przebywania. Najczęściej wskazuje się na istnienie siedmiu klas *pitrich*, z których trzy są bezcielesne (*amurtajah*), a pozostałe cztery są cielesne (*samurtajah*). Pierwsze trzy klasy *pitrich* to: *wairadża, agniszwatta, barhiszada*, a cztery pozostałe to: *somapa, hawiszmana, adżjapa, manasa* (lub *sukalin*).

pitru loka: region, gdzie przebywają dusze zmarłych do trzeciego pokolenia, czekając na otrzymanie fizycznego ciała, aby móc się w nim ponownie narodzić na ziemi.

Prabhawati: siostra Ruczi, żony mędrca Dewasarmana.

Prijadatta (*darowana przez kogoś, komu jest droga, komuś, komu jest droga*): sanskryckie „prija" znaczy ukochana lub droga, a „datta" oznacza dar; jedno z imion ziemi.

pukkasa: ci, którzy jedzą mięso osłów, koni i słoni.

puruszakara, puruszartha (*ludzki wysiłek*): termin używany do opisu starań jednostki podejmowanych w aktualnym życiu, aby zapewnić sobie lepszą *karmę* w przyszłym życiu oraz przy analizowaniu rezultatów określonych działań i w dyskusji na temat tego, w jakim stopniu te rezultaty są zdeterminowane przez *karmę* nagromadzoną w przeszłym życiu (nazywaną przeznaczeniem) i w jakim zależą od indywidualnego wysiłku.

R

ritwik (*kapłan ofiarnik*): kapłan, który podczas rytu ofiarnego leje do ognia oczyszczone masło.

Ruczi: żona mędrca Dewasarmana, którą asceta Wipula obronił przed ulegnięciem miłosnemu czarowi Indry, wchodząc do jej ciała mocą jogi i poddając kontroli jej działanie.

S

sakama: ten rodzaj prawości (*dharmy*), który jest rezultatem dążenia do zdobycia owocu lub nagrody i prowadzi do nieba, czyli nagrody, która nie jest wieczna. Jej opozycją jest *niszkama*, czyli ten rodzaj prawości (*dharmy*), który prowadzi do połączenia z *Brahmanem*, czyli do zdobycia nagrody, która jest wieczna.

Samhity: kolekcja świętych wedyjskich hymnów, mantr, modlitw, błogosławieństw i litanii.

Samwa, Samba: imię syna Kryszny, o którego prosił on Śiwę praktykując surowe umartwienia. Niektórzy twierdzą, że syn, którego Kryszna otrzymał od Śiwy miał na imię Pradjumna, a jeszcze inni twierdzą, że Kryszna miał dwóch synów, których otrzymał od Śiwy, o imionach Samwa i Pradjumna. Niekiedy twierdzi się również, że jest to imię Śiwy w jego dwupłciowej formie.

Satamukha: demon asura stworzony przez Brahmę.

sila: praktykowanie cnoty i prawego działania.

Sujodhana (*ten, który reprezentuje zło w ludzkiej naturze i zawsze walczy z cnotą*): alternatywne imię najstarszego z braci Kaurawów Durjodhany (*tego, z którym walka nie jest łatwa*).

Śula: broń Śiwy, trójząb.

Sunahsakha (*przyjaciel psów*): imię żebraka wędrującego w towarzystwie psa, którego formę przebrał Indra, chcąc bronić siedmiu riszich przed złymi zamiarami rakszini Jatudhani.

Suprabha: córka mędrca Wadanji, którą pragnął poślubić bramin Asztawakra.

suta: syn wojownika z bramińską kobietą, który pełni rolę śpiewaka lub poety wychwalającego heroiczne czyny królów.

Suwarna (*o złotej cerze*): asceta, który pyta Manu o to, skąd wzięła się praktyka obdarowywania bogów kwiatami i innymi przedmiotami.

sześć rodzajów roślin: *wriksza* (drzewa), *gnima* (krzewy i krzaki), *lata* (pnącza potrzebujące podpory, *walli* (rośliny, których trzon przypomina bardziej drzewo niż pnącze), *twaksara* (bambus), *trina* (różne rodzaje traw).

Ś

śraddha (*wiara, pamięć o zmarłych*): ryt wykonywany w określonym czasie przez syna lub najbliższego krewnego płci męskiej po śmierci jego bezpośrednich ojców rodu, do których zalicza się najstarszego syna, ojca, dziadka (ale również matkę, babcię itd.), którzy jeszcze nie uzyskali statusu Ojców; ryt ma na celu zapewnienie duchowi zmarłego przodka ochrony i wsparcia Ojców (*pitri*) w jego pośmiertnej wędrówce do wyższych regionów oraz dostarczenie mu potrzebnej na tej drodze żywności. Po wykonaniu go pierwszy raz w okresie między jedenastym i trzydziestym pierwszym dniem po śmierci, jest dalej wykonywany cyklicznie według ścisłych reguł. Wykonanie go w pierwszą rocznicę śmierci umożliwia zmarłemu przynależenie do grupy Ojców przebywających w regionie *pitru-loka*, który znajduje się między ziemią a niebem. Dusza przebywająca w tym regionie ma zdolność komunikowania się ze swoimi krewnymi i jej dalsza wędrówka i pomyślność zależy od kontynuowania rytu na ziemi przez jej krewnych. Charakterystyczną cechą tego rytu jest uczta organizowana dla zasłużonych i bezgrzesznych braminów, gdyż zgodnie z tym, co mówią pisma, ofiarowane im jedzenie jest spożywane przez zmarłych przodków. Istnieją bardzo szczegółowe nakazy dotyczące ofiarowanego podczas rytu jedzenia, jak i czystości rytu, gdyż od tego zależy szczęście zmarłych.

T

Tandi: riszi i wielbiciel Śiwy żyjący na ziemi podczas *kritajugi*, który jest znany z tego, że recytował tysiąc imion Śiwy, które są ekstraktem z dziesięciu tysięcy imion Śiwy recytowanych przez Brahmę.

trzydziestu (trzech) bogów: nazwa stosowana do łącznego opisu następujących grup bogów: jedenastu Rudrów (Adża, Ekapada, Ahiwradhna, Pinakin, Rita, Pitrirupa, Maheśwara, Wriszakapi, Sambhu, Hawana oraz Iśwara); ośmiu Wasu (Dhara, Dhruwa, Soma, Sawittra, Anila, Anala, Pratjusa Prabhasa); dwunastu Aditjów (Angsa, Bhaga, Mitra, Waruna, Arjaman, Dżajanta, Dhatri, Bhaskara, Twastar, Puszana, Indra i Wisznu); oraz bliźniaków Aświnów (Nasatja and Dasra). Do tej samej łącznej kategorii „trzydziestu bogów" zalicza się również tak zwanych świadków wszystkich uczynków: Mritju, Kalę, Wiśwadewyy.

U

Uddalaka: ojciec bramina Naczikety, który rozgniewany na swego syna rzucił na niego klątwę natychmiastowego udania się do królestwa boga umarłych Jamy. Choć klątwa natychmiast się wypełniła, Jama nie uznał jego syna za prawdziwie zmarłego i po pokazaniu mu regionu najwyższej szczęśliwości należącego do krów, odesłał go na ziemię, radując tym jego ojca, który bardzo żałował swej zapalczywości i gniewu na syna.

udawasa (*zamieszkiwanie w wodzie*): tryb życia w wodzie praktykowany przez ascetę Cjawanę.

unczha: ścieżka utrzymywania się przy życiu z garstki ziaren zbieranych z pól po żniwach.

Upamanju: riszi zamieszkujący w pustelni na górze Himawat, wielbiciel Śiwy, który opowiada Krisznie o swej wizji Śiwy, jak i o tysiącu imion Śiwy recytowanych przez ascetę Tandi.

Upendra: imię bramina-karła, uważanego za jedną z awatar Wisznu.

Urddharetas (*ten kto powstrzymuje swe życiowe nasienie*): jedno z imion Śiwy.

Utathja: bramin z rodu Angirasa, który ukarał Warunę za porwanie jego żony, wypijając ocean.

W

Wadanja: ojciec Suprabhy, który zanim oddał swą córkę za żonę braminowi o imieniu Asztawakra, poddał testowi jego rozumienie natury małżeńskiej wspólnoty.

waidehaka: syn waiśji z bramińską kobietą, do którego obowiązków należy ochranianie prywatności kobiet wysokiego urodzenia.

waiświadewa: nazwa ofiary wykonywanej przez osobę prowadzącą domowy tryb życia, polegająca na ofiarowywaniu gotowanego ryżu i innego rodzaju gotowanego jedzenia do ognia ofiarnego oraz na pozostawianiu gotowanego jedzenia na ziemi z myślą o psach i ludziach z najniższej kasty.

Waladewa: jedno z imion starszego brata Kryszny, syna Rohini uważanego za inkarnację węża Śeszy, zwanego inaczej Ananta, który w swych zwojach trzyma ziemię, aby zapewnić jej stabilność.

wali: szczególny rodzaj darów ofiarnych, należących do obowiązków osób prowadzących domowy tryb życia, które mają na celu zadowolenie bogów, Ojców, riszich, ludzi i wszystkich innych żywych istot.

Wasumati (*odziana w bogactwo*): nazwa nadana ziemi z powodu tego, że nasienie Agni (rozumiane tutaj jako równoznaczne z nasieniem Śiwy), z którego narodziło się złoto zwane najwyższym bogactwem, gdy zostało wyrzucone przez rzekę Ganges z jej łona, upadło na ziemię, która od tego czasu utrzymuje jego istnienie.

wandi, magadha: syn waiśji z kobietą z kasty wojowników; do którego obowiązków należy recytowanie pochwał.

Widjutprabha: imię starożytnego mędrca.

Widjutprabha: imię potężnego danawy, który otrzymał od Śiwy dar władzy nad trzema światami, królestwo Kusadwipa i setkę milionów potomstwa.

wighasa: resztki oblacji ofiarowanej bogom w rycie ofiarnym; o tym, kto je zjada mówi się, że wypija eliksir bogów.

wikszu: ogólne określenie dla tych, którzy idą drogą prowadzącą do Wyzwolenia. Wyróżnia się ich cztery kategorie: *kuticzakowie, wahudakowie, hansowie, paramahansowie*. *Wahudakowie* stoją wyżej od *kuticzaków*, *hansowie* stoją wyżej od *wahudaków*, a *paramahansowie* stoją wyżej od *hansów*. Stojący najwyżej *paramahansowie* są tymi, którzy osiągnęli stan jedności z *Brahmanem*.

Wipula: bramin uważany za tego, który skłonił kobiety do postępowania zgodnie ze sformułowanymi specjalnie dla nich nakazami.

Witahawja: król, który dzięki łasce Bhrigu zdobył za życia status bramina.

Wjaghrapada: starożytny riszi słynny ze swej znajomości *Wed* i ich odgałęzień, ojciec Upamanju; jego drugim synem był Dhaumja.

Wriszadarbhi: król, który, szukając zemsty na siedmiu riszich za to, że odmówili przyjęcia jego daru, przywołał do życia rakszinię Jatudhani, dając jej zadanie ich zabicie.

wriszi: nazwa ławy do siedzenia używanej podczas rytuału oddawania czci Ojcom.

Indeks imion

A

Abhidżit, 295, 365
Abikszita, 512
acorus calamus, 503
aczamana, 426, 675
Aćjuta, 558
adharma, 639, 654, 655, 661
adhibhuta, 90
adhidaiwata, 90
adhijadżna, 90
adhipurusza, 89
adhiwidżnanam, 90
Adhjarjus, 113
adhjatma, 89
adhjuda, 253, 254
adhwarju, 92, 562
Aditi, 21, 31, 83, 122, 135, 137, 299, 337, 549, 573, 595, 617, 642
Aditja, 92, 372, 557, 663
Aditjowie, 66, 79, 83, 346, 356, 441, 442, 506, 617, 642, 663, 684
Adża, 617, 665, 684
Adżaikapat, 124
Adżamida, 31
adżjapa, 681
agami karma, 679
Agastja, 299, , 343, 401, 402, 403, 512, 594, 467, 618, 623, 627, 631, 632
agneja, 74
Agni, 6, 26, 28, 52, 60, 72, 75, 84, 93, 107, 164, 178, 217, 218, 293, 328, 340, 342, 344, 345, 346, 347, 348, 349, 350, 351, 353, 354, 356, 357, 358, 359, 360, 361, 371, 372, 373, 390, 393, 495, 496, 502, 628, 641, 650, 651, 652, 653, 663, 677, 685
agnihotra, 176, 539, 540
agnistoma, 179, 278, 290, 447, 500
agnisziuta, 52, 53, 675
agniszwatta, 681
ahimsa, 6, 211, 213, 450, 460, 462, 483, 675
ahindaka, 251
Ahiwradhna, 617, 684
Aila, 665
Ailów, 206
aindra, 74
ajogawa, 250, 251, 675
Aju, 557, 665
akszata, 496, 499, 503, 675
Alamwana, 146
Alamwusza, 663
Alarka, 665
Amarawati, 194, 269, 536
amlaka, 597
amrita, 324, 376, 392, 395, 494, 606, 658, 675
amurtajah, 681
Amwarisza, 513, 665
amyris agallochum, 326
Anakadundhuwi, 558
Anala, 617, 618, 684
Analamwa, 177
Ananta, 79, 558, 576, 619, 685
Anaranja, 665
Anasuja, 63, 100
Andhaka, 71, 78, 177, 620
Andhatamas, 397
andhra, 251

Andhra, 606
Andżanabha, 664
Anga, 557, 629
angada, 519
angara, 356
angi, 96, 355, 367
Angiras, 5, 83, 175, 180, 356, 357, 358, 370, 374, 433, 436, 497, 618, 622, 623, 628, 629, 630, 664, 684
Angowie, 229, 627
Angsa, 352, 617, 684
Angsumat, 372
Anila, 617, 684
Aniruddha, 643
Antardhaman, 557
Anugoptti, 372
Anukarman, 372
Anuradha, 364, 448
Anusasana Parvy, 11, 211, 213, 214, 215, 217, 218
apadhwansaja, 254
apana, 653
Aparananda, 664
apasada, 254
apsary, 68, 82, 84, 129, 143, 155, 176, 177, 178, 203, 269, 295, 296, 329, 330, 336, 376, 391, 410, 433, 435, 436, 437, 441, 442, 447, 518, 519, 535, 536, 545, 553, 630, 639, 663
aquilaria agallocha, 397
Ardhanariśwara, 675
Ardra, 364, 448
Ardżuna, 16, 562, 625, 641, 641, 669, 671
Ardżunaka, 18, 19, 675
Arjaman, 150, 352, 617, 684
Arjamanem, 125
arkajana, 416
Arstisena, 179
arsza, 241

artha, 669
Aruna, 352, 663
Arundhati, 377, 379, 380, 381, 382, 384, 386, 500, 501
Arwawasu, 618
arwudy, 415
Asita-Dewala, 146, 299, 668, 671
Aslesza, 294, 364
Asmakuttowie, 532
Asmapriszta, 178
asura, 62, 223, 346, 349, 351, 353, 680, 682
asury, 36, 37, 59, 62, 68, 70, 71, 74, 78, 80, 82, 88, 91, 102, 104, 106, 109, 115, 116, 130, 138, 139, 194, 196, 204, 208 223, 225, 234, 240, 241, 333, 334, 340, 344, 346, 347, 351, 361, 366, 394, 395, 396, 400, 447, 493, 494, 505, 542, 555, 561, 572, 573, 574, 577, 590, 598, 599, 612, 615, 622, 631, 633, 634, 635, 639, 640, 643, 644, 650, 663, 669, 678
Aszady, 364, 448
aszadha, 434, 447
Asztaka, 665
Asztawakra, 152, 153, 154, 155, 156, 157, 158, 159, 160, 161, 162, 178, 675, 677, 683, 685
Aślesza, 448, 504
aśoka, 201
aświtirtha, 32
Aśwattha, 119, 493, 675, 677
Aśwatthaman, 37, 619
aświna, 297, 435, 447

Aświni, 66, 83, 176, 296, 297, 346, 352, 356, 365, 441, 443, 448, 489, 506, 617, 622, 634, 642, 663, 680, 684
atharwan, 220, 224, 242, 288, 675
Atharwan, 78
atharwani, 78
Atharwaweda, 78, 93, 119, 386
atiratra, 278, 435, 437, 447
Atreja, 512
Atri, 63, 83, 100, 296, 299, 356, 370, 371, 372, 377, 379, 380, 381, 382, 385, 618, 619, 622, 623, 633, 664
Aurwa, 273, 628
Auszidża, 618
awarta, 438
Awiczi, 680

B

Badari, 58, 576, 669
Bahuda, 664
Balarama, 111, 494, 504, 558
balsamodendron mukul, 397
Barhi, 664
barhiszada, 681
Benary, 477, 680
Bhadra, 629
bhadrapada, 447, 495
Bhadrapada, 365, 448
bhagadaiwata, 434
Bhaga, 78, 297, 554, 650
Bhagiratha, 405, 414, 417, 432, 513, 665, 676
Bhagirathi, 178, 181, 184, 349, 671, 676
Bhagirati-Ganga, 176

Bhajankara, 372
Bhangaświana, 52, 53, 54, 55, 56, 676
Bharadwadża, 194, 195, 206, 377, 379, 381, 383, 385, 619, 622, 664
Bharani, 296, 365, 448
Bharata, 665
Bharatowie, 16, 148, 668, 670, 671, 672
Bhargawa, 229, 358
Bhargawowie, 274
Bhaskara, 617, 684
bhaszaja, 368
Bhawa, 66, 71, 74, 78, 84, 86, 90, 91, 96, 146, 372, 649, 678
bhawan, 659
Bhima, 91, 142, 563, 671, 678
Bhimarathi, 664
Bhiszma, 6, 12, 13, 14, 16, 17, 18, 19, 22, 23, 25, 29, 30, 31, 33, 34, 35, 40, 42, 43, 44, 45, 46, 50, 51, 52, 56, 57, 58, 59, 152, 153, 160, 163, 164, 165, 166, 167, 168, 169, 170, 171, 172, 173, 175, 180, 181, 187, 188, 193, 194, 197, 198, 201, 203, 205, 206, 207, 208, 214, 218, 220, 222, 223, 224, 229, 230, 231, 233, 235, 236, 237, 238, 239, 240, 242, 244, 246, 247, 248, 252, 253, 254, 255, 257, 260, 261, 262, 263, 264, 268, 274, 275, 277, 278, 279, 280, 281, 283, 284, 286, 290, 291, 293, 294, 296, 297, 298, 301, 303, 304, 305, 307, 313, 319, 320, 323,

324, 325, 326, 331, 332,
334, 336, 338, 340, 341,
342, 351, 353, 354, 360,
361, 363, 364, 365, 367,
368, 370, 373, 374, 375,
376, 377, 387, 388, 390,
392, 394, 399, 400, 401,
402, 403, 405, 407, 408,
414, 417, 419, 429, 432,
433, 435, 436, 444, 445,
446, 448, 450, 462, 463,
464, 466, 467, 468, 470,
471, 474, 475, 476, 477,
479, 480, 483, 486, 487,
488, 490, 493, 498, 500,
501, 503, 504, 505, 506,
508, 509, 510, 512, 513,
514, 515, 518, 524, 553,
554, 560, 561, 562, 563,
564, 565, 566, 614, 616,
617, 618, 619, 620, 621,
622, 623, 625, 636, 638,
643, 644, 649, 654, 655,
656, 657, 659, 660, 661,
662, 663, 664, 665, 666,
667, 668, 669, 670, 672
Bhogawati, 184
bhrig, 356
Bhrigu, 31, 75, 84, 176, 188,
193, 195, 196, 197, 206,
225, 227, 229, 257, 258,
260, 262, 263, 265, 266,
267, 269, 271, 272, 273,
274, 299, 342, 343, 356,
357, 358, 370, 388, 395,
401, 402, 403, 417, 436,
622, 633, 637, 664, 686
Bhrigu Kunda, 176
Bhu, 70, 680
bhuloka, 91, 679
Bhupati, 372

bhuta, 98, 99, 104, 122, 128,
566, 567, 581, 591, 592,
601, 618
Bhuwa, 70, 680
bhuwaloka, 91
Bhuwana, 372
bilwa, 646
Bodhi, 675
boswellia serrata, 397
Brahma, 12, 24, 35, 36, 39,
42, 53, 57, 58, 59, 60, 62,
63, 66, 69, 70, 72, 74, 75,
78, 79, 80, 81, 83, 84, 85,
89, 90, 91, 92, 93, 94, 95,
96, 97, 110, 115, 121, 123,
136, 138, 139, 140, 142,
143, 145, 147, 150, 161,
178, 180, 183, 184, 186,
203, 207, 208, 216, 220,
222, 223, 224, 248, 271,
281, 290, 292, 296, 298,
299, 300, 301, 303, 313,
314, 315, 317, 318, 319,
320, 324, 328, 332, 337,
338, 342, 346, 347, 349,
351, 354, 355, 356, 357,
358, 359, 370, 371, 372,
373, 374, 376, 377, 384,
401, 403, 404, 405, 412,
413, 414, 417, 425, 433,
437, 438, 439, 440, 443,
453, 458, 467, 468, 471,
476, 481, 496, 498, 501,
504, 505, 514, 517, 521,
522, 524, 525, 528, 531,
534, 535, 536, 537, 538,
541, 545, 546, 547, 549,
554, 555, 556, 559, 566,
568, 576, 577, 582, 599,
605, 609, 613, 618, 619,
628, 629, 632, 635, 638,
643, 649, 650, 651, 657,

663, 664, 668, 679, 682, 684
brahmacarin, 163, 177, 199, 437, 441, 522
brahmacarja, 41, 164, 165, 176, 181, 196, 358, 367, 386, 406, 419, 437, 494, 525, 526, 652, 658
brahmadarśana, 354
Brahmadatta, 513
Brahman, 42, 58, 69, 85, 88, 89, 90, 91, 93, 96, 101, 102, 103, 116, 121, 136, 141, 150, 151, 186, 460, 474, 475, 530, 541, 556, 558, 560, 616, 620, 621, 622, 655, 662, 680, 682, 686
Brahmany, 148, 150
Brahmasara, 178
Brahmasira, 179
Brahma-tirtha, 425, 426
Brihaspati, 84, 113, 147, 150, 194, 214, 223, 273, 289, 291, 297, 320, 321, 322, 323, 358, 450, 451, 452, 453, 458, 459, 460, 462, 461, 462, 464, 491, 492, 622, 663
Brinda, 575
buddhi, 356

C

Cedowie, 467
Citragupta, 487, 488
Citrakuta, 177, 664
Citrapatha, 664
Citraratha, 557
Citrasena, 663
Citraśwa, 665
Cjawana, 31, 213, 257, 258, 259, 260, 261, 262, 263, 264, 264, 265, 266, 267, 268, 269, 270, 271, 272, 273, 274, 275, 357, 436, 623, 633, 634, 634, 635, 664, 680, 684
czajtra, 434, 447
Czakraczarowie, 531
czakrawaka, 439
Czampa, 229, 230
czampaka, 229
czandala, 30, 188, 189, 190, 191, 192, 193, 249, 251, 254, 405, 406, 407, 414, 676, 680
Czandalikasrama, 179
czandalowie, 30, 250, 251, 407, 577
Czandra, 663
Czandrabhaga, 175, 550, 663
czandrajana, 182
czandrawrata, 432, 448
Czanury, 606
Czaranowie, 66, 153, 154, 501, 518
czarmakara, 251
Czarmanwati, 300, 676
czaru, 32, 222, 531
Czarusirsza, 146
czaturmasja, 411, 508, 534
czit, 85, 586, 591
Czitra, 295, 364, 448
Czitragupta, 501, 676

Ć

ćwapaka, 250

D

dajtjowie, 66, 104, 106, 113, 114, 123, 397, 639, 640, 650
Daksza, 84, 324, 325, 372, 557, 649, 665

Dakszajani, 557
dakszina, 83, 84, 276, 280, 283, 284, 285, 286, 289, 290, 299, 318, 314, 318, 320, 328, 330, 340, 341, 344, 369, 378, 415, 429, 462, 464, 500, 540, 629, 658
Damodara, 447
danawa, 62
danawowie, 66, 150, 224, 337, 439, 562, 572, 604, 631, 632, 640
Dandakowie, 628
Dantolukhalowie, 532
Dardura, 664
dasa, 250
Dasaswa, 25, 676
Dasra, 617, 684
Daszarthowie, 647
Daśaratha, 319, 512, 576, 665
Dattatman, 372
Dattatreja, 112, 370, 625 628, 636, 679
Dewadaru, 177
Dewahrada, 178
dewajana, 92
Dewaki, 294, 296, 516, 614
Dewala, 516, 664
Dewandra, 176
Dewarata, 30, 79
Dewasarman, 224, 225, 227, 228, 229, 230, 231, 664, 676
dewa-tirtha, 425
Dewawriddha, 512
Dewika, 175, 176, 550, 663
Dhanin, 635, 636
Dhanisztha, 296, 364
Dhanwantari, 124, 393, 574
Dhara, 617, 684
dharana, 128, 670

dharma, 11, 137, 211, 368, 392, 395, 581, 587, 589, 608, 652, 654, 655, 656, 659, 661, 663, 665, 669, 680
Dharma, 29, 31, 495, 619
Dharmaranja, 179, 664
dharmaratri, 532
Dhatri, 84, 90, 125, 150, 352, 617, 651, 684
Dhaumja, 64, 498, 516, 664, 686
Dhira, 358
Dhiroszni, 372
dhjana, 128
Dhrisznu, 358
Dhritarasztra, 408, 409, 410, 411, 412, 413, 564, 667, 668, 671
Dhritarasztra, 17, 38, 408, 413, 668
Dhriti, 372
Dhruwa, 31, 125, 617, 622, 684
Dhumorni, 663
Dhundhumara, 38, 664
dhupasy, 397
Dhurdżdżatia, 652
diksza, 83, 535, 677
Diksza, 355
Dilipa, 664
Dipti, 372
Diptroman, 372
Dirghatama, 664
Disa, 153, 677
Diti, 82, 346, 562
Diwjakarmakrit, 372
Diwjasanu, 372
Diwodasa, 194, 195, 665
Dridhaju, 664
Dridharatha, 665
Dridhawja, 618
Dridheju, 618

Driszadwati, 663
Dritaratha, 665
Dronasarmapada, 177
Drona, 619
Duhszanta, 665
Duhśasana, 563
Dundubhi, 71
Durga, 511
Durjodhana, 17, 26, 562, 563, 669, 677, 683
Durwasas, 6, 109, 619, 645, 646, 664
dwaparajuga, 133
Dwaraka, 294, 558, 561, 645, 647, 651, 661
Dwija, 663
Dwita, 618, 664
Dźanaka, 240, 243, 665
Dźanamedźaja, 38, 512
Dżahnu, 31, 60, 665
Dżaigiszawaja, 109, 148
Dżajanta, 617, 684
Dżalaparda, 176
Dżamadagni, 33, 146, 179, 262, 273, 342, 377, 379, 381, 383, 385, 388, 389, 390, 436, 498, 512, 619, 664
Dżamwawati, 60
dżamwu, 410
Dżamwudwipa, 443
Dżamwumarga, 179, 664
Dżana, 680
dżanaloka, 91, 679
Dżanarddana, 615
Dżanasthana, 177
Dżanhawi, 665
Dżanudżangha, 665
dżapa, 400
Dżarasamdha, 558
dżatakarma, 677
Dżatarupa, 351, 677
Dżesztha, 364, 367
Dżitatman, 372
dżiwa, 452, 591, 643
dżjaisztha, 434, 447
dżjesztha, 388
Dżjesztha, 448
dżjotisztoma, 414
dżwadżiwaka, 458

E

ekadasaratri, 414
Ekaksza, 651
Ekapada, 617, 684
ekaratri, 414
Ekata, 618, 664

F

Fenapowie, 531
ficus religiosa, 425, 493, 606, 675, 677

G

Gadhi, 31, 32, 33, 263, 273, 274
Gada, 603
gadżendra, 504
Gaja, 192, 363, 490, 664
Gajatri, 41, 168, 191, 218, 510, 616, 626, 680
Galawa, 149
gany, 121
Ganda, 377, 379, 384, 386
Gandaki, 663
Gandhamadana, 161, 176, 559, 664
Gandhara, 133
Gandhari, 666, 667
gandharwowie, 60, 66, 68, 71, 82, 84, 150, 155, 177, 203, 204, 224, 234, 269, 329, 330, 336, 337, 344, 352, 361, 376, 409, 410,

414, 429, 439, 441, 442, 468, 519, 535, 553, 615, 639
Gandhataraka, 177
Gandiwa, 562
Ganesza, 106, 618
Ganga, 31, 136, 185, 186, 341, 350, 515, 551, 663, 665, 608, 671, 672
Gangabrada, 178
Gangadwara, 176, 341, 664
Ganges, 5, 15, 31, 60, 71, 89, 103, 176, 178, 181, 182, 183, 184, 185, 186, 187, 194, 195, 317, 208, 258, 268, 269, 323, 349, 350, 351, 416, 417, 439, 490, 550, 551, 620, 632, 663, 671, 672, 676, 677, 678, 685
Ganita, 372
Garga, 148, 492, 497
Garuda, 51, 79, 112, 122, 130, 352, 558, 591, 663
Gatha, 424
gauri, 329
Gauri, 549
Gautama, 115, 175, 180, 298, 377, 379, 381, 383, 386, 405, 408, 409, 410, 411, 412, 413, 414, 436, 619, 622, 664
Gautami, 12, 16, 17, 18, 19, 20, 21, 22, 24, 663, 675, 677
gawaja, 363
gawamaja, 438
Gawardhana, 640
ghee, 96, 212, 213, 218, 294, 297, 300, 311, 324, 325, 330, 333, 336, 398, 438, 439, 440, 442, 448, 457,
496, 499, 503, 585, 675, 677
Ghritaczi, 197, 663
Giriwrdża, 38
gnima, 278, 683
Godawari, 663
Gokarna, 146
Goloka, 5, 214, 303, 320, 336, 338, 677
Gomati, 327
gomedha, 437, 447, 619
goroczana, 493, 503
gośawa, 415
Gouri, 663
Gowardhana, 575
Gowinda, 447, 555
Grihapati, 357, 677
Gritsamada, 147, 196
Guha, 105, 140, 352, 577
guhjakowie, 536
Gwiazda Polarna, 31

H

Haha, 663
Haihaja, 194
Haihajowie, 625, 679
halagolaka, 457
Hansi, 513
hansowie, 530, 685
Hanuman, 114, 601
Hara, 82, 106, 132, 135, 678
Haragauri, 71, 678
Hari, 106, 135, 554, 555, 558, 559, 563
Haridwar, 341
Hariśczandra, 296, 665
harita, 457
Harjaśwa, 194
Hasta, 295, 364, 448
Hastikaśjapa, 516, 664
Hastinapura, 219, 654, 665, 666, 667, 671

hawi, 298, 323, 326, 337, 469, 677
hawia, 620
Hawirdhaman, 557
Hawirdhana, 665
hawiszmana, 681
Himalaje, 66
Himawat, 14, 46, 57, 59, 60, 61, 79, 88, 110, 126, 141, 149, 153, 154, 180, 186, 208, 215, 299, 345, 416, 515, 518, 520, 524, 525, 553, 554, 560, 562, 563, 565, 576, 618, 664, 684
himsa, 462, 675
Hiraniaretas, 340, 344, 350, 678
Hiranjagarbha, 604
Hiranjahaśta, 513
Hiranjakaszipu, 62, 572, 680
Hiranjaksza, 494, 614
Hiranjawindu, 176
Hiranwati, 664
homa, 236, 298, 310, 326, 421, 520, 533, 534, 549, 658
hotar, 59, 91, 355
Hrimat, 372
Hriszikesa, 447, 558
Huhu, 663

I

Ikszwaku, 25, 30, 326, 665, 676
Ila, 353, 557, 619
Indra, 6, 19, 21, 25, 29, 30, 31, 34, 35, 37, 38, 53, 54, 55, 56, 57, 59, 63, 68, 69, 70, 71, 72, 73, 75, 76, 80, 83, 89, 94, 110, 113, 114, 116, 124, 143, 145, 146, 147, 148, 150, 178, 188, 190, 191, 192, 193, 184, 195, 207, 212, 224, 225, 226, 227, 228, 230, 268, 269, 276, 286, 289, 290, 293, 299, 300, 303, 313, 314, 315, 317, 318, 319, 320, 328, 336, 337, 338, 348, 353, 359, 377, 387, 391, 392, 400, 402, 408, 410, 411, 412, 413, 414, 435, 436, 437, 440, 441, 489, 490, 491, 493, 494, 496, 498, 499, 500, 504, 505, 512, 522, 536, 537, 549, 559, 573, 575, 583, 617, 618, 622, 628, 632, 633, 634, 640, 642, 650, 651, 653, 663, 668, 671, 676, 680, 682, 683, 684
Indramarga, 175, 176
Indratoja, 176
Indus, 175
Irawati, 550
iszti, 511, 526, 533
Iśa, 58, 80, 372, 678
Iśana, 62, 73, 78, 82, 91, 142, 146, 147, 651, 678
Iśwara, 372, 604, 617, 652, 684
Itihasy, 131

J

Jadawowie, 59, 113, 305, 554, 555, 558, 561, 601
Jadu, 557, 664
Jadżnawalkja, 63
Jadżurweda, 60, 92, 113, 120, 385, 386, 658
jadżusy, 79, 93, 355, 581
Jajati, 37, 331, 557, 664, 665

jakszowie, 66, 71, 79, 82, 125, 150, 155, 396, 397, 399, 409, 519, 536, 615
Jama, 90, 93, 108, 114, 144, 179, 241, 290, 302, 303, 306, 307, 308, 309, 311, 313, 329, 331, 352, 364, 365, 406, 409, 451, 452, 453, 456, 487, 488, 501, 502, 575, 591, 608, 618, 650, 663, 680, 684
Jamuna, 178, 194, 257, 258, 601, 630, 664, 681
jasminum pubescens, 606
Jaśoda, 585
Jatudhani, 6, 212, 377, 380, 382, 383, 384, 387, 678, 683, 686
jautaka, 240, 430
jautuka, 678
Jawakrita, 618, 664
Jawana, 665
jodżany, 180, 308, 632, 634
Judhiszthira, 12, 16, 17, 18, 19, 22, 23, 25, 29, 30, 31, 33, 34, 35, 40, 42, 43, 44, 45, 46, 50, 51, 52, 56, 58, 59, 60, 82, 86, 87, 88, 95, 97, 142, 145, 146, 147, 148, 149, 150, 151, 152, 153, 160, 163, 164, 165, 166, 167, 168, 169, 170, 171, 172, 173, 175, 180, 181, 187, 188, 193, 194, 197, 198, 201, 203, 205, 206, 207, 208, 218, 220, 222, 223, 224, 229, 230, 231, 233, 235, 236, 237, 239, 240, 242, 244, 246, 247, 248, 252, 253, 254, 255, 257, 260, 261, 262, 263, 264, 268, 274, 275, 277, 278, 279, 280, 281, 283, 284, 286, 290, 291, 293, 294, 296, 297, 298, 301, 303, 304, 305, 307, 313, 319, 320, 323, 324, 325, 326, 331, 332, 334, 336, 338, 340, 341, 342, 351, 353, 354, 360, 361, 363, 364, 365, 367, 368, 370, 373, 374, 375, 376, 377, 387, 388, 390, 392, 394, 399, 400, 401, 402, 403, 405, 407, 408, 414, 417, 419, 429, 432, 433, 435, 436, 444, 445, 446, 448, 450, 451, 452, 453, 458, 459, 460, 462, 463, 464, 466, 467, 468, 470, 471, 474, 475, 476, 477, 479, 480, 483, 486, 487, 488, 490, 493, 498, 500, 501, 503, 504, 505, 506, 508, 509, 510, 512, 513, 514, 515, 518, 524, 553, 554, 560, 561, 562, 563, 565, 566, 614, 616, 617, 618, 619, 620, 621, 622, 623, 625, 636, 638, 643, 644, 645, 648, 649, 650, 651, 652, 654, 655, 656, 657, 659, 660, 661, 662, 663, 664, 665, 666, 667, 668, 669, 670
jugandharah, 333
juga, 121
jugi, 58, 83, 92, 115, 132, 133, 562, 582
Jujutsu, 667, 670
Jupiter, 100
Juwanaśwa, 75, 665

K

Kadru, 663

kahala, 111
kahaudra, 250
Kailasa, 105, 126, 129, 154, 155, 337, 632
Kakola, 680
Kakszasena, 512, 665
Kakszeju, 665
Kaksziwat, 618, 664
kala, 104, 107, 111, 121, 127, 137, 429, 642
Kala, 16, 17, 21, 22, 23, 30, 79, 89, 104, 121, 127, 617, 619
Kalandżara, 178
Kalanemi, 598
kalasaka, 363
Kalawinga, 178
Kali, 121, 498
kalijuga, 121, 499, 639
Kalika, 177
Kalingowie, 140
Kalolaka, 180
kalpa, 81, 132, 582
Kama, 71, 158, 561, 575, 619
kamandalu, 102, 530
kamja, 322, 678
kamjasztami, 312, 678
kamwodża, 474
kanczana, 363, 416
kanina, 253
Kanjahrada, 179
Kanjakupa, 176
Kanjakuwji, 31
kanka, 455
Kankhala, 176
Kansa, 598
Kanwa, 299, 618, 664
Kaparddin, 59, 649
kapila, 276, 312, 317, 320, 323, 324, 325, 326, 327, 328, 330, 500, 501, 502, 593, 678

Kapila, 79, 122, 146, 593, 619, 628, 676
Kapowie, 635, 636
Karandhama, 512, 665
karanjaka, 497
Karatoja, 176, 663
Karawirapura, 178
karma, 11, 12, 13, 15, 16, 17, 22, 23, 24, 25, 35, 37, 40, 42, 49, 107, 109, 214, 462, 471, 539, 590, 600, 605, 678, 679
karnikara, 136
Karna, 563
Kartawirja, 6, 623, 625, 626, 627, 629, 631, 632, 633, 635, 636, 679
Kartawirja Ardżuna, 625, 679
karttika, 179, 301, 435, 447, 467, 468, 502, 504
Karttika, 294, 351, 364, 448
Karttikeja, 352
Karttri, 372
Kasi, 34, 194, 201, 203, 358, 671
Kasiowie, 238, 512
Kasja, 84
Kasmira, 665
Kaszmir, 175
kasztha, 93, 138, 642
Kaśjapa, 54, 60, 84, 122, 135, 164, 180, 248, 288, 298, 299, 343, 356, 374, 377, 379, 381, 383, 385, 516, 549, 558, 573, 606, 617, 622, 623, 627, 629, 663, 664
Kaurawowie, 563, 669
Kauśika, 30, 31, 177, 262, 263, 264, 265, 266, 267, 268, 269, 270, 273, 274, 298, 550, 619, 664

Kautsa, 513
Kaweri, 663
Kawi, 356, 357, 358, 372
kawia, 620
Kawja, 358
Keszawa, 446
Keśi, 599
Ketu, 100
Khalina, 632
Khalinowie, 632
Khandawa, 641
kimnarowie, 61, 410, 519
Kinkinika, 177
kinsuka, 267
Kirtimat, 372
kodrawa, 372
Kohala, 664
Kokamukha, 179
kokila, 225
Kosala, 665
Kosalowie, 37, 238
Kratu, 84, 374
Kraunczapudi, 178
krisara, 294, 500, 658
Kriszaśwa, 665
Krisznawena, 663
Krita, 372
kritajuga, 63, 64, 88, 133, 401, 467, 505, 619, 639, 684
Kritawirja, 625
Kriti, 372
Krittikangaraka, 176
Krittikowie, 177
Krodhi, 372
krory, 415
Krosztri, 557
Król Prawa, 670
Kryszna, 14, 57, 58, 59, 60, 62, 63, 64, 68, 73, 74, 75, 76, 79, 80, 82, 84, 86, 87, 88, 94, 95, 96, 97, 113, 142, 143, 145, 146, 147,
148, 149, 150, 151, 198, 200, 206, 207, 218, 305, 306, 307, 313, 393, 446, 447, 448, 515, 516, 517, 518, 521, 524, 549, 554, 555, 558, 559, 560, 561, 562, 563, 564, 569, 638, 643, 644, 645, 647, 648, 649, 650, 651, 652, 663, 665, 667, 668, 669, 670, 671, 672, 682
Kryszna Wasudewa, 149, 515, 517, 558, 667, 668, 670
kszana, 138, 642
kszatrija, 188, 191
kszatrijowie, 638
Kszeman, 372
kszetra, 615
kszetra-dżina, 85, 615
kszudra, 251
Kszupa, 665
Kubera, 79, 90, 125, 152, 153, 154, 155, 156, 267, 286, 329, 409, 601, 619, 663
Kudmala, 680
Kukura, 665
Kulampuna, 663
kulapati, 46
Kulja, 179
Kumara, 352
Kumbhinasi, 223
kumbhipaka, 470
kunda, 606
Kunti, 667
Kuranga, 176
Kuru, 276, 563, 665
Kurukszetra, 16, 23, 27, 29, 218, 275, 476, 562, 564, 664, 665, 667, 671, 681
Kusastambha, 177
Kusawarta, 176

Kusesaja, 176
Kuszmanda, 511
kuśa, 47, 49, 83, 149, 154, 239, 269, 280, 308, 341, 356, 359, 370, 381, 400, 413, 501, 540
Kuśadwipa, 62
kuticzakowie, 530, 685

F

lakszany, 355
Lakszmana, 319
Lakszmi, 126, 569, 574, 596
Lanka, 576
lata, 83, 235, 278, 381, 411, 435, 454, 456, 536, 683
lawa, 642
lawy, 138
Lawana, 75
Likhita, 512
linga, 109, 115, 117, 652
Lohita, 663
Lohitja, 179
loka, 99, 116, 597, 602, 609, 679, 681, 683
Loka-Loka, 70
Lomaharasana, 664
Lomapada, 513
Lomasa, 499, 500, 664

M

Mada, 634, 680
Madajanti, 512
madgura, 250
Madha, 364
Madhatithi, 618, 664
Madhawa, 447
Madhu, 113, 447, 518, 555, 560, 561, 569, 602, 645
madhuparka, 394
Madiraśwa, 25, 513, 676
madranabha, 250

Madri, 671
magadha, 249, 250, 685
Magadhowie, 38, 238, 474, 558
magha, 178, 298, 434, 447, 668
Magha, 294, 363, 448, 495
Maha, 70, 178, 680
Mahabharata, 26, 185, 240, 273, 467, 665
Mahabhisa, 665
Mahadewa, 57, 58, 59, 62, 63, 64, 65, 67, 68, 69, 70, 71, 72, 73, 74, 75, 76, 79, 80, 82, 83, 84, 86, 88, 91, 94, 96, 97, 142, 146, 147, 148, 149, 153, 155, 289, 300, 324, 325, 345, 355, 357, 358, 359, 487, 488, 503, 518, 519, 520, 521, 544, 549, 553, 559, 560, 562, 563, 574, 649, 650, 651, 664, 678
Mahaganga, 176
Mahahrada, 179
mahaloka, 91
mahamedha, 439
Mahanadi, 663
Maha-nanda, 178
Mahaparśwa, 153
Mahapura, 177
Maharszi, 71
Mahasrana, 176
Mahat, 70, 85, 86, 93, 105, 138, 652
Mahendrawani, 664
Maheśa, 69, 678
Maheśwara, 64, 65, 71, 74, 617, 651, 652, 678, 684
Mahisza, 78
Mahiszmati, 25, 26, 625, 676, 679
Mainaka, 179

mairejakowie, 250
Maitradewata, 356
Maitreja, 212, 477, 478, 479, 480, 481, 482, 680
maja, 601
makary, 51
Malaja, 664
manasa, 681
Manasa, 445, 632, 664
Mandakini, 154, 156, 177, 184, 409, 663
Mandara, 62, 155, 156, 575, 664, 680
Mandawia, 148
Mandhatri, 75, 125, 320, 331, 665
manduka, 535
manduka joga, 533
Mangala, 100, 663
mangsa, 250
Manibhadra, 154, 155
Manimantha, 147
mantry, 65, 67, 75, 97, 102, 150, 154, 169, 170, 196, 204, 236, 239, 260, 269, 321, 326, 327, 330, 331, 333, 334, 355, 359, 373, 380, 421, 474, 495, 504, 510, 511, 520, 540, 565, 616, 621, 622, 625, 633, 680
Manu, 25, 75, 84, 90, 147, 148, 194, 235, 236, 242, 246, 286, 296, 302, 363, 394, 395, 399, 464, 466, 512, 557, 578, 593, 665, 683
margasirsza, 434, 446, 448
Marici, 248, 356, 358, 663
Markandeja, 106, 144, 164, 231, 466, 490, 619, 667, 670
Mars, 100, 663

Martanda, 617
Marutta, 512, 665
Marutusi, 79, 150 178, 329, 333, 437, 439, 346, 440, 441, 442, 443, 506 519, 642, 663
Matanga, 177, 188, 189, 190, 191, 192, 193, 680
Matara, 333
matra, 642
matry, 138
Menaka, 663
Merkury, 100
Meru, 62, 70, 79, 119, 129, 141, 187, 350, 373, 390, 394, 410, 664
mimansa, 115
Misrakesi, 663
Mitra, 21, 352, 617, 618, 684
Mitrabhanu, 665
Mitrasaha, 512
Mitry, 125, 640, 664
Mrigasira, 364, 448
Mritju, 16, 17, 19, 21, 22, 23, 24, 25, 27, 28, 29, 93, 143, 288, 617, 680, 684
Muczukunda, 665
Mudgali, 513
muhurta, 138, 356, 420, 642, 676
Mula, 295, 364, 448
Mula Prakriti, 93
Mundin, 59
mundża, 82
muni, 468, 477, 532, 534, 617
Muniwirja, 372

N

Nabhoda, 372

Naczikęta, 144, 303, 307, 308, 311, 313, 340, 664, 680, 684
nagowie, 36, 86, 302, 337, 397, 399, 504
Nahusza, 213, 258, 259, 260, 261, 331, 392, 400, 401, 402, 403, 557, 664
Naimisza, 175, 177, 417, 664
Nakula, 671
Nala, 665
Nalini, 154
Namuczi, 223
Nanda, 664
Nandana, 178, 295, 545
Nandi, 75, 114, 618
Nandikunda, 180
Nandiswara, 180
Naptri, 372
Nara, 669
Narada, 64, 198, 200, 205, 206, 220, 221, 291, 294, 399, 464, 515, 516, 518, 521, 524, 549, 553, 554, 560, 564, 619, 630, 636, 663, 668, 671
Narajana, 52, 58, 74, 75, 143, 446, 488, 504, 515, 516, 559, 562, 576, 596, 615, 644, 663, 669
Naraka, 680
naramedha, 447
Nara, 669
Narmada, 26, 179
Nasatja, 617, 684
nigraha, 355
Nila, 176, 664
Nilardhita, 79
Nilarohita, 92, 678
Nilika, 664
Nimi, 361, 370, 371, 372, 373, 512, 665

Nipowie, 206
Nirawinda, 178
niruktaja, 253
niszada, 680
Niszada, 664
niszadowie, 249, 250, 251, 259
niszkama, 662, 680, 682
niszpawa, 457
nitja, 681
Normada, 663
Nriga, 38, 305, 306, 307, 313, 340, 664, 681

O

Ofiara Konia, 37, 151, 176, 178, 278, 284, 316, 318, 342, 343, 412, 446, 499
Ogharatha, 27
Oghawat, 27
Oghawati, 25, 27, 29, 681
Ojcowie, 60, 86, 167, 169, 192, 205, 213, 291, 299, 302, 341, 342, 363, 369, 373, 374, 399, 402, 467, 480, 489, 490, 492, 493, 494, 495, 496, 497, 498, 499, 500, 501, 502, 503, 504, 505, 506, 615, 617, 663, 681
Ouszidża, 664

P

padma, 415
Padmanabha, 447
pajasa 218, 294, 297, 363, 421, 425, 457, 645, 647, 648, 658
Pajasja, 358
Pandawowie, 16, 38, 667, 668, 669, 670
Pandu, 562, 669

pandusaupaka, 251
pannagowie, 399
Pańcacuda, 220, 221, 663, 681
pańcadakszina, 40
Pańcadżanja, 614
pańcajadżna, 447
Pańcalów, 513
pańcaratri, 414
Pańcawirja, 372
Parama, 372
paramahansowie, 685
paramahansowie, 530
Parasanga, 295
parasara, 249
Paraśara, 63, 148, 301, 622, 664
Paraśurama, 5, 33, 37, 75, 146, 217, 262, 263, 273, 274, 288, 340, 341, 342, 343, 344, 350, 351, 353, 354, 355, 357, 358, 359, 360, 512, 595, 606, 619, 637, 664, 671, 679
Paratman, 604
Parawasu, 618
Parikszit, 612
Pariwjadha, 618, 664
Parnasa, 663
Parnasala, 681
Parszni, 372
Parwata, 516, 663
Parwati, 14, 74, 180, 344, 675
pasa, 135
Pasusakha, 377, 380, 384, 386
Paśupata, 74, 142
Paśupati, 91, 355, 359, 652, 678
Patala, 184, 680
patitaja, 253
Pattisi, 102

paundarika, 438
paurnamasja, 534
pausza, 434, 446, 496
Pawaka, 79, 571
Pawan, 372, 625
phalguna, 447
Phalguni, 364, 448
Phalgutirtha, 664
phanita, 295
phenapa, 531
Pinaka, 62, 74, 76, 83, 114, 133, 136, 521, 522, 554, 649
Pinakin, 617, 684
pinda, 240, 489, 493
Pindaraka, 179
Pinga, 179
pinus deodara, 397
pipul, 32
pisaki, 86, 150, 361, 367, 519
pitri, 79, 205, 213, 280, 291, 342, 361, 371, 372, 422, 663, 681, 683
pitrijana, 92
Pitrirupa, 617, 684
pitri-tirtha, 425
Prabhasa, 175, 179, 490, 617, 663, 684
Prabhawati, 229, 681
Praczetowie, 557
Pradatri, 372
pradhana, 93, 567
Pradjumna, 51, 59, 572, 643, 645, 682
Pradżapati, 25, 42, 235, 284, 329, 333, 342, 344, 349, 351, 355, 357, 358, 359, 393, 412, 557, 642, 665
pradżna, 104, 676
Pragna, 678
pragraha, 355
Prajaga, 178, 192, 258, 664

prajutowie, 415
Prakasa, 196
Prakriti, 58, 90, 92, 93, 94, 445, 567, 572, 586, 609, 661
Pramathami, 487, 488, 503
Pramati, 196
Pramuczu, 618, 664
prana, 128, 612, 653
prarabdha karma, 679
prasritaja, 253
Pratardana, 195, 196, 512, 665
Pratipa, 665
Pratira, 372
Pratjusa, 617, 684
pravritti, 275, 276, 298, 356, 360, 466, 477, 479, 528, 529, 530, 680
Prijadatta, 287, 682
prijangu, 494
Prijankara, 665
Priszaghna, 665
priszata, 363
Priśni, 185
Prithu, 619, 665
proszthapada, 435
pukkasa, 191, 250, 682
pukkasowie, 546
Pulaha, 83, 374
pulaka, 372
Pulastja, 83, 374
Punarawarta-nanda, 178
Punarwasu, 294, 364, 448
Pundarijaka, 372
pundarika, 179, 413, 416, 447
Pundarikaksza, 448
Punjakrit, 372
Purany, 116, 137, 368, 429, 562, 638
Purodasy, 650
Puru, 664

Pururawas, 557, 619
Purusza, 604
puruszakara, 24, 682
puruszartha, 682
Purusza, 79, 81, 85, 88, 89, 550, 554, 555, 567, 669
Purwa-Bhadrapada, 296
Purwa-Phalguni, 295
Purwaszada, 295
Puszana, 297, 333, 352, 617, 650, 684
Puszja, 294, 364, 448
Puszkara, 175, 415, 490, 500, 502, 663
Put, 680
putrika-putra, 168

R

radżamasza, 296
radżas, 21, 84, 90, 92, 108, 124, 136, 140, 445, 149, 356, 567, 579, 641, 657, 661
radżasuja, 284, 316, 412, 416, 440, 447
Raghu, 665
Rahu, 100, 105, 490, 633, 639, 663
Raibhja, 618, 664
Raiwata, 665
rakszasa, 467, 486, 576
rakszasowie, 30, 66, 71, 86, 97, 154, 163, 167, 204, 234, 286, 297, 323, 344, 346, 352, 361, 373, 393, 396, 397, 398, 399, 402. 465, 468, 469, 503, 509, 519, 548, 549, 615, 621, 639, 641, 665
Rama, 114, 319, 512, 558, 576, 577, 592, 598, 608, 665

Ramahrada, 179
Ramajana, 146
Rambha, 30
Ramwa, 663
Rantidewa, 300, 301, 459, 512
Rasmimat, 372
Rathantara, 79, 83, 147, 413, 640
Rati, 575
Raurawa, 406
Rawana, 114, 576
Rawi, 125
Renuka, 388, 389, 504
Rewati, 296, 365, 448
Riczika, 30, 31, 32, 33, 262, 273, 274, 513, 619, 622, 664
Riddhi, 549, 663
Ridżiśa, 680
Rigweda, 60, 92, 120, 352, 355, 385, 518, 525, 581, 642
Riszabha, 79
riszi, 5, 13, 33, 46, 47, 48, 50, 58, 59, 60, 61, 62, 63, 71, 75, 83, 86, 88, 89, 94, 95, 124, 142, 143, 145, 146, 147, 155, 156, 157, 158, 160, 162, 181, 187, 196, 197, 205, 207, 213, 224, 225, 227, 228, 229, 231, 257, 260, 261, 263, 264, 265, 266, 267, 268, 270, 273, 274, 275, 277, 291, 298, 299, 300, 308, 316, 326, 331, 335, 340, 342, 343, 346, 347, 349, 352, 353, 354, 356, 361, 370, 371, 373, 377, 380, 384, 385, 386, 388, 389, 390, 401, 402, 403, 405, 408, 409, 410, 433, 436, 450, 462, 464, 466, 467, 474, 477, 487, 490, 491, 494, 495, 498, 500, 501, 512, 515, 516, 517, 518, 519, 524, 525, 531, 532, 554, 555, 557, 558, 559, 560, 561, 564, 617, 618, 619, 627, 629, 630, 631, 632, 633, 634, 635, 640, 647, 648, 650, 653, 663, 665, 668, 670, 676, 684, 686
Riszikulja, 664
Riszjaśrinda, 513
Rita, 617, 684
Riteju, 618
ritwik, 368, 490, 682
rohini, 321, 415, 417
Rohini, 294, 364, 448, 496, 549, 685
Ruczi, 220, 224, 227, 229, 230, 681, 682
Rudra, 6, 57, 63, 69, 72, 81, 84, 89, 91, 139, 142, 143, 145, 150, 345, 346, 347, 350, 352, 355, 438, 439, 440, 441, 582, 618, 645, 649, 650, 651, 678
Rudrowie, 66, 79, 83, 150, 346, 356, 443, 506, 617, 618, 642, 684
Rukmini, 51, 59, 561, 647, 648
ruru, 363, 379
Ruru, 197

S

Sadhjowie, 83, 329, 346, 443, 506, 519, 642
Sagara, 185, 628, 664
Sagarowie, 184, 676
Sahadewa, 26, 671
Sahasraczitta, 512

Sailabha, 372
sairindhri, 250
Sakalja, 63
sakama, 662, 680, 682
Sakratu, 240
Salwa, 513
samadhi, 128
saman, 83, 367
Samanga, 496
samany, 79, 93, 352, 355, 413, 581, 595, 614, 671
Samaweda, 60, 93, 120, 386, 595, 640
Samba, 86, 682
Sambhu, 58, 59, 85, 617, 678, 684
Samdżany, 617
Samhata, 680
Samhity, 541, 682
Samja, 177
Samprakhalowie,, 532
Samuha, 372
samurtajah, 681
Samwa, 86, 682
Samwarana, 665
Samwara, 59, 223
Samwarta, 358, 619
Samwartaka, 73
Samwataka, 81
sanataka, 285
Sanat-Kumara, 79, 83, 112, 363, 559
sanczita karma, 679
Sandilja, 297, 513
Sangkritiego, 512
Sani, 141
sankalpa, 494
Sankara, 372
Sankarśana, 643
sankhja, 12, 48, 70, 79, 88, 90, 92, 102, 143, 146, 150, 164, 218, 530, 606, 615, 616, 620

sannjasin, 163
Santa, 196, 513
Santi, 11, 358, 467
Saptaganga, 176
Saptakrit, 372
Sarabha, 585
Saraju, 417, 632, 663
Saranga, 127, 556
Sarastamwa, 177
Saraswat, 618, 664
Saraswati, 148, 321, 550, 630, 663, 681
sarika, 454
Sarjati, 194
Sarwa, 80, 84, 146, 678
Sarwamsaha, 496
Sarwa, 66, 78, 91, 359, 556
Sasawindu, 364, 365, 665
Satabhisza, 296, 448
Satadjumna, 513
Satadru, 550, 663
Satamukha, 62, 682
Satarudrija, 649, 650, 653
Satarudrijam, 75, 79
Satawisza, 364
sathagni, 135
Satja, 196, 680
Satjaki, 667
satjaloka, 91, 92, 680
Satjawat, 238, 665
Satjawati, 31, 32, 33, 273
sattwa, 84, 90, 92, 108, 124, 445, 567, 579, 608
Saturn, 100, 141, 663
Saudasa, 37, 326, 328, 330, 331, 665
Saumjowie, 618
Saunaka, 197
saupaka, 251
sautramani, 447
Sawana, 358
Sawarni, 63, 148
Sawarowie, 509

Sawitri, 6, 60, 90, 168, 218, 240, 373, 510, 511, 549, 616, 621, 622, 650, 663, 680
Sawittra, 617, 684
Septa, 607
shorea rubusta, 397
Siddhowie, 66, 82, 113, 153, 154, 180, 501, 516, 518, 519
siksza, 624
sila, 181, 187, 682
Sindhu, 175, 663
Sindhudwipa, 31
Sisumara, 589
Sita, 576
siva-dhjana, 104
Siwi, 285, 512
sjamaka, 370
Skanda, 75, 78, 90, 109, 113, 125, 139, 140, 217, 340, 351, 352, 353, 506, 536, 618, 663, 677, 678
smriti, 93, 94, 131, 528, 577, 599, 610
snataka, 394, 503
Soma, 21, 77, 99, 178, 205, 293, 300, 302, 321, 322, 324, 328, 340, 342, 344, 350, 351, 359, 372, 373, 392, 393, 395, 411, 440, 447, 490, 492, 499, 502, 506, 531, 534, 592, 617, 622, 629, 630, 633, 639, 646, 684
Somadaiwata, 294
Somagiri, 664
somapa, 681
Somapa, 372
Somawarcza, 372
Somawarczas, 372
Srawana, 295, 365, 448
Sringawat, 664

Sthanu, 74, 651, 652, 678
Suczi, 357
Sudarśana, 13, 25, 27, 28, 29, 30, 62, 443, 556
Sudewa, 194
sudha, 183, 302
Sudhanwan, 353, 358
Sudjumna, 512, 557, 558
Sugoptri, 372
Sugriwa, 576
Sujodhana, 562,682
sumanasa, 392, 395
Sumanju, 513
Sunahsakha, 377, 381, 384, 385, 386, 387, 683
Sunaka, 197
Sundarika, 176
Suprabha, 683
Surabhi, 65, 136, 324, 327, 337, 338, 353, 522, 663
Suresa, 372
Surja, 21, 45, 352, 388, 389, 390, 496, 502, 503, 617, 633, 634, 668
Surjasawitra, 372
Surjaśri, 372
Surja, 100, 107, 186, 321, 322, 328, 344, 388, 549, 651, 622,652
Surparaka, 179
surupah, 333
sury, 355
suta, 249, 254, 683
Sutedżas, 196
sutry, 63
Suwarczala, 549
Suwarna, 394, 395, 399, 683
Swa, 680
swadha, 169, 183, 302, 465
swadukara, 250
swaha, 326, 465
Swaha, 549
swapakowie, 546

Swarga, 177
Swargamarga, 180
swarloka, 91, 679
Swarnawindu, 175
Swastjatreja, 664
Swastwjatreja, 618
Swati, 295, 364, 448
Swayambhu, 58, 678
Swetaketu, 664
Szamuhara, 372
Szanaiszczara, 663
szaszthika, 295
Szaszti, 178
szasztika, 491
Sziśupala, 579
szudra, 13, 30, 36, 46, 47, 48, 151, 169, 188, 225, 245, 249, 254, 281, 292, 315, 316, 380, 422, 456, 474, 499, 508, 509, 511, 524, 528, 537, 538, 539, 541, 675, 676, 680
szudrowie (śudrowie), 13, 40, 46, 48, 49, 50, 52, 167, 168, 191, 194, 204, 207, 208, 234, 244, 245, 247, 248, 249, 366, 367, 421, 472, 475, 499, 508, 511, 524, 525, 529, 537, 538, 540, 638, 662
Szunahszepa, 30

Ś

Śaci, 549, 663
śakti, 102, 135, 346, 353
Śakti, 664
Śakuni, 563
Śamtanu, 43, 341, 665, 667, 668, 670, 671
Śankara, 80, 82, 86, 649, 650, 678
śarngaka, 455

Śesza, 66, 79, 109, 124, 504, 558, 576, 579, 591, 596, 610, 685
Śikhandin, 671
Śiwa, 5, 14, 19, 57, 58, 60, 62, 63, 68, 70, 71, 73, 75, 80, 81, 82, 86, 87, 88, 95, 145, 150, 176, 184, 325, 345, 354, 355, 505, 515, 520, 521, 522, 523, 524, 525, 526, 527, 528, 530, 531, 532, 533, 534, 535, 537, 539, 540, 542, 543, 544, 545, 548, 549, 550, 553, 554, 계 557, 558, 560, 563, 564, 649, 651, 652, 663, 675, 678
śiwadhjana, 676
śraddha, 6, 48, 163, 164, 165, 166, 167, 168, 169, 170, 213, 214, 288, 291, 298, 299, 304, 312, 341, 361, 362, 363, 364, 365, 366, 367, 368, 369, 370, 371, 372, 373, 374, 375, 425, 426, 463, 488, 489, 490, 492, 493, 497, 498, 499, 504, 511, 548, 631, 683
Śradżas, 372
śrawana, 434, 447
Śrawas, 196
Śri, 51, 154, 334, 335, 336, 487, 488, 497, 556, 569
Śridhara, 447
Śrimat, 370
Śringawerapura, 577
śruti, 93, 94, 528, 577, 580, 599, 610, 617, 620, 622, 624
Śuka, 34, 35, 332, 334
Śukra, 71, 139, 143, 150, 223, 358, 392, 395, 397,

398, 399, 417, 440, 441,
622, 663
Śula, 74, 75, 76, 83
102, 639, 682
Śura, 557, 584, 598
Śweta, 664, 665

T

taidżasa, 104, 676
Taladżangala, 628
Taladżangha, 194
Taladżanghowie, 206
Tama, 196
tamas, 21, 84, 90, 92, 105,
 108, 124, 136, 145, 149,
 356, 445, 492, 567, 579,
 641, 657
Tamisra, 680
Tamra, 663
Tandi, 5, 59, 88, 89, 92, 94,
 95, 96, 97, 143, 684
tanmatra, 70, 86
Tantry, 116
Tapa, 680
tapaloka, 91
Taraka, 346, 349, 351, 352,
 353, 677, 678
tattwa, 58, 92, 102, 138
tedżas, 356
Tilottama, 521, 663
tirtha, 5, 154, 175, 359, 444,
 445, 658, 675
tittiri, 457
Trasadasju, 665
tretajuga, 133
Tridiwa, 664
Triganga, 176
trina, 278, 683
Tripura, 70
Trita, 618, 664
Tryambaka, 651
Tumbaru, 663

turajana, 417
turija, 141
twaksara, 278, 683
twam, 659
Twastar, 617, 684
Twasztri, 84, 125

U

udawasa, 257, 684
Uddalaka, 308, 664, 684
Udżdżanaka, 179
Ugraśrawas, 664
Ukkaihśrawas, 128
Ulmuczu, 664
Uma, 6, 73, 83, 86, 87, 153,
 215, 344, 345, 346, 520,
 521, 522, 524, 525, 526,
 528, 531, 533, 534, 535,
 537, 542, 543, 544, 545,
 547, 548, 550, 551, 553,
 554, 651
unczha, 181, 531, 532, 684
Unmuczu, 618
Upamanju, 14, 57, 60, 61, 62,
 63, 64, 66, 67, 68, 69, 73,
 74, 75, 76, 79, 80, 82, 87,
 88, 94, 95, 96, 97, 142,
 143, 145, 149, 684, 686
Upaniszady, 115, 120, 150,
 355
Upendra, 83, 135, 448, 684
Urddharetas, 345, 684
Urdhawahu, 618, 664
Urga, 91, 358, 678
Urwa, 358
Urwasi, 179, 663
Uszadgu, 557
Uszangu, 125, 664
uszmapowie, 371
Uszninabha, 372
Uśanas, 358
Uśinara, 201, 512

Utathja, 358, 629, 630, 684
Utpalawana, 178
Utpataka, 178
Uttanpady, 31
Uttara, 296, 410
Uttara-Kuru, 269, 410
Uttaramanasa, 180
Uttara-Phalguni, 295
Uttaraszada, 295

W

Wahurupah, 333
Wiswarupah, 333
Wabhru, 58, 678
Wadanja, 152, 153, 154, 155, 160, 161, 685
Wadanji, 160, 162, 675, 683
wadhrinasa, 363
wadżapeja, 415, 437, 446, 498
Wadżrasirszan, 357
Wadżrin, 372
Wagindra, 196
wahudakowie, 530, 685
Wahudy, 417
Wahula, 496
Wahurupa, 652
waidehaka, 249, 251, 685
waidehowie, 250, 251
waidja, 254
Waidżajanta, 594
waidżajanti, 577
Waikhanasowie, 356
Waimanika, 177
wairadża, 681
Waisampajama, 38
waiśja, 30, 36, 151, 188, 191, 234, 247, 281, 316, 459, 508, 537, 538, 539, 540
waiśjowie, 52, 170, 194, 244, 245, 246, 247, 248, 249, 250, 254, 475, 508, 509, 525, 527, 538, 638, 675
Waiśrawana, 409, 549
waiświadewa, 393, 394, 685
Waiwaświata-Manu, 143
wajasana, 114
wajsiakha, 434, 447
Waju, 498, 651, 663
Wakula, 127
Wala, 106, 372, 558, 618
Waladewa, 494, 504, 685
Walaka, 176
Walakaswa, 31
Walakhiljowie, 46, 63, 65, 356, 464, 531, 663
walhika, 415
Walhika, 237, 238
wali, 393, 398, 399, 402, 504, 506, 685
Wali, 38, 112, 135, 223, 366, 395, 399, 447, 494, 573, 576, 595, 631
Walin, 639
walli, 278, 683
Walmiki, 146
wamaka, 254
Wamaną, 112
wandi, 249, 685
Wankhu, 663
Waranasi, 63, 104, 132, 148, 194, 477, 680
Warczas, 196
Warhi, 557
Wari, 372
Wariszada, 618
Warisztha, 147
Waruna, 31, 32, 74, 84, 90, 150, 290, 329, 333, 344, 353, 355, 357, 358, 359, 364, 371, 390, 393, 411, 440, 536, 549, 594, 617, 618, 629, 630, 640, 651, 663, 664, 684

Warunowie, 358
Wasawa, 110
Wasiszta, 12, 24, 30, 35, 39, 79, 84, 326, 328, 330, 331, 340, 341, 342, 343, 344, 350, 351, 353, 354, 355, 357, 359, 360, 374, 377, 379, 380, 381, 382, 384, 385, 386, 436, 496, 500, 594, 512, 617, 619, 622, 623, 632, 640, 664, 671
Wasu, 21, 37, 79, 83, 125, 137, 150, 276, 329, 330, 346, 352, 356, 441, 442, 443, 467, 506, 519, 571, 617, 618, 619, 622, 642, 663, 667, 670, 671, 684
Wasudewa, 206, 392, 393, 394, 557, 558, 559, 563, 565, 566, 615, 669
Wasuki, 619
Wasumati, 350, 685
waszaty, 326, 355, 520
Watsa, 194
wedanta, 305, 586
wedanga, 93
wedanta, 610
Wedy, 25, 26, 27, 33, 41, 43, 44, 48, 52, 60, 63, 83, 84, 85, 92, 96, 97, 116, 127, 135, 136, 148, 150, 151, 164, 165, 166, 170, 171, 172, 174, 181, 191, 194, 195, 199, 200, 226, 258, 269, 276, 279, 280, 281, 283, 285, 289, 292, 295, 299, 300, 303, 304, 312, 316, 326, 341, 343, 354, 356, 359, 366, 367, 368, 369, 375, 376, 382, 385, 389, 394, 405, 407, 411, 413, 415, 419, 424, 426, 428, 429, 436, 448, 453, 459, 462, 466, 469, 477, 478, 480, 481, 501, 503, 509, 526, 527, 528, 530, 538, 539, 540, 541, 548, 557, 572, 575, 578, 580, 581, 593, 595, 599, 604, 605, 607, 615, 617, 624, 635, 640, 642, 643, 651, 653, 656
Wekszumati, 664
Wena, 619, 663, 665
Wetrawati, 663
Wibhawasu, 496, 549
Wibhu, 358
widy, 372
Widarwów, 512
Widehów, 240
Widhatrim, 84, 90, 651
widjadharów, 82
Widjurwarczas, 372
Widjutprabha, 62, 490, 491, 685
Widura, 670
Widurą, 667, 670
Wielkiej Niedźwiedzicy, 31
wighasa, 376, 526, 685
Wihawja, 196
Wikarna, 63
Wikitrawirji, 238, 671
wikszu, 530, 685
Wilwaka, 176
Winaty, 75, 122, 663
Windhja, 179, 664
Wipasa, 30, 177, 179, 372, 550, 663
Wipula, 216, 220, 223, 224, 225, 226, 227, 228, 229, 230, 231, 232, 664, 682, 686
Wiradża, 358
wirasana, 533
Wirat, 604
Wirjawat, 372

Wiroczany, 38, 395
Wirupa, 358
Wirupaksza, 663
Wisakhów, 448
Wisala, 178
Wisalja, 663
Wiswaczi, 663
Wiszakha, 663
Wisznu, 6, 21, 36, 38, 57, 58, 59, 62, 66, 70, 72, 74, 79, 81, 89, 90, 94, 107, 112, 114, 123, 124, 125, 145, 150, 185, 186, 218, 289, 322, 337, 352, 447, 448, 487, 493, 494, 506, 515, 516, 517, 558, 559, 562, 565, 566, 577, 614, 615, 617, 618, 643, 650, 663, 684
Wiszrawa, 663
Wiśakha, 364
Wiśwadewy, 66, 150, 283, 329, 372, 519, 617, 642, 652, 664, 684
wiśwadżit, 417, 443
Wiśwaju, 372
Wiśwakarman, 639, 651
Wiśwakrit, 372
Wiśwaksena, 642, 644
Wiśwamitra, 5, 24, 30, 33, 146, 262, 263, 272, 273, 274, 377, 379, 381, 383, 386, 436, 495, 619, 664
wiśwanara, 104, 676
Wiśwarupa, 651, 652
Wiśwawasu, 663

Witahawja, 188, 193, 194, 195, 196, 197, 686
Witahawja, 194, 195
Witahawjowie, 195, 206
Witasta, 175, 550, 664
Witatja, 196
Wiwaswat, 178, 372
Wjaghrapada, 64, 686
Wjasa, 6, 14, 59, 63, 137, 146, 148, 173, 212, 214, 332, 333, 334, 471, 472, 473, 474, 475, 477, 478, 479, 480, 481, 482, 487, 506, 516, 594, 595, 615, 616, 619, 653, 663, 664, 665, 668, 671, 680
Wjomari, 372
wratja, 254
Wridżiniwat, 557
wriksza, 278, 683
Wrindawan, 601
Wriszadarbhi, 201, 203, 212, 377, 378, 380, 382, 384, 387, 678, 686
Wriszadarwi, 512
Wriszakapi, 299, 617, 684
Wriszawa, 112
wriszi, 47, 686
Wrtra, 19, 400, 413
Wudha, 100, 557, 663
wulwy, 207
wulwa, 228
Wyzwolenie, 72, 95, 118, 120, 140, 142, 185, 198, 207, 269, 440, 465, 582, 592, 601, 604, 608, 615, 679

www.ingramcontent.com/pod-product-compliance
Lightning Source LLC
Chambersburg PA
CBHW050051230426
43664CB00010B/1281